Thomas Hartmann · Free Music Production (FMP) revisited

Han Bennink, Tristan Honsinger und Peter Brötzmann, Mitte 1970er-Jahre
(Foto: N.N., Archiv Jazzinstitut Darmstadt)

Thomas Hartmann

Free Music Production (FMP) revisited

Entstehung und Genese der Free Jazz-/Improvised Music-Kooperative Free Music Production (FMP)

wolke

Dissertation, Carl von Ossietzky Universität Oldenburg, Kulturwissenschaftliche Fächer (Fakultät III), Institut für Musik 2024

Wolke Vertrieb und Produktion, Berlin
Gedruckt in Lettland
Gesetzt in Simoncini Garamond
Umschlagentwurf: Friedwalt Donner, Alonissos
Coverfoto: Alexander von Schlippenbach, Globe Unity, 1966 (Foto: N.N., Jazzinstitut Darmstadt)
Backcover: FMP 0220 Evidence: Globe Unity Special Vol. 1, Artwork: Tomas Schmit, Design und Foto: Paul Lovens, Lettering: Peter Brötzmann; FMP 0090 Machine Gun: Peter Brötzmann Octet, Design: Peter Brötzmann; FMP 0680 Die Jungen: Random Generators: Kowald/Phillips Duo, Design: Peter Kowald, Foto: Dagmar Gebers; FMP S 3 Einheitsfrontlied: Brötzmann/Van Hove/Bennink, Design: Peter Brötzmann; Workshop Freie Musik 1986/Cecil Taylor, Design: Jost Gebers; Workshop Freie Musik 1977, Design: Peter Brötzmann (FMP-Publishing Archiv).

ISBN 978-3-95593-420-0

www.wolke-verlag.de

Inhalt

Danksagung

Ohne die Unterstützung und den Zuspruch vieler Menschen hätte die vorliegende Untersuchung weder entstehen noch fertiggestellt werden können. So danke ich allen Interviewten für ihr Vertrauen, das sie mir entgegengebracht, und für ihre Zeit, die sie mir großzügig zur Verfügung gestellt haben: vor allem Jost Gebers sowie Peter Brötzmann, die leider beide 2023 verstorben sind, sowie Alexander von Schlippenbach, Dieter Hahne, Dagmar Gebers und Manfred Schoof (mit denen ich Oral History-Interviews geführt habe) sowie Peter Schulze, Manfred Miller und Han Bennink. Des Weiteren danke ich den Teilnehmenden des Forschungskolloquiums kulturwissenschaftliche Musikforschung an der *Carl von Ossietzky Universität* in Oldenburg, insbesondere Rena Janßen, Shanti Suki Osman, Annika Ueffing, Simon Wehber und Alban Peters sowie Prof. Dr. Lars Oberhaus und Prof. Dr. Anna Langenbruch. Ebenso danke ich Prof. Dr. Martin Pfleiderer, Ulrich Duve und Dr. Nico Thom (*Klaus-Kuhnke-Archiv für Populäre Musik*), Dr. Wolfram Knauer, Arndt Weidler und Marie Härtling (*Jazzinstitut Darmstadt*), Prof. Dr. Moritz Ege, Dr. Martin Niederauer, Dr. Harald Kisiedu, Markus Müller sowie der *Bear Family Records GmbH*. Besonders großer Dank gebührt meinem Doktorvater Prof. Dr. Mario Dunkel für seine motivierende und immens bereichernde Betreuung der Arbeit sowie Prof. Dr. Jochen Bonz, ohne den ich vermutlich nicht mit dem Projekt begonnen hätte. Peter Mischung und dem *Wolke Verlag* danke ich für den von Beginn an motivierenden Zuspruch und das große Vertrauen. Von Herzen danke ich meinen Eltern, deren Haus ich als Schreibexil nutzen durfte, um das Forschungsprojekt abzuschließen. Unserer Katze Mieze danke ich dafür, dass sie mich an unzähligen Arbeitstagen durch ihre Anwesenheit unterstützt und mich rechtzeitig morgens geweckt hat. Und in Liebe danke ich meiner Frau Andrea für ihre unermessliche Geduld und dass sie mir oft den Rücken freigehalten und noch öfter auf gemeinsame Zeit verzichtet hat, genau wie meine Kinder Felizitas und Henri, denen ich an dieser Stelle nicht minder danken möchte. Vielen Dank!

Heinz Sauer, Manfred Schoof, Buschi Niebergall und Albert Mangelsdorff, Globe Unity Orchestra, Marburg 1973 (Foto: Stefanie Wiesand, Archiv Jazzinstitut Darmstadt)

Einführung

1 Thema, jazzgeschichtliche Kontextualisierung und Erkenntnisinteresse

Mit einer rund fünfjährigen „Phasenverschiebung“[1] begannen ab Mitte der 1960er-Jahre europäische Jazzmusiker:innen[2] Gestaltungsprinzipien und Ausdrucksformen aufzugreifen, die der US-amerikanische Free und Avantgarde-Jazz ab Ende der 1950er-Jahre hervorgebracht hatte.[3] Hierbei offenbarte das künstlerische Selbstverständnis und der diesem zugrundeliegende Kunstbegriff der europäischen Musiker:innen eine grundlegende Transformation. So positionierte sich die junge Garde des europäischen Free Jazz in der Folge mit dem Anspruch, sich von den ‚Klischees‘ und ‚Vorbildern‘ zu lösen, und sah sich wie auch der Free Jazz US-amerikanischer Provenienz einer legitimen jazzstilistischen – und vor allem eigenen – Weiterentwicklung verpflichtet.[4] Diese bildete in der zweiten Hälfte der 1960er-Jahre einen „spezifisch europäischen Typus von Free Jazz“[5] heraus und avancierte unter dem Topos „Emanzipation des europäischen Jazz“[6] zum festen Bestandteil europäischer Jazzgeschichtsschreibung.

Doch nicht nur in musikalischer Hinsicht war der US-amerikanische Free und Avantgarde-Jazz für die jungen europäischen Jazzmusiker:innen bedeutsam. Denn dieser betraf nicht nur seine „innermusikalischen Gestaltungsprinzipien“, sondern ebenso das „Selbstverständnis seiner Musiker“ und die „Art und Weise, in der sie die gesellschaftliche Realität um sich herum interpretieren und bewältigen“.[7] So veranstalteten Charles Mingus und Max Roach im Juli 1960 in Newport das erste

1 Jost 2012, S. 233.

2 Hierbei handelte es sich fast ausschließlich um männliche Musiker. Hinsichtlich des Anspruchs einer geschlechtergerechten Textgestaltung ist insofern die Problematik einer möglichen verzerrenden geschlechtsdifferenzierenden Charakterisierung der jeweils bezeichneten Szene und des herrschenden Geschlechterverhältnisses zu markieren. So war in den 1960er-Jahren die Züricher Pianistin Irène Schweizer oftmals die einzige in die genannten jazzmusikalischen Entwicklungsprozesse involvierte Musikerin. Um den Ausschluss von Musikerinnen und Akteurinnen nicht weiter zu praktizieren, wird in der vorliegenden Arbeit bei geschlechtsdifferenzierenden Personenbezeichnungen immer gegendert, sobald die bezeichnete Personengruppe eine Musikerin oder Akteurin miteinschließt.

3 Vgl. Schoof zit. nach Kaiser 1966/67, S. 14.

4 Jost ^{2}2004, S. 201.

5 Jost 1978, S. 55, vgl. Jost 2012, S. 233, Knauer 1996.

6 Berendt/Huesmann ^{4}2014, S. 36f.

7 Jost ^{2}2004, S. 201.

Alternativ- oder Gegenfestival der Jazzgeschichte gegen das seit 1954 alljährlich durchgeführte *Newport Jazz Festival* in Newport, Rhode Island. Zurück in New York gründeten die *Newport Rebels* mit der Intention, ihr Management in eigener Regie zu betreiben und „to produce more concerts as well as recordings“[8], die erste Musikerkooperative der Jazzgeschichte[9]: die *Jazz Artists Guild* (J.A.G.). 1964 konstituierte sich ebenfalls in New York die Kooperative *Jazz Composers Guild* (J.C.G.), die wie die J.A.G aus einem von Musiker:innen initiierten Festival hervorgegangen war: der sog. *October Revolution in Jazz*. Bei der *October Revolution in Jazz* handelte es sich um ein viertägiges Festival im Oktober 1964 im New Yorker *Cellar Cafe*, bei dem etwa vierzig Ensembles aus dem Kreis der jungen New Yorker Jazz-Avantgarde auftraten (darunter Musiker wie Paul Bley, Bill Dixon, David Izenzon, Mike Mantler, Roswell Rudd, Guiseppi Logan, Alan Silva und John Tchicai). Die *October Revolution* hatte zum Ziel, „die Free Jazz-Musiker der zweiten Generation einem größeren Publikum vorzustellen“.[10] 1965 initiierte der Pianist und Musiker Muhal Richard Abrams die Chicagoer *Association for the Advancement of Creative Musicians* (AACM)[11], die Nicholas Gebhardt ebenso wie die J.A.G. und die J.C.G. zu den einflussreichsten US-amerikanischen Jazzkollektiven der Nachkriegszeit zählt.[12] Des Weiteren entstanden von Musizierenden betriebene Schallplattenlabels und Verlage, wobei anzumerken ist, dass es sich in den USA hierbei nicht um ein neues Phänomen handelte.[13] Hinsichtlich des ‚neuen Selbstverständnisses‘ resümiert Ekkehard Jost, dass der „sozialgeschichtliche Stellenwert der Musikerassoziationen, -kooperativen und -initiativen“ vor allem darin bestanden habe, dass sich in diesen ein „neuer Typus von Jazzmusiker“ manifestiert habe, ein „Musikertypus“, der sich „als Repräsentant einer aktiven Gegenkultur“ bzw. „einer musikalischen Ausdrucksform“ verstanden habe, der er – gegen die „Widerstände von Seiten der Clubbesitzer, Konzertagenturen, Schallplattenproduzenten und Medienleute“ – „Gehör zu verschaffen versuchte, ohne künstlerische oder menschliche Kompromisse einzugehen“.[14]

Eine Modifikation des Selbstverständnisses wie auch der Art und Weise, die gesellschaftliche Realität zu interpretieren und zu bewältigen, lässt sich ab Mitte

8 Hentoff 1961, vgl. zum Gegenfestival der *Newport Rebels* vor allem Monson 2007, S. 184ff., Saul 2003.

9 Vgl. Jost ²2004, S. 248.

10 Litweiler 1988, S. 120, vgl. Gebhardt 2015, S. 3ff.

11 Saxofonist und AACM-Mitglied Joseph Jarman charakterisiert 1968 die AACM wie folgt: „The *Association for the Advancement of Creative Musicians*, non-profit organisation […], was formed more than two years ago when a group of Musicans and Composers in the Chicago area saw an emergent need to expose and showcase original Music which, under the existing establishment (promoters, agents, etc.), was not receiving ist just do.“ (Jarman 1968)

12 Vgl. Gebhardt 2015, S. 1.

13 Vgl. Jost ²2004, S. 252.

14 Ebd., S. 257f.

der 1960er-Jahre auch im Kontext der Aktivitäten der jungen Jazz-Avantgarde in Westeuropa und der Bundesrepublik konstatieren. So gründeten 1966 die beiden Wuppertaler Musiker Peter Brötzmann und Peter Kowald sowie der (zunächst als Schlagzeuger aktive) Solinger Jazzkritiker Rainer Blome mit der *New Jazz Artists' Guild* (N.J.A.G.) die erste „Vereinigung von Musikern und Schreibern"[15] in Westdeutschland. Die N.J.A.G. intendierte mit der Durchführung von Konzerten und Konzerttourneen sowie der Herausgabe einer eigenen Zeitschrift für und über den Neuen Jazz – die „einen ganz neuen Stil von Jazz-Kritik propagieren" sollte –, „dass die Neue Musik gehört" werde und „dass dem Neuen Jazz endlich der Platz in unserem kulturellen Leben" zukomme, der dieser – nach Ansicht der *Guild* – „lebendigsten aller heutigen Musikformen"[16] zustehe.

1967 vollzieht Brötzmann mit seiner im Eigenverlag BRÖ veröffentlichten ersten LP *For Adolphe Sax* nicht nur in musikalischer Hinsicht einen für die europäische jazzmusikalische Entwicklung bedeutenden Schritt: So markiert die erste westdeutsche (wahrscheinlich sogar die erste europäische) Jazzplatte, die konsequent einem Konzept der totalen Improvisation folgte[17], den Beginn einer einsetzenden Welle von Eigenveröffentlichungen und der Konstituierung von Musiker:innen- und Independent-Labels im Bereich des Avantgarde- und Free Jazz in Europa – eine was die Bundesrepublik Deutschland und Westeuropa betrifft vollkommen neuartige kulturelle Entwicklung, die sich im Popbereich bis auf Ausnahmen erst mit der Punk- und Independent-Kultur weit mehr als ein Jahrzehnt später vollziehen sollte.[18] Doch nicht nur hinsichtlich der Schallplattenproduktion lässt sich ein neues Selbstverständnis konstatieren: So wurden nun die bereits im Kontext der Aktivitäten der N.J.A.G. als Jazz-Funktionäre kritisierten Konzert- und Festivalveranstalter:innen sowie die großen Schallplattenfirmen und die „Musikindustrie"[19] in ihrer Gesamtheit mit dem im Kontext der sog. Studentenbewegung pejorativ konnotierten Schlagwort Establishment indiziert. Intendierte die N.J.A.G., dem Neuen Jazz zu seinen im kulturellen Leben der Bundesrepublik rechtmäßigen Platz zu verhelfen, und negierte vorsorglich, eine Kampfgemeinschaft zu sein, kam es Ende August 1968 in Köln zum ersten europäischen Free Jazz-Gegenfestival in einer Tiefgarage in der Kölner Ladenstadt unter dem Motto *to beat or not to beat*.[20] Beim Tiefgaragen-Gegenfestival protestierte

15 New Jazz Artists' Guild 1966, S. 9.

16 Ebd., S. 9f. Bei der 1966 gegründeten Zeitschrift handelt es sich um die *Sounds*, die ab dem Frühjahr 1968 mit dem Untertitel *Deutschlands erstes Underground Musikmagazin* firmierte und heute als die „Wiege des deutschen Rockjournalismus" gilt (*Deutschlandfunk Kultur* zum 50. Geburtstag der *Sounds*, gesendet am 1.12.2016).

17 Vgl. Jost 1987, S. 92.

18 Vgl. Diederichsen 2014, S. 396f.

19 Miller 1969, S. 9.

20 Vgl. Zimmerle 1968c, S. 304f.

„die Avantgarde“[21] gegen die mangelnde Repräsentation des Neuen (europäischen) Jazz bei der zweiten Ausgabe des vornehmlich aus ‚etablierten Jazz‘ bestehenden und als ‚kommerziell‘ kritisierten Kölner Open-Air-Festivals *Jazz am Rhein*. Noch während des Kölner Tiefgaragen-Gegenfestivals kündigte Brötzmann gegenüber *Sounds* an, dass „in Berlin eine ähnliche Sache, noch größer, noch besser, stattfinden“ solle: „ein Anti-Festival zu den *Berliner Jazztagen*!“[22]

Das Berliner Gegenfestival mit dem Titel *Total Music Meeting* Anfang November 1968 gegen die *Berliner Jazztage* markiert eine weitere Zäsur. Während die an die Adresse der größeren Schallplattenfirmen und der etablierten Festival- und Konzertunternehmen bislang gerichtete Kritik der mangelnden Berücksichtigung des Neuen Jazz gerade in der Hoffnung auf eine Veränderung deren Veröffentlichungspolitik und Programmgestaltung artikuliert worden war, signalisierte Brötzmanns proklamatorische Aufkündigung der Zusammenarbeit mit den *Jazztagen* und die Durchführung des Gegenfestivals ein neues Praxis-Paradigma: So wurde nun einerseits vonseiten der Musiker:innen die Zusammenarbeit mit dem kritisierten Jazz-Establishment abgelehnt, und andererseits die Konstituierung unabhängiger Strukturen intendiert.

Im darauffolgenden Sommer gründeten Brötzmann und der Berliner Bassist Jost Gebers, dessen organisatorische Vorbereitungen wie auch konzeptionelle Planungen wesentlich zum Gelingen des *Total Music Meeting* beigetragen hatten, die Kooperative *Free Music Production* (FMP). Zu deren (Gründungs-)Mitgliedern zählten neben Brötzmann und Gebers u.a. Manfred Schoof, Alexander von Schlippenbach, Gerd Dudek und Kowald. Ebenso wie die von Mingus und Roach nach dem Alternativfestival in Newport gegründete erste Musikerkooperative J.A.G. intendierte die FMP zunächst, das Management der beteiligten Musiker:innen selbst zu betreiben und Auftritte zu organisieren, das heißt „von der kommerziellen Musikindustrie unabhängige Arbeitsmöglichkeiten zu schaffen“[23], wie es später in der Selbstbeschreibung des FMP-Kollektivs heißen sollte – wobei sich bereits während und unmittelbar nach der Gründungsphase der FMP mit ihrer Tonträgerproduktion und ihren Konzertreihen und Einzelkonzerten ihre konstitutive Form ausbildete.

Die FMP existierte bis Ende 1999[24] und bestritt sowohl hinsichtlich ihrer Tonträgerproduktion als auch hinsichtlich ihrer Konzertveranstaltungen ein enormes

21 Ebd.

22 Blome 1968, S. 24.

23 FMP 1972d.

24 Das FMP-CD-Label *FMP/Free Music Production/An Edition of Improvised Music* wurde vom FMP-Verlag *FMP-Publishing* fortgeführt, stellte aber 2010 mit der Veröffentlichung der 12-CDs-Box *FMP im Rückblick* die Produktion neuer physischer Tonträger ein. Der 1985 gegründete FMP-Verlag *FMP-Publishing* und FMP-Rechtsnachfolger ist bis heute tätig. Bis zu seinem Tod im September 2023 hat Gebers neben der Verlagstätigkeit fast alle von der FMP bereits veröffentlichten Tonträger bzw. die alten analogen Bän-

Arbeitspensum. So veröffentlichte die FMP insgesamt 201 Vinyl-Alben[25] (inklusive der FMP-Sublabels *SAJ*, *Uhlklang* und der *FMP S-Serie*), 5 Vinyl-Singles, 3 EPs, 154 CD-Alben[26] und 9 meist mehrere Tonträger umfassende sog. *Special Editions* wie die 11-CDs-Box *Cecil Taylor in Berlin '88*, die den einmonatigen großangelegten Arbeitsaufenthalt des US-amerikanischen Free Jazz-Pianisten Cecil Taylor im Sommer 1988 in Berlin dokumentiert. Mit dem *Total Music Meeting* und dem *Workshop Freie Musik* etablierte die FMP bereits während ihrer Gründungsphase ihre beiden wichtigsten mehrtägigen Veranstaltungsreihen, die beide seitdem (nahezu) jährlich parallel zu den *Berliner Jazztagen* (das *Total Music Meeting*) beziehungsweise (meist) an Ostern (der *Workshop Freie Musik* in der Berliner *Akademie der Künste*) durchgeführt wurden.[27] Hinzu kamen die Konzertreihen *Free Concerts at Townhall* im Rathaus Charlottenburg (die von 1970 bis 1995 knapp 50 Mal durchgeführt wurde), die *Summer Music* im *Haus am Waldsee* in Berlin-Zehlendorf (von 1980 bis 1995 26 Mal), die *Just Music*-FMP-Studiokonzerte (von 1986 bis 1989 83 Mal), unzählige *Free Music*-Einzelkonzerte sowie 12 zusätzliche eigenständige Festivals wie das dreitägige *Jazz Now*-Festival mit *Jazz aus der DDR*

---

der digitalisiert und auf der Online-Plattform *Bandcamp* unter https://destination-out.bandcamp.com/ ebenso eingestellt wie auch einige bislang noch nicht veröffentlichte Aufnahmen. Seit Gebers' Tod führten zunächst auf Wunsch von Gebers Anna Maria Ostendorf und Markus Müller den FMP-Verlag weiter. Seit 2024 trägt Markus Müller die alleinige Verantwortung (vgl. FMP-Publishing 2024).

25 Die Zählung basiert auf der Anzahl der veröffentlichten Schallplatten- und CD-Alben und nicht auf der Anzahl der einzelnen Schallplatten oder CDs, die ein Album beinhaltet. Dies ist der Grund für Müllers abweichende Zählung von insgesamt „216 Schallplatten" und „184 CDs" (Müller 2018, S. 24). D.h. eine Doppel-LP oder -CD wird von Müller als 2 Schallplatten bzw. 2 CDs gezählt. Zudem ist hinsichtlich Müllers LPs- wie auch CDs-Zählung anzumerken, dass er die in den Special Editionen enthaltenen LPs und CDs, die auch außerhalb der Box einzeln verkauft wurden, doppelt zählt (wie bspw. die CDs der 12-CDs-Box *FMP im Rückblick* von 2010). Des Weiteren hat Müller bei seiner Zählung die drei jeweils eine CD umfassenden Special Editionen *FMP Story* (FMP MJ 01) und *Cecil Taylor Concrete* (FMP MJ 02), die beide in Zusammenarbeit mit der italienischen Jazz-Zeitschrift *Musica Jazz* als Promo-CD veröffentlicht wurden, sowie *Live in Mittweida* (SYN-01) nicht berücksichtigt. 2022 revidiert Müller seine Zählung von 2018 und zählt nun offensichtlich die in den Special Editionen enthaltenen LPs und CDs, die auch außerhalb der Box einzeln verkauft wurden, nicht mehr doppelt. Müller berücksichtigt nun auch die drei letztgenannten Special Editionen-CDs und zählt jetzt insgesamt „165 CDs" und „208 Schallplatten" (Müller 2022, S. 116).

26 Diese Zählung beinhaltet ausschließlich die 143 FMP CD-Alben und die 11 CD-Alben der FMP-OWN-Reihe. D.h. weder die im Rahmen der 9 Special Editionen erschienenen CDs noch die Special Editionen selbst werden als einzelne Alben oder CDs bei dieser Zählung hinzuaddiert.

27 Der der meist fünftägige *Workshop Freie Musik* in Zusammenarbeit mit der Westberliner *Akademie der Künste* fand von 1969 bis 1998 29 Mal statt, das meist vier- bis fünftägig durchgeführte *Total Music Meeting* 33 Mal (inkl. des *Total Music Meeting COMPACT* im Jahr 2000).

1979 oder die verschiedenen Cecil Taylor-Projekte wie *Improvised Music II* im Rahmen des Westberliner *Kulturhauptstadt Europa*-Jahres 1988, bei denen Taylor 12 Konzerte in Westberlin und zwei in Ostberlin bestritt und sich an öffentlichen Sessions beteiligte, oder das Taylor gewidmete Festival *Total Taylor Total* 1990.

Während die New Yorker J.A.G. ihre Aktivitäten bald wieder einstellen musste und sich auch die J.C.G. bereits im Sommer 1965 wieder auflöste, „noch ehe sie sich voll entfalten konnte“[28], lässt die enorme „Langlebigkeit“[29] der FMP vermuten, dass es der Westberliner Kooperative im Gegensatz zu anderen Initiativen besser gelungen ist, sich „effektiv zu organisieren“, d.h. Strukturen „in einem gesellschaftlichen Umfeld“ zu etablieren, das nach grundsätzlich „anderen soziokulturellen und ökonomischen Gesetzmäßigkeiten funktionierte“.[30] So resümiert Jost hinsichtlich des raschen Scheiterns der New Yorker Loft-Bewegung der 1970er-Jahre, dass dieses nicht die Folge mangelnder Einsicht in die Wirkungszusammenhänge des soziokulturellen Systems oder das Resultat organisatorischer Inkompetenz gewesen sei, sondern vor allem darin bestanden habe, dass die Musiker:innen der auf Konkurrenzdenken und individuelles Erfolgsstreben hin ausgerichteten Ideologie keine praktische Alternative entgegenstellen konnten – so sehr sie dies auch ursprünglich intendiert hatten.[31] Demgegenüber wurde die FMP aufgrund ihrer „beispielhaften, kontinuierlichen und schöpferischen Arbeit“[32] wiederholt ausgezeichnet. Und der US-amerikanische Trompeter und Komponist Bill Dixon, der als Initiator der J.C.G. gilt, soll im Rahmen eines Konzertes in Berlin 1999 gegenüber Gebers sinngemäß geäußert haben: „Mensch, ihr habt das vollendet, was wir mal angefangen und versucht haben.“[33]

Ausgehend von diesem Konnex zielt das Erkenntnisinteresse der vorliegenden Arbeit auf die Entstehung, Ausgestaltung und Genese der, mit Jost gesprochen, praktischen Alternative der FMP. Die Forschung versteht sich insofern als praxisorientiert und verfolgt eine interventionistische Perspektive. D.h. sie intendiert, wie Stuart Hall bezüglich des Zwecks des Theoretisierens formuliert, „Möglichkeiten zu eröffnen, die historische Welt und ihre Prozesse zu erfassen, zu verstehen und zu erklären, um Aufschlüsse für unsere eigene Praxis [bzw. für die künstlerisch-kulturelle Praxis auch anderer Akteur:innen] zu gewinnen“ und diese Praxis „gegebenenfalls zu ändern“.[34] Infolgedessen lässt sich zum einen das Erkenntnisinteresse der Arbeit weiter konkretisieren. So ist dieses hinsichtlich der Entstehung, Struktur und Genese der FMP wesentlich auf eine Innenperspektive der Kooperative gerichtet. Diese Perspektive bestimmte auch die Auswahl der

28 Jost ^{2}2004, S. 251 u. 248, vgl. Litweiler 1988, S. 121, vgl. Levin 1965, S. 17.
29 Müller 2018, S. 17.
30 Jost ^{2}2004, S. 264ff.
31 Ebd., S. 266, vgl. auch Gebhardt 2015, S. 4f.
32 Verband der deutschen Kritiker e.V. 1977: Kritikerpreis 1977 für Musik.
33 Gebers, Interview mit dem Verfasser, 27.3.2015, Interview-ID 57.
34 Hall 1989, S. 173.

Interviewpartner:innen für die Oral History-Interviews, d.h. primär die ehemaligen FMP-Verantwortlichen, sowie die Schwerpunktsetzungen und Fokussierungen des Projekts. Und zum anderen verweist die praxisorientierte und interventionistische Perspektive auf die Positionierung, die der Arbeit zugrunde liegt und von der aus der Verfasser argumentiert. So ist der Verfasser als künstlerisch-kultureller Akteur im Kontext einer sub- und soziokulturellen Praxis oder auch einer freien Kunst- und Kulturszene in der BRD verortet. D.h. einer Praxis, in der Intersektionalität einerseits eine hohe Bedeutung zukommt, andererseits deren Akteur:innen zugleich oftmals privilegiert sind, was auch auf den Verfasser zutrifft.

Mit der Arbeit soll die von den beiden englischen Jazzforschern Nicholas Gebhardt und Tony Whyton in *The Cultural Politics of Jazz Collectives: This is Our Music* herausgegebene Dokumentation kollektiver Bewegungen und deren Entstehung im Jazz und in der improvisierten Musik fortgeschrieben werden. So bemerken Whyton, der eine Vorreiterrolle in der europäischen Rezeption der *New Jazz Studies* in Großbritannien spielte[35], und sein langjähriger Mitstreiter Gebhardt zu der von ihnen editierten Sammlung *The Cultural Politics of Jazz Collectives*: „This collection explores the history of musician-led collectives and the ways in which they offer a powerful counter-model for rethinking jazz practices in the post-war period."[36] Beginnend mit dem außeruniversitären Jazzprogramm der *San Francisco State University* in den 1930er-Jahren und endend mit Kollektiven zeitgenössischer Jazzmusiker:innen in so unterschiedlichen Städten wie Birmingham, New York, Utrecht und Wien untersuchen die zwölf Essays und Fallstudien Fragen der gemeinsamen ästhetischen Vision, sozioökonomischer und politischer Faktoren, lokaler Bildung und kultureller Werte unter improvisierenden Musiker:innen.[37] Jedes Kapitel präsentiert eine Interpretation und Bewertung eines bestimmten Kollektivs oder einer Gruppe von Kollektiven und eröffnet mögliche Wege zum Überdenken einiger Fragen, die mit der Analyse der sozialen Beziehungen und Strukturen verbunden sind, die Jazz und improvisierte Musik ermöglichen. Aufgrund der Internationalität sowie der Heterogenität der untersuchten Kollektive werden an die einzelnen Fallstudien eine Vielzahl von Fragestellungen und Perspektiven herangetragen. Diese umfassen neben den ästhetischen, sozioökonomischen und politischen Aspekten auch Fragen sozialer Identität, der Musikproduktion und -rezeption sowie der Rolle der kulturellen und sozialen Gruppen in diesem Prozess. Nicht nur aufgrund dieser Perspektivierungen, sondern auch aufgrund der Fragestellung hinsichtlich der Probleme, mit denen die Musiker:innen bei der Organisation ihres Alltags konfrontiert sind und wie sie versuchen, ihre spezifischen Ansprüche auf Unabhängigkeit und künstlerische Autonomie mit den bestehenden, gegenseitigen Abhängigkeiten in Einklang

---

35 Vgl. Pfleiderer 2019, S. 292.
36 Gebhardt/Whyton 2015, S. II.
37 Vgl. ebd., S. xf.

bringen, versteht sich die Arbeit als Teil des Projekts der Dokumentation kollektiver Bewegungen. Für die vorliegende Forschung ist hierbei entscheidend, dass die für die FMP-Akteur:innen relevanten Problem- und Fragestellungen sowie deren Spezifik, die u.a. deren künstlerische und organisatorische Konzepte, Visionen, Kritik, Intentionen bis hin zu Produktion und Organisation beinhalten (wie auch die Frage nach der spezifischen Form der Kollektivität der FMP) mittels einer möglichst adäquaten Rekonstruktion der Geschichte der FMP herausgearbeitet werden sollen. D.h. es soll vermieden werden, die Rekonstruktion durch a priori festgelegte Perspektivierungen zu determinieren. Hinsichtlich dieser spezifischen Rekonstruktion versucht die Arbeit, Bruno Latour, der als der prominenteste Vertreter der Akteur-Netzwerk-Theorie (ANT) gilt, und dessen Methodik der Beschreibung nutzbar zu machen. Wobei anzumerken ist, dass Latour unter Beschreibung keine „Aneinanderreihung von Klischees" versteht, sondern vielmehr: „aufmerksam für den konkreten Sachverhalt" zu sein und „den einzigartigen Bericht einer gegebenen Situation"[38] zu finden.

Aufgrund der insofern exponierten Bedeutung der Methodik für die vorliegende Arbeit wird im nächsten Kapitel *2 Theoretischer Rahmen* zunächst der theoretische Rahmen skizziert, um so die theoretisch-begriffliche Positionierung verständlich zu machen, mit der im übernächsten Kapitel *3 Forschungsstand, Fragestellung und Bedeutung* der Forschungsstand resümiert und die Fragestellung entwickelt wird.

2 Theoretischer Rahmen

Ausgehend von der praxisorientierten und interventionistischen Positionierung sollen im Folgenden praxistheoretische Positionen nach einem hinsichtlich des formulierten Forschungsinteresses adäquaten Praxis- bzw. Handlungsbegriff[39] befragt werden, wobei weder beansprucht wird, die wesentlichen Charakteristika des Praxisbegriffs der praxeologischen Theoriebewegung darzustellen noch einen (kursorischen) Überblick zu vermitteln. Vielmehr versteht sich die Auswahl der praxistheoretischen Konzeptionen als durch das konkrete Erkenntnisinteresse geleitet.

Schatzki bezeichnet als zentrale Gemeinsamkeit der Praxistheorie, „dass ihre Theorien und Analysen den Praxisbegriff zur Grundlage haben" und fügt

38 Latour [5]2019, S. 249.

39 Hinsichtlich einer groben begrifflichen Differenzierung von Praxis und Handeln soll einerseits mit Hirschauer „Praxis" als „menschliches Handeln und Verhalten" (Hirschauer 2016, S. 45) definiert und andererseits mit einer anderen ontologischen Bedeutung Praxis bzw. die Welt der Praxis als die „Welt des Dinglichen, der schon verwirklichten Ziele und Zwecke" (Bourdieu [5]2018, S. 166) im „Gegensatz zu Theorie" (Tosel 1999, S. 1310) verstanden werden.

als zweite hinzu, dass Praxistheorien „Praktiken als fundamental sozial verstehen, zumindest in dem Sinne, dass diese von einer unbestimmten Zahl an Personen ausgeführt werden".[40] Auch Schäfer begreift grundsätzlich jene Ansätze als Praxistheorie, in denen „‚Praktiken' die fundamentale theoretische Kategorie bilden" und fügt hinzu, dass diese „damit eine Reihe etablierter philosophischer und soziologischer Dichotomien zu überwinden suchen, wie etwa die Differenz zwischen Struktur und Handlung, einer Regel und ihrer Anwendung, der Makro- und der Mikroperspektive sowie zwischen Gesellschaft und Individuum".[41] Und Hirschauer exponiert die „Frontstellung zu rationalistischen Handlungstheorien" als „Markenkern aller Praxistheorie": „Man ist sich einig, was Handeln *nicht* ist".[42] So postuliert Bourdieu in *Entwurf einer Theorie der Praxis*, „dass wir alle Theorien aufzugeben haben, die explizit oder implizit die Praxis zu einer mechanischen, [...] unmittelbar determinierten Reaktionsform stempeln, worein zugleich die Unterstellung eingeht, dass jene auf das mechanische Funktionieren vorgängig aufgestellter Apparaturen wie ‚Modelle', ‚Normen' oder ‚Rollen' zu reduzieren seien".[43] Das heißt, er kritisiert die objektivistische „Theorie des Handelns", weil diese die „objektive Bedeutung der Praxisformen und Werke zum subjektiven Zweck des Handelns der Produzenten dieser Praxisformen, Praktiken und Werke" erhebe: „mitsamt seinem unmöglichen *homo oeconomicus*, der seine Entscheidungen dem rationalen Kalkül unterwirft, seinen Akteuren, die bloße Rollen ausführen oder Modellen gemäß handeln".[44] Wobei Bourdieu hinzufügt, dass die „Verwerfung der mechanistischen Theorien" keineswegs nun „wieder einmal der eingespielten Alternative zwischen Objektivismus und Subjektivismus anheimfallend", einem „schöpferischen freien Willen das Wort geredet" werden solle, „dem die ungebundene und willkürliche Macht zukommen soll, im Nu die Bedeutung einer Situation derart hervorzubringen", dass „die Ziele, die nach Veränderung jener Bedeutung streben, projiziert werden" könnten, oder dass „die objektiven Intentionen und die konstituierten Bedeutungen der menschlichen Handlungen und Werke auf bewusste und überlegte Absichten der Handelnden reduziert werden"[45] könnten. Vielmehr intendiert Bourdieu mit seiner „Theorie der Praxis", eine „Theorie des Erzeugungsmodus der Praxisformen" zu entwerfen, d.h. ein

> „Erzeugungs- und Strukturierungsprinzip von Praxisformen und Repräsentationen, die objektiv ‚geregelt' und ‚regelmäßig' sein können, ohne im geringsten das Resultat einer gehorsamen Erfüllung von Regeln zu sein; die objektiv ihrem Zweck angepasst sein können, ohne das bewusste Anvisieren der Ziele und Zwecke und die explizite Beherr-

---

40 Schatzki 2016, S. 30.

41 Schäfer 2016, S. 11, vgl. Schatzki 1996.

42 Hirschauer 2016, S. 45.

43 Bourdieu [5]2018, S. 169.

44 Ebd., S. 164.

45 Bourdieu [5]2018, S. 169.

> schung der zu ihrem Erreichen notwendigen Operationen vorauszusetzen, und die, dies alles gesetzt, kollektiv abgestimmt sein können, ohne das Werk der planenden Tätigkeit eines ‚Dirigenten' zu sein".[46]

Hinsichtlich des ausgehend vom artikulierten Erkenntnisinteresses intendierten Begriffs von Praxis bzw. von Handeln heißt dies einerseits, dass weder Praxis noch Handeln als von objektiven Strukturen mechanistisch determiniert oder als determinierte Reaktionsform adäquat verstanden werden können und andererseits, dass diese ebenso wenig auf einen abstrakten „schöpferischen freien Willen"[47], auf „jenseits der Geschichte des Individuums" angesiedelte „präkonstruierte Totalitäten"[48] oder auf bewusste Handlungsabsichten – „jenseits der Zwänge und Notwendigkeiten der Praxis"[49] – reduziert werden könnten. Vielmehr sind Handeln und Praxis als grundsätzlich vermittelt zu verstehen sowie Kontextualität und Relationalität des Handelns als ein „wesentliches Charakteristikum des Praxisbegriffs"[50] zu markieren.

Auch Latour perspektiviert den Handlungsbegriff neu und revidiert die klassischen Handlungstheorien, wobei mit Wieser anzumerken ist, dass es sicherlich „eine Frage der Abstraktionshöhe" ist, ob die ANT den „Praxistheorien zugerechnet werden kann – zur Gruppe handlungs- und strukturkritischer Sozial- und Kulturtheorien ganz sicherlich".[51] So charakterisiert Latour in *Eine neue Soziologie für eine neue Gesellschaft* Handeln als „nicht transparent", d.h. es stehe „nicht unter der vollen Kontrolle des Bewusstseins".[52] Der Komplexität, Diversität und Heterogenität jeder Handlung Rechnung tragend bestimmt Latour Handeln vielmehr als einen „Knoten, eine Schlinge, ein Konglomerat aus vielen überraschenden Handlungsquellen" – was mit dem „seltsamen Ausdruck Akteur-Netzwerk-Theorie"[53] exponiert werden soll. Analog zu Bourdieu lehnt Latour mechanistische Erklärungsansätze wie die ‚Determination des Handelns durch die Gesellschaft', die ‚kalkulierenden Fähigkeiten der Individuen' oder die ‚Macht des Unbewussten' ab und unterstreicht, dass „das Handeln *unterdeterminiert*" sei, d.h. dass es Unbestimmtheiten und Kontroversen darüber gibt, wer und was handelt, wenn ‚wir' handeln. Mit dem Gebrauch des aus dem Bereich der darstellenden Kunst entlehnten Wortes „Akteur" möchte Latour auf „eine komplette Verlagerung der Handlung" aufmerksam machen und darauf, dass „diese keine kohärente, kontrollierte, abgerundete und sauber abgegrenzte Sache"[54] sei:

---

46 Ebd., S. 164f.

47 Ebd., S. 169.

48 Ebd., S. 164.

49 Ebd., S. 139.

50 Schäfer 2016, S. 13, vgl. Schäfer 2017, S. 117.

51 Wieser 2017, S. 111.

52 Latour [5]2019, S. 77.

53 Ebd.

54 Ebd., S. 82.

„Das Wort ‚Akteur' zu verwenden bedeutet, dass nie klar ist, wer und was handelt, wenn wir handeln, denn kein Akteur auf der Bühne handelt allein. Das Schauspiel versetzt uns sofort in ein dichtes Imbroglio, wo die Frage, wer die Handlung durchführt, unergründlich wird. Sobald das Spiel beginnt, ist […] nichts sicher: Ist es wirklich? Ist es vorgetäuscht? Zählt die Reaktion des Publikums? Wie steht es mit der Beleuchtung? Was machen die Mitarbeiter in den Kulissen? Wird die Aussage des Stücks getreu wiedergegeben oder hoffnungslos verhunzt? Wird die Rolle gut wiedergegeben? Und wenn, wodurch? Was tun die Partner? Wo ist der Souffleur?"[55]

So sei Handeln „definitionsgemäß nicht lokalisierbar, sondern stets verlagert, verschoben, *dislokal*", und ein ‚Akteur' – in dem „Bindestrich-Ausdruck Akteur-Netzwerk" – sei „nicht der Ursprung einer Handlung, sondern das bewegliche Ziel eines riesigen Aufgebots von Entitäten, die zu ihm hinströmen".[56] Die „Handlungstheorie der ANT" definiert Latour entsprechend als: *„jemanden dazu zu bringen, etwas zu tun"*.[57] Diese Handlungsdelegation soll jedoch nicht kausalistisch gedacht werden, als setze der erste Term den zweiten voraus. Beide Terme sollen vielmehr als ‚Mittler' verstanden werden: „Aus Ursachen lassen sich keine Wirkungen deduzieren, sie stellen bloß Gelegenheiten, Umstände und Präzedenzfälle bereit".[58] So kritisiert Latour:

„‚Gib mir die Ursache, dann habe ich auch die Wirkung'. […] Bei Zwischengliedern gibt es kein Geheimnis, denn der Input sagt den Output ziemlich gut voraus: Nichts wird in der Wirkung präsent sein, was nicht schon in der Ursache lag. Mit dieser scheinbar wissenschaftlichen Redeweise gibt es jedoch stets ein Problem. Wenn der Input wirklich den Output voraussagte, dann wäre es besser, die Wirkungen zu ignorieren und nur auf die Ursachen zu achten, wo alles Interessante bereits geschehen ist".[59]

Soziales Handeln werde nicht nur weitergetragen, sondern es werde auf verschiedene Akteurstypen verlagert oder delegiert, die fähig sind, das Handeln durch andere Aktionsmodi, andere Typen von Materialien zu transportieren. Latour überträgt somit seine Handlungstheorie auf jegliche – auch rein materielle – Entitäten und begreift *„jedes Ding*, das eine gegebene Situation verändert, indem es einen Unterschied macht", als ‚ein Akteur' (oder wenn es noch keine Figuration habe als ‚ein Aktant'), was er wie folgt illustriert:

„Daher sind die hinsichtlich jeglichem Handlungsträger zu stellenden Fragen einfach die folgenden: Macht er einen Unterschied im Verlauf der Handlung irgendeines anderen Handlungsträgers oder nicht? […] Die Antwort des Common sense sollte eher ein vernehmliches ‚Ja' sein. Wenn Sie mit unbewegtem Gesicht behaupten können, dass es genau dieselbe Tätigkeit ist, einen Nagel mit und ohne Hammer einzuschlagen, Wasser

55 Ebd., S. 81f.
56 Ebd.
57 Ebd., S. 122.
58 Ebd., S. 101f.
59 Ebd., S. 102.

mit und ohne einen Wasserkessel zu kochen, [...] durch die Straßen zu gehen mit und ohne Kleider, ein Fernsehgerät mit oder ohne Fernbedienung zu zappen, [...] ein Inventar zu führen mit und ohne eine Liste, eine Firma zu betreiben mit und ohne Buchhaltung, dass also die Einführung dieser prosaischen Geräte ‚nichts wesentliches' an der Durchführung der Aufgaben ändert, dann sind Sie im Begriff, auf den fernen Planeten des Sozialen auszuwandern und aus dieser niederen Welt zu verschwinden."[60]

Reckwitz weist im Kontext seiner Kernthese der Neupositionierung der kulturtheoretischen und kulturwissenschaftlichen Begriffssysteme in den Sozial- und Geisteswissenschaften, d.h. der *Materialisierung des Kulturellen*, auf das „heuristische Potential" der ANT hin. So schließe die ANT-Perspektive in mancher Hinsicht an die *material culture studies* in der Kulturanthropologie an, radikalisiere diese jedoch, indem die Dingwelt nicht nur als „Sphäre von Gebrauchsobjekten sichtbar" werde, sondern auch als „konstitutive Voraussetzung für soziale Praktiken".[61] Hinsichtlich des Forschungsinteresses ermöglicht das heuristische Potential von Latours Ansatz so einerseits die Komplexität, Diversität, Heterogenität oder auch Dislokalität und Unterdeterminiertheit etc. des (sozialen) Handelns der menschlichen Akteur:innen zu perspektivieren. Neben den wichtigsten FMP-Akteuren bzw. den ehemaligen Verantwortlichen der FMP sind so weitere Akteur:innen als Handlungsträger:innen zu berücksichtigen wie bspw. Nele Hertling (Ende der 1960er-Jahre Sekretärin der Abteilung Musik der Westberliner *Akademie der Künste*) ohne deren Initiative es weder den *Workshop Freie Musik* in der *Akademie der Künste* noch das Cecil Taylors einmonatiges Arbeitsprojekt *Improvised Music II/88* im Juni und Juli 1988 im Rahmen des Berliner *Kulturstadt Europa*-Jahres 1988 gegeben hätte.[62] Andererseits sind auch rein materielle wie auch immaterielle Entitäten als Handlungsträger einzubeziehen wie z.B. die Tonträger, die Produktions- und Finanzmittel, vorhandene oder nicht vorhandene Büroräume, die Existenz oder Nichtexistenz eines Studios oder eines nationalen oder internationalen Vertriebs, die Programmformate und Veranstaltungsreihen, die Veranstaltungsorte oder das Publikum. Und ebenso können die sozioökonomische Situation der Jazzszene, die kulturpolitischen Programme und öffentlichen Subventionen wie auch die Kritikpositionen, die habituelle Dispositionen, Diskurse etc. perspektiviert werden. Auf diese Weise lassen sich „möglichst viele Ursachen durch eine Reihe von Akteuren"[63] bzw. durch ein Gefüge von sozialen, materialen, materiellen und immateriellen Mittlern oder Entitäten ersetzen, ohne vorab determinierende Erklärungsansätze zu implementieren, Praxis als eine mechanische, unmittelbar determinierte Reaktionsform zu konzipieren oder objektive Intenti-

60 Ebd., S. 123.

61 Reckwitz 2014, S. 18.

62 So hatte Nele Hertling für die „Programmplanung" (Hertling 2018a, S. 14) des Berliner *Kulturstadt Europa*-Jahres 1988 die *Akademie der Künste* 1986 verlassen.

63 Latour ^{5}2019, S. 104.

onen und konstituierte Bedeutungen der menschlichen Handlungen und Werke auf bewusste und überlegte Absichten der Handelnden zu reduzieren.

3 Forschungsstand, Fragestellung und Bedeutung

Über die FMP existiert eine immense Anzahl von Texten. So ist der Aussage des Kulturwissenschaftlers, Publizisten und künstlerischen Leiters des *Jazzfest Berlin* von 2012 bis 2014 Bert Noglik zuzustimmen, der 2010 in seinem Beitrag *Instant Coffee im August* im Begleitbuch der FMP-Edition *FMP im Rückblick* bemerkt: „Über die *Free Music Production*, die über sich selbst wenig Erklärendes veröffentlicht hat, ist erstaunlich viel zu Papier gebracht worden.“[64] Neben den allein auf der Website des FMP-Verlags *FMP-Publishing* dokumentierten 74 deutsch- und englischsprachigen Texten über die FMP (inkl. Interviews), die überwiegend aus nationalen wie auch aus internationalen Jazz- und Musikzeitschriften (u.a. *Jazz Podium*, *Jazzthetik*, *Jazz Thing*, *Cadence Magazine*, *CODA Magazine*, *Blues Notes*, *Jazz Forum*, *Musica Jazz*, *Kulturmagazin*, *Neue Zeitschrift für Musik*), Tages- und Wochenzeitungen (u.a. *Frankfurter Rundschau, Frankfurter Allgemeine Zeitung, taz, Berliner Morgenpost, Tages-Anzeiger, Basler Zeitung, Die Zeit, WOZ*) sowie Broschüren und Faltblätter der FMP stammen[65], enthalten auch die in den Veranstaltungsflyern und -broschüren der FMP veröffentlichten Programmtexte, die CD-Liner Notes sowie die unüberschaubare Anzahl nationaler wie auch internationaler Rezensionen über die Tonträger, Konzerte, Workshops und Live-Projekte der FMP zum Teil Aussagen über die FMP als Organisation sowie über deren Struktur, Entstehung und Entwicklung. Für diese Texte sowie für die FMP-Rezeption insgesamt können Werner Pankes *Mit eigenen Platten gegen mächtige Krämer* in der *Neuen Musikzeitung* vom Dezember 1975/Januar 1976, der inhaltlich nahezu identische Text *Der Weg zu uns* von Wilhelm E. Liefland aus dem Januar 1976 in der *Frankfurter Rundschau* sowie Ralph Quinkes in *Musik und Bildung* aus dem Jahr 1977 veröffentlichter Beitrag *Die Berliner Free Music Production: Musikalische und gesellschaftliche Emanzipation* als wegweisend angesehen werden, wobei der den Texten von Panke, Liefland und Quinke inhärente politische resp. politisierte Impetus in den folgenden Jahrzehnten sukzessive verebbt. So versteht Panke die Entstehung der FMP als „notwendige Alternative“, „denn so wie es zuging im Musik-Business, so ging es nicht weiter“: „Die deutschen Avantgarde-Musiker wurden von den Krämern, die mit der Musik schachern, schnöde geschnitten.“[66] Panke verweist ebenso wie Liefland auf das ‚soziale Programm‘ der FMP. Ihre Platten seien „eine musikalisierte Agitation für ein erträglicheres Zusammenle-

64 Noglik 2010, S. 37.

65 Vgl. FMP-Publishing 2021a, FMP-Publishing 2021b.

66 Panke 1975.

ben“, „die Utopie einer kreativen Sozialisation“ gewinne hier, „in der Verkettung von künstlerischen und wirtschaftlichen Bereichen, durchaus eine praktikable Realität.“[67] So habe die FMP „das Paradox“ auf sich genommen, „mitten im Kapitalismus mit den Mitteln des Kapitalismus gegen den Kapitalismus ‚anzuspielen‘, anzutreten.“[68] Und Quinke rekurriert in seinem Beitrag in *Musik und Bildung* nicht nur auf das Diktum vom ‚Anspielen gegen den Kapitalismus‘, sondern führt hinsichtlich der Entstehung der FMP auch die Chiffre ‚1968‘[69] ein. So bemerkt er, dass es „sicherlich kein Zufall“ sei, „dass die Entstehungszeit der FMP in die Jahre 1968/69“ falle, „in die Zeit des Höhepunkts der antiautoritären Bewegung, der Massendemonstrationen, der Studentenunruhen und Straßenschlachten in nahezu der gesamten westlichen Welt von Berlin über Paris bis Berkeley“.[70] Vermitteln insgesamt die o.g. meist von profilierten Musik- bzw. Jazzkritikern[71], Musik- und Kulturwissenschaftlern und sog. FMP-Insidern geschriebenen Texte einerseits ein detail- und kenntnisreiches Bild der FMP, so zeigt sich andererseits deren inhaltliche Ausgestaltung wesentlich durch deren typologische Funktion bestimmt. D.h. die publizierten Texte versuchen in der Regel, meist von einem kursorischen Abriss der Geschichte der FMP flankiert, die FMP vorzustellen und deren jazzmusikalische Bedeutung zu vermitteln, wobei die Texte weder hinsichtlich ihres Anspruchs noch hinsichtlich des avisierten Adressat:innen-Kreises wissenschaftlich intendiert sind. So kursieren bis heute (teilweise) nicht nur inkorrekte Datums- bzw. Jahressangaben sowie unzutreffende Angaben bezüglich der an bestimmten Aktivitäten beteiligten Musiker:innen, sondern auch viele Aussagen, die eine reale Beschreibung der Ereignisse und Begebenheiten beanspruchen, sich jedoch als tendenziell projektiv bzw. als Assoziationen ihrer Autoren markieren lassen[72], wie sich ausgehend von einer differenzierten Analyse des jeweiligen Kontextes zeigen lässt.

Des Weiteren ist auf den Reader *Underground + Improvisation. Alternative Musik und Kunst nach 1968* hinzuweisen, der die gleichnamige Ausstellung mit u.a. Beiträgen bzw. Statements von Gebers und Hertling (von 1963 bis 1988 wissenschaftliche Mitarbeiterin an der *Akademie der Künste* für die Abteilungen Musik und Darstellende Kunst) sowie der Musiker Brötzmann, Kowald, Ken Vandermark und Konrad Bauer dokumentiert, die vom 14. März bis zum 6. Mai 2018 in der Berliner *Akademie der Künste* stattfand und von Markus Müller kuratiert wurde. Wie der Programmbeauftragte der *Akademie der Künste* Johannes Odenthal

67 Ebd., vgl. Liefland 1976a.

68 Liefland 1976a, vgl. Panke 1975.

69 Vgl. Siegfried 2018, S. 9f.

70 Quinke 1977.

71 Beim einzigen Text dieser Kategorie, der von einer Journalistin verfasst wurde, handelt es sich um den *Jazz Podium*-Beitrag *Free Music Production: 30 Jahre Einsatz für die Freie Musik* von Prange (1999).

72 Vgl. bspw. Knauer 2019a, Klopotek 2010, Klopotek 2008b, Lake 1991a, Lake 1990.

ausführt, versuche die Ausstellung und ihr umfangreiches Begleitprogramm aus Konzerten, Filmen und Diskussionen, „ein Phänomen einzufangen, das sich in seiner Zeit in Westberlin [...] systematisch der Vereinnahmung durch die Institutionen und durch den Mainstream widersetzt“[73] habe. Auch Müllers Ausstellungstext *Free Music Production/FMP: The Living Music* bewegt sich insofern innerhalb des phänomenologischen und deskriptiven Rahmens der o.g. Texte, als er zum einen bei seiner prägnanten Darstellung der „Geschichte des Musiklabels“ zwar auf Ursachen für die Entstehung und Genese der FMP verweist (d.h. auf die „Versuche der Musiker“, „ihre Produktions- und Arbeitsbedingungen selbstbestimmt zu gestalten“, oder auch auf deren Intention, „die Arbeitsbedingungen für junge Musiker zu verbessern“), hierbei jedoch vor allem die Bedeutung der FMP apostrophiert. So habe die FMP als „Berliner Plattform für die Produktion, Präsentation und Dokumentation von Musik Unvergleichliches geleistet“.[74] Und entsprechend endet Müllers Text mit der Feststellung:

> „Heute, kurz vor dem 50-jährigen Jubiläum der FMP, wird klar, dass die Free Music Production durch ihre Konsequenz und ihre Öffnung für viele verschiedene Musiken und kulturelle Praktiken aus aller Welt zu den wesentlichsten kulturhistorischen Beiträgen gehört, die Westberlin zur Kunst- und Kulturgeschichte des 20. Jahrhunderts geleistet hat.“[75]

In seinem Anfang 2022 erschienenen 400-seitigen großformatigen Buch *Free Music Production. FMP: The Living Music* mit über 300 Abbildungen (Fotos, Veranstaltungsplakaten, Cover, Flyern, Programmhefte, Firmendokumente, handschriftliche Notizen, Zeitungsausschnitten etc.) dokumentiert Müller eindrucksvoll die Berliner Ausstellung und die ebenfalls von Müller kuratierte Münchner FMP-Ausstellung, die ein Jahr zuvor vom 10. März bis 20. August 2017 im *Haus der Kunst* stattfand. Neben vielen kurzen Statements und Ausschnitten aus Interviews mit u.a. Gebers, Hertling und diversen Musiker:innen (Brötzmann, Kowald, Schweizer, Carl, Moholo, Lovens, Reichel) sowie Dagmar Gebers (die ab 1972 die FMP-Aktivitäten fotografisch dokumentierte) und dem FMP-Mitarbeiter Dieter Hahne enthält die Dokumentation einen Beitrag von Diedrich Diederichsen über Cecil Taylor: *Musik für deutlich mehr als zwei Kontinente: Cecil Taylor.* Müllers eigene textliche Darstellung der Geschichte der FMP basiert auf seinen zahllosen Interviews und Gesprächen, die er mit den Akteur:innen (Gebers, Hertling, Brötzmann, Kowald, Lovens, Schlippenbach, Parker, Bauer und vielen weiteren Musiker:innen) in einem Zeitraum von 30 Jahren geführt hat: zunächst in den frühen 1990er-Jahren u.a. für die *Jazzthetik*, vor allem aber in den letzten 10 Jahren – also zwischen 2011 und 2021. Wie im Berliner Ausstellungstext würdigt Müller

73 Odenthal 2018, S. 5.
74 Müller 2018, S. 17.
75 Ebd., S. 27.

die FMP: als die „erfolgreichste selbstbestimmte Musikerorganisation der Welt", die nicht nur „für die Produktion, Präsentation und Dokumentation von Musik weltweit Unvergleichliches geleistet" habe, sondern auch den wichtigsten kulturellen und kulturpolitischen Beitrag Westberlins zum 20. Jahrhundert darstelle.[76] Hinsichtlich der Entstehung und Genese der FMP wählt Müller ein determinierendes Erklärungsmodell. So rekurriert Müller auf die „relevanten politischen Fragen der 1950er und 1960er-Jahre, das Streben nach Emanzipation und Gleichberechtigung", die in der Folgezeit diesseits und jenseits des Atlantiks eine „unmittelbare Wirkung auf alle nachfolgenden Initiativen zur Selbstbestimmung und Selbstermächtigung von Musikern"[77] entfaltet hätten. Des Weiteren verweist Müller auf den sog. Kalten Krieg und die „Insellage" Westberlins, die es erst ermöglicht hätten, „dass im gesamtgesellschaftlichen Aufbruch dort die Möglichkeiten geschaffen wurden, budgetär und auch kulturpolitisch sanktioniert, ab 1968 eine selbstbestimmte Musikerinitiative wie die FMP zu unterstützen".[78] Müller grenzt sich gegenüber einer wissenschaftlichen Auseinandersetzung ab und fokussiert die Verdienste der FMP. Müller konkretisiert jedoch weder die zentralen Begriffe seiner Einführung (wie Selbstbestimmung, Selbstermächtigung oder Emanzipation) noch seine weiteren Thesen (wie zur Insellage). Auch die vielen herangezogenen Interviewpassagen bleiben methodisch-kritisch unbearbeitet.[79]

Mit Josts *Europas Jazz* findet die FMP 1987 Eingang in die deutsche Jazzgeschichtsschreibung. So verweist Jost auf die FMP bzw. den ersten *Workshop Freie Musik* in den Ausstellungshallen der Westberliner *Akademie der Künste* 1970 als ein Beispiel einer jazzhistorischen Tendenz oder eines Trends, in welchem der jazzmusikalische Underground der späten 1960er-Jahre auf die Plattform des offiziellen Musikbetriebes der Bundesrepublik gehoben worden sei – und zwar in einem Ausmaß, wie es zur gleichen Zeit in keinem anderen Land Europas der Fall gewesen sei. Diese jazzhistorische Tendenz führt Jost mit einem soziologischen Erklärungsansatz einerseits auf die Subventionierung durch die Medien und der sogenannten öffentlichen Hand zurück, d.h. auf eine partielle Entlastung von ökonomischen Zwängen, sowie andererseits auf die föderalistische Struktur der Bundesrepublik. So verfüge die BRD über etliche mittlere Zentren, mit einer jeweils eigenen kulturellen Infrastruktur, „was – bei entsprechender Subventionierung – zwangsläufig auch eine entsprechende Vervielfältigung der

76 Vgl. Müller 2022, S. 50, 15 und 7.

77 Ebd., S. 15f.

78 Ebd., S. 7.

79 Eine Auseinandersetzung mit dem von Müller gewählten Erklärungsmodell (und welche Perspektive die vorliegende Forschung diesbezüglich bieten könnte) erfolgt im Kapitel *Resümee I: Der Zusammenschluss*. Die Problematik einer fehlenden methodischen Reflexion von (Oral History-)Interviews wird im Kapitel *4.2.1 Jazz Studies und die ‚Aporie der Oral History'* erörtert.

Auftrittsmöglichkeiten“[80] beinhalte. Dies und der „regionale Pluralismus öffentlich-rechtlicher Rundfunkanstalten“, „deren mäzenatischer Funktion für die freien Spielformen des Jazz seit Ende der 60er-Jahre ein zunehmend großes Gewicht zukam“, schufen ein „soziomusikalisches Klima“, das – „im Vergleich zu anderen Ländern mit Ausnahme der Niederlande – insbesondere den Musikern der avancierten Stilbereiche die Arbeit erheblich erleichterte“.[81] Während Jost seine These zur Entstehung der FMP mit dem Hinweis auf deren gegenkulturelle soziomusikalische Position erst in *Jazzgeschichten aus Europa* 2012 formuliert[82] und *Europas Jazz* letztlich weder hinsichtlich der Entstehung noch der Entwicklung der FMP konkrete Erklärungsansätze liefert, verweist Wolfram Knauer in seiner 2019 veröffentlichten Geschichte des Jazz in Deutschland *‚Play yourself, man!‘* hinsichtlich der Entstehung der FMP „neben der Tatsache“, „dass die Musik der improvisatorischen Avantgarde bei den großen Labels auf kein Interesse stieß“, auf die kulturpolitische Positionierung ihrer Initiatoren, so „wollten Gebers und seine Mitstreiter sicherstellen, dass die Musiker nicht nur die Kontrolle über die Produktions- und Vertriebswege behielten, sondern darüber hinaus auch angemessene Honorare erhielten“.[83] Und während Mike Heffley 2000 in seiner Dissertation *Northern Sun, Southern Moon: Identity, Improvisation, and Idiom in Freie Musik Produktion* sowie in seiner Publikation *Northern Sun, Southern Moon: Europe's Reinvention of Jazz* 2005 primär an einer musikalischen „ethnography of FMP and its artists“[84] interessiert ist und sich hinsichtlich der Entstehung der FMP im Wesentlichen innerhalb des Interpretationsrahmen von Panke, Liefland und Quinke bewegt, siedelt Harald Kisiedu in *European Echoes: Jazz Experimentalism in Germany, 1950–1975* seine deskriptive Darstellung der Gründung der FMP im Kontext analoger Selbstorganisationsversuche niederländischer und britischer Improvisator:innen an. In seiner Dissertation versucht er darzulegen, wie „the movement of jazz experimentalism in Germany has been shaped by the breaking of boundaries across nation, race, genre, artistic discipline, and even socio-political systems“.[85] In diesem Rahmen beleuchtet er die Bedeutung der FMP bei der Entstehung der ersten Begegnungen zwischen Improvisatoren aus der BRD und der DDR (in den frühen 1970er-Jahren) sowie bei der Dokumentation des ostdeutschen Jazz-Experimentalismus.

Demgegenüber intendiert die vorliegende Dissertation eine Gesamtschau der Entstehung, Struktur und Genese der FMP, womit sich das Forschungsdesiderat der Arbeit markieren lässt. Hierbei versucht die Arbeit, insofern ein rein

80 Jost 1987, S. 112.

81 Ebd.

82 Jost 2012, S. 244f.

83 Knauer 2019a, S. 270. Vgl. zu Knauers Darstellung Kapitel *Resümee II: Die Gründung.*

84 Heffley 2000, S. 2.

85 Kisiedu 2014, S. 196, Kisiedu 2020, S. 219. Vgl. zu Kisiedus Darstellung Kapitel *Resümee II: Die Gründung.*

deskriptives Paradigma zu transzendieren, als diese ausgehend vom skizzierten Praxis- bzw. Handlungsbegriff versucht, Handeln und Praxis als konkret vermittelt darzustellen, d.h. ‚Ursachen' durch ‚Akteure' zu ersetzen. Um hierbei das „Spektrum der zu berücksichtigenden Entitäten" nicht „von vornherein"[86] einzuschränken oder vorab determinierende Erklärungsansätze zu implementieren, soll den ‚Akteuren' gefolgt und die „vielen Verbindungen"[87] eingefangen werden, um so die Praxisformen und -prozesse möglichst konkret nachzuzeichnen. Des Weiteren möchte die Arbeit für die weitere Forschung nicht nur hinsichtlich der kursierenden, inkorrekten zeitlichen Angaben bezüglich der Genese der FMP eine valide Grundlage schaffen, sondern auch rekurrierend auf das von Noglik angezeigte Forschungsdesiderat, d.h. seine im Eingang des Abschnitts zitierte Feststellung hinsichtlich der wenigen Selbsterklärungen der FMP, eine historische Innenperspektive der FMP vermitteln. Insofern und ausgehend vom markierten Forschungsdesiderat wurde das praxisorientiert-interventionistische Erkenntnisinteresse in die folgende, chronologisch-dreigliedrig strukturierte Fragestellung übersetzt und operationalisiert: 1. Welche (kulturellen, musikalischen, ökonomischen, gesellschaftlichen oder auch akteursspezifischen etc.) Handlungsquellen[88] bedingten das „Zusammengehen"[89] führender Exponent:innen des westdeutschen Avantgarde- bzw. Free Jazz in der zweiten Hälfte der 1960er-Jahre? 2. Wie kam es in der Folge zur Gründung der Kooperative? 3. Auf welche Weise versuchten die FMP-Verantwortlichen, die sozialen, kulturpolitischen und künstlerischen Vorstellungen und Programmatiken zu realisieren und wie entwickelte sich in der Folge die Kooperative und deren Struktur?

Ebenso wie die Skizzierung des jazzgeschichtlichen Kontextes weisen auch die Aussagen des Schweizer Publizisten und Musikverlegers Patrik Landolt oder des US-amerikanischen Jazzpublizisten John Corbett auf die jazz- und musikwissenschaftliche Bedeutung des Themas FMP hin. So bezeichnete Landolt Anfang der 1990er-Jahre die „FMP als Zentrum der zeitgenössischen Jazzentwicklung" und konstatiert, dass der FMP-Katalog „einer der künstlerisch wertvollsten Kataloge aktueller Jazzmusik überhaupt" sei und die „FMP für die Entwicklung der heutigen Jazzmusik einen äußerst wichtigen Beitrag"[90] leiste – laut Corbett sogar

86 Latour [5]2019, S. 27.

87 Ebd., S. 307.

88 Der Begriff der Handlungsquelle soll in diesem Kontext die Mittler, Aktanten und Entitäten von Latours Handlungsdelegation referenzieren. D.h. dasjenige, was jemanden dazu bringe, etwas zu tun.

89 Margull 1971, S. 209. Das ‚Zusammengehen' referenziert die Organisation und Durchführung des *Total Music Meeting* Anfang November 1968 in Westberlin bzw. Margulls Charakterisierung des *Total Music Meeting* als „Zusammengehen diverser deutscher Musiker wie von Schlippenbach, Brötzmann, Jost Gebers u.a." (ebd.) in der Juni-Ausgabe des *Jazz Podium* 1971.

90 Landolt 1993.

„einen der wichtigsten Beiträge zur zeitgenössischen Musik“[91] überhaupt. Und es sei nicht zuletzt „die Leistung von FMP“, dass Namen von Musikern wie Brötzmann, Kowald, Reichel, Schlippenbach, Carl, Mangelsdorff oder Lovens „heute in der internationalen Musikwelt einen Begriff darstellen und zu den Großen des heutigen Jazz gezählt werden“.[92] Des Weiteren weist die Bedeutung des Themas insofern über den engeren jazzmusikalischen und -historischen Kontext hinaus, als die Auseinandersetzung mit bzw. die Frage nach der ‚praktischen Alternative‘[93] der FMP auch für die künstlerisch-kulturelle Praxis anderer Akteur:innen oder deren Initiativen und Institutionen Aufschlüsse eröffnen könnte.

4 Methodologie und Methodik

‚Folge den Akteuren‘ (Latour)

Die dreigliedrige Forschungsfrage soll erstens ausgehend von der skizzierten theoretischen Rahmung mit einer praxis- oder auch assoziationstheoretisch orientierten Methodik bearbeitet werden. Diese versteht Praxis nicht als eine mechanische, unmittelbar determinierte Reaktionsform, sondern begreift Handeln und Praxis als kontextualisiert bzw. als ‚Vermehrung der Mittler‘. Der Komplexität, Diversität, Heterogenität oder auch Dislokalität und Unterdeterminiertheit des Handelns soll hierbei mittels einer Substitution von ‚Ursachen‘ durch eine ‚Reihe von Akteuren‘ oder einem Gefüge aus sozialen, materialen, materiellen und immateriellen ‚Mittlern‘ Rechnung getragen werden – ohne hierbei jedoch ein Habitus-Konzept als ‚Erzeugungs- und Strukturierungsprinzip von Praxisformen und Repräsentationen‘ zu installieren oder die Arbeit als einen ANT-Bericht oder als eine explizite ANT-Forschung auszuweisen. Die Methodik zielt insofern darauf ab, Praxisprozesse als konkret vermittelt darzustellen und nicht zwischen Objektivismus und Subjektivismus hin- und herzupendeln, wie dies noch Josts Fazit hinsichtlich des Erfolgs der New Yorker *Knitting Factory* trotz seines artikulierten dialektischen Anspruchs anzuhaften scheint. So resümiert Jost, dass „das Schicksal bestimmter Ausdrucksformen des Jazz – wie jeder anderen Kunst –“ offenbar „nicht allein abhängig von den großen gesellschaftlichen Bewegungen oder den Gesetzmäßigkeiten des Marktes“ sei, sondern „sich wesentlich auch auf die Motivation einzelner“ gründe, „die Initiative zu ergreifen, und auf die Bereitschaft vieler, ihre Kunst auch unter extrem widrigen Umständen durchzusetzen“.[94]

Was methodologisch und methodisch in Kontrastierung der soziologischen Dichotomie von Makro- und Mikroperspektive darunter zu verstehen ist, Pra-

91 Corbett 1993.

92 Landolt 1993.

93 Vgl. Jost ²2004, S. 266.

94 Jost ²2004, S. 303.

xisprozesse als konkret vermittelt darzustellen, lässt sich ausgehend von Latours Kritik der „Mikro-Makro-Problematik“ oder der „Akteur-System-Frage“[95] konkretisieren. So expliziert Latour, dass jede gegebene lokale Interaktion von Bestandteilen überzufließen scheine, die bereits in der Situation vorhanden und von anderen Existenzformen hervorgebracht worden seien:

> „Diese starke Intuition ist so alt wie die Sozialwissenschaften. Wie bereits gesagt, ist Handeln stets dislokal, artikuliert, delegiert und übersetzt. Wenn also eine Beobachterin der Richtung folgt, in die dieses Überfließen weist, wird sie *weg* von der gegebenen Interaktion und hin zu *anderen Orten*, *anderen Zeiten* und *anderen Existenzformen* gelenkt, die der Interaktion Gestalt gegeben zu haben scheinen. Als würde ein starker Wind es jedem verwehren, an Ort und Stelle zu bleiben, und die Anwesenden wegdrücken; als würde eine starke Strömung uns zwingen, den lokalen Schauplatz zu verlassen. Das Problem ist, wohin wir uns nun wenden sollen.“[96]

Aufgrund dieser Problematik hätte man sich von den lokalen Stätten abgewendet – „denn offenbar lag der Schlüssel zu den Interaktionen hier nicht verborgen“[97] – und die Aufmerksamkeit auf den Rahmen gerichtet, von dem angenommen wurde, dass in diesem die Interaktionen eingebettet seien. Allerdings führe trotz des richtigen Impulses, sich weg von der lokalen Interaktion zu bewegen, wie Latour akzentuiert, „dieser Weg nirgendwo“[98] hin. Denn:

> „Gibt es einen Weg, der vom Fall des Klägers zum Rechts-‚System‘ führt? Führt ein Kanal von der Fabrikhalle zur ‚kapitalistischen Produktionsweise‘ oder zu einem ‚Empire‘? […] Das Rechtssystem befindet sich nirgendwo im besonderen und wird doch nicht weniger mysteriös in jedem besonderen Fall heraufbeschworen, auch wenn es anerkanntermaßen in jedem einzelnen Fall eine immer wieder neu begonnene Totalität repräsentieren muß. Der Kapitalismus ist gewiß die herrschende Produktionsweise, doch niemand stellt sich vor, daß irgendein Homunculus-Vorstand das Kommando hat, trotz der Tatsache, daß viele Ereignisse den Eindruck erwecken, als gehorchten sie einer unerbittlichen Strategie.“[99]

Die unbequeme Antwort, die man so erhalte, wenn man sich jenen berühmten Kontexten zuwende, laute deshalb, dass zwar etwas existiert, das die jeweilige Interaktion ermögliche, indem es die meisten ihrer notwendigen Zutaten an den lokalen Schauplatz bringe, doch ist „dieses ‚etwas‘“ gleichzeitig *„hinter ihm anwesend“* und *„bei weitem zu abstrakt“*[100], um irgend etwas konkret zu tun. D.h. was als „wirklicher Ursprung“ von all dem ‚Wirklichen‘ und ‚Konkreten‘ gelte, das in Interaktionen stattfinde, bzw. der Kontext oder die Struktur sei zwar einerseits

95 Latour [5]2019, S. 292.
96 Ebd., S. 288.
97 Ebd., S. 289.
98 Ebd.
99 Ebd., S. 289f.
100 Ebd., S. 291.

„sehr mächtig", jedoch andererseits „zu schwach" und „zu weit entfernt"[101], um letztlich irgendeine konkrete Wirksamkeit zu besitzen. Sobald die Forschenden so bei den tiefen strukturellen Eigenschaften angelangt seien, ziehe es sie wieder zurück zum wirklichen Leben bzw. zu den vermeintlich realeren und konkreteren Interaktionen, also weg vom Kontext und zurück zur situierten Praxis. Da jedoch das ‚Reale' und ‚Konkrete' – nach wie vor – nicht vollständig in den lokalen Interaktionen zu finden sei, biete auch die erneute Fokussierung der lokalen Interaktion keine Lösung. Anstatt zu versuchen, den doppelten „Vermeidungsreflex" mit einem weiteren Kompromiss zwischen „Mikro und Makro", „Akteur und System" oder mit einer dialektischen „Kreisbewegung" aufzulösen, insistiert Latour auf „die *Unmöglichkeit*", „an einem der beiden Orte länger zu verweilen"[102] – und schlägt stattdessen vor:

> „Ja, wir sollten dem Hinweis folgen, daß Interaktionen von vielen Ingredienzien überflutet werden, die bereits an Ort und Stelle sind und aus anderen Zeiten, anderen Räumen und von anderen Handlungsträgern stammen; ja, wir sollten die Idee akzeptieren, daß wir uns wegbewegen müssen, hin zu anderen Orten, um so die Ursprünge der vielen Zutaten zu finden. Aber sobald wir aus einer Interaktion heraustreten, sollten wir die riesigen Schilder ignorieren, die da lauten: ‚Zum Kontext' oder ‚Zur Struktur'; wir sollten von der Hauptstraße abbiegen, die Autobahnen verlassen und statt dessen einem kleinen Weg folgen, der nicht breiter als ein Trampelpfad ist."[103]

Das avisierte Vorhaben, Praxisprozesse als konkret vermittelt darzustellen, lässt sich insofern als Versuch charakterisieren, die „Verbindungen" empirisch nachzuzeichnen, die von „einer lokalen Interaktion" bzw. die von den bei dieser Interaktion beteiligten ‚Akteuren' und ‚Mittlern' „zu jenen anderen Orten, Zeiten und Aktanten führen", „durch die eine lokale Stätte" bzw. durch die die ‚Akteure' und ‚Mittler' „*dazu gebracht*" werden, „etwas *zu tun*".[104] Dazu soll dem ‚Pfad' dieser handlungstheoretischen Delegation und Übersetzung gefolgt werden, d.h. der Verlagerung des sozialen Handelns auf verschiedene Akteurstypen, die fähig sind, das Handeln durch diverse Aktionsmodi und Typen von Materialien zu transportieren, was sich mit Latours methodischem Diktum ‚Folge den Akteuren' apostrophieren lässt. Hierbei ist zum einen entscheidend, die am Handlungsprozess Beteiligten ‚als vollwertiger Mittler' zu perspektivieren. D.h., dass ‚alle Akteure *etwas tun*', und nicht nur eine „Handvoll Akteure" als Ursachen all der anderen bestimmt werden, „die keine andere Funktion haben, als den Hintergrund oder das Relais für die Ströme kausaler Wirkungen zu bilden".[105] Und zum anderen

101 Ebd.
102 Ebd., S. 294f.
103 Ebd., S. 296.
104 Ebd., S. 299.
105 Ebd., S. 226.

müssen „Sprünge in der Methode“[106], d.h. von der lokalen Interaktion zum Globalen, zur Struktur oder zum Kontext ‚zu springen‘, vermieden werden, da derartige Brüche die ‚kontinuierlichen Fährten‘ unterbrechen würden. Stattdessen solle man – wie Ameisen – weiter kurzsichtig den Spuren folgen. Denn wenn man obstinat genug bei der Entscheidung bleibe, „eine kontinuierliche Spur anstelle einer diskontinuierlichen zu produzieren“, werde zwischen dem „früheren Mikro und dem früheren Makro“ eine „neue topographische Beziehung“[107] sichtbar. So befinde sich ‚das Makro‘ weder ‚über‘ noch ‚unter‘ den lokalen Interaktionen, sondern werde diesen als eine weitere ihrer Verbindungen „*hinzugefügt*“, „die sie versorgt, die aber auch von ihnen“ zehre. So exemplifiziert Latour:

> „Vielleicht ist der Kapitalismus eine mit einem ‚Geist‘ begabte, schwer zu handhabende Entität, aber der Handelsraum in der Wall Street ist mit der ‚ganzen Welt‘ durch die winzigen, aber schnellen Kanäle von Milliarden von Bits Informationen pro Sekunde verbunden, die, nachdem sie von den Händlern verarbeitet worden sind, sofort an die Reuters- oder Bloomberg-Handelsbildschirme weitergegeben werden, die alle Transaktionen registrieren, bevor sie zum ‚Rest der Welt‘ (soweit angeschlossen) übermittelt werden, um so den Börsenwert eines Unternehmens zu bestimmen. Sobald diese Kanäle berücksichtigt werden, haben wir die Wahl zwischen zwei Wegen: Entweder können wir weiterhin glauben, daß der Kapitalismus als ‚Basis‘ oder ‚Infrastruktur‘ aller Transaktionen in der Welt agiert, und in diesem Falle müssen wir von der lokalen Einschätzung des Werts einer spezifischen Firma zu ihrem ‚Kontext‘ springen; dazu müssen wir das Fahrzeug wechseln, in einen anderen Gang schalten und in stratosphärische Überlegungen entschwinden. Oder aber wir können weiterhin zu Fuß gehen und Stätten wie den Wall-Street-Handelsraum studieren, *ohne* das Beförderungsmittel zu wechseln, und einfach sehen, wohin diese Entscheidung uns führen wird.“[108]

Hinsichtlich der Methodik heißt dies, nicht auf den strukturellen Kontext fixiert zu sein, aber auch nicht an der lokalen Stätte (wie „am Bildschirm des Handelsraums“) klebenzubleiben, sondern, wie Latour prononciert, „den Verbindungen folgen, ‚den Akteuren folgen‘“, und die „vielen Verbindungen einzufangen“, ohne diese von Anfang an „durch eine a priori-Entscheidung darüber durcheinanderzubringen, was die ‚wirkliche Größe‘ einer Interaktion oder eines sozialen Aggregats“[109] sei. So sollte der Reflex, wann immer jemand von einem ‚System‘, einer ‚globalen Eigenschaft‘, einer ‚Struktur‘, einer ‚Gesellschaft‘, einem ‚Imperium‘, einer ‚Weltwirtschaft‘ oder einer ‚Organisation‘ spreche, darin bestehen zu fragen: „‚In welchem Gebäude? In welchem Büro? Durch welchen Korridor erreichbar? Welchen Kollegen vorgelesen? Wie zusammengetragen?‘“[110] Und auch wenn die lokalen Stätten bzw. deren Verbindungen manchmal kaum sichtbar seien, wenn

---

106 Ebd., S. 356.
107 Ebd., S. 305f.
108 Ebd., S. 307f.
109 Ebd.
110 Ebd., S. 315f.

man etwa frage, „in welchem Büro der ‚Ödipuskomplex' oder *‚governance'* oder *‚re-engineering'* oder ‚soziales Kapital' produziert"[111] werde, könnten auch hier Fährten verfolgt werden. Denn selbst wenn diese immateriell erscheinen, werden sie „physisch transportiert" wie beispielsweise über Feldforschung, Fragebögen, Statistikbüros, akademische Polemiken, Zeitungsartikel, Bargespräche und Forschungsstipendien, „bevor sie wieder ihren Weg zurück nehmen durch Leitartikel, Lehrbücher"[112] etc.

Insofern soll Latours methodisches Diktum ‚den Akteuren zu folgen' nutzbar gemacht werden und den Akteur:innen ab Frühjahr 1966 beginnend den ersten gemeinsamen kulturpolitischen Aktivitäten improvisierender Musiker:innen in Westdeutschland im Rahmen der N.J.A.G. bis zum Ende der Geschäftstätigkeit der FMP gefolgt werden. Den ‚Akteuren' auf dieser horizontalen Ebene chronologisch ‚zu folgen', impliziert aber nicht nur eine Perspektivierung der sozialen und organisatorischen Aktivitäten der Musiker:innen und der FMP-Verantwortlichen oder der inhaltlich-konzeptionellen Dimension der Programmentwicklung, der Durchführung der Veranstaltungs- und Workshopreihen sowie der sonstigen Live-Projekte, der Tonträgerproduktion und deren Distribution, der Finanzierung der Projekt- und Label-Arbeit etc. Vielmehr können ausgehend von Latours Handlungsbegriff auch die Programmformate und Veranstaltungsreihen, die Live-Projekte, die Tonträger, die Produktions- und Finanzmittel etc. als Handlungsträger der horizontalen Ebene dimensioniert werden. So weist Latour im Kontext seiner Ausführungen zur Dauerhaftigkeit bzw. Fragilität von sozialen Aggregaten darauf hin, dass es in der Praxis stets Dinge seien, die die schwachen sozialen Bindungen stabilisieren müssten. Der Slogan ‚den Akteuren folgen' werde dann zu: „‚Den Akteuren folgen, wenn sie sich ihren Weg durch die Dinge bahnen, die sie den sozialen Fertigkeiten *hinzugefügt* haben, um die ständig sich verschiebenden Interaktionen dauerhafter zu machen.'"[113] Um die „Verbindungen zwischen den vielen Mittlern herzustellen", die sich „bei jedem Schritt vermehren", die relevanten ‚Akteure' und deren neue Bindungen und Kooperationen zu identifizieren sowie für „jeden neuen Fall" Differenzen zu registrieren und „Vielfalt zu verarbeiten"[114], soll neben der horizontalen Ebene eine vertikale Ebene markiert werden. Mit der vertikalen Perspektivierung soll die Verlagerung des Handelns auf verschiedene Akteurstypen akzentuiert und nachgezeichnet werden, während die horizontale Ebene stärker auf die chronologische Perspektivierung bzw. die Genese der FMP abzielt. Oder wie sich die vertikale Perspektive mit Latours Beschreibung der kontinuierlichen ‚Vermehrung der Mittler' veranschaulichen lässt:

---

111 Ebd., S. 314.
112 Ebd.
113 Ebd., S. 118.
114 Ebd., S. 211.

> „Ist es nicht lächerlich, ‚den Akteuren selbst' folgen zu wollen, wenn die zu verfolgenden Akteure in alle Richtungen ausschwärmen wie ein aufgestörter Bienenschwarm? Und im übrigen: Welchen Akteur soll man herausgreifen? Welchen folgen und wie lange? Und wenn jeder Akteur aus einem weiteren Bienenschwarm besteht, der in alle Richtungen auseinanderstiebt, und dies unentwegt so weitergeht".[115]

Neben der Markierung rein materieller Entitäten wie Produktionsmittel, technisches Equipment, produzierte Tonträger etc. als Handlungsträger eröffnet Latours Akteurs-Begriff und seine Auseinandersetzung mit potentiellen Handlungsträgern eine weitere Kontextualisierung, die weit über die von Reckwitz charakterisierte kulturelle Materialisierung hinausgeht:

> „Die große Schwierigkeit der ANT ist es, sich nicht vom Figurationstyp beeindrucken zu lassen: *Ideo-* oder *Techno-* oder Biomorphismen sind genausogut ‚Morphismen' wie die Verkörperung eines Aktanten in einem einzigen Individuum. [...] Daher werden, sobald man den Unterschied zwischen Aktant und Akteur verstanden hat, die folgenden Sätze völlig *vergleichbar*, auch wenn sie äußerst verschiedene Sozialtheorien zum Ausdruck bringen: ‚aus Eigeninteresse', ‚von der sozialen Nachahmung getrieben', ‚Opfer der Gesellschaftsstrukturen', ‚aus Routine', ‚meinen Normen gefolgt' und ‚das erklärt sich durch den Kapitalismus'. Es sind einfach verschiedene Varianten, Akteure dazu zu bringen, Dinge zu *tun*, deren Vielfalt sich vollständig entfalten lässt, ohne im vorhinein die ‚wahren' von den ‚falschen' Existenzformen zu trennen und anzunehmen, dass sie alle in das repetitive Idiom des Sozialen übersetzbar seien."[116]

D.h. vor allem hinsichtlich der vertikalen Ebene, dass neben den rein materiellen Entitäten noch diverse weitere ideomorphe Figurationen oder Morphismen als Aktanten oder Akteure perspektiviert werden können, die ausgehend von der horizontalen Ebene zu identifizieren und zu kontextualisieren bzw. zu vermitteln sind. In die Analyse können so insgesamt jeweils ausgehend von den Aktivitäten der sozialen Akteur:innen bzw. ausgehend von der horizontal-chronologischen Ebene die verschiedensten Mittler vertikal einbezogen werden, ob es sich hierbei um das Eigeninteresse der Musiker:innen, die sozioökonomische Situation der Jazzszene oder die materiell-ökonomische Situation der Musiker:innen, kulturpolitische Programme, die Veranstaltungsorte oder das Publikum der Live-Projekte oder auch die Gegenkultur handelt. Zu beachten ist bei der vorgeschlagenen Ebenen-Topik, dass diese lediglich als analytische Differenzierung der skizzierten Perspektivierungen fungiert – also weder mechanistisch oder determinierend intendiert ist noch den Interaktionen erneut „Volumen" oder Dreidimensionalität verleihen soll, um ein System oder „eine dritte Dimension" zu konstituieren, „*in der*" wiederum „alle Interaktionen ihren Platz"[117] finden sollen.

---

115 Ebd., S. 212.

116 Ebd., S. 95f.

117 Ebd., S. 296f.

Im Kontext der *New Jazz Studies* hat sich vor allem Benjamin Piekut mit auf Latour rekurrierenden Akteur-Netzwerk-Ansätzen profilieren können.[118] So führt Piekut in seiner Neubewertung des Experimentalismus der 1960er-Jahre *Experimentalism Otherwise: The New York Avant-Garde and Its Limits* aus, dass seine methodische Herangehensweise vor allem von Latours Werk inspiriert sei. Piekut geht von Latours Begriff des Netzwerks aus und bekräftigt – wie dies auch die vorliegende Arbeit vertritt: dass das Netzwerk „does not describe the shape of the social formations under study but rather the method used to understand them and the movements of translation they effect".[119] Bei dieser Methode sei es wichtig, möglichst alles zu identifizieren, was in einer bestimmten Situation eine Auswirkung habe. Diese Effekte offenbarten ein Netz von Verbindungen zwischen Menschen, Technologien, Texten und Institutionen: Deshalb handele es sich um ein heterogenes Netzwerk, um Dinge unterschiedlicher Art und Verbindungen, die zwangsläufig einer Übersetzung bedürften. Entsprechend bestimmt Piekut den US-amerikanischen Experimentalismus in Analogie zu Latours „multitudinous weave"[120] als ein Netzwerk. D.h. als „the result of attachments of different kinds, and it is in and through these attachments that the network is performed".[121] Insofern sollte nicht davon ausgegangen werden, wie Piekut exemplifiziert, dass Henry Cowell Charles Ives in einer Tradition ‚folge': „because of some shared maverick spirit", sondern vielmehr wegen: „the scores he published in *New Music Edition*, the works he arranged to be conducted in Europe in the 1920s, the articles and book he wrote about his elder colleague, and so on".[122] Und dementsprechend argumentiert Piekut auch, wie Schuiling hinweist, gegen den von den *New Jazz Studies* kritisierten Jazzkanon und die Annahme, dass Jazz eine einheitliche musikalische Kategorie sei[123]: So sei die Tradition nicht etwas, „that magically coalesced around shared qualities of indeterminacy and rugged individualism"[124], sondern ein Netzwerk, das durch die harte Arbeit von Komponist:innen, Kritiker:innen, Wissenschaftler:innen, Interpret:innen, Publikum, Student:innen und einer Vielzahl anderer Elemente wie Texten, Partituren, Artikeln, Lehrplänen sowie Diskursen über Rasse, Geschlecht, Klasse und Nation hergestellt worden sei.

Darüber hinaus verdient der französische Musik- und Kultursoziologe Antoine Hennion hinsichtlich des methodischen Einsatzes der ANT in den Künsten besondere Aufmerksamkeit. Als das gemeinsame Hauptinteresse des Pariser Forschungszentrums CSI (Centre de Sociologie de l'Innovation), in dem Callon

---

118 Vgl. Piekut 2014, Piekut 2011, Piekut 2010.

119 Piekut 2011, S. 8. So bemerkt Latour hinsichtlich seines Netzwerk-Begriffs, dass man nicht „den Gegenstand mit der Methode" (Latour ^{5}2019, S. 246) verwechseln dürfe.

120 Ebd., S. 9.

121 Ebd.

122 Ebd.

123 Vgl. Schuiling 2019, S. 88, vgl. DeVeaux 1991, vgl. Gabbard 1995.

124 Piekut 2011, S. 19.

und Latour in den 1980er-Jahren mit englischen Kolleg:innen die Akteur-Netzwerk-Theorie entwickelt haben, kennzeichnet Hennion die „pragmatistische Umkehrung zwischen Objekten und Beziehungen".[125] So mache die Handlung ‚den Akteur', das Interessement das Interesse, die Beziehung das Objekt – und nicht umgekehrt. Diese Methode habe für die Musik ebenso wie für technische Projekte gegolten. Die Objekte seien provisorische Resultate eines heterogenen Beziehungsgewebes, welches unaufhörlich geprüft und erfahren, getestet, neu modelliert werde, um andere Objekte herzustellen, ohne dass man Träger und Inhalt, Netzwerk und Akteure, Produkte und Gebrauchsweisen oder auch Kultur und Technik dauerhaft voneinander unterscheiden könnte. Bezüglich seines am CSI entstandenen kultur- und kunstsoziologischen Ansatzes der Mediation betont Hennion, dass dieser sicher schwieriger in Worte zu fassen sei als eine einfache Ursache-Wirkung-Beziehung, aber dass er mit diesem nichts Esoterisches erfunden habe. Vielmehr sei „die Mediation ein Begriff des *Common sense*"[126]:

> „Es ging darum, eine Wirklichkeit zu nehmen, aus welcher der Soziologe, wenn er sich ihr nähert, die Objektivität verschwinden lässt, die er auf ein Ensemble von Zeichen, ein Spiel von sozialen Relationen reduziert – die Kunst, die Kultur –, und in diesen Gegenständen ebenfalls ein heterogenes Gewebe (menschlich, materiell, körperlich, kollektiv ...) wiederzufinden, mitsamt seiner Widerstände und kumulierten Effekte – eine Tastatur, ein Ton, eine Tonleiter, der Körper eines Instrumentalisten, ein abgeschlossener Raum und eine abgeschlossene Zeit – und nicht etwa das einfache Artefakt einer unsichtbaren, rein sozialen Logik."[127]

Insofern habe Hennion das Wort Mediation vorgeschlagen, um die Widerständigkeit der Musik gegenüber der soziologischen Reduktion auszudrücken, ohne diese jedoch deswegen zu einem autonomen Objekt zu machen, sondern um letztlich zu zeigen, dass diese Assoziationsgewebe eine eigene Widerständigkeit besäßen, dass sie ‚ein Werk machten und verrichteten' (*faire œuvre*) und sie sich nicht in einer Kodierung von sozialen Unterscheidungen auflösten. Die „Verschiebungsbewegung", nach der er und seine Kolleg:innen am CSI – ausgehend von unterschiedlichen Objekten – gemeinschaftlich gesucht hätten, charakterisiert Hennion als „den Übergang von einer Theorie der Praxis hin zu einer in einer Unmenge von Bindungen verteilten Agency".[128] Es galt, nicht mehr weiter innerhalb des Dualismus zu verharren (mit seiner Instaurierung der Dinge durch die Menschen,

125 Hennion 2013, S. 11f.

126 Ebd. S. 18. So wüssten alle Musiker:innen, die sich an ihre Tastatur setzten, dass sie ihre Tonleitern hätten, ihre Partituren, ihren Anschlag, ihre Fingersätze, die sie sich erarbeitet hätten – dass sie also nichts ohne diese täten: Aber dass noch nichts erreicht sei, wenn man bloß von diesen Mediationen ausgehe. D.h. „die Musik wird hervorgebracht werden müssen, und darin liegt nichts Automatisches oder Gesichertes" (ebd.).

127 Ebd., S. 17.

128 Ebd., S. 30.

und damit gegen die Dinge) – selbst wenn dies auf geschmeidigere, den Akteuren nähere, liberalere, feinere Weise geschehe, sondern zu etwas überzugehen, das Callon bspw. Gefüge nennen würde: zu einer in einem Netzwerk-Akteur verstreuten Agency. D.h. einem Netzwerk-Akteur, in dem sich, weit entfernt vom binären Gegensatz zwischen Subjekten und Objekten, zwischen Menschen und Nicht-Menschen Aktanten sehr unterschiedlicher Natur wechselseitig herausbildeten. Hennions Perspektive auf die „Art und Weise", wie „sich ein Bereich und sein Gegenstand in wechselseitiger Verschränkung"[129] herausbilde, stellt einen heuristischen Bezugspunkt der vorliegenden Analyse dar. So gelte es nach Hennion zu verstehen, dass es jene Gegenstände der kollektiven Handlung (selbst) seien, die ihre Akteure und ihre Organisationen herstellten, insbesondere durch ihre Fähigkeit, ihre eigenen Wirkungen in sich aufzunehmen und dadurch ihre relative Autonomie zu errichten.

Die reflexiv-kontextuelle Oral History-Methode

Jazz Studies und die Aporie der Oral History

Zweitens erfordert die Beantwortung der dreigliedrigen Fragestellung eine rekonstruktive Methodik. Hierbei rekurriert die Arbeit auf das Verfahren der Oral History[130], dessen „primäre Rechtfertigung"[131] nach wie vor auf die Möglichkeit verweist, Selbstzeugnisse von Zeitgenoss:innen zu dokumentieren bzw. Primärquellen zu erzeugen und so einen Zugang zu spezifischen sozialen und materiellen Verhältnissen wie auch zu kulturellen Praktiken zu ermöglichen, die ansonsten der Nachwelt nicht zur Verfügung stünden. Wie der US-amerikanische Historiker Burton W. Peretti darlegt, seien die *Jazz Studies* in den Vereinigten Staaten mit der Oral History-Bewegung erwachsen geworden und hätten auch zu dieser beigetragen.[132] So habe sich die Tradition des informellen Jazz-Interviews mit Jazzmusiker:innen, das fast so alt wie die Musik selbst sei[133], zu einem zumindest teilweise wissenschaftlichen Unterfangen entwickelt und auch die Metho-

---

129 Ebd., S. 15.

130 Vgl. zur Oral History exemplarisch: Schriewer 2014, Niethammer 2012, Bernet 2009, Thomson 2007, Stephan 2005, Wierling 2003, Dejung/Gull/Wirz 2002, Regard/Neury 2002, Plato 2000, Breckner 1994, Plato 1991, Welzer 2000, Hartewig/Halbach 1990, Vorländer 1990, Brüggemeier 1987, Niethammer 1985.

131 Thomson 2007, S. 22.

132 Vgl. Peretti 2001, S. 582.

133 Die Geschichte des Jazz ist, wie Peretti ausführt, voller mündlicher Zeugnisse: Seit den 1920er-Jahren hätten Mitglieder der selbsternannten Jazz-Community die Musik gefördert. Interviews mit Jazzmusiker:innen seien ein fester Bestandteil dieser Bemühungen gewesen. Ab den 1930er-Jahren wurden die Äußerungen der Musiker:innen in zahlreichen gedruckten Bänden verbreitet. Wobei nur wenige der damaligen Interviewenden eine wissenschaftliche Ausbildung in Oral History-Methoden genossen hätten. (Vgl. ebd., S. 583; vgl. Shipton 2001, S. 2)

den der Oral History-Jazzforschung hätten sich kontinuierlich den Standards der Historiker:innen angenähert. Bereits mit den Projekten an der *Tulane University* (New Orleans) und der *Smithsonian Institution* in den 1960er- und 1970er-Jahren habe die Oral History-Jazzforschung nicht nur eine bemerkenswerter Fülle an Tonbändern, Transkripten und Videobänder hervorgebracht, sondern auch eine solide methodische Grundlage erlangen können (u.a. mit thematischen Interviewanforderungen, um sicherzustellen, dass der familiäre Hintergrund, die Ausbildung, die musikalische Karriere und andere wichtige Erfahrungen der Proband:innen bei den Oral History Interviews berücksichtigt wurden). In den nachfolgenden Jahrzehnten wurde die Jazz-Oral History durch mannigfaltige Projekte weiterentwickelt. Und inzwischen werden in den verschiedenen US-amerikanischen Jazz-Archiven sowie in wachsenden europäischen Sammlungen (wie z.B. der *Oral History of Jazz in Britain* der *British Library*) Tausende von Tonbändern, Videobändern und digitalen Dateien aufbewahrt. Wie der Musikwissenschaftler Martin Pfleiderer hinweist, sei für die Jazzforschung auch die Öffnung hin zu ethnographischen, ethnologischen oder kultursoziologischen Ansätzen und Methoden wie bspw. Musiker:inneninterviews bedeutsam gewesen, die nicht nur auf die Erweiterung der Jazzgeschichte im Sinne der Oral History zielten, sondern für eine Rekonstruktion jazzmusikalischer Praktiken, etwa des Tradierens und Lernens, des Improvisierens oder des musikalischen Austauschs und Dialogs fruchtbar gemacht werden könnten.[134]

Trotz der großen Bedeutung der Oral History für die jazzhistorische Forschung zeigen sich deren Veröffentlichungen – auch die der *New Jazz Studies* – hinsichtlich der Methodologie der Oral History in ihrer Tendenz auffällig zurückhaltend. So verweist Peretti auf die „final frontier in jazz oral history": die Interpretation der Interviews – mit den meist im fortgeschrittenen Lebensalter sich befindenden Interviewten (wie hinzuzufügen ist) – und konstatiert:

> „The *phenomenology* of the interview – formally defined by anthropologists and philosophers as a performative act that does not merely give voice to memory but creates

134 Vgl. Pfleiderer 2019, S. 304. Hinsichtlich der neueren musikethnologischen Forschung seit den 1990er-Jahren, die (mit teilnehmender Beobachtung und qualitativen Interviews) der Jazzforschung wertvolle methodische Zugänge zur kulturellen Praxis des Jazz ermöglicht habe, verweist Pfleiderer vor allem auf *Thinking in Jazz*: eine umfassende Interview-Studie zu Jazzmusiker:innen in New York des US-amerikanischen Musikethnologen Paul Berliner (1994). Vgl. auch Ingrid Monson (1996) und Travis Jackson (2012) ebenfalls aus dem Umfeld der US-amerikanischen Ethnomusicology, die an Berliners *Thinking in Jazz* anknüpfen. Hinsichtlich der Musik- und Kultursoziologie nennt Pfleiderer die Dissertationen von Martin Niederauer (2014) und Christian Müller (2017) sowie die Habilitationsschrift von Silvana Figueroa-Dreher (2016). Bei diesen jeweils auf Interviews basierenden Studien gehe es aus jeweils unterschiedlichen Perspektiven um Fragen des interaktiven Handelns und der ästhetischen Erfahrungspotenziale des Jazz als einer improvisatorisch-performativen Musikpraxis. (Vgl. Pfleiderer 2019, S. 301f.)

and embodies it – receives scant mention in popular jazz histories and remains virgin territory for scholarly interpretation as well."[135]

So findet sich bspw. in Steven L. Isoardis *The Dark Tree: Jazz and the Community Arts in Los Angeles* über die Geschichte der *Union of God's Musicians and Artists Ascension* (UGMAA, zuvor UGMA bzw. *Underground Musicians Association*) in Los Angeles und deren Big Band, das *Pan Afrikan Peoples Arkestra* (PAPA), keine kritisch-methodische Auseinandersetzung mit Oral History – obwohl sich Isoardi, wie er einräumt, angesichts der „paucity of written documentation, history, and analyses" in vielen Fällen ausschließlich auf seine Oral History-Interviews verlassen musste: „to tell the story".[136] Vielmehr bekräftigt Isoardi hinsichtlich seiner Darstellung der Geschichte des weniger bekannten Black Arts-Avantgarde-Jazz-Kollektivs der 1960er- und 1970er-Jahre[137], dass er sich dafür entschieden habe, so weit wie möglich, die Worte der Interviewten zu präsentieren: „in the belief that the closer the reader can get to the individuals involved, the more clarity and insight will follow".[138] Auch der New Yorker Jazzautor Jason Weiss verzichtet in seinem 2012 erschienenen *Always in Trouble: An Oral History of ESP-Disk', the Most Outrageous Record Label in America* über das 1964 gegründete Label *ESP-Disk'* auf methodische und methodologische Zugänge. Und dies, obwohl Weiss' Darstellung der Geschichte der ESP im Wesentlichen auf Oral History-Interviews basiert, die er in den Jahren 2008 und 2009 mit Bernard Stollman geführt hat. Stollman ist der Gründer und Betreiber des für die Dokumentation des New Yorker Avantgarde- und Free Jazz der 1960er-Jahre bedeutenden ESP-Labels. Zu Stollman bemerkt Weiss in *Always in Trouble*: „At eighty-one, Stollman stands tall, straight-backed, and strong."[139] Und er fügt hinzu, dass Stollmans Gedächtnis immer noch außergewöhnlich klar zu sein scheine und auch seine Einstellung ungewöhnlich optimistisch sei – und schließt:

---

135 Peretti 2001, S. 593.

136 Isoardi 2006, S. xiii. Isoardi ist forschungspraktisch mit den Methoden der Oral History vertraut: In den 1980er-Jahren hat Isoardi ein Musiker:innen-Gemeinschaftsprojekt in Los Angeles bei der Gründung des *Central Avenue Sounds Editorial Committee* unterstützt, um eine Oral History der afroamerikanischen Musik in Los Angeles zu erstellen. Wie Peretti ausführt, habe das Projekt dazu beigetragen, eine Lücke in der Jazz-Geschichtsschreibung zu schließen: die Geschichte der Jazzszene von Los Angeles, die bis in die 1910er-Jahre zurückreiche. (Vgl. Peretti 2001, S. 590) U.a. im 1998 erschienenen Buch *Central Avenue Sounds* (Bryant et al. 1998) werden die Interviews, die im *Oral History Center* der *University of California Los Angeles* (UCLA) archiviert werden, in ausführlichen Auszügen präsentiert.

137 Vgl. Solis 2006, S. 345ff.

138 Isoardi 2006, S. xix.

139 Weiss 2012, S. xix.

„No question, this is what he wants to be doing more than anything, running the record label that he founded long ago, before he knew better."[140]

Auch im universitär-wissenschaftlichen Kontext erscheint eine Darlegung der kritischen methodologischen oder auch methodischen Auseinandersetzung beim Einsatz von Oral History als nicht zwingend notwendig. So betont bspw. Kisiedu in seiner Dissertation *European Echoes: Jazz Experimentalism in Germany, 1950-1975*, die am *Department of Music* der New Yorker *Columbia University* und im Kontext des dort angesiedelten (und sich den *New Jazz Studies* verpflichtenden) *Center for Jazz Studies* entstanden ist[141]: „An essential methodological tool for this dissertation is a series of oral history interviews".[142] Die Interviews hat Kisiedu in den Jahren 2010 und 2011 u.a. mit Brötzmann, Schoof, Schlippenbach, Schweizer und Gebers geführt. Trotz der großen Bedeutung, die Kisiedu seinen Interviews für seine Arbeit beimisst[143], findet die Methodik der Oral History in der Dissertation keine (weitere) Erwähnung.

Im November 2008 fand an der englischen *University of Salford* ein Symposium mit dem Titel *New Jazz Histories* statt. Bei diesem stellten Jazzwissenschaftler:innen aktuelle Forschungsergebnisse ihrer Auseinandersetzung mit der von den *New Jazz Studies* artikulierten Infragestellung der Jazzhistoriografie und Kanonbildung vor und diskutierten über jüngste jazzhistorische Ansätze, „to write new jazz histories".[144] In seiner damaligen Keynote legt Alyn Shipton einen besonderen Schwerpunkt auf die Oral History. Er kritisiert, dass der „single canonical view"[145] auf einer nur sehr kleinen Anzahl von Oral History-Quellen beruht habe. Dies habe sich insofern negativ auf die Oral History innerhalb der *Jazz Studies* in den späten 1970er- und frühen 1980er-Jahren ausgewirkt, als die bereits erschienen Anthologien (insbesondere nennt Shipton *Hear Me Talkin' to Ya* von Shapiro und Hentoff): „were in danger of being viewed as a canon, offering a highly editorialized version of events that was beginning to be accepted as ‚how things were'"[146] – d.h. diese wurden für unmittelbare, authentische Erfahrungen aus erster Hand gehalten und hätten so den Status einer Tatsache erlangt.[147] Deshalb plädiert Shipton dafür, jeweils möglichst viele, verschiedene, sich ergänzende oder auch wider-

140 Ebd.

141 Vgl. das *Mission Statement* des *Center for Jazz Studies* (2024). Kisiedius Arbeit wurde u.a. sowohl von George E. Lewis – von 2007 bis 2011 Direktor des *Center for Jazz Studies* – als auch von John Szwed – von 2011 bis 2014 Direktor des *Center for Jazz Studies* – begleitet (vgl. Kisiedu 2014, S. ii).

142 Kisiedu 2014, S. 6.

143 Vgl. ebd., S. 7.

144 Tackley/Whyton 2009, S. 125.

145 Shipton 2009, S. 143.

146 Ebd., S. 132.

147 Vgl. Tackley/Whyton 2009, S. 125. Wie Shipton (2009, S. 132) anmerkt, treffe dies im Wesentlichen auch auf die veröffentlichten Oral History-Bücher einzelner Musiker:innen

sprechende mündliche Berichte zu einem Thema zu präsentieren. Des Weiteren weist er ausgehend von seinen eigenen Oral History-Projekten auf methodische und redaktionelle Fragen hin, die Jazzforscher:innen beim Einsatz und der Darstellung von Oral History berücksichtigen sollten, damit Oral History (auch weiterhin) als wichtige Quelle der Jazzforschung fungieren könne. Shipton fokusiert hierbei u.a. die Interviewvorbereitung, die Auswahl der Interviewpartner:innen, die redaktionelle und sprachliche Darstellungsweise der Interviews, kontextualisierende Anmerkungen und Fußnoten zu den Interviewpassagen bis hin zu alternativen Möglichkeiten, die Erinnerung der Proband:innen (z.B. mit Musikaufnahmen) zu stimulieren. In seiner Antwort auf Shipton begrüßt Gebhardt, dass Shipton die Erinnerungen von Musiker:innen in den Vordergrund stelle, die bislang in der Darstellung der Geschichte des Jazz unterrepräsentiert gewesen seien, da die Jazzgeschichte bislang größtenteils Narrative verfolge, wie sie der US-amerikanische Musikwissenschaftler Scott DeVeaux in seinem Aufsatz *Constructing the Jazz Tradition: Jazz Historiography* (1991) kritisiert habe. So werde die Geschichte des Jazz weiterhin als eine lineare Abfolge von Stilen und zeitlicher Perioden angesehen: „‚from textbook to textbook, there is substantive agreement on the defining features of each style, the pantheon of great innovators, and the canon of recorded masterpieces'".[148] Des Weiteren verweist Gebhardt auf methodologische Schwierigkeiten der Jazz-Oral History und deren nur marginale Berücksichtigung im Kontext der jazzhistorischen Forschung. Mit der Bezugnahme auf Ricoeurs Analyse zum Thema Erinnerung und dessen Fragestellungen (wie: „To whom do our memories belong? And why that memory and why *now*?") unterstreicht Gebhardt die außerordentliche Bedeutung dieser Fragen für Jazzhistoriker:innen, „for whom the oral testimony of musicians remains a privileged medium for securing the identity of jazz and the cultural legitimacy of its artists".[149] Und er fügt hinzu: „And yet, for all their centrality to the writing of jazz history, my sense is that with a few notable exceptions [...] these questions are still largely marginal to mainstream jazz scholarship."[150]

Wenngleich Shipton und Gebhardt Oral History als Methode jazzhistorischer Forschung kritisch reflektieren und auch methodische Tipps, Erfordernisse und

wie etwa Willie ‚The Lion' Smiths *Music on My Mind* oder Billie Holidays *Lady Sings the Blues* zu.

148 Gebhardt 2010, S. 12.

149 Ebd., S. 11.

150 Ebd., S. 11f. Zu diesen Ausnahmen zählt Gebhardt *Thinking in Jazz* von Berliner (1994), *Pioneers of Jazz: The Story of the Creole Jazz Band* von Gushee (2005), *The Inaudible Music: Jazz, Gender and Australian Modernity* von Johnson (2000), *A Power Stronger Than Itself: The AACM and American Experimental Music* von Lewis (2008), *Saying Something: Jazz Improvisation and Interaction* von Monson (1996), *Speaking in the Groove: Oral History and Jazz* von Peretti (1992) und *Lying Up a Nation: Race and Black Music* von Radano (2003).

Perspektiven skizzieren, sind beide primär an der Frage interessiert, wie *new histories of jazz* geschrieben werden könnten. Insofern erweitern sie ihren Fokus nicht auf eine methodologische Antwort auf die (im Folgenden skizzierte) Aporie der Oral History. Noch können ihre Ausführungen eine solche Antwort begründen. Die Oral History als Methode qualitativer Forschung erfordert jedoch eine solche Antwort[151] – auch wenn sich Oral History ebenso wie in der Jazzforschung in zahlreichen Forschungsfeldern der Geschichts- und Sozialwissenschaften sowie in angrenzenden Wissenschaftsfeldern etabliert hat (ganz zu schweigen von ihrem kontinuierlichen Einsatz in außeruniversitären Projekten) und so zu einem „festen Bestandteil des methodischen Repertoires“[152] geworden ist. Denn, wie der Soziologe und Sozialpsychologe Harald Welzer in seinem Beitrag *Das Interview als Artefakt. Zur Kritik der Zeitzeugenforschung* in BIOS pointiert hingewiesen hat, sind „Erinnerungen an Erlebnisse und Geschehnisse, die in Interviews erzählt werden, eines ganz sicher nicht: Erlebnisse und Geschehnisse, wie sie in der historischen Situation geschehen und erlebt worden“[153] seien. Vielmehr muss mit dem Schweizer Historiker Jacques Picard die Oral History als ein „gegenwartsbezogenes Rekonstruktionsfeld“ unter bestimmten „kulturellen Regeln“ verstanden werden – nämlich den heutigen, „die das Handwerk der Deutungen massiv

151 Hinsichtlich der Diskussion der *New Jazz Studies* um Fragen der Jazzgeschichtsschreibung ist die Problematisierung einer Aporie der Oral History und die Herausforderung, eine methodologische Antwort zu artikulieren, auch deshalb von Bedeutung: weil andernfalls zu befürchten ist, dass die tradierten Narrative der Jazzhistoriografie (vgl. bspw. Pfleiderer 2019, S. 284f.) durch die Jazz-Oral History weiterhin gestützt werden. So hätten in der Jazzgeschichte ‚bedeutende‘ Musiker:innen als Innovator:innen eine entscheidende Rolle gespielt: diese hätten die Samen für die spätere Entwicklungen gesät, sodass die Jazzgeschichte als ein Netz von Einflüssen geschrieben werden könnte, das von einzelnen Musiker:innen ausgehe und auf einzelne Musiker:innen wiederum eingewirkt habe. Durch die methodisch-unkritische Behandlung der narrativen Interviews besteht die Gefahr, dass sich einerseits die anekdotischen und oft nostalgischen Tendenzen der Jazz-Interview-Tradition (wie Peretti (2001, S. 584) bspw. bzgl. der Dokumentation *Jazz* (2000) von Ken Burns hinweist) wiederholen und andererseits die mündlichen Aussagen der Interviewten für authentische Berichte der historischen Ereignisse bzw. für Tatsachen gehalten werden. Vgl. zur Schlussfolgerung, inwiefern die Exponierung der Aporie der Oral History im Zusammenhang mit Whytons Forderung gedacht werden könnte, dass traditionelle Methoden der Analyse, Darstellung und Bewertung durch neue Untersuchungsmethoden in Frage gestellt werden müssten das *Schluss*-Kapitel.

152 Heinze 2012, S. 5, vgl. Obertreis 2012, S. 7. Bernet vertritt die These, dass es in „erster Linie eine Leistung außeruniversitärer Einrichtungen“ (Bernet 2009, S. 152) gewesen sei, dass sich die Oral History als ein gängiges methodisches Verfahren etabliert habe.

153 Welzer 2000, S. 52. Vgl. auch die Position des Historikers Thomson (2011), dass das Gedächtnis bzw. die Erinnerung keinesfalls als ein passiver Aufbewahrungsort von Fakten anzusehen ist. Vielmehr sei Erinnerung als aktiver Prozess der Bedeutungsbildung zu fassen.

beeinflussen“.[154] Denn es werde immer im Hier und Jetzt geforscht, dabei jedoch intensiv auf Vergangenes und Zukünftiges geblickt. So rücke in jedem narrativen oder „biografisch intendierten Interview“ nicht nur der Zeitraum zwischen den historischen Ereignissen und der gegenwärtigen Erzähllage in den Blick, sondern auch der Prozess der Umarbeitung:

> „Wer sich an Vergangenes erinnert, stellt auf die Wahrnehmung des Erlebten zum Zeitpunkt des Erlebens ab und schichtet gleichzeitig die vorhandenen und aktualisierten Erinnerungen nach den kulturellen Regeln seines eigenen Sprechens in der unmittelbaren Gegenwart auf“.[155]

Die Interviewten gehen so bei ihrer Rückschau von ihrem augenblicklichen Bewusstseinsstand aus, welcher keineswegs identisch mit ihrer subjektiven Einschätzung der Verhältnisse während der Handlungs- und Erlebenssituation ist.[156] Die gegenwärtigen, erzählten Deutungen und subjektiven Rekonstruktionen beinhalten deshalb zwangsläufig „zahlreiche Formen selektiven Behaltens und Vergessens, bewusste oder unbewusste Legitimationen und von ‚offiziellen‘ Beurteilungen beeinflusste Wertungen“[157] der erlebten Ereignisse. Die Lebensgeschichten oder die mündlich erzählte Geschichte ist dabei nicht nur durch „zeitgenössische und gegenwärtige Diskurse, die, vermittelt über die Medien, in die lebensweltlichen Alltage hineinwirken“[158], überformt, sondern enthält zugleich neben Verklärungen, Beschönigungen und Rechtfertigungen des eigenen Verhaltens auch fiktionale Elemente.[159] Insofern sind die Deutungen der Interviewten, wie Picard konstatiert, „semantische Aufschichtungen“, „das heißt neuen Sinn stiftende Umdeutungen des Vergangenen und zuweilen sogar Rückdeutungen, indem aktuelle oder jüngere Ereignisse oder Wertungen in ältere Schichten aus der Erlebenszeit selber eingewoben werden“.[160]

Der so von Picard eingeführte Begriff des gegenwartsbezogenen Rekonstruktionsfeldes scheint uns vor eine Aporie zu stellen. Denn die von Picard illustrierten methodologischen Voraussetzungen der Oral History (die sich im Wesentlichen auch auf narrative Interviews übertragen lassen) implizieren in epistemologischer Hinsicht zugleich die Kritik an der Oral History resp. deren methodische Prob-

---

154 Picard 2014, S. 191.

155 Ebd., S. 190. Schreiber (2011, S. 2) weist in diesem Kontext darauf hin, dass Zeitzeug:innen „lebende Menschen“ sind, die „nach dem Ereignis, über das sie berichten, weitergelebt“ haben. D.h. „der Zeitzeuge kann gar nicht verhindern, dass sich die „Folgeerfahrungen“ auf die Erinnerung der damaligen Erfahrungen auswirken, vor allem auf deren Einbindung in die Erzählung“ (ebd.).

156 Vgl. Spiritova 2014, S. 128.

157 Lehmann 1979/1980, S. 37.

158 Spiritova 2014, S. 128.

159 Vgl. Berger/Luckmann 1969, vgl. Böhler/Reinhart 2014, S. 555f.

160 Picard 2014, S. 190.

leme. Ausgehend von den wissenschaftskritischen Ausführungen des Ethnologen und Psychoanalytikers Georges Devereux in *Angst und Methode in den Verhaltenswissenschaften* lässt sich eine methodologische und methodische Antwort auf diese Aporie formulieren, mit deren Hilfe die erhebungsmethodische Vorgehensweise begründet werden konnte und die sich auch im Auswertungsprozess als leitend bewährte. So geht Devereux davon aus, dass

> „die Existenz des Beobachters, seine Beobachtungstätigkeit und seine Ängste (sogar im Fall der Selbstbeobachtung) Verzerrungen hervorrufen, die sich sowohl technisch als auch logisch unmöglich ausschließen lassen".[161]

Werden diese Störungen ignoriert oder „durch als Methodologie getarnte Gegenübertragungswiderstände" abgewehrt, würden sich diese zu einer „Quelle unkontrollierter und unkontrollierbarer Irrtümer"[162] ausbilden. Dies möchte Devereux allerdings nicht als epistemologischen Relativismus verstanden wissen. Vielmehr fordert er, dass jede taugliche Methodologie 1. „die aus der Subjektivität resultierenden Verzerrungen" oder „Störungen als die signifikantesten und charakteristischsten Daten" behandeln muss und 2. sich „die aller Beobachtung inhärente Subjektivität"[163] dienstbar machen müsse. D.h. methodologisch, dass die „Schwierigkeit *an sich*" als „fundamentales Datum"[164] behandelt werden muss, dem man nicht ausweichen, sondern das man soweit irgend möglich auswerten solle. Deshalb problematisiert Devereux die „Betrachtungsweise", mit methodischen Filtern wie „Tests, Interviews, technische[n] Errungenschaften und andere[n] heuristische[n] Kunstgriffe[n]" die aus der Subjektivität resultierenden Verzerrungen auf ein Minimum reduzieren zu wollen: als sei der „beste ‚Beobachter'" eine „Maschine" oder als solle der „menschliche Beobachter" möglichst „Unsichtbarkeit anstreben", „die – wäre sie erreichbar – den Beobachter aus der Beobachtungssituation eliminieren würde".[165] Devereux spricht sich keineswegs für die Eliminierung von Filtern aus. Jedoch möchte er vor der Illusion warnen, dass mit deren Hilfe die subjektiven Verzerrungen vermieden bzw. jegliche Subjektivität ausgeschaltet werden könnte. So exponiert Devereux, dass man „keine vernünftige Wissenschaft" entwickeln könne, solange man deren „fundamentalste und charakteristischste Daten" ignoriere, die auf ganz spezifische Weise die

161 Devereux (1973) ²1988, S. 17f.

162 Ebd., S. 18.

163 Ebd. Wie Krüger (2017, S. 86) hinweist, gelten nach wie vor Devereux' Erkenntnisse zur subjektiven Dimension im Forschungsprozess „als Basis ethnopsychoanalytischer Ansätze und wurden sowohl im Sinne wissenschaftlicher Forschung, als auch in der konkreten therapeutischen Arbeit" weiterentwickelt. Vgl. auch Löchel 1997.

164 Devereux (1973) ²1988, S. 18.

165 Ebd., S. 18f.

„*bezeichnenden* Schwierigkeiten“[166] dieser Wissenschaft darstellen, und plädiert für eine „imaginative Auswertung der Verzerrungen“.[167]

Devereux’ methodologische Antwort lässt sich insofern wie folgt formulieren: „Statt die Störung, die durch unsere Anwesenheit im Feld oder im Laboratorium entsteht“, zu beklagen, die sich weder technisch noch logisch unmöglich ausschließen lasse, und „die Objektivität von Verhaltensbeobachtungen in Frage zu stellen, sollten wir das Problem konstruktiv“[168] im Rahmen des Auswertungsprozesses lösen: indem die ‚Schwierigkeit an sich‘ oder die aus der Subjektivität resultierenden Verzerrungen als ‚fundamentalste und charakteristischste Daten‘ behandelt werden. D.h. die in der Beobachtungs- oder Erhebungssituation aufgezeichneten Verhaltensdaten produzieren nur dann erkenntnisverzerrende Störungen, wenn die subjektiven Verzerrungen nicht wahrgenommen, verstanden und (im weiteren Forschungsprozess) konstruktiv ausgewertet werden.[169] Ausgehend von Devereux’ Argumentation lässt sich bezüglich der Oral History analog konstatieren, dass auch diese nur dann erkenntnisverzerrende Störungen produziert, wenn der Charakter ihrer fundamentalsten Daten, d.h. die bei der Forschung zwangsläufig entstehenden Verzerrungen nicht wahrgenommen oder verstanden werden – und die erzeugten Primärquellen oder die berichteten Erlebnisse für die Erlebnisse und Geschehnisse gehalten werden, wie sie in der historischen Situation geschehen und erlebt worden sind. Methodisch müssen deshalb die subjektiven Verzerrungen (aufgrund des Interviewer:inneneinflusses, der Interaktion zwischen Forscher:in und Interviewten sowie der Deutungen und der berichteten Erlebnisse der Interviewten) bei der Erhebung und vor allem während des gesamten Auswertungsprozesses in ihrer Komplexität multiperspektivisch betrachtet und in einem reflexiven Prozess bewusst bearbeitet werden. Sonst bilden diese eine Quelle unkontrollierter und unkontrollierbarer Irrtümer. Bei der Formulierung einer methodologischen und methodischen Antwort auf die Aporie der Oral History ist insofern der notwendige konstruktive Aspekt zu akzentuieren, d.h. der artifizielle und sekundäre Charakter wissenschaftlicher Praxis. Aus diesem Grund ist Welzer nicht zuzustimmen, wenn er meint, dass „die Rede“ vom ‚Forschereffekt‘, vom ‚Interviewereinfluss‘ oder von ‚Verzerrungen‘ jeweils voraussetze, „dass irgendwo etwas ‚Reines‘, etwas ‚Gegebenes‘ im Verborgenen liege, das mit geeigneten Techniken zu beheben wäre“.[170] Vielmehr handelt es sich bei der Rekonstruktion um eine Konstruktionstätigkeit, womit jedoch keineswegs für eine positivistische Positionierung plädiert werden soll. So ist mit Bourdieu zu unterstreichen:

166 Ebd., S. 19.
167 Ebd., S. 299.
168 Ebd., S. 304.
169 Vgl. Löchel 1997, S. 55.
170 Welzer 2000, S. 55.

„Denn der positivistische Traum von der perfekten epistemologischen Unschuld verschleiert die Tatsache, daß der wesentliche Unterschied nicht zwischen einer Wissenschaft, die eine Konstruktion vollzieht, und einer, die das nicht tut, besteht, sondern zwischen einer, die es tut, ohne es zu wissen, und einer, die darum weiß und sich deshalb bemüht, ihre unvermeidbaren Konstruktionsakte und die Effekte, die diese ebenso unvermeidbar hervorbringen, möglichst umfassend zu kennen".[171]

Erhebungsmethode, forschungspraktische Vorgehensweise und Auswertungsverfahren

Was bedeutet es nun hinsichtlich der Erhebungsmethode und des Auswertungsverfahrens, wie Devereux empfiehlt, ‚das Problem konstruktiv zu lösen'? Und wie lässt sich Devereux' methodologische Antwort konkret forschungspraktisch nutzen?

1. Bei der Interviewvorbereitung sollten alle denkbaren Aspekte, Dimensionen und Implikationen nicht nur der Forschungsfrage oder des Themas vergegenwärtigt und möglichst schriftlich fixiert werden, sondern auch die mögliche Befragungsbeziehung.
2. Unmittelbar nach jedem Interview ist ein sog. Postscriptum anzufertigen.[172] D.h. ein kurzes Protokoll darüber, wie der Interviewer oder die Interviewerin den Verlauf, die Interaktion und die Atmosphäre während des Interviews wahrgenommen hat, inkl. Auffälligkeiten, Irritationen, Abweichungen vom Erwarteten sowie emotionale und subjektive Reaktionen des Forschers oder der Forscherin wie auch der interviewten Person. Wie die Psychoanalytikerin und Psychologin Elfriede Löchel anmerkt, stellen diese kommentierenden und komplementierenden Aufzeichnungen „eine Vertextung dessen dar, was nicht (nur) in Worten zum Ausdruck gebracht wurde", und liefern wichtiges Material sowohl für die Erschließung der „szenischen Bedeutung des Gesagten"[173] wie auch für die Reflexion der Befragungsbeziehung.
3. Beim Auswertungsverfahren muss das Interview resp. das Transkript oder die Aufzeichnung mit einer quellenkritischen Analyse der anderen aktuellen oder zurückliegenden (auch nicht vom Verfasser geführten) Interviews und Aussagen der interviewten Person sowie der existierenden weiteren Quellen (wie Rezensionen, Firmenunterlagen etc.) und der umfangreichen Fach- und Sekundärliteratur kontrastiert werden.[174] D.h. die jeweils auf ihre spezifische

171 Bourdieu 2005, S. 781.

172 Vgl. Löchel 1997, S. 63, vgl. Platos (2000, S. 24) Imperativ zur Anfertigung eines Protokolls der Interviewsitzung, vgl. Breckners Vorschlag einer „Kontextbeschreibung" (Breckner 1994, S. 209).

173 Löchel 1997, S. 63.

174 Hierbei ist zu berücksichtigen, dass nicht nur den bereits existierenden und länger zurückliegenden Interviews, sondern auch den anderen Quellen subjektive Verzerrungen inhärent sind. So ist mit dem Historiker Alexander von Plato darauf hinzuweisen, dass

Art und Weise verzerrten Daten müssen verglichen und ausgehend von der jeweiligen konkreten biografischen, sozialen und historisch-gesellschaftlichen Situation analysiert werden.

4. Nach jedem Interview ist zudem eine Supervision zu empfehlen, um die Inhalte des Interviews sowie die Eindrücke und Gefühle, die im Zusammenhang mit dem Interview stehen, zu thematisieren und die Interviewbeziehung zu reflektieren, und um so zu versuchen, sich die Verzerrungen multiperspektivisch bewusst zu machen.[175]

Das diachrone Interview der Oral History, d.h. der Versuch, Bedingungen zu schaffen, unter denen es der interviewten Person ermöglicht werden soll, ihre Erlebnisse und subjektiven Wahrnehmungen zu erzählen und direkte Einflussnahmen auf die mündlich erzählte Geschichte weitgehend zu minimieren, um so den Interviewten größtmögliche Freiheit hinsichtlich der Auswahl der erwähnten Ereignisse, ihrer Darstellung, der Abfolge der Ereignisse wie auch der selbst gewählten Akzentuierungen zu gewähren, diente als erhebungsmethodischer Ausgangspunkt. Dieses wurde mit der dreiteiligen Konzeption des narrativen Interviews (Anfangserzählung – Nachfragen – abstrahierende Beschreibungen) des Soziologen Fritz Schütze kombiniert[176], da Schützes Konzeption ein rekonstruk-

---

nahezu alle Quellen der Historiografie „subjektiv oder von Subjekten geschrieben" seien, „die in Interessenkonstellationen leben und arbeiten" (Plato 2000, S. 25). Oder wie Picard bemerkt, könne man Urkunden, Protokolle, Dokumente, Berichte, Aussagen, Fotografien, Gegenstände oder Memoiren aus längst vergangener Zeit oder das, was in Archiven aufbewahrt und von Historiker:innen gerne als ‚harte Fakten' bezeichnet werde, nicht zur Hand nehmen, ohne deren kulturelle Erzeugungsregulative zu reflektieren. Denn bereits historische Quellen seien „schon als Umarbeitungen – durch Zensuren produziert, mit Absicht adressiert oder das Selbst deutend – angelegt" und auch „das Archiv" sei eine „von Menschen errichtete Institution", d.h. „ein Akt der Setzung, der Selektion und der Bearbeitung" (Picard 2014, S. 191).

175 Vgl. Schorn 2000, Abs. 9. Des Weiteren ist generell auf eine „kritische Reflexion der Subjektivität" (Misoch 2015, S. 245) im gesamten Forschungsprozess zu verweisen. So empfiehlt bspw. Misoch: 1. Begleitung des gesamten Forschungsprozesses durch Selbstbeobachtung (Gibt es eventuelle Ängste oder Vorurteile hinsichtlich des zu untersuchenden Themen- oder Personenfeldes?). 2. Kritische Reflexion der persönlichen Voraussetzungen für die Erforschung des Untersuchungsgegenstands: a) Ist das methodische Vorgehen der Person des Forschers angemessen? b) Werden die eigenen beruflichen und persönlichen Voraussetzungen reflektiert? c) Wird die eigene kulturelle Herkunft reflektiert? d) Wird die biografische Beziehung zum Forschungsthema reflektiert? 3. Sicherstellen der gleichschwebenden Aufmerksamkeit, sodass allen Phänomenen gleich viel Beachtung geschenkt wird. 4. Gezielter Wechsel zwischen Annäherung und Distanz zum Untersuchten. 5. Besteht eine Vertrauensbeziehung zwischen Forscher und Informant? 6. Reflexion während des Einstiegs ins Untersuchungsfeld. (Vgl. ebd., S. 244, vgl. auch Steinke [8]2010).

176 Schützes in den 1970er-Jahren in die qualitative Sozialforschung eingeführtes narratives Interview hatte erheblichen Einfluss auf die westdeutsche Oral History. So verdanke,

tiv-interpretatives Paradigma zugrunde liegt. So interessieren Schütze „die biographischen Deutungsmuster und Interpretationen des Biographieträgers nur im Zusammenhang seiner rekonstruierten Lebensgeschichte" – und „nicht jenseits dieser".[177] D.h. Schütze intendiert ein Verfahren, mit dessen Hilfe er die wechselnden (biografischen) Deutungsmuster und Interpretationen der interviewten Personen von deren rekonstruierten (Lebens-)Geschichten sowohl separieren als auch ins Verhältnis setzen kann. Hierbei geht Schütze davon aus, dass die Fragestellung „Wie deutet der Biographieträger seine Lebensgeschichte?" erst dann zufriedenstellend geklärt und bewertet werden kann, „wenn der Forscher die interpretierenden theoretischen Anstrengungen des Biographieträgers in den Zusammenhang faktischer Prozessabläufe seines Lebens einbetten"[178] könne. Die Lebensgeschichte begreift Schütze als eine sequentiell geordnete Aufschichtung größerer und kleinerer in sich sequentiell geordneter Prozessstrukturen. Mit dem Wechsel der dominanten Prozessstruktur im Fortschreiten der Lebenszeit ändere sich auch die jeweilige Gesamtdeutung der Lebensgeschichte, weshalb Schütze auch versucht, mit geeigneten Forschungsmitteln und einer sequenzierender Analyseeinstellung, die aufgeschichteten Prozessstrukturen durch die wechselnden Deutungen hindurch zu erfassen.

Um die Primärdaten zu erfassen, mit deren Analyse er auf die zeitlichen Verhältnisse und die sachliche Abfolge der lebensgeschichtlichen Prozesse zurückschließen möchte, implementierte Schütze eine dreiteilige Technik des autobiographisch-narrativen Interviews. Auf eine autobiografisch orientierte Erzählaufforderung soll zunächst als erster Hauptteil die autobiografische Anfangserzählung erfolgen – die von der interviewenden Person nicht unterbrochen werden soll, „sofern sie zum Erzählgegenstand tatsächlich die Lebensgeschichte des Informanten hat und so verständlich abläuft, dass ihr der Zuhörer folgen"[179] könne. Erst nach einer Erzählkoda solle mit den Nachfragen begonnen werden. In diesem zweiten Hauptteil soll das tangentielle Erzählpotential ausgeschöpft werden, das

> „in der Anfangserzählung an Stellen der Abschneidung weiterer thematisch querliegender Erzählfäden, an Stellen der Raffung des Erzählduktus wegen vermeintlicher Unwichtigkeit, an Stellen mangelnder Plausibilisierung und abstrahierender Vagheit, weil die zu berichtenden Gegenstände für den Erzähler schmerzhaft, stigmatisierend oder legitimationsproblematisch sind, sowie an Stellen der für den Informanten selbst bestehenden Undurchsichtigkeit des Ereignisgangs angedeutet ist".[180]

---

wie Obertreis betont, die Oral History der qualitativen Sozialforschung und vor allem ihrem Vertreter Schütze „wichtige Grundlagen der Interviewtechnik" (Obertreis 2012, S. 18).

177 Schütze 1983, S. 284.

178 Ebd.

179 Ebd., S. 285.

180 Ebd.

Schütze betont die Wichtigkeit des narrativen Charakters dieser Nachfragen. Deshalb soll für jede weitere Erzählmöglichkeit in diesem zweiten Teil, insbesondere an Stellen mangelnder Plausibilität, zuerst der status quo ante im Erzählvorgang wiedergeherstellt werden. D.h. die letzte detaillierte narrative Passage soll aus der Erinnerung zitiert werden und danach wie folgt fortgefahren werden: „Ja und dann habe ich das Weitere nicht richtig mitbekommen. Ob Sie von diesem Punkt an das noch einmal erzählen könnten?"[181] Der dritte Hauptteil des autobiografisch-narrativen Interviews bestehe dann zum einen aus der Aufforderung zur abstrahierenden Beschreibung von Zuständen, immer wiederkehrenden Abläufen und systematischen Zusammenhängen sowie zum anderen aus theoretischen Warum-Fragen und ihrer argumentativen Beantwortung. Hierbei geht es Schütze „um die Nutzung der Erklärungs- und Abstraktionsfähigkeit des Informanten als Experte und Theoretiker seiner selbst".[182] Das autobiografisch-narrative Interview erzeuge so Datentexte, welche die „Ereignisverstrickungen" und „die lebensgeschichtlichen Erfahrungsaufschichtungen des Biographieträgers so lückenlos" reproduziere, „wie das im Rahmen systematischer sozialwissenschaftlicher Forschung überhaupt nur möglich"[183] sei. Denn nicht nur der ‚äußerliche' Ereignisablauf, sondern auch die ‚inneren Reaktionen', die Erfahrungen der Interviewten mit spezifischen Ereignissen und deren interpretative Verarbeitung in Deutungsmustern, gelangten so zur eingehenden Darstellung. Zudem würden durch den Raffungscharakter des Erzählvorgangs die großen Zusammenhänge des Lebenslaufs herausgearbeitet, markiert und mit besonderen Relevanzsetzungen versehen. Und schließlich kämen so auch Stümpfe der Erfahrung von Ereignissen und Entwicklungen zum Ausdruck, die „dem Biographieträger selbst nicht voll bewußt werden, von ihm theoretisch ausgeblendet oder gar verdrängt" seien oder „hinter einer Schutzwand sekundärer Legitimationen verborgen bleiben sollen".[184] Als Ergebnis erhofft Schütze einen

> „Erzähltext, der den sozialen Prozess der Entwicklung und Wandlung einer biographischen Identität kontinuierlich, d.h. ohne exmanente, aus dem Methodenzugriff oder den theoretischen Voraussetzungen des Forschers motivierte Interventionen und Ausblendungen, darstellt und expliziert".[185]

---

181 Ebd. Der Charakter der Narrativität sollte deshalb nicht aus dem Blick geraten, weil sich ansonsten die Ereignisabläufe und -verstrickungen wie auch die Erfahrungsaufschichtungen der Interviewten nicht nachvollziehen lassen.

182 Ebd.

183 Ebd.

184 Ebd., S. 286. Vgl. auch Shiptons (2009, S. 142) Ausführungen zu seiner Arbeit mit Doc Cheatham, der sich beim Spielen von Musikstücken an nicht mehr bewusste Ereignisse erinnert.

185 Schütze 1983, S. 286.

Aufgrund forschungspraktischer Versuche mit Schützes Ansatz wurden zudem, um einerseits die „Gesprächssituation zu entspannen“[186] und sich den Modi alltäglicher Kommunikation anzunähern sowie andererseits die „Interaktion unkomplizierter und für beide an der Interaktion Beteiligten offener und flexibler“[187] zu gestalten, als Handlungsoption in der Interviewsituation Aspekte des themenzentrierten Interviews eingeführt. Das themenzentrierte Interview lehnt sich an das von Thomas Leithäuser und Birgit Volmerg konzipierte Verfahren der themenzentrierten Gruppendiskussion an.[188] Beim themenzentrierten Interview dient das Thema als Richtschnur, zu dem die befragte Person ihre Beziehung von allen möglichen Seiten her artikulieren solle. Auf diese Weise werde „das Thema in vielfältiger Weise im Gespräch“[189] umkreist. Neben Erzählungen haben hierbei auch nicht-narrative Einfälle, Phantasiebilder, Abschweifungen bis hin zum Versprecher ihre Berechtigung. Gerade diese scheinbar abwegigen Assoziationen oder trivialen Details könnten bei der Auswertung den Zugang zu den mit dem manifesten Thema verknüpften latenten Themen und Sinngehalten eröffnen. Ebenso kommt der Reflexion des Beziehungsgeschehens in der Forschungsbegegnung eine große Bedeutung zu.[190] Hinsichtlich des forschungspraktischen Vorgehens bei der Erhebung führt Ariane Schorn aus:

> „Die Interviews beginnen mit einer kurzen Erläuterung des Themas der Untersuchung und der Klärung des Interviewrahmens [...]. Die Interviewpartner werden darauf aufmerksam gemacht, daß sie nicht (wie möglicherweise erwartet) mit einem zuvor erstellten Fragenkatalog konfrontiert werden, sondern vielmehr die Möglichkeit haben, das, was ihnen im Hinblick auf das Thema wichtig ist, entfalten und darstellen zu können. [...].
> Die Leitfrage sollte so formuliert werden, daß sie einerseits offen genug ist, ein frühzeitiges Versanden oder gar Abbrechen des Gesprächs zu verhindern, zugleich aber nicht so offen oder vage angelegt sein, daß sich die geäußerten Einfälle und Gedanken ins Uferlose verlieren würden. [...]
> Die Interviews enden mit der Frage, ob es noch etwas gibt, was noch nicht oder nur am Rande zur Sprache gekommen ist, dem Interviewpartner aber im Zusammenhang des Themas wichtig ist.“[191]

186 Schorn 2000, Abs. 3.

187 Löchel 1997, S. 58.

188 Vgl. Schorn 2000, vgl. Löchel 1997, vgl. Schorn 1996, vgl. Leithäuser/Volmerg 1988, vgl. Leithäuser/Volmerg 1979.

189 Löchel 1997, S. 58.

190 Vgl. Schorn 2000, vgl. Tietel 2000. Schorn weist darauf hin, dass das themenzentrierte Interview einige Parallelen zu dem von Andreas Witzel entwickelten Verfahren des ‚problemzentrierten Interviews‘ aufweise. Während es Witzel jedoch um eine qualitative Analyse subjektiver Sinnbezüge gehe, ziele das Erkenntnisinteresse des themenzentrierten Interviews darauf ab, „neben manifesten auch abgewehrte und latente Sinngehalte des Kommunizierten zu entschlüsseln“ (Schorn 2000, Abs. 5).

191 Schorn 2000, Abs. 6, 7, 8.

Des Weiteren wurden beim Erhebungsverfahren Überlegungen von Michael Meuser und Ulrike Nagel zur „Methodik des ExpertInneninterviews“[192] einbezogen. Bei diesen bildet im Unterschied zu anderen Formen des offenen Interviews nicht die Gesamtperson den Gegenstand der Analyse, also die Person mit ihren Orientierungen und Einstellungen im Kontext ihres individuellen oder kollektiven Lebenszusammenhangs: Fokussiert wird vielmehr ein organisatorischer oder institutioneller Zusammenhang. In ihren Ausführungen beziehen sich Meuser und Nagel auf diejenigen Expert:innen, die selbst Teil des Handlungsfeldes sind, das den Forschungsgegenstand ausmacht, d.h. also nicht auf Expert:innen, die von außen im Sinne einer gutachtenden Person Stellung zum Handlungsfeld nehmen. Ob hierbei jemand als Expertin oder Experte angesprochen werde, ist in erster Linie abhängig vom jeweiligen Forschungsinteresse. Expertin oder Experte ist insofern ein relationaler Status, der „in gewisser Weise vom Forscher verliehen“[193] werde. Insofern lässt sich mit Meuser und Nagel konstatieren:

> „Von Interesse sind ExpertInnen als FunktionsträgerInnen innerhalb eines organisatorischen oder institutionellen Kontextes. Die damit verknüpften Zuständigkeiten, Aufgaben, Tätigkeiten und die aus diesen gewonnenen exklusiven Erfahrungen und Wissensbestände sind die Gegenstände des ExpertInneninterviews. ExpertInneninterviews beziehen sich mithin auf klar definierte Wirklichkeitsausschnitte, darüber hinausgehende Erfahrungen, vor allem solcher privater Art, bleiben ausgespart. In ExpertInneninterviews fragen wir *nicht* nach individuellen Biographien, untersuchen wir keine Einzelfälle, sondern wir sprechen die *ExpertInnen als RepräsentantInnen* einer Organisation oder Institution an, insofern sie die Problemlösungen und Entscheidungsstrukturen (re)präsentieren.“[194]

In forschungspraktischer Hinsicht konnten die wichtigsten Verantwortlichen der Kooperative für die zwischen März 2015 und Mai 2018 durchgeführten Oral History-Interviews gewonnen werden. Die Kontaktaufnahme erfolgte per Brief oder E-Mail. Zur Vermeidung thematischer und kontextueller Reduktionen im Vorfeld der Interviews versuchte ich, das Erkenntnisinteresse möglichst allgemein und offen hinsichtlich des Gegenstandes FMP und deren Geschichte zu formulieren. So erhielten die Interviewpartner:innen in der Regel vorab weder eine schriftliche thematische Zentrierung noch einen Fragenkatalog o.ä.[195] Des Weiteren schickte ich vor Folgeinterviews, in denen bis dato unerwähnte oder offen gebliebene Fragen zum Verständnis spezifischer Sachverhalte und Themen-

192 Meuser/Nagel 1991, S. 441.

193 Ebd., S. 443.

194 Ebd., S. 444.

195 Nur ein Interviewpartner bat zur Vorbereitung auf das Interview im Voraus um Fragen. Dieser Bitte kam ich nach und sendete neben ein paar kurzen Erläuterungen zum methodischen Ansatz der Forschung einen aus ausgearbeiteten Fragen bestehenden Fragenkatalog.

komplexe thematisiert werden sollten, die entsprechenden Fragen in schriftlicher Form. Zu meiner eigenen Interviewvorbereitung skizzierte ich jeweils alle denkbaren Aspekte, Dimensionen und Implikationen hinsichtlich der Forschungsfrage und des Themas, wie sich diese ausgehend vom jeweils aktuellen Zeitpunkt meiner Analyse der Fach- und Sekundärliteratur, der bereits existierenden Quellen und der (nicht von mir geführten) Interviews mit den Akteur:innen sowie meiner vorausgegangenen Interviews und der bei diesen gemachten Erfahrungen darstellten. Ebenso versuchte ich, die mögliche zukünftige Befragungsbeziehung zu vergegenwärtigen. Des Weiteren entwickelte ich einen Themenkatalog im Sinne des themenzentrierten Interviews, auf den ich bei Bedarf in der Interviewsituation ebenso zurückgreifen konnte wie auf eine Liste mit Sach- und Informationsfragen sowie auf eine von mir erstellte Zeitleiste bestehend aus jeweils spezifischen, chronologischen Daten der FMP-Geschichte und der interviewten Akteur:innen wie Tonträgerveröffentlichungen, Konzerte, Festivals, Workshops oder auch Preise, Ehrungen etc.[196]

Bei den Interviews erfolgte zu Beginn meist keine klassische narrative Erzählaufforderung. Vielmehr ging eine kurze Vorstellung meinerseits oftmals direkt in eine erste freie ausführliche Interviewphase über. Da die Interviews nicht anonymisiert werden sollten, vereinbarte ich mit allen Interviewpartner:innen, dass ich ihnen die jeweils in der Arbeit verwendeten direkten Zitate vor der Veröffentlichung zukommen lasse, um einerseits mögliche Missverständnisse durch die Transkriptionsarbeit ausschließen zu können und andererseits den Interviewten eine Kontrolle hinsichtlich ihrer eigenen Aussagen einzuräumen. So erhielten alle Interviewpartner:innen eine Vorversion der Arbeit und eine Liste mit allen verwendeten Zitaten unter Angabe der Seitenanzahl, um das Auffinden der Interviewpassagen in der Arbeit zu ermöglichen. Jedes Interview wurde mit einem handlichen und unauffälligen Audio Recorder aufgenommen. Eine Zeitbegrenzung wurde nicht vorgegeben. Die Interviews sollten so lange geführt werden, bis ich als Interviewer wie auch die Interviewten das Gefühl hatten, dass alles Wichtige gesagt sei. Hinsichtlich des Gesprächsendes bemühte ich mich gleichfalls, auf die Empfehlungen der Historikerin Waltraud Schreiber zu achten:

> „Wie lange ein Gespräch dauern soll, kann man nicht generell sagen. Es gibt Signale dafür, zum Schluss zu kommen, z.B. Ermüdungsanzeichen, gehäufte Wiederholungen, zunehmende Pausen, aber auch ein zu hohes Maß an Emotionalität. Wenn immer es möglich ist, sollte die Schlussrunde dezidiert angekündigt werden. Der Zeitzeuge soll

196 Vgl. auch Shiptons (2009, S. 137) Hinweis, dass er bei der Bearbeitung von Danny Barkers Autobiografie zunächst eine vollständige Diskographie von Barker recherchiert habe, um diese als chronologischen Rahmen für seine Interviews zu verwenden. Zusammen mit Informationen aus einschlägigen Nachschlagewerken sei er so in der Lage gewesen, relativ fundierte Fragen stellen zu können.

wissen, dass er noch einmal, für heute aber zum letzten Mal, die Gelegenheit erhält, sich zu äußern. Oft nutzen Zeitzeugen diese Phase, um ihre ‚Botschaften' zu formulieren."[197]

Nachdem ich am Ende der Interviews die noch nicht beantworteten Sach- und Informationsfragen meiner Liste gestellt und mich vergewisserte hatte, dass alle von mir als wesentlich erachteten Themen meines Themenkatalogs hinreichend ‚umkreist' worden waren, beendete ich die Interviews mit einer Schlussrunde bzw. der Abschlussfrage: „Was müsste unbedingt in einem Buch über die FMP gesagt werden?" Alle Interviewpartner:innen standen bei Bedarf für weitere Interviews ebenso zur Verfügung wie für telefonische oder per E-Mail gestellte weitere Fragen. Unmittelbar nach jedem Interview fertigte ich ein Postscriptum an, meist noch vor oder auf der Rückfahrt. Die Erhebungsphase wie auch der Beginn der Auswertungsphase wurde von Dr. phil. Jochen Bonz, Professor an der Katholischen Hochschule NRW (Münster), zuvor Mitarbeiter am Institut für Medien, Theater und Populäre Kultur der *Universität Hildesheim*, begleitet.

Die Auswertung der Interviews wurde ausgehend von Devereux' methodologischer und methodischer Antwort auf die Aporie des gegenwartsbezogenen Rekonstruktionsfeldes, d.h. konstruktiv, multiperspektivisch und reflexiv, unter Bezugnahme einer an Schützes rekonstruktiv-interpretativer symptomatischer Datenanalyse orientierten Methodik vorgenommen. Mit dem Auswertungsverfahren wurde intendiert, die verzerrten Primärdaten so aufzubereiten, dass diese im Anschluss für eine weitere Bearbeitung der Forschungsfrage mit Latours skizzierten methodischen Ansatz genutzt werden konnten. Schützes Datenanalyse sieht in einem ersten Analyseschritt vor, alle nicht-narrativen Textpassagen zu eliminieren und anschließend den so ‚bereinigten' Erzähltext auf seine formalen Abschnitte hin zu segmentieren. Nach dieser „*formale[n] Textanalyse*" soll in einem zweiten Analyseschritt eine „*strukturelle inhaltliche Beschreibung* der Darstellungsstücke durchgeführt"[198] werden, die durch narrative Rahmenschaltelemente voneinander abgegrenzt seien. D.h. durch formale Indikatoren in Erzähltexten, die anzeigen, dass eine Darstellungseinheit abgeschlossen sei und nunmehr die nächste folge. Hierbei zieht Schütze zur Interpretation formale Binnenindikatoren wie Verknüpfungselemente zwischen einzelnen Ereignisdarstellungen (wie „dann", „um zu", „weil", „dagegen" etc.), Markierer des Zeitflusses (wie „noch", „schon", „bereits", „schon damals", „plötzlich" etc.) und Markierer mangelnder Plausibilisierung und notwendiger zusätzlicher Detaillierung (wie „Verzögerungspausen, plötzliches Absinken des Narrativitätsgrads, Selbstkorrektur mit anschließendem Einbettungsrahmen zur Hintergrunddarstellung)"[199] heran. Während der strukturellen inhaltlichen Beschreibung werde nach Schütze klar, welche Relevanzabstufungen hinsichtlich der formalen Rahmenschaltelemente vorzunehmen seien. D.h. welche

197 Schreiber 2009, S. 21.
198 Schütze 1983, S. 286.
199 Ebd.

nur eine lokale, eingebettete Bedeutsamkeit haben und welche für größere Textpassagen wirksam seien. Insofern könnten mittels der strukturellen inhaltlichen Beschreibung die einzelnen zeitlich begrenzten Prozessstrukturen des Lebenslaufs wie beispielsweise festgefügte institutionell bestimmte Lebensstationen, Höhepunktsituationen, Ereignisverstrickungen, dramatische Wendepunkte oder allmähliche Wandlungen herausgearbeitet werden. Im dritten Auswertungsschritt, der *„analytischen Abstraktion"*, soll das Ergebnis der strukturellen inhaltlichen Beschreibung von den Details der einzelnen Lebensabschnitte getrennt und die abstrahierten Strukturaussagen zu den einzelnen Lebensabschnitten systematisch miteinander in Verbindung gesetzt werden. Auf dieser Grundlage könne die biografische Gesamtformung, d.h. die lebensgeschichtliche Abfolge der erfahrungsdominanten Prozeßstrukturen in den einzelnen Lebensabschnitten bis hin zur gegenwärtig dominanten Prozeßstruktur herausgearbeitet werden. Das Ergebnis des dritten Auswertungsschritts beschreibt insofern den wesentlichen Ereignisablauf und die grundlegende biografische Erfahrungsaufschichtung. Erst wenn diese ermittelt seien, werde es in einem vierten Auswertungsschritt, der *„Wissensanalyse"*, möglich,

> „die eigentheoretischen, argumentativen Einlassungen des Informanten zu seiner Lebensgeschichte und zu seiner Identität sowohl aus den Erzählpassagen der beiden ersten Interviewabschnitte als auch aus dem abschließenden argumentierenden und abstrahierenden Abschnitt des narrativen Interviews zu explizieren und unter Ansehung des Ereignisablaufs, der Erfahrungsaufschichtung und des Wechsels zwischen den dominanten Prozeßstrukturen des Lebensablaufs, systematisch auf ihre Orientierungs-, Verarbeitungs-, Deutungs-, Selbstdefinitions-, Legitimations-, Ausblendungs- und Verdrängungsfunktion hin zu interpretieren".[200]

Ausgehend von Schützes Auswertungstechnik narrativer Interviews wurde eine Sequenzanalyse der Interviews bzw. der erhobenen Primärdaten vorgenommen, um die Ereignisse zunächst auf der horizontalen Ebene zu perspektivieren. Neben der horizontalen Perspektivierung wurden die Daten hinsichtlich der vertikalen Kontextualisierung bzw. Analyse thematisch kategorisiert. Codiert wurden hierbei nicht nur die *erzählte Zeit* oder die *Jahreszahl* der jeweiligen Interviewpassage, deren *Timecodes* sowie das jeweilige *Thema*, sondern des Weiteren auch *Schlagworte*, *Bemerkungen und Details*, die jeweilige *Sprechweise* sowie *Wiederholungsgeschichten* und *gute Geschichten*. Jedem Interviewabschnitt wurde eine eindeutige Datensatz- oder Interview-ID zugeordnet. Die Kategorie *Thema* ist im Sinne des themenzentrierten Interviews zu verstehen. Die Kategorisierung *Schlagworte* erfolgte ausgehend von den Primärdaten und erfüllte die interne Funktion eines Registers. In *Bemerkungen und Details* wurden neben Spezifika der Interviewsequenz auch über das Verbale hinausgehende Informationen, Bemerkungen zur

---

200 Ebd., S. 286f.

Interviewbeziehung und zur Gesprächssituation sowie charakteristische Zitate und „Kernsätze“[201] fixiert. Zur Charakteristik von Kernsätzen bemerkt Löchel:

> „Der Sprecher oder die Sprecherin findet häufig nach längerem Kreisen um einen Aspekt plötzlich ein zusammenfassendes Bild, eine treffende Formulierung, einen prägnanten Ausdruck, mit dem er sich dann auch zufrieden gibt, als habe sich darin eine Spannung gelöst. Anhand solcher Kernsätze, die als Zäsuren wirken, lassen sich Interviews in dynamische Sequenzen gliedern, deren Verlauf selbst aufschlussreiche Hinweise für die Interpretation ergeben kann“.[202]

Unter *Wiederholungsgeschichten* werden mit dem Historiker Alexander von Plato Geschichten verstanden, die „zum wiederholten Male erzählt werden“.[203] Nach Plato ermöglichen diese Rückschlüsse auf frühere Einstellungen und vielleicht auch auf das frühere Publikum, weil diese zum einen durch die Wiederholungen immer wieder ausgefeilter und auf Pointen hin erzählt würden und zum anderen, weil sie offensichtlich bei der Zuhörer:innenschaft erfolgreich waren. Deshalb empfiehlt Plato, Wiederholungsgeschichten nicht zu unterbrechen, auch wenn sie zum wiederholten Male erzählt werden. Und die Kategorie *gute Geschichten* rekurriert auf die Verwendung des Begriffs durch den Historiker Lutz Niethammer, der zu diesem ausführt:

> „Nur dürftige, konstruierte Geschichten erschließen sich völlig den Begriffen des Interpreten; sie wirken danach wie abgedroschen, ein narratives Stroh, in dem nichts mehr keimt. Man merkt sich dann ‚die Moral von der Geschicht‘ und vergisst die Geschichte. Gute Geschichten – und in Erinnerungsinterviews werden einem behutsamen und neugierigen Interviewer nach unseren Erfahrungen viele gute Geschichten erzählt – schildern einen erstaunlichen, komplexen Vorgang, dessen zahlreiche teils charakterisierte, teils angedeutete, teils implizite Bezüge sich gegen eine begriffliche Reduktion sperren; vielmehr erschließt sich die Bedeutung des erzählten Vorgangs für den Autor in der Gesamtlänge der Erzählung selbst.“[204]

Um die subjektiven Verzerrungen in ihrer Komplexität multiperspektivisch zu betrachten und diese in einem reflexiven Prozess bewusst zu machen, wurden die Daten bei der Auswertung verglichen und ausgehend von der jeweiligen konkreten biografischen, sozialen und historisch-gesellschaftlichen Situation analysiert. D.h. die erzeugten Primärquellen wurden mit einer Analyse der bereits existierenden Quellen (wie den nicht vom Verfasser geführten Interviews mit den Akteur:innen), der umfangreichen Fach- und Sekundärliteratur sowie der historischen Dokumente (wie FMP-Programmankündigungen, Rezensionen, Broschü-

---

201 Löchel 1997, S. 64, vgl. Schorn 2000, Abs. 17, vgl. Volmerg/Senghaas-Knobloch/Leithäuser 1986, S. 271.

202 Löchel 1997, S. 65.

203 Plato 2000, S. 23.

204 Niethammer 1985, S. 417.

ren, Flyer und Dokumentationen) und der noch existierenden FMP-Firmenunterlagen kontrastiert, in die mir Gebers Einblick gewährte. Dies impliziert gleichfalls eine sorgfältige und konsequente Quellenkritik der kontrastierenden Daten. Des Weiteren versuchte ich, jeweils die Befragungsbeziehung wie auch die Interaktion bei den Interviews auch hinsichtlich der nicht von mir erzeugten Quellen zu reflektieren.

Hinsichtlich des Transkriptionsverfahrens wurde zum einen ausgehend von Bourdieus Überlegungen zu den „Risiken der Niederschrift"[205] in Anlehnung an Devereux eine imaginative Auswertung der Verzerrungen, d.h. eine durch feine Glättung möglichst realistische Vermittlung der Art und des Inhalts des Gesagten priorisiert. So gibt Bourdieu zu bedenken, „dass auch die wörtlichste Verschriftlichung bereits eine wirkliche Übersetzung oder zumindest eine Interpretation"[206] sei. Denn allein schon die Zeichensetzung – wie beispielsweise die Stelle, an der ein Komma gesetzt werde – könne über den gesamten Sinn eines Satzes entscheiden. Eine phonetische Transkription, die sich aus all den Anmerkungen zusammensetze, die nötig seien, „um dem Diskurs all das wiederzugeben, was beim Übergang vom Gesprochenen zum Geschriebenen verlorengegangen ist"[207] – also: die Stimme, die Aussprache (besonders die gesellschaftlich signifikanten Variationen), die Betonung, der Sprachrhythmus (jedes Interview hat sein besonderes Tempo, das mit der Lektüre nicht übereinstimmt), die Mimik und Gestik sowie sämtliche körperliche Ausdrucksformen etc. –, sei weder für jeden der skizzierten Auswertungsschritte notwendig noch hilfreich, da der Anspruch an die Lesbarkeit des Interviewtextes so immens erhöht werde. Hinzuzufügen ist zudem, dass auch eine feine phonetische Transkription immer eine Informations- oder Komplexitätsreduktion unter Ausschaltung von Beziehungs- und metakommunikativen Aspekten darstellt.

Zum anderen orientierte sich das Auswertungsverfahren an Niethammers Plädoyer für Teiltranskriptionen, die notwendig eine Erschließung des Oral History-Textes voraussetzen und über die Problematik der Ausschnittwahl immer wieder zum Tonband als der getreuesten und informativsten Überlieferung zurückführten. Unter Erschließung versteht Niethammer ein Auswertungsverfahren, das erlaubt, sowohl das Ganze als auch seine Bausteine aufzufassen und diese interpretativ miteinander, mit vergleichbaren Bausteinen aus anderen Interviews und mit dem wissenschaftlichen Vorwissen in Verbindung zu setzen.[208] Dazu seien jedoch Zwischenstufen einer Textreduktion notwendig, die den gesamten Textbestand überschaubar und vergleichbar machen und Merkinstrumente für die Berücksichtigung des Kontexts bei der Einzelinterpretation der Textbausteine zur

205 Bourdieu 2005, S. 797f.

206 Ebd., S. 797.

207 Ebd., S. 798.

208 Vgl. Niethammer 1985, S. 409.

Verfügung stellten. Diese Erschließungsaufgaben leisteten Totaltranskriptionen nicht. Vielmehr verführten Totaltranskriptionen, wie Niethammer warnt, „wegen ihrer leichteren Handhabbarkeit dazu, sich von der akustischen Überlieferung bei der Auswertung freizumachen".[209]

Praxis der Methodik

Um einen Einblick in das methodische Vorgehen zu ermöglichen, wird im Folgenden anhand einer Interviewpassage versucht, die Praxis der Methodik zu veranschaulichen. D.h. auf welche Weise wurden die Oral History-Interviews konkret quellenkritisch analysiert?

Die Interviewpassage stammt aus dem Oral History-Interview mit Alexander von Schlippenbach am 11. Mai 2015 in Berlin-Moabit in Schlippenbachs Wohnung in der Essener Straße. Schlippenbach berichtet in der Passage über die Entstehung der FMP und kommt hierbei u.a. auf die Bedeutung des sozialen Netzwerks mit den Wuppertaler Musikern Brötzmann und Kowald und auf das Kölner Tiefgaragen-Gegenfestivals Ende August 1968 zu sprechen:

> „Jedenfalls gabs dann in Köln irgendwann diese Gegenveranstaltung – in Anführungszeichen. Das fand da statt in einer Tiefgarage. Da war, soweit ich mich jetzt gut erinnern kann, das *Schoof Quintet* beteiligt, da waren auch die Jungens aus Wuppertal, Brötzmann und Kowald und ein Schlagzeuger, an den ich mich jetzt nicht mehr ganz genau erinnere. Das war damals noch nicht Sven-Åke Johansson, das war ein anderer. Und dann gabs noch diese Gruppe *Amon Düül* – seltsamerweise – aus Süddeutschland, die da aufspielten. Es gab auch noch ein bisschen happeningartige Kunstaktionen. Ich erinnere mich, unter dem Motto *Der große Eintopf von Köln nach Peking* hatte sich einer was ausgedacht. Die haben da eine riesen Suppe gekocht – in einem Mordskessel. Und der kam dann auf einem Bett mit Rollen die Tiefgarageneinfahrt runtergefahren. Das war so auch ein bisschen was Spektakuläres, Lustiges, ein bisschen neu – wenn auch nicht mehr ganz neu. Aber jedenfalls hat das Ganze doch richtig schön stattgefunden und ging auch die ganze Nacht durch. Und da war auch gutes Publikum da. Die waren zum Teil auch ein bisschen überrascht – das war eben auch was Neues. [...] Die Wuppertaler haben wir schon vorher kennengelernt, aber dieses Ereignis hat uns dann noch mehr auf einer gemeinsamen Bühne zusammengebracht."[210]

Wie nach jedem Interview fertige ich unmittelbar nach dem Interview mit Schlippenbach ein Postskriptum an. In diesem versuche ich zu notieren, wie ich den Verlauf, die Interaktion und die Atmosphäre während des Interviews wahrgenommen habe, was es für Auffälligkeiten, Irritationen, Abweichungen vom Erwarteten sowie gefühlsmäßige Reaktionen gab. Um so wichtiges Material für die Erschließung der szenischen Bedeutung des Gesagten zu erschließen. Im Postskriptum zum Interview notiere ich u.a.:

209 Ebd.

210 Schlippenbach, Interview mit dem Verfasser, 11.5.2015, Interview-ID 398.

> „Von Schlippenbach ist sehr höflich und zuvorkommend und macht einen sehr frischen und konzentrierten Eindruck. Er erzählt sehr differenziert und gewählt. Wie zu vermuten, lässt sich von Schlippenbach nur relativ kurz auf die freie Erzählung ein. Er war der einzige, der vorab die Fragen haben wollte, um sich vorzubereiten. Nach der Eröffnungserzählung gehe ich deshalb meinen Fragenkatalog durch. Hier macht sich die Vorbereitung möglicherweise positiv bemerkbar, da er sehr auf den Punkt auf die Fragen antwortet. [...] Auf die Versuche, eine Antwort von ihm auf die Frage nach den nicht nur kunstimmanenten Möglichkeiten von Musik zu bekommen, also gesellschaftliche bzw. gesellschaftskritische Aspekte oder eine grundlegende lebensphilosophische Kritik, reagiert er sehr ablehnend und fasst angefasst. Bei meiner Frage nach einer möglichen lebensphilosophischen Haltung in seiner Musik, die er eher in eine esoterische Richtung deutet, lehnt er sich zurück, atmet tief durch (als müsse er sich beherrschen) und legt auffällig seine Handflächen ganz ruhig auf die Tischplatte. Es wirkt fast wie eine meditative Haltung. Als ich die Frage nochmals wende und ihn konkret nach der Bedeutung des Jazz für ihn frage, wird er sehr lebendig und berichtet, wann er Jazz kennengelernt hat, nämlich im Internat (Ablösungsprozess) und vom Konflikt mit den Eltern.“[211]

Noch vor der Transkription übertrage ich die Themen „Jazz am Rhein“, „soziales Netzwerk“, „Verhältnis Kölner–Wuppertaler“ in meinen Themen-Katalog für die weiteren Interviews. Denn zu meiner eigenen Interviewvorbereitung skizzierte ich jeweils alle denkbaren Aspekte, Dimensionen und Implikationen hinsichtlich der Forschungsfrage und des Themas, wie sich diese ausgehend vom jeweils aktuellen Zeitpunkt meiner Analyse der Fach- und Sekundärliteratur, der bereits existierenden Quellen und der auch nicht von mir geführten Interviews mit den Akteur:innen sowie meiner vorausgegangenen Interviews und der bei diesen gemachten Erfahrungen darstellten. Ebenso versuchte ich, die mögliche zukünftige Befragungsbeziehung zu vergegenwärtigen. Des Weiteren entwickelte ich einen Themenkatalog im Sinne des themenzentrierten Interviews, auf den ich bei Bedarf in der Interviewsituation ebenso zurückgreifen konnte wie auf eine Liste mit Sach- und Informationsfragen sowie auf eine von mir erstellte Zeitleiste bestehend aus jeweils spezifischen, chronologischen Daten der FMP-Geschichte und der interviewten Akteur:innen. Im Rahmen der Auswertung und Transkription sequenzierte ich u.a. die einzelnen Interviewpassagen chronologisch hinsichtlich der erzählten Zeit und kategorisierte die Passagen, um die verschiedenen Interviewpassagen miteinander in Beziehung setzen zu können. Die zeitliche Zuordnung war im vorliegenden Beispiel: „1968“ und die Schlagwörter „Gründungsgeschichte“, „*Jazz am Rhein*“, „*Globe Unity*“, „soziales Netzwerk“, „Bekanntschaft Brötzmann und Kowald“.

Hinsichtlich des Themas „Jazz am Rhein“ finden sich vier Oral History-Interviewpassagen: zwei von Schlippenbach und jeweils eine von Brötzmann und Schoof. Schoof kann nichts zum Kölner Tiefgaragen-Gegenfestival beitragen, da er, wie er berichtet, zu der Zeit mit den *German Allstars* in Südamerika unter-

211 Postskriptum zum Interview mit Schlippenbach am 11.5.2015.

wegs war, was sich anhand eines *Jazz Podium*-Beitrags wie auch eines Tonträgers bestätigen lässt.[212] Brötzmann kann sich zunächst „kaum noch“[213] an die Kölner Ereignisse erinnern. Vermutet dann aber einen Zusammenhang mit seiner Überarbeitung von Exponaten aus Paiks *Exposition of Music-Ausstellung.* Hierbei lässt sich jedoch kein direkter Zusammenhang bzgl. des Zustandekommens von *Jazz am Rhein* nachweisen. Denn seine Überarbeitung fand im Kontext des von Vostell, Kagel, Feussner, Heubach u.a. gegründeten *Labors zur Erforschung akustischer und visueller Ereignisse beim Kölner Kunst(Jahr)markt* im Oktober 1968 statt. Glücklicherweise existieren jedoch drei Dokumente, die eine Kontrastierung von Schlippenbachs Narration ermöglichen. Dies sind erstens der *Jazz am Rhein*-Festivalbericht des damaligen *Jazz Podium*-Herausgebers Dieter Zimmerle[214], zweitens eine Kommentierung des Gegenfestivals in *Sounds* vom September 1968 von Rainer Blome[215] und drittens ein Interview mit Schlippenbach aus dem Sommer 1967 in *Sounds.* Mittels der beiden szenespezifischen Zeitschriften – wenngleich mit verschiedenartiger Positionierung – lassen sich Schlippenbachs Erinnerungen an das Gegenfestival weitgehend bestätigen. Interessant ist für unseren Kontext zudem das Interview mit Schlippenbach aus dem Sommer 1967. In diesem antwortet Schlippenbach auf die Frage „Müsste die kommerzielle Seite der Jazzszene geändert werden?“:

> „Zur Änderung der kommerziellen Seite der Jazzszene kann ich nur Attentate auf Programmdirektoren, Veranstalter und Manager vorschlagen, denen die neue Musik nicht passt. Wie wär’s mit der Zündung einer Plastikbombe in der Musikabteilung des WDR?“[216]

---

212 So berichtet das *Jazz Podium* in den *Jazz News* seiner August-Ausgabe 1968, dass das *Goethe-Institut* „vom 24. August bis zum 2. Oktober eine Deutsche Allstar Big Band auf Gastspielreise nach Südamerika“ (N.N. 1968g, S. 238) schicke. Laut *Jazz Podium* setzte sich die Besetzung der Big Band aus folgenden Musikern zusammen: Schoof (tr), Ack van Rooyen (tr), Albert Mangelsdorff (tb), Rudi Füsers (tb), Emil Mangelsdorff (reeds), Heinz Sauer (ts, ss), Wolfgang Dauner (p), Günter Lenz (b) und Ralf Hübner (dr). Nach der Tournee wurde im Januar 1969 im Münchner Jazzclub *Domicile* das Doppelalbum *The German All Stars: In Südamerika* (CBS S66217) aufgenommen. Auf dem Album, das auf dem Cover auch als *twen präsentiert The German All Stars Live at the domicile Munich nach ihrer Erfolgstournee durch Südamerika für das Goethe-Institut* angekündigt wurde, wirkten Albert und Emil Mangelsdorff, Schoof, van Rooyen, Füsers, Kühn, Sauer, Dudek, Dauner, Lenz, Hübner und Willi Johanns (voc) mit.

213 Brötzmann, Interview mit dem Verfasser, 12.7.2015, Interview-ID 465.

214 Zimmerle 1968c, S. 305.

215 Blome 1968, S. 24.

216 Schlippenbach 1967, S. 12. Der WDR hatte *Jazz am Rhein* (mit-)finanziert. Schlippenbachs radikale Positionierung deutet darauf hin, dass es sich bei seinem Anführungszeichen-Setzen der ‚Gegenveranstaltung‘ von *Jazz am Rhein* nicht um seine damalige Beurteilung, sondern vermutlich um eine heutige Wertung handelt.

Nach der Triangulierung der Daten wurden diese mit Latours skizzierten methodischen Ansatz für die Rekonstruktion weiterbearbeitet.[217]

Auswahl der Interviewpartner:innen

Aufgrund des Erkenntnisinteresses der Arbeit, das hinsichtlich der Entstehung, Struktur und Genese der FMP auf eine Innenperspektive der Kooperative abzielt, wurden als Interviewpartner:innen für die Oral History-Interviews ausschließlich die wichtigsten Akteur:innen der Kooperative ausgewählt, d.h. primär die ehemaligen FMP-Verantwortlichen.[218] Im Einzelnen waren dies:

- die beiden FMP-Initiatoren Peter Brötzmann und Jost Gebers, der auch nach dem Ende des Kollektivs 1976 als alleiniger FMP-Verantwortlicher fungierte und oft als „Kopf des Ganzen"[219] oder als „Motor der FMP"[220] bezeichnet wurde,
- der Pianist und Komponist Alexander von Schlippenbach, der als Gründungsmitglied ab 1969 der Kooperative und von 1972 bis 1976 ebenfalls dem FMP-Kollektiv angehörte,
- Dagmar Gebers, die seit 1972 bis zum Ende der FMP die FMP-Aktivitäten für die FMP fotografisch dokumentierte und deren Fotos auf den Schallplattenhüllen sowie der Veranstaltungsplakate der FMP nicht minder als Brötzmanns Plakat- und Coverdesigns sowie dessen Artworks das ästhetische Erscheinungsbild der FMP prägen.
- Dieter Hahne, der ab 1975 bis Ende 1999 (mit einer zwischenzeitlichen Unterbrechung) lange der einzige reguläre Mitarbeiter der FMP war, sowie
- Zudem wurde der Trompeter und Komponist Manfred Schoof in die Oral History-Interviews miteinbezogen.

Obwohl Schoof auch zu den Gründungsmitgliedern der Kooperative gehörte, ist er im engeren Sinne nicht den wichtigsten FMP-Verantwortlichen zuzurechnen. Ihn als Interviewpartner auszuwählen, war zum einen durch den ersten Teil der

217 Leider konnte zu diesem Zeitpunkt keine Supervision oder Intervision stattfinden, um die Verzerrungen während des Auswertungsprozesses multiperspektivisch bewusst zu machen und so die eigene biografische Beziehung zum Thema oder die eigene kulturelle Herkunft zu reflektieren und eine gleichschwebende Aufmerksamkeit kontinuierlich sicherzustellen.

218 Zeigten sich bei der vertikalen Kontextualisierung Lücken, die nicht durch historische Dokumente oder publizierte Interviews geschlossen werden konnten, führte ich partiell noch weitere, jedoch thematisch begrenzte Interviews durch.
Zu den ehemaligen FMP-Verantwortlichen ist auch der bereits im September 2002 im Alter von 58 Jahren verstorbene Wuppertaler Bassist Peter Kowald zu rechnen.

219 FMP-Publishing 2015.

220 Noglik 1989a.

Fragestellung nach den konkreten Erfahrungen und des Zusammenschlusses der westdeutschen Jazz-Avantgarde in den 1960er-Jahren intendiert, zu deren prominentesten Vertretern Schoof zu zählen ist, und zum anderen durch die erste FMP-Veröffentlichung *European Echoes* (FMP 0010), die unter seiner Leitung bzw. seinem Namen im Juni 1969 bei *Radio Bremen* eingespielt wurde. Da alle genannten Verantwortlichen der FMP für die Oral History-Interviews gewonnen werden konnten und zudem durch die Auswahl der Interviewpartner:innen alle Phasen der FMP-Historie gut dokumentiert sind, entschied ich mich gegen zusätzliche Oral History-Interviews mit:

- Detlef Schönenberg, der ebenfalls von 1972 bis 1976 dem FMP-Kollektiv angehört hatte, sich jedoch bereits Anfang der 1980er-Jahre komplett von der Jazzszene verabschiedet hat und heute „als Seminarleiter, Lehrer, Therapeut und spiritueller Ratgeber“[221] tätig ist,
- Holger Scheuermann, der seine Tätigkeit bei der FMP als „junger Tonmeister“ zum *Total Music Meeting* 1989 begann, seitdem bei den FMP-Konzerten und Projekten „im weitesten Sinne für die Beschallung und Aufnahmetechnik zuständig“[222] war, und dessen Tätigkeit insofern ausschließlich technisch ausgerichtet war,
- zwei, Anfang der 1990er-Jahre kurzzeitig bei der FMP tätige Aushilfen, die Gebers bei der Büroarbeit unterstützen sollten, und
- Anna Maria Ostendorf, die 1992 den von Gebers 1985 gegründete FMP-Musikverlag übernommen und unter dem Namen *FMP-Publishing* bis 2007 weitergeführt hat, da die Verlagstätigkeit nicht im Fokus der Forschung stand.

Die Interviewpartner:innen

Jost Gebers

Jost Gebers wurde am 26. Oktober 1940 in Berlin geboren und starb am 15. September 2023 in Borken.[223] Von Ende der 1950er- bis Anfang der 1960er-Jahre

221 Schönenberg 2016.

222 FMP-Publishing 2015. Wie Gebers auf der *FMP-Publishing*-Website weiter ausführt, plante Scheuermann auf Basis der jeweiligen Programme und den damit verbundenen Anforderungen die komplette technische Ausstattung“ (ebd.). Des Weiteren erledigte er die „Transporte des Equipments, kümmerte sich um den Auf- und Abbau, plante die Anmietung von technischen Geräten und Instrumenten, installierte und richtete die Aufnahme- und Beschallungstechnik ein und kümmerte sich um das Einmessen der Geräte. Nicht zuletzt war er am Mischpult für die Live-Aufnahmen und für die örtliche Beschallung zuständig. Darüber hinaus war er verantwortlich für die Wartung und die Reparaturen des kompletten FMP-eigenen technischen Apparates und arbeitete im FMP-Studio als Tonmeister.“ (Ebd.)

223 Gebers wünschte bei den Interviews, dass außer seinem Geburtsdatum möglichst keine weiteren privaten biografischen Daten veröffentlicht werden. Die Kurzbiografie enthält

betrieb er einen Jazzclub in einem Keller in der Niebuhrstraße in Berlin-Charlottenburg. Neben Konzerten fanden dort auch Lesungen mit u.a. Günter Grass oder Uwe Johnson statt. In der zweiten Hälfte der 1960er-Jahre betrieb er den *Workshop* in der Olbersstraße (ebenfalls in Charlottenburg). In den 1960er-Jahren spielte Gebers als Bassist neben dem Schlagzeuger Manfred Kussatz im Trio der Pianistin und Violinistin Donata Höffer, die ab 1968 eine erfolgreiche Karriere als Schauspielerin (und später auch als Sängerin) antrat. Das *Donata Höffer Trio* firmierte auch unter dem Namen *Donata Höffer Group* und trat u.a. mit Brötzmann oder wie 1969 mit Brötzmann und Schoof als *Schoof/Brötzmann 5* auf. Obwohl das Trio keine Schallplattenaufnahmen hinterließ, wird ihm eine wichtige Bedeutung hinsichtlich der Aktivitäten der Westberliner Free Jazz-Szene von Mitte bis Ende der 1960er-Jahre zugesprochen.[224] Gebers trat noch beim ersten *Total Music Meeting* im November 1968 sowie bei *3 Nights Of Living Music And Minimal Art* (dem ersten *Workshop Freie Musik*) in der Westberliner *Akademie der Künste* im April 1969 mit der *Donata Höffer Group* auf. Im September 1969 gründete er zusammen mit Brötzmann die *Free Music Production*, gehörte in der Zeit von 1972 bis 1976 dem FMP-Kollektiv an, das er auch als Geschäftsführer vertrat, und wurde nach dem Ende des Kollektivs 1976 zum alleinigen Verantwortlichen der FMP.

Neben seiner Verantwortung für die Gesamtfinanzierung war Gebers im Wesentlichen für alle Produktionsarbeiten im Bereich der Live-Aktivitäten, d.h. für den *Workshop Freie Musik*, das *Total Music Meeting* und auch für die vielen anderen Live-Projekte der FMP, sowie für alle Schallplatten- beziehungsweise CD-Produktionen zuständig. Der Umfang dieser Tätigkeiten beinhaltete nicht nur die organisatorische Planung und die inhaltliche Konzeption der Projekte und Programme, sondern schloss auch die Arbeiten bezüglich Aufnahme, Mix und Mastering ein, teilweise in Zusammenarbeit mit unterschiedlichen Tonmeistern, wie seit 1989 mit Holger Scheuermann und Jonas Bergler. Des Weiteren war Gebers für den grafischen Bereich zuständig, der das Design und Layout der Schallplatten-Cover, später der CD-Booklets sowie in vielen Fällen auch das Plakatdesign für die Konzerte, Workshops und Festivals umfasste. 1984 wurde Jost Gebers nach New York eingeladen, um beim für die New Yorker Free Jazz-Szene sehr wichtigen ersten *Sound Unity Festival* den Live-Sound zu übernehmen und zugleich für den Ebba Jahn-Film *Rising Tones Cross* die Live-Aufnahmen zu realisieren.

Gebers und die *Free Music Production* erhielten 1977 den Kritikerpreis des *Verbandes der deutschen Kritiker e.V.* 1990 wurde Gebers mit der Ehrenurkunde der Jury des *Preises der deutschen Schallplattenkritik e.V.* für seinen langjährigen Einsatz als Produzent von Jazz-Schallplatten ausgezeichnet und 2011 mit dem *Preis der deutschen Schallplattenkritik* für die FMP-Edition *Im Rückblick – In Re-*

---

deshalb nur Daten hinsichtlich seiner musikalischen, organisatorischen und institutionellen Aktivitäten.

224 Vgl. Klopotek 2008b.

trospect. 2012 wurde Gebers ein vom *Preis der deutschen Schallplattenkritik e.V.* zusätzlich geschaffener Jahrespreis zugesprochen. Bis zu seiner Pensionierung 2002 arbeitete Gebers als Sozialarbeiter in einer Jugendfreizeiteinrichtung im sogenannten *Mierendorff-Kiez* im Berliner Stadtteil Charlottenburg.

Die Interviews mit Gebers fanden am 27. März 2015, am 22. Mai 2015, am 14. August 2015 sowie am 27. April 2018 in seinem Büro im nordrhein-westfälischen Borken statt, wo Gebers seit Anfang 2003 seit seinem Umzug aus Berlin mit seiner Frau Anna Maria Ostendorf bis zu seinem Tod lebte und den FMP-Verlag *FMP-Publishing* betrieb.

Peter Brötzmann

Peter Brötzmann wurde am 6. März 1941 in Remscheid geboren und starb am 22. Juni 2023 in Wuppertal. Als musikalischer Autodidakt begann er Ende der 1950er-Jahre in einer Dixieland-Band Klarinette zu spielen, wechselte dann zum Tenorsaxofon, als die Gruppe begann, sich mit Swing und später auch mit Bebop auseinanderzusetzen.[225] 1959 begann Brötzmann an der Wuppertaler *Werkkunstschule*, die 1972 in die *Bergische Universität Wuppertal* aufging, ein Studium der Werbegrafik (Grafikdesign)[226], das auch Malereikurse beinhaltete. Wie Kisiedu hinweist, habe sich Brötzmann während seines Studiums auf die freie Kunst, die Bildhauerei und in der grafischen Gestaltung auf Drucktechniken wie Lithographie und Radierung konzentriert.[227] Durch sein Studium erhielt Brötzmann Kontakt zur Wuppertaler bildenden Kunstszene und auch zu Rolf Jährlings im vornehmen Wuppertaler Briller Viertel gelegenen Galerie *Parnass.* In der Galerie *Parnass* wirkte Brötzmann Anfang März 1963 zusammen mit Tomas Schmit bei Nam June Paiks erster Einzelausstellung *Exposition of Music – Electronic Television* als Assistent mit. In der Folge baute er Paiks Klangobjekte bei Ausstellungen in der Bundesrepublik und in Europa auf und war selbst als Künstler bei Fluxus-Aktionen wie bspw. beim *Fluxus Festival* im Juni 1963 in Amsterdam beteiligt.

In den früher 1960er-Jahren lernte Brötzmann in Wuppertal den Bassisten Peter Kowald kennen, mit dem er sich zusammen mit Pierre Courbois am Schlagzeug 1966 im Trio beim *Deutschen Jazzfestival* in Frankfurt erstmals einem größeren Publikum vorstellte, was den Durchbruch für seine Laufbahn als Berufsmusi-

---

225 Vgl. Jost 1987, S. 85f.

226 Brötzmann revidierte im mit Fränzel und Rauschtenberger 2008 geführten Interview (vgl. Brötzmann ²2008, S. 175) seine seit Nogliks *Jazz-Werkstatt International* verbreitete Darstellung, er habe „an der Wuppertaler Werkkunstschule Malerei und Werbegraphik" (Noglik 1983, S. 205) studiert. Im 2014 veröffentlichten Dokumentarfilm *Rohschnitt Peter Brötzmann* von Peter Sempel antwortet Peter Brötzmann auf die Frage, was er in Wuppertal studiert habe: „Die scheiß' Kunst!"

227 Vgl. Kisiedu 2020, S. 19.

ker markieren sollte.[228] Mitte der sechziger Jahre kam es zu ersten internationalen musikalischen Begegnungen mit u.a. Steve Lacy, der mit seinem Quintett in Wuppertal gastierte, und mit Don Cherry, der in Paris im *Chat Qui Pêche* mit Gato Barbieri, Aldo Romano und Karl Berger ein Engagement hatte. Ende 1966 unternahm Brötzmann zusammen mit Kowald eine Europa-Tournee mit dem *Carla Bley/Mike Mantler-Quintet*. Bei den *Berliner Jazztagen* im Herbst 1966 wirkte Brötzmann mit seinem Trio mit Kowald und dem Schlagzeuger Mani Neumeier bei der Premiere des ersten europäischen Free Jazz-Orchesters: dem *Globe Unity Orchester* unter der Leitung von Alexander von Schlippenbach ebenso mit wie auf der anschließenden *Globe Unity*-Schallplatteneinspielung im Dezember 1966 in Köln für SABA. Im Juni 1967 nahm Brötzmann im Trio mit Kowald und dem aus Schweden in die Bundesrepublik übergesiedelten Schlagzeuger Sven-Åke Johansson im Wuppertaler *Haus der Jugend* sein erstes Album: *For Adolphe Sax* als Eigenproduktion auf und veröffentlichte dieses in seinem Eigenverlag BRÖ. Der vermutlich ersten europäischen Jazzplatte mit einem konsequenten Konzept der totalen Improvisation[229] folgte 1968 Brötzmanns zweites Album: *Machine Gun*, das er im März 1968 zwischen den beiden „enthusiastisch"[230] gefeierten Auftritten seines international besetzten *Machine Gun*-Ensembles beim *Deutschen Jazzfestival* in Frankfurt und beim *Jazz Ost-West*-Festival in Nürnberg in der Bremer *Lila Eule* erneut als Eigenproduktion aufnahm.[231] Das aus einem Querschnitt prägender Musiker des Neuen Jazz[232] in Westeuropa bestehende Ensemble setzte sich aus Brötzmanns bisherigen Trio (mit Kowald und Johansson), seinem 1968 neu gegründeten Trio mit dem belgischen Pianisten Fred Van Hove und dem niederländischen Schlagzeuger Han Bennink sowie dem ebenfalls aus den Niederlanden stammenden Tenorsaxofonisten Willem Breuker, dem englischen Tenorsaxofonisten Evan Parker und dem westdeutschen Bassisten Buschi Niebergall zusammen. Bei den Auftritten der *Machine Gun* wirkten teilweise noch Gerd Dudek am Tenorsaxofon (wie beim *Deutschen Jazzfestival*) und Manfred Schoof an der Trompete (wie bei *Jazz Ost-West*) mit. Sein drittes Album *Nipples* spielte Brötzmann für den *Calig*-Verlag im Frühjahr 1969 mit Van Hove, Bennink und Niebergall (B-Seite: *Tell A Green Man*) sowie erweitert um Parker und dem ebenfalls in London lebenden Gitarristen Derek Bailey (A-Seite: *Nipples*) ein.

Nipples war Brötzmanns letzte Schallplatteneinspielung vor der Gründung der FMP im September 1969 und bis auf wenige Ausnahmen bis in die zweite Hälfte der 1980er-Jahre auch sein letztes Album, das nicht auf FMP veröffent-

228 Vgl. Bontrup et. al. ²2008, S. 169.

229 Vgl. Jost 1987, S. 92.

230 Miller 1968, S. 16.

231 Die *Machine Gun* wurde nicht, wie auf der Plattenhülle angegeben, im Mai 1968 aufgenommen, sondern bereits am 28. und 29. März 1968 nach einem Auftritt des Ensembles in der *Lila Eule* am 28. März.

232 Vgl. Vandermark 2010, S. 30.

licht wurde.[233] Bis zur Gründung des FMP-Kollektiv 1972 betrieb Brötzmann mit Gebers die FMP allein. Auf FMP veröffentlichte Brötzmann 34 Vinyl- und 23 CD-Alben[234] mit u.a. Manfred Schoof, Albert Mangelsdorff, Enrico Rava, Gerd Dudek, Evan Parker, Han Bennink, Fred Van Hove, Alexander von Schlippenbach, Willem Breuker, Paul Rutherford, Kenny Wheeler, Cecil Taylor, Andrew Cyrille, Harry Miller, Louis Moholo, Misha Mengelberg, Toshinori Kondo, William Parker, Louis Sclavis, John Zorn, Tony Oxley, Günter Sommer, Conny Bauer, John Stevens, Barry Guy, Peter Kowald, Barre Philipps, Larry Stabbins, Anthony Braxton, Derek Bailey, Fred Hopkins, Rashied Ali, Keiji Haino, Alfred Harth, Anton Fier, dem *Globe Unity Orchestra* und dem *ICP-Tentet*. Neben zahllosen FMP-Einzelkonzerten in Berlin, die aufgrund unzureichender oder fehlender Informationen nicht mehr zu rekonstruieren sind[235], hat Brötzmann sowohl bei den beiden wichtigsten Veranstaltungen der FMP: dem *Total Music Meeting* und dem *Workshop Freie Musik* als auch bei den anderen FMP-Live-Reihen und *Specials* kontinuierlich mitgewirkt. So ist Brötzmann allein beim *Total Music Meeting*, das insgesamt 33 Mal stattfand, 25 Mal vertreten gewesen, beim *Workshop Freie Musik*, der insgesamt 29 Mal stattfand, 19 Mal. Auch nach dem Ende des Kollektivs 1976 gestaltete Brötzmann nicht nur seine eigenen FMP-Vinyl- und später auch CD-Cover, sondern auch weiterhin viele der FMP-Festival-, Workshop- und Konzert-Plakate.

Seit Beginn der 1980er-Jahre nahmen Brötzmanns weltweite musikalische Aktivitäten und Präsenz vor allem in Japan und den USA kontinuierlich zu, deren Anfänge bis in die 1970er-Jahren zurückreichen. So trat Brötzmann bereits 1977 im Duo mit Bennink bei der Berliner Kultur-Schau *Berlin Now* in New York ebenso auf wie 1980 in Japan. Auch gastierte Brötzmann 1980 mit seinem Trio *Brötzmann/Miller/Moholo* beim Berlin-Programm in Los Angeles. 1982 spielte er in Japan u.a. mit Sabu Toyozumi und Yoshisaburo Toyozumi und trat mit Misha Mengelberg und dem *ICP Orchestra* u.a. in Tokio und Osaka wie auch 1984 beim *Sound Unity Festival* in New York auf. Mitte der 1980er-Jahre kulminierten Brötzmanns internationale Aktivitäten in der Gründung des bis Anfang der 1990er-Jahre bestehen-

233 So veröffentlichte Brötzmann zusammen mit Juhani Aaltonen, Edward Vesala und Kowald 1973 auf dem finnischen Label *Blue Master* das Album *Hot Lotta*, das im April 1973 in Helsinki aufgenommen wurde, mit dem *Globe Unity Orchestra* 1976 das Album *Jahrmarkt/Local fair* auf Paul Lovens *Po Torch*-Label und 1977 das Album *Improvisations* auf *JAPO* sowie 1980 das mit Bennink im Duo eingespielte Live-Album *Atsugi Concert* auf dem japanischen Label *Gua Bungue*.

234 Diese Zählung berücksichtigt (wie auch in den folgenden Kapiteln bzgl. der Vinyl- und CD-Alben von Schlippenbach und Schoof) weder die Vinyl-Singles noch die FMP-Kompilationen.

235 Wie u.a. Konzertprojekte mit den *Manfred Schoof/Peter Brötzmann 5* im Jahr 1969, dem *Peter Brötzmann Sextett* und dem Trio *Brötzmann/Van Hove/Bennink* 1970, dem *Globe Unity Orchestra* 1973, dem Duo *Brötzmann/Kellers* sowie dem Trio *Brötzmann/Miller/Moholo* 1980.

den Free Punk-Jazz-Quartetts *Last Exit* mit den US-Amerikanern Sonny Sharrock (dem ersten Free Jazz-Gitarrist der Musikgeschichte), dem Schlagzeuger Ronald Shannon Jackson (einem der Wegbereiter des *No Wave*, der auch 1966 einige Monate dem *Albert Ayler Quintet* angehört hatte) und dem E-Bassisten Bill Laswell. Laswell arbeitete schon damals sehr erfolgreich als Produzent (so hat Laswell u.a. 1983 Herbie Hancocks Hit *Rock it* miteingespielt und produziert) und wird heute weltweit nicht nur für seine Veröffentlichungen elektronischer World- und Ambient-Musik geschätzt, sondern auch für seine Avantgarde-Ambitionen, die er u.a. mit seinen Projekten *Massacre* mit Fred Frith und Fred Maher oder *Painkiller* mit John Zorn und Mick Harris (*Napalm Death*) demonstriert hat. Mit den Veröffentlichungen und Tourneen von *Last Exit* hat Brötzmanns Bekanntheitsgrad weltweit ungemein zugenommen. 1993 folgte die Gründung von Brötzmanns *Die Like A Dog Quartet* mit dem japanischen Trompeter Toshinori Kondo und den beiden US-amerikanischen Musikern Hamid Drake (dr) und William Parker (b), einem der Hauptprotagonisten der New Yorker Free Jazz-Szene seit den 1970er-Jahren. 1997 gründete Brötzmann das *Peter Brötzmann Chicago Tentet* mit Mars Williams, Ken Vandermark, Mats Gustafsson, Joe McPhee, Jeb Bishop, Fred Lonberg-Holm, Kent Kessler, Michael Zerang und Hamid Drake und 2002 das Trio *Sonore*, ebenfalls mit dem Chicagoer Vandermark und dem Schweden Gustafsson. Weitere zentrale Größen in Brötzmanns Spätphase stellen seine Formation *Full Blast* mit den Schweizern Marino Pliakas und Michael Wertmüller, sein Duo mit der US-Amerikanerin Heather Leigh sowie seine Zusammenarbeit mit u.a. Jason Adasiewicz, Fred Lonberg-Holm, Paal Nilssen-Love, Steve Noble, P.G. Smyth, Oliver Steidle, Peeter Uuskyla, Keiji Haino, Toshinori Kondo, William Parker und Hamid Drake dar. Wie seine kontinuierlichen und ausgiebigen weltweiten Tournee- und Konzertaktivitäten in Europa, den USA, Kanada, Südamerika, Japan, Australien und Neuseeland illustrieren[236], war Brötzmann in seinen späten Jahren als Musiker gefragter denn je, und auch seine Arbeiten im Bereich der darstellenden Kunst fanden zunehmend Beachtung.[237]

---

236 Aufgrund der weltweiten COVID-19-Pandemie hat Brötzmann in den Jahren 2020 und 2021 nahezu alle seine Auftritte abgesagt. Eine der wenigen Ausnahmen stellte das dreitägige Festival *BRÖtz 80!* Ende August 2021 im Wuppertaler *Café ADA* anlässlich seines 80. Geburtstags (mit u.a. Hamid Drake, Mats Gustafsson, Fred Lonberg-Holm, Marino Pliakas, Michael Wertmüller, Caspar Brötzmann, Hans Peter Hiby, Wolfgang Schmidtke und Heather Leigh) dar.

237 Hingewiesen sei auf Brötzmanns Präsentation sehr früher Arbeiten in Chicago und Milwaukee 2003, seine Retrospektive 2005 in Remscheid, seine Ausstellung 2010 in Melbourne, seine Wuppertaler Ausstellung 2011, seine Ausstellung 2011 in Wels, seine große Ausstellung 2013 in Ljubljana, seine weiteren Ausstellungen in Chicago 2007, 2010 und 2013, seine Ausstellung 2013 in Houston sowie seine Ausstellung *Along The Way* 2021 in Köln und Wuppertal. Das zunehmende Interesse an Brötzmanns Werk illustriert auch die öffentliche Tagung im Wuppertaler *Von der Heydt-Museum* anlässlich Brötzmanns 80. Geburtstags. Diese intendierte u.a. die bislang stark musikwissen-

Brötzmann hat zahlreiche Preise und Ehrungen erhalten. So wurde er 1971 mit dem *Eduard von der Heydt-Förderpreis* (Kunstförderpreis der Stadt Wuppertal) ausgezeichnet, 1978 zusammen mit Bennink und Schlippenbach mit dem Kunstpreis der Stadt Berlin, 2005 mit dem *Eduard von der Heydt-Kulturpreis* der Stadt Wuppertal für sein Lebenswerk, 2011 mit dem *Albert Mangelsdorff*-Preis (Deutscher Jazzpreis) für sein Lebenswerk, ebenfalls 2011 beim *Vision Festival* in New York mit dem *Lifetime Achievment Award*, 2021 mit dem *Europäischen Filmpreis* (zusammen mit Nils Petter Molvær) für die Filmmusik im Spielfilm *Große Freiheit* sowie 2022 mit dem *Ehrenpreis* des *Preis der deutschen Schallplattenkritik e.V.*

Das Interview mit Brötzmann fand am 12. Juli 2015 in Brötzmanns Wuppertaler Domizil in der Obergrünewalder Straße statt.

Alexander von Schlippenbach

Alexander von Schlippenbach wurde am 7. April 1938 in Berlin geboren. Nach dem Abitur studierte Schlippenbach Ende der 1950er-/Anfang der 1960er-Jahre Komposition an der *Staatlichen Hochschule für Musik* in Köln bei Rudolf Petzold und auch bei Bernd Alois Zimmermann.[238] An der Kölner Musikhochschule besuchte er auch den von Kurt Edelhagen im Januar 1958 ins Leben gerufenen Jazzkurs.[239] In dieser Zeit spielte Schlippenbach mit Musikern des *Kurt Edelhagen Orchester* bei Jamsessions im Kölner *Kintopp Saloon* sowie auch häufig mit einem eigenen Trio im *Storyville.*[240] Noch während des Studiums begann Schlippenbachs Zusammenarbeit mit dem Göttinger Vibrafonisten und Flötisten Gunter Hampel, die im 1964/65-Quintett von Hampel und der Einspielung des Albums *Heartplants* im Januar 1965 in Villingen (Schwarzwald) für SABA gipfelte. Das *Gunter Hampel Quintet* bestand mit Hampel, Schoof, Schlippenbach und Niebergall sowie dem niederländischen Schlagzeuger Courbois (der um 1970 die Jazzrockformation *Association P.C.* gründete) aus einigen der „tonangebenden Initiatoren des freien Jazz in der Bundesrepublik".[241] Das Quintett löste sich bereits im Herbst 1965 nach einer knapp zweijährigen, erfolgreichen Zusammenarbeit wieder auf. Im Dezember 1965 wurde Schlippenbach Pianist im neu formierten *Manfred Schoof Quintet*, in

---

schaftliche Rezeption um eine adäquatere kunsthistorische Sicht auf Brötzmanns Schaffen zu ergänzen (vgl. Czirr/Wiener 2023, S. 11). Die Forschungsergebnisse wurden 2023 in dem von Sarah Czirr und Jürgen Wiener herausgegebenen Buch *Kunst, Musik und Peter Brötzmann* dokumentiert.

238 So merkt Berendt (1967) im Covertext von *Globe Unity* (SABA) an, dass Schlippenbach „also attended a seminar in incidental music for Radio and films with Bernd Alois Zimmermann".

239 Vgl. Jost 1987, S. 61.

240 Vgl. Schlippenbach 1967, S. 9.

241 Jost 1987, S. 42.

dem er neben seinen Ex-Kollegen Schoof und Niebergall aus dem *Gunter Hampel Quintet* auch wieder auf Dudek und Liebezeit traf, die er bereits während seiner Kölner Studienzeit kennengelernt hatte. Mit dem *Manfred Schoof Quintet* nahm Schlippenbach im Mai 1966 das Album *Voices* (CBS) auf. 1966 wirkte das Quintett in der Kölner Inszenierung von Zimmermanns einziger vollendeter Oper *Die Soldaten*[242] mit und nahm für diesen auch die *Improvisationen* über die Jazz-Episode aus dem II. Akt der Oper *Die Soldaten* sowie die *Ode an Eleutheria in Form eines Totentanzes* aus der Musik zum Hörspiel *Die Befristeten* (von Elias Canetti) auf (1967, *Wergo*). Im Dezember 1967 folgte mit der Erweiterung der Gruppe um Sven-Åke Johansson am Schlagzeug das Album *Manfred Schoof Sextett* ebenfalls auf *Wergo*. Im Herbst 1966 formierte Schlippenbach das erste europäische Free Jazz-Orchester *Globe Unity* bei den *Berliner Jazztagen*, dessen Name wie auch seine Entstehung auf einen Kompositionsauftrag des RIAS Berlin an Schlippenbach für die *Berliner Jazztage* zurückgeht. Neben dem kompletten *Manfred Schoof Quintet* (Schoof, Schlippenbach, Dudek, Niebergall und Liebezeit) und dem damaligen *Peter Brötzmann Trio* (Brötzmann, Kowald und Neumeier) wirkten beim Berliner Auftritt wie auch bei der anschließenden SABA-Schallplatteneinspielung in Köln im Dezember 1966 u.a. der belgische Trompeter Claude Deron, der niederländische Saxofonist Willem Breuker und Gunter Hampel mit. 1969 veröffentlichte Schlippenbach im Eigenverlag (*Quasar*) das von Conny Plank im *Rhenus*-Studio (Köln) im April 1969 aufgenommene Album *The Living Music* mit u.a. Schoof, Brötzmann, Niebergall und Bennink. Im Frühjahr 1972 entstand Schlippenbachs erstes Solo-Album *Payan*, das beim Münchner Label *Enja* veröffentlicht wurde.

Von Oktober 1972 bis Anfang 1976 gehörte Schlippenbach dem FMP-Kollektiv an. Auf FMP veröffentlichte Schlippenbach 24 Vinyl- und 18 CD-Alben, die die Arbeit seiner festen Formationen wie dem *Schlippenbach Trio* mit Evan Parker und Paul Lovens, dem *Schlippenbach Quartet* mit Parker, Lovens und Kowald, dem *Schlippenbach/Johansson Duo* und dem *Globe Unity Orchestra* ebenso dokumentieren wie seine Zusammenarbeit mit u.a. Rüdiger Carl, Martin Theurer, Aki Takase, Tony Oxley, Sam Rivers und Sunny Murray. Ab 1977 entstanden zudem Alben vor allem mit dem *Globe Unity Orchestra* und dem *Schlippenbach/Johansson Duo* auf den Labels *JAPO* und *Po Torch*. Ebenso wie Brötzmann hat auch Schlippenbach neben den zahllosen FMP-Konzerten in Westberlin, deren Daten sich nicht mehr rekonstruieren lassen[243], kontinuierlich beim *Total Music Meeting* (17 Mal) und beim *Workshop Freie Musik* (11 Mal) sowie bei den anderen FMP-Live-Reihen und *Specials* (wie dem *Free Music Market*, den *Free Concerts at Townhall* (Rathaus Charlottenburg), der *Summer Music* im Haus am Waldsee (Berlin-Zehlendorf)

242 Vgl. Schoof zit. nach Kaiser 1966/67, S. 14.

243 Wie bspw. Konzerte mit dem *Alexander von Schlippenbach Quintet* 1972, mit dem *Globe Unity Orchestra* 1973, Solo-Konzerte 1974, mit dem *Schlippenbach Quartet* 1977 oder mit dem *Schlippenbach/Lovens Duo* 1984.

oder den *Just Music*-Studiokonzerten) mitgewirkt. Während Schlippenbach in den 1960er- und 1970er-Jahren beim *Total Music Meeting* und beim *Workshop Freie Musik* annähernd jährlich und teilweise mit mehreren Formationen auftrat, lässt sich in den 1980er-Jahren eine Reduzierung seiner Live-Präsenz bei diesen beiden wichtigsten Veranstaltungsreihen der FMP konstatieren.

1988 gründete Schlippenbach das *Berlin Contemporary Jazz Orchestra* (mit u.a. Benny Bailey, Kenny Wheeler, Gerd Dudek, Ernst-Ludwig Petrowsky, Willem Breuker, Aki Takase und Misha Mengelberg) mit der Intention, neue Werke zeitgenössischer Jazzkomponisten aufzuführen und zu veröffentlichen[244], wie die Alben *Berlin Contemporary Jazz Orchestra* (1989, ECM), *The Morlocks and other pieces* (1993, FMP) und *Live in Japan '96* (1997, DIW) dokumentieren. 1998 führte Schlippenbach zusammen mit der Berliner Band *Die Enttäuschung* (Rudi Mahall Bassklarinette, Axel Dörner Trompete, Jan Roder Bass und Uli Jenneßen Schlagzeug) das Gesamtwerk von Thelonious Monk (70 Kompositionen) in einem öffentlichen Rundfunkkonzert im Sendesaal des NDR an einem Abend auf. Es folgten weitere Konzerte in Deutschland, den Niederlanden und Österreich. 2003 und 2004 wurden die Kompositionen im Berliner Jazzclub *A-Trane* aufgenommen und 2005 unter dem Titel *Monk's Casino – The complete Works of Monk* als 3-CD-Box auf *Intakt* veröffentlicht. Ebenfalls auf *Intakt* legte Schlippenbach 2005 zwei CDs mit Solo-Aufnahmen vor: *Twelve Tone Tales Vol. 1* und *Vol. 2* sowie 2012 das Solo-Album *Schlippenbach plays Monk*. Und 40 Jahre nach der Gründung des *Globe Unity Orchestras* versammelte Schlippenbach für das *Jazzfest Berlin* 2006 eine Jubiläumsband (mit u.a. Schoof, Wheeler, Petrowsky, Parker, Lovens, Lytton, Mahall und Dörner). Ein Mitschnitt des Konzerts (*Globe Unity – 40 Years*) erschien ebenso auf *Intakt* wie das Konzert des *Globe Unity Orchestra* (u.a. mit Petrowsky, Parker, Dudek, Schoof, Stańko, Lovens, Lytton, Mahall und Dörner) beim *Jazzfest Berlin* 2016 zum 50. Jubiläum (*Globe Unity – 50 Years*). 2010 nahm Schlippenbach mit Schoof das Duo-Album *Blue Hawk* (*Jazzwerkstatt*) auf. Bis Mitte der 2010er Jahre arbeitete Schlippenbach kontinuierlich mit seinem seit über 50 Jahren bestehenden Trio mit Parker und Lovens zusammen: *Winterreise* (2005), *Gold is where you find it* (2008), *Bauhaus Dessau* (2010) oder *Features* (2014). Zu seinen aktuellen Projekten zählen neben seinen Solo-Aufnahmen (wie *Slow Pieces For Aki*, 2020, *Intakt*) vor allem seine Zusammenarbeit mit Takase sowie mit Mahall und *Monk's Casino*.

Schlippenbach blickt nicht nur auf unzählige Tourneen in Europa, Asien, Australien und den USA zurück, sondern tritt auch nach wie vor kontinuierlich ob solo, im Duo mit Takase oder auch im Trio mit Mahall und dem norwegischen Schlagzeuger Dag Magnus Narvesen (wie bei seiner *Winterreise* 2021) auf. Schlippenbach hat zahlreiche Preise und Ehrungen erhalten. 1978 wurde er zusammen mit Bennink und Brötzmann mit dem Kunstpreis der Stadt Berlin ausgezeich-

244 Vgl. Schlippenbach 2016.

net, 1980 mit dem *Schallplattenpreis* der *Union deutscher Jazzmusiker* (UDJ) für das Album *The early Quintet* des *Manfred Schoof Quintetts* (FMP), 1994 mit dem *Albert Mangelsdorff*-Preis (Deutscher Jazzpreis) für sein Lebenswerk sowie 2007 mit dem SWR-Jazzpreis für seine Solo-CDs *Twelve Tone Tales Vol. 1/Vol. 2.* Im Dezember 2017 erhielt er das Bundesverdienstkreuz am Bande als Würdigung seines künstlerischen Wirkens, mit dem er nicht nur dem modernen deutschen Jazz, sondern auch allgemein der zeitgenössischen deutschen Kultur zu internationaler Aufmerksamkeit und Achtung verholfen habe.[245]

Das Interview mit Schlippenbach fand am 11. Mai 2015 in Berlin-Moabit in Schlippenbachs Wohnung in der Essener Straße statt, wo er mit seiner Frau, der japanischen Pianistin Takase, zusammenlebt.

Dagmar Gebers

Dagmar Gebers wurde am 11. November 1952 in Siegburg geboren. Sie wuchs in Troisdorf in Nordrhein-Westfalen auf und absolvierte nach der Schule eine Lehre zur Fotolaborantin in Köln. Im Oktober 1970 ging sie nach Westberlin, wo sie Jost Gebers kennenlernte und 1971 heiratete.[246] Seit dem *Workshop Freie Musik* 1972 dokumentierte Gebers die Aktivitäten der FMP. Sie fotografierte nahezu alle FMP-Konzerte, Projekte und Studioaktivitäten sowie auch Situationen am Rande der Festivals, Konzerte, Workshops oder Aufnahmesessions.[247] In ihrem von der FMP eingerichteten Labor kümmerte sie sich um die Entwicklung der Filme und um die Vergrößerungen. Ihre Arbeiten finden sich auf unzähligen FMP-LP-Hüllen, CD-Booklets, Veranstaltungsplakaten, Dokumentationen und Büchern sowie in der Tages- und Fachpresse. Die Fotos von Gebers prägten und prägen auch heute noch wesentlich das ästhetische Erscheinungsbild der FMP.

Gebers stellte ihre Arbeiten in Deutschland, Italien und in den USA aus. So bspw. in der *Akademie der Künste* in Westberlin im Rahmen des *Workshop Freie Musik* 1979 oder beim *Total Music Meeting* 1994 im Berliner *Podewil.* Im Jahre 2001 gehörte sie zu den Preisträgerinnen der *100 besten Plakate des Jahres.*[248] Heute wohnt Gebers wieder in Nordrhein-Westfalen.

Das Interview mit Gebers fand am 22. Juni 2015 in Berlin in ihrer damaligen Wohnung in der Schwedenstraße im Berliner Stadtteil Wedding statt.

---

245 Vgl. Senatsverwaltung für Kultur und Europa 2017.

246 Vgl. Müller 2022, S. 32.

247 Vgl. FMP-Publishing 2015.

248 Vgl. ebd.

Dieter Hahne

Dieter Hahne wurde am 4. Februar 1950 in Villingen (Schwarzwald) geboren. Zunächst machte Hahne eine kaufmännische Ausbildung (Industriekaufmann) und war im Anschluss bis 1972 bei einem grafischen Betrieb angestellt (Satz, Repro, Druck etc.). Von 1972 bis Ende 1974 arbeitete Hahne als Assistent des Abteilungsleiters in der Presseabteilung von *Musik Produktion Schwarzwald* (MPS-Records GmbH) in Villingen. Sein Aufgabenbereich bei MPS umfasste das Erstellen von Pressemappen, die Gestaltung von Prospekten und Plakaten, das Verfassen des regelmäßig erscheinenden MPS-Pressediensts *Musik Aktuell*, die Verwaltung des MPS-Bild- und Textarchivs sowie die Mitwirkung bei der Produktion von Schallplattenhüllen (Grafik, Repro, Druck). In dieser Zeit engagierte sich Hahne auch als Vorstand im *Jazzclub Villingen e.V.* und arbeitete als Stagehand im Rahmen von Berendts Jazzprogrammen bei den *Donaueschinger Musiktagen*, bei den Baden-Badener *Free Jazz Meetings*, beim *Jazz Now!*-Festival im Rahmen des Olympischen Kunstprogramms in München 1972 sowie bei den *Berliner Jazztagen*. Im März 1975 begann Hahne seine Tätigkeit bei der FMP. Dort war er für die kaufmännischen Belange wie die Organisation, Abwicklung und Ausweitung des Vertriebs im In- und Ausland, die Buchführung sowie die Honorar- und Lizenzabrechnungen mit den Künstler:innen verantwortlich. Ebenso beinhaltete seine Tätigkeit die Planung und Umsetzung von Marketing- und PR-Aktivitäten. Hahne erledigte die allgemeinen Verwaltungs- und Sekretariatsaufgaben und war darüber hinaus in die Planung, Organisation und Durchführung der Konzert-, Workshop- und Projektaktivitäten der FMP eingebunden sowie in die Vorarbeiten zu den LP- und CD-Produktionen bis hin zur Gestaltung einiger LP-Covers. Ebenso war Hahne bei allen FMP-Veranstaltungen für den Platten- und Infostand am jeweiligen Veranstaltungsort zuständig.[249] Von Herbst 1984 bis Ende 1992 betrieb Hahne den Jazz-Schallplattenladen und Mailorder *Jazzcock*[250] in den ehemaligen FMP-Büroräumen in der Behaimstraße 4 in Berlin-Charlottenburg, stand aber auch in dieser Zeit der FMP als freier Mitarbeiter zur Verfügung. Von Februar 1993 bis Ende Januar 2001 war Hahne wieder alleinzuständiger Mitarbeiter bei der FMP für die Bereiche Marketing, Vertrieb und Verwaltung. Bis zum Sommer 2002 half er bei der Abwicklung und der Büroauflösung der FMP.

Nach dem Ende der Geschäftstätigkeit der FMP war Hahne ab Januar 2000 für ein halbes Jahr bei der Firma *FMP FREE MUSIC PRODUCTION Distribution & Communication* angestellt, die für den Vertrieb und die Vervielfältigung der vom FMP-Rechtsnachfolger *FMP-Publishing* vorgelegten Produktionen zuständig

249 Vgl. ebd.

250 In einem Beitrag über die Pianistin Irène Schweizer in der Wochenzeitung *Die Zeit* 1989 erwähnt Stock Hahnes *Jazzcock* als „Berlins bestsortierte[n] Jazzplatten-Handel" (Stock 1989).

war. Anschließend arbeitete Hahne als Projektassistent für die *Berliner Festspiele* bzw. das *Jazzfest Berlin* bis 2003 (u.a. Erstellung von Pressemappen, Koordination des Plakat- und Programmvertriebs sowie der Anmietung von Proberäumen, festivalbezogene Kommunikation bei den *Festspielen* sowie mit den Künstler:innen, dem Management und den Medien) und für das *Haus der Kulturen der Welt* im Rahmen der Vorbereitungen und der Durchführung des *Festival of Sacred Music 2002* und der Musikreihe für Neue und experimentelle *transonic 2003* (u.a. Koordination der Programmabläufe, Spielstättenbetreuung und Stagemanagement, GEMA-Abwicklung). Von Anfang 2004 bis zu seinem Ausscheiden aus dem Berufsleben war Hahne bei der GEMA tätig: zunächst in einer Abteilung, die für die Abrechnung von Filmmusik und Fernsehen zuständig war, später in der Abteilung *Dokumentation Service*, die u.a. schriftliche und telefonische Auskünfte zum GEMA-Repertoire sowie zu Rechteinhaber:innen gab.

Das Interview mit Hahne fand am 22. Juni 2015 in Berlin in einem Café in der Zillestraße im Berliner Stadtteil Charlottenburg statt.

Manfred Schoof

Manfred Schoof wurde am 6. April 1936 in Magdeburg geboren. Ab 1955 studierte Schoof zunächst an der Kasseler Musikakademie Trompete, Klavier und Harmonielehre. 1958 wechselte er an die *Staatliche Hochschule für Musik* in Köln, um in der dortigen Jazzklasse von Edelhagen sein Studium bis 1963 fortzusetzen.[251] Im Rahmen seines Kölner Studiums traf er nicht nur auf Schlippenbach und Dudek, sondern auch auf Niebergall und Liebezeit, mit denen er bereits in Kassel zusam-

251 Während heute die Ansicht vertreten wird, dass Schoof auch bei Zimmermann Komposition studiert habe (vgl. Zwang-Eriksson (^{2}2009, S. 470) oder Kisiedu (2020), der (von Schoofs Erlebnissen in Zimmermanns Hörspiel-, Film- und Bühnenmusik-Seminar berichtet und) Schoof wie auch Schlippenbach als „Zimmermann's students" charakterisiert (Kisiedu 2020, S. 92) – eine Darstellung, die auch Schoof auf seiner Website vermittelt (vgl. Schoof 2002)) –, finden sich in den einschlägigen Dokumenten der 1960er-Jahren keine entsprechenden Anhaltspunkte. So wird weder in den Liner Notes zur Schoof-LP *Manfred Schoof Sextett* (*Wergo*), in denen Schoof explizit auf die Kölner Studienzeit eingeht, ein Kompositionsstudium bei Zimmermann erwähnt (vgl. Schoof 1967), noch im Interview mit Kaiser in der ersten Ausgabe von *Sounds*. Dort antwortet Schoof 1966 auf die Frage, welches „Verhältnis" er zur „Zeitgenössischen Musik" habe: „Durch Bernd-Alois Zimmermann, in dessen Inszenierung von ‚Soldaten' wir [das *Manfred Schoof Quintet*] ja mitgewirkt haben, besteht ein enger Kontakt zur Neuen Musik. Demnächst will ich bei ihm auch Komposition hören" (Schoof zit. nach Kaiser 1966/67, S. 14). Kumpf schreibt in seinem *Jazz Podium*-Artikel *Der Komponist Manfred Schoof* Anfang 1973 relativ unkonkret, dass Schoof das „besondere Verhältnis zur seriellen Musik" auf der Kölner Musikhochschule durch Zimmermann „vermittelt" (Kumpf 1973, S. 21) worden sei.

men in einer Schülerband gespielt hat.[252] Schoofs musikalische Stationen gleichen ab 1964 – mit dem *Gunter Hampel Quintet*, seinem eigenen Quintett, das bereits beim Erscheinen von *Voices* als die wichtigste westdeutsche Avantgarde-Formation galt[253], seinem *Manfred Schoof Sextet* und *Globe Unity* – denen Schlippenbachs. Bereits vor seiner Zusammenarbeit mit Hampel schrieb Schoof Arrangements für Edelhagen und Harald Banter, dessen Orchester beim WDR er angehörte. Ebenso arbeitete Schoof in den frühen 1960er-Jahren u.a. mit dem Saxofonisten, Klarinettisten und Flötisten Fritz Münzer zusammen, in dessen Hardbop orientierten und der US-amerikanischen Jazztradition verpflichteten Quintett er von 1961 bis 1962 spielte. Bereits ab der zweiten Hälfte der 1960er-Jahre war Schoof auch für das *Goethe-Institut* unterwegs wie bspw. im Sommer 1968 mit den *German Allstars* (mit u.a. Günter Lenz, Ralf Hübner, Wolfgang Dauner, Emil Mangelsdorff, Gerd Dudek, Heinz Sauer, Rolf Kühn, Albert Mangelsdorff und Ack Van Rooyen) in Südamerika.

Auf FMP veröffentlichte Schoof 9 Vinyl-Alben und ein CD-Album mit u.a. dem *Globe Unity Orchestra*, dem *Manfred Schoof Quintet*, dem *New Jazz Trio* (mit Peter Trunk und Cees See) sowie Schlippenbach, Brötzmann, Dudek und Mangelsdorff. Bis in die zweite Hälfte der 1970er-Jahre war Schoof kontinuierlich beim *Total Music Meeting* sowohl mit dem *Globe Unity Orchestra* als auch mit eigenen Ensembles vertreten. Beim *Workshop Freie Musik* hingegen konzentrierte sich Schoofs Teilnahme auf die Frühphase der FMP. So trat Schoof nach 1973 nur noch einmal 1978 beim *10. Workshop Freie Musik* mit *Horns* (mit Wheeler, Dudek, Christmann, Mangelsdorff und Rutherford) und dem *Globe Unity Orchestra* auf. Und auch bei den anderen FMP-Live-Projekten wirkte Schoof in späteren Jahren nur noch einmal mit: 1989 im Rahmen der *Just Music*-Reihe im FMP-Studio zusammen mit Brötzmanns Trio (mit Jay Oliver Bass und Willi Kellers Schlagzeug).

Neben den bereits genannten Formationen und Musikern arbeitete Schoof mit u.a. dem *Kenny Clarke–Francy Boland-Orchester*, der *Kurt Edelhagen Big Band*, dem *George Russell Sextett*, Jasper van 't Hofs *Pili Pili*, der *George Gruntz Concert Jazzband*, dem *European Jazz Ensemble*, der deutschen Allstar-Formation *Old Friends* (mit u.a. Doldinger, Dauner und Weber), Rainer Brüninghaus, Mal Waldron, Akira Sakata, Yosuke Yamashita und Takeo Moriyama. Als Komponist und Arrangeur hat Schoof für viele deutsche und auch internationale Rundfunkorchester gearbeitet. Bereits seit den frühen 1970er-Jahren komponierte Schoof auch für Film und Fernsehen (wie u.a. für das *ARD-Morgenmagazin*, *Boulevard Bio*, *Geld oder Liebe*, *Plus Minus*, *WISO*, *Pan Tau*, *Der kleine Eisbär*, *Sportarzt Conny Knipper*, *Kommissarin Goedecke*, *Jenseits von Blau* und *Die Sendung mit der Maus*[254]). Seit

252 Vgl. Schoof 1967, vgl. Jost 1987, S. 61.

253 Vgl. Kühn 1967, S. 92.

254 Die Titelmusik von *Die Sendung mit der Maus* stammt allerdings nicht von Schoof, wie oftmals behauptet wird: vgl. bspw. *Reclams Jazzlexikon* (Zwang-Eriksson [2]2009, S. 471).

Beginn der 1970er-Jahren lehrte Schoof auch zunächst mit einem Lehrauftrag an der Kölner Musikhochschule, 1982 an der Hamburger Musikhochschule und seit 1990 schließlich bis zu seiner Emeritierung 2003 als Professor für Trompete und Jazzgeschichte an der Kölner Musikhochschule.[255] Zudem war Schoof im Vorstand des *Deutschen Komponistenverbandes*, Mitglied der Auswahljury des *Deutschen Akademischen Austauschdienstes* (DAAD) und gehörte zu den Gründungsmitgliedern der *Union Deutscher Jazzmusiker* (UDJ), zu deren Ehrenvorsitzenden er heute zählt.

Schoof hat zahlreiche Preise und Ehrungen erhalten. 1977 wurde er mit dem *Großen Deutschen Schallplattenpreis* für die Platte *Scales* (1976, JAPO) mit seinem Quintett (mit van 't Hof, Pilz, Lenz und Hübner) ausgezeichnet und 1980 mit dem *Schallplattenpreis* der *Union deutscher Jazzmusiker* (UDJ) für das auf FMP veröffentlichte Album *The Early Quintet* des 1966er *Manfred Schoof Quintet*. 2006 wurde Schoof das *Bundesverdienstkreuz am Bande* verliehen. Im April 2016 erhielt Schoof die *Ehrennadel der GEMA* für seine „herausragenden Leistungen im Musikleben und seine besonderen Verdienste in der GEMA“[256], bei der er sich 18 Jahre als Stellvertreter im Aufsichtsrat sowie in weiteren Gremien engagiert hatte. Heute tritt Schoof nur noch selten live auf.

Das Interview mit Schoof fand am 20. April 2015 auf der Terrasse seines Hauses in Lohmar-Oberstehöhe im Bergischen Land statt.

6 Aufbau der Arbeit und Darstellungsweise

Die intendierte Rekonstruktion der Entstehung, Struktur und Genese der FMP mittels einer praxis- oder assoziationstheoretisch orientierten Methodik erfolgt in Form einer chronologischen Darstellung der Geschichte der FMP. Die dreigliedrige Forschungsfrage unterteilt aufgrund ihrer inhärenten chronologischen Frageperspektive die Darstellung in drei Teile: So folgt der erste Teil, der nach den konkreten Handlungsquellen fragt, unter denen sich in der zweiten Hälfte der 1960er-Jahren der Zusammenschluss führender Exponent:innen des westdeutschen Free Jazz entwickelte, den Akteur:innen im Zeitraum von 1966 bis einschließlich 1968. Dem ersten Teil: *Prä-Free Music Production (FMP), 1966–1968* schließt sich der zweite Teil mit einer Untersuchung der ab 1969 markierbaren Gründungsphase der FMP an: *Die Gründung der Free Music Production (FMP), 1969–1970*. Der dritte Teil setzt nach der erweiterten Gründungsphase im Frühjahr 1970 ein und untersucht, auf welche Weise die FMP-Verantwortlichen versuchten, die soziale, kulturpolitische und künstlerische Programmatik zu realisieren, und welches die wesentlichen Modi hinsichtlich der Genese und Struktur

255 Vgl. Hufner 2008, vgl. Osterhausen 2003, vgl. Deutscher Komponistenverband 2000.
256 GEMA 2016.

der Kooperative waren. Der untersuchte Zeitraum erstreckt sich hierbei bis zum Ende der Geschäftstätigkeit der FMP Ende 1999 und umfasst die Teile *Die Kooperative bröckelt, 1970–1972, Die Kollektiv-Zeit, 1972–1976, Die Post-Kollektiv-Zeit, 1976–1986, Cecil Taylor in Berlin und die Goldene FMP-Zeit, 1986–1996* und *Das Ende der Free Music Production (FMP), 1997–1999.* Die weitere Entwicklung des FMP-CD-Labels *FMP/Free Music Production/An Edition of Improvised Music* – das vom FMP-Rechtsnachfolger *FMP-Publishing* weiterbetrieben und 2010 mit der Veröffentlichung der 12-CDs-Box *FMP im Rückblick* die Produktion neuer physischer Tonträger eingestellt wurde – sowie des FMP-Verlags *FMP-Publishing* werden in dem der Arbeit angehängten Kapitel *Post-Free Music Production (FMP), Abriss 2000–2025* skizziert. Jedem der drei Teile folgt ein Resümee, das die Beantwortung des jeweiligen Teils der dreigliedrigen Forschungsfrage zusammenfasst. Ausgehend von diesen Resümees wird abschließend versucht, die interventionistische Frageperspektive zu beantworten, d.h. welche konkreten Aufschlüsse die FMP auch hinsichtlich der künstlerisch-kulturellen Praxis anderer Akteur:innen oder deren Initiativen und Institutionen eröffnen könnte.

Aufgrund der Aporie der Oral History und der vorgeschlagenen methodologischen und methodischen Antwort muss auch die Darstellungsweise hinsichtlich des von Noglik angezeigten Forschungsdesiderats – d.h. die Diskrepanz zwischen der immensen Anzahl von Texten über die FMP und den wenigen veröffentlichten Selbsterklärungen der FMP – die erkenntnisverzerrenden Störungen beachten und insofern konstruktiv erfolgen. Denn der rekonstruktive Versuch, nicht die heutige, sondern die historische Innenperspektive der FMP zu vermitteln, kann aufgrund der zwangsläufig entstehenden subjektiven Verzerrungen nur bedingt mit den erzeugten Primärquellen bestritten werden. Dennoch wurde hinsichtlich der Darstellungsweise, d.h. um die Geschichte der FMP „aus der Sicht der Akteure“[257] möglichst erfahrbar nachzuzeichnen, eine, wie es Niethammer nennt, „Ästhetik ausführlicher Zitate“[258] angestrebt. Dies ist neben der intendierten Erfahrbarkeit und der Anerkennung der sinnlichen „Gestalt des Gedächtnisses der Beteiligten“[259] auch bezüglich der intersubjektiven Nachvollziehbarkeit der Auswertung sowie der dargelegten Interpretation der Interviews geboten.[260] Wie bei der Erhebungsmethode und beim Auswertungsverfahren wurde auch bei der Darstellungsweise „aus der Sicht der Handelnden“[261] versucht, das Problem, wie

257 Geertz 1983, S. 22.

258 Niethammer 1985, S. 420.

259 Ebd.

260 So ist mit Schorn (2000, Abs. 20) darauf hinzuweisen, dass die Leser:innen die Interpretationen „nachvollziehen und auf ihre Plausibilität und Stimmigkeit hin überprüfen können“ müssen. Die Interviewzitate sollten so ausführlich sein, dass es den Leser:innen gegebenenfalls auch möglich ist, eigene Schlüsse zu ziehen und alternative Lesarten entwickeln zu können.

261 Geertz 1983, S. 22.

Devereux vorschlägt, konstruktiv zu lösen, um die aus der Subjektivität resultierenden erkenntnisverzerrende Störungen möglichst zu reduzieren. Hierbei kamen verschiedene Verfahrensweisen zum Einsatz. Diese reichen von Auslassungen innerhalb der zitierten Interviewpassagen oder deren Kürzungen, dem Rückgriff auf nicht vom Verfasser geführte Interviews oder der Kombination mit diesen, über paraphrasierende Wiedergaben, in die einzelne Zitate aus den Interviews eingearbeitet wurden, bis hin zur Verwendung historischer Dokumente wie Programmankündigungen, Anzeigen, Rezensionen, Broschüren, Flyer, Dokumentationen oder Zeitungs- und Zeitschriftenbeiträge, mit deren Hilfe versucht wurde, die subjektiv-akteursspezifischen Erfahrungen zu vermitteln. Insofern weicht die Darstellungsweise der vorliegenden Oral History-Forschung von einer klassischen Präsentation der Ergebnisse ab, die sich primär daran orientiert, „bewusst ein Spannungsbogen" zwischen einem „vertiefenden und verallgemeinernden Interpretationsangebot und der Ästhetik ausführlicher Zitate" aufzubauen, „in denen die Texte auch ihren Widerstand gegen Sinnzuschreibungen entfalten und ihren überschüssigen Eigensinn, ihre historische Subjektivität bewahren und weitertragen können".[262] Mit dem US-amerikanischen Ethnologen Clifford Geertz ist des Weiteren zu unterstreichen, dass es sich auch bei der Darstellung aus Sicht der Handelnden oder der Akteur:innen um „Interpretationen" handelt – und „obendrein solche zweiter und dritter Ordnung":

> „Sie sind Fiktionen, und zwar in dem Sinn, daß sie ‚etwas Gemachtes' sind, ‚etwas Hergestelltes' – die ursprüngliche Bedeutung von *fictio* –, nicht in dem Sinne, daß sie falsch wären, nicht den Tatsachen entsprächen oder bloße Als-ob-Gedankenexperimente wären."[263]

Die Darstellungsweise der Rekonstruktion der Geschichte der FMP rekurriert auf Latours Auseinandersetzung mit der Frage, was eine gute textliche Darstellung sei. Hierbei charakterisiert Latour textliche Berichte als „das Labor des Sozialwissenschaftlers" und fügt hinzu:

> „Wenn die Laborpraxis hier eine Hilfe sein kann, dann deshalb, weil gerade *aufgrund* der Artifizialität des Ortes vielleicht Objektivität gewonnen wird, sofern durch ständige und leidenschaftliche Aufmerksamkeit Artefakte rechtzeitig aufgespürt werden. Einen Bericht als Text zu behandeln bedeutet daher keine Schwächung seines Realitätsanspruchs, sondern eine Vermehrung der zu ergreifenden Vorsichtsmaßnahmen sowie der von den Forschern zu verlangenden Fertigkeiten."[264]

D.h. indem Latour den Text selbst als wissenschaftliche Praxis begreift, die er bewusst im Kontext naturwissenschaftlicher Forschung situiert – d.h. ausgehend von der kritischen Auseinandersetzung der *science studies* mit naturwissenschaftlicher

---

262 Niethammer 1985, S. 420.
263 Geertz 1983, S. 22f.
264 Latour ^{5}2019, S. 221f.

Forschung –, markiert er dessen Realitätsanspruch. Objektivität verweise hierbei nicht auf die traditionelle Bedeutung von unbestreitbaren Tatsachen, sondern auf die kontroversen Baustellen von umstrittenen Tatsachen und könne durch die Präsenz von vielen Objektoren, d.h. von Einwänden liefernden Objekten erreicht werden. Insofern wendet er sich gegen die Vorstellung, dass Anthropologie, Soziologie und Kulturwissenschaften „,nur' Narrative hervorbringen" könnten: „Als ob das Fehlen eines absoluten Textes bedeutet, daß alle Texte nur noch relativ seien."[265] Einen guten Bericht definiert Latour als

> „eine Erzählung oder Beschreibung oder Proposition, in der alle Akteure *etwas tun* und nicht bloß herumsitzen. Anstatt bloß Wirkungen zu transportieren, ohne sie zu transformieren, kann jeder der Punkte im Text zu einer Verzweigung werden, zu einem Ereignis oder zum Ursprung einer neuen Übersetzung. Sobald die Akteure nicht als Zwischenglieder behandelt werden, sondern als Mittler, machen sie für den Leser die Bewegung des Sozialen sichtbar."[266]

In einem schlechten Text hingegen werden nur „eine Handvoll Akteure als die Ursachen all der anderen bestimmt, die keine andere Funktion haben, als den Hintergrund oder das Relais für Ströme kausaler Wirkungen zu bilden", und er erinnert daran, dass „ein Akteur, der keinen Unterschied" mache, „kein Akteur"[267] sei. D.h. was oft als machtvoller und überzeugender Bericht gelte, weil er aus einigen wenigen globalen Ursachen" bestehe – wie bspw. aus den ‚großen gesellschaftlichen Bewegungen' oder den ‚Gesetzmäßigkeiten des Marktes' –, die eine Masse von Wirkungen hervorbringen, ist für Latour ein schwacher und machtloser Bericht. Da Latour textliche Berichte als Labor versteht, können diese auch scheitern, wie das bei Experimenten auch häufig der Fall sei. Diese würden sogar meist scheitern, wie Latour anmerkt, da sie weder die völlige Artifizialität des Unternehmens noch den Anspruch auf Genauigkeit und Wahrhaftigkeit beiseiteschieben könnten. Entscheidend sei, ob die Materialität eines Berichts auf Papier oder einer Geschichte die Erkundung der sozialen Verbindungen ein wenig weiter ausdehnen könne, so dass die ‚Karrieren der Mittler' auf dem ganzen Weg bis zum abschließenden Bericht verfolgt werden können. D.h. ob es gelingt, die Praxisprozesse aufzuspüren und die konkreten Verbindungen der ‚Mittler' und ‚Akteure' nachzuzeichnen und durch das Medium des Textes zu vermitteln. Hinsichtlich der Darstellungsweise der vorliegenden Arbeit bedeutet dies, dass mit der nachfolgenden textlichen Rekonstruktion der Entstehung, Struktur und Genese der FMP zugleich die methodische Vorgehensweise praktiziert wird. D.h. den Spuren der ‚Akteure selbst' zu folgen und die Handlungsquellen, Umstände, Gelegenheiten oder ‚Aktanten' aufzufinden, die die ‚Akteure' dazu zu bringen, Dinge zu tun.

265 Ebd., S. 220.
266 Ebd., S. 223f.
267 Ebd., S. 226.

Peter Brötzmann Trio + Claude Deron, Claude Deron, Sven-Åke Johansson, Peter Brötzmann und Peter Kowald, Mitte 1960er-Jahre
(Foto: Hanns Haehl, Archiv Jazzinstitut Darmstadt)

Die Geschichte der *Free Music Production* (FMP)

1 Prä-*Free Music Production* (FMP), 1966–1968

New Jazz Artists' Guild, 1966

Das „Zusammengehen diverser deutscher Musiker wie von Schlippenbach, Brötzmann, Jost Gebers u.a."[1], wie Margull 1971 im *Jazz Podium* den Zusammenschluss führender Exponent:innen des westdeutschen Free Jazz beim ersten *Total Music Meeting* (T.M.M.) Anfang November 1968 in Westberlin bezeichnete, wurde durch ein Gefüge unterschiedlicher Handlungsquellen, Umstände, Gelegenheiten und ‚Aktanten'[2] bedingt, das die Akteur:innen ‚zum Handeln brachte'.[3] Als zwei der chronologisch frühesten Entitäten dieses Akteur-Netzwerks lassen sich der von den Akteur:innen beklagte Mangel an Repräsentation und die Erfahrungen der Selbstorganisation im Kontext der ersten gemeinsamen kulturpolitischen Aktivitäten improvisierender Musiker:innen in Westdeutschland im Rahmen der *New Jazz Artists' Guild* (N.J.A.G.) identifizieren. Wie an dieser Stelle werden zur (textlichen) Vereinfachung in der nachfolgenden Darstellung die Handlungsquellen, Umstände, Gelegenheiten, Mittler und Aktanten etc., d.h. das, was das Handeln der Akteur:innen bedingte und diese zum Handeln brachte, als Entitäten bezeichnet. Diese Entitäten sollen anhand der nachgezeichneten Praxisprozesse identifiziert und lokalisiert werden. Um auf die Diversität, Heterogenität und Dislokalität des Handelns – und insofern auch der Entitäten – aufmerksam zu machen und Latours Handlungsdelegation zu referenzieren, wird in der folgenden Darstellung (oftmals) die Formulierung ‚diverse, heterogene und dislokale Entitäten' als Markierung verwendet. Des Weiteren wird der Begriff Akteure und Akteur:innen von nun an primär für die Bezeichnung menschlicher Akteur:innen genutzt.

Die *New Jazz Artists' Guild* (N.J.A.G.) wurde im Frühjahr 1966 gegründet. Jost Gebers' zum 25-jährigen Bestehen der Kooperative 1994 erstellte (interne) chronologische Übersicht der Geschichte der FMP mit dem Titel *FMP in Stichworten* beginnt mit dem Verweis auf die Gründung der Guild: „1966 • erste gemeinsame Aktivitäten improvisierender Musiker in Deutschland."[4] Bereits 1979

1 Margull 1971, S. 209.

2 Da ‚Akteur' meist mit Menschen assoziiert wird, soll mit der aus der Semiotik entlehnten Bezeichnung ‚Aktant' signalisiert werden, dass es sich bei den ‚Akteuren' nicht nur um menschliche Wesen handelt.

3 Vgl. Latour [5]2019, S. 122, vgl. Latour [5]2015, S. 354.

4 FMP 1994. Bereits im Dezember 1982 hatte Gebers eine Zusammenstellung der wichtigsten FMP-Daten, die ebenfalls den Titel *FMP in Stichworten* trägt, mit dem Hinweis

hatte Gebers hinsichtlich der „Zusammenarbeit von deutschen Free Jazz Musikern“ vor der Gründung der „Organisation Free Music Production“ in seinem Beitrag *Free Music Production (FMP)* in der *Neuen Zeitschrift für Musik* auf die „‚New Artists Guild‘“[5] verwiesen, die insofern einen integralen Bestandteil des tradierten Selbstverständnisses der FMP hinsichtlich deren Geschichte darstellt. Aus diesem Grund setzt die vorliegende Untersuchung mit den Aktivitäten der N.J.A.G. 1966 ein – und folgt den Akteur:innen (zunächst) bis 1968 –, um den ersten Teil der dreigliedrigen Fragestellung nach den kulturellen, musikalischen, ökonomischen, gesellschaftlichen und akteursspezifischen Handlungsquellen des Zusammenschlusses zu beantworten.

Zur N.J.A.G., über die und deren Aktivitäten in der deutschen Jazzforschung bis heute meist inkorrekte Daten und Charakterisierungen kursieren[6], bemerkt Gebers bei den Oral History-Interviews: „Das waren Brötzmann, Kowald und Blome, die da was zusammen versuchten.“[7] Das, was die beiden Wuppertaler Musiker Peter Brötzmann und Peter Kowald und den (zunächst auch als Schlagzeuger aktiven) Solinger Jazzkritiker Rainer Blome (die sich „unter der Gemeinschaftsbezeichnung NEW JAZZ ARTISTS’ GUILD“[8] zusammengefunden hatten) dazu brachte, die N.J.A.G. zu initiieren, lässt sich ausgehend von der Proklamation der N.J.A.G. aus dem Sommer 1966 und deren Aktivitäten seit dem Frühjahr 1966 ermitteln. Die Proklamation der N.J.A.G. mit dem Titel *Etwas über die New Jazz Artists’ Guild* war Bestandteil eines elfseitigen, hektographierten und zusammengehefteten Programmhefts anlässlich eines von der N.J.A.G. veranstalteten Konzerts am 4. Juli 1966 im Foyer des Aachener *Reiff-Museum*. Wie Blome im Winter 1966/67 berichtet, hatte das Konzert „Benefit-Charakter“: „Alle Reineinahmen sollten als Starthilfe“[9] für die Aktivitäten der N.J.A.G. verwendet werden. Unterstützt wurde das Benefiz-Konzert nicht nur vom Aachener Jazzclub *Malteserkeller* e.V. und dem *Reiff-Museum*, sondern auch von allen eingeladenen Bands, die lediglich für die Erstattung ihrer Fahrtkosten spielen sollten: „Alle

auf das Jahr 1966 begonnen: „1966 – erste gemeinsame Aktivitäten der improvisierenden Musiker.“ (FMP 1982a)

5 Gebers 1979, S. 250. Mit dem Namen *New Artists Guild* meinte Gebers die *New Jazz Artists’ Guild*.

6 So meint bspw. Knauer in *‚Play yourself, man!‘ Die Geschichte des Jazz in Deutschland*, dass die „New Artists Guild“ 1966 in Berlin gegründet worden sei, dass zu dieser Schoof, Schlippenbach, Brötzmann und Kowald gehört hätten und dass diese „1968 im Berliner Quasimodo zum ersten Mal eine Art Gegenfestival auf die Bühne“ (Knauer 2019a, S. 269f.) gebracht hätte. Auch Müller (2022, S. 64) geht in seiner beeindruckenden Dokumentation *Free Music Production. FMP: The Living Music* davon aus, dass Schoof, Schlippenbach, Kowald und Brötzmann zusammen die *New Jazz Artists’ Guild* gegründet hätten.

7 Gebers, Interview mit dem Verfasser, 27.3.2015, Interview-ID 53.

8 Blome 1966/67a, S. 33.

9 Ebd., S. 35.

Bands spielten freiwillig. Sie alle hatten, als wir mit der Idee an sie herantraten, ohne Zögern und spontan zugesagt."[10] Bei dem von Blome als „erste[s] Treffen deutscher avant garde Musiker"[11] bezeichneten Aachener Konzert traten das *Peter Brötzmann Trio* (Brötzmann: as, ts, bs; Kowald: b; Neumeier: dr), das *Irène Schweizer Trio* (Schweizer: p; Trepte: b; Neumeier: dr), die Brüder Rolf (cl) und Joachim Kühn (p) im Quartett[12] mit Kowald (b) und Pierre Courbois (dr) und die *Gunter Hampel Group*[13] (Hampel: vib, bcl, fl; Breuker: as, ts, bcl; Kowald: b; Courbois: dr) auf.[14] Die Proklamation der N.J.A.G. wurde im Programmheft wie folgt veröffentlicht:

> „Die N.J.A.G. ist eine lose Vereinigung von Musikern und Schreibern, die sich wünschen, daß dem Neuen Jazz endlich der Platz in unserem kulturellen Leben zukommt, der dieser lebendigsten aller heutigen Musikformen zusteht.
> Die New Jazz Artists' Guild ist keine Kampfgemeinschaft, sie will nur erreichen, daß die Neue Musik gehört wird.
> Deshalb wird sie selbst Konzerte und Konzerttourneen durchführen, der Anfang ist dieses Konzert und die Mai-Tournee mit dem Don Cherry Quintet gewesen. Weitere Tourneen mit Albert Ayler und Steve Lacy sind geplant. Ferner wird die N.J.A.G. in kleineren, intimen Theatern in allen Großstädten der Bundesrepublik in naher Zukunft Konzerte veranstalten.
> Ein anderer Plan ist die Zeitschrift, über die Sie, verehrte Konzertbesucher, an anderer Stelle noch etwas mehr erfahren können.
> Vortrags- und Schallplattenabende möchte die New Jazz Artists' Guild ebenfalls machen. Interessierte können sich an die Korrespondenz-Adresse des N.J.A.G. wenden.
> Obwohl es hierzulande mit Schallplattenveröffentlichungen seit geraumer Zeit besser gestellt ist als je zuvor, müssen die Musiker doch immer noch Konzessionen an die Produzenten machen. Hier möchte die N.J.A.G., wenn die nötigen Mittel da sind, den Musikern Gelegenheit geben, völlig konzessionslos Schallplatten zu produzieren."[15]

---

10 Blome 1966/67a, S. 36.

11 Ebd.

12 Im Programmheft war das *Rolf & Joachim Kühn Quartet* mit Buschi Niebergall (b) und Jacky Liebezeit (dr) angekündigt. (Vgl. New Jazz Artists' Guild 1966, S. 2)

13 Angekündigt war die Besetzung der *Gunter Hampel Group* mit Hampel (vib, bcl, fl), Nedley Elstak (tp), Victor Kaihatu (b) und Courbois (dr). (Vgl. New Jazz Artists' Guild 1966, S. 2)

14 Auch das *Manfred Schoof Quintet* (Schoof: cor, flh; Schlippenbach: p; Dudek: ts; Niebergall: b; Liebezeit: dr) war für das Benefiz-Konzert angekündigt. Doch wie Blome weiterberichtet, „kamen" die Musiker des *Manfred Schoof Quintet* „dann doch nicht. Sie erschienen bis zum Ende des Konzerts nicht, so daß uns nichts anderes übrig blieb, als dies hinzunehmen." (Blome 1966/67a, S. 36)

15 New Jazz Artists' Guild 1966, S. 9. Bei dieser Einschätzung der N.J.A.G. handelt es sich um eine Momentaufnahme aus dem Frühjahr 1966: abgesehen von wenigen Ausnahmen zeigten sich größere Schallplattenfirmen nicht am Neuen Jazz interessiert (vgl. Jost 2012, S. 244f.).

Die hinsichtlich ihrer inhärenten Programmatik sehr ambitionierte Proklamation der N.J.A.G. markiert zunächst eine Konfliktsituation. Beklagt wird eine mangelnde Repräsentation des Neuen Jazz – in Relation zu dem ihm nach Ansicht der N.J.A.G. zustehenden ‚Platz in unserem kulturellen Leben'. Die markierte ‚mangelnde Repräsentation' verweist einerseits auf die kulturelle Anerkennung und Aufwertung des Jazz als Kunstmusik, wie diese bereits in den 1950er-Jahren von Jazzpublizisten und Jazzfans in Westdeutschland verfolgt wurden[16], und den Anspruch der Akteure, dass es sich beim Neuen Jazz entsprechend ebenso um Kunst bzw. um eine Weiterentwicklung der Kunstform handele. Wobei sich der Neue Jazz nach Ansicht der N.J.A.G. zudem durch seine spezifische Qualität der ‚Lebendigkeit' über alle anderen existierenden ‚Musikformen' erhebe. Entsprechend ist das Selbstverständnis der Akteure hinsichtlich der von ihnen praktizierten Kunstform als weitere Entität oder Aktant in das Akteur-Netzwerk miteinzubeziehen. Andererseits verweist die beklagte mangelnde Repräsentation auf die nur geringe Resonanz des Neuen Jazz beim Jazzpublikum – das ebenfalls als Entität oder Akteur innerhalb des Netzwerks zu berücksichtigen ist. So werde nach Einschätzung der N.J.A.G.-Mitglieder die Neue Musik zu wenig in Jazzlokalen, Jazzclubs, Konzerten, im Rundfunk wie auch auf Schallplatte gehört: was zugleich auf die ökonomische Situation der Akteure und deren Verbindung zum existierenden Markt verweist – und so ebenfalls im innerhalb des Akteur-Netzwerks mitzuberücksichtigen sind. Deshalb möchten die Mitglieder der N.J.A.G. selbst eigene Konzerttourneen, wie die im Mai 1966 durchgeführte Tournee mit dem *Don Cherry Quintet*, und Konzerte in kleineren, intimen Theatern in allen bundesrepublikanischen Großstädten veranstalten. Mit der eigenen Organisierung der Tournee des *Don Cherry Quintet*, die von Frankfurt aus nach Wiesbaden, Köln, Aachen, Wuppertal, Solingen, Arnheim, Hilversum und Stuttgart führte, substituierte die N.J.A.G. eine kommerziell agierende Konzertagentur, reklamierte den üblichen Manager-Obolus für sich und verschaffte sich so einen (wenn auch geringen) finanziellen „Grundstock"[17] für die Realisierung ihrer Aktivitäten. Die Ankündigung der N.J.A.G., Konzerte in kleineren, intimen Theatern zu veranstalten, verweist einerseits auf die Frage nach adäquaten Präsentationsformen des Neuen Jazz und andererseits auf ein konkretes Ereignis bzw. auf zwei Konzerte im Westberliner *Forum Theater* im Frühjahr 1966. So berichtet Blome:

> „Das nächste Ereignis, über das es zu berichten gilt, fand am 27. und 28. Mai in zwei mitternächtlichen Konzerten im ‚Forum Theater' in BERLIN statt. Der Galeriebesitzer Renè Block, der viel Sinn für entscheidende Impulse in der zeitgenössischen Kunst hat, veranstaltete sie mit dem PETER BRÖTZMANN TRIO und Gästen (u.a. Irene Schweizer). Brötzmann, der in Frankfurt [beim *Deutschen Jazzfestival* 1966] noch mit dem Schlagzeuger Pierre Courbois auftrat, spielte hier zum ersten Mal mit dem Zürcher

16 Vgl. bspw. Berendt 1953, vgl. Hurley 2011, vgl. Pfleiderer 2019, S. 294f.

17 Blome 1966/67a, S. 35.

Schlagzeuger Mani Neumeier. Brötzmann, über den man 1966 auf der europäischen Jazz-Szene am meisten sprach, hatte damals schon seine Fähigkeit voll entwickelt, die ihn zum interessantesten neuen Musiker dieses Jahres machten. [...]
Die beiden Konzerte im ‚Forum Theater' fanden in der denkbar günstigsten Atmosphäre statt, die man sich denken kann. In diesem kleinen, intimen Werkstatt-Theater, in dem einst das ‚Living Theater' sein Domizil hatte, ging es sehr relaxed zu. Es gab weiche, bequeme Sessel, die einen vergessen machten, daß man selbst im Zuhörerraum sitzt und nicht Teil der Aktion auf dem Podium war. Es wäre schön, wenn man in allen deutschen Großstädten ähnliche Theater zu mitternächtlicher Stunde mieten könnte, um dort vor einem kleinen Zuhörerkreis die Neue Jazzmusik zu spielen und dran teilzunehmen. Es müsste möglich sein. -- Abende wie im ‚Forum Theater' am 27. und 28. Mai geben Dir mehr, als hundert Mammutfestivals in der ‚Philharmonie'!"[18]

Die so gestellte Frage nach adäquaten Präsentationsformen des Neuen Jazz (mit entsprechenden Partizipationsmöglichkeiten) verhandelt ebenso wie das Vorhaben, Vortrags- und Schallplattenabende zur Vermittlung der Neuen Musik zu veranstalten, einen Vorwurf, der seit Mitte der 1960er-Jahre in der Diskussion über die „Jazz-Situation" (d.h. „wie gut oder wie schlecht es dem Jazz in Deutschland gehe"[19]) immer wieder gegenüber dem Neuen Jazz erhoben wurde. Der Vorwurf steht im Zusammenhang mit dem autonomen Kunststatus des Jazz und der Trennung seiner Verbindungen zur kommerziellen Kultur. D.h. wie DeVeaux bereits hinsichtlich des Bebops konstatiert hat: dem allmählichen Abwerfen seiner Assoziationen mit Tanz, populärem Lied und Unterhaltung und dem bei Musiker:innen und Publikum gleichermaßen dämmernden Bewusstsein, dass Jazz nach Höherem streben könnte.[20] So schreibt der Musikjournalist Siegfried Schmidt-Joos im November 1965 im *Jazz Podium*:

„‚Daß ein Jazzlokal nach dem anderen verschwand', meint Klaus Doldinger, ‚lag zum Teil auch an den Musikern, die sich entweder nicht auf das Publikum einstellten oder nicht über das notwendige musikalische Niveau verfügen.' Dieses Argument wird von den meisten Lokalbesitzern bestätigt. ‚Wenn man einen Abendkursus belegen muß, um zu verstehen, was sich musikalisch tut', sagt der Manager des New Yorker Birdland, Oscar Goodstein, ‚dann ist es kein Wunder, wenn das Publikum ausbleibt.'"[21]

Und über die in der Proklamation der N.J.A.G. angekündigte Zeitschrift ist auf der nächsten Seite des Aachener Programmheftes zu erfahren:

SOUNDS
„ist der vorläufige Titel einer Zeitschrift, die die NEW JAZZ ARTISTS' GUILD ab Ende 66 alle drei Monate herausgeben wird.
SOUNDS wird eine Zeitschrift für und über den Neuen Jazz.

18 Ebd., S. 35.
19 Schmidt-Joos 1965, S. 320.
20 Vgl. DeVeaux 1997, S. 15.
21 Schmidt-Joos 1965, S. 320.

SOUNDS erhebt den Anspruch, etwas völlig Neues auf dem Gebiet der Jazz-Zeitschriften zu sein. SOUNDS will einen ganz neuen Stil von Jazz-Kritik propagieren.
SOUNDS wird 50–60 Seiten haben, in allen möglichen schriftstellerischen Formen über den Neuen Jazz berichten, viele Fotos bringen und wahrscheinlich DM 4,-- pro Heft kosten!"[22]

Im Winter 1966/67 erscheint die erste Ausgabe der angekündigten Zeitschrift *Sounds*[23], mittels der sich die bemängelte Repräsentation weiter konkretisieren lässt. Der Intention der N.J.A.G. entsprechend trug die Zeitschrift den Untertitel *Die Zeitschrift für Neuen Jazz* und verweist mit ihrem Titel *Sounds* explizit auf Albert Aylers ‚*shapes*'- oder Klangbögen-Improvisationsweise.[24] So prangte unter dem Inhaltsverzeichnis der ersten Ausgabe: „‚OUR MUSIC IS NO LONGER ABOUT NOTES, IT'S ABOUT S O U N D S' – Albert Ayler".[25] Der gewählte Titel der Zeitschrift bzw. die Ayler-Referenz soll den Anspruch der N.J.A.G. unterstreichen, mit *Sounds* etwas völlig Neues auf dem Gebiet der Jazz-Zeitschriften konstituieren zu wollen. Denn wie Ayler oftmals als Symbol gilt, „die letzten verbliebenden Bande nicht nur zum Bebop, sondern zur Jazz-Tradition überhaupt"[26] zerschnitten und mit seiner Spielweise von Beginn an die „Konventionen des traditionellen Jazz"[27] ignoriert zu haben, will *Sounds* einen ganz neuen Stil von Jazz-Kritik propagieren. So wird im Editorial der ersten *Sounds*-Ausgabe postuliert:

„SOUNDS will sich nicht einreihen in die Phalanx bereits bestehender, periodisch erscheinender Jazz-Zeitschriften. [...] Wir glauben, dass die Zeit reif ist für eine Publikation wie SOUNDS. Zu einer Zeit, da alles im Jazz im Wandel begriffen ist, glauben wir, muß sich eine neue Art der Jazzkritik herauskristallisieren. Die herkömmliche Art, wie sie die bestehenden Blätter pflegen, ist nicht länger brauchbar. Wir sind natürlich nicht

22 New Jazz Artists' Guild 1966, S.10.

23 Bei der *Sounds* handelt es sich um dieselbe Zeitschrift, die ab 1969 den Untertitel *Magazin zur Popmusik* führte, vom *Spiegel* Mitte der 1970er-Jahre als „Westdeutschlands renommierteste Pop-Zeitschrift" (N.N. 1975, S. 169) bezeichnet wurde und heute als die „Wiege des deutschen Rockjournalismus" (so der Titel einer Sendung im *Deutschlandfunk Kultur* zum 50. Geburtstag der *Sounds*, gesendet am 1.12.2016) gilt. In der ebenso wie das Programmheft der N.J.A.G. zunächst lediglich hektographierten und gehefteten Zeitschrift im DIN A4-Format publizierten später „Pioniere des deutschen Rockjournalismus" (so der Titel einer weiteren Sendung im *Deutschlandfunk Kultur* zum 50. Geburtstag der *Sounds*, gesendet am 1.12.2016) wie Teja Schwaner, Jörg Gülden (auch unter dem Pseudonym Dr. Gonzo), Jürgen Legath, Rolf-Ulrich Kaiser, Michael Wallossek, Helmut Salzinger (auch unter seinem Pseudonym Jonas Überrohr), Alfred Hilsberg, Sonia Mikich, Hans Keller, Klaus Humann, Ingeborg Schober, Michael O.R. Kröher sowie Detlef und Diedrich Diederichsen.

24 Vgl. zu Aylers Klangbögen-Improvisation Jost 1975, S. 144, Peacock zit. nach Wilson 1996, S. 130 u. Quersin 1965.

25 *Sounds* 1 (Winter 1966/67), S. 4.

26 Litweiler 1988, S. 132.

27 Jost 1975, S. 140.

> vermessen zu sagen, daß wir gleich zu Anfang die richtige Form gefunden haben. Die Dinge klären sich ja gerade erst auf. SOUNDS will mit den Weg dorthin weisen. Wir bei SOUNDS haben den guten Willen, es liegt aber auch an Ihrer Unterstützung, daß dieses Magazin ein Erfolg wird."[28]

Entsprechend des Vorhabens, eine Zeitschrift für und über den Neuen Jazz herauszugeben, enthielt die erste Ausgabe als *Zeitschrift für Neuen Jazz* neben Rezensionen von Free Jazz- und Avantgarde-Konzerten, Festivals und Schallplatten sowie Interviews mit Protagonisten der neuen jazzmusikalischen Ausdrucksformen einen *Jazzclubanzeiger* mit Öffnungszeiten, Anschriften und Telefonnummern von Live-Jazz-Clubs, die primär Neuen Jazz präsentierten. Aufgelistet waren dort der Aachener *Malteserkeller*, der Berliner *Dug's Night Club*, die *Jazz Galerie* in Berlin, der Krefelder *Jazzkeller*, das *Domicile* in München, der Solinger *Jazzclub Ritterstraße* sowie das Wuppertaler *Impuls*. Des Weiteren wurden in der Rubrik *New Jazz from Germany* die „sechs Gruppen in Deutschland" vorgestellt, „die Neuen Jazz machen"[29]: das *Peter Brötzmann Trio*, das *Wolfgang Dauner Trio*, die *Gunter Hampel Group*, das *Joachim Kühn Trio*, das *Manfred Schoof Quintet* sowie das *Irène Schweizer Trio*[30].[31] Anschrift und Telefonnummer zur Kontaktaufnahme waren bei allen Gruppen angegeben. Die Kontaktaufnahme war auch eine der wesentlichen Intentionen dieser Rubrik, die wie folgt eingeleitet wurde:

> „1965 gab es nur eine, inzwischen haben wir bereits sechs Gruppen in Deutschland, die Neuen Jazz machen. Im Folgenden finden Sie eine Aufstellung dieser Gruppen. Den Konzert- und Clubveranstalter seien diese Anschriften in die erste Seite ihrer Notizbücher geschrieben."[32]

Distanzierte sich die N.J.A.G. in ihrer Proklamation aus dem Frühjahr 1966 davon, eine Kampfgemeinschaft zu sein, und negierte Aktivitäten, die andere Zielsetzungen verfolgen, als die Neue Musik zu hören, werden nun – vor allem in der Rubrik *Heimatfront* – nicht nur „die Funktionäre, Agenten und Rundfunk-Jazzleute"[33], sondern auch die Musiker:innen und das Publikum mit einem aggressiv-kämp-

---

28 *Sounds* 1 (Winter 1966/67), S. 5.

29 Ebd., S. 27.

30 Zum Trio von Schweizer wurde angemerkt: „Diese Gruppe stammt aus der Schweiz, hat aber seinen zweiten Wohnsitz in Wuppertal." (Ebd.)

31 Die Vorstellung des *Peter Brötzmann Trio* lautete bspw.: „PETER BRÖTZMANN TRIO. ‚Die fortgeschrittenste deutsche New Jazz Gruppe' spielt mit Brötzmann (Saxofone), Peter Kowald (Baß) und Many Neumeier (Schlagzeug). Gelegentlich spielt Brötzmann zusätzlich noch mit zwei jungen belgischen Musikern, mit dem Trompeter Claude Deron und dem Altsaxofonisten Chris Wanders. Die Anschrift ist: Peter Brötzmann, Siegesstr. 94, 56 Wuppertal-Barmen. Tel. 594113." (Ebd.) Der Saxofonist Kris Wanders stammt aus den Niederlanden.

32 Ebd.

33 Blome 1966/67a, S. 33.

ferischen Gestus kritisiert. Der aus dem propagandistisch-politischen Kontext stammende Begriff ‚Heimatfront'[34] als Titel der Rubrik scheint also sehr bewusst gewählt. So berichtet Blome in *Heimatfront*:

> „Unsere Berichtszeit beginnt mit dem 1. Mai 1966, dem letzten Tag des 10. DEUTSCHEN JAZZ FESTIVALS in Frankfurt/M. – Mit Absicht. – Denn dieses Datum wird einmal in die Geschichte des Jazz Made in Germany als Durchbruch des Neuen Jazz in unserem Lande eingehen. Bis zu den beiden Abschlusskonzerten am 1.5.66 waren die Konzerte des Deutschen Jazz Festivals, was alle anderen Konzerte in den letzten Jahren (mit wenigen Ausnahmen) hierzulande auch waren: musikalische Ereignisse, deren Ablauf der Zuhörer schon im Vornherein kannte, Stunden, die ausgefüllt waren mit vorkonzipierten Ideen und schuldlos-müdem Beifall-klatschen eines bornierten Publikums, dem unsere Jazz-Funktionäre es nicht wagten, kaum anerkannte, dafür aber frische Auffassungen von Jazzmusik vorzusetzen. Nur die kleinen Clubs in der Bundesrepublik, die allesamt ihr Überleben dem Idealismus einer kleinen Anzahl von Initiatoren verdanken, hatten schon vor dem 1.5.66 ihrem Publikum diese neuen, revolutionären Konzeptionen vorzusetzen gewagt."[35]

In den deutschen Konzertsälen herrsche jedoch, wie Blome prononciert, „nach wie vor der Komplott vor dem Neuen".[36] Lediglich Joachim-Ernst Berendt, der Mitgründer und damaliger künstlerischer Leiter der *Berliner Jazztage*, bilde hier eine Ausnahme. So habe Berendt ein größeres Publikum mit der *George Russell Gruppe* und dem *Ornette Coleman Trio* bekanntgemacht – wenn auch zu einem Zeitpunkt, da dies längst kein Risiko mehr gewesen sei. Denn 1963 und 1964 habe niemand die Möglichkeit ausgenutzt, die *Cecil Taylor Unit* und das *Albert Ayler Quartet* mit Don Cherry, Gary Peacock und Sunny Murray in die Bundesrepublik zu holen, die sich beide damals in Skandinavien aufhielten: „Ich weiß noch genau, wie damals die einschlägigen Konzertagenturen und -manager auf derartige Vorschläge reagierten, und welche unsinnigen Ausflüchte sie verwendeten."[37] Blome kritisiert und argumentiert ausgehend von einer Avantgarde-Position.[38] So beansprucht er mit seiner Bestimmung des Datums des Durchbruchs des Neuen Jazz in der BRD nicht nur eine Voraussage über die stilistische Zukunft des Jazz, sondern

---

34 Vgl. Flemming/Ulrich 2014, S. 18f.

35 Blome 1966/67a, S. 30.

36 Ebd.

37 Ebd.

38 Die Einführung des Avantgarde-Begriffs in den Bereich des Jazz verweist historisch auf die Entstehung und Rezeption des Bebops und die Konstruktion einer Jazztradition, die alle Stile in einem kontinuierlichen, evolutionären Entwicklungsprozess verband. Mittels des Avantgarde-Begriffs konnte einerseits – trotz der offensichtlichen musikstilistischen Diskontinuität – ein Modell offeriert werden, das mittels seines inhärenten Differenzpotentials die Kontinuität der sich durchsetzenden linearen stilistischen Entwicklung und insofern die Einheit und Stabilität der historischen Narration gewährleisten konnte. Und andererseits konnte mit diesem ein Handlungsträger installiert werden, der diese künstlerisch-stilistische Entwicklung betreiben konnte.

auch dass der Neue Jazz bereits jetzt, d.h. im Vorhinein diese Zukunft verkörpere.[39] Bei seiner Grenzziehung zwischen der Avantgarde bzw. dem Neuen Jazz und den anderen Gruppierungen produziert Blome, wie dies bei sozialen Grenzziehungen gängig ist, eine Liste von Anti-Gruppen, die von den grenzziehenden Akteur:innen, gemeinhin als leer, archaisch, veraltet etc. bezeichnet werden.[40] Bei Blome sind es entsprechend das ‚bornierte Publikum', die Musiker:innen mit ‚absehbaren' und ‚vorkonzipierten' musikalischen Ansätzen und Ideen sowie die ‚Jazz-Funktionäre', die es (im Gegensatz zu den von ihm idealisierten ‚kleinen Clubs', die ihre Existenz einer ‚kleinen Anzahl' engagierter ‚Initiatoren' verdanke) ‚nicht wagten', ‚frische Auffassungen von Jazzmusik' zu präsentieren. Hingegen komme der Avantgarde die Aufgabe zu, als Handlungsträger den (antizipierten) künstlerisch-stilistische Entwicklungsprozess voranzutreiben.

Mit dem letzten Tag des *Deutschen Jazzfestival* 1966, das vom 29. April bis zum 1. Mai in Frankfurt stattfand, habe sich jedoch Blome zufolge mit den Auftritten der *Gunter Hampel Group*, des *Peter Brötzmann Trio*, des *Irène Schweizer Trio*, des *Dick van der Capellen Trio*, des *Don Cherry Quintet*, des *Manfred Schoof Quintet* und des *Charles Lloyd Quartet* die bisherige Situation grundlegend geändert. Denn die „große Ansammlung so vieler New Jazz Gruppen vor versammelter deutscher Jazz-Prominenz" sei „für diejenigen, die es angeht" – also für die ‚Funktionäre, Rundfunk-Jazzleute, Konzertagenturen und -manager' –, „unübersehbar"[41] gewesen. Hinzu sei noch der Erfolg beim Publikum gekommen – vor allem der beiden Abendkonzerte mit dem *Manfred Schoof Quintet* und dem *Don Cherry Quintet*, bei denen „alle Rundfunkanstalten [...] angeschlossen"[42] waren. So hätten die Anwesenden „beispielsweise bei der Sängerin Annie Ross und den Berlin All Stars pflichtgemäß aber interesselos geklatscht", sich aber beim Auftritt des *Don Cherry Quintet* „wie verrückt gebärdete und die Künstler regelrecht zu einer Zugabe" gezwungen:

> „Nach diesen beiden Konzerten hat sich einiges geändert. Die Funktionäre, Agenten und Rundfunk-Jazzleute haben das Licht gesehen, das dort in Frankfurt plötzlich hell aufloderte. Mit Ausnahme der Brötzmann und Schweizer Gruppen wurden alle unsere New Jazz Ensembles inzwischen auf Platte aufgenommen. Einige Konzertagenturen und Rundfunkanstalten bringen Neuen Jazz, in Frankfurt will die Agentur Lippmann + Rau regelmäßig avant garde Konzerte durchführen, und in Wuppertal ist mit der

39 Vgl. hierzu den Avantgarde-Begriff von Latour und Schultz: Latour/Schultz 2022, S. 46.

40 Vgl. Latours ([5]2019, S. 57ff.) Kontroverse über Gruppenbildungen: Ausgehend von dieser lassen sich die Implikationen der Ausrufung der eigenen Bewegung (als einer neuen mit entsprechend großem Differenzpotential gegenüber allem Alten und Anderen) als der entscheidende avantgardistische Vorgang (vgl. van den Berg/Fähnders 2009, S. 2) konkretisieren.

41 Blome 1966/67a, S. 30f.

42 Ebd., S. 30.

West-Concert-Agentur von E.-Dieter Fränzel ein Konzertbüro entstanden, das sich fast ausschließlich auf diese neue Musik spezialisiert hat."[43]

Obwohl Blome auch die aus seiner Sicht fehlende Risikobereitschaft der Jazz-Funktionäre und insofern auch deren ökonomische Erwägungen kritisiert, lässt sich in seiner Argumentation keine „agoraphobia"[44], d.h. keine Angst vor dem Markt registrieren, wie DeVeaux in *Constructing the Jazz Tradition* die Position der Stigmatisierung des Kommerzialismus als störenden oder korrumpierenden Einfluss auf den Jazz charakterisiert hat. Im Gegenteil: Blome begreift den Durchbruch des Neuen Jazz in der BRD nicht getrennt vom Markt. Vielmehr könne sich der Durchbruch erst mit einer positiven Rezeption des Neuen Jazz durch die ‚Funktionäre, Agenten und Rundfunk-Jazzleute' (nachdem diese das ‚hell auflodernde Licht' beim *Deutschen Jazzfestival* gesehen hätten) ereignen: d.h. mittels einer Vermarktung des Neuen Jazz. Der markierte Mangel an Repräsentation des Neuen Jazz im Kontext der Aktivitäten der N.J.A.G. ist insofern auch mit der Hoffnung auf eine grundlegende Veränderung der Veröffentlichungspolitik der größeren Schallplattenfirmen und der Programmgestaltung der etablierten Festival- und Konzertunternehmen verbunden.

„Der Komplott vor dem Neuen"[45], 1966–1968

Dass der beklagte Mangel an Repräsentation des Neuen Jazz von den Akteuren geradezu als ein ‚Komplott vor dem Neuen' wahrgenommen wurde, verweist auf die Krise des Jazz in der ersten Hälfte der 1960er-Jahre und die durch diese evozierte Transformation der Jazzszene. Dieser Umstand ist neben dem Mangel an Repräsentation des Neuen Jazz und dessen im vorherigen Kapitel skizzierten (kulturellen und ökonomischen) Verbindungen[46] sowie den Erfahrungen der Selbstorganisation im Kontext der Aktivitäten der N.J.A.G.[47] eine weitere Entität des Akteur-Netzwerks. Denn die Gründung der N.J.A.G. und deren Aktivitäten fan-

43 Ebd., S. 33.

44 DeVeaux 1991, S. 530.

45 Blome 1966/67a, S. 30.

46 Gemeint sind die kulturelle Anerkennung und Aufwertung des Jazz als Kunstmusik, der Anspruch der Akteure, dass ihrer eigenen stilistischen Weiterentwicklung ein entsprechender künstlerischer Status zukommen müsste, sowie die weiteren Verbindungen zum Publikum, zu den Jazzlokalen und -clubs, den Konzertveranstaltungen und Festivals, zur Schallplattenproduktion und Distribution, d.h. allgemein zum Markt und zur ökonomischen Situation der Akteure sowie zum Rundfunk und dessen Programmgestaltung.

47 Diese Erfahrungen beinhalten: die Veranstaltung von Konzerten, die Organisation einer Tournee und konkret praktiziertes kulturpolitisches Handeln. Die Herausgabe der Zeitschrift ist vor allem von Blome betrieben worden.

den zu einem Zeitpunkt statt, als die westdeutsche Jazzszene durch gravierende Veränderungsprozesse erschüttert worden war. Während in der Nachkriegszeit und in den 1950er-Jahren der Jazz (insbesondere unter den Jugendlichen) eine gewisse Popularität erreicht hatte, begann „Ende der 1950er-Jahre das Interesse an ihm abzuflauen", andere musikalische Genres wie Rock 'n' Roll und später die Beatmusik drängten sich in den Vordergrund und der Jazz wurde „erneut zu einer Minderheitenmusik mit Hörerquoten von maximal 5 bis 8 Prozent".[48] So berichtete der *Spiegel* im August 1965 in einem längeren Beitrag mit dem Titel *Deutscher Jazz. Verstimmt und verstummt* über die Situation der Jazzszene in der BRD:

> „Seit der Jazz-Hausse zwischen 1950 und 1960 wird diese Musik-Spezies in der Bundesrepublik immer weniger gern gehört. Kaum ein deutsches Jazz-Ensemble kann heute allein von den Konzert- und Nachtklub-Gagen oder ohne die Beihilfen so spendabler Mäzene wie Goethe-Institut und Rundfunksender existieren. Seit Mitte April das Berliner Etablissement ‚Blue Note' – das letzte außerhalb Deutschlands beachtete Jazzlokal – schloß, können deutsche Jazzmusiker nur noch im Rundfunk und in wenigen gezählten Konzerten kompromisslosen Jazz machen.
> ‚Die Situation in der Bundesrepublik', resigniert der Berliner Vibraphonist Wolfgang Schlüter, ‚ist für Jazzmusiker im Augenblick unerträglich. Es ist kein Wunder, wenn die Musiker in andere Bereiche abwandern. Es bleibt ihnen keine andere Wahl.'
> Viele prominente Jazzer wählten existenzsichernde Rundfunkengagements. In den Tanz- und Unterhaltungsorchestern von Franz Thon, Werner Müller, Kurt Edelhagen, Erwin Lehn und Max Greger, die selbst einmal führende Jazz-Big-Bands waren, spielen der zweimal als bester Klarinettist der Welt ermittelte Rolf Kühn, der Vibraphonist Wolfgang Schlüter, die Saxophonisten Helmut Brandt und Karl Drewo, der Trompeter Conny Jackel, der Pianist Horst Jankowski und der Klarinettist Fred Spannuth. [...]
> Nur durch gelegentliche Rundfunkverpflichtungen begünstigt, verdienen andere Instrumentalisten das Geld, das sie zum Leben brauchen, noch in einem anderen Beruf: Der Pianist Waldi Heidepriem baut Waagen, Saxophonist Hans Koller malt Bilder, Klarinettist Siggi Gerhard betreibt eine Gastwirtschaft, und Trompeter Werner Rehm, der auch schon Delikatessen verkaufte, unterhält ein Vervielfältigungs-Büro."[49]

Auch Alexander von Schlippenbach erwähnt diese Entwicklung in der dritten Ausgabe der *Sounds* aus dem Sommer 1967:

> „Nach dem Abitur studierte ich Komposition an der Musikhochschule in Köln. -- In dieser Zeit [ab 1958] spielte ich bisweilen mit Musikern des Edelhagen Orchesters bei Jam-Sessions im Kölner ‚Kintopp Saloon' und häufig im eigenen Trio im ‚Storyville'. In dieser Zeit lernte ich auch Manfred Schoof, Buschi Niebergall und Jacky Liebezeit kennen, mit denen ich später in der ‚Tarantel' in München spielte. 1961 spielte ich am selben

---

48 Jost 2012, S. 223.

49 N.N. 1965, S. 75. Schmidt-Joos weist im November 1965 im *Jazz Podium* darauf hin, dass der Jazz in allen Rundfunksendern mit „mehreren Programmen pro Woche seinen fachmännisch betreuten Platz" habe und dass die Rundfunkkonzerte „darüberhinaus einen wesentlichen Teil der Konzertaktivität" (Schmidt-Joos 1965, S. 320) tragen. Und er fügt hinzu, dass auch das Fernsehen auf „Jazzsendungen nicht verzichten" (ebd.) wolle.

> Ort mit Rudi Fuesers, Dirk Spencer, Job Christopher und Hartwig Bartz. Unmittelbar danach begann die Zeit, in der alle Jazzlokale allmählich zu machten oder in ihrem Stil ganz kommerziell wurden, wie man so schön sagt."[50]

Jost resümiert bezüglich dieser ökonomischen Misere der Jazzszene in *Jazzgeschichten aus Europa*: „Lokale machten dicht; Bands lösten sich auf; Jazzmusiker kehrten der Szene den Rücken und brachten sich in den Studios der Rundfunkanstalten in ökonomische Sicherheit oder versuchten in anderen musiknahen Berufen Fuß zu fassen."[51] Aufgrund des Abebbens der „Welle der Jazz-Mode"[52], wie Dieter Zimmerle, der langjährige Herausgeber des *Jazz Podium*, die gesunkene Popularität des Jazz charakterisierte, war es den wenigen, weiterhin auf der Szene Aktiven kaum mehr möglich, sich „eine halbwegs sorgenfreie Existenz als freischaffende Musiker zu sichern".[53] Die im *Spiegel* beschriebene Abwanderung in die Rundfunkorchester oder in mehr oder minder kommerzielle Musikproduktionen, ist insofern weniger auf ein übertriebenes Sicherheitsbedürfnis der Musiker:innen zurückzuführen, als vielmehr notwendige Existenzsicherung.[54]

Wird im *Spiegel*-Beitrag aus dem August 1965 den westdeutschen Schallplattenfirmen hinsichtlich der Jazz-Tonträgerdistribution ein gutes Angebot attestiert, da diese 1965 etwa 15.000 Langspieltitel mit US-amerikanischen Jazz vorrätig hielten und jedes Jahr 350 Katalognummern dazu importierten, gestaltete sich die Bereitschaft der Plattenfirmen, westdeutschen Jazzmusiker:innen die Produktion eigener Tonträger zu ermöglichen, als äußerst begrenzt. Denn „eigene, kostspielige Aufnahmen" produzieren, wie im *Spiegel*-Beitrag konstatiert wird,

> „die scharf kalkulierenden Gesellschaften fast nur noch, wenn der Markt bereits aufgeschlossen ist – so die Platten des von deutschen Konzert-Veranstaltern ersonnenen und kräftig propagierten ‚American Blues Festival', so die musikalischen Reiseberichte ‚Klaus Doldinger in Südamerika' und ‚Albert Mangelsdorff in Asien'."[55]

Und wie der *Spiegel* Klaus Werner, den Sprecher des Schallplattenlabels *Electrola* (damals Tochter-Label von EMI) zitiert: „Der größte Teil des Jazz-Angebots aber [...] ist in Deutschland nahezu unverkäuflich."[56]

Hinsichtlich der Rezeption der stilistischen Entwicklung des Jazz in der BRD zeichnet der *Spiegel* das Bild einer „Spaltung des Jazzpublikums und der Musiker in extreme Oldtimer und nicht minder extreme Modernisten".[57] Während „die

50 Rahn 1966/67, S. 52.
51 Jost 2012, S. 223.
52 Zimmerle 1968a, S. 123, vgl. Jost 2012, S. 224.
53 Jost 2012, S. 224.
54 Vgl. ebd.
55 N.N. 1965, S. 76.
56 Ebd.
57 Ebd.

Puristen, organisiert in einem überregionalen ‚Verein zur Pflege des New Orleans Jazz'", selbst das Nadelgeräusch der alten Platten von King Oliver, Jelly Roll Morton getreu wiedergeben" wollten, bemühten sich „die Avantgardisten"[58], entweder die neuesten US-amerikanischen Entwicklungen eilfertig nachvollziehen oder Originalität um jeden Preis erzwingen zu wollen. Um die Formen dieses nach Ansicht des *Spiegel* extremen Modernismus und Avantgardismus zu verdeutlichen, verweist der *Spiegel* auf den Stuttgarter Pianisten Wolfgang Dauner und auf das Quintett des Frankfurter Posaunisten Albert Mangelsdorff (der heute als der bedeutendste und einflussreichste deutsche Jazzmusiker des 20. Jahrhunderts gilt). So habe sich Dauner in eine „Tonbastelei" verirrt, der selbst der „Avantgarde-Förderer"[59] Berendt nur noch mit Vorbehalt Swing zugestehen könne. Und dem *Albert Mangelsdorff Quintet* bescheinige der „Jazz-Sachverständige" der Plattenfirma *Ariola*, Hans Georg Ehmke, „Kopfschmerzen-Musik, ungeordnete Haufen von Disharmonien, musikalische Zufälligkeiten ohne Profil und Format": „kurz gesagt eine beispiellose Kakophonie".[60]

Wenn bereits Mangelsdorff, den das *Jazz Podium* im März 1967 in seinem *Deutschland Sonderheft* als den meistgeschätztesten und international bekanntesten deutschen Jazzmusiker charakterisiert, und seinem Quintett, mit dem er weltweit gastierte und „Aufsehen erregte"[61], eine ‚beispiellose Kakophonie' vorgeworfen wird: wie stellte sich dann die Situation Mitte der 1960er-Jahre für die junge westdeutsche Avantgarde dar, die im Begriff war, das traditionelle Regelsystem der Jazzimprovisation aufzulösen? Ein Interview des *Radio Bremen*-Jazzredakteurs Ingolf Wachler mit Brötzmann aus dem November 1965 nach einem Auftritt von Brötzmann in der Bremer *Lila Eule* vermittelt einen konkreten Eindruck von den damaligen Auftrittsmöglichkeiten, der Publikumsresonanz und der ökonomischen Situation seiner Gruppe:

> „*Ingolf Wachler*: ‚Ja, lieber Herr Brötzmann, wir haben ja eben hier Ihre Musik gehört. Ich könnte mir vorstellen, dass es nicht so ganz einfach ist, die hier in Deutschland und in Jazz-Lokalen zu verkaufen?'
>
> *Peter Brötzmann*: ‚Ja, keineswegs. Natürlich haben wir unsere Schwierigkeiten. Wir können sehr sehr selten in Clubs spielen, weil einfach das Publikum für unsere Musik fehlt.'
>
> *Ingolf Wachler*: ‚Erzählen Sie doch mal, in welchen Clubs Sie bisher gespielt haben?'
>
> *Peter Brötzmann*: ‚Ja, wir haben einige Male in Holland gespielt, wo das Publikum weitaus aufgeschlossener ist. Und wir haben schon öfter hier in der *Lila Eule* gespielt, der ich wirklich ein Kompliment machen muss. Weil hier wirklich ein erstklassiges Publikum da ist. Und dann in Freiburg, in Süddeutschland ab und zu – aber die Möglichkeiten

---

58 Ebd.
59 Ebd.
60 Ebd.
61 N.N. 1967a, S. 68.

für uns sind, wie gesagt, sehr selten gewesen und werden es wahrscheinlich auch in der nächsten Zeit noch bleiben.'

Ingolf Wachler: ,[…] Meinen Sie, dass Ihre Art von Musik Zukunft hat?'

Peter Brötzmann: ,Das auf jeden Fall. Ich glaube, meine Art oder unsere Art von Musik ist doch eine der ganz wenigen Wege im Jazz, wo wirklich Möglichkeiten bestehen, die Sache weiterzuentwickeln und weiterzukommen: nicht so zu stagnieren, wie viele Leute es hier in Europa und in den USA schon lange Jahre tun.' […]

Ingolf Wachler: ,Und Sie haben also auch genug Resonanz beim Publikum, dass Sie das Gefühl haben …?'

Peter Brötzmann: ,Nein, bei uns dreht es sich nich darum, dass die Leute klatschen und so weiter, sagen, das gefällt uns, das ist wunderschön. Uns genügt, wenn die Leute zuhören, wenn sie vor die Entscheidung gestellt werden, entweder sie gehen nach Hause oder sie bleiben da. Und wenn sie dableiben, dann müssen sie zuhören.' […]

Ingolf Wachler: ,Sind Sie Professionals oder sind Sie Amateure?'

Peter Brötzmann: ,Ich weiß nicht, ob man heutzutage diese Grenze so noch ziehen kann. Also wir können mit unserer Musik kein Geld verdienen. Das ist klar. Jedenfalls nicht genug, um davon wirklich zu leben: Das ist unmöglich. Aber wir legen innerhalb unserer Musik professionelle Maßstäbe an.'"[62]

Jost Gebers, in den 1960er-Jahren selbst noch Bassist im Westberliner *Donata Höffer Trio*, bringt diese Situation in den Oral History-Interviews wie folgt auf den Punkt: „In den herkömmlichen Strukturen war für uns überhaupt kein Platz: Es war praktisch eine Notsituation!"[63] So blieben die herkömmlichen Jazzclubs, soweit sie überhaupt noch existierten, für Europas Neuen Jazz weitgehend verschlossen. Die etablierten Festival- und Konzertunternehmen nahmen ihn überwiegend – von Ausnahmen wie bspw. dem *Deutschen Jazzfestival* oder den *Berliner Jazztagen* abgesehen – nicht zur Kenntnis.[64] Und ab 1967 zeichnete sich auch sukzessive ab, dass sich der Eindruck eines zunehmenden Interesses vonseiten der größeren Schallplattenfirmen am westdeutschen Avantgarde- und Free Jazz nicht bewahrheiten sollte. Die zwischenzeitlich gehegte Hoffnung einer Transformation deren Veröffentlichungspolitik erfüllte sich nicht. Die von Horst Lippmann für CBS produzierte Reihe, in der u.a. die LPs *Dream Talk* (CBS S 62 478) des *Wolfgang Dauner Trio* (Dauner: p; Weber: b; Braceful: dr) und *Voices* (CBS S 62 621) des *Manfred Schoof Quintet* entstanden sind, blieben ebenso Ausnahmen wie Berendts Produktionen auf SABA. Für SABA hatte Berendt sowohl die 1965 veröffentlichte LP *Heartplants* (SABA SB 15 026) des *Gunter Hampel Quintet* (Hampel: vib, fl; Schoof: tp; Schlippenbach: p; Niebergall: b; Courbois:

62 Brötzmann, Interview mit Wachler, November 1965, enthalten auf der CD/CD-ROM *Brötzmann 1963–1965*, in: Brötzmann 2003.

63 Gebers, Interview mit dem Verfasser, 27.3.2015, Interview-ID 56.

64 Vgl. Jost 2012, S. 244f.

dr) als auch die 1967 erschienenen Alben *Free Action* (SABA SB 15 095) von Dauner (Dauner: p; Jean-Luc Ponty: vln; Dudek: ts, cl; Weber: cel; Karg: b; Neumeier: dr, tab; Braceful: dr) und *Globe Unity* (SABA SB 15 109 ST) von Schlippenbach produziert. Das Engagement des Villinger Industriellen und Miterben des Elektrogeräte-Konzerns SABA Hans Georg Brunner-Schwer währte insofern trotz seines im Januar 1967 im *Spiegel* verkündeten Vorhabens, Talente zu fördern, die „von anderen Firmen übersehen"[65] werden, nicht lange. So berichtete der *Spiegel* im Dezember 1969, dass MPS (Musik Produktion Schwarzwald), wie das SABA-Label 1968 umbenannt wurde, von weiteren Veröffentlichungen mit Schlippenbach absehe. Schlippenbachs bei den *Berliner Jazztagen* 1966 uraufgeführtes Stück *Globe Unity* habe MPS so wenig Gewinn eingebracht, dass das Villinger Label weitere Produktionen mit dem Musiker ablehne.[66] Wie der *Spiegel* 1971 feststellt, hätten die Schallplattenkonzerne in den vergangenen zehn Jahren nicht einmal ein Dutzend Langspielplatten deutscher Free Jazz-Gruppen veröffentlicht.[67] D.h. auch hinsichtlich der Produktion und Distribution von Schallplatten zeigten sich die größeren Firmen (abgesehen von Lippmanns CBS-Reihe sowie der SABA/MPS-Produktionen) nicht interessiert.

Jazz Artists Guild und *Jazz Composers Guild*

Als Vorbild für die N.J.A.G. – und insofern als weitere Entität, die beim Handeln der Akteure eine Rolle spielte – deutet Brötzmann in den Oral History-Interviews die US-amerikanische *Jazz Artists Guild* (J.A.G.) an: „Es gab wohl irgendein amerikanisches Vorbild. Ich meine, der Name kommt aus dem Amerikanischen – ja. Der wäre uns so nicht in den Sinn gekommen. Aber es passte ganz gut: Klang ganz gut."[68] Die J.A.G. wurde von Charles Mingus und Max Roach im Anschluss an das erste Alternativ- oder Gegenfestival der Jazzgeschichte gegründet. Im Juli 1960 hatten in Newport (Rhode Island) die von Mingus und Roach angeführten *Newport Rebels* gegen das seit 1954 alljährlich durchgeführte *Newport Jazz Festival* protestiert. Neben Mingus und Roach traten beim Gegenfestival in stilistischer Hinsicht so unterschiedliche Musiker wie der Jazz-Avantgardist Eric Dolphy, die Free Jazzer Don Cherry und Ornette Coleman, die Hardbopper Kenny Dorham und Art Taylor sowie die damaligen Jazzgrößen Coleman Hawkins, Wilbur Ware, Roy Eldridge und Jo Jones auf, die als ‚Sympathisanten' vom Hauptfestival dazugekommen waren.[69] In finanzieller Hinsicht war das erste von Musikern selbst

65 Brunner-Schwer zit. nach N.N. 1967g, S. 93.
66 N.N. 1969a, S. 210.
67 N.N. 1971, S. 134.
68 Brötzmann, Interview mit dem Verfasser, 12.7.2015, Interview-ID 356.
69 Vgl. Litweiler 1988, S. 55, vgl. Kelley 1997, vgl. Jost ^{2}2004, S. 248.

organisierte Alternativfestival der Jazzgeschichte wenig erfolgreich. Denn zu den Konzerten am *Cliff Walk*, dem am östlichen Ufer von Newport entlangführenden, berühmten Erholungspfad, kamen lediglich ein paar hundert Zuhörer:innen. Allerdings wird der Aktion der *Newport Rebels* „Symbolcharakter" zugesprochen: Wie Jost – als Wissenschaftler und Akteur – unterstreicht, habe die Aktion ein Zeichen dafür gesetzt, was potentiell machbar sei, wenn „Musiker zusammenhielten und die Initiative ergriffen, wenn sie die Produktionsmittel ihrer Kunst in die eigene Regie nahmen und den *middle man* ausschalteten, der sonst ihre musikalischen Aktivitäten regulierte".[70] Oder wie der US-amerikanische Jazzkritiker Nat Hentoff 1961 konstatierte:

> „It was exhilarating for the musicians involved to realize that for once in their careers, they were capable of formulating and sustaining their own ground rules without booking agents, impressarios, and other middlemen."[71]

Zurück in New York gründeten die ‚Rebellen' die J.A.G., die als die „erste[] Musikerkooperative der Jazzgeschichte"[72] gilt. Die J.A.G. veranstaltete in einem kleinen Theater in Manhattan ein paar Konzerte und nahmen das Album *Newport Rebels* auf, zu dem Hentoff in den Liner Notes bemerkt: „The reunion of the rebels, moreover, fired them again with the bristling self-respect and revolutionary ardor of the previous July."[73] Die Intention der J.A.G. bestand darin, „to produce more concerts as well as recordings".[74] Aufgrund mangelnder organisatorischer und geschäftlicher Erfahrung sowie fehlendem Kapital musste die J.A.G. ihre Aktivitäten bald wieder einstellen.[75] Obwohl in der Proklamation der westdeutschen N.J.A.G. auch die Durchführung von Konzerten und die Produktion von Schallplatten angekündigt wurden, war für deren Gründung und Programmatik noch mehr als die J.A.G. eine andere New Yorker Kooperative von Bedeutung: die *Jazz Composers Guild* (J.C.G.). Insofern ist die J.C.G. und die Verbindungen zu dieser auch in das Akteur-Netzwerk des Handeln-Machens miteinzubeziehen.

Auch die J.C.G. entstand aus einem selbst veranstalteten Festival: der sog. *October Revolution in Jazz*. Bei der *October Revolution in Jazz* handelte es sich um ein viertägiges Festival im Oktober 1964 im New Yorker *Cellar Cafe*, bei dem etwa 40 Ensembles aus dem Kreis der jungen New Yorker Jazz-Avantgarde wie Carla Bley, Paul Bley, Bill Dixon, David Izenzon, Mike Mantler, Roswell Rudd, Guisep-

---

70 Jost ^{2}2004, S. 248.

71 Hentoff 1961, vgl. zum Gegenfestival der *Newport Rebels* auch Monson 2007, S. 184ff. und Saul 2003.

72 Jost ^{2}2004, S. 248.

73 Hentoff 1961.

74 Ebd.

75 Vgl. Jost ^{2}2004, S. 248.

pi Logan, Alan Silva und John Tchicai auftraten.[76] Zum Ziel hatte die *October Revolution*, „die Free Jazz-Musiker der zweiten Generation einem größeren Publikum vorzustellen".[77] Wie Piekut hervorhebt, repräsentiere die *October Revolution*, die auch von der Presse sehr positiv gewürdigt wurde[78]: „a formalization of sorts", d.h. „an auspicious announcement of a loose, polystylistic movement known as the ‚New Thing'".[79] Im sehr gut besuchten *Cellar Cafe* fanden neben den Konzerten Podiumsdiskussionen sowie ein Komponist:innen-Symposium statt, an denen sich u.a. auch Musiker wie Cecil Taylor, Archie Shepp, Sun Ra sowie eine Reihe von Jazzkritikern beteiligten. Die Themen der von Dixon moderierten Panels waren u.a. *Jim Crow and Crow Jim*, *The Economics of Jazz*, *The Rise of Folk Music and the Decline of Jazz* und *Jazz Composition*.[80] Die Bedeutung des Festivals lag einerseits darin, dass erstmalig deutlich wurde, dass dieser neue Jazz – im Widerspruch zu den Behauptungen von u.a. Clubbesitzern – ein großes Publikum anziehen konnte.[81] Andererseits wuchs mit der erfolgreichen Eigeninitiative die Hoffnung, mit gemeinsamen Aktivitäten die ökonomische und soziale Situation verbessern zu können. Im Februar 1965 schildert Taylor in *Down Beat*, dass denjenigen, die sich bei der *October Revolution* engagierten, klar geworden sei, dass sie als Musiker:innen nicht isoliert seien und dass sie sich als Menschen nicht voneinander entfremden müssten. Laut Taylor habe es so etwas zuvor noch nicht gegeben: „By being part of this, we began to grow and move toward each other as human beings. It became a social thing that could reach out and affect other people."[82]

In den Wochen nach der *October Revolution* gründete der Trompeter und Komponist Dixon die J.C.G., der einige der führenden Persönlichkeiten der New Yorker Szene angehörten: Taylor, Shepp, Mantler, Rudd, Tchicai, Paul Bley, Carla Bley, Sun Ra, Burton Greene und Jon Winter.[83] Bis Ende 1964 veranstaltete die Kooperative wöchentlich Konzerte im *Cellar Café* und vom 28. bis 31. Dezember ein weiteres viertägiges Festival mit dem Titel *Four Days in December*. Die *Four Days* fanden in der *Judson Hall* in der *West 57th Street* statt und erregten ebenso wie die *October Revolution* sowohl in der Presse als auch beim Publikum große

---

76 Vgl. Litweiler 1988, S. 120. Jost spricht von nur etwa 20 Gruppen, die bei der *October Revolution* aufgetreten seien. (Vgl. Jost ^{2}2004, S. 249)

77 Litweiler 1988, S. 120.

78 Vgl. Williams/Morgenstern 1964, vgl. Carlinsky 1964.

79 Piekut 2010, S. 25.

80 Vgl. Piekut 2011, S. 104. Die dortigen Diskussionen konzentrierten sich auf Fragen der Arbeit und Arbeitsprivilegien wie die Schwierigkeit, einen Plattenvertrag oder einen Auftritt in einem der großen Clubs zu bekommen, der Ausschluss afroamerikanischer Musiker:innen vom lukrativen Markt der Fernsehmusik und der kommerziellen Jingle-Produktion sowie das ‚weiße Monopol' auf gut bezahlte Clubtermine.

81 Vgl. Jost ^{2}2004, S. 249, vgl. Piekut 2011, S. 106.

82 Taylor zit. nach Hentoff 1965, S. 18, vgl. auch Jost ^{2}2004, S. 249.

83 Vgl. Levin 1965, S. 17, vgl. Jost ^{2}2004, S. 250.

Aufmerksamkeit.[84] In einem *Down Beat*-Interview mit Robert Levin im Mai 1965 berichtet Dixon über die Kooperative, deren Intention und Ziele:

> „By now it is quite obvious that those of us whose work is not acceptable to the Establishment are not going to be financially acknowledged. As a result, it is very clear, that the musicians, in order to survive – create their music and maintain some semblance of sanity – will have to ‚do it themselves' in the future."[85]

Laut Dixon mache der Mangel an Repräsentation, den die vitalsten Elemente innerhalb des Hauptstroms der zeitgenössischen US-amerikanischen Musikkultur erführen, es notwendig, dass sich die am härtesten betroffenen Komponist:innen und Musiker:innen vereinigten, um folgende Ziele zu erreichen: der Musik ihren rechtmäßigen Platz in der Gesellschaft zu verschaffen; das musikalische Bewusstsein der Massen für die Musik zu wecken, die für ihr Leben essentiell sei; die Musiker:innen und Komponist:innen vor Ausbeutung zu schützen; dem Publikum die Möglichkeit zu geben, die Musik zu hören; sowie Einrichtungen zu schaffen, die angemessene Voraussetzungen für das Komponieren, Proben, Aufführen und Verbreiten dieser Musik bieten sollen.[86] „The plan for the guild is", wie Levin ausgehend von einer nicht zitierten Interviewpassage mit Dixon ergänzt, „that it will function as independently as possible from the jazz scene at large, without agents or managers – without middlemen."[87] Hinsichtlich der Strategie der J.C.G. berichtet Taylor 1971 retrospektiv, dass sich alle Mitglieder der Kooperative dazu verpflichten sollten, nicht mehr in Nachtclubs des Establishments zu spielen. Indem sie sich verweigerten, sollten die Schallplattenindustrie und die Clubs gezwungen werden, die Musiker:innen zur Kenntnis zu nehmen und angemessen zu bezahlen. Weitere Ideen der Guild seien der Erwerb eines eigenen Gebäude gewesen, um ein Studio sowie ein Unterrichtszentrum aufzubauen.[88]

Das von Dixon im *Down Beat*-Interview vorgestellte Programm der J.C.G. korrespondiert in wesentlichen Aspekten mit der Programmatik der N.J.A.G. in *Etwas über die New Jazz Artists' Guild.* Beide Programme beklagen primär einen Mangel an Repräsentation (‚the absence of representation') des Neuen Jazz bzw. dessen mangelnde kulturelle Würdigung. Als Ziel der gemeinsamen Aktivitäten nennt Dixon, ‚to establish the music to its rightful place in the society' – die N.J.A.G. möchte dem Neuen Jazz endlich zu dem ihm in unserem kulturellen Leben ‚zustehenden Platz' verhelfen. In beiden Programmen wird die Neue Musik nahezu identisch charakterisiert. Dixon spricht dieser ‚the most vital elements in the main stream of America's contemporary musical culture' zu – die N.J.A.G.

84 Vgl. Piekut 2011, S. 110.

85 Dixon zit. nach Levin 1965, S. 17.

86 Vgl. ebd., S. 18, vgl. Jost ^{2}2004, S. 250.

87 Levin 1965, S. 18.

88 Taylor zit. nach Griffith 1971, S. 28f., vgl. auch Jost ^{2}2004, S. 250.

bezeichnet den Neuen Jazz als die ‚lebendigste aller heutigen Musikformen'. Um ‚to awaken the musical conscience of the masses of people' (J.C.G.) bzw. um zu erreichen, ‚dass die Neue Musik gehört' werde (N.J.A.G.), möchte die New Yorker Initiative ‚facilities for the proper creation, rehearsal, performance, and dissemination of the music' schaffen – die N.J.A.G. eigene Konzerttourneen und Konzerte ‚in kleineren, intimen Theatern' in allen bundesrepublikanischen Großstädten sowie Vortrags- und Schallplattenabende veranstalten und ‚konzessionslos' Schallplatten produzieren. Die Idee, eine eigene Zeitschrift ‚für und über den Neuen Jazz' herauszugeben, findet sich nicht im Programm der J.C.G. Die beiden Programme divergieren insofern, als die J.C.G. interessierter an der Errichtung von Institutionen und Aktivitäten zu sein scheint, mit deren Hilfe die Akteur:innen möglichst unmittelbar ihre ökonomische und soziale Situation verbessern können. Und befürchtet die N.J.A.G. als ‚Kampfgemeinschaft' missverstanden zu werden und negiert vorsichtshalber Aktivitäten, die andere Zielsetzungen verfolgen, als die Neue Musik zu hören, sind die politischen Konnotationen im Programm der J.C.G. unüberhörbar.

Die inhaltliche Konvergenz der beiden Programme und die nahezu identischen Formulierungen verweisen auf die konkrete Verbindung der Aktivitäten und der Programmatik der J.C.G. und dem Handeln der westdeutschen N.J.A.G. Es zeigt sich, dass der Mangel an Repräsentation sowie die Selbstorganisation als zwei der frühesten Entitäten des aus heterogenen Entitäten bestehenden Netzwerks mit den Aktivitäten der New Yorker Kooperative und deren Positionierung verbunden sind und insofern durch diese gestützt werden. Die J.C.G. und deren Programmatik ist deshalb als eine weitere Entität des Akteur-Netzwerks zu charakterisieren. Sollten die N.J.A.G.-Mitglieder nicht selbst Dixons *Down Beat*-Interview von 1965 gekannt haben, so erlangten sie spätestens Ende 1965/Anfang 1966 im Austausch mit Aktivist:innen der (ehemaligen) J.C.G. Kenntnis über das Programm und die Organisation der New Yorker Kooperative. So berichtet Kowald in Nogliks *Werkstatt*-Gesprächen, dass Carla Bley 1965 mit ihrer Gruppe in die BRD kam: „Wir lernten uns kennen und spielten gemeinsam zu einer Session. Etwas später bekam Brötzmann einen Brief von Carla Bley, in dem sie ihn bat, an ihrer nächsten Europa-Tournee teilzunehmen."[89] Und Blome erwähnte bereits in der 1966er August-Ausgabe des *Jazz Podium* in seinem Beitrag *Ein neues Gesicht im Jazz: Peter Brötzmann* ein Zusammentreffen von Bley, Mantler, Kowald und Brötzmann:

> „Im Januar 66 spielte Brötzmann zusammen mit Kowald in Brüssel mit Mike Mantler, Carla Bley und Aldo Romano. Einen Monat später stieg er im Pariser ‚Chat Qui Pêche'

89 Kowald zit. nach Noglik 1983, S. 455. Die Tour des *Carla Bley Quintet* mit Brötzmann und Kowald (b) sowie Mike Mantler (tp) und Aldo Romano (dr) fand zwischen Oktober und Dezember 1966 statt. (Vgl. Blome 1966/67a, S. 41)

beim Don Cherry Quintet ein und bekam gleich von Madame Ricard, der Besitzerin, eine Einladung in diesem Club mit seiner eigenen Gruppe zu spielen.“[90]

In den Oral History-Interviews kommt Brötzmann auf das Zusammentreffen mit den beiden ehemaligen Mitgliedern der J.C.G. Bley und Mantler zu sprechen, die damals mit der Gründung der *Jazz Composers Orchestra Association* versuchten, die Arbeit der gescheiterten Kooperative weiterzuführen. Zu dessen Bedeutung Brötzmann rückblickend bemerkt:

> „Danach gab es natürlich die Kontakte – und auch die Einsicht, dass wir selbst was tun müssen, weil kein anderer was für uns tut. Es gab da natürlich schon ESP, die ersten Ayler-Geschichten und so weiter. […] Aber die Einsicht oder die Erkenntnis, dass man das alles selbst machen muss, die war einfach da, weil keiner was für einen tat. Man musste das schon selbst machen.“[91]

In Blomes *Jazz Podium*-Beitrag aus dem Sommer 1966 benennt Brötzmann, was ihn dazu bewegte, mit Kowald und Blome die N.J.A.G. zu gründen:

> „Es gibt leider in Deutschland viel zu wenige Musiker, mit denen man zusammenspielen könnte. Die wenigen, die es gibt, haben sich in ihrer festen Gruppe abgekapselt. Was um sie herum geschieht, interessiert sie wenig. Im Grunde liegt ihnen nur daran, ihre eigene Gruppe zu verkaufen. Mit der ‚New Jazz Artists' Guild‘, die ich jetzt mit einigen anderen Leuten zusammen gegründet habe, glaube ich, gibt es eine gute Möglichkeit, alles unter einen Hut zu bringen und sich für die Sache – für den Neuen Jazz und seine Anerkennung – einzusetzen.“[92]

Brötzmann verweist auf ökonomische, soziale und musikalische Gründe. Ebenso wie Taylor 1965 im *Down Beat*-Interview von der sich modifizierenden sozialen Situation der New Yorker Jazz-Avantgarde aufgrund der gemeinsamen Aktivitäten berichtete (‚we began to realize that as musicians we were not isolated‘), hoffte auch Brötzmann mit der gemeinsamen Initiative, die von ihm wahrgenommene soziale und musikalische Isolation innerhalb der westdeutschen Avantgarde zu transformieren. Und dies nicht nur, um neue Spielmöglichkeiten zu etablieren, sondern auch um den bislang aus Brötzmanns Sicht ausschließlich an ihrer ‚eigenen Sache‘ interessierten Musiker:innen (d.h. denen nur daran liege, ‚ihre eigene Gruppe zu verkaufen‘) die erwarteten positiven Effekte des gemeinsamen Handelns hinsichtlich ihrer sozialen, ökonomischen und musikalischen Situation sichtbar zu machen. Mit der Gründung der N.J.A.G. hatte er die Hoffnung, hierfür einen geeigneten Rahmen bieten könne und sich für ‚die Sache‘, d.h. für den Neuen Jazz und seine Anerkennung engagieren zu können.

90 Blome 1966, S. 216.
91 Brötzmann, Interview mit dem Verfasser am 12.7.2015, Interview-ID 454.
92 Brötzmann zit. nach Blome 1966, S. 216.

Ebenso wie der J.A.G. war auch der J.C.G. und der N.J.A.G. keine lange Zukunft beschieden. Die J.C.G. löste sich bereits im Sommer 1965 wieder auf. Entgegen der Statuten der Kooperative, die u.a. vorsahen, dass „Verhandlungen mit Veranstaltern und Plattenfirmen nach kollektiv erarbeiteten Kriterien zu führen“[93] seien, unterschrieben Mitglieder der J.C.G. Verträge mit großen Schallplattenfirmen, ohne dies mit der Kooperative abzustimmen. Hinzu kamen persönliche Differenzen, gegenseitiges Misstrauen sowie Konflikte zwischen weißen und schwarzen Musiker:innen.[94] Auf meine Frage nach den Aktivitäten und der Entwicklung der N.J.A.G. antwortet Brötzmann bei den Oral History-Interviews:

> „Das war von der Idee her natürlich eine durchaus lobenswerte Angelegenheit. Bloß es hat natürlich dann in der Realität leider nicht geklappt. [...] Wir waren uns überhaupt nicht darüber im Klaren, was das für einen organisatorischen Aufwand bedeuten würde. [...] Der Rahmen, den wir uns da vorgenommen hatten, der war einfach zu groß. Das hatten wir nicht überblicken können. Es hat einfach nicht funktioniert. [...] Na ja, da hatten wir uns einfach übernommen mit der Vorstellung, wir könnten das wirklich in einer Frustwelt organisieren. Das war zu viel des Guten. Und das haben wir auch ganz schnell einsehen müssen.“[95]

Die N.J.A.G. löste sich so noch vor dem Erscheinen der ersten *Sounds*-Ausgabe auf. Die *Sounds* wurde also nicht, wie noch im Juli 1966 angekündigt, von der N.J.A.G. herausgegeben. Als Herausgeber wird vielmehr Blome (mit seiner damaligen Solinger-Privatadresse) genannt. Die N.J.A.G. bzw. deren Mitglieder finden in der ersten Ausgabe der *Sounds* nur noch als „die Initiatoren dieser Zeitschrift“[96] und als Veranstalter des „erste[n] Treffen[s] deutscher avant garde Musiker“[97] Anfang Juli 1966 in Aachen Erwähnung. Weitere Aktivitäten der N.J.A.G. scheint es insofern nicht gegeben zu haben.

Globe Unity, 1966–1967

Als weitere Entität ist in das Gefüge der unterschiedlichen Handlungsquellen das soziale Netzwerk der Musiker:innen einzubeziehen. Dieses bildete sich ab Mitte der 1960er-Jahre kontinuierlich aus den gemeinsamen Spielkonstellationen, Kooperationen und musikalischen Projekten heraus. In diesem Kontext ist darauf

---

93 Litweiler 1988, S. 121.

94 Vgl. Jost ²2004, S. 251, vgl. Litweiler 1988, S. 121, vgl. Levin 1965, S. 17. In seinem Artikel *New Thing? Gender and Sexuality in the Jazz Composers Guild* hat Piekut herausgearbeitet, wie „patterns of gender and sexuality“ die Beziehungen und Konflikte innerhalb der J.C.G. mitstrukturierten und beeinflussten.

95 Brötzmann, Interview mit dem Verfasser am 12.7.2015, Interview-ID 452.

96 Blome 1966/67a, S. 33.

97 Ebd., S. 35.

hinzuweisen, dass das soziale Netzwerk der Musiker:innen nicht mit dem Akteur-Netzwerk verwechselt werden darf, d.h. mit der Methode, mit deren Hilfe das Handeln der Akteur:innen beschrieben werden soll.[98] Das sich herausbildende soziale Netzwerk stellt lediglich eine Entität des Aufgebots an Entitäten dar, das die Akteur:innen Ende 1968 zum Handeln brachte.

Hinsichtlich der Entwicklung gemeinsamer Spielkonstellationen und Projekte erwies sich die im Herbst 1966 erfolgte Gründung des ersten europäischen Free Jazz-Orchesters *Globe Unity* als besonders bedeutsam. So installierte Alexander von Schlippenbach in seinem *Globe Unity Orchestra* mit der Hereinnahme des vollständigen *Manfred Schoof Quintet* (Schoof: cor, flh; Schlippenbach: p; Dudek: ts; Niebergall: b; Liebezeit: dr) und des kompletten *Peter Brötzmann Trio* (Brötzmann: as; Kowald: b; Neumeier: dr) einen „double nucleus“[99], der wesentlich zur Assoziierung der Kölner und der Wuppertaler Szene beitragen sollte. So führt Brötzmann in Nogliks *Werkstatt*-Gesprächen aus:

> „Das Geschehen bewegte sich im Wesentlichen zwischen Wuppertal und Köln. In Köln arbeiteten damals Alexander von Schlippenbach und Manfred Schoof. 1966 kam es zu einem ersten Zusammenschluß mit Schlippenbachs ‚Globe Unity Orchestra‘.“[100]

Und Schlippenbach bemerkt im Sommer 1967 im Interview in der dritten Ausgabe der *Sounds*, die inzwischen mit dem Untertitel *Die Zeitschrift für Jazzmusik von heute* firmierte:

> „In diesem Zusammenhang möchte ich auch auf ein neues Oktett hinweisen, das durch gelegentliche Verbindungen der Schoof Gruppe mit dem Peter Brötzmann Trio zustande gekommen ist. Diese Formation hat sich bereits bei zwei selbst organisierten Konzerten Ende Mai in Wuppertal und Köln vorgestellt. Und ich wünschte, es fände sich ein Plattenproduzent, der den Mut hat, diese enorm starke Gruppe aufzunehmen.“[101]

Die Entstehung des *Globe Unity Orchestra* geht auf einen Kompositionsauftrag des Berliner RIAS[102] (Rundfunk im amerikanischen Sektor) an Schlippenbach für die *Berliner Jazztage* Anfang November 1966 zurück.[103] So erläutert Schlippenbach in Nogliks *Jazz-Werkstatt International*:

---

98 Vgl. zur Differenzierung von Methode und Gegenstand, der mit dieser Methode beschrieben wird: Latour [5]2019, S. 246f.

99 Schlippenbach 2001. Auch in Nogliks *Werkstatt*-Gesprächen bezeichnet Schlippenbach das *Manfred Schoof Quintet* und das *Peter Brötzmann Trio* als „den Kern“ (Schlippenbach zit. nach Noglik 1983, S. 108) des *Globe Unity Orchestra* von 1966.

100 Brötzmann zit. nach Noglik 1983, S. 207. So bezeichnet Müller (2022, S. 22) *Globe Unity* als den ersten musikalischen „Brückenschlag zwischen den Kölnern (z. B. von Schlippenbach und Schoof) und den Wuppertalern (Brötzmann und Kowald)“.

101 Schlippenbach 1967, S. 11.

102 Der RIAS war einer der damaligen Sponsoren der *Berliner Jazztage*.

103 Vgl. Berendt 1967.

> „Der Auftrag, den ich vom Rundfunk für eine Aufführung zu den Berliner Jazztagen bekam, war zunächst ein ganz anderer. Ich sollte zwei Streichquartette und Solisten in einer Art kompositorischer Gemeinschaftsarbeit mit Boris Blacher zusammenführen. Dieser Auftrag kam für mich fast aus heiterem Himmel. Da mir das ursprüngliche Angebot nicht sehr sinnvoll erschien, habe ich versucht, etwas anderes vorzuschlagen [...]. Schon lange vor dem Auftrag kam mir die Idee, einmal etwas mit einer größeren Gruppe zu versuchen."[104]

Und bei den Oral History-Interviews ergänzt Schlippenbach hinsichtlich des Kompositionsauftrags und der Aufführung bei den *Berliner Jazztagen*:

> „Ich war sehr besessen von der Idee, die neuen musikalischen Errungenschaften, die wir damals auf den Weg gebracht hatten, auch in einer größeren Gruppe umzusetzen. Und da die andere Sache für mich nicht so interessant war, habe ich dann also den Berendt bekniet, dass wir vielleicht das machen könnten. Es ist mir dann auch gelungen, ihn zu überzeugen. Und wir hatten dann einen großen spektakulären Auftritt 1966 bei den *Berliner Jazztagen* – der natürlich für mich persönlich und für meine weitere Arbeit sehr viel in Bewegung gebracht hat."[105]

Ebenso wie bei der Produktion und Veröffentlichung der *Heartplants*-LP des *Gunter Hampel Quintet* (SABA SB 15 026) auf SABA spielt auch bei der Entstehung des *Globe Unity Orchestra* der SWF-Jazz-Redakteur, Mitgründer und künstlerische Leiter der *Jazztage* Berendt eine wichtige Rolle: So erweist sich Berendt hinsichtlich der Entwicklung gemeinsamer Spielkonstellationen, Kooperationen und musikalischer Projekte des Neuen Jazz als Netzwerk-Akteur.[106] Des Weiteren verdeutlicht der Kompositionsauftrag und die Aufführung von *Globe Unity* bei den *Berliner Jazztagen*, dass sich die Verbindungen der Akteure zu den öffentlich-rechtlichen ARD-Rundfunkanstalten (WDR, SFB, SWF), zum nach dem Zweiten Weltkrieg von der US-amerikanischen Militärverwaltung gegründeten RIAS und zum Berliner Senat aufgrund deren Finanzierung der *Jazztage* 1966 nachzeichnen lassen.[107] Die Rundfunkanstalten und der Berliner Senat (und deren jeweiliger kultureller Auftrag samt der inhärenten ideologischen Zielsetzungen[108]) stützten

---

104 Schlippenbach zit. nach Noglik 1983, S. 108.

105 Schlippenbach, Interview mit dem Verfasser, 11.5.2015, Interview-ID 401. Vgl. zur Entstehung von *Globe Unity* auch: Knauer 2019a, S. 263ff.

106 Vgl. auch Knauer (2019a, S. 197), der anmerkt, dass sich Berendt nicht zu Unrecht das Gelingen etlicher Projekte zugutegehalten habe.

107 Vgl. Rahn 1966/67, S. 52, vgl. zum „Rundfunk als Initiator" für den Jazz in Deutschland: Knauer 2019a, S. 195ff.

108 Im Interview mit Kisiedu meint bspw. Brötzmann, dass sich „West-Berlin ja auch beweisen" musste, „was es für eine offene progressive Stadt" sei. Und: „Auf der anderen Seite saßen die – und das kam dann ein bisschen später – und dachten, ah, wir müssen es dem Westen aber zeigen. Wir sind ja auch nicht von gestern. Und so haben wir eigentlich von dieser Situation von beiden Seiten profitiert." (Brötzmann zit. nach Kisiedu 2020, S. 197)

insofern auch das soziale Akteur:innen-Netzwerk und die Entwicklung gemeinsamer Spielkonstellationen, Kooperationen und musikalischer Projekte.

Bei der Aufführung von *Globe Unity* (so der Titel von Schlippenbachs Komposition) bei den *Berliner Jazztagen* am 3. November 1966 in der *Philharmonie* wirkten neben dem ‚double nucleus' die deutschen Musiker Horst Gmeinwieser (tb), Willi Lietzmann (tba) und Gunter Hampel (fl, bcl) sowie der Niederländer Willem Breuker (bs, ss) und der Belgier Claude Deron (tp) mit. Die Aufführung wurde zum meistdiskutiertesten Konzert des Festivals. Während sich bspw. für Ulrich Olshausen von der *Frankfurter Allgemeinen Zeitung* das *Globe Unity*-Stück (nach einem „recht" interessanten „Anfang") auf das Niveau „undifferenzierten Lärms" eingepegelt habe, den ein „Berliner Kritiker treffend ‚Improvisation über ein Eisenbahnunglück'"[109] bezeichnet habe, gratulierte Werner Burkhardt von der *Welt* Schlippenbach für seine gelungene „Verschmelzung des Jazz mit der zeitgenössischen Kunstmusik" und dem „Abenteuer, dem Jazz eine schlüssige Großform abzugewinnen": „hier ist es bestanden".[110] Und Heinz Lukasz von der Berliner B.Z. echauffierte sich über die „Geschehnisse am Donnerstagabend in der Philharmonie" mit der Schlagzeile „Männer-Ulk in der Philharmonie":

> „Als ein gewisser Alex. von Schlippenbach, außer sich selbst, 15 Musiker auf die Bühne brachte, um undefinierbaren Lärm zu erzeugen, da hörte der Spaß auf. Musikalische Impotenz entzieht sich jeglichen kritischen Maßstabes. Pubertätsschwierigkeiten reagiert man nun mal nicht vor versammeltem Publikum ab. Dem Vernehmen nach gehören diese Leute zur deutschen Jazz-Avantgarde, was soviel wie Stoßtruppe in die Zukunft bedeuten mag. Nach meiner Kenntnis ist aber Dilettantismus so alt wie die Musikgeschichte, also von vorgestern. Notieren wir unter unerlaubt: Auch der ‚Avantgarde' sollte es nicht gestattet sein, mit karierten Socken und kitschigem Buschhemd das Foyer der Philharmonie zu betreten, geschweige denn das Podium."[111]

Die divergierenden Positionen sowie die Reaktionen des Publikums, die von Beifallsbekundungen bis zu Buhrufen reichten, führt Jost wesentlich auf die zwiespältige Rezeptionssituation bzw. auf die Unsicherheit angesichts der Frage zurück, ob die „dissonanten Klangballungen, mit denen das dreizehnköpfige Orchester seine Zuhörer befeuerte"[112], nun tatsächlich einen Weg in musikalisches Neuland oder aber den Absturz des Jazz ins Chaos markiere. Wie sich die *agency* oder „Handlungsfähigkeit"[113] des ‚spektakulären' (so Schlippenbach) Auftritts bemerkbar machte, schildert Schlippenbach in Nogliks *Jazz-Werkstatt International* wie folgt: „Das war ein sehr, sehr bedeutender Punkt, der sicher auch Ideen und

109 Olshausen, FAZ, 9.11.1966, in: N.N. 1966/67, S. 12.
110 Burkhardt, *Die Welt*, 5.11.1966, zit. nach Blome 1966/67b, S. 8.
111 Lukasz, B.Z., 5.11.1966, in: N.N. 1966/67, S. 13.
112 Jost 1987, S. 77.
113 Ebd., S. 19.

Projekte angeregt hat, die ich dann später ausgeführt habe."[114] Zudem hätten sich die großen Kontroversen um das Stück keineswegs negativ ausgewirkt – im Gegenteil. So betont Schlippenbach gegenüber Noglik: „Wir waren im Gespräch".[115] Dass die „Sache damals neu und sensationell" gewesen sei, habe sich für ihn als Vorteil erwiesen: „Ich bekam daraufhin Möglichkeiten, Angebote, in dieser Weise weiterzuarbeiten".[116] Denn es sei sehr aufwendig gewesen, ein so großes Ensemble mit Musizierenden aus verschiedenen Ländern zusammenzustellen. Dazu habe es jedes Mal einer Reihe von Konzerten oder einer Rundfunk- oder einer Plattenproduktion bedurft. Und das musste alles organisiert, vorbereitet und abgesichert sein. Wie Schlippenbach bei den Oral History-Interviews unterstreicht, habe er das Glück gehabt, dass er

> „bis 1970 durch Berendt sehr stark gefeatured wurde und wir mit *Globe Unity* 1967 schon in Donaueschingen bei den *Donaueschinger Musiktagen* spielen konnten – was dann auch alles richtig bezahlt wurde. Und deshalb hatten wir mit *Globe Unity* eigentlich nie irgendwelche finanziellen Probleme."[117]

Wie Schlippenbach in den Liner Notes zur *Globe Unity*-Veröffentlichung *20th Anniversary* (FMP CD 451967) ausführt, sei das Orchester 1967 bei den *Donaueschinger Tagen für Neue Musik* mit 18 Musikern aufgetreten und habe in den darauffolgenden Jahren bei fast allen bedeutenden Jazzfestivals in Europa gespielt.[118] So sei es mit *Globe Unity* bis 1970 ziemlich gradlinig aufwärts gegangen, bis ein Streit über ein von Krysztof Penderecki versprochenes Stück die Zusammenarbeit mit Berendt beendet habe. Das Stück sollte bei den *Berliner Jazztage* 1970 von *Globe Unity* aufgeführt werden: sei aber von Penderecki nie geliefert worden sei. Berendts Engagement für *Globe Unity* zeugt erneut von seiner Bedeutung als Akteur im Rahmen des Akteur-Netzwerks. Auch das, wie Schlippenbach berichtet, „unmittelbar nach der Aufführung" bei den *Berliner Jazztagen* 1966 erfolgte Schallplattenangebot von SABA und „die Anfrage nach einem weiteren Stück für die B-Seite der Platte"[119] ereignete sich nicht unabhängig von Berendts Aktivitäten. Wie Hurley darstellt, habe Berendt dazu beigetragen, dass bereits am 6. und am 7. Dezember 1966 beide Titel in den Kölner *Ariola*-Studios vom *Globe*

---

114 Schlippenbach zit. nach Noglik 1983, S. 108.

115 Ebd.

116 Ebd.

117 Schlippenbach, Interview mit dem Verfasser, 11.5.2015, Interview-ID 405.

118 Schlippenbach 1993. Jost (1987, S. 85) spricht hingegen nur von „einigen wenigen weiteren Auftritten" des Orchesters bis zu dessen zwischenzeitlicher Auflösung 1970.

119 Schlippenbach zit. nach Noglik 1983, S. 109. Dieses ebenfalls von Schlippenbach komponierte Stück, wurde *Sun* genannt und stand in deutlichem Kontrast zum „energetischen Gestus" (Jost 1987, S. 82) von *Globe Unity*.

Unity Orchestra für SABA eingespielt wurden[120] und dass das Album auf dem Villinger Label veröffentlicht werden konnte.[121] Auch die *agency* des *Heartplants*-Albums soll hierbei eine nicht unwesentliche Rolle gespielt haben. So vermutet Schwab, dass Brunner-Schwers Entscheidung, *Globe Unity* aufzunehmen, vom unerwarteten kommerziellen Erfolg der *Heartplants*-LP beeinflusst worden sei.[122] Das abrupte Ende der Zusammenarbeit zwischen Schlippenbach und Berendt 1970 dürfte – auch wenn dies Schlippenbach weder in den Liner Notes zur *Globe Unity*-Veröffentlichung *20th Anniversary* (FMP CD 451967) noch in den Oral History Interviews erwähnt – mit dem Auftritt des *Globe Unity Orchestra* am 7. November 1970 bei den *Berliner Jazztagen* zu tun haben bzw. mit den Auftritten des Orchesters beim parallel veranstalteten *Total Music Meeting* (T.M.M.). Denn aufgrund einer generellen Klausel in den Verträgen der *Berliner Jazztage* war dies verboten. Seit Beginn der *Jazztage* war in den Verträgen der *Jazztage* festgehalten, dass die Musiker:innen, die bei den *Berliner Jazztagen* auftreten, einige Wochen vorher und nachher in Berlin kein Engagement annehmen durften. Die Organisatoren der *Jazztage* Schulte-Bahrenberg und Berendt verstanden dies als „übliche Absicherung gegen kommerzielle Konkurrenz".[123] Deshalb trat beim T.M.M., das vom 6. bis zum 8. November 1970 im *Quartier Latin* stattfand, das Orchester mit identischer Besetzung wie beim Auftritt bei den *Jazztagen* am 7. November unter dem Namen *Alexander von Schlippenbach Living Music* auf. Die getarnte Mitwirkung des *Globe Unity Orchestra* beim T.M.M. dürfte Berendt nicht entgangen sein und hat offensichtlich bei ihm (neben dem ohnehin seit 1968 bestehenden Konflikt mit dem T.M.M.) für nachhaltige Verstimmung geführte.

Die Free Jazz-Meetings, 1966–1967

Bei der Genese gemeinsamer Spielkonstellationen, Kooperationen und Projekte – und insofern hinsichtlich der Entität des sich herausbildenden sozialen Netzwerks – ist des Weiteren auf die Bedeutung der von öffentlich-rechtlichen Rundfunkanstalten veranstalteten Free Jazz-Meetings (teilweise auch Workshops genannt) und

120 Der Niederländer Kris Wanders (bs) ersetzte bei der Schallplatteneinspielung Gmeinwieser (tb). (Vgl. Blome 1966/67b, S. 11) Bei *Sun* wurde das Orchester um den in New York lebenden Karl Hans Berger (vib) erweitert.

121 Vgl. Hurley 2011, S. 106. Hurley bemerkt im Zusammenhang mit Berendts Engagement für den „free jazz": „Berendt's efforts here should not be dismissed lightly." Denn „free jazz was far from the label owner Brunner-Schwer's personal taste" (ebd.).

122 Vgl. Schwab 2004, S. 171, vgl. Hurley 2011, S. 106. Schwabs Einschätzung scheint insofern glaubhaft, als Brunner-Schwer sich aufgrund des kommerziellen Misserfolgs von *Globe Unity* an keinen weiteren Produktionen Schlippenbach interessiert zeigte, wie der *Spiegel* 1969 berichtete (vgl. N.N. 1969a, S. 210).

123 Schulte-Bahrenberg/Berendt/Gruntz 1972, S. 6.

deren *agency*[124] hinzuweisen. So konnte bei den Meetings außerhalb des engen Rahmens einer konkreten Konzertsituation in den verschiedensten Konstellationen gemeinsam gearbeitet und experimentiert werden. Von den damaligen Workshops berichtet Schoof bei den Oral History-Interviews:

> „Und als die Musiker sich dann gegenseitig gehört haben, da haben die sich natürlich gedacht, Mensch, mit dem würde ich gerne mal intensiver zusammenarbeiten. Dadurch ergab sich dann auch so eine Konstellation oder möglicherweise eine Idee für eine gemeinsame Zusammenarbeit von den Musikern, die sich da getroffen haben.“[125]

Als wegweisend ist hierbei das vom damaligen SWF-Jazz-Redakteur Berendt 1966 beim SWF ins Leben gerufene *Free Jazz Meeting Baden-Baden* (1972 in *New Jazz Meeting Baden-Baden* umbenannt) hervorzuheben. Dies betont auch Schoof bei den Oral History-Interviews: „Den Anfang hatte wiederum Joachim-Ernst Berendt gemacht.“[126] Bei der ersten Ausgabe, die vom 13. bis zum 15. Dezember 1966 in den Baden-Badener SWF-Studios stattfand, nahmen neben Schoof (tp), Schlippenbach (p), Liebezeit (dr) und Niebergall (b) Albert Mangelsdorff (tb), Eje Thelin (tb), Rolf Kühn (cl), Barney Wilen (ts), Bent Jædig (ts), Joachim Kühn (p), Karl Berger (vib), J. F. Jenny-Clark (b), Palle Danielsson (b) und Aldo Romano (dr) teil. Bereits bei der ebenfalls dreitägigen zweiten Ausgabe des *Free Jazz Meeting Baden-Baden* (F.J.M.) vom 16. bis zum 18. Dezember 1967 kam es zum Zusammentreffen von europäischen und US-amerikanischen Musiker:innen. So waren neben Schoof (tp), Mangelsdorff (tb), Brötzmann (as, ts), Parker (ss, ts), Hampel (vib), Fred Van Hove (p), Irène Schweizer (p), Kowald (b), Niebergall (b), Uli Trepte (b), John Stevens (dr), Courbois (dr), Sven-Åke Johansson (dr) und Neumeier (dr, tab) die US-Amerikaner:innen Don Cherry (cor), Marion Brown (as) und Jeanne Lee (voc) eingeladen. Die Musiker:innen fanden sich hierbei in den verschiedensten Kombinationen vom Trio bis hin zu größeren Ensembles zusammen. So spielte bspw. Brown, Kowald und Stevens als Trio zusammen, Mangelsdorff, Parker, Kowald und Stevens als Quartett, Cherry, Parker, Kowald, Niebergall und Stevens als Quintett und Cherry, Brötzmann, Van Hove, Kowald, Niebergall und Johansson als Sextett etc.

Im Kontext der Jazz-Meetings wird oftmals auch der *Jazz-Workshop* des NDR genannt. Auch bei diesem trafen Musiker:innen aufeinander, die später zum Teil gemeinsame Projekte bildeten und Schallplatten veröffentlichten: So spielten bspw. bei der 45. Ausgabe des Workshops (am 22. April 1966) Schoof mit u.a.

---

124 Unter *agency* der Meetings kann mit Knauer (2019a, S. 199) verstanden werden, dass die im Studio oder bei den Auftritten angefertigten Mittschnitte auch zu Plattenveröffentlichungen führten oder dass sich bei den Meetings Musiker:innen kennenlernten, die zuvor nicht zusammengearbeitet haben, in den Probentagen aber merkten, dass „da mehr entstehen konnte, und so neue Projekte aus der Taufe“ gehoben wurden.

125 Schoof, Interview mit dem Verfasser, 20.4.2015, Interview-ID 132.

126 Ebd., Interview-ID 128.

Peter Trunk (b) und Cees See (dr) aus dem *Klaus Doldinger Quartet* zusammen, mit denen Schoof im Sommer 1968[127] das *New Jazz Trio* gründete. Keineswegs wurde jedoch vom NDR die Idee des Baden-Badener F.J.M. adaptiert, wie bspw. Hurley annimmt.[128] Denn Hans Gertberg, der Leiter der NDR-Jazzredaktion, präsentierte bereits im Februar 1958 den ersten *Jazz-Workshop* – und diesem waren zahlreiche Studio-Konzerte vorausgegangen. Vielmehr ist Knauer zuzustimmen, der darauf hinweist, dass Berendt die Idee Gertbergs aufgegriffen habe[129] – wobei Gertberg hinsichtlich des musikalischen Ablaufs und der angestrebten Ergebnisse wesentlich konkreter Vorgaben machte als dies beim Baden-Badener F.J.M. der Fall war. Wie Burkhardt im März 1967 im *Jazz Podium* anlässlich der 50. Workshop-Ausgabe des *NDR-Jazz-Workshop* berichtet, sei es Gertberg leid gewesen, in Konzerten immer wieder Musiker:innen zu hören oder spielen zu lassen, die seit Jahren zusammen spielten „und auf deutschen Podien die effektvollsten Stücke ihres Repertoires ‚abziehen'".[130] Denn nicht durch die Wiederholung des Erprobten entstehe das künstlerisch Relevante, sondern durch die Erprobung des Neuen. Und so habe Gertberg ganz neue Gruppen zusammengestellt, ließ Musiker:innen miteinander spielen, die vorher noch nie in dieser Form zusammen aufgetreten seien und habe nicht selten einen von ihm verehrten Künstler beauftragte, sich seine Traumcombo nach eigenem Gusto zusammenzustellen. In einer Probenzeit von fast einer Woche (und gut honoriert) sollten die Gruppen ihr eigenes Repertoire erarbeiten. Hierbei sollte jedoch nie um des Experimentierens willen „wild drauflos experimentiert" werden: Niemand habe „die Werkstatt mit vagen Vorstellungen von interessant chaotischer Neutönerei"[131] betreten. Vielmehr wurden die Arrangements und Kompositionen vorab mit den Künstler:innen abgesprochen und mussten rechtzeitig auf dem Tisch des Hauses liegen: Man habe vielmehr „mit einem festen Ziel vor Augen"[132] gearbeitet. Gertberg habe so einem Regisseur geglichen, der seine Experimentierbühne liebe, aber vor den Extravaganzen des ‚Living Theatre' zurückschreckte.

Bei *Radio Bremen* (R.B.) hingegen entstand in Anlehnung an das Baden-Badener F.J.M. ein jährliches Free Jazz-Meeting. Das erste fand im September 1967 statt. So berichtet der *Spiegel* im Juli 1970: „Alljährlich im Dezember beruft der Südwestfunk, im Sommer lädt Radio Bremen die Elite der europäischen, Jazz-Neutöner zu einem ‚Free Jazz Meeting' ein."[133] Im Gegensatz zum SWR konnte R.B. den Free Jazzer:innen nicht mehrere Tage lang ein Rundfunkstudio zur Verfügung stellen. So führte der damalige R.B.-Musikredakteur Siegfried Schmidt-

127 Vgl. Olshausen 1970
128 Vgl. Hurley 2011, S. 106.
129 Vgl. Knauer 2019a, S. 199.
130 Burkhardt 1967, S. 73.
131 Ebd.
132 Ebd.
133 N.N. 1970a, S. 122.

Joos im März 1967 im *Jazz Podium* aus: „Das Jazz-Budget ist bei Radio Bremen sehr klein und es konnte auch seit Jahren nicht mehr angehoben werden."[134] Zur *Studioproduktion mit Gästen* (so war das Meeting von R.B. angekündigt) hatte R.B. am 12. September 1967 drei Gruppen in den *Sendesaal* eingeladen: das *Irène Schweizer Trio* (Schweizer: p; Trepte: b; Neumeier: dr), das *Peter Brötzmann Quartet* (Brötzmann: ts; Van Hove: p; Kowald: b; Johansson: dr) und das *Manfred Schoof Quintet* (Schoof: tp; Schlippenbach: p; Dudek: ts; Niebergall: b; Liebezeit: dr). In der Oktober-Ausgabe 1967 des *Jazz Podium* liefert der Jazzkritiker Manfred Miller mit seinem *Bericht von einer Avantgarde-Session* einen lebhaften Eindruck von dieser „Free-Jazz-Session" im *Sendesaal* von R.B. Wie Millers Bericht verdeutlicht, wurde bei R.B. im Gegensatz zu Gertbergs Hamburger Konzeption den Musiker:innen bei ihren Experimenten völlig freie Hand gelassen. So habe Brötzmann die erste Session mit einem Trio-Trio gestaltet, d.h. mit den drei Pianist:innen (Schweizer, Van Hove, Schlippenbach), den drei Bassisten (Kowald, Niebergall, Trepte) und den drei Schlagzeugern (Johansson, Liebezeit, Neumeier). Im musikalischen Kampf habe sich Brötzmann zuerst mit je einer Instrumentengruppe, dann mit allen neun Musiker:innen zu einer Intensität gesteigert, die man von ihm nur selten höre: „Was glücklicherweise nicht auf konstantes Brüllen hinauslief; und auch seine Mitstreiter hatten die Rollen so gut verteilt, dass nicht monotones Grollen erscholl."[135] Des Weiteren seien ungewohnte Gruppierungen erprobt worden: wie bspw. ein unbegleitetes Bläser-Terzett. Was bei der Session noch geschah, fällt Miller schwer zu beschreiben: Denn der Prozess, „der aus dem Zufälligen das Notwendige werden ließ", sei mit Worten nicht nachvollziehbar, bestenfalls könne der Vorgang geschildert werden:

> „Mani schlenderte nach einem Titel im Mikrofonwald umher und schlug gedankenverloren eine rhythmische Formel auf einer Rumba-Gurke – oder wie immer diese Dinger heißen. Aus einer Spielerei wurde ein neues Stück: Nach und nach fielen alle anderen in die Trommelei ein, jeder mit dem Instrument, das er gerade zur Hand hatte: Irène Schweizer schwang Kinderrasseln und trommelte an Jacki Liebezeits Schlagzeug stehend; Jacki schlug ein großes Tom-Tom mit den Händen, Manfred Schoof klapperte mit einem Kinderinstrument aus Schellen, Sven Johansson spielte Klavier, bevor er sich wieder an sein Schlagzeug setzte, Alexander von Schlippenbach bearbeitete ernsthaft und voll Begeisterung abgestimmte Kalebassen, die er, von einem Tanzmusiker vergessen, in einer Ecke des Studios entdeckt hatte. Und schließlich begann Brötzmann über dem vielstimmigen, aus Afrika ins Jahr 1967 ausgewanderten Trommelchor ein Lied von wilder Schönheit, in das nacheinander Dudek (auch er hatte sich zunächst als Pianist versucht) und Schoof einstimmten. In und nach diesem Stück habe ich zum erstenmal in einem Free-Jazz-Konzert das Publikum vor Begeisterung brüllen gehört. All die alten schönen Worte, ‚Yeah' und ‚Go', sie hatten wieder ihren Platz."[136]

134 Schmidt-Joos zit. nach N.N. 1967b, S. 74.
135 Miller 1967c, S. 290.
136 Ebd.

Das Baden-Badener F.J.M. beim SWF und die Free Jazz-Meetings bei R.B. verweisen wie bereits die Konstituierung des *Globe Unity Orchestra* bei den *Berliner Jazztagen* 1966 und die Programmgestaltung des vom *Hessischen Rundfunk* unterstützten *10. Deutschen Jazzfestival* 1966 in Frankfurt (mit u.a. dem *Peter Brötzmann Trio*, dem *Irène Schweizer Trio*, dem *Manfred Schoof Quintet* und dem *Don Cherry Quintet*) auf die öffentlich-rechtlichen Rundfunkanstalten, deren öffentliche Subventionierung und deren Bedeutung[137] hinsichtlich der Entwicklung gemeinsamer Spielkonstellationen, Kooperationen und musikalischer Projekte des Neuen Jazz. Entsprechend sind die veranstaltenden Rundfunkanstalten und Kulturförderungen ebenso wie die Free Jazz-Meetings in das Akteur-Netzwerk mitaufzunehmen und stützten als Aktanten das sich herausbildende soziale Akteur:innen-Netzwerk.

Die gemeinsame Sache, 1967–1968

Am 2. Mai 1966, einen Tag nach dem *10. Deutschen Jazzfestival* in Frankfurt (dessen letzter Tag Blome in der ersten *Sounds*-Ausgabe als Durchbruch des Neuen Jazz in der Geschichte des Jazz ‚Made in Germany' prophezeite) nahm das *Manfred Schoof Quintet* im Tonstudio Walldorf bei Frankfurt für CBS die LP *Voices* (CBS S 62 621) auf. Wie das *Jazz Podium* im März 1967 berichtete, fand das von Horst Lippmann produzierte Album „eine so gute Resonanz, dass weitere CBS-Platten vorgesehen"[138] waren. Dementsprechend hielt Schoof damals „die Jazzsituation in der Bundesrepublik in letzter Zeit für durchaus erfreulich".[139] Beim *Manfred Schoof Quintet* handelte es sich um eine der wenigen Gruppen „auf dem Jazzgebiet in Deutschland, die sich durch ihre eigene Tätigkeit selbst zu tragen vermögen".[140] Durch Funk-, TV- und Schallplatten-Aufnahmen sowie durch Konzerte, Clubgastspiele und Engagements in Lokalen etc. habe das Quintett so viele Arbeitsmöglichkeiten, dass sich die Mitglieder damit ihre Existenz sichern konnten.[141]

137 Zur Bedeutung des Rundfunks für den Jazz in Westdeutschland: vgl. Knauer 2019a, S. 195ff. Jost legt in *Europas Jazz* dar, dass die föderalistisch angelegte Struktur der BRD die Bedeutung der öffentlich-rechtlichen Rundfunkanstalten hinsichtlich deren Förderung von Workshops, Jazzfestivals und Konzerten mit Exponent:innen des westdeutschen Free Jazz begünstigt habe. So habe die BRD über etliche mittlere Zentren verfügt, die mit einer eigenen kulturellen Infrastruktur ausgestattet waren. Aufgrund der öffentlichen Subventionierungen habe dies zu einer entsprechenden Vervielfältigung u.a. der Auftrittsmöglichkeiten geführ. Dies und der „regionale Pluralismus" öffentlich-rechtlicher Rundfunkanstalten hätten zu einem „soziomusikalischen Klima" (Jost 1987, S. 112) beigetragen, das insbesondere den Musiker:innen der ‚avancierten Stilbereiche' zugute gekommen sei.

138 N.N. 1967c, S. 70.

139 Ebd.

140 Ebd.

141 Vgl. ebd.

Das *Manfred Schoof Quintet* galt deshalb nicht nur als die „wichtigste", sondern auch als die „erfolgreichste" Formation des „Avantgarde-Jazz in Deutschland"[142], so das *Jazz Podium* 1967. Gänzlich verschieden stellte sich die Situation Anfang 1967 für das *Peter Brötzmann Trio* dar. Wie das *Jazz Podium* ebenfalls in der März-Ausgabe 1967 berichtet, könne „bei der derzeitigen Jazz-Situation" das Trio für seine Musiker „keine Existenzgrundlage gewähren."[143] So bestreite Brötzmann seinen Lebensunterhalt als Grafiker, Kowald sei noch Student für Neugriechisch und Balkansprachen. Angesichts der angespannten Lage für den Jazz in der BRD kann sowohl Schoof als auch Schlippenbach (als Mitglied des *Manfred Schoof Quintet* und aufgrund seiner *Globe Unity*-Aktivitäten) auf einen musikalisch und auch ökonomisch (bislang) erfolgreichen Werdegang zurückblicken. Dennoch antwortet Schlippenbach im Sommer 1967 im *Sounds*-Interview auf die Frage: „Müsste die kommerzielle Seite der Jazzszene geändert werden?":

> „Zur Änderung der kommerziellen Seite der Jazzszene kann ich nur Attentate auf Programmdirektoren, Veranstalter und Manager vorschlagen, denen die neue Musik nicht passt. Wie wär's mit der Zündung einer Plastikbombe in der Musikabteilung des WDR?"[144]

Es ist sehr unwahrscheinlich, dass Schlippenbach mit seiner Interview-Aussage tatsächlich Aktivist:innen des Neuen Jazz dazu bewegen wollte, Attentate auf Programmdirektor:innen, Veranstalter:innen und Manager:innen zu verüben.[145]

---

142 Kühn 1967, S. 92.

143 N.N. 1967d, S. 66.

144 Schlippenbach 1967, S. 12.

145 Vgl. Hartmann 2022, S. 280f. Das *Sounds*-Interview liefert keine weiteren Aufschlüsse über Schlippenbachs Positionierung: weder textlich noch in Form von über das Verbale hinausgehenden Informationen. Hinzuweisen ist in diesem Kontext jedoch auf die Aktionen der Berliner *Kommune 1* (K1) und deren mediale Präsenz unmittelbar vor dem Interview mit Schlippenbach im Frühjahr und Frühsommer 1967. So versuchten Mitglieder der K1 bereits im April 1967 ein Attentat auf den damaligen US-Vizepräsidenten Hubert Humphrey mit Mehl- und Puddingtüten zu verüben. Und nach dem Brand des Brüsseler Kaufhauses *À l'innovation* im Mai 1967 (mit über 300 Toten) reagierte die sog. Westberliner Spaßguerilla mit ihrem Flugblatt „Wann brennen die Berliner Kaufhäuser?". In seiner Analyse des Verhältnisses von Avantgarde und Terrorismus kommt Hecken (2006, S. 106ff.) zu dem Schluss, dass die öffentlichen Spektakel der avantgardistischen Revolteur:innen nach dem Zweiten Weltkrieg (vor allem die Anhänger:innen der situationistischen Richtung) zwar nichts mit Terrorismus gemein hätten. Es sei denn, man würde jede Ordnungsstörung, die auf Abwehr, Konfusion und vielleicht sogar Erschrecken stößt, als terroristischen Akt bezeichnen. Jedoch bleibe ein Fixpunkt übrig, an dem Avantgarde und Terrorismus übereinkämen. Denn die Intensität, mit der sich die Avantgardist:innen von der arbeitsteiligen und hierarchischen Ordnung abwendeten und die sie als schockhafte Wirkung dieser Abwendung bei denen anstrebten, die ganz und gar in solcher Ordnung aufgingen, fände sich auch als Prinzip bei den Terrorist:innen wieder.

Vielmehr ist davon auszugehen, dass er mit seinem Vorschlag seinen realen Ärger zum Ausdruck bringen wollte. D.h. den von den Akteur:innen beklagte Mangel an Repräsentation, der von diesen geradezu als ein ‚Komplott vor dem Neuen' wahrgenommen wurde. Denn mit der Konkretisierung des Anschlagsziels: die ‚Musikabteilung des WDR' markiert Schlippenbach eine öffentlich-rechtliche Rundfunkanstalt, die für die Akteur:innen ein besonderes Ärgernis darstellte. So bemerkt Blome in der ersten Ausgabe der *Sounds*:

> „Erstaunlich, daß sich im New Jazz bereits ein Zentrum gebildet hat, nämlich der Raum Köln-Wuppertal-Düsseldorf. Erstaunlich deshalb, weil ausgerechnet in diesem Raum der Funksender steht, über dessen Ätherwellen bis dato die neue Jazzmusik mehr als zu kurz gekommen ist."[146]

Der von den Akteur:innen beklagte Mangel an Repräsentation verweist auf das künstlerische Selbstverständnis der Akteur:innen hinsichtlich der von ihnen praktizierten Kunstform. Dieses Selbstverständnis der Akteur:innen und der (von diesen) daraus abgeleitete Anspruch einer angemessenen kulturellen Würdigung und Berücksichtigung ist deshalb als Entität oder Aktant in das Akteur-Netzwerk miteinzubeziehen und wird im weiteren Verlauf dieses Kapitels weiter konkretisiert. So berichtet Schlippenbach bei den Oral History-Interviews über die Genese des US-amerikanischen sowie des europäischen Free Jazz wie auch über die Entwicklung seiner eigenen jazzmusikalischen Konzeption:

> „Das war ein musikhistorischer Vorgang in der Geschichte des Jazz. Den man vergleichen kann mit den Dingen, die sich Anfang des vorherigen Jahrhunderts in der – nennen wir es mal ganz einfach: abendländischen Kunstmusik oder E-Musik, wie man es jetzt immer nennt, abgespielt haben. – Also: Auflösung traditioneller Formen, Versuch eine neue Sprache zu finden – was ja auch stattgefunden hat. Und das war natürlich in Amerika gar nicht anders als bei uns hier. Nur dass es da schon vorher angefangen hat, weil der Free Jazz wie der ganze Jazz kommt allemal aus Amerika – und auch der Free Jazz hat in Amerika angefangen. Das kann man ja an den Beispielen verfolgen: Selbst bei Coltrane fängt das schon an – eine freiere Improvisation – und später dann natürlich auch bei Cecil Taylor, Ornette Coleman und die ganzen großen Figuren aus der Zeit – die haben ja damit angefangen. Und die haben uns damals auch den Impuls gegeben.
> Es ist nicht so, dass wir das hier aus dem Nichts oder aus politischen Gründen erfunden hätten. Wir haben diese Platten gehört – wahnsinnig intensiv – und haben dann versucht, unsere eigenen Ideen in diesem Stil auch zu verwirklichen. Das heißt, wir haben also auch angefangen eigene Kompositionen zu schreiben – damals mit dem *Schoof Quintet* –, das waren so kurze Stücke, so ein bisschen vergleichbar mit dem Ornette Coleman-Stil. Wir nannten das immer so eine Initialzündung für die darauffolgenden Improvisationen. Das hatte dann auch unterschiedliche Tempi, unterschiedliche Farben und Themen. Aber das waren eben Dinge, die dann aus der Situation der Musik heraus entstanden waren.

146 *Sounds* 1 (Winter 1966/67), S. 27.

Wir – also, wenn ich von ‚uns Kölnern' sprechen darf – haben auch eine starke Verbindung zur Neuen Musik gehabt: zur E-Musik. Wir haben mit Komponisten zusammengearbeitet, vor allem mit Bernd Alois Zimmermann – und das war ganz wichtig für das *Schoof Quintet*. Und schon vorher gab es ein großes Interesse von namhaften Komponisten vor allen Dingen nach der Aufführung mit einer riesen achtzehnköpfigen Band bei den *Donaueschinger Musiktagen* 1967.[147] Da kam damals Penderecki auf uns zu und hat mit mir Kontakt aufgenommen.[148] Er wollte dieses Stück machen, was dann nicht so richtig fertig wurde. Dann habe ich auch mit Luigi Nono telefoniert, der sich sehr interessiert hatte. Da ergab sich dann aber nichts weiter. Kagel hat auch mit Brötzmann zusammengearbeitet. Also da gab es starke Verbindungen.
Und wir hatten dann auch solche (Schlippenbachs Wandpendeluhr schlägt) // Ideen. Wir wollten so einen atonalen Bebop spielen oder so etwas ähnliches. Also das kam schon aus der Musik – in Amerika natürlich auch. Und wir, die wir uns sehr stark auch daran orientierten, haben da unsere Impulse herbekommen – da kam so einiges zusammen. Und aus dem heraus muss man das verstehen. Das wird oft übersehen, weil da sehr viel über diese politischen Aspekte geschrieben wurde. Aber dass diese Dinge eigentlich für die reine Musik viel wichtiger waren, das wurde gar nicht mal so sehr berücksichtigt oder darüber wurde gar nicht so viel nachgedacht. Aber wenn ich das heute rückblickend sehe, dann glaube ich, dass da viel zu wenig reflektiert und auch erkannt wurde."[149]

Zum einen charakterisiert Schlippenbach so die Genese des Free Jazz als notwendigen, innermusikalischen Entwicklungsprozess, wie er dies auch bspw. schon in den *Werkstatt*-Gesprächen mit Noglik Ende der 1970er-/Anfang der 1980er-Jahre getan hat. Dort hatte Schlippenbach den Free Jazz als einen „Umbruch- und Entwicklungsprozeß" bezeichnet, der sich aus „musikalischen Notwendigkeiten" ergeben habe und dem im Jazz „wahrscheinlich eine Bedeutung" zukomme, wie der „Wiener Schule für die komponierte Musik dieses Jahrhunderts".[150] Schlippenbach vertritt somit eine Vorstellung von der Geschichte des Jazz bzw. eine Konstruktion der Jazztradition, die alle Stile in einem kontinuierlichen, evolutionären Entwicklungsprozess verbindet. Eine Vorstellung, die in den USA ab Mitte der 1950er-Jahre als offizielle Geschichte des Jazz standardisiert wurde. D.h. mit einander ablösenden, periodisierbaren und formal identifizierbaren Stilen, wie

---

147 Bei den *Donaueschinger Musiktagen* 1967 wurden am ersten Tag im Rahmen der SWF-*Jazz-Session* Neumeiers *Sun Love für Jazzensemble*, Schoofs *Brigach and Ganges für Jazzensemble*, Archie Shepps *Sartor Resartus für Jazzensemble* sowie Schlippenbach *Globe Unity 67* uraufgeführt. Das ‚riesen' *Globe Unity Orchestra* bestand aus: Brötzmann (as), Wanders (bcl, bs, cl), Breuker (bs, cl), Niebergall (b), Kowald (b), Schoof (cor, tp), Neumeier (dr), Johansson (dr), Liebezeit (dr, timp), Hampel (fl, bcl), Schlippenbach (p, bell, gong, tam), Sauer (ts, ss), Dudek (ts, ss, cl), Mangelsdorff (tb), Wigham (tb), Deron (tp), Grau (tp), Lietzmann (tba), Berger (vib).

148 Am zweiten Tag bei den *Donaueschinger Musiktagen* 1967 wurden im Rahmen der *Orchesterkonzerte* u.a. György Ligetis *Lontano für großes Orchester* sowie Krysztof Pendereckis *Capriccio per violino e orchestra* uraufgeführt.

149 Schlippenbach, Interview mit dem Verfasser, 11.5.2015, Interview-ID 408.

150 Schlippenbach zit. nach Noglik 1983, S. 116.

diese u.a. die Publikationen des Komponisten und Jazzwissenschaftler Gunther Schuller oder jüngerer Jazzkritiker wie Martin Williams ab Mitte der 1950er-Jahre dokumentieren.[151] Bereits in der ersten Ausgabe seines *Jazzbuch* vertritt Berendt diese sich auch in der BRD durchsetzende Konstruktion der Jazzgeschichte ebenso wie bspw. auch Wolfgang Laade, Werner Ziefle und Dieter Zimmerle in ihrem ebenfalls 1953 aus dem Kreis des *Jazz Podium* veröffentlichten *Jazz-Lexikon*.[152] So prononciert Berendt im *Jazzbuch* als „das Imposanteste an der Jazzmusik" ihre „stilistische Entwicklung"[153], die mit einer Folgerichtigkeit und Logik, Zwangsläufigkeit und Geschlossenheit vor sich gegangen sei, welche die Entwicklung echter Kunst seit je gekennzeichnet habe – wodurch, wie DeVeaux herausgestellt hat, das Ziel deutlich zutage tritt, auf das diese „‚straight line of developement' in modern historical narratives"[154] generell ausgerichtet gewesen sei: auf die Etablierung des Jazz als Kunst(-musik). Oder wie Pfleiderer konstatiert: „Ein zentrales Ziel der Jazzhistoriographie war bekanntlich die ästhetische und soziale Anerkennung des Jazz als künstlerisch wertvolle Musik, als ‚America's Classical Music'", und in der BRD sei es „ähnlich wie zeitgleich in den USA, um eine Aufwertung und Anerkennung des Jazz als Kunst, als legitimer Teil der Hochkultur" [155] gegangen. Schlippenbachs Erzählstrategie ist insofern die Anerkennung des Neuen Jazz als künstlerisch wertvoller Musik, d.h. als ‚echter Kunst' inhärent – und insofern auch der Anspruch und die Forderung nach einer adäquaten (der europäischen Kunstmusik vergleichbaren) Berücksichtigung in den Programmen des öffentlichrechtlichen Rundfunks, der medialen Berichterstattung, im Rahmen der öffentlichen Kulturförderung, in den Katalogen der Tonträgerfirmen etc.

Zum anderen versteht Schlippenbach, wie aus der Interviewpassage weiter hervorgeht, auch die Entwicklung seiner eigenen Konzeptionen – wie auch die von Schoof – als innermusikalisch-evolutionären Prozess, d.h. als Auseinandersetzung mit den tradierten stilistischen Gestaltungsmittel des Jazz, der Aneignung neuer Gestaltungsprinzipien des US-amerikanischen Free Jazz sowie der europäischen E-Avantgarde. Hierbei war die akademische Ausbildung von Schlippenbach und Schoof (‚den Kölnern') sowie deren ‚starke Verbindung zur Neuen Musik' von großer Bedeutung. Schlippenbach hatte an der *Staatlichen Hochschule für Musik* in Köln Ende der 1950er-Jahre bei Rudolf Petzold und bei Bernd Alois Zimmermann Komposition studiert. Auch Schoof studierte an der Kölner Musikhochschule und war zuvor von der *Kasseler Musikakademie* nach Köln gewechselt, um den von

151 Vgl. Dunkel 2021, S. 351ff., vgl. Williams 1959.

152 Vgl. Laade/Ziefle/Zimmerle 1953.

153 Berendt 1953, S. 14.

154 DeVeaux 1991, S. 543.

155 Pfleiderer 2019, S. 285 u. 295. Bereits in der ersten Ausgabe des *Jazzbuch* wies Berendt auf die (europäische) Kritik an der US-amerikanischen Konstruktion hin, nach der es sich beim Jazz um eine „amerikanische Musik" (Berendt 1953, S. 9f.) handele. Insofern wurde die ‚offizielle' Version der Jazzgeschichte von Beginn an in Frage gestellt.

Kurt Edelhagen im Januar 1958 ins Leben gerufenen Jazzkurs zu besuchen. Zudem wirkten Schoof und Schlippenbach mit dem *Manfred Schoof Quintet* 1966 in der Kölner Inszenierung von Zimmermanns Oper *Die Soldaten* mit.[156] 1967 nahm das Quintett für Zimmermann auch die *Improvisationen* über die Jazz-Episode aus dem II. Akt der Oper *Die Soldaten* sowie die *Ode an Eleutheria in Form eines Totentanzes* aus der Musik zum Hörspiel *Die Befristeten* auf (*Wergo* 60031). Auch Schoof unterstreicht in den Oral History-Interviews, dass sich bei ihm (wie auch bei Schlippenbach) „die musikalische Entwicklung kontinuierlich als Evolution gestaltet"[157] habe. So sei die Musik „nicht aus dem Nichts hinein ins Wasser gesprungen".[158] Vielmehr sei ihre Musik und die „ersten freieren Formen" (auch im *Gunter Hampel Quintet*) unter „konkreten Vorstellungen" ausgehend von „der Bebop-Musik", „Hardbop und so" sowie „modalen Formen"[159] und Atonalität etc. entstanden. Schoofs und Schlippenbachs Vorstellung einer sich aus musikalischen Notwendigkeiten ergebenden stilistischen Entwicklung, die sie aufgrund ihrer bewussten Auseinandersetzung mit der Jazztradition und der abendländischen Kunstmusik (und deren Entwicklung) erkannt und entsprechend weitergeführt hätten, qualifiziert ihr Selbstverständnis als Handlungsträger des musikhistorischen Prozesses, d.h. als anführende Avantgarde. Die avantgardistische Positionierung[160] der jungen Garde des europäischen Free Jazz und deren transformiertes künstlerische Selbstverständnis propagiert Schoof Ende 1966/Anfang 1967 in geradezu idealtypischer Form:

> „Wir wollen uns von den Klischees und Vorbildern lösen. Wir wollen keine Epigonen mehr sein. Unser Ziel ist, zu einem eigenen Stil zu kommen, so dass jeder von uns eine musikalische Persönlichkeit wird. Deswegen spielen wir auch möglichst eigene Kompositionen, in denen wir uns besser verwirklichen können."[161]

---

156 Vgl. auch die Biografien von Schlippenbach und Schoof in der *Einführung* zu dieser Arbeit. Kisiedu hat sich mit Schoofs und Schlippenbachs akademischen Werdegang und der Zusammenarbeit mit Zimmermann intensiv auseinandergesetzt: vgl. Kisiedu 2020, S. 77ff. u. Kisiedu 2014, S. 75ff. Zur Bedeutung der Neuen Musik für Free Jazz und Improvisationsmusik: vgl. Lothwesen 2009.

Bei der Uraufführung im Februar 1965 in der Kölner Oper war das *Manfred Schoof Quintet* nicht beteiligt. Bei den Aufführungen 1966 handelte es sich um eine Wiederaufnahme der Oper.

157 Schoof, Interview mit dem Verfasser, 20.4.2015, Interview-ID 118.

158 Ebd.

159 Ebd.

160 Der Avantgarde-Begriff stellte im Wesentlichen eine Zuschreibung und keine programmatische Selbstbezeichnung der Musiker:innen dar. Aufgrund des Differenzpotentials und der konkreten Praxis der Akteur:innen bringt sich die westdeutsche Jazz-Avantgarde jedoch auch selbst ‚zum Sprechen' (Latour 2019, S. 57), so dass sich der Charakter ihrer Bestrebungen als avantgardistisch verstehen lässt.

161 Schoof zit. nach Kaiser 1966/67, S. 14. Knauer hat in *‚Play yourself, man!'* darauf hingewiesen, dass sich (anders als in den USA) in Westeuropa und insbesondere in West-

Da der evolutionären Konstruktion die Vorstellung eines innermusikalischen Fortschritts- und Entwicklungsmodells inhärent ist, kommt der Avantgarde in dieser Konstruktion die Funktion eines determinierten Handlungsträgers zu. Entsprechend werden in evolutionären Modellen tendenziell einerseits äußere Faktoren sowie auch die Kunst transzendierende Bestrebungen und gesellschaftliche Zielsetzungen negiert.[162] Diese Haltung repräsentiert auch Schoofs und Schlippenbachs Formulierungen ‚Musik aus dem Nichts' oder aus ‚politischen Gründen', mit denen sie auf ihre Wuppertaler Kollegen Brötzmann und Kowald anspielen. So betont Schlippenbach in den Oral History-Interviews:

> „Uns haben diese Dinge eigentlich k a u m berührt. Wir waren ausschließlich an der Musik interessiert und haben uns jede neue amerikanische Platte gekauft – und das alles zum Teil abgeschrieben: so auch die *Jazz Messengers* und Horace Silver. Und von den Platten nachgespielt. Und wir haben da so ein bisschen einen anderen Weg gehabt. Aber

---

deutschland eine Vorstellung herausgeschält habe, die „unbedingte Individualität und neue Wege" (Knauer 2019a, S. 269) gefordert habe. Denn bei allen freien Experimenten US-amerikanischer Musiker:innen habe es nur selten eine so konsequente Abkehr von jazz-traditionellen Spielweisen und Werten wie im europäischen Jazz gegeben. Und auch eine weitreichende und öffentliche Diskussion wie unter westdeutschen Musiker:innen über das ‚freie Spiel' nicht nur als musikalisches, sondern auch als ästhetisches Ideal habe es in den USA kaum gegeben. Diese Diskussion habe in der BRD auf verschiedenen Ebenen und mit verschiedenen Standpunkten sattgefunden. Eine dieser Ebenen charakterisiert Knauer wie folgt: „Musikalische Freiheit und die Befreiung von traditionellen Regeln bieten die Möglichkeit einer musikalischen Aussage von höchster Individualität" (ebd. S. 276). In diesem Kontext ist zu konstatieren, dass Schoofs Exponierung der ‚musikalischen Persönlichkeit' und der ‚Selbstverwirklichung' ebenso wie Brötzmanns Betonung der „Freiheit des persönlichen Ausdrucks" (wie er bspw. im *Jazz Podium*-Interview mit Blome (1966, S. 216) unterstreicht) auf ein künstlerisches Selbstverständnis verweist, in dem der Individualität ‚höchste' Bedeutung zukommt. Ausgehend von seinen Oral History-Interviews mit Brötzmann stellt Kisiedu (2020, S. 47) einen Zusammenhang zwischen Brötzmanns Identifikationsprozess und seiner Auseinandersetzung mit der afroamerikanischen Musik her. So sei diese aufgrund seiner mangelnden Identifikation mit der westdeutschen Nachkriegsgesellschaft zentral für seinen Identifikationsprozess geworden. Wobei die Last der historischen Erfahrung zudem als Katalysator für seinen Individualisierungsprozess fungiert habe.

Des Weiteren macht Kisiedu (2020, S. 115) darauf aufmerksam, dass sich europäische Jazzmusiker:innen Mitte der 1960er-Jahre in einer besonderen (krisenhaften) Situation befunden hätten und markiert eine zweifache Identitätskrise: Denn einerseits hätten die europäischen Musiker:innen versucht, sich von den Konventionen des Mainstreams des US-Jazz zu befreien, indem sie die Innovationen der ersten Welle des Free Jazz aufgriffen. Andererseits durften sie sich nicht zu sehr in das Gravitationsfeld ihrer afroamerikanischen Geistesväter hineinziehen lassen, da es ihnen letztlich darum gegangen sei, ihre epigonale Phase zu überwinden und sich somit künstlerisch selbst zu finden.

162 Vgl. DeVeaux 1991.

> mit dem Neuen Jazz kam das damals dann irgendwie zusammen. Unsere Bestrebungen und auch die Aktivitäten der Kollegen aus Wuppertal."[163]

Was Schlippenbach unter dem anderen Weg versteht, lässt sich seinen Ausführungen bei den Oral History-Interviews hinsichtlich einer von Schmidt-Joos im Mai 1967 für den WDR produzierten TV-Sendung *Free Jazz – Pop Jazz. Jazz – unverständlich oder populär?* entnehmen. Die am 12. Mai 1967 im ARD-Vorabendprogramm ausgestrahlt Sendung war als ein Diskussionsforum konzipiert. Diskutiert werden sollte über die damalige Entwicklung bzw. Situation im Jazz, in der sich, wie Schmidt-Joos einleitend charakterisiert, „zwei verschiedene musikalische Sprachen" gegenüberstünden. Einerseits „die herkömmliche Art des modernen Jazz" und andererseits „eine ganz neue musikalische Sprache, die die herkömmlichen Gesetze des Klanges über Bord geworfen" habe, und die er als „New Thing, das neue Ding oder Free Jazz/freien Jazz"[164] vorstellt. Neben dem *Peter Brötzmann Trio* (Brötzmann: as, ts; Kowald: b; Romano: dr) als Vertreter des Free Jazz war das *Klaus Doldinger Quartett* (Doldinger: ts, ss; Hoffmann: p, org; Trunk: b; See: dr) als ‚Vertreter des modernen Jazz' sowie als Experten der *Radio Bremen*-Jazzpublizist Ingolf Wachler, der Jazzkritiker der Tageszeitung *Die Welt* Werner Burkhardt sowie dessen Kollege von der *Frankfurter Allgemeinen Zeitung* Ulrich Olshausen, der Plattenproduzent Siegfried E. Loch, der Musikredakteur des *Spiegel* Felix Schmidt und der Jazzkritiker Manfred Miller eingeladen. So berichtet Schlippenbach retrospektiv von der damaligen Sendung des WDR:

> „In der Sendung saßen die Kritiker an einem hufeisenförmigen Tisch. Dann musste erst Doldinger seine Musik vorführen, und dann Brötzmann. Und Doldinger – sehr schön – im dunklen Anzug mit Krawatte: super! Und die haben dann ihre schönen, anständigen Stücke da gespielt. Und dann kam Brötzmann und hat Free Jazz demonstriert – und zwar ziemlich gut, muss ich sagen. Das war mit Kowald und einem sehr guten Schlagzeuger: Aldo Romano.
> Und dann wurden die aufeinander losgelassen. Und Doldinger meinte, er könne auch solche Quietschtöne hervorbringen: Brötzmann solle doch mal einen richtigen Blues spielen. Und dann hat Brötzmann gesagt, dass ihm das jetzt gar nicht hier ins Programm passe. Ich muss sagen, im Großen und Ganzen hat der Brötzmann in der Tat die bessere Figur gemacht. Er wurde dann von den Kritikern auch sehr stark herausgefordert: Ja nach was für Richtlinien organisieren Sie denn ihre Musik und haben Sie denn überhaupt irgendein System? Und dann hat der Brötzmann eine sehr gute Antwort gegeben. Er hat einen Moment überlegt und dann gesagt: Das System bin ich, hat er gesagt. Und darüber hinaus allerdings hat er auch gesagt: Ich fühle als Künstler eine starke Verantwortung meiner Überzeugung gegenüber und ich artikuliere die dann so wie ich es für nötig halte – und hat sich da also sehr gut geäußert.

---

163 Schlippenbach, Interview mit dem Verfasser, 11.5.2015, Interview-ID 400.

164 Schmidt-Joos, WDR-Sendung *Free Jazz – Pop Jazz. Jazz – unverständlich oder populär?* ausgestrahlt am 12.5.1967 im ARD-Vorabendprogramm, 00:00:25.

> Während Doldinger mehr zornig reagiert hat und sagte, es gibt ja auch Leute, die so mit dem Ellenbogen Klavier spielen und so weiter – während Brötzmann auf Doldingers Musik gar nicht eingegangen ist. Der hat sich da sehr souverän aufgeführt, muss ich sagen."[165]

In Abgrenzung zu seiner eigenen jazzmusikalischen Konzeption und Entwicklung sowie seiner Vorstellung des musikalischen Wandels als innermusikalisches Fortschritts- und Entwicklungsmodells charakterisiert Schlippenbach Brötzmanns frei improvisierte Musik als eine Konzeption, die nicht auf einen evolutionären, innermusikalischen Prozess, sondern auf eine willkürliche, d.h. auf eine vom Willen gesteuerte Setzung verweist: ‚das System bin ich'. Brötzmanns intentionalistischer Ansatz und dessen Herausbildung sei insofern nicht durch musikalisch notwendige Evolution und Kontinuität, sondern vielmehr durch Bruch und Diskontinuität geprägt. Dies betont auch Brötzmann in der von Schlippenbach erwähnten WDR-Sendung hinsichtlich seines jazzmusikalischen Aneignungs- und Entwicklungsprozesses. So antwortet Brötzmann auf Schmidt-Joos' Frage, wie er zu seiner Art Free Jazz zu spielen, gekommen sei:

> „An sich ist das eine Entwicklungsfrage. Ich habe auch begonnen mit Dixieland und Swing und Hard Bop. Aber auf die Dauer reichte mir das nicht aus, was man mit den Mitteln machen kann. Man spielt fast nur noch Klischees – ich meine: es gibt natürlich Leute, die Hard Bop usw. sehr gut spielen, davon ganz abgesehen. Aber bei mir war das so, ich hatte von Anfang an was ganz anderes vor, und ich bin eben im Lauf dieser Entwicklung dazu gekommen [...] Ich bin Autodidakt und habe an sich nie irgendwelche Stunden gehabt und nie irgendwas gelernt. Ich habe bloß immer gewusst, was ich spielen wollte – oder meistens jeden Fall – und habe danach meine Technik entwickelt, die mein ganz persönliches Eigentum ist."[166]

Brötzmann betrachtet so seine jazzmusikalische Entwicklung und Konzeption als eine bewusste, intentionalistische Entscheidung. Hierbei sieht er im Gegensatz zur großen Bedeutung der musikalisch-akademischen Auseinandersetzung der Evolutionären[167] seine Erfahrungen als bildender Künstler als entscheidend an.

165 Schlippenbach, Interview mit dem Verfasser, 11.5.2015, Interview-ID 415. Kisiedu stellt in *European Echoes* ausführlich Schmidt-Joos' WDR-Sendung dar. Als besonders interessant hebt er hierbei Brötzmanns gesellschaftliche Selbstpositionierung als Künstler hervor. Diese betrachtet Kisiedu als exemplarisch für eine normativ aufgeladene Ästhetik, die im Einklang mit verschiedenen Avantgarde-Bewegungen des 20. Jahrhunderts stehe. Mit dieser intendiere Brötzmann nicht nur die Trennung zwischen Leben und Kunst aufzuheben, sondern fordere auch: „that artists perennially reflect upon social totality and their position within it" (Kisiedu 2020, S. 43).

166 Brötzmann zit. nach WDR-Sendung *Free Jazz – Pop Jazz. Jazz – unverständlich oder populär?*, 00:13:45.

167 Das Interesse für die zeitgenössische E-Avantgarde teilt Brötzmann hingegen mit Schoof und Schlippenbach. Im *Jazz Podium*-Interview im April 1968 verdeutlicht er, dass dieses in unmittelbaren Zusammenhang mit seiner Arbeit als bildender Künstler zu verstehen

So weist Brötzmann im August 1966 im *Jazz Podium*-Interview darauf hin, dass er ursprünglich Maler gewesen sei und in der Malerei gelernt habe, „die Freiheit des persönlichen Ausdrucks zu gebrauchen und über alle konventionellen Schemata hinwegzugehen."[168] Und er fügt hinzu, dass man „keine Hemmungen kennen" sollte, „das Althergebrachte einfach umzustoßen".[169] Auch Kowald bekräftigt dieses revolutionäre Paradigma. So bemerkt Kowald im Gegensatz zu den evolutionären Vorstellungen von Schoof und Schlippenbach in Nogliks *Werkstatt*-Interviews, dass ihm und auch Brötzmann die musikalische Situation, die sie in den 1960er-Jahren vorgefunden hätten, auf einem evolutionärem Weg nicht erneuerbar erschienen sei: „In der damaligen Verflechtung von evolutionären und revolutionären Prozessen lag der Akzent auf revolutionärer Erneuerung."[170] Wie Brötzmann bereits in vielen Interviews unterstrichen hat, habe auf ihn und die Herausbildung seiner jazzmusikalischen Konzeption vor allem seine Begegnung mit dem koreanischen Künstler Nam June Paik, einem Cage-Schüler und Vertreter der Fluxus-Bewegung, einen „nachhaltigen Einfluss"[171] ausgeübt. Anfang März 1963 hatte Brötzmann als Assistent von Paik bei dessen erster Einzelausstellung *Exposition of Music – Electronic Television* in der Wuppertaler Galerie *Parnass* mitgewirkt. In der Folge baute Brötzmann Paiks Klangobjekte bei Ausstellungen in der Bundesrepublik und in Europa auf und war selbst als Künstler bei Fluxus-Aktionen wie beispielsweise beim *Fluxus Festival* im Juni 1963 in Amsterdam beteiligt. Bei den Oral History-Interviews führt Brötzmann hinsichtlich der Bedeutung von Paik im Kontext seiner jazzmusikalischen Entwicklung aus:

> „Na ja, wir waren ja auch weitaus radikaler als alles, was aus Amerika kam. Die Amerikaner, die haben es ja eigentlich nie fertiggebracht: ohne Thema, ohne Harmonie, ohne Scale, ohne all das, was man eben aus der Jazzmusik so mitbringt und lernt. Und wir waren ja oder ich war ja unbeleckt von allem. Ich hatte ja viel mehr Connections so zur bildenden Kunst und gerade Leute wie Nam June Paik, mit dem ich das Vergnügen hatte,

---

ist. So äußert sich Brötzmann rekurrierend auf seine Assistententätigkeit bei Paik, dass er durch seine Arbeit mit Paik „viele Dinge gesehen" habe, „die weitaus über das hinausgehen, was Stockhausen" tue: „Es ist die Richtung von Cage, weitergeführt durch die Fluxus-Bewegung, obwohl sie im Augenblick – sie ist vor zwei Jahren gestorben. Aber die Dinge sind sehr wichtig gewesen. Dinge, die beispielsweise George Brecht gemacht hat." (Brötzmann zit. nach Schmidt-Joos 1968b, S. 129)

168 Brötzmann zit. nach Blome 1966, S. 216. In Nogliks *Werkstatt*-Gesprächen weist Kowald auf die Bedeutung der bildenden Kunst nicht nur bei Brötzmann, sondern auch bspw. bei Han Bennink und Misha Mengelberg, der sich auch an Fluxus-Aktivitäten beteiligt habe, hin. Insofern habe es „nicht nur Einflüsse von der Musik her" gegeben, „wichtige Impulse kamen auch von der neueren Kunstentwicklung. All die verschiedenen Einflüsse trafen zusammen und haben schließlich etwas Neues entstehen lassen." (Kowald zit. nach Noglik 1983, S. 457, vgl. auch Adlington 2013)

169 Brötzmann zit. nach Blome 1966, S. 216.

170 Kowald zit. nach Noglik 1983, S. 454.

171 Brötzmann zit. nach Noglik 1983, S. 206.

dem ein bisschen mitzuhelfen in den frühen Jahren. Das war so meine kleine Erziehung, eigentlich. Weil der mich auch immer bestätigte und sagte: ‚Brötzmann, mache, was du willst. Kucke nicht. Das ist alles Unsinn – mach' deinen Kram.' Und insofern war ich da ein bisschen viel freier in meinen Mitteln, die ich mir aussuchen konnte, als meine etwas älteren gelernten Kollegen wie Alex oder Schoof. Ich meine, Alex war natürlich in seiner Art und Weise des Komponierens schon ein ganzes Stückchen weiter als manche andere. Aber es ging schon immer um Themen, um Stücke, um einen Anfang und ein Ende, um Dinge aufzubauen. Aber das hat mich eigentlich nie so richtig interessiert. Mich hat das Spielen an sich interessiert, das, was ich rauskriegen konnte aus diesem Horn."[172]

Indem Brötzmann die freie Wahl seiner musikalischen Mittel und insofern seinen intentionalistischen Ansatz bekräftigt, trifft er nicht nur eine Aussage entgegen Schoofs und Schlippenbachs Verständnis ihrer eigenen stilistischen Entwicklung als musikalische Notwendigkeit, sondern auch entgegen der Vorstellung, dass der Impuls für die jazzmusikalische Veränderung (letztlich) von innen komme. D.h. sich der Jazz aufgrund seiner zwangsläufigen,inneren Logik in eine bestimmte, determinierte Richtung fortentwickle und soziale, ökonomische, politische und kulturelle Kontexte der Musik den Entwicklungsprozess bestenfalls peripher beeinflussen könnten. Vielmehr lokalisiert Brötzmann die Gründe für den musikalischen Wandel außerhalb der standardisierten Jazztradition. So äußert er sich in Schmidt-Joos' WDR-Sendung im Mai 1967:

„Es ist tatsächlich zwischen Doldinger und mir doch eine Generationsfrage. Die paar Jahre dazwischen spielen keine Rolle. Aber die Leute sind groß geworden mit irgendwelchen Vorbildern und sind sich nie der Aufgabe bewusst geworden, die man hat, sich selbst und der Gesellschaft gegenüber. Und da ist überhaupt der grundlegende Unterschied des Free Jazz zum herkömmlichen Jazz da. Und das ist der hauptsächliche Punkt an dem ganzen Wechsel und der ganzen Umformung."[173]

Indem Brötzmann so zum einen die Gründe für den musikalischen Wandel als eine Generationsfrage betrachtet, verortet er die Gründe für diesen Wandel außerhalb der standardisierten Tradition. Brötzmann folgt hier Eric Hobsbawm, der Ende der 1950er-Jahre unter dem Pseudonym Francis Newton entgegen der evolutionären Konzeption argumentiert hat, dass die Entstehung des Bebop sowohl politische als auch musikalische Gründe gehabt habe.[174] Zum anderen wird die zweite, von Schlippenbach im Rahmen seiner Ausführungen zur WDR-Sendung gennannte Abgrenzung gegenüber Brötzmann deutlich. Diese hat Schlippenbach in seiner Kommentierung der WDR-Sendung als ‚starke Verantwortung' bezeichnet. Indem Brötzmann als den ‚grundlegenden Unterschied' zwischen dem Free

172 Brötzmann, Interview mit dem Verfasser, 12.7.2015, Interview-ID 457. Vgl. zur von Paik auch: Kisiedu 2020, S. 22ff.

173 Brötzmann zit. nach WDR-Sendung *Free Jazz – Pop Jazz. Jazz – unverständlich oder populär?*, 00:29:10.

174 Vgl. Newton 1961, S. 77.

Jazz und dem ‚herkömmlichen Jazz' die Aufgabe markiert, die man als Künstler:in der Gesellschaft gegenüber habe, rekurriert er auf die Intention gesellschaftsverändernder Praxis der (historischen) Avantgarde.[175] Brötzmann weist mit seinem intentionalistischen Ansatz der Jazz-Avantgarde die Funktion zu, sowohl künstlerisch voranzuschreiten als auch gesellschaftlich-emanzipative Impulse zu initiieren. So bemerkt Brötzmann im *Jazz Podium*-Interview mit Schmidt-Joos im Frühjahr 1968, dass es klar sei, dass seine Musik „bei gewissen Leuten einen Schock"[176] hervorrufe. Und propagiert, dass man wissen müsse, „in welcher Zeit man" lebe und dass „viele Dinge geändert werden" müssten – „und aus diesem Grunde spielt man natürlich nicht so vor sich hin".[177] Vielmehr überlege man viele Dinge und man müsse sicher sein, mit dem, was man machen wolle. Daraufhin fragt Schmidt-Joos ob Brötzmann glaube, mit seiner Musik einen „Erweckungsprozess"[178] vor-

---

175 Kisiedu (2010, S. 148) versteht Brötzmanns Positionierung als Ausdruck einer „normativ aufgeladenen Ästhetik", die „übereinstimmend mit zahlreichen Avantgarde-Bewegungen des 20. Jahrhunderts auf die Aufhebung der Grenzziehung zwischen Kunst und Leben" ziele.

Was seine gesellschaftliche Verantwortung als Musiker in den 1960er-Jahren motiviert habe, schildert Brötzmann in den Oral History-Interviews u.a. wie folgt: „Wir mussten uns ja wehren: gegen alles! Gegen die Nachkriegspolitik, gegen den verstaubten Adenauer-Clan, gegen die alten Nazis, gegen die alten Nazis in der Schule. Wir hatten hier noch auf der *Werkkunstschule* einen alten Bildhauer, der war einer von Adolfs Lieblingen. Da muss man natürlich was dagegen tun! [...] Womit ich groß geworden bin und das Erste, was ich gelernt habe – als man anfing zu denken – war: Diesen Krieg, den wollen wir nicht mehr. Das geht nicht mehr. Und das war in meiner Generation in Europa vielleicht sogar ein Konsens. Und was sah man dann? Dann gab es zum Beispiel das erste Desaster in der Schweinebucht. Und dann wurde Vietnam vorbereitet und auch grausamst durchgeführt. In den Zeiten gabs – das war schon '64/'65 – die ersten Rassenunruhen in Detroit, in Washington, D.C., und im Süden verschwanden die Leute. Und ich zum Beispiel musste bis vor das Verwaltungsgericht, weil ich einer der ersten Kriegsdienstverweigerer war. Ich hatte den Einberufungsbescheid schon erhalten und hatte dann glücklicherweise hier in Wuppertal einen Anwalt gefunden, einen alten Kommunisten, der auch alle möglichen Leute verteidigt hatte. Und da saßen in diesem Komitee – wo man hinmusste, um seinen Arsch zu zeigen – die alten Wehrmachtsleute und die alten Nazis rum, mit Argumenten aus der Zeit. Und da sind wir bis zum Verwaltungsgericht nach Düsseldorf gegangen. Ich war da schon verheiratet, hatte aber die Fahrkarte nach Amsterdam für den nächsten Tag schon in der Tasche – weil ab da auch der Einberufungsbefehl galt. [...] Und all diese Dinge – die ließen einem auch keine Ruhe. Da kam man auch gar nicht dran vorbei. Man war auch mittendrin. Oder ich erinnere mich noch das erste Mal, als Evan [Parker] rüber nach Wuppertal kam und am Nachmittag vorher bei einer riesen Demonstration am *Trafalgar Square* in London geknüppelt worden war." (Brötzmann, Interview mit dem Verfasser, 12.7.2015, Interview-ID 474)

176 Brötzmann zit. nach Schmidt-Joos 1968b, S. 129.

177 Ebd.

178 Ebd.

antreiben zu können. Hierbei verweist Schmidt-Joos auf ein Zitat von Paik, das Brötzmann ihm vor einigen Monaten in einem Brief geschrieben habe: „Fifty million sleepy people must be woken up, also: 50 Millionen Schläfer müssen aufgeweckt werden.“[179] Woraufhin Brötzmann bestätigt, dass er glaube, diesen ‚Erweckungsprozess‘ zwar „nicht viel, aber etwas“[180] vorantreiben zu können. Was Schmidt-Joos zu einer resümierenden Interpretation veranlasst: „Sie drücken also nicht nur die Zeit, in der Sie leben, musikalisch aus, sondern Sie versuchen der Zeit vorauszugehen und Änderungsfaktoren in die Gesellschaft zu bringen?“[181] Was Brötzmann mit den Worten bestätigt: „Ich hoffe, dass ich das tue, ja.“[182] Wie sich resümieren lässt, differieren die Positionierungen der Akteur:innen vor allem:

1. sowohl hinsichtlich der Art und Weise ihrer Auseinandersetzung mit den (tradierten) stilistischen Gestaltungsmittel des Jazz, ihrer Aneignung neuer Gestaltungsmöglichkeiten und ihrer Herausbildung eigenständiger Konzeptionen als auch hinsichtlich ihres Verständnisses dieses, d.h. ihres jazzmusikalischen Entwicklungsprozesses (musikalische Notwendigkeit vs. Intentionalität bzw. freie Wahl der Mittel),
2. hinsichtlich ihrer Vorstellung des jazzmusikalischen Wandels bzw. der Genese des Free Jazz (innermusikalisch-notwendiges, evolutionäres Fortschritts- und Entwicklungsmodell vs. durch außermusikalische Faktoren bedingter diskontinuierlicher Entwicklungsprozess) und
3. hinsichtlich der Bedeutung außermusikalische Faktoren (wie bspw. politisch-gesellschaftlicher Zielsetzungen) im Rahmen der eigenen jazzmusikalischen Praxis[183] (Negation und Irrelevanz äußere Faktoren vs. Anspruch gesellschaftsverändernder künstlerischer Praxis).

Trotz dieser differierenden Positionierungen lässt sich eine wesentliche Übereinstimmung bezüglich des künstlerischen Selbstverständnisses der Akteur:innen markieren. Denn unabhängig von einem evolutionären oder revolutionären Verständnisses waren beide Schulen davon überzeugt, dass ihnen eine musikhistorische Aufgabe zukam. Diese bestand darin, das Neue, d.h. den Neuen Jazz als Gegenstand ihrer Bemühungen bzw. den jazzhistorischen Prozess voranzutreiben. Und hierbei spielte es keine Rolle, ob die Akteur:innen bei der Erfüllung ihrer

179 Schmidt-Joos 1968b, S. 129.

180 Brötzmann zit. nach Schmidt-Joos 1968b, S. 129.

181 Schmidt-Joos 1968b, S. 129.

182 Brötzmann zit. nach Schmidt-Joos 1968b, S. 129.

183 Schlippenbach weist in Nogliks *Werkstatt*-Gesprächen auf die unterschiedlichen „Beweggründe“ hin. So habe Brötzmann „einen anderen Weg zur Musik gefunden“ als Schlippenbach: „Selbst zur Anfangszeit mit der schrillsten Artikulation des Free Jazz, 1965/66, ging es mir persönlich immer um musikalisch konstruktive Absichten und nicht um eine – wie auch immer motivierte – Protesthaltung oder ‚Kaputtspielerei‘.“ (Schlippenbach zit. nach Noglik 1983, S. 115f.)

Aufgabe von einem evolutionären, innermusikalischen Fortschritts- und Entwicklungsmodell oder von einem revolutionären Paradigma[184] zum Handeln gebracht wurden. Diesem Selbstverständnis, dem innerhalb des Akteur-Netzwerks eine prominente Rolle zukommt, ist die Anerkennung des Neuen Jazz als künstlerisch ‚wertvoller' Musik, d.h. als ‚echter Kunst' inhärent und insofern auch der Anspruch und die Forderung nach einer adäquaten (der europäischen Kunstmusik vergleichbaren) kulturellen Berücksichtigung. D.h. in den Programmen des öffentlich-rechtlichen Rundfunks und in der medialen Berichterstattung, im Rahmen der öffentlichen Kulturförderung, in den Katalogen der Tonträgerfirmen etc.

Anzumerken ist in diesem Kontext, dass die Akteur:innen ihre Berufung auf den „europäischen Kunstbegriff"[185] weniger als (konservative) Würdigung abendländischer Hochkultur verstanden. So referenziert Brötzmann bspw. die damalige Bedeutung programmatisch betonter künstlerischer Autonomie im Kontext der bildenden Kunst.[186] Und mit dem Kulturhistoriker Detlef Siegfried ist hinsichtlich der dort bereits erfolgten Transformationsprozesse hinzuweisen, dass die „Durchsetzung einer als westlich konnotierten Moderne der Abstraktion" und die programmatische künstlerische Autonomie mit der ersten *documenta* in Kassel 1955, der *Interbau* 1957 in Westberlin und der Gestaltung des *westdeutschen Pavillons* bei der *Weltausstellung* in Brüssel 1958 „ihren Höhepunkt erreicht"[187] habe. Denn während die Liberalisierung der politischen Kultur und die Besinnung auf westliche demokratische Standards in breiterem Maße erst einsetzte, begann in der ‚hohen' Kultur bereits zu Beginn der 1960er-Jahre eine Politisierung und eine weiterreichende Radikalisierung. Ebenso ist anzumerken, dass der oftmals nahegelegte Eindruck einer negativen Positionierung der Akteur:innen gegenüber

184 Im Gegensatz zu den evolutionären Vorstellungen von Schoof und Schlippenbach erläutert Kowald in Nogliks *Werkstatt*-Interviews: „Die musikalische Situation, die wir in den sechziger Jahren vorfanden, erschien uns auf evolutionärem Weg nicht erneuerbar. In der damaligen Verflechtung von evolutionären und revolutionären Prozessen lag der Akzent auf revolutionärer Erneuerung." (Kowald zit. nach Noglik 1983, S. 454)

185 So führt Brötzmann in den Oral History-Interviews aus: „Ich denke schon, dass auf meiner Seite ein gewisser Vorteil war, weil ich mir um manche Dinge überhaupt keine Gedanken machen musste. J a, der einzige, dem es ähnlich ging, war Bennink. Der kommt ja auch eigentlich von der bildenden Kunst. Wir haben ja dieselbe Geschichte irgendwie hinter uns. Er ging auf die Kunstschule in Arnheim, glaube ich, und ich war hier auf der *Werkkunstschule*. Wir hatten also nicht den unbedingten Begriff von Jazzmusik als Entertainment – was ich gar nicht schlecht finde: wenn's richtig verstanden wird. Aber wir wollten damals was anderes: Wir hatten mehr, sagen wir, den europäischen Kunstbegriff im Kopf, als da nette Musikstücke zu machen und gute Soli zu spielen über gewisse Themen, oder dann auch die Themen aufzubrechen, was dann so alles zum größten Teil aus den Staaten rüberkam natürlich. Und insofern war ich da ein bisschen im Vorteil." (Brötzmann, Interview mit dem Verfasser, 12.7.2015, Interview-ID 458)

186 Vgl. ebd.

187 Siegfried 2009, S. 180.

der US-amerikanischen Jazztradition und deren Exponent:innen nicht bestätigt werden kann.[188] So berichtet Schlippenbach bei den Oral History-Interviews begeistert von der mitternächtlichen Jazzsendung *Voice of American Jazz Hour* des US-amerikanischen Auslandssenders *Voice of America*, die er als Internatsschüler heimlich jede Nacht gehört habe:

> „Ich habe mir da manchmal sogar einen Wecker gestellt, und bin mit meinem Kofferradio an einen stillen Ort gewandert, um mir diese Sendung anzuhören. Da kam dann alles: das Neueste von Charlie Parker, Lennie Tristano, alles. Das habe ich natürlich aufgesaugt. Das hat mich sehr geprägt. Und mich hat auch geprägt, dass ich noch Bud Powell live auf der Bühne erlebt habe. Ich habe Armstrong gesehen, Dizzy Gillespie, die ganzen Giganten und Dinosaurier, die habe ich noch live erleben können, was die Generation nach mir schon gar nicht mehr in dem Maße konnte. Das war natürlich ein riesen Erlebnis: diese Leute. Allein als ich das erste Mal Oscar Peterson gesehen habe: Das hat mich also umgehauen. Da wollte ich nur noch sowas machen. Das war sehr stark davon inspiriert."[189]

Entscheidend hinsichtlich der Positionierung der Akteur:innen gegenüber der Jazztradition und deren Exponent:innen ist vielmehr ein anderer Aspekt, den Schlippenbach bereits im Sommer 1967 im *Sounds*-Interview hervorgehoben hat und der wiederum das künstlerische Selbstverständnis der Akteur:innen berührt. So antwortet Schlippenbach auf die Frage „Glauben Sie, daß die älteren Jazzstile ausgestorben und heute nicht mehr gültig nachvollziehbar sind?", dass „die Namen der großen Jazzmusiker"[190] zu allen Zeiten gültig sein werden. Denn solange ihre Musik erhalten bleibe, wie Schlippenbach weiter antwortet, werde sie jedem, der zu hören verstehe, etwas geben. Und er fügt hinzu: „Sollten Sie mit ‚nachvollziehen'" jedoch „imitieren meinen, so halte ich das bei einigem Fleiß sogar für eine gute Übung. Ein Erfolg allerdings, den man damit in der Öffentlichkeit hat,

188 Vgl. Jost 1978, S. 55, vgl. Jost 2012, S. 233, zum Verhältnis westdeutscher Musiker:innen zu ihren US-amerikanischen Kolleg:innen in den 1960er-Jahren: vgl. Knauer 1996 und zum Spannungsfeld von Jazz und Politik in den 1960er-Jahren: vgl. Kisiedu 2010.
Der Eindruck einer negativen Positionierung der Akteur:innen wurde immer wieder durch den Hinweis auf Kowalds Begriff der Kaputtspiel-Zeit genährt. Denn im Kontext seiner Ausführungen zur Kaputtspiel-Zeit (die auf ein *Jazz Podium*-Interview Ende 1972 zurückgehen) bemerkt Kowald, dass heute „zum ersten Mal klar" sei, „daß die meisten Amerikaner unserer Generation als musikalischer Einfluß gestohlen bleiben" (Kowald zit.n. Fröse 1972, S. 24) könnten. Allerdings beabsichtigte Kowald keinesfalls eine Kritik an den US-amerikanischen Kolleg:innen. Ebenso wie LeRoi Jones (Amiri Baraka) in seinem Essay *The Jazz Avant-Garde* (1961) einen neuen Ursprung für die neu entstehende US-amerikanische Jazz-Avantgarde konstruierte (vgl. Jones 1968, S. 69ff.), zielte Kowalds revolutionäre Destruktion der bestehenden ästhetischen Normen vielmehr auf einen neuen Anfang für den europäischen Jazz.

189 Schlippenbach, Interview mit dem Verfasser, 11.5.2015, Interview-ID 436.

190 Schlippenbach 1967, S. 12.

halte ich für einen ‚Schmuck mit fremden Federn'."[191] Und Brötzmann bemerkt in den Oral History-Interviews, dass er das, was er mache, durchaus in der Tradition von Coleman Hawkins verstehe. Was „vielleicht für manche Leute ein bisschen unverständlich klingen"[192] möge. Aber ihm gehe es einfach so. Insofern sieht sich auch Brötzmann fest mit der Tradition des US-amerikanischen Jazz verbunden.

„Do-It-Yourself"[193], 1967–1968

Als weitere Entitäten oder Aktanten innerhalb des Akteur-Netzwerks sind die ab 1967 von den Akteur:innen veröffentlichten Eigenproduktionen und deren *agency* sowie die Konstituierung von Musiker:innen- und Independent-Labels im Bereich des europäischen Avantgarde- und Free Jazz zu berücksichtigen. So entschließt sich im Frühjahr 1967 Brötzmann, mit seinem Trio (Brötzmann: ts, bs; Kowald: b; Johansson: dr) eine Schallplatte in Eigenregie zu produzieren, was in der *Sounds*-Vorankündigung des Albums im Sommer 1967 auf die zurückhaltende Vermarktung des Neuen Jazz zurückgeführt wird:

> „Auch Peter Brötzmann ist es jetzt leid auf die großen Plattenfirmen zu warten. Unter eigener Regie hat er eine Platte mit seinem Trio (Brötzmann – saxes, Peter Kowald – bass und Sven Johansson – drums) herausgebracht, die bei Peter Brötzmann, Siegesstraße 94, 56 Wptl.-Barmen bestellt werden kann. Gleichzeitig mit der Bestellung sind DM 21 auf das Postscheckkonto 226312 Köln zu überweisen".[194]

Mit seiner im Eigenverlag BRÖ veröffentlichten ersten LP *For Adolphe Sax* (BRÖ 1) vollzieht Brötzmann als noch relativ unbekannter Newcomer nicht nur in mu-

---

191 Ebd.

192 Brötzmann, Interview mit dem Verfasser, 12.7.2015, Interview-ID 460. Diese Position hat Brötzmann bereits in den 1960er-Jahren vertreten und stellt insofern keine retrospektive Deutung dar. So antwortet er bspw. im Interview mit Schmidt-Joos aus dem April 1968 auf dessen Frage, ob sich er sich als Jazzmusiker „mehr als Glied einer historischen Kette" sehe oder ob seine „Beziehung zur musikalischen Gegenwart auch außerhalb des Jazzbereiches wesentlicher als dieser historische Aspekt" sei?: „Ich beziehe mich durchaus auf die Dinge, die King Oliver vor 50 Jahren gemacht hat." (Schmidt-Joos 1968b, S. 129)

193 So lautet die Überschrift von Blomes *Sounds*-Artikel *Do-It-Yourself* aus dem Herbst 1967 über Brötzmanns erste selbstverlegte LP *For Adolphe Sax* und verdeutlicht, dass der Begriff ‚Do-It-Yourself' oder ‚DIY' keineswegs von der Punk-Bewegung begründet wurde. (Vgl. z.B. Müller 2012) Dieses weit verbreitetes Missverständnis ist vermutlich darauf zurückzuführen, dass, wie Diederichsen treffend in einer Fußnote in *Über Pop-Musik* feststellt, die damalige Bewegung der Underground-Presse „interessanterweise kaum auf die Schallplattenproduktion der 68er" übergegriffen habe: „Ausnahme: der Free Jazz" (Diederichsen 2014, S. 397, Fußnote 201).

194 N.N. 1967f, S. 41.

sikalischer Hinsicht einen für die europäische jazzmusikalische Entwicklung bedeutenden Schritt. So markiert das erste westdeutsche Jazzalbum, das konsequent einem Konzept der „totalen Improvisation“[195] gefolgt sei, den Beginn einer einsetzenden Welle von Eigenveröffentlichungen und der Konstituierung von Musiker:innen- und Independent-Labels im Bereich des Avantgarde- und Free Jazz in Europa.[196] Zu konstatieren ist, dass es sich hierbei was die BRD und Westeuropa betrifft um eine vollkommen neuartige kulturelle Entwicklung handelt, die sich im Popbereich bis auf Ausnahmen erst mit der Punk- und Independent-Kultur weit mehr als ein Jahrzehnt später vollziehen sollte.[197] Zu Brötzmanns *For Adolphe Sax*-Produktion bemerkt Schlippenbach in den Oral History-Interviews, dass die Herausgabe des Albums „ein ganz entscheidender Schritt“ gewesen sei und Brötzmann „da Bahnbrechendes geleistet“[198] habe. So habe „die erste *Peter Brötzmann Trio*, die er selbstproduziert rausgebracht hat“, Schlippenbach dazu gebracht, „dann später auch eine“ Schallplatte selbst zu produzieren: „die *Living Music*“.[199] Hierbei ist zu beachten, dass es „heute“, wie Gebers bereits Anfang der 1990er-Jahre im *Jazzthetik*-Interview erläuterte, „sehr viel schneller die Möglichkeit“ gebe, „in Bereiche zu kommen, die einem ermöglichen, mal eine Platte zu machen, wie man sie sich selber vorstellt“[200]: das sei damals anders gewesen. So berichtet Schlippenbach in den Oral History-Interviews, dass in den 1960er-Jahren „Schallplatten eigentlich nur gemacht“ wurden, „wenn man von einer offiziellen oder etablierten Firma gefragt wurde, was selten genug vorkam – fast überhaupt

195 Jost 1987, S. 92.

196 Als Pionier hinsichtlich europäischer Avantgarde- und Free Jazz-Eigenproduktionen ist der schwedische Klarinettist und Saxofonist Bengt ‚Frippe‘ Nordström anzusehen. Nordström veröffentlichte bereits Anfang der 1960er-Jahre selbstaufgenommene 7“- und 10“-Singles und LPs. Einem (etwas) größeren Publikum ist Nordström aufgrund seines Mitschnitts von Aylers Konzert am 25. Oktober 1962 im *Café Mejan* auf der Stockholmer Insel Skeppsholmen bekannt. Gemeinsam mit Ayler stellte er eine Auswahl der Stücke aus dem Mitschnitt zusammen und veröffentlichte diese 1963 auf seinem Label *Bird Notes* unter dem Titel *Something Different!!!!!* als Aylers erste LP in einer Auflage von 200 Exemplaren. Noch 1963 presste Nordström eine Zusammenstellung weiterer Titel des Konzerts als *Alber Ayler: First Recordings Vol. 2* – in einer Auflage von 10 Exemplaren. (Vgl. Gustafsson 2014, S. 17, vgl. Wilson 1996, S. 38f.)

197 Diederichsen bemerkt in *Über Pop-Musik*: „Die Mittel, die künstlerischen wie die ökonomischen und distributiven, die die Indie-Kultur bereitstellt, wären ideal gewesen um 1967 – als die politischen Dinge in Bewegung waren, die kulturellen und kulturindustriellen Produktionsmittel aber noch in den Händen alter Ästhetiken und alter Distributionsformen.“ (Diederichsen 2014, S. 396f.) Und in der Fußnote ergänzt Diederichsen, dass die damalige Bewegung der Underground-Presse (vom *San Francisco Oracle*, der *Los Angeles Free Press* und *Oz* über *International Times* bis zu *Germania*) kaum auf die Schallplattenproduktion der 68er übergegriffen habe – mit Ausnahme des Free Jazz.

198 Schlippenbach, Interview mit dem Verfasser, 11.5.2015, Interview-ID 399.

199 Ebd.

200 Gebers zit. nach Müller 1992.

nicht".[201] So blieb auch Schlippenbachs im Sommer 1967 in *Sound* Heft-Nr. 3 geäußerter Wunsch, einen „Plattenproduzent" zu finden, „der den Mut" habe, ein „neues Oktett" aufzunehmen (das durch gelegentliche Verbindungen der Schoof Gruppe mit dem Peter Brötzmann Trio zustande gekommen ist"[202]) unerfüllt. „Damals" war es, wie Gebers im *Jazzthetik*-Interview fortfährt, „für jeden eine unmittelbare, existentielle Frage, und natürlich dachte man, verdammte Scheiße, ja klar muss ich 'ne Platte aufnehmen"[203]: sowohl hinsichtlich der eigenen künstlerisch-musikalischen Entwicklung als auch hinsichtlich einer erhofften ökonomischen Perspektive (auch wenn es sich um eine Musik handelt, die „zwangsläufig nur von Minderheiten rezipiert"[204] werde). So betont Brötzmann bei den Oral History-Interviews: „Wir waren natürlich überzeugt von dem, was wir taten. Und wir wollten, dass das unter die Leute kommt."[205]

Durch Brötzmanns Veröffentlichung des Tonträgers, d.h. durch Brötzmanns Handeln und durch den nichtmenschlichen Handlungsträger selbst wird die Handlung von den anderen Akteur:innen ‚aufgehoben'[206] und bringt in der Folge die Akteur:innen – zusammen mit den anderen dislokalen und heterogenen Entitäten (wie der zurückhaltenden Vermarktung des Neuen Jazz, der ökonomischen Situation der Akteur:innen, dem Selbstverständnis der Akteur:innen sowie den Beispielen der US-amerikanischen Kooperativen und deren Produktionen) – im wahrsten Sinne des Wortes dazu, Dinge zu tun. So berichtet Schlippenbach weiter:

> „Der [Brötzmann] hat das vorgemacht: Da kamen die Musiker auf den Trichter, wenn schon keiner mit uns eine LP machen will, dann machen wir sie eben selber. Und man konnte sie sogar selber vertreiben. Brötzmann hat dann auch sehr schöne Coverdesigns gemacht – bei meiner Platte nicht, das habe ich dann selber gemacht (schmunzelt). Aber das war ein ganz entscheidender Punkt, dass man auf diese Idee kam, und feststellte, dass das auch funktioniert. Natürlich war der Abnehmerkreis – das hatte noch nichts mit großen oder riesen Verkäufen zu tun: Aber es gab überall auch schon Abnehmer."[207]

Dass Brötzmanns Tun und die *agency* der Artefakte die anderen Akteur:innen zum Handeln brachte, verdeutlicht auch Schoofs retrospektive Bemerkung zu Brötzmanns *For Adolphe Sax* in den Oral History-Interviews. Dort verweist Schoof auf die Handlungsfähigkeit der selbstproduzierten Schallplatte und dem selbst hergestellten Cover. Dies habe die Akteur:innen damals ‚überrascht', da es nicht ‚vorstellbar' gewesen sei, ‚dass man so was überhaupt machen' könne. Erst

201 Schlippenbach, Interview mit dem Verfasser, 11.5.2015, Interview-ID 396.
202 Schlippenbach 1967, S. 11.
203 Gebers zit. nach Müller 1992.
204 Gebers 1979, S. 250.
205 Brötzmann, Interview mit dem Verfasser, 12.7.2015, Interview-ID 455.
206 Vgl. Latour [5]2019, S. 79.
207 Schlippenbach, Interview mit dem Verfasser, 11.5.2015, Interview-ID 410.

der nichtmenschliche Handlungsträger hat so ‚den Kopf frei gemacht' und die Akteur:innen dazu gebracht, etwas zu tun:

> „Han Bennink hat dann seine eigenen Cover gezeichnet, Brötzmann sowieso, weil er auch Maler und Grafiker ist. Und die haben dann ihre eigenen Cover gemacht. Und das waren alles so Dinge, die hat es bis dahin nicht gegeben. Es konnte sich kein Mensch vorstellen, dass man so was überhaupt machen kann. Das musste erstmal geboren werden, das musste erstmal in den Kopf. Der Kopf musste erstmal so frei sein, dass die Leute gesagt haben: Wieso? Wir machen jetzt alles selbst."[208]

Indem die anderen Akteur:innen das heterogene und dislokale Handeln aufnahmen, entstand eine Art ‚Kettenreaktion'.[209] So gründeten im September 1967 die holländischen Musiker Han Bennink, Misha Mengelberg und Willem Breuker den *Instant Composer Pool* (ICP) und veröffentlichten die von Bennink und Breuker eingespielte LP *New Acoustic Swing Duo* (ICP 001). Ebenfalls 1967 veröffentlichte Jan Garbarek mit Hilfe der norwegischen Jazz-Föderation (NJF) und der Unterstützung des Kulturausschusses der norwegischen Studierendenvereinigung *Det Norske Studentersamfund* (DNS) das Album *Til Vigdis* (NJF-LP-1).[210] 1968 veröffentlichte Brötzmann erneut im Eigenverlag BRÖ seine zweite Platte *Machine Gun* (BRÖ 2) und der ICP seine zweite LP: ICP 002 mit Bennink, Mengelberg und dem dänischen Saxofonisten John Tchicai. 1968 und 1969 produzierte das von norwegischen Jazzmusiker:innen gegründete *Norsk Jazzforum* (das auch Konzerte veranstaltete) die LP *Syner* von *Egil Kapstad Choir & Orchestra* (JF-LP-1) sowie das Album *Svein Finnerud Trio* des *Svein Finnerud Trio* (JF-LP-2). Im Oktober 1968 hatte das *Pierre Favre Trio* (Favre: dr; Schweizer: p; Kowald: b) die LP *Santana* (PIP 1) aufgenommen, die 1969 auf dem von den Beteiligten für diese Produktion gegründeten PIP-Label (benannt nach den Initialen der Vornamen der Musiker:innen des Trios) erschien. Ebenfalls 1969 veröffentlichte das *Modern Jazz Quintet Karlsruhe* die LP *Trees* (Excenter SM 21003), Schlippenbach die LP *The Living Music* (Brötzmann: ts bs; Pilz: bcl, bs; Niebergall: b, btb; Schoof: cor, flh; Bennink: dr; Schlippenbach: p, perc; Rutherford: tb) im Selbstverlag *Quasar* (HO 1) und Brötzmann die LP *Nipples* (CAL 30 604), die er im Quartett (Brötzmann: ts; Van Hove: p; Niebergall: b; Bennink: dr) und im Sextett (Brötzmann: ts; Van Hove: p; Niebergall: b; Bennink: dr; Parker: ts; Bailey: g) für den Münchner *Calig*-Verlag eingespielt hatte. Ebenfalls auf *Calig* veröffentlichten Wolfgang Dauner (p, org, tb, perc, vln, voc), Eberhard Weber (b, cel, voc), Jürgen Karg (b, voc) und Fred Braceful (dr, perc, voc) das Album: *Wolfgang Dauner – Eberhard Weber – Jürgen Karg – Fred Braceful* (CAL 30 603). Beide *Calig*-LPs wurden von

---

208 Schoof, Interview mit dem Verfasser, 20.4.2015, Interview-ID 112d.

209 Die Formulierung der Kettenreaktion spielt auf Latours Analogie zwischen der ‚Entfaltung von Akteuren *als* Netzwerke' und einer Polymerase-Kettenreaktion (PCR) bei der Vervielfältigung einer kleinen DNA-Stichprobe an. (Vgl. Latour ^{5}2019, S. 236)

210 Vgl. Rød 2014, S. 80.

jazz by post (Manfred Scheffner) und dem Münchner Bassisten Manfred Eicher produziert, der noch im selben Jahr die *Edition of Contemporary Music* (ECM) gründete.[211] Des Weiteren konstituierten sich 1969 in Westberlin die FMP und in Paris *Futura*, und das bereits im Frühjahr 1967 gegründete BYG-Label startete seine Free Jazz-Serie *Actuel.* 1970 folgte das britische Musiker:innenlabel *Incus.* 1971 veröffentlichte das Münchner *Japo*-Label, das aus *jazz by post* hervorgegangen war und eng mit der ECM kooperierte, seine erste LP: *the call* (*japo records* 60001 ST) mit Mal Waldron (ep), Jimmy Jackson (org), Weber (eb) und Braceful (dr). Ebenfalls 1971 gründeten die in Paris lebenden US-amerikanischen Musiker Frank Wright (ts, bcl), Alan Silva (b), Bobby Few (p) und Muhammad Ali (dr) (gemeinsam als Quartett *Center of the World* aktiv) das gleichnamige Label *Center of the World.* In Paris entstand das Label *Sun*, das u.a. auch die Schallplatten von *Center of the World* vertrieb. 1972 gründeten in London die Musiker Trevor Watts und John Stevens *A Records.* Zudem entstanden das *Black Lion*-Sub-Label *Freedom*, *Cadillac* und das französische Label *Palm.* 1974 gründeten sich in London *Emanem* und das Kollektiv-Label *Bead* sowie das westdeutsche Label *Moers Music*, das sich auf die Veröffentlichungen von Musiker:innen konzentrierte, die beim jährlichen *Moers Festival* auftraten. 1975 entstanden *Black Saint* in Italien, *Hat Hut* des Schweizer Werner X. Uehlinger und OWL in Paris. 1976 gründeten Paul Lovens und Paul Lytton das Label *Po Torch*, in Italien entstand *Ictus* und in Westberlin *Vinyl Records.*

Brötzmanns Handlung, d.h. das Ereignis der Produktion und Herausgabe der *For Adolphe Sax*-LP wird mittels der dislokalen und heterogenen Entitäten und durch die Umstände gebotenen Gelegenheiten in Wuppertal zusammen mit anderen Beteiligten zustande gebracht. Mittels seiner Tätigkeit als Grafiker, mit der Brötzmann auch seinen Lebensunterhalt bestritt, verschaffte er sich die finanziellen Mittel für die Produktion der *For Adolphe Sax.* Hinzu seien ein paar eingehende Zahlungen für LP-Vorbestellungen gekommen, wie Brötzmann im Rahmen der Oral History-Interviews berichtet.[212] Als Cover-Fotografin konnte Brötzmann Ute Klophaus gewinnen. Die Wuppertaler Fotografin, die seit 1965 viele Kunstaktionen von Joseph Beuys fotografisch begleitet hatte, war Brötzmann aus dem Fluxus-Kontext bekannt.[213] Die Gelegenheit, Aufnahmen zu machen, die Brötz-

---

211 Vgl. ECM 2017, vgl. Enwezor/Müller 2012, S. 219.

212 Vgl. Brötzmann, Interview (telefonisch) mit dem Verfasser, 22.8.2017, vgl. die Vorankündigung in *Sounds* 3 (N.N. 1967f, S. 41) und den Beitrag von Blome über Brötzmann und seine *For Adolphe Sax*-Veröffentlichung in *Sounds* 4 (Blome 1967, S. 33f.).

213 Bei den Oral History-Interviews berichtet Brötzmann: „Also das erste Cover [*For Adolphe Sax* (BRÖ 1)] mit Sven-Åke und Kowald, da gab es hier in Wuppertal die Ute Klophaus, eine ziemlich bekannte Beuys-Fotografin. Und die kam immer zu unseren Konzerten, ist dann auch mitgefahren ab und zu. Und die hatte dies doch ganz schöne Foto gemacht. Und ja, gut, habe ich das benutzt." (Brötzmann, Interview mit dem Verfasser, 12.7.2015, Interview-ID 473)

mann dann für die Produktion einer Schallplatte verwenden konnte, ergab sich durch den Umstand, dass Miller im Juni 1967 eine Sendung für die *Deutsche Welle* produzierte. So seien, wie Miller im Sommer 2017 berichtet, die Aufnahmen mit Hilfe eines Ü-Wagens der *Deutschen Welle* gemacht worden. Der Tontechniker war Günter Schütte, der u.a. das Konzert von Charles Mingus und seinem Quintett in der Wuppertaler Stadthalle am 26. April 1964 im Rahmen von Mingus' Europa-Tournee aufgenommen hatte und für das Brötzmann die Plakate gestaltet und (zusammen mit Arndt Sebastian) gedruckt hatte.[214] Die Kopie von Schüttes Bänder habe Miller (ohne Techniker) in einem Studio der *Deutschen Welle* selbst her- und anschließend Brötzmann zur Verfügung gestellt, was Teil der gemeinsamen Absprache gewesen sei.[215] Für die Aufnahmesession arrangierte Brötzmann einen Termin im *Haus der Jugend* im Wuppertaler Stadtteil Barmen.[216] Im *Jazz Podium* aus dem August 1967 schildert Miller in seinem *Bericht von einer neuen Schallplatte* seine Eindrücke von der Aufnahmesession und deren Ablauf.[217] In seinem Beitrag verweist Miller abschließend auf Brötzmanns neue Rollen „als sein eigener Finanzier, Produzent und Firmenchef" und stellt eine Analogie zu den Produktionen des US-amerikanischen Avantgarde- und Free Jazz her. Denn so etwas hätten bisher „nur die amerikanischen Avantgardisten, allen voran Sun Ra, gewagt".[218] Auch Blome hebt den Aspekt der Eigenproduktion in seinem *Sounds*-Beitrag über die im Herbst 1967 erscheinende Schallplatte besonders hervor. So schreibt er unter der Überschrift *Peter Brötzmann Do-It-Yourself*:

> „Schicken Sie Peter Brötzmann in Wuppertal-Barmen, Siegesstraße 94, Einundzwanzig Mark, und sie erhalten diese Langspielplatte, die erste Eigenproduktion mit der Neuen Musik in Europa!
> Es ist die totale Konsequenz, die Brötzmann aus dem beharrlichen Kopfschütteln der großen und kleinen Plattenfirmen gezogen hat. Er produziert in eigener Regie mit seinem Trio eine Platte, die in technischer (Press-Qualität!) und kommerzieller (Cover-Layout!) Hinsicht dem Massenausstoß des Plattenmarktes in nichts nachsteht.
> Was das Trio Ihnen auf dieser Platte bietet, ist reine Fleisch & Blut Musik, kein synthetisches Zeugs. Wie ich schon mal an anderer Stelle gesagt habe, ist Brötzmann der einzige Saxofonist in Europa, der in der Lage ist, immerfort neue, frische, unglaubliche und überraschende Klänge aus seinem Saxofon herauszuholen. [...]
> Peter Brötzmann hat schon wieder neue Plattenpläne (Eigenproduktion): Er will in absehbarer Zeit mit einer größeren Besetzung aufnehmen. Es soll eine Platte werden, die einmal nicht sein Trio, sondern die Vorstellungen repräsentieren soll, die Brötzmann vom Zusammenspiel von 6 und mehr Musikern hat.

---

214 Vgl. Bontrup/Peters/Rauschtenberger/Widmann ²2008, S. 175.

215 Vgl. E-Mails von Miller an den Verfasser, 17. u. 18.8.2017.

216 Vgl. Brötzmann, Interview (telefonisch) mit dem Verfasser, 22.8.2017, vgl. Jost 1987, S. 86.

217 Vgl. Miller 1967b, S. 228.

218 Ebd.

> Sie alle können Brötzmanns Pläne verwirklichen helfen, wenn Sie ihm Einundzwanzig Mark schicken. Ich denke, der Gegenwert wiegt das Geld voll und ganz auf."[219]

Während Blome 1966 im Kontext der Aktivitäten der *New Jazz Artists' Guild* (N.J.A.G) die Perspektive des Neuen Jazz in der BRD nicht getrennt von dessen Vermarktung durch die größeren Schallplattenfirmen betrachtete, deutet sich ein gutes Jahr später in seinem *Sounds*-Beitrag eine Verschiebung seiner Haltung an. So habe die Ablehnung des Marktes Brötzmann dazu gebracht, die ‚erste Eigenproduktion mit der Neuen Musik in Europa' zu produzieren – mit dem Ergebnis, dass diese nicht nur in technischer wie in kommerzieller Hinsicht dem ‚Massenausstoß des Plattenmarktes' (an dessen Standard sich Blome orientiert) ‚in nichts nachstehe', sondern Brötzmanns LP in musikalischer Hinsicht sogar die Produktionen der Musikindustrie übertreffe. Denn auf der *For Adolphe Sax*-LP sei kein ‚synthetisches' (also ‚künstliches') ‚Zeug' zu hören, sondern ‚reine Fleisch und Blut Musik', d.h. etwas ‚Wahres', ‚Echtes', das sich dem ‚störenden' oder ‚korrumpierenden' Einfluss des Kommerzialismus entziehe. Brötzmanns Tat und der produzierte Tonträger beweise somit, dass ohne die (von den Akteuren der N.J.A.G. bemängelten) ‚Konzessionen an die Produzenten', d.h. unabhängig von der Musikindustrie tatsächlich ‚bessere' musikalische Ergebnisse erzielt werden könnten. Insofern versteht Blome Brötzmanns Eigenproduktion als ‚totale Konsequenz' und fordert die *Sounds*-Leser:innen auf, die *For Adolphe Sax*-LP zu kaufen und so Brötzmanns unabhängigen Weg (also: unabhängig von der Vermarktung durch die (bestehenden) ‚großen und kleinen Schallplattenfirmen') zu unterstützen. Wie Brötzmann selbst sein Tun, d.h. das *‚fait-faire'*[220], das zum Tun-Bringen oder das Handeln-Machen begreift, schildert er im *Jazz Podium*-Interview mit Schmidt-Joos im Frühjahr 1968 wie folgt:

> *Schmidt-Joos:* „Herr Brötzmann, Sie haben mit Ihrer eigenen Musik selbst eine Platte produziert, was ist der Grund dafür?"
>
> *Brötzmann:* „Erstens der, daß es ein Publikum gibt für unsere Musik, zwar kein großes, aber ein sehr geschlossenes und verläßliches. Zweitens ist da der, daß keine Plattenfirma im Laufe der Zeit bereit war, uns zu produzieren."
>
> *Schmidt-Joos:* „Haben Sie mehrere Plattenfirmen angesprochen, um Ihnen Vorschläge für eine eigene Langspielplatte zu machen?"
>
> *Brötzmann:* „Ich habe mit den deutschen Firmen eigentlich nur losen Kontakt gehabt. Ich habe gefragt: Ist es möglich? – Die Leute sagen nie: Es ist unmöglich. Aber es passieren zu wenig konkrete Dinge, daß man sich darauf verlassen könnte."
>
> *Schmidt-Joos:* „Was glauben Sie, ist der Grund für diese Ablehnung durch die großen Plattenfirmen?"

---

219 Blome 1967, S. 33f.

220 Vgl. Latour [5]2015, S. 354.

Brötzmann: „Sie meinen, es ist kein Geschäft zu machen. Und das verstehe ich durchaus. Für die Leute ist das Geschäftemachen wichtig, das ist ganz klar, und es wäre ein Risiko gewesen."

Schmidt-Joos: „Glauben Sie, daß das Risiko sich für Sie selbst auszahlen wird, mindestens so, daß die Produktionskosten eingespielt werden?"

Brötzmann: „Das ist gerade der Fall, ich habe so viel verkauft, daß ich die Produktionskosten drin habe."[221]

Brötzmann begründet seinen Entschluss, die *For Adolphe Sax* (BRÖ 1) selbst zu produzieren und herausgegeben, mit dem Verweis auf das vorhandene Interesse an seiner Musik vonseiten seines Publikums[222] einerseits und der reservierten Haltung der westdeutschen Plattenfirmen an einer Plattenproduktion mit ihm andererseits. Er äußert Verständnis für die Zurückhaltung letzterer, indem er deren vorrangiges Interesse am ‚Geschäftemachen' einräumt. Auch wenn dieser Hinweis Brötzmanns eine Kritik an den ‚großen' Plattenfirmen impliziert, steht im Vordergrund der Interviewpassage Brötzmanns Überzeugung, dass es möglich sei, unabhängig von den primär kommerziell agierenden Firmen eine Plattenproduktion erfolgreich zu realisieren, wie er mit seiner Eigenproduktion demonstriert habe. So habe er mit den Einnahmen aus den Verkäufen bereits zum Zeitpunkt des Interviews die Produktionskosten des Albums wieder ‚drin'. Miller bekräftigt diese Perspektive nicht nur für Brötzmann, sondern generell für den westeuropäischen Neuen Jazz. So berichtet Miller ein gutes Jahr später, im Juni/Juli 1969 in der *Neuen Musikzeitung*, dass *BRÖ 1* inzwischen längst ausverkauft sei und über die Produktionskosten hinaus Einnahmen generiert habe[223], und fügt hinzu: „Das Erstaunliche" an den „kompromißlosen, ohne Rücksicht auf ihren Tauschwert produzierten Eigenpressungen der Jazz-Avantgardisten"[224] sei, dass diese nicht schlecht gingen. So seien von der ersten LP des ICP: *New Acoustic Swing Duo* (ICP 001) bislang 1.150 und von der zweiten ICP-LP (ICP 002) 750 Exemplare verkauft worden. Verglichen mit den Millionenauflagen populärer Schlagerproduktionen seien solche Umsätze verschwindend gering. Doch auch die Jazzproduktionen der Musikindustrie erreichten nur selten höhere Auflagen, und dies trotz des ungleich

221 Brötzmann zit. nach Schmidt-Joos 1968b, S. 128.

222 Auch in den Oral History-Interviews bemerkt Brötzmann: „Wir sahen auch, es gibt ein kleines, aber durchaus wachsendes Publikum." (Brötzmann, Interview mit dem Verfasser, 12.7.2015, Interview-ID 455)

223 Auch in den Oral History-Interviews berichtet Brötzmann über die finanzielle Situation bzgl. der ersten Eigenproduktion: „Das ging ja durchaus positiv aus. Also wir haben kein Geld verloren, ich habe sogar ein bisschen was verdient, und konnte das in die nächste *Machine Gun*-Produktion stecken." (Brötzmann, Interview mit dem Verfasser, 12.7.2015, Interview-ID 455)

224 Miller 1969, S. 9.

besseren Vertriebssystems. Und immerhin lange es zu „bescheidenen Überschüssen der Eigenproduzenten".[225]

Die Beiträge der im Vergleich zu Berendt und Zimmerle jüngeren Redakteure und Journalisten Blome, Schmidt-Joos und Miller in *Sounds*, *Jazz Podium* und anderen Printmedien transportieren die *agency* der eigenproduzierten Tonträger und vermitteln die von der Vermarktung durch die bestehenden Tonträgerfirmen unabhängigen Produktionen als Erfolg versprechende Perspektive. Durch diese Vermittlung wurde des Weiteren einerseits die Gruppenbildung der Avantgarde bzw. des Neuen Jazz – und insofern auch das sich herausbildende soziale Netzwerk – gestützt. Andererseits wurde hiermit das Handeln der Eigenproduzent:innen und deren Positionierung auf eine spezifische Weise interpretiert und weitervermittelt. Dies bedingte wiederum die weitere Rezeption bedingte.[226] Insofern ist auch die mediale Vermittlung der Jazzredakteure und -journalisten der jüngeren Generation wie auch diese selbst als Entität bzw. Akteure in das Akteur-Netzwerk aufzunehmen, das die Akteur:innen im November 1968 zum gemeinsamen Handeln brachte. Um den Eigenproduktionen zum Erfolg zu verhelfen, blieb die tatkräftige Unterstützung der engagierten Kritiker teilweise (wie bei Brötzmanns erster Eigenproduktion) nicht auf die mediale Vermittlung beschränkt. So war Miller, wie Brötzmann bei den Oral History-Interviews berichtet, auch am Zustandekommen von Brötzmanns neun Monate nach der *For Adolphe Sax*-LP in Bremen eingespielter zweiter Eigenproduktion *Machine Gun*, die wie kaum eine anderes Album den stilistischen Umbruch im europäischen Jazz der späten 1960er-Jahre markiert[227], beteiligt:

> „Wir hatten ja furchtbare Schwierigkeiten, das ganze Zeug aufzunehmen in der *Lila Eule*. Weil der Sound so f u r c h t b a r war. Und da hat Manfred [Miller] uns gut

225 Ebd.

226 Kisiedu hat in *European Echoes* die Bedeutung der (jungen) Musikkritiker – allen voran Miller – hervorgehoben. So argumentiert Kisiedu (2020, S. 55f.) mit Verweis auf Max Nyffeler, dass aufgrund des Wandels im Selbstverständnis der Musikkritiker die Ideen der Neuen Linken und der studentischen Protestbewegungen in den 1960er-Jahren begannen die Debatten über die musikalische Avantgarde zu prägen und sich zugleich auch auf den Jazz-Experimentalismus in Westdeutschland zu erstrecken. Der Wandel sei durch die ideologiekritischen Schriften Adornos und die beginnende Rezeption Benjamins und Eislers in den 1960er-Jahren beeinflusst worden. Für Nyffeler sei so die Frage nach der gesellschaftlichen Funktion und den ökonomischen Bedingungen der Kritik ins Blickfeld gerückt. Und „es entstand ein neuer Typus von engagiertem Kritiker, der, wie die Vertreter der kompositorischen Avantgarde der 50er Jahre, auf die Distanz zum kritisierten Gegenstand verzichtete und zum Parteigänger einer dem Fortschritt verpflichteten Kunst wurde." (Nyffeler 2005, S. 51)

227 Vgl. Jost 2012, S. 242, Knauer 2019a, S. 258ff. und Knauer 2019b.

geholfen: mit Kontakten zum Theater und hat allerlei Sound-Geschichten eingebaut und so weiter."[228]

Miller hatte die Nachfolge von Schmidt-Joos als Jazzredakteur bei *Radio Bremen* angetreten (der in die Kulturredaktion des *Spiegel* gewechselt war) und verfügte nicht nur über die nötigen Kontakte vor Ort, sondern hatte auch die Möglichkeit, das technische Aufnahme-Equipment von *Radio Bremen* zu besorgen. Wobei dies, wie Knauer in seinem Beitrag *1968 – Bremen – Brötzmann* hinweist, „ein wenig außerhalb der von seinen Arbeitgebern vorgesehenen Modalitäten"[229] geschehen sei. Mittels der temporär zur Verfügung gestellten Produktionsmittel konnten die notwendigen technischen Voraussetzungen für die Eigenproduktion sichergestellt werden. Die *Machine Gun* wurde wie bereits die *For Adolphe Sax*-LP mittels der dislokalen und heterogenen Entitäten[230] – wobei sich diesen nun noch der Erfolg der Eigenproduktionen hinzugesellten – und den durch die Umstände gebotenen Gelegenheiten zustande gebracht. So hatte Brötzmann für eine kleine Tour im Frühjahr 1968 ein Ensemble zusammengestellt, das aus einem Querschnitt prägender Musiker des Neuen Jazz in Westeuropa bestand (Brötzmann: ts, bs; Parker: ts; Breuker: ts; Van Hove: p; Niebergall: b; Kowald: b; Bennink: dr; Johansson: dr).[231] Im Rahmen der Tour hatte Brötzmann zwischen zwei großen Festivalauftritten am Sonntag, den 24. März 1968 beim 11. *Deutschen Jazz Festival* in Frankfurt (mit Dudek: ts) und am Samstag, den 30. März 1968 beim Nürnberger *Jazz Ost-West-Festival* (mit Schoof: tp) für Donnerstag, den 28. März 1968 einen Clubauftritt für sein Oktett im Bremer Szenelokal *Lila Eule* arrangiert.[232] Für dieses

228 Brötzmann, Interview mit dem Verfasser, 12.7.2015, Interview-ID 462. Über die ‚Schwierigkeiten' bei der Einspielung der *Machine Gun* berichtet Miller in seiner laut eigenem Bekunden „zeitnah" (E-Mail von Miller an den Verfasser, 17.8.2017) verfassten *Sounds*-Rezension: „Die erste Nacht wurde ein Desaster. Doch das betraf nicht die Musik: Morgens gegen fünf war nichts gewonnen als die Erkenntnis, daß eine einzige Whiskyflasche acht Musiker, einen Techniker und ein paar Freunden nicht standzuhalten vermag, und daß es zwischen den hallenden Betonwänden des Kellers fast aussichtslos war, einen auch nur halbwegs klaren Klang auf ein semiprofessionelles Stereo-Tonband zu bannen. Selbst zwei Polizisten, die mit einer fröhlichen Einlage und der Bemerkung, hier sei die hanseatische Polizeistunde gesetzwidrig überschritten worden, ihr Bestes gaben, konnten die Stimmung nicht wesentlich bessern. Trotzdem wurde es am nächsten Abend noch einmal versucht, wurden Tische und Bänke der ‚Eule' zu reichlich labilen Trennwänden aufeinandergetürmt, wurden aus zwei großen Bodentüchern des Bremer Theaters Verschläge für die beiden Schlagzeuger gebastelt." (Miller 1968, S. 16)

229 Miller zit. nach Knauer 2019, S. 88.

230 Zu verweisen ist hierbei erneut auf u.a. die Zurückhaltung des Marktes, auf die ökonomische Situation und das Selbstverständnis der Akteur:innen, auf die Produktionen der US-amerikanischen Kooperativen.

231 Vgl. Vandermark 2010, S. 30.

232 Wie Knauer (2019, S. 88) in seinem Beitrag *1968 – Bremen – Brötzmann* hinweist handelte es sich bei der *Lila Eule* um einen Club, der aktuelle Musik genauso zur Diskussion

Lila Eule-Konzert plante Brötzmann einen Mitschnitt.[233] So kündigte der Bremer *Weser-Kurier* in seiner Wochenendausgabe vom 23./24. März 1968 an, dass Brötzmann, „wohl radikalster Tönezertrümmerer unter den Jazzneuerern", zu einem Konzert in die *Lila Eule* komme: „In dem Free Jazz-Konzert für eine Plattenaufnahme wird eine internationale Besetzung spielen".[234] Denn die beiden laut Miller „vom Publikum enthusiastisch"[235] gefeierten *Machine Gun*-Festivalauftritte in Frankfurt und Nürnberg wurden zwar vom Hessischen bzw. vom Bayerischen Rundfunk mitgeschnitten, aber es gab (damals) für Brötzmann keine Gelegenheit, die Bänder für eine eigene Produktion zu nutzen. Wie Brötzmann bei den Oral History-Interviews erläutert, fiel die Wahl des Aufnahmeorts aufgrund der gebotenen Möglichkeiten in Bremen auf die *Lila Eule*, in der Brötzmann seit Beginn seiner musikalischen Karriere regelmäßig gastierte. Zudem pflegte er zu Gert Settje[236], einem Mitglied des geschäftsführenden *Lila Eule*-Kollektivs, ein freundschaftliches Verhältnis. So berichtet Brötzmann:

> „Es gab nichts anderes. Also wir waren finanziell ganz beschränkt. [...] Wir mussten ja auch damals, als ich die erste Platte aufgenommen habe, in irgendein Jugendhaus gehen, wo es akustisch auch ganz schwierig wurde. Wo es auch mit den Hausmeistern schwierig war – und es war kompliziert. Und *Lila Eule*: Wir hatten uns natürlich auch k e i n e n Gedanken gemacht, über die schwierige akustische Situation. Wir wussten einfach, der Settje gibt uns den Laden für zwei, drei Nächte – und wir können machen, was wir wollen. Und dann hatte ich vorher schon den Sound-Engineer Günther Zipelius, der war uns ganz wohlgesonnen, der hat das auch für ein Taschengeld gemacht. Hat sich da wirklich angestrengt, das war s o eine chaotische Angelegenheit. Ne, da gab es nicht weiter drüber was nachzudenken – ne. Das waren so die kleinen Möglichkeiten, die

---

stellte wie aktuelle Politik. So hatte Rudi Dutschke im November 1967 dort gesprochen und der Club entwickelte sich zu einem Treffpunkt der Außerparlamentarischen Opposition in Bremen.

233 Die *Machine Gun* wurde nicht im sog. Pariser Mai 1968 aufgenommen, wie bislang aufgrund Brötzmanns Angabe auf der LP-Hülle („Recorded May 1968/‚Lila Eule'/Bremen") angenommen wurde, sondern im Anschluss an den Auftritt des Oktetts am 28. März 1968 bzw. aufgrund der technischen Probleme am folgenden Tag: also am 29. März 1968. Bis heute stellt das vermeintliche Aufnahmedatum (Mai '68) neben dem Titel einen wesentlichen Gesichtspunkt bei der Diskussion über den programmatischen Gehalt des Albums dar (vgl. Kisiedu 2020, S. 70, vgl. Knauer 2019b, S. 81f.).

234 N.N. 1968a, S. 12. Aufgrund ihrer Besetzung mit Musikern aus Westdeutschland, Großbritannien, den Niederlanden, Schweden und Belgien gilt die *Machine Gun* auch als die „erste wirklich *europäische* Plattenproduktion der Jazzgeschichte" (Jost 1987, S. 118) und signalisiert die intensivierte Internationalisierung der westdeutschen Free Jazz-Szene. Denn während in den 1950er-Jahren, „abgesehen von bestimmten Rundfunk-Bigbands, Jazzgruppen aus Europa zumeist ‚national' besetzt" waren, markiere der „Internationalismus" ein „neues Phänomen im europäischen Jazz" (ebd., S. 117).

235 Miller 1968, S. 16.

236 Gert (Gerhard) Settje war nicht nur Mitglied des geschäftsführenden *Lila Eule*-Kollektivs, sondern auch Betreiber des Bremer Programmkinos *Cinema*.

man hatte. Und Bremen war die angenehmste. Man hatte Freunde, wo man die Musiker einquartieren konnte. Als alle irgendwo einquartiert waren, war ich noch mit Buschi Niebergall übrig. Wir sind dann in eine Baustelle gegangen gegenüber von der *Eule*, da war zu der Zeit eine Baustelle für diese Reihenhäuser oder so was. Da sind wir da rein und haben auf einem Pappkarton geschlafen. Nicht. Also so war das (lacht). Also da gab es keine große Auswahl."[237]

Zu den ‚kleinen Möglichkeiten' kam hinzu, wie Brötzmann weiter berichtet, dass „es eine ganze Menge von den Malern" gegeben habe, die von Wuppertal „rüber nach Bremen gezogen" seien. Auch deshalb „hatte man da immer ein paar Betten".[238] Und ebenso ist zu den Umständen bzw. zu den gebotenen Gelegenheiten zu zählen, dass Brötzmann, wie er in der Interviewpassage erwähnt, den Toningenieur Günther Zipelius, der wie Miller bei *Radio Bremen* beschäftigt war, für ein ‚Taschengeld' engagieren konnte, um sein *Machine Gun*-Ensemble unter den schwierigen akustischen Bedingungen in der *Lila Eule* aufzunehmen. Brötzmanns zweite Eigenproduktion lässt sich so ebenso wie die *For Adolphe Sax* als Versuch markieren, die spezifischen, sich ihm durch die Umstände gebotenen Gelegenheiten zu nutzen, neue (zumindest was die Musiker:innen in Europa betrifft) Produktions- und Distributionsmöglichkeiten zu erproben und so seine Karriere als professioneller Musiker weiter voranzutreiben.[239] Insofern ist auch die Verfolgung der beruflich-musikalischen Karriere als weitere Entität in das Akteur-Netzwerk mitaufzunehmen.

Die aufgrund ihrer Unabhängigkeit von der Musikindustrie notwendig auf die Invention alternativer Produktionsmöglichkeiten angewiesenen Eigenveröffentlichungen der Akteur:innen und insofern auch die Verfolgung ihrer musikalischen Karrieren wurden von der jüngeren Journalistengeneration wie Miller und Schmidt-Joos als eine politisch-gesellschaftliche Praxis der Akteur:innen interpretiert, was sich nachhaltig auf die Rezeption des westdeutschen Free Jazz auswirkte. So charakterisierte Miller im marxistischen Duktus der zweiten Hälfte der 1960er die Eigenveröffentlichungen der Musiker:innen und die Konstituierung von Musiker:innen-Labels wie ICP, BRÖ und PIP in Westeuropa sowie der *Association for the Advancement of Creative Musicians* (AACM) und der *Jazz Com-*

237 Brötzmann, Interview mit dem Verfasser, 12.7.2015, Interview-ID 463. Im Gegensatz zu Bennink (Interview mit dem Verfasser, 26.5.2018) konnte sich Brötzmann bei den Oral History-Interviews nicht mehr an das *Machine Gun*-Konzert in der *Lila Eule* erinnern. Brötzmann ging in seiner Narration davon aus, dass das Oktett den Club ausschließlich für eine Studiositzung genutzt habe.

238 Ebd.

239 Vgl. hierzu auch DeVeaux (1997, S. 28), der im Zusammenhang mit der Herausbildung des Bebop auf den „professional musician" bzw. dessen Bedeutung hinweist. So charakterisiert er die „day-to-day, year-by-year decisions made by the musicians of the bebop generation in the pursuit of their careers" als den wirklichen Fokus, der seine Analyse in *The Birth of Bebop* konstituiere.

posers Orchestra Association in den USA als „Verfügung" der „Produzierenden" „über die Produktionsmittel".[240] Obwohl es sich hierbei eher um einen Ausschluss von der ‚Verfügung' über die finanziellen und technischen Mittel handelte. Und dieser Ausschluss wirkte sich wie im Falle der *Machine Gun* nicht unerheblich auf die künstlerischen Prozesse, die Produktionspraxis und das musikalische Ergebniss aus. Dies betrachtet Miller jedoch nicht als Mangel und problematisiert auch nicht die Produktionsbedingungen, unter denen die *Machine Gun* zustande kam. Vielmehr hebt er auf die ästhetische Stimmigkeit ab, die sich durch die aufnahmetechnischen Schwierigkeiten ergeben habe. So werde zwar, wie er in seiner Sounds-Rezension bemerkt, „die Aufnahmequalität die Stereo-Fanatiker noch immer nicht zu Lobeshymnen hinreißen". Doch das sei auch „gut so".[241] Denn ein steriler Studio-Sound könne

> „die Spontaneität dieser Musik nur ermorden, ihre Dichte sezieren, künstlich auf getrennte Kanäle verteilen, kann womöglich gar den physischen Widerstand, den das Ensemble jedem Solisten entgegensetzt, durch den dessen Ausbrüche erst logisch werden, mit Regler-Spielereien zum harmlosen Background entschärfen".[242]

Hinsichtlich Brötzmanns *For Adolphe Sax* betont Miller, dass Brötzmann bei dieser Produktion versucht habe, „auf das Prinzip des Privateigentums ganz zu verzichten"[243], was suggeriert, als intendiere Brötzmann die Aufhebung des Privateigentums. Und Schmidt-Joos stilisierte im September 1968 in seiner *Spiegel*-Rezension *Wohlklang nein* die *Machine Gun* zu einem Politikum, was sich weit über die Jazzszene hinaus nachhaltig auf die Brötzmann-Rezeption und auf die Rezeption des Free Jazz in der BRD auswirken sollte:

> „Im Jazz- und Beat-Keller ‚Lila Eule', so beschwerte sich der CDU-Fraktionsvorsitzende Dr. Hans-Hermann Sieling vor der Bremer Bürgerschaft, werde die ‚Jugend für die Revolution sensibilisiert'. Jazz-Anarchist Peter Brötzmann, 27 (Wuppertal-Barmen, Siegesstraße 94), liefert die destruktive Akustik aus dem Bremer Untergrund neuerdings auch per Langspielplatte ins Haus. Nachdem er die Schockwirkung seiner neuesten ‚Art Bruit' im März am Publikum der Jazzfestivals in Frankfurt und Nürnberg erprobt hatte, nahm der rebellische Saxophonist, dem die etablierten Plattenfirmen ihre Studios verweigern, in der ‚Lila Eule' seine zweite Brötzmann-Platte für den privaten Postversand auf. Die achtköpfige Horde wilder Free-Jazz-Männer, die – bereits verpflichtet – wegen ihres optisch beleidigenden Bühnenhabits von den diesjährigen ‚Berliner Jazztagen' relegiert wurde, entfesselte mit drei Saxophonen, Klavier, zwei Kontrabässen und zwei Schlagzeugen den 100-Phon-Lärm eines Sägewerks, vor dem die Tongeräte versagten. Erst als Tontechniker die Mikrophone mit geliehenen Wolldecken aus dem Fundus des Bremer Theaters verhängten, gelang es, das betäubende Ton-Gehäcksel technisch zu bändigen. Der so gedämpfte Plattenschall widerspricht Brötzmanns Intention: ‚Eine

240 Miller 1969, S. 9.

241 Miller 1968, S. 16.

242 Ebd.

243 Miller 1969, S. 9.

> brutale Gesellschaft, die Biafra und Vietnam zulässt', so der Chaos-Bläser, ,provoziert natürlich eine brutale Musik'. Der vollständige Titel dieser bislang radikalsten Jazz-Absage an den Wohlklang: ,Maschinengewehr – Automatische Waffe für schnelles, andauerndes Feuern.'"[244]

Schmidt-Joos' Rezension suggeriert einen Zusammenhang zwischen der Musik der *Machine Gun*-Formation und den Äußerungen des damaligen Vorsitzenden der Bremer CDU-Bürgerschaftsfraktion Dr. Hans-Hermann Sieling während einer hitzigen Debatte in der Bremischen Stadtbürgerschaft, der kommunalen Volksvertretung der Stadtgemeinde Bremen, im April 1968.[245] Denn Schmidt-Joos nennt nicht den wirklichen Grund für Sielings Beschwerde (dass in der *Lila Eule* die ,Jugend für die Revolution sensibilisiert werde'), verweist jedoch im direkt folgenden Satz auf die ,destruktive Akustik' aus ,dem Untergrund', die neuerdings auch per Langspielplatte nach Hause geliefert werden könne. Somit drängt sich diese als mögliche Ursache der christdemokratisch-konservativen Kritik auf. Auch wenn sich Schmidt-Joos teilweise ironischer Wendungen bedient, lassen sich seine weiteren Ausführungen als Illustration dieser Lesart deuten. So entwirft er das Bild einer umherziehenden, ,optisch beleidigenden', ,brachialen' ,Horde wilder Free-Jazz-Männer', die so rebellisch seien, dass sie präventiv von Jazz-Festivals wieder ausgeladen werden und ihnen etablierte Plattenfirmen vorsichtshalber den Zutritt zu ihren Studios verweigern. Während Schmidt-Joos auf musikanalytische Gesichtspunkte gänzlich verzichtet, charakterisiert er die musikalische Intention des *Machine Gun*-Oktetts als Produktion möglichst gezielter ,Schockwirkungen', die als Mittel im Kampf maschinengewehrfeuergleich gegen eine ,brutale Gesellschaft' dienen sollen. Der revolutionäre Impetus könne – wenn überhaupt – nur noch mit ,technischen Mitteln gebändigt' werden. Wie nachhaltig sich Schmidt-Joos' unter dem Eindruck der französischen wie auch der westdeutschen ,Studierendenrevolte' verfassten Rezension auf die Rezeption bis heute ausgewirkt hat,

---

244 Schmidt-Joos 1968a, S. 195.

245 Gegenstand der Verhandlung waren die sog. Bremer Straßenbahn- oder „Schülerkrawalle" im Januar 1968 (Bremische Bürgerschaft Stadtbürgerschaft 1968, S. 229). Bei diesen wurden laut *Spiegel* aus dem Januar 1968 insgesamt 118 Straßenbahnwagen und 19 Omnibusse lädiert, was fast einem Drittel des Bremer Straßenbahn-Fuhrparks entsprach. Was am 15. Januar 1968, mit der Versammlung einer kleinen Gruppe von 25 bis 50 Schüler:innen, jungen Gewerkschafter:innen und Auszubildenden gegen eine Fahrpreiserhöhung der Bremer Straßenbahn AG auf der in der Bremer Innenstadt gelegenen *Domsheide* vor dem Konzerthaus *Glocke* begann, endete Tage später im „Chaos", so der *Spiegel* (N.N. 1968f, S. 29). Ein ,Chaos', das laut Augenzeug:innen- und Presseberichten zufolge nicht nur die Demonstrant:innen bewirkt hätten, sondern vor allem die „Truppe des Weltkrieg-II-Generalstäblers" (ebd.) und Bremer Polizeipräsidenten von Bock und Polach. So schlugen Polizisten auf Beteiligte wie Unbeteiligte ein, verfolgten Passant:innen, die in Hauseingängen vor Wasserwerfern in Deckung gingen, und traktierten Eingekesselte mit Knüppeln und Fäusten. Zudem wurden in Schnellverfahren ungewöhnlich hohe Strafen verhängt.

illustriert die Bekanntheit des Zitats, mit dem der Beitrag endet (‚Eine brutale Gesellschaft, die Biafra und Vietnam zulässt, provoziert natürlich eine brutale Musik.'). Selbst der Philosophiewissenschaftler (und Fan improvisierter Musik[246]) Christoph J. Bauer, der 2012 ein Buch mit Gesprächen mit Brötzmann herausgegeben und mit quellenkritischen und Kontext bezogenen Anmerkungen und Fußnoten versehen hat, versteht Schmidt-Joos' Rezension in der dargelegten Weise. So bemerkt Bauer in *Brötzmann – Gespräche* mit Verweis auf die *Spiegel*-Rezension, dass der CDU-Fraktionsvorsitzende in der Bremer Bürgerschaft Dr. Hans-Hermann Sieling sich beschwert habe, „dass durch die Musik Brötzmanns, die im ‚Jazz- und Beat-Keller *Lila Eule*' gespielt werde, ‚die Jugend für die Revolution sensibilisiert' werde".[247]

Trotz der relativ Erfolg versprechenden Eigenveröffentlichungen – auch hinsichtlich deren medialer Resonanz – legte Brötzmann weder seine beiden Eigenproduktionen in den 1960er-Jahren auf seinem Eigenlabel BRÖ nochmals auf noch arbeitete er auf eine dritte Eigenveröffentlichung hin. So spielte Brötzmann sein drittes Album *Nipples* (CAL 30 604) im April 1969 im Ludwigsburger *Tonstudio Bauer* und im *Rhenus Studio* in Köln-Godorf (produziert von Scheffner und Eicher) für den Münchner *Calig*-Verlag ein. Dass Brötzmanns favorisierte Perspektive offensichtlich nicht in der Produktion und dem Vertrieb weiterer Eigenveröffentlichungen und in einer kontinuierlichen Tätigkeit als ‚Finanzier, Produzent und Firmenchef' (Miller) bestand, korrespondiert mit seiner Schilderung bei den Oral History-Interviews, wonach er Bernard Stollman (Gründer des US-amerikanischen Independent-Label ESP) „damals auch ein Band" von „einer größeren Band" mit u.a. Bennink, Van Hove, Niebergall, Rutherford und Parker geschickt habe: „Was er [Stollman] auch erhalten hat. Ich habe ihn vor 4 Jahren nochmal getroffen. Und er sagte: ‚Ja, Brötzmann, das Band muss irgendwo sein, ich habe so viel …'."[248] Brötzmanns Schilderung lässt sich insofern bestätigen, als in *Sounds* 12 aus dem Sommer 1969 in der Rubrik *Record News* berichtet wird, dass Brötzmann am 17. April in Köln „mit seiner großen Besetzung (u.a. mit dem englischen Gitarristen Derek Bailey) eine Langspielplatte für ESP"[249] aufgenommen habe.

246 So lautet Bauers (2012, S. 64) Selbstbezeichnung im Vorwort zu *Brötzmann. Gespräche*.

247 Bauer 2012, S. 64.

248 Brötzmann, Interview mit dem Verfasser, 12.7.2015, Interview-ID 454.

249 N.N. 1969b. Bereits in *Sounds* 11 wurde unter der Überschrift *ESP jetzt bei PHONOGRAM* berichtet, dass ESP, „die kleine, unabhängige New Yorker Plattenfirma mit dem Super Angebot an Free Jazz und Neuer Pop-Musik (Ayler, Sun Ra, Fugs, Godz, Pearls Before Swine, Seventh Sons, Marion Brown, Hampel, Berger, Steve Lacy u.a.)", die bisher in Deutschlands durch *Sounds* vertrieben worden sei, jetzt einen Vertriebsvertrag mit der *Phonogram* in Hamburg abgeschlossen habe. Demnach solle ESP in Zukunft 24 Schallplatten pro Jahr herausbringen. Das Programm mit Free Jazz, Pop und Folk solle beibehalten werden. Und als europäischer Produzent sei Rainer Blome ernannt worden. Erste Plattenpläne seien „das PETER BRÖTZMANN TOTAL MUSIC ORCHESTRA und die Münchner" Pop-Gruppe AMON DÜÜL." (N.N. 1969f)

Trotz der Kritik an den politisch-gesellschaftlichen Stilisierungen von Miller und Schmidt-Joos signalisieren ihre Beiträge eine Verschiebung, die sich bereits in Blomes *Do-It-Yourself*-Beitrag in *Sounds* 4 aus dem Herbst 1967 andeutete. Diese betrifft das Verhältnis der Akteur:innen zur Musikindustrie, d.h. zur Vermarktung des Neuen Jazz durch die (bestehenden) Tonträgerunternehmen und die Befürchtung vor möglichen störenden oder korrumpierenden Einflüssen hinsichtlich ihrer Produktionen. Hatte Brötzmann im *Jazz Podium*-Interview im Frühjahr 1968 noch eine Zusammenarbeit mit der Musikindustrie keineswegs ausgeschlossen, sondern seinen Entschluss für die Eigenproduktionen mit der reservierten Haltung der westdeutschen Plattenfirmen an einer Plattenproduktion mit ihm (bei einem gleichzeitigen vorhandenen Interesse an seiner Musik vonseiten seines Publikums) begründet, so artikuliert er im Laufe des Jahres 1968 eine transformierte Position. So werden nun all diejenigen, die aus Sicht der Akteur:innen an der vorherrschenden kommerziellen Vermarktung des Jazz maßgeblich beteiligt sind wie die Konzertagenturen, Tonträgerunternehmen, Clubbesitzende oder auch Jazzkritiker:innen und Rundfunkredakteur:innen mit dem im Kontext der sog. Studentenbewegung pejorativ konnotierten Schlagwort ‚Establishment' indiziert. Und einer Zusammenarbeit mit eben diesem ‚Jazz-Establishment' wird (nicht nur in Westdeutschland) eine Absage erteilt. So weist Miller in seinem Artikel *Die Produktionsmittel den Produzierenden oder ICP, BRÖ & Co. werden aktiv* in der *Neuen Musikzeitung* aus dem Sommer 1969 darauf hin, dass die „die Untergrund-Jazzer" bei ihren Eigenproduktionen „oft schlechte technische Bedingungen in Kauf" nehmen würden. Dennoch ziehe es sie nicht in die Studios der Plattenfirmen:

> „‚Ob wir lieber mit der Plattenindustrie zusammenarbeiten wollten? Wenn die Industrie sich gegenüber unserer Musik, unserer musikalischen Auffassung verantwortungsbewußt verhalten würde, ja. Aber solange sie nur das Geschäft im Sinn hat und kein genuines Interesse an unserer Musik zeigt: nein, natürlich nicht.' Han Bennink. Ähnlich sagte es Peter Brötzmann: Solange die Musikindustrie aus Profitinteresse Einfluß auf die Musik selbst nähme, zöge er es vor, die Schwierigkeiten, Risiken und technischen Unvollkommenheiten einer Eigenproduktion auf sich zu nehmen; das garantiere wenigstens, daß er wirklich seine eigene Musik spielen könne."[250]

Als den entscheidenden „Einwand der Jazzrebellen" gegen eine Zusammenarbeit mit dem „Jazz-Establishment" markiert Miller das ‚abstrakte Profitinteresse' der Musikindustrie, das diese „gegenüber der Musik und den Bedingungen musikalischer Produktion"[251] durchsetze. Was die Akteur:innen zu ihrer transformierten Positionierung bewog, wird im nächsten Kapitel über das erste europäische Free Jazz-Gegenfestival (das sog. Kölner Tiefgaragen-Gegenfestival) im Sommer 1968 weiterverfolgt. Das Kölner Tiefgaragen-Gegenfestival stellt bei der Spurensuche

250 Miller 1969, S. 9.
251 Ebd.

den nächsten Schritt und zugleich ein weiteres wichtiges Ereignis dar und ist ebenso wie die transformierte Positionierung der Akteur:innen in das Netzwerk der unterschiedlichen Handlungsquellen, Umstände, Gelegenheiten und Aktanten aufzunehmen, das die führenden Exponent:innen des westdeutschen Free Jazz beim zweiten europäischen Gegenfestival, dem *Total Music Meeting* Anfang November 1968 in Westberlin zum Handeln und dadurch zum Zusammenschluss brachte.

„Angriff gegen die Bastionen des etablierten Jazz"[252], Sommer 1968

Am letzten August-Wochenende 1968 fand in einer Tiefgarage in der Kölner Ladenstadt das erste europäische Free Jazz-Gegenfestival statt. Unter dem Motto *to beat or not to beat* protestierten die jungen westdeutschen Free Jazz-Musiker wie u.a. Brötzmann, Kowald und Schlippenbach zusammen mit ihren westeuropäischen Kolleg:innen Schweizer, Breuker, Bennink, Johansson u.a. mit selbstorganisierten Konzerten gegen die zweite Ausgabe von *Jazz am Rhein*. Das 1967 erstmals durchgeführte *Jazz am Rhein* gilt als „Deutschlands erstes Freiluft-Festival"[253] und wurde 1968 unter dem Titel *International Jazz am Rhein '68* vom 30. August bis zum 1. September im Kölner *Rheinpark* veranstaltet. Initiiert wurde *Jazz am Rhein* vom Kölner ‚Jazzimpresario', Produzenten und Promotor der *Clarke-Boland Big Band* Gigi Campi, Rainer Benner, der in Köln eine Dixie-Bar leitete, und dem WDR-Jazzmoderator Dietrich Schulz-Köhn.[254] Zu ihrer Motivation, *Jazz am Rhein* ins Leben zu rufen, führt Schulz-Köhn 1967 aus:

---

252 Zimmerle 1968c, S. 305, vgl. zum Kölner Tiefgaragen-Gegenfestival gegen *International Jazz am Rhein '68* auch: Hartmann 2022.

253 Miller 1967a, S. 288.

254 Bei Schulz-Köhn, der Jazzfan und SA- und NSDAP-Mitglied war, handelt es sich um den Wehrmachtsoffizier, der auf dem (inzwischen) bekannten Foto aus dem besetzen Paris in Uniform mit Django Reinhardt und u.a. schwarzen Jazzmusikern zu sehen ist. Hinzuweisen ist in diesem Kontext auf das Spannungsverhältnis zwischen der antifaschistischen Haltung der jungen Avantgarde und der Vergangenheit von Schulz-Köhn als SA- und NSDAP-Mitglied. So berichtet bspw. Brötzmann bei den Oral History-Interviews von seiner Überzeugung, sich generell „gegen die alten Nazis" und auch speziell „gegen die alten Nazis in der Schule" wehren zu müssen: „Wir hatten hier noch auf der Werkkunstschule einen alten Bildhauer, der war einer von Adolfs Lieblingen. Da muss man natürlich was dagegen tun!" (Brötzmann, Interview mit dem Verfasser, 12.7.2015, Interview-ID 474) In diesem Kontext ist auch auf das gestiegene Bewusstsein hinsichtlich der von den Protestbewegungen der 1960er-Jahre kritisierten Kontinuität zwischen dem nationalsozialistischen Regime und der BRD zu verweisen (vgl. Abromeit 2010, S. 20, vgl. Kisiedu 2020, S. 49) – und die engen Verbindungen zwischen dieser wie dem *Sozialistischen Deutschen Studentenbundes* (SDS) und Brötzmann. So sagte Brötzmann bspw. eine für Anfang November 1968 in der Berliner TU geplante Veranstaltung

„Ganz Deutschland weiß es, ja, man darf behaupten, Jazzfreunde in aller Welt wissen es, daß es in Köln gute Jazzmusiker gibt. Fachleute sprachen sogar von Deutschlands ‚heimlicher Jazz-Hauptstadt', und Gigi Campi, Promotor der Clarke-Boland Big Band, erklärte, daß es nirgends in Europa, auch nicht in Paris oder London, ein solches Potential an Jazzkräften gäbe. Trotzdem passierte in der Domstadt wenig oder nichts."[255]

Wie Schulz-Köhn weiter ausführt, wäre es aufgrund des ‚Potentials an Jazzkräften' für die Veranstalter eine Kleinigkeit, für Jahre hinaus *Jazz am Rhein* nur mit Studiomusiker:innen zu bestreiten. Schließlich gebe es allein sechs Schallplattenfirmen bzw. -studios in Köln und nicht weniger als vier Rundfunkstationen: den WDR, den *Deutschlandfunk*, die *Deutsche Welle* und den BFBS (*British Forces Broadcasting Service*). In ihren Studios gingen täglich viele Jazzmusiker:innen ein und aus, einige kämen aus der ganzen Welt angereist, andere hätten ihren Wohnsitz in Köln. Aber die Öffentlichkeit von ‚Deutschlands heimlicher Jazz-Hauptstadt' höre und sehe nichts von ihnen. Dies sollte mit einem geeigneten Präsentationsformat geändert werden. Die geforderte ‚tatkräftige' finanzielle Hilfe stellte die Stadt Köln 1968 für *Jazz am Rhein* zwar erst für 1969 in Aussicht, verzichtete jedoch auf die Vergnügungssteuer und überließ wie bereits 1967 erneut *Jazz am Rhein* den Komplex *Rheinpark* zur freien Nutzung.[256] Weitere öffentlich-rechtliche und finanzielle Unterstützung erhielt das Festival durch den WDR, der die Konzerte mitschnitt und nicht nur das Orchester von Kurt Edelhagen, sondern auch die Technik, das Aufnahmeequipment etc. zur Verfügung stellte. Die mit u.a. der *Kurt Edelhagen All Star Big Band*, der *Barrelhouse Jazzband*, dem *Quintett des Hot Club Rotterdam*, George Gruntz, Henri Texier und Daniel Humair, Charly Antolini, der *Maynard Fergusons Big Band*, Joachim Kühn, Dexter Gordon, Benny Bailey, Kenny Drew, Niels-Henning Ørsted Pedersen, Hank Mobley, Johnny Griffin, dem *Peter Trunk Sextett* und der *Clarke-Boland Big Band* breit gefächerte jazzstilistische Programmausrichtung lässt sich im Wesentlichen mit Traditional Jazz, Swing und Modern Jazz markieren. Dass mit diesem primär im Bereich des Mainstream Jazz angesiedelten Festival erneut versucht worden sei, eine „Brücke zwischen Mainstream- und Avantgarde-Jazz zu schlagen"[257], wie in einer Review der 2017 erschienenen 6-CDs-Box *Jazz am Rhein 1967–1968* in *Jazz thing* vertreten wird, lässt sich indes nicht bestätigen. Im Gegenteil: Wie Zimmerle in seinem Festivalbericht über *Jazz am Rhein* in der Oktober-Ausgabe des *Jazz Podium* 1968 konstatiert, sei „die Avantgarde" nicht „in die Konzerte einbezogen"[258] worden. Entsprechend betitelte Zimmerle auch eine Bildunterschrift in seinem *Jazz Podium*-Beitrag: „Im

ab, da „dort jetzt ein rechter AStA-Vorstand gewählt worden ist, und nun alles anders geworden ist" (Brötzmann zit. nach N.N. 1968d, S. 4).

255 Schulz-Köhn 1967, S. 4.

256 Vgl. Zimmerle 1968c, S. 304.

257 Broecking/Franzen/Laurentius 2017.

258 Zimmerle 1968c, S. 305.

Freien ohne die ‚Freien'".[259] Und auch seine Bemerkung hinsichtlich des Auftritts der *Clarke-Boland Big Band* vermittelt einen anderen Gesamteindruck des Festivals: So merkt Zimmerle zum Auftritt der Big Band an, dass auch dieser Band „etwas mehr Wagemut für neue Ideen gut anstehen"[260] würde.

Bei den Oral History-Interviews erinnert sich Schlippenbach „gut"[261] an *International Jazz am Rhein '68* und dessen Programm sowie an das Gegenfestival, das im Anschluss an das Eröffnungskonzert von *Jazz am Rhein* (im *Großen Sendesaal* des WDR) am Abend des 30. August 1968 in einer unweit vom WDR-Gebäude gelegenen Tiefgarage in der Kölner Ladenstadt begann:

> „*Jazz am Rhein* war in meiner Erinnerung eine recht konservative Jazzveranstaltung, wo unsere Musik so gut wie kaum berücksichtigt wurde und keine Rolle spielte. Und natürlich, vielleicht aus diesem Beweggrund heraus und auch um, auf unsere neuen Dinge – von denen wir sehr überzeugt waren – aufmerksam zu machen, wurde dann dieses ‚Gegenfestival' – in Anführungsstrichen – organisiert.
> Da waren jetzt nicht nur die Musiker beteiligt – da waren auch bildende Künstler dabei und auch so ein Literaturmensch. Wie hieß der damals noch? Arnold Daidalos Wande. Ein etwas esoterischer Typ, der eine neue Idee – den Polymorphismus – verkünden wollte. Er meinte, der Polymorphismus würde alle Probleme lösen, und er hat sogar auch einen neuen Gruß erfunden, der so war (Schlippenbach ahmt mit seinen Händen Wandes Gruß nach). Das war also eine – ein bisschen – seltsame Figur. Aber der hatte auch Verbindungen in Köln zu allen möglichen Freaks und Leuten."[262]

Bezüglich der beteiligten Musiker:innen nennt Schlippenbach „die Jungens aus Wuppertal", Brötzmann und Kowald, die mit ihm und dem „Kölner Kreis"[263] im Vorfeld von *Jazz am Rhein* Kontakt aufgenommen hätten. Hinsichtlich der Ereignisse beim Tiefgaragen-Gegenfestival berichtet Schlippenbach weiter:

---

259 Ebd, S. 304. Einzig der Auftritt von Kühn ist von Zimmerles Charakterisierung auszunehmen. Trotz Josts Hinweis, dass die „soziomusikalischen Beziehungen" des aus der DDR kommenden Pianisten zur westdeutschen Free Jazz-Szene von Beginn an „nicht sehr eng" (Jost 1987, S. 183) gewesen seien, darf nicht übersehen werden, dass Kühn auch im Rahmen des Aachener *New Jazz Artists' Guild*-Konzerts im Juli 1966 im *Reiff-Museum* aufgetreten ist und sein Trio in der ersten *Sounds*-Ausgabe (in der Rubrik *New Jazz from Germany*) als eine der ‚sechs Gruppen in Deutschland' vorgestellt wurde, ‚die Neuen Jazz' spielen.

260 Zimmerle 1968c, S. 305.

261 Schlippenbach, Interview mit dem Verfasser, 11.5.2015, Interview-ID 398. Obwohl Schlippenbach betont, sich ‚gut' an die Kölner Ereignisse erinnern zu können, berichtet er nicht davon, dass vor allem er das Kölner Tiefgaragen-Gegenfestival veranstaltet habe, wie Müller meint: „Im Frühsommer 1968 organisierte u.a. Alexander von Schlippenbach ein so genanntes Anti-Festival in einem Parkhaus in Köln" (Müller 2022, S. 22).

262 Ebd., Interview-ID 402.

263 Ebd., Interview-ID 398. Der oftmals im Zusammenhang mit dem Kölner Gegenfestival genannte Schoof war zu der Zeit nicht in Köln, sondern mit den *German All Stars* (mit Albert und Emil Mangelsdorff, Rolf Kühn, Heinz Sauer, Gerd Dudek, Wolfgang Dauner, Günter Lenz, Ralf Hübner u.a.) für das Goethe-Institut auf Südamerika-Tournee.

„Und dann gabs noch diese Gruppe *Amon Düül* – seltsamerweise – aus Süddeutschland, die da aufspielten. Es gab auch noch ein bisschen happeningartige Kunstaktionen. Ich erinnere mich, unter dem Motto *Der große Eintopf von Köln nach Peking* hatte sich einer was ausgedacht. Die haben da eine riesen Suppe gekocht – in einem Mordskessel. Und der kam dann auf einem Bett mit Rollen die Tiefgarageneinfahrt runtergefahren. Das war so auch ein bisschen was Spektakuläres, Lustiges, ein bisschen neu – wenn auch nicht mehr ganz neu. Aber jedenfalls hat das Ganze doch richtig schön stattgefunden und ging auch die ganze Nacht durch. Und da war auch gutes Publikum da. Die waren zum Teil auch ein bisschen überrascht – das war eben auch was Neues. [...] Die Wuppertaler haben wir schon vorher kennengelernt, aber dieses Ereignis hat uns dann noch mehr auf einer gemeinsamen Bühne zusammengebracht.“[264]

Einen rudimentären Aufschluss über die damaligen Ereignisse in Köln, die auch Schlippenbachs Erinnerungen an das Gegenfestival bestätigen, vermitteln die beiden einschlägigen historischen Dokumente bezüglich *Jazz am Rhein*. Dies sind 1. Der *Jazz am Rhein*-Festivalbericht des *Jazz Podium*-Herausgebers Zimmerle in der Oktober-Ausgabe des *Jazz Podium* 1968 sowie 2. Blomes Kommentierung von *Jazz am Rhein* und des Gegenfestivals in *Sounds* 8 vom September 1968. Zimmerle besuchte am (regnerischen) Abend des 30. Augusts zunächst das *International Jazz am Rhein*-Eröffnungskonzert im Sendesaal des WDR-Funkhauses am Wallrafplatz mit der *Kurt Edelhagen All Star Band*, die er „insgesamt wieder sicher und souverän“ erlebte – jedoch ohne „Trend zum Neu- oder Eigenartigen“.[265] Im Anschluss begab er sich zu einer „Kritikerdiskussion im kleinen Kreis“[266] im Kölner Verlagshaus *DuMont-Schauberg* und fand sich schließlich beim Gegenfestivals ein. Seine abendlichen bzw. nächtlichen Eindrücke schilderte er im *Jazz Podium* wie folgt:

„Nach dem Konzert Kritikerdiskussion im kleinen Kreis bei DuMont-Schauberg. [...] Von der Theorie schritt man durch den Regen in die Praxis. Denn: to beat or not to beat – das war die Frage in einer nahegelegenen Kölner Tiefgarage. Im Vorfeld: Optisch eine Art Kostümfest mit Pennälerulk, akustisch eine Phonorgie. Motto: Wer beatet mehr. Nebenan in den Katakomben hatte sich die Gemeinde der neuen Jazz-Lehre versammelt. Die aus den Festkonzerten ausgeklammerten Free-Jazz-Musiker waren und hatten geladen. Bis zum Morgengrauen startete der Musikerkreis um von Schlippenbach, Peter Brötzmann, Gunter Hampel, Mani Neumeier, Irene Schweizer Angriff auf Angriff gegen die Bastionen des etablierten Jazz. Im Ungeschliffenen zeigte sich das Waghalsige, aus dem sich Neues herauskristallisiert. Sobald sich musikalische Substanz ergibt, wird äußeres Gebaren unwichtig. Erscheint legitim oder überflüssig. Der nächtliche Gegen-Festivalspuk belebte das Festival beachtlich.“[267]

264 Ebd., Interview-ID 398.
265 Zimmerle 1968c, S. 305.
266 Ebd.
267 Ebd.

Wie Zimmerles Schilderung offenbart, vermittelten sich beim Gegenfestival dessen Intention und Kritik. Und auch die Adressierung der Kritik des Festivals stellte sich ihm als zweifelsfrei identifizierbar dar. So versteht Zimmerle das Gegenfestival als eine gegen *International Jazz am Rhein '68* gerichtete Aktion der Free Jazz-Musiker:innen, mit der diese gegen die mangelnde Repräsentation des Neuen Jazz, d.h. gegen ihre ‚Ausklammerung' aus dem vornehmlich aus ‚etablierten Jazz' bestehenden Kölner Festival protestierten. Auch Blome nahm, bevor er das Tiefgaragen-Gegenfestival besuchte, an der Diskussion bei *DuMont-Schauberg* teil, deren Teilnehmende er in seinem Festivalbericht *Das Ende einer Ära beginnt* einer harschen Kritik unterzieht. So berichtet Blome unmittelbar nach dem Gegenfestival in der *Sounds*:

> „Deutschland hat eine Menge guter Jazzmusiker, daran zweifelt niemand. Doch die Jazzkritiker und -promoter diskutieren unzählige Stunden lang über das Thema ‚Hat der Jazz eine Zukunft?' … und stecken die Gelder dafür ein. Sie veranstalten auch Festivals, doch lassen sie nur solche Musiker auf die Bühne, die sie für gut und richtig befinden, während die wirklich kreativen Musiker darauf angewiesen sind, Anti-Festivals zu veranstalten. So geschehen jüngst in Köln beim Festival ‚Jazz am Rhein'. Weil man genau weiß, welche Musik einen beim offiziellen Festival erwartet, geht man lieber erst gar nicht hin, und begibt sich direkt an den Ort, wo etwas passiert, wo die Überraschung auf einen wartet. In der Tiefgarage der Kölner-Ladenstadt konnte man in vielen kleinen Einzelräumen Deutschlands kreative Kraft hören. Wir hörten Peter Brötzmann im Duett/Duell mit Willem Breuker, dessen Klarinettenspiel mir viel Spaß machte; dann eine neue, beachtenswerte Rockgruppe aus München: Hamon Düll, mit Gitarre, Geige, Trompete, Sopransaxofon und einer Musik, die viel von der Magie der Velvet Underground hatte; auch Alex von Schlippenbach, Buschi Niebergall, Han Bennink, Peter Kowald, Gunter Hampel mit seinem Gitarristen, Sven Johansson; auch das neue Pierre Favre Trio, das eine ganz andere New Music spielte."[268]

Blome bekräftigt mit seiner Kommentierung von *Jazz am Rhein* in der seit Frühjahr 1968 als *Deutschlands erstes Underground Musikmagazin* firmierenden *Sounds* seine Position der Stigmatisierung des Kommerzialismus als störenden oder korrumpierenden Einfluss auf den Jazz. So charakterisiert er *Jazz am Rhein* als ein Festival, das primär von den kommerziellen Interessen der als ‚Kritiker' und ‚Promoter' bezeichneten ‚Veranstalter' bestimmt werde, die sich ‚die Gelder einstecken'. Dies führe dazu, dass die ‚wirklich kreativen' Musiker:innen bzw. ‚Deutschlands kreative Kraft', d.h. die junge Avantgarde nicht im Programm berücksichtigt würden. Wie die von Miller angeführte Kritik des ‚abstrakten Profitinteresses' und dessen ‚Durchsetzung' durch das Jazz-Establishment markiert auch Blomes Kritik einen Konflikt zwischen den Interessen der Musiker:innen und denen der Veranstalter:innen aufgrund des Kommerzialismus. Das zum Tun-Bringen oder

268 Blome 1968, S. 24. Mit *Hamon Düll* ist die Münchner Krautrockband *Amon Düül* gemeint. Der Gitarrist von Gunter Hampel war wie bei den *Essener Songtagen* John McLaughlin.

das Handeln-Machen der Akteur:innen im Kontext des Kölner Tiefgaragen-Gegenfestival verweist insofern erneut auf das spezifische Aufgebot heterogener und dislokaler Entitäten, die zu den Akteur:innen hinströmen wie u.a.:

- die von den Akteur:innen kritisierte mangelnde Repräsentation (Schlippenbach: ‚unsere Musik spielte da keine Rolle'),
- die Karrieren der Akteur:innen sowie deren ökonomische Situation und Verbindung zum bestehenden Markt (Blome: ‚die Musiker:innen sind darauf angewiesen, eigene Festivals zu veranstalten'),
- die Krise des Jazz in der ersten Hälfte der 1960er-Jahre und die durch diese evozierte Transformation der Jazzszene,
- das künstlerische Selbstverständnis der Akteur:innen und deren Anspruch einer adäquaten (der europäischen Kunstmusik vergleichbaren) Berücksichtigung in den Programm- und Festivalformaten (Schlippenbach: ‚wir waren sehr von unseren neuen Dingen überzeugt').

Der Nexus von künstlerischer Kreativität und kapitalistischem Profitmotiv, der der gegenkulturellen Argumentation von Blome zugrunde liegt, rekurriert auf Horkheimers und Adornos Begriff der Kulturindustrie, der ebenso wie auch andere Gegenstandsbereiche der Philosophie der Frankfurter Schule in den 1960er-Jahren durch Großveranstaltungen in Universitäten, Auftritte in Rundfunk- und Fernsehanstalten sowie Interviews in Zeitungen eine enorme Popularisierung erfahren hatte.[269] So führt Adorno im 1963 veröffentlichten *Résumé über Kulturindustrie* aus:

> „Die gesamte Praxis der Kulturindustrie überträgt das Profitmotiv blank auf die geistigen Gebilde. Seitdem diese als Waren auf dem Markt ihren Urhebern das Leben erwerben, hatten sie schon etwas davon. Aber sie erstrebten den Profit nur mittelbar, durch ihr autonomes Wesen hindurch. Neu an der Kulturindustrie ist der unmittelbare und unverhüllte Primat der ihrerseits in ihren typischsten Produkten genau durchgerechneten Wirkung. Die Autonomie der Kunstwerke, die freilich kaum je ganz rein herrschte und stets von Wirkungszusammenhängen durchsetzt war, wird von der Kulturindustrie tendenziell beseitigt, mit oder ohne den bewussten Willen der Verfügenden."[270]

So sei die Konsequenz – wie Blome in Analogie zum kulturindustriellen Theorem des ‚unverhüllten Primats' der ‚genau durchgerechneten Wirkung' und des ‚Profitmotivs' anführt –, dass man schon vorher ‚genau weiß, welche Musik einen beim offiziellen Festival erwartet' und dass dort nichts ‚passiert', d.h. keine kreative ‚Überraschung auf einen wartet', was sich nur für die Veranstalter:innen bzw. das Jazz-Establishment auszahle. Letztlich werde so die Jazzentwicklung der ‚kreativen Kräfte' blockiert, denen nur der Protest und die Veranstaltung von ei-

269 Vgl. Regenbogen 1990, S. 112.

270 Adorno (1963) 2003, S. 338. Vgl. zum Begriff der Kulturindustrie auch: Steinert 2007, S. 132 u. Niederauer 2014, S. 22f.

genen Festivals (‚Anti Festivals') bleibe. Dieses antikommerzielle Narrativ ist auch für die ab Anfang der 1980er-Jahre einsetzende Selbstverständigung der FMP hinsichtlich ihrer Genese konstitutiv. So akzentuiert Achim Forst 1981 im (vermutlich) ersten in einer FMP-Broschüre veröffentlichten Text über die Entstehung und Geschichte der FMP den kommerziellen Charakter von *Jazz am Rhein*. Demnach habe „der Wuppertaler Saxophonist Peter Brötzmann" zwar „schon lange die Idee einer Musikerorganisation im Kopf" gehabt, „aber erst in jenem politisch heißen Sommer 1968" sei für die „Musiker die Gelegenheit" gekommen, „gemeinsames solidarisches Handeln wirklich auszuprobieren". Denn „in Köln wurde damals die Kultur mit *Jazz am Rhein* gepflegt, einem protzigen Kommerzfestival zugkräftiger Namen", woraufhin die „Free-Jazz-Musiker aus Köln und Umgebung" eine „Gegeninitiative"[271] starteten. Auch Nogliks Beschreibung von *Jazz am Rhein* in der FMP-Broschüre *20 Jahre Free Music Production* als einer „aufgeblähten Veranstaltung"[272] stützt dieses tradierte Narrativ ebenso wie Klopoteks knapp 20 Jahre später entstandener Text *Free Jazz West* über die Entwicklung des westdeutschen Free Jazz. So habe im Sommer 1968 in Köln „das kommerziell organisierte, mit Stars protzende Festival ‚Jazz am Rhein'"[273] stattgefunden und habe bei der jungen einheimischen Szene, die kaum berücksichtigt worden sei, Protest provoziert.

Zu den Entitäten, die die Akteur:innen im Sommer 1968 unter spezifischen, durch die Umstände gebotenen Gelegenheiten zum Handeln brachte und ihre transformierte Positionierung (mit)bedingte, ist des Weiteren die bundesdeutsche gesellschaftliche und kulturelle Entwicklung bzw. konkreter der gegenkulturelle Bewusstseinswandel und Radikalisierungsprozess zu rechnen. So hatte nicht nur, wie Siegfried konstatiert, die vielfach noch unter dem Label *underground* firmierende Gegenkultur, d.h. das, was sich später zur Gegenkultur verfestigte 1968 ihren Durchbruch. 1968 kulminierten „vielfältige Erscheinungen, die sich seit dem Sommer 1967 auf verschiedenen Gebieten zugleich entwickelt und zu einem Klima des Aufbruchs verdichtet hatten".[274] Das Jahr 1968 habe sich auch deshalb so tief in das kollektive Gedächtnis eingegraben, weil in diesem Jahr einerseits *underground*-Kultur gesellschaftsfähig wurde und andererseits unter manchen sozialen Träger:innen dieser Kultur ein Radikalisierungsprozess vonstatten gegangen sei. Dies verdeutlicht Siegfried anhand des sich transformierenden Gebrauchs des Begriffs *underground*. So trat dieser als suggestiver Sammelbegriff mit der Entfaltung der Studierendenbewegung 1967/1968 an die Stelle der Begriffe ‚Boheme', ‚Beatniks', ‚Gammler' und ‚Provos', die nun kaum noch verwendet wurden. Der *underground*-Begriff umfasste „zunächst kulturelle Praktiken von Jugendlichen

271 Forst 1981.

272 Noglik 1989a.

273 Klopotek 2008b.

274 Siegfried 2008, S. 141.

wie Beat- und psychedelische Musik sowie Drogenkonsum“ und auch „alternative Lebensformen und linksradikale Politik“.[275] Im Laufe der Ausdifferenzierung der Szene wurde dann mit *underground* hauptsächlich die Beat- und Drogenszene benannt und der politisch motivierte Teil ausgegliedert:

> „Die Begriffe ‚Gegenkultur‘, ‚*counterculture*‘ oder ‚Gegengesellschaft‘, die dann für längere Zeit Bestand hatten [...], inkorporierten wiederum das politische Element und signalisierten überdies eine Distanzierung von oberflächlichem Kommerz und einen Konsolidierungsvorgang. Sie deuteten an, dass sich mit einer eigenen Presse, Verlagen, Wohngemeinschaften, Clubs und Kneipen, Kinderläden und einer Vielzahl von Kleinunternehmen das Korsett einer eigenständigen kulturellen Sphäre herausgebildet hatte, die sich in Opposition zur dominierenden Kultur verstand und diese zu überwinden trachtete. Allerdings sollte das bessere Leben nicht auf die Zukunft verschoben, sondern bereits in der Gegenwart verwirklicht werden. Ihr Selbstverständnis als grundsätzliche gesellschaftliche Alternative vor allem unterschied die Gegenkultur von Subkulturen, die in den Freiräumen einer dominanten Kultur, vor allem in der Freizeit, für begrenzte Zeit abweichende Stile auf relativ zusammenhängende Weise praktizierten.“[276]

Der Radikalisierungsprozess habe sich seit 1967 nicht nur im kulturellen, sondern auch in der politischen Sphäre vollzogen, was in den unmittelbar darauffolgenden Jahren eine ganz ungewohnte Mischung ergeben habe. Den einsetzenden Politisierungsschub führt Siegfried hierbei auf die tödlichen Schüsse auf den Studenten Benno Ohnesorg bei der Demonstration gegen den Staatsbesuch des iranischen Schah Mohammad Reza Pahlavi am 2. Juni 1967 in Westberlin zurück. So verschmolzen zwischen 1967 und 1969 kulturrevolutionäre und politische Strömungen „zu einem umfassenden Aufbruchklima, in dem ganz heterogene Elemente einen Platz hatten und eine Revolution greifbar nahe schien“.[277] Hinsichtlich des gegenkulturellen Bewusstseinswandels und Radikalisierungsprozesses ist zu beachten, dass dieser nicht nur einen Kontext für das Handeln der Akteur:innen darstellte, sondern die Akteur:innen bzw. der westdeutsche Free Jazz aufgrund seiner sozio-musikalischen Position, d.h. aufgrund des Konflikts mit der ihn umgebenden dominanten Kultur und der Transformation der Jazzszene selbst „zu einem Teil des Undergrounds, der Gegenkultur“[278] geworden ist. Insofern waren die Akteur:innen selbst in der sich herausgebildeten, eigenständigen kulturellen Sphäre, die sich in Opposition zur dominierenden Kultur verstand, d.h. in der Gegenkultur fest verwurzelt.[279] Mit dem Konzept der *contraculture* oder auch der

---

275 Ebd., S. 140.

276 Ebd., S. 140f.

277 Siegfried 2008, S. 146f.

278 Jost 2012, S. 245.

279 Ein besonders prominentes Beispiel dieser Positionierung ist die Teilnahme eines größeren Ensembles von Brötzmann (Brötzmanns zweite und wiederum europäisch-international besetzte *Machine Gun*-Formation) bei den knapp vier Wochen nach dem Kölner Gegenfestival beginnenden *Essener Songtagen*, die als bedeutendste Veranstal-

countercultures des US-amerikanischen Soziologen John Milton Yinger lässt sich dies auch in ideologischer Hinsicht verstehen.[280] So schlägt Yinger vor:

> „To sharpen our analysis, I suggest the use of the term contraculture wherever the normative system of a group contains, as a primary element, a theme or conflict with the values of the total society, where personality variables are directly involved in the developement and maintenance of the group's values, and wherever its norms can be understood only by reference to the relationships of the group to a surrounding dominant culture. "[281]

Da subkulturelle und gegenkulturelle Einflüsse meist gemischt auftreten und vermutlich auch die meisten Subkulturen mit ihren spezifischen Wertvorstellungen in Widerspruch zu der sie umgebenden, größeren oder dominanten Kultur stehen, insistiert Yinger auf eine möglichst präzise analytische Trennung der beiden Begrifflichkeiten. Nur so könnten die unterschiedlichen Ursprünge, die Funktion und die Konstituierung subkultureller und gegenkultureller Normen sowie des entsprechenden Verhaltens angemessen analysiert und interpretiert werden. Während für Yinger Subkultur von der kulturellen und sozialen Welt anderer *separiere*, *repräsentiere* Gegenkultur den Konflikt mit den anderen bzw. mit der sie umgebenden dominanten Kultur.[282] Entsprechend veränderte der Radikalisierungsprozess die gegebene Situation innerhalb der Gegenkultur und machte so als Aktant oder Entität einen Unterschied für die Akteur:innen, indem er das konstitutive Element, d.h. den Konflikt für die Akteur:innen zuspitzte. Insofern bedingte der Radikalisierungsprozess innerhalb der gegenkulturellen Szene – zusammen

---

tung der westdeutschen Gegenkultur gilt. Denn dass dort in einem Programm, wie Jost bemerkt, „mit den *Mothers of Invention*, Franz Joseph Degenhardt, *Floh de Cologne* und *Amon Düül* auch eine Jazz-Gruppe auftrat, war ja kein Zufall und nicht nur das Resultat einer persönlichen Marotte des Festival-Veranstalters", sondern „Ausdruck eines Szenenwechsels – im wahrsten Sinne des Wortes" (Jost 2012, S. 244) Brötzmann selbst kommt im Laufe seiner Karriere immer wieder auf die Bedeutung der Bremer *Lila Eule* zu sprechen, die sich in den 1960er-Jahren zu einem gegenkulturellen Szenelokal entwickelte hat. Aber auch Auftritte in anderen Clubs wie dem Wuppertaler Aktionszentrum *impuls* oder in westdeutschen Hochschulen dokumentieren diese Verbindung.

280 Vgl. Yinger 1960. Auch wenn Yinger in seinem 1982 erschienenem Buch *Countercultures* (Yinger 1982) nicht mehr den Begriff *contraculture* verwendet, sondern den zwischenzeitlich etablierten Begriff der *countercultures*, behält er seine begriffliche Konzeption von 1960 bei.

281 Yinger 1960, S. 629.

282 Yingers Konzeption konnte sich in der Gegenkultur- und Subkulturforschung nicht durchsetzen. Seiner Kritik u.a. an der *Chicagoer Schule* und an Cohens Subkulturbegriff folgten die Klassiker der westeuropäischen Subkulturforschung wie bspw. Sack (1971), Schwendter (1978) oder die Studien des Birminghamer CCCS (Clarke/Hall/Jefferson/Roberts 2007) nicht. Erst Diederichsen (2014) hat in Über Pop-Musik eine an Yingers Konzeption orientierte Differenzierung von Subkultur und Gegenkultur wieder aufgegriffen.

mit u.a. den Erfolg versprechenden Eigenproduktionen und -verlagen sowie der Perspektive einer unabhängigen Entwicklung in der sich herausgebildeten eigenständigen (gegen-)kulturellen Sphäre – die Positionierung der Akteur:innen hinsichtlich ihrer Zusammenarbeit mit dem Jazz-Establishment. Des Weiteren strömte das umfassende Klima des Aufbruchs ebenso zu den Akteur:innen hin wie die große „Wirkung des Frühjahrs 1968", „als sich die Aktionen" der Studierenden bündelten und sich „Massenaufmärsche und wütende Proteste gegen genau lokalisierbare gegnerische Ziele"[283] gerichtet hatten, und brachte die Akteur:innen gemeinsam mit dem Aufgebot der heterogenen und dislokalen Entitäten – wie den Aktivitäten der US-amerikanischen *Jazz Artists Guild* bzw. der *Newport Rebels*, die mangelnde Repräsentation der Akteur:innen sowie deren ökonomische Situation etc. – zum Handeln.

Zudem ging dem Kölner Gegenfestival gegen *International Jazz am Rhein '68* unmittelbar eine Ausladung von Brötzmann und seinem Orchester von den *Berliner Jazztagen* im November 1968 voraus – eine Entität die ebenfalls in das Akteur-Netzwerk des Handeln-Machens miteinzubeziehen ist. So berichtet die *Sounds* im Juli 1968:

> „Das PETER BRÖTZMANN ORCHESTER hatte bereits eine Zusage für die Berliner Jazz Tage, wurde nun aber, nach einem Konzert in Mainz mit der Barney Wilen Free Rock Group, den Citizens u.a. plötzlich wieder ausgeladen. Wohl doch nicht, weil einige seiner Musiker kaum Geld fürs Anzugbügeln ausgeben? Brötzmann wird nun in Berlin im DON CHERRY ORCHESTER vorgestellt werden. Wer in diesem Orchester spielen soll, konnten wir nicht erfahren."[284]

Wie Blome in der folgenden *Sounds*-Ausgabe aus dem September 1968 ausführt, hatte Brötzmann bereits einen Vertrag, nach dem er mit seinem Orchester bei den *Berliner Jazztagen* spielen sollte. Nach einer Vorbesichtigung von Berendt bei einem Konzert in Mainz habe dieser Brötzmann eine Absage erteilt:

> „Berendt wollte sauber gekleidete Musiker, das war Bestandteil eines Vertrags, in dem es darum ging, daß eine bestimmte Gruppe von Musikern (nämlich das Brötzmann Orchester) für das Publikum der Berliner Jazztage musizieren sollte. Da Brötzmann die saubere Kleidung seiner Orchestermitglieder natürlich nicht garantieren kann, dürfen die Besucher der Berliner Jazztage seine Musik nicht hören. Als Kompromiß bot Berendt an, Brötzmann solle doch als Gast im Don Cherry Orchester spielen."[285]

Während *Sounds* im Juli 1968 über die vom damaligen künstlerischen Leiter der *Berliner Jazztage* Berendt ausgesprochene ‚Relegation'[286] des Ensembles von Brötzmann von den *Jazztagen* berichtete, fand das nur knapp zwei Monate später

283 Hecken 2008, S. 135.
284 N.N. 1968b, S. 26.
285 Blome 1968, S. 24.
286 Vgl. Schmidt-Joos 1968a, S. 195.

stattfindende Kölner Gegenfestival in der *Sounds*-Ausgabe aus dem Juli keine Erwähnung. Es ist davon auszugehen, dass die *Sounds* – als *Deutschlands erstes Underground Musikmagazin* – das Tiefgaragen-Gegenfestival sicherlich angekündigt hätte, wenn zum Zeitpunkt des *Sounds*-Redaktionsschlusses die Durchführung des Gegenfestivals bereits festgestanden hätte. Insofern muss zum einen das Kölner Gegenfestival relativ kurzfristig und spontan zustande gekommen sein. Zum anderen dokumentieren die beiden *Sounds*-Beiträge (aus der Juli- und der September-Ausgabe), dass sich Brötzmanns Initiative für das Tiefgaragen-Gegenfestival und das Hin und Her um seinen Berliner Auftritt, das mit Berendts Mainzer Konzertbesuch begann, gleichzeitig ereigneten und sich wechselseitig bedingten. Die Ausladung des *Peter Brötzmann Orchester* von den *Berliner Jazztagen* brachte so mit den anderen dislokalen und heterogenen Entitäten nicht nur die Akteur:innen beim Kölner Gegenfestival zum Handeln, sondern vermittelt auch weitere Aufschlüsse hinsichtlich der sich transformierenden Positionierung der Akteur:innen bezüglich ihrer Zusammenarbeit mit dem Jazz-Establishment. Kisiedu hat in *European Echoes* mit Verweis auf Jost das soziale und politische Klima innerhalb der jungen Generation der späten 1960er-Jahre als entscheidenden Faktor für die Entstehung der emanzipatorischen Bestrebungen der europäischen Free Jazz-Bewegung hervorgehoben.[287] Demnach hätten vor allem zwei wesentliche Merkmale der deutschen und der französischen Studierendenbewegung, die sich 1968 auf ihrem Höhepunkt befand, Einfluss auf das Selbstverständnis der jungen Garde des europäischen Free Jazz gehabt: „Erstens eine allgemeine Abneigung gegen Autorität jeder Art und zweitens ein latenter Anti-Amerikanismus, der durch die verheerenden Folgen des Vietnamkrieges verstärkt“[288] worden sei. Auch die Musikwissenschaftlerin Beate Kutschke habe, wie Kisiedu weiter ausführt, den Kampf gegen den Autoritarismus in beiden Teilen Deutschlands als entscheidendes Unterscheidungsmerkmal der Studierendenbewegung von ihren Pendants in anderen Ländern identifiziert.[289] Diese antiautoritäre Haltung habe maßgeblich zu einer Transformation der Nachkriegsgesellschaft durch symbolische Aktionen im soziokulturellen Bereich geführt und laut dem Musikwissenschaftler Arnold Jacobshagen und dem Historiker Markus Leniger letztlich dazu, dass traditionelle Verhaltensweisen und gewohnte gesellschaftliche Rituale durch „neue ‚Gegenrituale‘, ungewöhnliche Formen öffentlicher Performanz wie Sit-ins, Go-ins oder Teach-ins sowie generell durch einen informellen Habitus“[290] ersetzt worden seien. Mitten in der gegenkulturellen Radikalisierungsphase mit ihrem antiautoritären Charakter wurde Brötzmann so durch die Auseinandersetzung um seinen Auftritt bei den *Berliner Jazztagen* unmittelbar mit der Gängelung durch das

287 Vgl. Kisiedu 2020, S. 47ff.

288 Jost 2012, S. 233.

289 Vgl. Kutschke 2013, S. 157.

290 Jacobshagen/Leniger 2007, S. 9, vgl. Kisiedu 2020, S. 49.

Jazz-Establishment in Fragen der Kleiderordnung konfrontiert, was die konkrete Situation für die Akteur:innen veränderte, d.h. einen Unterschied machte, und so ihr Handeln beim Kölner Gegenfestival bedingte.

Doch nicht nur die Durchsetzung der Kleiderordnung dürfte die transformierende Positionierung der Akteur:innen hinsichtlich ihrer Zusammenarbeit mit dem Jazz-Establishment bedingt haben. Denn für Berendt scheint es noch andere Gründe für die Relegation des Orchesters gegeben zu haben. Gründe, die im musikalischen Bereich angesiedelt sind. So bemerkt Berendt im Rahmen seines *Jazz Podium*-Beitrags (November 1968) *Vom Missverhältnis von Anspruch und Leistung* über die *Essener Song Tage*: „Noch besser – und weit anspruchsvoller – war der Auftritt Peter Brötzmanns mit seinem Oktett, einer Besetzung, die er offenbar souveräner meistert als die verunglückte Mainzer Big Band."[291] Berendt war also mit der Performance des *Peter Brötzmann Orchester* in Mainz in musikalischer Hinsicht unzufrieden. Dass Berendt als einer der prominentesten Vertreter:innen des von den Akteur:innen kritisierten Jazz-Establishments in der BRD in der Phase einer sensibilisierten Wahrnehmung von Autoritarismus (jeder Art) den Auftritt des Orchesters von Brötzmann öffentlich als musikalisch ‚verunglückt' charakterisiert und in der Folge das Orchester wieder von den *Jazztagen* auslädt, dürfte sowohl die Vorbehalte gegen eine Zusammenarbeit mit dem Jazz-Establishment weiter gestärkt als auch die antiautoritäre Haltung der Akteur:innen weiter bestärkt haben. Dies bedingte die *agency* der gegenkulturellen Verwurzelung der Akteur:innen und deren Handeln noch in einer weiteren Hinsicht. So berichtet Brötzmann retrospektive bei den Oral History-Interviews zur Problematik einer Zusammenarbeit mit dem Establishment – gerade auch – innerhalb der sich herausgebildeten gegenkulturellen Sphäre:

> „Es gab dann ja, als *Machine Gun* passierte, in der Presse ziemlich viel Rummel und so weiter. Und dann gab es einen Anruf von Siggi Loch, der damals, ich glaube, für die Jazz-Geschichten bei *Deutsche Grammophon* in Hamburg produzierte. Und der bot mir an, die *Machine Gun*-Band weiter zu produzieren. Und da habe ich aber ‚Nee' gesagt. – Wer weiß, wie sich Dinge entwickelt hätten, wenn ich da ‚Ja' gesagt hätte. Aber ich war der festen Überzeugung, wir machen das selbst. Und sich mit dem Establishment einzulassen, war in diesen Zeiten sowieso ein Ding der Unmöglichkeit (lacht). Blieb einem gar nichts anderes übrig."[292]

---

291 Berendt 1968b, S. 347.

292 Brötzmann, Interview mit dem Verfasser, 12.7.2015, Interview-ID 455. Siegfried E. Loch war in den 1960er-Jahren einer der „einflussreichsten Manager der Schallplattenindustrie" (Siegfried 2008, S. 145). 1962 wurde er mit 22 Jahren Labelmanager bei der Hamburger Plattenfirma *Philips*, wo er gegen Widerstände des Managements das *Star Club*-Label durchsetzte und eng mit den Konzertveranstaltern *Lippmann + Rau* kooperierte. In den später 1960er- und den früher 1970er-Jahren baute er, wie Siegfried weiter berichtet, für die Plattenfirmen *Liberty* und *Kinney* den westdeutschen Markt auf und wurde schließlich Europa-Manager der WEA in London. (Vgl. ebd.)

Dass sich gerade in Köln den Akteur:innen die Gelegenheit zum Handeln bot, bedingten verschiedene Entitäten und Gegebenheiten. So hatten die in Köln, Wuppertal und Düsseldorf ansässigen Free Jazz-Musiker:innen ein unmittelbares und besonderes Augenmerk auf die jazzmusikalischen Geschehnisse vor Ort. Und so dürfte es ihnen nicht entgangen sein, dass der von den Akteur:innen kritisierte WDR, der den Neuen Jazz in seinem Programm nicht angemessen berücksichtigt habe[293] (und dies obwohl sich gerade in seinem Sendegebiet ein Zentrum des Neuen Jazz gebildet habe), ein Festival unterstützte, bei dem die Avantgarde (abermals) unberücksichtigt blieb. Hierbei ist zum einen zu bedenken, dass die Nichtberücksichtigung der rheinländischen Musiker bei *Jazz am Rhein* in deutlicher Diskrepanz zu der medialen Aufmerksamkeit stand, die ihnen damals zuteil wurde. Dies bezieht sich nicht nur auf Hampel, Schoof, Schlippenbach, Dudek etc., sondern auch auf den Newcomer Brötzmann, der laut Miller inzwischen „von der Kritik in die erste Garnitur der europäischen Jazzmusiker hineingelobt“[294] worden sei. Auch die Auftritte mit seiner internationalen *Machine Gun*-Formation (mit Niebergall, Kowald, Bennink, Johansson, Van Hove, Parker, Dudek und Breuker) seien bei den westdeutschen Festivals (wie beim *Deutschen Jazzfestival* in Frankfurt) im Frühjahr 1968 „vom Publikum enthusiastisch gefeiert“ worden. Beim Nürnberger *Jazz Ost West* habe „ein vor Begeisterung tobendes Publikum das Brötzmann-Ensemble noch nach etlichen Zugaben nicht von der Bühne lassen“[295] wollen. Und für Anfang November war Brötzmann mit seinem *Machine Gun*-Ensemble ja von Berendt zu den renommierten *Berliner Jazztagen* eingeladen worden. Zum anderen ist die veränderte Programmkonzeption von *International Jazz am Rhein '68* im Vergleich zu *Jazz am Rhein* im Vorjahr zu berücksichtigen. Denn das Besondere von *Jazz am Rhein* 1967 war, dass bis auf zwei Ausnahmen – der *Harbour Jazz Band* (aus Rotterdam) und den *Hot Owls* (aus Hamburg) – alle „Beteiligten aus Köln oder seiner Nachbarschaft stammten“.[296] Die erste Ausgabe von *Jazz am Rhein* 1967 repräsentierte so laut Schulz-Köhn einen „Querschnitt durch das Jazzgeschehen von Köln“, wie dieser hinsichtlich der von *Electrola* mitgeschnittenen LP *Jazz am Rhein* (*Columbia* SMC 74 334) betonte. Dies hatte dazu geführt, dass 1967 (zumindest) das *Manfred Schoof Quintet* (Schoof: tp; Schlippenbach: p; Dudek: ts; Niebergall: b; Liebezeit: dr) sowie auch das Quartett des Posaunisten Horst Gmeinwieser beim Festival vertreten waren – einem weiteren ehemaligen Schüler aus Edelhagens Ende der 1950er-Jahre eingerichteten Jazzklasse an der staatlichen Hochschule für Musik in Köln[297], der auch 1966 bei *Globe Unity* mit-

293 Vgl. *Sounds* 1 (Winter 1966/67), S. 27.

294 Miller 1968, S. 16.

295 Ebd.

296 K. 1967, S. 228.

297 Der Jazzkurs an der Kölner Musikhochschule war der erste seiner Art in der BRD und ist, wie Knauer hinweist, als direkter Vorläufer der sich erst in den 1970er-Jahren sukzessive etablierenden Jazzstudiengänge anzusehen. (Vgl. Knauer 2019, S. 205) Wie

gewirkt hatte. Während *International Jazz am Rhein '68* vorrangig internationalen Mainstream fokussierte.

Zudem waren die Voraussetzungen für die Organisierung eines Gegenfestivals in Köln aufgrund des sozialen Netzwerks der Akteur:innen, das durch das Tiefgaragen-Gegenfestival weiter gestärkt wurde, äußerst günstig (Schlippenbach: ‚dieses Ereignis hat uns dann noch mehr auf einer gemeinsamen Bühne zusammengebracht'). Das soziale Netzwerk betraf hinsichtlich des Gegenfestivals nicht nur die Präsenz der in und um Köln ansässigen Free Jazz-Musiker:innen sowie der *Sounds*, sondern auch Brötzmanns Aktivitäten als bildender Künstler. Obwohl Brötzmann beim Oral History-Interviews beteuert, sich „kaum noch" an das Kölner Gegenfestival und dessen Entstehung erinnern zu können, vermutet er hinsichtlich des konkreten Zustandekommens einen Zusammenhang mit seiner Tätigkeit für Paik:

> „Nach der Paik-Zeit, da hatte Vostell ja in irgendeiner Tiefgarage eine Art von, na ja, Happening. Und da Paik nicht konnte, der war zurück in Japan – oder war das schon die Zeit, wo er in den Staaten zurück war? –, hatte er mich gebeten, seine präparierten Klaviere da aufzustellen und auch zu bedienen. [...] Und ich glaube, aufgrund dessen hatte ich dann die Idee, als damals die Zusammenarbeit mit Schoof und Schlippenbach anfing – machen wir doch was."[298]

Woran sich Brötzmann in dieser Interviewpassage erinnert, ist die Teilnahme des (von Wolf Vostell, Mauricio Kagel, Alfred Feussner, Fritz Heubach u.a. gegründeten) *Labors zur Erforschung akustischer und visueller Ereignisse* beim Kölner *Kunst(Jahr)markt* im Oktober 1968. Dieser wurde parallel zum etablierten Kölner *Kunstmarkt* in vielen kleinen Galerien und Zelten auf dem Neumarkt veranstaltet.[299] Das *Labor* hatte als Veranstaltungsort für seine Aktionen die noch nicht fertiggestellte Tiefgarage unter der (in der Cäcilienstraße am Neumarkt gelegenen) *Kunsthalle* gewählt.[300] Die Aktion *5-Tage-Rennen* des *Labors* war vom 15. Bis zum 20. Oktober auf tägliche Veranstaltungen mit über das Parkhaus verteilten Vorführungen und Präsentationen ausgelegt – u.a. mit Altorjays *Kurzschluss*,

---

Schulz-Köhn bemerkt sei durch die Jazzklasse Edelhagens und dessen sonstige Aktivitäten Köln, „erst recht eigentlich zu dem Zentrum geworden" sei, das es „heute ist", und habe „direkt und indirekt Kräfte angezogen" (Schulz-Köhn [1967] 2017, S. 4). Auch Schoof traf soin Köln nicht nur auf Schlippenbach und Dudek, sondern auch (wieder) auf Niebergall und Liebezeit, mit denen er bereits in Kassel in einer Schülerband gespielt hatte.

298 Brötzmann, Interview mit dem Verfasser, 12.7.2015, Interview-ID 465.

299 Vgl. Custodis 2004, S. 188, vgl. Galerie Inge Baecker 2017.

300 Vgl. ebd. Die *Kunsthalle* wurde 1967 eröffnet und anlässlich des 90. Geburtstages von Josef Haubrich am 15. Juni 1979 in *Josef-Haubrich-Kunsthalle* umbenannt. Das Ausstellungsgebäude am Neumarkt existiert heute nicht mehr. Das Gebäude wurde wie der benachbarte Kunstverein 2001 für den Museumskomplex am Neumarkt abgerissen. (Vgl. Rossmann 2012)

Feussners *Vorspann*, Heubachs *Kommunikation*, Kagels *Ornithologica Multiplicata*, Paiks Auswahl aus der *Ausstellung der Musik*, Vostells *Magnetostriktion in Milch und Stützpunkt* sowie dem von Reinecke und Immendorf realisierten *Lidlraum*.[301] Für diese Ausstellung des *Labors* überarbeitete Brötzmann in der Tiefgarage am Kölner Neumarkt Exponate aus Paiks *Exposition of Music*-Ausstellung.[302] Obwohl das Tiefgaragen-Gegenfestival nicht in diesem Parkhaus, sondern in der nahegelegenen Tiefgarage der Kölner Ladenstadt stattfand, ist davon auszugehen, dass der Veranstaltungsort des Gegenfestivals im Kontext der Vorbereitungen zum *Labor*-Projekt zustande kam.

Mit dem Ereignis des Kölner Gegenfestivals artikuliert sich auch die transformierte Positionierung der Akteur:innen hinsichtlich ihrer Zusammenarbeit mit dem Jazz-Establishment. Hierdurch wurde das Tiefgaragen-Gegenfestival auch zum Ereignis einer neuen Übersetzung oder Vermittlung, d.h. zu einem Mittler. So berichtet Brötzmann der *Sounds* gegenüber, dass „in Berlin eine ähnliche Sache, noch größer, noch besser, stattfinden soll: ein Anti-Festival zu den Berliner Jazztagen!"[303] Mit dem Berliner Anti-Festival beginne, wie Blome in seiner Kommentierung des Gegenfestivals in *Sounds* vom September 1968 erneut prophezeit (d.h. laut seiner Voraussage des (erhofften) Durchbruchs des Neuen Jazz in der BRD beim *Deutschen Jazzfestival* 1966) eine „neue Ära":

> „Hier beginnt eine neue deutsche Jazzgeschichte, die nicht mehr von den Kritikern und Promotern, sondern von den Musikern selbst geschrieben wird. Ein Zeitalter in dem es unmöglich sein wird, daß sich Schreibtisch-Jazzer Gruppen nach eigenem Gutdünken zusammenzustellen, was letztlich nur ihnen, nicht aber den Musikern dient."[304]

Blome erwartet deshalb eine Zäsur und den Beginn einer vom störenden Einfluss des Kommerzialismus befreiten Jazzgeschichte (die nun ‚von den Musikern selbst geschrieben wird'), weil Brötzmann Berendts Kompromiss (als Gast in Cherrys Formation aufzutreten) ablehnt – und so einer Zusammenarbeit mit dem Jazz-

---

301 Custodis 2004, S. 188. Nachdem am zweiten Abend eine großflächige Filmpräsentation in einem noch nicht fertiggestellten U-Bahnhof durch ein Großaufgebot der Kölner Polizei beendet wurde, erklärte das *Labor* sich mit den Film-Veranstaltern solidarisch und sagte die eigenen Vorstellungen der kommenden Tage ab." (Ebd.)

302 Vgl. Schmidt 1999, S. 122. Brötzmanns Arbeit an einem präparierten Klavier aus der Wuppertaler *Exposition of Music*-Ausstellung in der Tiefgarage dokumentieren Fotos von Wilfried Bauer. (Vgl. Brötzmann 2003, S. 16, vgl. Schmidt 1999, S. 122) Dass die Fotos von Bauer beim Aufbau der Ausstellung *Sammlung Hahn – Zeitgenössische Kunst* (3.5.–7.7.1968 im *Wallraf-Richartz-Museum*, Köln) entstanden sein sollen, wie Corbett meint (vgl. Brötzmann 2003, S. 12 u. 16), lässt sich nicht bestätigen. Das in der Tiefgarage von Bauer fotografierte Klavier, das Brötzmann bearbeitet, ist nicht mit dem im *Sammlung Hahn*-Ausstellungskatalog (Kat. Nr. 85) abgebildeten präparierten Klavier identisch. (Vgl. Wallraf-Richartz-Museum 1968, S. 80)

303 Blome 1968, S. 24.

304 Ebd.

Establishment eine Absage erteilt: „Peter Brötzmann sagt ab!“[305] Wenngleich Brötzmann und Cherry bereits seit Mitte der 1960er-Jahre mehrfach zusammengearbeitet haben (und auch ein freundschaftliches Verhältnis pflegten[306]), ist davon auszugehen, dass Berendts Vorschlag in der Phase der gegenkulturellen Radikalisierung und der sensibilisierten Wahrnehmung von Autoritarismus jeglicher Art erneut die Vorbehalte der Akteur:innen gegenüber dem Jazz-Establishment gestärkt haben dürften. Denn Berendts Problemlösung (Brötzmann in Cherrys Ensemble zu delegieren) implizierte aufs Neue eine Art Gängelung sowie eine aus Sicht der Akteur:innen störende oder korrumpierende Einflussnahme des Establishments auf die musikalische Sphäre und die künstlerische Autonomie der Akteur:innen. Wie die mediale Vermittlung der engagierten Kritiker verdeutlicht, d.h. Millers Kritik des abstrakten Profitinteresses und dessen Durchsetzung durch das Jazz-Establishment sowie auch Blomes Kommentierung von *Jazz am Rhein* wurde hinter dieser Einflussnahme letztlich Profitstreben und Kommerzialismus vermutet. Ausgehend vom Kölner Gegenfestival (‚eine ähnliche Sache‘, aber ‚noch größer, noch besser‘) lokalisiert Brötzmann so als das neue Ziel des Protests gegen das Jazz-Establishment die *Berliner Jazztage* Anfang November 1968. Gegen diese sollte zeitgleich in Westberlin ein Anti- oder Gegenfestival organisiert werden. Das nächste Kapitel wendet sich diesem Berliner Gegenfestivals – dem (ersten) *Total Music Meeting* 1968 –, dessen Zustandekommen und insbesondere der Entfaltung des Akteur-Netzwerks zu, das die Akteur:innen zum Handeln brachte und den Zusammenschluss der Musiker:innen bedingte.

Das *Total Music Meeting '68* gegen die *Berliner Jazz Tage '68*, Herbst 1968

Im Gegensatz zum Kölner Tiefgaragen-Gegenfestival lässt sich die konkrete Organisation und Vorbereitung des Berliner Gegenfestivals (*Total Music Meeting*) sehr gut rekonstruieren. So berichtet Gebers 1971 im *Jazz Podium*, dass der „Entschluss, während der Berliner Jazztage 1968 ein sogenanntes ‚Gegenfestival‘ auf die Beine zu stellen“[307], bei den knapp vier Wochen nach dem Kölner Gegenfestival beginnenden *Essener Songtagen* (vom 25. bis 29. September 1968) gereift sei. Demnach konkretisierten Gebers und Brötzmann sowie vermutlich auch die Musiker aus Brötzmanns Oktett (wie u.a. Kowald, Bennink, Breuker, Van Hove, Parker) und der ebenfalls mit seiner Formation *Time is Now* (u.a. mit McLaughlin, Gorter) in Essen anwesende Hampel die Planungen für Brötzmanns bereits medial in *Sounds* und *Jazz Podium* verbreitetes Vorhaben eines Gegenfestivals in

305 Ebd.

306 Vgl. Brötzmann, Interview mit Müller, 31.8.2011, zit. nach Müller 2022, S. 21.

307 Gebers zit. nach Margull 1971, S. 209f.

Westberlin.[308] Gebers' Referenzierung der *Essener Songtage* im *Jazz Podium* unterstreicht erneut die Verwurzelung der Akteur:innen in der ‚Gegenkultur'. Denn die *Essener Songtage* gelten als *Festival der subkulturellen Musik* mit ihren rund 40.000 Teilnehmenden als die bedeutendste Veranstaltung der westdeutschen Gegenkultur.[309] Über das Zustandekommen des Berliner Gegenfestivals und die Planungen berichtet Gebers bei den Oral History-Interviews:

> „Wir hatten dann überlegt, ob wir nicht irgendwas machen können, weil Brötzmann wieder ausgeladen wurde: der sollte beim *Jazzfest* spielen und ist da wieder ausgeladen worden. Und dann haben wir uns zusammengesetzt und haben gesagt: ‚Na ja gut, probieren wir mal was, machen wir. Irgendwie werden wir das schon hinkriegen.'[310]
> Ich hatte gerade John Stevens kennengelernt. Ich war im Sommer in London – und ja, der könnte kommen – und hatte einen Draht zu Gunter [Hampel]. Ich wusste gar nicht mit welcher Kapelle der kommt. [...] Brötzmann sowieso, Alex [von Schlippenbach] und so, das war alles nicht so das Ding. Und das war dann ganz schnell geplant, was da zu passieren hat."[311]

Im Zusammenhang mit den spezifischen Umständen bzw. den gebotenen lokalen Gelegenheiten, die mittels der dislokalen, heterogenen und diversen Entitäten die Akteur:innen beim *Total Music Meeting* in Westberlin zum Handeln brachten, ist vor allem Gebers zu nennen. Der Bassist des *Donata Höffer Trio* (1966–1969), die auch unter dem Namen *Donata Höffer Group* firmierte, war bereits seit Jahren in der Westberliner (Free) Jazz-Szene aktiv und entsprechend orts- und szenekundig. Darüber hinaus beschränkten sich Gebers' Aktivitäten keineswegs auf die eines Musizierenden. Bei den Oral History-Interviews berichtet Gebers über seine bereits seit Ende der 1950er-Jahre organisatorischen Aktivitäten in Westberlin und die dortige Szene, wobei er auch die Verbindungen zu anderen künstlerischen Sparten und deren Akteur:innen andeutet:

> „Ich habe in Berlin ja nicht nur Bass gespielt, sondern habe auch immer versucht, irgendwelche Sachen zu organisieren. Also wenn wir irgendeinen Platz gefunden haben, dann haben wir immer noch gleich ein paar Termine für Kollegen gemacht. Sven [-Åke Johansson] lebte ja auch zu der Zeit in Berlin – hatte auch so ein Trio da. Dann lebte Rüdiger Carl in Berlin, mit dem habe ich auch wiederum gespielt – mit einem Quartett oder so. Und irgendwie haben wir uns dann kennengelernt: der Brötzmann und ich. Und dann haben wir öfter mal in Berlin zusammengespielt. Das war in verschiedenen Läden: In der *Jazz-Galerie*, das war so ein Laden, den der Geschäftsführer vom SFB-Tanzorchester für seine Musiker machte: dass die mal ein bisschen Jazzmusik spielen konnten. Und da konnten wir immer spielen. Dann in irgendwelchen Clubhäusern und weiß ich nicht was. Und dann aber auch, wenn er mal mit einer speziellen Truppe unter-

308 Müller (2022, S. 22) geht davon aus, dass das *Total Music Meeting* ausschließlich von Brötzmann zusammen mit Gebers organisiert wurde.

309 Vgl. Siegfried 2008, S. 144, vgl. N.N. 1968c, S. 213f.

310 Gebers, Interview mit dem Verfasser, 27.3.2015, Interview-ID 9.

311 Gebers, Interview mit dem Verfasser, 22.5.2015, Interview-ID 345.

wegs war, rief er an und sagte: ‚Jost, kannst du nicht irgendwas machen?' Oder Bennink war da und brauchte ein Schlagzeug: ‚Kannst du ein Schlagzeug …?'[312]
Ich habe von 1959 bis 1962 – ganz genau weiß ich das nicht mehr – so einen Jazzclub[313] gemacht. Und da war es so, dass wir nicht nur die Musiker da hatten, sondern wir hatten dann auch immer Lesungen. Und aus der Zeit kenne ich den Günter Grass eben noch, der hat da auch gelesen. Die Interessen und die Diskussionen, die da dann passierten, gingen weit über die Musik hinaus. Auch Uwe Johnson hat dort gelesen. Alle möglichen Leute."[314]

In der zweiten Hälfte der 1960er-Jahre gründete Gebers, wie er bei den Oral History-Interviews erläutert, ein „kleines Studio in der Olbersstraße"[315] in Berlin-Charlottenburg. Unter dem Namen *Workshop* fungierte das Studio zugleich auch als Kellerclub. Wie Gebers bei den Interviews weiter ausführt, hatte er im Keller seiner Arbeitsstätte das Studio selbst ausgebaut: „Ich hatte in dem Jugendclub, in dem ich arbeitete, den Keller ausgebaut, wo wir Musik machten".[316] Im *Workshop* gab es (meist) freitagabends ab 20 Uhr Live-Konzerte: wie bspw. mit den *Art Bubbles*, der *Donata Höffer Group*, der *Peter Barth Unit* oder dem *Rüdiger Carl Trio*. Der Musiker Carl erinnert sich 2011 in seinen Gesprächen mit Oliver Augst wie folgt an Gebers, dessen organisatorisches Talent, seinen *Workshop*-‚Kellerclub' (als eine ‚Keimzelle') und die damalige ‚Free-Szene' in Westberlin:

„64 oder 65 habe ich dann den Jost Gebers kennengelernt. Und der sagte, ich habe so einen kleinen Kellerclub, Olbersstraße nahe Charlottenburger Schloss, komm da mal mit deinem Horn vorbei, da kannst du mal hören, wo es heutzutage musikalisch langgeht, und ab da hatte ich mit dem Gebers Kontakt. Er hatte damals einen Fulltimejob als Sozialmann in so einem städtischen Jugendheim und dort viel lockere Zeit, er musste irgendwie nur Bälle rausgeben, Streit schlichten und gucken, dass da nichts angezündet wurde im Hof, also so ein öffentliches Haus, wo Kinder und Jugendliche sich tagsüber beschäftigen konnten, Spiele ausleihen, so ein bisschen halb betreut. Jugendheimleiter hieß diese Senatsstelle. Und siehe, da hatte der sich im Kellergeschoss seinen eigenen schallgedämpften mini free music-Club gebaut, kleine Bühne, ein bisschen Studioequipment und Platz für vielleicht 30 Leute. Unternehmerisch war er ja immer schon, und in West-Berlin war er bald eine feste Größe als äußerst engagierter Konzert- und Festivalveranstalter, Studiobetreiber, Mittelbeschaffer und FMP-Chef über lange 40 Jahre. Kontrabass hat er damals auch noch gespielt, und er war über die aktuelle Szene im Avantgarde-Jazz und der Neuen Musik bestens im Bilde. Und dort tauchten allmählich jede Menge Leute auf, junge Musiker aus allen Weltecken, aber auch bloß interessierte, die in Berlin Anschluss suchten in dieser Free-Szene. […]
Da stand sogar auch ein Stutzflügel, der Gebers hat das immer alles auf die Reihe gekriegt. Das sprach sich schnell herum, und alles, was in der Stadt an interessierten Mu-

312 Gebers, Interview mit dem Verfasser, 27.3.2015, Interview-ID 8.
313 Der Jazzclub, von dem Gebers berichtet, befand sich in einem Keller in der Niebuhrstraße im Stadtteil Berlin-Charlottenburg.
314 Gebers, Interview mit dem Verfasser, 27.3.2015, Interview-ID 55.
315 Gebers, Interview mit dem Verfasser, 14.8.2015, Interview-ID 540.
316 Gebers, Interview mit dem Verfasser, 22.5.2015, Interview-ID 361.

sikanten rumlief und nicht im traditionellen Jazz festklebte, schaute irgendwann mal vorbei, hin und wieder sogar ein Promi. [...]
Das war sicher eine Keimzelle der ersten originaleren Spuren, die in Berlin gelegt wurden. Die Gesamtszene war ja damals eher, sagen wir mal, wie in Hamburg oder München, wir spielen Modern Jazz und ein bisschen Hardbob oder Soul-Jazz und Latin, macht's euch bequem. Genuin fand eigentlich da gar nichts statt, es wurde nur mal besser, mal schlechter nachgemacht. [...]
Auch den Sven[-Åke Johansson] hab ich kennengelernt in dem Keller. Der hatte dort sein Schlagzeug aufgebaut, zum Üben. Und so haben wir dort die ersten Duette beim Gebers zusammen gespielt, 65, glaube ich."[317]

Aufgrund ihrer Unabhängigkeit von der Musikindustrie und vom Jazz-Establishment waren die Akteur:innen bei der Organisierung des Gegenfestivals – wie auch bei der Produktion ihren Eigenveröffentlichungen – auf alternative Produktionsmöglichkeiten angewiesen. Dies war aufgrund der gebotenen lokalen Gelegenheiten infolge von Gebers' Aktivitäten als Musiker und als Betreiber (*Workshop* und Studio in der Olbersstraße, Jazzclub in der Niebuhrstraße) bezüglich Equipment, Kenntnis der möglichen Veranstaltungsorte und der nötigen Kontakte in der Szene gegeben. So fand Gebers bei den Vorbereitungen für das Gegenfestival einen ‚sehr angesagten' Veranstaltungsort – der jedoch aufgrund der szenespezifischen Gegebenheiten selbst schwerwiegende Probleme erzeugte. So berichtet Gebers bei den Oral History-Interviews, dass alles „mit irren Schwierigkeiten" begonnen habe. Denn nachdem bereits „alles geplant und fertig organisiert" gewesen sei, sei „der Laden, wo das ursprünglich stattfinden sollte", „zugemacht" worden – „wegen Drogen"[318]:

„Das erste *Total Music Meeting* sollte in einer Diskothek am Ku'Damm-Eck sein: Ku'Damm/Joachim-Friedrich-Straße, im 1. Stock. Das war eine wirklich sehr angesagte Diskothek. *Sun* hieß der Laden. Wo also auch Brötzmanns *Machine Gun* lief oder so

317 Carl zit. nach Ihle/Zimmermann 2014, S. 67ff. Carls Erinnerungen stimmen weitgehend mit seinen Äußerungen im *Jazz Podium* aus dem Frühjahr 1973 überein. Dort berichtet Carl (bzw. Fröse, der Autor des *Jazz Podium*-Artikels) über sein erstmaliges Zusammentreffen mit Gebers: „He, was macht ihr denn da für'n Scheiß! Wir stehen da schon ganz woanders. Kommt doch mal rüber zu uns!" (Carl zit. nach Fröse 1973c, S. 18) „Zu denen, die so sprachen, gehörte der Bassist Jost Gebers, heute zentraler Manager der *Free Music Production* in Berlin, und die Klavierspielerin Donata Höffer, heute renommierte Theater- und TV-Schauspielerin. ‚Das war so der Beginn der deutschen Avantgarde in Berlin, 1966', resümiert Carl. Er spielte dann zumeist in Trio-Besetzung und meist auf der Flöte mit Jost Gebers und wechselnden Schlagzeugern, dem Briten Alan Skinner, dem Schweden Sven Ake Johansson, der auch mit Brötzmann arbeitete, mit Fred Braceful. Es gab auch abenteuerliche Versuche, etwa mit drei Schlagzeugern, drei Bassisten und Saxofon: ‚Es ging ziemlich turbulent her, es wurde überhaupt nicht mehr harmonisch gespielt, auch rhythmisch ganz frei. Wir nannten das damals ‚kaputt' spielen!'" (Fröse 1973c, S. 18)

318 Gebers, Interview mit dem Verfasser, 22.5.2015, Interview-ID 345.

– zwischendurch. Alles solche Geschichten. Aber das war eben auch ein riesiger Umschlagplatz für Drogen. Einen Monat – oder eineinhalb – bevor das alles losgehen sollte, haben sie den Laden zugemacht und wir mussten ganz schnell was anderes finden. Und ich kannte zu der Zeit den Steve vom *Steve Club*, in dem auch Ihno von Hasselt arbeitete, der dann irgendwann der Geschäftsmacher vom *Jazzfest* wurde. Und der vermittelte dann den Kontakt zu einer Studententruppe, die mehrere Läden in Berlin machten. Und die fingen gerade mit diesem *Quartier von Quasimodo* an. Und: ‚Ja, ob wir da was machen könnten?' So kamen wir in diesen Laden."[319]

Gebers' Ausführungen illustrieren Siegfrieds Charakterisierung des *underground* und die enge Verbindung jugendkultureller Praktiken (inkl. des Drogenkonsums) und alternativer Lebensformen sowie politischen Haltungen (inkl. der Distanzierung von oberflächlichem Kommerz) und dokumentieren aufs Neue die Verwurzelung der Akteur:innen in der Gegenkultur. So kann das Gegenfestival schließlich im Undergroundlokal *Quartier von Quasimodo*[320] (Kantstraße/Ecke Fasanenstraße) in der damaligen City West – unweit des *Kurfürstendamm*, *Kaiser-Wilhelm-Gedächtniskirche* und Bahnhof *Zoologischer Garten* – im (damaligen) Bezirk Charlottenburg stattfinden. Ausgehend von der gegenkulturellen Verortung des Gegenfestivals lässt sich auch der sozio-kulturelle und habituelle Abstand zu den *Berliner Jazztagen* ermessen. Diese wurden seit 1964 in der Berliner *Philharmonie* veranstaltet. Die *Philharmonie* – als neues Konzerthaus der *Berliner Philharmoniker* – war der erste Neubau eines vom Berliner Senat Ende der 1950er-Jahre geplanten Kunstzentrums zwischen Tiergarten und Landwehrkanal, unweit von der Mauer am Potsdamer Platz entfernt. Bei ihrer Eröffnung im Oktober 1963 wurde die nach einem Entwurf des Architekten Hans Henry Bernhard Scharoun erbaute *Philharmonie* als „eines der Wunderwerke der modernen Baukunst"[321] gefeiert und mit Beethovens *9. Sinfonie* (dirigiert von Herbert von Karajan) eingeweiht. Zum damaligen Publikum und zu den *Berliner Jazztagen* bemerkt Brötzmann bei den Oral History-Interviews:

„Ich denke, dass wir in diesen frühen Jahren schon unser ganz spezielles Publikum hatten: Ganz viel aus der Studentenbewegungsgeschichte und ganz viel, die auch mit dem Establishment nichts zu tun haben wollten, und ganz viel, die einfach was anderes hören wollten. Und es gab ja, Gott sei Dank, auch immer ein paar, die beides hören wollten – das schon. Aber wir hatten schon ein anderes und auch ein viel jüngeres Publikum als die *Jazztage* zum Beispiel. Ich meine, zu den *Jazztagen* gingen die Damen noch in ihren Ballkleidern, ihren Abendkleidern und der Bürgermeister saß in der ersten Reihe. Wie hieß der damals noch? Schütz, glaube ich, hieß der damals. Und dann, ja, spielte eben Ellington: auch wunderschön. Ich habe Ellington ein paar Mal da gesehen und es war

319 Gebers, Interview mit dem Verfasser, 27.3.2015, Interview-ID 18b.

320 Die Schreibweise in den Flyern des *Total Music Meeting* lautete: „QUARTIER DES QUASIMODO / 1 berlin 12, kantstraße ecke fasanenstraße (delphi)." (Total Music Meeting 1968a).

321 N.N. 1963, S. 104.

immer gut – aber dieser ganze Zirkus drum herum. Nee. Durch die Basisarbeit in den drei, vier Kneipen, wo wir regelmäßig spielten, hatten wir doch schon auch ein Publikum an uns gebunden: ein anderes."[322]

Auch retrospektiv verweist Brötzmann so in der Interviewpassage auf die Verwurzelung der Akteur:innen in der Gegenkultur – und die dortigen alternativen Haltungen und Lebensformen –, die das ‚ganz spezielle Publikum' des westdeutschen Free Jazz in der zweiten Hälfte der 1960er-Jahre, von dem Brötzmann berichtet, mitbedingte. Bereits 1979 führte Gebers zum damaligen Publikum und zur engen Verbindung mit der Gegenkultur aus, dass „die Leute, die damals anfingen über politische Dinge anders nachzudenken", da plötzlich eine Musik gefunden hätten, die anders funktioniert habe – und die sie sich „schnell unter den Nagel gerissen"[323] hätten. Deshalb seien damals die Free Jazz-Konzerte und Clubs immer relativ gut besucht gewesen. Die Verbindung von alternativen Lebensformen und politischer Einstellung traf so in der sich herausgebildeten eigenständigen (gegen-)kulturellen Sphäre auf eine Musik, die u.a. kraft ihres gegenkulturellen und unabhängigen Impetus, ihrer (normativ) aufgeladenen Ästhetik und ihrer gegenkulturellen und avantgardistischen Positionierung (d.h. voranzuschreiten und was die revolutionäre Schule betraf gesellschaftlich-emanzipative Impulse initiieren zu wollen) innerhalb der Szene auf großen Zuspruch stieß[324] – vor allem in der Phase der gegenkulturellen Radikalisierung in der zweiten Hälfte der 1960er-Jahre. So unterstreicht Gebers: „Für uns war es damals gut, daß sie kamen, weil

---

322 Brötzmann, Interview mit dem Verfasser, 12.7.2015, Interview-ID 467. Quinkes Resümee in *Musik und Bildung* 1977 veranschaulichen Brötzmanns Ausführungen: „Dort die steife Etikette, hier die gelockerte Atmosphäre; dort die Bühne, die fest eingebauten Sitzreihen, das versteifte Musiker-Publikum-Verhältnis, hier in der Bierkneipe *Quasimodo* neue Spielformen, neue Hörformen, dort die angepasste Musik, hier die neue, die opponierende, die vorwärtstreibende" (Quinke 1977).

323 Gebers zit. nach Jänichen 1979a.

324 Diese konkreten Verbindungen und Übersetzungen könnten als Ansatzpunkt einer Differenzierung hinsichtlich der Frage nach dem politischen Charakter der Musik bzw. des Free Jazz in der zweiten Hälfte der 1960er-Jahre dienen. Denn anstatt wie bspw. Knauer (2019, S. 98) in *1968 – Bremen – Brötzmann* insistiert, dass 1968 „nicht die Musik [...] politisch" gewesen sei, „sondern die Menschen", und so den politischen Charakter der Musik letztlich auf eine (reine) Projektion zurückführt (denn wenn, wie Knauer argumentiert, „wir die Musik damals oder heute als politischen Kommentar hören, so tun wir das im Wissen um die realen Ereignisse jener Zeit"), ist vielmehr mit Hennion zu bedenken, dass auch die musikalischen Objekte als provisorische Resultate eines heterogenen Beziehungsgewebes aufgefasst werden müssten, welches unaufhörlich geprüft und erfahren, getestet, neu modelliert werde, um andere Objekte herzustellen, ohne dass man Träger und Inhalt, Netzwerk und Akteure etc. dauerhaft voneinander unterscheiden könnte. (Vgl. Hennion 2013, S. 11f., vgl. zum Thema Jazz und Politik auch die Dokumentation des *16. Darmstädter Jazzforum* im Herbst 2019, das unter dem Titel *Positionen! Jazz und Politik* stattgefunden hat: Knauer 2020)

wir in der ersten Zeit überhaupt keine Unterstützung für unsere Konzerte hatten, wir waren also auf die Einnahmen angewiesen."[325]

Im Gegensatz zum Kölner Tiefgaragen-Gegenfestival konnte das Berliner Gegenfestival vorab u.a. in *Sounds* und im *Jazz Podium* medial vermittelt werden. Hierdurch konnte eine größere Öffentlichkeit und eine entsprechende Aufmerksamkeit hergestellt werden. Des Weiteren wurde durch die Weitervermittlung auch der Charakter des Gegenfestivals, die Adressierung dessen Kritik und deren Inhalt mitbedingt. In *Deutschlands erstem Underground Musikmagazin* (und ehemaliger *Zeitschrift für Neuen Jazz*) wurde das Berliner Gegenfestival unter der Überschrift *Anti Festival Berlin* geradezu manifestartig angekündigt (wobei aufgrund von Stil, Argumentation und Positionierung der Beitrag unschwer Blome zugerechnet werden kann). Auf einer schwarz gestalteten Seite mit weißer Schrift, die sich deutlich von den übrigen Seiten der Ausgabe abhob, wurde so in *Sounds* 9 proklamiert:

> „Die Berliner Jazz Tage, die dieses Jahr vom 7. bis 10. November stattfinden, sind eine kommerzielle Veranstaltung, an denen sich die Organisatoren bereichern wollen. Das Programm, das sie zusammengestellt haben, ist danach ausgerichtet. Dem Konzertbesucher wird vorgegaukelt, ein großes musikalisches Erlebnis für sein Geld zu bekommen, in Wirklichkeit bekommt er jedoch Musik vorgesetzt, die den Organisatoren passt. Die Musik von heute kommt dabei eindeutig zu kurz, und selbst wo sie vorhanden ist, wird sie so präsentiert, dass sich niemand schockiert fühlt: Die Don Cherry Big Band mit Pharaoh Sanders als Gast ist gewiss eine gute Sache, sicher kann man auch sehr gute Musik von diesem Programmteil erwarten, doch neben Sonny Murray, der im Schlagzeuger-Workshop auftritt, ist das die einzige neue Musik, die man bei den Berliner Jazz Tagen hören kann. Alles andere ist vollgespickt mit den Brubecks, Mulligans, Ellis, Blakeys usw., die für volle Kassen, nicht aber für spontane, kreative Musik engagiert wurden."[326]

In *Sounds* wurde so nicht nur lediglich die im Kontext des Kölner Gegenfestivals geäußerte Stigmatisierung des Kommerzialismus und die kulturindustrielle Kritik am kapitalistischen Profitmotiv aktualisiert. Vielmehr wird der Nexus von künstlerischer Kreativität und Profitmotiv – und insofern das antikommerzielle Narrativ proklamatorisch – zugespitzt, während Brötzmanns Ausladung von den *Jazztagen* (und insofern eine mögliche Individualisierung des Konflikts mit dem Jazz-Establishment) in der Ankündigung keinerlei Erwähnung mehr findet. Die *Berliner Jazztage* werden nun als ausschließlich kommerziell konzipierte Veranstaltung angeprangert, deren einziger Zweck darin bestehe, dass sich deren ‚Organisatoren bereichern wollen'. Dementsprechend spiegle sich das Primat der genau durchgerechneten Wirkung in der Programmgestaltung wider (die Musiker:innen seien nur ‚für volle Kassen engagiert' worden), während den Konzertbesucher:innen

325 Gebers zit. nach Jänichen 1979a.

326 N.N. 1968d, S. 4

‚vorgegaukelt' werde, ein ‚großes musikalisches Erlebnis für ihr Geld zu bekommen'. Der Neue Jazz (oder auch der Free Jazz) – jetzt als: ‚die Musik von heute' apostrophiert – komme so ‚eindeutig zu kurz' (mangelnde Repräsentation). Und nur dieser allein stehe heutefür eine ‚spontane' und ‚kreative' Musik, die das Publikum (zudem) im Sinne avantgardistischer Konzeptionen emotional-ästhetisch ‚schockieren' und so aus seiner Illusion ‚befreien' könnte.[327] Auch wenn bei den *Berliner Jazztagen* 1968 Big Bands das „Rückgrat"[328] des Festivals bilden sollten, ist anzumerken, dass es sich bei den *Jazztagen* 1968 keineswegs um eine so konservative Jazzveranstaltung handelte, wie dies Schlippenbach bezüglich des Kölner *International Jazz am Rhein '68* zum Ausdruck gebracht hat. Denn neben der *Don Cherry Big Band* (mit u.a. Sanders: ts, fl; Mangelsdorff: tb; Berger: vib; Wilen: ts, fl; Kühn: p) und dem angekündigten Auftritt von Murray (dr) im Duo mit US-amerikanischen Schlagzeuger Max Roach (nach Blome die einzigen Programmpunkte mit ‚neuer Musik') waren für die *Jazztage* u.a. auch die *MPS Free Rock Group* (mit u.a. Wilen: ts, ss; Kühn: p, or, as) angekündigt sowie Sonny Sharrock als Gitarrist in der *Herbie Mann Group*, *Julie Driscoll + Brian Auger and the Trinity* und (in einem in die *Kirche am Südstern* ausgelagerten Programmteil) Fred Van Hoves *Requiem für Orgel und Free Jazz Gruppe* (mit u.a. Van Hove: org; Wanders: s, bs; Breuker: as, ts, ss; Kowald: b; Bennink: dr) und Wolfgang Dauners *Psalmus Spei* (mit u.a. Dauner: org; Schoof: tp; Dudek: ts; Weber: cel, Karg: b; Braceful: dr).

Während die *Sounds* so einerseits die aus ihrer Sicht mangelnde Repräsentation der ‚Musik von heute' bei den *Berliner Jazztagen* und deren rein kommerziell (d.h. einzig auf ‚Profitmaximierung der Organisatoren') ausgerichtetes Programm anprangert, zeigt sie sich andererseits dem Gegenfestival gegenüber voll des Lob. So habe „eine Reihe von europäischen New Jazz Musikern" unter der Leitung von Brötzmann den Berlin-Aufenthalt „für alle an der neuen Musik interessierten Freunde gerettet", indem diese ein Gegenfestival organisiert hätten, „bei dem die gesamte europäische Avantgarde vertreten"[329] sei. Beim Gegenfestival werde am ersten Abend das *Globe Unity Orchestra* unter der Leitung von Schlippenbach Kompositionen von Brötzmann, Breuker und Schlippenbach spielen. An den anderen Abenden seien Hampel mit seiner *Time is Now*, das *Manfred Schoof Quintet*, das *Peter Brötzmann Septet*, die *Donata Höffer Group* und aus England das *Spontaneous Music Ensemble* zu hören. Und weitere Musiker:innen und Gruppen hätten sich bereits angesagt.[330] Abschließend wendet sich die *Sounds* an die

327 Vgl. bspw. Asholt 2009, S. 114 und Hermans 2009, S. 308.

328 Zimmerle 1968, S. 375.

329 N.N. 1968d, S. 4.

330 Beim Berliner Gegenfestival (*Total Music Meeting*) vom 7. bis 10. November 1968 im *Quartier von Quasimodo* traten folgende Gruppen und Musiker:innen auf: die *Peter Brötzmann Group* (Brötzmann: ts, bs; Breuker: as, ss, ts, bcl; Parker: ss, ts; Rutherford: tb; Van Hove: p; Kowald: b; Niebergall: b; Bennink: dr), das *Globe Unity Orchestra* (featuring Schoof: tp; Breuker: as, ss, ts, bcl; Schlippenbach: p), die *Gunter Hampel Time*

Besucher:innen der *Berliner Jazztage*. Diese sollten „sich dieses Gegen-Festival nicht entgehen lassen".[331] Denn „alle Besucher der Berliner Jazz Tage" könnten sicher sein, dass sie beim Gegenfestival

> „frischere, spontanere und kreativere Musik vorgesetzt bekommen als beim Hauptfestival. Und durch den Besuch dieses Gegen-Festivals können Sie mithelfen, daß sich vielleicht schon im nächsten Jahr an der Programmgestaltung des offiziellen Festivals in Berlin etwas ändert. Denn eins ist sicher: Das Gegen-Festival wird – auch von den Verantwortlichen der Berliner Jazz Tage – aufmerksam beobachtet."[332]

Trotz der intensivierten kulturindustriellen Kritik am kapitalistischen Profitmotiv der Organisatoren schließt die *Sounds* in *Anti Festival* nicht mit einer Absage an das Jazz-Establishment, sondern hofft, dass mittels des Protests Einfluss auf die Programmgestaltung der *Berliner Jazztage* genommen werden könnte. Damit sich an dieser ‚vielleicht schon im nächsten Jahr etwas ändert'. Die Manifestation *Anti Festival* des engagierten Kritikers Blome verdeutlicht, dass die transformierte Positionierung der Akteur:innen gegenüber dem Jazz-Establishment keineswegs als kanonisiert oder undurchlässig aufzufassen ist. Blome scheint trotz seiner Kritik an den *Jazztagen* und des Jazz-Establishment nach wie vor davon überzeugt zu sein, dass der Durchbruch des Neuen Jazz in der BRD nicht getrennt vom Markt bzw. den etablierten Institutionen gelingen könne – wobei er die Art und Reichweite der erhofften Veränderung(en) hinsichtlich der Programmgestaltung offenlässt.

Wie Zimmerles ausführlicher Bericht über die *Berliner Jazztage* im *Jazz Podium* (Dezember 1968) dokumentiert, blieb der Protest gegen die *Jazztage* (und die Aufforderung, diesen tatkräftig zu unterstützen), damit sich deren Programmgestaltung ändere, nicht auf einen Besuch des Gegenfestivals beschränkt. Denn der Protest wurde auch vehement bei den *Jazztagen* artikuliert. So berichtet Zimmerle, dass dort in den ersten drei Konzerten „mit perfider Monotonie nach jeder Musik in den Beifall"[333] ein obligates ‚Buh' gemischt worden sei. Das Buhen führt Zimmerle hierbei nicht auf eine „individuelle Sicht" zurück, die ebenfalls „oft recht spürbar"[334] in vielen Publikumsreaktionen zum Ausdruck gekommen sei – was auf eine insgesamt eher unruhige und angespannte Atmosphäre des Festivals verweist. Vielmehr habe sich das Buhen „außerhalb des musikalischen Gebietes"

---

is Now (Hampel: vib, fl, bcl; McLaughlin: g; Gorter: b; Allan: dr; Koes: elec), die *Donata Höffer Group* (Höffer: vln, p; Gebers: b; Kussatz: dr), das *Manfred Schoof Quintet* (Schoof: cor, tp; Pilz: bcl; Schlippenbach: p; Niebergall: b; Stevens: dr), *The Spontaneous Music Ensemble* (Carol-Ann Nichols: voc; Maggie Nichols: voc; Watts: fl, as, bcl; Stevens: dr) sowie die Gäste: Cherry: p, voc; Sanders: ts; Sharrock: g; Ayers: vib.

331 N.N. 1968d, S. 4.

332 Ebd.

333 Zimmerle 1968d, S. 375.

334 Ebd., S. 374.

vollzogen und sei „lediglich ein Zeichen dafür, daß die Demonstrationsmode ‚wir sind ausschließlich dagegen' auch hier mit eingeschleust worden war".[335] Denn, wie Zimmerle einräumt, habe es zwar auch „einige schwache Punkte" und vielleicht auch vereinzelte „kleine Enttäuschungen" gegeben: „Aber Buh-gerechte Fehlleistungen gab es nicht".[336] Dass die mediale Weitervermittlung von *Sounds* die Adressierung der Kritik und deren Inhalt mitbedingte, legen auch die von Zimmerle festgehaltenen Zwischenrufe nahe. Denn diese stehen ausgerechnet im Zusammenhang mit dem von Blome exponierten einzigen Programmpunkt mit ‚neuer Musik' an diesem Festivaltag: dem Auftritt der *Don Cherry Big Band*:

> „Der Zwischenruf aus dem Publikum: ‚Wir wollen Don Cherry hören' gleich nach dem ersten Auftritt von Hendricks und von diesem mit einem vieldeutigen ‚Thank you' quittiert – entsprach der Haltung jener Jazzsektierer, die nur noch auf den Reiz des Ungewöhnlichen reagieren. Fraglich, ob sie darüber hinaus der Musik Cherrys wirklich das abzugewinnen vermögen, was in ihr steckt."[337]

Im Gegensatz zur *Sounds* fiel die Ankündigung des Gegenfestivals im *Jazz Podium* (November 1968) mit dessen Infragestellung aus, die sich bereits in der Überschrift artikulierte: *Gegen-Festival?* Im kurzen Ankündigungstext informierte das *Jazz Podium* zunächst, „wie in Köln wollen Free Jazz Musiker auch in Berlin während der Jazztage ein Gegen-Festival durchführen", um dann Berendts Position und Argumentation zu vermitteln: „Meint Berendt: Was soll's? Vor Jahren schon ging bei den Jazztagen offiziell über die Bühne, was auf derartigen Gegen-Festivals proklamiert wird."[338] In Berlin könne es also nur ein Mit-Festival geben. Insofern seien Jazzmusiker:innen willkommen, wo auch immer sie auftreten: „Hauptsache, sie spielen!"[339] Während Zimmerle in seinem Kölner Festivalbericht noch

---

335 Ebd., S. 375.

336 Ebd.

337 Ebd. Die gegen die *Berliner Jazztage* gerichtete gegenkulturelle und antikommerzielle Kritik lehnt Zimmerle grundsätzlich als deplatziert ab, da es sich bei dieser um eine außerhalb des musikalischen Gebietes sich vollziehende handle. Da Zimmerle so außermusikalische Kategorien hinsichtlich der Beurteilung der *Jazztage* generell zurückweist, erhebt er auch Einspruch gegen die geäußerte Kritik einer kommerziellen Programmgestaltung der *Jazztage*. Vielmehr weist er darauf hin, dass das, was von „Berendt an Größen aufgeboten war, die Botschaft des Jazz zu kündigen", „aller Ehren wert" (ebd., S. 374) gewesen sei. Dass die Anwesenheit der „Jazzelite in so konzentrierter Ballung" hingegen nicht „als Erlebnis ersten Ranges gebucht werden" (ebd., S. 375) könne, kann sich Zimmerle so auch nur dadurch erklären, dass es sich bei den Protestierenden nicht um ‚wirkliche Jazzfreunde' handle. Diese seien letztlich ‚Jazzsektierer, die nur noch auf den Reiz des Ungewöhnlichen reagieren' und kein Verständnis für den Jazz besäßen. Insofern versucht Zimmerle, den gegenkulturellen Protest gegen die *Jazztage* vom Anliegen der Free Jazz-Musiker:innen und des Gegenfestivals zu trennen.

338 N.N. 1968e, S. 337.

339 Ebd.

Verständnis für das gegen *International Jazz am Rhein '68* gerichtete Tiefgaragen-Gegenfestival und den (musikalischen) Protest von Brötzmann, Kowald, Schlippenbach und ihren westeuropäischen Kolleg:innen Schweizer, Breuker, Bennink, Johansson u.a. zum Ausdruck gebracht hat und auch die Einbeziehung der Avantgarde unterstützte[340], positioniert er sich in seiner *Jazz Podium*-Rezension über die *Berliner Jazztage* gegen das *Total Music Meeting.* So berichtet er:

> „Die Freunde des Free Jazz hatten ihren Treffpunkt in einem winzigen, stets überfüllten Kellerlokal, in dem ihnen ‚Total Music' versprochen wurde. Daß sich die Initiatoren dieser Meetings nicht für ein Mit- sondern ein Gegeneinander entschieden hatten und das ‚offizielle' Programm der Berliner Jazztages abzuwerten suchten, kann man nicht als erfreulich bezeichnen. Mögen so manche verärgert darüber gewesen sein, daß dem Free Jazz nicht mehr Raum in den Konzerten gewährt wurde – eine durchaus diskutable Meinung –, so heißt es doch das Kind mit dem Bad ausschütten, wenn man diesem Ärger dadurch Luft schafft, indem man Jazzmusiker anderer Stilrichtungen brüskiert. Intoleranz ist Zeichen der Schwäche und alles andere als Wesensmerkmal des Jazz. Sie zeigte sich in Berlin leider recht unverblümt auf der Seite derer, die gegen das Festtagsprogramm opponierten. Doch waren im offiziellen Programm die Free-Jazz-Musiker keineswegs ausgeschlossen (die Hälfte der beim Total Music Meeting Mitwirkenden war nach Berlin gekommen, weil sie zu den Jazztagen verpflichtet worden war), wogegen jener kleine, sich wie eine fanatische Sekte gebärdende Teil der Avantgarde-Mitläufer von den Musikern, die eine andere Geschmacksrichtung vertreten als sie, nichts wissen wollen – was sie auch immer für den Jazz geleistet haben. Aufschlußreich für die von ihnen heute so heiß umsorgten Avantgarde-Musiker: in einigen Jahren werden sie für unzulänglich erklärt.
> Die Musiker selbst errichteten keine derartigen Trennwände. Sie spielten dort, wo es ihnen behagte. Und da man auch Free-Jazz-Musikern überall begegnete, war die Atmosphäre beim ‚Total Music Meeting' nicht protestgeladen und feindselig. Hier konnte man Jazzgruppen um Peter Brötzmann, Alexander von Schlippenbach, Gunter Hampel, Donata Höffer und John Stevens bei mitreißend vitaler Musik erleben, und hier steigerten sich auch Pharoah Sanders und Sonny Sharrock aneinander in jene unbeschreiblich spannungsgeladenen Bezirke emotioneller Musik empor, in die sonst nur noch religiöse Bekenntnisse der Schwarzen Amerikas münden. Doch dazu gehören ja diese beiden. [...]
> Nicht zuletzt die heißen Dispute, die aufeinanderprallenden Meinungen, die demonstrativen Proteste sind Zeichen dafür, daß der Jazz nach wie vor einen Brennpunkt im Musikgeschehen bildet."[341]

Zimmerle positioniert sich entschieden gegen den Protest des *Total Music Meeting* (T.M.M.) bzw. deren ‚Initiatoren'. Denn anders als in Köln seien die ‚Free-Jazz-Musiker', wie Zimmerle meint, im ‚offiziellen Programm' der *Berliner Jazztage* ‚keineswegs ausgeschlossen' gewesen. Zimmerle glaubt (vermutlich aufgrund von

340 Vgl. Zimmerle 1968c, S. 305.
341 Zimmerle 1968d, S. 379.

Informationen der *Jazztage*-Verantwortlichen[342]), dass ‚die Hälfte der beim T.M.M. Mitwirkenden überhaupt nur nach Berlin gekommen sei, weil sie zu den *Jazztagen* verpflichtet worden' sei. Tatsächlich waren von den insgesamt 23 Musiker:innen, die beim T.M.M. mitwirkten (neben den US-amerikanischen Gästen: Cherry, Sanders, Sharrock und Ayers, die spontan beim T.M.M. auftraten), lediglich 5 Musiker für das offizielle Programm der *Jazztage* engagiert worden.[343] Trotz seines Missverständnisses hält Zimmerle die Kritik, dass dem Free Jazz möglicherweise zu wenig Raum in den Konzerten der *Jazztage* gewährt worden sei, für eine ‚diskutable Meinung'. Allerdings hat er kein Verständnis dafür, dass sich die ‚Initiatoren' des T.M.M. nicht für ein ‚Mit- sondern ein Gegeneinander entschieden' hätten und das Programm der *Berliner Jazztage* ‚abzuwerten suchten', indem sie ‚Jazzmusiker anderer Stilrichtungen' brüskierten – unabhängig davon, was diese ‚für den Jazz geleistet' hätten. Für Zimmerle als Vertreter der älteren Kritikergeneration, die sich im Westdeutschland der 1950er-Jahre (teilweise auch schon seit der zweiten Hälfte der 1940er-Jahre) als Teil eines kulturellen Umbruchs verstand und eine Neuausrichtung der Nachkriegskultur an den US-amerikanischen Werten von Freiheit, Demokratie und Fortschritt anstrebte[344] (und für die diese Werte gerade der Jazz verkörperte), ist die Art und Weise des Protests nur schwer erträglich und zeuge letztlich von ‚Intoleranz' – und diese sei ‚alles andere als ein Wesensmerkmal des Jazz'. Deshalb versucht Zimmerle, die Musiker:innen von dem sich wie eine ‚fanatische Sekte gebärdenden Teil der Avantgarde-Mitläufer' und insofern von den ‚demonstrativen Protesten' zu trennen. Denn die Musiker:innen selbst hätten ‚keine derartigen Trennwände' errichtet. Auch sei die Atmosphäre beim T.M.M. ‚nicht protestgeladen' oder ‚feindselig' gewesen, trotz des Pappschilds am Eingang des *Quartier von Quasimodo*, auf dem zu lesen gewesen sei: „Für Jazzkritiker doppelter Eintrittspreis".[345] Und so zeigt sich Zimmerle letztlich mit dem T.M.M. versöhnt, bei dem man, wie er hervorhebt, von den westdeutschen und europäischen Musiker:innen ‚mitreißend vitale Musik erleben' konnte und

342 Dieser Vorwurf wurde 1972 von Gruntz (Berendts Nachfolger als künstlerischer Leiter der *Jazztage*), Berendt und Schulte-Bahrenberg im *Jazz Podium* vorgebracht (vgl. Schulte-Bahrenberg/Berendt/Gruntz 1972, S. 6).

343 Dies waren Van Hove, Breuker, Kowald und Bennink im Rahmen von Van Hoves *Requiem für Orgel und Free Jazz Gruppe* sowie Schoof, der in Dauners *Psalmus Spei* mitwirkte. Beide Konzerte fanden nicht in der *Philharmonie*, sondern im in die *Kirche am Südstern* ausgelagerten Programmteil statt. Auch Gebers zählt bei seiner Aufstellung (in einem offenen Brief der FMP an das *Jazz Podium* enthalten) 5 Musiker, die sowohl beim T.M.M. und auch im offiziellen Programm der *Jazztage* gespielt hätten (vgl. Gebers 1972).

344 Vgl. Pfleiderer 2019, S. 294f., vgl. Taubenberger 2010, vgl. Hurley 2009. Knauer (2019, S. 130) bemerkt zur Situation nach 1945, dass Jazz zu spielen, ein „klares Bekenntnis zum Wandel, zur Abkehr von der Ideologie der Nazis" gewesen sei.

345 Vgl. Forst 1981. Forst zufolge soll das Schild ein Einfall der Kassierer:innen gewesen sein.

sich auch die US-amerikanischen Gäste von den *Jazztagen* in ‚jene unbeschreiblich spannungsgeladenen Bezirke emotioneller Musik steigern' konnten. Und egal ob für oder wider diskutiert worden sei. Es sei der Jazz gewesen, der den Zündstoff lieferte, was für Zimmerle die Aktualität und Bedeutung des Jazz signalisiere. So bilde der Jazz ‚nach wie vor einen Brennpunkt im Musikgeschehen'.

Wie Gebers im *Jazz Podium*-Interview 1979 rückblickend konstatiert, hätten damals „viele Leute" das Gegenfestival „eigentlich in die falsche Kehle gekriegt".[346] Und im *Jazz Podium*-Gespräch mit Margull über die Ziele der FMP im Juni 1971 betont Gebers hinsichtlich der Rezeption des Berliner Gegenfestivals, dass die damaligen Presseartikel „die Ahnungslosigkeit bezüglich der wirklichen Motive" offenbart hätten, „die diese Aktion ausgelöst hatten".[347] Denn niemand habe „darin die erste gemeinsame Aktivität dieses Musikerkreises" erkannt, keiner habe „auf die wesentliche Tatsache" hingewiesen, dass „nicht wie sonst eine Einzelperson als Veranstalter in Erscheinung" getreten sei, „sondern die Musiker selbst".[348] Auch wenn Gebers retrospektiv beteuert, dass viele Leute das Gegenfestival und dessen Protest in die falsche Kehle bekommen hätten, übersieht er, dass das gegenkulturell-antikommerzielle Narrativ und die Avantgarde-Positionierung der Akteur:innen – trotz deren Beteuerung der Verbundenheit mit der Jazztradition – tendenziell eine Abwertung von ‚Jazzmusikern anderer Stilrichtungen' (Zimmerle) bzw. anderer musikalischer Positionen impliziert. Denn zum einen benötigt die Annahme einer rein kommerziell konzipierte Programmgestaltung auch Gruppen und Musiker:innen, die den primär intendierten kommerziellen Erfolg auch garantieren. Und hierdurch werde kommerzieller Erfolg, wie DeVeaux hingewiesen hat, zu einem Stigma. Denn kommerziell bedeute in dieser Lesart immer künstlerisch minderwertig.[349] Und zum anderen beinhaltet das avantgardistische ‚Differenzpotential' und der anführende und wegweisende Avantgardeanspruch generell, wie dies bei sozialen Grenzziehungen gängig ist[350], eine Liste von Anti-Gruppen, die von den grenzziehenden Akteur:innen als leer, archaisch, veraltet etc., d.h. als tendenziell abwertend bezeichnet werden. Dass, wie Gebers ebenfalls rückblickend aufmerksam macht, niemand im T.M.M. die ‚erste gemeinsame Aktivität dieses Musikerkreises' erkannt habe, versteht sich zwar einerseits von selbst, da zu diesem Zeitpunkt niemand die weitere Entwicklung absehen konnte, weist aber andererseits auf etwas für Gebers und das Verstehen des T.M.M. sehr Entscheidendes hin. Denn mit der erstmaligen Durchführung des T.M.M. – d.h. mit der Handlung – habe sich der spezifische Zusammenschluss erst konstituiert, der in der Folge als das „Zusammengehen diverser deutscher Musiker wie

346 Gebers zit. nach Jänichen 1979a.

347 Gebers zit. nach Margull 1971, S. 210.

348 Ebd.

349 Vgl. Pfleiderer 2019, S. 285f. und DeVeaux 1991.

350 Vgl. Latour ^{5}2019, S. 57ff.

von Schlippenbach, Brötzmann, Jost Gebers u.a."[351] begriffen wurde und der seit Herbst 1969 mit der *Free Music Production* bzw. dem Kürzel FMP assoziiert werden sollte. Oder mit Hennion gesprochen: „Die Handlung macht den Akteur [...], und nicht umgekehrt."[352] Mit seiner Akzentuierung der ‚wesentlichen Tatsache', dass nicht eine ‚Einzelperson', sondern die Musiker:innen ‚selbst als Veranstalter in Erscheinung traten', verweist Gebers des Weiteren auf die (von Jazz-Establishment oder Musikindustrie) unabhängige, von den Musiker:innen gemeinsam zustande gebrachte Produktion des Gegenfestivals sowie auf die transformierte Positionierung der Akteur:innen hinsichtlich ihrer Zusammenarbeit mit dem Establishment. Auf die ‚wirklichen Motive' kommt auch Brötzmann bei den Oral History-Interviews zu sprechen, also auf das zum Tun-Bringen bzw. das, was die Akteur:innen dazu gebracht hat, das Gegenfestival zu veranstalten. So antwortet Brötzmann auf meine Frage nach dem sog. Anlass[353] des Berliner Gegenfestivals, d.h. nach seiner Ausladung von den *Jazztagen*:

> „Nein, das ist natürlich nur die Oberfläche. Nee, wir wollten eigentlich mit diesen etablierten Einrichtungen auch nichts zu tun haben. Weil damals wie auch heute die Musik andere Formen braucht. Ich meine, dies Festival heutzutage ist auch deshalb so im Niedergang begriffen, weil die nicht kapieren, dass sich mit der Musik auch die Gegebenheiten der Performance verändern. Und nee, damals ... also ich habe ja nie was gegen Count Basie und Ellington und Ray Charles gehabt: im Gegenteil. Aber es war dies etablierte Jazzmanagement, was uns natürlich auch keine Chance gab. Die Chancen kamen natürlich erst später, als sie merkten, sie kommen um uns nicht herum."[354]

Ebenso wie Gebers betont Brötzmann rückblickend die transformierte Positionierung der Akteur:innen hinsichtlich ihrer Zusammenarbeit mit dem ‚etablierten Jazzmanagement' und führt als weitere Entität erneut die von den Akteur:innen kritisierte mangelnde Repräsentation an (‚die gaben uns auch keine Chance'). Ohne dass zuvor im Oral History-Interview mit Brötzmann das von Gebers markierte Missverstehen der T.M.M.-Kritik (‚in die falsche Kehle gekriegt') Gegenstand gewesen wäre, erachtet es Brötzmann (auch fast 50 Jahre nach den Berliner Ereignissen) als notwendig, sein Verhältnis zur Jazztradition zu explizieren und die ‚wirklichen' Adressaten der T.M.M.-Kritik zu apostrophieren: das ‚etablierte Jazzmanagement'. Darüber hinaus rekurriert Brötzmann auf eine weitere Kritikperspektive, die ebenfalls auf die etablierten Einrichtungen und die transformierte Positionierung der Akteur:innen verweist: die Präsentationsform der Musik (‚die kapieren nicht, dass sich mit der Musik auch die Gegebenheiten der Performance verändern'). Hinsichtlich der ‚wirklichen' Gründe für das opponierende Handeln beim T.M.M. resümiert Gebers bei den Oral History-Interviews:

---

351 Margull 1971, S. 209.

352 Hennion 2013, S. 11f.

353 Vgl. bspw. Müller 2022, S. 22.

354 Brötzmann, Interview mit dem Verfasser, 12.7.2015, Interview-ID 466.

„Man wehrte sich in dieser Zeit dagegen, weil alle der Meinung waren, diese Art von Musik wird falsch präsentiert und zu wenig. Und falsch heißt in diesem ganz konkreten Fall: Der Brötzmann ist ausgeladen worden, weil er nicht garantieren konnte, dass alle aus seiner Truppe da im Frack und Zylinder auftreten. Das waren also noch diese Dinge, die da eine Rolle spielten. Und es ging darum, ein Fundus an Geld zu haben, eben aus der Quelle, die da war und die nur die *Jazztage* finanzierte. Und die sollten uns gefälligst auch was geben. Und wir wollten dann aber auch unseren ‚Scheiß' selber machen. Um diese Dinge ging es. [...] Die Sachen irgendwie auf den Weg zu bringen. Und das möglichst so zu machen, dass es unser Zeug bleibt. Und nicht durch irgendwelche Spinner vereinnahmt wird, die da meinten, sie müssten das, oder das, oder das machen."[355]

Ausgehend von der Entität der mangelnden Repräsentation und der auch von Brötzmann geäußerten Kritik der Präsentationsform (‚falsch präsentiert') lenkt Gebers so den Blick nochmals auf die Entität der transformierten Positionierung der Akteur:innen (‚wollten unseren ‚Scheiß' selber machen') und auf eine von den etablierten Institutionen unabhängigen Perspektive (‚die Sachen irgendwie auf den Weg zu bringen' ohne sich ‚vereinnahmen' zu lassen), die ebenfalls in das Netzwerk der unterschiedlichen Handlungsquellen, Umstände, Gelegenheiten und Aktanten aufzunehmen ist. Obwohl bereits in der ersten *Sounds*-Ausgabe in einem Leserbrief kritisch auf den sich „auf über 200 Tausend Mark"[356] belaufenden Etat der *Berliner Jazztage* hingewiesen wurde, stellt Gebers' Forderung nach öffentlicher Subventionierung im Kontext des T.M.M. 1968 eine Rückdatierung dar. Denn die kulturpolitische Forderung nach öffentlicher Unterstützung ‚aus der Quelle, die nur die *Jazztage* finanzierte', wurde erst Anfang der 1970er-Jahre gestellt. Die vorherigen retrospektiven Erläuterungen von Brötzmann und Gebers lassen sich hingegen anhand von Gebers' Ankündigungstext des T.M.M. im Programmheft wie auch im Flyer des Berliner Gegenfestivals bestätigen. Dort führt Gebers aus:

„TOTAL MUSIC MEETING entstand durch den gedanken, auf möglichst großer basis die musik unserer zeit zu präsentieren. Wichtigste überlegung dazu war, keine stars in zusammen gewürfelten haufen herauszustellen, sondern vielmehr die gruppen

---

355 Gebers, Interview mit dem Verfasser, 27.3.2015, Interview-ID 99.

356 Rahn 1966/67, S. 52. Der Leserbrief mit dem Titel *Berlin Festival muss geändert werden* stammte von Eckart Rahn. Rahn war zu diesem Zeitpunkt Jazz-Bassist in München und gründete später den *E.R.P. Musikverlag* und (Ende der 1960er-Jahre) das Label *Kuckuck*. Von den DM 200.000 habe „50 Tausend Mark" der WDR geschenkt. „Den Rest" hätten sich „der SFB, der RIAS, der SWF" und „schließlich der Berliner Senat" (ebd.) geteilt. Zur finanziellen Ausstattung der *Berliner Jazztage* bemerkt Bratfisch in seinem 2014 erschienenen Buch *Jazz in Berlin*, dass Berendt mit dem Bund, dem Berliner Senat, der ARD und dem ZDF eine Finanzstruktur kreiert habe, die es sonst nur noch für die Bayreuther Festspiele gegeben habe: „Bis 1986 übertragen die 13 ARD-Rundfunkanstalten alle Konzerte und bezahlen auch dafür. Schließlich wollen sie Berlin nicht ‚im Regen stehen lassen'. Die *Berliner Jazztage* können also immer mit einem üppigen Budget arbeiten und brauchen keine Sponsoren." (Bratfisch 2014, S. 286)

in originalen besetzungen ihre musik realisieren zu lassen. Bei der zusammenstellung unseres programms haben wir uns bemüht, die vielfalt der neuen musik zu zeigen. Es reicht von der pop- und rockinspirierten musik gunter hampels bis zur radikalen peter brötzmanns, von der sensiblen des spontaneous music ensembles bis zur vielklängigen, großorchestralen musik alexander von schlippenbachs und willem breukers.
In absprache mit den musikern haben wir hoffentlich einen rahmen gefunden, der der musik und dem publikum entspricht."[357]

Ebenso wie *Sounds* spricht Gebers in seinem Ankündigungstext nicht von ‚Neuem Jazz' oder von ‚Free Jazz', sondern von der ‚Musik unserer Zeit' (in *Sounds* lautete die Bezeichnung die ‚Musik von heute'). Auch die Ausladung von Brötzmann und seinem Orchester von den *Berliner Jazztagen* bleibt unerwähnt. Es ist sehr wahrscheinlich, dass *Sounds* bzw. Blome Gebers' T.M.M.-Text vorlag. Wobei gerade der Vergleich der beiden Texte deren Unterschiede deutlich hervortreten lässt. Während *Sounds* das antikommerzielle Narrativ zuspitzt und das Profitmotiv der Organisatoren der *Berliner Jazztage* für die mangelnden Repräsentation der ‚Musik von heute' verantwortlich macht, sind die Kritikpunkte des T.M.M. gegenüber den *Jazztagen* (die auch im T.M.M.-Text keinerlei namentliche Erwähnung finden) nur indirekt als Ausgangspunkte für die Positionierung des T.M.M. enthalten. So impliziert etwa die Zielsetzung ‚die Musik unserer Zeit auf möglichst großer Basis zu präsentieren' die Kritik an der mangelnden Repräsentation des Neuen Jazz. Die ‚Überlegung', die ‚Gruppen in originalen Besetzungen ihre Musik realisieren zu lassen', verweist auf die Kritik an der Programmkonzeption der *Jazztage* (‚Stars in zusammen gewürfelten Haufen'). Und der Hinweis auf die ‚Absprache mit den Musikern' und die Hoffnung, einen adäquaten ‚Rahmen gefunden' zu haben, impliziert einerseits die Kritik an der Präsentationsform der *Jazztage* sowie andererseits deren Organisationsform (d.h. dass ‚nicht eine Einzelperson als Veranstalter' in Erscheinung getreten ist, sondern ‚die Musiker selbst'). Während die *Sounds* die

357 Gebers zit. nach Total Music Meeting 1968a, S. 2 und Gebers zit. nach Total Music Meeting 1968b, S. 7. Wie die konkrete Namensgebung *Total Music Meeting* zustande kam, ließ sich auch im Rahmen der Oral History-Interviews nicht rekonstruieren. Gebers vermutet dort, dass der Name mit seinem damaligen Bestreben in Zusammenhang stehe, die musikalischen Aktivitäten begrifflich vom Namen ‚Free Jazz' abzugrenzen. Denn, wie Gebers erläutert, sei „damals, also in dieser Zeit zwischen '66 und '68, die Vokabel oder der Titel ‚Free Jazz' so ein abschreckendes Ding" (Gebers, Interview mit dem Verfasser am 27.4.2018, Interview-ID 701) gewesen. Kisiedu (2020, S. 192) bemerkt, dass der Begriff *total music* seit Frühjahr 1968 an Bedeutung gewonnen habe. So habe Cherry damals sein aktuelles Ensemble *New York Total Music Company* genannt, während Zappa und die *Mothers of Invention* während ihrer Deutschlandtournee 1968 ihre Performance als *Total Music Theatre* präsentiert hätten. Und in einem *Jazz Podium*-Artikel aus dem Juli 1968 wurde der Konzertveranstalter Fritz Rau mit den Worten zitiert: „Unter ‚Free Jazz' kann ich mir nicht viel vorstellen. Es wäre daher angebrachter, von ‚total music' zu sprechen." (Rau zit. nach Schenk 1968, S. 223, vgl. Kisiedu 2020, S. 192)

Stigmatisierung des Kommerzialismus zuspitzt und mittels eines (möglichst vehementen) Protests hofft, Einfluss auf die Programmgestaltung der *Berliner Jazztage* nehmen zu können, hat sich das T.M.M. weitgehend von der Referenzierung und Adressierung der *Jazztage* gelöst. Auf die Forderung nach Berücksichtigung wird gänzlich verzichtet. Vielmehr tritt die eigene, nicht nur musikalische Positionierung in den Vordergrund. D.h. sowohl ‚die Musik unserer Zeit', deren größtmögliche Vielfalt präsentiert werden solle, als auch die unabhängige und gemeinsame Organisation des T.M.M. durch die Musiker:innen. Mit dem Ereignis des T.M.M. wird so nicht nur erneut die Entität der transformierten Positionierung der Akteur:innen hinsichtlich ihrer Zusammenarbeit mit dem Jazz-Establishment artikuliert und weitervermittelt, sondern auch (wie bei den von der Vermarktung durch die Tonträgerfirmen unabhängigen Eigenproduktionen) die Perspektive einer von den Musiker:innen getragenen, unabhängigen Entwicklung praktiziert. Der Selbstverständnis-Text des T.M.M. beinhaltet insofern eine Positionierung, die mit den *Berliner Jazztage* bzw. dem Jazz-Establishment hinsichtlich Programmkonzeption, Präsentations- und Organisationsform nicht kommensurabel war.[358]

Hinsichtlich des Akteur-Netzwerks, das die Akteur:innen beim T.M.M. zum Handeln brachte und die Konstituierung ihres spezifischen Zusammenschlusses als abgrenzbaren musikalischen und sozialen Zusammenschluss bedingte, lassen sich ausgehend von den Ausführungen zum T.M.M. und dessen Zustandekommen folgende Entitäten, Aktanten oder auch Handlungsfähigkeiten und -quellen resümierend markieren: die mangelnde Repräsentation des Neuen Jazz (jetzt als ‚Musik unserer Zeit' bezeichnet), die transformierte Positionierung der Akteur:innen hinsichtlich ihrer Zusammenarbeit mit dem Jazz-Establishment, die

358 Dies vermittelt auch der zweite im Veranstaltungsflyer des T.M.M. veröffentlichte Text, geschrieben vom Londoner Schlagzeuger John Stevens, der mit dem *The Spontaneous Music Ensemble* (Carol-Ann Nichols: voc; Maggie Nichols: voc; Trevor Watts: fl, as, bcl; John Stevens: dr) beim T.M.M. auftrat. So schreibt Stevens: „der zweck von musik (und jeglicher kunst) ist, dem künstler und dem publikum zur realisierung eines verstehens von leben und natur zu verhelfen. Jeder künstler hat eine große verantwortung. er muß sich ganz sicher sein, daß sein produkt für diesen zweck und nur für diesen zweck allein gedacht ist. jeder andere grund für das produzieren ist falsch und kann nur den fortschritt zu einer besseren und vollkommeneren lebensweise schaden und verwirren. das verstehen ist das ziel unserer musik – wir sind noch weit davon entfernt – aber wir hoffen, daß wir für sie ein beispiel präsentieren können, in dem wir auf unsere art mit Ihnen zusammenarbeiten, um dieses ziel zu erreichen – welches im grunde genommen, ja doch erst ein anfang ist." (Stevens zit. nach Total Music Meeting, 1968b, S. 3) Stevens' emphatisch-normativer Musik- und Kunstbegriff, der den Zweck von Musik (und jeglicher Kunst) als Verstehensprozess von Leben und Natur durch den ‚Künstler und das Publikum' fasst (und diesem ‚Grund' der künstlerischen ‚Produktion' alle anderen Produktionszwecken und -bedingungen unterordnet), verweist auf die Etablierung einer neuen und noch zu entwickelnden Form der Präsentation, Vermittlung und Aneignung von Musik, die (ausgehend Stevens' Vorstellungen) nicht mit den Formen der Präsentation und Produktion der *Berliner Jazztage* kommensurabel sind.

auf diese verweisende Kritik der Akteur:innen an der Präsentations- und Organisationsform (der *Berliner Jazztage* und anderer etablierter Festivals), die Ausladung von Brötzmann und seinem Orchester von den *Jazztagen*, die Perspektive einer von den Musiker:innen (wie bei den Eigenproduktionen) getragenen, (vom kritisierten Jazz-Establishment) unabhängigen Praxis, die Verwurzelung der Akteur:innen in der Gegenkultur, das Publikum (das durch diese Verwurzelung in der sich herausgebildeten eigenständigen gegenkulturellen Sphäre mitbedingt wurde und den Free Jazz gestützt hat) sowie der gegenkulturelle Bewusstseinswandel und Radikalisierungsprozess (inkl. der sensibilisierten Wahrnehmung von Autoritarismus) in der zweiten Hälfte der 1960er-Jahre.

Resümee I: Der Zusammenschluss

Indem den Akteur:innen beginnend mit ihren kulturpolitischen Aktivitäten im Rahmen der *New Jazz Artists' Guild* ab 1966 chronologisch gefolgt und versucht wurde, die Praxisprozesse empirisch nachzuzeichnen, um die Handlungsquellen, Gelegenheiten und Aktanten, d.h. die diversen, heterogenen und dislokalen Entitäten zu identifizieren und zu lokalisieren, die die Akteur:innen im Sinne Latours zum Handeln brachten, konnte ein Netzwerk oder auch Gefüge konturiert werden, das die Konstituierung des spezifischen Zusammenschlusses führender Exponent:innen des westdeutschen Free Jazz beim ersten *Total Music Meeting* 1968 in Westberlin bedingte. Dieser musikalisch und sozial abgrenzbare Zusammenschluss wurde ab Herbst 1969 mit der *Free Music Production* bzw. dem Kürzel ‚FMP' assoziiert. Hinsichtlich des Akteur-Netzwerks ist zu beachten, dass die markierten Entitäten weder als Ursachen zu verstehen sind, d.h. aus diesen lassen sich keine Wirkungen deduzieren. Noch fungieren diese als determinierte Zwischenglieder einer Handlungskette. Vielmehr handelt es sich bei den Entitäten um Mittler, die Gelegenheiten, Umstände und Präzedenzfälle bereitstellen. Oder wie Latour mit dem Verweis auf Deleuzes Begriff der Virtualität unterstreicht: „Entweder man hat Akteure, die Potentialität realisieren und demnach überhaupt keine Akteure sind, oder man beschreibt Akteure, die Virtualität aktuell machen".[359] Zudem sind diese Entitäten performativ verfasst, d.h. sie stellen Ereignisse dar und sind mit vielen anderen individualisierten Ereignissen verknüpft. Das Akteur-Netzwerk gestaltet sich als ein Geflecht von Mittlern, die in es und aus ihm als ein riesiges Aufgebot von Entitäten herausströmen und ein Netz diverser, heterogener und dislokaler, aber miteinander verknüpfter Verbindungen und Übersetzungen bilden.[360]

---

359 Latour [5]2019, S. 268.
360 Vgl. ebd., S. 81f., 288 u. 375.

Das Gefüge, das den Zusammenschluss führender Exponent:innen des westdeutschen Free Jazz beim Berliner Gegenfestival bedingte, lässt sich wie folgt resümierend skizzieren:

Eine der frühesten Entitäten dieses Akteur-Netzwerks stellt die mangelnde Repräsentation des Neuen Jazz dar. Diese markiert die nach Ansicht der Akteur:innen mangelnde kulturelle Berücksichtigung des Free Jazz in den Programmen des öffentlich-rechtlichen Rundfunks, in der medialen Berichterstattung, im Rahmen der öffentlichen Kulturförderung und der verschiedensten Programm- und Festivalformate sowie in den Katalogen der Tonträgerunternehmen. Der Mangel an Repräsentation verweist auf die Entität des künstlerischen Selbstverständnisses der Akteur:innen und auf die von den Akteur:innen aus ihrem Selbstverständnis abgeleitete Entität des Anspruchs einer adäquaten Berücksichtigung – ein Anspruch, der sich an der europäischen Kunstmusik orientierte. So ist dem künstlerischen Selbstverständnis der Akteur:innen die kulturelle Anerkennung und Aufwertung des Neuen Jazz als Kunstmusik ebenso inhärent, wie diese bereits in den 1950er-Jahren von Jazzpublizisten und Jazzfans in Westdeutschland hinsichtlich des Jazz als Kunstmusik verfolgt worden ist. Außerdem waren die Akteur:innen aufgrund ihrer avantgardistischen Positionierung davon überzeugt, dass ihnen eine musikhistorische Aufgabe zukam, die darin bestand, den jazzhistorischen Prozess voranzutreiben. Hierbei spielten die differierenden Avantgarde-Positionierungen der Akteur:innen (evolutionäre und revolutionäre Schule) insofern keine Rolle, als es unerheblich ist, ob die Akteur:innen bei der Erfüllung ihrer Aufgabe von einem evolutionären, innermusikalischen Fortschritts- und Entwicklungsmodell oder von einem revolutionären Paradigma zum Handeln gebracht wurden. Die mangelnde Repräsentation verweist des Weiteren auf die Entität der (ausbleibenden) Vermarktung des Neuen Jazz durch die am Markt etablierten Unternehmen und Agenturen, die mit der Entität der professionellen musikalischen Karrieren der Akteur:innen kollidierte. Die mangelnde Repräsentation und die Karrieren der Akteur:innen sind insofern auch mit den Entitäten der ökonomische Situation der Akteur:innen und deren (nur ungenügend ausgebildete) Verbindung zum Markt verknüpft. Dass sich deren ökonomische Situation größtenteils prekär darstellte, verweist darüber hinaus auf die Entität der Krise des Jazz in der ersten Hälfte der 1960er-Jahre und die durch die Krise evozierte Transformation der Jazzszene. So blieben die herkömmlichen Jazzclubs, soweit sie überhaupt noch existierten, für Europas Neuen Jazz weitgehend verschlossen. Die etablierten Festival- und Konzertunternehmen nahmen ihn von Ausnahmen abgesehen nicht zur Kenntnis. Und ab der zweiten Hälfte der 1960er-Jahre zeichnete sich auch sukzessive ab, dass sich der zwischenzeitliche Eindruck eines zunehmenden Interesses vonseiten der etablierten Tonträgerunternehmen am westdeutschen Avantgarde- und Free Jazz nicht bewahrheiten sollte. Die Entitäten der mangelnden Repräsentation, der (ausbleibenden) Vermarktung des Neuen Jazz und der ökonomischen Situation etc. wurden von den Akteur:innen mit der Entität des antikommerziellen Narrativs bzw. der Stigmatisierung des Kommerzialismus als störenden oder korrumpierenden Einfluss auf den Jazz und die künstlerische Produktion verknüpft. Das antikommerzielle Narrativ stellt in Analogie zum kulturindustriellen Theorem einen Zusammenhang zwischen künstlerischer Kreativität und kapitalistischem Profitmotiv her. So kritisierten die Akteur:innen den Kommerzialismus der Veranstaltenden und der Tonträgerunternehmen als Ursache für deren reservierte Haltung.

Als weitere Entitäten des Akteur-Netzwerks sind die Erfahrungen der Selbstorganisation im Kontext der ersten gemeinsamen kulturpolitischen Aktivitäten improvisierender Musiker:innen in Westdeutschland im Rahmen der *New Jazz Artists' Guild* und beim Kölner Gegenfestival sowie bei der Herstellung und Herausgabe der Eigenproduktionen der Akteur:innen zu berücksichtigen. Hierbei zeigt sich, dass die Entitäten der Selbstorganisation wie auch der mangelnden Repräsentation mit den Aktivitäten und Programmatiken der New Yorker Kooperativen *Jazz Artists Guild* und *Jazz Composers Guild* verbunden sind und durch diese gestützt wurden. Auch die Eigenproduktionen der Akteur:innen stellen Entitäten des Gefüges dar. Denn durch das Ereignis der Produktion und des anschließenden Vertriebs wurden (zusammen mit den weiteren heterogenen Entitäten wie der zurückhaltenden Vermarktung, der ökonomischen Situation sowie den Beispielen der US-amerikanischen Kooperativen und deren Produktionen) andere Akteur:innen nicht nur dazu gebracht wurden, ebenfalls Tonträger zu produzieren und zu veröffentlichen, sondern auch die Perspektive einer von den Musiker:innen selbst getragenen, unabhängigen Entwicklung zu praktizieren. Die *agency* der eigenproduzierten Tonträger und die Vermittlung der von der Vermarktung durch die etablierten Tonträgerunternehmen unabhängigen Produktionen als Erfolg versprechende Perspektive wurden neben der face-to-face-Kommunikation der Akteur:innen vor allem durch die Beiträge der Jazzredakteure und -journalisten der jüngeren Generation in *Sounds*, *Jazz Podium* und anderen Printmedien transportiert. Durch die Vermittlung der engagierten Kritiker wurde des Weiteren die Gruppenbildung der Avantgarde und des Neuen Jazz – und insofern auch das sich herausbildende soziale Netzwerk der Akteur:innen – gestützt und das Handeln der Eigenproduzent:innen und deren Positionierung auf eine spezifisch ideologische Weise (rekurrierend auf theoretische Ansätze der Neuen Linken vor allem der Frankfurter Schule) interpretiert und weitervermittelt. Dies bedingte zugleich die weitere Rezeption. Insofern sind sowohl die Jazzredakteure und -journalisten der jüngeren Generation als auch die mediale Vermittlung als Entitäten des Akteurs-Netzwerk zu berücksichtigen. Das sich herausbildende soziale Netzwerk der Akteur:innen entwickelte sich ab Mitte der 1960er-Jahre aus den gemeinsamen Spielkonstellationen, Kooperationen und musikalischen Projekten und wurde neben den eigenen Aktivitäten der Akteur:innen von den Free Jazz-Meetings (Baden-Baden und Bremen) und Jazz-Festivals (wie dem *Deutschen Jazzfestival* in Frankfurt oder den *Berliner Jazztagen*, bei denen sich 1966 das *Globe*

Unity Orchestra konstituierte) mitbedingt. Insofern stützten auch die veranstaltenden Rundfunkanstalten und deren öffentliche Förderungen (inkl. des jeweiligen kulturellen Auftrags und der inhärenten ideologischen Zielsetzung) das sich entwickelnde soziale Netzwerk der Akteur:innen.

Zu den Entitäten ist des Weiteren die bundesdeutsche gesellschaftliche und kulturelle Entwicklung bzw. konkreter der gegenkulturelle Bewusstseinswandel und Radikalisierungsprozess inklusive der sensibilisierten Wahrnehmung von Autoritarismus zu rechnen. Bezüglich des Radikalisierungsprozesses ist zu beachten, dass dieser nicht nur einen Kontext für das Handeln der Akteur:innen darstellte. Vielmehr waren die Akteur:innen selbst fest in der sich in Opposition zur dominierenden Kultur verstehenden Gegenkultur verwurzelt. Diese Verwurzelung stellt eine weitere Entität des Akteur-Netzwerks dar. So bedingte der Radikalisierungsprozess innerhalb der gegenkulturellen Szene (zusammen mit den Entitäten der erfolgreichen Eigenproduktionen und der Perspektive einer unabhängigen Entwicklung in der sich herausgebildeten, eigenständigen, gegenkulturellen Sphäre etc.) eine sich transformierende Positionierung der Akteur:innen hinsichtlich ihrer Zusammenarbeit mit dem Jazz-Establishment. Hatten die Akteur:innen bis einschließlich Frühjahr 1968 noch keineswegs eine Zusammenarbeit mit der Musikindustrie ausgeschlossen, transformierte sich diese Positionierung im Laufe des Jahres 1968. Nun wurden alle, die aus Sicht der Akteur:innen an der vorherrschenden kommerziellen Vermarktung des Jazz maßgeblich beteiligt waren wie die Konzertagenturen, Tonträgerunternehmen, Clubbesitzende oder auch Jazzkritiker:innen und Rundfunkredakteur:innen mit dem im Kontext der sog. Studentenbewegung pejorativ konnotierten Schlagwort ‚Establishment' indiziert. Und einer Zusammenarbeit mit diesem Jazz-Establishment wurde (nicht nur in Westdeutschland) eine Absage erteilt. Mit dem Ereignis des Kölner Gegenfestivals artikulierte sich die Entität der transformierten Positionierung wodurch das Tiefgaragen-Gegenfestival zum Ereignis einer neuen Übersetzung oder Vermittlung und insofern zu einer weiteren Entität wurde. Auch das umfassende Klima des Aufbruchs sowie der Protest, die Aktionen und die Massenaufmärsche der Studierenden im Frühjahr 1968 sind als Entitäten in das Akteur-Netzwerk aufzunehmen. Diese brachten die Akteur:innen gemeinsam mit dem Aufgebot der heterogenen und dislokalen Entitäten (wie den Aktivitäten der US-amerikanischen *Jazz Artists Guild* bzw. der *Newport Rebels*, der mangelnden Repräsentation der Akteur:innen sowie deren ökonomische Situation etc.) zum Handeln. Auch das Publikum des westdeutschen Free Jazz ist als Entität des Gefüges zu markieren. Aufgrund der Verwurzelung der Akteur:innen in der Gegenkultur wurde auch das Publikum von dieser sich herausgebildeten eigenständigen kulturellen Sphäre mitbedingt. Die Verbindung von alternativen Lebensformen und politischer Einstellung traf so auf eine Musik, die u.a. kraft ihres gegenkulturellen und unabhängigen Impetus, ihrer (normativ) aufgeladenen Ästhetik und ihrer gegenkulturellen und avantgardistischen Positionierung (d.h. voranzuschreiten und was die revolutionäre Schule betraf gesellschaftlich-emanzipative Impulse initiieren zu wollen) innerhalb der Szene auf enormen Zuspruch stieß und so den Free Jazz stützte – vor allem in der Phase der gegenkulturellen Radikalisierung in der zweiten Hälfte der 1960er-Jahre. Außerdem stellen die Ausladung von Brötzmann und seinem Orchester von den *Berliner Jazztagen*, die erneute Kritik der Akteur:innen an der mangelnden Repräsentation des Neuen Jazz (im Kontext des *Total Music Meeting*) sowie deren Kritik an der Präsentations- und Organisationsform der *Jazztage* weitere Entitäten des Akteur-Netzwerks dar. Und abschließend ist hinsichtlich der Entitäten, die den Zusammenschluss führender Exponent:innen des westdeutschen Free Jazz beim Berliner Gegenfestival bedingten, die Perspektive einer von den Akteur:innen getragenen unabhängigen Praxis, d.h. unabhängig vom kritisierten Jazz-Establishment hervorzuheben.

Mittels der nachgezeichneten Praxisprozesse und der Identifizierung und Lokalisierung der Entitäten, lässt sich nicht nur 1. die Problematik determinierender Ansätze veranschaulichen, sondern auch 2. ein dominantes Narrativ kontrastieren. 1. Die Problematik determinierender Ansätze soll im Folgenden anhand von Müllers Darstellung der Entstehung der FMP in *Free Music Production. FMP: The Living Music* exemplifiziert werden. Müller rekurriert bei dieser insofern auf ein determinierendes Modell, als er die „relevanten politischen Fragen der 1950er- und 1960er-Jahre, das Streben nach Emanzipation und Gleichberechtigung" als den Kontext bzw. als die Ursachen exponiert, die in der Folgezeit diesseits und jenseits des Atlantiks eine „unmittelbare Wirkung auf alle nachfolgenden Initiativen zur Selbstbestimmung und Selbstermächtigung von Musikern"[361] entfaltet hätten. So habe diese Form der Selbstbestimmung „in der Luft" gelegen, es „bedurfte" jedoch noch „eines Anlasses": Diesen Anlass habe „der Zufall eines Dresscodes" dargestellt (also Brötzmanns Ausladung von den *Jazztagen*), der eine „Kette weiterer Ereignisse" ausgelöst habe, die wiederum durch Zufälle ermöglicht hätten, dass das (erste) *Total Music Meeting* 1968 „von einem zweiten zunächst einmaligen Ereignis zu Ostern 1969, den *Three Days of Living Music and Minimal Art* in der Akademie der Künste (West) am Hanseatenweg fortgesetzt wurde".[362] Obwohl Müller von Ereignissen und Zufällen spricht, sind es nur wenige globale Ursachen (‚Selbstbestimmung', ‚Emanzipation' und ‚Gleichberechtigung'), die alle entscheidenden Wirkungen hervorbringen. Die ‚Kette weiterer Ereignisse' und die vielen ‚Zufälle', die den Ereignisfortgang ermöglicht hätten, stellen sich so letztlich als „bloße Zwischenglieder" dar, durch die „Kausalitäten"[363] transportiert werden. Wie Latour hingewiesen hat, hätten Akteur:innen in einem solchen Modell keine andere Funktion, als „den Hintergrund oder das Relais für die Ströme kausa-

361 Müller 2022, S. 15f.

362 Ebd., S. 22.

363 Latour ^{5}2019, S. 227.

ler Wirkungen zu bilden".[364] Vielleicht gestikulierten sie, um den Eindruck zu erwecken, sie wären beschäftigt: doch letztlich spielten sie im Handlungsverlauf keine Rolle und stellen insofern auch keine handelnden Akteur:innen dar. Das, was übertragen werden soll und sich schließlich als Wirkung einstellt, steht bereits vorab fest: ‚das Streben nach Emanzipation und Gleichberechtigung'. So habe Brötzmann, wie Müller ausführt, mit seinen beiden ersten Platten „im Alleingang die Möglichkeitsformen selbstbestimmten Arbeitens für europäische Musiker erweitert und einen Grundstein für die Entstehung der *Free Music Production* gelegt".[365] „In der ersten Phase von 1966 bis 1972" beginne sich so „der Wille, die Dinge in die eigene Hand zu nehmen, zu manifestieren."[366] Damit sei „die Möglichkeit der Machbarkeit unter Beweis gestellt"[367] worden. Und „letztlich" habe dann „ein beispielhafter systemischer Vorgang" (Brötzmanns Relegation von den *Jazztagen*) Brötzmann und Gebers „dazu bewegte, die Geschicke als Veranstalter selbst in die Hand zu nehmen".[368] Diese Art, die Entstehung der FMP zu erzählen, lässt sich empirisch nicht bestätigen, wie die Komplexität, Diversität, Heterogenität und Dislokalität von Handeln und der Versuch, die Praxisprozesse als konkret vermittelt nachzuzeichnen, verdeutlichen. Vielmehr handelt es sich bei der ‚unter Beweis gestellten Möglichkeit der Machbarkeit' und ‚dem Grundstein' um Konstruktionen eines retrospektiv festgelegten Handlungsverlaufs. Das determinierende Modell versperrt dadurch nicht nur die Sicht auf die Praxis der Akteur:innen, d.h. auf deren beruflich-musikalische Karrieren, deren ökonomische Situation, deren Verbindung zum Markt, deren künstlerisches Selbstverständnis oder deren Kritik einer mangelnden Repräsentation etc. Darüber hinaus wird mit der Exponierung von Selbstbestimmung, Emanzipation und Gleichberechtigung als globale Ursachen der Entstehung der FMP eine dominante Narration der FMP gestützt.

2. Diese stellt eine tradierte Form des antikommerziellen Narrativs dar, das auch heute noch intakt ist. Das antikommerzielle Narrativ hat sich seit den 1960er-Jahren weiterentwickelt. In den 1970er-Jahren erfuhr es als Diktum vom Anspielen der FMP gegen den Kapitalismus zunächst eine Radikalisierung. So schrieb Panke in seinem Artikel *Mit eigenen Platten gegen mächtige Krämer*: „Schlagwortartig lässt sich sagen, daß die FMP mitten im Kapitalismus mit dessen Mitteln gegen ihn antritt, oder wörtlich: ‚anspielt'."[369] Und Liefland bekräftigt Anfang 1976 in der *Frankfurter Rundschau*, dass die FMP „das Paradox" auf sich genommen habe, „mitten im Kapitalismus mit den Mitteln des Kapitalismus gegen den

364 Ebd., S. 226.
365 Müller 2022, S. 21.
366 Ebd., S. 21f.
367 Ebd., S. 22.
368 Ebd.
369 Panke 1975.

Kapitalismus ‚anzuspielen', anzutreten".[370] Die FMP habe nicht darunter gelitten, dass sie die Widersprüche auf sich genommen habe – im Gegenteil: sie habe einen kleinen Teil des Schutts der gesellschaftlichen Bedingungen weggeräumt, so dass Musik als kreativer Teil sonst arbeitender Menschen freigelegt wurde. In den 1980er-Jahre weicht größtenteils die konkrete gegenkulturelle, antikapitalistische Zielsetzung.[371] Bestehen bleibt jedoch eine allgemeine, wenn auch unkonkrete Widerständigkeit. So unterstreicht Stock 1988 in seinem Artikel *Wilde Klänge von Aufbruch und Ausbruch* über die FMP in der *Zeit*: „Das Jahr '68 hat uns auch eine rebellische Plattenfirma beschert: die Berliner FMP. Sie presst seit zwanzig Jahren Free Jazz in Rillen – eine Musik, die sich nicht an Vorschriften hält".[372] Im Rahmen der FMP-Ausstellung im Frühjahr 2018 in der Berliner *Akademie der Künste* führt deren Programmbeauftragter Odenthal aus, dass die Ausstellung versuche, „ein Phänomen einzufangen", das sich „systematisch der Vereinnahmung durch die Institutionen und durch den Mainstream widersetzt"[373] habe. Und im 2023 erschienen Buch *Kunst, Musik und Peter Brötzmann* wird die marxistische Lesart der jüngeren Journalistengeneration in der zweiten Hälfte der 1960er Jahre wiederaufgenommen. Demnach hätten die „Gründer von FMP" es als einen „politischen Akt in der Tradition von Marx" angesehen, „die Produktionsbedingungen selber bestimmen zu können".[374] Bei den Oral History-Interviews hat Gebers zur „Lieflandschen Fiktion" des ‚Anspielens gegen den Kapitalismus' bemerkt: „Im Prinzip hat Wilhelm [Liefland] durchaus recht – aber nur im Prinzip. Er wollte die Realität auch nur aus einem Blickwinkel sehen, weil er ein Teil dieser Realität überhaupt nicht wahrnehmen konnte."[375] Denn die Leute sähen nur das, „was da jetzt in den fünf Tagen", also während der Festivals und Konzerte passiere: „Aber was da Monate davor und noch Wochen danach passieren musste, damit diese fünf Tage passieren, das kennt ja niemand. Das ist aber Bestandteil dieser ganzen Geschichte."[376] Gebers' Kommentierung von Lieflands Fiktion und seine Bemerkung, dass Liefland die Realität nur aus einem Blickwinkel sehen wollte, verweist auf die gesamte Praxis der Akteur:innen, mit der sich wie mit dem Versuch, die Praxisprozesse konkret empirisch nachzuzeichnen und die Entitäten, Handlungsquellen, Umstände, Gelegenheiten und Aktanten zu identifizieren und zu lokalisieren, die Imaginationen der FMP kontrastieren lassen.

---

370 Liefland 1976a.

371 Vgl. auch die Selbstverständigungstexte: Forst (1981) und Noglik (1989a) in der FMP-Broschüre *20 Jahre Free Music Production* sowie Klopoteks (2008b) knapp 20 Jahre später entstandener Text *Free Jazz West* über die Entwicklung des westdeutschen Free Jazz.

372 Stock 1988a.

373 Odenthal 2018, S. 5.

374 Czirr/Wiener 2023, S. 10.

375 Gebers, Interview mit dem Verfasser, 22.5.2015, Interview-ID 370.

376 Ebd.

Mani Neumeier, Manfred Schoof und Irène Schweizer, *Jazz meets India*, Donaueschingen 1967 (Foto: N.N., Archiv Jazzinstitut Darmstadt)

2 Die Gründung der *Free Music Production* (FMP), 1969–1970
3 Nights Of Living Music And Minimal Art, 1969, und die *Akademie der Künste*

Zehn Monate nach dem ersten *Total Music Meeting* (T.M.M.) 1968 erfolgte im September 1969 die Gründung der FMP. Der nachfolgende zweite Teil der Untersuchung widmet sich der FMP-Gründungsphase und fragt, wie es in der Folge des ersten T.M.M. im November 1968 zur Gründung der Kooperative kam. Wie im vorherigen ersten Teil der Arbeit sollen hierbei die Praxisprozesse nachgezeichnet und so ausgehend vom T.M.M. 1968 die unterschiedlichen Handlungsquellen, Umstände und Gelegenheiten identifiziert werden, die die Akteur:innen zum Handeln und insofern zur Gründung der FMP brachten.

Anders als bei der Entstehung der New Yorker Kooperative *Jazz Artists Guild*, die die ‚Rebellen' unmittelbar nach deren Rückkehr vom Gegenfestival in Newport gegründet haben sollen[1], erfolgte die Gründung der FMP nicht im direkten Anschluss an das Westberliner Gegenfestival. Vielmehr erreichte Gebers Ende 1968 ein Angebot der *Akademie der Künste*, an Ostern 1969 innerhalb der Ausstellung *Minimal Art* in der Westberliner *Akademie der Künste* am Hanseatenweg ein dreitägiges Konzert zu veranstalten: worauf „wir", wie Gebers 1978 berichtet, „mit Freuden eingegangen"[2] sind. Über dieses Konzert mit dem Namen *3 Nights Of Living Music And Minimal Art* und dessen Zustandekommen berichtet Gebers bei den Oral History-Interviews:

> „1968 war dann 'ne Ausstellung in der *Akademie der Künste*: *Junge Generation England.* Und da waren ein Haufen englische Musiker eingeladen, da auch Konzerte zu spielen. Da hatten wir im Vorfeld dann in irgendeinem Laden so 'ne Begegnung gemacht: nachts, die halbe Nacht durch. Und da wurde ja richtig lange gespielt zu der Zeit. Und in dieser Zeit hatte Donata Höffer auch irgendein Engagement in der *Akademie* für irgendwelche – ich weiß jetzt nicht mehr was das war – Theatergeschichten, die da liefen. Und die lernte da die Nele Hertling kennen.[3] Und die war ja auch nun bei unseren Sachen, die wir gemeinsam mit den Engländern gemacht haben, und wollte dann irgendwas machen, und hatte mich daraufhin angesprochen. Also sie hatte Donata angesprochen, und die hatte gesagt, da musst du mal den Gebers fragen und so weiter. Und dann haben wir uns zusammengesetzt und sie hat angeboten, doch irgendeine Geschichte in einer bestehenden Ausstellung zu machen – für Ostern ‚69 war das dann. Also: '68 das *Total Music Meeting* war abgehakt, '69 lief dann diese Geschichte an."[4]

1 Vgl. Hentoff 1961.

2 Gebers 1978, S. 4.

3 Ergänzend zu dieser Darstellung berichtet Hertling gegenüber Müller 2011, dass sie Höffer bereits vor deren Engagement „aus familiären Gründen persönlich kannte" (Hertling zit. nach Müller 2022, S. 206).

4 Gebers, Interview mit dem Verfasser, 27.3.2015, Interview-ID 10.

Aufgetreten sind in der *Akademie der Künste* von Karfreitag, den 4. April 1969 bis Ostersonntag, den 6. April 1969: das *Alexander von Schlippenbach Nonet* (Schoof: tp, flh; Rutherford: tb; Pilz: fl, bcl; Parker: ss, ts; Brötzmann: ts, bs; Bailey: g[5]; Schlippenbach: p, perc; Niebergall: b, btb; Bennink: dr, perc), das *Ed Kröger Quartet* (Schulz: fl, ss, ts; Kröger: tb; Busch: b; Hock: dr) und die *Donata Höffer Group* (Höffer: vln, p; Gebers: b; Kussatz: dr) sowie die *Alexis Korner Blues Group* (Korner: g, voc; Coxhill: ss, ts; Thorup: g; South: b, eb). Jede der Jazzformationen spielte an zwei Nächten. Die Gruppe von Korner trat an allen drei Tagen auf. Das aus heutiger Sicht ungewöhnliche Zusammentreffen von (vor allem) Free Jazz und Blues, das jeweils um 22 Uhr startete, endete „mit kaputten Kunstobjekten“[6], wie sich Gebers an die Vorkommnisse in der *Akademie* bei den Interviews erinnert:

> „Da gabs ja richtig Rabatz! Und das Gute war dann eben Alexis Korner: der versuchte zu vermitteln und irgendwie die aufgebrachten Typen zu beruhigen, die ja seine Truppe hören wollten. Und das weiß ich noch ganz genau: Wir mussten dann nach ihm s p i e l e n. Und dann sagte er: ‚Komm, wir gehen da rüber und spielen Mal 'nen B l u e s. (Interviewer lacht ungläubig) Ja, aber einen aufgeklärten!' – Der sprach übrigens ziemlich gut Deutsch der Typ. Und so konnte er auf die Leute einreden und mit ihnen diskutieren.“[7]
> „Das *Akademie*-Ding ist eine richtig chaotische Nummer gewesen, weil das ja nun in einer Ausstellung stattfand (lacht) … und auch richtig teuer. Die haben da so viel zerklumpt – und alles so feinste Edelstahlprojekte, so Kunstwerke, alle mit Beulen versehen. Da war auch klar, dass man solche Konzepte zu dieser Zeit nicht mehr machen konnte oder noch nicht machen konnte: Also so eine Blues-Truppe wie Alexis Korner und unser Kram: das passte nun gar nicht.“[8]

Nele Hertling (damals Sekretärin der *Akademie der Künste* in den Abteilungen Musik und Darstellende Kunst[9]), auf deren Initiative die *3 Nights Of Living Music And Minimal Art* zurückgehen, vermittelt in ihrem Beitrag im FMP-Buch *For Example* (der gleichnamigen 3-LPs-Box) 1978 einen lebendigen Eindruck von den damaligen Ereignissen. So berichtet sie, dass sie 1968 in der *Akademie der Künste* dabei waren, unter dem Titel *Junge Generation Großbritannien* ein großes Projekt vorzubereiten: „Es ging darum, die ungewöhnliche kulturelle Entwicklung der letzten Jahre in England in allen ihren Möglichkeiten und Facetten

5 Bailey ersetzte den noch im Programmheft und auf den Plakaten angekündigten John McLaughlin.

6 Gebers, Interview mit dem Verfasser, 27.3.2015, Interview-ID 10.

7 Ebd., Interview-ID 11.

8 Gebers, Interview mit dem Verfasser, 22.5.2015, Interview-ID 346.

9 Hertling war von 1962 bis 1989 Sekretärin in den Abteilungen Musik und Darstellende Kunst (vgl. Akademie der Künste 2018, vgl. Stiftung Archiv der Akademie der Künste 1997, S. 634). Des Weiteren war sie von 1976 bis 1989 Senatssekretärin der Westberliner *Akademie*. Seit 1998 ist Hertling Mitglied der *Akademie der Künste* (Berlin) in der Sektion Darstellende Kunst. Von 2001 bis 2006 war sie stellvertretende Direktorin der Sektion Darstellende Kunst, von 2006 bis 2015 Vizepräsidentin der *Akademie* und seit 2017 Direktorin der Sektion Darstellende Kunst der *Akademie*.

darzustellen."[10] Zur Eröffnung der zum Projekt gehörenden Ausstellung wollten Hertling und ihre Kolleg:innen etwas für die Londoner Szene Typisches vorstellen und waren darauf gekommen, ein Ensemble einzuladen, das zur modernen Jazzszene in England gehörte. Bei den Vorbereitungsarbeiten für das Projekt habe Hertling durch Zufall in London einige Musiker des *Spontaneous Music Ensemble* (u.a. dessen Leiter und Schlagzeuger John Stevens und den Bassisten Dave Holland) kennengelernt: „Bei einem Gespräch auf der Straße verabredeten wir ein Gastspiel für diese Gruppe, die dann auch wirklich am Eröffnungssonntag der Ausstellung auf der Bühne und in der Ausstellungshalle der Akademie spielte."[11] Obwohl zur Ausstellungseröffnung das „Häuflein der Bewunderer im Auditorium der Akademie nicht sehr groß"[12] gewesen sei, wie damals der Berliner *Tagesspiegel* berichtete, seien Hertling und ihre Kolleg:innen von der *Akademie* mit dieser Form der Ausstellungseröffnung sehr glücklich gewesen und versuchten in der folgenden Zeit, auch in Berlin Kontakt zu Jazzmusiker:innen zu finden, um weitere Auftritte in der *Akademie* zu ermöglichen. Über Höffer, die zur gleichen Zeit auf der *Akademie*-Bühne in einer Inszenierung von Willi Schmidt probte, habe Hertling Gebers kennengelernt. Gemeinsam sei dann die Veranstaltung *Three Days of Music Festival* geplant worden, die später in *3 Nights Of Living Music And Minimal Art* umbenannt wurde, da die Musiker:innen innerhalb der Ausstellung *Minimal Art* spielen sollten:

> „Diese Veranstaltung hätte aber auch schon fast das Ende der weiteren Planungen bedeutet. Denn während der Auftritte der Gruppen inmitten der ausgestellten Kunstwerke ergab sich – erklärbar vielleicht aus der spannungsgeladenen Atmosphäre jener Tage – eine höchst unerfreuliche Situation, als die Zuhörer anfingen – zunächst ganz unsystematisch und fast unabsichtlich – die Kunstwerke als Sitzgelegenheiten zu benutzen, darüber zu laufen oder sie auch als schlagzeugähnliche Geräte zu schlagen und zu klopfen. Als wir versuchten, dem Einhalt zu gebieten, kam es zu heftigen Auseinandersetzungen, und ich erinnere mich an handfeste Prügeleien. Der Versicherungsschaden an den Kunstwerken war so immens, dass es uns viele Jahre danach nicht mehr möglich war, Veranstaltungen innerhalb von Ausstellungen durchzuführen.
> Der ‚Abend' schrieb: ‚Unbekümmert pflückte man auf einem Innenhof Schilfgräser und schritt in einer Pause zu einem Lärmhappening, dies bestand überwiegend darin, im Rhythmus der alten Landsknechtstrommeln mit Fäusten und Füssen auf die Ausstellungsstücke aus Blech einzuhämmern. Minimal music.'"[13]

Die *agency* des T.M.M. und der weiteren Aktivitäten der Akteur:innen in Westberlin ermöglichte, dass die Akteur:innen mit der *Akademie der Künste* gemeinsam eine mehrtägige Veranstaltung planen konnten. Wie Hennion hinweist, müsse die Welt, damit man die Aufmerksamkeit auf die *agency* richten könne, anders defi-

---

10 Hertling 1978, S. 5.

11 Ebd.

12 *Tagesspiegel* zit. nach Hertling 1978, S. 5.

13 Hertling 1978, S. 5.

niert werden. Nämlich als miteinander verbundene „Welten ohne Exteriorität“[14], dafür aber mit Dingen, Menschen, Dispositiven und aufgefalteter Handlungsfähigkeit. D.h. als ein Gewebe ohne Ränder, als ein Gefüge von partiellen, unterschiedlichen, heterogenen, aber verknüpften und verknüpfbaren Netzwerken. Ein solches Gewebe stellte der Zusammenschluss oder die Konstituierung der Akteur:innen (beim Berliner Gegenfestival) ebenso dar wie auch die *Akademie der Künste*, die wie die Akteur:innen dabei war, neue Präsentationsformen und Repräsentationen zu erproben. Die *Akademie der Künste* stellt aufgrund der gemeinsamen Organisierung und Durchführung der *3 Nights Of Living Music And Minimal Art* bereits während der Gründungsphase eine bedeutende Allianz der Akteur:innen dar und bedingte so die Gründung der Kooperative. Insofern ist die *Akademie der Künste* auch zum Gefüge der diversen, heterogenen und dislokalen Entitäten zu rechnen.

Die 1954 gegründete *Akademie der Künste* stellt eine Besonderheit innerhalb der Kulturpolitik Westberlins dar, die die Frage nach der staatlichen Anbindung der *Akademie* betrifft. Diese Frage stellte sich erstens, wie die Historikerin Christine Fischer-Defoy ausführt, aufgrund des gescheiterten Versuchs, 1945/46 die *Preußische Akademie der Künste* zu reaktivieren, und in Anbetracht der 1950 erfolgten Gründung der *Deutschen Akademie der Künste* in der DDR als eine „Staatsakademie“.[15] Zweitens sei angesichts der bereits bestehenden Akademien in Darmstadt, Hamburg, Mainz und München kein Platz für eine Institution mit dem Anspruch einer bundesrepublikanischen Repräsentanz gewesen. Eine auf Westberlin beschränkte Akademie habe jedoch nicht dem Selbstverständnis der Gründer:innen der *Akademie der Künste* entsprochen. Die Lösung bestand schließlich in der Trennung von *Akademie* und Staat bzw. Landesregierung und der Konstituierung einer nicht-staatlichen Institution mit dem Ziel internationaler Repräsentanz, mit Sitz in Westberlin. Die Trennung bzw. die „Autonomie der Akademie der Künste“[16], wie der im Februar 1956 gewählte erste Präsident der *Akademie* Hans Scharoun deren Status begrüßte (und diese auch als Gegengründung bzw. Antithese zur Akademie in Ostberlin verstand), bedingte auch, dass der US-amerikanische Industrielle Henry H. Reichhold im Oktober 1957 eine Million US-Dollar für den Neubau der *Akademie* am Hanseatenweg in Berlin-Tiergarten zur Verfügung stellte. Und Ende 1960 spendete Reichhold der *Akademie* Aktien in Höhe von 25.000 US-Dollar, aus deren Gewinn die laufende Arbeit der *Akademie* für zehn Jahre finanziert werden sollte.[17]

Im Dezember 1954 beschloss das Berliner Abgeordnetenhaus mit dem *Gesetz über die Akademie der Künste* die Organisation, Binnenstruktur und Auf-

14 Hennion 2013, S. 34.
15 Fischer-Defoy 1997, S. 11f.
16 Scharoun 1997, S. 251.
17 Vgl. Stiftung Archiv der Akademie der Künste 1997, S. 609.

gaben der *Akademie*. Hinsichtlich ihrer Rechtsstellung wurde die *Akademie* als eine Körperschaft des öffentlichen Rechts gegründet. Aufsicht führt der *Senator für Volksbildung* (§ 1). Dieser muss auch die Wahl des *Präsidenten* und dessen *Stellvertreter* (§ 8) durch die Mitgliederversammlung bestätigen sowie den für die Verwaltung der *Akademie* verantwortlichen *Generalsekretär* (§ 9). Der Entwurf des Haushaltsplans wird vom Senat aufgestellt. Entsprechend wird über diesen im Rahmen des Haushalts des Landes Berlin entschieden (§ 10). Hinsichtlich der Aufgaben der *Akademie* (§ 2) regelte das Gesetz von 1954:

> „(1) Die Akademie der Künste ist eine Gemeinschaft hervorragender Künstler, deren Werk durch Berufung in die Akademie der Künste anerkannt und geehrt werden soll. Sie hat die Aufgabe, die Kunst auf allen Gebieten zu fördern und vor der Öffentlichkeit zu vertreten sowie den Staat in wichtigen Fragen der Kunst zu beraten.
> (2) Die Akademie der Künste setzt die Tradition der 1696 gegründeten Preußischen Akademie der Künste unter Berücksichtigung der veränderten Zeitverhältnisse und der neuen kulturellen Aufgaben fort.“[18]

In der *Grundsatzerklärung der Akademie der Künste* vom Oktober 1955 wird die Freiheit der Kunst verankert und das Anliegen der *Akademie* definiert als: „die Kunst an den Spannungen der geistigen Energien zu beteiligen“.[19] Dies bedürfe ebenso der Arbeit im Stillen wie der Bereitschaft, das Gewissen im kulturellen Leben zu sein. Und dies schließe auch die Stellungnahme „zu politischen Geschehnissen und Absichten“ ein, „die für die Freiheit der Kunst von Bedeutung“ seien: insbesondere solche, „die einen Mißbrauch der Kunst als Mittel der Politik befürchten lassen, zumal die Größe der Zeitaufgaben und das Ausmaß der Zerstörungen alle Bemühungen erfordern“.[20] Als besondere Aufgaben der *Akademie* werden u.a. festgelegt: Gemeinsam mit der Presse sowohl das Grundsätzliche als auch die konkreten Probleme darzustellen. Die Mitwirkung am musischen Unterricht in Schulen, Berufs- und Fachschulen ebenso wie Hochschulen. Mitwirkung an Bildungsplänen, gegebenenfalls auch persönliche Mitwirkung von Mitgliedern der *Akademie* durch Führungen durch Museen, Ausstellungen usw. Veröffentlichungen wesentlicher Werke der Kunst und für die Kunst wesentlicher Literatur mit Hilfe des Staates. Hinzu kamen: Mitarbeit an Programmen, Kunstausstellungen, Konzerten, Dichterlesungen – zu bestimmten Gegebenheiten und mit bestimmten Themen. Zudem habe die Stadt Berlin die Absicht – im Bewusstsein notwendiger Zusammenarbeit –, sich der Mitarbeit der aus dem gesamten deutschen Raum stammenden Mitglieder der *Akademie* zu bedienen, wenn es, zum Beispiel, um Vorschläge für Preisrichter:innen für die Berliner Kunstpreise gehe

---

18 *Gesetz über die Akademie der Künste* zit. nach Stiftung Archiv der Akademie der Künste 1997, S. 162.

19 *Grundsatzerklärung der Akademie der Künste, 29.10.1955* zit. nach Stiftung Archiv der Akademie der Künste 1997, S. 175.

20 Ebd.

oder um Entscheidungen von Sachverständigen zum Berliner Kunstbeirat oder um die Mitarbeit an den Plänen des Berliner Städtebaus. Der Senator für Volksbildung erklärt in diesem Zusammenhang seine Bereitschaft zur Mitwirkung im Rahmen seines Arbeitsbereichs.[21]

Lassen sich Anfang der 1960er-Jahre auch Tendenzen erkennen, dass sich die *Akademie* von der gesellschaftlichen Realität entfernt habe und auf konservative Werte rekurriert[22], verweist demgegenüber die Rede des Literaturwissenschaftler Hans Mayer auf der *20. Mitgliederversammlung der Akademie* Anfang November 1964 mit seiner Positionierung für das kritische „Fragen stellen und In-Frage-Stellen" auf eine neue Verhältnisbestimmung des ästhetischen und des gesellschaftlichen Bereichs:

> „Eine Akademie der Künste heute und hier, nämlich in Berlin, kann nicht den Weg Heinrich Manns oder Gottfried Benns gehen. Weder Jakobinismus noch schroffe Trennung des ästhetischen vom gesellschaftlichen Bereich. Sie wird zugeben müssen, dass es an gültigen Normierungen im Bereich der Künste fehlt und daß man dem nicht nachtrauert. Wenn Platon in seinem Staatswesen nur den Dithyrambus zulassen wollte, so wird man diesen Preis verweigern müssen. Wir sind keine Platoniker. Die finsteren Zeiten, von denen Brecht gesprochen hat, bedürfen vor allem des Lichts, der Aufklärung. Auch eine Akademie der Künste sollte dieser Aufklärung dienen. Vor allem im wissenschaftlichen Zeitalter. Denn auch dies will bemerkt sein: Nicht nur der Hang der Künste zur Zusammenarbeit und Interdependenz ist festzustellen, sondern auch ein fortschreitender Prozeß wissenschaftlichen Arbeitens im Bereich der Künste. Auch dem müssen wir Rechnung tragen. Ein Ort der permanenten Unruhe und des stets neuen, unbefriedigten Fragens. Kunst ist nicht Trost und nicht Apologie. Sie ist auch nicht mehr ‚Waffe' im Sinne einstiger Expressionisten. Sie ist Fragestellung und Hervorlockung von Reaktionen."[23]

---

21 Vgl. ebd., S. 175f.

22 So fand bspw. Anfang Oktober 1961 (nur wenige Wochen nach dem Bau der Berliner Mauer) ein Vortrag von Heidegger über die Frage „Was ist eine Akademie" (mit anschließender Diskussion) in der Abteilung Bildende Kunst statt. Wie Fischer-Defoy (1997, S. 19) bemerkt, seien bei diesem „nicht die brisanten Probleme vor der Tür" wahrgenommen worden. Vielmehr wurde „im abgehobenen Elfenbeinturm der Villa Hügel in Essen [...] in erlesenem Kreis über das Verhältnis von Kunst und Technik reflektiert" (ebd.).

Demgegenüber hatte Scharoun im September 1961 aufgrund des am 13.8.1961 beginnenden Mauerbaus in einem Rundschreiben alle Mitglieder der *Akademie* zur „tätigen Mithilfe" bei der *Akademie*-Arbeit aufgefordert. Sein abschließendes Plädoyer verweist hierbei auf einen konservativen Kunstbegriff: „Ein Symbol für die Rolle, die wir in dieser Situation zu übernehmen berufen sind: Gegen Hysterie der Macht die Magie des Wahren und Schönen zu setzen – durch das Vertrauen auf die, scheinbar ohnmächtige, Daseinskraft der Kunst." (Scharoun zit. nach Stiftung Archiv der Akademie der Künste 1997, S. 609)

23 Mayer 1964, S. 269.

Mayers proklamierte Positionierung gegen alles Restaurative und gegen den Hang der Erstarrung wie auch sein Plädoyer für eine „Unruhe in Permanenz“[24] und das Fragen- und Infragestellen durchziehen den Programmtext der *3 Nights Of Living Music And Minimal Art*. Darin charakterisierte Hertling die präsentierte Musik als „Living Music“: als „eine anarchistische Musik“, die mit dem Zwang zur traditionellen Komposition breche und in der offenen Form Platz für die freie Improvisation schaffe, „für die Lust, einfach ‚Musik‘ zu machen“.[25] Und die präsentierte bildnerische Kunst begreift sie als „Revolte“ gegen deren überkommene Werte wie „Schönheit, Ausgewogenheit der Teile, individueller Ausdruck und emotionaler Gehalt, mit Objekten, in deren unpersönlicher Monumentalität unsere technisch-wissenschaftliche Zukunft künstlerisch reflektiert“[26] sei. Mit der Präsentationsform werde der Versuch unternommen, die „beiden Manifestationen gegen die entleerte Konvention in der Kunst, eine akustische und eine optische, drei Nächte lang miteinander zu verbinden“.[27] Diesem Experiment mit gemischten Medien sollen weitere folgen. Dass das Angebot der *Akademie* für die Akteur:innen ein interessantes Modell für deren Perspektive einer selbst getragenen und ‚unabhängigen‘ Praxis darstellte, hierbei deren Interessen und die der *Akademie* konvergierten und es so zu der Allianz kommen konnte, ist ausgehend von der Positionierung der Akteur:innen offensichtlich. Das Interesse der *Akademie*, eine ‚anarchistische Musik‘ mit einer ‚Revolte gegen die überkommenen Werte der bildnerischen Kunst‘ zu verbinden, ist nicht kommerzieller Natur. Vielmehr dokumentiert Hertlings Programmankündigung eine kritische Positionierung der Kunst. Die gemeinsame Planung ermöglichte neben der Präsentation von fest zusammenarbeitenden Formationen aus dem Bereich des Neuen Jazz (mit verschiedenen konzeptionellen Ansätzen) nach dem T.M.M. einen weiteren Versuch, die Musik in einem „anderen Rahmen, als den bislang üblichen, zu präsentieren“[28], wie Gebers 1978 in *For Example* resümiert.[29] Des Weiteren waren durch das Engagement der *Akademie* die Finanzierung der gesamten Veranstaltung sowie angemessene Gagen für die beteiligten Musiker:innen gewährleistet.

---

24 Ebd.

25 Hertling 1969.

26 Ebd.

27 Ebd.

28 Gebers 1978, S. 4.

29 Warum auf ein reines Free Jazz-Programm verzichtet wurde, ist weder dem damaligen Programmheft zu entnehmen noch wurde es von den Akteur:innen in den Oral History-Interviews thematisiert. Müller vertritt in *Living Music* die Ansicht, dass Gebers aufgrund der Größe der *Halle 2* der *Akademie* (jedenfalls im Vergleich mit dem *Quartier von Quasimodo*) befürchtet habe, ohne z.B. Alexis Korner nicht genug Publikumszuspruch zu erhalten. Zudem verweist Müller darauf, dass es „ein Zeichen der Zeit“ (Müller 2022, S. 23) gewesen sei, genreübergreifende aktuelle Musik zusammenzubringen, wie ein Blick auf die *Essener Songtagen* im September 1968 zeige.

Aufgrund der Vorkommnisse bei den *3 Nights Of Living Music And Minimal Art* gingen die Akteur:innen jedoch davon aus, dass dies das Ende der Zusammenarbeit mit der neuen Allianz bedeutete. So schließt Gebers bei den Oral History-Interviews seine Erinnerungen an die *3 Nights*: „Und ich glaubte, du brauchst dich nie wieder zu melden."[30] Zum damaligen Zeitpunkt haben die Akteur:innen nicht damit gerechnet, dass bereits ein Jahr später ein neues Angebot der *Akademie der Künste* folgen und sich aus den *3 Nights Of Living Music* eine der wichtigsten Veranstaltungsreihen der FMP entwickeln sollte: der *Workshop Freie Musik*, der (mit einer Ausnahme 1997) bis 1998 jährlich in Kooperation mit der *Akademie der Künste* durchgeführt werden sollte.

Eine Rundreise im Sommer, 1969

Im Spätsommer 1969 entschließen sich Brötzmann und Gebers die FMP zu gründen. Allerdings nicht – wie häufig zitiert – mit der Intention, „mit der Produktion von Schallplatten und der Veranstaltung von Konzerten europäische, freie, akustische Musik zu präsentieren"[31], wie bspw. Forst 1981 rekurrierend auf die Selbstbeschreibung der FMP (aus der beginnenden Kollektivzeit 1972) in einem der ersten Texte über die Geschichte der FMP schrieb. Vielmehr berichtet Gebers bei den Oral History-Interviews über die Gründung der FMP:

> „Wir hatten dann gesagt, wir sollten so 'ne ‚Firma' machen. Und der Brötzmann redete da auf mich ein und redete auf mich ein. Und irgendwann habe ich dann gesagt: ‚Na gut, ich mach das mal.'"[32]
> „Im September '69 habe ich also auf Druck vom Brötzmann hin die Entscheidung getroffen, dass ich jetzt die ‚Firma' FMP anfange. Habe Briefköpfe drucken lassen und gesagt: ‚So, jetzt wollen wir das mal machen.' Und im Ursprung sollte das so 'ne Art ‚Management-Firma' sein."[33]
> „Der Ursprung waren also diese Geschichten mit Brötzmann und mir. Als das klar war, dass wir das machen würden, sind wir rumgefahren zu allen Leuten, die da in Frage kamen."[34]
> „So kam es dann im Sommer '69 zu unserer Rundreise: Brötzmann und ich im Auto irgendwo hin. Zuerst im Kölner Raum zu Dudek, Schoof, Alex [von Schlippenbach]

30 Gebers, Interview mit dem Verfasser, 27.3.2015, Interview-ID 10.

31 Forst 1981, vgl. auch Lorrai 1996, vgl. Kurth 2009. Auch Müller (2022, S. 22) stützt in *Free Music Production. FMP: The Living Music* diese Version. Dort führt er zur Gründung der FMP aus: „Ebenfalls 1969 gründete sich die FMP und produzierte als Schallplattenlabel die erste Veröffentlichung" *European Echoes*. Dies legt zumindest nahe, dass sich die FMP als Schallplattenlabel gegründet habe, d.h. mit der Intention, Schallplatten zu produzieren und zu veröffentlichen.

32 Gebers, Interview mit dem Verfasser, 27.3.2015, Interview-ID 11.

33 Gebers, Interview mit dem Verfasser, 14.8.2015, Interview-ID 531.

34 Gebers, Interview mit dem Verfasser, 22.5.2015, Interview-ID 339.

> und so was. Und dann sind wir in die Schweiz gefahren: nach Nottwil. Da lebte Kowald damals, und Irène [Schweizer] und Pierre Favre, die zusammen ein Trio hatten: *Santana*. Manchmal auch mit Evan [Parker] als Quartett. Brötzmann hatte da mit denen sowieso zu spielen, und ich sagte: ‚Ich fahre dich hin, und fahre dann irgendwie zurück und wir klären das alles.' Und dann haben wir in diesem Zusammenhang auch gleichzeitig diese Managementverträge gemacht. Zwischen FMP – oder dem was da erstmal auf dem Papier so war – und den entsprechenden Musikern: Also auch mit Kowald, und Irène war dabei, und wie gesagt Alex, Schoof hier in Deutschland – Brötzmann sowieso. Detlef [Schönenberg] war zu dieser Zeit noch nicht dabei."[35]
>
> „Das war praktisch der Beginn dieser ganzen Geschichte, in die wir alle einbezogen haben."[36]

Die Gründung der FMP als eine Art Management-Firma findet ausschließlich in den neueren Interviews von Kisiedu, Müller und mir jeweils mit Gebers Erwähnung – und muss insofern problematisiert werden. Kisiedu berichtet über die Management-Idee ausgehend von seinen beiden Interviews mit Gebers, die er im November 2010 geführt hat: „At first, Brötzmann tried to persuade Gebers to establish a management that would put German ensembles in contact with prospective interested parties."[37] Allerdings negiert Kisiedu aufgrund Gebers' Interviewaussagen die Realisierung dieser Idee: "By Gebers' own account, this initial idea did not materialize since he ‚was just completely unsuited for that, so that it very quickly foundered.'"[38] Müller erwähnt die Reise von Brötzmann und Gebers in die Schweiz zu Kowald bzw. zu Schweizer und Favre mit Bezugnahme auf ein Interview mit Gebers aus dem Mai 2011. Demnach habe es „kurz vor der Gründung der FMP" den Gedanken gegeben, als „Management zu funktionieren": „Gebers sollte ‚Jobs klarmachen', und so wurden Favre und Schweizer eingeladen, 1969 beim zweiten *Total Music Meeting* aufzutreten."[39] Die „Management-Idee" habe „Gebers kurze Zeit später wieder begraben".[40] In meinen Oral History-Interviews hatte ich Gebers konkret nach der Ausgestaltung der für die Rundreise vorbereiteten Managementverträgen gefragt. Worauf er antwortete: „Das waren Managementverträge, in denen irgendwelche Aktivitäten erwähnt waren und dann irgendwie Beteiligte."[41] Bei den in den Verträgen festgehaltenen Aktivitäten soll es sich ausschließlich um Konzertveranstaltungen und Tourneen gehandelt haben. Ausgehend von diesen teils widersprüchlichen (und relativ unpräzisen) Darstellungen sind nochmals die historischen Quellen mit der Frage zu prüfen, ob möglicherweise doch Hinweise auf die Gründung der FMP bzw. deren

---

35 Gebers, Interview mit dem Verfasser, 27.3.2015, Interview-ID 12.

36 Gebers, Interview mit dem Verfasser, 22.5.2015, Interview-ID 339.

37 Kisiedu 2020, S. 192.

38 Ebd.

39 Müller 2022, S. 234.

40 Ebd.

41 Gebers, Telefon-Interview mit dem Verfasser, 4.5.2017, Interview-ID 602.

ursprüngliche Zielsetzung existieren. So berichtet Margull über die Gründung der FMP im Sommer 1969 im *Gespräch über die Ziele der Free Music Production* mit Gebers im Frühsommer 1971 im *Jazz Podium*, bei dem es sich um das erste längere und auch älteste Interview mit Gebers handelt:

> „Im Sommer [...] kam es endlich zur festen Bildung der Free Music Production, wie sich die Kooperative der Free-Jazz-Musiker nannte. In langen Unterredungen wurde über die Form des Zusammenschlusses entschieden. ‚Alle Beteiligten waren sich darüber einig', berichtet Gebers, ‚daß wir keinen Verein, keine Gesellschaft, geschweige denn eine Firma gründen wollten. Die Kooperative, die schließlich zustande kam, hat in dem Zeitraum, in dem sie besteht, eigentlich ganz gut funktioniert. [...] Wir machten uns auch an größere Aufgaben, produzierten die erste Platte, Manfred Schoofs ‚European echoes', und haben ein Total Music Meeting während der Berliner Jazztage im November 1969 im Litfaß auf die Beine gestellt.'"[42]

Abgesehen davon, dass zum Zeitpunkt des Interviews die Kooperative nicht wirklich ‚gut funktionierte'[43], kann Gebers' Aussage, dass sich die Akteur:innen ‚auch an größere Aufgaben' gemacht hätten, so interpretiert werden, als grenze er diese von anderen Aufgaben der Kooperative ab, die nicht oder nur indirekt im Interview zur Sprache kommen. Zumal die eigentlichen und ursprünglichen Aufgaben der FMP definitiv nicht die Produktion von Schallplatten beinhalteten (wie im folgenden Kapitel *2.3 European Echoes, 1969* zu sehen sein wird). Hinsichtlich der Gründung der FMP ist eine Äußerung von Brötzmann aus dem Frühsommer 1969 – also kurz vor der Gründung der Kooperative – aufschlussreich. So erklärt er gegenüber Miller: „Ideal wäre natürlich eine echte Musiker-Genossenschaft mit gemeinsamen Risiko und gemeinsamen Gewinn. Aber darauf wollen sich nur wenige einlassen."[44] Und (wenn auch erst) 1979 bemerkt Gebers zur Entstehung der FMP in der *Neuen Zeitschrift für Musik*: „Die Grundidee zur FMP erarbeiteten Peter Brötzmann und ich. In der folgenden Zeit wurden viele Musiker angesprochen mitzuarbeiten, mitzumachen."[45] Insofern ist es wenig erstaunlich, dass Brötzmanns Initiative, eine ‚echte Musiker-Genossenschaft' zu gründen, in ‚lange Unterredungen über die Form des Zusammenschlusses' gemündet sei. ‚Gemeinsames Risiko' und ‚gemeinsamer Gewinn' hinsichtlich ihrer musikalischen Aktivitäten ging den Akteur:innen vermutlich doch zu weit. Aber auf Basis von Einzelverträgen hat das Konzept sicherlich Unterstützung gefunden. Zumal bereits mit den *3 Nights Of Living Music And Minimal Art* in der *Akademie der Künste* auf ein erfolgreiches Beispiel für eine Konzertveranstaltung verwiesen werden konnte, bei dem angemessene Gagen für die beteiligten Musiker:innen erzielt werden konnten. So bemerkt der in den 1960er-Jahren in Westberlin aktive Musiker Rüdiger

42 Gebers zit. nach Margull 1971, S. 210.

43 Vgl. Kapitel *3 Die Kooperative bröckelt, 1970–1972.*

44 Brötzmann zit. nach Miller 1969, S. 9.

45 Gebers 1979, S. 250.

Carl (wenngleich retrospektiv) in seinen Gesprächen mit Oliver Augst im August 2011: „Der Gebers war ja unermüdlich mit Gigs aufreißen".[46] Tatsächlich organisierte Gebers auch 1969 diverse Einzelkonzerte in Westberlin u.a. mit der *Rüdiger Carl Group* (Muth: flh; Carl: as; Gebers: b; Braceful: dr), der *Schoof/Brötzmann 5* (Schoof: tp, flh; Brötzmann: as, ts, bs, fl; Höffer: p; Gebers: b; Kussatz: dr) und dem *Tony Oxley Quintet* (Wheeler: tp, flh; Parker: ts; Bailey: g; Clyne: b; Oxley: dr).[47] In welcher Höhe bei diesen selbstorganisierten Konzerten Gagen gezahlt wurden, ist nicht dokumentiert. Dass aber die Musiker:innen für ihre Auftritte eine Entlohnung erhalten haben, ist aufgrund des Zuspruchs, den der westdeutsche Free Jazz in der zweiten Hälfte der 1960er-Jahre innerhalb der gegenkulturellen Szene in Westberlin erhalten hat, anzunehmen. Zudem war das T.M.M. im November 1968 für die Akteur:innen aufgrund des medialen Interesses und der Publikumsresonanz äußerst erfolgreich verlaufen. Entsprechend groß seien dann, wie Gebers bei den Oral History-Interviews berichtet, auch die Erwartungen der Kooperativen-Mitglieder gewesen: „Die hatten natürlich alle erwartet, jetzt geht das große Theater los und wir spielen ununterbrochen, weil der Gebers irgendwo was an Land zieht."[48] Wenngleich Gebers' Formulierung ‚Management-Firma' (auch nach einem heutigen Verständnis von ‚Kulturmanagement') die Gründung der FMP im Sommer 1969 und deren Zielsetzung nicht adäquat charakterisiert, markiert diese – und dies wollte Gebers vermutlich mit seiner heutigen Bezeichnung ‚Management-Firma' oder ‚Managementidee' verdeutlichen – eine signifikante Diskrepanz zu den bald von der FMP verfolgten Zielsetzungen und zu dem, was die Kooperative dann verkörpern sollte.

Die Gründung der FMP im Sommer 1969 fokussiert insofern zunächst die ökonomisch-materielle Situation der Akteur:innen und deren professionell-musikalische Karrieren. Diese Zielsetzung veranschaulicht, dass das, was die Akteur:innen zum Handeln bzw. zur Gründung der Kooperative brachte, wiederum auf das Gefüge der diversen, heterogenen und dislokalen Entitäten verweist, das den Zusammenschluss der Akteur:innen beim T.M.M. 1968 bedingte. So sind die Entitäten der ökonomisch-materiellen Situation der Akteur:innen und deren professionell-musikalische Karrieren mit dem Gefüge bzw. den Entitäten verknüpft, die bereits hinsichtlich des Zusammenschlusses der Akteur:innen beim T.M.M. 1968 identifiziert und lokalisiert werden konnten. D.h. mit den Entitäten der (ausbleibenden) Vermarktung, der (nur ungenügend ausgebildeten) Verbindung zum Markt, der beklagten mangelnden Repräsentation, des künstlerischen Selbstverständnisses, des (daraus abgeleiteten) Anspruchs einer adäquaten Berücksichtigung, der transformierten Jazzszene, des antikommerziellen Narrativs, der Erfahrungen der Selbstorganisation, der transformierten Positionierung der

46 Carl zit. nach Ihle/Zimmermann 2014, S. 67ff.

47 Vgl. FMP-Publishing 2017.

48 Gebers, Telefon-Interview mit dem Verfasser am 4.5.2017, Interview-ID 604.

Akteur:innen hinsichtlich ihrer Zusammenarbeit mit dem Jazz-Establishment, des Publikums, der Verwurzelung in der Gegenkultur, des sich entwickelnden sozialen Netzwerks der Akteur:innen, der Erfolg versprechenden Eigenproduktionen und der Perspektive einer von den Akteur:innen getragenen unabhängigen Praxis etc. Zu ergänzen ist dieses so konturierte Netzwerk zum einen um das Ereignis des T.M.M. und dessen *agency* sowie um die weiteren Aktivitäten der Akteur:innen in Westberlin und deren entsprechender *agency*, die zusammen mit dem Akteur-Netzwerk der *Akademie der Künste* bedingten, dass gemeinsam mit der *Akademie* die mehrtägige Veranstaltung *3 Nights Of Living Music And Minimal Art* geplant und durchgeführt werden konnte. Und zum anderen sind hinsichtlich des Akteur-Netzwerks, das die Gründung der FMP im Sommer 1969 bedingte, die *3 Nights* selbst sowie die Allianz mit der *Akademie der Künste* als Entitäten zu berücksichtigen. Denn die *agency* der *3 Nights* konnte den Akteur:innen ein erfolgreiches Beispiel für die intendierte Zielsetzung der Kooperative vermitteln.

Mit der Gründung der FMP und seiner stärkeren Konzentration aufs ‚Management', entschied sich Gebers, mit dem Bassspielen aufzuhören (wobei Höffers Engagement an den *Wuppertaler Bühnen* ab 1969 sicherlich Gebers' Entschluss mitbedingt hat). So berichtet Gebers bei den Oral History-Interviews:

> „Da habe ich dann [beim *Total Music Meeting '68*] instinktiv gemerkt: also so geht das nicht. Und das ging dann eben noch einmal, und da war es dann ganz zu Ende. Also das war '68 im Herbst, und '69 haben wir dann das erste Ding in der *Akademie* gemacht, wo ich auch noch gespielt habe. Und die Kombination, selber spielen und so, das ging überhaupt nicht. Da musste ich mich dann entscheiden. Dann habe ich gesagt: ‚Nee, dann hörst du auf, machst lieber das.'"[49]

Hinsichtlich der Namensgebung *Free Music Production* erläutert Gebers bei den Oral History-Interviews, dass dieser wie auch der Name *Total Music Meeting* durch sein damaliges Bestreben zustande gekommen sei, die musikalischen Ak-

49 Gebers, Interview mit dem Verfasser, 27.3.2015, Interview-ID 12. Im *Jazzthetik*-Interview mit Müller führte Gebers 1992 aus, dass er beim *Total Music Meeting* 1968 noch versucht habe, zu spielen: „An zwei Abenden habe ich das gemacht, aber dann wurde die Kasse geklaut, die Karten wurden geklaut und dann dachte ich, das geht jetzt nicht mehr. Jetzt musst du dich wirklich aufs Organisieren konzentrieren und dann hat Kowald meine ganzen Parts gespielt. Wir haben dann auch noch ein Ding mit zwei Bässen gespielt, aber ich habe schon sehr drastisch gemerkt, dass Beides zusammen nicht so sehr gut geht." Dies habe Gebers auch ein halbes Jahr später in der *Akademie* gemerkt: „denn ich kam auch da nicht mehr zum Spielen, weil irgendwelche Leute anfingen, die wunderbare Kunst dort zu zerdreschen, weil sie unbedingt Alexis Korner hören wollten und nicht irgendeine Kapelle vom Schlippenbach. Das waren zwei Erfahrungen, die mir ganz deutlich machten, dass man diese beiden Sachen nicht zusammenmachen kann. Dass man entweder das Eine macht oder das Andere macht. Und 1969 habe ich dann tatsächlich aufgehört, zu spielen und dann kam der Entschluss, o.k., jetzt machen wir mal was. Erst danach entstand FMP." (Gebers zit. nach Müller 1992)

tivitäten begrifflich vom Namen ‚Free Jazz' abzugrenzen. Denn damals sei „die Vokabel oder der Titel ‚Free Jazz' so ein abschreckendes Ding" gewesen: „Und dagegen wollte ich bei den ganzen Aktivitäten in Berlin immer was dagegensetzen, uns abschirmen und sagen: Hier grenzen wir uns ab, das ist es nicht, wir wollen noch ein bisschen mehr."[50] Deshalb habe Gebers die Konzerte in Westberlin immer unter dem Titel *Free Music in Concert*: also mit der Bezeichnung ‚Free Music' veranstaltet, „weil wir dieses ‚Jazz' rauslassen wollten".[51] „Wir wollten", wie Gebers weiter erläutert, „von diesem ‚Free Jazz' weg": „dann brauchte ich nur ‚Production' dranzuhängen".[52]

European Echoes, 1969

> „Dann haben wir das soweit fertig gehabt, dann sagt der Brötzmann: ‚Hör mal, können wir nicht das Band haben? Machen wir doch ein Label – machen 'ne Platte: Dann wird das gleich bekannt.' Also gut – Zack."[53]

Noch im Herbst 1969 produzierte die FMP ihre erste Schallplatte *European Echoes* (FMP 0010) des *Manfred Schoof Orchestra*, die, wie der Musikpublizist Peter Niklas Wilson konstatiert, heute als „selbstbewusste abendländische Antwort auf das amerikanische *New Thing* und zugleich Proklamation einer europäischen Internationalen der freien Musik"[54] par excellence gelte. Die Produktion von *European Echoes* war jedoch keineswegs bewusst geplant, sondern wie Gebers bei den Oral History-Interviews berichtet: „reiner Zufall":

---

50 Gebers, Interview mit dem Verfasser, 27.4.2018, Interview-ID 701.

51 Ebd.

52 Ebd. In diesem Zusammenhang erwähnt Gebers, dass er „ganz früher auch mal Klavier gespielt" habe und „mit einem Trio so was wie – ja, wie soll ich das sagen – vielleicht Musiktheater gemacht" habe: „was eben nicht Jazz sein sollte. Und von daher kommt diese ganze Geschichte. Diese Free Jazz-Geschichte war mir damals schon so suspekt, dass ich dann bei diesem Begriff geblieben bin." (Gebers, Interview mit dem Verfasser, 27.3.2015, Interview-ID 85) Über die Jahre habe sich dann für Gebers herauskristallisiert: „Der Brötzmann hat zum Beispiel eine starke Affinität zu den Jazz-Wurzeln. Schlippenbach zum Beispiel hat die auch, aber nur auf einer Seite, nicht in allen Facetten – während Brötzmann das eigentlich in allen Facetten hat. Und ich wollte damit eigentlich nichts zu tun haben. Gut, inzwischen hat sich das auch verändert. Aber ich war zum Beispiel nie ein Coltrane-Freund. Ich war ein Freund von den alten *Giuffre 3*. Also Giuffre, Paul Bley und Steve Swallow. Das war mehr das Ding. Und da wars eben entfernter von dem, was man ‚Jazz' und ‚Free Jazz' nannte. Das war eher so diese Geschichte." (Ebd., Interview-ID 86)

53 Gebers, Interview mit dem Verfasser, 27.3.2015, Interview-ID 12.

54 Wilson 1999.

„Das war eine Geschichte, was damals ja rundfunktypisch war, Kultur zu unterstützen und die haben gesagt, gut, wir geben euch ein Studio, macht mal. Wir haben dann die Senderechte daran und das wars. Zu damaliger Zeit war das Rundfunkarbeit. Was es heute gar nicht mehr gibt.“[55]

So veranstaltete beispielsweise der *Hessische Rundfunk* bereits Ende Mai ein Free Jazz-Treffen als Studioproduktion mit u.a. Surman, Sauer, Mangelsdorff, Dauner und Favre.[56] Die *European Echoes*-Aufnahme entstand im Juni 1969 im Rahmen eines *Radio Bremen* (R.B.) Free Jazz-Meeting am 20. und 21. Juni. Ebenso wie die R.B. Free Jazz Session im September 1967 wurde das 1969er Meeting im Bremer *Sendesaal* (an der Bürgermeister-Spitta-Allee) veranstaltet. Das R.B.-Meeting unterstreicht erneut die Bedeutung der öffentlich-rechtlichen Rundfunkanstalten hinsichtlich der Entwicklung gemeinsamer Spielkonstellationen, Kooperationen und musikalischer Projekte des Neuen Jazz – die das sich herausbildende soziale Akteur:innen-Netzwerk mitbedingten – sowie die Bedeutung des sich ent- und weiterwickelnden Netzes von Allianzen. Ohne Allianzen hätte auch die *European Echoes*-Produktion nicht entstehen können.[57] Wie in der Juni-Ausgabe des *Jazz Podium* 1969 angekündigt, wollte die R.B.-Jazz- und Pop-Redaktion „führenden europäischen Free Jazz-Musikern“[58] die Möglichkeit geben, frei von den Zwängen eines offiziellen Konzerts oder denen einer exakt geplanten Studio-Produktion neue Kompositionen zu erarbeiten und neue Konzeptionen zu erproben – ohne dabei jedoch auf den stimulierenden Kontakt mit einem interessierten Publikum verzichten zu müssen. So stand der *Sendesaal* an beiden Tagen jeweils ab 15 Uhr für eine „Arbeits-Session für 17 Musiker und bis zu 220 Interessenten“[59] zur Ver-

55 Gebers, Interview mit dem Verfasser, 27.3.2015, Interview-ID 61.

56 Vgl. N.N. 1969e, S. 186.

57 Ob es sich beim Leiter der R.B.-Jazz- und Pop-Redaktion tatsächlich um Miller gehandelt hat, wovon bspw. Kisiedu (2020, S. 156) ausgeht – und der somit (erneut) hinter der Allianz zwischen den Akteur:innen und R.B. gestanden haben soll, ist eher zu bezweifeln. Denn während sich Miller in der E-Mail-Korrespondenz mit dem Verfasser (zwischen Sommer 2017 und Frühjahr 2018) noch sehr gut an die 1967er Session im Bremer *Sendesaal* erinnern konnte (über die er einen Beitrag im *Jazz Podium* geschrieben hat), sagte ihm das 1969er R.B.-Meeting Ende 2017 ‚rein‘ gar nichts. Angesichts der Bedeutung, die der *European Echoes*-Veröffentlichung zugesprochen wird, wäre es sehr erstaunlich, wenn Miller entgangen wäre, dass sein ‚Deal‘ mit Gebers „ein jazzhistorisches Monument mit einem hohen Symbolgehalt“ (Jost 1987, S. 120) ermöglicht hätte. Vielmehr legte Miller mir gegenüber dar, dass er nur knapp zwei Jahre für die R.B.-Jazz- und Pop-Redaktion zuständig gewesen sei und während dieser ganzen Zeit mit einem Mini-Etat zu kämpfen gehabt hätte. Dies sei auch der Grund gewesen, dass er nach einer abermaligen Verweigerung einer Aufstockung (in seinem damaligen „noch jugendlichem Leichtsinn“) dem Intendanten Hans Abich seine Kündigung überreicht habe. (E-Mail von Miller an den Verfasser, 15.11.2017)

58 Vgl. N.N. 1969e, S. 186.

59 Ebd.

fügung. Über den Ablauf der Session sollten die Musiker:innen selbst entscheiden.

Eingeladen zum R.B.-Meeting in den *Sendesaal* waren neben den westdeutschen Musikern Schoof (tp), Dudek (ts), Schlippenbach (p), Kowald (b), Niebergall (b) und Brötzmann (ts) ihre europäischen Kolleg:innen: Van Hove (p) aus Belgien, Schweizer (p) und Favre (dr) aus der Schweiz, Parker (ss), Rutherford (tb) und Bailey (g) aus England, Bennink (dr) und Gorter (b) aus den Niederländen, Steinmetz (tp) aus Dänemark und Rava (tp) aus Italien. Hinsichtlich des Charakters der 1969er Session bei R.B. ist erstens entscheidend, dass viele der eingeladenen Jazz-Musiker:innen bereits seit Jahren gemeinsame Spielerfahrungen und Spielkonstellationen teilten. Dies betrifft die ehemaligen Mitglieder des *Manfred Schoof Quintet*, die alle bis auf den Schlagzeuger Liebezeit in Bremen anwesend waren, die Wuppertaler Brötzmann und Kowald, die englischen Musiker Parker, Rutherford und Bailey und deren Aktivitäten u.a. im Rahmen des *Spontaneous Music Ensemble*, zu dem auch Kowald Kontakte pflegte[60], wie auch Schweizer und Favre. So bestritt Schweizer mit ihrem Trio (Schweizer: p; Trepte: b; Neumeier: dr) nicht nur gemeinsam mit dem *Manfred Schoof Quintet* und dem *Peter Brötzmann Trio* die 1967er Free Jazz-Session (*Studioproduktion mit Gästen*) bei R.B., sondern war mit ihrem Trio ebenso wie die beiden anderen Gruppen von Schoof und Brötzmann im Dezember 1967 zum SWR-*Free Jazz Meeting* in Baden-Baden geladen, wo diese bereits u.a. auf Parker und Van Hove getroffen waren. Zweitens arbeitete der Großteil der eingeladenen Musiker:innen in aktuellen Formationen fest zusammen. So sind in Bremen alle Musiker von Brötzmanns damaligen Trio (Brötzmann: ts; Van Hove: p; Bennink: dr) sowie von seinem größeren Ensemble beteiligt, das sich aus der *Machine Gun*-Formation vom Frühjahr 1968 entwickelt hatte. Diese größere Gruppe (Brötzmann: ts; Parker: ts; Rutherford: tb; Bailey: g; Van Hove: p; Niebergall: b; Bennink: dr) hatte im April 1969 das Stück *Nipples* für die gleichnamige Schallplattenproduktion (ohne Rutherford) eingespielt. Neben den beiden Formationen Brötzmanns ist auch (bis auf Pilz) das komplette Septett von Schlippenbach (Schlippenbach: p; Schoof: tp; Brötzmann: ts, bs; Pilz: bcl, bs; Rutherford: tb; Niebergall: b; Bennink: dr) anwesend, das ebenfalls im April 1969 im *Rhenus Studio* in Köln-Godorf eine LP eingespielt hat.[61] In Schlippenbachs Septett ist auch bis auf Pilz und Lovens Schoofs Ende 1968 neu formiertes Quintett (Schoof: tp; Schlippenbach: p; Pilz: bcl, bs; Niebergall: b; Lovens: dr) integriert. Und auch das *Pierre Favre Trio* (Schweizer: p; Kowald: b; Favre: dr), das bereits im Oktober 1968 die LP *Santana* im Eigenverlag aufgenommen hat,

60 Die Zusammenarbeit von Kowald mit dem *Spontaneous Music Ensemble* ist bspw. auf der *Spontaneous Music Ensemble*-CD *Summer 1967* (*Emanem* 4005) dokumentiert.

61 Bei diesem Album handelt es sich um die LP *The Living Music* (aufgenommen mit Conny Plank als Toningenieur), die Schlippenbach im Selbstverlag *Quasar* veröffentlicht hat (HO 1).

ist beim 1969er R.B.-Meeting mit von der Partie. Drittens waren alle beim R.B. Free Jazz-Meeting 1969 beteiligten deutschen Musiker bis auf Dudek (und die Hälfte ihrer internationalen Kolleg:innen) in die Organisation und Durchführung des T.M.M. im Herbst 1968 involviert und gehörten so dem Zusammenschluss führender Exponent:innen des westdeutschen Free Jazz an.[62] Und viertens waren bei der Aufnahme im *Sendesaal*, wie Gebers 1971 im *Jazz Podium*-Interview mit Margull berichtet, auch „fast alle Musiker"[63] vertreten, die er und Brötzmann bei ihrer gemeinsamen Rundreise im Sommer noch besuchen und die somit zu den Mitgliedern der neugegründeten Kooperative gehören sollten. Das R.B.-Meeting war insofern einerseits durch das soziale Netzwerk der Akteur:innen bedingt und stützte dieses in seiner weiteren Entwicklung.

Nach Schoofs Beschreibung bei den Oral History-Interviews sei das Bremer Meeting im Juni 1969 wie die 1967er *Studioproduktion mit Gästen* konzipiert gewesen. D.h. es soll sich ebenfalls um einen Workshop gehandelt haben, bei dem in verschiedenen Konstellationen und ausgehend von sowohl vorbereiteten Stücken als auch vollkommen frei gespielt wurde. So berichtet Schoof:

> „Es gab bei dem Ereignis nicht nur mein Stück: die anderen hatten sich auch Stücke überlegt. So gab es auch verschiedene kleinere Stücke. Das war eigentlich getreu dem Baden-Badener *Free Jazz Meeting* folgend: Alle möglichen Kombinationen, die ja auch befruchtend waren, weil es eben Zusammensetzungen waren, die man so ja normalerweise ja gar nicht machen konnte. Weil das war ja nur durch den Zufall gegeben, dass man sich da traf, um gemeinsam Musik zu machen – und nicht um eine Platte zu machen, wo das genau vorbereitet ist, wo ich überlege, ich mach das … Sondern es waren die Leute zusammengekommen, die haben miteinander musiziert."[64]

Wie Schoof weiter berichtet, habe er das „großorchestrale Stück"[65], das dann *European Echoes* genannt wurde, für das Bremer Meeting mit einer konkreten Programmatik vorbereitet und nicht nur den formalen Rahmen, also die Abfolge von Soli, einsetzender Kollektive, begleitende Instrumentenkombinationen etc. strukturiert:

> „Dann habe ich gesagt: ‚O.K., ich mache mal so eine Komposition. Ich organisiere mal ein Stück.' Wobei das technisch nicht besonders gut aufgenommen wurde, finde ich. Das hätte besser sein können. Da hat auch ein bisschen – sagen wir mal – das ‚alternati-

62 Von den insgesamt 23 Musiker:innen, die offiziell beim T.M.M. teilgenommen haben, stammten 10 aus Westdeutschland und Westberlin. Dies waren Brötzmann, Kowald, Niebergall, Schoof, Schlippenbach, Pilz, Hampel, Höffer, Gebers und Kussatz. Die 13 anderen Musiker:innen aus England, den Niederlanden und Belgien waren Breuker, Parker, Rutherford, Van Hove, Bennink, Stevens, Nichols, Nichols, McLaughlin, Gorter, Allan und Koes. (Vgl. FMP-Publishing 2010, S. 117)

63 Gebers zit. nach Margull 1971, S. 210.

64 Schoof, Interview mit dem Verfasser, 20.4.2015, Interview-ID 132.

65 Ebd.

ve Denken‘ verschiedener Mitglieder dazu beigetragen, dass das Ganze für mich etwas zu breiig geworden ist, obwohl der Grundgedanke des freien Spiels natürlich schon erkennbar ist. Und deswegen ist es eben so und das ist ein typisches Beispiel dafür, wie damals die Musik entstanden ist. Ich hatte auch Töne aufgeschrieben und alles mögliche, Faktur angegeben und so weiter."[66]

„Man hat das vielleicht zweimal angespielt. Dann hat man eine Aufnahme gemacht: und dann wars das. Und ich bin dann nicht mal ganz sicher, ob wir das hinterher in seiner ganzen Vollständigkeit angehört haben oder ob wir dann gesagt haben: ‚O.K., jetzt machen wir weiter.‘"[67]

„Die Aufnahme habe ich *European Echoes* genannt, und habe dann hinterher erfahren, dass Ornette Coleman auch ein Stück gemacht hat, das *European Echoes* heißt."[68]

Schoofs Ausführungen zur Komposition von *European Echoes* lassen sich weitgehend anhand Kumpfs *Jazz Podium*-Beitrag *Der Komponist Manfred Schoof* aus dem Januar 1973 bestätigen, dem ein Gespräch mit Schoof zugrunde liegt. So führt Kumpf aus, dass Schoof für das Bremer Meeting eine Komposition geschrieben habe. Hierbei bestimmten drei Techniken „die genauer vorgeschriebenen Teile des Werkes": „serielle Tonfolgen", „graphisch notierte Strukturangaben" und „Riffs".[69] Entgegen der weit verbreiteten Annahme, der „Titel" *European Echoes* sei von einem Stück Ornette Colemans „geborgt"[70] worden, vermutete bereits Jost, dass Schoof „seinerzeit möglicherweise nicht bewusst"[71] gewesen war, dass Coleman mit seinem Trio (Coleman: as, tp, vln; David Izenzon: b; Charles Moffett: dr) bereits Anfang Dezember 1965 bei ihren Konzerten im Stockholmer *Golden Circle* ebenfalls ein Stück mit dem Titel *European Echoes* aufgenommen hatten (*The Ornette Coleman Trio*: *At The „Golden Circle" Stockholm*, Volume One, *Blue Note* 4224). Schoof führt bei den Interviews zur Programmatik von *European Echoes* aus:

„*European Echoes* war ja das Echo von allen europäischen Ländern, was gegenseitig hin und her klang. Und deshalb war das für mich der passende Titel. Habe ich gar nicht lange suchen müssen. Habe ich einfach gesagt: ‚Das Ding heißt: *European Echoes*.‘"[72]

Das musikalische Ergebnis der Einspielung zeichnet sich vor allem durch Kollektivität, Homogenität und Intensität aus. Jost weist in diesem Kontext auf das Demonstrative von *European Echoes* hin, das nicht nur den Titel betreffe, sondern

66 Ebd., Interview-ID 128.

67 Ebd., Interview-ID 132.

68 Ebd., Interview-ID 130.

69 Kumpf 1973, S. 21. Dass *European Echoes* zu unrecht oder auf ‚wundersame Weise‘ „Schoof zugeschrieben" wurde, wie Klopotek (2010, S. 59) meint, lässt sich insofern nicht bestätigen.

70 Lake 1991a.

71 Jost 1987, S. 120.

72 Schoof, Interview mit dem Verfasser, 20.4.2015, Interview-ID 131.

auch dessen musikalische Faktur.[73] Dass sich *European Echoes* zum einen als „Antwort der Europäer auf die afro-amerikanische Musik“[74] entwickeln konnte und die beteiligten Musiker:innen bald als die ‚europäische Free-Jazz-Avantgarde‘[75] wahrgenommen wurden und zum anderen die FMP damit begann, Tonträger zu produzieren – und insofern ihr Tätigkeitsspektrum zu modifizieren –, konnte sich ereignen, weil es, wie Hennion ausführt, die

> „Gegenstände der kollektiven Handlung (selbst) sind, die ihre Akteure und ihre Organisationen herstellen, insbesondere durch ihre Fähigkeit, ihre eigenen Wirkungen in sich aufzunehmen und dadurch ihre relative Autonomie zu errichten“.[76]

Die modifizierte Zielsetzung der FMP wurde durch die *agency* des Mitschnitts von *European Echoes* mitbedingt. Denn wie Hennion weiter hinweist, verfertigen die Dinge, „die wir verfertigen“, „umgekehrt auch uns“.[77] Sie besitzen ihre „eigene *agency*, ihre eigene Handlungsfähigkeit“.[78] So berichtet Gebers in den Oral History-Interviews, wie die Produktion und Veröffentlichung des R.B.-Mitschnitts als *European Echoes*-LP zustande kam:

> „Erstmal weil es das Band gab und wir das quasi für einen Apfel und ein Ei kriegten. Heute ginge das nicht mehr, wo der Rundfunk-Ableger so € 5.000,– haben will. Wir haben das damals wahrscheinlich für 100,– Mark gekriegt. Und weil praktisch alle [die bis dahin zur Kooperative gehörten] dabei waren. Das war eben so. Und rückblickend war das auch richtig, das so zu machen. Und rückblickend finde ich für diese Produktion dann auch den Namen *European Echoes* ziemlich gut.“[79]

So veranlasste (*faire faire*) der Gegenstand der kollektiven Handlung, d.h. die Aufnahme, die nun in Form eines Tonbandes vorlag, zusammen mit der *agency* der im Sommer 1969 gegründeten Kooperative und dem bestehenden Akteur-Netzwerk die Akteur:innen, den Mitschnitt zu veröffentlichen. Hierdurch veränderte sich die Ausrichtung der Kooperative und insofern auch ihr Charakter wesentlich. Dass sich *European Echoes* zur auch heute noch geltenden selbstbewussten abendländische Antwort auf das US-amerikanische *New Thing* und zur Proklamation einer europäischen Internationalen der freien Musik entwickeln konnte, musste jedoch noch ebenso ‚hergestellt‘[80] werden wie die dauerhafte Herausbildung der

---

73 Vgl. Jost 1987, S. 120.

74 Ebd.

75 Vgl. Liefland 1980.

76 Hennion 2013, S. 15.

77 Ebd., S. 19.

78 Ebd.

79 Gebers, Interview mit dem Verfasser, 27.3.2015, Interview-ID 62, vgl. Gebers zit. nach Müller 1992. Laut der Interviews von Kisiedu mit Gebers (vgl. Kisiedu 2020, S. 195) habe Gebers das Band kostenlos von *Radio Bremen* erhalten und nutzen dürfen.

80 Vgl. Latour/Schultz 2022, S. 45.

an der *European Echoes*-Session beteiligten Musiker:innen zur europäischen Jazz-Avantgarde. So erschien in der 1969er November-Ausgabe des *Jazz Podium* eine großformatige, halbseitige Anzeige der FMP zur Veröffentlichung der *European Echoes*-LP.[81] Als Spezifikum dieser Anzeige trat ein informativer und zugleich proklamatorisch-manifestartiger Habitus hervor, der sich bereits in der großlettrigen Überschrift „Free Music Information" ankündigt. Mit der Anzeige informierte die FMP neben der Ankündigung ihres ersten Tonträgers über ihre (nun modifizierte) Ausrichtung und Zielsetzung sowie über die (an der Aufnahme) beteiligten Musiker:innen. Die Anzeige beginnt mit der Selbstbezeichnung „Herausgeber: Free Music Production, in Zusammenarbeit mit den beteiligten Musikern", wodurch der kooperative Charakter des Labels akzentuiert und insofern eine Abgrenzung zu anderen Labels signalisiert wurde. Nach der Ankündigung: „im november 69 erscheint die erste platte der FREE MUSIC PRODUCTION: European Echoes von Manfred Schoof mit folgenden musikern:" werden alle an der Aufnahme beteiligten Musiker:innen mit abgekürzter Instrumentenbezeichnung aufgelistet. Abschließend bemerkt die FMP in der Anzeige:

> „nach unserer meinung zeigt gerade diese platte, mit den wohl zur zeit wichtigsten europäischen free-jazz-musikern, die ziele der free music production: unabhängig den neuen jazz zu präsentieren. die platten werden in einer bewußt begrenzten auflage von höchstens tausend stück je platte erscheinen. sie sind vorerst nur erhältlich gegen voreinsendung von DM 20,– (preis der platte DM 19,– + DM 1,– für versandkosten) auf das postscheckkonto berlin west 255431, jost gebers, free music production."[82]

Mit der Anzeige präsentierte sich die FMP nicht nur als Schallplattenlabel, sondern propagierte ihre Zielsetzung, d.h. die Perspektive einer von den Akteur:innen (wie bei deren Eigenproduktionen) getragenen und unabhängigen Praxis. Die Entität der Perspektive einer unabhängigen Entwicklung verweist hierbei erneut auf das sich (weiter-)entwickelnde Akteur-Netzwerk und dessen zum Tun-Bringen: nun hinsichtlich der begonnenen Schallplattenproduktion. Des Weiteren wird das Demonstrative des Titels *European Echoes* in der Anzeige aufgrund der verwendeten großen Lettern exponiert und verstärkt hierdurch zusammen mit den darunter in *bold* gesetzten Namen der Musiker:innen den Eindruck einer Manifestation. Die in der Formulierung „zur zeit wichtigsten europäischen free-jazz-musikern" inhärente Konstruktion der europäischen Jazz-Avantgarde[83] sowie die Manifesta-

81 FMP 1969, S. 370.

82 Ebd.

83 Mit der Veröffentlichung der *European Echoes* wurde die Avantgarde unbestreitbar und dauerhaft installiert. Die FMP-Anzeige konnte hierbei als konkretes Mittel die Grenzziehung und Abgrenzung von Avantgarde-Gruppierungen (im Rahmen des notwendigen definitorischen Akts von Gruppenbildungsprozessen) stützen. Und während die beteiligten deutschen Musiker sowie ihre europäischen Kolleg:innen unbestritten zu den bedeutendsten Exponent:innen der Jazz-Avantgarde der 1960er-Jahre zählen, wer-

tion bzw. Proklamation einer europäischen Internationalen der freien Musik bzw. einer europäischen Antwort auf den US-amerikanischen Free Jazz wird durch die Medien aufgegriffen, vermittelt und schrittweise weiter „hergestellt", d.h. „verteilt, installiert, umgesetzt"[84], wodurch die *agency* von *European Echoes* kontinuierlich weitertransportiert werden konnte. Im Februar 1970 wurde das *European Echoes*-Album erstmals in *Sounds* besprochen. Weitere Rezensionen folgen im *Spiegel* im Juli 1970 und im *Jazz Podium* im Mai 1971. *Sounds*-Rezensent Pierre Hoffer hebt hierbei die „hervorragenden Solisten"[85] des von Schoof geleiteten Orchesters hervor und führt alle Musiker:innen inklusive Instrumente auf, was den größten Teil seiner kurzen Rezension einnimmt. Und nach seinem Hinweis auf die FMP und die Bezugsadresse der LP schließt Hoffer seine Besprechung mit dem Urteil, dass es sich bei *European Echoes* um „eine der wichtigsten Free Jazz Platten der letzten Jahre"[86] handele.

Wie sich Gebers bei den Oral History-Interviews erinnert, bekam die FMP hinsichtlich der Produktionskosten unerwartete finanzielle Unterstützung von Thomas Bentz, einem Enkel von Melitta Bentz, die als Erfinderin des Kaffeefilters gilt. So berichtet Gebers:

> „Der [Thomas Bentz] studierte damals in Berlin. Und ich hatte in dem Jugendclub, in dem ich arbeitete, den Keller ausgebaut, wo wir Musik machten. Und da war Thomas Bentz immer irgendwie dabei. Ich meine, der spielte ein bisschen Klavier – kann mich aber auch täuschen, das ist nicht so präsent. Und mir ist es jetzt erst wieder eingefallen, als ich das auf dem Cover sah. Ach ja, so war das: Der hatte uns – also ich weiß nicht, wie viel Geld das ganz genau war, aber – bestimmt 2.000,– Mark hat der uns für diese Geschichte gegeben. Und wie der überhaupt darauf kam? Ob ich ihm das erzählt habe oder so? Das weiß ich nicht mehr. Also ich weiß nur, wie gesagt, er war oft da. Und ich weiß, dass er da studiert hat. Daran kann ich mich erinnern. Und dann ist klar: Melitta Bentz: das ist die Familie. Und er ist da inzwischen wohl irgend so ein Chef."[87]

Gebers' Darstellung lässt sich insofern bestätigen, als auf der Hüllenrückseite der *European Echoes* Bentz gedankt wird: „thanks to thomas bentz". So konnte im Oktober 1969 die Erstauflage von *European Echoes* mit 500 Exemplare produziert werden. Die Covergestaltung übernahm Gebers unter seinem Künstlernamen Wolfgang Walter.

---

den andere Vertreter des Neuen Jazz in der BRD (wie beispielsweise der Karlsruher Trompeter und Flügelhornist Herbert Joos oder der Bremer Posaunist Ed Kröger) nur noch entfernt mit der Jazz-Avantgarde der 1960er-Jahre in der BRD in Verbindung gebracht.

84 Latour/Schultz 2022, S. 45.

85 Hoffer 1970, o.S.

86 Ebd.

87 Gebers, Interview mit dem Verfasser, 22.5.2015, Interview-ID 361.

Total Music Meeting 1969, *Workshop Freie Musik* 1970 und *Free Concert* im Rathaus Charlottenburg 1970

Noch während der Produktion und Veröffentlichung von *European Echoes* sah die FMP bereits die nächste „größere“[88] Aufgabe auf sich zukommen. Die *Berliner Jazztage* Anfang November 1969 standen vor der Tür. Und nachdem das erste *Total Music Meeting* (T.M.M.) 1968 „ziemlich erfolgreich“[89] verlaufen sei, so Gebers bei den Oral History-Interviews, war die Kooperative entschlossen, erneut ein T.M.M. durchzuführen. Und auch die *Akademie der Künste* bzw. Hertling meldete sich noch im Verlauf des Jahres wieder. So berichtet Gebers in den Interviews über die unmittelbare Phase nach der Gründung der Kooperative:

> „Dann haben wir also parallel dazu einmal die Produktion vorbereitet. Und das andere war dann das *Total Music Meeting '69*. Da kann sich keiner mehr so ganz genau daran erinnern, wer da wirklich nun gespielt hat. Da fehlen auch immer noch Band-Angaben. Das war im November '69 im *Litfaß*. Dann kam Ende '69 die Nele Hertling wieder auf mich zu. Ich müsste mich doch mal melden: ‚Was machen wir denn jetzt noch Ostern?‘ Ich dachte: ‚Was? Die will wieder was machen? Nach dem Skandal da?‘ Also, treffen wir uns. Und da wars ja dann eben so, wie es dann weiterging: Also leere Räume, nur für uns: und nur für das, was wir da machen wollten. Und dann habe ich das dem Brötzmann gesagt: ‚Jetzt lass uns mal überlegen. Ich muss der da was vorlegen. Lass uns da mal schnell irgendein Programm machen.‘ Und dann haben wir überlegt: Wer müsste denn, was sollte dann, und was könnte denn? So liefen die Sachen. Dann habe ich die Leute angeschrieben.“[90]

In der November-Ausgabe 1969 des *Jazz Podium*, in der auch die *European Echoes*-Anzeige erschien, wurde das 2. T.M.M. unter dem Titel *Avantgarde im Litfass* angekündigt. Wobei die beteiligten Musiker:innen nun als „die europäische Jazz-Avantgarde“ tituliert wurden – während im Jahr zuvor diese in der Ankündigung des *Jazz Podium* noch als „Free Jazz Musiker“[91] bezeichnet wurden.

> „Ähnlich wie im letzten Jahr, so wird sich auch in diesem Jahr während der Berliner Jazztage die europäische Jazz-Avantgarde wieder in einem Berliner Lokal treffen. Es ist das Litfass. Hier gastiert das neue Manfred Schoof Quintett am 5. Und 6. November, danach spielt an den drei darauffolgenden Tagen eine Gruppe um Peter Brötzmann mit den Engländern Evan Parker ts, ss, Derek Bailey g, Paul Rutherford tb, dem Holländer Han Bennink dm und die beiden Bassisten Buschi Niebergall und Peter Kowald.“[92]

Neben dem neuen *Manfred Schoof Quintet* (Schoof: tp; Schlippenbach: p; Pilz: bcl, bs; Niebergall: b; Lovens: dr) und dem *Peter Brötzmann Septet* (Brötzmann: ts, bs;

88 Gebers zit. nach Margull 1971, S. 210.

89 Gebers, Interview mit dem Verfasser, 22.5.2015, Interview-ID 345.

90 Gebers, Interview mit dem Verfasser, 27.3.2015, Interview-ID 12.

91 N.N. 1968e, S. 337.

92 N.N. 1969c, S. 354.

Parker: ss, ts; Rutherford: tb; Bailey: g; Van Hove: eorg; Niebergall: b, b-tb; Bennink: dr, perc), traten beim 2. T.M.M. das *Pierre Favre Trio* (Favre: dr; Schweizer: p; Kowald: b) sowie die *Rüdiger Carl Inc.* (Muth: flh; Carl: ts, fl; Christmann: tb; Schönenberg: dr) auf. Bis auf die Musiker um Carl[93] gehörten alle Musiker:innen der im Sommer 1969 gegründeten FMP-Kooperative als Mitglieder an und waren zudem auch an der Einspielung von *European Echoes* im Juni 1969 beteiligt. Insofern lässt sich zu diesem Zeitpunkt eine hohe Übereinstimmung zwischen dem erfolgten musikalischen und sozialen Zusammenschluss und den bei den Aktivitäten der Kooperative Beteiligten konstatieren. Trotz der geringeren medialen Präsenz des 2. T.M.M. signalisiert Berendts Beitrag *Apropos Berliner Jazztage* (den er als künstlerischer Leiter der *Jazztage* verfasst hat) die Virulenz des zweiten Westberliner Gegenfestivals und des nach wie vor existenten gegenkulturellen Protests.[94] Berendt schrieb seinen Beitrag im Anschluss an die Berliner Debatte über die *Berliner Jazztage* 1969 für den *Tagesspiegel*. Da der Tagesspiegel Berendts Artikel jedoch nur in wenigen Auszügen abdruckte, veröffentlichte das *Jazz Podium* in seiner Dezember-Ausgabe 1969 den gesamten Beitrag ungekürzt.

> „Der Hauptvorwurf, über den relativ noch am meisten Einigkeit herrscht, läuft darauf hinaus, daß wir zu wenig Avantgarde gebracht hätten. Er ist ein Vorwurf, der mich im Grunde nur erfreuen kann, weil es von Anfang ein Hauptanliegen der Jazztage war, neu-

---

93 Rüdiger Carl, Günter Christmann und Detlef Schönenberg gehörten zu diesem Zeitpunkt (vermutlich) noch nicht der Kooperative an. Alle drei zählten aber kurz darauf zum festen Kern der FMP.

94 Dies dokumentiert bspw. die Dezember-Ausgabe des *Jazz Podium*. Dort heißt es beispielsweise in einem Leser:innenbrief: „Daß so manche Musiker immer öfter einen Bogen um Berlin machen, ist mir nach dem Vorgefallenen erklärlich, denn keiner der arrivierten und etablierten Jazz-Stars läßt sich gerne künstlerische Stagnation, Antiquiertheit, geschmackliche Fehlgriffe oder Spielunlust vorwerfen. Keiner läßt sich gerne von dem Podest herunterstoßen, auf das er einstmals gehoben wurde und auf dem er sich bislang recht sicher fühlte. […] Die Free-Jazzer sind da unempfindlicher, glaube ich; sie freuen sich, wenn sich das Publikum an ihnen entzündet. Ich muß dabei immer an ein Konzert denken, bei dem Ornette Coleman, umbrandet von Buh und Beifall, von unerbittlichem Pro und Kontra, lächelnd auf der Bühne stand. Wenn ich hier auf die Buh-Rufe in Berlin eingehe, so meine ich nicht jene Krakeeler, die bei fast allen Bands zu stören versuchten. Man konnte die leergetrunkenen Alkoholflaschen in Reihen auf dem Boden herumliegen sehen und es sollte eigentlich für die Ordner eine Selbstverständlichkeit sein, derartige potentielle Störenfriede im voraus auszuschalten. Daß sich diese Ordner, durchweg im Rentenalter, lieber darauf beschränkten, hier und dort einen Konzertbesucher darauf hinzuweisen, daß er die geweihte Stätte nicht mit Mantel betreten dürfe, ist ein anderes Problem. […] Es müßte ihm [dem künstlerischen Leiter] schon 1968 klargeworden sein, daß es kein homogenes Jazzpublikum gibt und er je nach Zusammenstellung des Programms, sich diese oder jene Publikumsschicht – mehr pop-und-rock-orientiert, free- oder allgemein jazz-interessiert – ins Haus zieht. Daß Jazz, heute wieder mehr denn je, als Lebensanschauung zelebriert wird, sollte ihm eigentlich nicht entgangen sein.“ (S., D. 1969, S. 396)

> en Jazz zu präsentieren. Fast alle Musiker beispielsweise, die auf dem sogenannten ‚Gegenfestival' gespielt haben, sind vorher bereits von den Jazztagen vorgestellt worden."[95]

Der von Berendt genannte Hauptvorwurf weist darauf hin, dass die Entität der mangelnden Repräsentation mitsamt ihren Verknüpfungen und ihres Gefüges auch beim 2. T.M.M. 1969 noch intakt war. So nimmt Berendt in seinem Beitrag auch zum antikommerziellen Narrativ und zur Kritik des Kommerzialismus der *Jazztage* Stellung. Demnach sei es für die *Berliner Jazztage* lebenswichtig, dass „ihre Künstler in ganz Europa verkauft werden müssen":

> „Es ist das Problem des Kommerzes, das so viel diskutiert wird. Keiner sagt, wie es ohne ihn geht. Berlin jedenfalls ist allein nicht in der Lage, so viele Musiker nach Europa zu holen. Andere Städte müssen mitziehen. Deshalb haben wir George Wein, den Impresario des Newport-Festivals, als amerikanischen Co-Produzenten gewonnen. Gewiß – wir sagen Mr. Wein, welche Musiker wir haben wollen. Aber Mr. Wein muß die Möglichkeit haben, diese Musiker auch in anderen Städten zu präsentieren. Wir haben keinen finanziellen Anteil daran, aber die ungeheuren Reisekosten verringern sich, wenn sie auf viele Städte umgelegt werden."[96]

Kaum ein Außenstehender mache sich eine Vorstellung davon, wie schwierig es sei, in den „rein kommerziell ausgerichteten Konzerten der anderen beteiligten Städte Avantgarde zu präsentieren".[97] Allein der hartnäckigen Initiative der *Berliner Jazztage* sei es zu verdanken, dass dennoch fast alle wichtigen Persönlichkeiten der US-amerikanischen Avantgarde in Europa vorgestellt werden konnten: Coleman, Ayler, Shepp, Murray, Cherry und Taylor. Und als sich 1968 alle anderen Städte der Festival-Tournee geweigert hätten, Sanders zu akzeptieren, hätten ihn die *Berliner Jazztage* allein nach Europa geholt. In Hinblick auf die gegenkulturelle Positionierung von Teilen des Publikums kritisiert Berendt die Ideologisierung der Musik und eine ideologische Fixierung: „In Deutschland – und besonders in Berlin – wird Musik allzu gern nur noch zum Vorwand für Ideologie. Nicht mehr die Musik, sondern die Ideologie zählt."[98] Wer also bei den Berliner Konzerten immer nur seine Musik dulden wolle, sei nicht ‚progressiv', wie er sich vielleicht vorkommen möge, sondern im Gegenteil so antiquiert wie die Alten, die die Grenzen noch immer verbissen verteidigten. Bevor Berendt mit den Worten schließt: „Ich weiß, dies ist ein herausfordernder Beitrag", der aber „nicht im Zorn, sondern voll Trauer geschrieben" sei, und auf die „Fülle und das Temperament der Diskussionen" hinweist, „die diese Jazztage ausgelöst haben" (und die er „als Zeichen der Lebendigkeit" deute), mahnt er:

95 Berendt 1969, S. 397.
96 Ebd.
97 Ebd., S. 398.
98 Ebd.

„Wenn Tom Jones oder Roy Black auftreten oder wenn – in einem ganz anderen Bereich – Wagners Nibelungen-Ring oder Pfitzners ‚Von Deutscher Seele' gespielt werden, herrschen Frieden und Einigkeit. Da ist die Welt noch in Ordnung. Dort also scheint sie in Ordnung, wo sie antiquiert ist. Nur bei den progressiven Künstlern und durchaus auch bei deren Wegbereitern – nicht nur im Jazz, in anderen Bereichen ähnlich – gibt es die Skandale, gibt es Ärger, Abbruch, Handgreiflichkeiten, Diffamierung … Es ist nicht Selbst-Emanzipation. Es ist Selbst-Zerstörung. Die Progression löst sich selbst auf. Verwandelt sich in Regression."[99]

Dass die Rechtfertigung der mangelnden Repräsentation und des Kommerzialismus der *Jazztage* durch Berendt (als Repräsentant des Jazz-Establishment) sowie dessen explizite Kritik an den ‚progressiven Künstlern' und auch an ‚deren Wegbereitern' bei den Akteur:innen und in der gegenkulturellen Szene auf wenig Verständnis gestoßen sein dürfte – und vermutlich eher als erneute ‚Gängelung' durch das ‚Jazz-Establishment' aufgefasst wurde –, illustriert ein Interview mit Parker in *Sounds* kurz vor dem 2. T.M.M. Bei diesem trat Parker im Septett von Brötzmann auf. Laut *Sounds* sehe Parker in Europa die Anfänge einer durchführbaren Alternative gegenüber den „widerlichen Leuten, die momentan das ganze Jazzgeschäft in Händen" hätten. Und hinsichtlich der von Breuker, Bennink und Mengelberg in Holland gegründeten Kooperative *Instant Composers Pool* bemerkt Parker:

„Ich finde das einfach herrlich. Das bedeutet einen großen Schritt für die Musiker, die vollständige Kontrolle über ihre Musik und deren Darbietung zu erreichen, ein Schritt, der schon lange überfällig war. ICP hatte großen Erfolg mit ihren ersten beiden LPs – die Duo-Platte mit Han und Willem und die Trio-Platte mit Han, Misja und John Tchicai – und zwei weitere LPs sind unterwegs. Ich meine, wenigstens die Jüngeren sollten versuchen, sich in diese Sache, anstatt in die konventionelle Geschäftsstruktur, einzulassen, die bewiesen hat, dass sie den Bedürfnissen der Musik nicht gerecht werden kann."[100]

Die sog. Debatte über die *Berliner Jazztage* verdeutlicht, dass das, was die Akteur:innen beim 2. T.M.M. zum Handeln brachte, auf die diversen, heterogenen und dislokalen Entitäten verweist, die auch die Organisierung und Durchführung des 1. T.M.M. 1968 bedingt hatten. Wobei inzwischen neue Entitäten in Erscheinung getreten sind und sich somit das Akteur-Netzwerk weiter verzweigt hat. So hat u.a. das Ereignis des 1. T.M.M. 1968 und dessen *agency* die erneute Durchführung des T.M.M. ebenso bedingt wie auch die Gründung der Kooperative im Sommer 1969 und die Veröffentlichung der *European Echoes*-LP. Zusammen mit den weiteren Aktivitäten der Akteur:innen in Westberlin (wie bspw. die *3 Nights Of Living Music* in der *Akademie der Künste*) haben diese Entitäten und deren *agency* zu einer Aufbruchstimmung und zu Optimismus hinsichtlich der

99 Parker zit. nach N.N. 1969d, o.S.
100 Ebd.

weiteren Entwicklung der ökonomischen Situation der Akteur:innen und ihrer professionellen Karrieren geführt (‚Die hatten alle erwartet, jetzt geht das große Theater los und wir spielen ununterbrochen, weil der Gebers irgendwo Jobs an Land zieht.‘).

Kurz nach dem 2. T.M.M. meldete sich Hertling wieder und bekräftigte die Kooperationsbereitschaft der *Akademie der Künste*. Die vielversprechende Allianz mit der *Akademie* konnte so fortgesetzt werden. Über die weitere Zusammenarbeit zwischen der *Akademie* und der FMP sowie die Entstehung des *Workshop Freie Musik* (W.F.M.) berichtet Hertling 1978 selbst (im FMP-Buch *For Example*), die, wie Brötzmann bei den Oral History-Interviews betont, „wirklich eine große Stütze“[101] für die FMP gewesen sei:

> „Mit ‚3 Nights of Living Music and Minimal Art‘ 1969 in der Akademie der Künste begann eine Serie von Workshops freier Musik, die seither in jedem Jahr, meistens von Gründonnerstag bis Ostermontag, in den Ausstellungshallen der Akademie stattfinden und ständig mehr Besucher aus Berlin, der Bundesrepublik und anderen Ländern Europas anlocken.
> Wenn man an die Anfänge dieses kleinen Festivals vor zehn Jahren zurückdenkt, kann man sich nur wundern, wie aus den so mühseligen und von Gefährdungen verschiedenster Art bedrohten Anfängen ein so kontinuierlich gewachsenes und fast schon ‚etabliertes‘ Ereignis werden konnte.“[102]

Obwohl der Versicherungsschaden an den Kunstwerken so immens gewesen sei, dass es der *Akademie* viele Jahre danach nicht mehr möglich war, Veranstaltungen innerhalb von Ausstellungen durchzuführen, habe sich die *Akademie* ziemlich schnell von dem Schrecken erholt. Und so habe ein Jahr später der erste Osterworkshop vom 25. bis zum 30. März 1970 die Tradition für viele Jahre begründen können. Bereits bei diesem ersten W.F.M. wurde versucht, wie Gebers ebenfalls in *For Example* ausführt, „bessere Wege zu finden“[103] als im Vorjahr bei den *3 Nights Of Living Music And Minimal Art*. Aus der dreitägigen Veranstaltung wurde ein fünftägiger Workshop mit öffentlichen Proben, zwei großen Podesten in der Ausstellungshalle und einem konsequenten Free Jazz-Programm. Es habe sich gezeigt, dass der „Versuch, diese Musik aus dem Konzertsaal und dem Club in offene Räume zu bringen, richtig“ gewesen sei. Denn die Zwänge für die Musiker:innen und das Publikum konnten so „erheblich reduziert“[104] werden. Exemplarisch hinsicht-

---

101 Brötzmann, Interview mit dem Verfasser, 12.7.2015, Interview-ID 450. Kisiedu weist in *European Echoes* auch auf den damaligen Präsident der *Akademie der Künste* Boris Blacher hin. In welcher Form der Komponist die FMP bzw. den W.F.M. gefördert hat, wird nicht weiter ausgeführt. (Vgl. Kisiedu 2020, S. 195)

102 Hertling 1978, S. 5.

103 Gebers 1978, S. 4.

104 Ebd.

lich der Rezeption der ‚offenen Struktur' des W.F.M. kommentierte der Journalist und Schriftsteller Wilhelm E. Liefland 1978:

> „Abgesehen von den Zauberworten ‚Kommunikation' und ‚Spontaneität', die späterhin auf fast allen Kunst-Szenen sich zu Fetischen erkälteten, mußte der bürgerliche Konzertbesucher beim Hören und Erleben dieser Musik und angesichts der offenen Struktur des Saales anfangen, metaphysisch zu frieren, sollte er anwesend gewesen sein. Die innere weltenweite Entfernung von Künstler-Mythos und Kunstgläubigen zwischen Bühne (Podium) und Parkett wird in der Akademie kurzerhand auf Null gebracht, indem die Schall-Mauer zwischen Produzent und Konsument durchlässig und überprüfbar gemacht wird – die reinste Blasphemie auf die hermetische und quasi-kultische bürgerliche Musik-Praxis;"[105]

Hinsichtlich der Zusammenarbeit mit der *Akademie* führt Gebers bei den Oral History-Interviews aus, dass der *Workshop* von Anfang an so strukturiert gewesen sei, „dass die *Akademie der Künste* sagte: ‚O.K., ihr kriegt unsere Räume, unsere Leute und Hilfestellung von unserem Haus plus eine feste Summe, mit der ihr auskommen müsst. Die Einnahmen sind dann unsere'".[106] Die gesamte Konzeption und Durchführung des W.F.M. überließ die *Akademie* hierbei der FMP „bis ins Detail"[107], so Gebers. Mit diesem (hinsichtlich der von den Akteur:innen favorisierten Perspektive einer selbst getragenen und unabhängigen Praxis) äußerst förderlichen Modell versuchte die FMP bereits beim ersten[108] W.F.M. 1970 adäquate Rahmenbedingungen für die intendierte Präsentation, Realisation und Aneignung des Neuen Jazz zu schaffen. So ist dem Festivalbericht *Free Music Workshop in Berlin* im *Jazz Podium* vom Mai 1970 zu entnehmen, dass sich die Musiker:innen, Veranstalter:innen und Publikum nach dem fünftägigen *Workshop* in ihrem Urteil einig darüber gewesen seien, dass in „so guter, relaxter Atmosphäre selten zuvor Musik gemacht und gehört"[109] worden sei. Denn die „vorbildliche Veranstaltung" habe einen „neuen Weg in der Präsentation des Jazz von heute" gewiesen:

> „Schon die außerordentlich billigen Eintrittsgelder in Höhe von DM 1,-- gewährleisteten einen enormen Besucherstrom und so wurden an den 5 Tagen 5600 Karten verkauft. Jeder Abend begann mit einer öffentlichen Probe, die etwa eine Stunde – von 20 bis 21 Uhr – dauerte und der sich meist sich daraus entwickelnde Gespräche zwischen Zuhörern und Musikern anschloßen. Die Konzerte fingen dann gegen 21.30 Uhr an und liefen im Allgemeinen bis 1.30 Uhr abwechselnd auf zwei Bühnen in den Ausstellungsräumen der Akademie. Erfreulich war das konzentrierte Zuhören des Publikums

---

105 Liefland 1978a, S. 67.

106 Gebers, Interview mit dem Verfasser, 22.5.2015, Interview-ID 317.

107 Gebers 1978, S. 4.

108 Bei der späteren Nummerierung der *Workshops* wurden die *3 Nights Of Living Music And Minimal Art* mitgezählt. D.h. die *3 Nights* wurden offiziell zum 1. W.F.M. und erste W.F.M. 1970 wurde zum 2. W.F.M. (Vgl. z.B. das Plakat zum 15. W.F.M. 1983)

109 N.N. 1970b, S. 168.

und der gerade pausierenden Musiker, das durch zwanglose Atmosphäre – es gab keine Bestuhlung, man stand, saß oder lag auf dem Boden um die Bühnen herum – gefördert wurde. Der Kontakt zwischen Musiker und Hörer war sehr eng, es ergab sich permanent ein Meinungsaustausch, von dem alle Beteiligten profitierten.
Fünf Gruppen boten einen umfassenden Überblick über die europäische Free Jazz-Szene, die seit einigen Jahren von den fruchtbaren Kontakten der Musiker der verschiedensten Länder untereinander lebt. Neben Deutschland dürfte England das Land sein, das die meisten profilierten Free Jazzer hervorbringt, doch scheint für sie die Situation in ihrem Heimatland noch schlechter zu sein als hier. [...]
Die von Jost Gebers ins Leben gerufene *Free Music Production (FMP)*, die ihren Sitz in Berlin hat, legte mit diesem 5 Tage Free Music Workshop Zeugnis dafür ab, daß sie die richtige Art der Präsentation gefunden hat. Zur Nachahmung in anderen Städten empfohlen!"[110]

Die Schilderung im *Jazz Podium* dokumentiert die konkrete Ausgestaltung der von der FMP verfolgten Präsentations-, Realisations- und Aneignungsformen. So markierte das nun ausschließliche Free Jazz-Programm mit einem umfassenden Überblick über die europäische Szene erneut (wie beim T.M.M.) den Anspruch einer hinsichtlich ihrer stilistische Vielfalt angemessenen Repräsentation des Neuen Jazz mit der *Peter Brötzmann Group* (Brötzmann: reeds; Parker: ss, ts; Griffiths: tb; Manen: tb; Niebergall: b-tb; Rutherford: tb; Bailey: g; Van Hove: p; Bennink: dr (2 Sets); Thollot: dr (1 Set)), dem *Pierre Favre Quartet* (Grau: tp; Watts: as; Schweizer: p; Favre: dr), der *Music Improvisation Company* (Parker: ss, ts; Bailey: g; Davies: electronics; Muir: dr), dem *Burton Greene Quartet* (Dudek: reeds; Greene: p; Gorter: b; Thollot: dr (1 Set); Bennink: dr (1 Set); Favre: dr (1 Set)) sowie dem *Alexander von Schlippenbach Septet* (Schoof: tp, flh; Dudek: reeds; Pilz: bcl; Wiberny: reeds; Schlippenbach: p; Kowald: b, tuba; Lovens: dr). Bezüglich der Präsentationsform wurde mit den Mehrfachauftritten und den erstmals praktizierten öffentlichen Proben, die die Konzertabende eröffneten, versucht, einen für die neue Musik, für die Musizierenden und für das Publikum geeigneten Rahmen zu entwickeln. D.h. ein Rahmen, der auf eine neue, sich von den Strukturen des etablierten Jazz abhebende Form der gemeinsamen Aneignung und Vermittlung abzielte. Hierauf verweisen auch die Anwesenheit der pausierenden Musiker:innen während der Konzerte bzw. das gemeinsame Zuhören des Publikums und der Musizierenden, der hierdurch entstandene (sehr enge) Kontakt zwischen den Musiker:innen und Hörer:innen sowie der ermöglichte Meinungsaustausch. Des Weiteren ist der Verzicht auf eine Bestuhlung sowie das Konzept, die neue Musik aus dem Konzertsaal und dem Club in ‚offene Räume' zu bringen, hervorzuheben, was insgesamt zu der im Bericht mehrfachgenannten ‚relaxten' und ‚zwanglosen' Atmosphäre geführt haben soll. 1979 charakterisiert Gebers im *Jazz Podium*-Interview retrospektiv als den entscheidenden „Aspekt" der Organisation von Konzerten (aber auch der Plattenproduktion) in der Grünungsphase der FMP, dass beides ein „bißchen

110 Ebd.

mehr dem angepaßt" sein sollte, „was diese Musik ist, was sie war, aber auch ein bißchen mehr auf die Probleme der Musiker und des Publikums Rücksicht zu nehmen":

> „Das heißt also, andere Präsentationsformen zu finden, wie man die Leute mehr motivieren kann, sich diese Musik anzuhören und auch ein bißchen mehr transparent zu machen, wie diese Musik eigentlich entsteht. Wir wollten also nicht die sonst übliche Geschichte machen, daß sich ein paar Leute hinstellen und musizieren und dann in der Garderobe verschwinden, sondern wir wollten, sehr vorsichtig, auch versuchen, die Prozesse über Zeiträume klar zu machen, wie die Leute arbeiten und wie man zu bestimmten Ergebnissen kommt."[111]

Wie sich Gebers einen modifizierten Typus musikalischer Produktion vorstellt, konkretisiert er im selben Interview anhand des Begriffs des ‚Workshop':

> „Der Begriff Workshop wurde wohl erstmals von Mingus für seine Gruppen und seine Arbeitsweise benutzt, daher kam auch unsere Idee. [...] Wir beziehen Workshop immer auf eine Veranstaltung, bei der man Arbeitsprozesse erlebt und wo man die Möglichkeit hat, die Produzierenden anzusprechen. Der Workshop-Charakter ist bei uns dadurch gegeben, daß die Musiker hier anders arbeiten als bei den üblichen Festivals."[112]

Abschließend ist einerseits auf die große Resonanz mit insgesamt 5.600 verkauften Karten des 1. W.F.M. hinzuweisen, der sich, wie Jost in *Europas Jazz* bemerkt, „zu einer der wichtigsten Kraftquellen der freien Improvisationsmusik und des zeitgenössischen Jazz in Europa"[113] entwickeln sollte, sowie andererseits auf die günstigen Eintrittspreise und die so zum Ausdruck kommende soziale Positionierung der FMP (antikommerzielles Narrativ). Somit haben sich wie, Gebers Ende der 1970er-Jahre resümiert, bereits in den ersten Jahren die Formen herausgebildet, in denen die FMP ihre „beiden wichtigsten Veranstaltungen"[114] konzipierte: im Frühjahr den W.F.M. in der *Akademie der Künste* und im Herbst (parallel zu den *Berliner Jazztagen*) das T.M.M. Entscheidend war hierbei, dass die Musiker:innen und Gruppen keinesfalls innerhalb der üblichen Festivalschablonen (d.h. Anreise, auf die Bühne, zwanzig bis vierzig Minuten spielen, Abreise) präsentiert werden sollten. Vielmehr sollten die Arbeitsweisen und -prozesse der Musiker:innen und Gruppen „durch mehrfache Auftritte innerhalb der fünftägigen Reihen transparent" gemacht werden:

> „Für den interessierten Teil des Publikums ergab sich dadurch die Möglichkeit intensiver den Prozeß des Musikmachens kennen zu lernen, aber auch qualitative Beurteilungsmaßstäbe zu finden. Auf Seiten der dort auftretenden Musiker wurde, ohne den

111 Gebers zit. nach Jänichen 1979a.

112 Ebd.

113 Jost 1987, S. 111.

114 Gebers 1979, S. 250.

extremen Druck zum Abliefern, mehr von dem möglich, was eigentlich für diese Musik Substanz ist: sich selbst in Frage zu stellen, zu erproben, zu spielen. Ähnliche Überlegungen treffen auch bis heute auf unsere Schallplattenproduktionen zu: Es handelt sich mit wenigen Ausnahmen um Live-Mitschnitte, die musikalische Entwicklungen und Aktionen dokumentieren."[115]

Anfang März 1970, also noch vor dem Osterworkshop 1970 in der *Akademie der Künste* fand erstmals ein sog. *Free Concert* im Rathaus Charlottenburg statt. Die *Free Concerts* waren eine Kooperation der FMP mit der Stadt Berlin bzw. der *Jugendpflege Charlottenburg*, aus der sich ab 1972 eine kontinuierliche Konzertreihe im Charlottenburger Rathaus mit unregelmäßig übers Jahr verteilen Konzerten etablieren sollte. Ebenso wie der W.F.M. entsprachen die *Free Concerts* der von den Akteur:innen favorisierten Perspektive einer selbst getragenen und unabhängigen Praxis. Über die Entstehung der *Free Concerts* im Rathaus Charlottenburg berichtet Gebers bei den Oral History-Interviews:

> „Ich arbeitete ja zu dieser Zeit in einem Jugendclub im Bezirk Charlottenburg. Und da gabs dann irgendwelche Stadträte, die dann sagten, als ich zu denen hinging und sagte: ‚Ich würde da gerne mal so ein Konzert machen': ‚Können wir dich nicht bezahlen?' Da ging das los mit diesen *Free Concerts* im Rathaus Charlottenburg. Diese Sachen liefen dann immer parallel."[116]
> „Also ich wollte hier einfach ein paar ordentliche Konzerte machen. Und das möglichst umsonst. Und das war es ja auch bis zum Ende."[117]

Der Eintritt zu den *Free Concerts* war kostenlos. Das erste *Free Concert* in der Vorhalle des Charlottenburger Rathauses am Freitag, den 6. März 1970, das von einer Ausstellung mit Fotografien von W. Frankenstein und U. Oldenburg begleitet wurde, bestritt das Kooperativen-Mitglied Schlippenbach mit seinem Trio (Schlippenbach: p; Pilz: fl, ss, bcl; Lovens: dr).

Resümee II: Die Gründung

Die Gründung der FMP erfolgte zehn Monate nach dem ersten *Total Music Meeting* 1968 im September 1969. Allerdings nicht, um mit der Produktion von Schallplatten und der Veranstaltung von Konzerten europäische, freie, akustische Musik zu präsentieren, wie oftmals die Selbstbeschreibung der FMP aus der beginnenden Kollektivzeit von 1972 zitiert wird. Vielmehr gründeten Brötzmann und Gebers die Kooperative mit der Zielsetzung, das Management der beteiligten

115 Ebd.
116 Gebers, Interview mit dem Verfasser, 27.3.2015, Interview-ID 20.
117 Gebers, Interview mit dem Verfasser, 22.5.2015, Interview-ID 322.

Musiker:innen selbst zu betreiben bzw. Auftritte und Tourneen unabhängig zu organisieren, d.h. von der kommerziellen Musikindustrie unabhängige Arbeitsmöglichkeiten zu schaffen, wie es später in der Selbstbeschreibung des FMP-Kollektivs heißen sollte. Zu den Mitgliedern der Kooperative zählten neben Brötzmann und Gebers vermutlich u.a. Schoof, Schlippenbach, Dudek, Kowald sowie die Schweizer Favre und Schweizer. Die Zielsetzung der Kooperative fokussierte die ökonomisch-materielle Situation der Akteur:innen und deren professionell-musikalische Karrieren und veranschaulicht, dass das Handeln-Machen der Akteur:innen bzw. die Gründung der Kooperative, auf das nach wie vor intakte Gefüge der diversen, heterogenen und dislokalen Entitäten verweist, das im November 1968 den Zusammenschluss der Akteur:innen beim ersten *Total Music Meeting* bedingt hatte. Ausgehend von den Ereignissen seit dem *Total Music Meeting* im November 1968 hat sich das Akteur-Netzwerk weiter verzweigt. So bedingten das Ereignis des *Total Music Meeting* 1968 und dessen *agency* (Handlungsfähigkeit) sowie auch die weiteren Aktivitäten der Akteur:innen in Westberlin und deren *agencies* zusammen mit dem Akteur-Netzwerk der *Akademie der Künste*, dass mit der *Akademie* die mehrtägige Veranstaltung *3 Nights Of Living Music And Minimal Art* geplant und durchgeführt werden konnte. Die sich hierbei entfaltende Allianz mit der *Akademie der Künste* sowie die *3 Nights Of Living Music And Minimal Art*, die den Akteur:innen ein Erfolg versprechendes Beispiel hinsichtlich der Zielsetzungen der neugegründeten Kooperative vermitteln konnte, sind insofern ebenfalls als Entitäten des Akteur-Netzwerks zu berücksichtigen, das die Gründung der Kooperative im Sommer 1969 bedingte.

Bereits zwei Monate nach der Gründung der FMP, also im November 1969, hatte die Kooperative ihre Ausrichtung wesentlich verändert. Die FMP präsentiert sich nun als Schallplattenlabel und propagiert als Zielsetzung die Perspektive einer von den Akteur:innen getragenen und unabhängigen Praxis, d.h. unabhängig vom kritisierten Jazz-Establishment. Die Entität der Perspektive einer unabhängigen Entwicklung verweist hierbei erneut auf das sich (weiter-)entwickelnde und verzweigende Akteur-Netzwerk und dessen zum Tun-Bringen: nun hinsichtlich der begonnenen Schallplattenproduktion. Die modifizierte Zielsetzung der FMP wurde durch die *agency* des Mitschnitts einer Komposition von Schoof (*European Echoes*) im Rahmen eines *Radio Bremen*-Free Jazz-Meetings im Juni 1969 mitbedingt. So veranlasste (*faire faire*) der Gegenstand der kollektiven Handlung, d.h. die Aufnahme, die nun in Form eines Tonbandes vorlag, zusammen mit der *agency* der im Sommer 1969 gegründeten Kooperative und dem bestehenden Akteur-Netzwerk die Akteur:innen, den Mitschnitt zu veröffentlichen. Hierbei ist zum einen zu berücksichtigen, dass alle beim *Radio Bremen*-Free Jazz-Meeting beteiligten deutschen Musiker bis auf Dudek (und die Hälfte ihrer internationalen Kolleg:innen aus Belgien, der Schweiz, England, den Niederländen, Dänemark und Italien) bei der Durchführung des *Total Music Meeting* im Herbst 1968 involviert waren und dem bereits erfolgten Zusammenschluss angehörten. Und zum anderen waren bei der Aufnahme im *Sendesaal* von *Radio Bremen* auch fast alle Musiker:innen vertreten, die ab Sommer 1969 zu den Mitgliedern der Kooperative gehören sollten. Das *Radio Bremen*-Meeting unterstreicht erneut die Bedeutung der öffentlich-rechtlichen Rundfunkanstalten hinsichtlich der Entwicklung gemeinsamer Spielkonstellationen, Kooperationen und musikalischer Projekte des Neuen Jazz, die das sich weiter herausbildende soziale Akteur:innen-Netzwerk mitbedingten, sowie die Bedeutung des sich weiterwickelnden Netzes von Allianzen. Denn ohne die Allianz mit *Radio Bremen* hätte die *European Echoes*-Produktion nicht entstehen können.

Nur gut vier Monate nach der Produktion und Veröffentlichung der *European Echoes* hatte die FMP mit der Durchführung des 2. *Total Music Meeting* im November 1969 und des ersten *Workshop Freie Musik* Ende März 1970 in den Ausstellungsräumen der *Akademie der Künste* am Hanseatenweg nicht nur ihre konstitutive Form ausgebildet, d.h. als Schallplattenlabel und Konzertveranstalterin, sondern auch ihre beiden wichtigsten Veranstaltungsreihen. So fanden seitdem jährlich das *Total Music Meeting* parallel zu den *Berliner Jazztagen* im November und der *Workshop Freie Musik* im Frühjahr (meist an Ostern) dank der fortbestehenden Allianz mit der *Akademie der Künste* statt. Beim *Workshop Freie Musik* tritt die Programmatik der FMP hinsichtlich der angestrebten Präsentation, Realisation, Vermittlung und Aneignung des Neuen Jazz deutlich zutage. So sollte erstens mit einem ausschließlichen Free Jazz-Programm und einem informativen und möglichst umfassenden Überblick über die europäische Szene und deren stilistische Vielfalt der Neue Jazz angemessen repräsentiert werden. Zweitens wurde mit Mehrfachauftritten und öffentlichen Proben, die die Konzertabende eröffneten, versucht, die Arbeitsweisen der Musiker:innen und Gruppen transparenter zu machen, d.h. den Zuhörer:innen zu ermöglichen, den Prozess des Musikmachens intensiver kennenzulernen, qualitative Beurteilungsmaßstäbe zu entwickeln, und so die Motivation zu erhöhen, sich diese Musik anzuhören. Für die Musiker:innen hingegen sollten die Mehrfachauftritte und die öffentlichen Proben der auf ihnen lastende Druck in der Konzertsituation verringert und die nach Ansicht der Akteur:innen eigentliche Substanz der Musik erhöht werden, d.h. sich selbst in Frage zu stellen, zu erproben und zu spielen. Ebenso war drittens hinsichtlich der Vermittlung und Aneignung vorgesehen, dass sich die pausierenden Musiker:innen gemeinsam mit dem Publikums die Konzerte anhören sollten, um einen Kontakt und Meinungsaustausch zwischen Musiker:innen und Zuhörer:innen zu ermöglichen. Und viertens sollte die Musik aus dem Konzertsaal und dem Club in Räume mit offenen Strukturen gebracht werden, um die aus Sicht der Akteur:innen bestehenden Zwänge für die Musiker:innen und das Publikum zu reduzieren. Hinsichtlich der Präsentation, Realisation, Vermittlung und Aneignung wurde insofern einerseits die Spezifik der Musik sowie andererseits die Musiker:innen und das Publikum perspektiviert, auf deren Probleme Rücksicht genommen werden sollte.

Auch Knauer und Kisiedu haben sich im Rahmen ihrer neueren Veröffentlichungen mit der Gründung der FMP auseinandergesetzt. In welcher Form sich der Ansatz der vorliegenden Untersuchung von den Darstellungen von Knauer und Kisiedu unterscheidet und welche Perspektiven dieser für eine weitere Diskussion eröffnen könnte, soll anhand einer kurzen Auseinandersetzung mit deren Darstellungen der FMP-Gründung skizziert werden und den Abschluss des 2. Teils der Arbeit bilden. Der Versuch, die Praxisprozesse nachzuzeichnen und die Entitäten zu identifizieren und zu lokalisieren, die die Akteur:innen zum Handeln brachten, bietet neben der Darstellung des Gegenstandes auch die Möglichkeit, ein Kriterium hinsichtlich der Gültigkeit oder Plausibilität anderer Ansätze oder Darstellungen der Geschichte der FMP zu entwickeln. Denn entweder macht ein Aktant oder eine Entität einen Unterschied für die Akteur:innen und bedingt somit deren Handeln mit – oder es lässt sich keine Verbindung darstellen oder kein Unterschied registrieren. So weist Knauer 2019 in seiner Geschichte des Jazz in Deutschland *‚Play yourself, man!'* hinsichtlich der Entstehung der FMP (der in seiner umfangreichen Darstellung zwangsläufig nur eine begrenzte Rolle zukommen kann) zunächst auf die „Tatsache" hin, „dass die Musik der improvisatorischen Avantgarde bei den großen Labels auf kein Interesse stieß".[118] Daneben „wollten Gebers und seine Mitstreiter sicherstellen, dass die Musiker nicht nur die Kontrolle über die Produktions- und Vertriebswege behielten, sondern darüber hinaus auch angemessene Honorare erhielten".[119] Während das von Knauer markierte Desinteresse sowie eine Verbesserung der ökonomischen Situation der Akteur:innen innerhalb des konturierten Gefüges lokalisiert werden kann, lassen sich hinsichtlich ‚der Kontrolle über die Produktions- und Vertriebswege' keine Hinweise finden, dass diese die Gründung bedingt haben könnten. Denn es existierten vor der Gründung der FMP keine (‚etablierten') Produktions- und Vertriebswege, die hätten kontrolliert werden müssen. Vielmehr ging es u.a. darum, Produktions- und Vertriebswege überhaupt erst zu entwickeln.[120] Zudem ist anzumerken, dass die Zurückhaltung der großen Labels und das Bestreben, mit angemessenen Honoraren entlohnt zu werden, sicher Gründe für eine Kooperativen- oder Label-Gründung darstellen, aber nicht die Spezifik der Gründung der FMP zum Ausdruck bringen können.

In *European Echoes: Jazz Experimentalism in Germany, 1950–1975* stellt Kisiedu 2020 die Gründung der FMP wie folgt dar: Im September 1969 gründet Gebers auf Initiative von Brötzmann die FMP. Wobei Brötzmann und Gebers schon längere Zeit die Idee im Kopf gehabt hätten, deutsche Jazz-Experimentalist:innen zusammenzubringen. Zunächst habe Brötzmann versuchte, Gebers davon zu überzeugen, ein ‚Management' zu begründen, das deutsche Ensembles mit po-

---

118 Knauer 2019a, S. 270.

119 Ebd.

120 Vgl. hierzu auch Kisiedu 2020, S. 196.

tenziellen Interessenten in Kontakt bringen sollte. Diese Idee sei jedoch nicht zustande gekommen, weil Gebers (nach eigenen Angaben) für diese Aufgabe völlig ungeeignet gewesen sei. Unter Rückgriff auf ein weiteres Zitat aus seinen Oral History-Interviews zitiert Kisiedu Gebers. Demnach habe sich erst später „herausgestellt, dass wir eine Plattform haben wollten, wo wir nach unserem Gusto Dinge machen konnten, abseits von dem, was in diesem ganzen Festivalbetrieb ablief".[121] D.h. das Ganze „so zu gestalten, dass es einmal mehr der Musik entsprach und auch mehr Freiräume ließ für das Publikum und für die Musiker".[122] Und indem Kisiedu die Selbstdarstellung des FMP-Kollektivs von 1972 zitiert, verweist er darauf, dass das Ziel der FMP von Anfang an gewesen sei, „von der kommerziellen Musikindustrie unabhängige Arbeitsmöglichkeiten zu schaffen und durch geeignete Präsentation dem Hörer einen informativen Überblick über die neue Jazzmusik zu ermöglichen".[123] Die Gründung der FMP habe im Kontext ähnlicher Versuche der Selbstorganisation niederländischer und britischer Improvisator:innen stattgefunden: ICP (1967) und Incus (1970). Als Vorbild aber hätten die US-amerikanischen *Debut Records* (1952) gedient, wie Kisiedu unter Bezugnahme auf Gebers berichtet. Es folgt in seiner Darstellung die *Radio Bremen*-Session und die Möglichkeit die Bänder kostenlos nutzen zu dürfen. Abschließend zitiert Kisiedu die FMP-Anzeige im *Jazz Podium*, laut der die *European Echoes*-LP die Ziele der FMP zeige, unabhängig den Neuen Jazz zu präsentieren.[124] Der wesentliche Unterschied zwischen Kisiedus Darstellung der FMP-Gründung und der Darstellung in der vorliegenden Arbeit besteht darin, dass Kisiedu bei seinen Ausführungen an den Kontexten interessiert ist und nicht das *Warum* thematisiert. Also *warum* wurde die FMP gegründet? Sicher könnte die Antwort lauten: weil Brötzmann und Gebers deutsche Jazz-Experimentalist:innen zusammenbringen wollten. Aber *warum* wollten sie dies? Vom Standpunkt der vorliegenden Arbeit aus betrachtet, wurde den Akteuren so nicht weiter gefolgt. Der Versuch, die Praxisprozesse nachzuzeichnen und die Handlungsquellen und -fähigkeiten, Gelegenheiten und Aktanten, d.h. die diversen, heterogenen und dislokalen Entitäten zu identifizieren und zu lokalisieren, bietet insofern eine Möglichkeit, dieses *Warum* zu perspektivieren und hierbei auch die alltäglichen Entscheidungen der Akteur:innen zu berücksichtigen. Also die von DeVeaux charakterisierten „day-to-day, year-by-year decisions made by the musicians"[125], um sich so von der üblichen Jazznarration lösen zu können. D.h. sowohl von den überpersonellen Abstraktionen als auch von der Fixierung auf die charismatischen, eigenwilligen Persönlichkeiten, von der die Jazzgeschichte so reichlich Gebrauch macht. Wobei, wie DeVeaux

121 Ebd., S. 194.
122 Ebd.
123 FMP 1972d, vgl. Kisiedu 2020, S. 194.
124 Vgl. Kisiedu 2020, S. 194f.
125 DeVeaux 1997, S. 28.

Plakat: 3. Total Music Meeting 1970, Quartier Latin, Westberlin (Archiv Jazzinstitut Darmstadt)

hinweist, zu beachten ist, dass sowohl die überpersonellen Abstraktionen als auch die ‚Genies' und ‚großen Männer', die die Geschichte des Jazz bevölkern, miteinander in Zusammenhang stehen. Denn: „beneath the surface of anecdotes, the real agents of change are abstractions to which individual will is subordinated."[126] Die Gefahr, diese Art der Kategorisierung zu stützen, ist auch in differenzierten Darstellungen sowie im Kontext jazzhistorischer Forschung kontinuierlich gegeben, wie bspw. Müllers Kategorien (‚Selbstbestimmung', ‚Emanzipation' und ‚Gleichberechtigung') in *Free Music Production. FMP: The Living Music* oder die nicht explizite Auseinandersetzung mit den methodologischen Schwierigkeiten der Jazz-Oral History und die insofern methodisch unkritische Präsentation der Interviewpassagen in Kisiedus *European Echoes* dokumentieren.

126 Ebd.

3 Die Kooperative bröckelt, 1970–1972

Mit diesem Kapitel beginnt der dritte Teil der Arbeit, der nach der erweiterten Gründungsphase im Frühjahr 1970 einsetzt. Dieser fragt zum einen, auf welche Weise die FMP-Verantwortlichen versuchten, die sozialen, kulturpolitischen, künstlerischen und weiteren Vorstellungen der Akteur:innen bzw. die sich herausgebildete Programmatik der FMP zu realisieren, und zum anderen, wie sich die Kooperative und deren Struktur weiterentwickelten. Der untersuchte Zeitraum erstreckt sich hierbei bis zum Ende der Geschäftstätigkeit der FMP Ende 1999. Um die Frage nach der Realisierung der Programmatik der FMP beantworten zu können, muss einerseits die Programmatik der FMP hinsichtlich ihrer weiteren Entwicklung verfolgt werden. Andererseits müssen zur Beantwortung dieser Frage aufgrund der konstitutiven Form, die die FMP bereits während der Gründungsphase ausgebildet hat, d.h. als Schallplattenlabel und als Konzertveranstalterin, die Gegenstände, auf die die Tätigkeit der FMP abzielt, d.h. die Tonträgerproduktion und die Konzertaktivitäten während des gesamten folgenden Untersuchungszeitraums des dritten Teils der Arbeit perspektiviert werden. Wie in den beiden vorherigen Teilen soll auch in diesem Teil versucht werden, die Praxisprozesse nachzuzeichnen.

Die Durststrecke, 1970

Eine Woche vor dem *Workshop Freie Musik* (W.F.M.) an Ostern 1970 fand am 21. und 22. März 1970 zum zwölften Mal das *Deutsche Jazz Festival* in Frankfurt statt. Anders als bei der vorangegangenen Ausgabe des traditionsreichen Festivals wurde nicht versucht, „jedem Geschmack gerecht zu werden und mit Blues, Dixieland, Swing, Soul, Modern und Free Jazz möglichst viele Jazzfreunde anzulocken“[1], wie Zimmerle in seinem Festivalbericht in der Mai-Ausgabe des *Jazz Podium* bemerkte. Stattdessen wurden traditionelle bzw. Oldtime- und Swing-Formationen bewusst nicht verpflichtet, sondern beim *Europäischen Hot-Jazz-Festival* vorgestellt, das als Ergänzungsveranstaltung zum *Deutschen Jazz Festival* fungieren sollte.[2] Das Hauptfestival sollte sich „ganz auf das heutige neue Jazzgeschehen“[3] konzentrieren. So traten neben wenigen Spätbop- oder Pop Jazz-Formationen (wie bspw. die von Dave Pike, Phil Woods oder Klaus Doldinger) vor allem dem Neuen Jazz bzw. den freieren Spielformen verpflichtete Gruppen auf[4] wie u.a. das *Manfred Schoof New Jazz Trio* (Schoof: tr, flh; Trunk: b; See:

1 Zimmerle 1970, S. 165.
2 Vgl. N.N. 1970c, S. 80.
3 Zimmerle 1970, S. 165.
4 Vgl. ebd., vgl. Jost 1987, S. 109.

dr), das *Alexander von Schlippenbach Trio* (Schlippenbach: p; Pilz: bcl, fl; Lovens: dr), die *Peter Brötzmann Group* (Brötzmann: ts; Parker: ts; Breuker: ts; Griffiths: tb; Rutherford: tb; Manen: tb; Niebergall: tb; Bailey: git; Van Hove: p; Bennink: dr), die *Pierre Favre Group* (Watts: as; Grau: git, tr; Schweizer: p; Favre: dr), die *Gunter Hampel Group* (Hampel: fl, bcl, vib, p, acl; Breuker: as, ts, ss, cl; Gorter: b; Gregg: b; Gregg: cel; Manen: tb; Lee: voc) oder das *European Free Jazz Orchestra Of The Art Ensemble Of Chicago* unter der Leitung von Lester Bowie (Mitchell: bs; Scherf: as; Kühn: as; Harth: ts; Dudek: ts; Sauer: ts; Jarman: ts; Hampel: bcl; Favors Maghostut: b; Joos: flh; Mangelsdorff: tb; Christmann: tb; Rutherford: tb; Schoof: tr; Sell: tr; Bowie: tr; flh; Lee: voc; Krog: voc; u.a.). Nach dem Festival konstatierte Zimmerle im gesamten Programm eine enorme Bewegung, die er auf die Aktivität der Jazzszene und den jazzhistorischen Entwicklungsprozess zurückführt, der keine Unterbrechung erfahre. So dürfe man nach dieser großen Jazz-Parade feststellen, dass das Jazzgeschehen in Deutschland endgültig aus der „Enge landsmannschaftlicher Denkungsart" hinausgewachsen sei: „hinein in den freien Raum der Musik und daß es dadurch an Vielseitigkeit und Qualität wesentlich gewonnen hat".[5] Laut Zimmerle würden sich mehr als auf anderen Gebieten der Musik kreative Kräfte bemerkbar, die heute das Neue schafften, das morgen oder übermorgen einem großen Musikmarkt Auftrieb gebe. Umso bedauerlicher erscheine deshalb die Tatsache, dass „für diese gesunde Musikquelle von keiner Seite etwas getan wird".[6] Man nutze sie aus und überlasse sie aber im Übrigen sich selbst. Zimmerles Resümee dokumentiert zum einen, in welchem Maße Ende der 1960er-/Anfang der 1970er-Jahre das Avantgarde-Modell als Fortschritts- und Entwicklungsvorstellung in der BRD fungierte und so aufgrund seiner inneren Logik zu teleologischen Voraussagen genutzt werden konnte. Und zum anderen verweist Zimmerles Resümee auf eine Veränderung innerhalb der Jazzszene, die sich insofern weiter transformiert. So hat Jost die Diagnose der jazzhistorischen Tendenz unterstrichen, die Zimmerle mit dem Titel seines Festivalberichts: *Der breite Vorstoß in den Free Jazz* „auf den Nenner gebracht" habe:

> „Wichtig war dieses Frankfurter Jazzereignis vor allem als Symptom für einen Trend, in welchem der jazzmusikalische Underground der späten 60er Jahre auf die Plattform des offiziellen Musikbetriebes der Bundesrepublik gehoben wurde – in einem Ausmaß, ja mit einer Ausschließlichkeit, wie dies noch wenige Jahre zuvor undenkbar gewesen wäre und wie es zur gleichen Zeit in keinem anderen Land Europas der Fall war."[7]

Allerdings ging diese Entwicklung nicht mit einer unmittelbaren Veränderung der materiellen Existenzbedingungen der Akteur:innen einher, worauf Zimmerle in seinem Bericht bereits explizit verwiesen hat. So berichtet auch Gebers ausge-

5 Zimmerle 1970, S. 167.
6 Ebd.
7 Jost 1987, S. 110f.

hend von der Gründung der FMP und seiner Management-Anstrengungen bei den Oral History-Interviews:

> „Die Erfolge, die die erwartet haben: die gab es natürlich nicht. Also dass die Jobs hatten, wie sonst was. Weil das mit dem Management von Gebers' Seite nicht funktionierte. Also ich konnte machen, was ich wollte. Ich war auch nicht der Typ für so Management-Geschichten."[8]
> „Die hatten natürlich alle erwartet, dass jetzt das große Theater losgeht, und wir ununterbrochen spielen. Weil der Gebers irgendwo was an Land zieht. Aber das war eben nicht so."[9]
> „Und die sind dann einer nach dem anderen abgesprungen, weil es keine Jobs gab. Ich hatte auch keine Ahnung, wie man das eigentlich richtig macht. Gut, mit Freunden und Bekannten ging das schon. Aber irgendwie war das unergiebig die ganze Geschichte."[10]

Laut Gebers hielt so die „große Aufbruchstimmung" und die „große Euphorie"[11] nicht lange an, die mit der Gründung der FMP und der Veröffentlichung der *European Echoes*-LP eingesetzt hatten. Die Management-Aktivitäten von Gebers konnten offensichtlich nicht dazu beitragen, dass sich die ökonomische Situation der Akteur:innen unmittelbar verbesserte oder sich hinsichtlich ihrer professionellen Karrieren spürbare positive Effekte einstellten. Wie Gebers 1992 im *Jazzthetik*-Interview mit Müller bemerkt, ging es also „erstmal nach hinten los":

> „Schön, du hast zwar 500 Platten, aber die musst du erstmal verkaufen. Und du hast eine Idee, die musst du dann auch umsetzten. Es kam also eine riesige Durststrecke und natürlich stiegen einige dann wegen der ausbleibenden Möglichkeiten auch rasch wieder aus. Und blieben weg, mit Ausnahme von Brötzmann. Der wohl der einzige war, dem bewusst war, außer mir natürlich, dass man einige Zeit warten muss, bis überhaupt ein Feedback passieren kann."[12]

Diese Darstellung lässt sich anhand eines *Jazz Podium*-Interviews von Zimmerle mit Brötzmann aus dem Sommer 1971 bestätigen. Dort äußerte sich Brötzmann wie folgt zur damaligen Situation:

> „Bei der Free Music Production in Berlin war ja beispielsweise nicht zu erwarten, daß nun gleich der Rubel in Massen rollt, aber als einige Musiker merkten, daß das Geld ausblieb, sprangen sie ab. Es befriedigte sie nicht, konzessionslos Musik machen zu können, sie zogen es vor, anderswo mit kommerzieller Musik mehr Geld zu machen. Eine traurige Geschichte!"[13]

---

8 Gebers, Interview mit dem Verfasser, 22.5.2015, Interview-ID 339.
9 Gebers, Telefon-Interview mit dem Verfasser, 4.5.2017, Interview-ID 604.
10 Gebers, Interview mit dem Verfasser, 27.3.2015, Interview-ID 14.
11 Gebers zit. nach Müller 1992.
12 Ebd.
13 Brötzmann zit. nach Zimmerle 1971, S. 286.

Mit dem ‚Abspringen' dürfte vor allem die Entwicklung ab Anfang 1971 gemeint sein. So ist auffällig, dass das Programm des *Total Music Meeting* (T.M.M.) 1971 ausschließlich das *Brötzmann/Van Hove/Bennink*-Trio bestritt und auch beim W.F.M. 1971 neben der *Peter Brötzmann Gruppe* (Cherry: tp; Brötzmann: reeds; Van Hove: p; Davies: elec; Bennink: dr) aus dem Kreis der Kooperative lediglich eine Gruppe um Schweizer (Skidmore: ts; Griffiths: tb; Schweizer: p; Niebergall: b; Kussatz: dr) zu hören war. Ansonsten traten dort das *Steve Lacy Quintet* (Jackson: tp; Lacy: ss; Aebi: cel, voc; Carter: b; Cooper: dr) sowie das *Tomasz Stańko Quintet* (Stańko: tp; Seifert: as; Muniak: fl, ss, ts; Suchanek: b; Stefanski: dr) auf. So habe sich das ‚Aussteigen' der Kooperativen-Mitglieder dadurch konkret bemerkbar gemacht, dass sich diese „nicht mehr mit eingebracht" hätten, wie Gebers auf meine diesbezügliche Nachfrage bei den Interviews antwortete: „Also die ganzen Programme haben Brötzmann und ich damals entwickelt."[14] So habe es, wie Gebers bereits 1979 in der *Neuen Zeitschrift für Musik* dargestellt hat, eine Mitarbeit an verschiedenen Projekten mit unterschiedlichen Aufgaben und mit dem Einbringen von realisierbaren Ideen und Vorschlägen von Anfang an nur von Brötzmann gegeben. Während Gebers und Brötzmann klar gewesen sei, dass Erfolge (wenn überhaupt) erst nach Jahren eintreten könnten, hätten „die meisten der Angesprochenen" auf „schnelle Ergebnisse"[15] gehofft. Als diese ausblieben, habe sich der Anfangskreis und somit die Struktur der Kooperative letztlich wieder auf: Brötzmann und Gebers reduziert.

Balls, 1970

Im Sommer 1970 entstand die zweite FMP-Schallplattenproduktion *Balls* (FMP 0020) des international besetzten *Brötzmann/Van Hove/Bennink*-Trios (mit Brötzmann (ts), dem niederländischen Schlagzeuger Bennink und dem belgischen Pianisten Van Hove). Über das Zustandekommen der zweiten FMP-Produktion mit dem *Brötzmann/Van Hove/Bennink*-Trio, das heute (nicht zuletzt wegen seiner Aktivitäten und Veröffentlichungen im Rahmen der FMP) zu den wichtigsten Improvisationsgruppen jener Zeit zählt[16], berichtet Gebers bei den Oral History-Interviews:

> „Nach dem *Workshop* 1970 sagte Brötzmann: ‚Also wir sind mit dem Trio so gut zugange' – also mit Van Hove und Bennink. ‚Eigentlich wollen wir 'ne Platte machen. Hast du irgendeine Vorstellung?' Ich sagte: ‚Nee, müsste ich mir mal was überlegen.' Und zu der Zeit gabs eben in Berlin auch in den Rundfunkanstalten Leute, die mit so 'nem Zeug auch liebäugelten. Da gabs eine Sendung – weiß ich nicht mehr, wie die hieß – erst

---

14 Gebers, Telefon-Interview mit dem Verfasser, 4.5.2017, Interview-ID 604.

15 Gebers 1979, S. 250.

16 Vgl. exemplarisch Noglik 1989a.

um 18 Uhr, und dann wurde das verlagert in die Nacht, wo eben solche Musik gespielt wurde. Ein maßgeblicher Mann war der Hans-Rainer Lange: ‚Pfeifen-Lange'. Den rief ich dann an. Ich sagte: ‚Pass mal auf: Wir wollen das und das machen.' Und der sagte: ‚Ich bin da im Urlaub. Aber ich sage das mal dem Kollegen soundso, und versuche das, mit dem zu besprechen.'
Dann haben wir da praktisch ohne Genehmigung die *Balls* gemacht. Auch noch unter schwierigen Umständen. Weil der Tonmeister hatte irgendein Monostudio da und musste dann trickreich 'ne Stereoaufnahme daraus machen. Die Leute standen auf dem Kopf. Und der Typ, der dort das Ganze angeleiert hatte, der machte auch noch im ganzen Haus Reklame: ‚Kommt mal gucken, da sind so vier Verrückte!' So, dann war die zweite Platte schon fertig."[17]

Wie bereits bei Brötzmanns Eigenveröffentlichungen verweist auch Gebers' Schilderung der *Balls*-Produktion auf die Schwierigkeiten einer von den Akteur:innen selbst getragenen unabhängigen Praxis hin. Denn diese bedeutete für die FMP (wie auch für andere Musiker:innen- und Independent-Labels) gerade nicht, dass die Produzierenden über die Produktionsmittel verfügen konnten[18], sondern vielmehr zunächst den Ausschluss von der Verfügung über die finanziellen und technischen Mittel. Was sich auch bei der Produktion der *Balls* auf die künstlerischen Prozesse und die Produktionspraxis auswirkte. Dies geht aus einem früheren Interview, das Müller mit Gebers 1992 für die *Jazzthetik* geführt hat, (trotz des anekdotenhaften Charakters der Interviewpassage) noch deutlicher hervor. Dort berichtet Gebers über die *Balls*-Aufnahme:

„Ich organisierte also, wie soll ich sagen, einen uns nicht mit Abwehr gegenüberstehenden Menschen beim Rundfunk, beim SFB, und fragte: Können wir nicht mal eben so? Das war natürlich nicht legal. Der wollte sich trotzdem darum kümmern. [...]
Wir hatten aber einen sehr guten Tonmeister, der anfing umzustecken und so was, und aus dem Mono-Studio ein Stereo-Studio machte. Und wollten jetzt eine ganz ruhige, abgeschlossene Studioproduktion machen. Das klappte anfangs auch ganz gut. Dann ist dieser Typ vom Rundfunk allerdings – und denk dran, wir machten das ja illegal – in dem ganzen Haus rumgerannt, hat die Leute angesprochen und gesagt, sie sollten mal mitkommen, da wären ein paar völlig Verrückte im Studio. Und auf einmal war das ganze Studio voll mit Leuten. Da standen Massen von Leuten und hörten sich das an und wir hatten Fracksausen, das vielleicht auch mal jemand von den Oberen hören kommen würde."[19]

---

17 Gebers, Interview mit dem Verfasser, 27.3.2015, Interview-ID 14.

18 Vgl. Miller 1969, S. 9.

19 Gebers zit. nach Müller 1992. Zudem berichtet Gebers in diesem Interview, dass am Tag vor der Aufnahme „noch das Reisegeld beschafft werden" musste. D.h. die Gruppe habe noch irgendwo spielen müssen: „und das wurde mit einer ganz normalen Kneipe am Richard-Wagner-Platz klargemacht. Und da wurde aber gerade eine riesige U-Bahn-Strecke neu gebaut, und genau diese Kneipe wurde von den Bauarbeitern frequentiert. Wir hatten also schon ein komisches Gefühl, als wir diese Typen da am ersten Tag in ihren Klamotten sahen. Es wurde gespielt. Han (Bennink) spielte ein Solo und ich stand in dem Bereich, ja, Bühne kann man das ja nicht nennen, ich stand da also so in diesem

Aus Gebers' Schilderung bei den Oral History-Interviews geht des Weiteren hervor, dass (wie bereits bei der *European Echoes*-Produktion) der Ausschluss von der Verfügung über die Produktionsmittel mittels Allianzen kompensiert werden konnte. Im *Jazzthetik*-Interview mit Müller bemerkt Gebers hinsichtlich der Allianzbildung mit den Jazzredakteuren und -journalisten der jüngeren Generation und deren mediale Vermittlung, denen als Entitäten ebenso wie den Rundfunkanstalten innerhalb des Akteur-Netzwerks weiterhin eine bedeutende Rolle zukommt:

> „Zu diesen Geschichten gehört natürlich auch ein spezielles Umfeld, das man im Kopf haben muss. Wir hatten ja dieses 68er-Glück. Dass eh angeblich Revolution war oder was ähnliches. Das ebbte in Öffentlichkeit zwar schnell wieder ab, aber es gab bei verschiedenen Leuten geschärfte Sinne. Unter anderem eben bei Schreibern, Musikwissenschaftlern und so weiter, die sich plötzlich mit unserem Zeug auch auseinandersetzten."[20]

Um *Balls* aufzunehmen hat Gebers seiner Darstellung zufolge gezielt nach einer möglichen Allianz Ausschau gehalten: „Ich organisierte also [...] einen uns nicht mit Abwehr gegenüberstehenden Menschen beim Rundfunk, beim SFB, und fragte: Können wir nicht mal eben so?"[21] Wie sich der damalige Ausschluss von der Verfügung über die Produktionsmittel konkret darstellte, lässt sich mittels eines Interviews veranschaulichen, das ich im Rahmen meiner Oral History-Interviews mit Peter Schulze geführt habe. Schulze hat Ende der 1960er-Jahre zunächst Tonmeister und Komposition an der Musikhochschule in Berlin studiert und leitete ab 1970 die Jazz- und Pop-Redaktion bei *Radio Bremen*. In der ersten Hälfte der 1970er-Jahre bildeten Schulze und *Radio Bremen* erneut eine wichtige Allianz mit der FMP. So supervidierte Schulze in den Jahren 1972 bis 1973 die FMP-Veröffentlichungen *Pakistani Pomade* (FMP 0110) des *Alexander von Schlippenbach Trio*, *We Play* (FMP 0120) des *Christmann/Schönenberg Duo* und *Brötzmann/Van Hove/Bennink* (FMP 0130) des gleichnamigen Trios. Alle Alben wurden im *Sendesaal* von *Radio Bremen* aufgenommenen. So berichtet Schulze 2017 rückblickend:

> „Man muss sich klar machen, dass es damals wirklich sehr schwer war, überhaupt Studiozeiten zu kriegen – und auch zu finanzieren. Studios waren damals extrem teuer.

Bereich und mir drosch einer auf die Schulter und brüllte mir ins Ohr: Der ist ja viel besser als Buddy Rich. Jetzt musst du dir vorstellen, ich war um die 30, der Typ war für mich steinalt, so um die 50, dass der überhaupt wusste, wer Buddy Rich ist, und dass der das auch richtig zusammenbrachte, ob jetzt besser oder schlechter ist ja egal, fand ich ganz toll. Das Ganze wurde allerdings von der Polizei abgebrochen, weil draußen eine Frau im Nachthemd herumrannte, die schlafen wollte. Die hatte in ihrer Wohnung nebenan einen Einbauschrank, der wie ein Resonanzkörper wirkte. Das heißt, wenn die anfingen zu spielen, fiel die Frau aus dem Bett." Am nächsten Tag sei es dann „mit viel Milch ins Studio" (ebd.) gegangen.

20 Ebd.

21 Ebd.

Weil die wurden viel gebraucht und waren im Equipment natürlich auch teuer. Man muss sich einfach vorstellen: Da gab es noch Vierspur-Tonbänder mit 2,75 Geschwindigkeit oder 5,7 – und das war der Standard, auf den aufgenommen wurde. Kassetten gab es noch nicht mal. Und in den Rundfunkanstalten wurde schon mit 38 oder 76 cm/s aufgenommen. Das lief also wirklich schnell durch. Und das Equipment kostete natürlich auch Geld. So dass ich das damals für mich als Vertreter des öffentlich-rechtlichen Rundfunks so gesehen habe, dass wir da auch eine Aufgabe haben.“[22]

Und zu seiner Aufgabe führt Schulze weiter aus, die die Bedeutung der Entität der engagierten Kritiker unterstreicht und auch die Entität der Verwurzelung der Akteur:innen in der Gegenkultur erneut zur Sprache bringt:

„Das Stichwort war ‚Vergesellschaftung der Produktionsmittel': das war der entscheidende Punkt. Wir sahen uns damals als Leute, die über Produktionsmittel verfügten. [...] Es waren damals einfach die Produktivmittel nicht da. [...] Da ging es dann schon darum, diese professionellen Produktionsmittel für Zwecke zu nutzen, für Leute zu nutzen, die sich das nicht leisten konnten, die aber was zu sagen hatten. Wir haben ja auch subversive Aufnahmen gemacht. [...] Das war damals keine liberale Zeit, sondern es gab schon durchaus auch Zeiten, die da in der Beziehung echt schwierig waren. Das war schon auch so eine Widerstandsgeschichte. Aber weil wir eben in der Situation waren, dass wir über die Produktionsmittel verfügen konnten.“[23]

Wie aus Gebers' Darstellung bei den Oral History-Interviews außerdem hervorgeht, wurde das Zustandekommen der zweiten Produktion von Brötzmanns Wunsch bedingt, mit seinem aktuellen Trio eine Schallplatte einzuspielen, was auf die Entität der beruflich-künstlerischen Karrieren der Akteur:innen (‚wir sind mit dem Trio so gut zugange‘) und das bestehende Gefüge der diversen, heterogenen und dislokalen Entitäten verweist (ökonomische Situation, Perspektive einer unabhängigen Praxis, Publikumszuspruch, künstlerisches Selbstverständnis etc.). Zum existierenden Akteur-Netzwerk tritt nun hinsichtlich der Schallplattenproduktion die neue konstitutive Ausrichtung der Kooperative hinzu. Die erfolgte Konstituierung der FMP auch als Schallplattenlabel und die propagierte Zielsetzung (d.h. die Perspektive einer von den Akteur:innen getragenen und unabhängigen Praxis) und deren *agency* bedingen nun selbst die Produktion und Veröffentlichung weiterer Tonträger. Insofern sind die Schallplattenproduktion und die Konstituierung als Schallplattenlabel ebenso als Entität in das sich weiterverzweigende und insofern weiter transformierende Akteur-Netzwerk aufzunehmen wie die propagierte Zielsetzung, mit der Schallplattenproduktion den Neuen Jazz unabhängig präsentieren zu wollen.

Trotz der schwierigen Aufnahmesituation beim SFB zeigten sich die Akteure mit den Ergebnissen der *Balls*-Session sehr zufrieden. So führte Brötzmann im Sommer 1971 im *Jazz Podium*-Interview aus:

---

22 Schulze, Interview mit dem Verfasser, 8.8.2017.

23 Ebd.

„Unsere Trioplatte ‚Balls' entstand unter Umständen, die viele nicht für möglich halten werden. Wir kamen nach 14tägigem Berlin-Gastspiel ziemlich abgeschlafft ins Studio, standen dort auch noch unter Zeitdruck und haben einfach angefangen zu spielen, so wie immer, ohne Konzept. Und als wir so gemeinsam musizierten, da lief es auch schon und alle Müdigkeit fiel ab. Hinzu kam, daß wir einen idealen Techniker hatten, der sofort begriff, was sich abspielte und der die Musik auch dementsprechend gut aufnahm. Das Resultat war nach unserem Eindruck sehr gut, die Musik klingt so lebendig, wie sie gespielt wurde – ohne technische Tricks, ohne Montage und langes Hin und Her, wie es sonst so oft bei Aufnahmen gemacht wird."[24]

Die unabhängige Praxis der Akteur:innen hatte aber nicht nur Konsequenzen hinsichtlich der FMP-Tonträgerproduktion, sondern auch hinsichtlich der Distribution. So gestaltete sich die FMP-Tonträgerdistribution aufgrund der Unabhängigkeit von den musikindustriellen Strukturen als äußerst schwierig. Denn außer dem Verkauf der Schallplatten bei Konzerten blieb lediglich der Postversand.[25] Und wenngleich die Rezensionen der FMP-Veröffentlichungen in *Sounds*, *Jazz Podium* oder auch im *Spiegel* meist die Bezugsadresse der Tonträger enthielten[26], sah sich die FMP hinsichtlich des Vertriebs der Schallplatten und insofern auch finanziell mit einer prekären Situation konfrontiert. Und dies, obwohl die Aktivitäten damals noch „durch die gesellschaftliche Situation gestützt"[27] wurden, wie

24 Brötzmann zit. nach Zimmerle 1971, S. 281. Und Gebers berichtete 1971 im *Jazz Podium*-Interview mit Margull: „Die Produktion war unglaublich schwierig, denn wir hatten nicht das richtige Studio. Dafür war ein fantastischer Toningenieur dabei, der für eine wunderbare Balance zwischen den Musikern sorgte und vor allem gleich verstand, wie wir uns den Klang wünschten. Wir sind mit dem Resultat sehr glücklich. Wie gut sich das Brötzmann Trio zusammengefunden hatte, zeigte sich schon zuvor während eines Gastspiels in Berlin. […] Die ‚Balls'-Platte ist aus unserer Sicht sehr, sehr gut, […] als wir die Musterpressung hörten, sind wie schier umgefallen. Es ist wirklich schön, was die drei machen. Solche Dinge kann man nicht in einem Konzert spielen, auch nicht in einem Club hören, weil da die Akustik nicht so vollkommen ist." (Gebers zit. nach Margull 1971, S. 210f.)

25 Zu ergänzen ist hier, dass die FMP bereits zu Beginn der Plattenproduktionen einen festen Vertrieb in Japan gehabt haben soll, wie Gebers bei den Oral History-Interviews berichtet: „Brötzmann hatte ja die beiden Platten *For Adolphe Sax* und *Machine Gun* gemacht. Und Alex [von Schlippenbach] hatte dann auch die *Living Music* gemacht. Und Brötzmann hatte dann – das muss man sich mal vorstellen – einen festen Kunden in Japan. Als diese Platten rauskamen, hat sich dann irgendein Japaner gemeldet. Und das blieb. Also als wir dann unsere Platten veröffentlichten, brauchte ich den nur anzuschreiben: Wunderbar! Das war der erste feste Vertrieb, den wir überhaupt hatten!" (Gebers, Interview mit dem Verfasser, 27.3.2015, Interview-ID 66)

26 So war bspw. in den *Jazz News* der 1970er November-Ausgabe des *Jazz Podium* zu lesen: „*Peter Brötzmann* hat mit Fred Van Hove und Han Bennink im August eine Platte produziert, die jetzt von der Free Music Production, Berlin 10, Gierkezeile 47, zum Preis von DM 20,– incl. Versandkosten zu beziehen ist." (N.N. 1970d, S. 386)

27 Gebers zit. nach Müller 1992.

Gebers im *Jazzthetik*-Interview 1992 bemerkt. Im Juni 1971 schildert Gebers im *Jazz Podium* die Situation hinsichtlich der bisherigen Schallplattenproduktion:

> „Wir konnten bisher leider nur zwei Platten veröffentlichen, obwohl wir uns vorgenommen hatten, viel mehr zu machen, aber das ist eben eine finanzielle Frage. Weil wir ausschließlich über die Post und über die Musiker verkaufen, ist der Vertrieb nicht ganz so gut, wie er sein sollte."[28]

Dennoch bekräftigt Gebers die Entität der unabhängigen Praxis der FMP und betont, indem er die Entität des antikommerziellen Narrativs bedient, dass „der Sinn der Plattenproduktion" darin liege, dass die, „die das Album machen, also die Musiker, auch das Geld dafür bekommen und nicht irgendwelche Zwischen- und Großhändler und Verteiler". Dies sei das Handikap bei den kommerziellen Plattenfirmen. Bei der Plattenproduktion der FMP handelt es sich also nicht um eine „selbstgestellte Dokumentationsaufgabe"[29], wie Knauer retrospektiv die Tonträgerproduktion der FMP deutet. Vielmehr ist diese u.a. von den Entitäten der ökonomisch-materiellen Situation der Akteur:innen, deren professionell-musikalische Karrieren und der unabhängigen Präsentation des Neuen Jazz bedingt. Von *European Echoes* wie von *Balls* seien jeweils 500 Stück aufgelegt worden, die aber noch nicht ganz verkauft worden seien. Wie er Margull weiterberichtet, sei bereits geplant, beide LPs nachpressen zu lassen, so dass eine endgültige Abrechnung im Moment noch nicht möglich sei.[30] Gebers unterstreicht, dass die Musiker:innen jedenfalls bei der FMP „bei einer Auflage von 500 verkauften Platten" mehr verdienen würden als bei einer kommerziellen Firma, „die vielleicht 3000 Stück absetzt, sie aber nur einmal mit einem Honorar" abspeise. Zudem gebe es immer die Möglichkeit nachzupressen, „wobei dann bei weiteren Verkaufserfolgen der Gewinn für die Musiker immer größer wird".[31] Für die Zukunft überlege Gebers 1000 Platten aufzulegen und dann vielleicht wieder ein neues Album machen. Denn es sei wichtiger: „1000 Leute mit neuen Dingen zu konfrontieren, als 10 000 Leuten Jahre alte Platten zu verkaufen."[32] Bereits sechs Wochen nach der Aufnahme am 17. August 1970 beim SFB erschien die *Balls*. Wodurch man wirklich einmal auf einer Platte das hören könne, „was repräsentativ für die augenblickli-

28 Gebers zit. nach Margull 1971, S. 210.

29 Knauer 2019, S. 272.

30 Aktuell stelle sich die finanzielle Situation wie folgt dar: „Wenn man für 500 Stück Platten eine Summe zwischen 3500,– und 5000,– DM ansetzt – inklusive aller technischen Kosten, wie Studiomiete, Aufnahme, Gema, Pressen, Hüllendruck –, dann kommt das ungefähr hin, allerdings ist dabei noch kein Honorar für die Musiker enthalten. Vom Erlös der Platten werden die genannten Unkosten abgezogen und den Musikern der Rest als Honorar gegeben." (Gebers zit. nach Margull 1971, S. 210)

31 Ebd.

32 Ebd.

che Schaffensperiode"[33] des Trios von Brötzmann sei, wie Gebers im Interview betonte. Was für Gebers ein „weiteres Positivum der Eigenproduktion"[34] darstelle. Denn bei kommerziellen Tonträgerunternehmen müsse „etwa eine Frist von einem Jahr"[35] einkalkuliert werden.

Live-Projekte

Veranstaltungsreihen

Im Gegensatz zu den bis Ende 1971 lediglich zwei veröffentlichten Schallplattenproduktionen konnte die FMP in den Jahren 1970 und 1971 kontinuierlich Live-Projekte in Westberlin durchführen. Im *Jazz Podium*-Interview mit Margull äußerte sich Gebers im Frühsommer 1971 auch zu den FMP-Live-Aktivitäten beginnend mit dem 1. W.F.M. 1970, dessen *agency* ebenso wie die Allianz mit der *Akademie der Künste* und deren Akteur-Netzwerk mitbedingten, dass der W.F.M. weiter fortgesetzt wurde:

> „Die Workshops, die im Frühjahr stattfinden, sollen auch in Zukunft so weiterlaufen. Sie sind als Informationsmöglichkeit über die gegenwärtig wichtigen Gruppen gedacht, die für uns erreichbar sind."[36]

Die nächste größere Veranstaltung fand mit den neuntägigen *New Jazz Days* vom 5. bis zum 13. September im *Quartier von Quasimodo* (jeweils ab 22 Uhr mit einer Gruppe) statt. Präsentiert wurden Gruppen aus dem Bereich des Neuen Jazz: das *Brötzmann/Van Hove/Bennink*-Trio (Brötzmann: reeds; Van Hove: p; Bennink: dr), die *Rüdiger Carl Inc.* (Muth: flh; Carl: ts, fl; Christmann: tb; Schönenberg: perc), die *Kris Wanders Group* (Wanders: as, bcl; Manen: tb; Scholer: b; Lovens: dr) sowie das *Modern Jazz Quintet Karlsruhe* (Joos: flh, mlp; Eichhorn: ss, ts, bcl; Zimmer: p; Bühler: b; Theilmann: dr). Bei den *New Jazz Days* sei, wie Margull 1971 im *Jazz Podium* berichtet, von vornherein die Atmosphäre im Gegensatz zum W.F.M. eine andere gewesen. So habe dort „mehr Clubstimmung" geherrscht: Wer wollte, habe zuhören können – „oder auch darauf verzichten und einen geselligen Abend erleben".[37] Wie Margulls Ausführungen dokumentieren, arbeitete die FMP bei den *New Jazz Days* wie beim W.F.M. konzeptionell auch mit Mehrfach-Auftritten, der Idee der Anwesenheit der gerade pausierenden Musiker:innen während der Konzerte und dem Kontakt zwischen Musiker und Publikum. So kommentierte Gebers 1971:

33 Gebers zit. nach Margull 1971, S. 211.
34 Ebd.
35 Ebd.
36 Ebd.
37 Margull 1971, S. 211.

„Es war ganz schön, dass die Musiker alle jeden Abend da waren, egal welche Gruppe spielte. Peter Brötzmann stieg z.B. bei den Karlsruhern mit ein, überhaupt hatten alle untereinander zu einem guten Kontakt gefunden."[38]

Bei den Oral History-Interviews erläutert Gebers, dass damals „nicht nur die Leute, die im Programm standen spielten, sondern dass da auch immer irgendwelche Leute mit dazu kamen, die da was machten und da was machten".[39] Während diese Praxis bei den *New Jazz Days* offensichtlich erfreuliche Ergebnisse hervorbrachte, stellten sich die Ergebnisse des zehntägigen FMP-Workshops *Experience in Free Music*, der kurz nach den *New Jazz Days* vom 17. bis zum 25. September 1970 im Bierkeller *Siegmundshof* durchgeführt wurde, ambivalent dar. So führt Gebers im *Jazz Podium*-Interview 1971 zu *Experience in Free Music* mit einem Sextett von Brötzmann (u.a. mit Bailey: g; Van Hove: p; Bennink: dr), *Iskra 1903* (Rutherford: tb; Bailey: g; Niebergall: btb; Muth: flh; Kowald: b; Schönenberg: dr) und erneut der *Rüdiger Carl Inc.* (Muth: flh; Carl: ts, fl; Christmann: tb; Schönenberg: dr) aus:

„Wir mußten die Sache abbrechen, da die Musiker nicht mehr fähig waren, miteinander zu spielen. Zu dem Zeitpunkt wurde offenbar, dass die kleine Brötzmann Gruppe mit Fred Van Hove und Han Bennink so total aufeinander eingestellt war, daß jeder weitere, der dazukam, nur störte. Wir hatten viel Publicity aufgrund dieses Ereignisses. Was wir davon lernten, war die Erkenntnis, daß die Veranstaltungen in Zukunft anders durchgeführt werden müssen. Es hat aber auch viele Zuschriften gegeben, aus denen wir ersahen, daß die Leute verstanden hatten, welche Entwicklung sich hier vollzog. Wir versuchen Musik zu präsentieren, die ein wirkliches Spiegelbild von dem ist, was um uns herum geschieht, und die sich als Entsprechung zum Leben von heute darstellt."[40]

Die Interviewpassage zeugt nicht nur von einer kontinuierlichen Auseinandersetzung mit der Frage nach adäquaten Präsentationsformen des Neuen Jazz, sondern verweist auch konzeptionell auf äußere Faktoren, d.h. auf die Kunst transzendierende Bestrebungen und gesellschaftliche Zielsetzungen hinsichtlich der angestrebten Präsentationsformen und insofern hinsichtlich der Programmatik der FMP.

Gut einen Monat nach *Experience in Free Music* fand vom 6. bis zum 8. November 1970 erstmals im *Quartier Latin* das nunmehr 3. T.M.M. statt. Mit dabei waren erneut die englische *Music Improvisation Company* (Parker: ss, ts; Bailey: g; Lytton: perc, elec; Muir: perc), das für die *Gunter Hampel Group* eingesprungene *Irène Schweizer Quartet* (Schweizer: p; Griffith: tb; Niebergall: b; Kussatz: dr)[41], *Brötzmann/Van Hove/Bennink* plus Albert Mangelsdorff (Brötzmann: reeds; Van

38 Gebers zit. nach Margull 1971, S. 211.

39 Gebers, Interview mit dem Verfasser, 27.3.2015, Interview-ID 18. Prominentestes Beispiel hierfür war das 1. T.M.M. 1968, bei dem die US-Amerikaner Cherry, Sanders, Sharrock und Ayers (zu später Stunde) ‚miteinstiegen'.

40 Gebers zit. nach Margull 1971, S. 211.

41 Vgl. Margull 1971, S. 211.

Hove: p; Bennink: dr, perc; Mangelsdorff: tb) sowie die *Alexander von Schlippenbach Living Music* (Schoof: tp; Stańko: tp; Wheeler: tp; Vitet: tp; Brötzmann: reeds; Dudek: ss, ts; Parker: ss, ts; Sauer: ts; Pilz: bcl; Griffith: tb; Mangelsdorff: tb; Rutherford: tb; Schlippenbach: p; Bailey: g; Gorter: b; Kowald: b, tba; Niebergall: b, btb; Bennink: dr; Lovens: dr). Zu den konzeptionellen Überlegungen, mit denen die FMP versuchte, einen hinsichtlich Präsentation, Aneignung und Vermittlung adäquaten Rahmen zu schaffen, erläutert Gebers im *Jazz Podium*-Interview 1971 wie folgt:

> „Wir wollten das Ganze schon von vornherein so aufziehen, daß eine für die Musik gute Atmosphäre herrscht. Wir hatten einen Raum mit zwei Bühnen, ohne Bestuhlung und mit geeigneter Beleuchtung. Hinterher bestätigten die Musiker, daß das eine ideale Umgebung zum Musizieren sei und daß sie selten in einer so fruchtbaren Atmosphäre gespielt hätten. Was ich bei diesem Meeting so gut fand, war, daß es zu wirklichen Begegnungen kam, daß alle Musiker den ganzen Abend da waren, einander zuhörten, miteinander Kontakt aufnahmen und auch zu einem familiären Verhältnis mit den Zuhörern gelangten. Es kam wirklich etwas in Bewegung."[42]

Um eine möglichst ‚fruchtbare Atmosphäre' beim T.M.M. zu schaffen, wurde wie beim W.F.M. auf eine Bestuhlung verzichtet und sich um geeignete Beleuchtung bemüht, vermutlich um den Eindruck offener Räume zu schaffen. Des Weiteren wurden die pausierenden Musiker:innen dazu angehalten, sich gemeinsam mit dem Publikums die Konzerte anzuhören, um einen Kontakt und Meinungsaustausch zwischen Musiker:innen und Zuhörer:innen und eine gemeinsame Aneignung und Vermittlung der Musik zu ermöglichen. Zudem waren beim 3. T.M.M. auch Mehrfachauftritte der Gruppen vorgesehen. Bei Schlippenbachs *Living Music* handelte es sich um das *Globe Unity Orchestra.* Aufgrund einer generellen Klausel in den Verträgen der *Berliner Jazztage*, nach der die Musiker:innen „bei den *Jazztagen* immer unterschreiben mussten, dass sie vier Wochen vorher und fünf Wochen hinterher – oder irgendwie so – nicht in Berlin irgendwas machen durften"[43], konnte das *Globe Unity Orchestra* beim T.M.M. 1970 nicht unter seinem tatsächlichen Namen auftreten, wie Gebers bei den Oral History-Interviews erläutert.[44] Denn das Orchester war für einen Auftritt bei den *Berliner Jazztagen* am 7.11.1970 engagiert worden.[45] Die getarnte Mitwirkung des Orchesters beim T.M.M. führte jedoch nicht zu einem erneuten medial ausgetragenen Konflikt. Im Gegenteil: Sowohl die Berichterstattung über die *Berliner Jazztage* als auch de-

42 Ebd.

43 Gebers, Interview mit dem Verfasser, 14.8.2015, Interview-ID 523. Die Existenz dieser Klausel bestätigen auch Schulte-Bahrenberg, Berendt und Gruntz in ihrer Erklärung *Zu den Vorwürfen des Spiegel* (Vgl. Schulte-Bahrenberg/Berendt/Gruntz 1972, S. 6).

44 Vgl. Gebers, Interview mit dem Verfasser am 14. August 2015, Interview-ID 523).

45 Der Auftritt des *Globe Unity Orchestra* bei den *Berliner Jazztagen* 1970 ist auf der CD *Globe Unity 67 & 70* (*Atavistic, Unheard Music Series*, UMS/ALP223CD) dokumentiert.

ren Veranstalter schienen bemüht gewesen zu sein, eine erneute Frontstellung mit dem T.M.M. zu vermeiden bzw. dem Gegenfestival im *Quartier Latin* möglichst wenig Beachtung zukommen zu lassen. So wies das *Jazz Podium* die „Freunde des Neuen Jazz" bei seiner Ankündigung der *Berliner Jazztage* in der Oktober-Ausgabe 1970 darauf hin, dass „die Avantgarde im Programm" der *Berliner Jazztage* „noch nie [...] so viel Raum eingenommen" habe „wie auf den *Jazztagen* 1970".[46] Auf eine Ankündigung des 3. T.M.M. verzichtete das *Jazz Podium* jedoch hingegen. Und in der *Nachlese von den Berliner Jazztagen 1970* bat der *Jazz Podium*-Redakteur Horst Schade um Verzeihung, da er „einen weiten Bogen um die New-Thing-Stätte zu schlagen sich bemühte"[47] habe. D.h. er hat auf einen Besuch des dreitägigen T.M.M. verzichtet, was ein Leserbrief in der März-Ausgabe des *Jazz Podium* wie folgt kommentierte: „Den Bogen, den der Chronist um das *Quartier Latin* schlug, ist schon des Nachdenkens wert."[48] Auch die FMP schien an einer erneuten Auseinandersetzung mit dem Jazz-Establishment nicht interessiert. So findet ein möglicher Konflikt mit den *Berliner Jazztage* 1970 keinen Eingang in das *Jazz Podium*-Interview von 1971. Gebers hebt vielmehr bei seiner Darstellung des 3. T.M.M. auf musikalische Gesichtspunkte ab. So geht er zum einen auf den Auftritt der *Music Improvisation Company* ein: „Fantastisch hierbei waren vor allem die Engländer, die Stücke spielten, die sich über zwei, drei Stunden hinzogen".[49] Und zum anderen berichtet er über die konzeptionellen Konsequenzen hinsichtlich der Programmgestaltung des nächsten W.F.M. im Februar 1971, die sich für ihn aufgrund der Erfahrungen beim 3. T.M.M. ergaben:

> „Aber bei diesem *Meeting* wurde uns klar, daß wir das Programm, das wir für den Akademie Workshop im darauffolgenden Februar geplant hatten, noch sorgfältiger vorbereiten mußten, damit nur Gruppen zugegen waren, die wirklich zueinander paßten. Einige Gruppen waren bereits im Gespräch, nachdem wir uns gegenseitig darüber informiert hatten, wer gerade etwas Interessantes zu bieten hat, und so war im Herbst das Programm für den Workshop eigentlich schon fertig. Ich bin dann Ende des Jahres 1970 zum Baden-Badener Free-Jazz-Treffen gefahren, was uns veranlaßte, das Programm umzustellen. Wir haben uns daraufhin für Tomasz Stańko und Steve Lacy entschieden."[50]

Denn wie bereits beim 1. W.F.M. 1970 entschied sich die FMP für einen umfassenden Überblick über das Free-Jazz-Musizieren und gegen die Präsentation von möglichst vielen gleichartigen Gruppen. Und für diese Konzeption hätten sich die Gruppen von Lacy und Stańko besser geeignet, als die zuvor ausgesucht. Leider hätten aber „die Steve-Lacy-Leute" dann beim W.F.M. im Februar 1971 nicht den „Sinn der Veranstaltung" verstanden. So berichtet Gebers:

---

46 N.N. 1970d, S. 358

47 Schade 1971, S. 26.

48 Gensch 1971, S. 87.

49 Gebers zit. nach Margull 1971, S. 211.

50 Ebd.

> „Die Musiker kamen, stellten sich auf die Bühne, spielten – zwar sehr gut –, gingen aber gleich danach wieder. Wiederholt haben wir mit Amerikanern die Erfahrung gemacht, daß sie nicht bereit sind, anderen Gruppen zuzuhören, sich mit anderen zu verständigen, mit Ausnahme von Don Cherry. Das aber ist für einen Workshop wichtig, bei dem die Gelegenheiten vielfältig sind, sich mit anderen Musikern auseinanderzusetzen."[51]

Gebers' Enttäuschung über die Haltung und das Auftreten des US-amerikanischen Avantgardisten Lacy bei seiner ersten Teilnahme beim W.F.M. markiert einerseits, was die FMP nicht wollte. D.h. „die sonst übliche Geschichte", dass „sich ein paar Leute hinstellen und musizieren und dann in der Garderobe verschwinden".[52] Und verdeutlicht andererseits den eigentlichen Sinn der Veranstaltung und wie ernst es der FMP mit dem Anspruch und der angestrebten Modifizierung der Präsentations-, Produktions-, Vermittlungs- und Aneignungsformen war. In diesem Kontext fällt Gebers bei den Oral History-Interviews ein Brief von Brötzmann ein. So habe Brötzmann offensichtlich schon bei den Vorbereitungen zum 3. W.F.M. daran gezweifelt, ob Lacy den Sinn des Workshops verstanden habe:

> „Und letztens habe ich hier noch ein Schreiben vom Brötzmann weggeschmissen. Da schrieb er mir zurück: ‚Pass auf, mach' das mit dem Steve [Lacy] ganz genau: Du musst reinschreiben in die Vereinbarungen in den Vertrag ‚mit dem Quintett' und dass er so und so oft spielen muss. Sonst kommt der ‚solo' und sagt wieso …' (Gebers und Interviewer lachen)."[53]

Den kooperativen Anspruch der FMP-Aktivitäten und deren damaliges Selbstverständnis skizziert Gebers ebenfalls im *Jazz Podium*-Interview 1971. So grenzt er sich zunächst von der „Fehlannahme" ab, „die von vielen Leuten gemacht" werde, er sei ein Manager: „Ich fühle mich als Musiker, und nicht als Manager."[54] Denn alles was er mache, geschehe im Einverständnis mit den anderen Musiker:innen oder sogar in direkter Zusammenarbeit mit ihnen. Dass Gebers zu diesem Zeitpunkt von vielen Leuten als Manager wahrgenommen wurde, ist wenig verwunderlich. Denn zum einen hatte sich zu diesem Zeitpunkt der FMP-Anfangskreis wieder auf Brötzmann und Gebers reduziert und Brötzmann war primär als Musiker aktiv. Zum anderen differenziert Gebers selbst zwischen der FMP als „Produktionsstelle" und der FMP als Kooperative. So sei laut Gebers die FMP „zum einen eine Produktionsstelle, zum anderen eine Vereinigung von Free-Jazz-Musikern, die seit über einem Jahrzehnt ihre Musik machen oder denen, die jetzt gerade das Neueste hervorbringen wie Hugh Davies".[55] Gebers' expliziter Hinweis auf den britischen Pionier elektroakustischer Musik Davies, der beim 2. W.F.M. 1971

51 Ebd.

52 Ebd.

53 Gebers, Interview mit dem Verfasser, 27.3.2015, Interview-ID 13.

54 Gebers zit. nach Margull 1971, S. 213.

55 Ebd.

in der Gruppe von Brötzmann aufgetreten ist, weist darauf hin, dass Gebers zur Kooperative offensichtlich alle Musiker:innen rechnet, die an den FMP-Aktivitäten beteiligt waren. Und so betont Gebers hinsichtlich einer unabhängigen Praxis der FMP und der Akteur:innen, dass „die gemeinsame Aktivität zwischen den Musikern und der FMP"[56] entscheidend sei. Zum kooperativen Anspruch gehört auch, wie Gebers propagiert und hierbei erneut die Entität des antikommerziellen Narrativs bedient: „Wenn wir Geld haben, dann soll es den Musikern zukommen und nicht irgendwelchen Mittlern."[57] Bezüglich der Entität der Perspektive einer unabhängigen Entwicklung, also einer von den Akteur:innen getragenen unabhängigen Praxis verweist Gebers auf die nur „beschränkten Möglichkeiten, die es für Free-Jazz-Musiker"[58] gebe. Weshalb auch ein Zusammenhalt unbedingt erforderlich sei. Aufgrund dieses Selbstverständnisses vertrieb die FMP auch die Eigenproduktionen der kooperierten oder auch assoziierten Musiker:innen[59] per Postversand. Über die Postadresse der FMP waren so u.a. folgende LPs bestellbar: *For Adolphe Sax* des *Peter Brötzmann Trio* (BRÖ), *Machine Gun* des *Peter Brötzmann Octet* (BRÖ), *Santana* des *Pierre Favre Trio* (PIP), *The Living Music* von Schlippenbach (*Quasar*), *The 8th of July* von Hampel (*Birth*), *Dances* von Hampel (*Birth*), *Pleasure* von Wanders (*Peace*), *The Topography Of The Lungs* von Parker, Bailey und Bennink (*Incus*) sowie *People Symphony* der *Gunter Hampel Group* (*Birth*). Die Problematik hinsichtlich der Tonträgerdistribution stellte sich aufgrund der Unabhängigkeit von den musikindustriellen Strukturen auch für die anderen Eigenproduzent:innen des Neuen Jazz als schwierig dar. Deshalb wäre es für Gebers damals „mit Abstand" der „wichtigste Schritt" gewesen, einen „Verbund von Musikerorganisationen aufzubauen, der die kommerziellen Vertriebswege der Plattenkonzerne unterläuft".[60] Dieser ist nie zwar zustande gekommen. Allerdings gab es gemeinsame Aktivitäten der Eigenproduzent:innen. So erinnert sich Dagmar Gebers bei den Oral History-Interviews an einen gemeinsamen Plattentisch mit anderen Musiker:innen- und Independent-Labels beim W.F.M. 1971:

> „Ich kann mich noch an den für mich ersten *Workshop* erinnern: das war 1971. Und da war sogar noch ein Schallplattentisch, wo ich mit verkauft habe. Und da war ECM noch mit dabei. Der Manfred Eicher, der war noch mit dabei. Da hatten wir zusammen einen Verkaufstisch."[61]

---

56 Ebd.

57 Ebd.

58 Ebd.

59 Mit der Differenzierung zwischen ‚kooperierten' und ‚assoziierten' Musiker:innen soll darauf aufmerksam gemacht werden, dass nicht alle Musiker:innen, mit denen die FMP zusammenarbeitete, automatisch zur Kooperative zählten.

60 Gebers 1979, S. 251.

61 Dagmar Gebers, Interview mit dem Verfasser, 22.6.2015, Interview-ID 241.

Auch das im Rahmen des W.F.M. 1971 durchgeführte *Konzert mit Kindern* mit der *Peter Brötzmann Gruppe & Don Cherry* ist Dagmar Gebers in Erinnerung geblieben. Bei diesem kunstpädagogischen Projekt rechneten die Akteur:innen „mit 300 bis 400 Kindern, dass es dann aber mit den Eltern an die 2000 Personen werden würden“[62], hätte damals niemand zu hoffen gewagt. Der Publikumszustrom war nicht nur beim *Konzert mit Kindern*, sondern beim gesamten 2. W.F.M. beachtlich. Der *Spiegel* berichtete im Frühsommer 1971, dass „rund 5000 Eintrittskarten zu 1,20 Mark verkauft“ wurden, „als die ‚Free Music Production‘, eine Kooperative deutscher, englischer, holländischer und schweizerischer Musiker, Ende Februar dieses Jahres zu einem fünftägigen Workshop mit Konzerten, Diskussionen und öffentlichen Proben in die Berliner Akademie der Künste einlud“.[63] Wie beim 1. W.F.M. 1970 konnten auch 1971 die Eintrittspreise aufgrund der Kooperation mit der *Akademie der Künste* sehr moderat gestaltet werden. Doch nicht nur wegen des günstigen Eintritts seien „sehr viele Zuhörer“ gekommen, „die sonst nie zu einem Konzert gehen“[64] würden, wie Margull 1971 im *Jazz Podium* ausführt. Denn diese schrecke nicht nur „der hohe Preis“, sondern auch „die steife Atmosphäre des Konzertsaales“[65] ab. Diese Einschätzung bekräftigt Gebers im Interview mit Margull:

> „Es geht darum, sich klarzumachen, daß man eine bestimmte Art von Musik bei Jazzfestivals oder in normalen Konzertsälen nicht mehr präsentieren kann. Der äußere Rahmen muß dem freien Jazz angepaßt sein, es darf keine Barrieren mehr durch Bühne und Vorhang zwischen Musikern und Publikum geben.“[66]

---

62 Gebers zit. nach Margull 1971, S. 212. Über das Projekt berichtet Gebers 1971, dass er „jahrelang über die Idee eines Kinderkonzertes nachgedacht“ habe. Anlass hierzu sei gewesen, dass Gebers früher mit einer Gruppe in einem Jugendheim geprobt habe, das direkt neben einem Kindergarten lag, von dem immer einige Kinder herübergekommen seien: „Sie nahmen zwanglos, was sie an Instrumenten herumliegen sahen, und betätigten sich damit. Don Cherry gibt in Schweden an einer Schule Unterricht und hat mit Kindern eine Menge Erfahrungen sammeln können. Wir wollten schon an Weihnachten ein sogenanntes Kinderkonzert geben, aber es ging nicht, da wir ja an Heiligabend eine Veranstaltung im Quartier hatten. Als wir uns über das Kinderkonzert einig waren, hatten wir alle die Befürchtung, daß es vielleicht doch nicht laufen würde, wie wir es uns gedacht hatten. Aber es kam ganz anders. […] Für die Musiker war es natürlich eine ganz harte Sache. Brötzmann meinte hinterher: ‚Es war der härteste Gig meines Lebens!‘ Don Cherry war restlos begeistert und Fred Van Hove sagte: ‚Ich könnte so etwas tagelang machen.‘ Sein Klavier war hinterher natürlich völlig verstimmt. Es sind einige interessante Sachen passiert, leider aber nur in kleinem Kreis, die Mehrzahl der Anwesenden dürfte das nicht miterlebt haben.“ (Ebd.)

63 N.N. 1971, S. 134f.

64 Margull 1971, S. 212.

65 Ebd.

66 Gebers zit. nach ebd.

Und auch Brötzmann unterstreicht diese Position – und insofern die Programmatik der FMP hinsichtlich der angestrebten (adäquaten) Präsentation, Realisation, Vermittlung und Aneignung des Neuen Jazz – im Sommer 1971 im Interview mit Zimmerle:

> „Die Zuhörer sollen sich aber nie gezwungen fühlen, einen Set durchstehen zu müssen, sie sollen fortgehen und wiederkommen können, wenn sie wollen. In ausgedehnten Auftritten ergeben sich zwangsläufig Längen und Spannungshöhepunkte, auch der Zuhörer sollte die Freiheit haben, sich seiner Konzentrationsfähigkeit entsprechend zu bewegen."[67]

Margull weist darauf hin, dass sich die modifizierten Präsentations- und Produktionsformen nicht nur positiv auf das Publikum ausgewirkt hätten. Auch die Musiker:innen hätten, wie er beobachtet habe, „im Schnitt eine weitaus gelöstere Atmosphäre" geschaffen, „als sie es im Konzertsaal vermögen"[68] würden. So seien die Abende des W.F.M. (erneut eröffnet mit öffentlichen Proben) in einer „wunderbaren Atmosphäre"[69] verlaufen, wie Margull resümiert, und das *Tomasz Stańko Quintet*, die *Irène Schweizer Gruppe*, die *Peter Brötzmann Gruppe* und das *Steve Lacy Quintet* hätten „für viele Höhepunkte"[70] sorgen können. Die Programmatik des 2. W.F.M. orientierte sich an der des Vorjahres. Und wie Brötzmann kurz nach dem W.F.M. im *Jazz Podium* bemerkt, sei dieses hervorragend gewesen: „das Beste, was ich je erlebte. Aber so etwas geschieht eben doch nur ein- bis zweimal im Jahr".[71]

Im Sommer 1971 fand vom 26. bis zum 29. August die viertägige Veranstaltungsreihe *Free Music Market* im *Quartier Latin* mit dem *Alexander von Schlippenbach Quartet* (Christmann: tb; Schlippenbach: p; Kowald: tba; Lovens: dr), dem *Manfred Schoof Quintet* (Schoof: tp, flh; Wiberny: reeds; Fritsch: vla; Kowald: b; Flimm: dr), dem *Irène Schweizer Trio* (Schweizer: p; Niebergall: b; Kussatz: dr) sowie dem Quartett *Brötzmann/Van Hove/Bennink + Mangelsdorff* (Brötzmann: reeds; Mangelsdorff: tb; Van Hove: p; Bennink: dr, perc, gachi, voc) statt. Der *Free Music Market* überschnitt sich mit einem Konzerttermin der Jazz-Open-Air-Reihe *Jazz in the Garden*. Die *Jazz in the Garden*-Reihe wurde von Ralf Schulte-Bahrenberg organisiert, von Joachim-Ernst Berendt geleitet und vom Berliner *Senat für Wissenschaft und Kunst* gefördert. Stattgefunden hat die Reihe in jeweils vierzehntägigen Abständen in den Sommermonaten im Garten der *Neuen Nationalgalerie* am Kemperplatz.[72] Der *Free Music Market* sorgte (wie auch die vorherigen T.M.M.s) bei Schulte-Bahrenberg und Berendt für nachhaltige Verstimmung, da

67 Brötzmann zit. nach Zimmerle 1971, S. 281.
68 Margull 1971, S. 212.
69 Ebd.
70 Ebd.
71 Brötzmann zit. nach Zimmerle 1971, S. 286.
72 Vgl. N.N. 1971b, S. 200.

bei den nicht öffentlich geförderten Veranstaltungen der FMP im *Quartier Latin* auch Musiker:innen auftraten, die für die geförderte *Jazz in the Garden*-Reihe engagiert worden waren.[73] So berichtet Dieter Hahne bei den Oral History-Interviews über ein erst Jahre später stattgefundenes Erlebnis mit Schulte-Bahrenberg:

> „Ralf Schulte-Bahrenberg, der Ausrichter und Organisator der *Berliner Jazztage*, hatte auch seinerzeit die Konzertreihe *Jazz in the Garden* im Hof der *Nationalgalerie* veranstaltet. Das war eine sehr, sehr gute Jazz-Serie. Natürlich, wenn wir ein Konzert ein paar Tage oder eine Woche später irgendwo hatten, bin ich da hin und habe Handzettel verteilt. Da hat mich Schulte-Bahrenberg ... – soviel zu seinem Verhältnis zu FMP: Der hatte so ein Bäuchlein, und ich stand am Eingang, aber schon drin – nicht vor der Tür. Da kommt er: ‚WAS WOLLEN SIE! WAS WOLLEN SIE DENN HIER!' Und hat mich mit seinem Bäuchlein rausgeschuppst. (Hahne und Interviewer lachen) – Ja, dem hat das tierisch gestunken. Der hatte in FMP einen riesengroßen Konkurrenten gesehen, der ihm Publikum von den *Berliner Jazztagen* wegnimmt."[74]

An die konkreten Umstände, wie es im August 1971 zum *Free Music Market* im *Quartier Latin* gekommen war, kann sich Gebers bei den Oral History-Interviews nicht mehr erinnern:

> „Wie diese ganze Sommergeschichte zustande kam, weiß ich nicht mehr – also was da drei Tage lang als *Free Music Market* passierte. Wo wir dann wiederum eine Brötzmann-Geschichte – drei Platten, diese Box – aufnahmen, die dann Anfang des Jahres '72 rauskam."[75]

Die letzte FMP-Veranstaltung 1971 war das inzwischen 4. T.M.M. im November 1971 im *Nassauer* parallel zu den *Berliner Jazztagen*. An allen drei Konzertabenden trat nur eine Gruppe auf: das *Brötzmann/Van Hove/Bennink*-Trio.[76] Das T.M.M. 1971 bleibt sowohl bei den Oral History-Interviews als auch in Gebers' Übersicht der Live-Projekte im *Jazz Podium* vom November 1972 unerwähnt. Was war passiert? Im Rahmen der *Berliner Jazztage* 1971 war mit der in die *Neue Mensa* der

73 Gebers 1972, S. 6. Laut Gebers' Zählung betraf dies beim *Free Music Market* „6 Musiker" (ebd.).

74 Hahne, Interview mit dem Verfasser, 22.6.2015, Interview-ID 162. Auch Gebers erwähnt bei den Oral History-Interviews im Zusammenhang mit *Jazz in the Garden* bzw. mit dem in den Verträgen festgehaltenen Auftrittsverbot für Musiker:innen, die bei der (geförderten) *Jazz in the Garden*-Reihe und den *Berliner Jazztagen* spielten, ein Erlebnis mit Schulte-Bahrenberg. Dieses schildert Gebers wie folgt: „Irgendwann hat er uns mal schwer in die Scheiße geritten, als wir ein Konzert mit dem *Yamashita Trio* machen wollten. Wir hatten das O.K. – also auch von ihm –, weil die bei *Jazz in the Garden* spielten. Aber die Werbung von unserer Seite durfte nicht vor *Jazz in the Garden* stattfinden. Und dann hat er behauptet, das wäre schon vorher gewesen, und die Genehmigung zurückgezogen und so. Und wir saßen auf den Kosten!" (Gebers, Interview mit dem Verfasser, 14.8.2015, Interview-ID 523)

75 Gebers, Interview mit dem Verfasser, 27.3.2015, Interview-ID 15.

76 Vgl. FMP-Publishing 2016e, vgl. FMP-Publishing 2010, S. 117.

Technischen Universität ausgelagerten *Now! Music Night* am 6. November auch ein Konzertabend mit vorwiegend an freieren jazzmusikalischen Spielformen orientierten Gruppen geplant. Bei der *Now! Music Night* traten auch Kooperativen-Mitglieder der FMP und Formationen auf, die mit der FMP assoziiert waren wie die *Gunter Hampel Group*, das englische *Spontaneous Music Ensemble*, Schoofs *New Jazz Trio* (mit Dudek als Gast) und das *Brötzmann/Van Hove/Bennink*-Trio. Über den Konzertabend in der *Neuen Mensa* der *Technischen Universität* schreibt Sandner in seinem Festivalbericht über die *Berliner Jazztage* im *Jazz Podium*:

> „Waren diese Konzerte in der *Philharmonie* alle vorbildlich organisiert (sieht man von der obligatorischen zeitlichen Überdehnung und der strapaziösen Nacht mit fünf völlig unterschiedlichen Bands in zwei Konzerten ab), so geriet die ‚Now! Music Night' mit acht Free-Jazz-Ensembles in der Technischen Universität zu einem einzigen frustrierenden Chaos. Auf drei Bühnen sollte abwechselnd und gleichzeitig musiziert werden, wobei dem Zuhörer die Möglichkeit gegeben werden sollte zu genauerem Studieren bestimmter Ensembles oder auch zu generellem Überblick. Konzentriertes Hinhören in den total überfüllten Sälen und beim ständigen Kommen und Gehen schloß sich jedoch ebenso aus wie ein wenigstens oberflächlicher Eindruck. Denn die Akustik war so miserabel, daß 20 Meter von den Bühnen entfernt die Unruhe im Saal die Musik übertönte. Mit der Freiheit der Konzertform verhielt es sich hier nicht anders als mit der bei zahlreichen sogenannten progressiven Popkonzerten schon erfolglos praktizierten offenen Form. Sie wird offenbar lautstark von jenen gefordert, die ohnehin keine Lust haben, genau hinzuhören. Solange die räumlichen Bedingungen für Konzerte solchen Ausmaßes nicht gegeben sind, erweist sich der progressive Ausspruch als leeres Geschwätz."[77]

Mit Sandners vermutlich auch an die Adresse der FMP und deren Umfeld gerichteten Kritik (aufgrund ihrer Forderung nach modifizierten Präsentationsformen wie ‚offenen Formen', ‚Überblick über die Free Jazz-Szene' oder ‚zwanglose' Atmosphäre) findet erneut im Kontext der *Berliner Jazztage* eine negative Positionierung des *Jazz Podiums* gegenüber der FMP Eingang in die Berichterstattung der Jazz-Zeitschrift. Sandners Bericht gibt weder Aufschlüsse über die Hintergründe der *Now! Music Night* noch über das T.M.M. 1971. Einen Hinweis, warum die FMP 1971 kein wie in den vorangegangenen Jahren vergleichbares T.M.M. organisierte und sich vermutlich relativ spontan zu einem Notprogramm mit dem *Brötzmann/Van Hove/Bennink*-Trio entschlossen hat, findet sich in der *Petition* der *Free Music Production* an die ARD aus dem folgenden März. Demnach sollte 1971 das T.M.M. in die offiziellen Veranstaltungen der *Jazztage* integriert werden. Die Vorschau auf die *Berliner Jazztage* 1971 verhieß eine *Now! Music Night*, die von einem Kollektiv der beteiligten Musiker:innen organisiert werden sollte. Dieser Darstellung widerspricht Gebers: „Dies entsprach nicht den Tatsachen".[78] Bis auf eine informelle Absprache, die ca. ein Dreivierteljahr vor den *Berliner Jazztagen* in

77 Sandner 1971, S. 430.

78 Petition *Betr. Berliner Jazztage 1972* der *Free Music Production* zit. nach Gebers 1972, S. 6.

Baden-Baden stattgefunden habe, hätten die Musiker:innen keinen Einfluss mehr auf Organisation und das Programm der *Now! Music Night* gehabt. Die informelle Absprache in Baden-Baden könnte im Rahmen von Berendts Baden-Badener *Free Jazz Meeting* 1970 (7.–12.12.1970 in den *Südwestfunk*-Studios) stattgefunden haben. Denn bei diesem Meeting haben mit u.a. Schoof, Brötzmann, Hampel, Stevens oder Bennink Musiker aus allen genannten Formationen teilgenommen, die schließlich im Rahmen der *Jazztage* bei der *Now! Music Night* aufgetreten sind. Offensichtlich wurde über eine Integration des T.M.M. in die *Berliner Jazztage* und insofern über eine Allianz der FMP mit dem Jazz-Establishment nachgedacht, möglicherweise um das Festival finanziell abzusichern. Allerdings konnte hierbei keine Einigung erzielt werden. Vielmehr bedingte das Ereignis der gescheiterten Kooperation (das somit auch eine Entität des Akteur-Netzwerks darstellt) zusammen mit den anderen diversen, heterogenen und dislokalen Entitäten, dass der Konflikt mit dem Jazz-Establishment schon bald wieder eskalieren sollte.

Free Music-Einzelkonzerte und sonstige Aktivitäten

Während sich die Veranstaltungsreihen konzeptionell (soweit dies zu rekonstruieren war) an der Programmatik der FMP orientierten, wie sich diese bereits beim 1. W.F.M. 1970 hinsichtlich der angestrebten Präsentations-, Realisations-, Vermittlungs- und Aneignungsformen des Neuen Jazz gezeigt hatte, lag den Einzelkonzerten keine spezifische Konzeption zugrunde. Diese sog. *Free Music in Concert*-Einzelkonzerte veranstaltete die FMP kontinuierlich zwischen den größer angelegten, mehrtägigen Veranstaltungen und Reihen. 1970 fanden diese zwölfmal statt[79]: an 2 Tagen mit dem *Tony Oxley Sextet*, an 3 Tagen mit dem *Alexander von Schlippenbach Trio*, an 2 Tagen mit dem *Peter Brötzmann Quartet*, an 2 Tagen mit *Brötzmann/Van Hove/Bennink* und an 3 Tagen (als *Free Christmas Music*) mit dem Trio *Brötzmann/Van Hove/Lovens*. 1971 veranstaltete die FMP acht *Free Music*-Konzerte: zweimal mit dem *Brötzmann/Van Hove/Bennink*-Trio, einmal mit dem *Irène Schweizer Trio*, zweimal *Rüdiger Carl Inc.*, zweimal mit einem Quartett bestehend aus Hampel, Breuker, Manen und Gorter und einmal mit dem *Peter Brötzmann Trio*.

Neben den zahlreichen Aktivitäten in Westberlin versuchte die FMP auch, Tourneen und Club-Gastspiele von Free Jazz-Musiker:innen in Westdeutschland zu unterstützen und selbst Tourneen für einzelne Gruppen zu organisieren – auch wenn letzteres nur „ganz selten mal"[80] vorkam, wie Gebers in den Oral History-

79 Vgl. Gebers 1972, S. 6f.

80 Gebers, Interview mit dem Verfasser, 22.5.2015, Interview-ID 382. So berichtet Gebers 1971, dass er 1970 „sehr viel Publicity für die Tony Oxley Gruppe" in Westdeutschland gemacht hätte: „Wir wollten sie auf Tournee schicken, aber es wurde nichts daraus, weil es viele der Clubs, die wir anschrieben, nicht einmal für notwendig hielten zu antworten." (Gebers zit. nach Margull 1971, S. 212)

Interviews berichtet. Ebenso hat sich die FMP vorgenommen mehrtägige Veranstaltungen, die sich am *Workshop*-Konzept orientieren, in Westdeutschland durchzuführen.[81] So organisierte die FMP (allerdings erst im folgenden Jahr) vom 27. bis zum 29. März im seit 1971 bestehenden Kulturzentrum *Fabrik* im Hamburger Stadtteil Altona eine dreitägige Veranstaltung.[82] Mit dabei waren das *Peter Kowald Quintett*, die *Gunter Hampel Group* sowie das Trio *Brötzmann/Van Hove/Bennink*.

3-LPs-Box *FMP 0030/40/50*: *Brötzmann/Van Hove/Bennink plus Albert Mangelsdorff*, 1971–1972

Im Januar 1972 veröffentlicht die FMP ihre nächste Schallplattenproduktion: die 3-LPs-Box *FMP 0030/40/50: Brötzmann/Van Hove/Bennink plus Albert Mangelsdorff*. Da sich die FMP aufgrund ihrer limitierten Möglichkeiten für die Aufnahme kein Studio leisten konnte (was „viel zu teuer“[83] gewesen wäre), wurden die Aufnahmen beim *Free Music Market* am 28. und am 29. August 1971 im *Quartier Latin* mitgeschnitten. Wie Gebers über die Aufnahmesituation beim *Free Music Market* 1992 in der *Jazzthetik* berichtet, musste für die Aufnahme Equipment an-

81 So berichtet Gebers im Sommer 1971: „Wir haben jetzt ein paar Kontakte mit Westdeutschland, und da arrangieren wir Veranstaltungen, die dem Workshop in der Akademie gleichkommen, natürlich den örtlichen Gegebenheiten angepasst.“ (Gebers zit. nach Margull 1971, S. 212)

82 Vgl. N.N. 1972a, S. 63. Wie Schoof bei den Oral History-Interviews berichtet, wäre auch das 1972 von Burkhard Hennen gegründete *Internationale New Jazz Festival Moers* ohne die Unterstützung von Brötzmann und weiteren Kooperativen-Mitglieder kaum möglich gewesen (vgl. Schoof, Interview mit dem Verfasser, 20.4.2015, Interview-ID 121). Diese Sichtweise bestätigt auch Gebers in den Interviews: „Das waren die Wuppertaler: Brötzmann, Kowald und so was, die in der ganzen Anfangszeit auch die Programmgeschichten mit Hennen gemacht haben. Also ohne die hätte er das nie geschafft. Ich war nur einmal da, da haben wir da die Beschallung gemacht, kurz nachdem er begonnen hatte.“ (Gebers, Interview mit dem Verfasser, 22.5.2015, Interview-ID 374) Und auch Brötzmann berichtet: „Kowald und ich haben in den ersten sieben Jahren weitgehend das Programm zum Moers-Festival gemacht. Denn wir hatten die Kontakte zu den Musikern nach Holland, nach England und Amerika. Burkhard Hennen hätte es nie geschafft, die Musiker für relativ wenig Geld nach Moers zu bekommen. Er hatte Anfang der 70er Jahre in Moers den Jazz-Club ‚Die Röhre‘, wo Kowald und ich für 30 Mark am Abend aufgetreten sind. Hier entstand die Idee, ein Jazz-Festival ins Leben zu rufen. Auf einem Spaziergang durch den Schlosspark entdeckten wir den Schlosshof. Dort wurden ab 1972 die ersten vier Festivals unter freiem Himmel durchgeführt. Die Musiker haben wir eingeladen …“ (Brötzmann zit. nach Fränzel ^{2}2008, S. 133) Wie Müller (2022, S. 46) hinweist, seien so bis 1982 durchgängig Musiker:innen „aus dem erweiterten FMP-Kosmos“ in Moers vertreten gewesen.

83 Vgl. Gebers zit. nach Müller 1992.

gemietet werden, da die FMP über keine eigene Aufnahmetechnik verfügte. Im *Quartier Latin* sei dann ein bisschen Soundcheck gemacht worden:

> „alle haben mal reingehört. Während des Konzertes stand ich hinten und hab dem Mann am Mischpult ein paar Tipps gegeben. Hinterher haben wir uns das ganze Zeug angehört, geschnitten, und fertig war das. Nichts Ästhetik. Es war so, wie es war. Ich liebe diese Produktionen immer noch, weil sie in der Lage sind, etwas von der damaligen Konzertsituation, ohne PA und so weiter, da gab es vielleicht ein Mikrophon im Klavier, realistisch rüberzubringen. Man hörte eben, wie die Verhältnisse in solchen Gruppen waren, wie sich die Musiker akustische Lücken suche mussten, um überhaupt hörbar zu sein. Wenn Han explodierte, dann war natürlich sonst nichts mehr zu hören, aus."[84]

Die Veröffentlichung löste Anfang 1972 wahre Begeisterungsstürme aus. Im *Jazz Podium* wird die 3-LPs-Box im Februar 1972 *Platte des Monats*, Werner Panke feierte in *Sounds* das „Triple-Album" als „ein Furioso in sieben Sätzen"[85] und für Richard Williams vom britischen *Melody Maker* war das Konzert von Brötzmann, Van Hove, Bennink und Mangelsdorff „an experience not to be forgotten".[86] Zur *Platte des Monats* schrieb das *Jazz Podium*:

> „Diese Triple-LP, live (und gut) aufgenommen im letzten Jahr bei Konzerten des Free Music Market in Berlin, ist eine der schönsten Veröffentlichungen des Jazz, seitdem man ihn free nennt. Während uns von amerikanischen Avantgarde-Musikern so manch frustrierter Ego-Trip erreichte und man manchmal die Entwicklung des neuen Jazz mit Sorge betrachtete, ist Brötzmanns Musik immer weniger egoistisch, technisch raffinierter und musikalisch lustvoller geworden. Die Musik dieser Platten, zweifellos der besten, die Brötzmann je gemacht hat [...]. Das Repertoire an Klängen und Techniken, die Dichte und das Entwicklungstempo des Geschehens und der Witz dieser Musik haben nicht ihresgleichen. Die Spannung ist so groß, dass man nach Abhören der drei Platten von vorne anfangen möchte. [...] Wer in der letzten Zeit an Krankheit und Tod des Jazz zu glauben gelernt hat, der höre sich diese drei Platten an. Erhältlich ist das Album oder auch jede Platte einzeln bei der Free Music Production, Jost Gebers, 1000 Berlin 10, Mierendorffstraße 19, Tel. 3 41 32 90."[87]

Auch wenn Optik und Haptik der 3-LPs-Box (mit einem Originalposter von Brötzmann) in der Rezension keine Erwähnung finden, trugen diese sicher zum Urteil des Rezensenten bei (‚eine der schönsten Veröffentlichungen des Jazz', seitdem man ihn ‚free' nenne). Die Box stellt die erste der später als sog. *Special Editionen* bezeichneten Veröffentlichungen der FMP dar, mit denen die Kooperative in den nächsten Jahrzehnten immer wieder große Anerkennung beim Publikum und der Jazz-Kritik finden sollte. Zur ökonomischen Produktions- und Vertriebssituation berichtet Brötzmann im Sommer 1971 im *Jazz Podium* allerdings:

---

84 Ebd.

85 Panke 1972a, S. 36.

86 Williams 1972.

87 N.N. 1972b, S. 34.

„Die Plattenproduktionen werfen nicht so viel ab, dass man nun laufend weiterproduzieren könnte. Man möchte ja den Musikern auch etwas Geld in die Hand geben. Doch kosten Nachpressungen viel Geld, alle Kosten sind sehr hoch und die finanziellen Mittel reichen einfach nicht.“[88]

Dass die Produktionen nicht ‚so viel abwerfen‘, ist im Zusammenhang mit der Distributionssituation zu betrachten. Verkauft wurde im Wesentlichen bei den Konzerten (‚Plattenverkaufstisch‘) und per Postversand, wobei (wie die *Jazz Podium*-Rezension dokumentiert) die Jazz-Zeitschriften mit dem Abdruck der Bezugsadresse auch die Distributionsanstrengungen der Independent-Labels unterstützten. Aufgrund der unbefriedigenden Distributionssituation, die insofern auch in das Akteur-Netzwerk aufzunehmen ist, strebte die FMP mit anderen Musiker:innen- und Independent-Labels einen gemeinsamen Verbund an, um die kommerziellen Vertriebswege der Tonträgerunternehmen zu umgehen. Hinsichtlich des Aufbaus eines solchen Vertriebsnetzes gab es konkrete Ansätze. So fand kurz nach der Veröffentlichung der 3-LPs-Box, Anfang 1972 in Hamburg ein Treffen statt, bei dem nicht nur Ansätze für europäische Vertriebswege entwickelt werden sollten, sondern mit Hilfe von Carla Bley und Mike Mantler (die gerade dabei waren, den *New Music Distribution Service* zu gründen[89]) auch eine weltweite Distribution. So berichtet Gebers bei den Oral History-Interviews:

„Zu dieser Zeit gabs eine Geschichte von Mantler und Carla Bley, die in New York irgend so eine Vertriebsgeschichte aufbauen wollten. Und da haben wir uns dann Anfang des Jahres in Hamburg im Rundfunk getroffen. Alle Leute, die damals unabhängig so Platten produzierten in Europa. Manfred Eicher war dabei, dann Peter Bennink, der Bruder von Han, der sich damals um das ICP-Zeug kümmerte. Also von überall waren da Leute da.“[90]

Und bereits 1992 führte Gebers über das Hamburger Treffen mit Bley und Mantler und den europäischen Labels ECM, FMP, ICP, *Incus* und *Vogel* (eine belgische Firma, an der Van Hove beteiligt war) in der *Jazzthetik* aus:

„Wir wollten weltweit das Zeug auf Gegenseitigkeit vertreiben und das ist ganz schnell den Bach runtergegangen. Man kann nur in einem begrenzten Maße gegen den Kapitalismus, wie er damals existierte, anstinken, weil alle Partner in einer ähnlich schwachen Position waren. Die Amis, also Carla (Bley), oder Evan und Derek (Bailey), oder wir, wir standen alle schlecht da. Und wenn einer die Chance hat, seine Sache besser abzusichern, brechen die Leute aus diesem Verbund aus und machen ihren eigenen Kram unter besseren ökonomischen Bedingungen.“[91]

---

88 Brötzmann zit. nach Zimmerle 1971, S. 286.

89 Vgl. Kozinn 1990, S. 20.

90 Gebers, Interview mit dem Verfasser, 27.3.2015, Interview-ID 16.

91 Gebers zit. nach Müller 1992.

Jost Gebers und Alexander von Schlippenbach, Radio Bremen, Sendesaal, Aufnahmesession *Pakistani Pomade*, November 1972. (Foto: Dagmar Gebers, FMP-Publishing Archiv)

In den Oral History-Interviews liefert Gebers eine konkretere Antwort auf das Scheitern. So sei der geplante weltweite Vertrieb „gleich im Ansatz stecken geblieben".[92] Zunächst sei eine Verabredung getroffen worden, dass Bley und Mantler versuchen sollten, in den USA die europäischen LPs zu vertreiben. Die Produktionen seien dann auch ausgeliefert und nach New York geschickt worden. Allerdings sei das „ein Schuss in den Ofen gewesen": „Geld gabs nicht, denn angeblich sind die beklaut worden und … – na ja. Also, das war der Anfang – und sofort wieder das Ende!"[93]

92 Gebers, Interview mit dem Verfasser, 22.5.2015, Interview-ID 316.
93 Gebers, Interview mit dem Verfasser, 27.3.2015, Interview-ID 16.

4 Die Kollektiv-Zeit, 1972–1976

Die Gründung des Kollektivs, 1972

Ab Ende 1971/Anfang 1972 begann sich das Engagement der Kooperativen-Mitglieder zu verändern, bedingt von den zahlreichen von der FMP veranstalteten Reihen, Einzelkonzerten und *Specials* in Westberlin und von den vier seit der *European Echoes* veröffentlichten Brötzmann-Produktionen.[1] D.h. ausgehend von den gemachten Dinge und deren *agency* sowie von den weiteren diversen Entitäten des Akteur-Netzwerks wie u.a. der mangelnden Repräsentation, den beruflich-künstlerischen Karrieren der Akteur:innen und deren ökonomische Situation und der Perspektive einer unabhängigen Praxis. So berichtet Gebers bei den Oral History-Interviews, dass sich nun die Mitglieder der Kooperative wieder ‚mehr eingebracht' hätten:

> „Das änderte sich dann Anfang der 70er: also so Anfang '72. Also wir, d.h. Brötzmann und ich hatten dann ja weiter was gemacht. Es gab die *Balls* und es gab diesen dreier Set. Und das war dann der Punkt, an dem dann die anderen Musiker, Kowald und auch Alex und so was, sagten: ‚Lass uns doch da weiter machen.' – Ich interpretiere jetzt ein bisschen. Ungefähr so muss das gelaufen sein. Und da kamen dann auch diese Gespräche, dass wir das gemeinsam machen sollten: Und wenn schon, dann so."[2]

Vorbote dieser Entwicklung war ein von der FMP am 11. und 12. Januar 1972 in der in der *Akademie der Künste* veranstaltetes Konzert mit der Gruppe des Kooperativen-Mitglieds Kowald (Locht: as; Christmann: tb; Rutherford: tb; Kowald: b, tba, alp; Lovens: perc) und der *Rüdiger Carl Inc.* (Carl: ts; Christmann: tb; Schönenberg: perc), die seit dem 2. *Total Music Meeting* (T.M.M.) 1969 kontinuierlich bei den FMP-Live-Reihen sowie den *Free Music*-Einzelkonzerten vertreten war. Wie bereits auf den FMP-Veranstaltungs-Flyern angekündigt: „The Concerts will be recorded for FMP 0060 + 0070"[3], wurden die Konzerte mitgeschnitten und bereits Ende Februar 1972 als *FMP 0060: King Alcohol (New Version)* der Rüdiger Carl Inc. und *FMP 0070: Peter Kowald Quintet* veröffentlicht. Und auch hinsichtlich der Live-Projekte, die die FMP in den vorherigen Jahren kontinuierlich durchgeführt hat, forcierte und intensivierte die FMP nun ihre Aktivitäten. So veranstaltete die FMP noch unmittelbar vor dem Oster-*Workshop Freie Musik* (W.F.M.) 1972 in der *Akademie der Künste* mit: Bailey (g), dem *Mengelberg/Bennink Duo* (Mengelberg: p; Bennink: dr), *Iskra 1903* (Rutherford: tb; Bailey: g; Kowald: b), dem *Alexander von Schlippenbach Trio* (Parker: ss, ts; Schlippen-

1 Hierbei handelte es sich um *Balls* (FMP 0020) sowie um die drei LPs der Box *Brötzmann/Van Hove/Bennink plus Albert Mangelsdorff*, die auch als einzelne LPs veröffentlicht wurden: *Elements* (FMP 0030), *Couscouss de la Mauresque* (FMP 0040) und *The End* (FMP 0050).

2 Gebers, Interview mit dem Verfasser, 22.5.2015, Interview-ID 339.

3 FMP 1972a.

bach: p; Lovens: dr), der *Frank Wright Unit* (Wright: ts; Few: p; Silva: b; Ali: dr), dem Quartett *Brötzmann/Van Hove/Bennink + Mangelsdorff* (Brötzmann: reeds; Mangelsdorff: tb; Van Hove: p; Bennink: dr), dem *Peter Kowald Quintet* (Locht: as; Christmann: tb; Rutherford: tb; Kowald: b, tba; Lovens: dr), dem *Willem Breuker Orchestra* (Breuker: reeds; (Peter) Bennink: reeds, bag; Wit: reeds; Manen: tb; Bois: p, org; Cuypers: p, dr; Boer: vla; Altena: b; Waisvisz: syn) sowie der zehnköpfigen *Fred Van Hove Group* (Locht: reeds; (Peter) Bennink: reeds; Brötzmann: reeds; Parker: ss, ts; Christmann: tb; Mangelsdorff: tb; Rutherford: tb; Van Hove: p; Mengelberg: p; Kowald: tba) ein *Free Concert* im Rathaus Charlottenburg. Auch das *Free Concert* im Rathaus Charlottenburg stützte sich auf eine Allianz. So fand das *Free Concert* in Kooperation mit der Stadt Berlin bzw. der *Jugendpflege Charlottenburg* statt. Bestritten wurde das Konzert am Freitag, den 24. März im 3. Stock des Rathauses von einem Quintett des Kooperativen-Mitglieds Schlippenbach (Parker: ss, ts; Christmann: tb; Schlippenbach: p; Niebergall: b; Lovens: dr) und markiert den Auftakt der bis 1995 existierenden, geförderten Konzertreihe mit unregelmäßig übers Jahr verteilen *Free Concerts* (die insgesamt knapp 50 Mal durchgeführt werden sollte). Über die Reihe berichtet Gebers bei den Interviews:

> „Das war eine ganze Reihe. Da war es so: In diesem Bezirk war ich ja beschäftigt. Und Anfang der siebziger Jahre hatte ich da einen Stadtrat, also den politischen Typen und die Referentin von ihm, motivieren können, dass wir mal sowas probieren. Und ich habe erklärt, das ist schwierige Musik. Und das wäre doch gut, sowas umsonst zu machen, dass jeder sich mal einen Eindruck machen kann, ohne dass er bezahlen muss und so weiter. Und das lief dann gut – und die waren begeistert."[4]

Zwischen dem Oster-*Workshop* 1972 und dem *Free Concert* im Charlottenburger Rathaus führte die FMP zudem das (im vorherigen Kapitel bereits erwähnte) *Free Music*-Festival in der *Fabrik* in Hamburg-Altona (27. bis 29. März) mit dem *Peter Kowald Quintet*, der *Gunter Hampel Group* und dem *Brötzmann/Van Hove/Bennink*-Trio durch. Und unmittelbar vor dem W.F.M. (5. bis 8. April) fand ebenfalls in der *Akademie der Künste* das während des W.F.M. 1971 begonnene Vorhaben, „mit Kindern ohne musikalische Vorbildung zu musizieren"[5], seine Fortsetzung. Im Rahmen der von der *Akademie* initiierten kunstpädagogischen Reihe *Kinder und Künste* sollte versucht werden, „unter besseren Bedingungen" (d.h. „mit einer begrenzten Gruppe von Kindern" und „über einen Zeitraum von vier Tagen in der großen Ausstellungshalle" der *Akademie*) die Erfahrungen des Vorjahres zu erweitern, um so „zu besseren Ergebnissen zu gelangen"[6], wie Brötzmann und Gebers 1972 erläutern. Denn 1971 habe das Projekt ein Versuch bleiben müssen, da weder die *Akademie* noch die Initiator:innen „mit so großem Interesse bei El-

4 Gebers, Interview mit dem Verfasser, 22.5.2015, Interview-ID 319.

5 Brötzmann/Gebers 1972.

6 Ebd.

tern und Kindern gerechnet“[7] hätten. Statt mit maximal 150–200 Kinder, für die Brötzmann und Gebers „Instrumentarium aller Art bereitgestellt“ hatten, waren sie „plötzlich mit 1000–1500 Besuchern konfrontiert“.[8] Das Ergebnis ist auf der 1972 erschienenen ersten FMP-Vinyl-(Doppel–)Single mit dem Titel *Free Jazz und Kinder* (FMP S 1/2) mit dem *Brötzmann/Van Hove/Bennink*-Trio und fünfzehn Kindern dokumentiert. Die weitere Entwicklung hin zur Gründung eines Kollektivs schildert Gebers bei den Oral History-Interviews wie folgt:

> „Und dann haben die ja gesehen, dass wir richtig was gemacht haben: Vier Platten mit Brötzmann, eine mit Kowald [Kowald], eine mit Rüdiger Carl. Und dann haben sie gesagt: ‚Setzen wir uns zusammen. Und machen das jetzt einfach mal richtig!‘ Und dann gabs den Gesellschaftervertrag und richtig dieses Papier.“[9]
> „Und in dieser Phase kam dann auch die Überlegung, die bestehenden Produktionen: also die drei LPs: *Sax* [*For Adolphe Sax*], *Machine Gun* und *Living Music* dann auch mit in den Katalog mitaufzunehmen. Und ich meine, Brötzmann hatte bis dahin ein paar hundert Stück unter die Leute gebracht. Mehr war nicht. Und dann war die *Machine Gun* ein Renner!“[10]

Bedingt durch das Akteur-Netzwerk und dessen neue Entitäten bzw. der *agency* von Carls LP *King Alcohol* (FMP 0060) und Kowalds LP *Peter Kowald Quintet* (FMP 0070) setzten sich Gebers, Brötzmann, Kowald, Schlippenbach und Schönenberg im Sommer 1972 zusammen, um eine neue Struktur der Kooperative zu entwickeln. Auch Schlippenbach berichtet bei den Oral History-Interviews über seine Sicht auf die Entwicklung der Kooperative, der von Beginn an der FMP angehört und auch in der Zeit von Anfang 1970 bis Anfang 1972 bei deren zahlreichen Live-Aktivitäten teilgenommen hatte:

> „Und dann bestand natürlich auch die Notwendigkeit oder das Bestreben, das Ganze ein bisschen besser zu organisieren und auf eine Art professionelle Organisation hinzuarbeiten. Was bedeutete, eine gewisse Koordination bei Konzertreihen, die wir aufbauten wollten; dann die Plattenproduktion, die LPs: war natürlich ganz wichtig; und auch ansonsten Öffentlichkeitsarbeit und auch das Image von FMP. So wurde zu der Zeit ganz entschieden und auch recht optimistisch und ganz erfolgreich begonnen. Und das ging dann doch eine erhebliche Zeit ganz gut weiter. Also das war eine sehr wichtige, produktive Zeit.“[11]

Über den Sommer wurde ein Vertrag erarbeitet und schließlich von Gebers Ende August fertiggestellt. Dieser Gesellschaftervertrag markiert den „Beginn einer kollektiven Führung“[12] der FMP. Insofern ist auch die Gründung des Kollektivs

7 Ebd.
8 Ebd.
9 Gebers, Telefon-Interview mit dem Verfasser, 4.5.2017, Interview-ID 606.
10 Gebers, Interview mit dem Verfasser, 22.5.2015, Interview-ID 339.
11 Schlippenbach, Interview mit dem Verfasser, 11.5.2015, Interview-ID 399.
12 FMP-Publishing 2016b.

und der Gesellschaftervertrag in das Akteur-Netzwerk mitaufzunehmen. Im Gesellschaftervertrag wird die Kooperative als „eine Cooperative von Jazzmusikern auf Gesellschafterbasis“[13] definiert. Gesellschafter der Kooperative sind Brötzmann, Gebers, Kowald, Schlippenbach und Schönenberg. Gebers soll als Geschäftsführer die FMP vertreten. Die Aufgaben der FMP lauten:

> „Produktion, Verkauf, Vertrieb von Schallplatten
> Promotion für Schallplatten
> Planung und Organisation von Konzerten, Workshops, Tourneen
> Öffentlichkeitsarbeit“[14]

Des Weiteren wurde im Vertrag festgehalten, wie die Gewinne bei den Schallplattenproduktionen und bei den Konzert-Veranstaltungen, Workshops und Tourneen ermittelt und wie diese und andere Einnahmen (durch Mitschnitthonorare, Lizenzen usw.) zwischen dem Kollektiv und den jeweils beteiligten Musiker:innen aufgeteilt werden sollten. Um dem kooperativen Anspruch gerecht zu werden, wurde zum einen versucht, ein möglichst transparentes Abrechnungsmodell zu entwickeln. Und zum anderen wurde fixiert, dass bei Gewinnen die Musiker:innen möglichst maximal zu beteiligen seien – ohne dabei jedoch die Notwendigkeit der Finanzierung der Kooperative aus dem Blick zu verlieren. So wurde bezüglich der Abrechnung von Konzerten, Workshops und Tourneen festgehalten:

> „FMP-Veranstaltungen, die nicht oder nur teilsubventioniert sind, werden wie folgt abgerechnet:
> Gesamteinnahmen abzüglich Organisationskosten (Werbung, Miete, Versicherung usw.) = Gewinn I abzüglich 10% Organisationshonorar = Gewinn II geteilt durch Anzahl der mitwirkenden Musiker oder nach Absprache mit allen Beteiligten.
> Vollsubventionierte Veranstaltungen werden nach Abzug von 10% Organisationshonorar mit den Mitwirkenden durch Verträge geregelt. Nichtmitglieder zahlen von ihren Honoraren 10% Provisionsanteil an FMP.“[15]

Bei den Schallplattenproduktionen sollten die „Gewinne“, d.h. „Einnahmen nach Abzug der Produktionskosten“ nach „Abzug von 40% FMP-Anteil an die entsprechenden Musiker ausgezahlt“[16] werden. Auch die Entscheidungskompetenzen bezüglich neuer Produktionen sowie die Aufnahme von Mitgliedern wurde im Gesellschaftervertrag festgehalten. Bei neuen Produktionen sollten die Gesellschafter per Mehrheitsbeschluss entscheiden. Bei Nachpressungen soll die Nachfrage ausschlaggebend sein. Und über die Aufnahme von interessierten Gruppen und Solist:innen sollten ebenfalls die Gesellschafter per Mehrheitsbeschluss entscheiden. Sowohl mit den Gesellschaftern (und deren Gruppen) als auch mit den

13 FMP 1972b, S. 1.
14 Ebd.
15 Ebd., S. 2.
16 Ebd., S. 1.

anderen Mitgliedern sollen laut Gesellschaftervertrag Mitgliederverträge abgeschlossen werden. Im Spätsommer 1972 wurde dann der Vertrag von den zukünftigen Gesellschaftern unterzeichnet. Zum 1. Oktober 1972 trat dieser in Kraft: Bis Anfang 1976 sollte die FMP so von einem Kollektiv geleitet werden.

„Der große Skandal mit dem *Jazzfest*"[17], 1972

Im Spätsommer 1972, also unmittelbar in der Phase der Neukonstituierung der FMP eskalierte dann (erneut) der Konflikt zwischen dem T.M.M. bzw. der FMP und den *Berliner Jazztagen*.[18] So berichtet Gebers bei den Oral History-Interviews:

> „Dann gabs den großen Skandal mit dem *Jazzfest*. Das war '72: Also der Berendt war ja immer ein bisschen umstritten. Und irgendwie hat der sich dann zurückgezogen, weil der Druck dann doch ganz erheblich war, und es wurde der neue künstlerische Leiter George Gruntz installiert. Schulte-Bahrenberg als Organisator blieb.
> Und in diesem Jahr müssen wir in Frankfurt beim *Jazzfestival* irgend so eine Aktion gemacht haben. Da gings darum, dass wir öffentliches Geld fürs *Total Music Meeting* kriegen wollten: so 'ne Petition. Und die haben dann ganz viele Musiker, die in Frankfurt waren, unterschrieben. Wobei zu sagen ist: Nicht nur aus unserem Umfeld, sondern alle möglichen: also von Dauner bis zu Jean-Luc Ponty. Die Petition wurde dann bei der Berliner Kulturverwaltung eingereicht. Und da saß nun leider ein Mensch, ein Amateurcellospieler, der hat das gleich immer alles dem Schulte-Bahrenberg gesteckt. Die waren befreundet, was keiner wusste. Und da war dann folgende Situation, dass Gruntz im Vorfeld seiner ersten Aktivitäten als künstlerischer Leiter beim *Jazzfest* ein Interview gegeben hat. Und in diesem Interview hat er dann leichtsinnigerweise von irgendwelchen Spinnern gesprochen, die da in Frankfurt so eine Petition erstellt haben und so: also der nächste Skandal!
> Und dann musste er zu irgend so einer Pressekonferenz kommen in die *Akademie*, wo wir das *Total Music Meeting* '72 machten, und sich rechtfertigen. Das Pressegespräch in der *Akademie* war dann morgens um 10 Uhr. D.h. die kamen aus der Badewanne – Gruntz und Schulte-Bahrenberg – und wir kamen aus der nächsten Kneipe, noch halb besoffen: Brötzmann, ich glaube, Kowald war in diesem Fall noch dabei, und ich. Und, naja, es wurde also ein riesen Palaver gemacht. Gruntz rechtfertigte das lachhaft als missglückt, weil es bei einer Käseplatte und Rotwein passiert ist. Absurd das ganze Ding. Der wusste gar nicht, wer das von seinen Kollegen alles war, die da unterschrieben hatten. Das Ergebnis weiß ich überhaupt nicht mehr. Es war dann aber so, dass uns Schulte-Bahrenberg persönlich mal 5.000 Mark fürs *Total Music Meeting* gab, und zwar für die Jahre – also '72 noch nicht – ab '73, '74 und '75 damit wir ruhig sind. Ungefähr so: ‚Haltet die Klappe. Hier kriegt ihr 5.000 Mark. Macht mal euren Scheiß!'"[19]

Gebers' Darstellung ist nicht allein aufgrund seiner Charakterisierungen bzw. seiner Zuschreibungen und der Selbstpositionierung interessant, mit denen er das

---

17 Gebers, Interview mit dem Verfasser, 27.3.2015, Interview-ID 22.

18 Vgl. Kapitel *3.3.1 Veranstaltungsreihen*.

19 Gebers, Interview mit dem Verfasser, 27.3.2015, Interview-ID 22.

Jazz-Establishment (‚kamen aus der Badewanne', ‚riesen Palaver') und die gegenkulturellen Musiker (‚kamen aus der nächsten Kneipe': also ‚stinkend' – und wollten ja auch ‚anstinken') einander gegenüberstellt, sondern auch deshalb, weil der (von den Organisatoren der *Jazztage* angegebene) Grund für den ‚großen Skandal' in seiner Narration keine Erwähnung findet. Die Äußerungen von Gruntz, von denen Gebers in der Interviewpassage berichtet, fielen in einem Interview mit dem *Jazz Podium* im Spätsommer 1972. Gruntz' Äußerungen fanden jedoch auch über die Jazzszene hinaus mediale Beachtung, weil in einem Beitrag des *Spiegel* von Anfang Oktober 1972 über das „Finanzgebaren der Festival-Organisatoren" der *Berliner Jazztage* und deren Machtposition „im Jazz-Business"[20] das *Jazz Podium*-Interview mit Gruntz teilweise berücksichtigt wurde. So berichtete der *Spiegel* unter dem Titel *Affären: Etwas abgezapft*:

> „Als etwa im April dieses Jahres eine Gruppe namhafter europäischer Free-Jazz-Musiker, die sich von den Jazztage-Organisatoren aus kommerziellen Gründen vernachlässigt glaubte, bei den ARD-Sendern um Subvention eines Gegenfestivals einkam, reagierte das Veranstalter-Trio mit einer Strafmaßnahme: ‚Man sollte nicht versuchen', so Gruntz, ‚hinter unserem Rücken irgendwie etwas abzuzapfen. Jetzt wird der Hahn hier auch zugemacht.' Das soll wohl bedeuten: Musiker, die diese Petition unterschrieben haben, werden bei den künftigen Jazztagen ignoriert. Wer engagiert wird, muss sich schon heute vertraglich verpflichten, nicht etwa umsonst auch bei Veranstaltungen des Gegenfestivals zu musizieren."[21]

Ist im *Spiegel*-Beitrag der Grund für den Ärger der Organisatoren der *Jazztage* zu erahnen, schafft der Text der FMP-Petition Klarheit, der im Rahmen einer Replik von Gebers (und der FMP) auf die Äußerungen von Gruntz im *Jazz Podium* vom November 1972 veröffentlicht wurde. Dort heißt es:

> „Von 1968 bis 1970 fand parallel zu den offiziellen Berliner Jazztagen ein unkommerzielles, von den Musikern organisiertes Treffen europäischer Jazzgruppen statt (‚Total Music Meeting'), für das weder Geld noch Publikationsmittel zur Verfügung standen. Dieses Treffen sollte 1971 in die offiziellen Veranstaltungen integriert werden. Die Vorschau auf die Berliner Jazztage 1971 verhieß eine ‚Now Music Night', die angeblich von einem Kollektiv der beteiligten Musiker organisiert werden sollte. Dies entsprach nicht den Tatsachen. […]
> Die tatsächlich von Musikern organisierten ‚Total Music Meetings' sowie darüber hinaus von ihnen veranstalteten Konzerte (z.B. in der Akademie der Künste, Berlin) fanden auch in der internationalen Fachpresse große Resonanz. Das Mißverhältnis zwischen dem Erfolg dieser Veranstaltungen und den finanziellen Bedingungen, unter denen sie stattfinden mußten, veranlaßt uns, die ARD um Zuwendung eines Teilbetrages ihrer doch erheblichen Subventionen für die Berliner Jazztage zu bitten. Nach unseren Kalkulationen könnte mit einer Unterstützung von DM 60 000 bei vergleichsweise humanen Eintrittspreisen während der Dauer der Berliner Jazztage eine Veranstaltungsreihe

20 N.N. 1972c, S. 200f.

21 Ebd.

durchgeführt werden, die diesen durchaus ebenbürtig wäre. Sie würde von einem Musikergremium organisiert, das noch zu wählen wäre, und stände der ARD zu den gleichen Bedingungen zur Verfügung, zu denen auch die offiziellen Jazztage aufgenommen und subventioniert werden. Die Unterzeichnenden unterstützen dieses Konzept."[22]

Unterschrieben haben die Petition u.a. Han Bennink, Cornelius Cardew, Lou Gare, Toto Blanke, Rüdiger Carl, Fred Van Hove, Peter Brötzmann, Günter Christmann, Jasper van't Hof, Sigi Busch, Pierre Courbois, Peter Kowald, Joachim Kühn, Paul Lovens, Albert Mangelsdorff, Buschi Niebergall, Evan Parker, Jean-Luc Ponty, Eddie Prevost, Alexander von Schlippenbach, Irène Schweizer und Detlef Schönenberg[23] – also keineswegs ausschließlich Musiker:innen aus dem FMP-Umfeld. Nachdem 1971 der Versuch einer Integration des T.M.M. in das offizielle Programm der *Jazztage* gescheitert war, fordert die FMP jetzt direkt von der ARD eine finanzielle Unterstützung zur Durchführung des T.M.M. – und zwar aus dem von der ARD für die *Berliner Jazztage* vorgesehenen Budget. Hierzu bemerkt die FMP, dass es sich bei den ARD-Zuwendungen an die *Berliner Jazztage* doch um ‚erhebliche Subventionen' handele. Obwohl die Petition kurz nach dem *Deutschen Jazz Festival* 1972 in Frankfurt (24. bis 26. April 1972) der ARD übergeben wurde und der Inhalt Gruntz schon einige Monate bekannt gewesen sein dürfte (so gab es in der Zwischenzeit auch bereits mehrfach Austausch mit der ARD), bringt Gruntz der „Angriff"[24] der FMP auf die *Jazztage* bei seinem *Jazz Podium*-Interview mit Johannes Anders im Spätsommer 1972 immer noch in Rage, wie der nachfolgende Auszug dokumentiert:

„*Gruntz:* ‚Ich weiß nicht, ob Sie davon gehört haben, ausgerechnet jetzt, im ersten Jahr meiner Mitverantwortung, randalieren Typen, daß sie nicht dabei sind (eine Gruppe deutscher und europäischer Free-Jazz-Musiker, JA). '

Anders: ‚Schon bei den bisherigen Jazztagen kam es, dieses Thema betreffend, immer wieder zu Streit und Diskussionen, es wurden Gegenfestivals veranstaltet, z.B. die Total Music Night ...'

Gruntz: ‚Das ging also ganz zünftig in die Hose insofern, als Berendt bis jetzt die Gegenfestivals unterstützt hat, er hat z.B. Musikern ohne weiteres das Recht eingeräumt, obwohl die Kosten von Fahrt und Flügen von Berlin bezahlt wurden, noch zu den Gegenfestivals zu gehen und zu jammen, für nichts. Dieses Jahr steht nun in allen Verträgen von Leuten, die für ein Gegenfestival in Frage kommen, daß sie nicht an diesem Gegenfestival spielen sollen.'

Anders: ‚Nicht sollen oder nicht dürfen?'

Gruntz: ‚Dürfen. Denn die haben einen großen Fehler gemacht, indem sie die Berliner Jazztage bei der ARD (Arbeitsgemeinschaft der Rundfunkanstalten Deutschlands, Träger des Hauptteils der finanziellen Ausgaben und entsprechende Mitwirkung bei der

22 Gebers 1972, S. 6.

23 Vgl. ebd., vgl. FMP 1972c.

24 Gruntz zit. nach Anders 1972, S. 22.

Programmgestaltung, JA) angegriffen haben, um zu Geld zu kommen, und das ging fürchterlich in die Hose. Die ARD hat da nicht mitgemacht und fand das auch nicht gut. […]

Und jetzt ausgerechnet kommt diese Sache, die übrigens von 10 europäischen Free Jazzern unterschrieben war. Das ist einfach eine unangenehme Sache, und ich hätte lieber, das wäre nicht gewesen. Ich finde das schade, hätte man mich doch angerufen, dann hätte man doch darüber reden können. Jetzt ist einfach alles total verbaut. Die ARD hat kategorisch abgelehnt, daß dafür oder für ein Gegenfestival Geld ausgegeben wird und auch die Organisationsleitung der Jazztage lehnt das jetzt kategorisch ab, denn die ganze Sache wird als etwas empfunden, das man nicht tun sollte. Man sollte nicht versuchen, hinter unserem Rücken irgendwie etwas abzuzapfen, denn es stand in diesem Brief eindeutig, die kriegen zuviel, gebt denen weniger und uns dafür etwas. Also jetzt wird der Hahn hier auch zugemacht – es ist schade, so intolerant, so unprogressiv und paßt überhaupt nicht zu einer kompetenten heutigen Einstellung.‘

Anders: ‚Ist es aber nicht doch so, daß der Free Jazz bei den Berliner Jazztagen nie eine große Rolle spielte?‘

Gruntz: ‚Das ist nicht wahr, das ist nicht wahr!‘“[25]

Aufgrund von Gruntz’ Aussagen verfasst Gebers eine Replik im *Jazz Podium.* In dieser führt er aus, dass einige Äußerungen von Gruntz hinsichtlich der Aktivitäten europäischer Free Jazz-Musiker:innen und deren Organisationen einer Ergänzung bzw. einer Richtigstellung bedürften. Denn die Aussagen von Gruntz könnten nur beurteilt werden, wenn man die Fakten und Hintergründe kenne. Bevor Gebers versucht, diese darzustellen, polemisiert er jedoch gegen Gruntz:

„Zuvor aber eine Frage an den Musiker Gruntz: Hält er wirklich über jeden Verdacht erhabene Musiker, wie z.B. Joachim Kühn, Evan Parker, Albert Mangelsdorff, Jean-Luc Ponty oder Peter Brötzmann – also seine Kollegen – für ‚so intolerant, so unprogressiv, so inkompetent‘, hält er seine Kollegen für ‚Typen, die randalieren, weil sie nicht dabei sind‘? Diese mehr als unqualifizierten, abwertenden Bemerkungen zeigen, daß sich George Gruntz keinesfalls mit den Forderungen der Musiker auseinandergesetzt hat.“[26]

In seiner Richtigstellung versucht Gebers insofern die ‚Fakten‘ zu liefern, als er zunächst den Petitionstext an die ARD wiedergibt und im Anschluss alle FMP-Veranstaltungen in Westberlin von November 1968 bis November 1972 auflistet. Diese Auflistung ist jeweils mit der Anzahl der Musiker:innen versehen, die (aus

25 Anders 1972, S. 22f.

26 Gebers 1972, S. 6. Auch der Schluss von Gebers’ Replik fällt recht polemisch aus: „Hier bleibt nur noch zu sagen: wir werden in jedem Fall weiter um Mitbestimmung und Demokratisierung innerhalb unserer musikalischen Bereiche bemüht sein und bei jedem von uns produzierten Programm Unterschriften von Musikern, Produzenten, Redakteuren und Hörern, die unsere Forderungen unterstützen, sammeln. Unklar bleibt letztlich nur, wie sich ein Mann in der Position von George Gruntz, scheinbar ohne Kenntnis der Zusammenhänge, in der Öffentlichkeit derart exponieren konnte?!“ (Ebd., S. 7)

Gebers' Sicht) sowohl bei den FMP-Konzerten als auch im offiziellen (und subventionierten) Programm der *Berliner Jazztage* oder bei *Jazz in the Garden* aufgetreten waren.[27] Ausgehend von diesen „Fakten wäre es wünschenswert", wie Gebers fortfährt, wenn auch „die Stellungnahme" von Gruntz und Berendt veröffentlicht werden könnte, die diese für die ARD-Programmchefs als Reaktion auf die Petition der FMP verfasst hätten. Denn „damit wäre von unserer Seite jeder Kommentar überflüssig".[28] Hatte Berendt an seinen Nachfolger die Hoffnung geknüpft, als ein „Mann der jüngeren Generation" nicht „so sehr in der Schußlinie"[29] zu stehen wie er, provoziert sein Nachfolger in seinem ersten *Jazz Podium*-Interview (in dem Gruntz eigentlich einen Ausblick auf die nahenden *Jazztage* 1972 gegeben sollte) den ‚nächsten Skandal'. So bricht unmittelbar vor den *Berliner Jazztagen '72* die Konfrontation zwischen diesen und dem T.M.M. bzw. der FMP wieder offen aus. Gruntz, Berendt und Schulte-Bahrenberg müssen sich schließlich im Vorfeld des T.M.M. 1972 bei einer Pressekonferenz in der *Akademie der Künste* erklären.[30] Und um bei der neuerlichen Eskalation des Konflikts zu vermeiden, dass wieder ‚viele Leute' das Gegenfestival ‚in die falsche Kehle' bekommen könnten, verfasste die FMP ein (nicht mehr erhaltenes) „Arbeitspapier"[31], in dem sie ihre Kritikintention explizierte. In diesem unterstreicht sie, dass die Veranstaltungsreihe in der *Akademie der Künste* ausschließlich gegen die Form der *Jazztage*, die Form der Produktion, der Organisation und Präsentation opponiere – und keinesfalls gegen die musikalischen Inhalte.[32] Auch wenn sich Gebers und die FMP gegenüber anderen Musiker:innen und musikalischen Positionen solidarischer zeigen als gegenüber den Organisatoren der *Jazztage*, übersehen sie bei ihrer Argumentation, dass

27 Vgl. auch Kapitel *1.9 Das Total Music Meeting '68 gegen die Berliner Jazz Tage '68, Herbst 1968.*

28 Ebd.

29 Berendt zit. nach N.N. 1972c, S. 200.

30 Gebers berichtet bei den Oral History-Interviews, dass Ulrich Eckhardt, der Intendant der *Berliner Festspiele* GmbH (1973 bis 2000), die auch die *Berliner Jazztage* veranstaltete, ihm „angeboten" habe, „die Leitung des *Jazzfestes* zu übernehmen. Ich weiß nicht, wann das genau war – aber das ist definitiv noch in der Zeit gewesen, wo wir auf Kollektive bauten. Und da habe ich gesagt: ‚Ja also, ich müsste drüber nachdenken und so. Aber so, wie er sich das vorstellt, würde ich das nicht machen wollen. Denn da müsste Schoof dabei sein und sonst was: eine Gruppe, ein Kollektiv und so.' Deshalb ist das dann geplatzt. Das muss irgendwie Anfang der Siebzigerjahre gewesen sein, als Berendt auf dem absteigenden Ast war – und dann haben sie sich für Gruntz entschieden. Und da gabs dann ja auch nach wie vor dann Animositäten zu Schulte-Bahrenberg, der der Organisator dieser ganzen Geschichte damals war. […] Im Hintergrund stand natürlich auch die Frage, was mit dem *Total Music Meeting* passieren würde, was ja zu dieser Zeit schon lief. Und das war dann ein Konglomerat von Scheiße die Überlegung. Und dann ist es sowieso geplatzt." (Gebers, Interview mit dem Verfasser, 22.5.2015, Interview-ID 307)

31 Burde 1972.

32 Vgl. ebd.

das von ihnen vertretene antikommerzielle Narrativ tendenziell eine Abwertung (bestimmter) musikalischer Inhalte impliziert. Denn eine rein kommerziell konzipierte Programmgestaltung benötigt auch immer Gruppen und Musiker:innen, die den kommerziellen Erfolg garantieren können. Kommerzieller Erfolg wird so zu einem Stigma. Denn kommerziell bedeute in dieser Lesart immer künstlerisch minderwertig.[33] Dass Gebers und die FMP in der Auseinandersetzung mit den *Jazztagen* keinerlei solidarische oder kollegiale Perspektive einnehmen und die gesamte Form der *Jazztage*, d.h. deren Produktions-, Organisations- und Präsentationsformen insgesamt ablehnen, verweist auf das bestehende Akteur-Netzwerks und wird von dessen Entitäten bedingt wie u.a. der gescheiterten Kooperation aus dem Vorjahr und der dadurch (erneut gestärkten) transformierten Positionierung der Akteur:innen (hinsichtlich ihrer Zusammenarbeit mit dem Jazz-Establishment), der mangelnden Repräsentation, dem antikommerziellen Narrativ, der praktizierten Perspektive einer von den Akteur:innen getragenen (vom kritisierten Jazz-Establishment) unabhängigen Praxis, der ökonomischen Situation der Akteur:innen und der Gründung des Kollektivs sowie der Neustrukturierung (Gesellschaftervertrag) etc.

Programm und Positionierung der ‚Cooperative von Jazzmusikern auf Gesellschafterbasis', 1972

Neben dem Gesellschaftervertrag verständigte sich das FMP-Kollektiv im Sommer 1972 auch auf ein gemeinsames Selbstverständnis. Der in Programmheften und Presseinformationen neben Besetzungsangaben, Kurzbiografien, Diskografien etc. oftmals publiziert Text lautete:

> „Die FREE MUSIC PRODUCTION ist eine Non-Profit Organisation, deren Ziel es ist, zeitgenössischen Jazzmusikern und Komponisten von der kommerziellen Musikindustrie unabhängige Arbeitsmöglichkeiten zu schaffen und durch geeignete Präsentation dem Hörer einen informativen Überblick über die neue Jazzmusik zu ermöglichen. Alle Erträge der Schallplattenproduktionen und Konzerte werden für weitere Projekte verwendet. Als deutsche Organisation entspricht die FREE MUSIC PRODUCTION ähnlichen Organisationen des Auslandes (INSTANT COMPOSER POOL – Holland, INCUS – England)."[34]

Mit ihrer Selbstverständnis-Erklärung expliziert die FMP, was sie unter einer ‚Cooperative von Jazzmusikern' versteht. Zuvorderst bezeichnet sie sich als eine ‚Non-Profit Organisation', womit sie ihre kooperative und ökonomische Positionierung unterstreicht – und sich von jeglichen kommerziellen Unternehmungen distan-

33 Vgl. Pfleiderer 2019, S. 285f., DeVeaux 1991 sowie Kapitel *1.9 Das Total Music Meeting '68 gegen die Berliner Jazz Tage '68, Herbst 1968*.

34 FMP 1972d.

ziert. Zudem verpflichtet sie sich dazu, alle Erträge der Schallplattenproduktionen und Konzerte für weitere Projekte zu verwenden, womit sie abermals ihr antikommerzielles Narrativ exponiert und jegliche Form von Kommerzialismus von sich weist. Als konkrete Ziele der Kooperative fixierte die FMP, zum einen zeitgenössischen Jazzmusiker:innen und Komponist:innen von der kommerziellen Musikindustrie unabhängige Arbeitsmöglichkeiten zu schaffen. Und zum anderen soll durch die geeignete Präsentation den Hörer:innen ein informativer Überblick über die neue Jazzmusik ermöglicht werden. Es zeigt sich, dass die FMP ihre musikalische Ausrichtung programmatisch noch keineswegs auf „europäische, freie, akustische Musik"[35] fixiert hatte, wie es 1981 im vielzitierten, ersten Selbstverständigungstext über die FMP-Geschichte von Forst heißen sollte. Perspektiviert wurde vielmehr zeitgenössische, neue Jazzmusik. Und abschließend reklamiert die FMP mit dem Hinweis, dass sie als deutsche Organisation ähnlichen Organisationen des Auslands entspreche, einen nationalen Zuständigkeitsbereich. Die Selbstverständnis-Erklärung der FMP – oder auch *mission statement*[36] – verweist auf die Entitäten des Akteur-Netzwerks, wobei die Gründung des Kollektivs und der Gesellschaftervertrag wie auch die Selbstverständnis-Erklärung selbst als neue Entitäten des Akteur-Netzwerks zu berücksichtigen sind.

Ab Herbst 1972 werden die unabhängige, antikommerzielle Positionierung und Praxis der FMP, die bereits mit dem Beginn der Plattenproduktion konstituiert und mit der Selbstverständnis-Erklärung untermauert wurden, durch einen (bei der FMP) neu eingeführten Begriff unterstrichen: dem Begriff der ‚Alternative'. Dieser betitelt in Großbuchstaben den Programmflyer des T.M.M. 1972. Ab 1973 findet er sich auch auf den Plakaten des T.M.M. Mit Alternative ist hierbei keineswegs bloß eine „Alternative" des T.M.M. „zu den Berliner Jazztagen" gemeint, wie bspw. Burde den Begriff damals versteht.[37] Dieses Verständnis greift jedoch zu kurz. Denn wie Gebers 1979 erklärt hat, verstehe sich die FMP „als echte Alternative".[38] Was Gebers unter ‚echter Alternative' versteht, lässt sich seinen Ausführungen zur Jazzentwicklung der frühen 1970er-Jahre im *Jazz Podium*-Interview mit Margull im Sommer 1973 entnehmen. So bemerkt Gebers, dass die Musik der Gruppen von Doldinger, Kriegel oder Dauner, die zum Jazz der 1970er-Jahre apostrophiert worden seien, „ja auch leichter zu kommerzialisieren" seien.

> „*Margull:* ‚... wie Miles Davis, Chick Corea ...'
>
> *Gebers:* ‚Herbie Hancock, Weather Report, Joe Zawinul und die anderen Ableger. Nein, ich glaube, das muss man wirklich trennen. Okay, Miles Davis war bestimmt ein wichtiger Mann im Jazz, der viele wichtige Dinge gemacht hat und jetzt ist er eine Institution.

---

35 Forst 1981, vgl. Wilson 1999.

36 Vgl. Müller 2022, S. 28.

37 Vgl. Burde 1972.

38 Gebers zit. nach Jänichen 1979a.

Ich halte ihn jetzt für einen cleveren Geschäftsmann, der mit sicherem Instinkt eine Marktlücke ausnutzt. Und so oder ähnlich machen's eben viele.‘

Margull: ‚Nun, wer zum Beispiel?‘

Gebers: ‚Konkret, was? Du willst Namen hören! Bitte, Tomasz Stańko! Als ein Quintett 1970 auf den Jazztagen und 1971 bei unserem Workshop spielte, machte es eine sehr schöne, eigenständige und im besten Sinne ‚polnische‘ Musik. Aber wenn du die Gruppe heute hörst ...‘

Margull: ‚... dann schielen fünf Leute zum Gott Miles Davis!‘

Gebers: ‚Ja, schade drum. Das, was sie vorher machten, war einmalig. Heute sind sie mit ihrer Gruppe eine Gruppe von vielen.‘

Margull: ‚Und du meinst, das sind alles kommerzielle Überlegungen?‘

Gebers: ‚Aber nein, nicht alles und von allen; aber zum Teil mit Sicherheit. Zumindest ist es so viel einfacher und ertragreicher.‘

Margull: ‚Was wäre denn dann der Jazz der 70er Jahre?‘

Gebers: ‚Na, das auch – aber daneben die Konsequenten, und die in den letzten Jahren immer wichtiger gewordenen, europäischen Richtungen. Denk nur an England: Derek Bailey, Tony Oxley, Evan Parker-Paul Lytton. Oder an Holland: Misha Mengelberg und Han Bennink, Willem Breuker. Oder Frankreich: Michel Portal oder bei uns: Alexander von Schlippenbach, Peter Brötzmann, Albert Mangelsdorff, Hans Reichel, die ja alle ganz unterschiedlich sind. Und ich finde, das ist schon eine fantastische Sache: letztlich eine gemeinsame Basis – aber viele unterschiedliche Wege und trotzdem funktioniert es auch zusammen.‘“[39]

Und in Hinblick auf die Hörer:innen weist Gebers im Anschluss darauf hin, dass bspw. *Return To Forever* (Chick Corea) ja auch viel einfacher zu hören sei als bspw. *Collective Calls (Urban)* der britischen Improvisatoren Parker und Lytton. Weshalb Margull wissen möchte, ob denn das „Hören“ nicht auch geändert werden könne: also „Hörenkönnen unter anderen Bedingungen“.[40] Hierauf entgegnet Gebers, dass dies genau die FMP versuche. Jedoch seien ihre Möglichkeiten im „Vergleich zur Musikindustrie auf der einen Seite und Funk, Fernsehen, Kulturinstitutionen auf der anderen [...] natürlich ein Witz“.[41] Es sei überhaupt erstaunlich, dass die FMP schon so weit gekommen sei. Und letztlich seien es auch nicht nur ökonomische Überlegungen und Möglichkeiten: „sondern eben auch musikalische“.[42] Und das setze eine genaue Einschätzung der eigenen Lage, der Produktionsbedingungen, der Intentionen und viel Zeit voraus. Denn, wie er hinweist, seien mit Festivals und elitären Konzerten da nicht viel zu erreichen. Man komme doch immer wieder nur an dieselben Leute. Deshalb sei viel entscheidender:

39 Margull 1973, S. 14f.
40 Margull 1973, S. 15.
41 Gebers zit. nach Margull 1973, S. 15.
42 Ebd.

„Die kleinen Sachen, die offenen Formen und damit das Gespräch sind wichtig. Möglichkeiten für den Musiker und den Hörer, zu lernen, Erfahrungen zu machen. Und dabei spielt die Selbstverständlichkeit des Machens auf beiden Seiten eine große Rolle. Das perfekte Präsentieren, die Schau und der elitäre Genuss sind dabei eher hinderlich. Das beste Beispiel dafür ist unser Workshop gewesen. Da kommen für 5 Tage ein paar Musiker nach Berlin und machen abends in der Akademie Musik. So wird es angekündigt und so läuft's auch. Da geht unheimlich viel daneben bei der Musik, bei der Organisation. Aber es ist einfach human und in jedem Jahr werden es mehr Leute. Und das wichtigste: es sind Leute, die diese Musik vorher noch nicht gehört haben."[43]

Das Selbstverständnis der FMP als echte Alternative begründet sich insofern laut Gebers einerseits musikalisch, d.h. hinsichtlich der musikalischen Ausrichtung. Hierbei werden ‚die Konsequenten' oder auch „eine sehr konsequente musikalische Linie"[44] den ‚leichter kommerzialisierbareren' Konzeptionen gegenübergestellt. Und andererseits weist Gebers auf die Bedeutung der Formen jazzmusikalischer Praxis hin, d.h. auf die von der FMP angestrebte Modifizierung der Formen der Präsentation, Realisation, Organisation und Aneignung des Neuen Jazz. Als entscheidendes Kriterium der Qualifizierung als echte Alternative tritt die gegenkulturelle bzw. antikommerzielle Kritik an der Musikindustrie hervor. Auch Brötzmann unterscheidet 1971 zwischen „jener Musik von heute, die wirklich von kreativen Musikern ausgeht und nicht aus kommerziellen Gründen von der Musikindustrie künstlich hergestellt" werde und „mit allen Mitteln der Publicity unter die Leute gebracht" werde. So betont er: „Die meiste Pop-Musik dient doch nur der Kapitalanhäufung".[45] Hingegen sei „für die kreativen Musiker" aber „Geld nichts anderes als das notwendige Mittel, um weiter Musik machen zu können".[46] Das Selbstverständnis der FMP als echte Alternative unterstreicht so die Verwurzelung der FMP in der Gegenkultur. Dies verdeutlichen auch die Ausführungen des Musik- und Literaturkritikers Helmut Salzinger zum „Untergrund" bzw. zur „Gegen-Kultur" und zur „Alternativen Gesellschaft" in seinem damals erschienenen Essay-Band über Pop-Musik und Gegenkultur: *Rock Power oder wie musikalisch ist die Revolution?*[47] Unter Bezugnahme auf Walter Hollsteins 1969 veröffentlichtes Buch *Der Untergrund*[48] schildert Salzinger, dass die Gegen-Gesellschaft beabsichtige, eine neue Gesellschaft unter- und innerhalb der alten entstehen zu lassen. Hierbei begreife sich der Untergrund durchaus als Pionier und versuche, den Emanzipationsprozess der Bewegung experimentierend weiterzuführen. Dies schließe ein, dass der Untergrund nicht – wie die Mehrzahl der Veränderungsbewegungen bisher – mit dem Plan einer idealen Gesellschaft

43 Ebd.
44 Ebd.
45 Brötzmann zit. nach Zimmerle 1971, S. 284.
46 Ebd.
47 Salzinger 1972, S. 69f.
48 Vgl. Hollstein 1969.

an das System herantrete und alsdann naiv erwarte, dass die Utopie nachgerade selbsttätig zur Praxis wird. Vielmehr solle der herrschenden Gesellschaft mit der normsetzenden Wirklichkeit einer Gegengesellschaft die allumfassende Macht bestritten und in einem langwierigen Prozess der Revolutionierung abgenommen werden: „Dezentralisiert, vielgestaltig und wandelbar ist ein System der Kontestation geplant und im Aufbau, das die Herrschaft der Etablierten bedrohen und schließlich durchbrechen will."[49] Die freie Selbstorganisation des Untergrunds habe bereits kräftig eingesetzt:

> „Die ‚Alternative Gesellschaft' besitzt bereits eine Gegen-Öffentlichkeit mit eigenen Medien, Nachrichtendiensten, einer Depeschenagentur und einem internationalen Pressesyndikat; sie hat Gegen-Universitäten errichtet, um kritische Menschen auszubilden, Gegen-Schulen und Gegen-Kindergärten, um eine neue Generation zu formen; sie gründete eine Gegen-Kultur mit Kinos, Theatern, Clubs, Zentren und Künstlerorganisationen, die die im Sinne des Systems das Bestehende stabilisierende Kulturindustrie in Frage stellt; sie baute Gegen-Kommunen und Gegen-Häuser, in denen der Untergrund unabhängig lebt und wirkt, Gegen-Geschäfte, die die Schranken der Konsumindustrie durchbrechen, eine Gegen-Landwirtschaft, die Autarkie für den Untergrund anstrebt, eine Gegen-Produktion, die zu produzieren beginnt."[50]

Die Verwurzelung in der Gegenkultur und der Zuspruch aus der Szene sind auch Hahnes Eindrücke vom T.M.M. im *Quartier Latin* während der Kollektiv-Zeit zu entnehmen. So schildert Hahne bei den Oral History-Interviews:

> „Aber auch so die ersten Jahre, die ich dabei war – also noch in den Siebzigern im *Quartier Latin* beim *Total Music Meeting* – da war es noch so: Linke Faust erhoben und so ‚Grr!' – und der Free Jazz wurde da auch so ein bisschen instrumentalisiert: (Hahne

49 Salzinger 1972, S. 70.

50 Ebd. Dieses Verständnis unterstreicht auch das Mitte der 1970er-Jahre formulierte Diktum vom ‚Anspielen der FMP gegen den Kapitalismus'. So schrieb Panke (1975) in seinem Artikel *Mit eigenen Platten gegen mächtige Krämer* Ende: „Schlagwortartig lässt sich sagen, daß die FMP mitten im Kapitalismus mit dessen Mitteln gegen ihn antritt, oder wörtlich: ‚anspielt'." Und Liefland (1976a) schrieb im Januar in einer Rezension zu drei FMP-Veröffentlichungen in der *Frankfurter Rundschau*: „Die Berliner Free Music Production ist sozusagen der Industriezweig der gleichnamigen Musik-Co-Operative, die, im 8. Jahr ihrer Aktivitäten, das Paradox auf sich nahm, mitten im Kapitalismus mit den Mitteln des Kapitalismus gegen den Kapitalismus ‚anzuspielen', anzutreten. Sie hat nicht darunter gelitten, dass sie die Widersprüche auf sich nahm, im Gegenteil, sie hat unter diesen Bedingungen einen kleinen Teil des Schutts der gesellschaftlichen Bedingungen weggeräumt, so dass Musik als kreativer Teil sonst arbeitender Menschen freigelegt wird; Spiegelbild und Ausdrucksmedium des Menschen, der noch aussteht, gleichwohl jetzt lebt; Mimesis einer Freiheit, die es noch nicht gab." Die Charakterisierung ‚gegen den Kapitalismus' (von Panke und Liefland) impliziert hierbei eine antikapitalistische Zielsetzung der FMP, d.h. die Vorstellung, dass die FMP mit ihrem Versuch einer modifizierten jazzmusikalischen Praxis einen über ‚die eigene Sache' hinausgehenden (politischen) Zweck verfolge.

spricht mit gepresster Stimme imitierend weiter) ‚Wir sind die absoluten Linken und wir haben unsere eigene brutale Musik!'

Also da war d i e B u d e voll. Da bin ich also mit dem Plattenstand an die Wand gedrückt worden. Und da haben sogar unsere Türsteher – wenn die mal einen rausließen und es standen aber noch ein paar Dutzend draußen, die wir einfach nicht mehr reinlassen konnten, weil schon achthundert oder neunhundert drin waren, und man hat ja gesehen, dass der Teufel los ist und ich immer mehr an die Wand gedrückt wurde –, und da haben unsere Türsteher beziehungsweise Kartenabreißer, die haben dann schon mal eine Faust aufs Auge gekriegt, von Leuten die noch draußen standen. Das war in den Siebzigern so. Das war dann auch noch richtig das alternative Gegenfestival gegen die *Berliner Jazztage*.

Ich kann mich noch erinnern, einmal kam nachts noch Berendt rüber und saß oben im *Quartier Latin* – da gab's ein kleines Restaurant. Ich glaube, der saß bei uns. Wir kannten ihn ja – ich ja sowieso, weil ich damals hier und da für ihn gearbeitet habe. Und dann ... (lacht) – da saß auch ein Typ, hat da gegessen und hat Berendt erblickt, und kam dann mit Messer und Gabel: ‚Was willst du eigentlich hier! Du hast hier gar nichts verloren – hau' ab, du Blödmann!' (Hahne und Interviewer lachen)

Da hatten wir also schon so die Berliner Linke zumindest teilweise schwer hinter uns. Obwohl wir ja nie irgendwelche politischen Statements abgegeben haben. Meine Anfangszeit: Das war noch die große Blüte da. Ich glaube, das war dieser eine Abend, wo es so unglaublich voll war: Da spielte *Globe Unity*, als unsere Türsteher was auf die Nase bekommen haben und ich schon die Luft anhalten musste. Aber das hielt leider nicht all zulange an. Man konnte dann die Musik wohl doch nicht für sich und für die APO instrumentalisieren."[51]

Auch wenn sich Anfang der 1970er-Jahre bei Gebers und Brötzmann Hinweise finden, die politisch-gesellschaftliche (emanzipative) Zielsetzungen sowie auch die Kunst transzendierende Bestrebungen erkennen lassen (als ‚wirkliches Spiegelbild von dem', ‚was um uns herum geschieht', oder ‚als Entsprechung zum Leben von heute'), ist bei beiden gleichzeitig eine große Skepsis gegenüber den „politisch engagierten Leuten"[52], d.h. gegenüber den politischen Aktivist:innen zu registrieren. So bemerkt Brötzmann 1971 im Interview mit Zimmerle:

„Das ist auch so ein Punkt, der Manipulationen erkennen läßt. Als nämlich meine Platte ‚Machine Gun' erschien, gab es noch so etwas wie politische Anhaltspunkte und prompt kamen die politisch engagierten Leute, zeigten sich begeistert, hielten uns für die ihrigen. Dann kamen die Platten ‚Nipples' und ‚Balls' mit einer wesentlich differenzierteren Musik, bei der anderes passiert als beim aggressiven ‚Machine Gun'. Da kamen die Revoluzzer wieder und fragten, was denn mit uns los sei und warum wir nicht mehr so wie früher spielen würden. Die Musik interessierte sie nicht weiter, es ging ihnen ausschließlich um ihre Zwecke. Sie sind fixiert und damit in ihrem Denken und Fühlen völlig eingeengt."[53]

---

51 Margull 1973, S. 14f.

52 Brötzmann zit. nach Zimmerle 1971, S. 286.

53 Gebers zit. nach Margull 1971, S. 211.

So verfolgte die Kooperative trotz der gesellschaftlich-politischen Positionierung von Gebers und vor allem von Brötzmann sowie der sozio-musikalischen Verwurzelung der Akteur:innen und der FMP keine im eigentlichen Sinne politische Perspektive oder Praxis. Dies bestätigt auch der Selbstverständnis-Text der FMP. Und Hahne antwortet bei den Oral History-Interviews auf meine Frage nach der Rolle des Politischen bei der FMP:

> „War nie ein Thema. Nie. Da hat keiner irgendwie 'ne Fahne vor sich hergetragen und irgendwelche politischen Statements gar abgegeben. Gut, dass bei allen das Herz links schlug, das war klar. Das steht außer Frage. Aber dass es in irgendeiner Form nach draußen getragen wurde, war nicht der Fall."[54]

Diese Sichtweise wird auch durch Gebers' Hinweis in der *Neuen Zeitschrift für Musik* 1979 bekräftigt. Demnach sei es aufgrund „einer relativ großen Meinungsvielfalt, immer schwierig" gewesen, eine „verbindliche ‚FMP-Meinung'" zu finden, d.h. „die Diskussionen über Konzepte, Qualität, politische, gesellschaftliche, künstlerische oder auch ‚nur' ökonomische Strukturen, auf einen für alle verbindlichen Punkte zu bringen".[55] Und in den Oral History-Interviews führt Gebers aus:

> „Was individuell Motivation war und welche Verbindungen das waren, die kannst du nicht auf FMP schieben oder da drüber stülpen. Für mich war FMP, eben das zu machen – und mehr nicht! Ich konnte mich da nicht noch mit irgendwelchen Leuten solidarisieren, mit den Hausbesetzern oder so was. Das ging nicht! Das konnte man als Musiker, und sagen: ‚Ich spiele jetzt für die' – das ist o.k. Aber das hatte mit FMP nichts zu tun. Ja!? Und meine spezielle Einstellung zu diesen ganzen Geschichten haben auch

---

54 Hahne, Interview mit dem Verfasser, 22.6.2015, Interview-ID 196.

55 Gebers 1979, S. 250. Diese Ansicht teilt auch Schlippenbach. So distanziert sich dieser bei den Oral History-Interviews vom „innersten Kern der Organisation, die auch politisch sehr stark ausgerichtet" gewesen sei, womit er aber „weniger zu tun" gehabt habe. (Schlippenbach, Interview mit dem Verfasser, 11.5.2015, Interview-ID 400) Vielmehr kritisiert er eine „manchmal etwas sehr vor sich hergetragene ideologische Ausrichtung" (ebd., Interview-ID 439) sowie „politisch motivierte Unsinnigkeiten": „Es gab zum Beispiel die Idee, alle müssten dasselbe Geld kriegen: Aber das geht natürlich nicht. Man kann nicht Leuten wie Kenny Wheeler und Albert Mangelsdorff, gestandene Musiker mit 'nem großen Namen, dieselben Penunzen geben wie vielleicht einem, der gerade mal seit vorgestern dabei ist, und nur mitspielen darf. Das war so ein Punkt. Das hat sich dann auch irgendwann gegeben. Das waren so Dinge, das wurde von uns auch alles irgendwie mitgemacht, und auch von den älteren, gestandenen Leuten akzeptiert, weil sie sich gesagt haben, na gut, wir verdienen unser Geld auch woanders, jetzt machen wir da mal mit. Aber das war natürlich eigentlich ungerecht. Das geht nicht so was. Das war so ein Punkt. Und es gab, wie gesagt, auch kunstfeindliche Ideen: Da wurde plötzlich von Kunst-Kacke geredet. Das waren alles Dinge, die mich sehr stark abgestoßen haben, muss ich sagen." (Ebd., Interview-ID 416)

überhaupt keinen Einfluss auf das gehabt, was ich da mit FMP machte. Also das ist zuviel verlangt – und ist auch falsch. Das ist definitiv falsch.“[56]

„Also du kannst die ganze Geschichte, also speziell die beginnende Geschichte, die kannst du nicht von der Situation lösen, in der sie begann. Da gabs Überschneidungen, und da gabs auch Haltungen dazu. Nun sind die aber wiederum sehr unterschiedlich: Also die Haltung vom Brötzmann in dieser Zeit ist absolut konträr zur Schlippenbach-Haltung und zu mir wahrscheinlich wieder. Brötzmann hat dem vielleicht viel beigemessen, viele Träume gehabt, und musste dann irgendwann feststellen: Er steht auf derselben Realität wie der Gebers oder wie Alex. Also das sind Sachen, die kannst du nicht weiterspinnen. Wir haben eine ganz andere Zeit. Wir haben ein anderes Umfeld. Es gibt natürlich meine Idealvorstellung von einem Leben und einem Umfeld, es gibt Brötzmanns, es gibt Schlippenbachs. Aber das kannst du nicht FMP drüber stülpen und daraus irgendeine Einheitsgeschichte machen. Das geht nicht. Das sind einzelne Leute mit sehr, sehr unterschiedlichen Vorstellungen, die nur in diesem Topf zusammenkamen aufgrund der Tatsache, dass sie eine bestimmte Art von Musik gemacht haben.“[57]

Auch wenn Gebers in dieser Passage seinen Politikbegriff sehr eng fasst und seine Anfang der 1970er-Jahre geäußerten Bestrebungen (wie in den gesamten Oral History-Interviews) nicht thematisiert, d.h. Musik als ‚ein wirkliches Spiegelbild‘ und als ‚Entsprechung zum Leben‘ präsentieren zu wollen, verdeutlichen seine Ausführungen, dass eine Einigung auf gemeinsame kulturpolitische Positionen (außer bezüglich die Fragen der Finanzierung der Kooperative oder der Akteur:innen) aufgrund der differierenden Positionierungen der Akteur:innen nicht möglich gewesen wäre und auch nicht angestrebt worden ist.[58]

Ost-Berlin – *Just for Fun*, 1972–1973

Im Laufe des Jahres 1972 erhält Gebers einen Telefonanruf, der wesentlichen Einfluss auf die weiteren Aktivitäten der FMP und deren Schallplattenproduktion ab 1973 und auch auf die Live-Aktivitäten der FMP ab 1978 haben sollte. Ein weiterer Akteur betritt die Bühne. So berichtet Gebers bei den Oral History-Interviews:

„72 kriegte ich so einen merkwürdigen Anruf von einem Typen, der mich fragte, ob wir uns mal treffen könnten? – ‚Ja, gut.‘ ‚Ich bin Rolf Reichelt vom *Berliner Rundfunk*.‘ Sag’ ich: ‚Gut, können uns da treffen.‘ Der war so komisch am Telefon. Und ich dachte, was hat denn der? Und dann ging mir das auf: ‚Ach du Scheiße! *Berliner Rundfunk*? Der sitzt ja im Osten! Sei mal vorsichtig.‘ Er wäre da und da – ‚ja‘ –, und dann und dann – ‚o.k.‘. Dann hab‘ ich mir ein paar Platten geschnappt und bin da mal rübergefahren: und lernte den Rolf Reichelt kennen. Der war Angestellter beim *Rundfunk der DDR* und machte

56 Gebers, Interview mit dem Verfasser, 22.5.2015, Interview-ID 369.
57 Ebd., Interview-ID 366.
58 Vgl. auch Kapitel *1.6 Die gemeinsame Sache, 1967–1968.*

auch sehr, sehr gute Sendungen, die ich teilweise kannte. Aber bei dem Telefonat ist mir das überhaupt nicht aufgefallen, wer da anrief."[59]

Dass Gebers ein ‚paar Platten schnappen' und dann eben mal nach Ostberlin ‚rüberfahren' konnte, wäre vor Juni 1972 noch nicht möglich gewesen. Denn erst im Sommer 1972 einigten sich der Westberliner Senat und die Regierung der DDR-Regierung auf ein dauerhaftes Passierscheinverfahren. Dieses ermöglichte nun Westdeutschen die Einreise nach Ost-Berlin mit einem Tagesvisum unter der Bedingung, Ostberlin wieder bis Mitternacht zu verlassen.[60] Das neue Passierscheinverfahren ist durch das Inkrafttreten des Viermächteabkommen über Berlin (vom 3. September 1971) mit der Unterzeichnung des Viermächte-Schlussprotokolls am 3. Juni 1972 möglich geworden. Das Viermächteabkommen verweist ebenso wie eine Reihe weiterer Verträge auf die neue Ostpolitik der Bundesregierung ab Ende 1969 (u.a. Abwendung von der sog. Hallstein-Doktrin und dem Alleinvertretungsanspruch der BRD).[61] So waren bereits im August 1970 ein Vertrag der BRD mit der Sowjetunion (Moskauer Vertrag) und im Dezember 1970 ein Vertrag mit der Volksrepublik Polen (Warschauer Vertrag) geschlossen worden. Im Dezember 1973 folgte schließlich der Grundlagenvertrag zwischen der BRD und der DDR. Und auch der Anruf vom Chefredakteur für Jazz bei *Radio DDR II* Reichelt deutet auf einen kulturpolitischen Wandel hin.[62] Das Treffen mit dem Chefredakteur für Jazz bei *Radio DDR II* bot wie auch Kontakte zu Rundfunkanstalten in der BRD und Westberlin eine Gelegenheit, Öffentlichkeitsarbeit zu betreiben – und diese wie auch insgesamt die Bestrebungen der FMP sollten ja wie im Gesellschaftervertrag festgehalten ‚besser organisiert und professionalisiert' (Schlippenbach)

---

59 Gebers, Interview mit dem Verfasser, 27.3.2015, Interview-ID 25. Müller (2022, S. 212) erwähnt in seiner Darstellung keinen Anruf aus Ostberlin, sondern schreibt: „1972 begann die FMP auf Initiative von Jost Gebers Kontakte zu Musikern und vor allem einem Mitarbeiter des DDR-Rundfunks zu etablieren."

60 Vgl. Kisiedu 2020, S. 200, vgl. Müller 2022, S. 212.

61 Wie die Historikerin Janik feststellt, hatten Willy Brandts (SPD) Initiativen bzw. die ‚neue Ostpolitik' insofern weitreichende kulturelle und politische Konsequenzen: als mit der Lockerung der Reisebeschränkungen und der zunehmenden Einbindung der DDR in den öffentlichen Diskurs der BRD auch ein offenerer musikalischer Ost-West-Dialog möglich geworden sei. (Vgl. Janik 2005, S. 289, vgl. auch Kisiedu 2020, S. 199)

62 So habe laut Janik Erich Honecker als Erster Parteisekretär ab 1971 eine neue Ära der SED-Kulturpolitik eingeläutet. (Vgl. Janik 2005, S. 285, vgl. auch Kisiedu 2020, S. 199) Kisiedu (2020, S. 196f.) vertritt in *European Echoes* die Ansicht, dass die Aktivitäten der FMP in den späten 1960er- und frühen 1970er-Jahren im größeren politischen Kontext des kulturellen Kalten Krieges stattgefunden hätten. In diesem hätten die Künste und insbesondere die Musik einen Hauptschauplatz für ideologische Kämpfe zwischen den westlichen kapitalistischen Ländern und den östlichen staatssozialistischen Ländern dargestellt. Dementsprechend habe die Bedeutung Berlins als äußerst wichtige geopolitische Einheit während des Kalten Krieges maßgeblich die Programmgestaltung verschiedener Musikfestivals in der Stadt geprägt.

werden. Zudem habe Gebers, wie er in dieser Interviewpassage weiter berichtet, „zu der Zeit auch immer die Jazzsendungen im *Rundfunk der DDR* gehört, weil die besser waren als die, die bei uns liefen".[63] Diese dürften also auch noch von anderen Westberliner:innen gehört worden sein. Für Gebers sprach also nichts dagegen, sich mit dem Ostberliner Redakteur zu verabreden. Im September 1972 traf sich dann Gebers mit Reichelt in Ostberlin. Wie Gebers weiter ausführt, habe er dann mit Reichelt eine Probe besucht:

> „Und dann sagte der: ‚Dort gibts heute noch 'ne Probe. Hast du noch ein bisschen Zeit? Der Gumpert probt da mit 'ner großen Truppe.' Ich sage: ‚Na gut, lass uns hingehen. Aber sag' mal nicht, wer ich bin. Also nur mal gucken und so.' Da hörte der eine meinen Namen – das war ‚Baby' Sommer –, ich wusste gar nicht, wer das ist: ‚Jost Gebers? Mierendorffstraße?' Ich dachte: ‚Ach du Scheiße!' So ging das da los. Und auf dem Rückweg sagte der dann: ‚Die proben für ein Konzert in der *Kammer*: das 100. *Konzert in der Kammer* des *Deutschen Theaters*. Da läuft so eine Reihe.[64] Willst Du nicht kommen? Ich kann Dir Karten organisieren.' Ich sage: ‚Dann mach' das mal.' ‚Na wieviel?' Ich sage: ‚4 Karten'.
> Weil ich hatte sofort die Nele Hertling im Kopf. Und das lief dann so. Und die Nele Hertling war sofort sehr daran interessiert, Ost-Berliner-Musiker auf der Bühne in der *Akademie* zu haben. ‚Ja, ich kümmere mich drum.' Während dieses Konzertes da, wo praktisch alle, die in der DDR Rang und Namen hatten, von Petrowsky, Schulze, also alle spielten da, in unterschiedlichen Kombinationen. Und ich war völlig geplättet, was die wirklich machten – also unabhängig von dem, was man im *Rundfunk* hörte –, und hatte dann die Überlegung, da müsste man irgendwie weiter machen."[65]

Die Probe, die Gebers und Reichelt zusammen in Ostberlin besuchten, fand im Jugendclub *Erich Franz* auf dem Gelände der ehemaligen *Schultheiss*-Brauerei statt.[66] Es probte das *Jazz Werkstattorchester* für das 48. Konzert der Reihe: *Jazz in der Kammer* in den *Kammerspielen* des *Deutschen Theater* im *Staatstheater der DDR* am 4. September 1972.[67] Bei diesem Orchester waren viele der bedeutendsten ostdeutschen Improvisatoren beteiligt wie u.a. Manfred Hering (ss, as, ts, cl), Manfred Schulze (bs, cl), Günter Sommer (dr), Ulrich Gumpert (p), Ernst-Ludwig Petrowsky (as, ss, ts, cl, fl) und Conny Bauer (tb). Wie Gebers darstellt, lernte er so bzw. durch seine weiteren Besuche in Ostberlin die ostdeutschen Musiker kennen[68] und begann Pläne für gemeinsame Projekte zu entwickeln. Über Petrowsky

---

63 Gebers, Interview mit dem Verfasser, 27.3.2015, Interview-ID 25.

64 Es handelt sich um die Reihe *Jazz in der Kammer* in den *Kammerspielen* des *Deutschen Theater* im *Staatstheater der DDR*.

65 Gebers, Interview mit dem Verfasser, 27.3.2015, Interview-ID 25.

66 Vgl. Gebers zit. nach Bratfisch 2005, S. 184.

67 Das Konzert ist 1977 unter dem Titel *100 X Jazz in der Kammer* auf *Amiga* erschienen. (Vgl. auch Gebers zit. nach Bratfisch 2005, S. 184, vgl. Kisiedu 2020, S. 201)

68 So berichtet Gebers bei den Oral History-Interviews: „Dann saßen wir da noch rum, und da erzählte einer der Musiker, wenn unser Freund Ronald Mooshammer hier ist, dann ist das immer ein guter Abend. Dann wissen wir auch, dass wir gut spielen, dass

habe Gebers dann Karl-Heinz Deim kennengelernt. Deim war stellvertretender Chefredakteur für Musik beim *Rundfunk der DDR*. Also eine ideale Gelegenheit für die (inzwischen entstandene) Idee von Gebers, eine LP mit den ostdeutschen Musikern auf FMP zu veröffentlichen. So berichtet Gebers weiter:

> „Über Petrowsky habe ich dann den Kaderchef beim *Rundfunk der DDR* [Deim] kennengelernt – ein Schwerstalkoholiker. Wir haben uns sowas von … Petrowsky hatte damals so eine kleine Hütte in der Nähe vom Flughafen *Schönefeld* – hat er immer noch, nebenbei gesagt – und wir haben uns da – schönes Wetter – hingesetzt und haben angefangen zu reden – und zu trinken. Und der hat mir dann gesagt, was ich machen sollte, um da irgendwas in Gang zu setzen. Unser Gespräch lief dann so ab: ‚Du schreibt an das *Ministerium für Agitation und Propaganda* [Abteilung des *Ministeriums für Staatssicherheit* der DDR] an Werner Lamberz. Und schreibst ihm hin, du willst das und das machen. Du willst irgendwas veröffentlichen.' Es ging erstmal um Platte. Im Hintergrund lief natürlich immer live mit, aber Platte war realistischer. So, und dann sagte der mir wörtlich: ‚Also du schreibst dem da hin, und dann kriegst du von dem 'ne Antwort 2 Tage später.' Und dann sag' ich: ‚Du hast ja wohl einen Tick. Ich schreibe aus Westberlin nach Ostberlin und ich kriege zwei Tage später eine Antwort? Geht doch gar nicht!' Sagt er: ‚Das ist so. Und dann wird der dir sagen, du sollst dich mit unseren *Rundfunk* in Verbindung setzen: mit Klaus Hugo. Und dann kriegst du von dem wieder eine Antwort.' Das Ganze hatte so eine Komik – auch in dieser Zeit, das musste man sich alles mal überlegen, wann das war. Ich habe genau das gemacht, was der mir gesagt hat. Und es war genau so, wie er mir das gesagt hatte. Ich hatte nach 2 Tagen ein Antwortschreiben vom *Ministerium für Agitation und Propaganda*, der *Rundfunk* war denen ja unterstellt. Ich habe das dann so alles gemacht. Dann kriegte ich also von der *Honorar- und Lizenzabteilung* vom *Rundfunk der DDR* ein Schreiben hinsichtlich eines Termins und so: ‚Dann und dann, da und da würden sie mich abholen.' ‚Ja, is' gut!'"[69]

So sei es zu dem Termin in Ostberlin gekommen, bei dem die Konditionen des Vertrages ausgehandelt werden sollten und zu dem Gebers auch die beiden (an der geplanten Aufnahme beteiligten) ostdeutschen Musiker Petrowsky und Bauer mitnahm. Zuvor musste jedoch auch mit dem Kollektiv Einigkeit erzielt werden. Und so berichtet Gebers:

> „Erst musste ich über die Grenze *Friedrichstraße* und so was. Und ich hatte dann darauf gedrungen, dass zwei Musiker bei diesen ganzen Geschichten dabei sind: nämlich Petrowsky und Conny Bauer. Und dann wurde da … – der hatte mir das im Vorfeld

---

wir ein gutes Konzert machen. Diesen Ronald Mooshammer habe ich dann kennengelernt, und der war dann über Jahre immer meine Anlaufstelle in Ostberlin. Bei dem haben wir auch immer gewohnt, und bei dem haben wir auch so 'ne Ausleihstation für die ganzen Musiker mit aktuellen Platten installiert. Also nicht nur unsere, sondern von allen möglichen: Also der Weber [Eberhard Weber] hat mir welche mitgegeben, Eicher [Manfred Eicher, *Edition of Contemporary Music* (ECM)] sowieso. Die ganzen Leute konnten dahingehen, sich die Platten abholen und mal anhören, was macht denn der, was macht denn der." (Gebers, Interview mit dem Verfasser, 27.3.2015, Interview-ID 25)

69 Gebers, Interview mit dem Verfasser, 27.3.2015, Interview-ID 25.

auch gesagt: ‚Also du kannst da nicht ohne Geld hingehen. Du kommst aus dem kapitalistischen Ausland, und da musst du also irgendwas …‘ Dann hatten wir hier uns zusammengesetzt: also damals, das war ja schon ’72, wo alle dabei waren, und überlegt, was machen wir, und bis wohin sollte ich gehen. – Also 1.500 Mark, mehr is’ nich’, das is’ nich’. Und das müssen sie dann erstmal wieder einspielen.“[70]
„Also da wurde verhandelt. Und dann ich kriegte dann die Möglichkeit im *Rundfunk der DDR* Aufnahmen zu machen. Also völlig irre! Und das Ganze wurde dann immer wahnsinniger. Also das erste Mal wurde ein Passierschein hinterlegt, um überhaupt auf dieses Rundfunkgelände zu kommen: eine Sondergenehmigung. Ich hatte eine Kamera mit, wir sind dann ins Studio gegangen. Das Erste, was wir machten, war eine Aufnahme mit Petrowskys Quartett: mit Petrowsky, Conny Bauer, Klaus Koch und ‚Büchse‘ [Wolfgang] Winkler. Und dann gabs da ja … – also so preußisch, das kann man sich alles nicht vorstellen: Also der Mensch, der da am Mischpult saß, war ein Postangestellter, und der nahm nur die Sachen und gab die weiter, wenn sie von dem Rolf Reichelt gesagt wurden. Der hat dem gesagt: ‚Der sagt dir.‘ ‚Nee‘, sagt der, ‚ich will das von dir hören. Ich will hier nicht irgendwie in Schwierigkeiten geraten.‘ Weil ich habe auch Kommentare zu dem gehabt. Dann ging das immer so: Ich sagte dem Rolf Reichelt was, und der sagte das dem … – und ich sagte: ‚Das kannst du vergessen, war viel zu spät!‘ O.K., wir haben dann irgendwas zustande gekriegt da.
Und dann bin ich da ins Studio gegangen. War auch noch genug Licht zum Fotografieren. Dann fing ich an zu fotografieren, kam ein Mensch und fragte: ‚Haben Sie eine Genehmigung?‘ Ich sagte: ‚Was für eine Genehmigung?‘ ‚Hier brauchen Sie eine Genehmigung.‘ Also o.k., musste ich abbrechen. Ich hatte nicht genügend Fotos. Also sind wir rausgegangen. Draußen haben sich die Musiker vor das Gebäude gestellt: vor eine Mauer. Ich fotografiere, kommt der Typ wieder: ‚Haben sie eine Genehmigung?‘ Ich sagte: ‚Ich bin doch hier gar nicht mehr drin, ich bin doch jetzt draußen.‘ ‚Das ist Rundfunkgelände! Hier brauchen Sie zum Fotografieren eine Genehmigung!‘ Also so ein Scheiß, das gibts überhaupt nicht. Und dann war das eben so: Die Bänder habe ich gleich mitgenommen. Das ging auch anstandslos. Also ich kriegte die Bänder mit, konnte damit nach Hause fahren, und das wars dann.“[71]

Das von Gebers geschilderte Aufeinanderprallen von Westberliner gegenkulturellem Szenehabitus (‚stinkend aus der Kneipe‘) und ‚preußischem‘ Staatssozialismus sorgt in vielen Interviewpassagen (mit Gebers), die die damaligen Ereignisse in Ostberlin perspektivieren, für eine unfreiwillige Komik (der sich auch der in der BRD aufgewachsene Verfasser nur schwerlich entziehen kann). So auch bei Gebers’ Darstellung der anschließenden Covergestaltung durch Brötzmann, die der Aufnahme der ersten beim *Rundfunk der DDR* produzierten LP *Just for Fun* (FMP 0140) des *Ernst-Ludwig Petrowsky Quartet* (Petrowsky: ss, as, ts, cl; Bauer: tb; Koch: b; Winkler: dr) folgte:

„Dann habe ich dem Brötzmann die Fotos geschickt und so was. Er sollte das Cover machen. Dann hat er ein schönes Cover gemacht. Zu sehen waren vier Musiker vor der Mauer: vor ’ner Mauer! (Gebers und Interviewer lachen) Und das Ganze hieß: *Just for*

70 Ebd., Interview-ID 26.
71 Ebd., Interview-ID 28.

Fun (noch lauteres Lachen): *Ernst-Ludwig Petrowsky Quartet/DDR*. Und irgendeiner hat in Wuppertal beim Brötzmann den Entwurf gesehen, und hat gesagt: ‚Sag mal, Brötzmann, könnt ihr das machen, so? (Lachen) Und dann rief der Brötzmann an und sagte: ‚Nee du …‘ Ich sagte: ‚Jetzt brauche ich das aber …‘ Und dann hat er so 'n Millimeterpapier genommen nur mit der Schrift und das Original-Foto weg. So, das war das Erste."[72]

Beginnend mit der *Just for Fun*-LP des *Ernst-Ludwig Petrowsky Quartet*, die Ende April 1973 beim *Rundfunk der DDR* aufgenommen und Ende August 1973 als *FMP 0140* veröffentlicht wurde, produzierte und veröffentlichte die FMP bis 1990 insgesamt 20 Schallplatten-Alben mit Jazz aus der DDR sowie zusätzlich 9 Schallplatten und 4 CDs mit Beteiligung von DDR-Musiker:innen.[73] Hierbei wurden „dann auch manchmal Bänder vom *Rundfunk* übernommen und die veröffentlicht"[74], wie Gebers weiter berichtet: „Und irgendwann war das so, dass sich dann die Ost-Firma *Amiga* [Label des *VEB Deutsche Schallplatten Berlin DDR*], die dann so 'ne Jazzabteilung hatte [*Amiga Jazz*]", gemeldet habe und nach möglichen Koproduktionen anfragten: „Und dann haben wir auch Koproduktionen mit denen [mit *Amiga Jazz*, dem Jazzlabel des *VEB Deutsche Schallplatten Berlin DDR*] gemacht. Ein paar. Weiß ich gar nicht wieviel: eins, zwei."[75] Die Konditionen seien hierbei immer ganz klar gewesen:

> „Wir konnten da machen, was wir wollen, und mussten 1.500 Mark bezahlen, und durften das veröffentlichen. Und bei der Übernahme vom *Rundfunk* von Bändern war das genauso. Mehr als 1.500 Mark wurde definitiv nie bezahlt. Da gabs dann Verträge, teilweise die irresten Verträge. Da wurden dann die Rechte aufgeteilt: Also wir waren zuständig für den Vertrieb im kapitalistischen Ausland und *Amiga* durfte das sozialistische Ausland bedienen."[76]

Durch die Produktionen mit Musiker:innen aus der DDR habe sich, wie Jost konstatiert, die FMP zum „wichtigsten internationalen Transportmittel des DDR-Freejazz"[77] entwickelt. Zudem versuchte die FMP, wie Gebers 1977 berichtet,

---

72 Ebd., Interview-ID 29.

73 Ansprechpartner für Gebers sei „immer Rolf Reichelt" gewesen, wie Gebers bei den Interviews berichtet: „Der hat sich dann irgendwann in den Westen abgesetzt. Aber es gab ja auch immer die Musiker. Wir trafen uns ja dauernd. Und die wussten dann schon, also das würde ich gerne machen oder das haben wir, das hätten wir gerne veröffentlicht: bei uns machen sie das wieder nicht. Solche Sachen. Also die Kontakte gab es dann ganz eng, und die sind dann einfach im Westen geblieben, wenn sie nun mal hier waren: ‚Bleib' ich 'ne Nacht länger‘. Conny [Bauer] oder so was. Da haben wir Duo-Aufnahmen gemacht bei uns im kleinen Studio mit Brötzmann und Conny, all' solche Sachen." (Gebers, Interview mit dem Verfasser, 27.3.2015, Interview-ID 35)

74 Ebd., Interview-ID 32.

75 Ebd.

76 Ebd., Interview-ID 36.

77 Jost 1987, S. 241.

„seit 1973 permanent, Leute aus der DDR rüberzuholen. Das ist alles ein bisschen merkwürdig mit den Überlegungen dieses Staates drüben. Einmal sagt man, die Leute können alle ausreisen und riesige Konzerte machen, und am nächsten Tag gibt es überhaupt keine Ausreise mehr. Es ist dann aber für uns nicht einsehbar, warum. Weder die Ausreise noch der Stop."[78]

Entscheidend hinsichtlich des Verständnisses der weiteren Entwicklung der FMP bezüglich der neuen Entität ‚Free Jazz aus der DDR' oder der ‚ostdeutschen Free Jazz-Szene' ist, dass sich das Akteur-Netzwerk der FMP mit dem der ostdeutschen Musiker:innen verknüpfte. Rekurrierend auf Hennion lässt sich so formulieren, dass sich das ostdeutsche Gefüge bestehend aus Dingen, Menschen, Dispositiven und aufgefalteter Handlungsfähigkeit mit dem Gefüge oder Netzwerk der FMP verband. So ist Jost hinsichtlich des Gesichtspunkts des Transportmittels zwar zuzustimmen, entscheidender für unseren Kontext ist jedoch, dass sich die FMP weiter modifizierte. Und zwar nicht nur hinsichtlich ihrer Programmausrichtung, innerhalb derer sich Jazz aus der DDR bald zu einem Schwerpunkt etablierten sollte, sondern auch hinsichtlich ihrer Aktivitäten. So trafen sich seit Ende 1972 Improvisator:innen aus Ost und West zu mehr oder weniger legalen Sessions[79] in Ostberlin. Gebers berichtet hierzu bei den Oral History-Interviews:

„Und es gab dazu dann auch noch die Geschichte, dass montags immer in so 'ner Diskothek – das Ding hieß *Melodie*-Bar, war so ein Tanzschuppen, der hatte montags geschlossen – und da waren dann die Jazzmusiker und machten ihre Abende. Da sind wir dann auch immer mal hingefahren, wenn bei uns irgendwas war. ‚Bleibt mal länger, eine Nacht Hotel bezahlen wir, und dann rüber mit Instrument und dann kennenlernen und Jam-Session.' So! Und nur nebenbei gesagt: das war auch ein Drogen-Laden: in Ostberlin, direkt unterm *Friedrichs-Palast*."[80]

So reisten am Montag, den 6. November 1972 u.a. Schlippenbach, Brötzmann, Kowald und Lovens, die alle am einen Tag zuvor endenden 5. T.M.M. 1972 beteiligt waren (1.–5. November in der *Akademie der Künste*), nach Ostberlin und trafen in der *Großen Melodie* auf ihre ostdeutschen Kollegen Petrowsky, Gumpert, Sommer u.a. zu einer Session.[81] In der März-Ausgabe der *Jazz Podium* 1973 berichtet Plümer von einer informellen Montagnacht-Session in der *Melodie*: Dort habe er

78 Gebers zit. nach Quinke 1977.

79 Vgl. Linzer 2005, S. 98.

80 Ebd., Interview-ID 27, vgl. auch Noglik ^{2}2008. In der Zeit von Ende 1972 bis 1973, die Reichelt (1980, S. 21) als „entscheidende Umbruchphase der Entwicklung des Free Jazz in der DDR" ansieht, war die Nachtbar *Melodie* im Berliner *Friedrichstadt-Palast* „zum wesentlichen Live-Labor für die Entwicklung der improvisierten Musik" in der DDR geworden. Dort fanden montagabends, dem eigentlichen Ruhetag der Bar, „öffentliche Sessions" statt: diese hätten „den definitiven Beginn konsequent freier Spontanimprovisation" (ebd.) bedeutet.

81 Vgl. Kisiedu 2020, S. 204.

einen „der ganz wenigen großen Momente im Jazz“ bei „einer Begegnung von Brötzmann/Kowald/Lovens (BRD) und Musikern aus der DDR“[82] (Ernst-Ludwig Petrowsky: ss, as; Friedhelm Schönfeld: cl, ts; Ulrich Gumpert: p; und Günter ‚Baby‘ Sommer: dr) erlebt. Ab dem 15. Oktober 1973 folgten dann mit dem Auftritt des *Irène Schweizer/Rüdiger Carl Quartet* offizielle Konzerte von Westformationen bei der *Jazz in der Kammer*-Reihe.[83] Und 1978 kam es im Rahmen des T.M.M. im *Quartier Latin* zum ersten Auftritt einer DDR-Gruppe in Westberlin mit der *Ulrich Gumpert Workshop Band* (Becker: tp, flh; Hering: as; Forsthoff: ts; Petrowsky: reeds; Bauer: tb; Gumpert: p; Koch: b; Sommer: dr). Wie Hahne bei den Oral History-Interviews berichtet, habe es, „bis das geklappt hat“, „viele Rückschläge, ganz viele Rückschläge“[84] gegeben. So scheiterte noch im März 1978 eine Teilnahme des *Ernst-Ludwig Petrowsky Quintett* beim W.F.M. in der *Akademie der Künste* an der Verweigerung einer „Ausreisegenehmigung für nur einen Musiker“.[85] Die mit der *Ulrich Gumpert Workshop Band* erfolgte erstmalige Teilnahme einer Free Jazz-Formation aus der DDR bei einer FMP-Veranstaltung markiert den Beginn einer kontinuierlichen Präsenz von Gruppen und einzelner Musiker:innen aus der DDR bei den Live-Projekten der FMP sowohl bei den beiden großen FMP-Veranstaltungsreihen W.F.M. und T.M.M., bei dem seit 1978 in der Regel DDR-Jazzer vertreten waren, als auch bei den kleineren Reihen wie der *Summer Music* im *Haus am Waldsee* oder auch der *Just Music*-Studiokonzerte (in der zweiten Hälfte der 1980er-Jahre). Zudem veranstaltete die FMP zwei *Specials*, bei denen *Jazz aus der DDR* (so jeweils deren programmatischer Titel) vorgestellt wurde: vom 10. bis zum 12. August 1979 im Rahmen der *Jazz Now*-Reihe und zwei Jahre später, vom 16. bis zum 19. April 1981 im *Mehringhof-Theater*. „Als die Ost-Jazzer“[86], wie Hah-

82 Plümper 1973c, S. 20.

83 Es folgten weitere Konzerte mit: *Mengelberg/Bennink*-Duo am 13. Mai 1974 (Konzert Nr. 68), *Brötzmann/Van Hove/Bennink* am 4. November 1974 (Konzert Nr. 71), dem *Schlippenbach/Johansson*-Duo am 30. Januar 1978 (Konzert Nr. 102), Breuker, Brötzmann, Lacy, Parker und Tchicai bei einem *Saxophon Special* am 28. März 1978 (Konzert Nr. 104) und Cecil Taylor solo und im Duo mit Sommer am 20. Juni 1988 (Konzert Nr. 155). (Vgl. Linzer 2005, S. 104–108)

84 Hahne, Interview mit dem Verfasser, 22.6.2015, Interview-ID 206.

85 Panke 1978b. Im Interview mit Bratfisch 2005 berichtet Gebers über das Scheitern der Teilnahme am W.F.M. 1978, dass ein Musiker „seine Kaderakten nicht vollständig“ hatte „oder so. Der war gerade umgezogen – man kennt ja diese formalistischen Geschichten – und dann ist das geplatzt, und zwar zwei Tage vorher, die standen schon auf dem Plakat. Es kam ein Vertreter der Künstler-Agentur der DDR, ich sollte um Gottes willen nichts Negatives in der Öffentlichkeit sagen … und ob ich nicht ’ne Ausnahme … Ersatzkapelle … Günther Fischer könnte doch kommen … Ich dachte: Was soll das denn? Und ich sagte: ‚Ich mache hier keine Klimmzüge, ihr habt das abgesagt, und ihr kennt die Gründe – ich kenn sie nicht –, also damit müsst ihr leben, wenn ihr so komische Geschäfte macht.‘ Zuerst dachte ich, vielleicht wird’s gefährlich, aber es ist nicht gefährlich geworden.“ (Gebers zit. nach Bratfisch 2005, S. 187f.)

86 Hahne, Interview mit dem Verfasser, 22.6.2015, Interview-ID 206.

ne bei den Oral History-Interviews bemerkt, „ein bisschen bekannter wurden, durften die dann ja auch touren", was wiederum nicht nur „für ihr wachsendes internationales Renommé", sondern „infolge wechselseitiger musikalischer Beeinflussungen" und durch gemeinsame Projekte mit westlichen Musiker:innen „für die europäische Jazzszene insgesamt bedeutsam"[87] gewesen sei, wie Jost bemerkt. Den Einfluss der FMP auf die Jazzszene in der DDR bzw. die Verknüpfung der beiden partiellen, unterschiedlichen und heterogenen Netzwerken unterstreicht auch Noglik. Demzufolge der ‚Einfluss' insbesondere in der Umbruchphase der Entwicklung des Free Jazz in der DDR Anfang der 1970er-Jahre kaum überschätzt werden dürfe.[88]

Das Kollektiv bei der Arbeit

Die Treffen in Wuppertal und die Organisation in Berlin

Im Laufe der Jahre hat sich in Wuppertal, wie Fröse Ende 1972 im *Jazz Podium* berichtet, „um Peter Brötzmann eine ganze Free-Jazz-Kolonie gebildet".[89] So sei, wie auch Panke zustimmt, Wuppertal „zu einem beachtlichen Zentrum des deutschen Free Jazz geworden".[90] Es gebe dort fünf Gruppen, die diese Musik praktizieren bzw. von dort aus ihre Fäden spinnen: das *Peter Brötzmann Trio*, die *Peter Kowald Gruppe*, die *Bernd Koeppen Unit*, die *Rüdiger Carl Inc.* und eine neue Gruppe um den Schlagzeuger Detlef Schönenberg.[91] Hinzu kommt noch der Sologitarrist Hans Reichel. Der „Jüngste in der Wuppertaler Konzentration von

87 Jost 1987, S. 242.

88 Noglik 1989a. Dies illustrieren auch die Ausführungen von Martin Linzer (2005, S. 98), einem der Initiatoren der *Jazz in der Kammer*-Konzertreihe: „Dass wir Jost Gebers kennen lernen mussten, zwangsläufig, war nur eine Frage der Zeit. Er war zuvor schon öfter mit Musikerkollegen zu ‚illegalen' Sessions mit DDR-Musikern in die *Große Melodie* vorgedrungen, wo Klaus Lenz eine Zeit lang regelmäßig Konzerte veranstaltete. Dem ebenso sachlichen wie freundschaftlichen Kontakt zu Gebers verdankt *Jazz in der Kammer* eine Reihe seiner schönsten Konzerte, weil hier Musiker auftraten, improvisierende Musiker, Musiker mit ähnlicher Haltung und ‚Philosophie', die durch ihr Beispiel, aber auch durch das Zusammenspiel mit unseren Musikern zur Entwicklung dessen einen wichtigen Beitrag leisteten, was Ende der Siebziger, Anfang der Achtziger zum spezifischen DDR-Jazz (besser vielleicht: Jazz in der DDR) wurde, mit einem Niveau an innovativer Ausdruckskraft und musikalischer Professionalität, dass DDR-Musiker auch international immer stärker gefragt wurden. Gebers und der FMP verdanken wir wiederholte Begegnungen mit Musikern wie Peter Brötzmann und Willem Breuker, Misha Mengelberg und Alexander von Schlippenbach, ein Saxophon Special brachte im März 1978 Brötzmann, Breuker, Steve Lacy, Evan Parker und John Tchicai mit Klaus Koch und Günter ‚Baby' Sommer zusammen, im Juni 1988 kam Cecil Taylor."

89 Fröse 1972, S. 22.

90 Panke 1972b, S. 191.

91 Vgl. ebd.

Free-Music-Leuten"[92] wurde im März 1972, im Vorfeld des 13. *Deutschen Jazz Festival* in Frankfurt begeistert als Newcomer und „Sensation"[93] gefeiert. Die meisten der Wuppertaler Musiker seien „in der Musikerkooperative *Free Music Production* (FMP) zusammengeschlossen".[94] So spricht Fröse auch von einer „Wuppertaler FMP-Zelle".[95] Zudem war auch die Mehrzahl des FMP-Kollektivs, d.h. die FMP-Gesellschafter Brötzmann, Kowald und Schönenberg in Wuppertal ansässig. Es lag also nahe, dass sich das Kollektiv zu seinen Beratungen (bzgl. Plattenproduktion oder Programmplanungen) nicht in Berlin, sondern in Wuppertal traf. Über die regelmäßigen Treffen in Wuppertal, meist an langen Wochenenden bei Brötzmann, berichtet Gebers bei den Oral-History-Interviews:

> „Also wir haben uns immer in Wuppertal meistens im Vorfeld von großen Projekten getroffen."[96]
> „Da saßen immer irgendwelche Leute mit dabei – also aus dem engeren Kreis natürlich."[97]
> „Wer immer dabei sein wollte, wer gerade in Wuppertal war. Das war ein zentraler Anlaufpunkt".[98]

Über eines dieser Wuppertaler Treffen, das vermutlich Ende 1974 zwischen Weihnachten und Silvester stattfand, berichtet Gebers:

> „Also ich kann mich an eine dieser Versammlungen erinnern, die war bei Hans Reichel und Rüdiger Carl, die wohnten damals zusammen in Wichlinghausen in so 'nem Hinterhaus. Da haben wir uns einmal zusammengesetzt. Und das war das erste Mal, dass Dieter dabei war: Dieter Hahne. Und der war kreidebleich, weil der dachte, jetzt hauen

92 Fröse 1973a, S. 22.

93 So äußert sich Olshausen am Vorabend des Frankfurter Festivals im *Hessischen Rundfunk*: „Wenn man für das morgen beginnende *Frankfurter Jazzfestival* eine Sensation voraussagen will, dann müsste es der Auftritt des jungen Gitarristen Hans Reichel aus Wuppertal sein. Reichel, dessen Tonband von der Jury mit der höchsten Punktzahl bewertet wurde, ist eine Erbe von Sonny Sharrock und Jimi Hendrix, jener beiden Musiker, die alle Tricks der Elektrotechnik für das Gitarrenspiel erschlossen – alle, das konnte man glauben, bevor man Reichel gehört hat. Denn er baut zwar deutlich auf den Errungenschaften dieser beiden Musiker auf, geht aber weiter und erzeugt – wohlgemerkt ohne die Zuhilfenahme von Mehrfachaufnahmen – Klänge, die man bisher noch nicht gehört hat. Dabei ist erstaunlich, wie wenig Reichel in die Technik um ihrer selbst willen verliebt ist, und wie künstlerisch alles durchgestaltet ist." (Olshausen, 23.3.1972 im *Hessischen Rundfunk* zit. nach FMP 1972d) Wie Fröse kommentiert, muss die Überraschung „dann in Frankfurt erheblich gewesen sein, als da einer mit einer miesen Pfadfinderklampfe und ohne die wohl erwartete und aus dem Popgewerbe nur zu bekannte Elektronik-Werkstatt anrückte." (Fröse 1973a, S. 22)

94 Fröse 1972, S. 25.

95 Ebd.

96 Gebers, Interview mit dem Verfasser, 22.5.2015, Interview-ID 333.

97 Ebd., Interview-ID 338.

98 Gebers, Telefon-Interview mit dem Verfasser, 4.5.2017, Interview-ID 607.

die sich hier gleich gegenseitig die Köpfe ein. Da hat Alex gekämpft für die Veröffentlichung einer *Globe Unity*-Produktion, gegen die alle waren."[99]

Hahne kann sich bei den Interviews noch sehr gut an diese Versammlung erinnern. Denn es war sein ‚Einstieg' bei der FMP. Darüber, wie es zu diesem gekommen war, und wie er diesen und das FMP-Kollektiv erlebte, berichtet er bei den Oral History-Interviews wie folgt:

> „Ich wusste, dass es FMP gibt, bevor ich dazu gestoßen bin. Ich hatte diverse LPs vom *Brötzmann Trio*: *Brötzmann/Van Hove/Bennink*. Fand ich damals faszinierend. Ich war zu der Zeit bei *MPS Records* in Villingen. Da war dann Oscar Peterson, Volker Kriegel, Albert Mangelsdorff und so weiter. Und das war eine Firma mit 12–15 Leuten. So habe ich mir FMP vorgestellt: Plattenproduktionsfirma: das muss so was sein wie MPS. Dass FMP direkt Mailorder machte, wusste ich nicht, und habe deshalb die Sachen immer bei *Jazz by Post* in München bei *Egger* bestellt. Aber ich kannte natürlich die Musiker: Ich habe erst als Mitarbeiter im *Jazzclub Villingen* mitgemacht, und diesen dann später auch ungefähr 3 Jahre geleitet, bis ich nach Berlin ging. Und da haben wir auch Konzerte mit Schlippenbach und Brötzmann gemacht. Da habe ich die Leute kennengelernt. Oder ich habe für Joachim-Ernst Berendt gearbeitet: damals noch der ‚große Jazzmacher' beim *Südwestfunk*. Der hat mich als Roadie zu den *Donaueschinger Musiktagen* geholt. Mehr oder weniger als ‚Bühnentrottel': Brötchen holen, Bier holen, Notenständer aufbauen und so weiter."[100]
> „Ich hatte also mehrere Berührungspunkte: LPs bestellt, die Musiker schon teilweise kennengelernt. Und dann wurde damals bei MPS Personal abgebaut, weil der Vertrieb abgesprungen war. Plötzlich stand MPS ohne Vertrieb da. Und dann hieß es: Der Jüngste wird entlassen. Das war ich. Das war 1974. Da spielte Alex Schlippenbach mit seinem Trio, was es immer noch gibt, mit Evan Parker und Paule Lovens im *Jazzclub*. Nach dem Konzert stehen wir noch am Tresen – ich habe Alex Schlippenbach die Gage ausbezahlt – und plauderten noch ein bisschen: ‚Na, wie gehts und so?' Und dann sage ich: ‚Du, nicht so gut. Ende des Jahres bin ich arbeitslos. Hab' mich schon weiß Gott wo beworben. Aber überall nur Absagen bekommen.' ‚Das ist unser letztes Konzert, ich fahre morgen nach Berlin. Ich rede mal mit Jost Gebers von FMP.' Naja, ein paar Tage später, ich glaube, wir hatten damals noch gar kein Telefon. Ich glaube, es kam ein Telegramm: ‚Komm sofort nach Wuppertal! Unterschrift: Jost Gebers.' (Hahne und Interviewer lachen) ‚Melde dich bei Brötzmann!'
> Und dann bin ich gleich mit dem Nachtzug los: war irgendwie zwischen Weihnachten und Silvester. Ich bin also gleich in den Zug und komme ganz früh morgens an, und rufe den Brötzmann an – morgens um 7 Uhr oder so: ‚Ich bin jetzt in Wuppertal! Wo soll ich hin?' ‚O h Mann! Ich bin gerade stinkbesoffen ins Bett gegangen. Ruf' mal den Kowald an.' Dann den Kowald angerufen: ‚Ja, komm' mal mit der Taxe da und da hin.' – So war der Einstieg."[101]

---

99 Gebers, Interview mit dem Verfasser, 22.5.2015, Interview-ID 334. Bei der *Globe Unity*-Produktion handelte es sich um *Globe Unity Orchestra & Choir of the NDR-Broadcast: Hamburg ,74* (FMP 0650).

100 Hahne, Interview mit dem Verfasser, 22.6.2015, Interview-ID 152.

101 Ebd., Interview-ID 155.

> „Ich hatte auch so ein bisschen Arbeitsproben mitgenommen. Ich hatte bei MPS ja Promotion und Öffentlichkeitsarbeit gemacht. Hatte also Pressemappen dabei, die ich für Kriegel, für Mangelsdorff, für Pipapo erstellt habe. Und da war auch Alex Schlippenbach bei Kowald, der hat dort auch übernachtet. Und als ich da ankam: ‚Lass mal sehen.' Und Alex war hin und weg und pfutsch über solche Pressemappen. Alex hätte auch gern so was gehabt. Aber die anderen: ‚Aufgeblasener Unsinn!' (Hahne und Interviewer lachen) Also da gabs dann auch bei solchen Dingen Meinungsverschiedenheiten. Aber da waren eben schlicht und ergreifend die finanziellen Grenzen gesetzt. Denn so eine aufwendige Pressemappe mit Furz und Feuerstein und Fotos und Pipapo drin: das hätte sich FMP nie leisten können. Also von daher haben sich dann solche Diskussionen eigentlich ganz schnell erledigt. Da hieß es: ‚Ja, woher nehmen?' Und dann bliebs halt bei dem kleinen einseitigen DIN A4-Blättchen, die wir noch mit so einem Feuchtdrucker oftmals gemacht haben, so ein Umdrucker. Fotokopien waren ja unbezahlbar. Mit Matrizen und so einem Feuchtumdrucker. Kann man sich gar nicht mehr vorstellen."[102]

Auch wenn Hahnes Ausführungen unweigerlich Assoziationen zum Drehbuch eines Sozial-Weihnachtsmärchens hervorrufen mögen (jungem Label-Mitarbeiter steht zum Jahresende die Arbeitslosigkeit bevor; ‚überall gabs nur Absagen'; dann kurz vor Weihnachten ...), verweisen diese darauf, warum sich Gebers (offensichtlich) prompt bei Hahne gemeldet hat. Hahne hatte eine kaufmännische Ausbildung absolviert und bei einem grafischen Betrieb gearbeitet. Aktuell war er (zumindest noch bis Jahresende) Assistent des Abteilungsleiters in der Presseabteilung von *Musik Produktion Schwarzwald* (MPS-Records GmbH). Sein Aufgabenbereich bei MPS umfasste das Erstellen von Pressemappen, die Gestaltung von Prospekten und Plakaten, das Verfassen des regelmäßig erscheinenden MPS-Pressediensts *Musik Aktuell* etc. Zudem war Hahne im Vorstand des *Jazzclub Villingen e.V.* und arbeitete als Stagehand im Rahmen von Berendts Jazzprogrammen bei den *Donaueschinger Musiktagen* und bei den Baden-Badener *Free Jazz Meetings*.[103] Eine Verpflichtung Hahnes stellte insofern eine vielversprechende Möglichkeit dar, die mit der neuen Struktur der FMP beabsichtigte Professionalisierung voranzutreiben. So erinnert sich Dagmar Gebers bei den Oral History-Interviews, dass Gebers zunächst alles „zum größten Teil alleine gemacht"[104] hat – und zwar zu Hause. Das erste Büro der FMP wurde im Herbst 1974 angemietet. Insofern gab es nun auch eine entsprechende Infrastruktur als Voraussetzung für eine personelle Unterstützung. Diese bekam Gebers schließlich ab April 1975 mit der Anstellung von Hahne. In den FMP-*News!* von 1975 wurde Hahne wie folgt vorstellt: „Dieter Hahne-Stirnglatze ist seit dem 1. April 1975 als Prokurist, Bürotrottel, Vertriebschef, Fensterputzer, Buchhalter und Heizer bei der FMP beschäftigt".[105]

---

102 Ebd., Interview-ID 177.

103 Vgl. Kapitel *5.5 Dieter Hahne*.

104 Dagmar Gebers, Interview mit dem Verfasser, 22.6.2015, Interview-ID 240.

105 FMP 1975a, S. 2.

Hahne beschreibt die damalige Situation vor bzw. bei seinem Einstieg in den Oral History-Interviews wie folgt:

> „Bis dahin hatte ich die FMP-Firma für so was gehalten wie MPS. Dass Jost ein Einzelkämpfer war, der die Geschäfte und alles – alles – im Alleingang gemacht hat, das wusste ich nicht. Ich hatte mir das von der Dimension her viel, viel größer vorgestellt. Naja, und dann bin ich da erst so langsam aber sicher in die Geschichte reingekommen. Ich dachte zunächst ja auch: Auf die Pauke hauen, und wir sind die Größten, denn ich habe Öffentlichkeitsarbeit und Promotion bei MPS gemacht. Also immer auf die Kacke gehauen, dass es nur so gespritzt hat: ‚Wir sind die Größten, wir sind die Besten und wir haben die tollsten Musiker und bla, bla, bla.' Was natürlich bei FMP genau das Gegenteil war (Hahne und Interviewer lachen). Was zum Beispiel die Texte zu Konzerten oder zu Gruppen anbelangte, da wurde nicht auf die Kacke gehauen. Da wurde ganz nüchtern, in wenigen Zeilen alles nur dargestellt. Also das musste ich erstmal lernen mit solchen Dingen umzugehen (lacht), weil ich das halt so gewohnt war. Natürlich war MPS auch mit einem völlig anderen Etat ausgestattet. Bei FMP war auch einfach nicht das Geld da. So bin ich da erstmal reingekommen, und fand das dann eigentlich doch ganz toll, wie so eine Minderheit doch Einiges in Bewegung bringt."[106]

Gebers bemerkt zur neuen Situation aufgrund der Einstellung von Hahne Anfang 1975 und der erstmaligen Anmietung von Büroräumen in der Behaimstraße in Berlin-Charlottenburg[107] bei den Oral History-Interviews:

> „Man muss dann ja auch sehen, dass dann irgendwann in den siebziger Jahren Dieter bei uns angefangen hat. Und der hatte ja einen Fulltime-Job. Und dann sind bestimmte Sachen weggewesen, die ich an Arbeit sonst zu Hause machen musste. Und dann gabs das Büro, und nicht mehr die Bude voll mit dem ganzen Kram und so was. Also da hat sich das schon ein bisschen geändert die ganze Geschichte."[108]

Ebenso wie die Gründung des Kollektivs, der Gesellschaftervertrag und die Selbstverständnis-Erklärung der FMP sind auch die nun angemieteten Büroräume sowie die (sozialversicherungspflichtige) Anstellung Hahnes (und dessen Tätigkeit) als Entitäten mit in das Akteur-Netzwerk aufzunehmen, die das weitere Handeln der FMP nun mitbedingten. Die im Gesellschaftervertrag fixierte Formulierung, dass Gebers die FMP als Geschäftsführer „vertritt"[109], bedeutete konkret, dass die ebenfalls per Gesellschaftervertrag festgelegten Aufgaben im Wesentlichen Gebers übertragen wurden – dem einzigen Mitglied des Gesellschafterkollektivs, das eine eigene Perspektive hinsichtlich einer professionellen musikalischen Karriere bereits vor der Gründung der FMP verworfen hat. Gebers

106 Hahne, Interview mit dem Verfasser, 22.6.2015, Interview-ID 157.

107 Die FMP informierte in einem Faltblatt im Herbst 1974, in dem sie auch das T.M.M. 1974 ankündigte, über die neue Adresse (Behaimstraße 4) und die geänderte Telefonnummer. (Vgl. FMP 1974a, S. 2)

108 Gebers, Interview mit dem Verfasser, 22.5.2015, Interview-ID 309.

109 FMP 1972b, S. 1.

betont in den verschiedensten Interviews immer wieder, dass die Organisation „immer in Berlin"[110] lag, d.h. also von Beginn an bei Gebers. So auch in den Oral History-Interviews:

> „Die Arbeit war immer meine Arbeit. Bei den Versammlungen wurde über Inhalte diskutiert. Also wer spielt bei welchem Projekt jetzt? Wen laden wir dazu ein? Wer macht die nächsten Platten? Wer will was machen? Und so."[111]

Diese grundlegende Differenzierung zwischen Produktions- und Verwaltungsorganisation einerseits und inhaltlich-konzeptioneller Entscheidungsebene andererseits bestätigt auch Hahne bei den Oral History-Interviews:

> „Auch als das Kollektiv noch auf dem Briefbogen bestand – die Namen waren ja oben im Briefbogen drin; später wars dann nur noch ein durchgehender schwarzer Strich –, waren die ganzen Aufgabengebiete eigentlich schon ganz normal verteilt. Jost macht die Produktionen und die ganze Abwicklung zusammen mit mir: Produktion, Verkauf, Vertrieb und so weiter."[112]
> „Das Kollektiv war irgendwie so ein beratendes Gremium. Man hat sich eben in Wuppertal sporadisch getroffen und dann wurde über alles Mögliche und Unmögliche gesprochen. Aber dass da der eine oder andere sagte: ‚Ich möchte jetzt über mein Aufgabengebiet XY mal Bericht erstatten, was meint ihr dazu?' – das gab's nicht. Also das war ziemlich unorganisiert, muss ich sagen. [...] Das wirkte nach außen so als Kollektiv, aber nach innen hatte eigentlich Jost schon immer die ganze Arbeit gemacht. Angefangen hat es ja in seiner Privatwohnung. Also da standen noch die ersten Produktionen unterm Wohnzimmertisch (lacht)."[113]

So resümiert Hahne, dass sich Gebers „halt von A bis Z um alles gekümmert" habe: „Also alles, was eben mit Produktion, Organisation und Verkauf zu tun hatte."[114] Die Produktion umfasste hierbei nicht nur die Tonträgerproduktion und den Vertrieb, sondern auch die komplette Produktion und Abwicklung der Live-Projekte, angefangen mit den organisatorischen Vorbereitungen bis hin zur technischen Realisierung der Projekte (inkl. Aufbau, Abbau, Beschallung etc.). Auch wenn Hahne die Versammlungen in Wuppertal nur als beratendes Gremium und als unorganisiert charakterisiert (während ‚die Produktionen und die ganze Abwicklung immer in Berlin' stattgefunden haben), wurden dennoch die inhaltlichen Entscheidungen, wie im Gesellschaftervertrag festgehalten, bei den Versammlungen des Kollektivs in Wuppertal getroffen. Per Mehrheitsbeschluss der Gesellschafter wurde dort über neue Produktionen und über die Aufnahme neuer Mitglieder entschieden sowie die Veranstaltungsreihen und Workshops

---

110 Gebers zit. nach Müller 1992.

111 Gebers, Interview mit dem Verfasser, 22.5.2015, Interview-ID 335.

112 Hahne, Interview mit dem Verfasser, 22.6.2015, Interview-ID 177.

113 Ebd., Interview-ID 180.

114 Ebd.

„gemeinsam"[115] (vor-)geplant. Angesichts der relativ großen Meinungsvielfalt innerhalb des Kollektivs und des offensichtlichen Interessenkonflikts, den die strukturelle Entscheidungsebene implizierte[116], ist es wenig verwunderlich – zumal bei einigen Akteuren ein ‚unangepasster' Habitus zum guten Ton gehörte –, dass man sich bei den Versammlungen in Wuppertal, wie Hahne in den Oral History-Interview bemerkt, „schon ziemlich deutlich die Meinung gegeigt"[117] habe (lacht):

> „Da gings auch manchmal richtig kratzbürstig zur Sache: ‚Hey, jetzt bin ich mal wieder mit 'ner Produktion dran!' Die haben sich da schon ganz schön angemault. Also der Konkurrenzkampf bestand auch innerhalb des Kollektivs. […]
> Das waren keine regelmäßigen Versammlungen, aber unregelmäßige – wenn's irgendwie Dinge zu besprechen gab, Produktionsplan und so. Oder damals wurde auch auf GEMA-Tantiemen-Ausschüttungen ein Kredit aufgenommen. Da war's mal wieder eng. Dann war natürlich Treffen in Wuppertal. So was wurde dann besprochen."[118]
> „In erster Linie ging es um Veröffentlichungsfragen. Oder wie geht es weiter mit der Firma. Ist ja unser Kind. Zum Beispiel damals diesem GEMA-Kredit als das entschieden wurde. Dass man eben ein Darlehen erstmal auf die Tantiemen-Ausschüttungen aufnimmt. Also da war man sich dann einig."[119]

Teilweise waren die Fronten jedoch so verhärtet, dass es nicht möglich war, sich zu einigen. So berichtet Gebers, dass es bei manchen Sachen dann eben so gewesen sei, „dass dann irgendeiner irgendwas durchsetzen wollte. Der wollte das, und alle anderen haben gesagt: ‚Nee, will ich nicht. Also um Gotteswillen!'" So z.B. bei der *Globe Unity*-Produktion mit dem *Choir of the NDR-Broadcast*: Da gab es dann

> „den r i e s e n Streit. Machen wir das jetzt oder machen wir das nicht? Solche Sachen. Es gab also die Fraktionen. Einmal gings dann um eine *Globe Unity*-Geschichte: *Globe Unity & Choir*, eine Studio-Sache vom NDR. Alex wollte das unbedingt rausbringen, Brötzmann wollte unbedingt Nein: ‚Das nicht, das ist so ein Scheiß.' Dann wurde jahrelang hin und her, hin … …"[120]

---

115 Gebers zit. nach Müller 1992.

116 Müller (2022, S. 32) veranschaulicht in *Free Music Production. FMP: The Living Music* diesen Konflikt, den er als den ‚inneren Widerspruch' des Kollektivs charakterisiert wie folgt: „Eine ‚Cooperative', die einerseits einen Workshop veranstaltet, ‚...gedacht als Informationsmöglichkeit über freie, improvisierte Musik, mit Musikern und Gruppen die verschiedene Musikvorstellungen realisieren...' und sich als offene Plattform für aktuelle und verschiedene Musiken versteht, aber gleichzeitig die Wünsche und Vorstellungen von fünf Musikern mit erheblichem (notwendigem) Ego erfüllen soll, muss immer wieder Entscheidungen treffen, die gegen die Interessen eines oder mehrerer Gesellschafter stehen und vor allem auch den Erwartungsdruck der Außenstehenden bitter enttäuschen." (Vgl. hierzu auch Kapitel *4.8 Das Ende des Kollektivs, 1976*)

117 Hahne, Interview mit dem Verfasser, 22.6.2015, Interview-ID 176.

118 Ebd., Interview-ID 156.

119 Ebd., Interview-ID 176.

120 Gebers, Interview mit dem Verfasser, 27.3.2015, Interview-ID 68.

Die *Globe Unity*-Produktion wurde schließlich als *Hamburg '74* (FMP 0650) veröffentlicht: Jedoch erst weit nach dem Ende des FMP-Kollektivs im September 1979.

Cover- und Plakatgestaltung

Obwohl die per Gesellschaftervertrag festgelegten Aufgaben im Wesentlichen Gebers übertragen wurden, der diese ab 1975 mit der Unterstützung von Hahne abgearbeitet hat, habe es dennoch teilweise, wie Gebers im *Jazzthetik*-Interview mit Müller bemerkt, „bestimmte individuelle Beteiligungen" gegebenen: „So hat Brötzmann natürlich immer sein Cover gestaltet, Hans [Reichel] auch, andere haben das abgegeben. Brötzmann hat viele der Plakate gemacht."[121] Ist Gebers Formulierung einerseits zu entnehmen, dass es sich Brötzmann auch nicht nehmen ließ (und es zu dessen künstlerischem Anspruch gehörte), seine Cover selbst zu gestalten, konnte es sich die FMP andererseits aufgrund ihrer limitierten finanziellen Möglichkeiten auch nicht leisten, externe Grafiker:innen oder Künstler:innen für die Covergestaltung zu bezahlen. Der vielfach anerkennende Hinweis, dass bei der FMP die Musiker:innen nicht nur die Covergestaltung selbst „bestimmen", sondern auch „die Hüllen zum großen Teil in Eigenregie"[122] entwerfen, stellt insofern eine Idealisierung dar (‚Selbstbestimmung', ‚Verzicht auf kapitalistische Mechanismen'). Bei Gebers' Ausführungen zum Thema Cover- und Plakatgestaltung stehen in den Oral History-Interviews primär die Arbeitsprozesse im Vordergrund und nicht die künstlerische Freiheit oder Selbstverwirklichung:

> „Bei Brötzmann war es immer so, dass man sich da nicht um Entwürfe, Cover oder so was kümmern musste. Wenn er Zeit hatte, machte er die Plakate. Wenn nicht oder wenn es schnell gehen musste, machte ich das. Also das waren immer solche Arbeitsteilungen. Und es war damals alles noch völlig anders. Also er schickte mir die Reinzeichnungen, und ich musste dann mit denen zum Lithografen gehen, zum Reprofritzen, und sagen, das musst du so machen, das muss auf die Größe und das so mit der Farbe. Also so lief das. Das ist ein bisschen anders als heute. Er wusste eben, der Gebers kennt sich aus, dem schickst du das, und der macht das so, wie ich das haben will. So war das. Bei den anderen war das eben im günstigsten Fall so, dass Alex sagte, ich möchte gerne das Bild da vornedrauf haben. Oder dass die sich mal die Fotos anguckten und sagten, die und die Fotos möchte ich verwenden."[123]

Während der Kollektiv-Zeit gestaltete Brötzmann nicht nur alle Cover bzw. Hüllen seiner eigenen Veröffentlichungen: *For Adolphe Sax* (FMP 0080), *Machine Gun* (FMP 0090), *Brötzmann/Van Hove/Bennink* (FMP 0130), *Outspan No. 1* (FMP 0180), *Outspan No. 2* (FMP 0200) und *Tschüs* (FMP 0230). Brötzmann übernahm

---

121 Gebers zit. nach Müller 1992.

122 Quinke 1977.

123 Gebers, Interview mit dem Verfasser, 22.5.2015, Interview-ID 335.

auch die Gestaltung von zwei der drei Veröffentlichungen mit ‚Jazz aus der DDR' (*Just for Fun* des *Ernst-Ludwig Petrowsky Quartett* (FMP 0140) und *The Old Song* des *Gumpert/Sommer Duo plus Manfred Hering* (FMP 0170)), der ersten LP des *Alexander von Schlippenbach Trio* (*Pakistani Pomade* (FMP 0110) und (zusammen mit Kowald) von *Globe Unity 73 Live in Wuppertal* (FMP 0160) sowie das Lettering von *Evidence* des *Globe Unity Special Vol. 1* (FMP 0220) und *Into the Valley* des *Globe Unity Special Vol. 2* (FMP 0270). Brötzmann war so während der Kollektiv-Zeit bei der Cover-Gestaltung von mehr als der Hälfte (55 Prozent) aller FMP-Schallplatten (mit FMP-Nummern) beteiligt.[124] Darüber hinaus gestaltete er alle Plakate der beiden wichtigsten FMP-Veranstaltungsreihen T.M.M. und W.F.M. (bis auf eine Ausnahme 1975). 1975 übernahm dies Gebers, wie auch ansonsten für die *Free Music in Concert*-Einzelkonzerte oder für die *Free Concert*-Reihe im Rathaus Charlottenburg. Brötzmann prägte so mit seinem Plakat- und Coverdesign wesentlich das ästhetische FMP-Erscheinungsbild. Zu seiner Arbeitsweise und zu seinem künstlerischen und grafischen Ansatz führt Brötzmann bei den Oral History-Interviews aus:

> „Da mussten wir eigentlich nicht viel darüber reden. Das hat Jost schon mir überlassen. Gleichzeitig gab es ja die wachsende ECM. Und ECM – mit Eichers ästhetischer Vorstellung war natürlich genau das, was ich nicht wollte. Und insofern bin ich bei meiner Linie geblieben. Es gab ja manche Jahre, wo ich unterwegs war oder keine Zeit hatte, dann hat Jost was gemacht: und die sehen natürlich ein bisschen anders aus. Viele der Kollegen haben mich auch gefragt, mach doch mal … Und irgendwie hat sich dann auch später eingebürgert, dass meine anfängliche Arbeit auch so ein bisschen wegweisend für die anderen grafischen Produktionen wurde. Meine Stempelschriften sind in geklauter und abgeänderter Form inzwischen weltweit zu sehen. Das ist ja ganz furchtbar. Die habe ich in den ersten Semestern in der Kunstschule selbst geschnitten. Da gab es noch die alten Offsetmaschinen. Die hatten so ein Gummituch. Und wenn das Gummituch abgenutzt war, dann habe ich mir das auf die Seite genommen, und da konnte man schön Buchstaben schneiden. Also ich habe jetzt noch zwei, drei aus der Zeit. Die sind jetzt mehr als fünfzig Jahre alt, abgenutzt natürlich. Die haben inzwischen so einen Handschrift-Charakter gekriegt."[125]

Hinsichtlich der ästhetischen Ausrichtung – nicht nur bzgl. der Covergestaltung – nennt Brötzmann in den Interviews immer wieder die ECM bzw. die Ästhetik der ECM-Produktionen als Gegenentwurf zur FMP.[126] Auch Gebers stimmt in

---

124 Diese Zählung bezieht sich auf die veröffentlichten FMP-Nummern. D.h. das FMP-Sublabel SAJ sowie die Vinyl-Singles wurden hierbei nicht berücksichtigt.

125 Brötzmann, Interview mit dem Verfasser, 12.7.2015, Interview-ID 473.

126 So schließt Brötzmann auch seine Ausführungen zu seinem künstlerischen und grafischen Ansatz in den Interviews mit dem abermaligen Verweis auf die Antiposition ECM: „Weg von dieser anthroposophischen Manfred Eicher-Ästhetik. Das war immer ganz furchtbar. Aber es passt natürlich auch so. Ich meine, man kann meckern, wie man will, aber bei Eicher passt das auch gut zusammen. So ist er nun mal. So hat er die Musik auch geformt, und so geht bei ihm durchaus auch alles Hand in Hand bei der Ge-

den Oral History-Interviews Brötzmann in dieser Hinsicht zu und bemerkt, dass die Ästhetik der ECM eben „hundertprozentig dieser artifiziellen Musik, die der Manfred Eicher veröffentlicht“[127], entspreche. Dennoch habe sich Brötzmann bei der Gestaltung

> „nicht so große Gedanken gemacht. Das hatte vielleicht auch damit zu tun, dass zum Beispiel die Fluxus-Leute ja auch ihren ganz eigenen Stil hatten. Ich habe ein bisschen gekuckt auf die Dadaisten und Picabias grafische Geschichten und so weiter. Und dann auch die Vermittlung der Information: die sollte im Vordergrund stehen. Also bei den Fluxus-Leuten wurde ganz viel Schreibmaschinenschrift eingesetzt, weil's praktisch war und weil sie auch nichts anderes hatten. Aber es ging um die Information. Ja, ganz simple orthodoxe Geschichte: Information und Blickfang. Mehr ist es ja nicht. Und da mir natürlich auch die ganzen Dadaisten durchaus nahestanden, habe ich da auch ein bisschen gekuckt. Aber vieles passiert ja auch immer durch Zufälle.“[128]

So sei es Brötzmann „eigentlich immer nur um die Frage“ gegangen, „wie kriegt man die Informationen in Zusammenhang mit einer bildnerischen Gestaltung hin“.[129] Und da ihn Typografie immer interessiert habe, habe es bei seiner Covergestaltung „natürlich auch immer viel Typografisches“[130] gegeben.

Bezüglich der Covergestaltung während der Kollektiv-Zeit ist – noch vor dem von Gebers genannten Reichel (der die Cover seiner LPs *Wichlinghauser Blues* (FMP 0150) und *Bonobo* (FMP 0280) gestaltete) – Paul Lovens zu nennen. Lovens, der Schlagzeuger des *Alexander von Schlippenbach Trio* und (seit 1970) des *Globe Unity Orchestra*, gestaltete ab 1975 bis zum Ende des Kollektivs 1976 die Cover von vier Schallplatten, auf denen er auch jeweils als Schlagzeuger zu hören war: *Three Nails Left* des *Schlippenbach Quartett* (FMP 0210), *Evidence* des *Globe Unity Special Vol. 1* (FMP 0220), *Carpathes* des Trios *Pilz/Kowald/Lovens* (FMP 0250) sowie *Into the Valley* des *Globe Unity Special Vol. 2* (FMP 0270). Gebers

---

schichte. Bloß wir sind ja natürlich bei der Geschichte – Gott sei Dank! – ein bisschen verschieden (lacht).“ (Ebd.)

Vgl. zur „Gegenreaktion“ auf die Tendenzen Rockjazz und Free Jazz ab Mitte der 1970er-Jahre und zur Entwicklung einer „Harmonik, deren Schönklang in Gegensatz zu fast allem trat, was seit dem Bebop“ im Jazz gesetzt schien, sowie zur westdeutschen Diskussion über diese ‚neue musikalische Schönheit‘ bzw. die Skepsis dieser gegenüber, weil sie das Publikum ‚einzulullen‘ schien, anstatt es zu ‚neuen Ufern musikalischer Erkenntnis‘ zu tragen: Knauer 2019, S. 365ff. Sowohl die jazzstilistische Entwicklung als auch die o.g. Diskussion (vgl. bspw. Berendts Essays im *Jazz Podium*: *Schönheit, die ich meine. Der neue Faschismus in Jazz und Rock* aus dem Januar 1976 (Berendt 1976a) und *Nochmals: Schönheit, die ich meine* aus dem April 1976 (Berendt 1976b)) hängen eng mit der ECM und deren Produktionen zusammen.

127 Gebers, Interview mit dem Verfasser, 22.5.2015, Interview-ID 384.

128 Brötzmann, Interview mit dem Verfasser, 12.7.2015, Interview-ID 473.

129 Ebd.

130 Ebd.

selbst übernahm die Covergestaltung, wie er bei den Oral History-Interviews bemerkt: „nur notgedrungen", also

> „wenn kein anderer … – ich meine, wir konnten auch nicht Grafiker bezahlen oder so was. Also musstest du irgendwie mal schnell irgendwas machen. Und das war dann mal ein Foto oder mal dieses oder so. Oder reine Typografie. Bei den Plakaten, die meistens ich gemacht habe, waren das Typosachen. Nichts weiter.
> Aber grundsätzlich: Es gab nicht irgendein Prinzip, das vorschrieb, so und so sollte es sein. Es konnte jeder entscheiden, wie er seine Platte haben wollte oder auch nicht."[131]

Auch Dagmar Gebers trug bereits während der Kollektiv-Zeit wesentlich zur Ästhetik der FMP und ihres Erscheinungsbilds bei. Als Ehefrau von Gebers hielt sie diesem, wie sie bei den Interviews berichtet, nicht nur „den Rücken frei".[132] So beginnt sie ab Ende März/Anfang April 1972 beim Oster-*Workshop* in der *Akademie der Künste* die Aktivitäten der FMP zu fotografieren. Seitdem hat sie diese kontinuierlich dokumentiert. Bereits 1973 wurden bei der ersten Neuproduktion in der Kollektiv-Zeit (*Pakistani Pomade* (FMP 0110) des *Alexander von Schlippenbach Trio*) Fotografien von Dagmar Gebers auf der Schallplattenhülle verwendet. Während der Kollektiv-Zeit folgten fünf weitere Veröffentlichungen, bei denen sich Fotos von Dagmar Gebers auf der Hüllengestaltung fanden: *Brötzmann/Van Hove/Bennink* (FMP 0130), *Wichlinghauser Blues* von Hans Reichel (FMP 0150), *Globe Unity 73 Live in Wuppertal* (FMP 0160), *Goose Pannée* des *Schweizer/Carl Quartett* (FMP 0190) und *Messer* des Trios *Schweizer/Carl/Moholo* (FMP 0290). Des Weiteren wurden auch auf den Hüllen der auf dem FMP-Sublabel SAJ veröffentlichten LPs Fotos von Dagmar Gebers verwendet (bei der 2. Auflage von *Schlingerland* von Sven-Åke Johansson (SAJ-01), *Canadian Cup of Coffee* von E.M.T. (SAJ-02) und *Stabs* von Steve Lacy (SAJ-05)). Und auch auf den Plakaten der FMP-Live-Aktivitäten fanden sich Fotos von Dagmar Gebers wie bspw. beim W.F.M. 1973, den *Free Music*-Einzelkonzerte (*Globe Unity Orchestra* 1973, Schlippenbach, *Irène Schweizer/Rüdiger Carl Quartett* und Reichel 1974 oder der *Chris McGregor's Brotherhood of Breath* 1975) und den *Free Concerts* im Rathaus Charlottenburg (*Hans Reichel Trio* und *Frank Wright Unit* 1975). Bei den Oral History-Interviews berichtet Dagmar Gebers, dass sie

> „Fotografin werden wollte. Wollte ich unbedingt. Und irgendwann meinte dann der Jost – also damals hatte immer der [Werner] Bethsold fotografiert, das war so ein Fotograf, der hat immer so ein paar Fotos gemacht –, ob ich denn nicht mal Lust hätte, ein paar Fotos zu machen. Weil es kostet ja immer alles, und FMP hatte ja kein Geld: und dann brauchten wir auch keinen Fotografen zu bezahlen. Ja, und so bin ich dann da zum Fo-

131 Gebers, Interview mit dem Verfasser, 22.5.2015, Interview-ID 384. Dass Gebers ‚zur Not' auch die Gestaltung selbst übernehmen konnte, hatte damit zu tun, dass Gebers, wie Müller (2022, S. 64) hinweist, ‚gelernter Grafiker' gewesen war.

132 Dagmar Gebers, Interview mit dem Verfasser, 22.6.2015, Interview-ID 239.

tografieren gekommen. Wie die Jungfrau zum Kind sozusagen. Ja, und ich war natürlich damals schüchtern und auch nicht gerade sehr selbstbewusst. Um mich 'rum alle die bis zu zehn Jahre älteren Intellektuellen da. Das war natürlich schon so ein bisschen der Sprung ins kalte Wasser. Aber ich hab's dann eben angefangen und habe dann halt so nach meiner Art und Weise die Fotos gemacht: so wie ich mir das vorgestellt habe. Und so ist das dann. Ab '73 war ich dann sozusagen dazu verdonnert (Dagmar Gebers und Interviewer lachen)."[133]

Dagmar Gebers' Schilderung, wie sie zum Fotografieren gekommen ist, verweist erneut auf die limitierten finanziellen Möglichkeiten der FMP. So konnte die FMP (ebenso wenig wie externe Grafiker:innen oder Künstler:innen für die Covergestaltung) auch keine Fotograf:innen bezahlen – was jedoch hinsichtlich der angestrebten Professionalisierung und der insofern entsprechend zu bewältigenden Aufgaben der FMP (Produktion, Promotion, Öffentlichkeitsarbeit, Konzertplakate) notwendig gewesen wäre. Dagmar Gebers' Darstellung verdeutlicht, wie sich ihr Wunsch, Fotografin zu werden, mit dem Interesse der FMP verzweigte, für die benötigte Herstellung von Fotos eine Person zu finden, die diese Tätigkeit übernehmen könnte – und zwar verlässlich und kontinuierlich (d.h. ‚nicht nur mal ein paar Fotos') und möglichst kostenlos. Gebers berichtet bei den Oral History-Interviews weiter, dass sie „als Fotolaborantin in Fotoagenturen gearbeitet" habe: „Ich habe eigentlich immer in dem Bereich gearbeitet und hatte dadurch auch die Möglichkeit, Filme zu entwickeln. Das habe ich dann immer selber gemacht."[134] So bot sich für die FMP bzw. für Jost Gebers die Möglichkeit, seine Partnerin ohne Bezahlung (wie auch bei der von Dagmar Gebers angedeuteten Care-Arbeit) zum Fotografieren ‚zu verdonnern'. Mit dem Ergebnis, dass sich Dagmar Gebers als Fotografin entwickeln konnte und ihre Fotos heute noch wesentlich das ästhetische Erscheinungsbild der FMP prägen.

Geschlechterverhältnis, Männlichkeit und Publikum

Außer Schweizer, die kontinuierlich bei den FMP-Live-Aktivitäten vertreten war, waren im Zeitraum seit Gründung der FMP im Spätsommer 1969 bis zum Ende der Kollektiv-Zeit Anfang 1976 lediglich zwei weitere Musikerinnen bei den vielen FMP-Live-Projekten involviert.[135] Dies waren die Schweizer Cellistin und Sängerin Irène Aebi, die 1971 beim W.F.M. als Mitglied des Quintetts ihres Mannes Steve Lacy aufgetreten war, sowie die belgische Pianistin Nicole Van den Plas, die

133 Ebd., Interview-ID 215.

134 Ebd.

135 Beim ersten T.M.M. 1968 traten hingegen neben Donata Höffer (vln, p) auch Carol-Ann Nichols (voc) und Maggie Nichols (voc) mit dem *The Spontaneous Music Ensemble* auf. Höffer war auch bei der zweiten größeren Veranstaltung involviert, die die Akteur:innen vor der Gründung der FMP (im Spätsommer 1969) veranstaltet hatten: den *3 Nights Of Living Music And Minimal Art* Anfang April 1969 in der *Akademie der Künste*.

im März 1974 mit dem Trio E.M.T. bei einem Live-Auftritt im *Quartier Latin* die SAJ-LP *Canadian Cup of Coffee* eingespielt hat.[136] Das ‚Geschlecht' war jedoch weder in der Jazzpraxis unsichtbar noch in den Diskursen „abwesend".[137] Vielmehr ist nicht nur aufgrund der Unterrepräsentation, sondern auch in habituell-sozialer wie ästhetischer Hinsicht eine „männliche Hegemonie"[138] zu konstatieren, die damals weniger kritisch reflektiert, als vielmehr latent und manifest reproduziert wurde. Hierauf verweisen nicht nur Dagmar Gebers' vorherige Schilderung. So berichtet sie im weiteren Verlauf des Interviews:

> „Ich würde schon sagen, dass die ‚Free Music', also diese Szene schon auch ... ja, so ein bisschen 'ne Macho-Gesellschaft war. Doch. Obwohl sie ja alle sehr intellektuell daherkamen. Also schon auch. Also ich hatte jedenfalls immer, da ich nicht studiert hatte, so ein Minderwertigkeitsgefühl allen gegenüber: weil sie waren so alle um die sechs bis zehn Jahre älter als ich und alle eben studierte Leute. Also ich konnte das nie so zusammenbringen: Warum verhalten die sich so, wenn sie gesoffen haben und werden dann eben halt so? Und warum ist das auch so 'ne Männerdomäne? Also das ist mir zwar erst später aufgefallen, aber trotzdem immer noch so, dass ich gedacht habe, o.k., Irène [Schweizer] ist weit und breit die einzige Frau: das ist ja schon extrem. Und Frauen haben es in dieser Musik mit Sicherheit nicht leicht. Später kamen ja viel mehr Frauen, also aus verschiedenen Ländern. Aber so in dem kleinen Rahmen, in dem kleinen FMP-Raum, war es dann schon sehr Männer dominiert. Das muss ich schon sagen. Sehr stark."[139]

---

136 Müller weist in *Free Music Production. FMP: The Living Music* auf die Kritik von Dana L. Reason Myers (2002, S. 83f.) hin. So komme Myers zu dem Schluss, dass es beim T.M.M. kein Interesse gegeben habe, Frauen auftreten zu lassen. Demgegenüber betont Müller, dass es aus heutiger Sicht auffallend sei, „dass mit Irène Schweizer, Donata Höffer, Carol-Ann Nichols und Maggie Nichols (später Nicols) von Beginn an auch Frauen vertreten waren" (Müller 2022, S. 26). Des Weiteren entgegnet er Myers, dass sie unerwähnt lasse, „dass das T.M.M. als einziges Festival [...] von den dort auftretenden Musikern selbst gegründet wurde und es vor allem um Selbstbestimmung ging und ja mehrere Festivals und Konzertreihen von der FMP verantwortet wurden, bei der m.E. überdurchschnittlich oft Frauen auftraten. Die FMP war in der Tat keine intersektionale Initiative. Tatsächlich gab es aber auch einen Konflikt innerhalb der FMP zu dem Ziel, sich als Plattform auch permanent immer zu erweitern und neuen Akteuren Platz zu bieten" (ebd., S. 51).

137 Smith 2004, S. 299. So vertritt Smith in einem Beitrag über die *Feminist Improvising Group* die Position, dass weder die freie Improvisation noch der Free Jazz „extended their critiques to include the aesthetic, economic, or political liberation of women. For the most part, a practice of freedom that resisted gender oppression and oppression on the basis of sexual difference was excluded from the liberatory impulses of male-dominated improvising communities. The opportunity for freedom in relation to sexual difference, gender, and sexuality for women improvisers was strangely absent from the discourses and practices of both free jazz and free improvisation." (Ebd., vgl. Kisiedu 2020, S. 153)

138 Connell 2015, S. 22, vgl. auch Carrigan/Connell/Lee 1996 und Connell 1987.

139 Dagmar Gebers, Interview mit dem Verfasser, 22.6.2015, Interview-ID 245.

Auch Schoof berichtet bei den Oral History-Interviews retrospektiv von extrovertiert männlich-sozialen Umgangsformen bei den FMP-Festivals und beim W.F.M. und charakterisiert den westdeutschen Free Jazz als „richtigen Männerjazz“:

> „Dieser Free Jazz war ja nun so ein richtiger Männerjazz (Schoof spricht mit gepresster Stimme weiter und imitiert dabei einen Kurzdialog): ‚Ja Alter, wie geht's?! Trinken wir erstmal ein Bier!‘ ‚Ja, trinken wir erstmal ein Bier!‘ und so. Das war also sehr ... patriarchal, würde ich mal sagen. Da wurde auch viel angetörnt. Da wurde sehr intensiv gelebt – aber irgendwie alternativ gelebt. Treffpunkt nach den Festivals war immer der *Zwiebelfisch*: der *Zwiebelfisch* am Savignyplatz, den gibts übrigens immer noch. Da haben sich die ganzen Free Jazzer immer getroffen, nachdem sie gespielt haben, wenn wir in Berlin waren.“[140]

Schoofs Hinweis auf das Biertrinken (‚Ja Alter, lass uns erstmal ein Bier trinken!‘) und die hierbei charakterisierten männlich-männlichen Beziehungen lassen sich mit Connells Konzept der hegemonialen Männlichkeit als Beispiel für „jene Konfiguration geschlechtsbezogener Praxis“[141] verstehen, die als hegemoniale Form von Männlichkeit einerseits andere Formen von Männlichkeit dominiert und andererseits auch die Unterordnung von Frauen gewährleistet oder gewährleisten soll. Männlichkeit werde demnach, wie Niederauer ausführt, nicht nur in Abgrenzung zu Frauen, sondern gerade in den männlich-männlichen Beziehungen verhandelt, „in denen Verhaltensnormen sowie Abweichungen oder Kontraste zum jeweiligen Ideal legitimiert, festgelegt und durchgesetzt werden“.[142] Wenngleich Schoofs Charakterisierung ‚richtiger Männerjazz‘ in der Interviewpassage begrifflich unbestimmt bleibt (und er sich im Oral History-Interview sichtlich von der damaligen „orthodoxen Free Jazz-Szene“[143] und deren Protagonisten abgrenzen möchte),

---

140 Schoof, Interview mit dem Verfasser, 20.4.2015, Interview-ID 124.

141 Connell 2015, S. 130, vgl. Scholz 2019, S. 421.

142 Niederauer 2014, S. 227f. Wie Meuser und Müller (2015, S. 10) ausführen, liege die Bedeutung, die Connells Konzept sowohl in der Männlichkeits- als auch in der Geschlechterforschung generell erlangt hat, nicht zuletzt darin begründet, dass es hegemoniale Männlichkeit im Sinne einer doppelten, die hetero- und die homosoziale Dimension gleichermaßen bestimmenden Distinktions- und Dominanzlogik fasst. D.h. „im Verhältnis von Männern gegenüber Frauen und von Männern untereinander“.

143 Schoof, Interview mit dem Verfasser, 20.4.2015, Interview-ID 117. So berichtet Schoof bei den Interviews: „Damals war die Free Jazz-Szene sehr orthodox – sehr orthodox – und hat sehr darauf geachtet: was machen die da. Also ich habe es gelegentlich auch zu spüren bekommen, weil man mal gehört hat, dass ich auch mal Musik für die *Sendung mit der Maus* – noch heute – mache und auch damals Big Band-Arrangements für Kurt Edelhagen schrieb. Also ich habe alles machen können und es hat mir überhaupt nichts ausgemacht. Ich konnte trotzdem den Free Jazz spielen. Aber das haben manche Free Jazzer mir absolut übelgenommen. Das war nicht immer so. [...] Es gibt ein Buch von dem Noglik über den Free Jazz in Deutschland [Jazz-Werkstatt International]. Da hat der mich mit, glaube ich, keinem einzigen Wort erwähnt. [...] Wahrscheinlich, weil die Leute, die da interviewt wurden, mit abfälligen Bemerkungen vielleicht auch dafür ge-

lassen sich anhand eines anderen Interviews die sozialen und ästhetischen Implikationen vermitteln, auf die vermutlich Schoofs Formulierung abzielt. So äußerte sich Brötzmann im *Jazz Podium*-Interview mit Schmidt-Joos im Frühjahr 1968 zum Zusammenspiel mit den Pianistinnen Schweizer und auch Bley wie folgt:

> „*Siegfried Schmidt-Joos*: ‚Ich habe hier ein Zitat aus einem Interview des Jazz Podium mit Irène Schweizer und Mani Neumeier. Da sagt Mani: ‚Ich finde, daß Peter am besten im Trio spielt. Ist nämlich beispielsweise Irène dabei, kann sie am Klavier die schönsten Sachen bringen, er geht nicht darauf ein. Er hat ja auch schon mit Carla Bley gespielt, und da zeigte sich ebenfalls, daß er sich vom Klavier nicht anregen läßt. Es ist einfach für ihn nicht lautstark genug. Auf das Schlagzeug geht er eher ein, mit Peter allein spiele ich gerne. Die Musik ist dann sehr intensiv. Wenn man schon ganz fertig ist und glaubt, daß es nun nicht mehr weitergeht, dann stampft er mit dem Fuß auf und bläst so stark, daß man sofort wieder ganz oben ist. Nach drei Stücken ist man dann wieder ein ganz anderer Mensch und kann nicht mehr aufhören.‘ Würden Sie das aus Ihrer Perspektive bestätigen?‘
>
> *Peter Brötzmann*: ‚Das ist keine Instrumentenfrage. Ich meine, die beiden Mädchen waren sicher nicht die richtigen, um mit mir zu spielen. Aber es gibt durchaus Pianisten, mit denen man spielen kann. Und wenn sie bedenken, was Cecil Taylor auf dem Klavier macht, dann gibt es im Augenblick kaum bessere Musik. Was die Intensität angeht, so ist das durchaus richtig, glaube ich, was Mani sagt.‘“[144]

Auf die in dieser Interviewpassage zutage tretende Vorstellung einer ausgeprägt maskulinistischen Free Jazz-Ästhetik (‚lautstark‘, ‚Intensität‘, ‚bläst so stark‘, ‚stampft mit dem Fuß‘, ‚geht immer weiter‘, ‚sofort wieder ganz oben‘) zielte vermutlich Schoofs Formulierung des ‚richtigen Männerjazz‘ in ästhetischer Hinsicht ab. Des Weiteren verweist die Passage insofern auf die Reproduktion männlicher Hegemonie, als Brötzmann einerseits bzgl. Bley und Schweizer bemerkt, dass ‚die beiden Mädchen‘ sicher nicht die richtigen gewesen seien, um mit ihm zusammenzuspielen, da sie bei gemeinsamen Auftritten nicht in der Lage gewesen seien, die nötige musikalische ‚Intensität‘ zu entwickeln. Und andererseits verweist Brötzmann darauf, dass es ‚durchaus Pianisten‘ gebe wie z.B. Taylor – also männliche Pianisten –, mit denen ‚man spielen‘ könne. Insofern sei es für Brötzmann auch keine ‚Instrumentenfrage‘, dass er sich ‚vom Klavier nicht anregen‘ lasse, sondern (ausgehend vom Konzept der hegemonialen Männlichkeit formuliert) eine Frage der ‚Männlichkeit‘ – als „Position im Geschlechterverhältnis“.[145]

---

sorgt haben, dass ich im Grunde genommen gar nicht dazu gehöre, so ungefähr. Dabei war ich eigentlich derjenige, der ganz viel überhaupt in Bewegung gesetzt hat. [...] Noglik hat sich hinterher entschuldigt, und hat gesagt, das täte ihm leid, dass er mich da nicht erwähnt hat. Das war eine ziemliche Unverschämtheit. Aber wie gesagt, das kratzt mich nicht, aber das hat mich schon verwundert.“ (Schoof, Interview mit dem Verfasser, 20.4. 2015, Interview-ID 116)

144 Brötzmann zit. nach Schmidt-Joos 1968b, S. 129.

145 Connell 2015, S.124.

Dass sich die männliche Hegemonie im Kontext der westdeutschen Jazz-Avantgarde als heterosexuell-normativ vermittelte und sich das Feld als patriarchal strukturiert markieren lässt, bedingte nicht nur die damalige kulturelle, gesellschaftliche und politische heterosexuelle Normativität und Präsenz, sondern auch der mit diesen verschränkte „dominante Jazzdiskurs“[146], wie Tucker die Wirksamkeit der einheitlichen Jazz-Narration[147] mitsamt ihren inhärenten sozialkulturellen Geschlechter-Konstruktionen und Narrativen exponiert. So bemerkt beispielsweise Schmidt-Joos in einem der wenigen Artikel über Donata Höffer, der im Rahmen eines Gastspiels der *Donata Höffer Group* (Höffer: vln, p; Gebers: Brötzmann: reeds; b; Johansson: dr) bereits im Frühjahr 1968 in der Bremer *Lila Eule* entstanden ist, dass die Musikerin eine Spielart verfolge, „die heute selbst noch für manchen versierten männlichen Jazzfan voller Rätsel“[148] stecke. Mit seiner anerkennenden Akzentuierung der Besonderheit manifestiert Schmidt-Joos zugleich die Konstruktion des Normalen[149] – d.h. einer von den großen Männern des Jazz vorangetriebenen Geschichte, in der die Fackel von einem exzentrischen Genie an das nächste weitergegeben wird – und indiziert die „Achtzehnjährige aus Berlin“[150], so Schmidt-Joos, als „unauthentisches Jazzsubjekt“.[151] Mit seiner Formulierung „von zarten Mädchenhänden frei improvisierte und tonal aufgelöste Musik“[152] apostrophiert Schmidt-Joos dieses Narrativ. Die Wirksamkeit der hegemonialen heterosexuellen Männlichkeit zeigt sich in Schmidt-Joos’ Beitrag des Weiteren in der Selbstverständlichkeit, mit er die Pianistin und Violinistin als die „aparte“ oder auch „hübsche Donata“ bezeichnet – eine Form der Charakterisierung die Schmidt-Joos bzgl. Höffers männlichen Begleitern nicht angebracht erschien. Hier finden sich ausschließlich musikalische Zuschreibungen wie bspw. der „ultramoderne Neutöner Peter Brötzmann“.[153]

146 Tucker 2001, S. 375. Tucker bezeichnet die Konstruktion der Jazztradition deshalb als dominanten Jazzdiskurs, weil es ihm gelinge, Jazz-Narrative zu durchdringen und zu formen, die sich als voneinander verschieden verstehen. Insofern sei dieser nicht nur ein Diskurs unter anderen, sondern einer mit großer institutioneller, sozialer und politischer Macht, die er anderen Diskursen über Fortschritt, Modernismus, Primitivismus, Individualismus oder essentialistische Vorstellungen von Ethnie und Geschlecht usw. verdanke. Deshalb berühren diese ‚mächtigen Diskurse‘ auch die Art und Weise, wie über Jazz gesprochen wird, wie er vermarktet wird und wie er verstanden wird (vgl. ebd.).

147 Vgl. DeVeaux 1991.

148 Schmidt-Joos 1968c, S. S. 12.

149 Vgl. Katz 1995, S. 16, vgl. Tucker 2008, S. 2.

150 Schmidt-Joos 1968c, S. S. 12.

151 Tucker 2001, S. 398.

152 Schmidt-Joos 1968c, S. S. 12.

153 Ebd.

Auch hinsichtlich des Publikums erinnert sich Dagmar Gebers – allerdings nur vage – an ein Ungleichgewicht von Männern und Frauen. So antwortet sie auf meine hierauf Bezug nehmend Frage bei den Oral History-Interviews:

> „Ja, waren mit Sicherheit mehr Männer. Wobei … ja, später hat sich das, glaube ich, relativiert. Aber am Anfang, würde ich schon sagen, waren noch 'ne ganze Menge mehr Männer. Viele kamen dann später mit ihren Frauen. Aber am Anfang waren es schon viele Männer – soweit ich mich erinnern kann. Doch, so aus der Erinnerung. Ist ja doch schon lange her. – Nee, aber schon sehr … sehr stark Männer dominierte Szene."[154]

Hahne kommt bei den Oral History-Interviews nicht auf das Geschlechterverhältnis zu sprechen, sondern vermittelt vielmehr das Bild eines ‚total gemischten' Publikums sowohl beim W.F.M. als auch beim T.M.M.:

> „Das war total gemischt. Ich habe da gerade am Plattenstand mit vielen Leute gesprochen. Es gab ja viele Stammbesucher. Die sahen mich ja jedes Jahr am Plattenstand. Die kamen dann: ‚Oh, was gibts denn? Oh, die neue Brötzmann, die neue *Globe Unity*, die neue Schlippenbach! Dieter, pack' ein, pack' ein!' Also da war wirklich vom abgefahrenen, völlig ausgeflippten Typen über bürgerliche … – z.B. kam immer ein Koch aus München. Der war irgendwo in 'ner Kantine als Koch beschäftigt. Mit dem habe ich immer viel geplaudert. Oder ein Buchhalter aus Hamburg, der über Jahre kam. Mit dem saß ich Afterhours sogar noch oftmals rum. Ja und natürlich dann viel Studenten. Also aus der Studentenszene bestimmt, oder junge Leute. Aber das ging die gesellschaftliche Palette … – ja, so weit. Da hat sich jetzt nicht eine besondere Spitze abgehoben."[155]

Während Hahne für die ersten Jahre, bei denen er „dabei war – also noch in den Siebzigern –", die Verwurzelung in der Gegenkultur und den Zuspruch aus der Szene registrieren konnte, habe sich das Publikum aus seiner Sicht ab Mitte der 1970er-Jahre veränderte. Die „Freak-Fraktion, die hatten wir später nicht mehr", d.h. „die Langhaarigen und Rauschebärte", die sich „das irgendwie auf die Fahne geschrieben" hatten: „‚Das ist es, das ist für uns! Prima!'"[156] „Das schien doch mehr so 'ne Art Modeerscheinung gewesen zu sein. Das fanden die halt aufregend. Und ja, auf diesen Zug springen wir auf."[157] Diese Sichtweise teilt auch Gebers und skizziert die Publikumsentwicklung wie folgt:

> „Mitte der '60er, beginnend mit der '68er Zeit, ging's ja um Fortschritt, Progressivität und ähnliches. Und dann setzte sich diese Free Jazz-Geschichte so irgendwie manifest, und war in den Köpfen drin. Bis diese Leute, die meinten, das sei's jetzt, merkten, das ist es überhaupt nicht: Dazu kann man nicht auf der Straße rumrennen: da ist Hồ Chí Minh besser! Also das war praktisch so ein kurzes Aufblühen. Hier ist was, was offensichtlich parallel zu unseren Intentionen geht, aber das passte nicht. Und so war das ähnlich mit

154 Dagmar Gebers, Interview mit dem Verfasser, 22.6.2015, Interview-ID 246.
155 Hahne, Interview mit dem Verfasser, 22.6.2015, Interview-ID 198.
156 Ebd.
157 Ebd.

dem Publikum: Es war, sagen wir mal, ein Hype – reduziert, aber immerhin –, der sich schnell erledigte. Weil es war nicht das, was man sich eigentlich wünschte. Und dann kam auch im Publikum zwangsläufig dieses Abwandern in das, was dann diese progressive Rockmusik war – zu dieser Zeit –, oder Jazz Rock und ähnliche Geschichten. So dass dann eigentlich nur noch so ein harter Kern blieb."[158]

Gebers datiert im Gegensatz zu Hahne jedoch die einsetzende Umbruchzeit schon etwas früher, d.h. ab dem Beginn der 1970er-Jahre, „wo die dann merkten, nee, das ist es eigentlich nicht."[159] Aufgrund der bereits bestehenden nur eingeschränkten finanziellen Möglichkeiten der FMP bedingte die Transformation der Entität des Publikums und dessen zahlenmäßige Verringerung sukzessive auch eine Veränderung der finanziellen Situation der FMP, die auch als Entität des Akteur-Netzwerks zu berücksichtigen ist.

Die finanzielle Situation

Obwohl sich der Publikumszuspruch (trotz des sukzessiven Abwanderns in andere Bereiche) nach wie vor auf einem noch relativ hohen Niveau befunden haben muss (so führt Gebers in einem späteren Interview aus, dass die Publikumsentwicklung noch bis „Mitte/Ende der siebziger Jahre nach oben"[160] gegangen sei), hatte das Kollektiv mit finanziellen Schwierigkeiten zu kämpfen. So äußert sich Gebers im *Jazz Podium*-Interview im Sommer 1973:

> „*Geges Margull*: ‚Der Workshop Freie Musik im Frühjahr ist eine von Seiten der Akademie subventionierte Konzertreihe. Wie sieht es denn sonst mit der Unterstützung aus? Ihr macht Konzerte, Workshops, Platten – wie finanziert sich das?'
>
> *Jost Gebers*: ‚Da muss man unterscheiden zwischen Platten- und Live-Produktionen. Wir machen Platten, die werden verkauft und mit dem Gewinn werden neue produziert, in der Hoffnung, in absehbarer Zeit ein Produktionskapital zu haben und dann auch die Musiker gleich richtig zu bezahlen. Im Augenblick haben wir eine Gewinnfestlegung für jeweils drei Jahre. Bei den Liveproduktionen sieht es ein wenig anders aus. Wir machen einmal im Jahr die subventionierte Workshopreihe unter wirklich guten Bedingungen, dann gibt es ab und zu mal ein wenig Geld für Konzerte von einem Bezirk in Berlin.'
>
> *Geges Margull*: ‚Das sind die Free Concerts im Rathaus?'
>
> *Jost Gebers*: ‚Ja. Alle anderen Dinge laufen auf eigenes Risiko, meistens mit Defizit, wie im letzten Jahr das Total Music Meeting, und mit miserabelster Bezahlung aller Beteiligten.'"[161]

158 Gebers, Interview mit dem Verfasser, 22.5.2015, Interview-ID 357.
159 Ebd.
160 Gebers, Interview mit dem Verfasser, 14.8.2015, Interview-ID 518.
161 Margull 1973, S. 15.

Hinsichtlich des T.M.M., dem finanziell risikoreichsten FMP-Veranstaltungsformat, veröffentlichte die FMP während der Kollektiv-Zeit in ihren Mitteilungen und Programmflyern, aber auch in Interviews und in Zeitschriften zum Teil detaillierte Aufstellungen der Einnahmen und Ausgaben. So dokumentieren die FMP-*News!* vom Spätsommer 1975 (ein DIN A5-Vierseiter mit Konzertterminen und Informationen über FMP-Produktionen und einzelne Musiker:innen) einen nahezu vollständigen Überblick über die finanziellen Schwierigkeiten des T.M.M. während der Kollektiv-Zeit. Demnach seien die Defizite in den vorangegangenen Jahren wie folgt ausgefallen:

> „1972 = DM 1.462,76
> 1973 = DM 1.706,96
> 1974 = DM 2.198,--
> Obwohl wir Zuschüsse erhalten haben (je DM 5.000,-- 1972 und 1974 und DM 10.000,-- 1973), sind diese Defizite entstanden. Und dabei wurden nur lächerliche Minigagen an die beteiligten Musiker gezahlt.
> Wir bemühen uns weiterhin um einen Zuschuß, werden aber wahrscheinlich nur ein 3-Tage-Meeting machen können."[162]

Dokumentieren die FMP-*News!* einerseits, dass die Kooperative ihr Ziel, zeitgenössischen Jazzmusiker:innen und Komponist:innen von der kommerziellen Musikindustrie unabhängige Arbeitsmöglichkeiten zu schaffen, nur bedingt erreicht werden konnte (‚lächerliche Minigagen'), wurde der Überblick und die finanziellen Schwierigkeiten natürlich andererseits vor allem deshalb veröffentlicht, um auf die Notwendigkeit einer Unterstützung aufmerksam zu machen – und dieser Nachdruck zu verleihen:

> „In diesem Jahr werden wir keine finanzielle Unterstützung der Berliner Festspiele [der Veranstalterin der *Berliner Jazztage*] erhalten – auch langfristig sehen wir unsere Subventionsanträge kaum bewilligt – und ohne einen Zuschuss von DM 20.000,-- ist es uns nicht möglich, dieses Projekt durchzuführen."[163]

Und weiter heißt es in den FMP-*News!*: „FMP ist finanziell nicht mehr in der Lage das große Risiko für das Total Music Meeting zu übernehmen."[164] Obwohl die FMP 1975 keine finanzielle Unterstützung durch die *Berliner Festspiele* erhalten sollte, führte das „Geschäftsgebaren" der *Berliner Jazztage* dazu, so Burkhardt im November 1975 in der *Zeit*, dass die FMP hinsichtlich des T.M.M. 1975 aus dem zwischenzeitlichen „Not- ein Luxusprogramm machen"[165] konnte. So berichtet Burkhardt in seinem Artikel *Der Großen Streit nährt die Kleinen*, dass alle Bemühungen der FMP um Subventionen, ihre Eingaben und Bittgänge, „ja eine

162 FMP 1975a, S. 2.
163 Ebd.
164 Ebd.
165 Burkhardt 1975, vgl. FMP 1976a, S. 2.

offen und genau dargelegte Kalkulation, das Allernötigste betreffend", bei der „schwerfälligen, wohl auch nicht sonderlich progressiv gesonnenen Behörde nicht gefruchtet" habe:

> „Ein Notprogramm hatte man schon skizziert; da wurde bei der ARD das Geld frei, das eigentlich für den Mitschnitt jener vier Konzerte bestimmt war, die Meister Schulte-Bahrenberg nun an das ZDF verhökert hat. Und von der Summe zweigte Michael Naura, Jazzchef des NDR und Mitglied des ARD-Berater-Gremiums, 10.000 Mark für ein Porträt der FMP-Leute ab.
> Auf die Dreiviertelstunde sollten sich die Musikliebhaber freuen; einmal weil die Jungs von FMP nun aus dem Not- ein Luxusprogramm machen, zusätzlich noch Gunter Hampel etwa und das aberwitzig komische ‚Kollektief' des Saxophonisten Willem Breuker engagieren konnten; zum anderen, weil der Film nicht nur doof Musiknummern aneinanderreihen, sondern auch etwas über die Lebensbedingungen und Ansichten der Musiker erzählen will.
> Ja, ich saß mit am Tisch, als der Herr vom NDR das Quartier Latin betrat und Jost Gebers der Scheck über 10.000 Mark überreicht wurde. Er ist in guten Händen."[166]

Mit Hilfe des ARD-Schecks konnte die FMP, wie in den FMP-*News!* aus dem Januar 1976 berichtet wird, „zum ersten Mal ohne finanziellen Verlust"[167] ein T.M.M. durchführen. Und das „Minus von DM 1.384,08 konnte durch den Verkauf von Senderechten abgedeckt werden".[168] Während die „Filmgelder vom NDR", wie Gebers die Einnahmen durch den Verkauf der Senderechte bei den Interviews nennt, lediglich eine einmalige finanzielle Unterstützung des T.M.M. bzw. der FMP darstellten, erhielt die FMP ab 1977 bis 1987 jährlich „immer eine Ausfallbürgschaft für das *Total Music Meeting*"[169] von der *Berliner Festspiele GmbH*. „Hierzu mussten wir", wie Gebers bei den Oral History-Interviews erläutert, „einen Finanzplan vorlegen und sagen, wie wir das finanzieren – und wieviel fehlt. Und dieses Geld haben wir bis zu einer bestimmten Grenze, also die war ein bisschen schwankend, erhalten."[170] Wie die Abrechnung zum T.M.M. 1975 zeigt, waren auch Spendeneinnahmen für die Finanzierung der FMP-Aktivitäten eine bedeutsame Größe (für das T.M.M. 1975 betrugen diese DM 2.000,–). Wobei „damals eine Spende etwas anderes war als heute etwa das Sponsoring"[171], wie Gebers 1992 im *Jazzthetik*-Interview erläutert:

> „Da gab es zum Beispiel eine Zahnärztin aus Travemünde, die immer im Oktober 2.000 Mark schickte und dann auch da war, mit der ganzen Familie und in der ersten Reihe

166 Burkhardt 1975.
167 FMP 1976a, S. 1.
168 Ebd.
169 Gebers, Interview mit dem Verfasser, 14.8.2015, Interview-ID 522. Gebers' Schilderung bei den Oral History-Interviews, nach der die Ausfallbürgschaft bereits seit 1976 gewährt wurde, konnte mit den mir vorliegenden Dokumenten nicht bestätigt werden.
170 Ebd.
171 Gebers zit. nach Müller 1992.

> auf dem Tisch stand. So. Das waren Freunde, die das Geld gegeben haben. Es gab Leute, die bei den Jazztagen spielten und die Gage mit rüberbrachten, damit jemand bei uns spielen konnte.“[172]

Bei den Musikern, die ihre Gage von den *Berliner Jazztagen* mitbrachten handelte es sich um Brötzmann, Schlippenbach, Kowald und Lovens, die 1973 bei den *Jazztagen* als *Peter Brötzmann Quartett* auftraten. So hatte Brötzmann im Programmheft der *Jazztage* mitgeteilt, dass er nur für die Gage spiele, „um damit das Alternativ-Festival der Neutöner mitzufinanzieren“[173], wie Olshausen in seiner *Jazztage*-Rezension im *Jazz Podium* hinweist. Und Panke berichtet im *Jazz Podium*:

> „Obwohl das ‚Quartier‘ mit einem Fassungsvermögen von ca. 800 Personen an vier Tagen völlig ausverkauft war (Freitag und Samstag mußte sogar wegen Überfüllung geschlossen werden) und nur der Sonntag verhältnismäßig schwächer besucht war, bleib in der FMP-Kasse ein Loch von 1.796 DM, das zum Glück mit der vom Quartett um Peter Brötzmann zur Verfügung gestellten Gage aus der Philharmonie gefüllt werden konnte.“[174]

Trotz der verlustfreien Durchführung des T.M.M. 1975 verdeutlicht eine *Bestandsaufnahme zur augenblicklichen Situation der Free Music Production* in den FMP-*News!* vom Frühjahr 1977, wie dramatisch sich die finanzielle Situation der FMP als Kooperative bereits während der Kollektiv-Zeit darstellte. So belaufe sich die Bilanz zum 31.12.1974 auf einen Verlust: von DM 10.293,94 und die Bilanz zum 31.12.1975 auf einen Verlust von DM 27.476,87.[175] Der Gesamtverlust betrug demnach DM 37.770,81. Zu diesen Verlusten summierten sich noch (zu zahlende) Musiker:innenhonorare für Plattenproduktionen sowie private Kredite von FMP-Beteiligten und Musiker:innen in einer Größenordnung von ca. DM 60.000,--. Insofern sei ersichtlich, dass es der FMP trotz kontinuierlicher Arbeit seit 1969 nicht gelungen sei, die ökonomische Situation gravierend zu verbessern.[176]

---

172 Ebd.

173 Olshausen 1973b, S. 21.

174 Panke 1974, S. 26.

175 Als Aufwendungen wurden hierbei benannt: „Büro (Miete, Heizung, Strom, Instandhaltung), Betriebskosten (Telefon, Porto- und Versandkosten, Verpackungsmaterial, Versicherungen, Reisekosten, Bürobedarf, Kontogebühren, Werbekosten etc.), Produktionskosten (Plattenpressung, Gema, Coverdruck, Studiokosten, Tonbänder, Honorare), Konzertkosten, technische Anlagen und Wartung, Umsatzsteuer.“ Und als Erträge: „Einnahmen aus Schallplattenverkauf und Konzertkartenverkauf, öffentliche Zuschüsse, private Spenden für Konzerte.“ (FMP 1977a, S. 3)

176 FMP 1977a, S. 3.

Obwohl die FMP ihre mit dem Beginn der Plattenproduktion konstituierte und mit der Selbstverständnis-Erklärung untermauerte unabhängige und antikommerzielle Positionierung, Praxis und Perspektive im Herbst 1972 mit dem Begriff der Alternative exponierte, nimmt die FMP im Laufe des Jahres 1975 partiell Abstand von der propagierten Unabhängigkeit. Die Kooperative überträgt die Tonträgerdistribution „einem kapitalistischen Plattenunternehmen“, so Quinke: „dem Bellaphon-Importdienst“.[177] Über *Bellaphon* und die damalige Situation bei der FMP berichtet Hahne bei den Oral History-Interviews:

> „Der erste professionelle deutsche Vertrieb war *Bellaphon*. Da waren wir dann froh. Ich glaube, die haben eine Garantieabnahme von 100 Stück gemacht. Und die haben sogar hier und da einen kleinen Zuschuss für Plakate gegeben. Da stand dann halt irgendwo das *Bellaphon*-Labelzeichen auf dem Plakat drauf. Aber davor, also vor *Bellaphon* … – da wars verflucht eng. Da war Miete, Hahne, Presswerkrechnung offen, Druckereirechnung offen. Jost kannte hier 'ne Druckerei oder den Druckereiinhaber sehr gut. Der hat meistens um die Ecke 'rum in einer Kneipe gesoffen. Oftmals hat der dann angerufen (lacht): ‚Jost, bring' mal ein bisschen Geld, ich sitze in der Kneipe und habe kein Geld mehr.‘ Ach, bei dem hatten wir Schulden ohne Ende. Der hat Konzertplakate seinerzeit gedruckt. Und der hat stillgehalten. Also wenn Jost dann zurückkam und ein bisschen Geld brachte, dann hatte Jost auch schon wieder glasige Augen, weil er mit dem dann mal schnell zwei, drei Schnäpse runterschlucken musste. (Hahne und Interviewer lachen) Das war schon gut, dass wir bei dieser Druckerei einen endlosen Kredit und bei dem Inhaber einen Stein im Brett hatten. Aber vielleicht hing das auch mit seiner Alkoholkrankheit zusammen: ‚Ist doch mir egal wieviel tausend Schulden die bei mir haben.‘ (Lacht)“[178]

Hahnes Schilderung vermittelt wie prekär sich die damalige Situation der FMP u.a. aufgrund der Bürokosten, der Kosten für Hahnes sozialversicherungspflichtige Anstellung, der Kosten der Plattenproduktion etc. darstellte (‚verflucht eng‘) und was sich die FMP vom ‚ersten professionellen Vertrieb‘ versprach. Eine Verbesserung der ökonomischen wie auch der Vertriebssituation der FMP (‚da waren wir froh‘: mit der ‚Garantieabnahme von 100 Stück‘ und ‚kleinen Zuschüssen für Plakate‘). Die Tonträgerdistribution musste aufgrund der desaströsen finanziellen Situation und, um die Kosten für die Arbeit der FMP bestreiten zu können, erweitert werden. Deshalb wäre es damals der „wichtigste Schritt“ gewesen, wie Gebers retrospektiv betont, einen „Verbund von Musikerorganisationen“ aufzubauen, um „die kommerziellen Vertriebswege der Plattenkonzerne“[179] zu unterlaufen – was jedoch nicht gelungen sei. So musste eine andere Praxis gewählt werden. Insofern

177 Quinke 1977. *Bellaphon* übernimmt den Vertrieb der Tonträger der *Free Music Production* für die BRD, Westberlin, Österreich und die Schweiz. (Vgl. Thiem 1978)

178 Hahne, Interview mit dem Verfasser, 22.6.2015, Interview-ID 189.

179 Gebers 1979, S. 251.

verweist Hahnes Darstellung ebenso auf die Entität der finanziellen Situation der FMP wie auch auf die diese Entität mitbedingenden Entitäten des Akteur-Netzwerks wie u.a. die Entitäten der Schallplattenproduktion und der Konstituierung der FMP als Schallplattenlabel, des Gesellschaftervertrags inklusive der beabsichtigten Professionalisierung der Kooperative, der Selbstverständnis-Erklärung der FMP, die mit ihren Zielsetzungen wiederum auf die Entitäten des antikommerzielle Narrativs, der mangelnden Repräsentation, der ökonomischen Situation der Akteur:innen, der professionellen musikalische Karrieren etc. verweist. D.h. das bestehende Akteur-Netzwerk bzw. dessen Entitäten bedingten eine Modifizierung der Entität der Tonträgerdistribution, die nun die ökonomische Zusammenarbeit mit einem kommerziellen Plattenunternehmen umfasste.

Was die in Frankfurt ansässige *Bellaphon* bewog, die LPs der Kooperative ins Vertriebsprogramm aufzunehmen, beantwortet Donisch 1978 in *Blues Notes* mit der Vermutung, dass *Bellaphon* geglaubt habe, „eine große Marktlücke entdeckt zu haben".[180] Wenngleich aus heutiger Sicht eher verwunderlich, schätzte dies Mitte 1975 nicht nur die *Bellaphon* so ein, wie ein Artikel aus der *Badischen Zeitung* dokumentiert. Unter dem Titel *Bekannter deutscher Jazzmusiker sucht guten Plattenvertrag* berichtet Klaus Robert Bachmann, dass die Villinger Plattenfirma *Musik Produktion Schwarzwald* (MPS) „mehr herkömmlichen Jazz, mehr Oscar Peterson, mehr Erroll Garner und seit neuestem Monty Alexander unter die Leute bringen" möchte, und befürchtet deshalb eine „gezielte Entlaubung" und „weniger Chancen" für die „Neutöner".[181] So wolle MPS-Inhaber Brunner-Schwer deutschen Jazzmusiker:innen wie dem Pianisten Kühn und dem weltweit bekannten Posaunisten Mangelsdorff nur noch eine Langspielplatte pro Jahr ermöglichen. Insofern stellt sich Bachmann die Frage, „welche Plattenpressen" denn für „die MPS-Flüchtlinge in Frage" kommen könnten, und folgert:

> „Indes blinzelt die Branche unsicher nach Berlin-West und flüstert: ‚Die Rache der Enterbten'. Dort nämlich gibt es die FMP (Free Music Production), eine fast gewerkschaftsähnliche Musiker-Kooperative, die in Eigenregie Platten publiziert. Der harte Kern der FMP sind Jazzmusiker, die von den großen Plattenpressen ignoriert wurden und werden: Peter Brötzmann, Han Bennink, Rüdiger Carl. Aufsehen hat es schon erregt, als sich Albert Mangelsdorff mit den FMP-Leuten solidarisiert hat. Der Geschäftsführer der Organisation, der Bassist Jost Gebers, organisiert im nordwestdeutschen Raum immer wieder vielbeachtete Jazzworkshops. Eine verstärkte Öffentlichkeitsarbeit spricht dafür, dass die FMP sich einen größeren Plattenmarkt erobern möchte, weg will von dem umständlichen Versandhandel. Sollte FMP das Gelingen, haben die anderen deutschen Labels nichts zu lachen. Für viele Musiker könnte das den Ausweg aus der Marktverengung bedeuten, die sie sonst bis Ende des Jahres wieder einmal an den Rand des Existenzminimums treibt.

180 Donisch 1978.
181 Bachmann 1975, S. 5.

> Doch die Koppelung von einem besseren Vertrieb und einigermaßen gutem Auskommen ist nur eine Teillösung. Die FMP geht immer mehr direkt ‚unters Volk', stellt den Jazz, die Free Music zur Diskussion."[182]

Doch das große Geschäft, das sich *Bellaphon* wohl versprach, blieb ebenso aus[183] wie spürbare Effekte bei der FMP durch den neuen Geschäftspartner. Die *Bellaphon* habe, wie Gebers bei den Oral History-Interviews resümiert, „zwar viel Wirbel gemacht, aber toll war es nicht, was da im Einzelnen passierte".[184] Gebers teilt insofern nicht Lieflands Erwartung, dass dadurch, dass bei der *Bellaphon* der Vertrieb „an den Avantgarde-Experten Winfried Märkle, delegiert" wurde, die Schallplatten der FMP „fortan im Einzelhandel"[185] auch tatsächlich verfügbar seien.

Live-Projekte

Total Music Meeting, 1972–1975

Während der Kollektiv-Zeit prägte der Begriff der ‚Alternative'[186] das Image und den Charakter des *Total Music Meeting* (T.M.M.). Der neu eingeführte Begriff „ALTERNATIVE"[187] übertitelte in Großbuchstaben den T.M.M.-Programmflyer 1972. 1973 findet sich der Alternative-Begriff auch auf den Plakaten des T.M.M. direkt unter dem Titel „TOTAL MUSIC MEETING" und in gleicher Schriftgröße wie dieser. 1974 wurde zwar auf den T.M.M.-Plakaten, nicht aber auf den Flyern auf den ‚Alternative'-Begriff verzichtet. Dort hieß es zur Charakterisierung des T.M.M. wie auch in den Folgejahren (1975 und 1976):

> „TOTAL MUSIC MEETING
> seit 1968 das alternative nachtprogramm während der dauer der berliner jazztage. eine produktion der beteiligten musiker, organisiert von der musikercooperative FREE MUSIC PRODUCTION/BERLIN (west)"[188]

Auf den Plakaten des T.M.M. 1975 wird der Begriff der Alternative wieder verwendet. „FREE MUSIC PRODUCTION" und „ALTERNATIVE" wurden dort allerdings in kleinerer Schriftgröße über dem Titel „TOTAL MUSIC MEETING" abgesetzt, wodurch der Begriff Alternative mehr auf die FMP als auf das

182 Ebd.

183 Vgl. Donisch 1978.

184 Gebers, Interview mit dem Verfasser, 27.3.2015, Interview-ID 66.

185 Liefland 1980.

186 Vgl. Kapitel *4.3 Programm und Positionierung der ‚Cooperative von Jazzmusikern auf Gesellschafterbasis', 1972.*

187 FMP 1972c, S. 1.

188 FMP 1974b, FMP 1975b, S. 6, FMP 1976b, S. 6.

T.M.M. bezogen erscheint. Ab dem Zeitpunkt des erneut eskalierten Konflikts zwischen dem T.M.M. bzw. der FMP und den *Berliner Jazztagen* im Spätsommer 1972[189] (der Phase der Neukonstituierung der FMP) blieb die Auseinandersetzung zwischen dem T.M.M. und den *Jazztagen* in den folgenden Jahren virulent und die alte Frontstellung zwischen dem T.M.M. und den *Jazztagen* war wieder hergestellt. Dies verdeutlicht einerseits die kontinuierlich kommunizierte Forderung der FMP nach Subventionierung des T.M.M. (auch aus den Mitteln der *Berliner Festspiele*). So schreibt die FMP im T.M.M.-Programmflyer 1972:

> „das TOTAL MUSIC MEETING sollte mit DM 60 000,– subventioniert werden, aber von den musikern wie bisher in eigener regie produziert und organisiert werden. als gegenleistung wurden die rundfunk- und fernsehrechte wie bei den jazztagen angeboten. Dieser antrag wurde abgelehnt!“[190]

Die Forderung nach öffentlicher finanzieller Unterstützung wurde mittels der Allianz mit Redakteur:innen und Journalist:innen medial unterstützt und von einem kontinuierlich gewachsenen Misstrauen gegenüber den *Jazztagen* (‚Geschäftsgebaren‘, ‚Geld verhökern‘ etc.) begleitet.[191] Andererseits positionierte sich die FMP auch weiterhin kritisch gegenüber den *Jazztagen*, indem sie (wie in ihrer Charakterisierung des T.M.M.) ihre unabhängige antikommerzielle Positionierung hervorhebt und so auf die inhärente Kritik an den Präsentations-, Realisations-, Organisations- und Aneignungsformen der *Jazztage* rekurriert. So wurde bspw. 1972 auf den Programmflyern des T.M.M. hingewiesen: „produced by: the musicians and: free music production/berlin.“[192]

Während der *Workshop Freie Musik* (W.F.M.) aufgrund der Allianz mit der *Akademie der Künste* von Beginn an über einen festen Veranstaltungsort verfügte, war die FMP hinsichtlich eines festen Ortes für das T.M.M. noch auf der Suche. So berichtet Gebers bei den Oral History-Interviews:

> „Wir suchten dann aber immer weiter, und da ’72 zu diesem Zeitpunkt die *Akademie* frei war, konnten wir da rein gehen und das *Total Music Meeting* in der *Akademie* machen. […] Das ging unter Umständen bis morgens, so liefen die Dinger ab. Und das war dann natürlich für die *Akademie* zu heftig die ganze Geschichte. Zum anderen konnten sie uns diesen Termin nicht freihalten, weil da auch immer die Mitgliederversammlungen waren und so was. Wir mussten also weitersuchen.[193]
> […] Und dann gabs das *Quartier Latin*. Das war ein Ableger von dieser Studententruppe, und die hatten das dann an den ‚Manne‘ [Manfred] Saß übergeben, der dann da in diesem Laden saß. Und dann haben wir das da gemacht: und sind dann da auch geblie-

189 Vgl. Kapitel *4.2 „Der große Skandal mit dem Jazzfest“, 1972.*

190 FMP 1972c, S. 2.

191 Vgl. bspw. Burkhardt 1975 oder Margull 1973 oder den *Spiegel*-Beitrag *Affären. Etwas abgezapft*, in: *Der Spiegel* 26/41 (2.10.1972), S. 200f.

192 FMP 1972c, S. 1.

193 Gebers, Interview mit dem Verfasser, 27.3.2015, Interview-ID 18b.

ben. Haben dann allerdings da auch übers Jahr verteilt in diesem Laden viel Konzerte gemacht."[194]

So wird das *Quartier Latin* in der Potsdamer Straße 96 ab 1973 zum Domizil des T.M.M. Der Kontakt ging, wie Gebers berichtet, erneut auf das „Kneipen-Kollektiv von Studenten" zurück, das neben anderen „Läden in Berlin" (wie u.a. dem *Quartier von Quasimodo*, in dem 1968 das 1. T.M.M. stattgefunden hatte) auch „zu Beginn"[195] das *Quartier Latin* betrieben hatte: und insofern auf die gegenkulturelle Verwurzelung der FMP in der ersten Hälfte der 1970er-Jahre hinweist. Das Kneipen-Kollektiv übergab dann das ehemalige Kino an ‚Manne' und Christa Saß.[196] In einem *Zeit*-Beitrag aus dem November 1975 wird das *Quartier* als „schön groß und von der schön verrummelten Gemütlichkeit, die längeres Ausharren begünstigt" beschrieben und entgegen „den heil'gen Hallen der *Philharmonie*"[197] positioniert. Auch Burde weist in seiner Rezension des T.M.M. 1973 darauf hin, dass im „sehr jazzfreundlich[en]" *Quartier* „gelebt und gelagert und gehört werden kann".[198] Auch Gebers erinnert sich bei den Oral History-Interviews an die Atmosphäre im *Quartier Latin* beim T.M.M. in der ersten Hälfte der 1970er-Jahre:

> „Wir haben immer um zehn Uhr angefangen, und wussten genau, dann irgendwann, zwei Stunden später so, wenn es schief ging, war da [in der *Philharmonie*] zu Ende. Da wurde im Notfall das Licht abgeschaltet! Und da fing das bei uns gerade erst richtig an. Die Konzerte gingen ja bis in die Morgenstunden. Und so ein Typ in England, Martin Davidson, der die Plattenfirma *Emanem* macht, der hatte nach dem Tod von Rutherford gefragt, ob er Aufnahmen kriegen könnte. Dann habe ich der Schwester, die ist die Erbin oder Nachlassverwalterin, die Bänder verkauft. Und da war ein Solo aus dem *Quartier* dabei, das muss beim *Total Music Meeting* '75 gewesen sein. Und da hat er sich dann gemeldet und hat gesagt: ‚Sag' mal, was ist denn da losgewesen? Das war da so unruhig!' Da habe ich gesagt: ‚So war das damals. Du darfst eins nicht vergessen, das war nicht englische Szene bei uns, sondern das war quer durch den Garten!' Und ich erinnere mich, dass Paul direkt nach dem *Breuker Kollektief* gespielt hat, und da kannst du dir vorstellen, was da für eine Stimmung im Laden war. Konnte der Davidson

194 Ebd., Interview-ID 19.y

195 Jost Gebers, Interview mit dem Verfasser am 22. Mai 2015, Interview-ID 383.

196 Vgl. Saß/Steinhau 2018, vgl. Goldstein 2018.

197 Burkhardt 1975.

198 Burde 1973. Andi Brauer, ein Gründungsmitglied der Westberliner Politrock-Band *Lokomotive Kreuzberg* (1972 bis 1977) schildert seine retrospektiven Erinnerungen an das *Quartier* wie folgt: „Die Atmosphäre im *Quartier* hatte was Ureigenes: schmuddelig, plüschig, muffelig. Nachdem es in den Achtzigern renoviert wurde, gab es sogar Künstlergarderoben – ein Hauch von Kultur also (grinst). Der fehlte dort in den Siebzigern völlig. Wir haben es aber alle sehr geliebt. Dieser Schmuddelstil war ja in den Wohngemeinschaften, in den Kneipen und überall schwer angesagt. Und er kam auch dem Konzertsaal zugute. Jeder fand hier seine Lieblingsart sich hinzusetzen oder hinzustellen. Hinter der Bühne war es chaotisch. Und auch sonst, elektrotechnisch, heizungstechnisch – alles war chaotisch." (Brauer zit. nach Saß/Steinhau 2018, S. 10)

überhaupt nicht fassen. Der konnte sich nicht vorstellen, dass zu diesen Zeiten da 1.500 Leute saßen. Der kannte nur 27 Leute im Publikum – das war in England."[199]

Da der Saal des *Quartier Latin* jedoch damals lediglich „800 bis 1000 Leute"[200] fasste, waren beim T.M.M., wie Gebers bei den Interviews weiter berichtet, im *Quartier* „immer zu viel Leute! Aber das konntest du nicht ändern. In den Laden passten, ich weiß nicht: 1.500 oder so 1.200 Leute rein. Und die standen dann teilweise Schlange."[201] Entsprechend war das T.M.M. (wie auch der W.F.M.) während der Kollektiv-Zeit „stets ausverkauft".[202] Die Eintrittspreise beim T.M.M. betrugen 1972, d.h. zu Beginn der Kollektiv-Zeit DM 6,– für eine Tageskarte und DM 20,– für eine Dauerkarte, und 1975 beim letzten T.M.M. während der Kollektiv-Zeit: DM 8,– für eine Tageskarte und DM 25,– für eine Dauerkarte. Im Vergleich hierzu kosteten Einzeltickets in der *Philharmonie* bei den *Jazztagen* 1973 „schon bis zu 16 Mark oder so".[203] Die Preise verweisen auf die politisch-soziale Vorstellung einiger Mitglieder des FMP-Kollektivs. So habe, wie Achterberg berichtet, der FMP-Gesellschafter Kowald gegenüber Journalist:innen während der Kollektiv-Zeit verkündet, dass „der freie Eintritt für alle Besucher überhaupt eins der Ziele der FMP"[204] sei.

Hinsichtlich der Konzeption des T.M.M. während der Kollektiv-Zeit erläutert Gebers im Programmflyer des T.M.M. 1975, dass das T.M.M. seit 1968 als Alternative zu den *Berliner Jazztagen* mit einer seit jenem Jahr unveränderten Grundkonzeption durchgeführt werde: „freie, improvisierte musik zur debatte zu stellen, in einem, dieser musik entsprechenden rahmen entwicklungen und wege aufzuzeigen."[205] Wie Gebers ausführt, war das T.M.M. während der Kollektiv-Zeit auf fünf Tage angelegt, wobei es „immer die Situation" gegeben habe, „dass die Ensembles in den fünf Tagen mehrfach auftraten".[206] Die „in den ersten Jahren", d.h. von 1969 bis 1972 manifestierten „Formen", in denen die FMP ihre „beiden

199 Gebers, Interview mit dem Verfasser, 22.5.2015, Interview-ID 348.

200 Saß/Steinhau 2018, S. 11.

201 Gebers, Interview mit dem Verfasser, 22.5.2015, Interview-ID 326, vgl. auch Panke 1973a.

202 Gebers zit. nach Achterberg 1976.

203 Panke 1974, S. 26.

204 Achterberg 1976. Gebers bemerkt hierzu bei den Oral History-Interviews: „Ich kann mich erinnern: Wir haben uns im Vorfeld vom *Total Music Meeting* ja mitunter mit irgendwelchen Journalisten getroffen. Und bei irgendeinem Gespräch, war Kowald auch dabei, und der sagte da: ‚Wir wollen das Geld haben, dass wir das so machen können, wie wir das wollen, und zwar so, dass jeder Schnösel ohne Geld da rein kommen kann, und sich das anhören kann!' So, gut – kann man natürlich als politische Äußerung werten. Aber, ich meine, das steht alles nicht im Vordergrund." (Gebers, Interview mit dem Verfasser, 22.5.2015, Interview-ID 348)

205 Gebers, in: FMP 1975b, S. 2.

206 Gebers, Interview mit dem Verfasser, 22.5.2015, Interview-ID 323.

wichtigsten Veranstaltungen in Berlin"[207] konzipierte, wurden so auch in der Kollektiv-Zeit fortgeführt, um dem Anspruch der FMP gerecht zu werden, adäquate Rahmenbedingungen für die Präsentation, Realisation und Aneignung der ‚freien, improvisierten Musik'[208] (so die nun verwendete neue Bezeichnung für die stilistische Ausrichtung der FMP) zu schaffen. So führt Gebers 1979 im Interview mit Jänichen aus:

> „Im Wesentlichen haben wir arbeitende Gruppen vorgestellt, also nicht Ad-hoc-Zusammenstellungen, wie es damals bei den Jazztagen üblich war. Dazu versuchen wir die Prozesse auf der Bühne dem Publikum klar zu machen, dadurch, dass eine Gruppe oder ein Solist mehrfach die Möglichkeit hat aufzutreten und man so vergleichen kann. In der Anfangszeit war es sehr schwierig. Bei diesen Projekten haben wir große finanzielle Verluste gehabt."[209]

Das Programm des T.M.M. war während der Kollektiv-Zeit durch eine Omnipräsenz der Musiker aus dem FMP-Gesellschafterkollektiv bestimmt.[210] So war Brötzmann nicht nur bei allen vier T.M.M. während der Kollektiv-Zeit präsent, sondern trat auch bei zwei von diesen mit jeweils zwei verschiedenen Formationen auf: 1972 zusammen mit dem *Alexander von Schlippenbach Trio* (Parker: ss, ts; Schlippenbach: p; Lovens: dr), 1973, 1974 und 1975 jeweils im Trio *Brötzmann/Van Hove/Bennink* sowie 1973 und 1974 zusätzlich mit dem *Globe Unity Orchestra*. Auch Schlippenbach war bei allen T.M.M. zu hören: 1972 mit seinem Trio plus Brötzmann, 1973 und 1974 mit dem neuen *Schlippenbach-Kowald Quartet* (Parker: ss, ts; Schlippenbach: p; Kowald: b; Lovens: dr, perc) sowie 1975 mit Solo-Auftritten und zudem 1973 und 1974 mit dem reaktivierten *Globe Unity Orchestra*. Auch Kowald, mit dem sich Schlippenbach in der sog. Wuppertaler Zeit des *Globe Unity Orchestra* (1970 bis ca. 1977) die Bandleitung des Orchesters teilte[211], so Schlippenbach rückblickend, war bei allen T.M.M. von 1972 bis 1975 präsent: 1972 mit seinem eigenen Quintett (Parker: ss, ts; Christmann: tb; Rutherford: tb; Kowald: b; Lovens: dr), 1973 und 1974 jeweils mit dem bereits genannten *Schlippenbach-Kowald Quartett* und dem *Globe Unity Orchestra* und 1975 zusammen mit dem Quartett des Westberliner FMP-‚Nachwuchsmusikers' Friedemann Graef (Graef: ss, ts; Wiedermann: tb; Mayer: b; Kussatz: dr). Und auch Schönenberg war beim T.M.M. während der Kollektiv-zeit zu hören: jedoch nur etwa halb so oft wie die anderen Kollektiv-Mitglieder und auch ausschließlich im Duo mit Christmann 1972 und 1973.

---

207 Gebers 1979, S. 250.

208 Vgl. Gebers, in: FMP 1975b, S. 2.

209 Gebers zit. nach Jänichen 1979a.

210 Die Programmdaten bezüglich T.M.M. wie W.F.M. und der weiteren Live-Projekte folgen der FMP-Dokumentation *FMP im Rückblick* (*FMP-Publishing* 2010, S. 117–166) sowie der *FMP-Publishing*-Website (2016c).

211 Vgl. Schlippenbach 1993, S. 3.

An zweiter Stelle rangieren diejenigen assoziierten europäischen und kooperierten westdeutschen Musiker, die mit den Musikern aus dem Gesellschafterkollektiv zusammen bei den T.M.M. aufgetreten sind. So trat Bennink wie auch Van Hove 1973, 1974 und 1975 beim T.M.M. auf. Ebenso wie Bennink war auch Parker bei drei der vier T.M.M. während der Kollektiv-Zeit zu hören, und überdies auch jeweils in zwei oder auch drei verschiedenen Formationen. Auch Rutherford, dessen Spielerfahrungen und Spielkonstellationen mit Brötzmann, Schlippenbach, Kowald oder Schoof (ebenso wie die von Parker, Bennink und Van Hove) bis in die zweite Hälfte der 1960er-Jahre zurückreichen, war während der Kollektiv-Zeit bei drei T.M.M. dabei. Bei den kooperierten westdeutschen Musikern, die während der Kollektiv-Zeit ebenfalls dreimal und auch jeweils in verschiedenen Formationen aufgetreten sind, handelt es sich um Christmann und Lovens. Ebenso ist auf die T.M.M.-Teilnahme Mangelsdorffs hinzuweisen. Mangelsdorff war der einzige Musiker, der während der Kollektiv-Zeit wie die Kollektiv-Mitglieder Brötzmann, Kowald und Schlippenbach bei allen vier T.M.M. teilnahm. Während Reichel als festes Mitglied der FMP dreimal vertreten war (1972 und 1973 solo sowie 1974 im Duo mit Michel Waisvisz), ist eine reduzierte Präsenz anderer Kooperativen-Mitglieder (deren Zusammenarbeit mit der FMP teilweise auch bis zur Gründung der Kooperative zurückreicht) zu konstatieren. So war bspw. Schweizer nur 1973 mit dem *Schweizer-Carl Quartet* (Schweizer: p; Carl: ts; Gorter: b; Hock: dr) zu hören und Schoof nur im Rahmen der *Globe Unity*-Auftritte. Mit dem Berliner *Friedemann Graef Quartett* stellte die FMP erstmals eine Formation des jungen FMP-Nachwuchses bzw. der „jüngeren Generation"[212] vor. Gebers differenziert im Interview mit Jänichen 1979 zwischen den ‚Leuten der ersten Stunde', d.h. „Brötzmann, Kowald, Schlippenbach" („schon damals relativ populär") und dem „Nachwuchs".[213] Zum Nachwuchs rechnet Gebers neben den „Jüngeren" wie Georg Gräwe, Elmar Kräling oder Martin Theurer auch die bereits „Etablierten" wie Reichel, Knispel, Christmann, Schönenberg, aber auch Carl, da „die damals niemand kannte": „Das sind im Grunde schon so die Etablierten. Aber sie haben von Anfang an die Möglichkeit gehabt, bei uns etwas zu machen."[214]

Um den Anspruch, „freie, improvisierte Musik zur Debatte zu stellen"[215], wie es im T.M.M.-Programmflyer 1975 hieß (oder wie im Programmheft 1968: „auf möglichst großer Basis die Musik unserer Zeit zu präsentieren" und „die Vielfalt der neuen Musik zu zeigen"[216]), war die FMP während der Kollektiv-Zeit von

212 Gebers zit. nach Jänichen 1979. Vgl. zu den Differenzierungen der FMP-Generationenfolge: Brandt 1985, Noglik 1989a, Lake 1990, Lake 1997, Wilson 1999, Klopotek 2008b, Klopotek 2010.

213 Gebers zit. nach Jänichen 1979.

214 Ebd.

215 Gebers, in: FMP 1975b, S. 2.

216 Gebers, in: Total Music Meeting 1968a, S. 2 u. Gebers, in: Total Music Meeting 1968b, S. 7.

Beginn an bemüht, auch Gäste oder Musiker:innen einzuladen, die nicht dem FMP-Umfeld angehörten. So spielte 1972 das Trio von Jan Garbarek (Garbarek: reeds; Andersen: b; Vesala: dr), der auch zu den Eigenproduzenten im Bereich des neuen europäischen Jazz zählte. 1973 und 1975 wurde der seit Ende der 1960er-Jahre in Paris lebende US-amerikanische Saxofonist Frank Wright mit seinem Quartett eingeladen (Wright: ts; Few: p; Silva: b; Ali: dr) und 1975 Steve Lacy, der „bedeutendste"[217] US-amerikanische Free Jazz-Exilant (bereits 1971, 1974 und 1975 beim W.F.M.). Insofern „fand von Anfang an eine Zusammenarbeit" mit den „Amerikanern"[218] statt, wie Gebers immer wieder gegenüber anders lautenden Deutungen betont.[219] Die Zusammenarbeit mit den „Leuten auch aus der amerikanischen Szene"[220] war, wie Schlippenbach bei den Oral History-Interviews bemerkt, auch wesentlich von den finanziellen Möglichkeiten der FMP abhängig:

> „Wir konnten natürlich auch nicht solche opulenten Programme mit großen Stars aus Amerika machen. Wir konnten keinen Miles Davis engagieren. Oder Thelonious Monk hat bei uns leider auch nicht gespielt. Weil das natürlich unbezahlbar für uns gewesen wäre, und wir damals auch den persönlichen Kontakt irgendwie da gar nicht hatten zu diesen Kreisen."[221]

Wie Panke 1973 hinweist, seien die Veranstaltungen der FMP während der Kollektiv-Zeit nicht nur „zunehmend professioneller und perfekter" geworden: „Zum Beispiel war das Soundsystem (Yamaha)" beim T.M.M 1973 „hervorragend klar ausgesteuert, an jeder Stelle des Raumes war alles noch prägnant zu hören".[222] Vielmehr sei „mittlerweile" das „‚Alternative Total Music Meeting' der Musiker-Cooperative Free Music Production (FMP)" auch „ein fester Bestandteil der Berliner Szene geworden".[223] So habe eine Berliner *Bild*-Journalistin „verlegen" zugeben müssen, „dass ‚man' da ja eigentlich auch mal hinsolle".[224] Und Burkhardt weist in der *Zeit* nach dem T.M.M. im November 1975 darauf hin, dass die FMP-Verantwortlichen bzw. „der harte Kern" der FMP, „bestehend aus dem Saxophonisten Peter Brötzmann, dem Pianisten Alexander von Schlippenbach, dem Bassisten Peter Kowald und Jost Gebers" („der sich den ‚zentralen Organisations-Fritzen' nennt") „Wert darauf" legten, „dass nicht sie, sondern die Offiziellen" das T.M.M. „ein ‚Antifestival' genannt"[225] hätten:

---

217 Litweiler 1988, S. 217.
218 Gebers zit. nach Müller 1992.
219 Vgl. bspw. Müller 1992 oder Kampmann 2003.
220 Schlippenbach, Interview mit dem Verfasser, 11.5.2015, Interview-ID 421.
221 Ebd.
222 Panke 1973a.
223 Ebd.
224 Ebd.
225 Burkhardt 1975. Vgl. hierzu Kapitel *1.9 Das Total Music Meeting '68 gegen die Berliner Jazztage '68, Herbst 1968*.

> „Sie selbst empfinden sich längst als Ergänzung. Jost Gebers, der einzige Nichtmusiker in dem etwa zehnköpfigen Führungsgremium, erläutert in einer ruhigen Quartier-Latin-Minute: ‚Hier bei uns soll die Musik vorangebracht werden; Wir wollen Impulse geben und lassen uns auch nicht entmutigen, wenn eine Gruppe, deren Musik noch fremd und unverständlich scheint, beim ersten Mal noch nicht so recht ankommt. Wir engagieren sie wieder. Wir schaffen Hörgewohnheiten. Hier sollen die Typen ruhig erst mal staunen und sich fragen: Was macht der da eigentlich? Dann sollen sie auch ruhig mal rausgehen aus dem großen Saal und ein Bier trinken. Oft spielen hier Musiker, die überhaupt niemand kennt. Gestern stehen plötzlich zehn Leute auf der Bühne, die noch niemand vorher gesehen hat, und machen etwas.'"[226]

Wie Burkhardts Ausführungen dokumentieren, ist von einer Konfrontation zwischen dem T.M.M. und den *Berliner Jazztage* oder von einer Kritik des Kommerzialismus der *Jazztage* oder deren Produktions-, Organisations- und Präsentationsformen nichts mehr zu spüren. Im Gegenteil: ‚der harte Kern' der FMP distanziere sich nachträglich vom Eindruck, dass das T.M.M. 1968 als ‚Antifestival' zu den *Jazztagen* veranstaltet worden sei und empfinde sich ‚längst' als ‚Ergänzung'. Und wie Burkhardt weiter ausführt, habe Gruntz, der neue künstlerische Leiter der *Berliner Jazztage*, das „Andersgeartete einmal, sehr fair und auf Entspannung zielend, so formuliert: ‚Bei uns wird die Musik vorgestellt. Bei euch passiert sie.'"[227] So thematisiert Gebers im Interview mit Burkhardt ausschließlich die musikalische Perspektive der FMP und verweist auf die Realisierung der Programmatik des T.M.M., d.h. die angestrebte Form der Präsentation, Realisation, Vermittlung und Aneignung der freien, improvisierten Musik, die er in der Interviewpassage mit Burkhardt skizziert.

Workshop Freie Musik, 1973–1976

Auch der *Workshop Freie Musik* (W.F.M.) wurde in der Kollektiv-Zeit zunächst im Wesentlichen in seiner während der FMP-Gründungsphase konstituierten Form weitergeführt. Veranstaltet wurde der W.F.M. weiterhin in Kooperation mit der *Akademie der Künste* in deren Räumlichkeiten am Hanseatenweg als festem Veranstaltungsort, meist Ende März/Anfang April (oftmals an Ostern[228]). Die *Akademie* stellte der FMP hierbei die „finanziellen Mittel, ihre Räume, Mitarbeiter und ihr Know-How zur Verfügung" [229], wie Gebers 1978 in der *Workshop*-Dokumentation *For Example* ausführte, und überließ die gesamte Konzeption und Durch-

226 Burkhardt 1975.

227 Ebd.

228 Der W.F.M. fand in der Kollektiv-Zeit zweimal an Ostern (1974 und 1975) und zweimal (1973 und 1976) bereits zwei Wochen vor dem Osterwochenende, Ende März, statt. Vermutlich weil die Räumlichkeiten der *Akademie* bereits mit einer Ausstellung belegt waren.

229 Gebers 1978, S. 4.

führung der FMP. Konzipiert war der W.F.M. als „5-Tage-Reihe“[230], bei der wie Gebers bei den Interviews erläutert, die Ensembles bis auf wenige Ausnahmen „mehrfach auftraten“, meist zwei- oder dreimal innerhalb „der fünf Tage“.[231] Aufgegeben wurde zu Beginn der Kollektiv-Zeit die Präsentation des W.F.M. auf zwei Podesten. So fand der W.F.M. ab 1973 der „Konzentration wegen“, so Gebers, nur noch mit einer Bühne an zentraler Stelle in der großen Ausstellungshalle der *Akademie* (nicht bestuhlt) statt. Auch die öffentlichen Proben, mit denen in der Anfangszeit die Konzertabende eröffnet wurden (20 Uhr), wurden nur bis zum W.F.M. 1973 fortgeführt. Die letzten öffentlichen Proben fanden 1973 mit dem *Globe Unity Orchestra* (jeweils unmittelbar vor dem Auftritt des Orchesters) statt:

> „Wir merkten, dass es für die Musiker sinnlos ist, das überhaupt zu machen. Denn logischerweise waren da viele Leute. Aber das war uninteressant. Einige haben eben wirklich geprobt. Einige haben versucht, irgendwas zu machen. Andere sagten, das macht keinen Sinn, wir nehmen das alles vorweg, was abends passieren soll. Dann haben wir gesagt: ‚Nee, dann lassen wir das.‘“[232]

Die Aufgabe der Arbeit mit zwei Podesten wie auch die Einstellung der öffentlichen Proben verweisen auf die kontinuierliche Auseinandersetzung der FMP mit der Frage nach adäquaten Präsentations- und Vermittlungsformen der freien, improvisierten Musik[233] (wie die jazzmusikalische Ausrichtung seit dem W.F.M. 1973 genannt wurde und die bisher gebrauchten Begriffe ersetzte). So führt Gebers nur wenige Monate nach dem W.F.M. 1973 im Sommer 1973 hinsichtlich der von der FMP intendierten Formen jazzmusikalischer Praxis und Produktion aus:

> „Die kleinen Sachen, die offenen Formen und damit das Gespräch sind wichtig. Möglichkeiten für den Musiker und den Hörer, zu lernen, Erfahrungen zu machen. Und dabei spielt die Selbstverständlichkeit des Machens auf beiden Seiten eine große Rolle. Das perfekte Präsentieren, die Schau und der elitäre Genuss sind dabei eher hinderlich. Das beste Beispiel dafür ist unser Workshop gewesen. Da kommen für 5 Tage ein paar Musiker nach Berlin und machen abends in der Akademie Musik. So wird es angekündigt und so läuft's auch. Da geht unheimlich viel daneben bei der Musik, bei der Organisation. Aber es ist einfach human und in jedem Jahr werden es mehr Leute. Und das wichtigste: es sind Leute, die diese Musik vorher noch nicht gehört haben.“[234]

Die Fokussierung des Konnexes Musiker:innen–Hörer:innen bleibt während der gesamten Kollektiv-Zeit bedeutsam. So versteht die FMP den W.F.M. auch, wie sie in ihren den Presseinformationen zum W.F.M. 1973 betont, zum einen „als eine Informationsmöglichkeit über freie improvisierte Musik“ und zum anderen gleich-

---

230 Ebd.

231 Gebers, Interview mit dem Verfasser, 22.5.2015, Interview-ID 323.

232 Ebd., Interview-ID 325.

233 Gebers zit. nach Margull 1973, S. 15.

234 Ebd.

zeitig als „ein Forum der Begegnung – MUSIKER – HÖRER – MUSIKER".[235] Entsprechend kündigte die FMP den W.F.M. in ihrem Programmflyer 1973 an:

> „WORKSHOP FREIE MUSIK
> gedacht als Informationsmöglichkeit über freie improvisierte Musik
> Musiker und Gruppen, die verschiedene Musikvorstellungen realisieren
> zwanglose Konzerte in den Ausstellungsräumen"[236]

Seit 1975 wurden zu Beginn eines jeden Abends Musiker:innen eines bestimmten Instrumentes solistisch vorgestellt: 1975 waren dies Posaunen und 1976 Gitarren. Die Intention hierbei war, wie Gebers 1978 in *For Example* bemerkt: die Möglichkeit zu eröffnen, „sehr unterschiedliche Spielweisen, auch unterschiedliche Möglichkeiten ein Instrument zu benutzen, zu erleben".[237] 1972 und 1975 hat der W.F.M. Kompositionsaufträge vergeben: 1972 an Van Hove, der ein Stück für Bläser und zwei Pianisten schrieb, und 1975 an Lacy, Parker und Mengelberg, die für das *Globe Unity Special* jeweils eine Komposition schrieben. Ab 1975 sah die Programmkonzeption des W.F.M. auch sog. Kombinationen (*Combinations*) vor. D.h. die Gruppen traten „nicht nur in den originalen Besetzungen" auf (wie dies in der FMP-Anfangszeit in Abgrenzung zu den Jam-Sessions propagiert wurde), sondern auch (spontan) „in anderen möglichen Kombinationen".[238] Dass die FMP mittels ihres konzeptionellen Ansatzes die erhofften Resultate beim W.F.M. während der Kollektiv-Zeit erzielen konnte, illustriert Kotschenreuthers Bericht über den W.F.M. 1973 im Berliner *Tagesspiegel* aus dem März 1973:

> „Der Workshop Freie Musik hat sich in fünf Jahren etabliert, hat seinen Stil, seine Präsentationsform und sein Publikum, ein sehr waches noch dazu, gefunden. Zum fünften Male – bis heute Abend – also hocken die jungen Leute auf dem bloßen Holzboden vor dem provisorischen Podium in der großen Ausstellungshalle der Akademie der Künste und nutzen die mehrtägige ‚Informationsmöglichkeit über freie improvisierte Musik', die die Free Music Production (FMP) ihnen mit Unterstützung der Akademie, noch nicht mit der der Rundfunksender, angeboten hat, Werkstattatmosphäre herrscht in der gar nicht akademischen Akademiehalle, völlige Ungezwungenheit und eine Erwartungsbereitschaft, die auch das noch Unausgegorene, das noch nicht voll Artikulierte, das bloß Anarchistische duldet und dulden muss, weil Free Music, wie sie die Gruppen vom New Jazz Trio Manfred Schoofs bis zum wieder zusammengerufenen Globe Unity Orchestra improvisieren, als Musik in statu nascendi begriffen werden will, weil sie

---

235 FMP 1973b.

236 Gebers, in: FMP 1975b, S. 2.

237 Gebers 1978, S. 4.

238 FMP 1976c. Liefland (1976b) kommentiert die Kombinationen beim W.F.M. 1976 in der *Frankfurter Rundschau*: „Nichts steht diesen informellen Musikwerkstätten, die auch Konzertstruktur haben, ferner als das ganze Ritual des Jazz- und Showbusiness. Es ist dann auch ebenso stimmig, dass einzelne Musiker in verschiedenen Konstellationen, dass dieselben Gruppen an mehreren Abenden spielen – und es ist nicht dasselbe, nicht reproduziert."

eben nicht ‚ist', sondern immer erst ‚wird', also gleichsam immer erst den Weg zu sich selber betritt."[239]

Aufgrund der „zur Zeit wahrscheinlich optimalsten Arbeitsbedingungen"[240], wie die FMP die Allianz mit der *Akademie der Künste* in ihren *Workshop*-Presseinformationen 1973 würdigte, war nicht nur die Finanzierung der gesamten Veranstaltung und insofern auch eine adäquate Bezahlung der Gagen gewährleistet. Wie Plümper im Juni 1974 im *Jazz Podium* schreibt, konnten zudem die Eintrittskarten zu einem „Spottpreis, und das bei ständig steigender Qualität"[241] angeboten werden (und dies noch preiswerter als beim T.M.M.). So betrugen die Eintrittspreise beim W.F.M. von 1973 bis 1975 DM 2,20 für eine Tageskarte und DM 6,20 für eine Dauerkarte und 1976 DM 3,– für eine Tageskarte und DM 8,– für eine Dauerkarte.

Anders als beim T.M.M. war das Programm des W.F.M. während der Kollektiv-Zeit nicht durch eine Omnipräsenz des Gesellschafterkollektivs bestimmt. So sind bei den vier *Workshops* in den Jahren 1973 bis 1976 Brötzmann, Kowald und Schlippenbach jeweils (‚nur') dreimal (dann jedoch: in zwei oder auch mehr Formationen) und Schönenberg zweimal vertreten: Brötzmann 1973 mit dem *Brötzmann/Van Hove/Bennink*-Trio und dem *Globe Unity Orchestra*, 1974 mit dem Quartett *Brötzmann/Van Hove/Bennink + Mangelsdorff* und 1976 erneut mit dem Trio *Brötzmann/Van Hove/Bennink* sowie dem *Brötzmann-Schlippenbach Quartet*, Kowald 1973 mit *Globe Unity*, 1975 mit dem *Alexander von Schlippenbach Quartet* und in einer ‚Kombination' (*Combination*) mit Mangelsdorff, Rutherford und Lovens, dem *Globe Unity Special* und in der *Brass Group* des Posaunisten und Komponisten Vinko Globokar und 1976 erneut mit dem *Alexander von Schlippenbach Quartet* sowie mit dem *Brötzmann-Schlippenbach Quartet* und *Iskra 1903* (Rutherford: tb; Bailey: g; Honsinger: cel; Kowald: b) und Schlippenbach 1973 mit *Globe Unity*, 1975 solo, mit seinem Quartett und dem *Globe Unity Special* und 1976 wiederum mit seinem Quartett sowie dem *Brötzmann-Schlippenbach Quartet*. Schönenberg war 1974 mit seiner Duo-Formation mit Christmann sowie 1975 in der *Günter Christmann Combination* (Parker: ss, ts; Christmann: tb; Phillips: b; Schönenberg: dr) zu hören.

Hinter den Kollektiv-Mitgliedern rangierten an zweiter Stelle exakt dieselben mit der FMP assoziierten europäischen und kooperierten westdeutschen Musiker, die bereits im Kontext des T.M.M. genannt wurden, und die von Gebers dem sog. ‚äußeren FMP-Kreis' zugerechnet werden[242]: D.h. Bennink (1973: mit dem

239 Kotschenreuther 1973, vgl. auch Plümper 1973a, Ganz 1975.

240 Ebd.

241 Plümper 1974, vgl. Plümper 1973a.

242 So schreibt Achterberg (1976) im *Berliner Kulturanzeiger* vom Frühjahr 1976 nach einem Gespräch mit Gebers: „Zu den festen Mitgliedern zählen weiterhin Rüdiger Carl, Irène Schweizer und Hans Reichel. Der sogenannte äußere Kreis besteht aus Musikern wie

Mengelberg-Bennink Duo und dem *Brötzmann/Van Hove/Bennink*-Trio, 1974: mit *Brötzmann/Van Hove/Bennink + Mangelsdorff*, mit einem Trio mit Lacy und dem holländischen Elektronik-Künstler Michel Waisvisz sowie mit *Brötzmann/Van Hove/Bennink* bei einem Nachmittags-*Konzert für Kinder* und 1976: mit *Brötzmann/Van Hove/Bennink* sowie erneut mit Mengelberg im Duo), Parker (1973: mit dem *Globe Unity Orchestra*, 1975: mit dem *Alexander von Schlippenbach Quartet* und in der *Günter Christmann Combination* sowie mit dem *Globe Unity Special* und 1976: im Duo mit Paul Lytton sowie erneut im *Alexander von Schlippenbach Quartet*) und Rutherford (1973: mit dem *Globe Unity Orchestra*, 1975: solo, in der *Mangelsdorff-Rutherford Combination* (Mangelsdorff: tb; Rutherford: tb; Kowald: b; Lovens: dr), mit dem *Globe Unity Special* und in der *Brass Group* von Globokar sowie 1976: mit *Iskra 1903*). Und auch Van Hove nimmt beim W.F.M. dreimal teil (1973: mit dem *Brötzmann/Van Hove/Bennink*, 1974: beim Nachmittags-*Konzert für Kinder* mit *Brötzmann/Van Hove/Bennink* sowie mit dem Quartett *Brötzmann/Van Hove/Bennink + Mangelsdorff* und 1976: solo sowie ein letztes Mal mit dem *Brötzmann/Van Hove/Bennink*-Trio).

Bezüglich der westdeutschen Musiker sind erneut Christmann und Lovens wie auch Mangelsdorff zu nennen. So nahm Christmann dreimal beim W.F.M. während der Kollektiv-Zeit teil (1973: mit dem *Globe Unity Orchestra*, 1974: mit dem *Christmann-Schönenberg Duo* und 1975: solo, in der *Günter Christmann Combination* sowie in der *Brass Group* von Globokar), ebenso auch Mangelsdorff (1973: mit *Globe Unity*, 1974: solo sowie mit *Brötzmann/Van Hove/Bennink* und 1975: erneut solo, in der *Mangelsdorff-Rutherford Combination*, mit dem *Globe Unity Special* und in Globokars *Brass Group*). Und zuletzt ist auf Lovens hinzuweisen, der als einziger Musiker bei allen vier W.F.M. während der Kollektiv-Zeit mitgewirkt hat (1973: mit dem *Globe Unity*, 1974: im *Hans Reichel/Stephan Wittwer Quartet* (Reichel: g; Wittwer: g; Niebergall: b; Lovens: dr), 1975: im *Alexander von Schlippenbach Quartet*, in der *Mangelsdorff-Rutherford Combination* sowie mit dem *Globe Unity Special* und 1976: erneut mit dem *Alexander von Schlippenbach Quartet* und dem *Brötzmann-Schlippenbach Quartet*.

Indes sind feste Kooperativen-Mitglieder[243] wie Reichel, Schweizer, Carl, Schoof oder auch Dudek lediglich bei ein, teilweise bei zwei der W.F.M. während der Kollektiv-Zeit vertreten. So trat Reichel zweimal (1974: mit dem *Hans Reichel/*

Paul Lovens, Günter Christmann, Frank Wright, Han Bennink, Manfred Schoof und Albert Mangelsdorff. Diese Leute haben entweder keine eigenen Gruppen, oder sie sind bei kommerziellen Plattenfirmen unter Vertrag. ‚Mangelsdorff können wir eben noch nicht das bieten, was er bei der MPS kriegt,' erklärt Gebers, ‚aber wenn die Tendenz positiv bleibt, wird das eines Tages der Fall sein.'"

243 Vgl. Achterberg 1976. Gebers nennt bei den Oral History-Interviews explizit als Mitglieder der Kooperative bei deren Gründung 1969: Dudek, Schoof, Schlippenbach, Kowald und Schweizer (vgl. Gebers, Interview mit dem Verfasser, 22.5.2015, Interview-ID 339).

Stephan Wittwer Quartet und 1976: solo) auf, Schweizer und Carl nur 1974 mit dem *Irène Schweizer/Rüdiger Carl Quartet* (Carl: as, ts; Schweizer: p; Gorter: b; Hock: dr), Schoof zweimal 1973 (mit seinem *New Jazz Trio* [Schoof: tp, flh; Trunk: b; See: dr] und *Globe Unity*) und Dudek einmal: 1973 mit *Globe Unity*.

Wie beim T.M.M. war die FMP auch hinsichtlich des W.F.M. bemüht, Gäste oder Musiker:innen einzuladen, die nicht dem FMP-Umfeld angehörten. So präsentierte die FMP 1973: die *Chris McGregor Group* (Pukwana: reeds, Malfatti: tb, McGregor: p; Miller: b; Moholo: dr) sowie (wie bereits 1970) den New Yorker Free Jazz-‚Exilanten' Greene (im Duo mit Amin: perc), 1974: (nach dem T.M.M. 1972) erneut Garbarek, nun mit seinem Quartett (Garbarek: reeds; Stenson: p; Danielsson: b; Christensen: dr), sowie den südafrikanischen Pianisten Dollar Brand (Abdullah Ibrahim) und (trotz der Erfahrungen beim W.F.M. 1971) erneut Lacy (solo sowie im Trio mit Waisvisz und Bennink). Auch 1975 war Lacy mit dem *Globe Unity Special* beim W.F.M. zu hören. 1975 wurden Globokar, die ebenfalls der zeitgenössischen Neuen Musik verpflichtete *Brass Art* (König: tb; Laukamp: tb; Lister: tb; Sommer: tb; Verheyen: tb), der (auch nach Europa übergesiedelte) US-amerikanische Bassist Barre Phillips (mit dem österreichischen, mit Analog-Synthesizern experimentierende Dieter Feichtner) sowie die beiden Engländer Lol Coxhill (ss, ts) und Steve Miller (p) eingeladen. Und 1976: die Gitarristen Fred Frith, Toto Blanke und Eddy Marron sowie das US-amerikanische Free Jazz-Trio *Revolutionary Ensemble* um das AACM-Mitglied Leroy Jenkins (vln) mit dem Bassisten Sirone und dem Schlagzeuger Jerome Cooper.

Die Übersicht der Gäste verweist (neben der ‚solistischen Vorstellung eines bestimmten Instruments') auf eine weitere Modifizierung der Programmgestaltung ab 1975. So orientierte sich der als Informationsmöglichkeit über freie improvisierte Musik intendierte W.F.M. 1975 nicht mehr primär wie noch Anfang der 1970er-Jahre am Anspruch, einen möglichst „umfassenden Überblick über das Free-Jazz-Musizieren" zu bieten (soweit die „wichtigen Gruppen" für die FMP „erreichbar"[244] waren). Vielmehr wurde 1975 versucht, die „innerhalb der europäischen Scene" verstärkte „Tendenz zur E-Musik" zu fokussieren. So erläutert die FMP in ihren *Informationen* zum W.F.M.:

> „Wir haben versucht, in unserem diesjährigen Programm, diese Strömungen aufzuzeigen. Und zwar einmal instrumentenbezogen, in diesem Fall die Posaune, und zum anderen durch die Vorstellung unterschiedlicher Kompositionen und Komponisten (Lacy, Berio, Breuker, Globokar, Mangelsdorff, Parker, Coxhill)."[245]

244 Gebers zit. nach Margull 1971, S. 211.

245 FMP 1975c. Entsprechend wurde 1975 das Selbstverständnis des W.F.M. modifiziert, um auch komponierte Musik berücksichtigen zu können: „Workshop Freie Musik versteht sich als eine Informationsmöglichkeit über freie improvisierte (und komponierte) Musik, ein Forum der Begegnung – MUSIKER – HÖRER – MUSIKER." (Ebd., vgl. FMP 1976c, FMP 1977b)

Der thematisch-konzeptionelle Differenzierungsprozess setzte sich auch 1976 fort. Zum einen wurden „im Hauptblock des Programms" Musiker aus „drei europäischen Musikerorganisationen (*Incus*/England, ICP/Holland, FMP/Bundesrepublik)" sowie „das amerikanische *Revolutionary Ensemble*"[246] präsentiert. Zum anderen wurden die Konzertabende mit den Sologitarristen Eddy Marron, Toto Blanke, Hans Reichel, Derek Bailey und Fred Frith eröffnet, „die das Spektrum vom Jazz-Rock bis zur frei improvisierten zeitgenössischen Musik repräsentieren"[247], so die FMP in ihren Presseinformationen. Diese Genese der Programmgestaltung registrierten auch die damaligen Rezensenten. So bemerkte Burde bzgl. des W.F.M. 1974 im Berliner *Tagesspiegel*, dass „in diesem Jahr kaum emphatisch neue musikalische, stilistische Ereignisse" zu hören waren, „stattdessen aber Jazz oder Freie Musik von großartiger Differenziertheit".[248] Und Plümper charakterisierte im *Jazz Podium* (neben der Akzentuierung der ‚gestiegenen' „Qualität" nicht nur aufgrund der neuen „Verstärkeranlage" der FMP und des Steinway-Flügels) den präsentierten Free Jazz beim W.F.M. 1974 als Ausdruck einer nun ‚erreichten' „klassische[n] Phase", in der „der Experimentiercharakter" „nicht mehr im Vordergrund"[249] stehe. Hingegen unterstrich Ganz bzgl. des W.F.M. 1975, dass der *Workshop* ein „deutliches Profil durch die Einbeziehung der so genannten E-Musik in den Free Jazz" und „durch das Herausstellen eines Instruments, der Posaune, als ‚Star' dieser fünf Tage Musik" bekommen habe, und konstatierte: „Was auf dem ‚Workshop Freie Musik' geboten worden ist, lässt sich gar nicht mehr an eine Sparte festbinden; es ist ebenso sehr Jazz wie Avantgarde-Musik, und sogar Happening und musikalisches Theater."[250] Und Liefland apostrophierte in seiner Rezension des W.F.M. 1976 in der *Frankfurter Rundschau* mit dem Titel *Meta-Jazz – Die Avantgarde als das Normale* die „Universalität der avancieren Klangphantasie".[251] Diese speise sich aus Jazz und den Ergebnissen der europäischen Konzertmusik seit Schönberg und Webern und benutze den Jazz im üblichen verstandenen Sinn oft nur noch als Zitat.

---

246 FMP 1976c. Diese Neukonzeptionierung des Programms sah eine „Gegenüberstellung des amerikanischen und europäischen Free Jazz am Beispiel von Musikern und Gruppen aus England, Holland, Deutschland und den USA" vor, wie in den FMP-*News!* zu Beginn des Jahres 1976 berichtet wurde (FMP 1976a, S. 4). Bei der dort vorgestellten Konzeption war neben dem *Revolutionary Ensemble* auch das Trio von Sam Rivers vorgesehen.

247 FMP 1976c.

248 Burde 1974.

249 Plümper 1974.

250 Ganz 1975.

251 Liefland 1976b.

Im Laufe der Kollektiv-Zeit etablieren sich die geförderten *Free Concerts im Rathaus Charlottenburg* zu einer unregelmäßig übers Jahr verteilen Konzertreihe. Auch die *Free Concerts* stützten sich auf eine Allianz. Diese wurden in Zusammenarbeit mit der *Jugendpflege Charlottenburg* veranstaltet. Den Auftakt der *Free Concerts*-Reihe (stets mit freiem Eintritt) bildete Ende März 1972 aufs Neue ein Konzert mit einem Ensemble des Kooperativen-Mitglieds Schlippenbach (Parker: ss, ts; Christmann: tb; Schlippenbach: p; Niebergall: b; Lovens: dr). Für die Kollektiv-Zeit sind 12 *Free Concerts*-Konzerttermine im Charlottenburger Rathaus (mit insgesamt 17 Konzerten) dokumentiert.[252] Bei diesen wurden ausschließlich, wie Schlippenbach bei den Oral History-Interviews ausführt, „Konzerte mit kleinen Gruppen veranstaltet“[253], d.h. Solo-, Duo-, Trio- und Quartett-Formationen. Am häufigsten wurden hierbei Trios und Quartette präsentiert (jeweils fünfmal), gefolgt von Solo- (viermal) und Duokonzerten (dreimal). Die Reihe wurde nahezu ausschließlich von Kooperativen-Mitglieder sowie von assoziierten FMP-Musiker:innen bestritten. Brötzmann dominierte die Rathaus-Reihe mit fünf Konzerten (drei Konzerte mit dem Trio *Brötzmann/Van Hove/Bennink* [1972, 1974 und 1975], eines im Duo mit Bennink [1973] und eines mit dem Trio *Brötzmann/Kowald/Lovens* [1973]). Auch die anderen Gesellschafter traten regelmäßig im Rathaus auf: Schönenberg insgesamt dreimal (1973 und 1975 im Duo mit Christmann und 1975 erneut zusammen mit Christmann sowie den beiden finnischen Musikern Sakari Kukko (reeds) und Teppo Hauta-Aho (b) im Rahmen des *Deutsch-Finnischen Jazz Workshop*), Schlippenbach zweimal (1974 einmal mit dem *Schlippenbach-Kowald Quartet* sowie einmal solo) und Kowald ebenfalls zweimal (1973 dem Trio *Brötzmann/Kowald/Lovens* und 1974 mit dem *Schlippenbach-Kowald Quartet*). Auch die Kooperativen-Mitglieder Reichel, Carl und Schweizer gastierten regelmäßig im Charlottenburger Rathaus bei den *Free Concerts*.[254] Im Frühjahr 1975 wurde die *Frank Wright Unit* eingeladen. Hinsichtlich der Präsentation von Nachwuchsmusiker:innen ist lediglich auf das Solokonzert des Züricher Pianisten Urs Voerkel im Juni 1975 zu verweisen.

Die *Free Concerts* waren in der Regel so terminiert, dass sie mit weiteren FMP-Konzertterminen in Berlin oder Schallplattenaufnahmen verbunden werden konnten. So kam bspw. Reichel Anfang September 1972 nicht nur wegen des Konzerttermins am 7. September im Charlottenburger Rathaus nach Berlin, sondern hatte direkt im Anschluss vom 8. bis zum 10. September in einem *Free Music in Concert* in der Berliner *Jazzgalerie* zusammen mit dem *Brötzmann/Van Hove/Ben-*

252 Vgl. FMP-Publishing 2010, S. 145, vgl. FMP-Publishing 2016c.

253 Schlippenbach, Interview mit dem Verfasser, 11.5.2015, Interview-ID 419.

254 So bestritt Reichel zwei Solo-Konzerte (1972 und 1974) sowie ein Konzert zusammen mit Waisvisz und Altena (1975). Schweizer und Carl traten zweimal (1973 und 1974) mit ihrem *Schweizer-Carl Quartet* auf.

nink-Trio weitere Solo-Auftritte.[255] Auch dem Duo-Konzert von Brötzmann und Bennink im Charlottenburger Rathaus am 6. September 1973 schließen sich am 7. und am 8. September 1973 weitere Auftritte des Duos im *Quasimodo* (Kantstraße) an.[256] Auch „die Ergebnisse des *Deutsch-Finnischen Jazz Workshop*", die erstmals „auch in der Bundesrepublik und in Berlin zu hören"[257] waren, wurden in Berlin nicht nur beim *Free Concert* im Charlottenburger Rathaus am 16. Juni 1975 präsentiert, sondern im Anschluss bei zwei weiteren Terminen am 17. und 18. Juni im *Quartier Latin*. Und auch das *Free Concert* von *Brötzmann/Van Hove/Bennink* im Rathaus Charlottenburg am 15. September 1975 war mit weiteren Auftritten des Trios in Westberlin am 12. und am 13. September im *Quartier Latin* (im Rahmen einer kurzen Deutschlandtournee[258]) verbunden. Und zudem war dies so arrangiert, dass das Trio im Rahmen ihres Berliner Aufenthalts Aufnahmen für eine FMP-Veröffentlichung machen konnte. So wurde die letzte *Brötzmann/Van Hove/Bennink*-LP *Tschüs* (FMP 0230) bis auf einen Titel[259] am Sonntag, 14. September nachmittags nach den Konzerten im *Quartier Latin* am 12. und am 13. September und einen Tag vor dem *Free Concert* im Charlottenburger Rathaus aufgenommen.

In einer *Jazz Podium*-Rezension aus dem März 1973 (*Free Concerts* Nr. 4 am 24.1.1973) weist Plümper lobend auf den „ungewöhnlichen Ort" des Konzerts hin: „Finanziert von der Stadt Berlin, veranstaltete die *Free Music Production* (FMP) im Januar wieder ein Konzert an einem ungewöhnlichen Ort: im riesigen, gewölbeartigen Treppenhaus des Charlottenburger Rathauses."[260] Das Publikum war so zahlreich erschienen, dass der „größere Teil das Konzert stehend erlebte".[261] Mit den *Free Concerts* konnte so nicht nur ein anderes Publikum als bei den bisherigen FMP-Konzerten angesprochen werden und so ‚viele Leute mit dem Jazz bekannt' gemacht werden, wie dies Gebers 1971 erhofft hatte.[262] Mittels der Allianz mit der *Jugendpflege Charlottenburg* konnte auch Kowalds (kulturpolitische) Forderung realisiert werden: freier Eintritt für alle Besucher:innen.

255 Vgl. FMP 1972e.

256 FMP 1973d.

257 FMP 1975a, S. 3.

258 Vgl. ebd., S. 1.

259 Der 4 Minuten und 54 Sekunden lange Titel *zigan, zigan* zum Abschluss der ersten Plattenseite von *Tschüs* (FMP 0230) stammt vom Konzert am 13. September 1975 im *Quartier Latin*.

260 Plümper 1973b, S. 20. Auch Schlippenbach berichtet bei den Oral History-Interviews begeistert von der „riesigen Jugendstilarchitektur" (Schlippenbach, Interview mit dem Verfasser, 11.5.2015, Interview-ID 419).

261 Plümper 1973b, S. 20.

262 Vgl. Gebers zit. nach Margull 1971, S. 212, vgl. Kapitel *3.3.2 Free Music-Einzelkonzerte und sonstige Aktivitäten*.

Neben den Reihen T.M.M., W.F.M. und *Free Concerts* veranstaltete die FMP kontinuierlich Einzelkonzerte in Westberlin mit Mitgliedern der Kooperative und assoziierten Musiker:innen, meist im *Quartier Latin* oder im *Quasimodo* in der Kantstraße. Bei diesen zahlreichen Konzertaktivitäten[263] der FMP (seit 1973 nicht mehr unter dem Titel *Free Music in Concert*) waren während der Kollektiv-Zeit u.a. involviert: 1972 *Brötzmann/Van Hove/Bennink* sowie Reichel solo, 1973 die *Gunter Hampel Galaxie Dream Band*, das *Brötzmann/Van Hove/Lovens*-Trio und das *Brötzmann-Bennink Duo*, 1974 Schlippenbach solo, Reichel solo, das *Mengelberg-Bennink Duo*, *Jazztrack* (Beckerhoff; tp, flh; Engstfeld: ss, ts; Herr: p; Busch: b; Hock: dr), E.M.T. (Harth: reeds; Plas: p; Johansson: dr) sowie das *Schweizer-Carl Quartet* und 1975 mit *John Stevens' Away* (Watts: as; Hayton: g; Cowling: eb; Stevens: dr), der *Noah Howard Group* (Howard: as; Kako: p; Carter: b; Johnson: dr; Hampton: perc), der *Chris McGregor's Brotherhood of Breath* (Feza: tp; Charig: tp; Beckett: tp; Dean: as; Pukwana: as; Parker: ss, ts; Grant: bs; Evans: tb; Malfatti: tb; McGregor: p; Miller: b; Moholo: dr), dem Trio *Pilz/Kowald/Lovens*, dem *Alexander von Schlippenbach Quartett* und dem *Brötzmann/Van Hove/Bennink*-Trio. Viele der Einzelkonzerte wurden speziell für Schallplattenaufnahmen arrangiert. So berichtet Gebers bei den Oral History-Interviews:

> „Wir sind ja auch extra ins *Quartier* gegangen, und haben da nur Konzerte gemacht, um eine Platte machen zu können. Weil die Akustik da wirklich sehr gut war. Also sowohl unter diesen Bedingungen mit Beschallung und so was, als auch ohne Beschallung, nur für die reine Aufnahme. Das waren natürlich keine Studiomöglichkeiten – das ist klar! Aber die Möglichkeiten waren da ziemlich gut."[264]

So finden sich mitgeschnittene Aufnahmen der Einzelkonzertprojekte u.a. auf den von der FMP veröffentlichten Schallplatten *Goose Pannée* des *Schweizer-Carl Quartet* (FMP 0190), *Canadian Cup of Coffee* von E.M.T. (SAJ-02), *Eine Partie Tischtennis* des *Mengelberg-Bennink Duo* (SAJ-03) und *Berlin Concert* der *Noah Howard Group* (SAJ-07). Aufnahmen aus den beiden Konzerten von *John Stevens' Away* am 31. Oktober und am 1. November 1975 im *Quartier Latin* wurden auf der LP *John Stevens' Away*: *Live in Berlin* von *Vertigo* (6360 131) veröffentlicht.

263 So veranstaltete die FMP bspw. im September 1973 unter dem Titel *Music ‚Live'* an drei aufeinanderfolgenden Wochenenden Konzerte im *Quasimodo*: am 7./8.9. mit dem *Brötzmann-Bennink Duo*, 14./15.9. mit Reichel solo und am 22./23.9. mit der *Gunter Hampel Galaxie Dream Band*. Hinzu kamen noch folgende Konzerttermine: Freitag, 5.9.: *Schlippenbach Quartett*, *Quartier Latin*, Freitag, 12.9.: *Brötzmann/Van Hove/Bennink*, *Quartier Latin*, Samstag, 13.9.: *Brötzmann/Van Hove/Bennink*, *Quartier Latin*, Montag, 15.9.: *Brötzmann/Van Hove/Bennink*, Rathaus Charlottenburg.

264 Gebers, Interview mit dem Verfasser, 27.3.2015, Interview-ID 80.

Auch während der Kollektiv-Zeit veranstaltete die FMP Konzerte in Westdeutschland, die sich am Konzept des W.F.M. orientierten wie bspw. beim den *Internationalen New Jazz Workshop* in Langenhagen. Über den Langenhagener *Workshop* berichtet das *Jazz Podium* im Herbst 1973, dass Christmann „mit Hilfe der *Free Music Production*" Ende November 1973 einen „Workshop" in „Langenhagen/Hannover"[265] mit Brötzmann, Reichel und dem *Christmann-Schönenberg Duo* organisiert habe. 1974 findet aufgrund des „erstaunlichen erfolg[s] des ersten langenhagener new jazz workshop im vorjahr" („erfolg sowohl musikalisch als auch vom publikum"[266]), wie es im Programmflyer heißt, der *2. Internationale New Jazz Workshop Langenhagen* statt, veranstaltet von der Stadt Langenhagen in Zusammenarbeit mit der FMP. Eingeladen wurden Schlippenbach, das *Schweizer-Carl Quartet* und das *Wallin-Johansson Duo.*[267]

Auch die Entstehung des *Wuppertaler Free Jazz Workshop* im März 1973 vollzieht sich im Kontext der Aktivitäten der FMP, bei dessen Initiierung Kowalds Engagement eine wesentliche Rolle spielte. Wie Fröse 1972 in seinem *Jazz Podium*-Artikel über Kowald ausführt, unternehme man inzwischen

> „von der Wuppertaler FMP-Zelle aus Anstrengungen zu einem koordinierten Konzert-Management. Teils sucht man Veranstalter für ganze Konzertreihen – das Wuppertaler Von-der-Heydt-Museum hat da den Anfang gemacht, und ein Teil des jungen Museumsverbundes zieht nach – teils veranstaltet man in eigener Regie Konzerte."[268]

Der Wuppertaler Workshop stellt ein besonders bekanntes Beispiel für die „kontinuierliche Arbeit" der FMP „im Bundesgebiet"[269] dar. Die erfolgreichen Aktivitäten der Wuppertaler FMP-Zelle verweisen wie bereits in den 1960er-Jahren (bei den Kooperationen der Akteur:innen mit dem Westberliner Galeristen Block oder dem *Reiff-Museum* in Aachen) auf Allianzen mit Institutionen der bildenden Kunst. Der damalige, stellvertretende Museumsleiter des *Von der Heydt*-Museum Heinrich Müller erläutert in den Informationen zum *2. Wuppertaler Free Jazz Workshop* hinsichtlich des Interesses des Museums an der Zusammenarbeit:

265 N.N. 1973, S. 8.

266 Stadt Langenhagen/FMP 1974, S. 2.

267 Im Programm heißt es weiter: „am freitag und samstag werden die musiker in ihren eigentlichen gruppen spielen und als ergänzung und akustisches beispiel, am sonntag ausschließlich die drei pianisten. dieser pianoworkshop am sonntagvormittag soll ansatzweise die unterschiedlichen techniken, intentionen und möglichkeiten des zeitgenössischen pianospiels aufzeigen. hier soll auch wieder die möglichkeit des gesprächs und des fragestellens genutzt werden." (Ebd.)

268 Fröse 1972, S. 25.

269 Forst 1981. Gebers führt im Dezember 1982 den *Wuppertaler Free Jazz Workshop* auch als Beispiel für Beteiligungen der Kooperative an „Festivals" (FMP 1982) in Westdeutschland an.

„Zum zweiten Mal ist das Von-der-Heydt-Museum vom 19. bis zum 23. März die eigentliche Werkstatt des ‚Wuppertaler Free Jazz Workshop 1974‘: hier treffen sich die Musiker zu ihren Proben und Besprechungen und hier entsteht innerhalb einer Arbeitswoche vor aller Öffentlichkeit das, was beim Abschlusskonzert in der Stadthalle dann als Ergebnis dem Publikum und der Kritik vorgestellt wird. Wir wissen, dass sich die Räume des Museums nicht etwa ihrer phänomenalen Akustik wegen als Werkstatt empfohlen haben, sondern weil sie den meisten Musikern seit rund zwei Jahren – seit nämlich Free-Jazz-Konzerte im Museum stattfinden – vertraut sind.
Vor allem aber zeigte sich vor einem Jahr, daß öffentliche Proben in einem Haus, das mitten in Elberfeld liegt, tatsächlich zu einem öffentlichen Ereignis werden können. Auch diesmal sollte sich die Öffentlichkeit nicht entgehen lassen, Einblick in die ‚Werkstatt des workshops‘ zu nehmen.“[270]

Im Anschluss an den *1. Wuppertaler Free Jazz Workshop* 1973, bei dem das *Globe Unity Orchestra* nach einer dreijährigen Arbeitspause wieder aktiviert wurde, war die FMP auch an der Organisation einer kurzen Tournee für das Orchester beteiligt.[271] Die bei der Gründung der FMP artikulierte Idee, auch Tourneen für die Mitglieder der Kooperative zu organisieren, kam in der FMP-Geschichte sehr selten vor. So trat *Globe Unity* am 30. und 31. März in Westberlin beim W.F.M. in der *Akademie der Künste* auf, am 1. April in Köln beim WDR und am 4. April in Stuttgart beim *Treffpunkt Jazz* des *Süddeutschen Rundfunks* (SDR) in der *Liederhalle.*

Schallplattenproduktion

FMP-Nummern

Beginnend mit ihrer achten Schallplattenveröffentlichung *FMP 0080* veröffentlichte die FMP während der Kollektiv-Zeit 22 FMP-LPs bzw. FMP-RECORDS mit der FMP-Nummern-Zählung. Wie bereits im Sommer 1972 bei den Beratungen des Kollektivs geplant, wurden zunächst die „bestehenden Produktionen“ der Kollektiv-Mitglieder Brötzmann und Schlippenbach, wie Gebers in den Oral History-Interviews berichtet, „in den Katalog“[272] der FMP mitaufgenommen. D.h. die drei Eigenproduktionen *For Adolphe Sax* und *Machine Gun* von Brötzmann (erschienen auf Brötzmanns Eigenlabel BRÖ) sowie *The Living Music* von Schlippenbach (erschienen auf Schlippenbachs Eigenlabel *Quasar*) wurden im Oktober 1972 als *FMP 0080*: *For Adolphe Sax*, *FMP 0090*: *Machine Gun* und *FMP 0100*: *The Living Music* auf FMP wiederveröffentlicht. Die beiden im Januar 1972 von der FMP in der *Akademie der Künste* live aufgenommenen Veröffentlichungen *FMP 0060*: *King Alcohol (New Version)* der *Rüdiger Carl Inc.* (Carl: ts; Christmann: tb;

270 Müller zit. nach Wuppertaler Free Jazz Workshop 1974.

271 Wie der Ankündigung des Stuttgarter *Globe Unity*-Konzerts beim *Treffpunkt Jazz* zu entnehmen ist, wurde die Kurztournee ‚in Kooperation mit der FMP‘ veranstaltet.

272 Gebers, Interview mit dem Verfasser, 22.5.2015, Interview-ID 339.

Schönenberg: perc) und *FMP 0070*: *Peter Kowald Quintet* (Locht: as; Christmann: tb; Rutherford: tb; Kowald: b, tba, alp; Lovens: perc) wurden bereits im Frühjahr 1972 herausgegeben und sind insofern nicht der Kollektiv-Zeit zuzurechnen.

Die in der Kollektiv-Zeit herausgegebenen FMP-Nummern beginnen so mit der wiederveröffentlichten *For Adolphe Sax*-LP des *Peter Brötzmann Trio* (FMP 0080) und enden mit *FMP 0290*: *Messer* des *Schweizer/Carl/Moholo*-Trios.[273] Dazwischen veröffentlichte die FMP die LPs *Machine Gun* (FMP 0090), *The Living Music* (FMP 0100), *Pakistani Pomade* des *Alexander von Schlippenbach Trio* (FMP 0110), *We Play* des *Christmann-Schönenberg Duo* (FMP 0120), *Brötzmann/Van Hove/Bennink* des gleichnamigen Trios (FMP 0130), *Just for Fun* des *Ernst-Ludwig Petrowsky Quartett* (FMP 0140), *Wichlinghauser Blues* von Hans Reichel (FMP 0150), *Globe Unity 73 Live in Wuppertal* des *Globe Unity Orchestra* (FMP 0160), *The Old Song* des *Gumpert/Sommer Duo* plus Manfred Hering (FMP 0170), *Outspan No. 1* von *Brötzmann/Van Hove/Bennink* plus Albert Mangelsdorff (FMP 0180), *Goose Pannée* des *Irène Schweizer-Rüdiger Carl Quartett* (FMP 0190), *Outspan No. 2* von *Brötzmann/Van Hove/Bennink* (FMP 0200), *Three Nails Left* des *Schlippenbach Quartett* (FMP 0210), *Evidence* des *Globe Unity Special Vol. 1* (FMP 0220), *Tschüs* von *Brötzmann/Van Hove/Bennink* (FMP 0230), *Auf der Elbe schwimmt ein rosa Krokodil* von *Synopsis* (dem späteren *Zentralquartett*) (FMP 0240), *Carpathes* des Trios *Pilz/Kowald/Lovens* (FMP 0250), *Remarks* des *Christmann-Schönenberg Duo* (FMP 0260), *Into the Valley* des *Globe Unity Special Vol. 2* (FMP 0270) und *Bonobo* von Hans Reichel (FMP 0280).

Bis auf den Mitschnitt des Wuppertaler *Globe Unity*-Workshops (FMP 0160) dokumentieren die ersten zehn, d.h. knapp die Hälfte der Produktionen keineswegs Live-Konzerte. So folgen nach den drei Wiederveröffentlichungen mit *Pakistani Pomade* des *Schlippenbach Trio* (FMP 0110), *We Play* des *Christmann-Schönenberg Duo* (FMP 0120) und *Brötzmann/Van Hove/Bennink* des gleichnamigen Trios (FMP 0130) zunächst drei Veröffentlichungen, die ebenso wie *European Echoes* (FMP 0010) im *Sendesaal* von *Radio Bremen* aufgenommen wurden. Im Anschluss erscheinen die beiden ersten LPs mit Jazz aus der DDR (aufgenommen beim *Rundfunk der DDR*): *Just for Fun* des *Petrowsky Quartett* (FMP 0140) und *The Old Song* des *Gumpert/Sommer Duo* plus Hering (FMP 0170). Zwischen den beiden DDR-LPs wird Reichels erste LP *Wichlinghauser Blues* (FMP 0150) veröffentlicht. Bis auf einen Live-Titel wurden diese in den Hagener EROC-Studios sowie bei Reichel zu Hause aufgenommen. Die nachfolgenden 12 FMP-LPs (FMP-Nummern *FMP 0180* bis *FMP 0290*) dokumentieren hingegen primär Live-Konzerte. Den Beginn macht *FMP 0180*: *Outspan No. 1* von *Brötzmann/Van Hove/Bennink* plus Albert Mangelsdorff, auf der erstmals Live-Mitschnitte vom W.F.M. (1974)

---

273 Die nächste, erst nach einer fast neunmonatigen Pause Ende Dezember 1976 veröffentlichte FMP-LP *s'Gschänk* von Urs Voerkel (FMP 0300) wurde, wie Gebers bestätigt, „nicht mehr vom Kollektiv bestimmt“ (E-Mail von Gebers an den Verfasser, 11.12.2019).

veröffentlicht wurden. Mitgeschnitten wurde die LP wie auch die folgenden FMP-Live-LPs mit der „FMP-Mobile-Recording-Unit", wie auf der Schallplattenhülle von *FMP 0180* angegeben ist. Mit der Recording-Unit waren nun die geeigneten technischen Mittel gegeben, um bei den Konzerten mit eigenem Equipment aufnehmen zu können. So entstehen in der Folge weitere Veröffentlichungen mit Aufnahmen von den Live-Projekten der FMP in Westberlin wie z.B. *Goose Pannée* des *Schweizer-Carl Quartett* (FMP 0190), aufgenommen bei einem Einzelkonzert im *Quartier Latin* im September 1975, oder die beiden beim W.F.M. 1975 aufgenommenen *Globe Unity Special*-LPs *Evidence* (FMP 0220) und *Into the Valley* (FMP 0270) sowie die teilweise beim *Free Concert* im Rathaus Charlottenburg im August 1975 aufgenommene *Remarks* des *Christmann-Schönenberg Duo* (FMP 0260). Aber auch Mitschnitte von den westdeutschen Jazzfestivals in Moers und in Nürnberg wurden veröffentlicht. So wurde *Three Nails Left* (FMP 0210) des *Schlippenbach Quartett*[274] bei der dritten Ausgabe des *Internationen New Jazz Festival Moers* 1974, *Messer* (FMP 0290) von *Schweizer/Carl/Moholo*[275] beim vierten *Moers*-Festival 1975 und *Outspan No. 2* (FMP 0200) von *Brötzmann/Van Hove/Bennink* im Mai 1974 beim Nürnberger *Ost-West*-Festival mitgeschnitten.

Ab Anfang Mai 1974, d.h. ab dem Nürnberger *Ost-West*-Mitschnitt von *Brötzmann/Van Hove/Bennink* nimmt Gebers bis auf wenige Ausnahmen alle folgenden, während der Kollektiv-Zeit veröffentlichten LPs mit FMP-Zählung selbst auf.[276] Zu den Live-Mitschnitten „in der Frühzeit" merkt Gebers bei den Oral History-Interviews an:

> „Und live war es eh problematisch. Du konntest das nur in exorbitanter Lautstärke über Kopfhörer hören. Und erst als wir dann Mehrspuraufnahmen gemacht haben, hast du einen Rohmix gemacht, dass du das zu Hause schnell mal hören konntest. Das war dann ein bisschen besser. Aber in der Frühzeit war das ganz problematisch. Viel war da auch vom Glück abhängig."[277]
> „Anfangs war es immer so eine Merkwürdigkeit: Ist es jetzt richtig oder ist es nicht richtig, was du da aufnimmst. Abgesehen mal davon: also alle die da live saßen und Aufnah-

274 Nur die A-Seite von *FMP 0210*: *Three Nails Left* wurde beim Festival in Moers aufgenommen. Seite-B spielte das *Schlippenbach Quartett* bei einem FMP-Einzelkonzert im Februar 1975 im *Quartier Latin* in Westberlin ein.

275 Auch bei *FMP 0290*: *Messer* wurde nur die A-Seite in Mores aufgenommen. Die B-Seite nahm das Trio im Dezember 1975 im Berliner FMP-Studio auf.

276 Gebers schnitt erstmalig selbst 1973 beim W.F.M. mit. Bei den nicht von Gebers mitgeschnittenen Aufnahmen handelt es sich um die dritte Veröffentlichung mit Jazz aus der DDR (*FMP 0240*: *Auf der Elbe schwimmt ein rosa Krokodil* von *Synopsis*), die beim *Rundfunk der DDR* in Ostberlin aufgenommen wurde, um die beim *Moers*-Festival aufgenommene A-Seite von *FMP 0210*: *Three Nails Left* sowie um einzelne Titel von *FMP 0260*: *Remarks* des *Schönenberg-Christmann-Duo* (z.T. von den beiden Musikern selbst aufgenommen) sowie um einen Titel auf Reichels zweiter Veröffentlichung *FMP 0280*: *Bonobo*.

277 Gebers, Interview mit dem Verfasser, 27.3.2015, Interview-ID 77.

men gemacht haben, das war ja nicht nur ich, sondern auch andere Leute, hatten damit irrsinnige Probleme.[278] Wir saßen ja im selben Raum, mit Beschallung und allem Kram, und sollten dann kontrollieren über Kopfhörer, ist das jetzt in einer Stereo-Geschichte balanciert, und ist der Bass nicht zu laut und so weiter. Was praktisch eigentlich nicht geht."[279]

Die wenigen während der Kollektiv-Zeit ab 1975 nicht bei Live-Konzerten entstandenen FMP-LPs wurden (bis auf *Tschüs* (FMP 0230) von *Brötzmann/Van Hove/Bennink*, die im *Quartier* eingespielt wurde) im ersten FMP-Studio in der Olbersstraße aufgenommen. Hierzu zählen *FMP 0250: Carpathes* von *Pilz/Kowald/Lovens* (Pilz: bcl; Kowald: b; Lovens: dr), *FMP 0280: Bonobo* von Reichel sowie die B-Seite von *FMP 0290: Messer* von *Schweizer/Carl/Moholo*. In der Olbersstraße, d.h. im Keller des Jugendzentrums, in dem Gebers arbeitete, hatte dieser bereits in den 1960er-Jahren, wie Carl berichtet, einen „schallgedämpften mini free music-Club gebaut" („kleine Bühne, ein bisschen Studioequipment und Platz für vielleicht 30 Leute"[280]). Einen Eindruck von diesem ersten FMP-Studio in der Olbersstraße vermitteln Schlippenbachs retrospektive Ausführungen in den Liner Notes der FMP-CD-Wiederveröffentlichung seiner *Piano Solo* (FMP 0430), die im Februar 1977 dort aufgenommen wurde:

> „Ich hatte […] in Moabit eine etwas heruntergekommene aber schöne 5 Zimmerwohnung gefunden, die ich mit großem Optimismus renovierte, und in der ich heute noch bin. Von da aus waren es etwa 30 Minuten zu Fuß zum Jugendclub Olbersstraße, wo Jost Gebers bei der Stadt Berlin angestellt war. In den Kellerräumen gab es ein, von Gebers eingerichtetes Studio mit Aufnahmemöglichkeit indem ich meinen alten Ibach-Flügel aufstellen und tagsüber arbeiten konnte.
> Ich ging jeden Tag hin, verließ frühmorgens das Haus und kehrte am Nachmittag zurück. Gebers bot mir an, Solo-Aufnahmen für eine eventuelle LP-Produktion zu machen. Ich sagte zu und er organisierte nach den Grundeinstellungen alles so, dass ich alleine bleiben konnte und nur noch Record oder Stop an dem Bandgerät zu bedienen brauchte. […]
> Das Studio befand sich wie gesagt im Keller. Keine Fenster, nur elektrisches Licht und absolute Isolation zur Außenwelt."[281]

---

278 Obwohl Gebers ab Mai 1974 in der Regel selbst bei den Konzerten und Veranstaltungsreihen aufnahm, finden sich in den 1970er-Jahren auch immer wieder weitere Personen, die bei den FMP-Live-Projekten aufnahmen wie bspw. Franz de Byl (W.F.M. 1975 und 1976 sowie T.M.M. 1975 und 1976) oder Bernhard Arndt (W.F.M. 1977 und T.M.M. 1977).

279 Gebers, Interview mit dem Verfasser, 27.3.2015, Interview-ID 77.

280 Carl zit. nach Ihle/Zimmermann 2014, S. 67, vgl. Kapitel *1.9.2 Das Total Music Meeting gegen die Berliner Jazz Tage '68, Herbst 1968.*

281 Schlippenbach 2008.

Die nicht bei Live-Konzerten entstandenen LPs sind keineswegs ‚abgerundete oder abgedichtete Studio-Produktionen oder Kunstwerke'[282], wie Liefland 1976 zu den FMP-Produktionen bemerkt. Worauf es Gebers bei der FMP-Schallplattenproduktion ankommt, beschreibt er 1979 in der *Neuen Zeitschrift für Musik* wie folgt:

> „Bei unseren Schallplattenproduktionen versuchen wir so realistisch wie nur möglich die musikalischen Abläufe festzuhalten. Ästhetische Überlegungen wie ein Saxophon klingt oder ein Schlagzeug, entfallen zugunsten der Überlegung wie Brötzmann klingt oder Dudek oder Parker, wie Lovens klingt oder Bennink. Der Einsatz der notwendigen Elektronik (Mikrophone, Mischpult, Bandgeräte) gilt zusammen im Augenblick des Entstehens. Weitere Manipulationsmöglichkeiten sind nicht mehr möglich. Fehler des Aufnehmenden in der Mischung sind nicht mehr zu korrigieren."[283]

Die Schallplattenproduktionen während der Kollektiv-Zeit dokumentieren die „kontinuierlichen" Arbeitsprozesse von „Brötzmann, Schlippenbach, *Globe Unity*, Carl, Kowald, Schweizer, Reichel sowie Free Jazz aus der DDR"[284], wie Gebers ebenfalls in seinem Beitrag in der *Neuen Zeitschrift für Musik* ausführt. So befinden sich unter den 22 FMP-Produktionen sechs LPs von Brötzmann (insgesamt ist Brötzmann an acht Produktionen beteiligt), drei LPs von Schlippenbach (insgesamt an sechs Produktionen beteiligt), drei LPs von *Globe Unity*, jeweils zwei LPs von Schönenberg und Christmann, Reichel, Schweizer sowie Carl, eine LP von Kowald (insgesamt an sieben Produktionen beteiligt) sowie drei LPs mit Jazz aus der DDR. Zudem waren mit mehr als drei LP-Beteiligungen die kooperierten und assoziierten Musiker Lovens, Bennink und Parker (jeweils sechsmal), Van Hove (fünfmal) und Rutherford (dreimal) beteiligt.

Wie Hahne bei den Interviews berichtet, lag die Erstauflage der Produktionen „in der Regel bei 500 Stück", „und wenn die weg war, musste wieder nachgepresst werden".[285] Dass die Tonträgerproduktion während der Kollektiv-Zeit in ökonomischer Hinsicht ein Defizit verursachte, lässt sich anhand der *Bestandsaufnahme zur augenblicklichen Situation der Free Music Production* in den FMP-*News!* vom Frühjahr 1977 feststellen. So verzeichnete diese einen „Gesamtverlust"[286] für 1974 und 1975 von DM 37.770,81. Und: zu diesem Verlust kamen noch „zu zahlende Musikerhonorare für Plattenproduktionen, sowie private Kredite von FMP-Beteiligten und Musikern in einer Größenordnung von ca. DM 60.000,--"[287] hinzu.

282 Liefland 1976a.

283 Gebers 1979, S. 250.

284 Ebd., S. 251.

285 Hahne, Interview mit dem Verfasser, 22.6.2015, Interview-ID 185.

286 FMP 1977a, S. 3, vgl. Kapitel *4.5.4 Die finanzielle Situation.*

287 Ebd.

SAJ-Nummern

1974 gründete die FMP das Sublabel SAJ. Über die Entstehung des Sublabels berichtet Gebers bei den Oral History-Interviews:

> „Es gab ein Label, das hieß SÅJ. Der Beginn dieser Geschichte war folgender: Sven-Åke Johansson lebte in Berlin und hatte eine Solo-Platte gemacht, und uns gebeten, die zu verkaufen.[288] Und in diesem Zusammenhang haben wir ein anderes Konzert gemacht, und hatten vor, das zu veröffentlichen[289], d.h. Sven wollte das. Ich wollte das nicht unbedingt. Irgendwann habe ich gesagt: ‚Ja'. Und jetzt hatten wir die erste Platte von Sven, die hieß *SÅJ 01*. Die haben wir ja schon vertrieben. Jetzt haben wir eine zweite Platte gemacht, auch mit Sven und mit Alfred Harth und Nicole van den Plas. Dann haben wir gesagt, bleiben wir dabei: *SAJ-02*. Und in diesem Jahr haben wir auch noch ein anderes Konzert mit Misha [Mengelberg] und Han [Bennink] gemacht: und große Euphorie. Ist ein tolles Konzert[290] gewesen; zwei Tage waren das sogar. Also gut, es blieb bei diesem Ding.
> Dass die nicht bei FMP erschienen sind, hatte folgenden Hintergrund – also alles, was da kolportiert wird, ist Blödsinn: Es sind nicht die Ausländer gewesen. Hier FMP: Deutsche. Und da: die Ausländer. Sondern es waren ausschließlich Honorierungsgeschichten. Bei FMP lag das fest: Es wird honoriert auf Basis der Presszahlen. Bei SAJ war es so, dass es Honorierungen ganz unterschiedlicher Art waren: Einmaliges Honorar und solche Geschichten. Und der zweite Aspekt war, dass es Dinge waren, die also nicht unbedingt improvisierte Musik in dem Sinne waren, wie sie bei FMP veröffentlicht wurden. [...] Also das, was da kolportiert wird, ist alles Blödsinn. Also selbst ein Insider wie Steve Lake hat dann irgendwann nochmal geschrieben, dass mit Beginn der CD-Zeit diese Trennung zwischen Ausländern und Inländern bei FMP dahin sei (Interviewer lacht). Die gab es nicht.[291] Du brauchst Dir das auch nur mal anzusehen. Da sind ja

---

288 Bei der LP handelt es sich um *Schlingerland/dynamische Schwingungen*, erschienen auf Johanssons Eigenlabel SÅJ. Auf der Schallplattenhüllenrückseite von *Schlingerland/dynamische Schwingungen* (SÅJ 01) steht: „Diese Schallplatte ist über FMP, 1 Berlin 10, Mierendorffstraße 19, zu beziehen."

289 Gebers meint das von der FMP veranstaltete Konzert mit E.M.T. am 18.3.1974 im *Quartier Latin*, das im Oktober 1974 als *SAJ-02*: *Canadian Cup of Coffee* veröffentlicht wurde.

290 Der Mitschnitt des Konzerts von Mengelberg und Bennink am 12. Mai 1974 im *Quartier Latin* ist im Oktober 1974 als *SAJ-03*: *Eine PartieTischtennis* veröffentlicht worden.

291 Gebers wendet sich gegen die Kritik von Lake, der in einem FMP-Katalog 1991 der FMP vorwirft, dass sie „nicht von Deutschen geleitete" Projekte auf das SAJ-Sublabel „verbannt" habe: „Bis vor kurzem wurden nicht von Deutschen geleitete Projekte (zusammen mit diversen Nicht-Ganz-Free-Jazz-Platten und anderen Merkwürdigkeiten) vorsichtshalber auf das Schwesterlabel SAJ verbannt, eine verwirrende und den grenzüberschreitenden Idealen der Improvisation unwürdige Trennung, die mit dem Beginn der CD-Ära nun endlich beendet wird. Jetzt ist alles FMP-Musik, woher sie auch kommen mag" (Lake 1991a).

Knapp 20 Jahre später übernimmt Klopotek erneut die These von Lake. So führt er aus: „FMP ist explizit ein deutsches Label: Es veröffentlicht ausschließlich Produktionen, die unter Leitung west- wie ostdeutscher Musiker entstehen (Deutschschweizer wie Irène Schweizer, Stephan Wittwer und, später, Werner Lüdi werden eingemein-

Ausländer da, aber Lacy wollte ein einmaliges Honorar haben. Der wollte sich auf diese Verpflichtung, dann und dann honoriert zu werden, wenn das und das passiert ist, nicht einlassen. Und so kam diese ganze Geschichte. Und deshalb gab es also dieses Label."[292]

Die Gründung des Sublabels SAJ lässt sich nicht auf Planungen des Gesellschafter-Kollektivs zurückführen, „nicht von Deutschen geleitete" Projekte auf ein Sublabel zu ‚verbannen'[293], wie Lake meint. Vielmehr scheint es naheliegend, wie Gebers anschaulich berichtet, dass die *agency* von Johanssons *Schlingerland/dynamische Schwingungen*-LP (SÅJ 01) und deren Vertrieb durch die FMP die Etablierung eines Sublabels ebenso mitbedingte wie die vertraglich festgelegten Vereinbarungen des Gesellschaftervertrags, d.h. die Abrechnungsmodalitäten des Kollektivs hinsichtlich der FMP-Tonträgerproduktionen. Denn die Gründung des FMP-Sublabels SAJ ermöglichte, vom bestehenden FMP-Abrechnungsmodell abzuweichen, das eine Honorierung pro gepresster Platte bzw. Auflage vorsah. Mit dem Gewinn aus den Verkäufen sollten dann wieder neue Platten produziert werden („in der Hoffnung, in absehbarer Zeit ein Produktionskapital zu haben und dann auch die Musiker gleich richtig zu bezahlen"[294]). Mittels des SAJ-Sublabels konnten die Konditionen variabel gestaltet werden, weshalb das Sublabel für Koproduktionen mit anderen Kooperativen (bspw. *SAJ-03*: *Eine PartieTischtennis* des *Mengelberg-Bennink Duo*) oder für Produktionen mit einer einmaligen finanziellen Honorierung (wie *SAJ-05*: *Stabs* von Lacys) präferiert wurde. Andererseits bot das Sublabel SAJ die Möglichkeit, wie Gebers in den Interviews anmerkt, „Dinge" herauszugeben, „die also nicht unbedingt improvisierte Musik in dem Sinne waren, wie sie bei FMP veröffentlicht wurden".[295] SAJ wurde so, wie Forst bereits 1981 in einer FMP-Broschüre hingewiesen hat, „zur Ergänzung und schuf die breite stilistische Basis zum FMP-Label, das seinen Ruf als Independent-Label akustischer, freier Jazzmusik behalten sollte".[296]

---

det). Produktionen ausländischer Musiker werden auf dem Sublabel SAJ veröffentlicht [...]. Erst mit dem Beginn der CD-Produktion (1989) wird FMP die Trennung zwischen deutschen und internationalen Produktionen aufheben". (Klopotek 2008b)

Nach einem Gespräch mit Gebers revidiert Klopotek (2010) seine Position und schreibt in der Broschüre der FMP-Edition *Im Rückblick – In Retrospect*: „Später wurde interpretiert, bei SAJ handele sich um die Abteilung für ausländische Musiker, während FMP Westdeutschen, DDR-Musikern und Schweizern vorbehalten gewesen sei. Das, so Gebers, war aber nie intendiert." Und fügt hinzu, dass „rückblickend" die Aufteilung „in FMP und SAJ [...] wenig schlüssig" erscheine, „zumal diese Verschachtelung mit dem Beginn der CD-Edition beendet wurde". Und so bemerkt Klopotek richtig: „Aber es ging ja nie um den Masterplan, es ging um die Ideen sprunghafter Musiker." (Klopotek 2010, S. 59)

292 Gebers, Interview mit dem Verfasser, 22.5.2015, Interview-ID 300.

293 Lake 1991a.

294 Gebers zit. nach Margull 1973, S. 15.

295 Gebers, Interview mit dem Verfasser, 22.5.2015, Interview-ID 300.

296 Forst 1981, vgl. Solothurnmann 1980.

Neben *Schlingerland* von Sven-Åke Johansson (SAJ-01), *Canadian Cup of Coffee* von E.M.T. (SAJ-02), *Eine PartieTischtennis* von Mengelberg und Bennink (SAJ-03), *Stabs* von Lacy (SAJ-05) und *Live in Berlin* des *Willem Breuker Kollektief* (SAJ-06) veröffentlichte FMP während der Kollektiv-Zeit auf SAJ das Schlagzeug-Solo-Album des FMP-Kollektiv-Mitglieds Schönenberg: *Detlef Schönenberg spielt Schlagzeug* (SAJ-04).

Singles

Alle fünf von der FMP produzierten FMP-Singles wurden im Zeitraum April 1972 bis April 1975 aufgenommen und zwischen April 1973 und Dezember 1975, d.h. während der Kollektiv-Zeit veröffentlicht. Am Anfang der FMP-Singles-Produktion steht die 1973 erschienene (Doppel-)Single *Free Jazz und Kinder* (FMP S 1/2), die das Ergebnis des von der *Akademie der Künste* initiierten Projekts *Kinder und Künste* vom April 1972 dokumentiert. In diesem versuchten, wie Hertling in den Liner Notes zur Single erläutert, Brötzmann, Van Hove und Bennink „mit einer Gruppe von Kindern mit den Möglichkeiten freier improvisierter Musik Stücke zu erarbeiten".[297] „Wenn man" bedenke, wie Hertling resümiert, „dass für diesen Versuch in der *Akademie* nur vier Tage zur Verfügung standen", sei „das musikalische Ergebnis ganz erstaunlich" und zeige, „welche didaktischen Möglichkeiten hier noch zu entwickeln wären".[298]

Bei der zweiten Single *FMP S 3*: *Einheitsfrontlied*, die bei derselben Aufnahmesession wie *FMP 0130*: *Brötzmann/Van Hove/Bennink* am 25. Februar 1973 im *Sendesaal* von *Radio Bremen* aufgenommen wurde, stand weniger der dokumentarische Aspekt im Vordergrund. So kündigte Gebers im *Jazz Podium* 1973 gegenüber Margull bei *FMP S 3* „eine Adaption des ‚Einheitsfrontliedes' von Brötzmann/Van Hove/Bennink" an, die speziell „für Musikboxen in linken Kneipen"[299] gedacht sei. Auf meine (ungläubige) Nachfrage bei den Oral History-Interviews, ob die Aussage gegenüber Margull „damals ernst gemeint" gewesen sei und „ob es damals überhaupt noch diverse linke Kneipen gab, die so eine Musikbox stehen hatten?", bekräftigt Gebers: „Das ist ernst. Das lief auch so."[300] Es habe „massig"[301] linke Kneipen mit Musikbox gegeben. So berichtet auch Schmidt-Joos im *Spiegel* Anfang September 1973 unter dem Titel *Eisler-Jazz in der Juke-Box*:

---

297 Hertling 1972.

298 Ebd. Die damalige, auch der FMP zugewandte Jazzkritik konnte Hertlings Urteil nicht teilen. So schreibt bspw. Panke im *Jazz Podium*: „Die Ergebnisse, die aus dem Lautsprecher kommen, sind, ja schlicht gesagt, eine Lärmgrütze." (Panke 1973a, vgl. auch Olshausen 1973a)

299 Gebers zit. nach Margull 1973, S. 16.

300 Gebers, Telefon-Interview mit dem Verfasser, 04.5.2017, Interview-ID 614.

301 Ebd.

„Aus den Musikautomaten West-Berliner Polit-Kneipen röhrt ein neuer Diskotheken-Hit: ‚Reih dich ein in die Arbeitereinheitsfront, weil du auch ein Arbeiter bist!' Das betagte Einheitsfrontlied aus dem Jahre 1934 von Hanns Eisler und Bertolt Brecht wird vom Free-Jazzer Peter Brötzmann auf dem Saxophon geknurrt, vom Drummer Han Bennink zu einem Beckenfurioso gesteigert und vom Pianisten Fred van Hove mit lieblichen Klavierarabesken umrankt. Brötzmanns Trio wollte damit ‚unseren linken Genossen, die sich beim Bier sonst von unheimlich kapitalistischer Musik bedudeln lassen', etwas ‚astrein Fortschrittliches' bescheren -- mit Erfolg: Seit sich in den Berliner Schenken herumgesprochen hat, dass die ‚Free Music Production' (1 Berlin 10, Mierendorffstraße 19) die Single-Platte vertreibt, kommen die FMP-Leute mit dem Versand nicht mehr nach."[302]

Die dritte FMP-Single *FMP S 4: Der alte Mann bricht sein Schweigen* des *Globe Unity Orchestra* folgt ein gutes Jahr nach dem *Einheitsfrontlied* Ende September 1974 und stellt ein Dokument des *2. Wuppertaler Free Jazz Workshop* vom 19. bis zum 23. März 1974 dar. Anfang 1975 folgt mit *FMP S 5: Old Tune/Heimkehr der Holzböcke* von *Hans Reichel* die vierte FMP-Single und Ende 1975 erscheint mit *FMP S 6: Bavarian Calypso/Goodbye* des *Globe Unity Orchestra* die letzte FMP-Single.

Die von Fröse in seiner Rezension von *FMP S 3* in der November-Ausgabe des *Jazz Podium* 1973 gestellte Frage, „wie weit sich mit der insgesamt kompromisslosen Spielhaltung der FMP-Musiker Hits, also Ohrwürmer, machen lassen"[303], greift der britische Musikjournalist, Produzent und FMP-‚Insider' (Gebers) Steve Lake 17 Jahre später wieder auf. So wertet Lake in seinem *Jazzthetik*-Beitrag die FMP-Single-Produktionen als „Konzessionen an den musikalischen Zeitgeschmack"[304] bzw. vermutet, dass diese kommerziell intendiert waren:

„Mehr als zwei Jahrzehnte lang Aufnahmen, die so gut wie keine Konzessionen an den musikalischen Zeitgeschmack machen – ein eindrucksvolles, von einem gesunden Maß an Sturheit zeugendes Verdienst. (Warum ich so gut wie keine sage? Zwischen 1972 und 75 wurden sechs Singles veröffentlicht, durch die Bank kommerzielle Reinfälle: Globe Unity's *Bavarian Calypso* hatte, wie man sich denken kann, etwa soviel Chancen, die Hitparaden zu stürmen, wie ein Schneemann, den August zu überstehen. Hanns Eislers *Einheitsfrontlied* in der Version von Brötzmann/Van Hove/Bennink könnte man vielleicht zugute halten, es sei, angesichts der derzeitigen Brecht/Weill/Eisler-Welle, seiner Zeit um 17 Jahre voraus gewesen."[305]

Lake ignoriert bei seinem Urteil erstens, dass die Mehrzahl der FMP-Singles kaum geeignet erscheinen, um als ‚Konzessionen an den musikalischen Zeitgeschmack'

302 Schmidt-Joos 1973, S. 125.

303 Fröse 1973b, vgl. auch seine Besprechungen von *FMP S 5: Old Tune/Heimkehr der Holzböcke* Fröse 1974 und *FMP S 6: Bavarian Calypso/Goodbye* Fröse 1976.

304 Lake 1990.

305 Ebd. Lake spricht von sechs Singles, weil er die Doppel-Single *FMP S 1/2* als zwei Singles zählt.

zu dienen. Zweitens interessiert sich Lake nicht für die Entstehung der von ihm herangezogenen Singles *FMP S 3* und *FMP S 6*: So lässt er völlig unberücksichtigt, dass die im Mai 1975 von Conny Plank in seinem Studio in Neunkirchen aufgenommene *Bavarian Calypso*-Single (FMP S 6) des *Globe Unity Orchestra* „seit der Wiederbelebung des Orchesters anno 1973 (wenn auch zuweilen umstritten) so etwas wie ein Markenzeichen" des Orchesters „geworden" sei, wie Fröse 1976 im *Jazz Podium* schreibt. Entsprechend fällt ihm auch zur Adaption des *Einheitsfrontlieds* (FMP S 3) lediglich die ‚Brecht/Weill/Eisler-Welle' (zum Zeitpunkt seiner Kritik), d.h. anno 1990 ein. Dass nach Brötzmanns Positionierung in den 1960er-Jahren, gesellschaftlich-emanzipative Impulse initiieren zu wollen, sowie seiner Kritik an den ‚politisch engagierten Leuten'[306] und deren Musikverständnis zu Beginn der 1970er-Jahre Brötzmanns Interpretation des *Einheitsfrontlieds* anders intendiert sein könnte, als sich dem musikalischen Zeitgeschmack anzubiedern (zumal dies auch Schmidt-Joos im *Spiegel* andeutet), wird von Lake nicht thematisiert. Insofern erscheint seine These von der Konzession an den musikalischen Zeitgeschmack zweifelhaft. Auch dass der ‚kommerzielle Reinfall' der FMP-Singles der Grund für die Einstellung der 7"-Singles-Reihe sei, lässt sich nicht bestätigen. Die mir vorliegenden „Presszahlen"[307] der FMP-Singles vermitteln ein anderes Bild. Die Einstellung der FMP-Single-Produktion noch während der Kollektiv-Zeit ist vermutlich primär auf das spezielle Single-Format zurückzuführen. So greift die FMP in den 1980er-Jahren im Rahmen der *FMP S-Serie* das 7"-Singles-Format noch dreimal auf. Bei diesen handelt es sich allesamt um Produktionen, bei denen eine Single offensichtlich eine ausreichende bzw. adäquate Form der musikalischen Dokumentation darstellte.

Das Ende des Kollektivs, 1976

Nachdem die Wuppertaler Treffen „regelmäßig im Chaos" endeten, wie Gebers bereits 1992 im *Jazzthetik*-Interview berichtete, „weil klar war, dass jeder" bei den großen FMP-Veranstaltungsreihen „spielen wollte", und es auch bei der Planung von Veröffentlichungen schwierig war, Einigkeit zu erzielen[308], wurde Anfang 1976 das Kollektiv bzw. die kollektive „Struktur aufgelöst".[309] Allen sei klar gewe-

306 Vgl. Brötzmann zit. nach Zimmerle 1971, S. 286.

307 Gebers, Interview mit dem Verfasser, 14.8.2015, Interview-ID 487. Hierbei ist zu beachten, dass es bei der FMP nie „Verkaufsabrechnungen" gab, wie mir Gebers bei den Interviews erläuterte, „sondern immer" nur „Presszahlen dieser einzelnen Produktionen" (ebd.).

308 Als Beispiel wird bei den Interviews immer wieder der ‚riesen Streit' über die (erst weit nach der Kollektiv-Zeit im September 1979 erschienene) *Globe Unity*-Aufnahme mit dem *Choir of the NDR-Broadcast* (FMP 0650: Hamburg '74) angeführt.

309 Gebers zit. nach Müller 1992.

sen, „dass es so nicht ging".[310] So berichtet bspw. Brötzmann bei den Oral History-Interviews:

> „Jost und ich, wir hatten unsere konsequente Vorstellung, von dem, was wir wollten. Wir wollten natürlich gern auf alles und auf alle hören, die was beizutragen haben. Aber, wie das so geht, wenn die Kollektive größer werden, dann werden auch die Einzelinteressen größer. Oder die Kollektiv-Mitglieder meinen, sie müssen sich unbedingt durchsetzen. O.K., ich meine, es war natürlich auch so, dass Jost und ich von Anfang an da waren, und dass Jost und ich von Anfang an auch wussten, was wir wollten, und dass manche dann auf den fahrenden Zug aufgesprungen sind, die eigentlich von der Idee der Geschichte nicht unbedingt auch was wissen wollten, sondern einfach sagen: ‚O.K., da geht was, und da sollten wir doch dabei sein!', um das mal so vereinfacht zu sagen. Und das brachte natürlich nach einer gewissen Zeit schon die Streitereien, Eifersüchteleien, Intrigen, all so was, was so ganz menschlich ist, mit sich. Und das war dann auch der Zeitpunkt, wo ich sagte: ‚Verdammte Scheiße, Jost, mach' du das. Und entscheide. Und wir halten uns raus. Wir machen Musik.' Was natürlich nicht hieß, dass wir nicht weiterhin darüber geredet haben (lacht). [...] Und wir mussten leider die Erfahrung machen, dass das ... – also ein Kollektiv kann nur an der Sache orientiert sein. Und wenn sich das dann auflöst in gewisse menschliche Spekulationen, dann ist es vorbei. Das hat keinen Sinn."[311]

Brötzmann entwirft in der Interviewpassage das Bild eines Konflikts zwischen Einzel- und Kollektivinteressen. Während Gebers und er von Anfang an die gemeinsame ‚Sache' voranbringen wollten – und natürlich auch bemüht gewesen seien, auf ‚alle hören zu wollen', ‚die was beizutragen haben' –, wollten andere nur auf den ‚fahrenden Zug aufspringen' und ‚unbedingt' ihre ‚Einzelinteressen' durchsetzen. Und wenn die Kollektive ‚größer' werden, dann würden auch die ‚Einzelinteressen größer'. Und wenn dann noch ein Kollektiv nicht mehr an der ‚gemeinsamen Sache orientiert'[312] sei, sondern nur noch an ‚gewissen menschlichen Spekulationen', ‚dann sei es vorbei'. Auf meine Nachfrage, was die ‚gemeinsame Idee' oder die ‚gemeinsame Sache' gewesen sei, von der manche nichts wissen wollten, antwortet Brötzmann bei den Interviews:

> „Ach Gott, das waren eigentlich so ganz praktische Dinge. Jost und ich machten immer noch die ganze Arbeit. Und wenn's dann ums Jobverteilen bei den *Akademie*-Programmen ging, dann tauchten auf einmal die Forderungen auf. Oder wenn's ums Geldverteilen ging: dann kamen die Forderungen. Und Jost und ich waren der Auffassung – und da sind wir mit gestartet: wir müssen, um das Ganze vorwärts zu bringen, investieren.

---

310 Ebd.

311 Brötzmann, Interview mit dem Verfasser, 12.7.2015, Interview-ID 468.

312 Dies bestätigt auch das Kollektiv-Mitglied Schönenberg. So weist er im Rahmen von Nogliks *Jazz-Wertstatt*-Interviews 1979/1980 darauf hin: „Im Laufe der Zeit mußte ich leider feststellen, daß die ehemaligen gemeinsamen Ziele auseinandersplitterten. Um meine Kräfte nicht in Querelen aufzureiben und mich auf die Musik konzentrieren zu können, bin ich nach längeren Diskussionen – ebenso wie Günter Christmann – aus der FMP herausgegangen." (Schönenberg zit. nach Noglik 1983, S. 167)

> Und dann muss man auch abwägen … – wir wollten natürlich auch nach außen hin erfolgreich sein. Erfolgreich im Sinne von: Wir wollten Publikum anziehen. Und dann muss man auch manchmal Entscheidungen fällen gegen den einen oder anderen. Und wenn man sich mal die ganzen Listen ankuckt, die Jost dann so zusammengebastelt hat, wer da immer alles gespielt hat, kann sich im Endeffekt keiner auf den Schwanz getreten fühlen. Aber es war damals so. Nicht wir haben … – ich werde wahrscheinlich schon meine Fehler gemacht haben, aber im Endeffekt kann man davon ausgehen, dass Jost und ich an die Sache gedacht haben."[313]

In seiner Antwort macht Brötzmann die mangelnde Solidarität der Akteure für das Scheitern des Kollektivs verantwortlich. Während Gebers und er an die ‚Sache gedacht' hätten (wobei er auch eigene ‚Fehler' einräumt) und ‚immer noch die ganze Arbeit gemacht' hätten, ‚um das Ganze vorwärts zu bringen' – seien die anderen erst dann gekommen, wenn es ‚ums Jobverteilen' oder ‚ums Geldverteilen' ging. So hätten die Kooperativen-Mitglieder auch hinsichtlich der Programmplanungen ihre Einzelinteressen durchsetzen wollen und nicht an ‚die Sache' gedacht. Wobei in Hinblick auf abwechslungsreiche Programme auch ‚manchmal gegen den einen oder anderen Entscheidungen gefällt' werden müssten. Allerdings äußert Brötzmann für dieses Verhalten durchaus Verständnis – trotz seiner Kritik der „menschlichen Schwächen" – und hinweist darauf:

> „Aber man darf ja auch nicht vergessen: Es ging ja immer auch für jeden Einzelnen ums Überleben! Und so 'nen Job in der *Akademie* – oder später im *Quartier Latin* dabei zu sein – hieß, einerseits Geld zu verdienen und zweitens auch imagemäßig einen Schritt vorwärts zu machen. Also insofern: Verstehen kann ich alles. Bloß war es natürlich unserer Idee gegenüber kontraproduktiv. Aber so geht das mit den menschlichen Schwächen."[314]

Gebers stimmt in den Oral-History-Interviews Brötzmanns Sichtweise weitgehend zu, d.h. hinsichtlich der (‚zwangsläufigen') Priorität der Entitäten der musikalischen Karrieren der Akteure, deren ökonomische Situation und deren künstlerisches Selbstverständnis, die jedoch mit der Zielsetzung bzw. der Entität einer vielfältigen Programmplanung hinsichtlich Schallplattenproduktion und Konzertveranstaltung kollidierten. So beschreibt Gebers die Problematik, die sich aus seiner Sicht im Laufe der Kollektiv-Zeit eingestellt hat, wie folgt:

> „Und da war zum Schluss ja die Situation, dass jeder praktisch immer spielen wollte: zwangsläufig. Na gut, das ist nun mal deren Job. Also das muss so sein. Und da wurde immer deutlicher, dass das so nicht gehen kann die ganze Geschichte. Das ist nun mal das Interesse: Eine Platte machen, ein Konzert geben und so was. Na ja, und da kam dann der Split: ‚Nee, danke, das geht so nicht mehr.'[315]

313 Ebd.

314 Ebd.

315 2003 hatte Gebers in *Jazz Thing* ausgeführt: „Das Jahr 1968 war der Scheitelpunkt einer Entwicklung, die schon vorher begonnen hatte und sich bis in die 70er Jahre erstreckte.

Und dann war es auch so, dass mir die ganze Geschichte inhaltlich zu eng wurde: Nur Brötzmann, nur Schlippenbach, nur der, nur der. Und ich wollte 'ne Öffnung haben, und die wollten eigentlich lieber 'ne Verdichtung haben. Im Extremfall war es Brötzmann, der wollte lieber nur er. Also das muss man eben auch mal deutlich sagen. So waren dann die Überlegungen. Und da sah ich aber keine Perspektive für die Zukunft. Es gab dann eben andere, nachwachsende Leute – spannende dabei –, und die wollte ich natürlich miteinbeziehen."[316]

Während in Brötzmanns Darstellung das zweite Ziel der 1972 fixierten Selbstverständnis-Erklärung der FMP (d.h. durch geeignete Präsentation den Hörer:innen einen informativen Überblick über die neue Jazzmusik zu ermöglichen) nur funktionale Bedeutung zukommt (‚um Publikum anzuziehen'), exponiert Gebers die ‚geeignete Präsentation', von der er sich zudem eine weitere Öffnung wünscht. Müller hat in *Free Music Production. FMP: The Living Music* diesen so skizzierten Konflikt als den „innere[n] Widerspruch in der Konstruktion der FMP" charakterisiert, der zur Auflösung der Kooperative geführt habe. So führt Müller aus, dass eine ‚Cooperative', die einerseits einen Workshop veranstaltet (‚gedacht als Informationsmöglichkeit über freie, improvisierte Musik, mit Musikern und Gruppen die verschiedene Musikvorstellungen realisieren') und sich als offene Plattform für aktuelle und verschiedene Musiken verstehe, aber gleichzeitig die „Wünsche und Vorstellungen von fünf Musikern mit erheblichem (notwendigem) Ego erfüllen soll", „immer wieder Entscheidungen treffen" müsse, „die gegen die Interessen eines oder mehrerer Gesellschafter stehen" und die auch „den Erwartungsdruck der Außenstehenden bitter enttäuschen"[317] würden. Müllers Veranschaulichung des Konflikts nicht nur hinsichtlich der egoistischen Interessen der Akteure untereinander, sondern auch hinsichtlich der verschiedenen Zielsetzungen des Kollektivs, wie diese in der Selbstverständnis-Erklärung festgehalten sind, ist sicherlich beizupflichten. Allerdings wären demnach alle kollektiven Bestrebungen tendenziell impraktikabel. Mittels des skizzierten Akteur-Netzwerks lässt sich die Problematik differenzieren:

1. Die diversen, dislokalen und diversen Entitäten der mangelnden Repräsentation der Akteur:innen, deren ökonomische Situation, Karrieren und deren künstlerisches Selbstverständnis sowie der Selbstverständnis-Erklärung der FMP (von der kommerziellen Musikindustrie unabhängige Arbeitsmöglichkeiten zu schaffen und durch geeigente Präsentation einen informativen Überblick über die neue Jazzmusik zu ermöglichen) konnten deshalb im Rahmen des Akteur-

---

Davon waren wir alle berührt. Nach einer gewissen Zeit stellte sich diese Kollektiv-Erwägung jedoch als schwer handhabbar heraus. Ein Künstler, egal welchen Genres, hat legitime Interessen, seine eigenen Ideen durchzusetzen. Da ist es etwas merkwürdig, wenn er mit Konkurrenten an einem Tisch sitzt und über die Planung von Veröffentlichungen redet, die gar nicht seine sind." (Gebers zit. nach Kampmann 2003)

316 Gebers, Interview mit dem Verfasser, 22.5.2015, Interview-ID 333.

317 Müller 2022, S. 32.

Netzwerks keine aus Sicht der Akteur:innen adäquate Berücksichtigung finden, weil die diversen Entitäten der finanzielle Situation der FMP, der (insuffizienten) Tonträgerdistribution, der Schallplattenproduktion und deren Produktionskosten, der angestrebten Professionalisierung mitsamt der Bürokosten, der Kosten für Bezahlung eines Mitarbeiters, der Kosten bzgl. der technischen Anlagen etc. eine Situation mitbedingten, in der die Handlungsspielräume der Akteur:innen (bzgl. Tonträgerproduktion und ‚guten Jobs' bei Konzertveranstaltungen) sehr oder zu eingeschränkt waren. 2. Dass die Akteur:innen hierbei keine kollektiven Ansatzpunkte entwickeln konnten, um den limitierten Möglichkeiten und Problematiken (siehe 1.) produktiv begegnen zu können, lässt sich desgleichen mittels des Akteur-Netzwerks veranschaulichen. So waren die vielfältigen und dislokalen Entitäten der beklagten mangelnden Repräsentation, der (ausbleibenden) Vermarktung des Neuen Jazz und der ökonomischen Situation der Akteur:innen etc. seit der zweiten Hälfte der 1960er-Jahre fest mit der Entität des antikommerziellen Narrativs, d.h. mit der Stigmatisierung des Kommerzialismus als störenden oder korrumpierenden Einfluss auf den Jazz und die künstlerische Produktion innerhalb des Akteur-Netzwerks verknüpft. Die Antwort der Akteur:innen hierauf findet sich in der Entität der Perspektive einer von den Akteur:innen selbst getragenen und unabhängigen Entwicklung wieder. D.h. unabhängig vom Kommerzialismus und von der kommerziellen Musikindustrie. Bereits beim Zusammenschluss der Akteur:innen beim Westberliner Gegenfestival 1968 (1. T.M.M.) wurde diese Zielsetzung einer von den Akteur:innen getragenen und unabhängigen Praxis als Perspektive propagiert und seitdem kontinuierlich (wie auch bei der Konstituierung der FMP als Schallplattenlabel) aktualisiert. Nun aber habe die Praxis etwas ganz anderes offenbart, wie Gebers bei den Oral History-Interviews hinsichtlich des Scheitern des Kollektivs ausführt:

> „Das Kollektiv ist geplatzt, weil jeder von den Leuten Musiker war. Und er muss seinen Scheiß vertreten. Das war von Anfang an diese Fehl- oder falsche Interpretation, dass wir dachten, wir könnten in dem Ding diese Haltung irgendwie überwinden. Das ist aber ein völliger Trugschluss: Der muss wirklich an seine Karriere denken, und das, was er transportieren will. Und kann sich nicht darum kümmern, was jetzt alle anderen um ihn herum machen. Und das war im Grunde genommen der Kracher in dieser Zeit. Als deutlich wurde, das geht so nicht. Für mich wurde das immer deutlicher: Wir können nicht bei jedem *Workshop*, bei jedem *Total Music Meeting* die Leute hier alle spielen lassen. Das ist Quatsch."[318]

Ausgehend von der vorliegenden Analyse muss es nicht nur ein ‚Kracher' gewesen sein, dass ‚diese Haltung' nicht ‚überwunden' werden konnte und dass die Musiker:innen ‚wirklich an ihre Karriere denken' mussten, wie Gebers pointiert. Vielmehr muss es ein noch größere ‚Kracher' gewesen sein, dass der Gegenent-

318 Gebers, Interview mit dem Verfasser, 14.8.2015, Interview-ID 530.

Peter Kowald und Dieter Hahne, Wuppertal, um 1978 (Fotos: Dagmar Gebers, Archiv Jazzinstitut Darmstadt)

wurf der Kooperative zum Kommerzialismus, d.h. die Perspektive einer von den Akteur:innen selbst getragenen und unabhängigen Entwicklung sich als ‚Trugschluss' herausgestellt habe. Es zeigte sich nun, dass die dislokalen und heterogenen Entitäten bzw. die Kritik der mangelnden Repräsentation und des Anspruchs einer adäquaten Berücksichtigung etc. nicht ausschließlich an den Kommerzialismus delegiert werden konnten, also an ein Außen, sondern diese nun auch innerhalb der antikommerziellen, unabhängigen Praxis der Akteur:innen zutage traten. Dieser ‚falschen Interpretation' oder ‚Fehlinterpretation' hat das Kollektiv nicht standhalten können. Anstatt bspw. mögliche strukturelle Modifizierungen innerhalb des Kollektivs oder der Kooperative vorzunehmen, wurde Anfang 1976 nicht nur das Modell der kollektiven Führung der ‚Cooperative von Jazzmusikern' aufgegeben, sondern auch die Idee der Kooperative. Gebers wurde alleiniger Verantwortlicher der FMP (‚Jost, mach' du das. Und entscheide. Und wir halten uns raus. Wir machen Musik.').

5 Die Post-Kollektiv-Zeit, 1976–1986

Gebers als alleiniger Verantwortlicher

Anfang 1976 wurde die Organisationsform der FMP modifiziert. Das Modell des Gesellschafter-Kollektivs mit den Gesellschaftern Brötzmann, Gebers, Kowald, Schlippenbach und Schönenberg sowie Gebers als Geschäftsführer wurde aufgegeben. Ab diesem Zeitpunkt führte Gebers in alleiniger Verantwortung die Geschäfte der FMP. In einem FMP-Papier von 1993 mit dem Titel *FMP in Stichworten* (einer Art Abriss der FMP-Geschichte), auf das Gebers während der Oral History-Interviews bei der Suche nach Unterlagen (für meine Arbeit) zufällig stößt, wird zu meinem Erstaunen weder der Beginn der kollektiven Führung noch das Ende des Kollektivmodells und Gebers' anschließende alleinige Verantwortung erwähnt. Auf meine diesbezügliche Bemerkung antwortet Gebers: „Das Kollektiv gabs ja auch nicht mehr."[1] Und auf meine noch verwundertere Nachfrage, ob das Kollektiv denn nicht aufgrund seiner Bedeutung in der damaligen chronologischen Stichwort-Übersicht auftauchen müsste, entgegnet Gebers kurz und knapp: „Das hat rückblickend gar keine Bedeutung gehabt. Es war so, ist gescheitert. – Und das wars."[2]

Auch wenn Gebers bei den Oral History-Interviews dem Kollektiv rückwirkend keine große Bedeutung (mehr) zuspricht, hat die Aufgabe des Kollektivmodells für die Frage der weiteren Entwicklung der FMP dennoch signifikante Bedeutung, da sich die Struktur der FMP infolgedessen wiederum verändert hat. Zudem hat sich mit der modifizierten Struktur der FMP auch das Akteur-Netzwerk verändert. Die diversen, heterogenen und dislokalen Entitäten strömen nun im Wesentlichen auf einen Akteur als Ziel hin, und das war Gebers. Gebers unterschied sich von den anderen Akteuren des Kollektivs. Zum einen war er aufgrund seiner beruflichen Anstellung finanziell nicht auf die FMP als Einnahmequelle angewiesen und zum anderen hatte er bereits 1969 seine musikalische Karriere aufgegeben. Welche Entitäten das Handeln der FMP fortan bedingten, soll anhand der weiteren Praxisprozesse ermittelt werden. Um die Frage nach der Realisierung der Programmatik der FMP beantworten zu können, muss ebenso weiterhin einerseits die Programmatik selbst und deren Entwicklung verfolgt werden. Und andererseits müssen aufgrund der konstitutiven Form der FMP als Schallplattenlabel und als Konzertveranstalterin die Gegenstände, auf die die Tätigkeit der FMP abzielt, d.h. die Tonträgerproduktion und die Konzertaktivitäten während des nachfolgenden Untersuchungszeitraums perspektiviert werden.[3]

---

1 Gebers, Interview mit dem Verfasser, 22.5.2015, Interview-ID 282.

2 Ebd.

3 Vgl. zur Fragestellung des dritten Teils der vorliegenden Arbeit den Beginn des dritten Teils: Kapitel *3 Die Kooperative bröckelt, 1970–1972.*

Über den Beginn der Post-Kollektiv-Zeit berichtet Hahne bei den Oral History-Interviews:

> „Jost hat fast alles schon damals im Alleingang gemacht. Als Jost sich seinerzeit entschieden hatte, er übernimmts in Alleinverantwortung, wurde dann jeder peu à peu ausbezahlt. Was ja dann auch eigentlich in Ordnung war. Es hat sich kaum was verändert: nur hatten die anderen kein Geld mehr drin. Das waren ja auch keine nennenswerten Summen. Nur hat dann sicherlich Jost mehr über die Produktionsgeschichten entschieden, die vorher noch wirklich in der Gruppe entschieden wurden: ‚Ich habe jetzt da diese oder jene Band, und die letzte Tournee lief gut: würde ich ganz gern jetzt auf Platte bannen wollen.' Solche Geschichten sind sicherlich später auch bei Jost gelandet, aber er hat dann doch mehr selbst entschieden, nicht mehr auf Anraten."[4]

Wie Hahne erläutert, lag es insofern nahe, Gebers die alleinige Führung der FMP zu überantworten, als Gebers seit der Gründung des Kollektivs 1972 als Geschäftsführer der FMP fungiert hatte und so ‚damals schon fast alles im Alleingang gemacht' habe. Obwohl sich so ‚kaum etwas geändert' habe, konnte Gebers nun, wie er selbst sowohl bezüglich der Tonträgerproduktion als auch bezüglich der Programmentwicklung bestätigt, „natürlich Sachen machen", die er „vorher nicht machen konnte".[5] Ebenso war er nicht mehr auf eine kollektive Entscheidungsfindung angewiesen. Wobei Gebers betont, dass er auch nach der strukturellen Veränderung die Kommunikation und die Zusammenarbeit mit den Musiker:innen beibehalten habe:

> „Vor dem Kollektiv waren Brötzmann und ich die beiden, die die Programme entwickelten und so was. Dann war es das Kollektiv. Und dann war es der Gebers alleine. Und dann gab es eben diese Einbindung nicht mehr: weder Brötzmanns noch zu Dings. Auf der anderen Seite gab es aber ununterbrochen eine Kommunikation, weil ich ja auf diese Informationen, die die Musiker hatten, angewiesen war, um bestimmte Entscheidungen zu treffen."[6]

Die Entität der Kommunikation mit den Musiker:innen und die Bedeutung der Entität des sozialen Netzwerks unterstreicht Gebers auch 1989 im Interview mit Noglik. So sei auch nach der Veränderung in der Struktur der FMP die Zusammenarbeit mit den Musiker:innen erhalten geblieben: „Die beteiligten Musiker werden in die Vorbereitung und Realisierung der jeweiligen Projekte unmittelbar einbezogen."[7] So seien die Grundprinzipien der FMP also keineswegs aufgegeben

4 Hahne, Interview mit dem Verfasser, 22.6.2015, Interview-ID 180.

5 Gebers zit. nach Müller 1992.

6 Gebers, Interview mit dem Verfasser, 14.8.2015, Interview-ID 492.

7 Gebers zit. nach Noglik 1989a. Auch im Interview mit Kampmann bemerkt Gebers 2003: „Es ist natürlich bis zum Schluss so gewesen, dass Projektplanungen immer auf den Informationen der Musiker basierten. Ich habe mir nie irgendein Projekt am Schreibtisch ausgedacht. Dazu gehörten auch Wünsche von Musikern, die mal ein be-

worden. Wie sich diese Kommunikation konkret gestaltete, erläutert Gebers bei den Oral History-Interviews:

> „Ich will nur mal ein Beispiel geben: Nachdem dieses kooperative Modell, also dieses Kollektiv-Modell geplatzt ist, habe ich dann irgendwann später mal eine Platte mit Martin Theurer gemacht. Den Namen kannte ich nicht mal. Ich habe nie zuvor von dem irgendwas gehört. Der Anlass war, dass irgendwelche *Remscheider Sommerkurse*[8] waren, und Alex [Schlippenbach] zurückkam und er mich anrief: ‚Jost, da gibt es einen Pianisten, sieh' mal zu, dass du mit dem mal was machst. Der ist so prima!' Also: ‚Theurer, schick' mir mal was!' Da hat er mir eine Kassette geschickt. Habe ich gesagt: ‚Komm' dann und dann mal her, ich mache ein Konzert hier. Dann gehen wir mal ins Studio und machen 'ne Platte.' Und dann hat er eine Platte gemacht[9] und weiß bis heute nicht, wie die eigentlich entstanden ist."[10]

Auf diese Weise seien „immer irgendwelche Sachen über die Musiker" an Gebers „'rangetragen" worden: „Weil ich saß ja in Berlin und bin nicht um die Welt gefahren und habe mir irgendwelche Sachen angehört."[11] Deshalb habe es die Kommunikation mit den Musiker:innen weiter gegeben, „aber eben nicht mehr in der Form, dass da eine große Mitsprache da war. Abgesehen von den eigenen Produktionen der Musiker"[12], bei denen die beteiligten Musiker:innen selbstverständlich mitsprechen durften. Wie Gebers 1992 im *Jazzthetik*-Interview ausführt, haben Brötzmann oder Kowald natürlich weiterhin „ihre Platten machen können, wann immer sie wollten".[13] Aber zudem seien nun Platten mit Leuten entstanden, „die mit dem engeren Kreis der FMP nichts zu tun hatten".[14]Ähnlich sei es auch bei den Festivals und Workshops gewesen:

> „Aber es ist nie so, dass ich zu Hause sitze und mir irgendetwas ausdenke. Einmal gibt es einen bestimmten Ideenfluss, der sowieso über Jahre läuft, und dann kommunizierst du ja auch ständig mit Leuten, die du fragst, von denen du Antworten kriegst, oder auch nicht. Da fließen dauernd Ideen ein, und wenn du an einem bestimmten Projekt arbeitest, fragt man halt, was machbar ist und was nicht. Viele Leute kannst du nicht so detailliert kennen wie zum Beispiel der Kowald, der in New York gelebt hat und mit den

---

stimmtes Konzept umsetzen wollten. Der Grundgedanke, möglichst viel miteinander passieren zu lassen, hat sich bewährt." (Gebers zit. nach Kampmann 2003)

8 Schlippenbach war in den 1970er Jahren neben u.a. Schoof, Doldinger, van't Hof, van Rooyen, Mariano, Viera, Schwab, Trunk, See oder Kröger Dozent bei den für die jazzmusikalische Ausbildung in der BRD wichtigen jährlich veranstalteten *Internationalen Sommerkursen für Jazz, Blues und Pop* an der *Akademie Remscheid für musische Bildung und Medienerziehung.* (Vgl. bspw. Panke 1973b, S. 26)

9 *FMP 0700*: *Moon Mood.* Theurer spielte diese vom 13. bis 15.7.1979 im FMP-Studio in der Olbersstraße ein.

10 Gebers, Interview mit dem Verfasser, 22.5.2015, Interview-ID 376.

11 Gebers, Interview mit dem Verfasser, 14.8.2015, Interview-ID 492.

12 Ebd.

13 Gebers zit. nach Müller 1992.

14 Ebd.

Leuten gespielt hat. Oder: Es ist doch logisch, dass ich, wenn ich ein Posaunenprojekt plane[15], nicht gerade den Brötzmann fragen werde, sondern dass ich ein paar Posaunisten frage."[16]

Auch die regelmäßigen Treffen in Wuppertal vor den großen FMP-Veranstaltungen seien nach dem Ende des Kollektivs fortgeführt worden, die insofern ebenso als Entität des Akteur-Netzwerks zu berücksichtigen sind wie die Programmplanungen, die Konzertveranstaltungen und die Tonträgerproduktion. Auf meine Nachfrage, „was das für ein Kreis war, der sich da auch nach 1976 in Wuppertal getroffen hat?", antwortet Gebers: „Wer immer dabei sein wollte. Wer gerade in Wuppertal war. Das war ein zentraler Anlaufpunkt – und dann haben wir uns da zusammengesetzt."[17] Aus dem Kreis der ehemaligen Kollektiv-Mitglieder kam Brötzmann weiterhin eine besondere Rolle zu. Primär jedoch aufgrund seines engen freundschaftlichen Verhältnisses zu Gebers und „nicht" aufgrund „der FMP-Geschichte"[18], wie Gebers bei den Interviews differenziert. Und Brötzmann führt

15 Gebers nimmt hier auf das als *Trombone Music* konzipierte T.M.M. 1986 Bezug, bei dem 18 Posaunist:innen teilnahmen.

16 Gebers zit. nach Müller 1992.

17 Gebers, Telefon-Interview mit dem Verfasser, 4.5.2017, Interview-ID 607.

18 Gebers, Interview mit dem Verfasser, 14.8.2015, Interview-ID 494. Dies bestätigt auch Dagmar Gebers bei den Oral History-Interviews: „Natürlich hat er sich dann bestimmt mit Brötzmann abgesprochen, der ja nun wirklich sein – ich weiß gar nicht, wie ich das sagen soll – Alter Ego oder wie auch immer war. Die haben eine ganz spezielle Verbindung, und mit dem hat er irgendwie alles, glaube ich, bis heute abgesprochen und auch immer geklärt. Ja, und mit Kowald, glaube ich, das aber eher in Verbindung mit Brötzmann." (Dagmar Gebers, Interview mit dem Verfasser, 22.6. 2015, Interview-ID 239)

Diese Darstellung bestätigt auch Hahne: „Brötzmann war in irgendeiner Form immer mit dabei. Also er hat viele Ratschläge gegeben. Und hat viel über Dinge nachgedacht. Wie könnte man was machen. Also da gabs oft und viel – meistens – Kneipengespräche. Was ja Brötzmann früher sehr gern getan hat. Na gut, Jost und ich auch (lacht). Wenn Brötzmann in Berlin war, hat man sich auf jeden Fall mit ihm dann noch außerhalb der Konzertgeschichte irgendwo getroffen: ‚Du, morgen Abend bei *Wendel* aufs Bier?' ‚Ja.' Und dann … Also da hat er viel Anstöße und Ideen gegeben. Und natürlich hat er sich selbst eingenommen, und hat gesagt: ‚Du, Jost, ich habe das und das vor. Könntest Du Dir vorstellen?' Und damals die *Schwarzwaldfahrt* (*FMP 0440*: *Schwarzwaldfahrt* von *Brötzmann/Bennink* [1977]), die ursprünglich eine Produktion vom Berendt war: ‚Mensch, denkst Du, die könnte man auf LP rausbringen, wenn wir die Bänder vom *Südwestfunk* frei kriegen?' Natürlich hat er auch an sich gedacht. Das ist ganz klar. Da muss man allerdings auch sagen: Brötzmann war natürlich immer eine sichere Bank. Also wenn eine Brötzmann-LP erschienen ist, dann hat man in den Erstverkäufen sofort gemerkt, das ist eine Brötzmann-Scheibe. Also da ist gleich das Doppelte oder das Dreifache über den Ladentisch gegangen […]. Brötzmann war immer eine sichere Bank. Also wenn man gesagt hat, mit *dem* Programm kommen wir vielleicht nicht so ganz auf die Einnahmen, die wir in der Kalkulation haben, dann bauen wir doch den Brötzmann irgendwie ins Programm ein. An den Tagen ist der Eintrittskartenverkauf auf jeden Fall bei den Interviews auf meine Frage nach seiner „Rolle ab '76 bei FMP", also nach dem Ende des Kollektivs aus:

> „Na ja, die Freundschaft mit Jost, die besteht ja glücklicherweise bis heute. Wir haben uns natürlich über Perspektiven auch gemeinsam Gedanken gemacht. Aber ich habe mich nicht mehr in seine Planungen eingemischt: in seine Konzertplanungen oder Plattenproduktionsgeschichten. Wenn ich was hatte, habe ich ihm gesagt: ‚Jung, das habe ich vor. Haben wir Platz dafür?' Und entweder gabs welchen oder … – eigentlich genau wie bei allen anderen auch. Aber wir haben natürlich zusammengesessen und gekuckt: Was kann man machen? Wie kann man was machen? Mit wem? […] Aber nee, ab dieser Zeit, jedenfalls was die konkrete Organisation anging, habe ich mich dann weiter nicht eingemischt.
> Ich war dann auch – da gehen ja manchmal Dinge Hand in Hand – viel im Ausland beschäftigt: viel in Amerika oder Japan, war auch ganz wichtig. […] Und wir haben uns auch durchaus manchmal über … diverse Musik und die Richtung gestritten: Sollen wir das nun produzieren? Oder sollen wir das im Programm unterbringen? Und Jost ging da manche Wege, die ich nicht gegangen wäre. Aber da er auch für die finanzielle Seite verantwortlich war […], konnte ich da auch nicht großartig meckern. Wollte ich auch nicht!"[19]

In musikalischer Hinsicht ist Gebers' Bestreben einer Öffnung und die Einbeziehung ‚anderer, nachwachsender, spannender Leute'[20], die beide als Entitäten des Akteur-Netzwerks zu markieren sind, erstmals im Frühjahr 1976 bei der neu initiierten Veranstaltungsreihe *Jazz Now* zu registrieren. Nachdem 1976 der *Workshop Freie Musik* (W.F.M.) früher als gewöhnlich (vom 24. bis 28. März) bereits vor Ostern stattgefunden hatte, plante Gebers für Ostern eine 5-Tage-Veranstaltung im *Quartier Latin* unter dem Titel *Jazz Now I/1976* (vom 15. bis 19. April).[21] Neben Schlippenbach und Johansson (jeweils solo und als Duo) nahmen mit Kühn (solo) und dem *Toto Blanke's Electric Circus* (van't Hof: key; Blanke: g; Vesala: dr) nicht nur Musiker teil, die nicht dem FMP-Umfeld entstammten, sondern mit den beiden Berliner Ensembles *Steinhaus/Wegel/Sommer* (Steinhaus: as; Wegel: b; Sommer: dr) und dem bereits beim *Total Music Meeting* (T.M.M.) 1975 vorgestellten *Friedemann Graef Quartett* (Graef: reeds; Wiedermann: tb; Mayer: b; Kussatz: dr) sowie dem *Georg Gräwe Quintett* (Grabosch: tp, flh; Dau: ss, ts; Gräwe: p; Schneider: b; Krämer: dr) auch ‚junge Musiker und Gruppen' (Hahne).

---

etwas höher, als wenn er nicht im Programm wäre. Also das war schon der kleine heimliche Star von FMP." (Hahne, Interview mit dem Verfasser, 22.6.2015, Interview-ID 182)

19 Brötzmann, Interview mit dem Verfasser, 12.7.2015, Interview-ID 471.

20 Vgl. Gebers, Interview mit dem Verfasser, 22.5.2015, Interview-ID 333.

21 Vgl. FMP 1976a, S. 4.

Arbeiten in der Behaimstraße

Die seit Herbst 1974 angemieteten Räume in der Behaimstraße (Berlin-Charlottenburg), wo auch Hahne seinen festen Arbeitsplatz hatte, dienten der FMP auch nach dem Ende des Kollektivs als Büro. Hahne war weiterhin, wie er bei den Oral History-Interviews berichtet, für ‚sämtlichen Büro-Kram' zuständig:

> „Der ganze Schriftverkehr: mit Lieferanten, mit Vertrieben, mit Kunden, natürlich auch Einzelkunden. Und halt den ganzen Versand: vom Einzelkunden bis hin zu, wenn *Northcountry* [der US-amerikanische Vertrieb: *Northcountry Distributors*] bestellt hat, wo dann schon mal so 30–40 Kartons zusammengekommen sind. Das war immer ein Fest, wenn die bestellt haben. Größer war das Fest, wenn der Scheck kam (Hahne und Interviewer lachen). Ja, und dann halt vor Konzerten, die ganzen Konzertgeschichten: damals lief ja noch fast alles per Brief. Gerade auch mit den ausländischen Musikern hat man aus Kostengründen eher weniger telefoniert, also das lief dann manchmal ganz schön zäh und langsam, weil alles per Briefpost ging. Und darum habe ich mich halt gekümmert. Und dann die berühmten Plattenstände bei den großen Veranstaltungen und auch bei den kleinen Veranstaltungen. Da stand ja ich immer dahinter. Ja, hat Spaß gemacht."[22]

An den Planungen der Programme wie auch der Tonträgerproduktionen sei Hahne hingegen „nie beteiligt", wie er bei den Oral History-Interviews schildert:

> „Ich war da immer erst beteiligt, wenn es ums Plakat und Handzettel, um Presse und Pipapo ging. Und dann natürlich beim Kontakt zu den Musikern. Also wenn es überhaupt Verträge gab, dann denen die Verträge schicken. Mit den Amis gabs immer Verträge, mit Deutschen und Europäern nie oder meistens nicht. Aber bei den Amis war man sich nie so sicher, dass die dann sagen: ‚Ja, wenn wir nicht das Doppelte kriegen, dann gehen wir auch gar nicht erst auf die Bühne raus!' […] Nö, aber die ganzen Programme, das hat Jost sicherlich hier und da besprochen: ‚Was könntet ihr Euch vorstellen? Habt ihr in letzter Zeit irgendwo …? Ihr reist ja ständig rum und hört auf Festivals Kollegen'. ‚Hat jemand von Euch irgendwas, wo es sich lohnen würde, die mal einzuladen?' Also da hat er sich schon umgehört. Und wenn es dann in sein Konzept gepasst hat, was er sich so inhaltlich ausgedacht hat, dann hat er das auch getan."[23]

Wie Hahne bezüglich des Arbeitsalltags in der Behaimstraße ausführt, war er „meistens schon so um 9 Uhr herum im Büro".[24] Und somit „etwas eher da" als Gebers, der „ja in seinem Job" als Sozialarbeiter im Jugendclub in Charlottenburg „bis abends 22 Uhr arbeitete" und „dann so um 10 Uhr oder so was im Büro aufschlug".[25] Zu seiner damaligen Doppelbelastung bemerkt Gebers in den Interviews:

---

22 Hahne, Interview mit dem Verfasser, 22.6.2015, Interview-ID 169.

23 Gebers zit. nach Margull 1971, S. 211.

24 Hahne, Interview mit dem Verfasser, 22.6.2015, Interview-ID 191.

25 Ebd.

> „Es ist natürlich Irrsinn: Einen Fulltime-Job irgendwo da zu machen: und dann noch so was. Der Vorteil bei dieser ganzen Geschichte war, ich habe grob immer 'ne Arbeitszeit von 14 bis 22 Uhr gehabt und hatte so den ganzen Vormittag Zeit, und konnte da alles machen, was zu machen war, und ich habe verdient. Und hatte dadurch immer die Möglichkeit, dass wenn was fehlte: War immer irgendwie was da. So einfach ist das!“[26]

Auch heute noch zeigt sich Hahne sichtlich beeindruckt von Gebers' unermüdlichen Engagement für die FMP. So berichtet Hahne über das Arbeiten in der Behaimstraße in den Oral History-Interviews:

> „Ich war natürlich dann auch erstaunt über den riesen Einsatz von Jost, der nach wie vor sein Brötchenjob hatte. Und den wollte er auch nicht aufgeben. Er wollte immer unabhängig bleiben. Niemals eigentlich davon leben wollen. Gut, wenn jetzt da die riesen Gelder geflossen wären, dann hätte er wahrscheinlich auch gesagt, jetzt gebe ich mir halt ein monatliches Gehalt. Aber das war ja nie möglich: ganz im Gegenteil! Er hat ja nie was rausgezogen. Hat eher mal aus seinem Brötchenjob noch Geld reingesteckt. Dagmar auch, seine Frau.
> Die war dann meistens am Wochenende da, hat Fotos gemacht. Wir hatten eine kleine Dunkelkammer. Also das war damals richtig toll in der Behaimstraße. Ich bin dann später in die Behaimstraße gezogen und hatte ja dann auch den Laden. Also das ist absolut mein Kiez. Und am Wochenende da waren wir dann immer zu dritt. Dagmar in der Dunkelkammer, Jost und ich haben gemeinsam irgendwelche Dinge gemacht.
> Und in der Woche ist er halt meistens morgens gekommen, hat so die wichtigsten Dinge erledigt. Es gab ja ein kleines Büro hintenraus. Ich saß vorne, wo die ganzen Lagerregale und so weiter waren. Ja, dann hat er Instruktionen gegeben. Gut, ich war sowieso gut beschäftigt mit den Bestellungen, Rechnungen schreiben, Lieferscheine, Ausfuhrpapiere, Packen, zur Post bringen. Nee, zur Post hat's Jost gebracht – ich hatte ja kein Auto.“[27]

Trotz der ständigen Gedanken, ob „das Schiffchen“ jetzt untergehe oder nicht, und obwohl Hahne „damals auch wesentlich weniger verdient“ habe „als bei MPS“[28], vermitteln Hahnes (möglicherweise etwas nostalgische) Erinnerungen an die Behaimstraße und an die damalige Arbeitsweise der FMP[29] mit Gebers' riesen Einsatz (‚der sich nie was raugezogen hat‘, sondern ‚eher mal aus seinem Brötchenjob noch Geld reingesteckt‘ habe) und Dagmar Gebers' Fotoarbeiten, die ebenfalls ohne Bezahlung für die FMP gearbeitet hat, das Bild einer erfüllten Zeit (‚Also das war damals richtig toll in der Behaimstraße‘). Auch Dagmar Gebers berichtet bei den Oral History-Interviews von den Wochenenden in der Behaimstraße und ihrer dortigen Dunkelkammer:

26 Gebers, Interview mit dem Verfasser, 27.3.2015, Interview-ID 63.

27 Hahne, Interview mit dem Verfasser, 22.6.2015, Interview-ID 169.

28 Ebd.

29 Müller (2022, S. 34) hat zur damaligen Arbeitsweise darauf hingewiesen: „Das Dreier-Team hat die Arbeit an der heute historischen Leistung FMP nur durch Selbstausbeutung bewältigen können, eine so genannte worklife balance *wäre undenkbar gewesen.*“

„Das war ein richtiges ‚Ein-Frau-Labor' mit noch so einem Hellraum. In dieser Beziehung war Jost auch sehr begabt: hat das dann auch immer genau so gemacht, wie man das so brauchte, mit dem kleinen Raum, den man hatte. Ja, und dann da am Wochenende: also in der Woche den Job und am Wochenende eben habe ich halt dagesessen, und meistens hatte dann auch der Jost im Büro mit dem Dieter was zu tun. Und dann war gegenüber ein Italiener, da sind wir dann immer Mittagessen gegangen. Und so hatte man dann das Wochenende meistens in der Behaimstraße zugebracht und die Aufgaben erledigt, die notwendig gemacht werden mussten. Das war natürlich bei Jost viel. Und bei mir war es dann eben so wie gewünscht, was gerade gebraucht wurde: Für die Zeitungen und für die Musiker, wenn die mal was brauchten."[30]

In der Post-Kollektiv-Zeit (also im Zeitraum von Frühjahr 1976 bis zum Frühjahr/Frühsommer 1986) erfährt die Verwendung der Fotos von Dagmar Gebers bei der Gestaltung der FMP-Schallplatten-Cover und -Hüllen und der FMP-Plakate eine weitere Intensivierung. Bei 45 der 80 von der FMP veröffentlichten Schallplatten mit der FMP-Nummern-Zählung (also bei mehr als der Hälfte) wurden Fotos von Dagmar Gebers verwendet. Beim FMP-Sublabel SAJ waren es sogar 32 von den 47 veröffentlichten SAJ-Schallplatten (also mehr als zwei Drittel).[31] Und auf den Veranstaltungsplakaten der beiden wichtigsten FMP-Reihen: T.M.M. und W.F.M. fungierte bei ca. der Hälfte eine Fotografie von Dagmar Gebers als Plakatmotiv. Insofern ist zu bekräftigen, dass die Fotos von Dagmar Gebers nicht minder als Brötzmanns Plakat- und Coverdesign und dessen Artworks das ästhetische Erscheinungsbild der FMP prägten. Hinsichtlich der spezifischen Art und Weise ihrer Jazzfotografie führt Dagmar Gebers bei den Oral History-Interviews aus:

„Ich habe durchweg ohne Blitz gearbeitet. Ich fand's auch störend, und ich fand's auch nicht schön. Also viele Leute fühlten sich auch schon durch mein Klicken gestört, aber ich dachte, o.k., das muss man ertragen können. Aber dieses Geblitze dann … […] Und ich fand immer, dass die Fotos so flach aussehen, wenn die so geblitzt sind. Die haben einfach mehr Atmosphäre und mehr Tiefe, wenn die nicht geblitzt sind. Deshalb mache ich keine geblitzten Fotos, und deshalb hat mir der Jost immer Lichtverhältnisse geschaffen, die super waren. Also bestimmt nicht nur meinetwegen, sondern weil er ein Ästhet ist und auch weil es dann von der Atmosphäre her auch besser war, als im Dunkeln da zu sitzen: aber bestimmt auch wegen meiner Fotografiererei hat er sich da Mühe gegeben, dass es gut ausgeleuchtet war. Also da war er immer hinterher und das war ihm auch wichtig."[32]

„Am Anfang habe ich immer gedacht, nicht zu nah ran. Weil ich hatte immer gesehen, dass viele Fotografen so ganz nah rangegangen sind – und das war mir irgendwie unangenehm. Dann habe ich gesagt: Nee, das will ich nicht! Ich will nicht dazu gehören, zu denen, die da so … – dann lieber auf Distanz und lieber ein bisschen größeres Objektiv.

30 Dagmar Gebers, Interview mit dem Verfasser, 22.6.2015, Interview-ID 218.

31 Bei dieser Zählung ist auch die aufklappbare *SAJ-49: Off the Wall* von Yoshi Wada berücksichtigt, bei der Fotos von Dagmar Gebers auf den Innenseiten der Plattenhülle verwendet worden sind.

32 Dagmar Gebers, Interview mit dem Verfasser, 22.6.2015, Interview-ID 220.

Und dann gab es auch ganz oft so Situationen, wo ich gedacht habe, ich kann mich doch eigentlich ins Publikum setzen, dann gehöre ich zum Publikum, und fotografiere eben von meinem Sitz aus. Habe ich oft gemacht. Aber ich habe auch viele Sachen gemacht, wo ich so drum rum gegangen bin, wo ich dann merkte, also den kannst du besser von der Seite sehen, wenn du den mal haben willst, und von der Seite, wenn du nicht eine Totale haben willst oder so. Oder manchmal musste man dann eben auch ein bisschen weiter nach hinten gehen, wenn man eine Totale haben wollte oder der Jost eine Totale haben wollte."[33]

„Also Situationen die vielleicht für das Publikum sichtbar sind – aber es ist nicht so direkt. Also sagen wir mal so der Brötzmann, der dann eben ein bisschen an die Seite geht, so wie ich mich an ihn erinnere. Und er geht an seinen Kasten und bückt sich, und dann hört er so die Musik und leckt sein Blättchen an, und dann macht er es drauf und so. Oder da, wo ich dann zufällig gerade eine Situation sehe, wie ich sie auch nach dem Konzert manchmal erlebt habe, wo sie alle weg waren und einer von den Musikern steht noch da.[34] [...] Aber ansonsten habe ich eigentlich versucht, nicht die permanenten Schweißtropfen der Musiker zu fotografieren, sondern Situationen und Bewegungen: einfach so Abläufe, die normal da sind."[35]

Zur Bedeutung der Fotos von Dagmar Gebers für die FMP äußert sich Gebers bei den Interviews auf meine Nachfrage wie folgt:

> „Die Bedeutung kann ich nicht einschätzen. Ich kann einschätzen, dass sie eben anders waren als die üblichen schweißtreibenden Dinger. Weil Dagmar eben auch nicht reinging in das Getümmel – egal ob im Studio oder auf der Bühne oder so. Sondern aus einer Distanz heraus dichte Fotos gemacht hat. Die also auch was aussagten über Situationen: wie sich Leute in einem bestimmten Umfeld so verhalten oder zu sehen bzw. wahrzunehmen sind."[36]

Auch nach dem Ende der Kollektiv-Zeit habe jeder selbst entscheiden können, wie er seine Platte (hinsichtlich der Cover- bzw. Hüllengestaltung) haben wollte, so Gebers. Hierbei habe es kein vorgeschriebenes Prinzip gegeben.[37] Brötzmann hat auch in der Post-Kollektiv-Zeit seine Cover weiterhin selbst gestaltet (insgesamt 11 Alben[38]). Zudem gestaltete Brötzmann die 3-LPs-Box *For Example* sowie von

---

33 Ebd., Interview-ID 222.

34 Gebers merkt bei den Interviews an, dass „viele der Aufnahmen" von Dagmar Gebers „nicht bei den Konzerten, sondern nachmittags bei den Soundchecks oder, wenn wir zusätzliche Aufnahmen machten", oder auch „im Studio" entstanden seien. (Gebers, Interview mit dem Verfasser, 14.8.2015, Interview-ID 534)

35 Dagmar Gebers, Interview mit dem Verfasser, 22.6.2015, Interview-ID 223.

36 Gebers, Interview mit dem Verfasser, 14.8.2015, Interview-ID 534.

37 Vgl. Gebers, Interview mit dem Verfasser am 22.5.2015, Interview-ID 384, vgl. auch Quinke 1977.

38 Dies waren *FMP 0360*: *Brötzmann/Solo*, *FMP 0420*: *Ein halber Hund kann nicht pinkeln* und *FMP 0440*: *Schwarzwaldfahrt* (jeweils: *Brötzmann/Bennink*), *FMP 0670*: *3 points and a mountain* (*Brötzmann/Mengelberg/Bennink*), *FMP 0690*: *The nearer the bone, the sweeter the meat* (*Brötzmann/Miller/Moholo*), *FMP 0800*: *Kellers/Brötzmann*, *FMP 0840/50*:

1976 bis 1983 alle Plakate für das T.M.M. (1977, 1978 und 1979: jeweils mit einem Foto von Dagmar Gebers, 1981: mit einem Artwork von Mengelberg sowie 1982: mit einem Objekt des Künstlers Bernd Klötzer) und (bis auf 1980 und 1982) alle Plakate für den W.F.M. (1981 und 1985: wiederum mit einem Foto von Dagmar Gebers und 1984: mit einem Foto von Lovens). 1980 und 1982 übernahmen wie auch beim T.M.M. 1984 und 1985 Jost und Dagmar Gebers die Gestaltung. Was Brötzmann hingegen in der Post-Kollektiv-Zeit nur noch einmal übernahm, war die Hüllengestaltung von Produktionen anderer Künstler:innen.[39]

Auch Reichel gestaltete weiterhin seine Cover[40] genauso wie Kowald bei seinen Produktionen ab Ende 1979[41] sowie desgleichen weitere Musiker:innen: wie Johansson (*FMP 0520*: *Kung Bore*, *FMP 0810*: *Drive* und *FMP 0970*: *Kalfaktor A. Falke* (jeweils) von *Schlippenbach/Johansson*), Radu Malfatti und Stephan Wittwer (*FMP 0350*: *Thrumblin'* und *FMP 0470*: *Und?*[42] (jeweils) von *Malfatti-Wittwer*), Lovens (*FMP 0340*: *Voerkel/Frey/Lovens* und *FMP 0410*: *The Hidden Peak* des *Schlippenbach Quartet*), Achim Knispel (*FMP 0580*: *Strapse* und *FMP 0910*: *Eickendorfballade* vom *Knispel-Kellers Duo*), Carl (*FMP 0860*: *Die V-Mann Suite* vom *Schweizer-Carl Duo*), Herbert Joos (*FMP 0370*: *Blow* von *Joos/Czelusta/Konrad*), Norbert Möslang (*FMP 0510*: *Deep Voices* des *Möslang/Guhl Duo*), Wolfgang Fuchs (*FMP 0610*: *Momente* von *Fuchs/Schneider/Huber*), Hampel (*FMP 0770*: *Waves/Wellen*), Michel Waisvisz (*SAJ-14*: *Crackle*), Bennink (*SAJ-21*: *West…Ost*), Ludolf Kuchenbuch (*SAJ-22*: *Ohpsst*), David Holland und Lol Coxhill (*SAJ-29*: *Johnny Rondo Duo plus Mike Cooper*), Parker (*SAJ-35*: *Incision* von *Parker/Guy*), Julie Tippetts (*SAJ-38*: *Sweet and s'ours* von *Maggie Nicols & Julie Tippetts*) und Barry Guy (*SAJ-41*: *Stringer* des *The London Jazz Composers Orchestra*).

Bei ca. einem Viertel der FMP-Produktionen[43] während der Post-Kollektiv-Zeit musste sich Gebers „notgedrungen"[44] um die Gestaltung der Schallplattenhüllen kümmern. Bei ca. 20% dieser Cover zusammen mit den Musiker:innen

---

Opened, but hardly touched (*Brötzmann/Miller/Moholo*), *FMP 1000*: *Andrew Cyrille meets Peter Brötzmann in Berlin* (*Brötzmann-Cyrille Duo*), *FMP 1030*: *Alarm* (*Peter Brötzmann Group*), *FMP 1050*: *Pica Pica* (*Brötzmann/Mangelsdorff/Sommer*) und *FMP 1060*: *14 Love Poems* (*Peter Brötzmann/Solo*).

39 Dies war die Gestaltung der im September 1979 erschienenen SAJ-Nummer *SAJ-23*: *In Berlin* des *ICP-Tentet*, bei der Brötzmann auch mitwirkte.

40 Dies waren: *FMP 0400*: *Erdmännchen* (*Reichel-Knispel Duo*), *FMP 0640*: *The death of the rare bird Ymir* und *FMP 0830*: *Bonobo Beach*.

41 *FMP 0680*: *Die Jungen: Random Generators* (*Kowald-Phillips Duo*), *FMP 0730*: *Touch the earth* und *FMP 0920*: *Break the shells* (jeweils vom Trio *Smith/Kowald/Sommer*), *FMP 0940*: *The Family* (*The Wuppertal Workshop Ensemble*), *FMP 0960*: *Paintings* (*Kowald-Guy Duo*) und *FMP 0990*: *Two making a triangle* (*Kowald-Altena Duo*).

42 *FMP 0470* wurde nur von Malfatti gestaltet.

43 Bei dieser Zählung sind auch die FMP-Cover berücksichtigt, die Gebers unter seinem Pseudonym Wolf Walt gestaltet hat.

44 Gebers, Interview mit dem Verfasser am 22.5.2015, Interview-ID 384.

und bei ca. 33% zusammen mit Dagmar Gebers. Auch Dagmar Gebers gestaltete zwei Cover (*FMP 0500*: *Hexensabbat* von Schweizer und *SAJ-46*: *A Concert in Berlin* von Marilyn Crispell). Von den SAJ-Hüllen gestaltete Gebers während der Post-Kollektiv-Zeit über 50%: knapp ein Viertel dieser Cover zusammen mit den Musiker:innen und knapp ein Viertel erneut zusammen mit Dagmar Gebers. Und auch Hahne werden laut Cover-Informationen drei FMP-Nummern sowie drei SAJ-Nummern zugeschrieben.[45] Auch wenn die Musiker:innen die Covergestaltung übernahmen, waren neben Textredaktion und Layout für Gebers meist noch weitere Arbeitsschritte nötig, bis die Hüllen schließlich gefertigt werden konnten, wie sich anhand einer Interviewsequenz über seine Zusammenarbeit mit Brötzmann entnehmen lässt:

> „Bei Brötzmann war es immer so, dass man sich da nicht kümmern musste über Entwürfe, Cover oder so was. Wenn er Zeit hatte, machte er die Plakate. Wenn nicht oder wenn es schnell gehen musste, machte ich das. Also das waren immer solche Arbeitsteilungen. Und es war damals alles noch völlig anders: Also er schickte mir die Reinzeichnungen und ich musste dann mit denen zum Lithografen gehen – zum Reprofritzen – und sagen: ‚Das musst du so machen, das muss auf die Größe und das so mit der Farbe.'"[46]

Einige FMP-Coverdesigns stammen von langjährigen Freund:innen und Unterstützer:innen der FMP, die beruflich grafisch arbeiteten und die Gestaltung – mitbedingt durch die Entität der finanzielle Situation der FMP – ohne finanzielle Entlohnung übernahmen. Zu nennen sind hier der Grafiker und Schlagzeuger Manfred Kussatz mit 11 Covern[47], die Künstlerin Carola Ludwig (aka Else

45 Auf meine Nachfrage bei den Interviews bemerkt Hahne: „Ja, … teilweise hat Jost gesagt: ‚Ach komm', jetzt nicht immer nur ich. Schreiben wir einfach mal deinen Namen da hin!' Das war nie ich selbst. Das war immer Jost. (Hahne lacht) Der hat gemeint: ‚Mein Name taucht so oft auf, schreiben wir einfach mal deinen Namen da hin.'" (Hahne, Interview mit dem Verfasser, 22.6.2015, Interview-ID 203) Bei *FMP 0650*: *Hamburg '74* räumt Hahne jedoch ein, dass die „Idee" (ebd.) vermutlich von ihm kam.

46 Ebd., Interview-ID 335.

47 Kussatz gestaltete *The Early Quintet* (FMP 0540) des *Manfred Schoof Quintett*, die *Early Tapes* (FMP 0590) des *Irène Schweizer Trio*, *Hier & Als Auch* (FMP 0880) von Andreas Willers, *Solo* (FMP 1070) von Helmut ‚Joe' Sachse, *Nummer 12* (FMP 1090) des *Manfred Schulze Bläserquintett*, *Vom Sprengen des Gartens* (SAJ-20) von Heiner Goebbels und Alfred Harth, *Off the wall* (SAJ-49) von Yoshi Wada, *Self Trait* (SAJ-52) von Curtis Clark, das Doppelalbum *Snapshot* (*Jazz Now/Jazz aus der DDR*) inkl. der dazugehörigen 48-seitigen Broschüre sowie die beiden FMP-LPs *FMP 0750*: *Working* (*Arndt-Kussatz Duo*) und *FMP 0930*: *Berlin 'Bones* (*Boje/Wiedermann/Miller/Kussatz*), bei denen er auch als Musiker mitwirkte

Nothing) mit 7 Covern[48] und der Kunstdrucker ‚Fritze' Margull[49] mit 4 Covern. Zu den „langjährigen Freunden"[50] der FMP zählen auch die beiden bildenden Künstler Tomas Schmit und Nino Malfatti, wie diese in *For Example* genannt werden. So befinden sich auf einigen FMP-Schallplattencovern Arbeiten der beiden Künstler als Cover-Art von Malfatti bei *M.L.A. Blek* (SAJ-32) von *Charig/Malfatti/Rutherford/Van Hove*, bei *Incision* (SAJ-35) des *Parker-Guy Duo* und (bereits während der Kollektiv-Zeit) bei *Messer* (FMP 0290) von *Schweizer/Carl/Moholo* und *Stabs* (SAJ-05) von Steve Lacy und von Schmit bei *Chirps* (SAJ-53) des *Lacy-Parker Duo* sowie (während der Kollektiv-Zeit) bei *Evidence* (FMP 0220) und bei *Into the Valley* (FMP 0270) des *Globe Unity Special*.

Vertrieben wurden die LPs von der FMP weiterhin selbst per Mailorder und durch den Verkauf bei den Konzerten sowie für den Einzelhandel in Westdeutschland, Österreich und der Schweiz vom Frankfurter Major-Label *Bellaphon*. Einen Eindruck von der damaligen Vertriebs- und Promotionarbeit vermittelt Gebers bei den Interviews:

> „Also, du wusstest, was du zu machen hattest. Und das konntest du im Vorfeld schon machen, bevor die Platte überhaupt da war. Du hattest deine Adressliste – später deine Datei – und hast: ‚Mach' hier, die ist da, schönen Gruß.' So. Das ging an die Rundfunkanstalten, an die Presse und sowas. Das wars."[51]

Wie Gebers hinweist, gab es da ja noch kein Internet: „Diese ganzen Geschichten und die Informationsmöglichkeiten waren Zeitungen, Fachzeitungen. Da gab es die Kritiken, Besprechungen und so."[52] Und es habe den Rundfunk gegeben: „Damals wurde das Zeug ja noch gesendet."[53] Mittels der Adressliste wurden dann die Redaktionen oder auch einzelne Mitarbeiter:innen ‚beschickt'. Und dann seien die Bestellungen von den Vertrieben oder eben von den Kund:innen gekommen. Hinsichtlich der Vertriebsfirmen wie *Bellaphon* berichtet Gebers: „Die hatten dann ihre Vertreter, die fuhren mit dem Auto irgendwohin, klapperten die Läden ab und zeigten, was sie alles neu hatten."[54] Der eigene Mailorder sei bei der Tonträ-

48 Von Ludwig stammen: *Moon Mood* (FMP 0700) von Martin Theurer, (zusammen mit Graf Typo) *Der Traum der Roten Palme* (FMP 0950) des *Theurer-Lovens Duo*, *Selb-Viert* (FMP 0760) des *Ernst-Ludwig Petrowsky Quartett*, *Was ist denn nun?* (FMP 0780) des *Conrad Bauer Trio*, *Selb-Dritt* (FMP 0890) des *Ernst-Ludwig Petrowsky Trio* und *'Round About Mittweida* (FMP 0980) des *Conrad Bauer Quartet* sowie die SAJ-LP *Good Old Circus/Interjazz IV* (SAJ-33).

49 Margull hat *Tuned Boots* (FMP 0550) von *Schweizer/Carl/Moholo*, *Dedication* (FMP 0900) des *Wauer-Sommer Duo*, *Anticlockwise* (FMP 1020) des *Schlippenbach Quartet* sowie *Rondo Brillante* (FMP 1040) des *Schlippenbach-Theurer Duo* gestaltet.

50 FMP/Akademie der Künste 1978, S. 130.

51 Gebers, Interview mit dem Verfasser, 22.5.2015, Interview-ID 310.

52 Ebd., Interview-ID 316.

53 Ebd.

54 Ebd.

gerdistribution von Anfang an bis zum Schluss ein Standbein der FMP gewesen. So habe die FMP eine „Kundenkartei von ein paar tausend Empfängern" gehabt, „und die kriegten dann diese Information und wussten: ‚Aha, guck an, da ist eine neue CD, LP oder sonst was erschienen.'"[55] Die Kund:innen erhielten zweimal im Jahr mit den Informationen zum W.F.M. und zum T.M.M. jeweils eine komplette Liste von Neuheiten. Die Kund:innenkarte wurde mittels eines Buchs erstellt und aktualisiert, das bei den Konzerten auslag: „‚Wenn du Interesse hast, von uns Informationen …, dann schreib' hin' – und die kriegten das dann. Und zu den Konzerten reisten die Leute ja von sonst woher an."[56]

Live-Projekte

Total Music Meeting, 1976–1985

Die zum Ende der Kollektiv-Zeit hin abflauende Konfrontation zwischen dem T.M.M. bzw. der FMP und den *Berliner Jazztagen* setzt sich auch in der zweiten Hälfte der 1970er-Jahre fort. Wie Achterberg 1976 hinsichtlich des ersten T.M.M. während der Post-Kollektiv-Zeit berichtet, sei „die Kooperation inzwischen" immerhin „soweit gediehen", dass Schulte-Bahrenberg „die FMP-Prospekte gemeinsam mit seinen Jazztage-Programmen an 1500 westdeutsche Interessenten"[57] verschicke. Auch vergaben die *Jazztage* 1976 an Schlippenbach einen Kompositionsauftrag zum zehnjährigen Jubiläum des *Globe Unity Orchestra.* Dies hatte zur Folge, dass am zweiten Abend der *Berliner Jazztage '76* zur Aufführung der *Globe Unity*-Komposition mit Schlippenbach, Brötzmann und Kowald nicht nur das noch zu Jahresbeginn bestandene FMP-Kollektiv (bis auf Schönenberg) auf der Bühne der *Philharmonie* stand, sondern mit Carl, Dudek, Pilz, Christmann, Mangelsdorff, Niebergall, Lovens und Schoof auch viele der ehemaligen kooperierten (‚älteren') westdeutschen Musiker. Hinzu kamen noch die mit der FMP assoziierten[58] europäischen Musiker Parker, Rutherford und Bennink. Zudem war bei den *Jazztagen* 1976 Reichel mit einem Soloprogramm in der *Philharmonie* vertreten. Demgegenüber waren während der gesamten Kollektiv-Zeit bis auf einen Auftritt des *Peter Brötzmann Quartett* bei den *Jazztagen* 1973 keine Musiker:innen der Kooperative mit eigenen Formationen eingeladen. Auch personelle Programmüberschneidungen führten 1976 nicht zu erneuten Auseinandersetzungen. So traten 1976 neben dem *Globe Unity Orchestra* auch das *Willem Breuker Kollektief* sowie Dauner (p), Zbigniew Seifert (vln) und Adelhard Roidinger (b) (aus

55 Ebd., Interview-ID 310.

56 Ebd.

57 Achterberg 1976.

58 Die Bezeichnung ‚kooperierte Musiker:innen' verweist auf die ehemalige Zugehörigkeit zur FMP-Kooperative. Als ‚assoziiert' werden diejenigen Musiker:innen bezeichnet, mit denen die FMP zusammenarbeitete, die aber nicht zur Kooperative gehörten.

Dauners *Urschrei*-Formation[59]) sowohl bei den *Jazztagen* als auch beim T.M.M. auf.[60] Entsprechend griff Burde nach dem T.M.M. 1976 im *Tagesspiegel* die im Raum stehende Frage auf, was „1977 aus dem alternativen Festival werden" solle, „wenn doch alle wichtigen Musiker des europäischen Free Jazz ohnehin in der Philharmonie auftreten".[61] Während ab 1976 auf den Plakaten des T.M.M. auf die ‚ALTERNATIVE'-Bezeichnung verzichtet wurde, wurde diese 1976 noch auf den Innenseiten des T.M.M.-Programmflyers benutzt. Ab 1977 wurde auch dort die Verwendung des Begriffs bei der Betitelung des T.M.M. aufgegeben. Nun lautete die offizielle Charakterisierung des T.M.M.: „Seit 1968 das alternative Nachtprogramm während der Dauer der Berliner Jazztage."[62] Nachdem die FMP 1977 erstmals (kurzfristig und dann bis 1987) jährlich eine Ausfallbürgschaft für das T.M.M. von der *Berliner Festspiele GmbH* erhielt, fand sich ab 1978 auch die Bezeichnung ‚alternatives Nachtprogramm' nicht mehr auf den Flyern. Stattdessen wurde nun die neue Allianz, d.h. die „Verbindung mit der Berliner Festspiele GmbH" hervorgehoben und aus der Charakterisierung des ‚alternativen Nachtprogramms während der *Berliner Jazztage*' wurde:

> „Seit 1968 veranstaltet die Free Music Production das TOTAL MUSIC MEETING parallel zu den Berliner Jazztagen mit der seit '68 unveränderten Grundkonzeption: freie und improvisierte Musik vorzustellen, Entwicklungen, Wege und Arbeitsprozesse sichtbar zu machen, in einem räumlichen und organisatorischen Rahmen, der dieser Musik entspricht und entgegenkommt."[63]

Die Programmatik des T.M.M. knüpft somit an die des T.M.M. während der Kollektiv-Zeit an, d.h. an die Präsentation, Vermittlung und Aneignung (des Neuen Jazz bzw. inzwischen:) der freien und improvisierten Musik (und deren ‚Wege' und ‚Entwicklungen') mittels adäquater Rahmenbedingungen – wobei nun auf die gegen die *Berliner Jazztage* gerichtete unabhängige antikommerzielle Positionierung verzichtet wird. Allerdings wolle das T.M.M. „kein Festival im herkömmlichen Sinn sein", sondern vielmehr „eine Möglichkeit zur Information über Musik und Gruppen der frei improvisierten Musik", die ihren Ursprung „in jener Szene

---

59 Dauner (syn) führte bei den *Jazztagen* seine Oper *Urschrei* mit dem *Rundfunk Orchester Hannover* des NDR und den Künstler:innen Rimona Francis (voc), Zbigniew Seifert (vln), Adelhard Roidinger (b), Daniel Humair (dr), Reiner Platen (elec) und Jürgen Neumüller (nar) an.

60 Thiem (1977a) bemerkt im *Jazz Podium*, dass Reichel deshalb nicht beim T.M.M. aufgetreten sei, „weil er vergessen hatte, den entsprechenden Passus (die Exklusivklausel in der Philharmonie) in seinem Vertrag mit den Berliner Jazztagen zu streichen." Und fügt hinzu: „Das spontane Duo mit dem immer noch unterbewerteten Schlagzeuger Sven-Åke Johansson sollte aber ohne Folgen bleiben."

61 Burde 1976.

62 FMP 1977c.

63 FMP 1980a.

hat, die Anfang der 60er Jahre unter dem Begriff ‚Free Jazz' bekannt wurde".[64] Entsprechend sollen nun auch neue Strömungen, Einflüsse und Entwicklungen dieser Musik in ihrer möglichst vollen Bandbreite präsentiert werden.[65] Konzeptionell soll nach wie vor durch Mehrfachauftritte versucht werden, die Arbeitsweisen der Musiker:innen und Gruppen transparent zu machen, so dass sich für das Publikum die Möglichkeit ergebe, „den Prozess des Musikmachens kennenzulernen" und „qualitative Beurteilungsmaßstäbe zu finden".[66] Und auf Seiten der Musiker:innen könne so („ohne dem extremen Druck des Ablieferns ausgesetzt zu sein"[67]) mehr von dem möglich werden, was die eigentliche Substanz dieser Musik sei: „sich selbst in Frage zu stellen, zu erproben, zu spielen".[68]

1984 und 1985 (wie auch 1986) fand das T.M.M. mit einem thematischen Schwerpunkt statt. So wurde 1984 beim *Piano Project* das gesamte T.M.M. ausschließlich von Pianist:innen in Solos, Duos und auch Trios in unterschiedlichen Zusammenstellungen auf drei Flügeln bestritten. Eingeladen waren Bernhard Arndt, Curtis Clark, Marilyn Crispell, Bobby Few, Ulrich Gumpert, Guus Janssen, Misha Mengelberg, Sakis Papadimitriou, Howard Riley, Alexander von Schlippenbach, Irène Schweizer, Aki Takase, Fred Van Hove, Urs Voerkel, Patrick Vollat und Per-Henrik Wallin. 1985 lautete der Schwerpunkt: *Made in Germany?* Bei diesem stellte die FMP die Frage nach der „Existenz einer spezifisch deutschen Musikproduktion".[69] Wobei vor allem perspektiviert werden sollte, wie die (vor allem west-)deutsche Szene mit den Impulsen aus dem Ausland umgehe: „Bleibt es bei der bloßen Kopie oder kommt es zur schöpferischen Auseinandersetzung und Weiterentwicklung, zu einer eigenen Handschrift?"[70] Bei den Oral History-Interviews unterstreicht Gebers die Bedeutung der Schwerpunkt-T.M.M.:

> „Wichtig waren solche Dinge, die aus dem Rahmen fielen. […] wo es beim *Total Music Meeting* einmal nur um die Klaviere ging und einmal nur um die Posaunen [T.M.M.-*Trombone Music*, 1986]. Also das waren für mich rückblickend wichtige Sachen, weil man sehen konnte, wie weit man gehen kann. Ich meine, ich bin ja beschimpft worden für solche Sachen. Von Alex beispielsweise ganz extrem: ‚Wer hört sich denn vier Tage lang nur Pianisten an? Was soll denn die Scheiße?' und so was. Das Ergebnis war hervorragend. Sowohl inhaltlich: war eine spannende Geschichte, diese unterschiedlichen Leute da zu erleben, die sich dann auch zusammenfanden, um mal irgendwas zu zweit oder zu dritt zu machen."[71]

64 FMP 1983a.
65 Vgl. ebd. u. FMP 1981a.
66 FMP 1983.
67 Ebd.
68 Vgl. ebd.
69 Brandt 1985.
70 Ebd.
71 Gebers, Interview mit dem Verfasser, 14.8.2015, Interview-ID 537.

Wie der Interviewpassage zu entnehmen ist, verfolgte Gebers die Schwerpunkte oder auch andere Programmkonzeptionen (die aus dem ‚Rahmen fielen') deshalb, weil er neue Experimentiermöglichkeiten anbieten hierbei musikalische Prozesse initiieren, aber auch mögliche Grenzen lokalisieren wollte (‚wie weit kann man gehen'). So seien manche „gescheitert, manche haben sensationelle Dinge gemacht. Also das waren immer schon die Dinge, die mich rückblickend am meisten fasziniert haben."[72]

Hinsichtlich der Programmgestaltung nimmt Brötzmann auch während der Post-Kollektiv-Zeit eine herausragende Rolle ein.[73] Bis auf das *Piano Project* 1984 ist Brötzmann bei allen T.M.M. von 1976 bis 1985 präsent: und hierbei viermal auch mit zwei verschiedenen Formationen.[74] Lässt sich während der Post-Kollektiv-Zeit zwar keine Omnipräsenz der Musiker aus dem ehemaligen FMP-Gesellschafterkollektiv mehr registrieren wie noch während der Kollektiv-Zeit, so repräsentieren deren verschiedene Projekte (mit Ausnahme Schönenbergs[75]) weiterhin einen zentralen Programmschwerpunkt des T.M.M. So ist sowohl Kowald als auch Schlippenbach bei jeweils sechs der zehn T.M.M. in der Zeit von 1976 bis 1985 vertreten. Und bei zwei von diesen auch mit jeweils zwei verschiedenen Formationen.[76] Auch

---

72 Ebd

73 Vgl. bzgl. der nachfolgenden Programmdaten der Live-Projekte *FMP-Publishing* 2010, S. 117–166 u. *FMP-Publishing* 2016c.

74 1976 (nach der Auflösung des *Brötzmann/Van Hove/Bennink*-Trios 1975) sowie 1977 jeweils im Duo *Brötzmann/Bennink* sowie mit *Globe Unity*, 1978 mit dem Trio *Brötzmann/Miller/Moholo*, mit den beiden im Londoner Exil lebenden Südafrikanern Harry Miller (b) und Louis Moholo (dr), 1979 im Trio mit Miller und Günter ‚Baby' Sommer, 1980 erneut mit *Brötzmann/Bennink* sowie im Trio mit Bennink und dem (wie Miller und Moholo) aus Südafrika stammenden und im Londoner Exil lebenden Saxofonisten Dudu Pukwana, 1981 mit der internationalen Großformation *Brötzmann Group* (Kondo: tp; Brötzmann: reeds; Breuker: reeds; Wright: ts, bcl; Boje: tb; Tomlinson: tb; Schlippenbach: p; Miller: b; Moholo: dr), 1982 im Trio mit Gumpert (p) und Moholo, 1983 im Trio mit Kowald (b) und Andrew Cyrille (dr) sowie bei einer Session (mit Fuchs: ssi; Sclavis: reeds; Wright: ts; Arndt: p; Kowald: b; Schneider: b; Sommer: dr) und 1985 im Trio mit Davies (elec) und Minton (voc, tp).

75 Schönenberg ist nur noch einmal beim T.M.M. 1976 (erneut) mit dem *Christmann-Schönenberg Duo*) zu hören.

76 Peter Kowald: 1976 und 1977 mit dem *Globe Unity*, 1980 erstmals mit dem bereits im Frühjahr 1979 gegründeten Trio *Smith/Kowald/Sommer* (*Chicago-Wuppertal-Dresden* mit dem AACM-Mitglied Leo Smith [tp; flh] und Sommer [dr]) sowie im internationalen *Pilz/Portal-Quintet* (Pilz: bcl; Portal: bcl; Kowald: b; Niebergall: b; Oxley: dr), 1982 im *Marilyn Crispell Quartet* (Crispell: p; Bang: vln; Kowald: b; Betsch: dr), 1983 mit *Brötzmann/Kowald/Cyrille* sowie bei einer Session (mit Brötzmann, Fuchs, Sclavis etc.) und 1985 im Trio mit den beiden US-Amerikanern Anthony Brown (dr) und Curtis Clark (p), der für den an Krebs erkrankten Jimmy Lyons eingesprungen war.

Schlippenbach trat 1976 und 1977 mit *Globe Unity* auf, 1979 im Duo mit Johansson, 1981 mit seinem *Schlippenbach Quartet* (Parker: ss, ts; Schlippenbach: p; Silva: b; Lovens: dr, perc) sowie in der *Brötzmann Group*, 1984 beim *Piano Project* und 1985 mit seinem die langjährigen Kooperativen-Mitglieder Schweizer, Carl und Reichel werden ab 1976 kontinuierlich vorgestellt. So ist Schweizer bei den T.M.M. im Zeitraum 1976 bis 1985 sechsmal vertreten[77], Reichel fünfmal[78] und Carl viermal.[79]

Der Auftritt der *Ulrich Gumpert Workshop Band* (Becker: tp, flh; Hering: as; Forsthoff: ts; Petrowsky: reeds; Bauer: tb; Gumpert: p; Koch: b; Sommer: dr) beim T.M.M. 1978 markiert nicht nur die erstmalige Teilnahme einer Free Jazz-Formation aus der DDR bei einer FMP-Veranstaltung in Westberlin, sondern auch den Beginn einer kontinuierlichen Präsenz von Gruppen und Musikern der DDR-Avantgarde bei den FMP-Live-Projekten. So traten in den darauffolgenden Jahren beim T.M.M. auf:

- 1979: das *Ernst-Ludwig Petrowsky Quartett* (Becker: tp; Petrowsky: reeds; Koch: b; Sommer: dr)
- 1980: das *Conrad Bauer Trio* (Bauer: tb; Kropinski: g; Gröning: dr) sowie Sommer im Trio *Smith/Kowald/Sommer* (*Chicago-Wuppertal-Dresden*)
- 1982: erneut die *Ulrich Gumpert Workshop Band* (Becker: tp, flh; Johannes Bauer: tb; Malfatti: tb; Diesner: ss, ts; Hering: as, ts; Petrowsky: reeds; Gumpert: p; Koch: b; Hübner: dr) sowie Gumpert spontanen mit Brötzmann und Moholo als Trio (nachdem Gumpert aufgrund von Ausreiseschwierigkeiten zunächst ohne seine *Workshop Band* angereist war[80]) und Petrowsky im *Bergisch-Brandenburgisches Quartett* (Petrowsky: reeds; Carl: reeds, acc; Reichel: g, vln; Johansson: dr, acc, voc)
- 1983: das *Ernst-Ludwig Petrowsky Trio* (Petrowsky: reeds; Sachse: g, fl; Koch: b) sowie Sommer (der parallel beim *Jazzfest Berlin* (ehemals *Berliner Jazztage*)

Schlippenbach Trio (Parker: ss, ts; Schlippenbach: p; Lovens: dr, perc) sowie mit dem Quartett *Night and Day* (Carl: ts; Schlippenbach: p; Oliver: b; Johansson: dr), das nach den eigentlichen Konzerten unter dem Motto *Dancing After Hours* Jazz-Standards spielte.

77 1976 solo und im mit *Schweizer/Carl/Moholo*, 1978 erneut solo, 1979 mit der *Feminist Improvising Group* (Nichols: voc; Liensol: tp; Cooper: reeds; Potter: as, voc; Roelofs: tb, vln; Born: cel, eb; Schweizer: p, dr), 1980 im Duo mit Rüdiger Carl und in einer vermutlich spontan zusammengefundenen Quartett-Formation, bei der das *Schweizer/Carl/Moholo*-Trio um den ebenfalls im Londoner Exil lebenden Südafrikaner Johnny Dyani am Bass, der wie Louis Moholo mit den *Blue Notes* zum *Total Music Meeting* angereist war, erweitert wurde, 1983 erneut solo und 1984 beim *Piano Project.*

78 1977 im Duo mit dem Wuppertaler Nachwuchsgitarristen Achim Knispel, 1980 solo, 1982 im *Bergisch-Brandenburgischen Quartett* (Petrowsky: reeds; Carl: reeds, acc; Reichel: g, vln; Johansson: dr, acc, voice), 1983 im Duo mit dem New Yorker Schlagzeuger und Vokalisten David Moss und 1985 im Duo mit dem englischen Pianisten Keith Tippett.

79 1976 mit dem Trio *Schweizer/Carl/Moholo* und *Globe Unity*, 1980 mit dem Duo *Schweizer/Carl* und dem *Schweizer-Carl-Quartet*, 1982 im *Bergisch-Brandenburgischen Quartett* und 1985 mit *Night and Day* bei den *Dancing After Hours.*

80 Vgl. Engelhardt 1983, Engelhardt 1982, Kobe 1982.

in der *Philharmonie* im Duo mit Hans-Günther Wauer auftrat) bei einer Session mit Brötzmann, Fuchs, Sclavis u.a.,

- 1984: Gumpert beim *Piano Project*
- 1985: Johannes Bauer und Diesner in Georg Gräwes international besetzten *Grubenklangorchester* (dem zudem der inzwischen in der BRD lebende Becker sowie Grabosch, Dau und Krämer aus Georg Gräwes Quintett, Malfatti aus Österreich, der Saxofonist Roberto Ottaviano aus Italien, der englische Tubist Melvyn Poore und der US-amerikanische Bassist John Lindberg angehörten)

Stellte die FMP bereits beim letzten T.M.M. während der Kollektiv-Zeit 1975 mit dem Berliner *Friedemann Graef Quartett* erstmals eine Nachwuchsformation vor, so zeichnet sich ab 1976 (wie bereits bei *Jazz Now I/1976* im *Quartier Latin* im Frühjahr 1976) die Entität einer Öffnung deutlich ab. So präsentierte die FMP:

- 1976: das Quintett des westdeutschen Nachwuchspianisten Georg Gräwe (Grabosch: tp; Dau: ss, ts; Gräwe: p; Schneider: b; Krämer: dr) sowie den Züricher Pianisten Urs Voerkel,
- 1977: erneut Graef mit seiner neuen *Group* (Graef: ss, ts; Wiedermann: tb; Wegel: b; Halfter: dr), das Duo des ebenfalls in Berlin arbeitenden Saxofonisten Wolfgang Fuchs (ssi) und Albrecht Riermeier (dr), das Duo *Möslang/Guhl* (Möslang: reeds, homemade; Guhl: bcl, b, homemade) aus St. Gallen, den westdeutschen Nachwuchsgitarrist Achim Knispel im Duo mit Reichel,
- 1978: erneut Knispel (solo) wie auch den Aachener Pianisten Elmar Kräling (solo),
- 1979: den Pianisten Martin Theurer (solo) sowie das zwölfköpfige *Berlin Jazz Workshop Orchestra* (Grabosch: tp; Mergner: tp; Dau: ss, ts; Graef: ss, bs; Jansen: as, ts; Mast: ss, ts; Boje: tb; Wiedermann: tb; Arndt: p; Schneider: b; Krämer: dr; Riermeier: dr, perc),
- 1981: den Gitarristen Andreas Willers solo sowie Knispel im Duo mit Willi Kellers (dr),
- 1982: erneut das *Berlin Jazz Workshop Orchestra*,
- 1983: den Gitarristen Erhard Hirt sowie den *Berliner Austausch Dienst* (Boje: tb, frh; Fuchs: reeds; de Byl: g; Schneider: b; Remond: dr, perc),
- 1984: Arndt und Voerkel beim *Piano Project*
- und 1985: beim Schwerpunkt-T.M.M. *Made in Germany?* erneut Knispel und Kellers im Duo (plus Lol Coxhill [ss]), Theurer mit der Formation *Cash In Advance* (Rudolph: tp; Boning: as, voc; Pogalla: g; Theurer: p), Gräwe sowie Dau und Krämer im *Grubenklangorchester*, Fuchs, Hirt, Möslang und Schneider im (auf die Initiative von Fuchs und Hirt zurückgehenden) internationalgroßformatigen *King Übü Örchesträ* sowie das Trio *Wittek/Kaiser/Manderscheid* aus dem Umfeld des Kölner *Jazzhaus*-Labels.

Auch das Vorhaben, neue Strömungen, Einflüsse und Entwicklungen der freien und improvisierten Musik in einem möglichst breiten Spektrum zu präsentieren, ließ das Programm heterogener werden und ist ebenfalls als Entität zu berücksichtigen. Zudem wurden nicht nur „namhafte Vertreter der zeitgenössischen Jazz-Szene aus ganz Europa (England, Frankreich, Holland, Österreich, Schweiz, BRD und DDR)"[81] eingeladen (so die FMP-Presseinformationen zum T.M.M. 1980). Das Programm entwickelt sich auch sukzessive globaler. So sind von der zeitgenössischen Szene aus Europa beim T.M.M. bspw. aus England 1979 die *Feminist Improvising Group* (Nichols: voc; Liensol: tp; Cooper: reeds; Potter: as, voc; Roelofs: tb, vln; Born: cel, eb; Schweizer: p, dr) zu hören, 1982 Phil Minton (voc) im Duo mit Maggie Nicols (voc) sowie Keith Tippett (p) im Duo mit Moholo (dr) plus Larry Stabbins (ss, ts), 1984 Howard Riley (p) beim *Piano Project* und 1985 Tippett im Duo mit Reichel sowie John Surman (bs, bcl) im Trio mit Theo Jörgensmann (cl) und Barre Phillips (b), Coxhill (ss) zusammen mit dem Duo *Knispel/Kellers*, Hugh Davies (elec) im Trio *Brötzmann/Davies/Minton* sowie Mark Charig (tp) und Phil Wachsmann (vln, elec) im *King Übü Örchestrü*. Und aus Frankreich traten während der Post-Kollektiv-Zeit auf: 1980 Michel Portal mit dem *Pilz-Portal Quintet* (Pilz: bcl; Portal: bcl; Kowald: b; Niebergall: b; Oxley: dr), 1983 der *Workshop de Lyon* (Merle: ss, as; Sclavis: ss, bcl; Bolcato: b; Rollet: dr), 1984 Patrick Vollat beim *Piano Project* und 1985 Louis Sclavis mit dem Trio *Transition* (Becker: tp, flh; Sclavis: ss, as, bcl; Lindberg: b). Ab 1976 finden sich kontinuierlich südafrikanische Jazzmusiker im T.M.M.-Programm, die im Londoner Exil leben: 1976 erstmals der Schlagzeuger Louis Moholo mit dem *Schweizer/Carl/Moholo*-Trio, 1977 Harry Miller (b) im Duo mit Malfatti, 1978 Moholo und Miller mit dem *Brötzmann/Miller/Moholo*-Trio, 1979 Miller im Trio mit Brötzmann und Sommer, 1980 Moholo mit dem *Schweizer-Carl Quartet*, Miller erneut im Duo mit Malfatti sowie das Quartett *Blue Notes* (Pukwana: as; McGregor: p; Dyani: b; Moholo: dr), 1981 Moholo und Miller in der *Brötzmann Group* und 1982 Moholo mit *Tippett/Moholo plus Stabbins* sowie im Trio *Brötzmann/Gumpert/Moholo*.

Zudem gesellten sich zu den US-amerikanischen Free Jazz-Exilanten, die vor 1976 und auch während der Post-Kollektiv-Zeit beim T.M.M. zu hören waren wie Lacy (1978 mit dem *Mangelsdorff-Lacy Duo*), Wright (1981 mit der *Brötzmann Group*), Silva (1981 mit dem *Schlippenbach Quartet*) und Few (1984 beim *Piano*

81 FMP 1980a. Hinsichtlich der kontinuierlichen Präsenz assoziierter europäischer Musiker:innen während der Post-Kollektiv-Zeit sind vor allem Parker und Malfatti mit jeweils fünf Teilnahmen zu nennen. So trat Parker 1976 mit *Globe Unity* sowie spontan mit dem *Rutherford-Lovens Duo* und Dave Holland auf (der „außerplanmäßig" mit seinem Bass von den *Berliner Jazztagen* ins *Quartier Latin* gekommen war), 1977 erneut mit *Globe Unity*, 1981 im *Schlippenbach Quartet*, 1982 solo und 1985 im *Schlippenbach Trio*. Malfatti spielte 1977 im Duo mit Miller, 1978 im *Tristan Honsinger Trio*, 1980 erneut im Duo mit Miller, 1982 bei der *Ulrich Gumpert Workshop Band* und 1985 in den Großformationen *Grubenklangorchester* und *King Übü Örchestrü*.

Project), der US-amerikanische Cellist Tristan Honsinger und der Komponist und Pianist Michael Smith. Smith war in der ersten Hälfte 1970er-Jahre aus den USA nach Europa übergesiedelt (zunächst nach Paris, dann nach Schweden) und spielte 1976 mit seinem Quartett (Bernard: reeds; Smith: p; Carter: b; Cook: dr) beim T.M.M. Honsinger war ebenfalls in der ersten Hälfte 1970er nach Europa emigriert und ließ sich in Amsterdam nieder. 1976 trat er beim T.M.M. solo sowie im Trio mit Maarten van Regteren Altena (b) und Michel Waisvisz (syn) sowie mit *Globe Unity* auf, 1977 wiederum mit *Globe Unity* und 1978 mit seinem *Tristan Honsinger Trio* (Honsinger: cel; Malfatti: tb; Garrett: b, fl). 1976 konnte das Trio des damals erst 21-jährigen Saxophonisten David Murray aus New York engagiert werden, der „nun zum ersten Mal in Europa zu hören"[82] war, wie in den FMP-Programminformationen angekündigt wurde. An den Auftritt von Murray und Wilson erinnert sich Gebers bei den Oral History-Interviews:

> „Die waren nur an einem Tag da, soweit ich mich erinnere, und sollten als vorletzte in der Nacht spielen, und danach sollte noch ein Trio spielen mit Tristan [vermutlich *Altena/Honsinger/Waisvisz*]. Und da sagte der David Murray zu mir, er braucht noch ein paar mehr Mikrofone, da kommt vielleicht noch jemand und so: ‚Aber keine Aufnahme!' ‚Ja, das ist o.k.' Und dann ging das los und die hörten nicht mehr auf. Dann kam – weiß ich nicht mehr, wer da alles kam: Lester Bowie und noch irgendeiner und noch einer vom *Art Ensemble*. In der *Philharmonie* sind sie rausgeschmissen worden: die haben da den Strom abgestellt[83] (Gebers und Interviewer lachen), und dann war das nur ein Schritt zu uns. [...] Und mit dem Ergebnis, dass die bei uns dann weitermachten. Und ich dann dem Trio, was als letztes spielen sollte, gesagt habe: ‚Die Gage habt ihr schon gekriegt, geht nach Hause, das wars. Tschüss, im nächsten Jahr was Neues.' Weil: Die hörten einfach nicht mehr auf."[84]

Mit der Jam-Session von Murray, Wilson, Lester Bowie (tr), Kalaparusha Maurice McIntyre (ts) und Juma Sultan (b) kam es zu einem Auftritt von Musikern aus dem Kreis der *Association for the Advancement of Creative Musicians* (AACM), der Wilson, Bowie und McIntyre angehörten, nachdem Gebers' Versuch, AACM-Musiker zum W.F.M. 1976 noch gescheitert war. Bereits im folgenden Jahr ist mit Roscoe Mitchell (reeds) ein weiteres prominentes AACM-Mitglied beim T.M.M. mit dem *Mitchell-Teitelbaum Duo* (Mitchell: reeds; Teitelbaum: syn, p) zu hören (allerdings wie auch Murray und Wilson nur an einem, dem letzten Tag). 1980 ist der eben-

82 Gebers, in: FMP 1976b, S. 2. Wie Gebers bei den Oral History-Interviews berichtet musste das angekündigte Trio (Murray: ts; Dara: tp; Wilson: dr) als *Murray-Wilson Duo* auftreten, „weil Olu Dara in Schweden festgesetzt worden ist und im Knast saß" (Gebers, Interview mit dem Verfasser, 27.3.2015, Interview-ID 81).

83 Gebers' Schilderung, dass bei den *Jazztagen* der ‚Strom abgestellt' wurde, bestätigt Thiem (1977a) im *Jazz Podium* insofern, als er von „Zuschauer wie Musiker gleichermaßen nervende Lichtspiele á la Philharmonie" spricht, die die Konzerte „abgewürgt" hätten.

84 Gebers, Interview mit dem Verfasser, 27.3.2015, Interview-ID 81.

falls der AACM entstammende Leo Smith im Trio *Smith/Kowald/Sommer* (Smith: tp, flh; Kowald: b; Sommer: dr) beim T.M.M., 1981 erneut Teitelbaum im Duo mit dem (durch seine langjährige Zusammenarbeit in den 1960er- und 1970er-Jahren mit Cecil Taylor und dessen *Unit* bekannte) New Yorker Schlagzeuger Andrew Cyrille sowie das Duo der Violinistin Candace Natvig und der Harfenistin Anne LeBaron, 1982 die Pianistin Marilyn Crispell (ebenfalls aus dem AACM-Umfeld) mit ihrem Quartett (Crispell: p; Bang: vln; Kowald: b; Betsch: dr) sowie das Quartett *United Front* aus San Francisco (Sams: tp; Jordan: as; Izu: b; Brown: dr), 1983 erneut Crispell (solo) sowie der Schlagzeuger und Vokalist David Moss im Duo mit Reichel, 1984 Clark und Crispell beim *Piano Project* sowie 1985 Lindberg mit dem Trio *Transition* sowie im internationalen *Grubenklangorchester.* Dokumentiert diese Auflistung die Intensivierung der Zusammenarbeit mit US-amerikanischen Musiker:innen während der 1970er- und 1980er-Jahre, so sind die weltweiten Kollaborationen der FMP keineswegs auf diese beschränkt. So traten beim T.M.M. 1978 (nach ihren gefeierten Auftritten beim W.F.M. 1978[85]) die westafrikanische Percussionsgruppe *Africa Djolé* auf, deren Mitglieder damals in Holland lebten[86], und 1979 der japanische Trompeter Toshinori Kondo mit dem US-amerikanische Gitarrist Eugene Chadbourne. 1981 war Kondo erneut zu hören – dieses Mal mit der *Brötzmann Group.* Und ebenfalls 1981 trat das *Glass Orchestra* aus Kanada auf sowie 1984 die japanische Pianistin Aki Takase beim *Piano Project.*

Als Domizil des T.M.M. fungierte weiterhin das *Quartier Latin.* Die Eintrittspreise für eine Tageskarte blieben nach der Auflösung des Kollektivs 1976 zunächst bei DM 8,– und stiegen dann ab 1980 bis Mitte der 1980er-Jahre auf DM 15,–. Die Dauerkarten wurden 1976 von DM 25,– auf DM 30,– angehoben, blieben dann aber bis in die zweite Hälfte der 1980er-Jahre auf diesem Niveau. Im Vergleich hierzu musste bei den *Berliner Jazztagen* für eine Tageskarte bspw. 1979 (freitags und samstags) von DM 20,– bis DM 52,– bezahlt werden.[87] Über die Atmosphäre im *Quartier Latin* während der Post-Kollektiv-Zeit und dem Publikum berichtet Panke im FMP-Programmflyer 1980:

> „Besucher schätzen die zwanglose, hemdsärmelige Atmosphäre im ‚Kartje'. Sie sind nicht genötigt, einen Set mit allen Höhen und Tiefen durchzuhalten. Jeder mag zur Theke oder ins Restaurant wechseln und bleibt doch mit dem Ganzen locker verbunden. Holzbank-Direktheit statt Plüschsessel-Noblesse."[88]

---

85 Vgl. Panke 1978b.

86 Vgl. Hahne, Interview mit dem Verfasser, 22.6.2015, Interview-ID 184.

87 Bei den *Jazztagen* gab es keine Tageskarten wie beim T.M.M.: Die Konzerte fanden jeweils in Blocks mit ca. drei Formationen statt. An den Konzertabenden unter der Woche und sonntags gab es nur einen Block. Freitags und samstags gab es zwei Blocks. Pro Block kosteten die Karten jeweils von DM 10,– bis DM 20,– und freitags sowie samstags von DM 10,– bis DM 26,–.

88 Panke 1980.

Wie sich die räumlichen Rahmenbedingungen im *Quartier* konkret darstellten, um die Programmatik der FMP, also die Präsentation, Vermittlung und Aneignung der freien und improvisierten Musik und deren Entwicklungen adäquat vermitteln zu können, ist auch Jänichens Rezension des T.M.M. 1980 im *Jazz Podium* zu entnehmen. So sei die Bühne so dicht wie möglich an die Holzbänke für das Publikum herangerückt worden. Nach den Auftritten hielten sich die Musiker:innen entweder im Konzertsaal, an der Bar oder im Restaurant im ersten Stock des *Quartier* auf und seien so für Interessierte jederzeit ansprechbar geblieben. In diesem Rahmen könne Musik „quasi hautnah erlebt werden und gerade zum Free Jazz wird so der Zugang leichter".[89]

Workshop Freie Musik, 1977–1985

Der W.F.M. wurde nach dem Ende des Kollektivs in seiner während der FMP-Gründungsphase konstituierten und in der Kollektiv-Zeit weiter etablierten Form fortgeführt. Aufgrund der Allianz mit der *Akademie der Künste*, die ebenso wie der W.F.M. nach wie vor zum Gefüge der diversen, heterogenen und dislokalen Entitäten zu rechnen ist, konnte der W.F.M. auch in der Post-Kollektiv-Zeit „unter optimalsten Arbeitsbedingungen"[90] stattfinden, wie die FMP in ihren Presseinformationen 1980 herausstellte. Dies signalisieren auch die weiterhin sehr moderaten Eintrittspreise. Diese betrugen beim W.F.M. zum Ende der Kollektiv-Zeit DM 3,– für eine Tageskarte und DM 8,– für eine Dauerkarte und zum Ende der Post-Kollektiv-Zeit 1985 DM 6,– für eine Tageskarte und DM 20,– für eine Dauerkarte (im Vergleich kostete beim T.M.M. 1977 eine Tageskarte DM 8,– und eine Dauerkarte DM 30,–). Konnte 1977 und 1978 der W.F.M. noch an Ostern in der *Akademie* stattfinden, war dies bereits ab 1979 bis einschließlich 1992 (bis auf eine einzige Ausnahme 1983) nicht mehr möglich. So berichtet Hahne bei den Oral History-Interviews:

> „Der Workshop fiel meistens auf Ostern. Das war natürlich ein absoluter Trumpf: vier freie Tage – ja, da reisen die Leute gern. Da hatten wir also ganz, ganz viel anreisendes Publikum beim *Workshop Freie Musik*. Und wenn der mal nicht auf Ostern fiel, weil die *Akademie der Künste* da gerade in der großen Halle eine Ausstellung hatte, dann haben wir das am Publikumsverlust gemerkt."[91]

Die seit 1975 praktizierte Solo-Eröffnung des W.F.M.-Programms wurde auch nach dem Ende des Kollektivs fortgesetzt. 1977 eröffneten Kontrabassisten (Carter, Dyani, Guy, Niebergall und Altena) jeweils solo einen Abend, 1978 Saxofonisten (Parker, Brötzmann, Breuker, Lacy und Tchicai) und 1979 Synthesi-

89 Jänichen 1980.
90 FMP 1980b, FMP 1982b.
91 Hahne, Interview mit dem Verfasser, 22.6.2015, Interview-ID 195.

zer- bzw. Live Electronics-Solisten[92] (Curran, Cusack, Davies und Waisvisz). Beim W.F.M. 1980 wurde die Vorstellung von Musiker:innen eines bestimmten Instruments insofern komplettiert, als „die beiden noch fehlenden Instrumente“[93], wie die FMP im Programm erläutert, zum thematischen Schwerpunkt des gesamten *Workshop* wurden: *Piano & Drums* (mit dem Kommentar: „Wat'n, bloß Duos?“/ „Now what, duets only“, wie die W.F.M.-Plakate titelten).[94] Mit Ausnahme der Kombination von Schweizer und Lovens handelte es sich bei allen anderen um bestehende Duos (mit Musiker:innen aus England, Holland, BRD, DDR, Südafrika und USA), die schon seit Jahren zusammenarbeiteten. Mit dem *Piano & Drums-Workshop* 1980 wurde zugleich die 1975 begonnene thematische Schwerpunktsetzung beim W.F.M. wieder aufgenommen, während in den Jahren 1977 bis 1979 die Programmkonzeption primär darauf abhob, ‚perspektiven- und facettenreich‘[95] über die „freie improvisierte (und komponierte) Musik“[96] zu informieren.

Entsprechend der Entitäten der u.a. angestrebten Perspektivierung der vielfältigen und verschiedenartigen Entwicklungen der freien Spielformen, der vielfältigen und verschiedenartigen Entwicklungen der freien Spielformen selbst, der Öffnung und Einbeziehung anderer Leute sowie des sich diversifizierenden sozialen und musikalischen Netzwerks wurde auch die Selbstverständnis-Definition des W.F.M. modifiziert. So lautete 1976 die Charakterisierung des W.F.M. noch: „1969 unter dem namen ‚3 nights of living music and minimal art‘ und seit 1970 als ‚workshop freie musik‘, findet jährlich ein treffen von free-jazz-musikern in der akademie der künste/berlin statt.“[97] Hingegen wurde beim ersten W.F.M. während der Post-Kollektiv-Zeit 1977 die Charakterisierung wie folgt aktualisiert: „1969 als ‚3 nights of living music and minimal art‘ und seit 1970 unter dem Namen ‚Workshop Freie Musik‘, treffen sich jährlich im Frühjahr in der Akademie der Künste Musiker, die fast alle jener Szene zugerechnet werden, die Anfang der 60er Jahre als ‚Free Jazz‘ bekannt wurde.“[98] Das modifizierte Selbstverständnis und dessen *agency* ist ebenfalls als Entität des Akteur-Netzwerks zu berücksichtigen und bedingte mit den anderen Entitäten die weitere Ausdehnung des Selbstverständnisses mit, das bald neben „Free- und Avantgarde-Jazz“ auch „angren-

92 Da die FMP nicht fünf Live Electronics-Solisten, sondern nur vier engagiert hatte, spielten Curran, Cusack, Davies und Waisvisz zur Eröffnung des fünften *Workshop*-Tages als Quartett. (Vgl. FMP 1979b, vgl. Liefland 1979b)

93 FMP 1980b.

94 Eingeladen waren die Piano-Drums-Duos: Bobby Few + Muhammad Ali, Martin Theurer + Achim Goeke, Keith Tippett + Louis Moholo, Irène Schweizer + Paul Lovens, Ulrich Gumpert + Günter Sommer, Misha Mengelberg + Han Bennink, Bernhard Arndt + Manfred Kussatz.

95 Vgl. Burde 1977, vgl. Liefland 1978c.

96 FMP 1977b, S. 2.

97 FMP 1976c, S. 2.

98 FMP 1977b, S. 2.

zende experimentell-improvisierte Musik“[99] miteinschließen sollte. So lautete die Charakterisierung ab den beginnenden 1980er-Jahren: „1969 wurden unter dem Titel ‚3 nights of living music and minimal art‘ und seit 1970 unter dem Namen ‚Workshop Freie Musik‘ jeweils im Frühjahr in der Berliner Akademie der Künste Musiker des Free- und Avantgarde-Jazz und angrenzende experimentell-improvisierte Musik präsentiert.“[100]

Beim W.F.M. 1978 wurden wie bereits 1972 und 1975 Kompositionsaufträge vergeben. Diese gingen an Schlippenbach, Wheeler und den jungen westdeutschen Pianisten Kräling für *Globe Unity*. Ebenso wurde die aus Guinea stammende Trommelgruppe *Africa Djolé* vorgestellt. Der thematischen Schwerpunktsetzung *Piano & Drums* 1980 folgte 1981 ein Überblick über die britische Szene und deren bedeutende Impulse für die improvisierte Musik im Feld zwischen Jazz und Neuer Musik. Beim W.F.M. 1982 lässt sich kein thematischer Schwerpunkt konstatieren. Allerdings markiert der W.F.M. 1982 den Beginn einer konzeptionellen Entwicklung, an deren Ende 1984 die völlige Aufgabe festgelegter Programmpunkte stand. Hierbei wurde, wie Gebers bei den Oral History-Interviews über den W.F.M. und dessen Entwicklung ausführt, das Konzept der Mehrfachauftritte und die gemeinsame Aneignungs- und Vermittlungsform „auf einer anderen Ebene auf die Spitze getrieben“:

> „Irgendwann in den Achtzigerjahren sagten wir dann, wir engagieren soundso viel Leute, die kaum was miteinander zu tun haben, und dann wird ‚ausgelost‘ – ungefähr –, wer macht überhaupt was. Und wir haben dann auch nur noch die Namen genannt. Es gab keine Programme mehr, wer mit wem was machen würde. Sondern es gab dann nur aktuelle Absprachen, heute spielt der mit dem zusammen. Das muss ‚83 oder so was gewesen sein. – Wobei es diese ad hoc-Geschichten dann immer mal gab.“[101]

So waren für den W.F.M. 1982 einerseits reguläre Auftritte von *Kowald/Altena*, dem französischen *Workshop de Lyon*, dem englischen *Johnny Rondo Duo + Mike Cooper* (Coxhill: ss; Holland: p; Cooper: g), der ostdeutschen *Heinz Becker Group* (Becker: tp, flh; Bauer: tb; Petrowsky: reeds; Diesner: reeds; Sachse: g; Gumpert: p; Koch: b; Hübner: dr) und dem internationalen (1980 von Van Hove gegründeten) Quartett *ML DD 4* (Charig: tp, ahn; Wachsmann: vln, elec; Van Hove: p; Sommer: dr) geplant. Andererseits war vorgesehen, dass vier Musiker (Brötzmann, der aus Dänemark stammende Saxofonist John Tchicai sowie die beiden US-amerikanischen Schlagzeuger Andrew Cyrille und Milford Graves) in „fünf Duo-Kombinationen und als Quartett zu hören sein“[102] werden. 1983 wurde dann pro Konzertabend nur noch ein Programmpunkt festgelegt, während die anderen of-

99 FMP 1980b, vgl. Gebers, in: FMP 1981b.

100 Ebd.

101 Gebers, Interview mit dem Verfasser, 22.5.2015, Interview-ID 324.

102 FMP 1982b. Da Graves seine Teilnahme beim W.F.M. 1982 abgesagte, musste das geplante „Auftritts-Schema verschoben“ (FMP 1982c) werden: Statt der fünf gemischten

fen blieben: Die eingeladenen 16 Musiker:innen aus Japan, England, Frankreich, USA, UdSSR, BRD und DDR sollten während der Konzerttage selbst verschiedene Kombinationen (vom Solo bis zur Bigband) zusammenstellen. Auf den Plakaten wurde wie bereits 1982 nicht mehr das Programm, sondern ausschließlich die Namen der Musiker:innen genannt:

> „Trumpets: Toshinori Kondo/Japan Heinz Becker/DDR Trombones: Conrad Bauer/DDR Hannes Bauer/DDR Alan Tomlinson/GB Reeds: Larry Stabbins/GB Peter Brötzmann/BRD Vladimir Chekasin/UDSSR Louis Sclavis/France Voice: Diamanda Galás/USA Live Electronics: Hugh Davies/GB Piano: Vyacheslav Ganelin/UDSSR Basses: Peter Kowald/BRD William Parker/USA Drums: Vladimir Tarasov/UDSSR Rashied Ali/USA“[103]

Und 1984 gab es schließlich überhaupt keine festgelegten Programmpunkte mehr. Die Musiker[104] traten erneut solo und in spontan selbst festgelegten Kombinationen auf. Bei den Oral History-Interviews unterstreicht Gebers die Bedeutung dieser *Workshops* „für die Entwicklung der FMP“:

> „Wichtig waren solche Dinge, die aus dem Rahmen fielen. Also beispielsweise die Konzerte, als wir damit anfingen, überhaupt keine Programmhinweise zu geben, sondern nur noch Musikernamen zu nennen: und keiner wusste, wer wann wer mit wem was auf der Bühne machen würde.“[105]

Mit dieser Programmkonzeption wollte Gebers eine Situation kreieren, die die konkrete musikalische Auseinandersetzung der Musiker:innen forcieren sollte, und insofern auch eine Entität des Akteur-Netzwerks darstellt, als dieser Ansatz über die Entitäten der angestrebten Perspektivierung der vielfältigen und verschiedenartigen Entwicklungen der freien Spielformen oder der (adäquaten) Präsentation, Realisation, Vermittlung und Aneignung hinausreicht.

Der W.F.M. 1985 unterschied sich in mehrfacher Hinsicht nicht nur von diesem Ansatz, sondern auch von allen vorherigen W.F.M. Da die Ausstellungshallen in der *Akademie der Künste* anderweitig vergeben waren, fand dieser erstmals nicht dort, sondern im „dunklen Studio“ der *Akademie* „mit starren Sitzen und

---

Duo-Kombinationen und dem gemeinsamen Quartett traten Tchicai und Cyrille (zweimal) sowie Brötzmann und Cyrille (dreimal) als Duo auf.

103 W.F.M.-Plakat 1983. Wegen einer abgesagten Tournee und eines geplatzten Festival-Auftritts kam Ali, wie die FMP in einer *Programmänderung* informierte, „nicht nach Europa“ und nahm „somit auch nicht beim Workshop Freie Musik“ (FMP 1983b) teil. An seiner Stelle wurde der englische Schlagzeuger Oxley eingeladen.

104 Eingeladen waren: Brötzmann, Carter, Francois Dreno, Max Eastley, Bernd Klötzer, Takehisa Kosugi, Kowald, Garrett List, Minton, Lawrence ‚Butch‘ Morris, Oxley, A.R. Penck, Ernst Reijseger, Teitelbaum, Wachsmann, Waisvisz, Frank Wollny, Heinz Wollny, Carlos Zingaro.

105 Gebers, Interview mit dem Verfasser, 14.8.2015, Interview-ID 537.

Distanz schaffender Bühne“[106] statt, wie Kobe 1985 in seiner W.F.M.-Rezension berichtet. Zweitens sah das Programm keine Mehrfachauftritte der Gruppen vor. Diese wurden stattdessen jeweils an einem Abend mit zwei längeren Sets präsentiert. Entsprechend bemerkte Kobe, dass „der Workshop in der Ausgabe des Jahres 1985 [...] konventioneller“ gewesen sei: „aber nur, dies als Einschränkung, auf den ersten Augenschein“.[107] Denn FMP-Chef Gebers habe „allen Modeströmungen eine klare Absage erteilt“ und ein „konzentrierte[s] Workshop-Programm“[108] vorgestellt. Drittens waren für jeden Tag nur zwei Programmpunkte angesetzt: Zur Eröffnung meist eine Solo-Vorstellung (Tomlinson [tb], Clark [p] und Kondo [tp]) und im Anschluss jeweils eine Trio-Formation (*Brötzmann/Parker/Bennink*, *Stabbins/Rodgers/Moholo*, *Ware/Kowald/Moholo* und *Braxton/Lindberg/Hemingway*). Nur der dritte Workshop-Tag durchbrach dieses Schema. An diesem Tag trat (nach öffentlichen Proben am Spätnachmittag) ausschließlich Brötzmanns zehnköpfiges *Alarm Orchester* auf, in dem sich zwei Drittel der beim W.F.M. teilnehmenden Musiker versammelt hatten. Und viertens hat die FMP erstmals mehr Nicht-Europäer als Europäer zum W.F.M. eingeladen, von denen die Mehrzahl aus den USA stammten: Parker (b), Ware (reeds), Harris (dr), Clark (p), Braxton (reeds), Lindberg (b) und Hemingway (dr). Wie beim T.M.M. zeigt sich so auch beim W.F.M. eine Intensivierung der Zusammenarbeit mit US-amerikanischen Musiker:innen.

Hinsichtlich der Programmgestaltung des W.F.M. ist auch während der Post-Kollektiv-Zeit eine herausragende Rolle von Brötzmann zu registrieren. Brötzmann ist bis auf den *Piano & Drums*-W.F.M. 1980 bei allen W.F.M. von 1977 bis 1985 präsent (sogar 1981 beim W.F.M. mit dem Schwerpunkt ‚britische Szene‘, bei dem Brötzmann mit dem *London Jazz Composers' Orchestra* spielte).[109] Während beim T.M.M. die Teilnahmen der ehemaligen Gesellschafter noch einem zentralen Programmschwerpunkt bildeten, kann dies für den W.F.M. in der Post-Kollektiv-Zeit nicht bestätigt werden. Kowald war zwar mit sieben Teilnahmen nach Brötzmann der Musiker mit den meisten *Workshop*-Teilnahmen, jedoch war Schlippenbach in diesem Zeitraum lediglich zweimal (1977 im Duo mit Johansson und 1978 mit seinem Quartett und *Globe Unity*) beim W.F.M. zu hören. Schönenberg nahm nach dem Ende des Kollektivs an keinem W.F.M. mehr teil.

---

106 Kobe 1985a.

107 Ebd.

108 Kobe 1985b.

109 1979 war Brötzmann zwar nicht im regulären Programm, spielte aber im Rahmen des W.F.M. am Sonntag, 25.2.1979 (also drei Tage vor Beginn des W.F.M.) mit Mengelberg und Bennink anlässlich der Eröffnung einer das W.F.M. begleitenden Ausstellung (mit Fotografien von Werner Bethsold und Dagmar Gebers sowie Zeichnungen, Bilder und Objekten von Bennink und Brötzmann sowie Filmen von Mengelberg).

Die Einbeziehung des Nachwuchses lässt sich auch beim W.F.M. registrieren. Allerdings sind die Newcomer ausschließlich zu Beginn der Post-Kollektiv-Zeit präsent, d.h. von 1977 bis 1980:

- 1977: Voerkel (p) im Trio *Voerkel/Frey/Lovens* mit dem ebenfalls aus der Schweiz stammenden Peter K. Frey (b) und Lovens (dr),
- 1978: Kräling (p) mit *Globe Unity*,
- 1979: das Trio *Fuchs/Schneider/Huber* (Fuchs: ssi, bcl; Schneider: b; Huber: dr),
- 1980 Arndt (p) im Duo mit (dem ehemaligen Schlagzeuger des *Donata Höffer Trio*) Kussatz sowie Theurer (p) und Goeke (dr).

Nicht nur die Newcomer sind in der zweiten Hälfte der Post-Kollektiv-Zeit, d.h. zwischen 1981 und 1985 nicht mehr beim W.F.M. vertreten. Auch die westdeutschen kooperierten und assoziierten Musiker sind (mit Ausnahme der ehemaligen Kollektiv-Mitglieder) ausschließlich in der ersten Hälfte der Post-Kollektiv-Zeit zu hören (Carl, Christmann und Schoof 1978, Dudek 1977 und 1978, Lovens 1977, 1978 und 1980 und Niebergall ebenso wie Mangelsdorff 1977 und 1978). Dies trifft auch auf viele assoziierte europäische Musiker:innen zu. So nimmt bspw. Schweizer in der Post-Kollektiv-Zeit nur 1978 und 1980 beim W.F.M. teil, Johansson 1977 und 1978, Mengelberg 1977, 1978, 1979 und 1980, Breuker 1978, Parker 1978 und 1981 (beim Schwerpunkt ‚britische Szene'), Rutherford 1978 und 1981 (‚britische Szene') und Bailey ebenso wie Wheeler 1978 und 1981. Neben der Kontinuität einiger mit der FMP assoziierten europäischen Musiker wie Bennink, Altena, Tchicai, Davies und Waisvisz, die während der gesamten Post-Kollektiv-Phase beim W.F.M. vertreten waren[110], zeichnete sich mit der beginnenden konzeptionellen Auflösung vorab fixierter Programmpunkte zweierlei ab: Zum einen die Einbeziehung und Zusammenarbeit mit europäischen Musiker:innen, die bislang noch nicht beim W.F.M. in Erscheinung getreten waren. Und zum anderen eine Intensivierung weltweiter Kollaborationen, bei der vor allem die Präsenz US-amerikanischer Musiker:innen hervorzuheben ist. So wurden mit Tomlinson (tb) 1981, 1983 und 1985, Stabbins (ss, ts) ebenfalls 1981, 1983 und 1985, Charig (tp, ahn) 1981 und 1982, Wachsmann (vln, elec) 1981, 1983 und 1985 sowie Oxley (dr) 1981, 1983 und 1984 Musiker der britischen Szene zum W.F.M. eingeladen, die dort bislang noch nicht zu hören waren. 1982 waren mit dem *Workshop de Lyon* (Merle: ss, as; Sclavis: ss, bcl; Bolcato: b; Rollet: dr) erstmals französische Musiker beim W.F.M., 1983 war Sclavis erneut dort zu hören, wie auch 1984 Francois Dreno (vln). Auch der portugiesische Violinist Carlos Zingaro war 1984 zum ersten

110 Bennink nahm 1977, 1978, 1979, 1980 und 1985 bei W.F.M. teil, Altena 1977, 1978 und 1982, Tchicai 1977, 1978 und 1982, Davies 1979 und 1983 und Waisvisz 1977, 1979 und 1984. Auch die Kontinuität des südafrikanischen Schlagzeugers Moholo ist hier zu nennen. So nahm Moholo 1980 und 1985 beim W.F.M. teil.

Mal beim W.F.M. wie auch 1983 das *Ganelin Trio* (Chekasin: reeds; Ganelin: p; Tarasov: dr) aus der UdSSR. Erstmalig nahm auch 1983 der japanische Trompeter Kondo (sowie erneut 1985) wie auch der ebenfalls aus Japan stammende Violinist Takehisa Kosugi 1984 beim W.F.M. teil. Und ab 1982 wurden erstmals folgende US-amerikanischen Musiker:innen eingeladen: 1982 Cyrille (dr) und Harris (dr), 1983 Diamanda Galás (voc)[111], 1983 und 1985 Parker (b), 1984 Morris (cor), Teitelbaum (syn, p) und List (tb) und 1985 Ware (ts), Clark (p), Braxton (reeds), Lindberg (b) und Hemingway (dr). Von dieser skizzierten Entwicklung unberührt blieb die Präsenz der Musiker aus der DDR. Diese waren seit den Auftritten des *Gumpert-Sommer Duo* und der *Ulrich Gumpert Workshop Band* 1979 kontinuierlich (bis auf 1984) beim W.F.M. während der gesamten Post-Kollektiv-Zeit vertreten: 1980 Gumpert und Sommer, 1981 Becker, 1982 Sommer (mit *ML DD4*) sowie die *Heinz Becker Group*, 1983 Becker sowie Conrad und Johannes Bauer und 1985 erneut Johannes Bauer.

Zur Bedeutung des W.F.M. für die FMP führt Gebers bei den Oral History-Interviews aus, dass für ihn „immer der *Workshop* die Keimzelle und das wichtige Projekt“ gewesen sei:

> „Wir hatten beim *Workshop* immer eine finanzielle Basis und konnten da relativ locker Dinge umsetzen und ausprobieren. Beim *Total Music Meeting* war es immer so: Wir waren zum Erfolg gezwungen. Wir mussten Einnahmen haben, um alles bezahlen zu können, was da zu bezahlen ist. D.h. der wichtige Aspekt war immer der *Workshop*, weil wir da ausprobieren konnten, was wir da dann als perfekte Nummer anbieten konnten, und sagen: ‚Hier, guckt mal her.‘ Also ich will es mal ganz konkret an einem einfachen Beispiel sagen:
> Bennink hat mir irgendwann mal von *Africa Djolé* erzählt. Mit denen hat er mal in Holland was gemacht. Und die habe ich zum *Workshop* geholt. [...] Und dann, nach diesem Erfolg, habe ich die zum *Total Music Meeting* eingeladen.[112] Das war das einzige Mal, dass da irgendwie solche Leute spielten. Aber natürlich war die Bude brechend voll. Wir konnten dann wiederum locker alle Gagen bezahlen und sind nicht wieder in Miese gefallen. Also das ist ein Beispiel, wie aus dem einen was anderes wurde. Und welche Gründe es dafür gab. Und diese Sachen, wir stellen nur Namen hin, und dann muss passieren, was da passieren kann, das konntest du in der *Akademie* machen. Das konntest du aber nicht beim *Total Music Meeting* machen.“[113]

Gebers' Beispiel veranschaulicht, wie u.a. die Entität des W.F.M. und dessen *agency* sowie die Entitäten der *Akademie der Künste*, der finanziellen Situation und der Präsentation, Vermittlung und Aneignung der freien und improvisierten Musik und deren Vielfältigkeit, die wiederum auf die Entitäten der Öffnung und

111 Diamanda Galás war neben Schweizer und Nicols die einzige Musikerin, die während der Post-Kollektiv-Zeit beim W.F.M. teilnahm. Nicols war beim W.F.M. 1981 als Solo-Künstlerin im Programm.

112 Der Auftritt beim T.M.M. war 1978.

113 Gebers, Interview mit dem Verfasser, 22.5.2015, Interview-ID 378.

der Einbeziehung anderer Leute verweist, die Programmgestaltung des T.M.M. mitbedingten. Des Weiteren wird deutlich, dass die musikalische und soziale Diversifizierung von den Entitäten der Kommunikation mit den Musiker:innen und des bestehenden sozialen Netzwerks mitbedingt wurden, das sich so entsprechend weiter verzweigte und hierdurch die weitere Diversifizierung des globaler werdenden sozialen und musikalischen Netzwerks mitbedingte. Hierbei ist zu berücksichtigen, dass das bestehende soziale und musikalische Netzwerk nicht statisch war, sondern sich ebenfalls veränderte, wie bspw. Schlippenbachs Veröffentlichungen auf JAPO 1978 und 1980 sowie Brötzmanns zunehmend weltweite Aktivitäten seit den 1980er-Jahren verdeutlichen.[114]

Während Hahne den W.F.M. und das T.M.M. bei den Interviews als „vom Konzept her gleich“ charakterisiert und keinen „Unterschied zwischen *Workshop* und *Total Music Meeting*“[115] bestätigen kann, betont Schlippenbach, dass sich beide Veranstaltungen dadurch unterschieden hätten, dass der W.F.M.

> „wirklich auf dem Thema ‚Workshop‘ basierte, und dass dort verschiedene Projekte – teilweise auch Experimentelles – durchgeführt wurden: dass also z.B. ein bestimmtes Instrument im Vordergrund stand. Und da gab es dann diese seltsamen Stücke für zehn Bässe oder fünf Bassklarinetten oder sowas. Das waren alles so Experimente, die eigentlich mehr so mal ausprobiert wurden. Das hat musikalisch nicht unbedingt immer das Allergrößte gebracht“.[116]

Gebers verneint hingegen bei den Oral History-Interviews eine generelle Unterscheidung zwischen dem W.F.M.-Publikum und dem des T.M.M., spezifiziert allerdings, „dass die einen, also sagen wir mal, der harte Kern an Ostern kam: nur dieser Sache wegen. Und alles andere kam im November zum *Jazzfest* <u>und</u> zum *Total Music Meeting*, also ein Teil davon.“[117] Dagmar Gebers bemerkt bei den Interviews, dass es beim W.F.M. („solange“ dieser in der *Akademie* stattgefunden hat) nur einen gravierenden Unterschied gegeben habe. Dieser habe darin bestanden, „dass irgendwann nicht mehr geraucht werden durfte, weil es zu gefährlich wurde“ aufgrund des aus „purem Holz“ gefertigten „wunderschönen Fußbodens in der *Akademie der Künste*“.[118] Und sie fügt hinzu: „Da wurde schon ganz schön gequalmt: das waren eben die Trinker und Qualmer da. Und es wurde auch ganz schön gesoffen.“[119] Ab Juli 1979 wurden die Ausstellungshallen der *Akademie* „für

---

114 Schlippenbach veröffentlichte 1978 die LP *Improvisations* (JAPO 60021 ST) mit *Globe Unity* nicht bei FMP, sondern auf JAPO. Dort folgte auch 1980 die LP *Compositions* (JAPO 60027 ST). Brötzmann veröffentlichte ab der zweiten Hälfte der 1980er-Jahre zunehmend auf den verschiedensten Labels weltweit.

115 Hahne, Interview mit dem Verfasser, 22.6.2015, Interview-ID 194.

116 Schlippenbach, Interview mit dem Verfasser, 11.5.2015, Interview-ID 420.

117 Gebers, Interview mit dem Verfasser, 22.5.2015, Interview-ID 358.

118 Dagmar Gebers, Interview mit dem Verfasser, 22.6.2015, Interview-ID 242.

119 Ebd.

Veranstaltungen jeglicher Art gesperrt". Es durften dort „nur noch Ausstellungen durchgeführt werden"[120], wie die FMP die W.F.M.-Besucher:innen informierte. Mit einer Ausnahmegenehmigung der Bauaufsicht konnte der W.F.M. dennoch weiterhin durchgeführt werden.[121]

Free Concerts im Rathaus Charlottenburg, 1976–1979

Auch die geförderte *Free Concerts*-Reihe im Charlottenburger Rathaus lief nach dem Ende des Kollektivs mit freiem Eintritt und in Kooperation mit der *Jugendpflege Charlottenburg*, mit der die FMP so weiterhin eine Allianz bilden konnte, weiter. Insofern ist die *Jugendpflege Charlottenburg* ebenso wie die *Free Concerts*-Reihe auch zum Gefüge der diversen, heterogenen und dislokalen Entitäten zu rechnen. Die *Free Concerts* der unregelmäßig übers Jahr verteilten Reihe fanden nun ca. fünfmal jährlich statt, meist mittwochabends (20 Uhr) in der Vorhalle im 3. Stock. Es sei denn, die Konzerte wurden mitgeschnitten: dann wurden diese „wegen der besseren Akustik" im „angrenzenden Saal, der manchmal zur Verfügung steht"[122], veranstaltet, wie Thiem im FMP-Programmflyer zu den *25. Free Concerts* ausführt. So wurden am 16. Februar 1977 die Solo- und Duo-Konzerte

---

120 FMP 1982c.

121 Die Auflagen der Bauaufsicht und deren Kommentierung durch die FMP veranschaulichen, unter welchen Bedingungen der W.F.M. bis dahin durchgeführt wurde. So sahen die Auflagen neben der Einhaltung eines absoluten Rauchverbots in den Hallen (das Rauchen war nur noch im Bereich des Foyers gestattet) vor, dass „in der Halle […] keinerlei Sitzgelegenheiten (Tribünen, Sitzreihen, Einzelstühle und dergl.) aufgestellt werden" (FMP 1982b) dürfen. So bat die FMP alle Besucher:innen, „auf das Mitbringen von Campingstühlen oder ähnlichen Sitzgelegenheiten zu verzichten und die vorhandenen Stühle des Foyers ebenfalls dort zu belassen. Wir haben für Sitzkissen gesorgt." (Ebd., vgl. auch FMP 1982e)

Einen Eindruck von der Atmosphäre beim W.F.M. in den 1970er-Jahren vermittelt Brötzmanns 1978 geschriebener Text für die *Workshop*-Dokumentation *For Example*: „Auch beim 10tenmal ist es immer noch ein Vergnügen – nach 8 Stunden Autobahn – in die Halle zu kommen, sich über den Holzfußboden zu freuen, die erste Probe zu versuchen oder nur ein bisschen anzublasen, in der schon wärmenden Ostersonne (manche Jahre gab's das wirklich) im Innenhof vor sich hin zu dösen. Abends ist dann der Teufel los. Mit den Musikerfreunden hat man sich schon die Arme auf die Schultern und den Nachmittag um die Ohren geschlagen, jetzt kommen die Freunde dran. Alten Freunden und neuen Freundinnen (oder umgekehrt) drückt man ein Bier in die Hand (öfter umgekehrt) – wer spät auf dem Programmzettel steht muss höllisch aufpassen, sonst schafft er den kurzen Weg bis zur Bühne nur noch mit Mühe. […] Die Stühle, auf die wir in den ersten Jahren verzichtet haben, sind längst wieder hervorgeholt worden, manche bringen sich diverse Campingutensilien mit – verständlich, von 21 Uhr abends bis 2 Uhr nachts Musik – wer hält das aus? Ich nicht!" (Brötzmann 1978, S. 126)

122 Thiem 1977c., vgl. zu den nachfolgenden Programmdaten FMP-Publishing 2010, S. 145f. u. FMP-Publishing 2016c.

von Tchicai (ss, as, fl) und Mangelsdorff (tb) mitgeschnitten, die im Juni 1977 teilweise als *SAJ-12: John Tchicai solo plus Albert Mangelsdorff* veröffentlicht wurden. Es folgten Aufnahmen von Schweizer (solo) am 8. Oktober 1977 (*FMP 0500: Hexensabbat*) sowie von *John Tchicai & Strange Brothers* (Tchicai: ss, as, fl; Spang-Hanssen: ss, ts; Danstrup: b; Rømer: dr) am 9. Oktober 1977 (*SAJ-15: John Tchicai and Strange Brothers*).

Die während der Post-Kollektiv-Zeit dokumentierten *Free Concerts* waren bis auf wenige Ausnahmen[123] so konzipiert, dass jeder Abend von zwei Formationen oder Solo-Musiker:innen bestritten wurde. So traten

- am 27. Oktober 1976 der niederländischen Kontrabassisten Altena sowie das Trio *Blow* (Joos: tp, flh; Czelusta: tb; Konrad: ss, bs, bcl) auf,
- am 26. Januar 1977 Parker solo sowie das österreichisch-schweizer Duo *Malfatti/Wittwer*,
- am 16. Februar 1977 Tchicai und Mangelsdorff,
- am 11. Mai 1977 das *Goebbels-Harth Duo* (Goebbels: p, acc; Harth: reeds) sowie das *Buschi Niebergall Trio* (Harth: reeds; Niebergall: b; Schmitt: dr),
- am 8. Oktober 1977 (zum *25. Free Concert*) Schweizer solo sowie das *Georg Gräwe Quintett*
- und am 9. Oktober 1977 (am zweiten Abend des *25. Free Concert*) Van Hove solo sowie *John Tchicai & Strange Brothers*,
- am 16. Dezember 1977 das *Wallin-Johansson Duo* (Wallin: p; Johansson: dr, acc, voc) sowie das Berliner Newcomer-Trio *Ohpsst* (Henrichs: as, bs; Kuchenbuch: ss, ts; Rilling: cel)
- und am 26. April 1978 Waisvisz solo sowie das *Elmar Kräling Trio.*

Beim *Free Concert* am 16. Dezember 1977 gab es neben den Konzerten noch eine Lesung: Joachim-Ernst Berendt las Texte aus seinem neu erschienenen Buch *Ein Fenster aus Jazz.* Wie die Programmübersicht zeigt, traten erstens bei den *Free Concerts* im Charlottenburger Rathaus bis auf das Quintett von Gräwe und dem Quartett um Tchicai sowie dem Sextett *Berliner Jazz Ensemble* ausschließlich Gruppen mit kleineren Besetzungen oder Musiker:innen mit einer Solo-Vorstellung auf. So sind für den Zeitraum 1976 bis 1978 zehn Solo-, drei Duo- und vier Trio-Konzerte dokumentiert. Nachdem zweitens während der Kollektiv-Zeit im Sommer 1975 mit Voerkel bereits ein Nachwuchsmusiker im Charlottenburger Rathaus aufgetreten war, wurden mit Fuchs, Graef, Wiedermann, Wittwer, dem

---

123 So fand im Dezember 1976 ein *Free Concert* mit drei Solo-Auftritten von Brötzmann, Christmann und Hampel statt sowie Anfang Januar 1977 ein Konzert mit dem *Berliner Jazz Ensemble*, einem von Schlippenbach und Johansson gegründeten Sextett, mit ebenfalls in Westberlin arbeitenden jüngeren Musikern wie Fuchs, Graef und Wiedermann. Mit dem *Berliner Jazz Ensemble* verfolgte Schlippenbach den Wunsch, mit „in Berlin ansässigen Musikern kontinuierlich zu arbeiten und auch seine Kompositionen verwirklichen zu können“, so Thiem (1977d).

Georg Gräwe Quintett, *Ohpsst* und dem *Elmar Kräling Trio* weitere ‚junge' Musiker und Gruppen vorgestellt. Von den Nachwuchsmusikern wurden ca. ein Viertel der *Free Concerts* bestritten. Und drittens stammten während der Post-Kollektiv-Zeit alle Musiker:innen, die zu den *Free Concerts* ins Charlottenburger Rathaus eingeladen wurden, aus der Bundesrepublik und Westeuropa. Und bis auf wenige Ausnahmen, wie bspw. dem Trio *Blow* (mit Joos, Czelusta und Konrad), sind die meisten von diesen dem Kreis der ehemals kooperierten oder assoziierten Musiker:innen zuzurechnen. 1979 musste die Reihe wegen fehlender öffentlicher Mittel eingestellt werden.[124]

Sommerkonzerte/Summer Music, 1980–1985

Die *Fall in Jazz/Summer Music*-Konzerte wurden ab 1980 jedes Jahr im Juli in Zusammenarbeit mit dem *Kunstamt Zehlendorf* veranstaltet und von diesem gefördert. Mit dem Zehlendorfer *Haus am Waldsee* und dessen damaligen Direktor Thomas Kempas gewinnt die FMP 1980 eine weitere Allianz. Bei den Oral History-Interviews hebt Gebers immer wieder die Bedeutung Einzelner im Kontext der Entwicklung der FMP hervor: wie bspw. Hertling von der *Akademie der Künste.* So auch bei den *Sommerkonzerten* im *Haus am Waldsee*:

> „Wie gesagt, es ist immer so die Geschichte: Es hängt immer an Personen. Das Ganze war dann auch im *Haus am Waldsee* so, wo wir die *Sommerkonzerte* machten. Der Typ kam auf uns zu und sagte: ‚Wir haben da so ein Haus, könnt ihr nicht mal? Und komm' doch mal her. Können wir nicht mal reden? Wollt ihr nicht?' und so. Und da war es genauso: Die sagten, ‚es steht ein fester Betrag zur Verfügung und macht mit dem, was

124 1986 wurden die *Free Concerts im Rathaus Charlottenburg* wieder aufgenommen. Einen Eindruck von den *Free Concerts* und dem ungewöhnlichen Ort: dem *Rathaus Charlottenburg* mit seinem riesigen, gewölbeartigen Treppenhaus, ermöglicht Thiems Beschreibung *Free Music vor den Amtsstuben – Amtsstubenmusik?* im FMP-Programmflyer zum *25. Free Concert*: „Zeit: Mittwochabend, etwa 20 bis 22 Uhr [...]. Ort: Otto-Suhr-Allee 100, Berlin 10, ein Gebäude, das sich normalerweise zu dieser Tageszeit ausgestorben und lautlos präsentiert. Tagsüber beherrschen ratternde Schreibmaschinen, knallende Stempel oder das Tuckern von Computern die Geräuschkulisse im Hause Otto-Suhr-Allee 100. Wer an besagten Mittwochabenden die Stufen zum Hochparterre nimmt und die Schwingtür hinter sich auspendeln läßt, den empfängt ein diffuser Klangbrei, vielfach gebrochen und reflektiert, damit verfälscht von den Mauern auf dem Weg von der Klangquelle zum Ohr des soeben Eingetretenen. Die Sportlich-Ambitionierten machen sich ans Treppensteigen, um hinter den Ursprung des gerade Vernommenen zu sehen, die Bequemeren nehmen den Fahrstuhl, drücken Knopf 3 und lassen sich in die Vorhalle der dritten Etage transportieren. Da steht dann z.B. Evan Parker auf einem Bein in Storchenhaltung, bläst auf seinem Sopransaxophon minutenlange Tonsequenzen und schickt diese ins Publikum und Richtung des hohen, jeden Ton widerspiegelnden Gewölbes. Evan Parker spielt im Rathaus Charlottenburg keine Kammermusik. Evan Parker hat auch keinen Notenständer vor sich stehen. Evan Parker macht frei improvisierte Musik." (Thiem 1977c)

ihr wollt'. ,Wir machen die Reklame, Einnahmen sind unsere, und ihr müsst damit auskommen.' Und so lief das. Und dann ist dieser Typ: Thomas Kempas, der Haus-Chef da, irgendwann in Rente gegangen: neues Personal – und Ende. Dann gabs noch ein, zwei Sachen – da gab es aber schon keine Plakate mehr – und dann war es zu Ende. Da mussten wir auch teilweise schon wieder Geld mitbringen."[125]

Wie im Falle der *Akademie der Künste* ermöglichte auch die *agency* der vielfältigen Aktivitäten der FMP (mit dem Akteur-Netzwerk des Zehlendorfer *Haus am Waldsee*), dass die FMP mit dem *Haus am Waldsee* eine neue Reihe planen konnte. Das *Haus am Waldsee* ist ebenso wie auch die *Fall in Jazz/Summer Music*-Reihe als Entität des Akteur-Netzwerks zu berücksichtigen. Die Zusammenarbeit der FMP mit dem *Haus am Waldsee* war organisatorisch vergleichbar mit der Kooperation der *Akademie der Künste*. Entsprechend moderat waren auch die Eintrittspreise. 1981 betrugen diese DM 4,– und ermäßigt DM 2,–, 1985 waren es DM 5,– und ermäßigt DM 3,–. Wie Engelhardt in einer *Sommerkonzert*-Rezension 1981 im *Jazz Podium* bemerkte, war das *Haus am Waldsee* „weniger akustisch", wohl aber räumlich „mit seinen verwinkelten Galerieecken und dem wohltuenden Blick auf Veranda und Park"[126] günstig für jene Sommerfreitage und -sonnabende mit frei improvisierter Musik. Die für die Präsentation und Vermittlung freier und improvisierter Musik förderlichen Bedingungen unterstreicht auch Gebers bei den Oral History-Interviews:

„Nun muss man wissen: Das *Haus am Waldsee* ist praktisch ein Museum vom Bezirk Zehlendorf. Da war das Kunstamt untergebracht und eine große Galerie, hinten war ein schöner Park. Da wollten wir auch mal was machen, konnten wir aber nicht, weil das den Anliegern zu laut war. Wobei diese Konzerte dann für sehr viele Leute und für mich aufgrund der Zusammensetzung des Publikums auch die spannendsten waren, die wir überhaupt gemacht haben. Denn da kam natürlich unser Publikum: aber nur zur einen Hälfte. Und zur anderen Hälfte: dieses etablierte Zehlendorfer Publikum. Ganz bürgerlicher Bezirk, wohlhabend: die Damen und Herren aus diesem Kunstumfeld. Und das war eine so tolle Mischung da. Die waren teilweise fassungslos, was sie da zu hören kriegten. Und da gabs unheimlich viele Diskussionen dann zwischen den Musikern und dieser Sorte Publikum, die auch teilweise irre spannend waren mitzukriegen, was da so ablief."[127]

„Weil, die hatten sowas noch nie gehört. Ich habe da Diskussionen erlebt: das ist unglaublich. Mit den Musikern dann, ob das wirklich improvisiert sei und so. ,Das kann doch gar nicht sein.' ,Erklären sie das doch mal ...' Und das Ganze dann irgendwie immer radebrechend mit schlechtem Französisch oder gutem Englisch und so was. War hochspannend."[128]

125 Gebers, Interview mit dem Verfasser, 22.5.2015, Interview-ID 318.

126 Engelhardt 1981.

127 Gebers, Interview mit dem Verfasser, 27.3.2015, Interview-ID 38.

128 Gebers, Interview mit dem Verfasser, 22.5.2015, Interview-ID 330.

Gebers' Ausführungen veranschaulichen, dass mit den *Fall in Jazz/Summer Music*-Konzerten im *Haus am Waldsee* ebenso wie mit den *Free Concerts* im Rathaus Charlottenburg ein anderes Publikum als bei den sonstigen FMP-Konzerten angesprochen werden konnte – und auch welche Freude es ihm offensichtlich bereitete, freie und improvisierte Musik zu vermitteln. Das erste *Sommerkonzert* im *Haus am Waldsee* fand am dritten Julisonntag 1980 mit dem „im musikalischen und geographisch-kulturellen Sinne grenzüberschreitende"[129] Trio *Smith/Kowald/Sommer* statt. Im Kontext der Konzertreihe im *Haus am Waldsee* berichtet Gebers über die entstehende Zusammenarbeit mit dem US-amerikanischen Trompeter Leo Smith bei den Interviews:

> „Leo Smith kam über Kowald [Peter Kowald] da rein. Ich kannte ihn aus Moers. Da hat er mal gespielt und ich kann mich daran erinnern, dass er da sehr getragene Sachen gespielt hat. Das Publikum war völlig unruhig – und dann ist er ans Mikrofon gegangen und hat gesagt: ‚Ihr müsst ein bisschen leiser sein, das ist Kunst!' (Interviewer lacht) Ich habe mir gedacht: ‚Na gut, ein Amerikaner.' (Interviewer lacht) Und das ist so haften geblieben. Und dann hat mir Kowald gesagt, die wollen da was probieren und ob ich nicht … ‚Ja', sage ich, ‚können wir machen'. ‚Wie wollt ihr euch denn nennen?' Und dann kam dieser Name: *Chicago/Wuppertal/Dresden* – der nebenbei gesagt von mir ist. Und dann haben wir das erste Konzert mit denen im *Haus am Waldsee* gemacht. […] So kam es eben zu der Zusammenarbeit mit Leo. Wobei er bei uns eben nur in diesem Trio spielte – also mit seinen eigenen Truppen nicht. Weil, die waren aus meinem Blickwinkel für uns uninteressant. Da hat er seinen Kram bei ECM gemacht."[130]

Startete die Konzertreihe 1980 mit lediglich 2 Konzertterminen (zunächst: *Chicago/Wuppertal/Dresden* und am darauffolgenden Sonntag: das Berliner Nachwuchs-Trio *Ohpsst* sowie dem ebenfalls ‚grenzüberschreitenden' *Brass Ensemble* mit den drei Brüdern Conrad, Johannes und Matthias Bauer aus der DDR und der niederländischen Posaunistin Annemarie Roelofs), so waren es 1981 bereits vier *Sommerkonzerte* und 1982 fünf. 1981 spielten im Rahmen der Reihe das international besetzte Trio *Malfatti/Gumpert/Oxley* (mit dem österreichischen Posaunisten Malfatti, dem britischen Schlagzeuger Oxley und dem Pianisten Gumpert aus der DDR), Van Hove solo, das Duo *Theurer/Lovens* und das *Schlippenbach-Johansson Duo*. 1982 traten bei den *Sommerkonzerten* das *Conrad Bauer Quartett* aus der DDR (Bauer: tb; Johannes Bauer: tb; Kropinski: g; Sachse: g) auf, *Brötzmann + Kellers*, das Berliner Trio *Fuchs/Arndt/Kussatz*, die beiden Gitarristen *Reichel + Knispel* sowie das *Heinz Becker Trio* (Becker: tp, flh; Keitel: dr, perc; Hübner: dr, perc) aus der DDR.

Das Jahr 1983 markiert eine konzeptionelle Veränderung der Konzerte im *Haus am Waldsee*. So fanden im Juli 1983 lediglich zwei *Sommerkonzerte* statt. Am Freitag, den 1. Juli ein Konzert mit *X-Pact*, ein Quartett mit Fuchs (ssi, bcl),

---

129 Noglik 1989a.

130 Gebers, Interview mit dem Verfasser, 14.8.2015, Interview-ID 502.

Hirt (g), Schneider (b) und dem britischen Schlagzeuger Paul Lytton, und am Samstag, den 2. Juli ein Solo-Konzert der US-amerikanischen Pianistin Marilyn Crispell. Zusätzlich zu den beiden *Sommerkonzerten* im Juli präsentierte die FMP in Zusammenarbeit mit dem *Berliner Künstlerprogramm des DAAD*, dem *British Council* und dem *Haus am Waldsee* im Herbst ein neues Format: eine dreitägigen Konzertreihe. In deren Mittelpunkt stand 1983 Van Hove mit dem Titel *Berliner Begegnungen*.[131] 1984 wurde die *Sommer Music* mit einer dreitägigen Konzertreihe im Juli mit dem zehnköpfigen *King Übü Örchesträ* (Mazzon: tp; Malfatti: tb; Floridis: cl, as; Möslang: ss, c-bcl; Fuchs: ssi, bcl; Wachsmann: vln, elec; Zimmerlin: cel; Hirt: g; Schneider: b; Lytton: dr, perc, elec) fortgeführt, das aus Musikern aus Italien, Österreich, Griechenland, Schweiz, Großbritannien und der Bundesrepublik bestand. Das durch die Initiative des Berliner Saxofonisten Fuchs und des Münsteraner Gitarristen Hirt gegründete Orchester wollte sich bei der Reihe im *Haus am Waldsee* „überwiegend als Großformation“[132] vorstellen. Mit dem dreimaligen Auftreten sollte „dem Publikum die Möglichkeit“ geboten werden, „Entwicklungen und Arbeitsprozesse mitzuverfolgen“[133], wie die FMP in ihren Programminformationen ausführte.

Nachdem 1984 mit dem *King Übü Örchesträ* eine der wenigen Großformationen im Bereich der improvisierten Musik vorgestellt worden war, stand 1985 wieder wie 1983 ein Musiker im Mittelpunkt der *Fall in Jazz/Summer Music*-Reihe, die 1985 unter dem Titel *The Different Lacy* durchgeführt wurde. Bei dieser traf vom 17. bis zum 20. Juli 1985 der inzwischen eng mit der FMP zusammenarbeitende Steve Lacy an jedem der vier Abende auf einen anderen Künstler, der sich ebenso wie Lacy (ss) zunächst solo und anschließend gemeinsam mit ihm im Duo präsentierte. Lediglich der Konzertabend mit dem japanischen Tänzer Shiro Daimon wich von dieser Programmfolge ab. Das ‚Zusammentreffen‘ von Lacy und Daimon fand ausschließlich in einer gemeinsamen Performance statt. Neben Daimon waren zu *The Different Lacy* Gumpert (p), Voerkel (p) und Parker (ss) eingeladen.

131 Im Programmflyer zu den *Berliner Begegnungen* schreibt die FMP zur Intention der Konzertreihe mit Van Hove: „Der belgische Pianist Fred Van Hove ist der dritte improvisierende Musiker, der mit einem Stipendium des DAAD (Deutscher Akademischer Austauschdienst) sechs Monate in Berlin verbringen konnte. In diesem Zeitraum war er mit verschiedenen Aktivitäten, die seinen unterschiedlichsten Arbeitsprozessen zeigten, hier zu erleben. Als Pianist und Organist Solo, mit seinen festen Gruppen MLA (Blek, DD 4, Septett) und in Kombinationen mit Berliner Musikern (ML BB). Zum Abschluss seines Berlin-Aufenthaltes wird Fred Van Hove an drei Tagen im Haus am Waldsee in unterschiedlichen Gruppierungen zu hören sein.“ (FMP 1983c)

132 FMP 1984a.

133 Ebd.

Specials, Berliner Künstlerprogramm des DAAD, Sound Unity Festival in New York (1984) und sonstige Live-Aktivitäten, 1976–1986

Die im Frühjahr 1976 neu initiierte Veranstaltungsreihe *Jazz Now* wurde 1978 fortgeführt, die bei ihrer ersten Ausgabe durch die Entitäten der Öffnung und der Einbeziehung anderer, nachwachsender, spannender Leute mitbedingt worden war. Bei der dreitägigen Veranstaltung (12. bis zum 14. Oktober 1978) im *Jugendclubhaus Arcostraße* traten auf: Bennink (solo), das Duo *Heiner Goebbels/Alfred Harth*, das *Noah Howard Trio* (Howard: as; Avenel: b; Johnson: dr), das *Michel Pilz Trio* (Pilz: bcl; Oki: tp; Hübner: dr), das *Keith Tippett Trio* (Tippett: p; Kowald: b; Moholo: dr), das Trio *Fuchs/Schneider/Huber* und die *Friedemann Graef Group.*

Auch der Schwerpunkt *Jazz aus der DDR*, den die FMP in Verbindung mit dem *Senator für Kulturelle Angelegenheiten* veranstaltete, fand im Rahmen der *Jazz Now*-Reihe statt. Vom 10. bis zum 12. August 1979 zeigte die FMP in der *Akademie der Künste* hierbei „die Bandbreite der Jazzszene in der DDR innerhalb des relativ kleinen Bereichs der frei improvisierenden Musiker“[134], so Gebers in der Dokumentation von *Jazz Now/Jazz aus der DDR*. Vorgestellt wurden *Günter Sommers Hörmusik* (Sommer: dr, perc), das *Gumpert-Sommer Duo*, das *Friedhelm Schönfeld Trio* (Schönfeld: reeds; Weber: cel; Keitel: dr), *Gumpert/Sommer + Hering* (Gumpert: p; Sommer: dr; Hering: as, ts), das *Berliner Improvisations Quartett* (Altenfelder: tp; Schulze: bs, cl; Keller: p; Staufenbiel: cel, voc), das *Ernst-Ludwig Petrowsky Quartett* (Becker: tp,flh; Petrowsky: reeds; Koch: b; Sommer: dr), das Sextett *Studio IV* (Graswurm: tp, flh; Katzenbeier: tb; Petrowsky: reeds; Weise: p; Koch: b; Winkler: dr), die *Ulrich Gumpert Workshop Band* (Becker: tp, flh; Bauer: tb; Hering: as, ts; Petrowsky: reeds; Forsthoff: ts; Gumpert: p; Koch: b; Sommer: dr) und das *Hans Rempel Orchester* (Becker: tp, flh; Graswurm: tp, flh; Bauer: tb; Petrowsky: reeds; Forsthoff: ts; Glaetzner: ob; Rempel: p; Weber: cel; Koch: b; Aigmüller: dr).[135] Bereits im Oktober 1979 hatte Jänichen im *Jazz Podium* die Arbeit der FMP aufgrund ihres musikalischen Austauschs mit der DDR gewürdigt. So schließt Jänichen seinen Beitrag über *Jazz Now/Jazz aus der DDR*:

> „Der Jazz-Austausch mit der DDR steht gewiss noch am Anfang, aber die Berliner FMP wird ihn weiterpflegen. Wenn bei den kommenden *Berliner Jazztagen* die *Ulrich Gum-*

134 Gebers 1980, S. 4. Anzumerken ist das Fehlen von Konrad Bauer, der zeitgleich beim schwedischen Workshop *AD LIP 79* teilnahm. (Vgl. Thiem 1979a)

135 Im Interview mit Bratfisch antwortet Gebers 2005 auf die Frage nach der „Reaktion des Publikums“ bei *Jazz Now/Jazz aus der DDR* 1979: „Hervorragend. Da waren auch schon Musiker dabei, die sogar ihre Frau mitnehmen durften. Dazu kamen ganze Heerscharen von Leuten der Künstler-Agentur. Eine Mitarbeiterin der Künstler-Agentur nahm mich mal beiseite: ‚Herr Gebers, ohne Sie hätten wir nicht gewusst, was wir für Edelsteine anzubieten haben …‘ Wahnsinn! Das war eine richtig erfolgreiche Sache.“ (Gebers zit. nach Bratfisch 2005, S. 188)

pert Workshop Band als erste DDR-Jazz-Gruppe auftritt, ist dies eine durchaus gemäße Würdigung der Arbeit, die die FMP in den letzten Jahren geleistet hat."[136]

An Ostern 1981 veranstaltete die FMP erneut einen Schwerpunkt mit *Jazz aus der DDR*. Jedoch nicht wie 1979 im Rahmen der *Jazz Now*-Veranstaltungsreihe, sondern als eigenständige Veranstaltung. Von Gründonnerstag bis Ostersonntag wurde „im intimen und akustisch angenehmen"[137] Kreuzberger *Mehringhof-Theater* an jedem Abend eine andere Jazz-Formation aus der DDR präsentiert. Aufgetreten sind bei den vier Konzerten vom 16. bis zum 19. April das *Gumpert-Sommer Duo*, das *Friedhelm Schönfeld Trio*, das *Berliner Improvisations Trio* (Schulze: bs, cl; Keller: p; Staufenbiel: cel, voc) und das *Ernst-Ludwig Petrowsky Trio* (Becker: tp,flh; Petrowsky: reeds; Koch: b).

Im Juni 1983 widmete die FMP der improvisierten Musik aus Holland einen Schwerpunkt. In den Programminformationen erläuterte die FMP zum Special *Dutch Improvisors/Improvisierte Musik aus Holland*, dass neben England und der BRD vor allen auch Holland genannt werden müsse, „wenn man von frei improvisierter Musik in Europa"[138] spreche. Denn Mitte der 1960er-Jahre seien die wichtigsten Impulse aus diesen drei Ländern gekommen (und insofern auch die prägnantesten Musikerpersönlichkeiten). Im Rahmen von *Dutch Improvisors* sollte deshalb der Fokus auf die improvisierte Musik aus Holland gerichtet werden. Neben Musikern der ersten Generation (wie Mengelberg und Bennink) wurden u.a. die beiden Pianisten Marcel Cuypers und Guus Janssen, die Sopranino-Gruppe von Peter Bennink, erstmals das Maarten Altena Octet sowie das I.C.P.-Orchestra vorgestellt. Des Weiteren wirkten bei *Dutch Improvisors* im *Quartier Latin* das *Theo Loevendie Quartet* (Loevendie: ss, as; Dulfer: ts; Gorter: b; Duynhoven: dr) und Waisvisz solo mit. Wie Gebers bei den Interviews ausführt, war der unmittelbare Anlass der viertägigen Konzertreihe eine finanzielle Unterstützung im Rahmen des niederländischen Kulturprogramms *Amsterdam–Berlin. Begegnungen mit den Niederlanden*: „Da gab es *Amsterdam–Berlin*. Und da habe ich so ein Konzept entwickelt, das zu machen. Und dafür haben wir dann Geld gekriegt."[139] Insofern sind auch die verschiedenen nationalen wie auch internationalen Fördermöglichkeiten und -programme als Entitäten in das Akteur-Netzwerk miteinzubeziehen.

Auch während der Post-Kollektiv-Zeit führte die FMP kontinuierlich Einzelkonzerte in Westberlin durch. Diese fanden neben dem *Quartier Latin* nun auch „verstärkt"[140] in der von Franz de Byl gegründeten Musikkneipe *Flöz* in der Nassauischen Straße im damaligen Bezirk Wilmersdorf statt. Für den Zeitraum 1976

136 Jänichen 1979b.

137 Burde 1981b.

138 FMP 1983d, S. 1

139 Gebers, Interview mit dem Verfasser, 22.5.2015, Interview-ID 381.

140 Forst 1981.

bis zum Frühjahr 1986 sind Konzertveranstaltungen mit folgenden Musikern und Gruppen dokumentiert:

- 1976: *Malfatti-Wittwer Duo*, *Goebbels/Harth Duo*, Voerkel (solo), Altena (solo), Honsinger (solo) und *Voerkel/Frey/Lovens* und *Blow*,
- 1977: *Schlippenbach Quartet*, *Brötzmann/Bennink* und *Noah Howard Quartet*,
- 1978: Tchicai (mit verschiedenen Formationen),
- 1979: *Chicago/Wuppertal/Dresden*,
- 1980: *Brötzmann/Kellers*, *Brötzmann/Miller/Moholo*, Hampel (solo), *Malfatti/Miller*, *Johnny Rondo Duo plus Mike Cooper* (Coxhill: ss; Holland: p; Cooper: g), *Tippett/Moholo* sowie *Conrad Bauer Trio*,
- 1981: *Graef/Riermeier*, Van Hove (solo), *Gumpert/Malfatti/Oxley* und *Berlin 'Bones* (Boje: tb; Wiedermann: tb; Miller: b; Kussatz: dr),
- 1982: Tippett (solo),
- 1983: *Xpact*,
- 1984: *Schlippenbach-Lovens Duo*, *King Übü Örchestrü*, *Transition* (Becker: tp, flh; Dudek: ss, ts; Kowald: b; Altschul: dr) und Fodé Youla & *Africa Djolé*.

Einige dieser Einzelkonzertprojekte wurden auch primär wegen einer geplanten Veröffentlichung veranstaltet.[141] Insofern bedingte auch die Tonträgerproduktion als Entität die Veranstaltung von Konzerten mit. Die Einzelkonzerte waren keineswegs (kontinuierlich) so gut besucht wie das T.M.M. oder der W.F.M. So erwähnt Thiem bei seiner Rezension der *Free Concerts* (Rathaus Charlottenburg) von *Blow* und Altena im Herbst 1976 im *Jazz Podium*:

> „Da sie danach jeweils noch zwei Abende im Flöz auftraten, hätten die hiesigen Fans genügend Gelegenheit gehabt, sie kennen zu lernen. Nur diese nutzten sie kaum – wahrscheinlich sparten sie ihre Energien für die langen Nächte in Philharmonie und Quartier Latin auf."[142]

141 Hierzu zählen: *S'Gschänk* von Urs Voerkel (FMP 0300), *Voerkel/Frey/Lovens* (FMP 0340), *Thrumblin'* von *Malfatti/Wittwer* (FMP 0350), *Blow* von *Joos/Czelusta/Konrad* (FMP 0370), *The Hidden Peak* des *Schlippenbach Quartet* (FMP 0410), *Touch the earth* von *Smith/Kowald/Sommer* (FMP 0730), *Waves/Wellen* von Hampel (FMP 0770), *Was ist denn nun?* des *Conrad Bauer Trio* (FMP 0780), *Kellers/Brötzmann* vom gleichnamigen Duo (FMP 0800), *Exit* von Graef und Riermeier (FMP 0820), *Opened, but hardly touched* von *Brötzmann/Miller/Moholo* (FMP 0840/50), *Ach was!?* von *Gumpert/Malfatti/Oxley* (FMP 0870), *Berlin 'Bones* von *Boje/Wiedermann Miller/Kussatz* (FMP 0930), *Live Performances* von Altena und Honsinger (SAJ-10), *Hommage Vier Fäuste für Hanns Eisler* von *Goebbels/Harth* (SAJ-08), *Johnny Rondo Duo plus Mike Cooper* (SAJ-29), *Mujician* von Tippett (SAJ-37), *Prosper* von Van Hove (SAJ-39), *Basikolo* (SAJ-48) und *Né Né* (SAJ-50) von Fodé Youla & *Africa Djolé* und *Frogman's View* von *Xpact* (UK 5).

142 Thiem 1977b.

Gebers bemerkt zu den Einzelkonzerten im *Quartier Latin* bei den Oral History-Interviews:

> „Die Konzerte im *Quartier* waren natürlich auf eigene Kappe. Teilweise mit katastrophalen Ergebnissen: weil da eben zwei Leute auf der Bühne standen und zwei im Publikum. Und so was in einem Laden, wo 1000 Leute reinpassen. Das war dann natürlich nicht so erfolgreich. Aber das war nicht immer so!“[143]

Dass dies ‚nicht immer so war‘, illustriert Gebers anhand der Einzelkonzerten mit Fodé Youla & *Africa Djolé* (nach deren Erfolg beim W.F.M. 1978) und anderen afrikanischen Musikern. So berichtet Gebers bei den Interviews:

> „Wir waren zu der Zeit so ein bisschen World Music-Vorläufer. Und ich hatte dann einen ziemlich guten Draht zu dem Fodé [Youla von *Africa Djolé*] und habe auch viel Konzerte in Berlin gemacht. Und der FMP hing dann in Berlin der Ruf nach, also die Afrika-Spezialisten und sonst was zu sein: es war teilweise furchtbar. Natürlich immer knallvoll die Läden und riesen Stimmung. Wir hatten im *Quasimodo* ein paar Dinger gemacht und dann vor allem im *Quartier*.“[144]

Hinsichtlich der Live-Projekte in Westberlin war ab Mitte der zweiten Hälfte der 1970er-Jahre auch das *Berliner Künstlerprogramm des Deutschen Akademischen Austauschdienstes (DAAD)* von großer Bedeutung. So berichtet Gebers bei den Oral History-Interviews über das ebenfalls als Entität innerhalb des Akteur-Netzwerks zu berücksichtigende Förderprogramm:

> „Die waren insofern wichtig, als wir da Leute über einen längeren Zeitraum in Berlin hatten und da viele Dinge auch realisieren konnten. Unabhängig jetzt mal von Platten – also das auch. Aber vor allem Konzertgeschichten und Workshops und solche Dinge. Da sind ja ein paar Sachen passiert, also mit Harry Miller, mit Fred Van Hove, Tchicai und so.“[145]
> „Das war insofern auch für uns hilfreich, weil die für spezielle Projekte auch zusätzlich Gelder gaben. Also ich erinnere mich: Wir haben eine Platte mit Yoshi Wada[146] gemacht, der hatte auch so ein Stipendium, kam aber aus einer ganz anderen Richtung. Und da kamen die auf uns zu und sagten: ‚Mensch, wollt ihr nicht mal mit dem eine Platte machen?‘ Und die haben das dann finanziert. Und noch eine Fred Van Hove-Platte[147]. Halt solche Sachen. Oder haben mal Gelder dazugegeben.“[148]

Der erste frei improvisierende Musiker des *Berliner Künstlerprogramms des DAAD* war Tchicai 1978. Während der Post-Kollektiv-Zeit folgten Miller 1981, Van Hove

143 Gebers, Interview mit dem Verfasser, 27.3.2015, Interview-ID 80.
144 Gebers, Interview mit dem Verfasser, 14.8.2015, Interview-ID 484.
145 Ebd., Interview-ID 519.
146 *SAJ-49*: *Off the Wall* (aufgenommen im Mai 1984).
147 *SAJ-47*: *Berliner Begegnung* des Trios *Fuchs/Van Hove/Hollinger.*
148 Gebers, Interview mit dem Verfasser, 14.8.2015, Interview-ID 484.

1983 und Teitelbaum 1984.[149] Mit Hilfe des Artist-in-Residence-Programms des DAAD konnte die FMP die Arbeitsergebnisse der Stipendiat:innen in Einzelkonzerten oder auch in mehrtägigen Konzertschwerpunkten vorstellen, mit diesen (teils mitfinanzierte) Schallplatten aufnehmen und musikalische Kooperationen und Kollaborationen ermöglichen. So präsentierte die FMP bereits beim ersten DAAD-Stipendiaten Tchicai vom 1. bis zum 3. September 1978 unter dem Titel *Jazz Workshop* im *Café Einstein* in der Kurfürstenstraße im Berliner Stadtteil Tiergarten Arbeitsergebnisse eines Jazz-Workshops, den Tchicai vom 21. bis 31. August 1978 mit Jazzmusikern aus Westberlin, der Bundesrepublik und Belgien (im *Jugendclubhaus Arcostraße*) geleitet hatte. Die Beteiligten stammten u.a. aus dem im *Georg Gräwe Quintet*, der *Friedemann Graef Group*. Ergebnisse des elftägigen Workshops wurden von der FMP im *Jugendclubhaus Arcostraße* mitgeschnitten und auf der LP *Who is Who?* des *Berlin Jazz Workshop Orchestra* (SAJ-24) im Februar 1979 veröffentlicht. Für den zweiten DAAD-Stipendiaten Miller hatte die FMP einige Konzerte arrangiert. Die FMP-LP *Berlin 'Bones* (FMP 0930) von Miller zusammen mit den Westberliner Boje (tb) und Wiedermann (tb) und Kussatz (dr) dokumentiert eines dieser Konzerte.[150] Van Hove war während seines sechsmonatigen DAAD-Stipendiums 1983 ebenfalls mit verschiedenen Aktivitäten zu erleben, die seine unterschiedlichsten Arbeitsprozessen zeigten. Zum Abschluss seines Berlin-Aufenthaltes präsentierte Van Hove Arbeitsergebnisse in der dreitägigen Konzertreihe im *Haus am Waldsee.*

1977 wurden die Duos *Brötzmann/Bennink* und *Schlippenbach/Johansson* bei der Veranstaltungsreihe *Berlin Now* in New York vorgestellt. Ebenso wie die Präsentation von *Brötzmann/Miller/Moholo*, Van Hove und Reichel beim *Berlin*-Programm in Los Angeles 1980 und der FMP in Florenz beim Festival *Berlin, Berlin* 1982 mit 15 Musiker:innen ging die New Yorker *Berlin Now*-Teilnahme auf die Allianz mit der *Akademie der Künste* (Hertling) und dem DAAD zurück. So antwortet Gebers bei den Oral History-Interviews auf meine Frage, wie es zu den Teilnahmen in New York, Los Angeles und Florenz kam: „Über DAAD und *Akademie der Künste*":

149 Nach der Post-Kollektiv-Zeit bis zum Ende der FMP (also im Zeitraum 1986 bis 2000) nahmen auch Diamanda Galás (1987), Cecil Taylor (1990), David Moss (1991), Shelley Hirsch (1992), Sainkho Namtchylak und Joëlle Léandre (1994), Butch Morris (1995), Wolfgang Mitterer (1995) und Steve Lacy (1996) am *Berliner Künstlerprogramm des DAAD* teil.

150 Auf der Schallplattenhülle der im Mai 1981 im *Flöz* mitgeschnittenen *Berlin 'Bones* schreibt Miller: „During 1981 I lived for a time in West-Berlin. I was given a grant by the DAAD/Deutscher Akademischer Austauschdienst-Berliner Künstlerprogramm (German Academic Exchange Service – Artists-in-Berlin programme) and spent six months (from March until August) learning about the city and meeting and playing with the local musicians. This record is a result of one of the sessions. I would like to thank DAAD for bringing me to West-Berlin." (Miller 1981)

„Nele [Hertling] rief mich an und sagte: ‚Wir machen da was in Los Angeles oder so. Wir würden gerne von euch jemanden mitschicken. Wer käme denn da in Frage?‘ Solche Sachen waren das. Und dann hat man gekuckt, wer ist wichtig und wer wäre für die Sache gut. Das war eben in diesem Fall Brötzmann und Bennink [bei *Berlin Now* 1977]. Oder später dann *Brötzmann/Miller/Moholo* oder Hans Reichel [in Los Angeles 1980]. Und in Florenz [1982] dann ganz viele.“[151]

Ende Mai/Anfang Juni 1984 ist Gebers sowie die Musiker:innen Brötzmann, Kowald, Van Hove, Schweizer, Carl und Hampel in New York beim *1. Sound Unity Festival.* Das damals seit Jahren erste große Festival mit vorwiegend freiem Jazz und frei improvisierter Musik in New York war hinsichtlich der Sichtbarkeit der New Yorker Free Jazz-Szene von großer Bedeutung.[152] Obwohl nicht von der FMP veranstaltet, ist auch das *Sound Unity Festival* wie auch die anderen Konzertveranstaltungen als Entität zu berücksichtigen, da dessen *agency* die Intensivierung der Zusammenarbeit der FMP mit US-amerikanischen Musiker:innen mitbedingte, wie das W.F.M.-Programm 1985 dokumentiert. Insgesamt waren mehr als 100 Musiker:innen (wie auch Tänzer:innen und Performer:innen) eingeladen. Neben den genannten Europäer:innen waren dies u.a. Jerome Cooper, Butch Morris, Frank Wright, Leo Smith, Leroy Jenkins, David S. Ware, Bill Dixon, Jimmy Lyons, Charles Tyler, Andrew Cyrille, Frank Lowe, Ahmed Abdullah, Jemeel Moondoc, Marilyn Crispell, Rashied Ali, Charles Gayle, William Parker, John Zorn sowie Patsy Parker, Sang-Won Park und Atsuko Yuma.[153] Organisiert wurde das *Sound Unity Festival*: „to bring together European, Asian and American musicians and dancers who work with jazz and other improvised music“[154], wie die *New York Times* Anfang Juni 1984 berichtete. Gebers war für den Live-Sound engagiert worden. Bei den Interviews berichtet Gebers sowohl über das Festival als auch über den zeitgleich entstandenen Film *Rising Tones Cross* von Ebba Jahn, für den Gebers die Live- und Concert-Recordings realisieren sollte:

„Also es war so, dass Kowald in dieser Zeit auch ein Stipendium vom DAAD hatte. Und Kowald war ja befreundet mit Penck. Ja? Maler: Ralf Winkler. Penck! Und Penck war damals schon Millionär und hat Kowald dann irgendwie – weiß ich nicht – 20.000 oder 40.000 Mark gegeben – in der Plastiktüte! – und gesagt: ‚Macht mal was in New

151 Gebers, Interview mit dem Verfasser, 14.8.2015, Interview-ID 524. Hertlings Ausführungen in *For Example* bestätigen Gebers' Darstellung: „Neben dem Workshop selber haben wir auch andere Veranstaltungsformen gemeinsam mit der FMP erprobt, so die Begegnung von Musikern und Kindern […] in Berliner Schulen, und im Frühjahr 1977 im Rahmen der Veranstaltungsreihe ‚Berlin Now‘ in New York schickten wir die Duos Brötzmann/Bennink und Schlippenbach/Johansson zu einigen Galeriekonzerten nach New York.“ (Hertling 1978, S. 5)

152 Vgl. Jost ^{2}2004, S. 381f., vgl. Sugiyama 1984a, S. 38.

153 Vgl. Sugiyama 1984a, S. 38 u. Sugiyama 1984b, S. 29.

154 N.N. 1984, S. 20.

York, ich bin da auch.' (Interviewer lacht) Und dann haben die das *Sound Unity Festival* gemacht.
Und Ebba Jahn hatte [...] mal bei uns beim *Workshop* gedreht. [...] Und da hat sie mich dann für die ganzen Aufnahmen da engagiert, weil sie bei diesem Festival drehen wollte."[155]

Das Beispiel des *1. Sound Unity Festival* 1984 vermittelt nicht nur die Bedeutung der Entität der nationalen wie internationalen Fördermöglichkeiten und -programme (DAAD etc.) hinsichtlich der weiteren Programmausrichtung der FMP, sondern auch die Bedeutung der Entitäten der Kommunikation mit den Musiker:innen und des bestehenden sozialen Netzwerks, das sich keineswegs statisch gestaltete. Vielmehr verzweigte sich dieses Netzwerk weiter und intensivierte seine Verbindungen u.a. bedingt von den zunehmend weltweiten musikalischen Aktivitäten der Musiker:innen wie bspw. von Brötzmann oder Kowald. Diese musikalischen Aktivitäten sind insofern auch als Entität innerhalb des Akteur-Netzwerks zu berücksichtigen.

Schallplattenproduktion

FMP-Nummern

Wie Gebers berichtet, sind die Veröffentlichungen ab „*FMP 0300* nicht mehr vom Kollektiv bestimmt!"[156] Die während der Post-Kollektiv-Zeit herausgegebenen FMP-Nummern beginnen so mit *FMP 0300*, der Solo-LP *s'Gschänk* des jungen Züricher Nachwuchspianisten Voerkel. Als letzte Veröffentlichung kann die im Mai 1986 veröffentlichte LP *FMP 1100*: *Carte Blanche* des Duos *Christmann/Müller* (Christmann: tb, etc.; Müller: b) bestimmt werden. Die LP von *Christmann/Müller* markiert insofern eine Zäsur, als die nächste FMP-Nummer *FMP 1110*: *Vorn* von Carl zum einen erst 11 Monate nach der *Christmann/Müller*-LP im Juli 1986 aufgenommenen (und im Dezember 1986 veröffentlicht) wurde. Und zum anderen es sich bei der LP von Carl um die erste FMP-Veröffentlichung handelt, die im neu fertiggestellten FMP-Studio in der Koloniestraße im Berliner Wedding aufgenommen wurde.

155 Gebers, Interview mit dem Verfasser, 14.8.2015, Interview-ID 525. Kowald berichtet 1999 retrospektiv über das Zustandekommen des *Sound Unity Festival* in den Liner Notes zu Parkers FMP-CD *Posium Pendasem* (FMP CD 105). Demnach habe der aus Dresden stammende bildende Künstlers A.R. Penck, mit dem Kowald befreundet war, ihm und Parker 1983 „50.000,-- DM" als Finanzierung eines Musikereignisses ihrer Wahl in New York zugesagt. (Kowald 1999) Vgl. zum *Sound Unity Festival* auch die Ausführungen von Currie (2015, S. 69ff.).

156 Gebers, E-Mail an den Verfasser, 11.12.2019.

Während der Post-Kollektiv-Zeit veröffentlichte die FMP insgesamt 80 FMP-Nummern.[157] Über zwei Drittel dieser Produktionen sind Live-Aufnahmen, die zum größten Teil, d.h. in über 80% der Fälle bei den FMP-Konzertreihen und Einzelkonzerte in Westberlin entstanden sind. Live-Mitschnitte vom T.M.M. wurden während der Post-Kollektiv-Zeit auf sechs FMP-Nummern dokumentiert. Zu hören auf:

- *Wilde Senoritas* von Irène Schweizer (FMP 0330): aufgenommen beim T.M.M. 1977
- *Deep Voices* des Duos *Möslang/Guhl* (FMP 0510): aufgenommen beim T.M.M. 1977
- *Strapse* von Achim Knispel (FMP 0580): aufgenommen beim T.M.M. 1978[158]
- *Selb-Viert* des *Ernst-Ludwig Petrowsky Quartett* (FMP 0760): aufgenommen beim T.M.M. 1979
- *Drive* von *Schlippenbach/Johansson* (FMP 0810): aufgenommen beim T.M.M. 1979
- *Die V-Mann Suite* von *Schweizer/Carl* (FMP 0860): aufgenommen beim T.M.M. 1980

Aufnahmen vom W.F.M. finden sich auf folgenden 12 während der Post-Kollektiv-Zeit veröffentlichten FMP-Nummern:

- *Ein halber Hund kann nicht pinkeln* vom Duo *Brötzmann/Bennink* (FMP 0420): aufgenommen beim W.F.M. 1977[159]
- *Open* von *Dudek/Niebergall/Vesala* (FMP 0570): aufgenommen beim W.F.M. 1977
- *Tuned Boots* von *Schweizer/Carl* (FMP 0550): aufgenommen beim W.F.M. 1978[160]
- *Horns* von Manfred Schoof, Kenny Wheeler, Günter Christmann, Albert Mangelsdorff, Paul Rutherford und Gerd Dudek (FMP 0660): aufgenommen beim W.F.M. 1978

157 Die Doppel-LP *FMP 0840/50*: *Opened, but hardly touched* von *Brötzmann/Miller/Moholo* wird hierbei als ein Album gezählt. D.h. die Zählung basiert auf Schallplattenalben und nicht auf der Anzahl der einzelnen Schallplatten: *FMP 0840/50.*

158 Nur die B-Seite wurde am 2./3.11.1978 im *Quartier Latin* beim T.M.M. aufgenommen. Die A-Seite hat Knispel im Dezember 1978 in Wuppertal aufgenommen.

159 Von den insgesamt zehn Titel auf *FMP 0420* wurden die ersten beiden Titel beim W.F.M. mitgeschnitten. Die anderen Titel wurden am 27.3.1977 im *Quartier Latin* aufgenommen.

160 Die A-Seite von *Tuned Boots* wurde vom Trio *Schweizer/Carl/Moholo* beim *Forum Tonedition/Forum Stadtpark* am 17.11.1977 beim *Steirischen Herbst* in Graz aufgenommen.

- *3 Points and a Mountain* von *Brötzmann/Mengelberg/Bennink* (FMP 0670): aufgenommen beim W.F.M. 1979[161]
- *Die Jungen: Random Generators* von Peter Kowald und Barre Phillips (FMP 0680): aufgenommen beim W.F.M. 1979
- *Echos von Karolinenhof* der *Ulrich Gumpert Workshop Band* (FMP 0710): aufgenommen beim W.F.M. 1979
- *Versäumnisse* von *Gumpert/Sommer* (FMP 0740): aufgenommen beim W.F.M. 1979
- *Working* des Duos *Arndt/Kussatz* (FMP 0750): aufgenommen beim W.F.M. 1980
- *Two making a triangle* von Peter Kowald und Maarten Altena (FMP 0990): aufgenommen beim W.F.M. 1982
- *Andrew Cyrille meets Peter Brötzmann in Berlin* (FMP 1000): aufgenommen beim W.F.M. 1982
- *Pan – vielleicht Tau* der *Heinz Becker Group* (FMP 1010): aufgenommen beim W.F.M. 1982

Des Weiteren wurde bei den *Free Concerts* im Rathaus Charlottenburg die LP *Hexensabbat* von Schweizer (FMP 0500) mitgeschnitten, bei *Jazz Now* 1976 im *Quartier Latin* die LPs *Live at the Quartier Latin* von *Schlippenbach/Johansson* (FMP 0310) und *New Movements* des *Georg Gräwe Quintett* (FMP 0320), bei *Jazz Now* 1978 *Momente* des Trios *Fuchs/Schneider/Huber* (FMP 0610) sowie *One Year – Afternoon & Evening* von *Oki/Pilz/Hübner* (FMP 0720) und bei *Jazz Now/ Jazz aus der DDR* 1979 *Hörmusik* von Günter Sommer (FMP 0790). Und bei den FMP-Einzelkonzerten wurden während der Post-Kollektiv-Zeit 20 Schallplatten aufgenommen:

- *S'Gschänk* von Urs Voerkel (FMP 0300): aufgenommen im Mai 1976 im *Flöz*
- *Voerkel/Frey/Lovens* (FMP 0340): aufgenommen im Mai 1976 im *Flöz*
- *Thrumblin'* des Duos *Malfatti/Wittwer* (FMP 0350): aufgenommen im Mai 1976 im *Flöz*
- *Blow* von Herbert Joos, Wolfgang Czelusta und Bernd Konrad (FMP 0370): aufgenommen im Oktober 1976 im *Flöz*
- *The Hidden Peak* des *Schlippenbach Quartet* (FMP 0410): aufgenommen am 27./28. Januar 1977 im *Quartier Latin*
- *Ein halber Hund kann nicht pinkeln* von *Brötzmann/Bennink* (FMP 0420): aufgenommen im März 1977 im *Quartier Latin*[162]

161 *3 Points and a Mountain* wurde zwar nicht im regulären W.F.M.-Programm aufgenommen, jedoch bei der Vernissage der den *Workshop* begleitenden Ausstellung (mit u.a. Dagmar Gebers, Bennink, Brötzmann und Mengelberg) in der *Akademie* drei Tage vor dem Beginn des W.F.M.

162 Die ersten beiden Titel von *FMP 0420* wurden beim W.F.M. 1977 mitgeschnitten.

- *Touch the earth* von Leo Smith, Peter Kowald und Günter Sommer (FMP 0730): aufgenommen am 13./14. November 1979 im *Flöz*
- *Waves/Wellen* von Gunter Hampel (FMP 0770): aufgenommen am 24./25. Mai 1980 im Flöz
- *Was ist denn nun?* des *Conrad Bauer Trio* (FMP 0780): aufgenommen am 24./25. April 1980 im *Flöz*
- *Kellers/Brötzmann* von Willi Kellers und Peter Brötzmann (FMP 0800): aufgenommen im November 1980 im *Flöz*
- *Exit* von Friedemann Graef und Albrecht Riermeier (FMP 0820): aufgenommen am 30./31. Januar 1981 im *Flöz*
- *Opened, but hardly touched* von *Brötzmann/Miller/Moholo* (FMP 0840/50): aufgenommen am 5./6. November 1980 im *Flöz*
- *Ach was!?* des Trios *Gumpert/Malfatti/Oxley* (FMP 0870): aufgenommen im März 1981 im *Flöz*
- *Selb-Dritt* des *Ernst-Ludwig Petrowsky Trio* (FMP 0890): aufgenommen vom 11.–13. Dezember 1980 im *Flöz*
- *Break the shells* von *Smith/Kowald/Sommer* (FMP 0920): aufgenommen im Januar 1981 im *Flöz*
- *Berlin 'Bones* von *Boje/Wiedermann/Miller/Kussatz* (FMP 0930): aufgenommen im Mai 1981 im Flöz
- *Der Traum der roten Palme* von Martin Theurer und Paul Lovens (FMP 0950): aufgenommen am 24./25. November 1981 im *Flöz*
- *Paintings* von Peter Kowald und Barry Guy (FMP 0960): aufgenommen am 3./4. Oktober 1981 im *Flöz*
- *Anticlockwise* des *Schlippenbach Quartet* (FMP 1020): aufgenommen im September 1982 im *Quartier Latin*
- *Dedication* von Hans-Günther Wauer und Günter Sommer (FMP 0900): aufgenommen am 9. Juni 1981 in der *Epiphanienkirche* in Berlin-Charlottenburg.

Alle während der Post-Kollektiv-Zeit mit der FMP-Nummern-Zählung veröffentlichten Einzelkonzerte wurden ebenso wie der Großteil (ca. 77%) der von den FMP-Konzertreihen und *Specials* veröffentlichten FMP-Nummern von Gebers mit eigenem technischen Aufnahme-Equipment aufgenommen, das auch als Entität zu berücksichtigen ist. Dieses hatte sich die FMP wie auch das Equipment für die Live-Veranstaltungen seit der ersten Hälfte der 1970er-Jahre kontinuierlich aufgebaut hatte. Die FMP war insofern nicht mehr wie noch zu Beginn ihrer Tätigkeit (sowie die Eigenverlage und Musiker:innen-Labels in der zweiten Hälfte der 1960er-Jahre) von der Verfügung über die Produktionsmittel ausgeschlossen. Die bei den FMP-Live-Projekten nicht selbst von Gebers aufgenommenen FMP-

Nummern wurden vor allem von Bernhard Arndt[163] für die FMP aufgenommen. Neben den Mitschnitten bei den FMP-Live-Projekten in Westberlin nahm Gebers auch *The Family* des *The Wuppertal Workshop Ensemble* (FMP 0940) beim *8. Wuppertaler Free Jazz Workshop* im September 1980 in Wuppertal auf sowie *Pica Pica* des Trios *Brötzmann/Mangelsdorff/Sommer* (FMP 1050) im September 1982 beim *Jazzfest Unna*, *Fünfunddreissigvierzig* des Duos *Carl/Johansson* (FMP 1080) im Mai 1985 bei *Grenzüberschreitungen* im Kommunikationszentrum *Die Börse* in Wuppertal und ebenfalls bei den *Grenzüberschreitungen* 1985 *Nummer 12* des *Manfred Schulze Bläserquintett* (FMP 1090). Bei den nicht von der FMP oder von Gebers während der Post-Kollektiv-Zeit aufgenommenen Live-LPs handelt es sich um:

- *Kung Bore* des Duos *Schlippenbach/Johansson* (FMP 0520): aufgenommen im November 1977 im *Fasching* in Stockholm
- *Jetzt geht's Kloß!* des Duos *Gumpert/Sommer* (FMP 0620): aufgenommen beim *Jazz in der Kammer*-Konzert Nr. 102 im Januar 1978 in Ostberlin vom *Rundfunk der DDR*
- *Hamburg '74* des *Globe Unity Orchestra & Choir of the NDR-Broadcast* (FMP 0650): aufgenommen beim 105. *NDR Jazzworkshop* im November 1974 im *großen Sendesaal* des *Funkhaus Hamburg*
- *Alarm* der *Peter Brötzmann Group* (FMP 1030): aufgenommen beim 164. *NDR-Jazzworkshop* im November 1981 im *großen Sendesaal* des *Funkhaus Hamburg*
- *Rondo Brillante* von Alexander von Schlippenbach und Martin Theurer (FMP 1040): aufgenommen im Dezember 1982 beim RIAS-*Jazzworkshop* in Westberlin

Zudem veröffentlichte die FMP zwei Aufnahmen aus der zweiten Hälfte der 1960er-Jahre: einen Mitschnitt eines Konzerts des *Manfred Schoof Quintett* aus dem Dezember 1966 aus München (*FMP 0540: The Early Quintet*[164]) und einen Mitschnitt eines Konzerts des *Irène Schweizer Trio* aus dem Januar 1967 (*FMP 0590: Early Tapes*).[165]

---

163 *FMP 0420* beim W.F.M. 1977, *FMP 0510* und *FMP 0570* beim T.M.M. 1977, *FMP 0550* und *FMP 0660* beim W.F.M. 1978, *FMP 0580* beim T.M.M. 1978, *FMP 0740* beim W.F.M. 1979 sowie *FMP 0790* bei *Jazz Now/Jazz aus der DDR* 1979.

Zudem sind Franz de Byl (*FMP 0330* beim T.M.M. 1977) und Thomas Funk (*FMP 0750* beim W.F.M. 1980 und *FMP 0860* beim T.M.M. 1980) zu nennen.

164 Zwei der drei Titel auf der B-Seite von *FMP 0540* wurden nicht in München, sondern im September 1967 in Godorf mit Johansson als zweitem Schlagzeuger aufgenommen.

165 Zum Zustandekommen dieser beiden Veröffentlichungen berichtet Gebers bei den Interviews: „Irgendwann hatte sich mal so ein Verleger aus München bei mir gemeldet: [Hans] Wewerka. Der sagte, er hätte ganz frühe Aufnahmen vom Schoof und von Irène [Irène Schweizer] und vom [Joachim] Kühn. Und dann hatte ich ihm gesagt, ja gut, das würde mich interessieren. Wie sollen wir das machen? Ich habe dann mit Irène gesprochen und mit Schoof, dass es das Zeug gibt. Da sagte Schoof: ‚Ja, aber nur die', er hätte

Neben den Live-Aufnahmen gab es Studioproduktionen. Diese wurden während der Post-Kollektiv-Zeit fast ausschließlich im FMP-Studio im Keller des *Jugendclubs Olbersstraße* von Gebers aufgenommen wurden. Zu diesen zählen:

- Brötzmanns erste Solo-LP: *Brötzmann/Solo* (FMP 0360): aufgenommen im Mai 1976
- *Piano Solo* von Alexander von Schlippenbach (FMP 0430): aufgenommen im Februar 1977
- *Daily New Paradox* der *Friedemann Graef Group* (FMP 0450): aufgenommen im Juni 1977
- *Pink Pong* des *Georg Gräwe Quintet* (FMP 0480): aufgenommen im Oktober 1977
- die B-Seite von *Hexensabbat* von Irène Schweizer (FMP 0500): aufgenommen im Juni 1977
- *Pianomusic* von Elmar Kräling (FMP 0560): aufgenommen im April 1978
- *The nearer the bone, the sweeter the meat* von *Brötzmann/Miller/Moholo* (FMP 0690): aufgenommen im August 1979
- *Moon Mood* von Martin Theurer (FMP 0700): aufgenommen im Juli 1979
- *Kalfaktor A. Falke* von *Schlippenbach/Johansson* (FMP 0970): aufgenommen im März 1982
- *'Round about Mittweida* des *Conrad Bauer Quartett* (FMP 0980): aufgenommen im August 1982
- *14 Love Poems* von Brötzmann (FMP 1060): aufgenommen im August 1984
- *Solo* von Helmut ‚Joe' Sachse (FMP 1070): aufgenommen im Dezember 1984

Zudem hat Gebers im Mai 1981 in Drensteinfurt (Nordrhein-Westfalen) die FMP-Nummern *FMP 0880: Hier & als auch* des Gitarristen Andreas Willers (7./8. Mai) sowie *FMP 0910: Eickendorfballade* von Achim Knispel und Willi Kellers (6./7. Mai) und die B-Seite von *FMP 0920: Break the shells* des Trios *Smith/Kowald/Sommer* (5. Mai) aufgenommen. Zu den Studioproduktionen bemerkt Gebers 1979, dass es bei diesen darum gehe, „so realistisch wie nur möglich die musikalischen Abläufe festzuhalten".[166] D.h. ästhetische Überlegungen bspw. wie ein Saxophon klingt oder ein Schlagzeug, entfielen zugunsten der Überlegung: „wie Brötzmann klingt oder Dudek oder Parker, wie Lovens klingt oder Bennink."[167]

Des Weiteren gab es auch Studio-Veröffentlichungen, die nicht von Gebers aufgenommen worden sind. Hierzu zählen die drei Rundfunkproduktionen:

---

da noch Sextett-Geschichten mit Sven [Sven-Åke Johansson] als zweitem Trommler – dass wir die eine Seite so, die andere Seite so machen. Und dann haben wir die Rechte von dem gekauft und die dann rausgebracht." (Gebers, Interview mit dem Verfasser, 14.8.2015, Interview-ID 505)

166 Gebers 1979, S. 251.

167 Ebd.

- *Pearls* des *Globe Unity Orchestra and Guests* (FMP 0380): eine *Südwestfunk*-Produktion aufgenommen während des *New Jazz Meeting (Ten Years Globe Unity Orchestra)* im November 1975 in den *Südwestfunk*-Studios in Baden-Baden
- *Number Six – Two Compositions for Improvisers* des *Hans Rempel Octet* (FMP 0490): aufgenommen im Januar 1974 und Februar 1976 beim *Rundfunk der DDR* in Ost-Berlin
- *unter anderem: 'n Tango für Gitti* der *Ulrich Gumpert Workshop* (FMP 0600): ebenfalls aufgenommen beim *Rundfunk der DDR* in Ost-Berlin im Juli 1978

Und einige LPs wurden auch von den Musiker:innen weitgehend selbst aufgenommenen. Dies waren die LPs
- *Erdmännchen* von Hans Reichel und Achim Knispel (FMP 0400): aufgenommen im Juni 1977 in Wuppertal
- *Schwarzwaldfahrt* von *Brötzmann/Bennink* (FMP 0440): aufgenommen von Brötzmann und Bennink ‚open air' im Mai 1977 im Schwarzwald (ursprünglich für den *Südwestfunk*)
- *Interludes* von Karl Hans Berger (FMP 0460): aufgenommen im Mai 1976 und 1977 in den *Creative Music Communications Studios* in Woodstock, New York
- *Und?* von *Malfatti/Wittwer* (FMP 0470): aufgenommen im February 1977 in Innsbruck
- *Buben – 12 Improvisations* von Hans Reichel und Rüdiger Carl (FMP 0530): aufgenommen von Reichel und Carl im Mai 1978 zu Hause in ihrer WG in Wuppertal-Wichlinghausen
- die A-Seite von *Strapse* von Achim Knispel (FMP 0580): aufgenommen von Knispel zu Hause im Dezember 1978 in Wuppertal
- *The death of the rare bird Ymir* von Hans Reichel (FMP 0640): aufgenommen von Reichel im Februar 1979 in Wuppertal-Rott
- *Bonobo Beach* von Hans Reichel (FMP 0830): aufgenommen von Reichel im April 1981 in Wuppertal
- *Carte Blanche* von Günter Christmann und Torsten Müller (FMP 1100): aufgenommen im August 1985 in Langenhagen

Zudem veröffentlichte die FMP die im Oktober 1968 in Zürich aufgenommene PIP-Eigenproduktion des *Pierre Favre Trio*: *Santana* (FMP 0630) als Reissue wieder und gab unter dem Titel *Alternate Takes* (FMP 0390) Outtakes von Schoofs erster LP des *New Jazz Trio*: *Page One* (MPS 15276) heraus, die im Januar 1970 im *Rhenus Studio* in Köln-Godorf von Conny Plank aufgenommenen worden war.[168]

168 Zum Zustandekommen der erst in der zweiten Hälfte der 1970er-Jahre avisierten und schließlich 1983 veröffentlichten *Alternate Takes* erläutert Gebers bei den Interviews: „Das Trio hatte bei uns bei einem *Workshop* [1973] gespielt. Und da hatte ich die im-

In der *Neuen Zeitschrift für Musik* differenziert Gebers 1979 bei seinen Ausführungen zur FMP-Schallplattenproduktion drei verschiedene Ebenen der bisherigen konzeptuellen Ausrichtung der Tonträgerproduktion wie auch der Live-Projekte. So habe die FMP neben den 1. „kontinuierlichen Arbeitsprozessen von Brötzmann, Schlippenbach, *Globe Unity*, Carl, Kowald, Schweizer, Reichel" immer wieder 2. „junge Musiker und Gruppen vorgestellt und versucht, ihnen eine Plattform zu verschaffen".[169] Von den zur Zeit etwa 80 Schallplatten der FMP seien fast 30% Produktionen mit Musikern der jüngeren Generation, die alle bei der FMP erstmalig die Chance erhalten hätten, eine Schallplatte einzuspielen. Zur 3. Programmebene zählten „Free Jazz aus der DDR (Petrowsky, Gumpert, Sommer)" sowie Musiker (wie Lacy oder Tchicai), die „irgendwie Verbindung zu uns gesucht haben oder wir zu ihnen".[170] Gebers' Kategorisierung der FMP-Schallplattenproduktion in der *Neuen Zeitschrift für Musik* bis 1979 lässt sich im Wesentlichen auch auf den Zeitraum von 1976 bis 1986 übertragen. So dokumentieren fast 50%[171] der in der Post-Kollektiv-Zeit herausgegebenen FMP-Nummern die Arbeitsprozesse von Brötzmann, Schlippenbach, Schweizer, Kowald, Reichel oder dem *Globe Unity Orchestra*, d.h. den ‚Leuten der ersten Stunde'[172], wie Gebers im Interview mit Jänichen 1979 diese Programmebene nennt. So veröffentlichte die FMP während der Post-Kollektiv-Zeit allein 14 FMP-Nummern mit Brötzmann[173], 12 FMP-Nummern mit Schlippenbach[174], 10 FMP-Nummern mit

---

mer im Kopf, dass man da was machen könnte. Und Manfred [Schoof] sagte dann, wir haben da noch die Outtakes von der ganzen Produktion – und dann haben wir das gemacht." (Gebers, Interview mit dem Verfasser, 14.8.2015, Interview-ID 504)

169 Gebers 1979, S. 250f. Hierzu merkt Gebers an, dass der finanzielle Aufwand für eine Produktion „mit wenigen Ausnahmen identisch" sei: „egal ob eine Brötzmann-, Schlippenbach-, *Globe Unity*-Platte oder eine mit Nachwuchsmusikern gemacht wird. Allerdings ist der Rücklauf der investierten Mittel bei den inzwischen etablierten Leuten natürlich wesentlich schneller spürbar. Dazu kommt, dass sich ein Feedback auf eine Platte für die Gruppe oft erst nach Jahren bemerkbar macht." (Ebd.)

170 Ebd.

171 Bei den nachfolgenden Zuordnungen ist zu beachten, dass diese Künstler:innen bezogen erfolgte. D.h. eine LP kann mehreren Kategorien oder Ebenen zugeordnet sein: wie bspw. die Duo-LP von Brötzmann und Kellers oder auch von Theurer und Schlippenbach.

172 Vgl. Gebers zit. nach Jänichen 1979a.

173 *FMP 0360*: *Brötzmann/Solo*, *FMP 0380*: *Pearls* (*Globe Unity*), *FMP 0420*: *Ein halber Hund kann nicht pinkeln*, *FMP 0440*: *Schwarzwaldfahrt*, *FMP 0650*: *Hamburg '74* (*Globe Unity*), *FMP 0670*: *3 Points and a Mountain*, *FMP 0690*: *The nearer the bone, the sweeter the meat*, *FMP 0800*: *Kellers/Brötzmann*, *FMP 0840/50*: *Opened, but hardly touched*, *FMP 0940*: *The Family* (*The Wuppertal Workshop Ensemble*), *FMP 1000*: *Andrew Cyrille Meets Peter Brötzmann in Berlin*, *FMP 1030*: *Alarm*, *FMP 1050*: *Pica Pica* und *FMP 1060*: *14 Love Poems*.

174 *FMP 0310*: *Live At The Quartier Latin*, *FMP 0380*: *Pearls* (*Globe Unity*), *FMP 0410*: *The Hidden Peak*, *FMP 0430*: *Piano Solo*, *FMP 0520*: *Kung Bore*, *FMP 0540*: *The Early Quin-*

Kowald[175], 6 FMP-Nummern mit Schweizer[176], 6 FMP-Nummern mit Carl[177] und 4 FMP-Nummern mit Reichel.[178] Innerhalb dieser Ebene lässt sich auch nach der Kollektiv-Zeit eine Dominanz der Musiker aus dem ehemaligen Gesellschafterkollektiv konstatieren. Hinsichtlich der 2. Programmebene präsentierte die FMP während der Post-Kollektiv-Zeit auf knapp 25% ihrer FMP-Nummern Musiker der ‚jüngeren Generation'.[179] Die 3. Ebene der FMP-Schallplattenproduktion mit Free Jazz aus der DDR umfasste während der Post-Kollektiv-Zeit gut 16% der FMP-Nummern. Werden alle FMP-Nummern berücksichtigt, die unter Beteiligung von Musikern aus der DDR in diesem Zeitraum zustande kamen, steigt die Zahl sogar auf 25%.[180] Des Weiteren rechnet Gebers zur 3. Programmebene der FMP-Schallplattenproduktion Veröffentlichungen mit ‚Musikern, die Verbindung

---

tet (Manfred Schoof Quintett), FMP 0650: Hamburg '74 (Globe Unity), FMP 0810: Drive, FMP 0970: Kalfaktor A. Falke, FMP 1020: Anticlockwise, FMP 1030: Alarm (Peter Brötzmann Group) und *FMP 1040: Rondo Brillante.*

175 *FMP 0380: Pearls (Globe Unity), FMP 0410: The Hidden Peak (Schlippenbach Quartet), FMP 0630: Santana, FMP 0650: Hamburg '74 (Globe Unity), FMP 0680: Die Jungen: Random Generators, FMP 0730: Touch the earth, FMP 0920: Break the shells, FMP 0940: The Family (The Wuppertal Workshop Ensemble), FMP 0960: Paintings* und *FMP 0990: Two Making a triangle.*

176 *FMP 0330: Wilde Senoritas, FMP 0500: Hexensabbat, FMP 0550: Tuned Boots, FMP 0590: Early Tapes, FMP 0630: Santana* und *FMP 0860: Die V-Mann Suite.*

177 *FMP 0380: Pearls (Globe Unity), FMP 0530: Buben, FMP 0550: Tuned Boots, FMP 0650: Hamburg '74 (Globe Unity), FMP 0860: Die V-Mann Suite* und *FMP 1080: Fünfunddreissigvierzig.*

178 *FMP 0400: Erdmännchen, FMP 0530: Buben, FMP 0640: The death of the rare bird Ymir* und *FMP 0830: Bonobo Beach.* In diesem Kontext ist des Weiteren auf Dudek hinzuweisen, der ebenso wie Schoof auf 5 FMP-Nummern zu hören ist.

179 Voerkel: *s'Gschänk* (FMP 0300) und *Voerkel/Frey/Lovens* (FMP 0340), *Georg Gräwe Quintett: New Movements* (FMP 0320) und *Pink Pong* (FMP 0480), Stephan Wittwer: *Thrumblin'* (FMP 0350) und *Und?* (FMP 0470), Friedemann Graef: *Daily New Paradox* (FMP 0450) und *Exit* (FMP 0820), Norbert Möslang und Andi Guhl: *Deep Voices* (FMP 0510), Elmar Kräling: *Pianomusic* (FMP 0560), Wolfgang Fuchs: *Momente* (FMP 0610), Martin Theurer: *Moon Mood* (FMP 0700) und *Der Traum der Roten Palme* (FMP 0950) und *Rondo Brillante* (FMP 1040), Bernhard Arndt: *Working* (FMP 0750), Willi Kellers: *Kellers/Brötzmann* (FMP 0800) und *Eickendorfballade* (FMP 0910), Andreas Willers: *Hier & Als Auch* (FMP 0880) sowie Andreas Boje und Thomas Wiedermann: *Berlin 'Bones* (FMP 0930).

180 Im Einzelnen sind dies *Number Six* des *Hans Rempel Octet* (FMP 0490), *unter anderem: 'n Tango für Gitti* der *Ulrich Gumpert Workshop* (FMP 0600), *Jetzt geht's Kloß!* von Gumpert und Sommer (FMP 0620), *Echos von Karolinenhof* der *Ulrich Gumpert Workshop Band* (FMP 0710), *Versäumnisse* des Duos *Gumpert/Sommer* (FMP 0740), *Selb-Viert* des *Ernst-Ludwig Petrowsky Quartett* (FMP 0760), *Was ist denn nun?* des *Conrad Bauer Trio* (FMP 0780), *Hörmusik* von Günter Sommer (FMP 0790), *Selb-Dritt* des *Ernst-Ludwig Petrowsky Trio* (FMP 0890), *'Round About Mittweida* des *Conrad Bauer Quartet* (FMP 0980), *Pan – vielleicht Tau* der *Heinz Becker Group* (FMP 1010), *Solo* von Helmut ‚Joe' Sachse (FMP 1070) und *Nummer 12* des *Manfred Schulze Bläserquintett* (FMP 1090).

zu uns gesucht haben oder wir zu ihnen'. Hierbei handelt es sich bspw. um die Solo-LP *Interludes* (FMP 0460) des in Woodstock (*Creative Music Studio*) arbeitenden Heidelberger Pianisten und Vibrafonisten Karl (Hans) Berger oder um die ebenfalls solo eingespielte LP *Waves/Wellen* (FMP 0770) von Hampel. Zum Zustandekommen der *Waves/Wellen*-LP von Hampel berichtet Gebers bei den Oral History-Interviews:

> „Das hatte immer musikalische Gründe. Das hat mit Leuten erstmal gar nichts zu tun. Bei Hampel ist das ein gutes Beispiel: Der war bei irgendeinem *Total Music Meeting* mit irgendeiner furchtbaren Band. (Interviewer lacht) Und wir hatten dann parallel auch immer Konzerte gemacht. Im *Flöz* zu dieser Zeit und im *Quartier* und so. Und dann war er mit einer kleineren Gruppierung im *Flöz*: nur mit Perry [Robinson] und Jeanne Lee. Und da war auf einmal Hampel als Vibrafon-Spieler zu hören. Und da hatte ich dann gesagt: ‚Gunter, was hältst du denn davon: Wollen wir nicht mal eine Solo-Platte machen?' ‚Ah, nee, wollen wir nicht das Trio …?' ‚Nee, will ich nicht. (Interviewer lacht) Aber eine Solo kann ich mir vorstellen.' So haben wir dann ein paar Wochen später zusätzlich noch zwei Tage Konzerte im *Flöz* gemacht."[181]

Das Beispiel der *Waves/Wellen*-LP veranschaulicht zum einen, was Gebers unter der 3. Programmebene verstand. Zum anderen vermittelt das Zustandekommen der Solo-LP von Hampel, dass die Veröffentlichungen der 3. Programmebene (hinsichtlich des Aspekts ‚Musiker:innen, die Verbindung zu uns gesucht haben oder wir zu ihnen') nicht nur von den Entitäten des sozialen Netzwerks oder der Kommunikation mit den Musiker:innen bedingt wurden, sondern auch Konzertveranstaltungen für diese eine Gelegenheit darstellen konnten, die insofern auch als Entität hinsichtlich der Tonträgerproduktion zu berücksichtigen sind. (Zudem zeigt das Beispiel, wie sich Einzelkonzertprojekte aufgrund geplanter Veröffentlichungen ereigneten.) Hinsichtlich der FMP-Programmebenen (inklusive der Entitäten der Öffnung und der Einbeziehung anderer, nachwachsender, spannender Leute) ist zu konstatieren, dass es sich bei diesen auch um Entitäten innerhalb des Akteur-Netzwerks handelt. D.h. diese bedingten u.a. mit der Entität der Tonträgerproduktion selbst und deren *agency* sowie den Entitäten des sozialen Netzwerks, der Kommunikation mit den Musiker:innen, der Konzertveranstaltungen, der Möglichkeit eine Aufnahmesituation zu arrangieren, der Präsentation freier und improvisierter Musik sowie der ökonomischen Situation der FMP etc. die Tonträgerproduktionen der FMP.[182]

Und unter Beteiligung von Musikern aus der DDR entstanden in diesem Zeitraum: die beiden LPs des Trios *Smith/Kowald/Sommer* (*Touch the earth* (FMP 0730) und *Break the shells* (FMP 0920)), *Ach Was!?* (FMP 0870), *Dedication* (FMP 0900), *The Family* (FMP 0940), *Alarm* (FMP 1030) und *Pica Pica* (FMP 1050).

181 Gebers, Interview mit dem Verfasser, 14.8.2015, Interview-ID 502.

182 Insofern greift Müllers (2022, S. 34) Erklärungsansatz zu kurz, der darauf hinweist, dass „in der ersten Zeit nach 1976" weit mehr als die Hälfte der FMP-Veröffentlichungen nicht von ehemaligen Gesellschaftern gewesen seien und dies lediglich auf „die Pro-

Die Erstauflage der FMP-Nummern lag während der Post-Kollektiv-Zeit in der Regel bei 500 Exemplaren. Wie Gebers 1979 im *Jazz Podium*-Interview berichtete, zeigte sich „innerhalb der Plattenproduktion" der FMP eine „besondere Schwierigkeit".[183] Diese bestand darin, „dass wir nämlich nur ein Drittel Platten haben, bei denen die Investitionen zurücklaufen, manchmal dabei in relativ kurzer Zeit".[184] Auf meine Frage, wie es gelungen sei, die Produktionskosten „wieder einzuspielen" und auch die Musiker:innen zu honorieren, grenzt sich Gebers gegenüber ‚langen' Planungen und „Überlegungen" ab und antwortet, dass er darüber „nicht nachgedacht" habe. So hätten die Künstler:innen einfach ihre Vorauszahlungen bekommen: „Aus! Ende der Stange."[185]

Zu den fünf während der Post-Kollektiv-Zeit produzierten und meistverkauften FMP-Nummern gehören *FMP 0380*: *Pearls* des *Globe Unity Orchestra and Guests* (veröffentlicht im Juni 1977), *FMP 0640*: *The Death of the rare bird Ymir* von Reichel (veröffentlicht im April 1979), *FMP 0440*: *Schwarzwaldfahrt* von Brötzmann und Bennink (veröffentlicht im Oktober 1977), *FMP 0400*: *Erdmännchen* von Reichel und Knispel (veröffentlicht im August 1977) sowie *FMP 0420*: *Ein halber Hund kann nicht pinkeln* von Brötzmann und Bennink (veröffentlicht im Oktober 1977).

SAJ-Nummern

Auf dem SAJ-Sublabel wurden während der Post-Kollektiv-Zeit 47 Schallplattenalben veröffentlicht.[186] Die erste während der Post-Kollektiv-Zeit erschienene SAJ-LP ist *SAJ-07*: *Berlin Concert*. Bei *SAJ-07* handelt es sich um einen bereits im Januar 1975 bei zwei FMP-Einzelkonzerten im *Flöz* entstandenen Mitschnitt der *Noah Howard Group*. *SAJ-07* markiert insofern eine Zäsur, d.h. grenzt die Post-Kollektiv-Zeit von der Kollektiv-Zeit ab, als *SAJ-07* mit einem einjährigen Abstand zur vorherigen SAJ-Veröffentlichung (März 1976) des *Willem Breuker Kollektief*: *Live in Berlin* (SAJ-06) im März 1977 veröffentlicht wurde. Auch die letzte SAJ-Nummer der Post-Kollektiv-Zeit *SAJ-54*: *Yankadi* von *Africa Djolé* markiert einen deutlichen Einschnitt. So erschien *SAJ-54* Anfang Dezember 1985, während die

grammierung der Live-Veranstaltungen" mit ‚Neuzugängen' bei der FMP zurückzuführt. Vgl. auch bspw. Gebers' Erläuterung zum Zustandekommen von Theurers FMP-LP *Moon Mood* (FMP 0700) in Kapitel *5.1 Gebers als alleiniger Verantwortlicher.*

183 Gebers zit. nach Jänichen 1979.

184 Ebd.

185 Gebers, Interview mit dem Verfasser, 27.3.2015, Interview-ID 74.

186 Die Zählung bezieht sich auf Schallplattenalben. So wird die SAJ-Doppel-LP *SAJ-43/44*: *Tern* des Trios *Moholo/Stabbins/Tippett* als ein Album und nicht als zwei LPs gezählt.

nächste SAJ-Nummer *SAJ-55: Mujician II* von Keith Tippett erst Ende Februar 1987 veröffentlicht wurde.[187]

Die beiden, die SAJ-Veröffentlichungen der Post-Kollektiv-Zeit umrahmenden SAJ-Nummern signalisieren die im Vergleich zur Kollektiv-Zeit weiter gefasste stilistische Ausrichtung des SAJ-Sublabels. Der von Gebers genannte zweite Aspekt bei seiner Charakterisierung des SAJ-Sublabels, d.h. „dass es Dinge waren, die nicht unbedingt improvisierte Musik in dem Sinne waren, wie sie bei FMP veröffentlicht wurden“[188], tritt nun deutlich hervor. Mindestens 30% der während der Post-Kollektiv-Zeit veröffentlichten SAJ-LPs können dieser Charakterisierung Gebers' zugeordnet werden. So bspw. bei:

- den fünf Veröffentlichungen der guineischen Percussiongruppe *Africa Djolé*[189]
- *Solo* von Franz de Byl (SAJ-27), eine im Juli 1980 eingespielte Solo-LP des Bluessängers und Gitarristen
- *Jelly Roll* (SAJ-31), ein Album mit Jelly Roll Morton-Kompositionen, die Schlippenbach „harmonisch und formal streng an das Original gehalten“[190] arrangiert und mit Dudek, Stewart, Tommaso, Lovens und der Big Band von *Radio Televisione Italiana* (RAI) im Mai 1980 im *Teatro Argentina* in Rom eingespielt hat
- *Off the wall* von Yoshi Wada (SAJ-49), die während der Teilnahme des japanischen Komponisten am *Berliner Künstlerprogramm des DAAD* 1983/84 entstanden ist. *Off the wall* enthält Ensemblekompositionen für selbstgebaute Dudelsäcke und für eine selbstgebaute Orgel
- *Kora Music from Gambia* von Jali Nyama Suso (SAJ-51): aufgenommen Anfang Juli 1984 im leeren *Flöz*
- *Wetterau* von *Grumpff* (SAJ-16), ein Album um den Gießener Saxofonisten und Musikwissenschaftler Ekkehard Jost

---

187 Die numerische Benennung der FMP-Tonträger ist generell nicht mit deren chronologischen Erscheinen identisch. Vielmehr legte die FMP bei einer getroffenen Entscheidung für eine Produktion und Herausgabe die jeweilige FMP- oder SAJ-Nummer fest. So wurde bspw. die vorletzte SAJ-LP während der Post-Kollektiv-Zeit *SAJ-53: Chirps* von Lacy und Parker erst ein halbes Jahr nach *SAJ-54* Mitte Juni 1986 veröffentlicht.

188 Gebers, Interview mit dem Verfasser, 22.5.2015, Interview-ID 300. Vgl. Kapitel *4.7.2 SAJ-Nummern.*

189 Der gefeierte Mitschnitt vom *Workshop Freie Musik* 1978: *Percussion Music from Africa* (SAJ-19), *Kaloum* (SAJ-26): eine 1980 nicht von der FMP in Brüssel aufgenommene Produktion, *Basikolo* (SAJ-48): ein im März 1984 bei zwei FMP-Einzelkonzerten im *Quartier Latin* von Gebers aufgenommener Mitschnitt, *Né Né* (SAJ-50): mit weiteren Aufnahmen aus den beiden Konzerten vom März 1984 sowie *Yankadi* (SAJ-54): mit weiteren Titeln der Auftritte beim W.F.M. 1978.

190 Schlippenbach 1981.

- *Hommage/Vier Fäuste für Hanns Eisler* von Heiner Goebbels und Alfred Harth (*SAJ-08*), aufgenommen von Gebers bei einem FMP-Einzelkonzert Anfang Oktober 1976 im *Flöz*
- *Vom Sprengen des Gartens* von Heiner Goebbels und Alfred Harth (SAJ-20), die bis auf einen von Gebers aufgenommenen Titel beim W.F.M. 1979 über einen mehr als einjährigen Zeitraum (Juni 1978 bis September 1979) in Frankfurt entstanden ist
- *Live* des *Saxophonorchester Frankfurt* (SAJ-40), eine von Gebers bei zwei FMP-Einzelkonzerten im *Flöz* im März 1982 aufgenommene LP des von Harth geleiteten Orchesters (deren Mitglieder laut Hüllentext „Druckerin, Lehrer, Arbeitslose, Schüler, Goldschmied, Soziologen, Geograph, Dichter" seien).

Die drei Programmebenen der FMP-Nummern lassen sich nicht auf die SAJ-Produktionen übertragen. Unter den 47 SAJ-Veröffentlichungen befinden sich nur vier LPs mit sog. Musikern der ersten Stunde.[191] Als Produktionen mit Nachwuchsmusikern lassen sich ebenfalls nur vier LPs bestimmen.[192] Und Free Jazz aus der DDR findet sich auf keiner SAJ-Veröffentlichung während der Post-Kollektiv-Zeit. Lediglich Sommer (dr) ist auf *Good Old Circus* (SAJ-33) vom Jazz-Workshop in Prag 1979 und auf *Was macht Ihr denn?* (SAJ-42), einem Live-Mitschnitt von Van Hoves Gruppe *ML DD 4* beim W.F.M. 1982, zu hören. Vielmehr dokumentieren über 50% der SAJ-Veröffentlichungen Projekte von assoziierten westeuropäischen Musiker:innen.[193] Hierzu zählen:

---

191 So ist Brötzmann auf der LP *ICP-Tentet in Berlin* (SAJ-23) vertreten (einem Live-Mitschnitt des *ICP-Tentet* beim W.F.M. 1977 in der *Akademie der Künste* vertreten) sowie mit Kowald auf *Stringer* (SAJ-41) des *The London Jazz Composers Orchestra* (entstanden im Rahmen einer BBC-Produktion im März 1980), Schlippenbach und Carl auf *Jelly Roll* (SAJ-31) und Carl auf *Good Old Circus* (SAJ-33), die einen im März 1979 von *Supraphon* aufgenommenen Jazz-Workshop in Prag dokumentiert (u.a. mit Breuker, Skidmore, Stivin, Watts, Sermilä, Malfatti, Mangelsdorff, Oxley, Matzner, Dašek, Bednarek, Moholo und Sommer).

192 *Ohpsst* (SAJ-22) des gleichnamigen Westberliner Trios (Henrichs: as, bs; Kuchenbuch: ss, ts; Rilling: cel), *Who is Who?* (SAJ-24) des *Berlin Jazz Workshop Orchestra* mit den Ergebnissen des von Tchicai im August 1978 geleiteten Jazz-Workshops (Arndt: p; Boje: tb; Dau: ss, ts; Fuchs: bcl,ssi; Grabosch: cor; Graef: ss, ts; Gräwe: p; Henrichs: as, bs; Keyserling: as,fl; Krämer: dr; Kuchenbuch: ss, ts; Mast: ss, ts; Mergner: tp; Riermeier: perc, vib; Rilling: cel; Schneider: b; Steinhaus: as; Tchicai: ss, as, bcl; Wegel: b; Wiedermann: tb), *Sib Langis* (SAJ-30), die zweite LP des *Berlin Jazz Workshop Orchestra* und die *Berliner Begegnung* (SAJ-47), die die Zusammenarbeit von Van Hove mit den Westberliner Musikern Fuchs und Hollinger während Van Hoves Arbeitsaufenthalt 1983 in Berlin dokumentiert.

193 Aufgrund der gemeinsamen Arbeitsprojekte, Gruppen und Kooperationen der Musiker:innen ist die hier vorgenommene Klassifizierung nicht exkludierend: d.h. einzelne SAJ-Veröffentlichungen sind teilweise mehreren Ebenen innerhalb des SAJ-Plattenprogramms zugeordnet.

- *Live Performances* von Tristan Honsinger und Maarten van Regteren Altena (SAJ-10)
- *Verloren Maandag* von Fred Van Hove (SAJ-11)
- *John Tchicai/solo plus Albert Mangelsdorff* (SAJ-12)
- *Crackle* von Michel Waisvisz (SAJ-14)
- *John Tchicai and Strange Brothers* (SAJ-15)
- *...Superstars* von Willem Breuker und Leo Cuypers (SAJ-17)
- *West...Ost* von Han Bennink (SAJ-21)
- *ICP-Tentet in Berlin* (SAJ-23)
- *Who is Who?* des *Berlin Jazz Workshop Orchestra* (SAJ-24) unter der Leitung von Tchicai
- *Church Organ* von Fred Van Hove (SAJ-25)
- *No Gossip* von Keith Tippett und Louis Moholo (SAJ-28)
- *M.L.A. Blek* von Fred Van Hove, Mark Charig, Radu Malfatti und Paul Rutherford (SAJ-32)
- *Good Old Circus* (SAJ-33): aufgenommen beim Jazz-Workshop in Prag 1979
- *Zwecknagel* von Radu Malfatti und Harry Miller (SAJ-34)
- *Incision* von Evan Parker und Barry Guy (SAJ-35)
- *Shozyg/Music for invented instruments* von Hugh Davies (SAJ-36)
- *Mujician* von Keith Tippett (SAJ-37)
- *Sweet and s'ours* von Maggie Nicols und Julie Tippetts (SAJ-38)
- *Prosper* von Fred Van Hove (SAJ-39)
- *Stringer* des *The London Jazz Composers Orchestra* (SAJ-41)
- *Was macht Ihr denn?* von Fred Van Hoves *ML DD 4* (SAJ-42)
- *Tern* von Louis Moholo, Larry Stabbins und Keith Tippett (SAJ-43/44)
- *Berliner Begegnung* von Fred Van Hove, Wolfgang Fuchs und Peter Hollinger (SAJ-47)
- *Chirps* von Steve Lacy und Evan Parker (*SAJ-53*), die das Konzert von Lacy und Parker im Rahmen von *The Different Lacy* im *Haus am Waldsee* 1985 dokumentiert

Als dritte klassifizierbare Ebene innerhalb des SAJ-Programms lassen sich die Veröffentlichungen von US-amerikanischen Musiker:innen kennzeichnen (von denen die allermeisten in Europa arbeiteten und lebten). Hierzu zählen die SAJ-Veröffentlichungen:
- *Berlin Concert* des damals in Paris lebenden Noah Howard mit seiner *Group* (SAJ-07)
- *Austin Stream* des in Schweden lebenden US-amerikanischen Komponisten und Pianisten Michael Smith (SAJ-09): aufgenommen mit seinem Quartett beim T.M.M. 1976
- *Live Performances* des US-amerikanische Cellisten Tristan Honsinger, der in der ersten Hälfte 1970er-Jahre nach Amsterdam übergesiedelt war (SAJ-10)

- *Schizophrenic Blues* des *Noah Howard Quartet* (SAJ-13)
- *Follies* des *Steve Lacy Quintet* (SAJ-18): aufgenommen beim W.F.M. 1977
- *Self Trait* des aus Chicago stammenden und damals in Amsterdam lebenden Pianisten Curtis Clark (SAJ-52): aufgenommen beim T.M.M.-*Piano Project* 1984
- *Chirps* von Steve Lacy und Evan Parker (SAJ-53)
- *Live in Berlin* des aus San Francisco stammenden Quartetts *United Front* mit George Sams, Lewis Jordan, Mark Izu und Anthony Brown (SAJ-45): aufgenommen beim T.M.M. 1982
- *A Concert in Berlin* von Marilyn Crispell (SAJ-46): aufgenommen Anfang Juli 1983 im *Haus am Waldsee*

Fast 75% der SAJ-Veröffentlichungen während der Post-Kollektiv-Zeit enthalten Live-Aufnahmen.[194] Bis auf wenige Ausnahmen[195] sind diese bei FMP-Live-Projekten in Westberlin entstanden. So sind auf sieben SAJ-Nummern Live-Mitschnitte vom T.M.M. zu hören[196], auf neun SAJ-Nummern Aufnahmen vom W.F.M.[197], auf zwei SAJ-Nummern Mitschnitte von den *Free Concerts im Rathaus Charlottenburg*[198], ebenfalls auf zwei SAJ-Nummern Mitschnitte von Konzerten im *Haus am Waldsee*[199], auf einer SAJ-LP ein Mitschnitt von *Jazz Now* 1978[200] und auf 11 SAJ-Nummern Mitschnitte von FMP-Einzelkonzerten im *Quartier Latin* und

194 Wie die nachfolgende Aufstellung dokumentiert, enthalten drei dieser SAJ-LPs neben den bei FMP-Projekten entstandenen Live-Aufnahmen noch andere Titel, die nicht im Rahmen von FMP-Veranstaltungen aufgenommen worden sind.

195 Zu den wenigen nicht im Rahmen von FMP-Live-Projekten aufgenommenen LPs zählen die SAJ-Veröffentlichungen *Verloren Maandag* von Van Hove (SAJ-11), die im Januar 1977 im *King Kong* in Antwerpen und in Zusammenarbeit mit der *Stichting Vrijere Muziek* (Antwerpen) entstanden ist, und die im Mai 1980 in Rom aufgenommene *Jelly Roll* der *RAI Big Band* & Solisten.

196 Beim T.M.M. 1976: *Austin Stream* des *Michael Smith Quartet* (SAJ-09), die A-Seite von *Live Performances* von Honsinger (SAJ-10) und sowie drei Titel von *Crackle* von Waisvisz (SAJ-14). Beim T.M.M. 1980: *Zwecknagel* von *Malfatti/Miller* (SAJ-34). Beim T.M.M. 1982: *Tern* von *Moholo/Stabbins/Tippett* (SAJ-43/44) und *Live in Berlin* von *United Front* (SAJ-45). Beim T.M.M. (*Piano Project*) 1984: *Self Trait* von Clark (SAJ-52).

197 Beim W.F.M. 1977: *Follies* des *Steve Lacy Quintet* (SAJ-18) und *ICP-Tentet in Berlin* (SAJ-23). Beim W.F.M. 1978: *...Superstars* von Breuker und Cuypers (SAJ-17), *Percussion Music from Africa* von *Africa Djolé* (SAJ-19) und *Yankadi* von *Africa Djolé* (SAJ-54). Beim W.F.M. 1979: ein Titel von *Vom Sprengen des Gartens* von *Goebbels/Harth* (SAJ-20) und zwei Titel von *Shozyg/Music for invented instruments* von Hugh Davies (SAJ-36). Beim W.F.M. 1980: *No Gossip* von *Tippett/Moholo* (SAJ-28). Beim W.F.M. 1982: *Was macht Ihr denn?* von *ML DD 4*.

198 *John Tchicai solo plus Albert Mangelsdorff* (SAJ-12) und *John Tchicai and Strange Brothers* (SAJ-15).

199 *A Concert in Berlin* von Crispell (SAJ-46) und *Chirps* von *Lacy/Parker* (SAJ-53).

200 *West...Ost* von Bennink (SAJ-21).

im *Flöz*.[201] Ebenso wie bei den FMP-Nummern nahm Gebers auch alle auf SAJ veröffentlichten FMP-Einzelkonzerte sowie den Großteil der auf SAJ veröffentlichten Live-Mitschnitte von den FMP-Konzertreihen und *Specials* selbst auf.[202] Des Weiteren hat Gebers auch die Hälfte der während der Post-Kollektiv-Zeit nicht bei Live-Konzerten entstandenen SAJ-LPs in Westberlin aufgenommen.[203] Bei der anderen Hälfte handelt es sich zum einen um Aufnahmen, die nicht von der FMP gemacht worden sind, sondern die auf Betreiben der Musiker:innen entstanden sind.[204] Und zum anderen um Veröffentlichungen, bei denen wie bei *Jelly Roll* (SAJ-31) oder bei *M.L.A. ‚Blek'* (SAJ-32) die fertigen Bänder bzw. Aufnahmen einer Radioproduktion oder wie bei *Good Old Circus/Interjazz IV* (SAJ-33) eine fertige Produktion[205] übernommen und veröffentlicht werden konnten.

Die Erstauflage der SAJ-Nummern lag während der Post-Kollektiv-Zeit ebenso wie bei den FMP-Nummern in der Regel bei 500 Exemplaren. Zu den fünf in dieser Zeit produzierten und meistverkauften SAJ-LPs gehören *SAJ-19*: *Percussion Music from Africa* von *Africa Djolé* (veröffentlicht im Juli 1978), *SAJ-26*: *Kaloum* ebenfalls von *Africa Djolé* (veröffentlicht im Juni 1980) und auch *SAJ-50*: *Né Né* von *Africa Djolé* (veröffentlicht im November 1984) sowie *SAJ-08*: *Hommage/Vier Fäuste für Hanns Eisler* von *Goebbels/Harth* (veröffentlicht im März 1977) und

---

201 *Berlin Concert* der *Noah Howard Group* (SAJ-07), *Hommage/Vier Fäuste für Hanns Eisler* von *Goebbels/Harth* (SAJ-08) und die B-Seite von *Live Performances* von Altena (SAJ-10), *Schizophrenic Blues* des *Noah Howard Quartet* (SAJ-13), *Johnny Rondo Duo plus Mike Cooper* (SAJ-29), *Mujician* von Tippett (SAJ-37), *Prosper* von Van Hove (SAJ-39), *Das Saxophonorchester Frankfurt* (SAJ-40), *Berliner Begegnung* von *Fuchs/Van Hove/Hollinger* (SAJ-47), *Basikolo* von Youla & *Africa Djolé* (SAJ-48) und *Né Né* von Youla & *Africa Djolé* (SAJ-50).

202 Die bei den FMP-Live-Projekten nicht selbst von Gebers aufgenommenen SAJ-LPs wurden von Bernhard Arndt beim W.F.M. 1977 und 1978 und von Thomas Funken beim W.F.M. 1980 aufgenommen.

203 Anders als bei den FMP-Nummern hat Gebers für SAJ-Produktionen ausschließlich in Westberlin aufgenommen. Hierzu zählen: *Who is Who?* des *Berlin Jazz Workshop Orchestra* (SAJ-24), die in der Musikschule in Berlin-Charlottenburg aufgenommene zweite Veröffentlichung des *Berlin Jazz Workshop Orchestra*: *Sib Langis* (SAJ-30), die am Rande des W.F.M. 1981 aufgenommene *Incision* von *Parker/Guy* (SAJ-35), *Off the wall* von Wada (SAJ-49) und die im leeren *Flöz* aufgenommene *Kora Music from Gambia* von Jali Nyama Suso (SAJ-51).

204 Wie die im Januar 1978 in Gießen aufgenommene *Wetterau* (SAJ-16) der Gießener Gruppe *Grumpff*, die im März 1978 im *ERD-Studio* in Berlin aufgenommene *Ohpsst* (SAJ-22), die in der Pfarrkirche *St. Peter* in Sinzig (Rheinland-Pfalz) im August 1979 aufgenommene *Church Organ* (SAJ-25) von Van Hove, die im März 1980 in Brüssel aufgenommene *Kaloum* (SAJ-26) von *Africa Djolé* sowie die im Juni 1978 in den Londoner *Riverside Studios* aufgenommene *Sweet and s'ours* (SAJ-38) von Nicols und Tippett.

205 Die im Mai 1981 veröffentlichte *SAJ-33*: *Good Old Circus* wurde bereits 1979 von der tschechoslowakischen *Supraphon*, die den Jazz-Workshop vom 13. bis zum 15. März 1979 in Prag auch aufgenommen hatte, als *Interjazz 4*: *Starý Dobrý Cirkus* veröffentlicht (*Supraphon* 1115 2573).

SAJ-17: …*Superstars* von Breuker und Cuypers (veröffentlicht im Juli 1978). Die erste LP von *Africa Djolé* (*SAJ-19*: *Percussion Music from Africa*) avancierte als Vinyl-Veröffentlichung zum bestverkauften Tonträger der FMP. Die verkauften Stückzahlen überstiegen nicht nur die anderen vier während der Post-Kollektiv-Zeit meistverkauften SAJ-Nummern, sondern auch die fünf im vorherigen Kapitel genannten meistverkauften FMP-Nummern.

FMP S-Serie

1981 kamen zu den FMP- und SAJ-Nummern noch die S-Nummern bzw. die *FMP S-Serie* hinzu. Bei der *FMP S-Serie* handelte es sich weniger um eine geplante konzeptionelle Erweiterung oder programmatische Schwerpunktsetzung, als vielmehr um eine Plattform, die die FMP anderen Musiker:innen zur Verfügung stellte. So führt Gebers über die bislang weitgehend unberücksichtigt gebliebene *FMP S-Serie*[206] bei den Oral History-Interviews aus:

> „Es gab dann die *S-Serie*. Aber das waren fast alles Merkwürdigkeiten, die Sven [Åke Johansson] machen wollte und die uns allen schwerst über die Hutschnur … Da sind ja auch merkwürdige Sachen dabei. Da ist auch ein Onkel von Alex [Schlippenbach] dabei. Wie hieß das? …: *Verbotene Fracht* von Stefan von Lepel. Das ist ein Onkel von Alex. Und der hat mich dann beharkt: ‚Kannst du nicht …?' ‚Gut, ich überlege mir mal was'. Und: ‚Machen wir das eben.' Und so entstanden diese Sachen. Und da sind ja auch merkwürdige Musiken dabei gewesen. Also, dann gabs ein Quartett mit Rüdiger [Carl], Jay Oliver, Sven [Åke Johansson] und Alex [Schlippenbach], die dann so Standards gespielt haben: *Night and Day* – so eine Tanzmusik-Kapelle. Also das ist ganz unterschiedliches Zeug. Auch Rüdigers [Carl] Ausflüge in Pop-Szenarien mit dem *COWWS Quintett*. Und wer ist da noch dabei? Weiß ich gar nicht … Also ist aus meiner Sicht nicht sehr ernst zu nehmen."[207]

Während der Post-Kollektiv-Zeit erschienen in der *FMP S-Serie* die in der Interviewpassage angesprochene 7inch-EP *Verbotene Fracht* (FMP S-12) von Stefan von Lepel mit *Liedern und Chansons* (so der Untertitel der im April 1980 im Berliner

206 Erstmals hat Müller (2022) die *FMP S-Serie* mit korrekten Informationen in drei Sätzen berücksichtigt. Bis dahin hatte einzig Klopotek auf die *FMP S-Serie* hingewiesen: jedoch nicht nur mit falschen Zeitangaben, sondern auch ohne Kenntnis der Überlegungen von Gebers, die *FMP S-Serie* (wie auch *Uhlklang*) ins Leben zu rufen. So schreibt Klopotek: „Rückblickend erscheint die Aufteilung der Labelarbeit in FMP und SAJ und die weitere Verschachtelung – von 1982 bis 1985 kommt *Uhlklang* hinzu, ab 1984 folgt noch eine *S-Serie*, die wundersamerweise für Sven-Åke Johansson reserviert scheint – wenig schlüssig, zumal diese Verschachtelung mit dem Beginn der CD-Edition beendet wurde." (Klopotek 2010, S. 59)

207 Gebers, Interview mit dem Verfasser, 22.5.2015, Interview-ID 305. Gegenüber Müller berichtet Gebers, dass es sich bei der *S-Serie* um „Sachen" handelte, „die die Musiker unbedingt machen wollten, ich aber nicht. Dann haben wir das auf deren Risiko gefertigt und vertrieben." (Gebers zit. nach Müller 2022, S. 116)

ERD-Studio aufgenommenen Single), die im Juni 1984 im Berliner Nachtclub *First* live aufgenommene 10inch-LP *Night and Day* (FMP S-13) von Carl, Schlippenbach, Oliver und Johansson, die LP *Schallplatten und Plastikblumen* (FMP S-14) von Johansson (eine im Februar 1984 in Bremen aufgenommene Solo-LP), die 10inch-LP *Blind aber Hungrig* (FMP S-15) von Johansson (voc) und Schlippenbach (p) mit *norddeutschen Gesängen* (aufgenommen im Juni 1984 in Bremen) sowie die 7inch-EP *Himmel auf Erden* (FMP S-16) mit Sound-Skulpturen von Kellers (aufgenommen von Gebers[208] im Rahmen der Münsteraner Kunstausstellung *Himmel auf Erden* im April 1985).

Das Coverdesign der S-Nummern während der Post-Kollektiv-Zeit übernahm für die LPs, auf denen Johansson mitspielte (*FMP S-13*: *Night and Day*, *FMP S-14*: *Schallplatten und Plastikblumen* und *FMP S-15*: *Blind aber Hungrig*), Johansson selbst. Wer die Cover und Hüllen von *FMP S-12* und *FMP S-16* gestaltet hat, ist nicht dokumentiert.

Uhlklang

Im Frühjahr 1983 erschien mit der LP *Knack On* des St. Gallener Duos *Norbert Möslang/Andy Guhl* die erste *Uhlklang*-Veröffentlichung (von den beiden Musikern bei einem Konzert im Oktober 1982 im Innsbrucker *Komm* selbst aufgenommenen und produziert). *Uhlklang* ist das dritte Vinyl-Sublabel der FMP. Gebers' Überlegung, das *Uhlklang*-Sublabel zu gründen, war, wie Gebers in einem *Brief an Freunde* 1984 schrieb, der „ökonomischen Krise" geschuldet, in der sich die FMP „seit 1982"[209] befand. So führt Gebers bei den Oral History-Interviews zu *Uhlklang* aus:

> „*Uhlklang* entstand aus der Überlegung in einer für uns ziemlich misslichen Lage was weiter zu machen: unter Beteiligung der Musiker. D.h. die standen dann für ihr Ding selber gerade. Also ich habe mich in vielen Fällen um die Aufnahme und Produktion gekümmert und solche Sachen – aber das Risiko haben die Musiker getragen."[210]

Insofern ist es kaum verwunderlich, dass bei fast allen *Uhlklang*-Veröffentlichungen das Coverdesign von einem an der jeweiligen Produktion beteiligten Musiker übernommen wurde. Bei fast der Hälfte der *Uhlklang*-LPs stellte die FMP Fotos von Dagmar Gebers für die Hüllengestaltung zur Verfügung. Auf meine Nachfrage, ob der Entscheidung, die jeweiligen LPs auf *Uhlklang* zu veröffentlichen (und nicht auf FMP) auch musikalische Motive zugrunde lagen (wie bspw. bei SAJ), betont Gebers bei den Interviews: „Es ging auch nicht zu dieser Zeit. Wir waren da

---

208 *FMP S-16* war die einzige LP aus der S-Serie während der Post-Kollektiv-Zeit, die Gebers selbst aufgenommene hat.

209 FMP 1984b.

210 Gebers, Interview mit dem Verfasser, 22.5.2015, Interview-ID 302.

das erste Mal am Abstinken bis zum Gehtnichtmehr."[211] So hat sich Gebers, wie er bei den Interviews weiter berichtet, „genauso wie bei FMP" um die *Uhlklang*-Produktionen bzw. Veröffentlichungen „gekümmert".[212] Der Unterschied habe lediglich darin bestanden, dass die FMP die Projekte nicht „oder nur teilweise"[213] finanzieren konnte. Auf dem *Uhlklang*-Sublabel wurden zwischen Frühjahr 1983 und Frühjahr 1986 insgesamt sieben UK-Nummern veröffentlicht. Neben *Knack On* (UK 1) waren dies:

- *Zwischen den Pausen* von Erhard Hirt (UK 2): aufgenommen von Hirt im August 1982 in Münster
- *Echo* des *Berliner Austausch Dienst* mit Andreas Boje, Franz de Byl, Wolfgang Fuchs, Knut Remond und Hans Schneider (UK 3): aufgenommen von Gebers im Januar 1983 live im *Flöz*
- *Rieselfelder* von *Puls 5* mit Andreas Maria Hermes, Fritz Huber, Arni Arnold, Wolfgang Schleif und Axel Kottsieper (UK 4): aufgenommen von Gebers im Februar 1983 live im *Flöz*
- *Frogman's View* von *Xpact* mit Wolfgang Fuchs, Erhard Hirt, Hans Schneider und Paul Lytton (UK 5): aufgenommen von Gebers im Dezember 1983 live im *Flöz*
- *Music is music is…* des *King Übü Örchestrü* (UK 7): aufgenommen von Gebers am 22./23. Dezember 1984 live in der *Akademie der Künste*
- *So-und? So!* von Wolfgang Fuchs (UK 7): aufgenommen von Gebers im Juni 1985 im neuen (noch nicht ganz fertiggestellten) FMP-Studio im Berliner Wedding

Die im April 1986 veröffentlichte *UK 7* war die letzte FMP-*Uhlklang*-Veröffentlichung.

Special Editions

Während der Post-Kollektiv-Zeit produzierte die FMP zwei ihrer *Special Editions*. Dies waren die 3-LPs-Box *For Example. Workshop Freie Musik 1969–1978* (FMP R1/2/3) und die Doppel-LP *Snapshot. Jazz Now/Jazz aus der DDR* (FMP R4/5). Die als 600er Auflage zusammen mit der *Akademie der Künste* herausgegebene zweite *Special Edition* der FMP *For Example* erschien im Frühjahr 1978. Die 3-LPs-Box *For Example* dokumentierte den W.F.M. bis 1978. Neben den 3 LPs enthielt die Box ein 136-seitiges Buch im 30x30cm-Format mit Beiträgen von Burde, Jost, Liefland, Schmit, Margull, Hertling, Brötzmann, Lacy, Mengelberg, Malfatti, Teichmann und Gebers sowie Fotos von Dagmar Gebers, Roberto Masotti und

211 Ebd.
212 Ebd.
213 Ebd.

Werner Bethsold. Gestaltet hatte die gesamte Box (inkl. Buch) Brötzmann. Die erste Platte enthält Soloaufnahmen vom W.F.M. von Lacy, Rutherford, Reichel, Honsinger, Van Hove, Bailey, Mangelsdorff und Dyani aus den Jahren 1974 bis 1977. Auf der zweiten Platte sind Aufnahmen von Gruppen vom W.F.M. aus den Jahren 1972–1974 zu hören mit dem *Schlippenbach Trio*, *Brötzmann/Van Hove/Bennink plus Mangelsdorff*, der *Frank Wright Unit* und dem *Schweizer-Carl-Quartet*. Und auf der dritten Platte befinden sich Aufnahmen vom W.F.M. von 1972 bis 1977 mit den Orchestern *Willem Breuker Orchestra*, dem *Globe Unity Orchestra*, Vinko Globokar & *Brass Group* und dem *ICP-Tentet*. Aufgenommen hatten die Titel Gebers, Byl, Arndt und Lindenau.[214] Müller hat darauf hingewiesen, dass der organisatorische Aufwand (neben den laufenden Arbeiten an Konzerten, Plattenveröffentlichungen und dem eigentlichen *Workshop*) „eine solche Publikation vorzubereiten und noch im Jubiläumsjahr zu veröffentlichen", erheblich sei. Die Box wurde vom Berliner *Senator für Kulturelle Angelegenheiten* und der *Akademie der Künste* mit insgesamt 30.000 DM unterstützt.[215]

Im Dezember 1980 folgte mit dem Doppelalbum *Snapshot* die dritte FMP-*Special Edition*, die die von der FMP vom 10. bis zum 12. August 1979 in der *Akademie der Künste* veranstaltete *Jazz Now*-Konzertreihe mit dem Schwerpunkt *Jazz aus der DDR* dokumentiert. Die beiden LPs enthalten Mitschnitte des *Berliner Improvisations Quartett*, des *Gumpert-Sommer Duo*, des *Friedhelm Schönfeld Trio*, der *Ulrich Gumpert Workshop Band*, von *Studio IV*, dem *Gumpert-Sommer Duo* + Manfred Hering, dem *Ernst-Ludwig Petrowsky Quartett* und dem *Hans Rempel Orchester*. Auch *Snapshot* enthielt ein Buch bzw. eine 48-seitige Broschüre im 30x30cm-Format mit Beiträgen von Gebers, Jungheinrich, Liefland, Linzer, Reichelt, Rempel und Engelhardt sowie Fotos von Dagmar Gebers und Jochen Hahne. Gestaltet wurde *Snapshot* von Kussatz.

„Möge so mancher Kollege wütend gegen den Sargdeckel hämmern"[216]

Bevor sich die FMP ab Ende der 1970er-Jahre in eine schwere ökonomische Krise bewegte und es „richtig nach unten"[217] ging, wie Gebers bei den Oral History-Interviews berichtet, erntete Gebers und die FMP Anerkennung für ihre bisherige Arbeit. So verlieh 1977 der *Verband der deutschen Kritiker e.V.* den *Kritikerpreise für Musik* an Gebers und die FMP. Die Preisverleihung fand am 8. April 1978 in

214 Wer die Aufnahmen beim W.F.M. 1972 gemacht hat, ist nicht bekannt.

215 Vgl. Müller 2022, S. 37. Müller bemerkt zu *For Example*, dass es „in der Welt der selbst organisierten Musik nichts Vergleichbares" gegeben habe: „Mit anderen Worten: Neben dem symbolischen Kapital gab es 1978 auch relativ viel Geld, es schien, als sei die FMP in der Mitte der Kulturgesellschaft angekommen." (Ebd.)

216 Naura 1981.

217 Gebers, Interview mit dem Verfasser, 14.8.2015, Interview-ID 518.

der *Akademie der Künste* statt. Zur Begründung verwies die Jury auf die vielfältigen Aktivitäten der FMP (wie u.a. auf den W.F.M. und das T.M.M.) und auf die Schallplattenproduktion der FMP, die ein „getreues Bild der europäischen Jazz-Szene entwerfe".[218] Dass heute von einer Avantgarde-Szene des europäischen Jazz gesprochen werden könne, sei „nicht zuletzt das Verdienst dieser Musiker-Kooperative und ihres Leiters Jost Gebers".[219] 1978 erhielten Brötzmann, Bennink und Schlippenbach den *Kunstpreis der Stadt Berlin* (insgesamt DM 20.000,–). In der Begründung der Jury (Wolfgang Burde, Hans Chemin-Petit und Isang Yun) heißt es, dass alle drei Musiker „in einem über 10jährigen Arbeitsprozess die europäische Jazz-Szene wesentlich verändert und dabei ein hohes Maß an schöpferischer Regeneration bewiesen"[220] hätten. Und (analog zur Begründung des *Verbandes der deutschen Kritiker*) wird angemerkt: „Daß heute nicht nur von einer Avantgarde-Szene, sondern von einer Avantgarde-Szene des Jazz und einer vielbeachteten europäischen Alternative zum amerikanischen Jazz gesprochen werden"[221] könne, sei nicht zuletzt Verdienst dieser drei Musiker. Wie Liefland Ende März 1978 in seinem Beitrag *Freiheit – und wie man das macht* über den W.F.M 1978 in der *Frankfurter Rundschau* hervorhob, gehe die „Ehrung" von Brötzmann, Bennink und Schlippenbach „ideell" auch an den zehnjährigen W.F.M., das T.M.M. und die Arbeit der FMP „mit den Organisations- und Produktions-Räten Jost Gebers und Dieter Hahne".[222]

Während Burde seinen Bericht vom W.F.M. 1978 im Berliner *Tagesspiegel* noch mit „Der Free Jazz lebt"[223] betitelte und Liefland den „Aufwind" aufgrund „des von der Stadt Berlin verliehenen Kunstpreises"[224] beim W.F.M. 1978 betont hatte, schließt Donisch in *Blues Notes* seinen Beitrag über die FMP hingegen mit dem Hinweis auf deren drängendstes Problem: „Man kann nur hoffen, dass diese Auszeichnungen helfen, die finanzielle Misere des Independent-Jazz Labels in den nächsten 10 Jahren zu überstehen."[225] Bei den Oral History-Interviews bemerkt

---

218 Verband der deutschen Kritiker e.V. 1977. Müller (2022, S. 35) hat darauf hingewiesen, dass mit Gebers das einzige Mal ein Preisträger ausgezeichnet wurde, „der nicht klar in der klassischen Musik verortet war. Die eine andere Ausnahme war 2003 Heiner Goebbels, der immer schon auch in nicht-klassischen Zusammenhängen gearbeitet hatte." (Ebd.)

219 Ebd.

220 N.N. 1978, S. 36. Auch hinsichtlich des *Kunstpreises der Stadt Berlin* hat Müller (2022, S. 36) darauf hingewiesen, dass dieser Preis in seiner Geschichte in der Sparte Musik nur 1978 an Vertreter:innen nicht klassisch zu nennender Musik verliehen worden sei. Zudem macht er auf die für damalige Verhältnis beachtliche Summe aufmerksam: So habe das Durchschnittsjahresgehalt eines Angestellten 1978 bei 26.242 DM gelegen.

221 Ebd.

222 Liefland 1978d.

223 Burde 1978b.

224 Liefland 1978c.

225 Donisch 1978.

Gebers zur damaligen Situation, dass irgendwann die Publikumsresonanz abebbte, „weil sich insgesamt die Situation“[226] habe:

> „Also diese 68er-Geschichte hatte insofern 'ne Bedeutung, als da so eine Aufbruchsituation war und diese Musik ja eben auch aus dieser Zeit/in dieser Zeit – sagen wir mal – bekannt wurde. Und viele Leute sind da gekommen, weil sie dachten, das sei revolutionär – aus ihrem Blickwinkel. Aber die haben eben auch schnell gemerkt, es ist besser zu Hồ Chí Minh-Parolen über den *Ku'damm* zu gehen, als zu 'ner Brötzmann-Musik – weil, das funktionierte nicht –, und sind dann wieder weggeblieben. Das ist es. Denen fehlte die Marschmusik – sehr einfach formuliert.“[227]

Wie Gebers weiter berichtet, führten die damaligen Probleme „mit Publikum und Resonanz“[228] dazu, „dass wir bestimmte Sachen gar nicht mehr machen konnten“.[229] Und „dann haben sie im Studio eingebrochen: '79, und das ganze Equipment geklaut. [...] Baust mühsam was auf, und dann: Zack! Ist alles wieder weg.“[230] Der Einbruch ins FMP-Studio (Olbersstraße) im Herbst 1979 und der daraus entstandene Schaden trug wesentlich zur Verschärfung der ökonomischen Krise der FMP bei. In der Mitteilung *In eigener Sache* von Ende 1979 kommunizierte die FMP den Einbruch ins Studio, die daraus resultierenden finanziellen Belastungen, die generell schwierige finanzielle Situation der FMP sowie die Probleme hinsichtlich der Tonträgerverkäufe und Live-Aktivitäten (vor allem bzgl. der Einzelkonzerte):

> „Einigen von unseren Kunden und Konzertbesuchern wird es vielleicht schon bekannt sein, dass die Free Music Production durch einen Einbruch im FMP-Studio in erhebliche Schwierigkeiten geraten ist.
> Anfang Oktober 1979, drei Wochen vor dem ‚Total Music Meeting‘, wurde in unser Studio eingebrochen – absolut professionell, wie auch die Kriminalpolizei feststellte – und fast unsere gesamte Aufnahme- und Beschallungsapparatur gestohlen (den größten Teil der Mikrofone, Mischpult, Bandmaschinen, Verstärker, Kassettenrecorder, Lautsprecherboxen, Zusatzgeräte und sämtliches Zubehör).“[231]

Bereits beim T.M.M. musste die FMP deshalb mit geliehenem Equipment arbeiten, was wesentlich höhere Kosten verursachte. Obwohl der größte Teil des Equipments versichert war, bedeutete dies nicht, dass die FMP mit der ausgezahlten Versicherungssumme die gestohlenen Gegenstände wiederersetzen konnte. Ersetzt wurde entsprechend der abgeschlossenen Verträge nur der „Zeitwert, abzüglich einer 25%igen Eigenbeteiligung“.[232] Hinzu kam, dass „wichtige Teile

---

226 Gebers, Interview mit dem Verfasser, 22.5.2015, Interview-ID 326.
227 Gebers, Interview mit dem Verfasser, 14.8.2015, Interview-ID 518.
228 Ebd.
229 Gebers, Interview mit dem Verfasser, 22.5.2015, Interview-ID 306.
230 Ebd.
231 FMP 1979c.
232 Ebd.

heute nicht mehr erhältlich" seien „bzw. extrem modifiziert wurden und deshalb auch entsprechend teuer sind":[233]

> „Wir haben unsere gesamte technische Ausrüstung stufenweise in den letzten sechs bis acht Jahren aufgebaut und befinden uns jetzt wieder im Anfangsstadium. Nach vorsichtigen Schätzungen müssen wir für die Neuanschaffungen insgesamt zwischen DM 80.000,-- und DM 90.000,-- investieren. Natürlich haben wir dieses Geld nicht. Darüber hinaus können wir unser altes Studio nicht mehr nutzen (der Raum stand uns kostenlos zur Verfügung), sodass wir auch noch für den Ausbau und für die Sicherung neuer Räume investieren müssen. Dazu kommt natürlich eine ständige Belastung für Miete und Nebenkosten."[234]

Darüber hinaus berichtet die FMP in der Mitteilung *In eigener Sache*, dass der Schallplattenverkauf „speziell im Ausland (Skandinavien, Japan, USA), wegen Abwertungen der Währungen, teilweise bis auf die Hälfte zurückgegangen"[235] sei. Aufgrund der hohen Produktions- und Herstellungskosten in Deutschland sei es jedoch nicht möglich, die Exportpreise weiter zu reduzieren. Und hinsichtlich der Live-Projekte berichtet die FMP, dass wegen fehlender finanzieller Mittel die *Free Concert*-Reihe im Rathaus Charlottenburg gestrichen werden musste. Ebenso seien Bitten um Unterstützung für ähnliche Projekte („wegen fehlender Gelder"[236]) abschlägig beschieden worden. Hinzu komme, dass FMP-Einzelkonzerte, die sich über Eintrittsgelder finanzierten, aufgrund der Saalmieten und des hohen Aufwandes von der FMP „kaum noch zu realisieren"[237] seien.

Aufgrund der bereits bestehenden nur eingeschränkten finanziellen Möglichkeiten der FMP (trotz der inzwischen erhaltenen jährlichen Ausfallbürgschaft für das T.M.M. von der *Berliner Festspiele GmbH*) bedingte die Transformation der Entität des Publikums und dessen Verringerung sukzessive auch eine Veränderung der Entität der ökonomischen Situation der FMP. Bereits während der Kollektiv-Zeit hatte die Entität der Tonträgerproduktion ein ‚Minus' erzeugt – jedoch hätten nur mittels der Tonträgerproduktion, d.h. durch den wirtschaftlichen Betrieb, in der damaligen Situation die gestiegenen Kosten aufgefangenen werden können. Denn die bewilligten Projektmittel durften ausschließlich zur Durchführung der geförderten FMP-Veranstaltungen verwendet werden. Zusätzlichen zur Verschlechterung der finanziellen Situation der FMP (durch Währungsab-

---

233 Ebd.

234 Ebd. Kemper berichtet in der FAZ Ende 1983: „Als 1979 bei einem Einbruch die gesamte Technik der Organisation gestohlen wurde, kam erstmals auch Hilfe vom Berliner Senator für Wissenschaft und kulturelle Angelegenheiten. Nach Auskünften seines Büros sind in den letzten drei Jahren rund 120 000 Mark Zuschüsse an die FMP gegangen." (Kemper 1983)

235 FMP 1979c.

236 Ebd.

237 Ebd.

wertung, erhöhte Produktionskosten und Einbruch) weist Gebers bei den Oral History-Interviews auf den Diskurs hin, dass Free Jazz oder frei improvisierte Musik „in der Öffentlichkeit als anachronistisch angesehen wurde und so was: ‚die sind schon tot', hat [Michael] Naura geschrieben, und klopfen von innen an den Sargdeckel und so was".[238] Hatte es bereits seit Mitte der 1970er-Jahren Kritik am „Konzept des Frei-Spielens" gegeben, weil sich dieses inzwischen „zum Dogma verhärtet" habe, und vielmehr eine Rückbesinnung auf „überlieferte, progressive Traditionen des Blues und der Gospel-Musik"[239] gefordert wurde, stellt der von Gebers angesprochene Beitrag von Naura in der *Zeit* aus dem Oktober 1981 sicher einen prominenten (und über die Jazzszene hinausreichende) Ausdruck der damaligen Kritik dar. So schreibt Naura unter dem Titel *Duke Ellington lebt*:

> „‚Mickymaus', mit diesem zum Schimpfwort umfunktionierten Nagetier aus der Welt Walt Disneys kennzeichnete vor Jahren Jost Gebers die Musik von Eberhard Weber. Bis zum heutigen Tag haben weder der Schallplattenproduzent Gebers von seiner Liebe zum Freejazz, noch der Bassist Weber von seiner Lust am Wohlklang lassen können. [...] Draußen auf der Straße rüttelten nicht nur die Studenten an den wurmstichigen Pfeilern der Gesellschaft, auch die Jazzmusiker stimmten ein in den Ruf: ‚Raus aus den Talaren mit dem Muff von 1000 Jahren!' – ‚Lasst uns alles kaputtspielen', schrie in jenen Tagen der Bassist Peter Kowald. Der Sturm auf das Winterpalais des Jazz hatte begonnen. Der Aufbruch zu neuen Ufern führte zu einem taumelhaften Tabula-Rasa-Spiel. Alle alten Strukturen wurden mit Robespierre'scher Gründlichkeit eliminiert. [...]
> Die Spießer erschraken und in der Presse konnte man einen Satz wie diesen lesen: ‚Musikalischer Hexensabbat, bei dem der Saxophonist Peter Brötzmann den Part des Leibhaftigen spielte'. Inzwischen haben sich die Bürger beruhigt, das Globe Unity Orchestra reist gelegentlich als ein Beispiel deutscher Kultur durch die Goethe-Institute und verunsichert allenfalls einige Gemüter in Bombay."[240]

So fragt Naura welches Bild der Free Jazz heute in Deutschland biete – rund eineinhalb Jahrzehnte nach seiner Entstehung? Würdigt Naura im weiteren Beitrag zunächst den Free Jazz bzw. die Phase der völlig entfesselten Improvisation als „eine nützliche Katharsis" („nicht zuletzt" für manchen „verklemmten Zuhörer, für den sich stellvertretend die Musiker auf der Bühne ‚auskotzten'"), habe musikalisch „das unbedingte Vermeiden jeglicher Form zugunsten der ‚Eingebung des Augenblicks' zu Kurzatmigkeit"[241] geführt. Deshalb sei es folgerichtig, dass es „Tendenzen im aktuellen Jazz"[242] gebe, die sich als restaurativ charakterisieren lassen. Und so urteilt Naura: „Deckt nach alledem den Freejazz der Gründerjahre schon der kühle Rasen der Geschichte? Ich behaupte: ja. Und möge so mancher Kollege wütend gegen den Sargdeckel hämmern. Beruhigt Euch, Ihr seid von der

238 Gebers, Interview mit dem Verfasser, 22.5.2015, Interview-ID 326.
239 Quinke 1977.
240 Naura 1981.
241 Ebd.
242 Ebd.

Geschichte längst umkränzt!"[243] Brötzmann hatte in der damaligen Debatte in der *Neuen Zeitschrift für Musik* gegen die These, Free Jazz sei eine nur notwendige, schnell vorübergehende Zeiterscheinung gewesen, argumentiert:

> „Wer so denkt, hat selbst in den 60er Jahren nichts begriffen. Tatsache ist, daß sich aus dem ‚Free Jazz' in den meisten westeuropäischen Ländern, aber auch in der DDR und der VR Polen eine Musik entwickelt hat, die sich unter Einbeziehung aller Materialien und Stilformen zu einer improvisierten Musik entwickelt hat, die der Pianist Misha Mengelberg vor einigen Jahren schon treffend als ‚Instant Composing' beschrieben hat, und die sich – zu aller Erstaunen – mühelos in die Jazztradition einordnen läßt."[244]

Jedenfalls exponierte Nauras Artikel die Krise der FMP. Und diese hatte noch nicht ihren Höhepunkt erreicht: „Und das waren dann auch richtig schwierige Zeiten"[245], bemerkt Gebers zur Situation in den folgenden Jahren. Hieran konnte auch der bereits zum August 1980 erfolgte Vertriebswechsel von *Bellaphon* zum Vertrieb des Dortmunder Independent-Labels *pläne*, d.h. zum Verlag *pläne* GmbH nichts ändern.[246] Einen Eindruck der damaligen Situation vermittelt Kempers FAZ-Artikel *Zur Lage der ‚Free Music Production'* von Ende Dezember 1983. So habe das letztjährige T.M.M. seinem Ruf, ein Alternativfestival zum *Jazzfest Berlin* zu sein, nur noch schwerlich gerecht werden können. Hinzu sei ein offenkundiger Geschmackswandel bei weiten Teilen des Publikums gekommen. Die „ruppige, bisweilen orthodox wirkende Free Music", wie sie die FMP favorisiere, kollidiere mit den „neuen Experimentiergelüsten aus dem Bereich der New-Wave-Rockmusik" ebenso wie mit dem „wiedererwachten Traditionalismus im modernen Jazz".[247] So sei in den Konzerten des diesjährigen T.M.M. nur noch ein ‚harter Kern' von Unbestechlichen übrig geblieben: „ein Häuflein Zuschauer, die den innovatorischen Charakter frei improvisierter Musik jedem ‚Highlight' in der Verwertungsmaschinerie des ‚Jazzfestes'[248] vorzögen. Und Engelhardt hatte im *Jazz Podium* über das T.M.M. 1982 geschrieben: „Jost Gebers und die Free Music Pro-

---

243 Ebd.

244 Brötzmann 1979, S. 242f.

245 Gebers, Interview mit dem Verfasser, 22.5.2015, Interview-ID 326.

246 Wie die FMP in einem *Rundschreiben* an Presse und den Schallplatten-Fachhandel im Oktober 1980 informierte, hat „seit dem 1. August 1980 [...] der Verlag ‚Pläne' GmbH den Exklusiv-Vertrieb unserer beiden Schallplatten-Labels FMP und SAJ für die Bundesrepublik, West-Berlin, Schweiz, Österreich, Belgien und Luxemburg übernommen" (FMP 1980c). Insofern ist die Information von Klopotek in *FMP im Rückblick* nicht korrekt, dass 1984 „‚Pläne' den Vertrieb der FMP- und SAJ-LPs" (Klopotek 2010, S. 59) übernommen habe. Vielmehr hat 1984 der Verlag *pläne* GmbH lediglich noch die weltweite Distribution hinzugenommen.

247 Kemper 1983.

248 Ebd. Oder wie Metzner in seinem Beitrag im Berliner *Tagesspiegel* über das T.M.M. 1983 registriert: „Auch der letzte Abend [...] führte mit seiner wiederum geringen Publikumsresonanz erneut vor Augen und Ohren, mit welchen Schwierigkeiten sich die

duction [...] handelten sich aber letztendlich den Vorwurf ein, in Dogmatismus, Stagnation und sturer Publikumsfeindlichkeit zu erstarren."[249] Der Anti-Effekt, so Engelhardt, sei vom *Jazzfest* längst integriert. Gebers resümiert bei den Interviews: „Also da war es so, dass die Situation so arg war, dass ich wirklich dachte, ich muss aufhören, ich kann das nicht mehr."[250] Die Situation gestaltete sich für Gebers so belastend, dass diese für ihn auch gesundheitliche Folgen hatte.[251] Hahne bemerkt in den Oral History-Interviews:

> „Die absolute Zitterpartie war das. Also wenn nicht Jost ab und zu mal von privatem Geld da was reingesteckt hätte, dann wäre das Schiffchen FMP wahrscheinlich untergegangen. Also in der Zeit vor '84. [...] Also das war schon sehr karg seinerzeit."[252]

Die finanzielle Situation bedingte zwangsläufig die Schallplattenproduktion der FMP. Dies betraf jedoch nicht nur die Veröffentlichungsfrequenz. So musste die FMP aufgrund der ökonomischen Krise und der extrem limitierten finanziellen Möglichkeiten einerseits die Anzahl der Veröffentlichungen signifikant reduzieren. 1984 wurde keine einzige Produktion mit der FMP-Nummern-Zählung veröffentlicht und 1985 lediglich zwei (1983 waren es noch neun). Auf dem SAJ-Sublabel

---

Organisatoren dieser gefährdeten Veranstaltungsreihe gegenwärtig konfrontiert sehen." (Metzner 1983)

249 Engelhardt 1983.

250 Gebers, Interview mit dem Verfasser, 22.5.2015, Interview-ID 392.

251 So berichtet Gebers bei den Interviews: „Und das erste Mal, wo ich aufgehört habe zu rauchen, das war an einem Himmelfahrtstag. Da saßen wir schon ein paar Tage zuvor, und haben Bänder geschnitten für eine Plattenveröffentlichung. Müsste ich nachgucken, weiß ich nicht mehr so genau. [Vermutlich handelte es sich um Himmelfahrt 1982: Bearbeitung der Produktion *FMP 1000*: *Andrew Cyrille Meets Peter Brötzmann in Berlin*] Und waren an diesem Himmelfahrtstag dann fertig geworden: Brötzmann und ich. Und dann sind wir zusammen essen gegangen in den *Zwiebelfisch* – angesagte Kneipe. Und jeden Donnerstag kochte da der Wirt, und der war ein ziemlich guter Koch. Und wir sind dann da hin, haben uns was rausgesucht zum Essen, und ich bestellte mir den ersten Wein da so. Trank den Wein, Brötzmann und ich saßen nebeneinander am Tresen, kriegten unser Essen. Meine damalige Frau saß irgendwie mit jemanden am Tisch. Das Essen kam, ich nahm ein Schluck – und: ‚Bong'! Mir wurde irgendwie schwarz vor Augen. Mit dem Gedanken, um Gottes Willen, ich kann doch gar nicht besoffen sein, was ist denn jetzt – und fiel vom Barhocker. Zack. Irgendwann weiß ich dann nichts mehr und hatte dann die nächste Erinnerung, dass irgendwie so ein Rettungswagen da war, und ich lag in dem Rettungswagen. Und ich sagte, was ist denn hier los – alles ganz aufgeregt um mich herum. Logischerweise auch die Sprüche: ‚Himmelfahrt', ‚Vatertag'. Die dachten, ich sei besoffen. Scheiße, war überhaupt nicht so. Und der Sanitäter sagte: ‚Nee, nee, wir fahren jetzt erstmal ins Krankenhaus.' Dann haben die mich in irgendein Krankenhaus gebracht. Und die haben dann irgend so ein Check gemacht und sagten, das ist so ein Kreislaufzusammenbruch gewesen die ganze Geschichte: ‚Also sie müssten mal kürzertreten und aufhören zu rauchen.' Na gut, höre ich mal auf zu rauchen." (Gebers, Interview mit dem Verfasser, 22.5.2015, Interview-ID 350)

252 Hahne, Interview mit dem Verfasser, 22.6.2015, Interview-ID 189.

waren es 1984 zwei und 1985 vier LPs (1983 waren es noch sechs). Andrerseits waren von den acht im Zeitraum 1984/1985 veröffentlichten LPs allein drei von der aus Guinea stammenden Percussionsgruppe *Africa Djolé*, deren erste LP (SAJ-19) sich von allen Vinyl-Produktionen der FMP mit Abstand am besten verkauft hatte. Und auf dem FMP-Label wurden ab 1983 bis 1985 (bis auf wenige Aufnahmen mit Jazz aus der DDR) ausschließlich FMP-Nummern mit Brötzmann, Schlippenbach und Kowald veröffentlicht. Also Produktionen mit den ‚etablierten Leuten', die einen zeitnahen Rücklauf der investierten Mittel erwarten ließen. Des Weiteren entstand in dieser Situation das dritte Sublabel der FMP: *Uhlklang* (1983), um mittels stärkerer finanzielle Einbeziehung der Musiker:innen partiell weiterproduzieren zu können.[253] Zudem zeigt sich hinsichtlich der Programmkonzeptionen der Veranstaltungsreihen T.M.M. und W.F.M., dass die Neuausrichtungen in der ersten Hälfte der 1980er-Jahre wie der Beginn der thematischen Schwerpunktsetzungen beim T.M.M. (1984) und die Präsentation von Solos, Duos und Trios eines Instruments sowie die beginnende Aufgabe festgelegter Programmpunkte beim W.F.M. (1982) durch die Entität der finanziellen Situation und der ökonomischen Krise der FMP mitbedingt wurden.

Während es im Herbst 1983 noch so aussah, als müsse die FMP „möglicherweise im Januar 1984 ihre Arbeit einstellen", wie die FMP in ihren Presseinformationen zum „voraussichtlich letzten TOTAL MUSIC MEETING"[254] 1983 geschrieben hatte, kam es im Laufe des Jahres 1984 zu einer Vereinbarung mit der Berliner *Senatsverwaltung für Kulturelle Angelegenheiten*, die nun zusicherte, „sich stufenweise für eine neue Basis unserer Arbeit einzusetzen".[255] Dies war „nicht zuletzt", wie Gebers bei den Oral History-Interviews hinweist, „aufgrund dieser ganzen Schreiben"[256] möglich geworden, die die FMP als Resonanz auf ihre Bitte nach Unterstützung von u.a. Journalist:innen, Wissenschaftler:innen, Jazzredaktionen, Radiosendern erhalten hatte.[257] So hatte die FMP im Dezember 1982 verschiedenste Vertreter:innen aus der Jazz- und Kulturszene angeschrieben, um die FMP bei ihren Bemühungen um eine finanzielle Förderung durch die Berliner Kulturverwaltung zu unterstützen. Denn die finanzielle Situation der FMP als auch die private Situation von Dagmar und Jost Gebers habe sich so „gravierend verschlechtert, sodass die FMP nur noch über eine grundsätzliche Unterstützung durch die öffentliche Hand zu erhalten" sei. „Um das zu untermauern", wie es im

253 Vgl. Kapitel *5.4.4 Uhlklang.*

254 FMP 1983a.

255 FMP 1984b.

256 Gebers, Interview mit dem Verfasser, 22.5.2015, Interview-ID 392.

257 Müller (2022, S. 46) hat Gebers' Initiative wie folgt beschrieben: „Gebers organisierte internationale Solidaritätsbekundungen und tatsächlich gab es um den Jahreswechsel herum Briefe aus der ganzen Welt, die die außerordentliche Bedeutung der FMP betonten und sich für eine grundsätzliche und großzügige Unterstützung aussprachen. Das zeigte Wirkung, der Senat half, unter Auflagen."

Brief weiter heißt, „benötigen wir kurze Statements, aus denen die Einschätzung unserer Arbeit aus Eurer Sicht hervorgeht".[258] Die Initiative hatte Erfolg. Wie Gebers weiter berichtet,

> „zog sich das aber noch hin: ich meine ein oder zwei Jahre, wo die dann sagten: ‚Okay, baut euch neue Räume, aber Hahne muss entlassen werden.' Und das war dann dieser Hintergrund. Und Dieter sagte: ‚O.K., dann mache ich mich selbständig, mache diesen *Jazzcock*-Laden und übernehme die Räume in der Behaimstraße. Und wir sind dann in' Wedding gezogen. Wir hatten da das Studio, und da hatte ich auch mein Büro. Das Studio war ursprünglich ein Probenraum vom Alex [Schlippenbach], den er sich mit mehreren Leuten teilte, und wir hatten da schon mal Aufnahmen gemacht. Und dann sagten die: ‚O.K., wir bezahlen euch das', und haben uns dann auch noch für ein paar Sachen Projektmittel gegeben, für die Konzerte im Studio, damit das bekannt wurde die ganze Geschichte – so 'ne Anfangsfinanzierung. Das wars, so."[259]

Hahne bestätigt bei den Oral History-Interviews, dass Gebers ihn entlassen musste. Zur damaligen Situation und zur Gründung seines Jazz- und Blues-Plattenladens *Jazzcock*, laut Ulrich Stock von der *Zeit* damals „Berlins bestsortierter Jazzplatten-Handel"[260], berichtet Hahne:

> „Also der *Jazzcock* war 'ne erzwungene Geschichte, weil's einfach nicht mehr ging. Da hatten wir ja dann schon das Studio im Wedding. Das wurde auch großzügig unterstützt seinerzeit: Um- und Ausbau, also für Technik. Das war eine Förderung aus den sogenannten freien Gruppen, die wurden damals in Berlin unterstützt. Das waren ja noch Westberlin-Zeiten: die Goldenen Westberlin-Zeiten. [...]
> Dann habe ich damals die Räume in der Behaimstraße übernommen und habe da den *Jazzcock* gegründet. Jost hat sich ins Studio zurückgezogen, und alles, Vertrieb etc. ist dann über den Verlag *pläne* in Dortmund gegangen. Also vom Presswerk ist es gleich alles nach Dortmund zu Verlag *pläne*. Die haben auch, sagen wir mal, eher versucht, dann auch den Export zu machen. Es hat alles irgendwo irgendwie nicht richtig funktioniert. Da sind auch die Auflagen ganz schön zurückgegangen.
> Ich hatte ja die Räume mit dem größten Teil der Einrichtung übernommen, also zum Beispiel die ganzen Lagerregale, das waren ja so richtige Industriestahlregale da drin

258 So schrieb die FMP: „Liebe Freunde, wie Euch ja bekannt ist, war die Situation der FMP nie eine wirklich stabile. Die Existenz war immer nur gegeben durch eine permanente Finanzierung durch Dagmar und Jost Gebers. Inzwischen hat sich sowohl die finanzielle Situation der FMP als auch die private Situation von Dagmar und Jost Gebers gravierend verschlechtert, sodass die FMP nur noch über eine grundsätzliche Unterstützung durch die öffentliche Hand zu erhalten ist. Um das zu untermauern benötigen wir kurze Statements, aus denen die Einschätzung unserer Arbeit aus Eurer Sicht hervorgeht. Mit freundlichen Grüßen, Eure FREE MUSIC PRODUCTION" (FMP 1982a). Dagmar Gebers berichtet bei den Interviews: „Und dann haben wir auch mal einen Kredit aufgenommen. Oder dieses oder jenes irgendwie zusammengekratzt, damit es finanziert werden konnte." (Dagmar Gebers, Interview mit dem Verfasser, 22.6.2015, Interview-ID 264)

259 Gebers, Interview mit dem Verfasser, 22.5.2015, Interview-ID 350.

260 Stock 1989.

in der Behaimstraße. Gut, Dagmar [Gebers] ist dann weiterhin am Wochenende gekommen, sporadisch zumindest – die Dunkelkammer bestand ja noch. Ich habe für Jost weiterhin die Buchführung gemacht, denn ich konnte ihm nicht alles bezahlen. Ich habe meine Schulden bei Jost abgearbeitet in der *Jazzcock*-Zeit. Ich habe auch sämtliche LPs der Fremdlabels übernommen. Die FMP-Sachen musste ich bei *pläne* in Dortmund kaufen. [...] Ich habe nicht nur die Buchführung für ihn gemacht, sondern gerade vor Konzerten auch noch Schriftverkehr und so weiter."[261]

Die FMP hatte eine neue Struktur: der bisherige Mitarbeiter Hahne wurde entlassen, wodurch sich die Kosten der FMP verringerten. Gebers war zwar wieder alleine, wurde aber weiterhin von Hahne projektbezogen und bei der Buchhaltung unterstützt. Das Büro in der Behaimstraße übernahm Hahne. Der Vertrieb von *pläne* übernahm zusätzlich zum Exklusiv-Vertrieb der beiden Schallplatten-Labels FMP und SAJ für die BRD, Westberlin, Schweiz, Österreich, Belgien und Luxemburg ab 1. September 1984 auch den weltweiten Vertrieb. Aufgrund einer Absprache mit *pläne* sei die FMP auch weiterhin in der Lage, Schallplatten zu veröffentlichen – wenn auch in stark reduziertem Maße.[262] Zudem hatte die FMP eine neue Allianz: die Berliner *Senatsverwaltung für Kulturelle Angelegenheiten* und den dortigen Referenten *für die Förderung Freier Gruppen* Bernd Mehlitz.[263] Mittels der gewährten finanziellen Förderung konnte die FMP in Berlin-Wedding ein Studio ausbauen, wo Gebers auch ein Büro hatte. Zusätzlich bekam die FMP weitere Mittel, um im neuen Studio ab 1986 Konzerte durchzuführen (*Just Music*-Reihe). Die neue Situation und Struktur war, wie Gebers' Darstellung und sein Hinweis auf die Unterstützungsschreiben veranschaulicht, nicht nur durch die neue Allianz mit der Berliner Kulturverwaltung bedingt, die insofern auch als Entität des Akteur-Netzwerks zu berücksichtigen ist. Denn ohne das bestehende Akteur-Netzwerk und dessen diverse, dislokale und heterogene Entitäten, die zur Berliner Kulturverwaltung hinströmten, hätte sich diese kaum für eine grundlegende Förderperspektive entschieden. Insofern bedingten auch die anderen bestehenden Allianzen (wie die mit der *Akademie der Künste* oder dem Zehlendorfer *Haus am Waldsee*) wie auch folgende Entitäten die neue Situation: das soziale Netzwerk der FMP und die Unterstützer:innen des Gesuchs der FMP um grundsätzliche finanzielle Förderung, die vielfältigen Konzertveranstaltungen und die seit 1969 bestehende kontinuierliche Tonträgerproduktion sowie die ständig steigenden Anzahl produzierter Tonträger, die kontinuierliche Präsentation

261 Hahne, Interview mit dem Verfasser, 22.6.2015, Interview-ID 165.

262 Vgl. FMP 1984b. Im September 1984 informierte Gebers in einem Brief über die neue Situation. Der Brief wurde zusammen mit einem Brief von Hahne auf *Jazzcock*-Briefpapier verschickt, in dem Hahne über die Eröffnung seines Jazz- und Blues-Schallplattenladens Anfang Oktober 1984 in den ehemaligen FMP-Büroräumen informierte.

263 Vgl. Müller 2022, S. 43. In den nachfolgenden 25 Jahren habe Mehlitz, wie Müller anmerkt, Gebers und die FMP immer wieder entscheidend unterstützt und dabei auch entscheidende strukturelle Schritte ermöglicht." (Ebd.)

Dieter Hahne und Manfred Schoof, FMP-Schallplattentisch, Workshop Freie Musik 1978 (Ostern), Akademie der Künste, Westberlin (Foto: Dagmar Gebers, FMP-Publishing Archiv)

freier und improvisierter Musik in Westberlin, die finanzielle und ökonomische Situation der FMP, die Verringerung des Publikumszuspruchs sowie das finanzielle private Engagement von Dagmar und Jost Gebers.

Cecil Taylor und Jost Gebers, Westberlin, Sommer 1988
(Fotos: Dagmar Gebers, FMP-Publishing Archiv)

6 Cecil Taylor in Berlin und die ,Goldene Zeit'[1] der *Free Music Production* (FMP), 1986–1996

Cecil Taylor beim *Workshop Freie Musik '86*, *Improvised Music II/88*, die 11-CDs-Box *Cecil Taylor in Berlin '88* und *Third Step '89*, 1986–1989

Die FMP hatte seit Spätsommer 1984 eine neue Struktur und mit der Berliner *Senatsverwaltung für Kulturelle Angelegenheiten* und dem dortigen Referenten *für die Förderung Freier Gruppen* Bernd Mehlitz eine neue Allianz.[2] Ungeachtet der strukturellen Veränderungen bei der FMP und der Ankündigung der Berliner Kulturverwaltung, zusammen mit der FMP eine neue Fördergrundlage zu entwickeln, „schleppte sich das", wie Gebers bei den Oral History-Interviews zur weiteren Entwicklung bemerkt „bis '86 so hin". 1986 habe „es dann ein bisschen Geld für das neue Studio"[3] in Berlin-Wedding gegeben. Das FMP-Studio in der Weddinger Koloniestraße 133 wurde im Frühsommer 1986 fertiggestellt. Dort hatte Gebers auch sein Büro. Im neuen FMP-Studio wurde nicht nur aufgenommen, sondern zu Beginn (1986 und 1987) auch in einem ca. zweiwöchentlichen Turnus samstags und sonntags jeweils um 17 Uhr die Reihe *Just Music – Konzerte im Studio* veranstaltet, die ebenfalls von der *Senatsverwaltung für Kulturelle Angelegenheiten* unterstützt wurde. Die „schwierige Phase" sollte sich jedoch noch hinziehen. So sei der „richtige schwierigste Punkt" dann Ende '88 gewesen,

> „wo die *Festspiele* [*Berliner Festspiele GmbH*] uns die Ausfallbürgschaft für das *Total Music Meeting* absagten. Aber der Ansatz und der Einsatz von der Kulturverwaltung war dann, die sagten: ,O.K., wir finanzieren das. Und wir müssen uns danach sofort an einen Tisch setzen. Hier muss jetzt was passieren!' Der Vorteil bei dieser ganzen Geschichte war das erfolgreiche Taylor-Konzept. Dass die merkten, dass ,der Gebers' nicht nur ein Spinner ist, sondern dass der wirklich was auf die Beine stellt, was eben auch für die Stadt interessant ist. Und dass dann die Gespräche darüber geführt wurden, wie kann es aussehen, und wir dann in diesen Topf kamen und die institutionelle Förderung kriegten."[4]

Mit dem ,erfolgreichen Taylor-Konzept' meint Gebers den von der FMP veranstalteten, intensiven Arbeitsaufenthalt des US-amerikanischen Pianisten Cecil Taylor im Sommer 1988 in Berlin, der, wie Gebers' Darstellung vermittelt, als Entität in das Akteur-Netzwerk miteinzubeziehen ist. Im Rahmen des Westberliner *Kulturstadt Europas*-Jahres 1988 hat Taylor, neben Coleman der eigentliche Initiator des

1 Die Formulierung geht auf Hahne zurück. In den Oral History-Interviews charakterisiert Hahne die Zeit in der ersten Hälfte der 1990er-Jahre als „die Goldene FMP-Zeit" (Hahne, Interview mit dem Verfasser, 22.6.2015, Interview-ID 168).

2 Vgl. Kapitel *5.5 „Möge so mancher Kollege wütend gegen den Sargdeckel hämmern"*.

3 Gebers, Interview mit dem Verfasser, 22.5.2015, Interview-ID 327. Hahne berichtet von einer ,großzügigen' Unterstützung „seinerzeit: Um- und Ausbau, also für Technik" (Hahne, Interview mit dem Verfasser, 22.6.2015, Interview-ID 165).

4 Gebers, Interview mit dem Verfasser, 22.5.2015, Interview-ID 377.

Free Jazz[5], vom 17. Juni bis zum 17. Juli 1988 unter dem Titel *Improvised Music II/88* insgesamt 11 Konzerte in der Westberliner *Kongresshalle* bestritten.[6] Hinzu kamen zehn Probetage für die zwei Konzerte mit dem siebzehnköpfigen *Cecil Taylor European Orchestra* sowie fünf öffentliche Sessions mit Musikern aus diesem Orchester (und Gästen)[7] und die Proben für das aus 13 Musiker:innen bestehende *Cecil Taylor Workshop Ensemble.* Des Weiteren leitete Taylor eine fünfköpfige *Piano Master Class* und spielte außerhalb des Rahmens von *Improvised Music II/88* zwei Konzerte in Ostberlin[8] und ein Solo-Konzert in der *Pianofortefabrik Bechstein.*[9] Wie Gebers bei den Interviews konstatiert, sei Taylors Arbeitsaufenthalt ein „Neuanfang" für die FMP gewesen.

> „Also einmal in finanzieller Hinsicht und damit aber auch mit den Möglichkeiten, die wir dann plötzlich hatten. Und da sind ja noch sehr, sehr viele gute Sachen passiert in Folge dieser ganzen Geschichte. Also auch mit Taylor, der dann ständig mal da war. Aber auch mit anderen Leuten, die dann irgendwelche guten Dinge machen konnten, was vorher eben in der Form nicht so möglich war."[10]

Gebers' Charakterisierung des Berliner Arbeitsaufenthalts von Taylor als ‚Neuanfang' verweist auf grundsätzlich neue Handlungsmöglichkeiten, die sich für die FMP aus diesem ergeben hätten, und insofern auf eine Modifizierung des Akteur-Netzwerks. So sei die Gewährung der institutionellen Förderung durch die Kulturverwaltung des Berliner Senats ab 1989 (von zunächst jährlich DM 250.000,–), infolge des ‚erfolgreichen Taylor-Konzepts' möglich geworden. Der Berliner Arbeitsaufenthalts von Taylor ist insofern als Entität des Akteur-Netzwerks zu berücksichtigen. Dieser hat zusammen mit den Entitäten der vielfältigen FMP-Kon-

---

5 Vgl. bspw. Jost 1975, S. 76.

6 17.6.1988: Taylor & Sommer (Taylor: p; Sommer: dr), 26.6.1988: Taylor & Lovens (Taylor: p; Lovens: dr), 30.6.1988: Parker/Honsinger/Taylor (Evan Parker: ss, ts; Honsinger: cel; Taylor: p), 1./2.7.1988: *Cecil Taylor European Orchestra* (Rava: tp; Stańko: tp; Johannes Bauer: tb; Radovan: tb; Wierbos: tb; Mayes: frh: Bergen: reeds; Brötzmann: reeds; Koch: reeds; Evan Parker: reeds; Sclavis: reeds; Hampel: vib; Taylor: p; Honsinger: cel; Kowald: b; William Parker: b; Bennink: dr), 3.7.1988: Taylor & Moholo (Taylor: p; Moholo: dr, perc), 9.7.1988: Taylor & Bailey (Taylor: p; Bailey: g), 10.7.1988: Taylor & Bennink (Taylor: p; Bennink: dr), 15.7.1988: *Cecil Taylor Workshop Ensemble* (Kopf: fl; Werts: ob; Vinkeloe: fl, ss, as; Gies: as; Volquartz: ss, ts, bcl; Erich Gödecke: tb; Kimmig: vln; Frangenheim: b; Martin: b; Wolf: b; Plimley: p; Lindenmaier: dr; Uuskyla: dr; Morse: voc; Taylor: voc), 16.7.1988: Taylor (solo), 17.7.1988: Taylor & Oxley (Taylor: p; Oxley: dr).

7 24./25.6. und 27.–29.6.1988. Für den 30.6.1988 war ebenfalls eine Session angekündigt, die hier als Konzert von Taylor, Parker und Honsinger geführt wird. (Vgl. FMP-Publishing 2023)

8 20.6.1988: Taylor (solo) und 21.6.1988: Taylor & Sommer (Taylor: p; Sommer: dr) jeweils im *Kammertheater.*

9 18.6.1988: Taylor (solo).

10 Gebers, Interview mit dem Verfasser, 22.5.2015, Interview-ID 377.

zertveranstaltungen, der kontinuierlichen Tonträgerproduktion und der ständig steigenden Anzahl produzierter FMP-Tonträger, der kontinuierlichen Präsentation freier und improvisierter Musik, des sozialen Netzwerks sowie den bereits bestehenden Allianzen mit der Kulturverwaltung (aber auch u.a. mit der *Akademie der Künste*) die Gewährung einer institutionellen Förderung mitbedingt. So wäre ohne die langjährige Allianz mit der *Akademie der Künste* und Hertling Taylors einmonatiger Arbeitsaufenthalt 1988 nicht möglich gewesen. Hertling hatte die *Akademie* für die Programmplanung des Berliner *Kulturstadt Europas*-Jahres 1988 bereits 1986 verlassen. Anfang 2018 legt Hertling im *Journal der Künste* dar, dass es die Planungen (unter dem Titel *Werkstatt Berlin*) möglich gemacht hätten, „dem großen Wunsch von Jost Gebers und der FMP zu folgen und Cecil Taylor für einen längeren Aufenthalt nach Berlin einzuladen".[11] Im Vorwort zum Buch der CD-Box *Cecil Taylor in Berlin '88 führt Hertling zum Programm Werkstatt Berlin* (im Rahmen von *Berlin – Kulturstadt Europas*) aus, dass es die Grundidee der *Werkstatt* gewesen sei, nicht allein fertige Produkte zu präsentieren, sondern Arbeits- und Entstehungsprozesse anzuregen, zu unterstützen und sie, soweit möglich, auch zu öffnen: „zur Beobachtung oder Teilnahme von Künstlerkollegen, von Lernenden oder nur Interessierten".[12] Hierfür sollten Künstler:innen nach Berlin eingeladen, um während möglichst längerer Aufenthalte an solchen Arbeitsprozessen teilzunehmen. Bei der Suche nach den zur Planung und Realisierung des Kulturstadtgedankens notwendigen Partner:innen in Berlin habe eine Kooperation mit der FMP auf der Hand gelegen. Denn seit Jahren habe die FMP mit dem *Workshop Freie Musik* (W.F.M.) in der *Akademie der Künste* Beispiele des Werkstatt-Prinzips gegeben und mit den Einladungen der wichtigsten Musiker:innen aus aller Welt die Gastgeberrolle bereits hervorragend erprobt. Die Planung von *Improvised Music II/88* sei ein ehrgeiziges Unternehmen gewesen, „das unseren Werkstatt-Berlin-Ansprüchen in besonderer Weise gerecht wurde".[13] Über das Zustandekommen von *Improvised Music II/88* Gebers berichtet bei den Oral-History-Interviews, dass

> „dann Nele Hertling in Vorbereitung auf dieses Kulturhauptstadt-Dings '88 in die Leitung von diesem *Werkstatt Berlin* gegangen ist: das war der Oberbegriff für diese ganzen Geschichten. Und die fragte mich dann wieder: ‚Willst Du nicht mal irgendwas dafür machen? Irgendwie rechne mir was aus und so: wir machen das dann schon. Und nach diesem Taylor-Eindruck 1986, den ich nach wie vor als missglückt sehe, dachte ich, man müsste das ein bisschen besser machen die ganze Geschichte."[14]

---

11 Hertling 2018, S. 18.

12 Hertling, 1989, S. 5.

13 Ebd.

14 Gebers, Interview mit dem Verfasser, 22.5.2015, Interview-ID 39.

Bereits 1986 hatte die FMP Taylor zum W.F.M. in die *Akademie der Künste* eingeladen. Der W.F.M. stand 1986 mit dem Titel *Cecil Taylor: his music and poetry (Solo – The Unit – The Euro-American Group)* „ganz im Zeichen des Pianisten", wie die FMP in ihren Presseinformationen erläuterte. Im Rahmen der fünftägigen Veranstaltung sollte versucht werden, „den wohl wichtigsten – auch für die europäische improvisierte Musik – und einflussreichsten amerikanischen Musiker der letzten 25 Jahre in seinen unterschiedlichen Arbeiten darzustellen".[15] Bei den Oral History-Interviews bekräftigt Gebers die Bedeutung Taylors für die europäische improvisierte Musik und merkt an, dass Taylor „wirklich die europäische Moderne ziemlich verinnerlicht"[16] habe. So hätten

> „viele Leute auch nicht so genau hingehört bei Taylor, was da bei seinen Sachen alles mitschwang. [...] Und auf der Box ist es dann deutlich geworden, was da eigentlich so alles mitschwingt bei diesen ganzen Geschichten. Und das war mir durchaus bewusst bei dieser ganzen Geschichte. Besonders nachdem wir dann mal bei uns da live erlebt haben mit dem Ganzen: '86, was nicht so glücklich lief."[17]

Beim fünftägigen W.F.M. 1986 wurde an allen Abenden ausschließlich Taylor präsentiert. Am ersten und dritten Abend solo, am zweiten und vierten Abend mit seiner *Unit* (Earl McIntyre: tb; Frank Wright: ts, bcl; Cecil Taylor: p; William Parker: b; Thurman Barker: mar; Steve McCall: dr) sowie mit Brötzmann, der beim zweiten Auftritt der *Cecil Taylor Unit* am 12. April 1986 „überraschenderweise dazukam"[18], und am fünften Abend mit der *Euro-American Group*. Diese bestand aus den US-amerikanischen Musikern seiner *Unit* sowie den europäischen Musikern Guido Mazzon (tp) aus Italien, Floros Floridis (cl, ss, as) aus Griechenland, Johannes Bauer (tb) aus der DDR sowie den Westdeutschen Lars Rudolph (tp), Wolfgang Fuchs (ssi, bcl) und Brötzmann (reeds). Warum Gebers die erste Zusammenarbeit 1986 mit Taylor als missglückt betrachtet, skizziert er bei den Interviews wie folgt:

> „Ich glaube, dass Taylor auch gemerkt hat, dass das nicht so toll war, was wir da veranstaltet haben. Der wesentliche Aspekt bei der ganzen Geschichte war: Sein langjähriger Weggefährte Jimmy Lyons, der war ja schwerst krank[19] und er hatte dann – wie auch im-

15 FMP 1986, S. 1.

16 Gebers, Interview mit dem Verfasser, 22.5.2015, Interview-ID 88.

17 Ebd.

18 Heidkamp 1986. Dies dokumentiert auch der auf *Soul Note* erschienene Mitschnitt Cecil Taylor: *Olu Iwa* (*Soul Note* 121139-2).

19 So hing beim W.F.M. 1986 ein Transparent mit der Aufschrift: „dedicated to the living spirit of Jimmy Lyons". „Betroffen nahm man zur Kenntnis", wie Kobe im *Jazz Podium* vom Juni 1986 schreibt, „dass der Altsaxophonist, Partner Taylors seit einem Vierteljahrhundert, nie wieder wird sein Instrument spielen können. Ungewiss, ob er den Kampf mit dem Krebs gewinnt." (Kobe 1986) Lyons starb einen Monat später, am 19.5.1986 in New York.

mer, weiß ich nicht – einen Posaunisten [Earl McIntyre] dabei. Also er brauchte immer jemanden, der – sagen wir mal – so ein Ding organisieren konnte. Weil er ... – das ging nicht. Und das hat dann dieser Posaunist gemacht. Und der hat sich als nicht kompetent erwiesen. War ein ganz, ganz traditioneller Typ, auch in seinen Vorstellungen, die er hatte. Der kriegte das gar nicht mit, dass die Hälfte der Leute Europäer war. Und, na ja, all das. Es ging ziemlich nach hinten los die ganze Geschichte. Und für mich war das ebenso eine Lehrstunde, weil ich merkte, das läuft hier nicht so – du musst das also dann '88 völlig anders machen."[20]

Ausgehend von seiner Überzeugung, dass Taylor die europäische Moderne ziemlich verinnerlicht habe, hatte Gebers auf einen kreativen und produktiven Austausch Taylors mit den europäischen improvisierenden Musikern gehofft. Dass Gebers' Hoffnung 1986 enttäuscht wurde, illustriert auch Kobes Rezension im *Jazz Podium.* So berichtet Kobe über die Auftritte von Taylors *Euro-American Group* beim W.F.M. 1986.

„In weit ausladenden Armbewegungen gab der Posaunist Earl McIntyre die Einsätze für die Musiker, die nacheinander solistisch brillierten. Offensichtlich hatte Taylor mit den Musikern Eckpfeiler erarbeitet für ein relativ freies Arrangement, das mit interessanten Klangfarben aufwartete, aber zu sehr die Nähe europäischer Kunstmusik suchte. Spannung kommt auf, wenn mit Taylor und Brötzmann Amerika und Europa aufeinandertreffen und sich heftig streiten."[21]

Zudem ist zum einen auf die geringe Publikumsresonanz bei *Cecil Taylor: his music and poetry* 1986 hinzuweisen. So seien bei manchen Konzerttagen höchstens 200 Zuschauer:innen in der *Akademie der Künste* gewesen.[22] Zum anderen lassen auch die dokumentierten musikalischen Ergebnisse nur bedingt auf einen umwerfenden Erfolg Taylors schließen, wie ihn bspw. Lake wahrgenommen haben will.[23] Obwohl die am ersten W.F.M.-Abend von Taylor solo eingespielte LP *For Olim* (*Soul Note* 1150) Jost als ein neues Stadium in Taylors Soloarbeit herausgestellt hat[24], handelt es sich bei den als ‚Stücke' ausgewiesenen Partien größtenteils um punktuelle Strukturen mit einer Länge von durchschnittlich ca. 3 Minuten und 45 Sekunden. Und das mit einer Dauer von 17 Minuten 41 Sekunden etwas längere (ungeschnittene) *Olim* zeigt sich bspw. im Vergleich zu den Aufnahmen von Taylors Berliner Solokonzerten 1988 (*Erzulie Maketh Scent* [FMP CD 18]) oder 1989 (*Looking [Berlin Version] solo* [FMP CD 28]) hinsichtlich seiner materialen Entwicklung ungewohnt ziellos und lässt die systematische Klarheit und Konsequenz vermissen, die ansonsten die Konstruktionsprinzipien von Taylors Musik (gerade über langestreckte Zeitspannen und Passagen) bestimmen. Insofern beabsichtigte

20 Gebers, Interview mit dem Verfasser, 22.5.2015, Interview-ID 90.

21 Kobe 1986.

22 Vgl. Heidkamp 1986.

23 Vgl. Lake 1989a, S. 24.

24 Vgl. Jost 1989, S. 93.

Gebers bei der zweiten Zusammenarbeit mit Taylor keineswegs, einen „Kreis" zu schließen, wie Noglik meint. Noglik zufolge seien es „anfangs" *European Echoes* gewesen und nun komme „eine Zentralgestalt des amerikanischen Free Jazz nach Berlin", „um mit den Musikern aus dem Umkreis der Free Music Production zu spielen".[25] Allerdings war diese Art des Zusammentreffens (‚Kreis') bereits 1986 erfolgt. D.h. der ‚Kreis' war bereits ‚geschlossen' worden. Auch Lakes Vermutung, dass es Gebers aufgrund des umwerfenden Erfolgs von 1986 „geboten" erschein, „so bald wie möglich ein Festival" mit Taylor „im Mittelpunkt zu organisieren"[26], lässt sich nicht bestätigen. Vielmehr versuchte Gebers, Rahmenbedingungen zu schaffen, damit sich die von ihm erhofften musikalischen Prozesse und auch Ergebnisse ereignen konnten – und ganz offensichtlich haben sich diese 1988 bei Taylors Arbeitsaufenthalt und Konzerten eingestellt. So betonte Gebers 1992 im *Jazzthetik*-Interview mit Müller:

> „Das wesentliche Ding hat offensichtlich keiner, auch du nicht, keiner hat das geschrieben, keiner hat das gehört. Dass Taylor in diesem ganzen Zeug, das da gespielt wird, eine völlig andere Musik macht, als in seinen ganzen anderen Produktionen, die er bislang gemacht hatte. Ich bin da so verdutzt, ich habe es neulich wieder gehört und habe gedacht, das gibt's doch gar nicht, dass das keiner gehört hat. Selbst die darauffolgenden Produktionen sind die typischen Taylor-Ami-Produktionen, egal, wo er sie gemacht hat. Und bei uns nicht, und offensichtlich hat das niemand gehört. Das ist für mich das bedeutsamste Ding. Wir konnten diesen Mann in einen freien Raum stellen und er konnte alles vergessen und er hat es auch realisiert. Ja, das wollte ich nur loswerden."[27]

Der intensive Arbeitsaufenthalt von Taylor im Sommer 1988 in Berlin wurde insofern von Gebers' kontinuierlicher Auseinandersetzung mit der Frage der adäquaten Präsentations- wie auch Vermittlungsformen der freien, improvisierten Musik mitbedingt.[28] Ebenso wie auch mit anderen Programmkonzeptionen (wie bspw. die Aufgabe festgelegter Programmpunkte in der ersten Hälfte der 1980er-Jahre) wollte Gebers bei *Improvised Music II/88* Situationen kreieren, die die konkrete musikalische Auseinandersetzung der Musiker:innen forcieren sollten, und insofern auch eine Entität des Akteur-Netzwerks darstellt, als dieser Ansatz über die Entitäten der angestrebten Perspektivierung der vielfältigen und verschiedenartigen Entwicklungen der freien und improvisierten Spielformen oder der adäquaten Präsentation, Realisation, Vermittlung und Aneignung hinausreicht. Adäquate finanzielle Rahmenbedingungen ermöglichten hierbei die Programmplanungen des Berliner *Kulturstadt Europas*-Jahres 1988 und die Allianz mit Hertling.[29] Allein

25 Noglik 2010, S. 40.

26 Lake 1989a, S. 24.

27 Gebers zit. nach Müller 1992.

28 Vgl. Kapitel *4.6.2 Workshop Freie Musik, 1973–1976.*

29 Vgl. Gebers zit. nach Müller 1992. So bemerkt Gebers: „… wie oft hast du die Möglichkeit, unter optimalen Bedingungen, über so einen Zeitraum, mit so einem Mann, ja so,

aufgrund der Entität des Berliner Arbeitsaufenthalts von Taylor wäre der FMP jedoch nicht die Aufmerksamkeit zu Teil geworden, die ihr bald auch international zukommen sollte. So sind alle Berliner Taylor-Konzerte in sehr guter Aufnahmequalität mitgeschnitten worden und lagen nun physisch als Mittschnitte vor. Wie Müller berichtet sei es Gebers gelungen „tatsächlich circa 300.000 DM im Senat zu akquirieren“[30], um die *Special Edition Cecil Taylor in Berlin ’88* zu produzieren, was ohne die Allianz mit der Berliner *Senatsverwaltung für kulturelle Angelegenheiten* und den dortigen Referenten für die Förderung Freier Gruppen Mehlitz nicht möglich gewesen wäre. Ein gutes Jahr nach *Improvised Music II/88*, Anfang November 1989 feierte die FMP offiziell ihr zwanzigjähriges Bestehen zum einen am Sonntag, 5. November im Rahmen des *Jazzfest Berlin* (wie die *Berliner Jazztage* seit 1981 heißen) unter dem Motto *20 Jahre Free Music Production* im *Kammermusiksaal* mit Kowald solo, *Cora & Reichel* (Cora: cel; Reichel: g), *Tippett/Nicols/Tippett* (Tippett: voc; Nicols: voc; Tippett: p), *Brötzmann/Oliver/Kellers featuring Manfred Schoof* (Schoof: tp, flh; Brötzmann: reeds; Oliver: b; Kellers: dr). Und zum anderen vom 1. bis zum 4. November im *Quartier Latin* mit einer erneuten Präsentation von Taylor in einer Folge von Arbeitsprozessen mit dem Titel *Third Step*.[31] Am ersten Abend von *Third Step* trat Taylor solo auf, am zweiten mit *The Feel Trio* (Taylor: p; Parker: b; Oxley: dr) und am dritten und vierten Abend mit dem Quintett *Corona* (Kimmig: vln; Fataah: cel; Taylor: p; Parker: b; Oxley: dr). Bei diesem Berlin-Aufenthalt bekam Taylor auch die gerade fertiggestellte (und am 30. Oktober 1989 veröffentlichte) CD-Box *Cecil Taylor in Berlin ’88* zu sehen. So berichtet Gebers bei den Oral History-Interviews:

> „Und dann kam 1989 das *Total Music Meeting*. Und da hatten wir auch ein Taylor-Projekt gemacht, den ‚dritten Schritt‘. Da war die Box dann mit Mühe fertig und so – und die Mauer ging auf. Das war dann so alles zusammen. Und Taylor hatte an dieses Ding überhaupt nicht geglaubt, der hatte auch keine Vorstellung davon, was das sein wird und ist dann völlig zusammengebrochen, als er das gesehen hat. Das darf nicht wahr sein!“[32]

---

dem Affen Zucker zu geben und zu sagen: nun mach mal. Und der auch offen genug war und genügend Vertrauen hatte, zu sagen: ja, mach ich, will ich.“ (Ebd.)

30 Müller 2022, S. 48.

31 Am letzten Abend im *Quartier Latin* lud die FMP zu einem *Gespräch über 20 Jahre Free Music Production* ein, bei dem Kowald über die Arbeit der FMP sprach. In diesem Rahmen wurde auch „die soeben fertiggestellte Compact Disc Dokumentation *Cecil Taylor in Berlin ’88*“ (FMP 1989d) vorgestellt.

32 Gebers, Interview mit dem Verfasser, 27.3.2015, Interview-ID 42. Auch Brötzmann und Dagmar Gebers kommen bei den Interviews auf Taylors Reaktion auf die fertiggestellte CD-Edition zu sprechen. So berichtet Dagmar Gebers: „Ich glaube da hat er sogar geweint, weil er damit überhaupt nicht gerechnet hat“, „dass irgendjemand so was für ihn tut.“ (Dagmar Gebers, Interview mit dem Verfasser, 22.6.2015, Interview-ID 235) Und Brötzmann erinnert sich: „Der war so was von überwältigt von der Art und Weise, wie das Ganze zustande gekommen ist. Das war schon gut zu sehen.“ (Brötzmann, Interview mit dem Verfasser, 12.7.2015, Interview-ID 451)

1990 wird im *Down Beat* die 11-CDs-Box *Cecil Taylor in Berlin '88* zum besten Jazzalbum des Jahres gewählt (*Critics Poll*). Im britischen Avantgarde-Magazin *The Wire* erhält *Cecil Taylor in Berlin '88* eine spezielle Auszeichnung (‚special *Wire* accolade') als beeindruckendste Aufnahmeprojekt des Jahres. Ebenfalls 1990 verleiht die Jury des *Preises der deutschen Schallplattenkritik* Gebers „für seinen langjährigen Einsatz als Produzent von Jazz-Schallplatten"[33] die *Ehrenurkunde 1990*. Zur Begründung heißt es in der Urkunde, dass Gebers mit seiner „Dokumentation der Aktivitäten des amerikanischen Pianisten Cecil Taylor 1988 in Berlin" eine „überragende verlegerische Leistung auf diesem Feld"[34] gelungen sei. So erhielt die FMP mit der Dokumentation von Taylors Berliner Konzerten mit der 11-CDs-Box *Cecil Taylor in Berlin '88* einen „riesen Schub an Popularität"[35], wie Gebers bei den Interviews feststellt, und ist insofern wie auch die neuerliche Popularität als Entität des Akteur-Netzwerks zu berücksichtigen. So schrieb Ken Tyler im Oktober 1989 im britischen Avantgarde-Magazin *The Wire*: „The Cecil Taylor in Berlin project was the most important jazz event this decade, and I think that CDs are the right choice for these extended performances."[36] Und der US-amerikanische Jazzpublizisten und Produzenten Corbett hob 1993 hervor, dass die 11-CDs-Box *Cecil Taylor in Berlin '88* der FMP „einen Platz in der amerikanischen Jazzgeschichte" eingebracht habe, und weist auf die „überwältigende Resonanz der Kritik" und den „starken Einfluss" hin, den die Taylor Aufnahmen „immer noch"[37] ausübten. Ebenso wie die Dokumentationen *For Example* (des W.F.M. von 1969 bis 1978) und *Snapshot* (des *Jazz Now*-Schwerpunkts mit *Jazz aus der DDR* im August 1979) beinhaltete *Cecil Taylor in Berlin '88* ein Buch (188 Seiten) mit Beiträgen von u.a. Lake, Margull, Noglik, Jost und vielen Fotos von Dagmar Gebers.

„Und", wie Gebers bei den Oral History-Interviews weiter berichtet, war das „für die vielen" Musiker:innen, „die da beteiligt waren", auch ein „wesentlicher Aspekt ihrer Karriere": „am extremsten natürlich bei Oxley", „aber auch William Parker partizipierte davon".[38] Und wie Gebers betont, hatte das „natürlich eine große Bedeutung" für die FMP als Organisation – aber ebenso „auch für Taylor".[39] So haben sich, wie Gebers 1992 in *Jazzthetik* berichtete, „die Umsatzzahlen im Ausland unglaublich nach oben verschoben. Nicht in Deutschland, da kannte man uns. Aber in den USA und in Japan sind die Zahlen unglaublich gestiegen".[40]

33 Preis der deutschen Schallplattenkritik 1990.
34 Ebd.
35 Gebers, Interview mit dem Verfasser, 14.8.2015, Interview-ID 495.
36 Tyler 1989.
37 Corbett 1993.
38 Gebers, Interview mit dem Verfasser, 14.8.2015, Interview-ID 495.
39 Ebd.
40 Gebers zit. nach Müller 1992.

Und die Bedeutung für Taylor beschreibt dessen damaliger ‚Manager'[41] Joseph Chonto 1998 wie folgt: 1988 habe „sich Taylor in seiner Karriere an einem Punkt" befunden, „wo er praktisch auf der Stelle trat". Acht Jahre lang habe er weder in Chicago, Boston oder in Washington, D.C. gespielt. Aber als die FMP-Kassette erschienen war, habe Taylors Marktwert in der Jazzwelt ‚geboomt': „Es gab mehr und besser bezahlte Arbeit und schließlich einen ‚Genius Award' der MacArthur Foundation".

> „Taylors sechsmonatiger Berlinaufenthalt im Jahre 1990 war (neben der sechs Wochen im Sommer 1988, aus denen die FMP-Kassette mit 11 CDs hervorging) eine seiner produktivsten Perioden überhaupt. Man könnte tatsächlich mit einigem Recht behaupten, dass FMP und das begeisterte Berliner Publikum Cecil Taylor die Jazzwelt wieder neu erschlossen hat."[42]

Die exorbitante Steigerung der Umsatzzahlen vor allem in den USA wurde durch ein anderes Ereignis mitbedingt. So wurde mit dem Erscheinen der Box (1989) die gesamte FMP-Tonträger-Produktion auf CD um- und alle Vinyl-Labels in der Folge eingestellt.[43] So berichtet Gebers bei den Interviews:

> „Und der Schub zum Beispiel nach der Taylor-Geschichte – das muss man ja zusammenfassen: Wir haben gesagt: ‚O.K., wir steigen komplett auf CD um, machen nichts anderes mehr.' […] Dann haben wir von 0 [*FMP CD 0*] bis 18 [*FMP CD 18*] diese ganzen Produktionen '89 rausgebracht, nur noch CDs: auf einen Hieb. Dann kam diese ganze Geschichte mit der Taylor-Box, die nun weltweit irgendwie … Und im Zuge dieser Geschichte war das natürlich ein Sog für alle anderen CDs, die wir dann machten. Und das war durchaus auch kommerziell sehr hilfreich."[44]

Gebers verweist hinsichtlich des ‚Sogs' auf die Entitäten der 11-CDs-Box *Cecil Taylor in Berlin '88* und der Popularität der FMP sowie auf die gleichzeitig erfolgte Umstellung der Tonträgerproduktion von Vinyl auf CD:

---

41 Zur Bezeichnung ‚Manager' bemerkt Chonto (1998): „Zwischen Sommer 1988 und dem Erscheinen der Kassette Ende 1989 war ich Taylors ‚Manager' (insofern jemand überhaupt von sich sagen kann, Cecil Taylor zu ‚managen')."

42 Chonto 1998.

43 Vgl. FMP-Publishing 2019b. Nach November 1989 veröffentlichte die FMP nur noch drei LPs: Dies waren die drei Duo-LPs von Kowald (*Duos Europa* (FMP 1260), *Duos America* (FMP 1270) und *Duos Japan* (FMP 1280) (vermutlich) Ende 1991. Laut Gebers' Informationen auf der *FMP-Publishing*-Website wurden die Vinyl-Labels Ende 1991 eingestellt. Und „nach einer Ausverkaufszeit […] Mitte 1992 die Restbestände, Presswerkzeuge, Druckfilme und, soweit vorhanden, die Reinzeichnungen vernichtet" (FMP-Publishing 2019b). Im FMP-Tonträger-Katalog von 1992 weist die FMP darauf hin, dass die Plattenproduktion zum 31.7.1992 auslaufen werde. (Vgl. FMP 1992a)

44 Gebers, Interview mit dem Verfasser, 22.5.2015, Interview-ID 387.

> „Dann muss man also auch sagen, weil sich die [produzierten CD-Stück-] Zahlen ja gewaltig unterscheiden von den Zahlen von den LPs: Also wir haben LP ’92 eingestellt: komplett. Und hatten ’89 einen unheimlichen Gewaltakt gemacht, nämlich sind komplett auf CD umgestiegen. Da sind, glaube ich, eine riesen Summe von CDs schlagartig veröffentlicht worden: also sämtliche Taylor-Geschichten plus Hans Reichel, Tippett, Brötzmann. Und wir haben dann ja noch Ausverkauf gemacht: ’89 bis ’91, glaube ich, und ’92 den Rest eingestampft. Das war dann der Schluss der ganzen Geschichte, und hatten da natürlich zwei Vorteile: Einmal, dass wir das jetzt auf CD machten das gesamte Programm, und zum zweiten, die unheimliche Resonanz der Taylor-Box: das zahnte ja unheimlich ineinander. Und das war dann so, dass wir dann eben auch kontinuierlich auf andere Stückzahlen kamen.“[45]

Die prozentuale Steigerung der CD-Stückzahlen lag im Vergleich zu den LPs bei durchschnittlich fast 290% pro CD.[46] Diese Steigerung bedingte noch eine andere Entwicklung mit: die Einführung der Compact Disc. So hatte diese, wie der *Spiegel* 1989 berichtet, seit 1985 den „meisten Plattenfirmen“[47] Rekordumsätze ermöglicht. Im Jahr 1988, d.h. fünf Jahre nach der Markteinführung der CD, wurden weltweit 400 Millionen CDs produziert und die CD-Verkäufe in den USA überholten die Vinyl-Verkäufe. Eine neue technische Innovation hatte so den neuen „Höhenflug“ und „Aufschwung“[48] der Musikbranche ermöglicht, von dem auch die FMP profitierte. Des Weiteren – ebenfalls u.a. von den Entitäten der Taylor-Box, der Popularität der FMP und der CD-Umstellung – konnte neben einem neuen Vertrieb für die BRD auch internationale Vertriebspartner gefunden werden. So berichtet Gebers bei den Oral History-Interviews:

> „Der letzte Vertrieb: die haben sich bei uns gemeldet. Das war *helikon*, die das machten. Die saßen zu der Zeit in Heidelberg, und sind dann irgendwann – weiß ich nicht – irgendwo anders hingezogen: *helikon harmonia mundi* war das. [...]. Davor der Vertrieb war *pläne*, und der Chef hatte irgendwie einen Schlaganfall und ist gestorben. Und ist ja immer dasselbe: Es geht um Figuren, und wenn die nicht mehr da sind, dann ändert sich was. Die wollten dann zurück zu ihrem ganzen ‚linken Scheiß‘ und waren inhaltlich sowieso mit dem Zeug ... ein bisschen ... naja gut – die wollten das dann nicht mehr. Und dann haben wir das eine Zeitlang alleine gemacht, und dann meldete sich mit dem Erscheinen der Taylor-Box *helikon*.“[49]

helikon war der erste Vertrieb mit dem die FMP zufrieden war: „*helikon* war richtig gut!“[50] So stieg *helikon*, wie Gebers weiter ausführt, „mit einer Garantieab-

45 Gebers, Interview mit dem Verfasser, 14.8.2015, Interview-ID 486.

46 Als Berechnungsgrundlage wurden die Presszahlen der von der FMP von 1986 bis 1991 veröffentlichten FMP-LPs (mit der FMP-Nummern-Zählung) im Vergleich zu den von 1989 bis 1990 veröffentlichten FMP-CDs herangezogen.

47 Kampe 1989.

48 Ebd., vgl. auch Leim 2021.

49 Gebers, Interview mit dem Verfasser, 22.5.2015, Interview-ID 391.

50 Ebd., Interview-ID 313.

nahme von 150 Stück" ein. „Das war natürlich 'ne richtig gute Nummer", weil „man ja eben berücksichtigen muss, dass CD-Herstellung zu der Zeit ja richtig aufwendig war. Die waren noch teuer."[51] Im April 1989 informierte die FMP über die „wichtige Änderung": „Die Firma PLÄNE, Dortmund, die bislang für den Vertrieb unserer Platten zuständig war, schließt ihre Pforten zum 30. April 1989." D.h., „FMP, SAJ und Uhlklang sind ab 1. Mai 1989 wieder direkt von uns per Mailorder zu beziehen".[52] Neue Vertriebsadresse war nun die Lübecker Str. 19 in Berlin-Moabit. Dorthin zog auch Gebers mit dem FMP-Büro aus der Weddinger Koloniestraße. In der Information zur Vertriebsänderung merkte die FMP an: „Wenn wir den Vertrieb nun wieder selbst in die Hand nehmen, heißt das für Sie, daß in Zukunft hoffentlich alles reibungsloser funktioniert als bisher."[53] Wie Hahne bei den Oral History-Interviews bemerkt, war es „mit *pläne* überhaupt nicht mehr"[54] gegangen. „Und dann mussten wir den ganzen Mist von denen wieder zurückkaufen"[55], erläutert Gebers die damalige Situation. Hinsichtlich des internationalen Vertriebs arbeitete die FMP seit 1989 mit *Cadillac Distribution* für die Distribution in England, *Extraplatte* für Österreich, *COD Records* für die Schweiz, *Blue Tower Records* für Schweden, *Jazz & Now* und *Disc Union* für Japan und *Northcountry Distributors* für die USA. Zur damaligen Distributionssituation führt Hahne bei den Oral History-Interviews aus:

> „Da haben wir dann auch den Export gut ausgebaut: *helikon* in Heidelberg, die eigentlich ganz viel Klassik vertreiben und alte Musik. Die haben uns ins Vertriebsprogramm genommen. Das war schon mal 'ne tolle Sache [...] und mit den Exportgeschichten lief es dann auch immer besser. Wir hatten dann einen sehr, sehr gut funktionierenden Vertrieb in den Staaten: *Northcountry Distributors*. Die haben auch die kleine Jazzzeitschrift *Cadence* rausgegeben. War so ein DIN A5-Format, also wirklich handgeschnitzt, voll mit Plattenbesprechungen ohne Ende. Die haben also wirklich jede Fitzeljazzplatte, die auch sonst wo irgendwo erschienen ist, besprochen. Und in der Mitte – die haben auch Mailorder gemacht –, ganz schlau, kostete nicht viel, aber es kostete was das Ding, hatten sie immer ihren eigenen Mailorder-Katalog eingeheftet. Pfiffige Idee. Und es lief dann sehr gut, das war alles sehr, sehr zufriedenstellend.[56]

51 Ebd., Interview-ID 388.

52 FMP 1989a. Zur Einführung der neuen Adresse machte die FMP in der Mitteilung zur Vertriebsänderung „auch gleich eine Reihe attraktiver Angebote" (ebd.). So konnten bis zum 30.6.1989 aus einer Liste mit 25 LPs mit der FMP-Nummern-Zählung und 10 SAJ-Nummern neun Schallplatten für DM 100,– (inkl. Versand) bestellt werden. Die für November 1989 angekündigte 11-CDs-Box *Cecil Taylor in Berlin 1988* konnte bis zum 31.7.1989 mit einem Subskriptionsangebot von DM 205,20 (inkl. Versandkosten) vorbestellt werden.

53 Ebd.

54 Hahne, Interview mit dem Verfasser, 22.6.2015, Interview-ID 168.

55 Gebers, Interview mit dem Verfasser, 22.5.2015, Interview-ID 391.

56 Hahne, Interview mit dem Verfasser, 22.6.2015, Interview-ID 168.

Gebers' Charakterisierung des Berliner Arbeitsaufenthalts von Taylor als Neuanfang markiert das modifizierte Akteur-Netzwerk der FMP und deren neue Handlungsmöglichkeiten. Ausgehend von den skizzierten Praxisprozessen lassen sich hierbei u.a. folgende diversen, heterogenen und dislokalen Entitäten identifizieren, die diesen Neuanfang mitbedingt hatten: Taylors Arbeitsaufenthalt und Konzerte 1988 in Berlin, das Berliner *Kulturstadt Europas*-Jahr 1988 und die entsprechenden Programmplanung, die Allianz mit der *Akademie der Künste*, das soziale Netzwerk, Taylors Teilnahme beim W.F.M. 1986, Gebers' kontinuierliche Auseinandersetzung mit der Frage adäquater Präsentations- wie auch Vermittlungsformen der freien und improvisierten Musik, die 11-CDs-Box *Cecil Taylor in Berlin '88*, die Popularität der FMP, die Umstellung der FMP-Tonträgerproduktion von Vinyl auf CD, die Einführung der Compact Disc, die Tonträgerdistribution der FMP, die Steigerung der Umsatzzahlen, die ökonomische Situation der FMP, die Allianz mit der Berliner Kulturverwaltung sowie die Gewährung einer institutionellen Förderung.[57]

„Da lief es wunderbar"[58], 1990–1996

Hahne berichtet über die Zeit ab 1989, d.h. über den Neuanfang der FMP bei den Oral History-Interviews, dass dann „die institutionelle Förderung" gekommen sei und Gebers dann die „Räume in Moabit, in der Lübeckerstraße" gehabt habe:

> „Und da hatte er diverse Mitarbeiter. Und irgendwann bei 'nem Sonntagstreffen Anfang der 90er Jahre, '91/'92, sagte er: ‚Meine Güte, Dieter, das sind alles so Pfeifen: Willst Du nicht wieder für mich arbeiten?' Ich sagte: ‚Gern Jost, wenn ich hier den Laden loskriege gerne, gerne. Nichts lieber als das!' Und dann habe ich es tatsächlich geschafft, dass mir jemand den *Jazzcock* abgekauft hat. Und dann habe ich '92 wieder bei FMP begonnen.[59] Da gabs dann schon die institutionelle Förderung. Da war mein Gehalt sicher. Nicht so wie früher: Hoffentlich langt es fürs Gehalt (Hahne und dann auch Interviewer lachen)."[60]

---

57 Die erneute Modifizierung des Akteur-Netzwerks beinhaltete weiterhin die Entitäten des bis dahin bestehenden Netzwerks: wie u.a. die Allianz mit dem Zehlendorfer *Haus am Waldsee*, die vielfältige und langjährigen FMP-Konzertveranstaltungen, die kontinuierliche Tonträgerproduktion und die ständig steigende Anzahl produzierter FMP-Tonträger, das DAAD-Programm, die Intensivierung vor allem der Zusammenarbeit mit US-amerikanischen Musiker:innen oder die forcierte musikalische Auseinandersetzung der Musiker:innen.

58 Hahne, Interview mit dem Verfasser, 22.6.2015, Interview-ID 168.

59 Hahne war, wie er berichtet, „ab Februar/März '92" wieder bei der FMP angestellt. (Hahne, Interview mit dem Verfasser, 22.6.2015, Interview-ID 166)

60 Hahne, Interview mit dem Verfasser, 22.6.2015, Interview-ID 166. In der Zeit ab 1989 hatte Gebers zunächst Unterstützung von einem Studenten, der zwischenzeitlich sein Studium unterbrochen hatte. Nach dessen Weggang folgte, wie Gebers bei den Oral

Und Hahne fügt hinzu: „Da lief es wunderbar. [...] Das war alles sehr, sehr zufriedenstellend. Das war für mich die Goldene FMP-Zeit: die Zeit da in der Lübeckerstraße."[61] So stellte der Neuanfang eine Überwindung der ökonomischen Krise der FMP dar. Während die gestiegene Popularität der FMP, die Umstellung der FMP-Tonträgerproduktion auf CD, die Verbesserung der Distributionssituation und die Steigerung der Umsatzzahlen die ökonomische Situation der FMP positiv bedingten, konnte mittels der nun von der Berliner Kulturverwaltung gewährten institutionellen Förderung stabile Rahmenbedingungen und Planungssicherheit gewährleistet werden. So führt Gebers bei den Oral History-Interviews aus:

> „Von da ab war es dann so, dass wir diese institutionelle Förderung kriegten mit der Maßgabe, davon den Hahne zu bezahlen und ansonsten Anfang des Jahres zu planen: Was wollt ihr in diesem Jahr machen – ihr müsst aber mit dem Geld auskommen! D.h. wir mussten dann immer, wenn wir was anderes oder über diesen Etat gingen, mussten wir dann sagen, entweder wir bezahlen das aus eigener Tasche oder holen uns noch einen anderen Geldgeber. Das waren alle Geschichten außerhalb des *Workshops*. Der *Workshop* war von Anfang an so strukturiert, dass die *Akademie der Künste* sagte, ‚o.k., ihr kriegt unsere Räume, unsere Leute und Hilfestellung von unserem Haus plus eine feste Summe, mit der ihr auskommen müsst. Die Einnahmen sind dann unsere'. Und dann war es irgendwann einmal so, dass die einen neuen Menschen da sitzen hatten und das ging sofort nach hinten los, und wir mussten dann zusätzlich von dem, was die uns offerierten wieder eine andere Geldquelle aufmachen. Und dann haben wir den Eintritt geteilt. Die eine Hälfte kriegte die *Akademie*, die andere Hälfte kriegten wir."[62]

Mittels der Förderung der FMP als Institution konnte die FMP sowohl die Infrastruktur und die Gehaltszahlungen für Hahne (laut Gebers im Zuwendungsbescheid an erster Stelle und mit einer „40-Stunden-Woche"[63] „ganzjährig" verankert) sicherstellen als auch die Finanzierung des T.M.M. und der anderen Live-Projekte. Ebenso war es möglich, finanzielle Defizite zu kompensieren wie bspw. beim W.F.M. in der *Akademie der Künste*, bei dem sich nach dem Weggang von Hertling die finanziellen Rahmenbedingungen zu Ungunsten der FMP verändert hatten.[64] Zudem eröffneten sich mittels der institutionellen Förderung, aber auch mittels des sich weiter verzweigenden und intensivierenden sozialen und mu-

---

History-Interviews berichtet, eine „junge Frau", „die maßlos überfordert" gewesen sei. „Und dann noch einer, der, weiß ich nicht was, aber mit der ganzen Geschichte auch nicht richtig zu Potte kam. Und dann gabs ja die Situation, dass Dieter wieder frei war und sagte, er hört auf mit seinem Kram, dass er dann wieder angestellt werden konnte." (Gebers, Interview mit dem Verfasser, 14.8.2015, Interview-ID 516)

61 Hahne, Interview mit dem Verfasser, 22.6.2015, Interview-ID 168.

62 Gebers, Interview mit dem Verfasser, 22.5.2015, Interview-ID 317.

63 Gebers, Interview mit dem Verfasser, 14.8.2015, Interview-ID 521.

64 So bestätigt auch Hahne, dass der Nachfolger von Hertling „relativ wenig Interesse" an der FMP gehabt habe: Aber das war dann die Zeit, wo wir schon eine institutionelle Förderung hatten, und konnten da, wenn die *Akademie* zu wenig rausgerückt hat, das

sikalischen Netzwerks und der gestiegenen weltweiten Popularität der FMP hinsichtlich der Programmgestaltung andere Möglichkeit als zuvor. So konnte bspw. die Zusammenarbeit mit Taylor fortgeführt werden. Taylor war 1990 erneut beim W.F.M. sowie bei der *Summer Music*-Reihe und beim Taylor-Festival *Total Taylor Total*. 1991 spielte er ein Solo-Konzert in der *Deutschen Oper*. 1993 nahm er aufs Neue beim W.F.M. teil und 1996 beim T.M.M.-*Two Portraits: Steve Lacy & Cecil Taylor*, wo er bei einem Duokonzert mit der Free Jazz-Legende Sunny Murray auf seinen Schlagzeuger aus der ersten Hälfte der 1960er-Jahre traf. Denn wie Gebers bei den Interviews hinweist, habe Taylor

> „einen anderen Marktwert gehabt, sagen wir mal so: den er auch durchsetzen konnte. Wobei zu sagen ist, dass da die Gagen auch ein Witz waren zu dem, was er normalerweise gekriegt hat. Aber er wusste nach diesem ersten Ding, was und wie wir es machen, und hat dann gesagt: ‚O.K., ich akzeptiere das.'"[65]

Dass Taylor 1990 erneut über einen längeren Zeitraum in Westberlin arbeiten und die FMP verschiedene Projekte mit ihm realisieren konnte, wäre nicht möglich gewesen, wenn Taylor nicht 1990 ein Stipendium des *Berliner Künstlerprogramms des DAAD* erhalten hätte, wofür sich nach Darstellung von Gebers abermals Mehlitz von der Berliner Kulturverwaltung eingesetzt hatte, der zusammen mit Gebers die Jury von der Bedeutung des Arbeitsaufenthaltes habe überzeugen können.[66] Insofern gehörte auch das DAAD-Programm nach wie vor als Entität zum Akteur-Netzwerk. Mit dessen Hilfe konnte die FMP seit Mitte der zweiten Hälfte der 1970er-Jahre das Zusammentreffen von Musiker:innen aus ihrem Umfeld mit den Stipendiat:innen ebenso wie die Präsentation von Arbeitsprozessen und -ergebnissen der Stipendiat:innen in Einzelkonzerten oder auch in mehrtägigen Konzertschwerpunkten verzweigen. Im Zeitraum 1986 bis 2000 nahmen am *Berliner Künstlerprogramm des DAAD* Diamanda Galás (1987), Cecil Taylor (1990), David Moss (1991), Shelley Hirsch (1992), Sainkho Namtchylak und Joëlle Léandre (1994), Butch Morris und Wolfgang Mitterer (1995) sowie Steve Lacy (1996) teil.

Trotz der insgesamt positiven ökonomischen und finanziellen Situation der FMP musste 1993 das FMP-Studio in Wedding aufgeben. Einerseits seien die Kosten zu hoch gewesen.[67] Andererseits hatten sich für Gebers andere Aufnahmemöglichkeit ergeben. So erläutert Gebers zur Aufgabe des FMP-Tonstudios bei den Oral History-Interviews:

> „Noch mehr konnten wir ja nicht finanzieren. Es gab ja nur ein bestimmtes Dings. Und dann wars eben so, dass wir im Zuge der großen Geschichten, also in der *Akademie*

Loch aus der institutionellen Förderung stopfen." (Hahne, Interview mit dem Verfasser, 22.6.2015, Interview-ID 163)

65 Gebers, Interview mit dem Verfasser, 22.5.2015, Interview-ID 363.

66 Vgl. Gebers, Interview mit dem Verfasser, 14.8.2015, Interview-ID 520.

67 Vgl. FMP-Publishing 2016b.

oder aber beim *Total Music Meeting* ganztätig die Räume nutzten konnten und eben da nachmittags die Aufnahmen machten, die wir sonst im Studio gemacht hätten."[68]

Mit dem Neuanfang und der zugenommenen Popularität der FMP habe sich auch „das Publikum" wieder „verändert", wie sich Gebers bei den Interviews erinnert:

> „Es war dann eben so, dass, sagen wir mal so von Mitte der 80er bis Anfang der 90er das Publikum so war, wie es zurzeit noch in Münster ist beim Erhard [Hirt]: Also Leute, die sind alle offensichtlich noch zehn Jahre älter als ich. Nur alte Säcke. (Interviewer lacht) Und nur Männer. Und dann ab, sagen wir mal, Anfang der Neunzigerjahre hat sich das dann wieder sehr schnell verändert – also ich rede nur über die Berliner Zeit, weil in Münster, ist das jetzt noch so. Da wars dann wieder so, dass sich das mischte. Dass da auch viele neue Typen dazukamen, junge Leute. Das hast du dann auch an den Gesprächen gemerkt, dass die überhaupt keine Ahnung hatten, was das eigentlich für Zeug ist, was da gespielt wurde. Und das hast du auch am Verkauf gemerkt. Dieter hat das nun ja immer gemerkt, wenn die Leute dann kamen, haben die Massen da gesehen und sagten, was sollen sie nun kaufen? Dass sie von Tuten und Blasen überhaupt keine Ahnung hatten, bloß eben völlig fasziniert waren von dem Krawall, der da ablief."[69]

Und auch die Allianz mit der Berliner *Senatsverwaltung für Kulturelle Angelegenheiten* stützte weiterhin die FMP. So merkt Gebers bei den Interviews lobend an, dass zu der Zeit die Kulturverwaltung mit „Leuten voll saß, die sich alle für so ein Zeug"[70] interessiert hätten. Die seien auch „zu den Dingern" gekommen, wo sie wussten, „da ist Geld von uns mit dabei". „Ja, das war eine gute Zeit. Wenn man das heute jemanden erzählt, kann man sich das gar nicht vorstellen."[71] Aber so sei das damals gewesen.

Live-Projekte
Total Music Meeting, 1986–1996

Beim ersten T.M.M. während der Goldenen FMP-Zeit 1986 setzte die FMP in den drei T.M.M.-Nächten unter dem Titel *Trombone Music* das Schwerpunkt-Konzept des *Piano Project*-T.M.M. (1984) fort. Um das Spektrum „heutiger Posaunenmusik aufzuzeigen", so das Plakat des T.M.M., waren eingeladen: Conrad Bauer, Johannes Bauer, Andreas Boje, Günter Christmann, Vinko Globokar, George Lewis, Garrett List, Radu Malfatti, Albert Mangelsdorff, Christian Radovan, Annemarie Roelofs, Giancarlo Schiaffini, David Taylor, Eje Thelin, Alan Tomlinson, Leo Ver-

68 Gebers, Interview mit dem Verfasser, 22.5.2015, Interview-ID 380.

69 Ebd., Interview-ID 329. Ausgehend von Gebers' Erinnerungen scheint sich hinsichtlich der Publikumsentwicklung kein Zusammenhang mit dem „Jazz-Boom der 1980er Jahre" (Jost 2012, S. 303) herstellen zu lassen.

70 Gebers, Interview mit dem Verfasser, 27.3.2015, Interview-ID 4.

71 Ebd.

heyen, Thomas Wiedermann und Annie Whitehead.[72] Die Posaunist:innen stellten sich als Solist:innen sowie in unterschiedlichsten Kombinationen vor. Die Auftrittsplanungen wurden jeweils vor den Konzertabenden von den Musiker:innen selbst getroffen und über einen Zeitplan bekanntgegeben. Neben den Konzerten im *Quartier Latin* ergänzte die FMP das T.M.M. mit zwei Nachmittagskonzerten an den beiden folgenden Tagen mit *Two Saxophone Specials* im FMP-Studio in der Koloniestraße *Parker/Smith* (Parker: ss, ts; Smith: ssi, ss) und *Diesner/Harth* (Diesner: ss, as, ts; Harth: reeds).[73]

Beim 20. T.M.M. 1987 bildeten „komponierte Strukturen"[74] den thematischen Schwerpunkt. Die FMP hatte hierzu drei Solo-Pianisten (Van Hove, Janssen und Clark) sowie drei Bigbands (die *Radu Malfatti Ohrkiste*, das *Maarten Altena Project* und das vorwiegend mit US-amerikanischen Musiker:innen besetzte *Butch Morris Ensemble*) eingeladen. Hinsichtlich des thematischen Schwerpunkts erläutert Gebers 1987, dass „zurzeit" nur „wenig Neues im Jazz" stattfinde: „Wir haben viele museale Bands, die – obwohl auf Improvisation basierend – in Schematismus erstarren."[75] Hier könnten komponierte Strukturen Abhilfe schaffen. Entgegen dem spontanen Programmablauf 1986 sah das Jubiläums-T.M.M. 1987 eine vorab fixierte Programmstruktur vor. So trat in jeder der drei Nächte zunächst eine der Bigbands auf, gefolgt von einem der Solo-Pianisten[76] und zum Abschluss erneut eine weitere Bigband. Ebenso wie 1986 wurden an die drei Nächte im *Quartier Latin* noch zwei Nachmittagstermine im FMP-Studio angehängt. Unter dem Titel *Two Guitar Specials* traten dort das westdeutsch-britische Gitarren-Duo *Hirt/Russell* sowie der aus der DDR stammende Lothar Fiedler mit dem Australier Greg Kingston auf.

Das Konzept des erneut dreitägigen T.M.M. 1988 sah ein Dreimaldrei-Konzept (drei Schlagzeuger, drei Bassisten, drei Saxophonisten) mit drei europäischen und sechs amerikanischen Musikern vor. Allerdings brach „die Finanzierung zusammen, als der Intendant der Berliner Festspiele GmbH der FMP plötzlich ihre Unterstützung", d.h. die seit 1976 jährlich zur Verfügung gestellte Ausfallbürgschaft „versagte", die „die materielle Grundlage dieses Festivals der improvisierten Musik"[77] darstellte, so Heppelmann im Programmflyer. Um nicht „den Fortbestand dieser traditionsreichen Einrichtung aufzugeben", habe die FMP

72 Eine Perspektivierung, aus welchen Ländern die Teilnehmenden des T.M.M. stammten, erfolgt im weiteren Verlauf des Kapitels.

73 Vgl. Brandt 1986. Die FMP hatte beabsichtigte die beiden Studio-Konzerte im Weddinger Studio ins *Jazzfest Berlin* zu integrieren.

74 Gebers zit. nach Kobe 1987, vgl. Brandt 1987a.

75 Gebers zit. nach Kobe 1987.

76 Spontan kam es neben den Solo-Konzerten auch zu zwei Piano-Duos: Van Hove mit Beresford, der mit dem *Maarten Altena Project* angereist war, und von Janssen mit Beresford. (Vgl. Brandt 1987a, vgl. Linke 1987)

77 Heppelmann 1988c.

„ein Notprogramm aus dem wackligen Boden“[78] gestampft. Dieses sah konzeptionell vor, die Auftritte des ursprünglich im FMP-Studio geplanten *Bass Specials* (mit den Bassist:innen Klaus Koch, Joëlle Léandre und Barre Phillips) ins *Quartier Latin* zu verlegen. Dort sollten die drei Bassist:innen jeden Abend in wechselnder Besetzung jeweils ein Solo und ein Duett spielen.[79] Unterbrochen wurden die Sets von jeweils zwei Auftritten wechselnder Saxophon-Schlagzeug-Duos (*Breuker/Bennink, Brötzmann/Sommer, Parker/Moholo*). Wie in den beiden vorherigen Jahren veranstaltete die FMP als Bonus zum T.M.M. im Weddinger Studio noch zwei Nachmittagstermine: 1988 als *Piano Special* mit Tippett (GB) und Clark (USA). Dass aus dem „Notprogramm“ doch noch ein „respektables Festival-Programm erwachsen ist“, sei „nur der Verbundenheit der auftretenden Musiker, der vermittelnden Hilfe der *Senatsverwaltung für Kulturelle Angelegenheiten* und besonders dem bereitwilligen Entgegenkommen einiger Geschäftspartner der FMP“[80] zu verdanken gewesen, wie im Programmflyer zu lesen war.

Beim Cecil Taylor-T.M.M. *Third Step* 1989 war das Programm mit jeweils einem Auftritt von Taylor an jedem der vier Abenden erneut fixiert und sah ebenso wenig wie das folgende T.M.M. 1990 spontane Kombinationen vor. Am ersten Abend stellte sich Taylor als Solist vor, am zweiten Abend mit dem *The Feel Trio* (Taylor: p; Parker: b; Oxley: dr) und am dritten und vierten Abend mit dem Quintett *Corona* (Kimmig: vln; Fataah: cel; Taylor: p; Parker: b; Oxley: dr).[81] Der Programmablauf des T.M.M. 1990 rekurrierte mit jeweils drei Auftritten der eingeladenen fünf Formationen innerhalb des nun (bedingt durch die Entität der neuen ökonomischen Möglichkeiten) wieder fünftägigen Festivals auf das langjährige T.M.M.-Konzept, wobei dieses durch jeweils eine Solo-Eröffnung der Abende ergänzt wurde. Als Solisten:innen hatte die FMP Dietmar Diesner (reeds, elec), Lindsay Cooper (ss, bn), Rüdiger Carl (acc), Gianni Gebbia (reeds) und Steve Lacy (ss) eingeladen. Diese Instrumentalist:innen hätten laut FMP die die „Klangmöglichkeiten ihrer Instrumente erweitert, vor allem aber die instrumentale Sprache durch individuelle Ausdrucksweisen bereichert“.[82] Die Solisten:innen

---

78 Ebd.

79 Das Konzept wurde am dritten Abend mit einem Bass-Trio spontan durchbrochen, nachdem, wie Stock in der *Zeit* bemerkte, „schon am zweiten Abend“ deutlich wurde, „dass Kontrabässe allein auf Dauer so fesselnd nicht sind. Die Französin Joëlle Léandre, Klaus Koch aus der DDR und der in Paris lebende Amerikaner Barre Phillips begannen den dritten Abend mit einem Trio. Das war aufregend zu sehen und zu hören: drei schwankende, braune, große Hummeln brummten sich zu.“ (Stock 1988b)

80 Heppelmann 1988c. Stock berichtet in der *Zeit*, dass die *Festspiele GmbH* „erst auf Druck des Berliner Kultursenats, wo man von der über Europa hinausreichenden Bedeutung der FMP“ wisse, bereit gewesen sei, wenigstens 15.000 Mark „herauszurücken“ (Stock 1988b).

81 Vgl. zu Third Step Kapitel *6.1 Cecil Taylor beim Workshop Freie Musik ’86, Improvised Music II/88, die 11-CDs-Box Cecil Taylor in Berlin ’88 und Third Step ’89, 1986–1989.*

82 FMP 1990c, vgl. auch Noglik 1990b, S. 90f.

wurden nur einmalig vorgestellt und waren auch im weiteren Programm nicht vertreten. Konzeptionell sollten mit der Präsentation der Gruppen Korrespondenzen zwischen europäischen und US-amerikanischen Entwicklungen improvisierter Musik, d.h. „Gegenüberstellungen" wie auch gewachsene und wachsende „Gemeinsamkeiten"[83] aufgezeigt werden. So trafen bspw. Schlippenbach (p) und sein musikalischer Weggefährte seit den 1960er-Jahren Dudek (ss, ts) auf Sunny Murray (dr). Gräwe (p), Reijseger (cel) und Hemingway (dr) führten ihre begonnene Zusammenarbeit weiter und der US-amerikanische Trompeter, Komponist und Dirigent Butch Morris führte in der Gruppe *X-Communication* amerikanische und europäische Musiker:innen zusammen und bemühte sich hierbei die improvisatorischen Prozesse zu dirigieren.[84] Das T.M.M. 1990 fand nicht mehr im alten *Quartier Latin* statt, sondern „im artig renovierten und um eine kulinarische Beletage bereicherten"[85] *Quartier*, wie Burde im Berliner *Tagesspiegel* das umgebaute *Quartier* charakterisierte. Auch Kobe wies in seiner T.M.M.-Rezension im *Jazz Podium* auf den neuen Charakter des *Quartier* hin, das sich nach dem Umbau „von einem Teil seines Namens" und „auch von seinem Schmuddel-Image getrennt"[86] habe. Auch Gebers erwähnt bei den Oral History-Interviews den Umbau des *Quartier* und deutet als Hintergrund die sich mit der Wiedervereinigung vollziehenden Veränderungen in Berlin an:

> „Dann rappelte sich das wieder ein bisschen hoch. Und dann kam die ganze Ost-West-Geschichte: also Mauerfall und so was. Der Laden wurde umgebaut, ich glaube BAP war da drin Mitbesitzer, und die wollten dann Mieten haben, die wir nicht bezahlen konnten – und dann sind wir nach Ostberlin gegangen ins *Haus der jungen Talente*, und hatten dann natürlich auch eine andere finanzielle Basis. Allerdings einen kleineren Raum und eine schwierig zu bespielende Bühne. Aber irgendwie haben wir das ganz gut hingekriegt. In der Anfangszeit zwar mit Stromschlägen und Von-der-Bühne-Fallen und was weiß der Teufel alles. Aber es ging dann irgendwie."[87]

Das wieder dreitägige T.M.M. 1991, das so Gebers' Darstellung zufolge von ökonomischen Überlegungen bedingt nicht mehr im *Quartier*, sondern im *Haus der jungen Talente* in Ostberlin stattfand, widmete sich konzeptionell erneut der Korrespondenz europäischer und US-amerikanischer Entwicklungen improvisierter

83 FMP 1990c.

84 Ebd. Einen Tag nach den fünf Nächten im *Quartier* (am 5.11.1990) folgte in Verbindung mit dem *Jazzfest Berlin* noch „eine sechste lange Nacht im ‚Haus der jungen Talente', nur ein paar Schritte vom Alex", wie Rieth (1990) in der *Frankfurter Rundschau* berichtet. Dort nahmen u.a. teil: *New Winds* (USA), *Trio de Clarinettes* (FR) und *Henry Threadgills Very, Very Circus* (USA).

85 Burde 1990.

86 Kobe 1991.

87 Gebers, Interview mit dem Verfasser, 22.5.2015, Interview-ID 326. Vgl. zu den Veränderungen der Jazzszene inkl. der Berliner nach dem ‚Fall der Mauer' und der deutschen Wiedervereinigung am 3. Oktober 1990: Knauer 2019, S. 428ff. und S. 441ff.

Musik. Hierbei wurde das für 1988 ursprünglich geplante Dreimaldrei-Konzept wieder aufgenommen. D.h. drei Schlagzeuger, drei Bassisten, drei Saxophonisten (mit vier europäischen und fünf amerikanischen Musikern), die ohne vorab festgelegte Programmpunkte mit Solos, Duos, Trios und allen erdenklichen Kombinationen auftreten sollten. Eingeladen hatte die FMP hierzu Brötzmann (reeds), Gayle (reeds), Parker (reeds), Hopkins (b), Kowald (b), Parker (b), Ali (dr), Cyrille (dr) und Oxley (dr) sowie als Gast Conrad Bauer (tb). Wie Lake im FMP-Programmflyer den vorgesehenen Ablauf beschreibt, hatte die FMP nur eine einzige Spielregel aufgestellt:

> „30 Minuten sind das Limit, was bedeutet, dass die instrumentalen Karten alle halbe Stunde neu zu mischen sind; die Unterbrechungen werden dabei gerade so lange dauern wie man braucht, um ein Mikrofon zu verschieben.“[88]

Dieses Konzept sei weder als Werbegag noch als billige Effekthascherei gedacht gewesen, sondern sollte musikalische Abwechslung und konzentrierteres Zusammenspiel forcieren. Ein mögliches Abschweifen sollte hierbei unter Zuhilfenahme einer Stoppuhr (‚30 Minuten‘) vermieden werden. Gebers berichtet bei Oral History-Interviews, dass das Konzept „ziemlich gut funktioniert“[89] habe. Diesen Eindruck bestätigt auch Kobes Besprechung im *Jazz Podium*. So habe dieses frische T.M.M. von einem schier unglaublichen Einsatz der Musiker gelebt, die sich auf vieles eingelassen hätten. Mal habe ein Paukenschlag eine andere Konstellation auf die Bühne gebracht, mal habe ein Gong zur Ordnung aufgerufen und mal habe eine Armbewegung die rhythmische Wende angezeigt. So sei der „Sta-

---

88 Lake 1991b. Bei den Oral History-Interviews erinnert sich Gebers wie folgt an das T.M.M. 1991: „Also das *Total Music Meeting ’91* war ja auch so ein offenes Konzept wie nur Klaviere, nur Posaunisten und so was. Im Vorfeld kriegten das alle Leute auf Papier. Also die hatten das beschrieben von mir und was wir da vorhaben, und wie das sein soll. Und dann am Abend vor dem ersten Konzert war nochmal Plenum. Alle setzten sich zusammen und ich habe nochmal alles erklärt. Und: ‚Ja, alles o.k. jetzt?‘ ‚Ja, ist o.k.‘ Und dann fragte Rashied [Ali] als erstes: ‚Ja, und was sollen wir spielen?‘ (Interviewer lacht) Ich dachte, das kann doch nicht wahr sein, was ist denn jetzt wieder los. Und dann hat ihm Kowald das nochmal auf seine Art erklärt. Sagte er: ‚Das war jetzt alles, was Gebers vorbereitet hat. Und der Rest, das sind jetzt wir. Wir entscheiden, was wir da spielen!‘ ‚Ja, aber was für Songs und Lieder?‘ ‚Nee, improvisiert alles.‘ ‚Ah ja.‘ Dann gings weiter. Ich habe meine Papiere rausgeholt: ‚Was machen wir denn dann heute Abend?‘ Also es gab so eine Struktur von einer halben Stunde. Immer irgendwas ändert sich da, und dann über vier Stunden. ‚So, also es geht los, wer spielt?‘ ‚Rashied Ali‘. ‚O.K., gut‘ aufgeschrieben: ‚Rashied Ali‘. ‚Dann nächste halbe Stunde, was passiert da?‘ ‚Rashied Ali.‘ Dann irgendwie nach dem fünften Mal habe ich dann gesagt: ‚Hör mal zu, also bis jetzt sitzt du schon zweieinhalb Stunden auf der Bühne und spielst ununterbrochen.‘ Und ich dachte, kann alles nicht wahr sein.“ (Gebers, Interview mit dem Verfasser, 14.8.2015, Interview-ID 548)

89 Gebers, Interview mit dem Verfasser, 14.8.2015, Interview-ID 548.

fettenlauf der Musiker“ in Gang gehalten worden: „ein nicht enden wollender Strom kollektiver Prozesse und individueller Ausformungen, vor Intensität und Expressivität berstend.“[90]

Das viertägige T.M.M. 1992 zum 25. Jubiläum der FMP wartete mit einer neuen Programmkonzeption auf: Brötzmann, Mengelberg, Lovens und (Evan) Parker hatten „Carte blanche für die Gestaltung jeweils eines Abends erhalten“[91], wie es im Programm hieß. D.h. sie entschieden selbständig, mit wem und in welchen Kombinationen sie spielen wollten. Die vier Musiker hatten jeweils eingeladen:

- Brötzmann (reeds): seinen Sohn Caspar Brötzmann (g), Pierre Dorge (g), Hamid Drake (dr), Peter Oliver Jorgens (dr), Dieter Manderscheid (b), Peter Friis Nielson (eb), Frank Samba (dr) und Larry Stabbins (ss, ts)
- Mengelberg (p): Ab Baars (as), Han Bennink (dr), Ernst Glerum (b), Michael Moore (cl, as), Ernst Reijseger (cel), Maartje ten Hoorn (vln) und Wolter Wierbos (tb)
- Lovens (dr, perc): Teppo Hauta-Aho (b, cel), Paul Lytton (dr, elec), Evan Parker (ss, ts), Paul Rutherford (tb), Alexander von Schlippenbach (p), Harri Sjöström (ss), Urs Voerkel (p) und Phil Wachsmann (vln, elec)
- Parker (ss, ts): Barry Guy (b), Paul Lytton (dr, elec), Walter Prati (elec), Paul Rogers (b), Paul Rutherford (tb), Mark Sanders (dr), Bill Vecchi (elec) und Phil Wachsmann (elec)

Anders als in den vorherigen Jahren, in denen Korrespondenzen zwischen europäischen und US-amerikanischen Entwicklungen improvisierter Musik im Vordergrund standen, nahmen so beim 25. T.M.M. wieder fast ausschließlich westeuropäische Musiker teil. Ausnahmen bildeten lediglich der US-amerikanischen Schlagzeuger Drake sowie der aus Kalifornien stammende und seit den frühen 1980er-Jahren in den Niederlanden lebende US-amerikanisch Klarinettist und Saxofonist Moore. Das T.M.M. 1992 fand erneut in Ostberlin im ehemaligen *Haus der jungen Talente* (Klosterstraße) statt, das zu diesem Zeitpunkt bereits ‚abgewickelt‘ war und nun *Podewil*[92] hieß.

---

90 Kobe 1992.

91 Lake 1992.

92 Über das neue Domizil (in dem das T.M.M. bis zum Ende stattfinden sollte) schrieb Michael Rieth in der *Frankfurter Rundschau*: „Bereits im vergangenen Jahr fand diese Veranstaltung in der Klosterstraße statt, direkt über einem der schönsten U-Bahnhöfe Europas. Damals hieß es schlicht Haus der jungen Talente (was die DDR-Bürger in HdjT) abkürzten). Inzwischen sind die Ungewissheiten des ehemaligen Personals dieser Einrichtung mit FDJ-Bindung abgewickelt: die Leute, die vor zwei Monaten nicht wussten, wie es weitergeht – obwohl sie gute Arbeit geleistet hatten –, sind entsorgt. […] Die Cafeteria im Haus, wo man die Festivalpausen verbringt, ist umgebaut. Statt der etwas schmuddeligen aber gemütlichen Stammkneipenatmosphäre aus Zeiten der ‚guten ollen DDR‘ herrscht jetzt ein steriles Ambiente aus Plastikstühlen und Marmorimitat vor.“ (Rieth 1992)

Beim T.M.M.1993 waren weder Kombinationen noch Mehrfachauftritte vorgesehen. Die Programmpunkte waren wie bereits 1985 vorab terminiert. Alle fünf Konzertabende verliefen nach einem einheitlichen Schema. Einer der fünf eingeladenen Solo-Saxofonisten (Butcher, Fuchs, Koch, Parker und Bergen) eröffnete das Programm, danach folgte eine:r der fünf eingeladenen Solo-Vokalist:innen (Benat Achiary, Bonnie Barnett, Vanessa Mackness, Phil Minton oder Dorothea Schürch) und zum Abschluss trat jeweils eines der fünf eingeladenen Trios auf: das *Butch Morris Trio* (Morris: cor; Deane: tb, elec; Ninh: perc), *Tippett/Kellers/ Tippett* (Tippett: voc; Tippett: p; Kellers: dr), das *Trio Clusone* (Moore: as, cl; Reijseger: cel; Bennink: dr), das *Sclavis-Pifarély Acoustic Quartet* (Sclavis: cl; Pifarély: vln; Ducret: g; Chevillon: b) und das *Cowws Quintett* (Carl: acc, cl, ts; Wittwer: g, elec; Wachsmann: vln, elec; Schweizer: p; Gorter: b). Im Berliner *Tagesspiegel* führte Gebers die ungewöhnliche Programmstruktur auf den Sparzwang zurück: „Wir haben kein Geld, die Musiker einige Tage lang in Berlin zu behalten."[93]

Auch das T.M.M.1994 sah keine Kombinationen vor. Wie bereits im Vorjahr waren die Musiker:innen jeweils nur an einem Abend zu hören. Und auch die Programmpunkte waren vorab fixiert. Entsprechend des Themas „Gitarrensolisten und Bands"[94] hatte die FMP für jeden der fünf Abend einen Gitarristen (Stefan Dill, Erhard Hirt, Achim Knispel, Jean-Marc Montera und John Russell) und eine Gruppe eingeladen: *The Melody Four* (Coxhill: ss, voc; Coe: ts, cl, voc; Beresford: p, voc), Brötzmanns *Die Like A Dog Quartet* (Brötzmann: reeds; Kondo: tp, elec; Parker: b; Drake: dr), Sainkho Namtchylak[95] und ihre *Biosintes* (Namtchylak: voc; Milojan: voc, cel, igil; Tchamzyryn: voc, perc; Mongush: voc, perc, igil, fl), die *September Band* (Hirsch: voc; Carl: cl, ts, acc; Reichel: g, daxophone; Lovens: dr, perc) und das *Zentralquartett* (Conrad Bauer: tb; Petrowsky: reeds; Gumpert: p; Sommer: dr). Die Programmfolge war so konzipiert, dass an jedem Abend eine der Gruppen zwei Sets spielte, zwischen den beiden Sets trat jeweils ein Solo-Gitarrist auf. Zudem gab es im Rahmen des T.M.M. noch eine Ausstellung mit Fotos von Dagmar Gebers.

1995 stand das T.M.M. mit dem Titel *Butch Morris Berlin Skyscraper: Conductions & Improvisations* ganz im Zeichen des „instant composing" oder auch der „dirigierten Improvisation"[96] und ihres Protagonisten dem US-amerikanischen Musiker, Komponisten und Dirigenten Butch Morris. An jedem Abend des fünftägigen T.M.M. wurde zum einen eine sog. *Conduction* unter der Leitung von Morris aufgeführt (#51, #52, #54, #55 und #56). Und zum anderen spielten ad hoc-Formationen der beteiligten 17 Musiker:innen, die Morris während seines

93 Gebers zit. nach Brandt 1993.

94 Lake 1994a.

95 Namtchylak war 1994 Stipendiatin des *Berliner Künstlerprogramms des DAAD.*

96 Thomé 1995.

DAAD-Stipendiums (seit August 1995) in Berlin ausgewählt hatte.[97] Beim T.M.M. 1996 präsentierte die FMP wiederum ein neues Konzept. Im Mittelpunkt des fünftägigen Festivals mit dem Titel *Two Portraits: Cecil Taylor & Steve Lacy* standen Taylor und Lacy. Beide stellten sich hierbei an je zweieinhalb Tagen solo und mit ihren Ensembles und verschiedenen Projekten vor. Neben den Solovorstellungen trat Lacy (ss) (1996 Stipendiat im *Berliner Künstlerprogramms des DAAD*) mit dem japanischen Tänzer Shiro Daimon, im Trio mit Jean-Jacques Avenel (b) und John Betsch (dr) sowie mit dem Project *Paket* (Lacy: ss; Rzewski: p; Aebi: voc; Malina: acting, rezitation; Reznikov: acting, rezitation) auf. Taylor stellte sich ebenfalls solo vor sowie im Duo mit dem Schlagzeuger seiner *Cecil Taylor Unit* in der ersten Hälfte der 1960er-Jahre Murray sowie mit seinem *Cecil Taylor Ensemble* (Taylor: p; Matthay: tp; Jonas: ss, as; Sjöström: ss; Levin: ts, fl; Hoyer: tb; Honsinger: cel; Duval: b; Krall: dr).

Hinsichtlich der Programmgestaltung nimmt Brötzmann bei den 11 T.M.M.s im Zeitraum 1986 bis 1996 nicht mehr die bisherige, exponierte Rolle ein. Mit vier Teilnahmen ist er nach wie vor präsent[98], jedoch bei Weitem nicht mehr mit der bisherigen Omnipräsenz. Auch die Präsenz der anderen Musiker aus dem ehemaligen Kollektiv hat sich deutlich verringert. Repräsentierten diese während der Post-Kollektiv-Zeit noch einen zentralen Programmschwerpunkt, ist dieser nun als solcher nicht mehr wahrnehmbar.[99] Ein Verschwinden der bisherigen Programm-Kategorisierung lässt sich auch hinsichtlich der langjährigen kooperierten west-

97 Bei diesen handelte es sich um: Stephan Mathieu (perc), Nicholas Bussmann (cel), Wolfgang Fuchs (bcl), Gregor Hotz (ss, as), Olaf Rupp (g), Axel Dörner (tr), Michael Griener (perc), Bernhard Arndt (p), Dietrich Petzold (vln, vla), Albrecht Riermeier (vib), den Schweizer Davide de Bernardi (b), den Franzosen Marc Stutz-Boukouya (tb), den Engländer Aleks Kolkowski (vln), die der zeitgenössischen Klassik zugewandten Tatjana Schütz (harp) und Elisabeth Böhm-Christl (bn) sowie Kirsten Reese (fl). (Vgl. FMP-Publishing 2010, S. 126)

Zu seiner *Conduction*-Methode, mit der Morris beabsichtigt, die Rollen der/des Komponierenden, Dirigierenden, Arrangierenden und der auftretenden Musiker:innen kontinuierlich zu redefinieren, führt er im T.M.M.-Programm aus: „Ich erwarte 100% Konzentration von jedem Musiker beim Spielen und Hören des Ensembles und selbstverständlich im Hinblick auf meine Aktionen. Ich hingegen konzentriere mich auf die Möglichkeiten der Gruppe, gebe Informationen, die die Musiker wiederum zu interpretieren haben, reagiere auf die kollektive Imagination und gestalte den Sound." (Morris zit. nach Thomé 1995)

98 1988 im Duo mit Sommer (dr) (plus Phillips (b), der beim Auftritt spontan miteinstieg), 1991 solo und in allen erdenklichen Kombinationen mit den anderen anwesenden Musikern, 1992 mit einem eigenen Abend (‚in different combinations with') und 1994 mit *Die Like A Dog Quartet*.

99 So ist Schlippenbach nur zweimal vertreten (1990 im Duo mit Murray [dr] plus Dudek [ss, ts] und 1992 an dem von Lovens gestalteten Abend [‚in different combinations with']), Kowald lediglich einmal (1991 solo und in allen erdenklichen Kombinationen mit den anderen anwesenden Musikern) und Schönenberg, der sich Anfang der 1980er-

deutschen Musiker, der Musiker der (ehemaligen) DDR-Avantgarde und auch des (bislang) meist aus Westdeutschland und Westberlin stammenden Nachwuchses registrieren. So sind zwar nach wie vor langjährige Kooperativen-Mitglieder wie Reichel, Dudek oder Christmann beim T.M.M. vertreten, jedoch meist nur ein- oder zweimal im gesamten Zeitraum. Ausnahmen stellen hierbei lediglich Carl mit drei Teilnahmen[100] und Lovens mit vier Teilnahmen[101] dar. Auch die als Nachwuchs bezeichneten Musiker wie Boje, Riermeier, Wiedermann, Fuchs, Gräwe, Kellers, Hirt, Knispel oder Arndt sind (bis auf Fuchs mit drei Teilnahmen[102]) nur ein einziges Mal beim T.M.M. zwischen 1986 und 1996 zu hören. Zudem hat sich auch insgesamt die Anzahl der Nachwuchsmusiker:innen im Vergleich zur Post-Kollektiv-Zeit deutlich reduziert. Jüngere Improvisatoren (wie Dörner, Mathieu, Bussmann, Hotz, Rupp oder [der Schweizer] Bernardi) sind nur im Rahmen von *Butch Morris' Berlin Skyscraper* 1995 zu hören. Und die Anzahl der teilnehmenden Musiker der (ehemaligen) DDR-Avantgarde hat sich nicht nur im Vergleich zur Post-Kollektiv-Zeit halbiert. Von diesen nahmen auch die meisten (bis auf Conrad Bauer mit drei Teilnahmen[103]) nur einmal beim T.M.M. teil. Auch hinsichtlich der assoziierten europäischen Musiker:innen lässt sich nur eine ein- oder zweimalige Präsenz konstatieren. Ausnahmen markieren lediglich Parker (GB) mit sechs Teilnahmen[104], Wachsmann (UG/GB) mit drei Teilnahmen[105], Bennink (NL) ebenfalls mit drei Teilnahmen[106] und Reijseger (NL) mit drei Teilnahmen.[107]

Demgegenüber stieg im Vergleich zum Zeitraum 1976 bis 1985 die Teilnahme von Musiker:innen[108] aus Frankreich, Italien und Skandinavien. Die Teilnahme von Musiker:innen aus Frankreich erhöht sich um 100% (auf zwölf), die der skandinavischen Musiker um 75% (auf sieben) und die der italienischen Musi-

---

Jahre nach einem spirituellen Erlebnis von der Jazzszene zurückgezogen hatte, überhaupt nicht mehr.

100 1990 solo, 1993 mit dem *Cowws Quintet* und 1994 mit der *September Band.*

101 1987 mit dem *Maarten Altena Project*, 1990 mit *X-Communication*, 1992 mit einem eigenen Abend (‚in different combinations with') und 1994 mit der *September Band.*

102 1987 mit der *Radu Malfatti Ohrkiste*, 1993 solo und 1995 in Butch Morris' *Berlin Skyscraper*-Orchester.

103 1986 beim *Trombone Music*-T.M.M., 1991 als Gast und 1994 mit dem *Zentralquartett.*

104 1986 bei den im FMP-Studio angehängten *Two Saxophone Specials*, 1987 mit der *Radu Malfatti Ohrkiste*, 1988 im Duo mit Moholo, 1991 solo und in allen erdenklichen Kombinationen mit den anderen anwesenden Musikern, 1992 an dem von Lovens und auch an dem von ihm selbst gestalteten Abend (‚in different combinations with') und 1993 solo.

105 1987 mit der *Radu Malfatti Ohrkiste*, 1992 an dem von Lovens als auch an dem von Parker gestalteten Abend (‚in different combinations with') und 1993 mit dem *Cowws Quintett.*

106 1988 im Duo mit Breuker, 1992 an dem von Mengelberg gestalteten Abend (‚in different combinations with') und 1993 mit dem *Trio Clusone.*

107 1990 mit dem *Georg Gräwe Trio*, 1992 an dem von Mengelberg gestalteten Abend (‚in different combinations with') und 1993 mit dem *Trio Clusone.*

108 Die französische Kontrabassistin Joëlle Léandre ist hierbei die einzige Musikerin.

ker um 200% (auf sechs). Neben dieser weiteren Europäisierung ist wie während der Post-Kollektiv-Zeit vor allem die Präsenz US-amerikanischer Musiker:innen zu konstatieren.[109] Aus keinem anderen Land waren beim T.M.M. in den Jahren 1986 bis 1996 vergleichbar viele Musiker:innen[110] vertreten (mit Ausnahme von Deutschland, zumindest wenn die ostdeutschen Musiker hinzugezählt werden). Aber auch diese fast vierzig namhaften US-amerikanischen Exponent:innen der freieren Spielformen des Jazz nahmen meist nur ein- oder zweimal beim T.M.M. teil. Über 70% der Musiker:innen war dort nur einmal vertreten: George Lewis (tb), Garrett List (tb), Vincent Chancey (frh), Daniel Werts (ob), Eli Fountain (vib), David Weinstein (elec, keyb), Oliver Johnson (dr), Ned Rothenberg (reeds), Charles Gayle (ts, bcl, p), Fred Hopkins (b), Rashied Ali (dr), Andrew Cyrille (dr), Bonnie Barnett (voc), Barre Phillips (b), Muneer Abdul Fataah (cel), Tristan Honsinger (cel), Frederic Rzewski (p), John Betsch (dr), Chris Jonas (ss, as), Elliott Levin (ts, fl), Jeff Hoyer (tb), Dominic Duval (b), Jackson Krall (dr) und Stefan Dill (g). Und über 20% zweimal: Curtis Clark (p), Jason Hwang (vln), Gerry Hemingway (dr), Robert Dick (fl), J.D. Parran (reeds), Cecil Taylor (p), William Parker (b), Sunny Murray (dr), Steve Lacy (ss), Hamid Drake (dr) und Michael Moore (cl, as). Lediglich Butch Morris (cor), Shelley Hirsch (voc) und J.A. Deane (tb, elec) waren in diesem Zeitraum dreimal beim T.M.M. Zu berücksichtigen ist bei dieser quantitativen Aufstellung, dass sich die Teilnahmen von Taylor wie auch von Lacy insofern von den anderen aus den USA stammenden Musiker:innen abhoben, als es beim *Third Step*-T.M.M. 1989 und auch beim T.M.M.-*Two Portraits: Cecil Taylor und Steve Lacy* 1996 ausschließlich Auftritte mit Taylor oder Lacy gab.

Die geringe Publikumsresonanz in der ersten Hälfte der 1980er-Jahre[111] veränderte sich im Laufe des Jahrzehnts. So berichtete Lake hinsichtlich des T.M.M. 1988 in der *Jazzthetik* von einem interessierten und ständig wachsenden Publikum[112] und Linke bemerkte in seiner Rezension ebenfalls hinsichtlich des T.M.M. 1989 im *Gießener Anzeiger* „überraschend viele junge Leute, die in den Gründerjahren der *Free Music Production* im besten Kindergartenalter“[113] gewesen seien. Auch 1990 lässt sich der neue Publikumszuspruch bestätigen. So registrierte Burde im Berliner *Tagesspiegel* „eine respektable Schar aufmerksamer Jazzhörer“[114]

109 Die weltweiten Kollaborationen der FMP sind auch in diesem Zeitraum nicht auf die USA beschränkt. So nahmen auch die tuwanesische Sängerin Namtchylak und ihre Band *Biosintes*, der kanadische Saxofonist Smith, der tasmanische Gitarrist Kingston sowie der japanische Trompeter Kondo beim T.M.M. während der Post-Kollektiv-Zeit teil.

110 Bis auf die Sängerinnen Shelley Hirsch und Bonnie Barnett handelte es sich hierbei fast ausschließlich um männliche Musiker.

111 Vgl. Metzner 1983, vgl. Kemper 1983.

112 Lake 1989b.

113 Linke 1988.

114 Burde 1990.

und Kobe konstatierte im *Jazz Podium*, dass die fünf Nächte des T.M.M. „gut besucht“[115] gewesen seien. Und nach dem Umzug 1991 ins *Haus der jungen Talente* bzw. ins *Podewil* als neuem Domizil ist das T.M.M. in den 1990er-Jahren „fast an allen Abenden ausverkauft“.[116] Wobei hinzuzufügen ist, dass der Saal des *Podewil* mit ca. 250 Sitzplätzen wesentlich kleiner war als der des *Quartier Latin*.[117]

Die Eintrittspreise für eine Tageskarte betrugen bis 1993 DM 15,– und stiegen dann auf DM 20,–. Die Dauerkarten kosteten (mit leichten temporären Schwankungen) bis 1991 DM 30,– und stiegen dann 1992 und 1993 um jeweils DM 10,– auf DM 50,–.

Die Gestaltung der T.M.M.-Plakate übernahm in der Post-Kollektiv-Zeit sieben Mal Gebers (sechsmal unter Verwendung eines Fotos von Dagmar Gebers und einmal eines von H. Lukas Lindenmaier), drei Mal Brötzmann (einmal mit einem Foto von Dagmar Gebers) und einmal Reichel (ebenfalls unter Verwendung eines Fotos von Dagmar Gebers).

Workshop Freie Musik, 1986–1996

Hatte der W.F.M. bereits während der Post-Kollektiv-Zeit nur ein einziges Mal an Ostern stattfinden können, so setzte sich dieser Trend auch in der Goldenen FMP-Zeit fort. So fand zwischen 1986 und 1996 der W.F.M. nur zweimal (1993 und 1996) an einem Osterwochenende in der *Akademie der Künste* statt. Dies habe, wie Hahne bei den Interviews betont, unmittelbare Auswirkungen auf die Besucher:innenzahl gehabt. Denn wenn der W.F.M. auf Ostern gefallen sei, „hatten wir ganz viel anreisendes Publikum“:

> „Und wenn der mal nicht auf Ostern fiel, aus Gründen, weil die *Akademie der Künste* da gerade eine Ausstellung hatte in der großen Halle, dann haben wir das am Publikumsverlust gemerkt. Also es hing nicht unbedingt an der musikalischen Qualität, dass der *Workshop* besser besucht war. Es hing an der Konstellation: vier freie Tage. Da sind halt die Leute schon donnerstags angereist und haben schon die Donnerstagabend-Konzerte gehört. Gut, der Sonntag war dann immer meistens schlecht, weil da die meisten schon abgereist sind.“[118]

Ab 1988 wurde die tradierte zeitliche Fixierung des W.F.M. auf März/April aufgegeben. Und in den Jahren 1990 bis 1992 wurde der W.F.M. sogar vom Frühjahr in den Sommer verschoben. Auch die bis zum Ende der Post-Kollektiv-Zeit bestandenen optimalsten Arbeitsbedingungen aufgrund der langjährigen Allianz mit der *Akademie der Künste* veränderten sich zu Ungunsten der FMP. Denn der

115 Kobe 1991.
116 Kobe 1995, vgl. Herrmann 1993, vgl. Thomé 1993, vgl. Thomé 1994, vgl. Rieth 1994, vgl. Stock 1996.
117 Vgl. Thomé 1994, vgl. Thomé 1993.
118 Hahne, Interview mit dem Verfasser, 22.6.2015, Interview-ID 195.

Nachfolger von Hertling, die die *Akademie* 1986 aufgrund ihres Engagements für das Berliner *Kulturstadt Europas*-Jahr 1988 verlassen hatte, habe an der „FMP relativ wenig Interesse“[119] gehabt, wie Hahne bei den Interviews bemerkt.

Die Programmstruktur des W.F.M. variierte in der Zeit zwischen 1986 und 1996 ebenso wie die des T.M.M. kontinuierlich: je nach thematischer Konzeption. Wobei im Gegensatz zum T.M.M. dem W.F.M. auch weiterhin (bis auf 1989) ein fünftägiges Schema zugrunde lag. So unterschied sich der W.F.M. 1986 *Cecil Taylor – his music and poetry (Solo – The Unit – The Euro-American Group)* hinsichtlich seiner Programmstruktur von allen vorherigen *Workshops*, als bei dieser ersten Zusammenarbeit mit Taylor an allen fünf Abenden der US-amerikanische Pianist im Mittelpunkt stand. Am ersten und dritten Abend spielte Taylor solo, am zweiten und vierten Abend mit seiner *Unit* und am fünften Abend mit der *Euro-American Group.*

Der W.F.M. 1987 mit dem Titel ...*Und*... sah zwar wie der W.F.M. 1984 Kombinationen vor. Jedoch nicht wie 1984 beliebig und spontan. Vielmehr hatten Brötzmann, Carl, Kowald und der junge Trompeter Rudolph jeweils zu einem Abend Musiker:innen eingeladen, mit denen sie jeweils in verschiedenen Kombinationen (‚in different combinations with‘) auftraten (dieses Konzept wurde beim T.M.M. 1992 wieder aufgegriffen). Präsentiert werden sollten hierbei keine bestehenden oder eingespielten Gruppen, „sondern konträre Kombinationen von Musikern unterschiedlichster Bereiche“[120], wie Brandt im Berliner *Tagesspiegel* berichtet (wobei die meisten der eingeladenen Musiker:innen durchaus langjährige Spielerfahrungen teilten). So hatten die vier Musiker jeweils eingeladen:

- Brötzmann (reeds): Alfred 23 Harth (reeds), Sonny Sharrock (g), Jim Meneses (dr, perc) und Louis Moholo (dr)
- Rudolph (tr): LaDonna Smith (vln, voc), Davey Williams (g), Martin Theurer (p) und Jim Meneses (dr, perc)
- Carl (reeds, acc): Phil Wachsmann (vln, elec), Stephan Wittwer (g), Irène Schweizer (p) und Jay Oliver (b)
- Kowald (b): Butch Morris (cor), Danny Davis (as), Derek Bailey (g) und Joëlle Léandre (b)

Der W.F.M. 1988 fand wieder mit dem klassischen Mehrfachauftrittsschema statt. So spielten alle eingeladenen Gruppen in den fünf Tagen jeweils zweimal. Das Thema des 20. W.F.M. lautete *Saxophones.* Präsentiert wurden sieben Saxofon-

119 Ebd., Interview-ID 163. Dies bestätigt auch Gebers bei den. Oral History-Interviews: „Und dann war es irgendwann so, dass die da einen neuen Menschen sitzen hatten: und das ging sofort nach hinten los. Und wir mussten dann zusätzlich von dem, was die uns offerierten, wieder eine andere Geldquelle aufmachen. Und dann haben wir den Eintritt geteilt. Die eine Hälfte kriegte die *Akademie*, die andere Hälfte kriegten wir.“ (Gebers, Interview mit dem Verfasser 22.5.2015, Interview-ID 317)

120 Brandt 1987b.

Quartette/Quintette unterschiedlichster stilistischer Herkunft, die einander gegenübergestellt wurden. Das musikalische Spektrum reichte hierbei vom *Nederlands Saxofoon Kwartet* (Oostrom: ss; Bogaard: as; Velsen: ts; Leeuw: bs) aus dem Bereich der „klassische[n] Musik“[121] (ohne Improvisation) über die *Kölner Saxophon Mafia* (Ullrich: ts, cl, bcl; Veeck: ss, as, bs, fl; Raulf: ts, ss, bs, cl; Tretter: as, bs, cl, fl; Kaiser: ts, bcl, picc), die mit einer (mitunter humorigen) Mixtur aus Free und Modern Jazz, aber auch populärer Unterhaltungsmusik (wie Operette) bis hin zu Neuer Musik arbeitete, den *Itchy Fingers* (Mower: fl, ts; Graham: cl, ss, ts; Speake: ss, as; Turner: bs, bcl), die mit Pop, Funk, Bop und Klamauk die junge englische Szene repräsentierten, bis hin zum bekanntesten der eingeladenen Ensembles dem kalifornischen, zwischen Neuer Musik und freier Improvisation angesiedelten *Rova Saxophone Quartet* (Raskin: as, bs; Ochs: ssi, ts; Voigt: cl, as; Ackley: ss).[122] Zum Abschluss des W.F.M. 1988 wurde Butch Morris' Auftragskomposition *Berlin – From left to right and right to left* aufgeführt (von Morris dirigiert), die er für die am *Workshop* teilnehmenden Saxofongruppen geschrieben hatte. Zur Feier des 20. Jubiläums wurde in der Folgewoche des W.F.M. ein zusätzlicher Tag für ein Konzert mit dem traditionsreichen *Raschèr Saxophone Quartet* angehängt.

Beim (nur viertägigen) W.F.M. 1989 bestritten lediglich acht Solo-Gitarristen das gesamte Programm. Dieses war mit jeweils zwei Solo-Auftritten pro Abend sowie im Anschluss mit Ad hoc-Kombinationen der eingeladenen Gitarristen vorab fixiert. Eingeladen waren zum Gitarren-W.F.M. Sachse aus der DDR, der New Yorker James Emery (vom *String Trio of New York*), die beiden Schweizer Gitarristen Gysi und Wittwer, der Niederländer Jacques Palinckx, der Engländer Russell und der Japaner Kenichi Takeda sowie Reichel. Die reduzierte Anzahl der eingeladenen Musiker und der *Workshop*-Tage vermittelt die veränderten Rahmenbedingungen hinsichtlich der Kooperation mit der *Akademie der Künste* (sowie die offensichtlich noch ungeklärte Situation hinsichtlich der weiteren Förderung der FMP).[123]

---

121 Heppelmann 1988d.

122 Des Weiteren waren eingeladen: das New Yorker *29th Street Saxophone Quartet* (Jackson: as; Watson: as; Rothenberg: ts; Hartog: bs), das *Berliner Saxophon Quartett* (Bensmann: ss; Kreczmarsky: as; Griese: ts; Graef: bs) und *Position Alpha* (Jäderlund: ss, as, bcl; Akerblom: ssi, ts, bss; Wartel: ssi, ss, ts; Ericson: ss, ts, bs, bcl; Wartel: dr, perc).

123 So schreibt Burde 1989 in der *Frankfurter Allgemeinen Zeitung*: „Zur prospektierten ‚Stadtkultur‘ gehören offenbar nicht die Aktivitäten der vor zwanzig Jahren gegründeten *Free Music Production*, die als einzige Berliner Institution kontinuierlich den Free Jazz förderte: in besseren Zeiten auf höchstem internationalen Niveau. Nun soll auch die ohnehin bescheidene Förderung dieser einzigartigen, die Szene durch regelmäßige Konzerte fördernde und in Schallplatteneinspielungen spiegelnde Institution weiter reduziert werden. Das aber würde bedeuten, dass der diesjährige Gitarren-Workshop der FMP, der in der Berliner *Akademie der Künste* stattfand, zu ihren letzten Aktivitäten gehörte. […] Und weil der Jazz lebt, sollte er auch in den Köpfen der Kulturpolitiker seinen förderungswürdigen Platz behalten.“ (Burde 1989)

Der W.F.M. 1990 *Conventus-Cooperatio* (ebenfalls mit Mehrfachauftritten) perspektivierte thematisch-konzeptionell „Duos in europäisch-amerikanischen Konstellationen“[124], wie Noglik im W.F.M.-Programm ausführt. Über Korrespondenzen im Umgang mit dem musikalischen Material hinaus sollte die „Entsprechung und/oder Entgegensetzung von Musikermentalitäten“ europäischer und US-amerikanischer Prägung aufgezeigt werden. Denn was in den 1960er-Jahren „als europäische Eigenentwicklung begriffen und forciert wurde“, habe seinerseits „musikalische Bewegungen in anderen Teilen der Welt beeinflusst“.[125] Entsprechend sollten in (erprobten wie unerprobten) Duo-Konstellationen aufeinandertreffen:

- Diesner (reeds), einer der profiliertesten Improvisatoren der DDR, und Hemingway (dr), vor allem bekannt als Schlagzeuger des *Anthony Braxton Quartet*
- Schweizer (p) und Crispell (p), deren Begegnung mit Taylors Musik bei beiden ein Schlüsselerlebnis auf ihrem Weg zu individuellen Spielweisen dargestellt habe
- die über die Neue Musik zur Improvisation gestoßene Léandre (b) und (William) Parker (b), einer der wichtigsten Exponenten der New Yorker Free Jazz-Szene
- Kowald (b) und der fest mit der Tradition verbundene Jazz-Avantgardist Hemphill
- Reichel (g) und der experimentierfreudige Grenzgänger (zwischen Jazz, Folk, Art Rock, Noise/Punk bis hin zu Neuer Musik) Frith (g)
- Bennink (dr, perc) und der in Amsterdam lebende und arbeitende Kalifornier Moore (cl, as)
- sowie Brötzmann (reeds) und Laswell (eb)

Da der schon damals sehr erfolgreiche Produzent und Avantgarde- wie auch Ambient orientierte Musiker Laswell seinen Auftritt mit Brötzmann aufgrund eines Studiotermins absagt hatte[126], wurde die Duo-Arithmetik durchbrochen und Brötzmann trat im Trio mit dem aus dem Laswell-Umfeld stammenden New Yorker Gitarristen Nicky Skopelitis und dem japanischen Schlagzeuger Shoji Hano auf. Zudem stellte sich Taylor (1990 Stipendiat im *Berliner Künstlerprogramms des DAAD*) erneut mit seinem *The Feel Trio* (Taylor: p; Parker: b; Oxley: dr) vor.

1991 war der W.F.M. (mit dem Untertitel *Fünf Tage im Juni*) wie 1985 konventionell strukturiert. D.h. ohne Mehrfachauftritte der Solist:innen und Formationen und mit einem vorab fixierten Programm der Abend. Ebenso wurde

124 Noglik 1990c.
125 Ebd.
126 Kampmann 1990.

„auf ein übergreifendes Motto oder eine thematische Klammer“[127] verzichtet, wie Noglik in den Programminformationen erläutert. Dennoch sei der W.F.M. 1991 als eine Veranstaltungsfolge mit innerem Beziehungsreichtum zu verstehen, nämlich „in der Entsprechung oder der Entgegensetzung von Spielhaltungen und Musizierweisen“.[128] So stellte die FMP jeweils an einem Abend zwei Musiker:innen „unterschiedlicher Mentalität, Generationen oder musikkultureller Herkunft“[129] eines Instruments solo vor. Dies waren Dorothea Schürch (voc) und Phil Minton (voc), Gysi (g) und Sachse (g), Friedrich Schenker (tb) und Tomlinson (tb), Simone Weissenfels (p) und Borah Bergman (p) sowie Matthias Bauer (b) und Reijseger (b). Die Musiker:innen sollten mit ihren Solo-Auftritten ebenso zueinander in Korrespondenz bzw. Kontrast treten wie zu (den jeweils zwei Sets) einer der pro Abend eingeladenen Formationen. Dies waren das Duo *Fuchs & Katzer* (Fuchs: reeds; Katzer: elec, com), das *Schlippenbach Trio* (Parker: ss, ts; Schlippenbach: p; Lovens: dr), die britischen *The Recedents* (Coxhill: ss; Cooper: g; Turner: perc), das Trio *Petrowsky/Phillips/Kellers* (Petrowsky: reeds; Phillips: b; Kellers: perc) und das Quintet des US-amerikanischen Trompeters Raphé Malik, der in den 1970er-Jahren eng mit Lyons und Taylor zusammengearbeitet hatte (Malik: tp; Nelson: cts; Spearman: ts; Roland: b; Warren: dr).

Der W.F.M. 1992 setzte konzeptionell die Gegenüberstellung von Solist:innen und Formationen in konzentrierter Form fort. Hinsichtlich der Programmstruktur wurde wieder (wie zuletzt 1990) auf das tradierte Konzept der Mehrfachauftritte bei den Formationen rekurriert. Eingeladen hatte die FMP die Solo-Pianist:innen Arndt, Chris Burn, Gumpert, Mengelberg und Crispell sowie die fünf Trios: Kowalds *Global Village* (Lazro: reeds; Kowald: b; Ninh: perc), *Bauer/Van Hove/Nozati* (Johannes Bauer: tb; Van Hove: p, acc; Nozati: voc), *Kassap/Levallet/Sommer* (Kassap: reeds; Levallet: b; Sommer: dr), *Carl/Léandre/Zingaro* (Carl: acc, cl, ts; Léandre: b, voc; Zingaro: vln) und das *Trio de Clarinettes* (Angster: cl, bcl, c-bcl; Donato: cl, bcl; Sclavis: cl, bcl). An jedem Abend wurden zwei Trios präsentiert und dazwischen jeweils ein Pianosolo-Konzert.

Der 25. W.F.M. 1993 (seit 1983 erstmals wieder an Ostern) folgte der Programmstruktur des vorangegangenen 25. T.M.M. 1992. *Carte blanche* für die Gestaltung jeweils eines Abends des W.F.M. 1993 hatten Taylor, Kowald, Reichel, Schlippenbach und Sommer. So sah das Programm jeweils Kombinationen (‚in various combinations with‘) vor:

- am ersten Abend von Taylor (p) mit: Bakr (dr), Gayle (ts, bcl), Honsinger (cel), Parsons (tp), Sirone (b) und Sjöström (ss)
- am zweiten Abend von Kowald (b) mit: Cooke (vln), Ibrahimova (voc), Matsuda (shaku), Ninh (perc), Parkins (harp) und Sawai (koto)

127 Noglik 1991a.

128 Ebd.

129 Ebd.

- am dritten Abend von Reichel (g, daxophone) mit: Carl (acc, cl), Eller (daxophone), Kazda (daxophone), Specht (daxophone), Hirsch (voc), Kim (kom), Lovens (dr) und Uchihashi (g)
- am vierten Abend von Schlippenbach (p) mit: Dudek (ss, ts), Ino (b), Lacy (ss), Lovens (dr), Mangelsdorff (tb), Parker (ss, ts), Rutherford (tb) und Wheeler (tp, flh) – und insofern bis auf Ino eine Reunion der *Globe Unity Special*-Besetzung vom W.F.M. 1975 (bei dem Kowald Bass gespielt hatte)
- am fünften Abend von Sommer (dr) mit: Conrad Bauer (tb), Gumpert (p), Kowald (b), Missmahl (dance), Petrowsky (reeds) und Schürch (voc).

1994 fand der W.F.M. erstmals nicht in der *Akademie der Künste* statt, sondern im Straßenbahndepot in Berlin-Moabit. Ein Umzug, den sowohl die Rezensenten des W.F.M. als auch die FMP retrospektiv als ‚verunglückt'[130] ansahen. So bemerkte Müller in den W.F.M.-Programminformationen des folgenden Jahres, dass zum einen, „eine wummernde Stahltür" zwischen Kneipe und Konzertraum sowie „eine Akustik, die so manchen Ton auf seiner Reise vom Instrument zum Publikumsohr verschwinden ließ", und zum anderen, „die einfache Tatsache, dass nur wenige wussten, wo denn dieses Straßenbahndepot überhaupt zu finden sei", den W.F.M. 1994 „nicht ganz leicht erträglich"[131] gemacht hätten. Die Musik sei hingegen prima gewesen. Nur habe sie „kaum jemand gehört".[132] Die Programmstruktur folgte der des W.F.M. 1992. D.h. „zwei Gruppen und eine Solo-Performance jeden Abend"[133], und insofern wieder Mehrfachauftritte der Gruppen, jedoch keine Kombinationen. Als konzeptionelle Ausrichtung markiert Lake im Programmflyer „die Botschaft", dass sich „das Netzwerk der Improvisatoren" ausweite, und verweist auf die „Teilnehmerliste", die aufs Neue verdeutliche, „wie sehr freie Improvisation zu einer Art internationalen Esperantos geworden" sei: „Eine Menge unterschiedlichster Dialekte, gewiss, aber es fällt nicht schwer zu glauben, dass im Grunde nur eine Sprache gesprochen wird: auf der Bühne scheinen sich die Musiker zu verstehen"[134] Die Musiker:innen stammten hierbei aus 14 verschiedenen Ländern: aus Deutschland, der Schweiz, Österreich, Frankreich, England, Holland, Schweden, Italien, Kroatien, den USA, Kanada, Südafrika, Korea und Japan. Eingeladen hatte die FMP als Solist:innen die US-amerikanischen Sängerin Jeanne Lee, die aus Jugoslawien stammenden Pianistin Elvira Plenar, die koreanische Komungo-Spielerin Jin Hi Kim (bereits im Vorjahr beim W.F.M.) sowie Schweizer (p) und Léandre (b, voc). Die Gruppen waren das schwedische Trio *Gush* (Gustafsson: reeds; Sandell: p, perc, voc; Strid: dr), die beiden interna-

130 Vgl. Pfleiderer 1995a, vgl. Müller 1994c, Lüke 1994.
131 Müller 1995.
132 Ebd.
133 Lake 1994b.
134 Ebd.

tional besetzten Trios *Doneda Trio SOC* (Doneda: ss; Rogers: b; Ninh: perc) und *Hickory* (Lussier: g, daxophone; Reichel: g, daxophone; Mori: e-perc), das „die Auflösung der Grenzen zwischen elektronischer und akustischer Musik“ verfolgende deutsch-österreichisch-schweizerische Quintett *Das Hukepack* (Huke: tb, elec; Puntin: cl, bcl; Koch: cel; Mitterer: prep p, elec; Rutman: steelcel) und das *Tristan Honsinger Quintet* (Kolkowski: vln; Lunardi: vln; Honsinger: cel; Glerum: b; Moholo: dr).

Der W.F.M. 1995 fand wieder am gewohnten Platz in der Ausstellungshalle der *Akademie der Künste* statt. Das vorab zeitlich fixierte Programm sah erneut fünf Solist:innen und fünf Gruppen ohne Kombinationen vor. Solo präsentierte die FMP neben Brötzmann die französische Pianistin Christine Wodrascka, den US-amerikanischen Nachwuchspianisten Matthew Shipp, den korsischen Sänger Benat Achiary sowie den US-amerikanischen Saxofonisten und Flötisten Sam Rivers (heute vor allem aufgrund seiner Bedeutung für die Genese der New Yorker Loft-Szene der 1970er-Jahre bekannt). Die eingeladenen Gruppen waren das aus Frankreich stammende Quintett *Accroche Note* um den Klarinettisten Armand Angster (Angster: cl, bcl, c-bcl; Kubler: voc, mel, perc; Séjourné: vib, mar, perc; Segonzac: b; Chaarani: darb, ben, tar, chim), das neunköpfige, niederländische *Maarten Altena Ensemble* (Pranger: voc; Wierbos: tb; Barker: rec; Deuren: cl, bcl; Isadora: vln; Hijmans: g; Scheen: p; Altena: b; Meer: perc), das englische *Jon Lloyd Quartet* (Lloyd: ss, as; Law: p; Wells: b; Sanders: dr), das italienische *Pino Minafras Ensemble Sud* (Minafra: tp, flh, voc; Rossi: tb; Dato: reeds; Occhipinti: p; Patumi: b; Mazzone: dr, perc) sowie Kowalds internationales *Global Village* (Yannatou: voc; Xia: chinstr instr; Gottschalk: vln; Kowald: b; Ninh: perc), „das einzige Ensemble“, das beim W.F.M. 1995 „frei improvisierte“[135], wie Pfleiderer in der *Jazzthetik* bemerkt. Mehrfachauftritte, d.h. zwei Auftritte im Rahmen des fünftägigen *Workshops* hatten in diesem Jahr jedoch nicht die Gruppen, sondern die Solist:innen. Hinsichtlich des Programmablaufs waren die Abende so strukturiert, dass zunächst eine der Gruppen mit einem ersten Set auftrat, dann zwei Solo-Auftritte folgten und zum Abschluss die Gruppe, die den Abend eröffnet hatte, mit einem zweiten Set diesen auch beendete (am dritten W.F.M.-Abend traten nur ein Solist sowie eine Gruppe jeweils mit zwei Sets auf). Wie auch in den Vorjahren stand kein explizites Thema, sondern wie bereits in den 1970er-Jahren die Informationsmöglichkeit über freie improvisierte Musik im Vordergrund. Oder wie Pfleiderer konstatierte, gastierten an fünf Abenden Ensembles aus Holland, Frankreich, Italien, Großbritannien und Deutschland: Dadurch ergaben sich „interessante Vergleichsmöglichkeiten zwischen verschiedenen musikalischen Ansätzen“ und „aktuellen stilistischen Entwicklungen in den Grenzgebieten zwischen Free Jazz, neuer Musik und zeitgenössischer Improvisation“.[136]

---

135 Pfleiderer 1995a, vgl. Pfleiderer 1995b.

136 Pfleiderer 1995b.

1996 variierte die Programmstruktur des W.F.M. erneut in Anlehnung an das Carte blanche-Konzept von 1993. So waren fünf Pianist:innen aus Deutschland, den Niederlanden, Belgien, Russland und den USA eingeladen, von denen jede:r seine:n eigenen Konzertabend gestaltete: Gumpert, Mengelberg, Van Hove, Vladimir Miller und Crispell. Alle fünf Pianist:innen präsentierten sich im Laufe ‚ihres Abends' solo, (teilweise) in aktuellen Projekten und in Ad-hoc-Formationen sowie in einem Duo mit Lacy (ss). Neben den Duos mit Lacy (zum damaligen Zeitpunkt Stipendiat im *Berliner Künstlerprogramms des DAAD*) stellte sich:

- Gumpert im Trio mit: Diesner (reeds) und Johannes Bauer (tb) sowie mit seiner *Workshop Band* (Becker: tp, flh; Hering: reeds; Petrowsky: reeds; Forsthoff: ts; Conrad Bauer: tb; Gumpert: p; Koch: b; Sommer: dr) vor
- Mengelberg im Quartett mit: Johannes Bauer (tb), Stutz-Boukouya (tb), Mengelberg und Johansson (dr, acc, voc)
- Van Hove mit seinem *'t Nonet* (Nozati: voc; Dörner: tp; Johannes Bauer: tb; Rutherford: tb; Goudbeek: as, ban; Butcher: ss, ts; Van Hove: p, acc; Viredaz: tba; Borght: dr, perc)
- Miller mit: dem *Moscow Composers Orchestra* (Gayvoronsky: tp; Parfyonov: tp; Shilkloper: frh; Pilibavicius: tb; Rezitski: as, fl; Sivkov: as, bs, bcl; Labutis: ss, ts, bcl; Alexandrov: bn; Kolkowski: vln; Miller: p; Volkov: b; Zhukov: perc; Tarasov: dr)
- Crispell mit: Leimgruber (ss, ts), Hemingway (dr, perc) und Hauser (dr, perc)

Auch wenn der W.F.M. während der Goldenen FMP-Zeit hinsichtlich seiner stilistischen Ausrichtung über Free- und Avantgarde-Jazz und angrenzende experimentell-improvisierte Musik hinausreichte, bildete nach wie vor freie, improvisierte Musik (obgleich unterschiedlichster Herkunft, Entwicklungen und Ansätze) den Schwerpunkt der Präsentation. Des Weiteren lässt sich der W.F.M. weiterhin als Forum der musikalischen Begegnung und Vermittlung charakterisieren.[137] Zudem ist seit der zweiten Hälfte der 1980er-Jahre eine zunehmende

137 Dies bestätigt auch ein von Noglik (1993) geschriebener W.F.M.-Selbstverständigungstext, der erstmalig im Programmflyer 1993 zum 25. Jubiläum und dann erneut 1995 und 1996 verwendet wurde. Demnach sei es „von Anfang an um neue Präsentationsformen, um offene Räume für improvisierte Musik, um Platz zur Entfaltung und Raum zur Entwicklung" gegangen. Der W.F.M. habe sich „vom Warenhauscharakter landläufiger Festivals" sowie „wie von singulären Konzertereignissen" insofern unterschieden, als bei der Auswahl der Programmpunkte und der der Abfolge „in enger Tuchfühlung mit den Musikern, Freiraum für musikalische Entwicklungen und Begegnungen eingesetzt" worden sei, „ohne Resultate vorzuplanen". Auf diese Weise sei es nach Ansicht von Noglik gelungen, anstelle von Fertigem musikalische Prozesse in ihrer Bewegung erlebbar zu machen und weit über die einzelne Veranstaltung hinausreichende Prozesse in Gang zu setzen. Die Geschichte der improvisierten Musik in Europa verknüpfe sich auf vielfältige Weise mit dem W.F.M., der nicht nur die Vorzüge eines Schaufensters, sondern auch die einer Werkstatt aufweist und in der „Verbindung von Programm-

Tendenz zu registrieren, mit den Programmkonzeptionen Rahmenbedingungen schaffen zu wollen, die neben den Gesichtspunkten der Vermittlung (Vergleichsmöglichkeiten, Sichtbarmachung von Arbeitsprozessen etc.) die konkrete musikalische Auseinandersetzung und Kooperationen der Musiker:innen forcieren sollten, damit sich (teilweise durchaus erhoffte) musikalische Ergebnisse ereignen konnten oder zumindest musikalische Auseinandersetzungen angestoßen wurden. Besonders augenfällig ist diese Tendenz bei den europäisch-amerikanischen Programmkonstellationen sowie der Einbeziehung von (spontanen) Kombinationen der teilnehmenden Musiker:innen zu beobachten. Des Weiteren wurden die Programme zunehmend so konzipiert, dass die Musiker:innen nur noch an einem W.F.M.-Tag auftraten, wodurch keine Mehrfachauftritte mehr innerhalb der fünf Tage möglich waren. Die hierdurch hinsichtlich der angestrebten gemeinsamen musikalischen Auseinandersetzung und Vermittlung gesetzten Grenzen waren jedoch nicht konzeptionell begründet, sondern sind auf die veränderten Rahmenbedingungen hinsichtlich der Kooperation mit der Allianz *Akademie der Künste* zurückzuführen.

Hinsichtlich der W.F.M.-Programme lässt sich nach wie vor die Präsenz der ‚Leute der ersten Stunde' (1. Programmebene) registrieren. So ist Brötzmann (wenngleich nicht mehr mit der bisherigen Omnipräsenz wie noch während der Post-Kollektiv-Zeit) bei den 10 W.F.M. im Zeitraum 1986 bis 1996 mit vier Teilnahmen präsent[138], Kowald sogar mit fünf Teilnahmen[139], Schlippenbach ab den 1990er-Jahren mit zwei Teilnahmen[140], Carl ebenfalls mit zwei Teilnahmen[141], Reichel mit vier Teilnahmen[142] und Schweizer mit drei Teilnahmen.[143] Entgegen der 1. Programmebene ist die 3. Ebene, d.h. die Ebene des Nachwuchses nur marginal ausgeprägt. Im Zeitraum 1986 bis 1996 wurden lediglich der junge Trompeter

---

struktur und Freiheit" dem „Charakter der präsentierten Musik aufs engste verbunden" sei. In den vorangegangenen Folgen gelang es, eine Vielzahl der weltweit wichtigen Improvisationsmusiker:innen vorzustellen, zum Teil mit eigens für den Workshop entwickelten Projekten. Die internationale Ausstrahlung zeige sich auch darin, dass andere engagierte Veranstalter:innen dem Weg des Workshop Freie Musik gefolgt seien.

138 1986 mit der *Cecil Taylor Unit* und der *Cecil Taylor Euro-American Group*, 1987 mit einem Abend (‚in different combinations with'), 1990 im Trio mit Skopelitis und Hano und 1995 solo.

139 1987 mit einem Abend (‚in different combinations with'), 1990 im Duo mit Hemphill, 1992 mit seinem *Global Village*-Trio, 1993 erneut mit eigenen Kombinationen (‚in different combinations') sowie in Sommers ‚in different combinations' und 1995 mit seinem *Global Village*-Quintett.

140 1991 mit seinem Trio und 1993 mit eigenen Kombinationen (‚in different combinations').

141 1987 mit eigenen Kombinationen (‚in different combinations with') und 1993 in Reichels Kombinationen.

142 1989 beim Gitarren-W.F.M., 1990 im Duo mit Frith, 1993 in eigenen Kombinationen (‚in different combinations') und 1994 im Trio *Hickory*.

143 1987 in der Kombination von Carl, 1990 im Duo mit Crispell und 1994 solo.

Rudolph[144] und Fuchs[145] zweimal eingeladen und Theurer, Graef, Kellers, Arndt, Dörner sowie (die beiden 1960 bzw. 1962 in der DDR geborenen) Huke und Koch nur einmal.[146] Auch die Präsenz der Musiker aus der (ehemaligen) DDR (bisherige 2. Programmebene) dezimierte sich im Zeitraum 1986 bis 1996. Waren während der Post-Kollektiv-Zeit (bis auf 1984) bei jedem W.F.M. ostdeutsche Musiker vertreten, nehmen in den Jahren 1987, 1988, 1994 und 1995 überhaupt keine Musiker aus Ostdeutschland beim W.F.M. teil, und in den Jahren 1986, 1989 und 1990 lediglich einer: 1986 Johannes Bauer bei Taylors *Euro-American Group*, 1989 Sachse beim Gitarren-W.F.M. und 1990 Diesner im Duo mit Hemingway. Exponiert wurde die (ehemalige) DDR-Avantgarde einzig 1993 mit Sommers ‚different combinations' (mit u.a. Conrad Bauer, Gumpert und Petrowsky eingeladen) und 1996, als sich Gumpert im Duo mit Lacy, mit seiner *Workshop Band* sowie im Trio mit Diesner und Johannes Bauer vorstellte.

Die sich bereits während der Post-Kollektiv-Zeit abzeichnende weitere Europäisierung, d.h. die Einbeziehung und Zusammenarbeit mit europäischen Musiker:innen, die bislang noch nicht beim W.F.M. in Erscheinung getreten waren, sowie die Intensivierung weltweiter Kollaborationen vor allem mit US-amerikanischer Musiker:innen lässt sich für den Zeitraum 1986 bis 1996 (wie auch beim T.M.M.) ebenfalls konstatieren. Wobei sich die Präsenz der einzelnen Musiker:innen im Wesentlichen auf eine einmalige W.F.M.-Teilnahme reduzierte. So nahmen zwischen 1986 und 1996 mit insgesamt knapp 220 Musiker:innen ca. 100 Musiker:innen mehr beim W.F.M. teil als im Zeitraum von 1976 bis 1985. Dies ist besonders beim Anstieg der Teilnehmenden aus den Niederlanden, der Schweiz, Frankreich, Italien, Schweden, Russland, Japan und den USA zu registrieren (während die Anzahl der britischen Musiker:innen konstant auf einem hohen Niveau blieb). Wie auch beim T.M.M. zwischen 1986 und 1996 sind auch beim W.F.M. aus keinem anderen Land vergleichbar viele Musiker:innen vertreten wie aus den USA, die nun mit der Anzahl der Musiker:innen aus Deutschland (knapp 50 inkl. der ostdeutschen Musiker) gleichauf liegen. Mehr als eine einmalige (ca. 85% der Musiker:innen) oder zweimalige (ca. 9%) Teilnahme verzeichnen von den internationalen Musiker:innen lediglich: Léandre und Ninh mit je vier Teilnahmen und Taylor und Crispell mit je drei.[147]

---

144 1986 in Taylors *Euro-American Group* und 1987 mit eigenen Kombinationen (‚in different combinations').

145 1986 in Taylors *Euro-American Group* und 1991 im Duo mit Katzer.

146 Theurer: 1987 in Rudolphs Kombinationen, Graef: 1988 mit dem *Berliner Saxophon Quartett*, Kellers: 1991 im Trio mit Petrowsky und Phillips, Arndt: 1992 solo, Dörner: 1996 als Mitglied im *Fred Van Hove 't Nonet* und Huke und Koch: 1994 mit *Das Hukepack*.

147 Léandre trat 1987 in Peter Kowalds Kombinationen, 1990 im Duo mit Parker, 1992 im Trio mit Carl und Zingaro sowie 1994 solo auf, der ebenfalls aus Frankreich stammende Ninh 1992 in Kowalds *Global Village*-Trio, 1993 erneut mit Kowald in dessen Kombi-

Während verschiedene W.F.M.-Rezensionen in der zweiten Hälfte der 1980er-Jahre ein (zumindest teilweise) nachlassendes Publikumsinteresse vermitteln[148], lässt sich ab 1990 ein neuerlicher Publikumszuspruch registrieren. So schreibt Kampmann in der *Jazzthetik*, dass das W.F.M. 1990 ein Beweis dafür gewesen sei, dass man auch „weitab vom Starrummel und stumpfer Befriedigung eines Massengeschmacks, der leider immer mehr Jazz Festivals am Herzen zu liegen scheint, [...] Säle füllen"[149] könne. Und Brandt attestierte 1993, dass die fünf Abende des W.F.M. 1993 „so gut besucht" waren „wie selten in den Vorjahren, und zwar nicht nur der Abend mit dem Starpianisten Cecil Taylor und seiner Band".[150] Auch Müller betont bezüglich der Publikumsresonanz 1993: „Die Ausstellungshalle der *Akademie der Künste* war voll, nicht nur an diesem ersten, auch an den folgenden Abenden gab es ein unglaublich wunderbares Publikumsinteresse."[151]

Der Preis für eine Dauerkarte wurde beim ersten W.F.M. während der Goldenen FMP-Zeit (beim Taylor-W.F.M. 1986) von DM 20,– (1985) auf DM 30,– angehoben und der Preis für eine Tageskarte beim W.F.M. 1987 von (1985 und 1986 noch) DM 6,– auf DM 10,–. Während des gesamten Zeitraums bis 1996 blieben diese Preise konstant.

Das Design der Plakate und Flyer übernahm in den Jahren 1986 bis 1996 in knapp 70% der Fälle Gebers selbst (zweimal (1992 und 1996) mit einer Fotografie von Dagmar Gebers als Plakatmotiv). 1988 entstanden die Plakate in einer Gemeinschaftsproduktion von Gebers, Brötzmann und Kussatz. Und dreimal gestaltete Reichel die Printmedien (einmal (1995) unter Verwendung einer Fotografie von Dagmar Gebers).

Free Concerts im Rathaus Charlottenburg, 1986–1995

Nachdem die *Free Concerts*-Reihe 1979 vorübergehend abgebrochen werden musste, wie die FMP in der Broschüre zu *Improvised Music* 1988 informierte, „lebte" die Reihe ab 1986 „wieder auf"[152] – und insofern auch die entsprechende Allianz mit dem *Bezirksamt Charlottenburg* (Abteilung Jugend und Sport, Jugendförde-

nationen, 1994 mit *Doneda Trio SOC* des französischen Saxofonisten Doneda und 1995 erneut mit Kowald in dessen *Global Village*-Quintett. Taylor präsentierte sich 1986 beim W.F.M. *Cecil Taylor – his music and poetry (Solo – The Unit – The Euro-American Group)*, 1990 mit dem *The Feel Trio* und 1993 mit dem *Cecil Taylor Ensemble* und Crispell 1990 im Duo mit Schweizer, 1992 solo und 1996 im Duo mit Lacy sowie mit ihrem Quartett.

148 Vgl. Achterberg 1989. Selbst bei der ersten Zusammenarbeit mit Taylor beim W.F.M. 1986 sollen an manchen Konzerttagen maximal 200 Zuhörer:innen anwesend gewesen sein. (Vgl. Heidkamp 1986)

149 Kampmann 1990.

150 Brandt 1993.

151 Müller 1993.

152 Heppelmann 1988a.

rung) zumindest bis 1995. Die letzten beiden Konzerte der vom *Bezirksamt Charlottenburg* geförderten Reihe im Charlottenburger Rathaus (mit freiem Eintritt) fanden im September 1995 statt. Bis dahin gab es 19 kostenlose *Free Concerts*-Konzerttermine mit insgesamt 41 Auftritten.

Während bei der Wiederaufnahme der Reihe im Herbst 1986 der einzige Konzerttermin 1986 von nur einer Formation bestritten wurde (*King Übü Örchestrü*), nahmen die *Free Concerts* 1987 und 1988 den Charakter eines eigenen Festivals mit jeweils 7 Formationen oder Solo-Künstler:innen (jeweils im September) an. 1987 waren dies die Duos *Arndt/Palma* (Arndt: p; Palma: vln, voc), *Brötzmann/Harth* (Brötzmann: reeds; Harth: reeds), *Fuchs/Parker* (Fuchs: ssi, bcl; Parker: ss, ts), *Schlippenbach/Johansson* (Schlippenbach: p; Johansson: dr, acc, voc) sowie das Posaunen-Quartett *Four 'Bones* (Boje: tb; Geyer: tb; Nobili: tb; Wiedermann: tb), das *Berliner Saxophon Quartett* (Bensmann: ss; Kreczmarsky: as; Griese: ts; Graef: bs) und das *Sibylle Pomorin Quartett* (Pomorin: reeds, fl; Aznar: p; Wilmanns: b; Robin: dr). Und 1988 Caspar Brötzmann (g), die Sängerin Santrra und Reichel (g) jeweils solo sowie die Duos: *Hollinger/Moss* (Hollinger: dr, perc; Moss: dr, perc, voc), *Rudolph/Gattiker* (Rudolph: tp; Gattiker: cel) und *Carl/Johansson* (Carl: cl, acc; Johansson: dr, acc, voc) und *Das Streichquartett* (Verborg: vln; Kimmig: vln; Werner: cel; Wilmanns: b). 1989 gab es (wie auch während der Kollektiv- und der Post-Kollektiv-Zeit) mehrere Einzeltermine, jedoch nicht über das gesamte Jahr verteilt, sondern wiederum jeweils im Herbst. So spielte Ende September 1989 das Duo *Brötzmann/Lüdi* (Brötzmann: reeds; Lüdi: as, bs), Anfang Oktober erneut das *King Übü Örchestrü* und ein paar Tage später Schlippenbach (p) im Duo mit Sunny Murray (dr).

Ab 1990 veränderte sich erneut das Programmkonzept. Die *Free Concerts* wurden von nun an jeweils einmal pro Jahr an zwei aufeinanderfolgenden Tagen veranstaltet[153], jeweils an einem Donnerstag- und einem Freitagabend meist im Herbst, zunächst mit jeweils zwei Konzerten pro Konzerttermin, ab 1993 dann nur noch mit einer Formation pro Konzerttermin. So trat 1990 beim ersten *Free Concerts*-Konzertabend die Pianistin Simone Weissenfels aus Leipzig solo zwischen den beiden Sets des britischen Trios von *Parker/Guy/Lytton* (Parker: ss, ts; Guy: b; Lytton: dr, elec) auf und beim zweiten Abend Gumpert (p) ebenfalls mit einer Solo-Vorstellung zwischen den beiden Sets des Trios *Zingaro/Léandre/Turner* (Zingaro: vln; Léandre: b; Turner: dr). Zu den beiden *Free Concerts*-Terminen 1991 mit dem Titel *Piano Conclave* hatte die FMP die Pianisten Van Hove, Voerkel und Janssen eingeladen (die auch alle 1984 beim *Piano Project*-T.M.M. vertreten waren) sowie den von der britischen Szene stammenden Alex Maguire, der u.a. bei Howard Riley und John Cage studiert hatte.[154] Alle Pianisten stellten sich innerhalb der beiden Tage einmal solo sowie einmal im Duo vor (Van Hove mit

153 Bis auf 1992: Da fand die Reihe dreitägig statt (Freitag bis Sonntag).

154 Vgl. Noglik 1991b.

Janssen, Maguire mit Voerkel). Auch die dreitägigen *Free Concerts* 1992 hatten mit dem Titel *Lol Coxhill – Steve Lacy – Evan Parker – sopransaxophones* einen thematischen Schwerpunkt. So wurden Coxhill, Lacy und Parker innerhalb der drei Abende ausschließlich als Sopransaxofonisten jeweils einmal solo sowie zweimal im Duo mit den jeweils anderen Saxofonisten präsentiert. Zum Abschluss der *sopransaxophones-Free Concerts* traten alle drei Saxofonisten als Trio auf. 1993 bestritten die *Free Concerts* Brötzmanns *Die Like A Dog Quartet* (Kondo: tp, elec; Brötzmann: reeds; Parker: b; Drake: dr) und das *Charles Gayle Trio* (Gayle: ts, bcl; Cherry: b; Wimberly: dr) und 1994 mit dem Untertitel *Improvisationen & Kompositionen* das Quartett *Doppelmoppel* (Conrad Bauer: tb; Johannes Bauer: tb; Kropinski: g; Sachse: g) und das *Manfred Schulze Bläserquintett* (Johannes Bauer: tb; Schwingenschlögl: tp; Hering: as, ss, cl; Reinhardt: ts, ss; Anklam: bs). Nach den beiden *Free Concerts* im September 1995 mit einem Konzert des niederländisch-amerikanischen *Trio Clusone* (Moore: as, cl; Reijseger: cel; Bennink: dr, perc) und einem Konzert des englischen Trios *Parker/Rogers/Lytton* (Parker: ss, ts; Rogers: b; Lytton: dr, elec) am Folgetag wurde die Reihe eingestellt, da „kein weiteres Budget“[155] mehr zur Verfügung gestanden habe, so Gebers.

Wie die Programmübersicht zeigt, unterschieden sich die *Free Concerts* von der Programmgestaltung des T.M.M. und des W.F.M. So lässt sich eine Dominanz westdeutscher und Westberliner Musiker:innen konstatieren, von denen sich neben der 1. Programmebene (‚Leute der ersten Stunde‘) ein Großteil der Ebene des Nachwuchses zuordnen lassen. Die *Free Concerts* 1990 markieren insofern eine Zäsur, als nun bis zur Einstellung der Reihe 1995 keine westdeutschen oder Westberliner Musiker:innen mehr vertreten waren (ausgenommen Brötzmann 1993 mit dem international besetzten *Die Like A Dog Quartet*). Ostdeutsche Musiker:innen wirken nur bei den *Free Concerts* 1990 und 1994 mit. Vorwiegend[156] wurden nun im *Rathaus Charlottenburg* westeuropäische Musiker:innen präsentiert, darunter viele der mit der FMP langjährig assoziierten europäischen Musiker wie Parker, Van Hove oder Bennink.

Das *Bezirksamt Charlottenburg* (Abteilung Jugend und Sport, Jugendförderung) unterstützte die *Free Concerts*-Reihe nicht nur finanziell. So sei Gebers, wie er bei den Interviews berichtet, in den Jahren 1989 bis 1995 jeweils im Sommer von seinem Job im *Jugendclub* im Bezirk Charlottenburg für die Reihe freigestellt worden:[157]

> „Also ich hatte im Sommer dann immer eine Freistellung von mehreren Wochen, wo unsere Einrichtung auch geschlossen war oder auf reduzierter Sparflamme lief. Und im

---

155 FMP-Publishing 2016b.

156 Eine Ausnahme stellen nur die *Free Concerts* 1993 dar. Von den insgesamt sieben eingeladenen Musikern des *Charles Gayle Trio* und des *Die Like A Dog Quartet* stammten fünf aus den USA sowie einer aus Japan und einer aus Deutschland.

157 Vgl. Gebers, Telefon-Interview mit dem Verfasser, 4.5.2017, Interview-ID 612.

> Gegenzug war das so, dass die Kulturverwaltung dem Bezirk Charlottenburg für die Konzerte im Rathaus das Geld gab. Und dann sind wir dazu übergegangen, dort auch aufzunehmen. Das heißt, die Musiker waren ein paar Tage länger da, spielten ihr Konzert, das aufgenommen wurde, und am nächsten Tag haben wir dann ohne Publikum Aufnahmen gemacht."[158]

Mit den *Free Concerts* konnte die FMP nicht nur ein anderes Publikum als beim W.F.M. oder beim T.M.M. adressieren. Gebers nutzte zudem die Rathaus-Konzerte auch während der Goldenen FMP-Zeit teilweise als Aufnahmemöglichkeit, wie er in der Interviewpassage ausführt. Insofern bedingte neben der Präsentation und Vermittlung freier und improvisierter Musik auch die Tonträgerproduktion als Entität zumindest einige der *Free Concerts im Charlottenburger Rathaus.*

Die Plakate und Flyer für die *Free Concerts im Rathaus Charlottenburg* gestaltete von 1986 bis 1995 ausschließlich Gebers, dreimal unter Verwendung einer Fotografie von Dagmar Gebers (1988, 1992, 1995).

Fall in Jazz/Summer Music, 1986-1995

Die im Zehlendorfer *Haus am Waldsee* jährlich veranstaltete Reihe *Fall in Jazz/ Summer Music* fand auch im Zeitraum 1986 bis 1995 meist an einem Juliwochenende statt: entweder zweitägig samstags und sonntags oder auch dreitägig von freitags bis sonntags. In Verbindung mit dem *British Council* präsentierte die FMP und das *Amt für Kunst Zehlendorf* 1986 das internationale *European Tuba Quartet* (Fishkind: tba; Moschner: tba; Poore: tba; Rutherford: euf) und das *Manfred Schulze Bläserquintett* (Diesner: ss, ts; Hering: ss, as, ts; Reinhardt: ss, ts, bcl; Schulze: bs, cl; Johannes Bauer: tb) aus der DDR. 1987 wurde (weiterhin mit Unterstützung des *Amt für Kunst Zehlendorf*) bei den *Drei Konzertabenden mit komponierter und improvisierter Musik* (so der Untertitel) das kammermusikalisch frei improvisierende deutsch-französisch-amerikanische Trio *Transition* (Becker: tp, flh; Sclavis: ss, cl, bcl; Lindberg: b) dem *Pipe Trio* (Koglmann: tp, flh; Ruschel: tb; Herget: tb) gegenüber gestellt, in dem Komposition im Vordergrund stand und das neben dem österreichischen Jazzmusiker Koglmann mit Ruschel und Herget mit klassischen Orchestermusikern besetzt war. Nachdem *Transition* am ersten Abend und das *Pipe Trio* am zweiten Abend aufgetreten waren, kam es am dritten Abend zu einem gemeinsamen Auftritt der beiden Trios. Wie Jänichen im Berliner *Tagesspiegel* den gemeinsamen Auftritt der beiden Trios kommentierte, zeigten sich beide Trios „durch das Band der frei improvisierten Musik" geeint: „doch außer den Eindrücken aus den vorhergegangenen Darbietungen" sei aus der „Sextett-Besetzung nichts wesentlich Neues"[159] entstanden. Auf das Zusammentreffen der beiden Trios kommt auch Gebers bei meiner Frage nach den „für die Entwicklung

158 Gebers, Interview mit dem Verfasser, 22.5.2015, Interview-ID 321.
159 Jänichen 1987.

der FMP wichtigen Konzerten“ zu sprechen. So berichtet Gebers bei den Oral History-Interviews:

> „Und dann kamen die [*Transition*] und haben ein Konzert gemacht und sind anschließend ins Studio gegangen. Und da war noch eine zweite Truppe dabei: war im *Haus am Waldsee*. Und dann spielten die ihren Set da [...]. Und dann kam der Lindberg aus dem Konzertraum hinten zu mir – weil, wir hatten da in der Garderobe die Getränke oder so – und sagte, er hätte überhaupt nicht gewusst, dass improvisieren so schwierig sein kann (Interviewer lacht): Sagt der Typ, der aus Amerika kommt, ewig da im *String Trio* [*of New York*] gespielt hat und sonst was. Gut, der hat sowas das erste Mal erlebt. Der war gefordert bis zum Gehtnichtmehr und war völlig fertig. Ja, das sind so Dinge.“[160]

Die Reaktion des US-amerikanischen Bassisten Lindberg, bekannt aus dem *String Trio of New York*, illustriert, dass die Gebers auch bei der *Fall in Jazz/Summer Music*-Reihe mit der Programmkonzeption anstrebte, die musikalische Auseinandersetzung der Musiker:innen zu forcieren. Die Programmkonzeption 1988 mit dem Titel *Jazz trifft Wasserlinie* (im Westberliner *Kulturstadt Europas*-Jahr) hob sich wesentlich von den bisherigen Ausgaben der Reihe ab. Erstmals sollte es zu einer künstlerischen Auseinandersetzung mit Positionen aus der bildenden Kunst kommen.[161] Zum spartenübergreifenden Projekt hatte die FMP Becker (tp, flh), Wheeler (tp, flh), Conrad Bauer (tb), Wiedermann (tb), Viredaz (tba), Fishkind (tba) und Van Hove (p) eingeladen. In den ersten fünf Tagen gab es öffentliche Proben. An den beiden letzten Tagen stellten die Musiker in verschiedenen Kombinationen die erarbeiteten Stücke vor.

Bei *Fall in Jazz/Summer Music* 1989 spielten an drei Abenden die Musiker Fuchs (ssi, bcl, c-bcl), Koch (ss, ts, bcl), Parker (ss, ts) und Sclavis (ss, cl, bcl) jeweils in Duos zusammen. In Anlehnung an die T.M.M.- und W.F.M.-Kombinationen-Konzepte kam es hierbei insgesamt zu sechs geplanten Duo-Kombinationen (zwei an jedem Abend). Die *Fall in Jazz/Summer Music* 1990 hob sich ebenso wie die *Summer Music* 1988 von den bisherigen Programmkonzeptionen der Reihe ab. So wollte Taylor (1990 Stipendiat im *Berliner Künstlerprogramms des DAAD*) an einem Abend sein *Dance Project* mit Parker (b) und Harada (perc) sowie den vier

---

160 Gebers, Interview mit dem Verfasser, 14.8.2015, Interview-ID 537.

161 Das Konzept wurde im FMP-Programmflyer wie folgt beschrieben: „Am Ufer im Strandbad Wannsee – an der Wasserlinie – werden im Sommer sieben große Steine stehen, und sieben Steinmetze werden hundert Tage lang – mit einem Fuß im Wasser, dem andern auf dem Strand – auf diese Steine einschlagen [...]. Hundert Tage lang steht im Haus am Waldsee im selben Zusammenhang eine Ausstellung – mit Objekten, Planungen und Zeichnungen der sieben beteiligten Bildhauer. Sieben Tage lang werden in den Ausstellungsräumen auch nicht hundert, sondern sieben Musiker versuchen, die Steine und, was sich am Wannsee aus ihnen herauskristallisiert, in Töne zu setzen. Sechs Blechbläser und ein Pianist gegen sieben Steine aus hartem glänzenden und weichem matten Material: ein Versuch über die Fähigkeit, Nuancen toter Materie durch Musik zu beschreiben, Assoziationen in Noten zu fassen.“ (Heppelmann 1988e)

Tänzerinnen Cheryl Banks, Anastasia Lyras, Altea Garrido und Liliane Saldaña vorstellen. Obwohl erstmalig sogar eine Genehmigung vorlag, wie Gebers bei den Oral History-Interviews berichtet, „das draußen zu machen“, musste die Veranstaltung wegen „Scheißwetter“[162] in die *Akademie der Künste* verlegt werden. Bei der zweitägigen *Summer Music* 1991 traten Kowald (b), Morris (cor), Lüdi (as) und Namtchylak (voc) jeweils einmal solo auf sowie an beiden Tagen als Quartett. Die *Fall in Jazz/Summer Music* 1992 bestand aus zwei Konzerten des *King Übü Örchesträ* (Bergen: reeds; Fuchs: reeds; Houtkamp: reeds; Christmann: tb; Malfatti: tb; Poore: tba; Wachsmann: vln, elec; Müller: b; Lytton: dr, elec; Katzer: com, elec).

Die Programmgestaltung der *Fall in Jazz/Summer Music* 1993 folgte der Konzeption von 1987 mit *Transition* und dem *Pipe Trio.* So präsentierte die FMP am ersten Abend das deutsch-schweizer Duo *Schürch/Schneider* (Schürch: voc; Schneider: b), am zweiten Abend das *Trio Trabant a Roma* (Minton: voc; Cooper: ssi, bn; Harth: ssi, ss, as, ts, cl, bcl) und am dritten Abend beide Formationen mit einem gemeinsamen Auftritt. 1994 wurden bei der zweitägigen *Fall in Jazz/Summer Music*-Reihe die beiden Duos *Carl/Léandre* (Carl: cl, acc; Léandre: b) (Léandre war 1994 Stipendiatin im *Berliner Künstlerprogramms des DAAD*) und *Sclavis/Reijseger* (Sclavis: ss, cl, bcl; Reijseger: cel) eingeladen. Wie Noglik im Programmflyer ausführt, habe die FMP mit der „Begegnung“ gerade dieser (unterschiedlichen Traditionslinien entstammenden) Musiker:innen beabsichtigt, die Differenzierung und Individualisierung der musikalischen „Sprache der Improvisation“[163] aufzuzeigen. Die positive Publikumsresonanz der Reihe im *Haus am Waldsee* dokumentiert eine Rezension der beiden Abende 1994 im *Zehlendorfer Lokalanzeiger*:

> „Bedauerlich bei diesen außergewöhnlichen Konzerten war nur, dass das Haus am Waldsee mit ignoranten Nachbarn leben muss. Aufgrund ihrer Proteste konnten die musikalischen Abende nicht in der akustisch und landschaftlich schönen Umgebung am See stattfinden. Trotz saunaähnlicher Temperaturen im Saal des Hauses erhielten die Musiker an beiden Abenden von insgesamt rund 450 Zuhörern langanhaltenden Applaus.“[164]

Bei der letztmaligen *Summer Music* 1995 traten an beiden Abenden Johannes Bauer (tb) und der damals in Berlin lebende französische Nachwuchsmusiker Marc Boukouya (tb) jeweils solo auf sowie das Trio *Holz für Europa* (Bergen: ts, cl, bcl, c-bcl; Fuchs: ssi, bcl, c-bcl; Koch: ss, cl, bcl, c-bcl).

Trotz der Präsentation von Taylor sowie der Teilnahme von Morris oder auch von Lindberg mit *Transition* war (entgegen der Entwicklung beim T.M.M. und beim W.F.M.) die Teilnahme von US-amerikanischen Musikern (mit ca. 10%) bei der *Fall in Jazz/Summer Music*-Reihe wenig ausgeprägt. Auch die Musiker der ers-

---

162 Gebers, Interview mit dem Verfasser, 27.3.2015, Interview-ID 38.

163 Noglik 1994.

164 Weihmann 1994.

ten Stunde waren mit lediglich einer Teilnahme von Kowald und Carl ebenso unterrepräsentiert wie die ehemalige DDR-Avantgarde. Und auch der während der Post-Kollektiv-Zeit geförderte Nachwuchs war abgesehen von den drei Teilnahmen von Fuchs und dessen Projekten kaum wahrnehmbar. Bestimmt war die *Fall in Jazz/Summer Music*-Reihe während der Goldenen FMP-Zeit vielmehr durch die Präsenz von Musiker:innen der zeitgenössischen westeuropäischen Jazz-Szene, von denen viele erst im Laufe der 1980er-Jahre begonnen hatten mit der FMP zusammenarbeiteten.

Im Sommer 1994 ging der Direktor des *Haus am Waldsee* Thomas Kempas nach 30 Jahren in den Ruhestand. Wie Gebers resümiert, habe es dann „noch ein, zwei Sachen" gegeben – „da gab es aber schon keine Plakate mehr – und dann war es zu Ende. Da mussten wir auch teilweise schon wieder Geld mitbringen."[165] Denn die Nachfolgerin von Kempas, die Kunsthistorikerin Barbara Straka, habe laut Gebers nur wenig Interesse für die Projekte der FMP gezeigt. So endete 1995 die Allianz mit dem *Haus am Waldsee* und die *Fall in Jazz/Summer Music*-Reihe, da wie auch bei den *Free Concerts* im Charlottenburger Rathaus „kein weiteres Budget"[166] mehr zur Verfügung gestanden habe.

Just Music, Konzerte im FMP-Studio, 1986–1989

Ab Mitte Juni 1986 initiierte die FMP mit *Just Music/Konzerte im Studio* eine weitere Konzertreihe. Mit Hilfe einer finanziellen Förderung von der neuen Allianz, der Berliner *Senatsverwaltung für Kulturelle Angelegenheiten*, hatte die FMP nicht nur einen ehemaligen Übungsraum von Schlippenbach als Studio ausbauen können (wo Gebers auch ein Büro hatte). Darüber hinaus erhielt die FMP noch zusätzlich Mittel, um im neuen Studio ab 1986 Konzerte durchzuführen zu können. Über die Reihe im neuen FMP-Studio in der Weddinger Koloniestraße 133 berichtet Gebers bei den Oral History-Interviews:

> „Da passten so 70, 80 Leute rein. Und da ist dann natürlich 'ne sehr spezielle Situation, weil das eine völlig andere Ebene ist: Du siehst auf dem Monitor genau was da passiert, wie das abläuft und so was. Und du hörst das natürlich. Denn bei uns war das sonst so: Nur mal schnell mit Kopfhörern reinhören – ansonsten kriegst du davon nichts mit. Ich habe die Konzerte dann meistens zu Hause gehört: als Mitschnitte. Wenn du da einen Job hast, hast du einen Job. Aus, Ende der Stange. Und in dem Studio hörst du das natürlich in exzellenter Qualität, in der Lautstärke, die du so haben willst und siehst noch auf dem Monitor ganz genau, wie da so eine Musik entsteht. Und da merkst du auch plötzlich, dass all diese ganzen Konzertstrukturen völliger Blödsinn sind, aufgrund der Konzentrationsmöglichkeiten, die die Musiker normalerweise haben. Wir haben dann

165 Gebers, Interview mit dem Verfasser, 22.5.2015, Interview-ID 318. Die Plakate für die Konzertreihe gestaltete nicht die FMP, sondern das *Haus am Waldsee* (meist Michael Lange).

166 FMP-Publishing 2016b.

gesagt, die sind so an die 45 Minuten, da kannst du teilweise einen Wecker danach stellen, wie die das hinhaben. In den meisten Fällen war das so, dass nach 30 Minuten der – sagen wir mal – ‚Intensitätsfluss' zu Ende war und dann die Konzentration auch den Bach runter ging. Dann haben wir gesagt: Wir machen dann kurze Sets, also nur eine halbe Stunde und dann eine Pause. Und dann musste man auch Pause machen, es wurde ja auch noch geraucht und so. Und das war da auch alles viel zu eng. Also so was habe ich erst im Studio gelernt."[167]

Auch diese Interviewpassage verdeutlicht Gebers' kontinuierliche Auseinandersetzung mit der Frage nach adäquater Präsentations- und Vermittlungsformen der freien, improvisierten Musik. Da diese nach Gebers' Darstellung die Konzeption der Studio-Konzerte mitbedingt habe, lässt sich deren *agency* – und insofern die Auseinandersetzung mit möglichst adäquaten Präsentations- und Vermittlungsformen der freien, improvisierten Musik als Entität – erneut akzentuieren.

Stattgefunden haben die Konzerte „immer am Wochenende", wie Gebers bei einem anderen Interviewtermin über die Reihe weiter ausführt „und zwar immer samstags und sonntags am Spätnachmittag"[168] (um 17 Uhr). Wie bei den *Free Concerts* im Charlottenburger Rathaus und den Konzerten im Zehlendorfer *Haus am Waldsee* konnte die FMP im Weddinger Studio ein anders zusammengesetztes Publikum mit frei improvisierter Musik in Berührung bringen als bspw. beim T.M.M. oder beim W.F.M. So berichtet Gebers:

„Und da kam dann eben auch ein völlig anderes irres Umfeld: Wedding. Ja? Und da gab es dann Gespräche: Da war einer zum Beispiel, der hatte noch nie ein Klavier gehört. Der wusste gar nicht, dass ein Klavier, also ein Flügel ein Flügel ist. Das waren für ihn Keyboards. Und der dachte, die kann man laut und leise stellen"[169]:

167 Gebers, Interview mit dem Verfasser, 22.5.2015, Interview-ID 331.

168 Ebd.

169 Ebd. Bei einem anderen Interviewtermin schildert Gebers diese Begebenheit etwas ausführlicher: „Da machten wir ein Solo-Konzert mit Keith Tippett und das Ganze ist ja ein Studio gewesen. Und in dem Studio hingen auch Lautsprecher und so was alles. Und da stand ein großer Bechstein-Flügel und er spielte solo. Da waren ein paar Mikrofone drin, das wars. Und ich habe es aufgenommen, saß hinten. Erste Pause: Ich gehe raus. Kommt so ein junger Typ an: ‚Hey Alter, kannst du mal das Keyboard ein bisschen leiser machen?' (Interviewer lacht) Ich kriegte einen furchtbaren Schreck, ich dachte, ich habe die Lautsprecher angelassen und gehe kucken: ist ja gar nichts! Was will denn der? (Interviewer lacht) Ich gehe wieder raus, such' mir den Typen und sage: ‚Hör mal, was meinst denn du, was das für ein Instrument ist?' ‚Na, sieht man doch: Keyboards!' ‚Sag', hast du so was schon mal gehört?' ‚Nee, das erste Mal.' Ich sage: ‚O.K., das nennt sich Flügel im Normalfall und das war akustisch. Das ist so laut.' ‚Oh? Was?' (Gebers und Interviewer lachen) So was alles. … Oder mit Irène [Schweizer] auch mal. Irène spielte da. Und dann: ‚Hey Alte, kann das Free Jazz sein, was du da spielst? (Gebers und lachen) Also völlig wahnsinnige Dinger." (Gebers, Interview mit dem Verfasser, 27.3.2015, Interview-ID 91)

Wie Gebers bei den Oral History-Interviews anmerkt, waren die Konzerte im Weddinger Studio immer sehr gut besucht: „eigentlich waren die Konzerte auch immer voll".[170] Und „oftmals" seien „die Konzerte mit Diskussionsrunden verbunden" gewesen, so dass da manchmal „eigentlich viel weniger gespielt als mehr geredet wurde" – womit Gebers vermutlich mehr die ausufernden Diskussionen in Relation zu den Konzerten zum Ausdruck bringen möchte und weniger die tatsächliche Länge der Konzerte.[171]

Im Rahmen der *Just Music/Konzerte im Studio*-Reihe führte die FMP in der Zeit von Juni 1986 bis Juni 1989 insgesamt 81 Konzerttermine durch, vorwiegend mit Solo-Künstler:innen (ca. 40%) und Duos (ca. 32%), aber auch mit Trios und Quartetten. Die größte Formation war das fünfköpfige *Manfred Schulze Bläserquintett* im Mai 1988. Entgegen der Abwesenheit der ‚Leute der ersten Stunde' bei der *Fall in Jazz/Summer Music*-Reihe waren diese (Brötzmann, Reichel, Schlippenbach, Carl, Kowald, Schweizer und auch Schoof) bei der Studio-Reihe zwischen 1986 und 1989 kontinuierlich präsent. Auch einige der während der Post-Kollektiv-Zeit geförderten Nachwuchsmusiker wie Voerkel, Gräwe, Fuchs, Arndt, Knispel oder Kellers sind bei der *Just Music*-Reihe ebenso vertreten wie deutsche und westeuropäische (jedoch nicht dem FMP-Umfeld zugehörige) Nachwuchsmusiker:innen. Bei der Studio-Reihe wurden neben den westdeutschen und Westberliner Musiker:innen (mit einem Anteil von ca. 26%) und Musikern aus der DDR (ca. 25%) primär westeuropäische Musiker:innen präsentiert (ca. 33%), darunter viele der mit der FMP langjährig assoziierte europäische Musiker (wie Parker, Van Hove, Mengelberg oder Tippett). Während bei den *Free Concerts im Rathaus Charlottenburg* und bei *Fall in Jazz/Summer Music* in der zweiten Hälfte der 1980er-Jahre die Teilnahme US-amerikanischer Musiker:innen nur wenig ausgeprägt war, ließ sich diese bei den *Konzerten im Studio* vor allem ab 1987 mit der Teilnahme u.a. des *String Trio of New York* (Burnham: vln; Emery: g; Lindberg: b), von Borah Bergman (p), Marion Brown (as), Lewis Jordan (reeds, voc), Mark Izu (b), Pamela Scheiner (p), Walter Norris (p) und Jay Oliver (b) durchaus

170 Gebers, Interview mit dem Verfasser, 22.5.2015, Interview-ID 331.

171 Ebd. So berichtet Gebers bei den Oral History-Interviews über eine Diskussion an der u.a. der italienische Komponist Luigi Nono und der französisch-slowenische Posaunist und Komponist Globokar beteiligt waren. Vermutlich im Anschluss an das Konzert des Oboisten und Dirigenten Burkhard Glaetzner im November 1986: „Also ich kann mich erinnern, dass [Luigi] Nono mal eine Zeit lang in der Stadt war. Und der saß immer bei unseren Konzerten, als er Stipendiat war." Nono war 1986 Stipendiat im *Berliner Künstlerprogramm des DAAD*. So sei Nono „oft da" gewesen. Und „wenn der da war, irgendeiner quatschte ihn immer an, und dann wurden aus den Konzerten immer Gesprächsrunden. Riesen Diskussionen zwischen ihm und [Vinko] Globokar kann ich mich erinnern, und nochmal mit Burkhard Glaetzner, weil er meinte, er würde nicht weit genug gehen mit dem." (Ebd.)

registrieren. Wenngleich der Anteil US-amerikanischer Musiker:innen entgegen der Entwicklung beim T.M.M. und beim W.F.M. bei ca. 13% stagnierte.

1986 wurden bei den *Just Music*-Konzerten in einem nahezu zweiwöchentlichen Turnus (samstags und sonntags um 17 Uhr) folgende Musiker:innen und Formationen vorgestellt:

- 14./15. Juni: Uschi Brüning (voc) im Duo mit Petrowsky (as, bs, cl, fl, voc)
- 12./13. Juli: Tippett (p) solo
- 26./27. Juli: Knispel (g) im Duo mit Kellers (dr)
- 9./10. August: Reichel (g) solo
- 23./24. August: Brötzmann (reeds) im Duo mit Jasper van't Hof (p, keyb)
- 6./7. September: *Peter Kowald Trio* (Charuest: as; Kowald: b; Moholo: dr)
- 20./21. September: *Rüdiger Carl Trio* (Carl: ts; Oliver: b; Meneses: dr)
- 4./5. Oktober: *Ipnotica* (Haage: p, keyb; Gödecke: tb)
- 18./19. Oktober: *Doppelmoppel* (Conrad Bauer: tb; Johannes Bauer: tb; Kropinski: g; Sachse: g)
- 8./9. November: Burkhard Glaetzner (ob) solo
- 15. November: *Duo Tedesco* (Teichgräber: cel; Niemann: b)
- 16. November: *Berliner Bläser Trio* (Passin: ob; Hartmann: cl; Lemke: bn)
- 29./30. November: *Petrowsky/Schenker/Schenker* (Petrowsky: as, cl; Friedrich Schenker: tb; Gerd Schenker: perc)
- 13. Dezember: Léandre (b, voc) im Duo mit Schweizer (p)
- 14. Dezember: Léandre, Schweizer und Kowald (b)

1987 wurde die *Just Music*-Reihe ab Ende Januar bis Mitte Dezember weiterhin in einem (nahezu) zweiwöchentlichen Turnus fortgesetzt (Sommerpause von Ende Juli bis Ende September). So spielten im Weddinger FMP-Studio:

- 31. Januar/1. Februar: Brötzmann (reeds) und Harth (reeds)
- 14./15. Februar: Gräwe (p) solo
- 28. Februar/1. März: *Carte Blanche* (Christmann: tb; Müller: b)
- 14. März: Parker (ss, ts) im Duo mit Lytton (perc, elec)
- 15. März: Parker, Lytton und Guy (b)
- 4./5. April: *Pilz/Kanthak/Kugel* (Pilz: bcl; Kanthak: b; Kugel: dr)

An Ostern 1987 wurde das bisherige Schema der Reihe durchbrochen und von Karfreitag bis Ostermontag ein Solo-Piano-Festival mit Voerkel, Mengelberg, Scheiner, Maguire, Janssen, Norris und Gumpert im FMP-Studio mit dem Titel *Just Piano* veranstaltet. An jedem der vier Abende[172] traten drei Pianist:innen solo auf, so dass (bis auf Gumpert und den US-Amerikaner Norris) alle zweimal vorgestellt wurden. Im Mai wurde die reguläre Reihe wieder zweitägig fortgesetzt:

172 Wie die *Just Music/Konzerte im Studio*-Plakate von April und Mai 1987 dokumentieren, fanden die Konzerte nun um 20 Uhr und nicht mehr nachmittags statt.

- 2./3. Mai: Bergman (p) solo
- 16./17. Mai: *Maarten Altena Quartet* (Wierbos: tb; Moore: cl, as; Hoorn: vln; Altena: b)
- 30./31. Mai: *String Trio of New York* (Burnham: vln; Emery: g; Lindberg: b)
- 13./14. Juni: *Music & Poetry* (Jordan: reeds, voc; Izu: b)
- 25./26. Juni 1987: Tippett (p) solo
- 27./28. Juni: Tippett (p), Julie Tippetts (voc) und Nicols (voc)
- 11./12. Juli: Van Hove (p) im Duo mit Nozati (voc)
- 25./26. Juli: *Gemini* (Brown: as; Hampel: vib, bcl, bs)
- 26./27. September: *European Tuba Quartet* (Fishkind: tba; Moschner: tba, euf; Poore: tba, euf; Viredaz: tba)
- 10./11. Oktober: Globokar (tb) solo
- 24./25. Oktober: Schlippenbach (p) solo
- 14./15. November: Schweizer (p) solo
- 28./29. November: *Position Alpha* (Akerblom: reeds; Ericson: reeds; Jäderlund: reeds; Wartel: reeds)
- 12./13. Dezember: Carlo Inderhees (p) solo

Im Westberliner *Kulturstadt Europas*-Jahr 1988 wurde sowohl der bisherige Turnus als auch die konzeptionelle Ausrichtung der Reihe modifiziert. So fanden 1988 (bis auf ein Solo-Konzert von Mengelberg im Juni) zwei viertägige Festivals statt. An Ostern (wie bereits im Vorjahr) *Just Music/Just Piano* und an Pfingsten *Just Music/Just Horns.* Wie bei den Instrumenten-Schwerpunkten der anderen FMP-Reihen sollten bei *Just Piano* mit Mehrfachauftritten „unterschiedliche Aspekte des Klavierspiels“ einander gegenübergestellt werden und zwar „nach einem Rotationsprinzip, das durchaus harte Schnitte und Kontraste in der Programmgestaltung“[173] garantiere, wie die FMP angekündigt hatte. Im Vordergrund sollten hierbei Vielfalt und Verschiedenartigkeit stehen. Anders als im Vorjahr, als die erste *Just Piano*-Reihe mit Voerkel, Mengelberg, Scheiner, Maguire, Janssen, Norris und Gumpert sechs Musiker:innen recht konträrer Abstammung vorgestellt wurden, sollten 1988 Pianist:innen einander näher verwandter Szenen eingeladen werden. Neben Schweizer, Takase und Schlippenbach standen so von Karfreitag bis Ostermontag noch der Brite Howard Riley, der Schwede Per Henrik Wallin und Hermann Keller aus der DDR auf dem Programm. Das an Pfingsten veranstaltete *Just Music/Just Horns* sah keine Mehrfachauftritte vor. Eingeladen waren das *Manfred Schulze Bläserquintett* (Hering: reeds; Diesner: reeds; Reinhardt: reeds; Schulze: bs, cl; Johannes Bauer: tb), das ebenfalls aus der DDR stammende Duo von Conrad Bauer (tb) und Petrowsky (reeds), das Duo *Brötzmann/Harth* (Brötzmann: reeds; Harth: reeds) und das junge italienische Bläsertrio *Atipico Trio* (Cerino: reeds; Ponzo: reeds; Dato: reeds). Die vier eingeladenen

173 Heppelmann 1988f.

Formationen wurden jeweils an einem Abend mit einem Konzert präsentiert. 1989 fanden nur noch vier Konzerttermine der *Just Music*-Reihe statt. Am 4./5. März trat *Schoof/Brötzmann/Oliver/Kellers* (Schoof: tp, flh; Brötzmann: reeds; Oliver: b; Kellers: dr, perc) auf, am 17. Juni Arndt (p) solo und am 24. Juni beim letzten Konzert Fuchs (ssi, bcl, c-bcl) und Katzer (com, elec). Danach wurde die Reihe nach vier Jahren eingestellt, weil mit der Bewilligung der institutionellen Förderung von der *Senatsverwaltung für Kulturelle Angelegenheiten* keine zusätzliche Projektförderung mehr gewährt wurde.[174]

Specials und sonstige Live-Aktivitäten, 1986–1996

Im Zeitraum 1986 bis 1996 führte die FMP fünf sog. *Specials* durch. Bei diesen handelte es sich um die beiden *Improvised Music I/88* und *Improvised Music II/88* im Rahmen des Westberliner *Kulturstadt Europas*-Jahres 1988, die dreitägige Konzertfolge *Total Taylor Total* Ende September 1990, ein Taylor-Solokonzert in der *Deutschen Oper Berlin* im März 1991 und *Globe Unity Special und Filme* im Sommer 1993.

Improvised Music I/88 fand am 23. und 24. April 1988 im *Ballhaus Rixdorf* am *Kottbusser Damm* statt und war eng mit der Einrichtung der *Kulturstadt Europas* verbunden – und insofern von dieser mitbedingt. So hatte der niederländische Kontrabassist und Komponist Maarten Altena ein dreizehnköpfiges *European Improvisers Orchestra* zusammengestellt[175] (aufbauend auf seinem Oktett) und eine Komposition (*Rails, Rift and Stuk*) für das Orchester geschrieben. Weitere Komposition kamen von Maartje ten Hoorn (*Perspectieven*), Carlo Inderhees (*Lamps*), Radu Malfatti (*... voor Bas en Kamerorkest*) und Steve Martland (*Big Mac II*). Von Jahr zu Jahr sollte dieses Projekt „zusammen mit dem Titel der Kulturstadt weiter wandern und wachsen – mit einer stets sich verändernden Besetzung und einem kontinuierlich sich vergrößernden Repertoire".[176] So war vorgesehen, dass in den Folgejahren für jedes Ensemble neue Stücke geschrieben und erarbeitet werden. Vom 17. Juni bis zum 17. Juli 1988 folgte ebenfalls im Rahmen des Westberliner *Kulturstadt Europas*-Jahres *Improvised Music II/88*, bei der Taylor insgesamt 11 Konzerte in der Westberliner *Kongresshalle* bestritt.[177] Hinzu kamen zehn Probetage für die zwei Konzerte von Taylor mit dem siebzehnköpfigen *Cecil Taylor European Orchestra* sowie fünf öffentliche Sessions mit Musikern aus diesem Or-

174 Vgl. Gebers, Interview mit dem Verfasser, 22.5.2015, Interview-ID 317.

175 Dem Orchester gehörten an: Charig (tp, ahn), Malfatti (tb), Wierbos (tb), Moore (as, cl, bcl), Parker (ss, ts), Bergen (ts, bcl), Hoorn (vln), Koivukoski (vla), Boni (g), Altena (b), Scheen (p), Beresford (p, syn) und Vatcher (perc).

176 Heppelmann 1988g. Begonnen hatte Altenas Projekt bereits im Vorjahr im Rahmen des Amsterdamer *Kulturstadt Europas*-Jahres.

177 Vgl. Kapitel *6.1 Cecil Taylor beim Workshop Freie Musik '86, Improvised Music II/88, die 11-CDs-Box Cecil Taylor in Berlin '88 und Third Step '89, 1986–1989.*

chester (und Gästen) sowie Proben für das aus 13 Musiker:innen bestehende *Cecil Taylor Workshop Ensemble*. Des Weiteren leitete Taylor im Rahmen von *Improvised Music II/88* eine fünfköpfige *Piano Master Class*.

Ende September 1990 veranstaltete die FMP mit *Total Taylor Total* erneut ein *Special* mit Taylor. Bei *Total Taylor Total* im *Bechstein Konzertsaal* in der Kreuzberger Prinzenstraße versuchte die FMP laut Programminformation, „die unterschiedlichen Aspekte von Cecil Taylors Schaffen an drei Konzertabenden“[178] zu präsentieren. So wurde Taylor am ersten Abend (Sonntag, den 23. September) mit einer Solo-Performance unter dem Titel *Music & Poetry* vorgestellt, bei der Taylor teilsynchronisiert mit von ihm vorab aufgenommenen Perkussionsinstrumenten und Poetry arbeitete. Am zweiten Abend (Mittwoch, den 26. September) folgte eine Begegnung mit den englischen Musikern Parker (ss, ts), Guy (b) und Oxley (dr), die Taylors „Zusammenarbeit mit europäischen Musikern“ intensivieren und ihn „vor allem als Improvisator und Pianisten“[179] zeigen sollte. Zum Abschluss der drei Konzertabende (Sonntag, den 30. September) konnte dann der „Komponist Cecil Taylor“[180] im Konzert mit dem *Workshop Ensemble* erlebt werden. Das Ensemble bestand aus den drei Engländern Parker, Guy und Oxley, dem finnischen Saxofonisten Harri Sjöström sowie den aus Ost- und Westberlin stammenden sechs Musikern Tobias Netta (tp), Thomas Klemm (ts), Volker Schlott (ss, as), Huke (tb), Fuchs (ssi, bcl) und Wiedermann (tb). Taylors erneuter Arbeitsaufenthalt in Berlin wäre nicht möglich gewesen, wenn Taylor nicht 1990 ein Stipendium des *Berliner Künstlerprogramms des DAAD* erhalten hätte. Kurz vor dem Ende von Taylors sechsmonatigen DAAD-Stipendium fand mit Taylors Solo-Konzert in der *Deutschen Oper Berlin* am 19. März 1991 ein weiteres FMP-*Special* statt.[181]

Globe Unity Special & Filme – dedicated to Joe Louis and Max Schmeling Ende Juli 1993 in der *Akademie der Künste* war das letzte *Special* der FMP. Bei diesem

---

178 FMP 1990a.

179 Ebd.

180 Ebd.

181 Laut Chonto (1998) sei das Solo-Konzert in der *Deutschen Oper Berlin* „Cecil Taylors ‚Dankeschön‘ an Berlin“ gewesen: „Hier hielt er sich schon, dank eines DAAD-Stipendiums (Deutscher Akademischer Austauschdienst), seit fast sechs Monaten auf, genoss sehr die Gastfreundschaft der Menschen und den Urlaub von New Yorks destruktiven Einflüssen.“

Ebenso wie Chonto (1998) Taylors Konzert in der *Deutschen Oper* als „besonders herausragend“ charakterisierte, da dieses eine Seite von Taylor gezeigt habe, „die man bislang kaum durchschimmern sah“ („und noch niemals so außergewöhnlich schön“), nennt auch Gebers bei den Interviews (auf meine Frage nach den „wichtigen oder bedeutenden Platten und Konzerten“) Taylors Solo-Konzert einen der „einsamen Höhepunkte“: obwohl „verrissen bis zum Gehtnichtmehr, eines der tollsten Konzerte, was der jemals gespielt hat“ (Gebers, Interview mit dem Verfasser, 14.8.2015, Interview-ID 537). Gebers' Hinweis bezieht sich auf die Rezension von Andreas Richter im Berliner *Tagesspiegel* vom 21.3.1991: *In der Sackgasse – Cecil Taylor in der Deutschen Oper.*

vertonte das *Globe Unity Special* zwei frühe Box-Filme. Die Musiker saßen hierbei mit dem Rücken zum Publikum und schauten wie dieses auf eine kleine Leinwand, auf der die Filme projiziert wurden. Die Filme zeigten den Kampf zwischen Schmeling und Hamas (am 10.3.1935 in der Hamburger *Hanseatenhalle*) und den Kampf zwischen Schmeling und Louis (am 22.6.1936 im New Yorker *Yankee Stadium*). Die *Globe Unity*-Besetzung bestand wie schon beim Auftritt beim W.F.M. 1993 (dort als Alexander von Schlippenbach *in various combinations with*) aus einer Reunion des *Globe Unity Special* vom W.F.M. 1975 mit: Wheeler (tp), Dudek (ss, ts), Parker (ss, ts), Mangelsdorff (tb), Rutherford (tb), Schlippenbach (p), Ino (b) und Lovens (dr).[182]

Für den Zeitraum 1986 bis 1996 sind keine FMP-Einzelkonzerte oder weitere Live-Aktivitäten in Berlin dokumentiert. Hingegen fand im November 1995 in Chicago ein FMP-Festival statt. Das Festival *A Salut to FMP* ist von der gestiegenen weltweiten Popularität der FMP sowie des sich weiter verzweigenden und intensivierenden sozialen und musikalischen Netzwerks der FMP mitbedingt. Ermöglicht hatte das Festival ein Zusammenschluss verschiedener Organisationen wie *The Center for International Performance and Exhibition*, *HotHouse*, *The German American Art Foundation* und das *Goethe Institut Chicago*. Neben Auftritten von Kowald (b) solo, von Parker (ss, ts) und Lovens (dr) im Duo, der *September Band* (Reichel: g, daxophone; Hirsch: voc; Carl: acc, cl; Lovens: perc), dem *Peter Brötzmann Trio* (mit dem Chicagoer Schlagzeuger Hamid Drake und dem AACM-Mitglied Harrison Bankhead) und dem *Cowws Quintett* (Carl: acc, cl, perc; Schweizer: p, perc; Wachsmann: vln, vla, elec; Wittwer: eg; Oliver: b) im *Chopin Theater* waren am dritten Tag in der *Goodspeed Hall* der Universität von Chicago „a series of different combinations of bands hustled on and off stage during frequent short sets“[183] vorgesehen. Wie Cohen im *Down Beat* über *A Salut to FMP* berichtet, kam es hierbei u.a. zu Kombinationen der vier Bassisten Bankhead und Kent Kessler aus Chicago mit Kowald und dem in Europa arbeitenden US-Amerikaner Barre Phillips gegeben, die zudem Shelly Hirsch (voc) aus der *September Band* begleiteten, oder auch zu einem Trio mit dem Engländer Parker (ss, ts) und Kevin Drumm (g) und Robbie Hunsinger (ob) aus Chicago. Auch wenn es beim Festival keinen Dialog zwischen der FMP (als europäischer Schule) und der „Chicago-Linie des *AACM*“ gegeben habe, wie Clement in *Jazzthetik* resümiert, sei *A Salut to FMP* in seiner Gesamtheit ein wichtiges Ereignis gewesen, „das in konzentrierter Form“ dem Chicagoer „Publikum einen wichtigen Zweig improvisierter Musik dieser Welt“[184] vorgestellt habe.

---

182 Im Unterschied zur Besetzung von 1975 spielte Ino statt Kowald Bass. Und auch Lacy fehlte beim *Special* 1993.

183 Cohen 1996, S. 53.

184 Clement 1996, S. 7f. Als einzigen Wermutstropfen verweist Clement auf die („popelige“) Präsentation der Fotoausstellung mit Fotos von Dagmar Gebers: „Im Halbdunkel

Zwischen Ende 1986 und der Einstellung der Vinyl-Produktion im Juli 1992 veröffentlichte die FMP 17 LPs mit der FMP-Nummern-Zählung (*FMP 1110* bis *FMP 1280*).[185] Bis auf die drei letzten LPs (die Duo-LPs von Kowald[186], die Ende 1991 auch als 3-LPs-Box erschienen) wurden alle FMP-Nummern bis 1989 (dem Jahr der Umstellung auf CD) herausgegeben. Während die FMP während der Post-Kollektiv-Zeit auf über zwei Drittel ihrer 80 FMP-Nummern Live-Aufnahmen veröffentlicht hatte, sind es zwischen 1986 und 1991 lediglich vier. Drei von diesen stammen von FMP-Live-Reihen, die alle von Gebers aufgenommen worden waren:

- *Cordial Gratin* von Irène Schweizer und Joëlle Léandre (FMP 1160): aufgenommen bei *Just Music/Konzerte im Studio* am 13. Dezember 1986
- *Heavy Metal – Light Industry* des *European Tuba Quartet* (FMP 1200): aufgenommen bei *Just Music/Konzerte im Studio* am 26./27. September 1987
- *Zwei Quintette* von Rüdiger Carl (FMP 1210/20): aufgenommen beim W.F.M. 1987
- *Berlin Djungle* des *Brötzmann Clarinet Project* (FMP 1120): aufgenommen (von Wolfgang Gottschalk u.a.) beim *JazzFest Berlin* am 4. November 1984 im *Delphi Theater*

Bei allen anderen Vinyl-Alben handelt es sich um Studioaufnahmen.[187] Mit Ausnahme der Duo-LPs von Kowald sowie *Cyberpunk* (FMP 1240) des Quartetts *Blauer Hirsch* (mit mit Mani Neumeier (dr) und den Schweizer Musikern Mich Gerber (pocket tp), Werner Lüdi (as) und Wädi Gysi (g), eingespielt im Oktober 1988 im *Studio 7*, Radiostudio Zürich) wurden alle im Zeitraum Ende 1986 bis 1991 veröffentlichten Studio-LPs von Gebers im Weddinger FMP-Studio aufgenommen. Bei ca. zwei Drittel der 17 veröffentlichten FMP-Nummern handelt es sich um Einspielungen von ‚Leuten der ersten Stunde':

---

hingen die Bilder abseits der Aufmerksamkeit des Publikums. Eine verschenkte Möglichkeit, auch über eine visuelle Ebene die Faszination dieser Musik zu vermitteln."

185 Wie auch in den vorherigen Kapiteln wurden bei dieser Zählung Doppel-LPs als ein Schallplattenalbum gezählt.

186 *Duos Europa* (FMP 1260), *Duos America* (FMP 1270) und *Duos Japan* (FMP 1280).

187 Drei Titel der Duo-LPs von Kowald wurden live aufgenommen. So erläutert Kowald (1991) in den Liner Notes (von *FMP 1260/70/80*): „Die Aufnahmen entstanden auf verschiedene Weise: die erste (mit Kosugi 1984, als es die DUOS als Idee noch gar nicht gab) und die letzte (mit Julius Hemphill 1990) sind Ausschnitte aus Live-Konzerten in der Akademie der Künste Berlin, live auch die Aufnahme mit Irène und Joëlle im FMP-Studio. Alle anderen sind – für dieses Projekt geplant – in Studios ohne Publikum aufgenommen."

- *Vorn* von Rüdiger Carl (FMP 1110) mit *Liedern und Improvisationen für Akkordeon, Bandoneon und Ziehharmonika*: aufgenommen im Juli 1986 im FMP-Studio
- *Berlin Djungle* des *Brötzmann Clarinet Project* (FMP 1120): aufgenommen beim *JazzFest Berlin* am 4. November 1984 im *Delphi Theater*
- *The Dawn of Dachsman* von Hans Reichel (FMP 1140): aufgenommen im Mai 1987 im FMP-Studio
- *Go-No-Go* von Peter Brötzmann und Alfred 23 Harth (FMP 1150): aufgenommen am 31. Januar/1. Februar 1987 im FMP-Studio
- *Cordial Gratin* von Irène Schweizer und Joëlle Léandre (FMP 1160): aufgenommen bei *Just Music/Konzerte im Studio* am 13. Dezember 1986
- *Open Secrets* von Peter Kowald (FMP 1190): aufgenommen im Januar 1988 im FMP-Studio
- *Zwei Quintette* von Rüdiger Carl (FMP 1210/20): aufgenommen beim W.F.M. 1987
- *In a state of undress* von *Brötzmann/Oliver/Kellers featuring Manfred Schoof* (FMP 1250): aufgenommen bei *Just Music/Konzerte im Studio* am 4./5. März 1989
- *Duos Europa* von Peter Kowald (FMP 1260): aufgenommen zwischen 1986 und 1989
- *Duos America* von Peter Kowald (FMP 1270): aufgenommen zwischen 1986 und 1990
- *Duos Japan* von Peter Kowald (FMP 1280): aufgenommen zwischen 1984 und 1986

Bei den übrigen vier im Zeitraum 1986 bis 1989 im FMP-Studio aufgenommenen FMP-Nummern handelt es sich um:
- *Kompositionen für Oboe* von Burkhard Glaetzner[188] (FMP 1130): aufgenommen vom 5. bis 7. November 1986 im FMP-Studio
- *Transition* von *Becker/Sclavis/Lindberg* (FMP 1170): aufgenommen am 17./18. Juli 1987 im FMP-Studio
- *5, die sich nicht ertragen können!* von Vinko Globokar (FMP 1180): aufgenommen nach seinen beiden *Just Music*-Konzerten vom 12. bis 14. Oktober 1987 im FMP-Studio
- *Viertens* des *Manfred Schulze Bläserquintett* (FMP 1230): aufgenommen am 19. Juli 1986 im FMP-Studio

---

188 Der Oboist und Dirigent Glaetzner war damals Professor an der *Felix Mendelssohn Bartholdy*-Hochschule in Leipzig und bereits mit diversen Preisen ausgezeichnet: *Kunstpreis der DDR* 1980, *Nationalpreis der DDR* 1982 und *Deutscher Schallplattenpreis* 1985. (Vgl. Glaetzner 2019)

Wurden bei der Hüllengestaltung wie auch während der Post-Kollektiv-Zeit bei mehr als der Hälfte der FMP-Nummern Fotos von Dagmar Gebers verwendet (knapp 60%), war Gebers nur noch bei den drei Kowald-LPs[189] an der Gestaltung beteiligt. Neben Brötzmann, Kowald und Reichel, die auch weiterhin ihre Cover selbst gestaltet haben, hat der Maler, Bildhauer und Fotokünstler Günther Förg die Hüllengestaltung der beiden Carl-LPs und der Schlagzeuger und Grafiker Kussatz fünf weitere Coverdesigns übernommen.

Zu den zwischen 1986 und 1991 veröffentlichten meistverkauften FMP-Nummern gehören *FMP 1120: Berlin Djungle* des *Brötzmann Clarinet* Project, *FMP 1140: The Dawn of Dachsman* von Reichel und die letzte FMP-Nummer *FMP 1280: Duos Japan* von Peter Kowald. Allerdings blieben die Produktionszahlen dieser Vinyl-Alben (vermutlich aufgrund der baldigen Einstellung der Vinyl-Produktion) hinter den Produktionszahlen der während der Post-Kollektiv-Zeit produzierten meistverkauften FMP-Nummern zurück (die allesamt aus den 1970er-Jahren stammten).

1989 hatte die FMP entschieden, die Tonträgerproduktion von Vinyl komplett auf CD umzustellen.[190] Aufgrund „wiederholter, ungläubiger bis empörter Anfragen bezüglich dieser Entscheidung“[191], sah sich die FMP 1990 gezwungen, ihre Entscheidung zu erläutern. Hierbei weist sie zunächst darauf hin, „dass die produktionsbedingte Qualität der Schallplatten in den vergangenen 20 Jahren nicht

189 Das Artwork von Kowalds Duo-LPs stammt jeweils von bildenden Künstlern: A.R. Penck (*FMP 1260: Duos Europa*), Jean-Michel Basquiat (*FMP 1270: Duos America*) und Yuichi Inoue (*FMP 1280: Duos Japan*). Hingewiesen sei auch auf das Artwork von Joëlle Léandre für ihr Duo-Album *Cordial Gratin* mit Schweizer (FMP 1160).

190 Vgl. Kapitel *6.1 Cecil Taylor beim Workshop Freie Musik ’86, Improvised Music II/88, die 11-CDs-Box Cecil Taylor in Berlin ’88 und Third Step ’89, 1986–1989.*

191 FMP 1990b. So kritisiert bspw. Francesco Martinelli in *Wire* im September 1989: „I want to address a public protest to *Free Music Production* of Berlin for their choice of making available the music of the Taylor Project only to CD player owners. For me it’s an elitist, trendy choice, not justified by a superior quality – the reverse is true – and it contradicts the very reason of existence of independent labels like FMP: making available to as many people as possible music that is not available through commercial production and distribution.

I don’t want to enter in the controversy, but it is a fact that LP player owners still constitute a vast majority, and why FMP decided to cut us off is a mystery to me. In other music fields, where experimentation and alternative diffusion are still the main objectives. CDs don’t enter: they need the larger possible market, and they usually don’t appeal to an affluent audience. Is contemporary European improvised music catering in a different social section now, with the ageing of its initiators? And is this self-celebration musically justified?

I invite the other people who’d be interested in buying the Taylor in Berlin records in LP form, and who’d rather buy more LPs, than another costly machine for the benefit of the industry, to write to FMP and ask for a change of format or at least for additional LP edition.“ (Martinelli 1989)

gerade zugenommen“ habe und führt für die CD-Umstellung erstens „die wesentlich längere Spieldauer der CD“ an, die es ermögliche, „zusammenhängende musikalische Prozesse auch zusammenhängend und ungekürzt zu veröffentlichen“.[192] Und zweitens mache „es die dem Original sehr nahekommende Dynamik der CD, die die Möglichkeiten des Mediums Schallplatte bei weitem“ übertreffe, „nicht mehr länger nötig“: „Aufnahmen dynamisch drastisch einzuengen“.[193] Bei den Oral History-Interviews weist Gebers noch auf einen in seiner Arbeitspraxis liegenden Grund für die Umstellung hin:

> „Das Wichtigste für mich war, dass man sich bei einer CD nicht eine Musterpressung anhören muss. Die ist fertig. Das ist digital und das ist genau so, wie es sein muss. Dann kannst du auf das Original warten. Und bei der LP kriegtest du deine Muster und musstest dann horchen, wo kratzt es, wo knackst es, wo rauscht es, und sagen: ‚Nee, hier ist ein Knackser drin, da ist ein Knackser drin. Wenn der Schnitt nicht sauber war, musste die neu geschnitten werden: Das war eine furchtbare Arbeit.“[194]

Zwei Jahre später wies die FMP in ihrem Tonträgerkatalog 1992 darauf hin, dass sie „aus ökonomischen Gründen“[195] gezwungen sei, die bestehende Plattenproduktion Ende Juli 1992 auslaufen zu lassen. Diese Begründung verweist auf die wirtschaftlichen Überlegungen der FMP, die die Umstellung der Tonträgerproduktion mitbedingt haben. Dass sich die Erwartungen an die Umstellung der Tonträgerproduktion in ökonomischer Hinsicht erfüllten, legt die prozentuale Steigerung der CD-Stückzahlen im Vergleich zu denen der LPs mit durchschnittlich fast 290% pro CD[196] in den Jahren 1989/90 nahe.

SAJ-Nummern

Nachdem die FMP 1986 keine einzige SAJ-Nummer veröffentlicht hatte, gab sie von 1987 beginnend mit *SAJ-55*: *Mujician II* von Keith Tippett bis zur Einstellung des Sublabels mit *SAJ-61*: *Mr. Invisible and the drunken Sheilas* von Julie Tippetts, Maggie Nicols und Keith Tippett insgesamt sieben SAJ-Nummern heraus. Entgegen der breiten stilistischen Ausrichtung der vorherigen SAJ-Veröffentlichungen fokussierten die letzten sieben SAJ-Veröffentlichungen vor allem Produktionen mit assoziierten westeuropäischen Musiker:innen. So folgen:

- *Mujician II* von Keith Tippett (SAJ-55): aufgenommen beim Just Music-Konzert am 13. Juli 1986 im FMP-Studio

---

192 FMP 1990b.

193 Ebd.

194 Gebers, Interview mit dem Verfasser, 22.5.2015, Interview-ID 386.

195 FMP 1992a.

196 Als Berechnungsgrundlage wurden die Presszahlen der von der FMP von 1986 bis 1991 veröffentlichten FMP-LPs (mit der FMP-Nummern-Zählung) im Vergleich zu den von 1989 bis 1990 veröffentlichten FMP-CDs herangezogen.

- *Wo der Kopf sitzt* von Wolfgang Fuchs, Fred Van Hove und Paul Lytton (SAJ-56): aufgenommen am 16/17. Juni 1986 im FMP-Studio
- *The Berlin Station* von Phil Minton (SAJ-57): aufgenommen am 11. Januar 1986 bei den *Kato Tagen* in Westberlin (mit Johansson), beim W.F.M. 1984 (mit Ernst Reijseger und Oxley sowie mit Brötzmann und Waisvisz) und beim T.M.M. 1985 (mit Brötzmann und Davies)
- *Die Letzte* von Fred Van Hove (SAJ-58): aufgenommen (von Horst Müller) am 15. Juni 1986 im *Studio Casablanca* in Westberlin
- *Mr. Invisible and the drunken Sheilas* von Tippett/Nicols/Tippett (SAJ-61): aufgenommen bei den *Just Music*-Konzerten am 27./28. Juni 1987 im FMP-Studio

Lediglich die Veröffentlichung des New Yorker Gitarristen James Emery *Exo Eso* (SAJ-59) sowie die Einspielung des internationalen US-amerikanisch-japanisch-deutschen *Global Village*-Trios *Global Village Suite: Improvised* (SAJ-60) von Danny Davis, Takehisa Kosugi und Kowald verweist auf das weltweite soziale und musikalische Netzwerk der FMP und die weltweiten Kollaborationen. Außer der LP mit Fuchs (*SAJ-56: Wo der Kopf sitzt*) befinden sich (wie auch bei den FMP-Nummern im selben Zeitraum) keine Produktionen mit Nachwuchsmusiker:innen unter den Veröffentlichungen. Wie die Auflistung zeigt, wurden knapp die Hälfte der LPs bei FMP-Live-Projekten aufgenommen. Von den Studio-Veröffentlichungen wurden zwei (*SAJ-56* und *SAJ-59*) im FMP-Studio (von Gebers) aufgenommen Die anderen beiden Studio-Produktionen wurden im Westberliner *Studio Casablanca (SAJ-58)* und in Tokyo (*SAJ-60*) aufgenommen.

Während Kowald und Van Hove (mit Unterstützung von Kussatz) ihre Hüllen selbst gestalteten und Fuchs für die Trio-Veröffentlichung *SAJ-56* (wie auch bei seinen *King Übü*-Veröffentlichungen) erneut ein Bild des bildenden Künstlers Max Neumann als Artwork verwendete, trat (wie auch bei den FMP-Nummern in diesem Zeitraum) Kussatz mit der Gestaltung von drei Covern hervor. Fotografien von Dagmar Gebers sind nach wie vor auf den Hüllen präsent: Auf fünf der sieben SAJ-LPs wurden Fotos von Dagmar Gebers verwendet. Zudem übernahm Dagmar Gebers das Coverdesign der Solo-LP von Keith Tippett (SAJ-55).

Zu den zwischen 1986 und 1989 veröffentlichten und meistverkauften SAJ-Nummern zählen *SAJ-60*: *Global Village Suite: Improvised* des Trios *Davis/Kosugi/Kowald* und *SAJ-57*: *The Berlin Station* von Minton.

FMP S-Serie

Zwischen 1986 und 1991 veröffentlichte die FMP in der *FMP S-Serie* fünf LPs und eine 7inch-EP. Wie Gebers bei den Oral History-Interviews erläutert, dokumentieren diese Veröffentlichungen primär Projekte von Sven-Åke Johansson. So erschienen in der *FMP S-Serie*:

- *Sven-Åke Johansson mit dem Norddeutschen Melodie- und Improvisationsorchester (NMUI) im SO 36 '79* (FMP S-17, 7inch-EP): aufgenommen am 12. April 1979 im *SO 36* in Westberlin (mit Carl, Fuchs, Malfatti, Wiedermann, Reichel, Eisbrenner und Altena)
- *Magnetische Hunde Vol. I*[197] von Sven-Åke Johansson und Per-Henrik Wallin (FMP S-Serie 19): aufgenommen (von Hans-Peter Kuhn) am 24. November 1986 im *Ballhaus Naunynstraße* in Westberlin
- *...über Ursache und Wirkung der Meinungsverschiedenheiten beim Turmbau zu Babel* von Sven-Åke Johansson und Alexander von Schlippenbach (FMP S-20/21): aufgenommen am 8. November 1986 im *Kammertheater* der Stuttgarter *Staatsoper* (szenisches Singspiel mit Johansson, Schlippenbach, Hirsch, LeBaron, Fuchs, Honsinger und Lovens)
- *Versuch der Rekonstruktion einer vergangenen Zeit* von Sven-Åke Johansson und Alexander von Schlippenbach (FMP S-24): aufgenommen (von Wolf Blazejczak) am 25. August 1990 im *Badischen Hof* in Westberlin (Jazz-Standards mit Johansson, Schlippenbach, Gauchel und Bahner)

Bei den beiden übrigen Veröffentlichungen aus der *FMP S-Serie* handelt es sich zum einen um die LP *Das neue Usel* von Uschi Brüning und Ernst-Ludwig Petrowsky (FMP S-18), aufgenommen bei den *Just Music*-Konzerten von Brüning und Petrowsky am 14./15. Juni 1986 im FMP-Studio. Und zum anderen um die LP *Seite A/Seite A* des *Cowws Quintett* (FMP S-23) mit Carl, Wittwer, Wachsmann, Schweizer, Oliver und dem Gast Mayo Thompson (voc, dr-com), aufgenommen vom 17. bis zum 21. Juli 1989 im *Trion Sound Studio* in Frankfurt a.M. mit Carls „Ausflüge in Pop-Szenarien"[198], wie Gebers Carls *Cowws*-Projekt bei den Interviews charakterisiert.

Das Coverdesign der S-Nummern zwischen 1986 und 1991, auf denen Johansson mitwirkte, übernahm jeweils Johansson selbst: bis auf die 7inch-EP *Sven-Åke Johansson mit dem NMUI im SO 36 '79* (FMP S-17). Diese gestaltete Martin Kippenberger. Kippenberger habe auch die Veröffentlichung finanziell unterstützt und „Geld für [die] Schallplatte" gegeben, wie auf der 7inch zu lesen ist. Die LP von Brüning und Petrowsky (FMP S-18) gestaltete Gebers unter Verwendung von Fotos von Dagmar Gebers. Und die LP des *Cowws Quintett* (FMP S-23) gestaltete wie auch die Carl-FMP-Nummern *FMP 1080*, *FMP 1110* und *FMP 1210/20* der Maler, Bildhauer und Fotokünstler Günther Förg.

197 *Magnetische Hunde Vol. 2* mit weiteren Aufnahmen des Konzerts vom 24. November 1986 war als *FMP S-22* geplant, ist jedoch nie veröffentlicht worden.

198 Gebers, Interview mit dem Verfasser, 22.5.2015, Interview-ID 305.

Ab 1986 bis zur Umstellung der Tonträgerproduktion von Vinyl auf CD veröffentlichte die FMP als *Special Edition* lediglich die 3-LPs-Box *Duos Europa – America – Japan* von Kowald mit den auch einzeln erschienenen FMP-Nummern *FMP 1260/70/80* in einer limitierten Auflage von 300 Stück. Ein Teil der Auflage (100 Stück) beinhaltete eine Originallithographie von Kowald. Die Box erschien (vermutlich) ebenso wie die Einzel-LPs Ende 1991.[199]

CD-Produktion

FMP CDs

Bis Ende 1996 veröffentlichte die FMP insgesamt 76 *FMP CDs*.[200] Die erste CD-Produktion: *Live – The Concert in Berlin '78* der guineischen Percussiongruppe *Africa Djolé* (FMP CD 1) gab die FMP bereits 1986 heraus, d.h. drei Jahre vor der Umstellung der Tonträgerproduktion. Wie Gebers bei den Oral History-Interviews erläutert, sei dies „auf Initiative unseres Vertriebes" erfolgt. Dass *pläne records* die Herausgabe der ersten FMP-CD mitbedingt hat, erscheint insofern plausibel, als eine kontinuierliche und konzipierte CD-Produktion der FMP erst Jahre später erfolgte, die Produktion der *Africa Djolé* einen Schwerpunkt des *pläne*-Programms (und weniger der FMP) darstellte und auch ökonomische Aspekte sowie das neue Medium Compact Disc eine Rolle gespielt haben dürften. So handelte es sich bei *FMP CD 1* um eine CD-Wiederveröffentlichung der erfolgreichsten Vinyl-Produktion der FMP. Dies war die LP *Percussion Music from Africa* (SAJ-19) mit Aufnahmen von den *Africa Djolé*-Auftritten beim W.F.M. 1978, die die FMP bereits 1978 veröffentlicht hatte. Auf Basis der „original recording tapes" wurde die CD mit der *Africa Djolé*-LP *Yankadi* (SAJ-54) kompiliert, die weitere Titel der Auftritte beim W.F.M. 1978 enthielt. *FMP CD 1* stellte die erste von insgesamt neun Reissues dar, bei denen die FMP veröffentlichte. In der Regel wurden hierbei (wie auch bei *FMP CD 1* praktiziert) zwei existierende LPs auf einer CD oder eine LP mit weiteren, bislang unveröffentlichten Titeln jeweils auf Basis der „original recording tapes" kompiliert. Neben *Percussion Music from Africa* (SAJ-19) und *Yankadi* (SAJ-54) wurden so wiederveröffentlicht:

- 1990: *Machine Gun* des *The Peter Brötzmann Octet* (FMP 0090): mit zwei „alternate takes" (FMP CD 24)

199 Vgl. zur 3-LPs-Box und den FMP-Nummern *FMP 1260/70/80* auch Kapitel *6.4.1 FMP-Nummern.*

200 Ebenso wie bei den Vinyl-Schallplatten wurden bei dieser Zählung Doppel-CDs als ein CD-Album gezählt.

- 1991: *Chirps* von Steve Lacy und Evan Parker (SAJ-53): mit drei „additional takes" (FMP CD 29)
- 1991: *Evidence* (FMP 0220) und *Into the Valley* (FMP 0270) des *Globe Unity Special*: mit dem neuen Titel: *Rumbling* (FMP CD 40)
- 1991: *Elements* (FMP 0030), *Couscouss de la Mauresque* (FMP 0040) und *The End* (FMP 0050) von *Brötzmann/Van Hove/Bennink plus Albert Mangelsdorff*: mit dem neuen Titel: *Live in Berlin '71* (FMP CD 34/35)
- 1993: *Basikolo* (SAJ-48) und *Né Né* (SAJ-50) von *Africa Djolé* (FMP CD 44)
- 1993: *The death of the rare bird Ymir* (FMP 0640) und *Bonobo Beach* (FMP 0830) von Hans Reichel (FMP CD 54)
- 1994: *The Dawn of Dachsman* von Hans Reichel (FMP 1140): mit 11 unveröffentlichten Tracks mit dem neuen Titel: *The Dawn of Dachsman...Plus* (FMP CD 60)
- 1996: *Buben* von Rüdiger Carl und Hans Reichel (FMP 0530): mit 12 im Juli 1994 neu aufgenommenen Tracks mit dem neuen Titel: *Buben...Plus* (FMP CD 78).

Neben den neun Reissues (ca. 12% des FMP CD-Katalogs bis Ende 1996) veröffentlichte die FMP bis Ende 1996 50 live (ca. 66%) und 17 Studio- bzw. nicht bei Live-Konzerten (ca. 22%) aufgenommene *FMP CDs*. Die Live-Aufnahmen entstanden zum allergrößten Teil bei FMP-Live-Projekten in Berlin (ca. 86%). So wurden Mitschnitte vom T.M.M. auf folgenden 11 *FMP CDs* dokumentiert:
- T.M.M. 1988: *Réservé* von *Brötzmann/Sommer & Barre Phillips* (FMP CD 17)
- T.M.M. 1989 *(Third Step): Looking (Berlin Version)* von Cecil Taylors *The Feel Trio* (FMP CD 25)
- T.M.M. 1989 *(Third Step): Looking (Berlin Version) Corona* des Cecil Taylor Quintetts *Taylor/Kimmig/Fataah/Parker/Oxley* (FMP CD 31)
- T.M.M. 1989 *(Third Step): Looking (Berlin Version) Solo* von Cecil Taylor (FMP CD 28)
- T.M.M. 1990: *X-Communication* des gleichnamigen US-amerikanisch-europäischen Oktetts (FMP CD 33)[201]
- T.M.M. 1990: *Live* des *Trio De Clarinettes* (FMP CD 39)
- T.M.M. 1991: *Touchin' on Trane* von Charles Gayle, William Parker und Rashied Ali (FMP CD 48)[202]
- T.M.M. 1993: *Twilight Etchings* des Trios *Tippett/Kellers/Tippett* (FMP CD 65)

201 Auf *FMP CD 33* wurde neben einem beim T.M.M. 1990 mitgeschnittenen Titel ein weiterer am 15. Dezember 1990 im Wuppertaler *Von der Heydt-Museum* aufgenommener Titel veröffentlicht.

202 Gebers berichtet bei den Interviews, dass *FMP CD 48: Touchin' on Trane* vor allem „ohne Publikum nachmittags" aufgenommen worden sei. (Gebers, Interview mit dem Verfasser, 22.5.2015, Interview-ID 336)

- T.M.M. 1993: *Burning Cloud* von Butch Morris, Lê Quan Ninh und J.A. Deane (FMP CD 77)
- T.M.M. 1994: *Hang around shout* von Jean-Marc Montera (FMP CD 71)[203]
- T.M.M. 1994: *The First Take* von *Biosintes plus Sainkho Namtchylak* (FMP CD 80)

Beim W.F.M. aufgenommene Titel wurden bis Ende 1996 auf elf *FMP CDs* herausgegeben. Dies waren:
- W.F.M. 1990: *Overlapping Hands: Eight Segments* von Marilyn Crispell und Irène Schweizer (FMP CD 30)
- W.F.M. 1990: *Stop Complaining – Sundown* von Hans Reichel mit *Duets with Fred Frith & Kazuhisa Uchihashi* (FMP CD 36)[204]
- W.F.M. 1990: *Celebrated Blazons* von Cecil Taylors *The Feel Trio* (FMP CD 58)
- W.F.M. 1991: *21st Century Texts des Raphe Malik Quintet* (FMP CD 43)
- W.F.M. 1991: *Physics* des *Schlippenbach Trio* (FMP CD 50)
- W.F.M. 1992: *Organo Pleno* von Johannes Bauer, Annick Nozati und Fred Van Hove (FMP CD 56)
- W.F.M. 1993: *Always a Pleasure* des *Cecil Taylor Ensemble* (FMP CD 69)
- W.F.M. 1994: *Open Paper Tree* von Michel Doneda, Paul Rogers und Lê Quan Ninh (FMP CD 68)
- W.F.M. 1994: *Map of Moods* des *Tristan Honsinger Quintet* (FMP CD 76)
- W.F.M. 1995: *Vertical* von Christine Wodrascka (FMP CD 79)
- W.F.M. 1996: *Five Facings* von *Steve Lacy plus…* (FMP CD 85)

Von den mitgeschnittenen *Free Concerts im Rathaus Charlottenburg* wurden bis Ende 1996 vier *FMP CDs* veröffentlicht:
- 1989: *Wie das Leben so spielt* von Peter Brötzmann und Werner Lüdi (FMP CD 22)
- 1992: *Three Blokes* von Lol Coxhill, Steve Lacy und Evan Parker (FMP CD 63)
- 1993: *Die like a Dog – Fragments of music, life and death of Albert Ayler* des Quartetts *Brötzmann/Kondo/Parker/Drake* (FMP CD 64)
- 1994: *Konzertino* des *Manfred Schulze Bläserquintett* (FMP CD 70)

Bei der *Summer Music/Fall* in Jazz wurde die 1989 aufgenommene *Duets, Dithyrambisch* von Fuchs, Koch, Parker und Sclavis (FMP CD 19/20) und die 1994 aufgenommene *Et on ne parle pas du temps* von Sclavis und Reijseger (FMP CD 66) bis Ende 1996 veröffentlicht. Und bei der *Just Music/Konzerte im Studio*-Reihe

---

203 Neben drei beim T.M.M. 1994 mitgeschnittenen Titeln wurden auf *FMP CD 71* noch vier Titel vom *Grenoble Jazz Festival '93* im *La Soupe Au Choux* veröffentlicht.

204 Der auf *FMP CD 36* veröffentlichte Titel von Reichel und Uchihashi wurde im *Big Apple Live-Spot* in Kobe (Japan) live aufgenommen.

Reflections von *Doppelmoppel* (FMP CD 74, aufgenommen 1986), *Mujician III* von Tippett (FMP CD 12, aufgenommen 1987) und *Finkfarker* von Fuchs und Katzer (FMP CD 26, aufgenommen 1989). Von Taylors Arbeitsaufenthalt im Sommer 1988 im Rahmen von *Improvised Music II/88* wurden von den Konzerten in der *Berliner Kongresshalle* folgende die 10 FMP CDs herausgegeben:

- *Legba Crossing* des *Cecil Taylor Workshop Ensemble* (FMP CD 0)
- *Riobec* von Cecil Taylor und Günter Sommer (FMP CD 2)
- *Regalia* von Cecil Taylor und Paul Lovens (FMP CD 3)
- *Remembrance* Cecil Taylor und Louis Moholo (FMP CD 4)
- *Spots, Circles, and Fantasy* von Cecil Taylor und Han Bennink (FMP CD 5)
- *Leaf Palm Hand* von Cecil Taylor und Tony Oxley (FMP CD 6)
- *Alms/Tiergarten (Spree)* des *Cecil Taylor European Orchestra* (FMP CD 8/9)
- *The Hearth* von Cecil Taylor mit Tristan Honsinger und Evan Parker (FMP CD 11)
- *Pleistozaen mit Wasser* von Cecil Taylor und Derek Bailey (FMP CD 16)
- *Erzulie Maketh Scent* von Cecil Taylor (FMP CD 18)

Zudem erschien Taylors Solo-CD *Double Holy House* (FMP CD 55), aufgenommen beim Taylor-Festival *Total Taylor Total* Ende September 1993. Nicht bei FMP-Live-Projekten in Berlin entstanden die Live-Alben:

- *20th Anniversary* des *Globe Unity Orchestra* (FMP CD 45): aufgenommen im Oktober 1986 beim *Jazzfest Berlin* in der *Philharmonie*
- *In East-Berlin* von Cecil Taylor (solo) sowie von Cecil Taylor und Günter Sommer (FMP CD 13/14): aufgenommen (vom *Rundfunk der DDR*) bei den beiden *Jazz in der Kammer*-Konzerten (Nr. 155) im *Deutschen Theater* (*Kammerspiele*) in Ost-Berlin während Cecil Taylors Berlin-Arbeitsaufenthalt im Sommer 1988
- *Angel Carver – Live in Milwaukee and Chicago 1988* von Hans Reichel und Tom Cora (FMP CD 15)
- *State of Volgograd* des *Trio Trabant a Roma* mit Lindsay Cooper, Alfred 23 Harth und Phil Minton (FMP CD 57): aufgenommen im Oktober 1991 in der *Dieselstraße* in Esslingen
- *The März Combo Live in Wuppertal* des *The Peter Brötzmann Tentet* (FMP CD 47): aufgenommen am 18. Februar 1992 in der *Börse* in Wuppertal
- *Grooves 'n' Loops* des *Cowws Quintett* (FMP CD 59): aufgenommen am 12. Januar 1993 beim *WDR-Jazzmeeting* im *Ottenbrucher Bahnhof* in Wuppertal
- *The Vandœuvre Concert* der *September Band* (FMP CD 72): aufgenommen am 14. Mai 1994 während des *Musique Action Festival* in Vandœuvre-les-Nancy
- *Backgrounds for Improvisors* des *Improvisors Pool* (bestehend aus Studierenden der Abschlussklasse der Berliner *Hochschule der Künste)* featuring Sam Rivers and Alexander von Schlippenbach (FMP CD 75): aufgenommen am 5. April 1995 im *Podewil*

Während alle FMP-Live-CDs, die bei den *Free Concerts im Rathaus Charlottenburg*, bei den *Summer Music-* sowie bei den *Just Music*-Konzerten entstanden sind, von Gebers aufgenommen wurden, wurden die beim T.M.M. und beim W.F.M. mitgeschnittenen *FMP CDs* ab Herbst 1989 (so auch das *Total Taylor Total*-Special) von Gebers und dem jungen Tonmeister Holger Scheuermann aufgenommen.[205]

Ca. die Hälfte der 17 Studioproduktionen bzw. der zwischen 1986 und 1996 nicht bei FMP-Live-Konzerten entstandenen *FMP CDs* wurden von Gebers im FMP-Studio im Wedding aufgenommen. So entstanden dort:[206]

- *Impromptus* von Misha Mengelberg (FMP CD 7): aufgenommen im Juni 1988
- *Coco Bolo Nights* von Hans Reichel (FMP CD 10): aufgenommen im Dezember 1988
- *Smoke* von Alexander von Schlippenbach und Sunny Murray (FMP CD 23): aufgenommen im Oktober 1989
- *Elf Bagatellen* des *Schlippenbach Trio* (FMP CD 27): aufgenommen im Mai 1990
- *No Nothing* von Peter Brötzmann (FMP CD 32): aufgenommen (von Brötzmann und Gebers) im Dezember 1990
- *Process and Reality* von Evan Parker (FMP CD 37): aufgenommen im Mai 1991
- *Lost Rivers* von Sainkho Namtchylak (FMP CD 42): aufgenommen im Juli 1991
- *European House* von Joe Sachse (FMP CD 41): aufgenommen im August 1991

European House von Sachse war die letzte *FMP CD*, die im Weddinger FMP-Studio aufgenommen wurde. Die übrigen sieben *FMP CDs* wurden alle erst ab Herbst 1991 aufgenommen. Bei diesen handelt es sich um:

- *Songlines (Music is a memory bank for finding one's way about the world)* von Peter Brötzmann, Fred Hopkins und Rashied Ali (FMP CD 53): aufgenommen von Scheuermann und Gebers am 30. und 31. Oktober 1991 vor dem T.M.M. im *Haus der jungen Talente*

---

205 Die beim T.M.M. 1988 sowie bei *Improvised Music II/88* entstandenen *FMP CDs* wurden von Gebers und Eberhard Bingel aufgenommen. Mit Ausnahme des ersten *Improvised Music II/88*-Konzerts von Taylor und Sommer in der *Kongresshalle*. Dieses wurde von Fritz Rosendahl und Gebers aufgenommen.

206 Von der *FMP CD 38*: *When the sun is out you don't see stars* von Kowald, Lüdi, Morris und Namtchylak wurden acht Titel im Juli 1991 im FMP-Studio aufgenommen. Die weiteren 12 Titel des Albums stammen von Aufnahmen vom November 1990 im *Soundville Studio* in Luzern. Und von den insgesamt 19 zwischen 1986 und 1989 in Berlin, Tokyo, New York und Athen aufgenommenen Titeln auf Kowalds Duo-CD *FMP CD 21*: *Duos Europa – America – Japan* wurden acht Titel im FMP-Studio aufgenommen (zwei von diesen (mit Schweizer und Léandre) bereits im Dezember 1986 bei *Just Music/Konzerte im Studio*).

- *Shanghaied on tor road – The World's 1st Operetta Performed On Nothing but the Daxophone* von Hans Reichel (FMP CD 46): aufgenommen im Februar und März 1992 in Wuppertal
- *Binaurality* des *King Übü Örchestrü* (FMP CD 49): aufgenommen von Gebers im Juni 1992 in der ehemaligen *Akademie der Künste der DDR* am Robert-Koch-Platz
- *Blue Goo Park* von Joëlle Léandre und Rüdiger Carl (FMP CD 52): aufgenommen von Scheuermann und Gebers am 9. und am 10. Juli 1992 nachmittags in der *Akademie der Künste* vor dem W.F.M. 1992
- *The Morlocks and other pieces* des *The Berlin Contemporary Jazz Orchestra conducted von Aki Takase and Alexander von Schlippenbach* (FMP CD 61): aufgenommen am 10. und 11. Juli 1993 im *Studio 10* des Berliner RIAS
- *Was da ist* von Peter Kowald (FMP CD 62): aufgenommen im Sommer 1994 im *Artcore Studio* in Wuppertal
- *Nothing to say – A suite of breathless motion dedicated to Oscar Wilde* von Peter Brötzmann (FMP CD 73): aufgenommen von Scheuermann und Gebers am 15. und 16. November 1994 im Vorfeld des T.M.M. im *Podewil.*

Entgegen der Entwicklung des T.M.M. dokumentiert der *FMP CD*-Katalog inklusive der Reissues bis Ende 1996 mit einem Anteil von über 40% nach wie vor die Arbeitsprozesse der ‚Leute der ersten Stunde' (auf den FMP-Nummern während der Post-Kollektiv-Zeit waren es über 50%). So veröffentlichte die FMP 10 *FMP CDs* mit Brötzmann[207], 9 *FMP CDs* mit Reichel[208], 7 *FMP CDs* mit Schlippenbach[209], 6 mit Kowald[210], 4 mit Carl[211], 3 mit Schweizer[212] und 2 mit dem *Globe*

207 *FMP CD 8/9: Alms/Tiergarten, FMP CD 17: Réservé, FMP CD 22: Wie das Leben so spielt, FMP CD 24: Machine Gun, FMP CD 32: No nothing, FMP CD 34/35: Live in Berlin '71, FMP CD 47: The März Combo, FMP CD 53: Songlines, FMP CD 64: Die like a Dog* und *FMP CD 73: Nothing to say.*

208 *FMP CD 10: Coco Bolo Nights, FMP CD 15: Angel Carver, FMP CD 33: X-Communication, FMP CD 36: Stop Complaining – Sundown, FMP CD 46: Shanghaied on tor road, FMP CD 54: The death of the rare bird Ymir – Bonobo Beach, FMP CD 60: The Dawn of Dachsman…Plus, FMP CD 72: The Vandœuvre Concert* und *FMP CD 78: Buben…Plus.*

209 *FMP CD 23: Smoke, FMP CD 27: Elf Bagatellen, FMP CD 40: Rumbling, FMP CD 45: 20th Anniversary, FMP CD 50: Physics, FMP CD 61: The Morlocks and other pieces* und *FMP CD 75: Background for Improvisors.*

210 *FMP CD 8/9: Alms/Tiergarten (Cecil Taylor European Orchestra), FMP CD 21: Duos Europa – America – Japan, FMP CD 24: Machine Gun, FMP CD 38: When the sun is out you don't see stars, FMP CD 40: Rumbling* und *FMP CD 62: Was da ist.*

211 *FMP CD 52: Blue Goo Park, FMP CD 59: Grooves 'n' Loops, FMP CD 72: The Vandœuvre Concert* und *FMP CD 78: Buben…Plus.*

212 *FMP CD 21: Duos Europa – America – Japan, FMP CD 30: Overlapping Hands: Eight Segments* und *FMP CD 59: Grooves 'n' Loops.*

Unity Orchestra[213]. Neben diesen Musiker:innen der ‚ersten Stunde' sind folgende kooperierten westdeutschen und assoziierten[214] europäischen Musiker:innen (zum Großteil ebenfalls der ‚ersten Stunde') mit drei oder auch mehr Beteiligungen auf *FMP CDs* bis Ende 1996 hervorzuheben: Lovens, zu hören auf 8 *FMP CDs*[215], und Mangelsdorff auf 3 *FMP CDs*[216] sowie Parker auf 13 *FMP CDs*[217], Bennink auf 5 *FMP CDs*[218], Van Hove auf 4 *FMP CDs*[219] sowie Oxley[220] und Sclavis ebenfalls auf 4 *FMP CDs*[221]. Während die Programmebene ‚Free Jazz aus der DDR' bzw. ostdeutsche Musiker der ehemaligen DDR-Avantgarde auf 16% der bis Ende 1996 veröffentlichten *FMP CDs* vertreten sind[222], ist die Ebene des Nachwuchses in

---

213 *FMP CD 40: Rumbling* und *FMP CD 45: 20th Anniversary.*

214 Die Bezeichnung ‚kooperierte Musiker:innen' verweist auf die (ehemalige) Zugehörigkeit zur FMP-Kooperative. Als ‚assoziiert' gelten diejenigen Musiker:innen, mit denen die FMP zusammenarbeitete, die aber nicht zur Kooperative gehörten.

215 *FMP CD 3: Regalia* (mit Taylor), *FMP CD 27: Elf Bagatellen* (*Schlippenbach Trio*), *FMP CD 33: X-Communication*, *FMP CD 40: Rumbling* (*Globe Unity Special*), *FMP CD 45: 20th Anniversary* (*Globe Unity Orchestra*), *FMP CD 50: Physics* (*Schlippenbach Trio*), *FMP CD 61: The Morlocks and other pieces* (*The Berlin Contemporary Jazz Orchestra conducted by Takase and Schlippenbach*) und *FMP CD 72: The Vandœuvre Concert* (*September Band*).

216 *FMP CD 34/35: Live in Berlin '71* (mit *Brötzmann/Van Hove/Bennink*), *FMP CD 40: Rumbling* (*Globe Unity Special*) und *FMP CD 45: 20th Anniversary* (*Globe Unity Orchestra*).

217 *FMP CD 8/9: Alms/Tiergarten* (*Cecil Taylor European Orchestra*), *FMP CD 11: The Hearth* (mit Taylor und Honsinger), *FMP CD 19/20: Duets, Dithyrambisch* (mit Fuchs, Koch und Sclavis), *FMP CD 21: Duos Europa – America – Japan* (mit Kowald), *FMP CD 24: Machine Gun*, *FMP CD 27*: Elf Bagatellen (*Schlippenbach Trio*), *FMP CD 29: Chirps* (mit Lacy), *FMP CD 37: Process and Reality*, *FMP CD 40: Rumbling* (*Globe Unity Special*), *FMP CD 45: 20th Anniversary* (*Globe Unity Orchestra*), *FMP CD 50: Physics* (*Schlippenbach Trio*), *FMP CD 61: The Morlocks and other pieces* (*The Berlin Contemporary Jazz Orchestra conducted by Takase and Schlippenbach*) und *FMP CD 63: Three Blokes* (mit Lacy und Coxhill).

218 *FMP CD 5: Spots, Circles and Fantasy* (mit Taylor), *FMP CD 8/9: Alms/Tiergarten* (*Cecil Taylor European Orchestra*), *FMP CD 21: Duos Europa – America – Japan* (mit Kowald), *FMP CD 24: Machine Gun* und *FMP CD 34/35: Live in Berlin '71* (mit Brötzmann, Van Hove und Mangelsdorff.

219 *FMP CD 24: Machine Gun*, *FMP CD 34/35: Live in Berlin '71* (mit Brötzmann, Bennink und Mangelsdorff), *FMP CD 56: Organo Pleno* (mit Bauer und Nozati) und *FMP CD 85: Five Facings* (mit Lacy).

220 *FMP CD 6: Leaf Palm Hand* (mit Taylor), *FMP CD 25: Looking (Berlin Version)* (*The Feel Trio*), *FMP CD 31: Looking (Berlin Version) Corona* (mit Taylor, Kimmig, Fataah und Parker) und *FMP CD 58: Celebrated Blazons* (*The Feel Trio*).

221 *FMP CD 8/9: Alms/Tiergarten* (*Cecil Taylor European Orchestra*), *FMP CD 19/20: Duets, Dithyrambisch* (mit Fuchs, Koch und Parker), *FMP CD 39: Live* (*Trio De Clarinettes*) und *FMP CD 66: Et on ne parle pas du temps* (mit Reijseger).

222 So ist Johannes Bauer auf *FMP CD 8/9: Alms/Tiergarten* (*Cecil Taylor European Orchestra*) ebenso zu hören wie auf *FMP CD 47: The März Combo – Live in Wuppertal*, auf FMP

diesem Zeitraum nur marginal ausgeprägt. So finden sich außer drei Veröffentlichungen mit Fuchs[223] und Kellers' Zusammenarbeit mit Julie und Keith Tippett (*FMP CD 65*: *Twilight Etchings*) keine weiteren Veröffentlichungen des während der Post-Kollektiv-Zeit geförderten Nachwuchses (wie bspw. Graef, Wiedermann, Riermeier, Gräwe, Grabosch, Dau, Schneider, Voerkel, Knispel, Kräling oder Theurer) im *FMP CD*-Katalog. Und der noch jüngere Nachwuchs ist lediglich im Rahmen von größeren Formationen auf den Veröffentlichungen zu hören.[224] Mitbedingt von den Entitäten des sozialen und musikalischen sich weiter verzweigenden Netzwerks der FMP, der Intensivierung vor allem der Zusammenarbeit mit US-amerikanischen Musiker:innen und der forcierten musikalischen Auseinandersetzung der Musiker:innen' tritt als Charakteristikum des *FMP CD*-Katalogs während der Goldenen FMP-Zeit eine neue Form der Internationalisierung hervor. Diese zeichnete sich dadurch aus, dass nun über 40% der bis Ende 1996 veröffentlichten *FMP CDs* von Formationen eingespielt wurden, die mit europäischen und US-amerikanischen Musiker:innen besetzt waren.[225] Und auf über der

---

CD 56: *Organo Pleno* (mit Nozati und Van Hove), auf *FMP CD 70*: *Konzertino* (*Manfred Schulze Bläserquintett*) und auf *FMP CD 74*: *Reflections*, Sommer auf *FMP CD 2*: *Riobec* und *FMP CD 13/14*: *In East Berlin* (jeweils im Duo mit Taylor) sowie auf *FMP CD 17*: *Réservé* (mit Brötzmann und Phillips), Conny Bauer auf *FMP CD 21* bei den *Duos Europa – America – Japan* mit Kowald und auf *FMP CD 74*: Reflections (mit *Doppelmoppel*), Sachse auf seiner Solo-CD *FMP CD 41*: *European House* und auf *FMP CD 74*: Reflections, Petrowsky auf *FMP CD 45*: 20th Anniversary (*Globe Unity Orchestra*), Hering auf *FMP CD 70*: *Konzertino* (*Manfred Schulze Bläserquintett*), Kropinski auf *FMP CD 74*: Reflections (*Doppelmoppel*) und Gumpert auf *FMP CD 85*: *Five Facings* (mit einem Stück im Duo mit Lacy).

223 *FMP CD 19/20*: *Duets, Dithyrambisch* (mit Koch, Parker und Sclavis), *FMP CD 26*: *Finkfarker* (mit Katzer) und *FMP CD 49*: *Binaurality* (*King Übü Örchestrü*).

224 Mit dem *Cecil Taylor Workshop Ensemble* auf *FMP CD 0*: *Legba Crossing*, mit *The Berlin Contemporary Jazz Orchestra conducted by Takase and Schlippenbach* auf *FMP CD 61*: *The Morlocks and other pieces* und mit dem *Improvisors Pool featuring Rivers and Schlippenbach* auf *FMP CD 75*: *Background for Improvisors*.

225 Die US-amerikanisch-europäische Zusammenarbeit dokumentieren die *FMP CDs*: *FMP CD 0*: *Legba Crossing* des *Cecil Taylor Workshop Ensemble*, *FMP CD 2*: *Riobec* von Taylor und Sommer, *FMP CD 3*: *Regalia* von Taylor und Lovens, *FMP CD 5*: *Spots, Circles, and Fantasy* von Taylor und Bennink, *FMP CD 6*: *Leaf Palm Hand* von Taylor und Oxley, *FMP CD 8/9*: *Alms/Tiergarten* (Spree) des *Cecil Taylor European Orchestra*, *FMP CD 11*: *The Hearth* von Cecil mit Honsinger und Parker, *FMP CD 13/14*: *In East-Berlin* von Taylor und Sommer, *FMP CD 15*: *Angel Carver* von Reichel und Cora, *FMP CD 16*: *Pleistozaen mit Wasser* von Taylor und Bailey, *FMP CD 17*: *Réservé* von Brötzmann, Sommer und Phillips, *FMP CD 21*: *Duos Europa – America – Japan* von Kowald mit u.a. Diamanda Galás, Cora, Cyrille, Jeanne Lee und Danny Davis, *FMP CD 23*: *Smoke* von Schlippenbach und Sunny Murray, *FMP CD 25*: *Looking (Berlin Version)* des *The Feel Trio* mit Cecil, William Parker und Oxley, *FMP CD 29*: *Chirps* von Lacy und Parker, *FMP CD 30*: *Overlapping Hands: Eight Segments* von Crispell und Schweizer, *FMP CD 31*: *Looking (Berlin Version) Corona* von Taylor, Kimmig, Fataah und Parker, *FMP CD 33*: *X-Commu-*

Hälfte aller *FMP CD*-Produktionen waren US-amerikanische Musiker:innen zu hören. Die für die FMP-Produktionen von Beginn an charakteristischen internationalen europäischen Besetzungen dokumentiert der *FMP CD*-Katalog bis 1996 mit einem Anteil von 25%, wobei diese nur mit 4% ohne Beteiligung deutscher Musiker eingespielt wurden.[226] Bei den ausschließlich national eingespielten *FMP CD*-Veröffentlichungen handelte es sich überwiegend um Solo-Produktionen. So waren von den fünf *FMP CD*-Veröffentlichungen mit ausschließlich US-amerikanischen Musikern bis Ende 1996[227] lediglich die CDs des *Raphe Malik Quintet* und des Trios *Gayle/Parker/Ali* keine Solo-Veröffentlichungen. Gleichermaßen standen den 13 europäischen Solo-Veröffentlichungen[228] lediglich 4 europäischen *FMP CD*-Veröffentlichungen[229] gegenüber, die mit einer rein nationalen Besetzung eingespielt wurden.

Dominiert wird der *FMP CD*-Katalog bis Ende 1996 von Taylors (allesamt) bei FMP-Live-Konzerten aufgenommenen 17 CDs (22%). Neben Taylor sind hinsichtlich der weltweiten Kollaborationen (mit drei oder auch mehr Veröffentlichungen)

---

nication, *FMP CD 38*: *When the sun is out you don't see stars* von Kowald, Lüdi, Morris und Namtchylak, *FMP CD 40*: *Rumbling* des *Globe Unity Special '75* mit Lacy, *FMP CD 45*: *20th Anniversary* des *Globe Unity Orchestra* mit Schlippenbach, Wheeler, Dudek, Parker, Petrowsky, Christmann, Mangelsdorff, Lovens, George Lewis, Bob Stewart und Alan Silva sowie Kondo, *FMP CD 47*: *The März Combo – Live in Wuppertal* des *The Peter Brötzmann Tentet* mit Brötzmann, Kondo, Hannes Bauer, Rutherford, Lüdi, Stabbins, Caspar Brötzmann, Nicky Skopelitis, William Parker und Anton Fier, *FMP CD 53*: *Songlines* (*Music is a memory bank for finding one's way about the world*) von Brötzmann, Hopkins und Ali, *FMP CD 58*: *Celebrated Blazons* des *The Feel Trio*, *FMP CD 63*: *Three Blokes* von Coxhill, Parker und Lacy, *FMP CD 64*: *Die like a Dog – Fragments of music, life and death of Albert Ayler* von Brötzmann, Kondo, William Parker und Drake, *FMP CD 69*: *Always a Pleasure* des *Cecil Taylor Ensemble*, *FMP CD 72*: *The Vandœuvre Concert* der *September Band* mit Shelley Hirsch, Reichel, Carl und Lovens, *FMP CD 75*: *Background for Improvisors* des *Improvisors Pool featuring Rivers and Schlippenbach*, *FMP CD 77*: *Burning Cloud* von Morris, Ninh und Deane und *FMP CD 85*: *Five Facings* von Lacy jeweils im Duo mit Crispell, Gumpert, Mengelberg, Vladimir Miller und Van Hove.

226 Dies waren: *FMP CD 39*: *Live* vom französischen *Trio De Clarinettes*, *FMP CD 66*: *Et on ne parle pas du temps* des Duos *Sclavis/Reijseger* sowie die Trio-CD *FMP CD 68*: *Open Paper Tree* von Doneda, Rogers und Ninh.

227 *FMP CD 18*: *Erzulie Maketh Scent* von Taylor, *FMP CD 28*: *Looking (Berlin Version) Solo* von Taylor, *FMP CD 43*: *21st Century Texts* des *Raphe Malik Quintet*, *FMP CD 48*: *Touchin' on Trane* von Gayle, Parker und Ali und *FMP CD 55*: *Double Holy House* von Taylor.

228 Vier von Reichel (*FMP CD 10*, *FMP CD 49*, *FMP CD 54* und *FMP CD 60*), zwei von Brötzmann (*FMP CD 32* und *FMP CD 73*) sowie jeweils eine von Kowald (*FMP CD 62*), Sachse (*FMP CD 41*), Mengelberg (*FMP CD 7*), Tippett (*FMP CD 12*), Parker (*FMP CD 37*), Montera (*FMP CD 71*) und Wodrascka (*FMP CD 79*).

229 *Finkfarker* (FMP CD 26) des Duos *Fuchs/Katzer*, *Live* (FMP CD 39) vom *Trio De Clarinettes*, *Buben…plus* (FMP CD 78) von Carl und Reichel sowie *Reflections* (FMP CD 74) vom Quartett *Doppelmoppel*.

auf die US-amerikanischen Musiker Parker (mit sieben CDs[230]), Morris (mit drei CDs[231]) sowie auf die beiden in Europa lebenden Lacy[232] und Honsinger[233] (mit jeweils vier CDs) sowie auf die aus Tuwa stammenden Sängerin Namtchylak[234] und den japanischen Trompeter Kondo[235] (mit jeweils drei CDs) hinzuweisen. Zwischen 1989 und 1996 veröffentlichte die FMP jährlich durchschnittlich ca. neun *FMP CDs*. Wobei die jährliche Veröffentlichungsfrequenz erheblich variierte. So veröffentlichte die FMP 1989 (im Jahr des Umstiegs auf CD): 15 *FMP CDs*, 1990: 8, 1991: 13, 1992: 2, 1993: 12, 1994: 8, 1995: 7 und 1996: 10.

Mit dem Umstieg auf CD entschied sich die FMP auch für Liner Notes in den CD-Booklets, „was wir ja vorher nie gemacht hatten", wie Gebers bei den Oral History-Interviews erläutert:

> „Bei den Platten gabs keine Liner Notes. Und ab diesen Dingern gabs Liner Notes in beiden Sprachen – oder sogar in drei Sprachen mitunter. Also alles eben auch aufwendiger und teurer die ganze Geschichte. Du musstest den Autor bezahlen, du musstest Übersetzer bezahlen. […] Aber das war dann die Entscheidung, dass ich sagte, ich will das jetzt mal haben und möglichst qualifizierte Leute. Und dann gab es dann eben auch Kommentare darüber […], dass das in Hinsicht auf Liner Notes und so was FMP schon das Nonplusultra war."[236]

Als Autor:innen für die Liner Notes versuchte Gebers, möglichst „Leute" zu engagieren, die das jeweilige Konzert auch (mit-) „erlebt haben".[237] Bezüglich der CD-Cover- und Bookletgestaltung führt Gebers aus, dass nun „grundsätzlich vierfarbig gedruckt" wurde: „Du konntest gar nichts anderes mehr machen. Und wir haben hier viel Schwarz und Farbe gemacht: Pantone Farben, um das einigermaßen billig zu machen."[238] Und Dagmar Gebers bemerkt zur Umstellung auf CDs:

230 *FMP CD 8/9*: *Alms/Tiergarten (Spree)*, *FMP CD 25*: *Looking (Berlin Version) The Feel Trio*, *FMP CD 31*: *Looking (Berlin Version) Corona*, *FMP CD 47*: *The März Combo live in Wuppertal*, *FMP CD 48*: *Touchin' on Trane*, *FMP CD 58*: *Celebrated Blazons* und *FMP CD 64*: *Die like a Dog*).

231 *FMP CD 33*: *X-Communication*, *FMP CD 38*: *When the sun is out you don't see stars* und *FMP CD 77*: *Burning Cloud*.

232 *FMP CD 29*: *Chirps*, *FMP CD 40*: *Rumbling*, *FMP CD 63*: *Three Blokes* und *FMP CD 85*: *Five Facings*.

233 *FMP CD 8/9*: *Alms/Tiergarten (Spree)*, *FMP CD 11*: *The Hearth*, *FMP CD 69*: *Always a Pleasure* und *FMP CD 76*: *Map of Moods*.

234 *FMP CD 38*: *When the sun is out you don't see stars*, *FMP CD 42*: *Lost Rivers* und *FMP CD 80*: *The First Take*.

235 *FMP CD 45*: *20th Anniversary*, *FMP CD 47*: *The März Combo live in Wuppertal* und *FMP CD 64*: *Die like a Dog*.

236 Gebers, Interview mit dem Verfasser, 22.5.2015, Interview-ID 388.

237 Ebd., Interview-ID 389.

238 Ebd., Interview-ID 384.

„Eigentlich fand ich die Schallplatten – die Größe – immer schöner als die CDs. Als dann die CDs rauskamen, da wurden auch die Fotos ganz klein. Und dann musste man sozusagen mit der Lupe drangehen – und dann hat es mir eigentlich auch nicht mehr so viel Spaß gemacht. Und dann das Kleine: Dann hat der Jost gesagt, ‚o.k., dann müssen wir das jetzt in Farbe machen, wenn es so klein ist'. Ja, und das war dann das Ende von schwarz-weiß sozusagen – mehr oder weniger. Leider."

Interviewer: „Dann wurde nur noch farbig fotografiert?"
„Ja, zum größten Teil schon. Also ich habe dann immer parallel gearbeitet. Ich habe mal Dias gemacht, mal Farbfilme gemacht – also meistens aber Dias in Farbe. Und habe aber nebenher auch immer noch schwarz-weiß fotografiert. Also eigentlich bis zum Schluss auch schwarz-weiß. Weil, dann habe ich gesagt, o.k., für die Presse dann eben oder für die Zukunft als Dokumentation oder so. War für mich auch wichtig."[239]

Wie die Interviewpassage mit Dagmar Gebers verdeutlicht, bedingte das CD-Format und die Umstellung der FMP-Tonträgerproduktion auf CD somit auch eine Veränderung der Arbeitsweise von Dagmar Gebers mit. Bei der Cover- und Bookletgestaltung wurden im Zeitraum bis Ende 1996 bei ca. 72% der *FMP CDs* Fotografien von Dagmar Gebers verwendet. Zehnmal befanden sich auch Fotos von Jost Gebers auf oder im Booklet. Neben der meist nur einmaligen Einbeziehung weiterer Fotograf:innen wie u.a. Anno Dittmer, Detlev Schilke, Georg Schreiber oder Marian Stefanowski trat Helma Schleif mit sechs verwendeten Cover-Fotos hervor. Während sich Reichel, Brötzmann und Kowald wie auch zuvor bei ihren Schallplattenhüllen selbst um die Gestaltung ihrer CD-Booklets kümmerten, war bei ca. 70% der Produktionen nun wieder Gebers gefordert. Wobei hinzuzufügen ist, dass er 1989 (im Jahr der Umstellung auf CD) alle CD-Booklets (bis auf die beiden Veröffentlichungen von Reichel und Brötzmanns Mitschnitt vom T.M.M. 1988) zusammen mit Kussatz gestaltete.

Zu den während der Goldenen FMP-Zeit veröffentlichten und meistverkauften *FMP CDs* zählen mit Abstand die mit „two alternate takes" wiederveröffentlichte *Machine Gun* des *Peter Brötzmann Octet* (FMP CD 24), die bereits 1986 veröffentlichte *FMP CD 1*: *Live – The Concert in Berlin '78* von *Africa Djolé* und *FMP CD 48*: *Touchin' on Trane* von *Gayle/Parker/Ali*, gefolgt von *FMP CD 64*: *Die like a Dog – Fragments of music, life and death of Albert Ayler* von *Brötzmann/Kondo/Parker/Drake*, *FMP CD 16*: *Pleistozaen mit Wasser* von Taylor und Bailey und *FMP CD 25*: *Looking (Berlin Version)* des *The Feel Trio* mit Cecil, Parker und Oxley. Ab etwa Mitte 1995 konnten nicht mehr die CD-Stückzahlen wie noch zu Beginn der Umstellung der FMP-Tonträgerproduktion von Vinyl auf CD erreicht werden.[240]

239 Dagmar Gebers, Interview mit dem Verfasser, 26.5.2015, Interview-ID 228.

240 Zur heutigen Situation bemerkt Gebers bei den Oral History-Interviews: „Selbst eine neue CD, wenn die auf tausend Stück kommt, und wir reden immer über ‚weltweit', dann ist das eine Sensation." (Gebers, Interview mit dem Verfasser, 14.8.2015, Interview-ID 508)

OWN

Die zweite Veröffentlichungsserie des FMP-CD-Labels wurde *OWN* genannt. Die *OWN*-Reihe charakterisiert Gebers bei den Oral History-Interviews analog zum *Uhlklang*-Sublabel. D.h. die Musiker:innen „standen dann für ihr Ding selber gerade. Also ich habe mich in vielen Fällen um die Aufnahme und Produktion gekümmert und solche Sachen: aber das Risiko haben die Musiker getragen."[241] Obwohl Gebers die musikalische Abgrenzung zu den *OWN*-Veröffentlichungen als „nicht so stark" bezeichnet, handelte es sich bei diesen, wie er bei den Interviews betont, um Produktionen, die er nicht „bei FMP machen wollte".[242] So antwortet er auf meine Nachfrage nach den „inhaltlichen oder konzeptionellen Gründen" hierfür:

> „Manche sind tolle Dinger. Das ist nicht die Frage. Aber viele waren auch ein bisschen suspekt. Also einige hätte ich bei FMP auch machen können. Aber irgendwelche Dinge sprachen dagegen."[243]

In der *OWN*-Reihe wurden zwischen September 1992 und Juni 2000 insgesamt 11 CD-Alben[244] veröffentlicht. Bis Ende 1996 erschienen fünf *OWN*-CDs. Zunächst die beiden CDs der „Ehepaare, die unbedingt was zusammen machen wollten", wie Gebers bei den Interviews bemerkt: Dies waren die *OWN*-Veröffentlichungen *Features of Usel* von Brüning und Petrowsky (OWN-90001) und *Piano Duets – Live in Berlin 93/94* von Takase und Schlippenbach (OWN-90002) sowie die weiteren *OWN*-CDs *Gute und schlechte Zeiten* von Hirt (OWN-90003), *Bits & Pieces* von Fuchs solo und im Duett mit jeweils Evan Parker und Montera (OWN-90004) sowie *Inside Insight* von Arndt (OWN-90005).

Special Editions

Bis Ende 1996 veröffentlichte die FMP drei CD-*Special Editions*. Bei der ersten handelte es sich um die 11-CDs-Box *Cecil Taylor in Berlin '88*[245] und bei der zweiten um den FMP-Sampler *FMP Story* (FMP MJ 01). Die *FMP Story* wurde 1996 in Zusammenarbeit mit dem italienischen Jazzmagazin *Musica Jazz* (No. 3/1996) herausgegeben. Der Sampler enthielt Aufnahmen aus den Jahren 1968 bis 1994 mit dem *Peter Brötzmann Octet*, Reichel, dem *Globe Unity Special '75*, dem Duo *Peter Kowald/Jeanne Lee*, dem *Schlippenbach Trio*, *Synopsis*, dem Duo *Steve Lacy/*

241 Gebers, Interview mit dem Verfasser, 22.5.2015, Interview-ID 302

242 Ebd.

243 Ebd., Interview-ID 304.

244 Die 3-CDs-Box *Book – Virtual Cowws* von Rüdiger Carl (OWN-90007/9) wurde bei dieser Zählung als ein Album und nicht als 3 CDs gezählt.

245 Vgl. Kapitel *6.1 Cecil Taylor beim Workshop Freie Musik '86, Improvised Music II/88, die 11-CDs-Box Cecil Taylor in Berlin '88 und Third Step '89, 1986–1989.*

Dagmar Gebers und Cecil Taylor, Podewil, Berlin 1996 (Foto: AKUD / Lars Reimann)

Evan Parker, dem *King Übü Örchestrü*, Keith Tippett, dem Quartett *Kowald/Lüdi/Morris/Namtchylak*, dem *Raphe Malik Quintet*, der *September Band* und Sachse. Neben bereits auf *FMP CDs* veröffentlichten oder wiederveröffentlichten Titeln enthielt die *FMP Story* auch den Titel *Auf der Elbe schwimmt ein rosa Krokodil* der gleichnamigen, nicht auf FMP wiederveröffentlichten LP[246] (FMP 0240) des DDR-Quartetts *Synopsis* sowie zwei nicht veröffentlichte Titel *Oh, My God* von Tippett[247] sowie *Looking at Flees with Henry Geldzahler* der *September Band*[248]. Und bei der dritten, ebenfalls 1996 herausgegebenen *Special Edition*: *Synopsis '77 (Live in Mittweida)* handelt es sich um einen Live-Mitschnitt eines *Synopsis*-Konzerts am 14. Oktober 1977 in der *Alten Mensa* der *Fachschule für Elektrotechnik* in Mittweida. Mit diesem wollten Petrowsky, Gumpert, Koch und Sommer, wie Gumpert in den Liner Notes ausführt, die Zweite-Synopsis-Phase dokumentieren.[249]

246 *FMP 0240*: *Auf der Elbe schwimmt ein rosa Krokodil* wurde 2008 bei *Intakt* wiederveröffentlicht (Intakt CD 142).

247 Aufgenommen von Gebers am 26. Juni 1987 im FMP-Studio in Berlin-Wedding.

248 Aufgenommen von Scheuermann und Gebers am 17. November 1994 beim T.M.M. 1994.

249 Gumpert 1996.

Peter Kowald, Irène Schweizer und Peter Brötzmann, Backstage beim FMP-Festival *A Salut to FMP*, Chicago, November 1995 (Foto: Dagmar Gebers, FMP-Publishing Archiv)

7 **Das Ende der *Free Music Production* (FMP), 1997–1999**
„Bring das mal zu Ende“[1]

1997 konnte der seit 1970 jährlich durchgeführte *Workshop Freie Musik* (W.F.M.) mit dem Hinweis auf finanzielle Gründe nicht stattfinden: „No budget – no program“[2] schreibt Gebers auf der *FMP-Publishing*-Website. Die seit Ende der 1960er-Jahre bestandene Allianz mit der *Akademie der Künste* war passé. Bis dahin war es der FMP auch nach dem Weggang von Hertling gelungen, die sich verschlechternden Rahmenbedingungen in finanzieller Hinsicht zu kompensieren. D.h. mit Hilfe der institutionellen Förderung „das Loch“ zu „stopfen“, „wenn die *Akademie* zu wenig rausgerückt hat“[3], wie Hahne bei den Oral History-Interviews berichtet. 1997 war dies nach zwei Kürzungen der institutionellen Förderung nicht mehr möglich.[4] Die Förderung habe zuletzt 224.000,– DM betragen.[5] Wie Gebers bei den Interviews ausführt, „mussten wir“ von dieser

> „als erstes mal einen Mitarbeiter fulltime bezahlen. D.h. 60.000,– DM waren von dieser Summe schon mal weg. Das restliche Geld war dann für diverse Projekte. Damit wurde alles Mögliche finanziert – auch das *Total Music Meeting*“.[6]

Über die Situation in den 1990er-Jahren berichtet Gebers bei den Oral History-Interviews:

> „Und dann ging da diese ganze Scheiße eigentlich richtig los: mit Vereinigungsnummer und Größenwahn und weiß was der Teufel – und immer weniger Geld. Also es wurde zusammengestrichen bis zum Gehtnichtmehr.“[7]

---

1 Gebers, Interview mit dem Verfasser, 27.3.2015, Interview-ID 3.

2 FMP-Publishing 2020b. Klopotek (1998) verweist in der *Jazzthetik* auf einen kulturpolitischen Trendwechsel: „Dass sich mittlerweile ganz andere Probleme, (kultur)politischer also ökonomischer (= Geld, das nicht mehr fließt) in den Vordergrund schieben, wäre eine Sondernummer der *Jazzthetik* wert. Nur soviel: Der *Workshop Freie Musik* fand dieses Jahr nicht statt, die Möglichkeit, kontinuierliche, über das Jahr verteilte Arbeit zu leisten, hat Jost Gebers schon längere Zeit nicht mehr (und das sind nur die Übel, die an FMP nagen. Hören sie sich mal um, wie viele Improvisatoren das Wort Festgage noch buchstabieren können).“

3 Hahne, Interview mit dem Verfasser, 22.6.2015, Interview-ID 163, vgl. Kapitel *6.2 „Da lief es wunderbar“, 1990–1996.*

4 Gebers, Interview mit dem Verfasser, 22.5.2015, Interview-ID 379.

5 Vgl. Kampmann 2010a, S. 72.

6 Gebers, Interview mit dem Verfasser, 27.3.2015, Interview-ID 3. Kampmann hatte 2010 nach einem Interview mit Gebers die Kosten für Hahnes Stelle mit 58.000,– DM beziffert. Die „Verwendung des Restbetrags von 166.000 DM“ lag im Ermessen von Gebers und diente in den letzten Jahren hauptsächlich der Finanzierung des W.F.M. und des T.M.M. (Kampmann 2010a, S. 72)

7 Gebers, Interview mit dem Verfasser, 27.3.2015, Interview-ID 3. Auch Currie (2015, S. 64) betont die nun einsetzende Verringerung der Kulturförderung, die bislang dazu

So hatte bereits Andreas Müller in den Programminformationen des W.F.M. 1995 betont, dass Geld für Kultur „knapp“ sei: „Jedenfalls für jene Kultur, die sich außerhalb von gigantomanischen Museumsprojekten oder hehren philharmonischen Hallen bewegt, bzw. bewegen“[8] müsse. So sei der Kampf ums Geld nach wie vor ‚zäh‘. Wenngleich man ihn trotz massiver Kürzungen (‚Bonn‘ habe drei Viertel der Zuschüsse für den Berliner Kulturetat gekürzt): „noch einmal knapp gewonnen“[9] habe. Zudem endeten 1995 die Allianz mit dem *Haus am Waldsee* – und insofern die *Fall in Jazz/Summer Music*-Reihe – ebenso wie die Allianz mit dem *Bezirksamt Charlottenburg* (Abteilung Jugend und Sport, Jugendförderung) – und insofern die *Free Concerts*-Reihe im Charlottenburger Rathaus. Bei den Oral History-Interviews berichtet Gebers:

> Und irgendwann dann – ’97 war das dann so – dachte ich: Ja, alles gesagt, alles gemacht, überall wird gestrichen – also was solls. Also bring das mal zu Ende. Und überleg nur, wie kann man das wenigstens weiter machen als reine Plattengeschichte und nichts anderes mehr. Alles weg. Und das habe ich dann eben auch denen offen erzählt, und so plane ich das. Wusste allerdings noch nicht mit wem.“[10]

Neben der Verschlechterung der ökonomischen Situation und dem sukzessiven Verlust der Allianzen weist Gebers in der Interviewpassage noch auf eine weitere Entität hin, die sein Handeln, ‚das mal zu Ende zu bringen‘ mitbedingt habe. Hierbei markiert er inhaltlich-konzeptionelle Erwägungen: ‚Ich dachte: alles gesagt, alles gemacht‘. Demnach habe die FMP mit ihrer Präsentation und Vermittlung dessen, was sie perspektiviert habe, ‚alles‘ ‚ausgeschöpft‘. Klopotek weist in seinem Beitrag *Tschüss! Vierzig Jahre FMP* im Begleitbuch der FMP-Edition *FMP im Rückblick* nach einem Interview mit Gebers zudem auf dessen gesundheitliche Situation und Erschöpfung nach „30jähriger beruflicher Doppelbelastung“[11] hin. Auch Kampmann bemerkt 2010 nach einem Interview mit Gebers: „Die Doppelbelastung von Fulltime-Job und Firma war einfach zu sehr über seine persönlichen Kapazitäten gegangen.“[12] Dies bestätigt auch Hahne bei den Oral History-Interviews und berichtet von einer weiteren privaten Entität:

> „Er [Gebers] ist der große Planer. Also bei ihm kommt immer alles auf den Punkt. Das habe ich bei ihm auch immer so bewundert. Das ist also auch immer klasse gewesen! […] Er hat dann dieses Angebot, Altersteilzeit zu machen, in Anspruch genommen – und da darf man in dieser Zeit kein Gewerbe haben. Man kriegt ja auch Geld. Man kann es ja so machen, dass man noch fünf Jahre – ob es heute noch so ist, weiß ich nicht – Teilzeit arbeitet, aber man kriegt fast das volle Gehalt, das Arbeitsamt zahlt noch was

dienen sollte: „to tranform Berlin into the cultural center of Germany“.

8 Müller 1995.

9 Ebd.

10 Gebers, Interview mit dem Verfasser, 27.3.2015, Interview-ID 3.

11 Klopotek 2010, S. 66.

12 Kampmann 2010a, S. 72

dazu. Oder man arbeitet zweieinhalb Jahre fulltime unter denselben Bedingungen und nach zweieinhalb Jahren ist man ‚frei'. Man kriegt aber weiterhin Gehalt wiederum mit einer Zuwendung von der *Arbeitsagentur*, wie das ja jetzt heißt. Aber man darf kein selbständiges Gewerbe betreiben. Und somit war ja klar, dass er dann auch FMP … – aber das war bei ihm bestimmt ganz, ganz lange vorgeplant. Und da hat er eben jemanden gesucht, der den Vertrieb übernimmt. Das war dann Helma Schleif".[13]

Hahnes Schilderung ist zu entnehmen, dass die Geschäftsaufgabe der FMP keine spontane Entscheidung gewesen sei, sondern Gebers diese ‚ganz, ganz lange vorgeplant' habe – auch was den Zeitpunkt betraf. Dies bestätigt auch Kampmanns Beitrag in *FMP im Rückblick*. Demnach habe Gebers den damals zuständigen Verantwortlichen bei der Berliner *Senatsverwaltung für Wissenschaft, Forschung und Kultur*[14] Barbara Esser und ihrem Mitarbeiter Clemens Teske „sein Aufhören"[15] angekündigt. Da 1997 erneut zu befürchten gewesenen sei, dass auch die FMP von bevorstehenden Kürzungen des Berliner Kulturetats betroffen sein werde, habe sich Gebers mit der Kulturbehörde zu Gesprächen zusammengesetzt. Hierbei sei Stillschweigen vereinbart worden und Esser und Teske hätten versprochen, die Institution FMP vor weiteren Streichungen zu bewahren. Denn, wie Kampmann Gebers zitiert, „sie wollten mir nichts mehr wegnehmen, wenn ich zwei Jahre später sowieso aufhörte".[16] Hierdurch habe Gebers für die weitere Geschäftstätigkeit der FMP bis zu ihrem geplanten Ende am 31. Dezember 1999 Planungssicherheit erzielen können.[17] So berichtet Gebers bei den Oral History-Interviews:

„Bei uns war dann die Situation, dass wir schon mehrere Jahre wussten, dass die Zuwendung – die institutionelle Förderung – entfallen würde. Die wussten auch in der Kulturverwaltung, was ich vorhabe. Also, dass ich die Firma auflöse und nur das Label irgendwie – wir wussten zu diesem Zeitpunkt ja nicht wie – weiterführen würde, so dass wenigstens die in Angriff genommenen Produktionen noch realisiert werden konnten. Aus diesen Geschichten und in Absprache mit Anna Maria [Ostendorf] hier in Borken mit dem Verlag haben wir dann gesagt: ‚O.K., der Verlag übernimmt das Label und dann kucken wir, wer dann die Vertriebsgeschichten für das Label macht.' Und das war dann irgendwann in '99 konkret die ganze Geschichte. Und dann haben wir uns hier in Borken getroffen, saßen hier zusammen, und am 17. haben wir die Vereinbarung getroffen, dass *FMP-Publishing* dieses Label übernimmt."[18]

Unabhängig davon, ob Gebers' Darstellung in der Interviewpassage korrekt ist, dass die Kulturverwaltung beabsichtigt habe, die institutionelle Förderung der

13 Hahne, Interview mit dem Verfasser, 22.6.2015, Interview-ID 171.

14 Die *Senatsverwaltung für Kulturelle Angelegenheiten* wurde im Januar 1996 in die *Senatsverwaltung für Wissenschaft, Forschung und Kultur* eingegliedert

15 Kampmann 2010a, S. 74.

16 Gebers zit. nach Kampmann 2010a, S. 74.

17 Vgl. auch Klopotek 2010, S. 66f.

18 Gebers, Interview mit dem Verfasser, 22.5.2015, Interview-ID 273.

FMP (komplett) zu streichen, lassen sich vielfältige, dislokale und diverse Entitäten identifizieren, die Gebers' Entscheidung mitbedingten, die Geschäftstätigkeit der FMP zum 1. Januar 2000 aufzulösen. Nicht bestätigen lässt sich hierbei Müllers Fazit zur Geschäftsaufgabe der FMP in *Free Music Production. FMP: The Living Music*: „Gebers wollte den Staffelstab weitergeben."[19] So wurde Gebers' Handeln u.a. von folgenden Entitäten mitbedingt: die sich verschlechternde ökonomische Situation der FMP (inklusive die sukzessive Kürzung der institutionellen Förderung), der Verlust der Allianzen (*Akademie der Künste, Haus am Waldsee, Bezirksamt Charlottenburg*, auch die Allianz mit der Kulturverwaltung scheint nicht mehr so stabil zu sein[20]), die Programmatik der FMP, die gesundheitliche Situation von Gebers und das nahende Ende seiner Berufstätigkeit, die geplante Inanspruchnahme von Altersteilzeit sowie das Vorhaben zu Ostendorf nach Borken zu ziehen etc.

Dennoch sollte das bestehende FMP-CD-Label, das inzwischen den Titel *Free Music Production/An Edition of Improvised Music* trug (und neben den regulären *FMP CDs* auch die *OWN*-Serie einschloss) weiterbestehen bleiben, um bereits in Angriff genommene Produktionen noch zu realisieren. Deshalb fasste Gebers den Plan, das Label an den von Ostendorf geführten Verlag *FMP-Publishing* zu verkaufen. Der FMP-Musikverlag ist 1985 von Gebers gründet worden. Zur Gründung des Verlags führt Gebers bei den Oral History-Interviews aus, dass er sich aufgrund der „ganzen Scheißsituation" in der ersten Hälfte der 1980er-Jahre entschieden hätte, einen Verlag zu machen, „weil dann ein bestimmter Rücklauf von der GEMA kommt. Das war ungefähr '85."[21] 1992 übernahm Ostendorf den Verlag, führte diesen unter dem Namen *FMP-Publishing* weiter und intensivierte die Verlagstätigkeit. Der Grund für diese Aufteilung sei gewesen, dass mit der Verlagsarbeit eine größere Effizienz erreicht werden sollte.[22] So wurde am 17. September 1999 eine *Übernahmevereinbarung & Kaufvertrag* zwischen der FMP und der *FMP-Publishing* geschlossen.[23] Und in einer *Vereinbarung*

19 Müller 2022, S. 50.

20 Müller (2022, S. 49) bemerkt in *Free Music Production. FMP: The Living Music*, dass sich „die Kooperation mit dem neuen Senat in der neuen Stadt im neuen Land" schwierig gestaltet habe.

21 Gebers, Interview mit dem Verfasser, 22.5.2015, Interview-ID 342.

22 FMP-Publishing 2016d.

23 Im *Übernahmevereinbarung & Kaufvertrag* zwischen der FMP und der *FMP-Publishing* wurde festgehalten:

„§ 1

Zum 1. Januar 2000 übernimmt der Verlag *FMP-Publishing*, vertreten durch Anna Maria Ostendorf, Sachsenstr. 50, 46325 Borken, das Label *Free Music Production/An Edition of Improvised Music* mit allen U-Matic-Masterbändern und den entsprechenden Drucklithos der Bestellnummern *FMP CD 0* bis *FMP CD 107* zur eigenverantwortlichen Weiterführung auf Basis der zu jeder Produktion bestehenden Verträge.

§ 2

zum Kaufvertrag zwischen FMP und dem Verlag *FMP-Publishing* wurde fixiert, dass sich Gebers nach endgültiger Übernahme des Labels *FMP/Free Music Production* durch *FMP-Publishing* verpflichte, auch weiterhin alle relevanten Produktionstätigkeiten bis zum 31.12.2002 wahrzunehmen. Die Produktionstätigkeiten sollten wie bisher alle Arbeiten zur Veröffentlichung neuer Produktionen beinhalten. D.h. Musiker:innen- und Musikauswahl, Erstellung der Masterbänder/Proof-CDs, Erstellung der Druckfilme für Booklet und Inlaycard inkl. Foto- und Textauswahl sowie Layout (jeweils wie bisher in Abstimmung mit allen beteiligten Musiker:innen). Zudem sollte Gebers in allen Produktionsentscheidungen allein verantwortlich sein. Die Vertragsabsprachen (finanzielle Honorierung der Musiker:innen, Leistungsschutz- und Urheber:innenrechte etc.) sollten hingegen ausschließlich von der *FMP-Publishing* getroffen werden. Die Tätigkeit von Gebers sollte grundsätzlich unentgeltlich sein.[24]

Wie Gebers bei den Oral History-Interviews berichtet, sei als Vertriebspartnerin Helma Schleif gefunden worden, nachdem zunächst sämtliche Gespräche in diese Richtung „ernüchternd und letztlich erfolglos“[25] verlaufen sein sollen. Schleif sollte die CDs „nach Bedarf fertigen und vertreiben“.[26] Laut Kampmann habe Schleif für Gebers „die idealen Voraussetzungen für eine Kooperation in seinem Sinne“[27] erfüllt: „Alle wussten, dass sie emsig und umtriebig ist. Sie hatte Platz, sich ein Lager einzurichten, und ihre Existenz war durch diverse Tätigkeiten abgesichert.“[28] Zudem habe Gebers Schleif zu diesem Zeitpunkt bereits seit 20 Jahren gekannt und ihr vertraut. Als Lebensgefährtin des Berliner Saxofonisten Fuchs war sie in der frei improvisierenden Szene „bestens vernetzt“.[29] Auch hatte Gebers in der Vergangenheit Fotografien von Schleif für FMP-CD-Cover verwendet und so bereits punktuell mit ihr zusammengearbeitet. Die seit 1998 mit Schleif begonnenen Gespräche wurden mit einem *Lizenzvertrag* zwischen *FMP-Publishing* (Lizenzgeberin) und Schleif (Lizenznehmerin) erfolgreich abgeschlos-

---

FMP-Publishing erhält bei Übernahme alle relevanten Unterlagen zu den bestehenden und geplanten Produktionen, Aufstellungen über Lieferanten und Kunden mit entsprechenden Konditionen, sowie den Nachweis der Zahlung aller eventuell bestehenden Verbindlichkeiten.

§ 3

Free Music Production informiert gemeinsam mit *FMP-Publishing* nach erfolgter Übergabe den Kundenstamm, um Einbrüche innerhalb des Geschäftsverlaufs zu vermeiden.“ (FMP/FMP-Publishing 1999a)

24 FMP/FMP-Publishing 1999b.

25 Gebers zit. nach Kampmann 2010a, S. 72.

26 Ebd.

27 Kampmann 2010a, S. 74.

28 Gebers zit. nach ebd.

29 Kampmann 2010a, S. 74.

sen.[30] Außerdem erwarb Schleif den Warenbestand von insgesamt 15.903 FMP-CDs (15.255 einfache CDs [jeweils zum Preis von DM 6,–] und 648 Doppel-CDs [jeweils zum Preis von DM 12,–]) sowie ein Lagerregalsystem, eine Leiter, eine Stahlsackkarre, eine digitale Paketwaage sowie Kunden- und Lieferantendaten für eine Pauschale von DM 694,–. Der Kaufpreis betrug laut *Kaufvertrag* und *Rechnung* vom 7. Januar 2000 insgesamt DM 100.000,– plus 16% Mehrwertsteuer.[31] Kostenlos erhielt Schleif zudem 49.503 Booklets und 57.839 Inlaycards, 26 Exemplare der CD-Special Edition *FMP-Story* (FMP MJ 01) und 331 Exemplare der CD-Special Edition *Concrete* von Cecil Taylor (FMP MJ 02), „FMP-Dateien" (mit Infos und Kontaktdaten von „Medien, Musiker, Kunden, Verkäufer"[32] etc.), Verpackungsmaterial, CD-Leerboxen und Trays sowie „Nutzungsrechte Namen und

---

30 Der *Lizenzvertrag* sah vor:

„§ 1

Mit diesem Lizenzvertrag erwirbt die Lizenznehmerin das uneingeschränkte, exklusive Recht die Tonträger des Labels *FMP/Free Music Production/An Edition of Improvised Music* herstellen zu lassen und weltweit zu vertreiben. Dieses Recht betrifft den bestehenden Back-Katalog und sämtliche zukünftigen Neuproduktionen.

§ 2

Zur Herstellung neuer Produktionen liefert die Lizenzgeberin fertige U-Matic-Masterbänder oder Proof-CDs und fertige Druckfilme zur Herstellung der Booklets und Inlaycards. Die Kosten der kompletten Produktion bis zum Masterband bzw. zu den Druckfilmen werden komplett von der Lizenzgeberin getragen und beinhalten die Honorierung der Musiker, Studio- und Materialkosten, Fotografien-, Grafiker-, Autoren- und Übersetzerhonorare, sowie Satz- und Filmherstellungskosten. Die Fertigung erfolgt ab Glasmaster für die CD und Druck der Booklets und Inlaycards durch die Lizenznehmerin auf eigene Kosten.

§ 3

Die Lizenzgebühr pro gefertigter CD beträgt DM 3,– netto, pro gefertigter Doppel-CD DM 6,– netto zuzüglich der gesetzlichen Mehrwertsteuer. […]

§ 5

Die Lizenzgeberin verpflichtet sich für die Dauer des Vertragszeitraumes mindestens vier aber höchstens zwölf Neuproduktionen pro Jahr anzuliefern; angestrebt wird eine Durchschnittszahl von acht Neuproduktionen jährlich.

§ 6

Die Laufzeit dieses Vertrages beträgt fünf Jahre ab dem 1. Januar 2000. Es besteht eine eingeschränkte Option auf weitere fünf Jahre, allerdings ohne Verpflichtung Neuproduktionen anliefern zu müssen." (FMP-Publishing/Helma 2000/1999)

31 Vgl. FMP/Schleif 2000, FMP 2000a und Kampmann 2010a, S. 74.

32 FMP 2000b. Ebenso habe Schleif die CDs der Eigenproduktionen der Musiker:innen erhalten (*OWN*-Reihe und *SYN-01*) und sich verpflichtete, diese „mit DM 12,50 pro CD bzw. mit DM 33,– pro Drei-CD-Box nach Verkaufszahlen" (ebd.) mit den Musiker:innen abzurechnen.

Barcode".[33] Die FMP-Studio- und Beschallungstechnik wurde an das *Podewil* verkauft. Damit war die Geschäftstätigkeit der FMP beendet. Für den mit der Beendigung der Geschäftstätigkeit der FMP arbeitslos gewordenen FMP-Mitarbeiter Hahne setzte sich Gebers bei der Berliner Kulturverwaltung ein und konnte mit dieser vereinbaren, wie Hahne bei den Oral History-Interviews berichtet, dass Schleif für ein halbes Jahr „Starthilfe"[34] bekam, um so Hahnes Gehalt weiterbezahlen zu können.

Live-Projekte

Total Music Meeting, 1997–1999

Bei keinem der drei letzten *Total Music Meetings* (T.M.M.) lässt sich ein expliziter thematischer Schwerpunkt feststellen. Durchgeführt wurde das T.M.M. weiterhin fünftägig, 1997 und 1998 mit Mehrfachauftritten. Veranstaltungsort blieb das *Podewil*. Wie seit der ersten Hälfte der 1990er-Jahre waren das T.M.M. auch bei den letzten Ausgaben sehr gut besucht. So berichtet Pfleiderer in der *Frankfurter Rundschau* über das 30. T.M.M. 1997, dass die Zuhörer:innen in „Scharen ins Podewil"[35] geströmt seien, und Kobe erwähnt in seiner *Jazz Podium*-Rezension des T.M.M. 1999 ein stets ausverkauftes *Podewil*.[36]

Entgegen der Entwicklung des T.M.M. im Zeitraum 1986 bis 1996 waren beim 30-jährigen Jubiläum 1997 (wie auch während der Post-Kollektiv-Zeit) alle Musiker aus dem ehemaligen Kollektiv präsent (mit Ausnahme Schönenbergs). So stellte sich Brötzmann erneut mit seinem *Die Like A Dog*-Quartett (Brötzmann: reeds; Kondo: tp, elec; Parker: b; Drake: dr) vor, Kowald (b) solo und Schlippenbach (p) im Duo mit dem US-Amerikaner Sam Rivers (fl, ss, ts), mit dem er bereits 1995 bei der Aufnahme von *Backgrounds for Improvisors* (FMP CD 75) zusammengearbeitet hatte. Die ‚Leute der ersten Stunde' machten 1997 mehr als ein Drittel der teilnehmenden Musiker:innen aus. So erinnerte Lake das 30. T.M.M. „durchweg eher an ein Treffen der Stammesältesten"[37], wie er in den Programm-

33 FMP/Schleif 2000. Die übertragenen Namens- und Barcode-Nutzungsrechten wurden in der *Anlage 3* des *Kaufvertrags* gesondert festgehalten: „1. Helma Schleif erhält das Recht zur Nutzung des patentrechtlich geschützten Namens *Free Music Production* sowie *Total Music Meeting* jeweils in Verbindung mit dem Zusatz ‚Distribution & Communication'. 2. Helma Schleif erhält das Recht zur Nutzung des EAN/Barcodes des FMP-Labels." (FMP/Schleif 2000, Anlage 3)

34 Hahne, Interview mit dem Verfasser, 22.6.2015, Interview-ID 172. Über die hierfür aufzuwendende Summe von DM 28.000,– erhielt Schleif im Jahr 2000 einen entsprechenden Zuwendungsbescheid von der Berliner Kulturbehörde (vgl. Kampmann 2010a, S. 74).

35 Pfleiderer 1997.

36 Vgl. Kobe 2000.

37 Lake 1997.

informationen schrieb. Neben den Kollektivmitgliedern traten so das Duo *Carl/ Johansson* (Carl: cl, acc; Johansson: dr, acc, voc) auf, das Trio *Carl/Schweizer/Favre* (Carl: cl; Schweizer: p; Favre: dr), Parker (ss, ts) im Quartett mit seinen jüngeren Kollegen Russell (g), Edwards (b) und Sanders (dr). Mit Tippett (p) solo (seit der ersten Hälfte der 1980er-Jahre kontinuierlich bei den FMP-Live-Projekten vertreten) war ein weiterer „Klassiker des europäischen Free Jazz"[38], so Pfleiderer, eingeladen worden. Hinzu kamen aus Italien das Duo *Radici* (Trovesi: cl; Coscia: acc), aus den USA (neben Rivers) das *Charles Gayle Trio* (Gayle: ts, bcl, p; Benson: b; Cleaver: dr) und aus Frankreich die Pianistin Christine Wodrascka zusammenmit Yves Romain am Bass. Die Auftritte von Wodrascka und Schweizer blieben neben dem von Jin Hi Kim 1999 die einzigen von Musiker:innen in den Jahren 1997 bis 1999.

Beim T.M.M. 1998 ist hinsichtlich der 1. Programmebene (die ‚Musiker der ersten Stunde') ausschließlich Schlippenbach (p) vertreten, dessen Duo-Auftritte mit Oxley (dr) zu den Höhepunkten des T.M.M. 1998 gezählt wurden.[39] Neben den beiden Jubilaren Schlippenbach und Oxley, die beide 1998 ihren 60. Geburtstag feierten, waren mit Mengelberg und Malfatti zwei weiterer Musiker eingeladen, die seit den frühen 1970er-Jahren wie Oxley zu den mit der FMP assoziierten europäischen Musikern zu rechnen sind. Mengelberg (p) war neben Anklam (bs), Globokar (tb), Grillo (b), Sclavis (ss, cl, bcl) und Shipp (p) (1998 der einzige US-Amerikaner) einer der sechs Solisten, die mit ihren Auftritten das T.M.M. 1998 zu einem „Festival der Solisten"[40] machten, wie Pfleiderer in der *Frankfurter Rundschau* das T.M.M. 1998 charakterisierte. An jedem der fünf Abende traten meistens zwei Solisten auf. Während hierbei nur Mengelberg und Shipp zweimal innerhalb der fünf Tage spielten, hatten die eingeladenen Formationen alle Mehrfachauftritte beim Festival. Dies waren die Duos *Gumpert & Sommer* (Gumpert: p; Sommer: dr), *Schlippenbach & Oxley* (Schlippenbach: p; Oxley: dr) und *Sclavis & Montera* (Sclavis: ss, cl, bcl; Montera: g, elec obj) sowie das *Selbdritt-Petrowsky Trio* (Petrowsky: reeds; Becker: tp, flh; Koch: b), das *Manfred Schulze Bläserquintett* (Schwingenschlögl: tp; Hering: as, ss, cl; Reinhardt: ss, ts; Anklam: bs; Johannes Bauer: tb) und das europäisch-internationale *King Übü Örchestrü* (Dörner: tp; Malfatti: tb; Poore: tba; Bergen: reeds; Fuchs: reeds; Wachsmann: vln, elec; Montera: g, elec; Grillo: b; Lytton: dr, elec). Für das T.M.M. 1998 war kein thematischer Schwerpunkt vorgesehen. Mit der Präsentation des Duos *Gumpert/Sommer*, des *Manfred Schulze Bläserquintett* und des Trios von Petrowsky („der Vaterfigur"[41] des freien Spiels in der DDR) lässt sich innerhalb des Programms von 1998 ein Schwerpunkt mit Musikern der (ehemaligen) DDR-Avantgarde konstatieren.

38 Pfleiderer 1997.

39 Vgl. Pfleiderer 1998.

40 Ebd.

41 Noglik 1998.

Zum letzten T.M.M. 1999 hatte die FMP drei Duos und fünf Quartette eingeladen. Dies waren zum einen die Duos *Butcher & Edwards* (Butcher: ss, ts; Edwards: b), *Dunmall & Rogers* (Dunmall: ss, bag; Edwards[42]: b) und das Duo *You Never Give Me Your Pillow* der beiden in Berlin arbeitenden, der jüngeren Generation zugehörigen Hotz (cl, ss, bss) und Bussmann (cel), die bereits bei *Butch Morris' Berlin Skyscraper* 1995 zu hören waren. Und zum anderen die Quartette *Reichel/Carl/Kim/Zingaro* (Reichel: g, daxophone; Carl: acc, cl; Kim: kom; Zingaro: vln), das *Cecil Taylor Ensemble* (Taylor: p; Douglas: g; Honsinger: cel; Cyrille: dr), erneut Brötzmanns *Die Like A Dog*, das Generationen übergreifende *Tony Oxley Quartet* (Wachsmann: vln, elec; Thomas: p, elec; Wand: elec, samp; Oxley: dr) und William Parkers Quartett *Other Dimensions in Music* (Campbell: tp, flh; Carter: reeds, tp; Silva: p, synth; Parker: b). Ohne Mehrfachauftritte wurden an drei Abend jeweils zwei Formation vorgestellt, am Eröffnungsabend mit *Die Like A Dog* und am letzten Abend mit *Other Dimensions in Music* jeweils nur eine. Nachdem 1998 kein einziger US-amerikanischer Musiker beim T.M.M. teilgenommen hatte, waren es 1999 wieder ein Drittel der vertretenen Musiker:innen, und mit Brötzmann, Carl und Reichel wurden auch wieder Arbeitsprozesse von ‚Musikern der ersten Stunde' einbezogen (nachdem beim T.M.M. im Vorjahr nur Schlippenbach teilgenommen hatte). Zur Programmkonzeption führt die FMP in den Programminformationen aus, dass den Inhalt des T.M.M. 1999 „die improvisierte Musik"[43] darstelle. Neben den musikalischen Programmpunkten war im Foyer des *Podewil* eine Ausstellung mit Fotografien von Dagmar Gebers zu sehen. Und einen Tag nach dem Ende des T.M.M., am Montag, den 8. November 1999, fanden drei weitere Konzerte im *Podewil* mit dem Quartett *Doppelmoppel* (Conrad Bauer: tb; Johannes Bauer: tb; Kropinski: g; Sachse: g), Gert Anklam (bs) solo und dem *Bill Dixon Ensemble* (Dixon: tp, flh; Matthias Bauer: b; Koch: b; Oxley: dr) statt. Veranstaltet wurden die Konzerte von den *Berliner Festspiele* in Zusammenarbeit mit dem *Podewil* und der FMP.

Workshop Freie Musik, 1998

Nachdem 1997 der *Workshop Freie Musik* (W.F.M.) aus finanziellen Gründen nicht durchgeführt werden konnte, fand dieser 1998 wieder statt. Jedoch nicht als 30. W.F.M. (zum dreißigjährigen Jubiläum), sondern mit Hinweis auf den Ausfall im Vorjahr als *30ter(-1) Workshop Freie Musik*. Es sollte der letzte in der Geschichte der FMP bleiben. Der fünftägige W.F.M. 1998 konnte (wie auch 1996) wieder an Ostern in der *Akademie der Künste* veranstaltet werden. Konzeptionell rekurrierte das Programm auf das Schema der Mehrfachauftritte, sah jedoch keine Kombinationen vor. Zwei Solisten, zwei Duos, vier Trios und ein Quintett

42 Edwards war für den erkrankten Rogers eingesprungen.

43 Bosshard 1999.

repräsentierten die etablierten FMP-Programmebenen, wobei auch beim letzten W.F.M. die Ebene des jüngeren Nachwuchses eher marginal ausgeprägt blieb.[44] Vorgestellt wurden Konrad Bauer (tb) solo, Van Hove (p) solo, der New Yorker Grenzgänger (zwischen Country, Noise, Jazz und freier Improvisation) Eugene Chadbourne (g, voc) im Duo mit Lovens (dr), *Montera & Regef* (Montera: g; Regef: dl), das *Schlippenbach Trio* (Parker: ss, ts; Schlippenbach: p; Lovens: dr), *Diesner/Gumpert/Oxley* (Diesner: reeds; Gumpert: p; Oxley: dr), *Holz für Europa* (Bergen: reeds; Fuchs: reeds; Koch: reeds), *Schürch/Butcher/Hirt* (Schürch: voc; Butcher: ss, ts; Hirt: g, elec) und William Parkers *In Order To Survive* (Brown: as, fl; Tsahar: ts, bcl; Cooper-Moore: p; Parker: b).

Pfleiderer urteilt bezüglich des W.F.M. 1998 in der *Frankfurter Rundschau*, dass die europäische Improvisationsmusik in die Jahre gekommen sei.[45] Was vor drei Jahrzehnten als ‚Befreiung von der Diktatur der Notenpulte und Spielkonventionen', als ‚Aufbegehren gegen Konzertveranstalter' begonnen habe, könne inzwischen auf eine reichhaltige Entwicklungsgeschichte zurückblicken und verfüge nun selbst über eigene Idiome, Traditionslinien und Institutionen. Des Weiteren registriert Pfleiderer nur wenige unbekannte Namen im umfangreichen Programm des W.F.M. Vielmehr hätten „Kontinuität und historisches Bewusstsein"[46] das Festival bestimmt. Ähnlich wie in anderen Kunstsparten sei es heutzutage auch für die Musiker:innen der Improvisationsszene schwierig, etwas vollkommen Neues zu schaffen. Demnach liege die Stärke der improvisierten Musik nicht mehr so sehr im avantgardistisch Unerhörten, „sondern in der immer neuen Ausgestaltung von ganz persönlichen Spielansätzen".[47] Pfleiderers Urteil ruft unweigerlich Assoziationen zu Gebers' Charakterisierung hervor, dass „alles gesagt" sei, „was wir zu sagen haben".[48]

Nachdem sich ab den 1990er-Jahren ein neuerlicher Publikumszuspruch beim W.F.M. feststellen ließ (und auch das T.M.M. bis Ende der 1990er-Jahre sehr gut besucht war), war das Interesse am letzten W.F.M. nach der einjährigen Pause eher zurückhaltend. So bemerkte Schweiger in *Jazz Live*, dass nur das „dürftige Publikumsinteresse"[49] betrüblich gestimmt habe.

---

44 In seiner Rezension in der *Berliner Morgenpost* merkte Entreß an: „Dieser *Workshop* bot viel Stoff für einen ästhetik-geschichtlichen Diskurs, aber er gab keinen Hinweis auf die musikalischen Ausdrucksformen der heutigen jungen Dissidenten. Gibt es sie nicht?" (Entreß 1998)

45 Vgl. Pfleiderer 1998c.

46 Ebd.

47 Ebd.

48 Gebers, Interview mit dem Verfasser, 22.5.2015, Interview-ID 343.

49 Vgl. Schweiger 1998.

CD-Produktion
FMP CDs

In den letzten drei Jahren ihres Bestehens veröffentlichte die FMP 25 *FMP CDs*. Vier von diesen waren Reissues. So wurden wiederveröffentlicht:

- *Touch the earth* (FMP 0730) und *Break the shells* (FMP 0920) von *Smith/Kowald/Sommer*: als *FMP CD 67*
- *Nummer 12* (FMP 1090) und *Viertens* (FMP 1230) des *Manfred Schulze Bläserquintett*: als *FMP CD 87*
- *Mujician I* (SAJ-37) und *Mujician II* (SAJ-55) von Keith Tippett: als *FMP CD 95*
- *Bass Duets*: eine Kompilation mit 4 Tracks der FMP-LP *Die Jungen: Random Generators* von Peter Kowald und Barre Phillips (FMP 0680), 2 Tracks von *Paintings* von Peter Kowald und Barry Guy (FMP 0960) und 4 Tracks von *Two making a triangle* von Peter Kowald und Maarten Altena (FMP 0990): als *FMP CD 102*

64% der im Zeitraum von 1997 bis 1999 veröffentlichten *FMP CDs* waren Live-Mitschnitte. Bis auf die CD *Rüdiger Carl solo (Dedicated to my father and to Martin Kippenberger)* (FMP CD 86) wurden diese bei Live-Projekten der FMP in Berlin aufgenommen. Fünf der veröffentlichten *FMP CDs* wurden beim T.M.M. mitgeschnitten:

- T.M.M. 1995: *Butch Morris conducts Berlin Skyscraper* (FMP CD 92/93)
- T.M.M. 1997: *Little birds have fast hearts No. 1* des *Die Like A Dog Quartet* (FMP CD 97)
- T.M.M. 1997: *Little birds have fast hearts No. 2* des *Die Like A Dog Quartet* (FMP CD 101)
- T.M.M. 1997: *Tangens* von Sam Rivers und Alexander von Schlippenbach (FMP CD 99)
- T.M.M. 1998: *Digger's harvest* von Alexander von Schlippenbach und Tony Oxley (FMP CD 103)

Sechs *FMP CDs* wurden beim W.F.M. mitgeschnitten:

- W.F.M. 1995: *Portrait* von Sam Rivers (FMP CD 82)
- W.F.M. 1995: *Live in Berlin* von *Accroche Note* (FMP CD 83)
- W.F.M. 1995: *Before the world* von Matthew Shipp (FMP CD 81)
- W.F.M. 1996: *Suite for B… City* des großformatigen europäischen *'t Nonet* von Fred Van Hove – mit seinen zum Teil langjährigen Arbeitskolleg:innen André Goudbeek, Ivo Vander Borght, Johannes Bauer, Annick Nozati, Paul Rutherford sowie Benoît Viredaz, Axel Dörner und John Butcher (FMP CD 88)
- W.F.M. 1998: *Posium Pendasem* von William Parkers *In Order To Survive*-Quintett (FMP CD 105)
- W.F.M. 1998: *Complete Combustion* des *Schlippenbach Trio* (FMP CD 106)

Zudem wurden *Melancholy* des *Cecil Taylor Workshop Ensemble* (FMP CD 104) beim Taylor-*Special*: *Total Taylor Total* im Herbst 1990 im *Bechstein Konzertsaal* in Kreuzberg sowie das Album *Comité Imaginaire* des Trios *Holz für Europa* (FMP CD 84) bei der letzten *Summer Music 1995* im *Haus am Waldsee.*

Die bei den Berliner FMP-Live-Projekten entstandenen Live-CDs wurden alle von Scheuermann und Gebers aufgenommen: bis auf Taylors 1998 als *FMP CD 98*: *Tree of Life* veröffentlichtes Solo-Konzert in der *Deutschen Oper Berlin* 1991[50] sowie die beim *Free Concert* des *Charles Gayle Trio* Ende August 1993 im *Rathaus Charlottenburg* mitgeschnittene *FMP CD 90*: *Berlin movement from future years*[51]. Während Gebers das *Free Concert* des *Charles Gayle Trio* im *Rathaus Charlottenburg* bzw. die beiden darauffolgenden Tage für weitere Aufnahmen mit dem Trio nutzte, die auf *FMP CD 100*: *Abiding Variations* veröffentlicht wurden, entstanden die übrigen vier ebenfalls ohne Publikum (und nicht von Gebers) aufgenommenen *FMP CDs* nicht in Berlin. Hierbei handelt es sich um:

- *London Air Lift* von Evan Parker mit John Russell, John Edwards und Mark Sanders (FMP CD 89): aufgenommen Ende 1996 und im Frühjahr 1997 in den *Gateway Studios* in London
- *A doughnut in one hand* von Phil Minton (FMP CD 91): aufgenommen im Januar 1996 im *Friends Meeting House* in Welwyn Garden City
- *Cuts* von Peter Kowald und seinem *Ort Ensemble Wuppertal* mit den Gästen Evan Parker, Lê Quan Ninh und Carlos Zingaro (FMP CD 94): aufgenommen am 5./6. und am 21./22. Oktober 1995 im *Artcore Studio* in Wuppertal
- *Difference and Similarity* von Xu Feng Xia (FMP CD 96): aufgenommen im Juni und September 1997 im *L-Basement* in Bielefeld

Mit einem Anteil von ca. 36% dokumentiert der *FMP CD*-Katalog (inkl. der Reissues) im Zeitraum 1997 bis 1999 nach wie vor Projekte der ‚Leute der ersten Stunde'. So veröffentlichte die FMP drei *FMP CDs* mit Kowald[52], drei *FMP CDs* mit Schlippenbach[53], zwei *FMP CDs* mit Brötzmann[54] und eine *FMP CD* mit Carl[55]. Neben dieser 1. Programmebene ist hinsichtlich der langjährig-assoziierten europäischen Musiker:innen mit mehrfacher Beteiligung vor allem auf Parker hin-

50 Aufgenommen vom Tontechnik-Team der Deutschen Oper Berlin.

51 Aufgenommen von Gebers.

52 *FMP CD 94*: *Cuts*, *FMP CD 67*: *Touch the earth – Break the shells* und *FMP CD 102*: *Bass Duets.*

53 *FMP CD 99*: *Tangens*, *FMP CD 103*: *Digger's harvest* und *FMP CD 106*: *Complete Combustion.*

54 *FMP CD 97*: *Little birds have fast hearts No. 1* und *FMP CD 101*: *Little birds have fast hearts No. 2.*

55 *FMP CD 86*: *Rüdiger Carl solo.*

zuweisen, der auf vier *FMP CDs*[56] zu hören ist. Waren im *FMP CD*-Katalog bis Ende 1996 immerhin noch auf 16% der Veröffentlichungen Musiker der (ehemaligen) DDR-Avantgarde vertreten, ist (abgesehen von Johannes Bauers Mitwirkung auf Van Hoves *Suite for B… City* (FMP CD 88) und der Wiederveröffentlichung (FMP CD 87) des *Manfred Schulze Bläserquintett*) die ehemalige Programmebene (Jazz aus der DDR) ebenso wenig ausgeprägt wie die des Nachwuchses. Mit Ausnahme von Fuchs auf *Comité Imaginaire* (FMP CD 84) des europäischen Trios *Holz für Europa* und Dörner auf Van Hoves *Suite for B… City* tritt sowohl der bereits während der Post-Kollektiv-Zeit geförderte Nachwuchs (wie Wiedermann, Riermeier und Arndt) als auch die „junge Generation"[57] (wie Bussmann, Rupp oder Huke) im *FMP CD*-Katalog ausschließlich im Rahmen der größeren Besetzungen in Erscheinung, d.h. bei *Butch Morris conducts Berlin Skyscraper* (FMP CD 92/93) und beim *Cecil Taylor Workshop Ensemble* (FMP CD 104). Die auf den *FMP CDs* während des als Goldene FMP-Zeit markierten Zeitraums dokumentierte neue Internationalisierungsform (d.h. die US-amerikanisch-europäisch besetzten Formationen) mit einem Anteil von über 40% sinkt in den Jahren 1997 bis 1999 auf ca. 24% der neuveröffentlichten *FMP CDs*. Die von US-amerikanisch-europäischen Formationen eingespielten *FMP CDs* lagen damit gleichauf wie die im selben Zeitraum veröffentlichten *FMP CDs* mit europäisch-internationalen Besetzungen. Dennoch waren weiterhin auf über der Hälfte der zwischen 1997 und 1999 veröffentlichten *FMP CDs* US-amerikanische Musiker:innen zu hören. Neben Taylor mit zwei *FMP CD*-Veröffentlichungen[58] traten hierbei vor allem ebenfalls mit zwei *FMP CDs*: Rivers[59], Gayle[60] und Drake[61] sowie William Parker mit drei CDs[62] hervor.

Bei der Cover- und Bookletgestaltung wurden im Zeitraum 1997 bis Ende 1999 bei über 90% der *FMP CDs* Fotos von Dagmar Gebers verwendet. Während sich Brötzmann und (teilweise auch) Kowald selbst um die Gestaltung ihrer CD-Booklets kümmerten, übernahm Gebers bei fast 70% der Produktionen das Layout der Cover und Booklets.

---

56 *FMP CD 89*: *London Air Lift*, *FMP CD* 94: Cuts (mit Kowalds *Ort Ensemble Wuppertal*), *FMP CD* 104: *Melancholy* (mit dem *Cecil Taylor Workshop Ensemble*) und *FMP CD 106*: *Complete Combustion* (mit dem *Schlippenbach Trio*).

57 Klopotek 2010, S. 59.

58 *FMP CD 98*: *Tree of Life* (solo) und *FMP CD 104*: *Melancholy*.

59 *FMP CD 82*: *Portrait* und *FMP CD 99*: *Tangens*.

60 *FMP CD 90*: *Berlin movement from future years* und *FMP CD 100*: *Abiding Variations* jeweils mit seinem Trio mit Cherry und Wimberly.

61 *FMP CD 97*: *Little birds have fast hearts No. 1* und *FMP CD 101*: *Little birds have fast hearts No. 2* jeweils mit dem *Die Like A Dog Quartet*.

62 *FMP CD 97*: *Little birds have fast hearts No. 1* und *FMP CD 101*: *Little birds have fast hearts No. 2* jeweils mit dem *Die Like A Dog Quartet* sowie *FMP CD 105*: *Posium Pendasem*.

Zu den zwischen 1997 und 1999 veröffentlichten und meistverkauften *FMP CDs* zählen die beiden Veröffentlichungen des *Die Like A Dog Quartet*: *Little birds have fast hearts No. 1* (FMP CD 97) und *Little birds have fast hearts No. 2* (FMP CD 101), der Mitschnitt von Taylors Solo-Konzert in der *Deutschen Oper Berlin* 1991: *Tree of Life* (FMP CD 98) sowie Rivers Solo-CD: *Portrait* (FMP CD 82). Wobei nochmal darauf hinzuweisen ist, dass ab etwa Mitte 1995 nicht mehr die CD-Stückzahlen wie noch zu Beginn der Umstellung der FMP-Tonträgerproduktion von Vinyl auf CD erreicht werden konnten.

OWN

In der *OWN*-Serie veröffentlichte die FMP zwischen 1997 und 1999 fünf Produktionen. Dies waren 1. *Two Concerts* (OWN-90006) des Trios *Minton/Butcher/Hirt* mit Minton (voc), Butcher (ts, ss) und Hirt (g, elec) mit Aufnahmen vom *Free Music Festival* in Antwerpen sowie von *Musique Action* in Vandœuvre lès Nancy jeweils aus dem Sommer 1995. 2. Die 3-CDs-Box *Book – Virtual Cowws* (OWN-90007/9) von Rüdiger Carl mit insgesamt 55 Aufnahmen aus den Jahren 1979 bis 1996 (mit u.a. dem *Cowws Quintett*, der *September Band*, Reichel, Schweizer, Moholo, Sommer, Schlippenbach, Oliver und Johansson). 3. *Saxoridoo* (OWN-90010) von Graef und dem komponierenden wie auch improvisierenden Musiker Achim Goettert (ss, as, ts), aufgenommen Ende Januar 1998 im *Tonstudio Nord* in Berlin. 4. *Freedom of Speech* (OWN-90011) des Trios *Schröder/Walsdorff/Jenneßen* mit den jungen (1964/65 geborenen) und in Berlin arbeitenden John Schröder (g, p), Henrik Walsdorff (as) und Uli Jenneßen (dr, perc). Und 5. *OWN-90012*, die zum einen die *Suite for slow Dancers*: *You never give me your Pillow* der beiden ebenfalls in Berlin arbeitenden und der jüngeren Generation zugehörigen Gregor Hotz (cl, ss, bss) und Nicholas Bussmann (cel) sowie zum anderen die von Hotz solo eingespielten *8 Pieces for single Listeners* enthielt.

Special Editions

Zwischen 1997 und 1999 veröffentlichte die FMP nur eine *Special Edition*: *Cecil Taylor Concrete* (FMP MJ 02). Bei *Cecil Taylor Concrete* handelt es sich wie schon zuvor bei der *Special Edition*-CD *FMP Story* (FMP MJ 01) um eine Zusammenarbeit mit dem italienischen Jazzmagazin *Musica Jazz* (No. 1/1998). *FMP MJ 02* ist eine Kompilation mit (zum Teil gekürzten) Titeln aus den bereits von der FMP veröffentlichten Taylor-Konzerten erstens aus dem Sommer 1988 im Rahmen von

Cecil Taylor, FMP-Studio, Koloniestraße 133, Berlin, ca. 1991
(Foto: Dagmar Gebers, FMP-Publishing Archiv)

Improvised Music II/88[63], zweitens vom T.M.M. 1989[64], drittens von Taylors Solo-Konzert beim FMP-*Special Total Taylor Total* 1990[65] und viertens zwei (bis dahin) unveröffentlichte Aufnahmen: Bei diesen handelt es sich um einen Ausschnitt aus dem Auftritt des *Cecil Taylor Dance Project* bei der *Summer Music/Fall in Jazz 1990* (erschienen 2008 als *FMP CD 130: The Dance Project*) und um einen beim W.F.M. 1993 in der *Akademie der Künste* mit dem *Cecil Taylor Ensemble* aufgenommenen Titel (vermutlich eine Zugabe, die nicht auf der 1996 veröffentlichten *FMP CD 69: Always a Pleasure* des *Cecil Taylor Ensemble* enthalten war).

---

63 Jeweils mit einem Titel von *FMP CD 13/14: In East Berlin* (aus dem Ost-Berliner Solo-Konzert), von *FMP CD 2: Riobec* (mit Sommer), von *FMP CD 4: Remembrance* (mit Moholo) und von *FMP CD 8/9: Alms/Tiergarten (Spree)* mit dem *Cecil Taylor European Orchestra* sowie 2 Titel von *FMP CD 6: Leaf Palm Hand* (mit Oxley).

64 Ein Titel von *FMP CD 28: Looking (Berlin Version) Solo*, ein Titel von *FMP CD 25: Looking (Berlin Version) The Feel Trio* sowie ein Titel von *FMP CD 31: Looking (Berlin Version) Corona* mit dem *Corona*-Quintett.

65 *FMP CD 55: Double Holy House.*

Resümee III: Entwicklungs- und Realisationsprozesse

Hinsichtlich der Frage nach der Entwicklung der Kooperative und deren Struktur lassen sich bis zur Aufgabe der Geschäftstätigkeit der FMP Ende 1999 im Wesentlichen drei aufeinanderfolgend praktizierte Modelle unterscheiden. 1. Das mit der Gründung der FMP implementierte Modell einer Kooperative, die von Brötzmann und (vor allem) von Gebers betrieben wurde (1969–1972). 2. Die Neustrukturierung der Kooperative mit einer kollektiven Führung von fünf Gesellschaftern, bestehend aus den vier Musikern Brötzmann, Kowald, Schlippenbach und Schönenberg sowie dem das Kollektiv vertretenden Geschäftsführer Gebers (1972–1976). 3. Die Aufgabe des Kollektivmodells und der Kooperative. Von da an führte Gebers in alleiniger Verantwortung die Geschäfte der FMP (1976–1999).

Zu den diversen, heterogenen und dislokalen Entitäten, die während der Gründungsphase die Akteur:innen zum Tun brachten, traten nach der Gründungsphase neue Entitäten hinzu. Hierdurch modifizierte sich auch das Akteur-Netzwerk. Zu den neuen Entitäten zählen u.a. die Konstituierung der FMP als Schallplattenlabel, die Schallplattenproduktion sowie die veröffentlichten Tonträger, die zahlreichen von der FMP veranstalteten Konzertreihen, Einzelkonzerte und *Specials*, die propagierte Zielsetzung und konkrete Perspektive einer vom kritisierten Kommerzialismus und den musikindustriellen Strukturen unabhängigen Praxis, die gescheiterte Kooperation mit den *Berliner Jazztagen* (1971) und die dadurch gestärkte transformierte Positionierung der Akteur:innen hinsichtlich ihrer Zusammenarbeit mit dem Jazz-Establishment, die Gründung des Kollektivs und die Neustrukturierung der Kooperative, der Gesellschaftervertrag, die Selbstverständnis-Erklärung der FMP, der Free Jazz aus der DDR und der Austausch mit der ostdeutschen Jazz-Avantgarde, die im Herbst 1974 erstmalig angemieteten Büroräume, die sozialversicherungspflichtige Anstellung eines Mitarbeiters und dessen Tätigkeit, die angestrebte Professionalisierung, die ökonomische und finanzielle Situation der FMP, die Tonträgerdistribution und die Programmplanung (hinsichtlich Schallplattenproduktion und Konzertveranstaltungen) sowie die Allianz mit der Stadt Berlin bzw. der *Jugendpflege Charlottenburg* (*Free Concerts*-Reihe).

Die Aufgabe des Kollektivmodells Anfang 1976 markiert in mehrerer Hinsicht eine Zäsur in der Entwicklung der FMP. Mittels des skizzierten Akteur-Netzwerks lässt sich hierbei die Problematik differenzieren, die zur Aufgabe des Kollektivmodells und zur Auflösung der Kooperative führte. So ist die Problematik nicht nur durch einen Konflikt hinsichtlich der egoistischen Interessen der Akteure untereinander und der verschiedenen Zielsetzungen des Kollektivs bestimmt.[1] Vielmehr zeigt sich 1., dass die diversen, dislokalen und heterogenen Entitäten der mangelnden Repräsentation der Akteur:innen, deren ökonomi-

1 Vgl. Müller 2022, S. 32.

sche Situation, Karrieren und deren künstlerisches Selbstverständnis sowie der Selbstverständnis-Erklärung der FMP (von der kommerziellen Musikindustrie unabhängige Arbeitsmöglichkeiten zu schaffen und durch geeigente Präsentation einen informativen Überblick über die neue Jazzmusik zu ermöglichen) deshalb im Rahmen des Akteur-Netzwerks keine aus Sicht der Akteur:innen adäquate Berücksichtigung finden konnten, weil die diversen Entitäten der finanzielle Situation der FMP, der (insuffizienten) Tonträgerdistribution, der Schallplattenproduktion und deren Produktionskosten, der angestrebten Professionalisierung mitsamt der Bürokosten, der Kosten für Bezahlung eines Mitarbeiters, der Kosten bzgl. der technischen Anlagen etc. eine Situation mitbedingten, in der die Handlungsspielräume der Akteur:innen (bzgl. Tonträgerproduktion und ‚guten Jobs' bei Konzertveranstaltungen) zu eingeschränkt waren. Dass die Akteur:innen hierbei 2. keine kollektiven Ansatzpunkte entwickeln konnten, um den limitierten Möglichkeiten und Problematiken (siehe 1.) produktiv begegnen zu können, lässt sich desgleichen mittels des Akteur-Netzwerks veranschaulichen. So waren die vielfältigen und dislokalen Entitäten der beklagten mangelnden Repräsentation, der (ausbleibenden) Vermarktung des Neuen Jazz und der ökonomischen Situation der Akteur:innen etc. seit der zweiten Hälfte der 1960er-Jahre fest mit der Entität des antikommerziellen Narrativs, d.h. mit der Stigmatisierung des Kommerzialismus als störenden oder korrumpierenden Einfluss auf den Jazz und die künstlerische Produktion innerhalb des Akteur-Netzwerks verknüpft. Die Antwort der Akteur:innen hierauf findet sich in der Entität der Perspektive einer von den Akteur:innen selbst getragenen und vom Kommerzialismus und von der kommerziellen Musikindustrie unabhängigen Entwicklung wieder. Bereits beim Zusammenschluss der Akteur:innen beim Westberliner Gegenfestival 1968 (1. T.M.M.) wurde diese Zielsetzung einer unabhängigen Praxis als Perspektive propagiert und seitdem kontinuierlich (wie auch bei der Konstituierung der FMP als Schallplattenlabel) aktualisiert. Nun aber offenbarte sich aus Sicht der Akteure der Gegenentwurf zum Kommerzialismus, d.h. die Perspektive einer selbst getragenen und unabhängigen Entwicklung als Trugschluss. Denn die dislokalen und heterogenen Entitäten bzw. Kritik der mangelnden Repräsentation und des Anspruchs einer adäquaten Berücksichtigung etc. konnten nicht ausschließlich an den Kommerzialismus delegiert werden konnten, also an ein Außen. Vielmehr traten diese nun auch innerhalb der antikommerziellen, unabhängigen Praxis der Akteur:innen zutage. Anstatt strukturelle Modifizierungen innerhalb des Kollektivs oder der Kooperative vorzunehmen, wurde Anfang 1976 nicht nur das Modell der kollektiven Führung der ‚Cooperative von Jazzmusikern' aufgegeben, sondern auch die Kooperative.

Mit der erneut modifizierten Struktur der FMP veränderte sich auch das Akteur-Netzwerk. Das bewegliche Ziel des riesigen Aufgebots von Entitäten war nun Gebers. Mittels der nachgezeichneten Praxisprozesse konnten als Entitäten, die fortan das Handeln bedingten, die folgenden Entitäten identifiziert werden: Die

Kommunikation mit den Musiker:innen, das sich diversifizierende und globaler werdende soziale und musikalische Netzwerk, die inzwischen weltweiten musikalischen Aktivitäten der Musiker:innen (wie bspw. von Brötzmann oder Kowald), die zunächst weitergeführten regelmäßigen Treffen in Wuppertal vor den großen FMP-Veranstaltungen, die verschiedenen FMP-Programmebenen (wie die ‚Leute der ersten Stunde', Free Jazz aus der DDR, der Nachwuchs etc.), die Tonträgerproduktion und -distribution, die Programmplanungen, die Konzertveranstaltungen und die festen Veranstaltungsreihen (wie *Total Music Meeting*, *Workshop Freie Musik*, *Free Concerts*, *Summer Music*), das Bestreben einer sozialen und musikalischen Öffnung, die Einbeziehung nachwachsender, spannender Leute, das Vorhaben, neue Strömungen, Einflüsse und die vielfältigen und verschiedenartigen Entwicklungen der freien und improvisierten Musik in einem möglichst breiten Spektrum zu präsentieren, die adäquate Präsentation, Realisation, Vermittlung und Aneignung der Musik, das Bestreben, die konkrete musikalischen Auseinandersetzungen der Musiker zu forcieren, die Modifizierung der Selbstverständnis-Definition des *Workshop Freie Musik*, die finanzielle und ökonomische Situation der FMP, das Publikum, die verschiedenen nationalen wie auch internationalen Fördermöglichkeiten und -programme, die Allianzen (mit der *Jugendpflege Charlottenburg*, der *Akademie der Künste*, dem Zehlendorfer *Haus am Waldsee* und der *Berliner Festspiele GmbH*), das eigene technische Aufnahme- und Live-Equipment, die Möglichkeit, Aufnahmesituationen arrangieren zu können, die sozialversicherungspflichtige Anstellung eines Mitarbeiters und dessen Tätigkeit und das Büro der FMP.

Eine weitere Zäsur in der Entwicklung der FMP markiert deren ökonomische Krise ab 1982. Dieser war eine Transformation der Entität des Publikums, d.h. dessen kontinuierliche Verringerung vorausgegangen, was die von Beginn an nur eingeschränkten finanziellen Möglichkeiten der FMP und insofern deren finanzielle Situation in zunehmenden Maße belastete. Die Krise bedingte nicht nur eine drastische Reduktion der Schallplattenveröffentlichungen der FMP, deren Frequenz nach dem Ende des Kollektivs um 92,5% gesteigert worden war und bis 1983 bei jährlich durchschnittlich knapp 16 LPs lag. Ohne die grundlegende Unterstützung durch die Berliner *Senatsverwaltung für Kulturelle Angelegenheiten* hätte die schwerwiegende finanzielle und ökonomische Krise bereits Anfang 1984 das Aus der FMP bedeutet. Mittels einer Förderung durch die neue Allianz, dem Berliner Kulturressort konnte sich die FMP in Berlin-Wedding ein Studio ausbauen, in dem Gebers auch ein Büro einrichten konnte. Um im neuen Studio ab 1986 Konzerte durchführen zu können (*Just Music*-Reihe), bekam die FMP zusätzlich Projektmittel von der *Senatsverwaltung*. Der bisherige Mitarbeiter Hahne musste aus Kostengründen entlassen werden, wobei Hahne projektbezogen weiterhin Gebers unterstützte. Vollständig überwunden war die ökonomische Krise jedoch erst 1989 mit einer erneuten Modifizierung des Akteur-Netzwerks, das der FMP in den 1990er-Jahren die Gelegenheit ganz neuer Handlungsmöglichkeiten eröffnete. Ausgehend von den skizzierten Praxisprozessen ließen sich hierbei u.a. folgende diversen, heterogenen und dislokalen Entitäten identifizieren, die den Neuanfang der FMP mitbedingten: Taylors Arbeitsaufenthalt und Konzerte 1988 in Berlin, das Berliner *Kulturstadt Europas*-Jahr 1988 und die entsprechenden Programmplanung, die Allianz mit der *Akademie der Künste*, das soziale und musikalische Netzwerk der FMP, Taylors Teilnahme beim *Workshop Freie Musik* 1986, Gebers' kontinuierliche Auseinandersetzung mit der Frage adäquater Präsentations- wie auch Vermittlungsformen der freien und improvisierten Musik, die 11-CDs-Box *Cecil Taylor in Berlin '88*, die (gestiegene) Popularität der FMP, die Umstellung der FMP-Tonträgerproduktion von Vinyl auf CD, die Einführung der Compact Disc, die Tonträgerdistribution der FMP, die Steigerung der CD-Umsatzzahlen, die ökonomische Situation der FMP, die Allianz mit der Berliner Kulturverwaltung sowie die Gewährung einer institutionellen Förderung.[2]

Gebers' Entscheidung, die Geschäftstätigkeit der FMP schließlich Ende 1999 zu beenden, erfolgte weder spontan noch wollte Gebers den Staffelstab weitergeben.[3] Vielmehr wurde Gebers' Handeln u.a. von den folgenden Entitäten mitbedingt: Die sich verschlechternde ökonomische Situation der FMP (inkl. die sukzessive Kürzung der institutionellen Förderung), der Verlust der Allianzen (*Akademie der Künste*, *Haus am Waldsee*, *Bezirksamt Charlottenburg*, auch die Allianz mit der Kulturverwaltung scheint nicht mehr so stabil zu sein), die Programmatik der FMP, die gesundheitliche Situation von Gebers und das nahende Ende seiner Berufstätigkeit, die geplante Inanspruchnahme von Altersteilzeit sowie das Vorhaben zu Ostendorf nach Borken zu ziehen.

Hinsichtlich der Frage nach der Realisierung der Programmatik der FMP zeigt sich, dass sowohl die Realisierung der Programmatik als auch deren Herausbildung und Entwicklung von den diversen, heterogenen und dislokalen Entitäten mitbedingt wurden, die auch die Entwicklung und Genese der FMP bedingten. Insofern handelt es sich bei der Realisierung der Programmatik der FMP um keinen intentionalistischen, vorab geplanten Prozess, wie dies die Fragestellung nahelegen könnte. Vielmehr lassen sich die verschiedenen Komponenten der Programmatik der FMP als Entitäten des Akteur-Netzwerks lokalisieren lassen. Bereits beim Zusammenschluss 1968 wurde die Zielsetzung einer von den Akteur:innen getragenen und unabhängigen Praxis, d.h. unabhängig vom kritisierten Kommerzialismus und den musikindustriellen Strukturen als

2 Die erneute Modifizierung des Akteur-Netzwerks beinhaltete weiterhin die Entitäten des bis dahin bestehenden Akteur-Netzwerks wie u.a. die Allianz mit dem Zehlendorfer *Haus am Waldsee*, die vielfältige und langjährigen Konzertveranstaltungen der FMP, die kontinuierliche Tonträgerproduktion, die ständig steigende Anzahl produzierter Tonträger, das DAAD-Programm, die Intensivierung vor allem der Zusammenarbeit mit US-amerikanischen Musiker:innen oder der Versuch, die musikalische Auseinandersetzung der Musiker:innen untereinander zu forcieren.

3 Vgl. Müller 2022, S. 50.

Perspektive propagiert und seitdem bis zur Aufgabe des Kollektivmodells kontinuierlich aktualisiert. Ebenso fest mit den diversen, heterogenen und dislokalen Entitäten des Akteur-Netzwerks verknüpft war die Kritik der Akteur:innen an der Präsentations- und Organisationsform (der *Berliner Jazztage* und anderer etablierter Festivals) sowie der Versuch, adäquate Präsentations-, Realisations-, Vermittlungs- und Aneignungsformen hinsichtlich des Neuen Jazz zu etablieren. Auch die Selbstverständnis-Erklärung des Kollektivs unterstreicht diese herausgebildete Programmatik der FMP. Ab Mitte der 1970er-Jahre wurde die Präsentation neuer Strömungen, Einflüsse und die vielfältigen (und verschiedenartigen) Entwicklungen der freien und improvisierten Musik in einem möglichst breiten Spektrum intensiviert. Auch wenn die stilistische Ausrichtung heterogener wurde und teilweise weit über Free- und Avantgarde-Jazz und angrenzende experimentell-improvisierte Musik hinausreichte, bildete bis zum Ende der FMP freie, improvisierte Musik (obgleich unterschiedlichster Herkunft, Entwicklungen und Ansätze) den programmatischen Schwerpunkt. Seit der ersten Hälfte der 1980er-Jahre lässt sich eine neue programmatische Tendenz registrieren, die über die Perspektivierung der vielfältigen und verschiedenartigen Entwicklungen der freien und improvisierten Spielformen oder deren (adäquate) Präsentation, Realisation, Vermittlung und Aneignung hinausreichte. So versuchte Gebers, mit entsprechenden Konzeptionen Rahmenbedingungen zu schaffen, die neben den Gesichtspunkten der Präsentation (Überblick über die improvisierte Musik, deren Entwicklungen und Strömungen etc.) sowie der Vermittlung und Aneignung (Vergleichsmöglichkeiten, Sichtbarmachung von Arbeitsprozessen, Entwicklung von Beurteilungsmaßstäben etc.) die konkrete musikalische Auseinandersetzung und Kooperationen der Musiker:innen forcieren sollten, damit sich – teilweise durchaus erhoffte – musikalische Ergebnisse ereignen konnten oder zumindest musikalische Auseinandersetzungen angestoßen wurden. Diese Tendenz tritt in besonderem Maße bei den europäisch-amerikanischen Programmkonstellationen sowie der Einbeziehung von (spontanen) Kombinationen der teilnehmenden Musiker:innen zutage.

Die Programmatik der FMP hinsichtlich der angestrebten Präsentation, Realisation, Vermittlung und Aneignung des Neuen Jazz zeigte sich erstmals deutlich beim *Workshop Freie Musik* 1970. Seitdem hat sich die FMP bzw. Gebers kontinuierlich mit der Frage adäquater Präsentations-, Realisations-, Vermittlungs- und Aneignungsformen der freien improvisierten Musik vor allem bei den FMP-Veranstaltungsreihen und *Specials* auseinandergesetzt. Hierbei kamen die verschiedensten konzeptionellen Mittel zum Einsatz wie u.a. öffentliche Proben oder der Einsatz von zwei Podesten in der Anfangszeit, eine möglichst eng an die Podeste heranreichende Bestuhlung, die Beleuchtungssituation, das von Beginn an bis zum Ende der FMP praktizierte Schema der Mehrfachauftritte (d.h. innerhalb der mehrtägigen Veranstaltungsreihen traten die eingeladenen Musiker:innen oder Gruppen mehrfach auf), der Wunsch der FMP-Verantwortlichen, dass sich die pausierenden Musiker:innen gemeinsam mit dem Publikum die Konzerte anhören sollten (damit ein enger Kontakt sowie ein Meinungsaustausch zwischen Musiker:innen und Zuhörer:innen entstehen könne), die Vergabe von Kompositionsaufträgen, spontane und von den eingeladenen Musiker:innen (selbst) bestimmte Kombinationen sowie auch geplante Carte blanche-Kombinationen (bei denen jeweils ein:e Musiker:in zu einem Abend verschiedene Musiker:innen (aus möglichst unterschiedlichen Bereichen) einladen und mit diesen in verschiedenen Kombinationen auftreten konnte), kontrastierende oder auch korrespondierende Gegenüberstellungen von Solist:innen und Formationen (unterschiedlicher Mentalität, Generationen, musikkultureller Herkunft oder jazzmusikalischer Ansätze), thematische Schwerpunkte wie bspw. Länder-Schwerpunkte oder Instrumenten-Schwerpunkte wie bei der *Trombone Music* (bei denen sich ausschließlich Posaunist:innen solo sowie in unterschiedlichsten Kombinationen vorstellten), die Aufgabe terminierter Programmpunkte, aber auch fixierte Programmstrukturen oder auch zwei Auftritte einer Gruppe an einem Abend etc. Zudem war die FMP bestrebt, die Eintrittspreise möglichst moderat zu gestalten. Im Falle der *Free Concerts* im Charlottenburger Rathaus ermöglichte die Allianz mit der *Jugendpflege Charlottenburg* auch, dass Kowalds kulturpolitische Forderung nach freiem Eintritt für alle Besucher:innen realisiert werden konnte. Mit ihrer *Free Concerts*-Reihe im Charlottenburger Rathaus konnte die FMP ebenso wie mit ihren *Sommerkonzerten* im Zehlendorfer *Haus am Waldsee* oder den *Just Music*-Konzerten im Weddinger Studio ein anderes Publikum als beim *Workshop Freie Musik* oder beim *Total Music Meeting* ansprechen und mit freier, improvisierter Musik in Berührung bringen.

Hinsichtlich der Programmgestaltung des *Total Music Meeting* während der Kollektiv-Zeit ist eine Omnipräsenz der Musiker aus dem FMP-Gesellschafterkollektiv zu konstatieren, gefolgt von den westeuropäischen und -deutschen Musikern, die mit den Gesellschaftern jeweils bei den *Total Music Meetings* aufgetreten sind. Von Beginn an war die FMP aber auch bemüht, Musiker:innen einzuladen, die nicht dem FMP-Umfeld angehörten wie bspw. 1972 das *Jan Garbarek Trio*, 1973 und 1975 der seit Ende der 1960er-Jahre in Paris lebende US-amerikanische Saxofonist Wright mit seinem Quartett und 1975 den in Europa lebenden und arbeitetenden, bedeutenden Exponenten des US-amerikanische Free Jazz Lacy, der bereits 1971, 1974 und 1975 beim *Workshop Freie Musik* mitgewirkt hatte. Auch während der Post-Kollektiv-Zeit nimmt Brötzmann eine herausragende Rolle hinsichtlich der Programmgestaltung ein. Und auch die Projekte der anderen Musiker aus dem ehemaligen FMP-Gesellschafterkollektiv (mit Ausnahme Schönenbergs) repräsentieren weiterhin einen zentralen Programmschwerpunkt. Ab Mitte der 1970er-Jahre ließ das Vorhaben, neue Strömungen, Einflüsse und Entwicklungen der freien und improvisierten Musik in einem möglichst breiten Spektrum zu präsentieren, das Programm heterogener werden. Präsentiert wurden nun neben (vor allem westdeutschen) Nachwuchsformationen und musiker:innen

Exponent:innen der zeitgenössischen westeuropäischen Jazzszene (England, Frankreich, Holland, Österreich, Schweiz, BRD und DDR). Zudem gesellten sich zu den US-amerikanischen Free Jazz-Exilanten, die bereits vor 1976 und auch während der Post-Kollektiv-Zeit beim *Total Music Meeting* zu hören waren, weitere hinzu. Ab 1976 finden sich kontinuierlich auch südafrikanische Jazzmusiker im Programm, die in London im Exil lebten. Des Weiteren intensiviert sich während der 1970er- und 1980er-Jahre die Zusammenarbeit mit US-amerikanischen Musiker:innen, wobei die weltweiten Kollaborationen der FMP keineswegs auf die USA beschränkt blieben (Japan, Guinea, Kanada). Die Korrespondenzen zwischen europäischen und US-amerikanischen Entwicklungen improvisierter Musik standen ab Mitte der 1980er-Jahre wiederholt im Fokus der Programme. Gleichzeitig lässt sich die Tendenz eines Verschwindens der bisherigen Programm-Kategorien hinsichtlich der langjährigen westdeutschen Kooperativen-Mitglieder, der Musiker der (ehemaligen) DDR-Avantgarde und auch des (bislang) meist aus Westdeutschland und Westberlin stammenden Nachwuchses registrieren. Auch hinsichtlich der langjährigen eng mit der FMP verbundenen westeuropäischen Musiker:innen lässt sich bis auf wenige Ausnahmen eine nur ein- oder zweimalige Präsenz konstatieren. Und repräsentierten die Musiker des ehemaligen Kollektivs während der Post-Kollektiv-Zeit noch einen zentralen Programmschwerpunkt, ist dieser nun (abgesehen von Brötzmanns Teilnahmen) als solcher nicht mehr wahrnehmbar. Demgegenüber ist neben einer weiteren Europäisierung, d.h. einer Zunahme von Musiker:innen aus Frankreich, Italien und Skandinavien, also aus westeuropäischen Ländern, die bisher weniger beim *Total Music Meeting* vertreten waren, vor allem die Präsenz US-amerikanischer Musiker:innen festzuhalten. Aus keinem anderen Land waren beim *Total Music Meeting* in den Jahren 1986 bis 1996 vergleichbar viele Musiker:innen vertreten.

Auch beim *Workshop Freie Musik* lässt sich eine weitgehend dem *Total Music Meeting* analoge Entwicklung skizzieren, wenngleich diese zeitlich etwas früher einsetzt, (wobei Brötzmann von dieser Entwicklung auszunehmen ist, denn Brötzmann kam hinsichtlich der Programmgestaltung des *Workshop Freie Musik* auch während der Post-Kollektiv-Zeit weiterhin eine herausragende Rolle zu). So sind die Newcomer ab Anfang der 1980er-Jahre nicht mehr beim *Workshop Freie Musik* vertreten. Auch die ehemaligen westdeutschen Kooperativen-Mitglieder und viele der langjährigen eng mit der FMP verbundenen westeuropäischen Musiker:innen sind ausschließlich bis 1980 beim *Workshop Freie Musik* zu hören. Neben der Kontinuität einiger mit der FMP assoziierten europäischen bzw. in Europa arbeitenden Musiker (wie Bennink, Moholo, Altena, Tchicai, Davies und Waisvisz), die während der gesamten Post-Kollektiv-Phase beim *Workshop Freie Musik* mitwirkten, zeichnete sich mit der auch beim *Workshop Freie Musik* beginnenden konzeptionellen Auflösung vorab fixierter Programmpunkte zweierlei ab. Zum einen die Einbeziehung und Zusammenarbeit mit europäischen Musiker:innen, die bislang noch nicht beim *Workshop Freie Musik* in Erscheinung getreten waren (vor allem

Musiker der britischen Szene und aus Frankreich, aber auch aus der UdSSR), und zum anderen eine Intensivierung weltweiter Kollaborationen, bei der vor allem die Präsenz US-amerikanischer Musiker:innen hervorzuheben ist. Diese Entwicklung setzt sich auch ab 1986 fort, wobei sich die Präsenz der einzelnen Musiker:innen meist auf eine einmalige Teilnahme reduzierte. So nahmen zwischen 1986 und 1996 mit insgesamt knapp 220 Musiker:innen ca. 100 Musiker:innen mehr beim *Workshop Freie Musik* teil als im Zeitraum von 1976 bis 1985. Dies ist besonders beim Anstieg der Teilnehmenden aus den Niederlanden, der Schweiz, Frankreich, Italien, Schweden, Russland, Japan und den USA zu registrieren, während die Anzahl der britischen Musiker:innen konstant auf einem hohen Niveau blieb. Wie beim *Total Music Meeting* sind auch beim *Workshop Freie Musik* zwischen 1986 und 1996 aus keinem anderen Land vergleichbar viele Musiker:innen vertreten wie aus den USA, die nun mit der Anzahl der Musiker:innen aus Deutschland gleichauf lagen. Entgegen der Entwicklung beim *Total Music Meeting* lässt sich auch im Zeitraum 1986 bis 1996 eine Präsenz der ‚Leute der ersten Stunde' registrieren. Die Ebene des Nachwuchses blieb wie beim *Total Music Meeting* marginal ausgeprägt. Und während ostdeutsche Musiker:innen, seit die den Auftritten des *Gumpert-Sommer Duo* und der *Ulrich Gumpert Workshop Band* 1979 kontinuierlich beim *Workshop Freie Musik* vertreten waren, dezimierte sich deren Präsenz ab 1987.

Entgegen der Entwicklung beim *Total Music Meeting* und beim *Workshop Freie Musik* war die Teilnahme von US-amerikanischen Musiker:innen bei den anderen Reihen weniger ausgebildet. Die *Free Concerts* wurden in den 1970er-Jahren zunächst weitgehend von Kooperativen-Mitglieder sowie von mit der FMP assoziierten europäischen Musiker:innen und ab Mitte der 1970er-Jahren zudem von Nachwuchsmusiker:innen bestritten. Dies setzte sich auch nach der Wiederaufnahme der Reihe im Herbst 1986 bis 1990 fort. Bis zur Einstellung der Reihe 1995 wurden im Charlottenburger Rathaus vorwiegend westeuropäische Musiker:innen präsentiert, darunter viele der mit der FMP langjährig assoziierten Musiker (wie Parker, Van Hove oder Bennink). Entgegen der Abwesenheit der ‚Leute der ersten Stunde' bei der *Fall in Jazz/Summer Music*-Reihe waren diese (Brötzmann, Reichel, Schlippenbach, Carl, Kowald, Schweizer und auch Schoof) bei der *Just Music*-Studio-Reihe zwischen 1986 und 1989 kontinuierlich präsent. Auch einige der während der Post-Kollektiv-Zeit geförderten Nachwuchsmusiker (wie Voerkel, Gräwe, Fuchs, Arndt, Knispel oder Kellers) sind bei der Studio-Reihe ebenso vertreten wie weitere westdeutsche und auch -europäische (jedoch nicht dem FMP-Umfeld zugehörige) Nachwuchsmusiker:innen. Neben den westdeutschen und Westberliner Musiker:innen und den Musikern aus der DDR wurden bei *Just Music* primär westeuropäische Musiker:innen präsentiert, darunter viele der mit der FMP langjährig assoziierten europäischen Musiker (wie Parker, Van Hove, Mengelberg oder Tippett).

Hinsichtlich der Tonträgerproduktion etablierten sich verschiedene Programmebenen, die teilweise bis zum Ende der FMP bestanden. Bis zur kompletten Einstellung der Vinyl-Produktion im Juli 1992 charakterisierten die FMP-Nummern im Wesentlichen drei konzeptuelle Ebenen. 1. Die kontinuierlichen Arbeitsprozesse der Musiker:innen der ‚ersten Stunde' (Brötzmann, Schlippenbach, *Globe Unity*, Carl, Kowald, Schweizer, Reichel etc.). Wobei sich innerhalb dieser ersten und quantitativ größten Programmebene (auch nach der Kollektiv-Zeit) eine Dominanz der Musiker aus dem ehemaligen Gesellschafterkollektiv konstatieren lässt. 2. Free Jazz aus der DDR und 3. der Nachwuchs bzw. die jüngere Generation. Die drei Programmebenen der FMP-Nummern lassen sich nicht auf die Veröffentlichungen des FMP-Sublabel SAJ übertragen. So wurden auf SAJ vor allem Produktionen veröffentlicht von 1. langjährigen eng mit der FMP zusammenarbeitenden westeuropäischen Musiker:innen (Van Hove, Bennink, Mengelberg, Altena, Tchicai, Breuker, Mengelberg, Waisvisz, Parker, Tippett etc.), 2. US-amerikanischen Musiker:innen, von denen die allermeisten in Europa arbeiteten und lebten, und 3. Gruppen und Musiker:innen, deren stilistische Ausrichtung über die von der FMP primär perspektivierte improvisierte Musik hinausreichte (*Africa Djolé*, Suso, Wada, Byl, Goebbels und Harth etc.). Hinsichtlich der FMP-Programmebenen ist darauf hinzuweisen, dass es sich bei diesen auch um Entitäten innerhalb des Akteur-Netzwerks handelt. D.h. diese bestimmten nicht allein die Tonträgerproduktionen der FMP. Vielmehr bedingten diese mit den anderen diversen, heterogenen und dislokalen Entitäten des Akteur-Netzwerks die Tonträgerproduktion. Ebenso wenig ist die Gründung des Sublabel SAJ auf musikstilistischen Überlegungen zurückzuführen. So wurde diese u.a. von Johanssons Eigenproduktion *Schlingerland/dynamische Schwingungen*-LP (SÅJ 01) und deren Vertrieb durch die FMP sowie von den vertraglich festgelegten Vereinbarungen des Gesellschaftervertrags (bzgl. der Abrechnungsmodalitäten des Kollektivs hinsichtlich der FMP-Tonträgerproduktionen) mitbedingt. Wie auf den FMP-Nummern (ca. 57%) und den SAJ-Produktionen (ca. 68%) dokumentieren die *FMP CDs* bis zum Ende der Geschäftstätigkeit der FMP 1999 überwiegend Live-Performances (ca. 65%), die auch zum größten Teil im Rahmen von FMP-Live-Projekten in Berlin von der FMP aufgenommen worden sind. Mit den weiteren Sublabels (und ihren im Verhältnis zu den FMP- und SAJ-Veröffentlichungen relativ wenigen Produktionen) wollte Gebers den Musiker:innen eine Plattform für Veröffentlichungen zur Verfügung stellen, die er selbst wie im Fall der *FMP S-Serie* (1981–1991) und der CD-Veröffentlichungsserie *OWN* (1992–2000) nicht herausgeben wollte oder wie im Fall von *Uhlklang* (1983–1986) aufgrund der ökonomischen Situation nicht produzieren konnte.

Entgegen der Entwicklung des *Total Music Meeting* präsentierte der *FMP CD*-Katalog (inkl. der Reissues) bis Ende 1999 mit einem Anteil von über 40% nach wie vor die Arbeitsprozesse der Musiker:innen der ‚ersten Stunde' (dieser hatte bei den FMP-Nummern während der Post-Kollektiv-Zeit bei weit über 50% gelegen).

Mitbedingt von den Entitäten des sozialen und musikalischen sich weiter verzweigenden Netzwerks der FMP, der Intensivierung vor allem der Zusammenarbeit mit US-amerikanischen Musiker:innen und dem Versuch, die musikalische Auseinandersetzung der Musiker:innen untereinander zu forcieren, tritt als Charakteristikum des *FMP CD*-Katalogs während der Goldenen FMP-Zeit eine neue Form der Internationalisierung hervor. Diese zeichnete sich dadurch aus, dass nun über 40% der bis Ende 1996 veröffentlichten *FMP CDs* von Formationen eingespielt wurden, die mit europäischen und US-amerikanischen Musiker:innen besetzt waren. In den Jahren 1997 bis 1999 sanken diese Produktionen auf ca. 24% der neuveröffentlichten *FMP CDs*. Dennoch waren auch Ende der 1990er-Jahre auf über der Hälfte der *FMP CDs* US-amerikanische Musiker:innen zu hören. Dominiert wurde der *FMP CD*-Katalog bis zum Ende der FMP von Taylor mit seinen 19 bei FMP-Live-Konzerten aufgenommenen CDs. Die für die FMP-Produktionen von Beginn an charakteristischen international-europäischen Besetzungen machen ca. 26% des *FMP CD*-Katalogs bis 1999 aus. Während Veröffentlichungen der (ehemaligen) DDR-Jazz-Avantgarde und ostdeutscher Musiker:innen sowie des Nachwuchses als charakteristische FMP-Programmkategorie im *FMP CD*-Katalog kaum noch wahrnehmbar sind.

Ab der ersten Hälfte der 1970er-Jahre verfügte die FMP über eigenes technisches Aufnahme-Equipment. So konnte Gebers bereits während der Kollektiv-Zeit die meisten FMP-Produktionen vor allem bei den Einzelkonzerten (von denen auch einige für Mitschnitte arrangiert wurden), Konzertreihen und *Specials* selbst aufnehmen. Die wenigen ab 1975 nicht bei Live-Konzerten entstandenen FMP-Nummern konnten im (ersten) FMP-Studio in der Olbersstraße aufgenommen und (aufgrund der einbruchbedingten Pause 1979) ab 1986 im neuen Studio in Berlin-Wedding (bis 1991). Ab Anfang der 1990er-Jahre ging die FMP dazu über im Rahmen der Veranstaltungsreihen nachmittags (ohne Publikum) Aufnahmen zu machen. Wenn die Musiker:innen die Cover- und Hüllen ihrer Produktionen nicht selbst gestalteten, übernahm dies in den meisten Fällen Gebers. So gestaltete Gebers bspw. in der Post-Kollektiv-Zeit bei ca. einem Viertel der FMP-Produktionen und bei über 50% der SAJ-Veröffentlichungen die Schallplattenhüllen selbst, bei den CD-Produktionen gestaltete er sogar 70% der Booklets – oftmals unter Verwendung von Fotos von Dagmar Gebers. So wurden bspw. in der Post-Kollektiv-Zeit bei mehr als der Hälfte der veröffentlichten FMP-Nummern Fotos von Dagmar Gebers verwendet, bei den SAJ-Veröffentlichungen waren dies mehr als zwei Drittel, auf den *Total Music Meeting*- und *Workshop Freie Musik*-Plakaten ca. die Hälfte und bei den CD-Booklets 77%.

Bereits während der Kollektiv-Zeit verursachte die Tonträgerproduktion der FMP in ökonomischer Hinsicht Verluste. Erst mit der Modifizierung des Akteur-Netzwerks Ende der 1980er-Jahre konnte sich die FMP-Tonträgerproduktion stabilisieren. D.h. bedingt u.a. von Taylors Arbeitsaufenthalt und Konzerten 1988 in Berlin, dem sozialen und musikalischen Netzwerk der FMP, der 11-CDs-Box

Dieter Hahne, FMP-Schallplattentisch, Workshop Freie Musik 1978 (Ostern), Akademie der Künste, Westberlin (Foto: Dagmar Gebers, FMP-Publishing Archiv)

Cecil Taylor in Berlin '88, der (gestiegene) Popularität der FMP, der Umstellung der FMP-Tonträgerproduktion von Vinyl auf CD, der Einführung der Compact Disc, der Tonträgerdistribution der FMP, der Steigerung der CD-Umsatzzahlen, der Allianz mit der Berliner Kulturverwaltung und der Gewährung einer institutionellen Förderung.

Post-*Free Music Production* (FMP), Abriss 2000–2025

Seit dem 1. Januar 2000 existiert die 1969 gegründete *Free Music Production (FMP)* nicht mehr. Mit einer Übernahmevereinbarung wurde das noch bestehende CD-Label *FMP/Free Music Production/An Edition of Improvised Music* vom FMP-Verlag *FMP-Publishing* mit allen Urheber- und Leistungsschutzrechten und allen Verpflichtungen auf Basis der weiter bestehenden Verträge übernommen (inkl. Namensrechte, Produktionsunterlagen (Masters und Druckfilme), Barcode und Labelcode).[1] Produktionsverantwortlicher für das Label blieb Gebers, der die Produktionen in Absprache mit den jeweils beteiligten Musiker:innen realisierte. Für die Planung, Auswahl und Finanzierung war die *FMP-Publishing* zuständig. Bis zum Sommer 2002 wickelte Gebers mit Hilfe von Hahne im alten FMP-Büro in der Lübecker Straße in Berlin die aufgelöste FMP ab und ließ die ‚FMP-Sammlung'[2] mit Tonträgern (Schallplatten, CDs, Sondereditionen) Noteneditionen, Plakaten, Programmheften, Zeitschriften, Büchern, Demo und sonstigen schriftlichen Dokumenten dem *Jazzinstitut Darmstadt* zukommen. Der Lizenzvertrag mit Schleif zur Vermarktung der Tonträger (Vervielfältigung, Promotion und Distribution) wurde im Februar 2003 „wegen anhaltender Vertragsverletzungen"[3] fristlos gekündigt, wie Gebers über die juristische Auseinandersetzung zwischen *FMP-Publishing* und der Lizenznehmerin Schleif auf der *FMP-Publishing*-Website berichtet. Nach Widerspruch der Lizenznehmerin erfolgte im Mai 2003 Klageerhebung gegen die ausgesprochene Kündigung. Aufgrund dieser Entwicklung war es laut Gebers nicht mehr möglich das CD-Label weiterzuführen.[4] Die Klage von Schleif gegen die fristlose Kündigung des Lizenzvertrages wurde mit Urteil vom 18. Mai 2006 in erster Instanz vom Landgericht abgewiesen. Gegen dieses Urteil legte Schleif vor dem Oberlandesgericht Berufung ein. In der Berufungsverhandlung am 21. November 2006 wurde entschieden, dass die fristlose Kündigung des Lizenzvertrages am 16. Februar 2003 berechtigt war. Die Kosten beider Verfahren hatte die Klägerin Schleif zu tragen.[5]

Mit der Auseinandersetzung zwischen Gebers bzw. der *FMP-Publishing* und Schleif (*Free Music Production Distribution & Communication*) hat sich Kampmann

---

1 Vgl. FMP-Publishing 2020c, vgl. Kampmann 2003. Das CD-Label schloss neben den regulären *FMP CDs* auch die *OWN*-Serie ein.

2 Vgl. Jazzinstitut Darmstadt 2002. Als vereinbarte Kaufsumme erhielt Gebers vom *Jazzinstitut* für die Sammlung € 10.000,00 (zzgl. 16% MwSt). Da die hierfür benötigten Mittel nicht im laufenden Haushalt des Jazzinstituts eingeplant waren, warb man für den Kauf der Sammlung mit Unterstützung des damaligen Bürgermeisters Peter Benz erfolgreich Drittmittel ein. (Vgl. E-Mails von Arndt Weidler [*Jazzinstitut Darmstadt*], 10. u. 23.7.2025)

3 FMP-Publishing 2020c.

4 Vgl. ebd.

5 Vgl. ebd.

in seinem Beitrag *Touchdown. Protokoll einer Labeltragödie* im Begleitbuch der FMP-Edition *FMP im Rückblick* beschäftigt.[6] Einige der damaligen medial verbreiteten Falschdarstellungen von u.a. *taz. die tageszeitung*, *JazzZeitung*, *Deutschlandradio* (*Kultur-Fazit*), *All About Jazz*, *taz*-Blog *Schröder & Kalender*, *Jazzmedia & more* und *tipBerlin* sowie von Schleif selbst auf ihrer Website www.free-music-production.de hat Kampmann in *Einige Falschmeldungen 2002–2011 und deren Richtigstellungen* dokumentiert und kommentiert.[7] An der Entstehung der kontrafaktischen Narration, die u.a. behauptet, dass Schleif „als Nachfolgerin von Jost Gebers mit der Bestandspflege und der Weiterentwicklung des Schallplattenlabels FMP betraut"[8] worden sein soll (so etwa die *JazzZeitung* Ende 2002) oder dass es sich bei Schleif um die „gegenwärtige Produzentin des legendären Labels FMP"[9] handeln solle (so die *Junge Welt*), war Gebers – wenn auch unbeabsichtigt – nicht gänzlich unbeteiligt. So hatte sich im November 2000 das ehemalige Team der FMP mit Hahne, Dagmar Gebers und Scheuermann noch einmal zusammengefunden um das *Total Music Meeting COMPACT* (T.M.M.compact) durchzuführen. Das Plakat zur Veranstaltung gestaltete wie auch in den in den vorangegangenen Jahren (seit 1997) zum *Total Music Meeting* (T.M.M.) Brötzmann. Da ein Antrag zur finanziellen Unterstützung des T.M.M.compact von der Berliner Kulturverwaltung abgelehnt worden war, beschlossen die Musiker:innen „ein Signal zu setzen" und „ohne Gage zu spielen". [10] Gebers selbst stellte die Durchführung der dreitägigen Veranstaltung mit einer Basisfinanzierung von DM 8.000,– sicher. Das *Podewil* stellte den Saal sowie sein Hauspersonal kostenfrei zur Verfügung.[11] Wobei bei der Organisation und Durchführung des T.M.M.compact neben dem ehemaligen Team der FMP auch Schleif eine nicht unerhebliche Rolle gespielt haben soll.[12]

---

6 Kampmann 2010a.

7 Vgl. Kampmann 2010b.

8 Weckert 2002/2003.

9 Schwerdt 2004.

10 Ellen Brandt im NDR, Hamburg, am 9.11.2000, zit. FMP-Publishing (2020f).

11 Vgl. ebd.

12 So berichtet Dagmar Gebers bei den Oral History-Interviews: „Das war das allerletzte *Total Music Meeting* [bzw. das *Total Music Meeting COMPACT*]. Das war das, wo sie [Helma Schleif] quasi die Regie geführt hat – wo der Jost natürlich noch mitgemacht hat. Aber wo sie sich dann sozusagen schon reingehängt hat in diese ganze Veranstaltung. […] Aber dann hat sie ja später ihre eigenen Konzerte gemacht. Und dann hat sie sich natürlich die Leute auf ihre Seite geholt, die sowieso schon immer sehr empfindlich auf Jost reagiert haben – auf seine Art. […] Nur weil sie einmal dieses Konzert im *Podewil* [*Total Music Meeting COMPACT*] über die Bühne laufen lassen und dann gemeint hat: ‚So jetzt bin ich auch FMP!' Wo Jost sie noch unterstützt hat: blöderweise – oder eigentlich wir alle! Weil wir gedacht haben, sie meint es ehrlich." (Dagmar Gebers, Interview mit dem Verfasser, 26.5.2015, Interview-ID 257) Hahne resümiert hingegen rückblickend, dass „Helma Schleif halt anwesend" gewesen sei: „die Arbeiten davor, während und danach machten Gebers, Hahne und Scheuermann!" (E-Mail von Dieter Hahne, 7.8.2025)

Seit 2001 veranstaltete Schleif ihr eigenes *Total Music Meeting – Internationales Festival für Improvisierte Musik*, das sie 2003 in *Total Music Meeting – Internationales Künstlerfestival für Improvisierte Musik* umbenannte und bis 2008 fortführte.

Im Zeitraum 2000 bis 2007 erschienen auf dem FMP-CD-Label 22 *FMP CDs* sowie die letzte CD der *OWN*-Serie (*Blank* [OWN-90013] des Trios *Augst/Carl/Korn* mit Aufnahmen aus dem Jahr 1999). Während ca. die Hälfte der *FMP CDs* bei FMP-Live-Projekten aufgenommen worden waren[13] – also vor Ende 1999 –, wurden seit dem 1. Januar 2000 lediglich vier Alben eingespielt.[14] Hinzu kamen fünf Reissues[15] sowie die Solo-CD *Life Science* des der jüngeren Berliner Improvisations-Szene zugehörigen Gitarristen Rupp (FMP CD 109) und ein Mitschnitt des *Schlippenbach Trio* von Ende November 1998 im *BIM-Huis* in Amsterdam

13 Dies waren: *BIB* (FMP CD 51) des deutsch-französischen Trios *Sommer/Kassap/Levallet* (Mitschnitt vom W.F.M. 1992), *Nailed* (FMP CD 108) des *Cecil Taylor Quartet* (Mitschnitt von der dreitägigen Konzertfolge *Total Taylor Total* Ende September 1990 mit Taylor und den Engländern Parker, Guy und Oxley), *Berlin Abbozzi* (FMP CD 110) des *Bill Dixon Ensemble* (Mitschnitt des US-amerikanisch-europäisch besetzten Quartetts mit Dixon, Matthias Bauer, Koch und Oxley vom November 1999 bei *10 Jahre Mauerfall* im *Podewil*), *Precious Soul* (FMP CD 113) des *Charles Gayle Trio* (Mitschnitt vom T.M.M. 1997), *Hit and Run* (FMP CD 116) von *Paul Dunmall with John Edwards with John Butcher* (Mitschnitt vom letzten T.M.M. 1999), *Trigger Zone* (FMP CD 117) des *King Übü Örchestrü* (Mitschnitt vom T.M.M. 1998), *Aoyama Crows* (FMP CD 118) von Brötzmann (*Die Like A Dog Quartet*-Mitschnitt vom T.M.M. 1999), *The Light of Corona* (FMP CD 120) des *Cecil Taylor Ensemble* (Mitschnitt vom T.M.M. 1996), *Fractured Dimensions* (FMP CD 122) von William Parker (Mitschnitt seines Quartetts *Other Dimensions in Music* vom T.M.M. 1999), *Incarnation* (FMP CD 123) des *Cecil Taylor Quartet* (Mitschnitt vom T.M.M. 1999 mit Douglas, Honsinger und Cyrille) und *Almeda* (FMP CD 126) des *Cecil Taylor Ensemble* (nach *The Light of Corona* [FMP CD 120] ein zweiter Mitschnitt von Taylors Auftritt beim T.M.M. 1996).

14 *Right as Rain (Dedicated to Werner Lüdi)* (FMP CD 112) von Brötzmann (Solo-Album, aufgenommen im August 2000 in Berlin), *Ilinx* (FMP CD 119) des seit 1999 in Berlin arbeitenden elektro-akustischen jungen Quartetts *Baghdassarians/Baltschun/Scherzberg/Thein* mit Aufnahmen aus den Jahren 2000 und 2001 (u.a. vom *Total Music Meeting COMPACT*), *Roman* (FMP CD 127) von Louis Sclavis und Jean-Marc Montera (aufgenommen im Januar 2003 im *Grim/Montevideo Studio* in Marseille) und *The Seven Circles (Dedicated to Peter Kowald)* (FMP CD 128) von Beñat Achiary (Mitschnitt aus dem November 2002 von *Music Unlimited XVI* im *Schlachthof* in Wels).

15 *FMP CD 107*: *3 points and a mountain* von *Brötzmann/Mengelberg/Bennink* (eine Wiederveröffentlichung der FMP-LP *FMP 0670* von 1979 mit drei zusätzlichen, bislang nicht veröffentlichten Tracks des Trios), *FMP CD 111*: *Live 1977* von Schlippenbach und Johansson (mit den beiden FMP-LPs *FMP 0310*: *Live at the Quartier Latin* und *FMP 0520*: *Kung Bore*), *FMP CD 121*: *Jali Nyama Suso (Kora Music from Gambia)* (Wiederveröffentlichung von *SAJ-51* mit drei zusätzlichen Takes), *FMP CD 124*: *Duos 2 Europa – America – Japan* (Kompilation mit jeweils sechs Tracks der Kowald Duo-LPs *FMP 1260*, *FMP 1270* und *FMP 1280*) und *FMP CD 125*: *14 Love Poems plus 10 more (Dedicated to Kenneth Patchen)* (Wiederveröffentlichung von Brötzmanns zweitem Solo-Album (FMP 1060) mit 10 zusätzlichen Takes).

(FMP CD 114/115). Der *FMP CD*-Katalog dokumentiert auch nach dem Ende der FMP einerseits die Arbeitsprozesse der ‚Leute der ersten Stunde', Produktionen mit US-amerikanischen Musikern sowie die Zusammenarbeit von US-amerikanischen und europäischen Musikern. Während andererseits die früheren FMP-Programmebenen ‚Jazz aus der DDR' bzw. Produktionen mit Musikern der (ehemaligen) DDR-Avantgarde und die Einbeziehung des Nachwuchses kaum noch wahrnehmbar sind.

Am 1. Januar 2007 kaufte Gebers die *FMP Publishing* und veröffentlichte im Oktober bereits fertiggestellte, jedoch aufgrund der zwischenzeitlichen Einstellung des CD-Labels unveröffentlicht gebliebene Produktionen. Anfang 2008 begann Gebers wieder mit der Produktionstätigkeit für das CD-Label. Den Vertrieb der CDs übernahm Ulli Blobels *Records Vertriebsgesellschaft mbH*. So erschienen ab Sommer 2008 bis zum Frühjahr 2010 die *FMP CDs 129* bis *136*. Bei diesen acht *FMP CDs* handelte es sich um die beiden Reissues *Piano Solo '77* von Schlippenbach (FMP CD 129[16]) und *Open Secrets* von Kowald (FMP CD 132) sowie *FMP CD 130*: *CT – The Dance Project* von Taylor (ein Mitschnitt vom 8. Juli 1990 in der *Akademie der Künste* im Rahmen der *Summer Music*-Reihe), *FMP CD 131*: *Whiteout* von Rupp, *FMP CD 133*: *No Comment* von Stefan Keune, Hans Schneider und Achim Krämer, *FMP CD 134*: *Lost & Found* von Brötzmann (ein Mitschnitt von Brötzmanns Solo-Konzert bei den Nickelsdorfer *Konfrontationen* 2006), *FMP CD 135*: *Too much is not enough* von Rupp, Pliakas und Wertmüller (ein Mitschnitt vom 27. und 28. Mai 2009 aus dem *Loft* in Köln) und *FMP CD 136*: *TR!O* von Christmann, Gustafsson und Lovens (ein Mitschnitt vom 2. Dezember 1994 aus dem *Kesselhaus* in Hannover).

Im Januar 2011 erschien die 12-CDs-Box *FMP im Rückblick – In Retrospect (1969–2010)* und enthielt wie auch die anderen ambitionierten FMP-*Special Editions* ein großformatiges Buch (mit Beiträgen von u.a. Knauer, Vandermark, Noglik, Shoemaker, Klopotek, Brötzmann und Gebers, einer kompletten Diskographie aller FMP-Tonträger und einer Übersicht über alle FMP-Live-Projekte sowie vielen Fotos von Dagmar Gebers). Den Vertrieb übernahm die Firma *Fenn Music*, nachdem Gebers im September 2010 die Zusammenarbeit mit Blobel aufgrund dessen Verstöße gegen das Urheberrecht beendet hatte.[17] Die Edition umfasste neben sechs Reissues sechs *FMP CDs* mit bislang unveröffentlichten Aufnahmen:

- *FMP CD 137*: *Baden-Baden '75* des *Globe Unity Orchestra & Guests* mit Aufnahmen vom 25. bis zum 27. November 1975 in den *Südwestfunk Studios* in Baden-Baden während des *New Jazz Meeting*
- *FMP CD 138*: *In Berlin* von Lacy, eine Kompilation von Lacys SAJ-LP *Stabs/Solo in Berlin* (SAJ-05) und zwei Titeln von *Follies* (SAJ-18)

16 Die Wiederveröffentlichung der LP *FMP 0430* wurde um den Titel *The onliest – the loneliest* von *FMP 0380*: *Pearls* erweitert.

17 Vgl. Gebers, Interview mit dem Verfasser, 22.5.2015, Interview-ID 289.

- *FMP CD 139*: *Messer und…* von *Schweizer/Carl/Moholo* ist eine Kompilation der beiden FMP-Nummern *Messer* (FMP 0290) und *Tuned Boots* (FMP 0550), wobei von *FMP 0550* nur die A-Seite verwendet wurde
- *FMP CD 140*: *At Quartier Latin* des *Schlippenbach Quartet*, eine Kompilation der B-Seite von *Three Nails Left* (FMP 0210) und *The Hidden Peak* (FMP 0410)
- *FMP CD 141*: *Wolke in Hosen* von Brötzmann, Wiederveröffentlichung seiner ersten Solo-LP *Brötzmann/Solo* (FMP 0360) von 1976
- *FMP CD 142*: *Und?...plus* von Malfatti und Wittwer, Wiederveröffentlichung der FMP-LP *Und?* (FMP 0470) ergänzt um einen zusätzlichen Track der damaligen, im Februar 1977 in Innsbruck entstandenen Aufnahmen
- *FMP CD 143*: *Piano Solo* von Van Hove, eine Kompilation der beiden Van Hove-SAJ-LPs *Prosper* (SAJ-39) und *Die Letzte* (SAJ-58)
- *FMP CD 144*: *Close Up* dokumentiert den Auftritt von Brötzmann mit dem *Die Like A Dog Quartet* beim T.M.M. 1994 im *Podewil*
- *FMP CD 145*: *Choral-Konzert* des *Manfred Schulze Bläserquintett* enthält Aufnahmen des Quintetts vom T.M.M. 1998
- *FMP CD 146*: *Manuela + Live in Berlin*, ein Mitschnitt des Auftritts von Carl, Kim, Reichel und Zingaro beim T.M.M. 1999
- *FMP CD 147*: *Was da ist (Live)* dokumentiert den Soloauftritt von Kowald beim *Total Music Meeting COMPACT* im November 2000 im *Podewil*
- *FMP CD 148*: *Stretto* von Honsinger und Rupp mit Aufnahmen aus dem März 2010

Mit der Veröffentlichung von *FMP im Rückblick* wurde die Produktion physischer Tonträger des FMP-CD-Labels beendet.[18] Nach großer nationaler wie internationaler Beachtung und euphorischer Kritiken wurde die Edition 2011 mit dem *Preis der deutschen Schallplattenkritik* ausgezeichnet.

Bis zu seinem Tod im September 2023 arbeitete Gebers neben der Verlagstätigkeit an der Digitalisierung alter analoger Bänder und veröffentlichte auf der Online-Plattform *Bandcamp* unter *Destination: Out* (https://destination-out.bandcamp.com/) fast alle von der FMP veröffentlichten Tonträger sowie auch einige bislang noch nicht veröffentlichte Aufnahmen.[19] Seit Gebers' Tod führten zunächst auf Wunsch von Gebers Anna Maria Ostendorf und Markus Müller den

18 Seitdem wurden von *FMP-Publishing* in verstärktem Maße Tonträger aus dem FMP-Katalog lizenziert, so dass inzwischen auf anderen Labels wie *Cien Fuegos* (*Trost Records*), *Corbett vs. Dempsey* oder *BE! Jazz* eine beträchtliche Anzahl an FMP-Tonträger wiederveröffentlicht wurden.

19 Zu diesen digitalen Neuveröffentlichungen zählen bspw. die beiden Solo-Konzerte von Kowald beim T.M.M. 1997 im *Podewil* (erschienen als [FMP E 905/6] *Total Music Meeting 1997: Solo Bass*), das *Free Concert* des *King Übü Örchesträ* am 1. Oktober 1989 im *Rathaus Charlottenburg* (erschienen als [FMP E 908/9] *Concert at Town Hall/Binaurality*

Globe Unity Orchestra, vermutlich Burg Hohenasperg bei Ludwigsburg, 1977.
V.l.n.r.: Evan Parker, Peter Kowald, Derek Bailey, Peter Brötzmann, Kenny Wheeler, Paul Rutherford, J.B. Niebergall, Tristan Honsinger, Alexander von Schlippenbach, Paul Lovens, Albert Mangelsdorff, Manfred Schoof, Gerd Dudek und Günter Christmann
(Foto: Roberto Masotti, Archiv Jazzinstitut Darmstadt)

FMP-Verlag weiter. Seit 2024 trägt Müller die alleinige Verantwortung für *FMP-Publishing* und zieht mit dem Verlag nach Berlin.[20] Unterstützt wird Müller neben Ostendorf auch von Hahne und Rupp. Im April 2025 feierte *FMP-Publishing* mit dem *Wolke Verlag* die Eröffnung ihrer neuen gemeinsamen Berliner Adresse (Franz-Mehring-Platz 1) mit einem dreitägigen *Frühlingsfest* mit über 30 musikalischen Beiträgen, Lesungen und Diskussionsrunden u.a. mit Schlippenbach, Takase, Sjöström, Pliakas, Wertmüller, Johansson, Hirt, Keune, Rupp, Graewe und Silke Eberhard.[21]

– *Live 1989*) sowie die Veröffentlichungen aus der *FMP Archive Edition* wie bspw. *Corona* von Taylor (FMP A 012), eine Aufnahme von Taylor und Murray vom T.M.M. 1996.

20 Vgl. FMP-Publishing 2024.

21 Vgl. FMP-Publishing 2025.

Schluss

Das mit der vorliegenden Arbeit beabsichtigte Vorhaben, die von Gebhardt und Whyton in *The Cultural Politics of Jazz Collectives: This is Our Music* herausgegebene Dokumentation kollektiver Bewegungen und deren Entstehung im Jazz und in der improvisierten Musik fortzuschreiben, ist auch insoweit geboten, als die FMP und ihre Geschichte in Gebhardts und Whytons Sammelband nicht gänzlich unberücksichtigt bleibt. Die Art der Berücksichtigung der FMP in *The Cultural Politics of Jazz Collectives* und insofern deren internationale Rezeption als Jazz-Kollektiv im Rahmen der *New Jazz Studies* bedarf jedoch ausgehend von den Ergebnissen der vorliegenden Untersuchung einer Korrektur. So liefert der Ethnomusikologe A. Scott Currie in seinem Beitrag *Sound Visions and Free Initiatives. The Cultural Politics of Creative Improvised Music Collectives*, in dem er die Künstler:innen-Kollektive *Freie Initiative Improvisation Berlin* e.V. (FIIB) und die *New York City's Arts for Art Inc.* (AFA) fokussiert, einen kurzen Abriss der Geschichte der FMP. Curries Darstellung basiere, wie er darlegt auf der detaillierten Faktengrundlage, die er aus Heffleys umfangreichen Oral History-Interviews in *Northern Sun, Southern Moon: Identity, Improvisation, and Idiom in Freie Musik Produktion* (2000) gewonnen und durch seine eigene Archiv- und ethnografische Feldforschung verifiziert und weiter ausgearbeitet habe.[1] Ausgehend vom unternommenen Versuch, die Praxisprozesse nachzuzeichnen und die Entitäten zu identifizieren und zu lokalisieren, die die Akteur:innen im Sinne Latours zum Handeln brachten, erweist sich Curries Darstellung der FMP jedoch in zweierlei Hinsicht als problematisch.

Erstens enthält Curries Abriss verschiedene nicht verifizierbare Darstellungen. So habe nach Currie das Zusammenwachsen einer Szene rund um die Konzerte und Aufnahmen der FMP im November 1968 begonnen, als Musiker des Kollektivs *New Artists Guild* aus Köln und Wuppertal nach Westberlin gekommen seien, um unter der Leitung des damaligen Bassisten Gebers das erste *Total Music Meeting* zu veranstalten.[2] Unabhängig davon, dass die *New Jazz Artists' Guild* (die Currie vermutlich mit *New Artists Guild* meint) 1968 (also bereits seit knapp zwei Jahren) nicht mehr existierte und auch die Kölner Musiker (gemeint sind wahrscheinlich Schoof, Schlippenbach etc.) nie der *New Jazz Artists' Guild* angehört hatten, ist darauf hinzuweisen, dass der Prozess der Gruppenbildung der Jazz-Avantgarde bzw. das soziale Netzwerk der Akteur:innen, das

1 Vgl. Currie 2015, S. 80.
2 Vgl. ebd., S. 62f.

ab Herbst 1969 mit der *Free Music Production* bzw. dem Kürzel FMP assoziiert wurde, sich bereits ab Mitte der 1960er-Jahre herausbildete. Dieses wurde nicht ausschließlich durch das Zusammentreffen zweier Szenen oder eines Kollektivs mit einem Akteur bedingt. Vielmehr konnte die vorliegende Untersuchung, indem den Akteur:innen beginnend mit ihren (kulturpolitischen) Aktivitäten im Rahmen der *New Jazz Artists' Guild* ab 1966 chronologisch gefolgt und die Praxisprozesse empirisch nachgezeichnet wurden, ein Netzwerk konturiert werden, das die Konstituierung des spezifischen sozialen Netzwerks von Musiker:innen beim ersten *Total Music Meeting* 1968 in Westberlin bedingte. Des Weiteren ging weder Anfang der 1980er-Jahre der Hauptvertrieb der FMP bankrott, wie Currie meint, noch führte dies dazu, dass die Tonträgerproduktion der FMP für mehrere Jahre eingestellt wurden musste. Und auch ein signifikanter Zustrom von Künstler:innen nach der Wiedervereinigung aus der DDR, der laut Currie in den späten 1980er- und frühen 1990er-Jahren u.a. dazu beigetragen habe, dass sich die FMP von ihrer Krise wieder erholen konnte, lässt sich nicht bestätigen. Neben den empirischen Unschärfen tendiert Curries Beitrag zweitens dazu, das Bild der kooperativen und vor allem der Kollektiv-Zeit der FMP zu idealisieren. So habe nach Currie die FMP während des Bestehens ihrer kooperativen bzw. kollektiven Organisationsstruktur nicht nur in finanzieller Hinsicht einen hart erkämpften Erfolg erzielen können: „the hard-won financial success of its organization“[3], sondern auch wohlverdienten Zuspruch der Kritik für ihre Produktionen erhalten. Jedoch sollte das Glück der FMP (also nach der Kollektiv-Zeit) aufgrund des sinkenden Publikumsinteresses nicht lange anhalten. Gegenüber dieser Darstellung ist darauf zu verweisen, wie die vorliegende Untersuchung gezeigt hat, dass die FMP seit ihrer Gründung mit finanziellen Schwierigkeiten zu kämpfen hatte und es ihr auch während der Kollektiv-Zeit nicht gelungen ist, die ökonomische Situation gravierend zu verbessern.

Während Currie in seinen Ausführungen zur AFA deren Lösungsansätze skizzieren kann, die den Problematiken innerhalb des Musiker:innen-Kollektivs entgegenwirken konnten (wie bspw. die Differenzierung von Programmgremien, die Einbeziehung von Expert:innen der Kunst- und Kulturszene sowie der Versuch, eine Pufferzone zwischen der Künstler:innen-Gemeinschaft und der Musikindustrie bzw. den kommerziellen Interessen der Musiker:innen zu implementieren), lassen sich in dieser Hinsicht dem bis Anfang 1976 bestehenden FMP-Kollektiv keine produktiven kollektiven Strukturierungsansätze entnehmen – abgesehen von den transparenten Fixierungen im Gesellschaftervertrag bezüglich der Produktions- und Veranstaltungsabrechnungen. Denn anstatt den aufgetretenen Konflikten innerhalb des FMP-Kollektivs oder der Kooperative mit möglichen strukturellen Modifizierungen zu begegnen, wurde nicht nur das Modell einer kollektiven Führung der Kooperative aufgegeben, sondern auch Versuche,

3 Ebd., S. 63.

die Kooperative weiterzuführen oder auf eine andere Weise zu implementieren. Gebers wurde alleiniger Verantwortlicher der FMP. Wobei nach seinem Verständnis die Grundprinzipien der FMP auch nach der Auflösung des Kollektivs keineswegs aufgegeben wurden, sondern er die Idee der Kooperative fortgeführt habe. Dennoch konnte mit der Auflösung des Kollektivs nicht das Potenzial von Kollektiven weiterverfolgt werden, „to play a role in new forms of participatory practices or democracies“[4], wie Whyton in seinen Schlussfolgerungen *Toward a Collective Jazz Studies* in *The Cultural Politics of Jazz Collectives* unterstreicht. Trotz des Scheiterns des Kollektivs lassen sich ausgehend von der Analyse der Entstehung, Ausgestaltung und Genese der FMP und deren Praxis konkrete Aufschlüsse auch hinsichtlich der künstlerisch-kulturellen Praxis anderer Akteur:innen und deren Initiativen oder Institutionen eröffnen. Die wichtigsten Ergebnisse dieser mit Hall formulierten praxisorientierten, interventionistischen Frageperspektive werden im Folgenden resümiert.

Als sehr bedeutsam erwiesen sich hierbei die vielfältigen Allianzen der FMP, an deren erster Stelle die Allianz mit der *Akademie der Künste* zu nennen ist. Mit der *Akademie* konnte die FMP lange Zeit unter idealen Arbeitsbedingungen den *Workshop Freie Musik* durchführen. So stellte die *Akademie* einerseits die finanziellen Mittel, Räumlichkeiten, Mitarbeiter:innen und Know-How zur Verfügung. Hierdurch war nicht nur die Finanzierung der gesamten Veranstaltung und insofern auch eine adäquate Bezahlung der Gagen gewährleistet. Auch die Eintrittspreise konnten infolgedessen sehr moderat gestaltet werden. Andererseits konnte die FMP den gesamten *Workshop* in Eigenregie konzipieren und durchführen. Ebenso konnten mittels der weiteren Veranstaltungs-Allianzen wie mit der Stadt Berlin bzw. der *Jugendpflege Charlottenburg* (*Free Concerts* im Rathaus Charlottenburg) und dem Zehlendorfer *Haus am Waldsee* (*Sommerkonzerte/Summer Music*-Reihe im *Haus am Waldsee*) die dortigen FMP-Veranstaltungsreihen finanziert werden. Darüber hinaus ermöglichten die Charlottenburger- wie auch die Zehlendorfer-Reihe ebenso wie die (kurzzeitige von 1986–1989 im FMP-Studio in Wedding durchgeführte) *Just Music*-Konzertreihe hinsichtlich der Vermittlungstätigkeit der FMP, dass dort ein anderes Publikum mit freier, improvisierter Musik angesprochen werden konnte als bei den sonstigen FMP-Konzerten und Veranstaltungsreihen wie dem *Workshop Freie Musik* oder dem *Total Music Meeting*. Die *Just Music*-Konzertreihe bzw. deren Finanzierung und das Weddinger FMP-Studio verweisen auf eine weitere wichtige Allianz der FMP: die Berliner *Senatsverwaltung für Kulturelle Angelegenheiten*. Diese hatte mittels einer Förderung den Ausbau des FMP-Studios in Wedding unterstützt sowie Projektmittel zur Durchführung der Studio-Reihe als Anschubfinanzierung bereitgestellt. Und ab 1989 gewährte sie der FMP eine institutionelle Förderung, die die FMP bis zur Aufgabe ihrer Geschäftstätigkeit finanziell absichern konnte. Als weitere Allian-

4 Whyton 2015, S. 242.

zen vor allem in der Anfangszeit der FMP sind die Allianzen mit einigen Jazzredakteuren und -journalisten der jüngeren Generation zu nennen, mittels derer die nicht vorhandenen finanziellen und technischen Mittel kompensiert werden konnten. So konnten einige Produktionen bei Rundfunkanstalten (wie bspw. bei *Radio Bremen*) entstehen. Hinsichtlich der Finanzierung von Veranstaltungen, aber auch der Realisierung von Arbeitsprojekten und -prozessen nutzte die FMP die Möglichkeit verschiedenster Projektförderungen und arbeitetet bspw. eng mit dem DAAD (*Deutscher Akademischer Austauschdienst*) zusammen. Als ebenfalls bedeutsam zeigte sich die (bis auf die Krise in der ersten Hälfte der 1980er-Jahre) kontinuierlich hohe Frequenz der Tonträgerproduktion sowie die kontinuierliche Durchführung und Arithmetik der beiden wichtigsten Veranstaltungsreihen der FMP. So fanden seit der Gründung der FMP jährlich das *Total Music Meeting* parallel zu den *Berliner Jazztagen* im November und der *Workshop Freie Musik* im Frühjahr (oft an Ostern) statt, was der FMP eine kontinuierliche Präsenz sicherte und zudem Stabilität verlieh. Hinzu kamen weitere ambitionierte Veranstaltungsprojekte und Produktionen, mit denen sich die FMP profilieren konnte.

Als ebenso bedeutsam zeigte sich die kontinuierliche Auseinandersetzung der FMP mit der Frage nach adäquater Präsentations-, Realisations-, Vermittlungs- und Aneignungsformen der freien improvisierten Musik vor allem bei den FMP-Veranstaltungsreihen und *Specials*. Hierbei wurde mit den verschiedensten konzeptionellen Mitteln gearbeitet wie bspw. mit öffentlichen Proben, Fragen der Gestaltung und Anordnung des Zuschauer:innenraums wie auch der Bühne, das von Beginn an bis zum Ende der FMP praktizierte Schema der Mehrfachauftritte, der Wunsch der FMP-Verantwortlichen, dass sich die pausierenden Musiker:innen gemeinsam mit dem Publikum die Konzerte anhören sollten (damit ein enger Kontakt sowie ein Meinungsaustausch zwischen Musiker:innen und Zuhörer:innen entstehen könne), die Vergabe von Kompositionsaufträgen, spontane und von den eingeladenen Musiker:innen (selbst) bestimmte Kombinationen sowie auch geplante (sog. Carte blanche-)Kombinationen (bei denen jeweils ein:e Musiker:in zu einem Abend verschiedene Musiker:innen (aus möglichst unterschiedlichen Bereichen) einladen konnte, um mit diesen in verschiedensten Kombinationen aufzutreten), kontrastierende oder auch korrespondierende Gegenüberstellungen von Solist:innen oder auch Formationen (unterschiedlicher Mentalität, Generationen, musikkultureller Herkunft oder jazzmusikalischer Ansätze), thematische Schwerpunkte wie bspw. Länder-Schwerpunkte oder Instrumenten-Schwerpunkte wie bei der *Trombone Music* (bei denen sich ausschließlich Posaunist:innen solo sowie in unterschiedlichsten Kombinationen vorstellten), die Aufgabe eines terminierten Programmablaufs, aber auch fixierte Programmstrukturen oder auch zwei Auftritte einer Gruppe an einem Abend etc. Mittels der Präsentations- und Realisationsformen konnte sich die musikalische Zusammenarbeit der Musiker:innen und das soziale Akteur:innen-Netzwerk weiterentwickeln. Des Weiteren versuchte die FMP, von Beginn an auch internationale Musiker:innen einzuladen, soweit diese für die FMP erreichbar waren. Desgleichen war sie kontinuierlich um die Schaffung konzeptioneller Rahmenbedingungen bemüht, die die musikalische Auseinandersetzung der Musiker:innen untereinander ermöglichen sollte. Weiterhin war bedeutsam, dass einerseits die Präsentation neuer Strömungen, Einflüsse und vielfältiger Entwicklungen der freien und improvisierten Musik in einem möglichst breiten Spektrum intensiviert wurde, jedoch andererseits freie, improvisierte Musik (obgleich unterschiedlichster Herkunft, Entwicklungen und Ansätze) als programmatischer Schwerpunkt perspektiviert wurde. Zudem ist auf die kontinuierliche Kommunikation mit den Musiker:innen, das sich diversifizierende und globaler werdende soziale und musikalische Netzwerk sowie auf die (weltweiten) musikalischen Aktivitäten der Musiker:innen (wie bspw. von Brötzmann oder Kowald) hinzuweisen. Diese Auflistung ist weder im Sinne heutiger *Best Practice* (oder *Good Practice*) als Erfolgsmethode oder -modell zu verstehen, was der anti-intentionalistischen Positionierung der vorliegenden Arbeit widerspricht. Noch möchte die Auflistung die Spezifik der Entwicklung der FMP oder ihres Charakters herausstellen. Diese ist vielmehr den nachgezeichneten Praxisprozessen sowie den jeweils konturierten Akteur-Netzwerken zu entnehmen. Die Auflistung versteht sich vielmehr als Möglichkeit für Akteur:innen, die eigene künstlerisch-kulturelle Praxis zu reflektieren und hinsichtlich dieser weitere Handlungsperspektiven zu entfalten.

In seinen Schlussfolgerungen in *The Cultural Politics of Jazz Collectives* konstatiert Whyton, dass Jazzdiskurse weiterhin problematische Annahmen darüber verstärkten, was Jazz bedeute, und dass ausgetretene Mythologien weiterhin die Interpretation der Musik prägten. Und so fordert Whyton, dass traditionelle Methoden der Analyse, Darstellung und Bewertung durch neue Untersuchungsmethoden in Frage gestellt werden müssten.[5] In dieser Hinsicht ist nochmals auf die methodologischen Schwierigkeiten der Jazz-Oral History und deren nur marginale Berücksichtigung im Kontext der jazzhistorischen Forschung zu verweisen. Denn durch die methodisch-unkritische Behandlung der narrativen Interviews besteht die Gefahr, dass sich einerseits die anekdotischen und oft nostalgischen Tendenzen der Jazz-Interview-Tradition fortsetzen, die die Jazztradition stützen, und dass andererseits weiterhin die mündlichen Aussagen der Interviewten (wie die der Großen des Jazz) für authentische Berichte der historischen Ereignisse und insofern für Tatsachen gehalten werden. Demgegenüber ist zu betonen, dass es sich bei der Oral History um ein gegenwartsbezogenes Rekonstruktionsfeld unter bestimmten kulturellen Regeln handelt, nämlich den heutigen, die die Deutungen massiv beeinflussen.[6] Denn die gegenwärtigen, erzählten Deutungen und subjektiven Rekonstruktionen des Vergangenen beinhalten zwangsläufig nicht

5 Vgl. ebd., S. 237.

6 Vgl. zum Begriff des gegenwartsbezogenen Rekonstruktionsfeldes und zur nachfolgenden Argumentation Kapitel *4.2.1 Jazz Studies und die Aporie der Oral History*.

nur zahlreiche Formen selektiven Behaltens und Vergessens. Zudem sind Verklärungen, Beschönigungen und Rechtfertigungen des eigenen Verhaltens ebenso zu konstatieren wie – ausgehend vom gegenwärtigen Bewusstseinszustand der Interviewten und den aktuellen Diskursen – neue Sinn stiftende Um- und Rückdeutungen der Vergangenheit. Deshalb stellt uns der Begriff des gegenwartsbezogenen Rekonstruktionsfeldes vor eine Aporie. Denn die skizzierten methodologischen Voraussetzungen der Oral History implizieren in epistemologischer Hinsicht zugleich die Kritik an der Oral History und deren methodische Probleme. Mit der Markierung der Aporie der Oral History und deren Exponierung lassen sich die traditionellen Methoden der Analyse, Darstellung und Bewertung und insofern die Narration der Jazztradition sowie auch der herrschende Jazzdiskurs ebenso infrage stellen wie mit der Akzentuierung des konstruktiven Aspekts in der vorliegenden Arbeit, der sich bei der Formulierung einer methodologischen und methodischen Antwort auf die Aporie der Oral History als wesentlich und notwendig hervorheben ließ.

Ausgehend von meinen Erfahrungen mit der an Latours Handlungsbegriff orientierten Methodik im Kontext der Forschung über die FMP möchte ich abschließend eine methodische Modifizierung vorschlagen. Denn auch wenn Schwerpunktsetzungen hinsichtlich der Entitäten oder der weiteren Erkundung der sozialen Verbindungen mit dem Verweis auf das Erkenntnisinteresse oder die Perspektive auf den Gegenstand begründet und vorgenommen werden können, lassen sich Hierarchisierungen, Thematisierungen, Exklusionen und Reduktionen auf die Präsenz sowie auch die Bedeutung von Abwesenheiten nicht mit den Mitteln der ANT lösen. Und auch wenn Latour kontinuierlich betont, dass Sprünge in der Methode zu vermeiden seien, d.h. nicht zur Struktur oder zum Kontext zu springen, und insistiert, dass stattdessen wie Ameisen weiter kurzsichtig den Spuren zu folgen sei, bedarf die ANT zusätzlich – als notwendiges Hilfsmittel – theoretische und thematische Reflexion. Diese Erkenntnis, d.h. die Notwendigkeit zusätzlicher Reflexion quasi als Bande, stellt ein weiteres Ergebnis der Untersuchung dar. Denn die Bande lässt sich forschungspraktisch nicht aus den Fährten entwickeln, denen die Forschenden laut Latour ameisenartig, ununterbrochen und unermüdlich zu folgen haben. Hinsichtlich der Darstellung der Entstehung, Struktur und Genese der FMP bedeutet dies, dass die zukünftige Forschung in noch stärkerem Maße die kulturhistorische, gesellschaftliche, politische und sozioökonomische Entwicklung sowie die der Jazzszene als Bande berücksichtigen müsste, um die dominanten Fiktionen zu dekonstruieren und das Projekt einer differenzierteren historischen Erzählung weiterzuentwickeln.[7] Hierzu ist es aufgrund des Feldes – dessen patriarchale Verfasstheit für die zweite Hälfte der

7 Für eine Darstellung der Geschichte der FMP, die nicht primär auf eine Innenperspektive der Kooperative gerichtet ist, sind die Einbeziehung der Musiker:innen und deren soziales Netzwerk sowie deren Positionen und Vorstellungen etc. zu unterstreichen.

Der Verfasser und Jost Gebers, Hochschule für Künste Bremen, 50 Jahre *Peter Brötzmann Machine Gun*, Mai 2018 (Foto: Nikolai Wolff)

1960er-Jahre dargestellt wurde – notwendig, das Handeln der Akteur:innen sowie deren Narrative und Diskurse ausgehend von einer Genderanalyse[8] zu reflektieren (ohne hierbei die Bedeutung anderer Analysekategorien wie Klasse oder Race und deren wechselseitige Verknüpfungen für eine kritische Wissenschaft zu vernachlässigen). D.h. Latours methodisches Diktum – wie die Ameisen kurzsichtig den Spuren der Akteur:innen zu folgen – bedarf einer methodischen Ergänzung. Oder anders ausgedrückt: Vielleicht benötigen die Ameisen für ihre Spurensuche Taschenlampen oder Brillen, um weniger myoptisch weitere Fährten aufspüren und verfolgen zu können.

8 Wie sich Vorstellungen über Jazz und Gender gegenseitig beeinflussen und wie die Jazznarrative durch historisch und kulturell spezifische Vorstellungen über Weiblichkeit und Männlichkeit strukturiert wurden und diese gleichzeitig von den Jazznarrativen strukturiert werden, hat bspw. Tucker (2001) thematisiert.

Aki Takase und Alexander von Schlippenbach, Berlin, Mitte 1990er-Jahre (Foto: Dagmar Gebers)

Anhang

Free Music Production (FMP) in Stichworten 1969–1999 im Rückblick
Jost Gebers (2014)[1]

1966 erste gemeinsame Aktivitäten improvisierender Musiker in Deutschland

1968 erstes *Total Music Meeting* – bis 1999 jährlich durchgeführt

1969 erster *Workshop Freie Musik* (3 Nights of Living Music and Minimal Art) mit einer Ausnahme bis 1998 jährlich durchgeführt (in Zusammenarbeit mit der Akademie der Künste/Berlin)
Gründung der *Free Music Production (FMP)*
erste Schallplattenproduktion mit dem *Manfred Schoof Orchestra, FMP 0010 European Echoes*

1970 erste *Free Concerts* at Townhall

1971 *von der Heydt-Preis* (Kunstpreis der Stadt Wuppertal) an *Peter Brötzmann*

1972 Beginn einer kollektiven Führung der *Free Music Production (FMP)* durch Brötzmann, Schlippenbach, Kowald, Schönenberg & Gebers

1973 erste Schallplattenproduktion mit DDR-Musikern
Preis des Westfälischen Kunstvereins Münster an *Hans Reichel*
erstmalig finanzielle Unterstützung des Total Music Meeting durch die Berliner Festspiele

1976 Ende des Kollektivmodells – Gebers alleiniger Verantwortlicher für Free Music Production (FMP)

1977 *Kritikerpreis* des Verbandes der Deutschen Kritiker an *Jost Gebers* und die *Free Music Production (FMP)* in der Sparte Musik
Brötzmann-Bennink-Duo und Schlippenbach-Johansson-Duo bei Berlin Now in New York

1978 *Kunstpreis der Stadt Berlin* an *Peter Brötzmann*, *Han Bennink* und *Alexander von Schlippenbach*
John Tchicai als erster improvisierender Musiker DAAD-Stipendiat in Berlin
erstmalig DDR-Musiker auf westlichen Bühnen bei FMP-Veranstaltungen Dokumentation *For Example* (10 Jahre Workshop Freie Musik)

1979 Konzertprojekt *Jazz Now/Jazz aus der DDR*

1980 Dokumentation *Snapshot/Jazz aus der DDR*

1 Quelle: FMP-Publishing 2016b, Ergänzungen ab 2011 vom Verfasser

Brötzmann/Miller/Moholo, Fred Van Hove und Hans Reichel beim Berlin-Programm in Los Angeles
UDJ-Schallplattenpreis für Produktionen mit dem Friedemann Graef Quintett und dem Manfred Schoof Quintett

1981 Harry Miller DAAD-Stipendiat in Berlin

1982 Berlin Jazz Workshop Orchestra beim Berlin Programm in Amsterdam
Free Music Production (FMP) mit 15 Musikern in Florenz beim Festival Berlin, Berlin

1983 Fred Van Hove DAAD-Stipendiat in Berlin

1984 FMP beim *Sound Unity* Festival in New York
Mitwirkung beim Film *Rising Tones Cross*
von der Heydt-Preis (Kunstpreis der Stadt Wuppertal) an *Peter Kowald*
DAAD-Stipendium an Peter Kowald für Arbeitsaufenthalt in New York
Richard Teitelbaum DAAD-Stipendiat in Berlin

1986 erste Zusammenarbeit des amerikanischen Pianisten *Cecil Taylor* mit europäischen Musikern beim Workshop Freie Musik
FMP-Tonstudio fertiggestellt
erste Konzerte der Reihe *Just Music/Konzerte im Studio*

1987 *Preis der deutschen Schallplattenkritik* an *Hans Reichel*
Diamanda Galas DAAD-Stipendiatin in Berlin

1988 *Improvised Music I* mit dem *European Improvisors Orchestra* in Verbindung mit Berlin-Kulturstadt Europas
Improvised Music II mit dem Pianisten *Cecil Taylor* in Ost- und West Berlin in Verbindung mit Berlin-Kulturstadt Europas

1989 20 Jahre Free Music Production (FMP)
Dokumentation *Cecil Taylor in Berlin '88*
Start des CD-Labels FMP/FREE MUSIC PRODUCTION An Edition of Improvised Music

1990 *Preis der deutschen Schallplattenkritik* für die gesamte Schallplattenproduktion und für die Dokumentation Cecil Taylor in Berlin '88 an *Jost Gebers*
Cecil Taylor DAAD-Stipendiat in Berlin

1991 Einstellung der Vinyl-Labels FMP-Records/Uhlklang

1992 25. Total Music Meeting

1993 25. Workshop Freie Musik
Aufgabe des FMP-Tonstudios wegen zu hoher Kosten

1994 25 Jahre Free Music Production (FMP)
Joëlle Léandre DAAD-Stipendiatin in Berlin
Sainkho Namtchylak DAAD-Stipendiatin in Berlin
Albert Mangelsdorff-Preis an *Alexander von Schlippenbach*

1995 letzte *Summer Music* Konzerte (kein weiteres Budget)
letzte *Free Concerts* (kein weiteres Budget)

Lawrence Butch Morris DAAD-Stipendiat in Berlin
1996 Steve Lacy DAAD-Stipendiat in Berlin
Albert Mangelsdorff-Preis an *Peter Kowald*
1997 *Albert Mangelsdorff-Preis* an *Ernst-Ludwig Petrowsky*
1998 30ter-1 und letzter *Workshop Freie Musik* (kein weiteres Budget)
1999 30 Jahre Free Music Production (FMP)
letztes *Total Music Meeting*
Ende der Geschäftstätigkeit von Free Music Production (FMP)
2000 Übergabe/Verkauf des bestehenden Labels an FMP-Publishing
Übergabe/Verkauf der Studio- und Beschallungstechnik an das Podewil
Übergabe/Verkauf des Warenbestandes und Zubehörs an Frau Schleif
Beginn der Archivierungsarbeiten (Posters, Programme, Dokumente, Musik) sowie weiterhin Produktionstätigkeit für das bestehende Label.
Abwicklung der aufgelösten Free Music Production (FMP)
Planung, Organisaton & Durchführung des TMMcompact
2002 Ende der Abwicklungsarbeiten
Aufgabe der Geschäftsräume in Berlin
2003 Umzug von Jost Gebers nach Borken in Westfalen
Weiterhin Archivierungs- und Produktionsarbeiten
2004 Planung und Realisierung der FMP Websites
Übernahme des Fotoarchivs Werner Bethsold (FMP Frühzeit)
Ende der Produktionstätigkeit für das bestehende Label
Weiterführung der Archivierungsarbeiten
2005 *Eduard von der Heydt-Preis* (Kunstpreis der Stadt Wuppertal) an *Peter Brötzmann*
2007 Am 1. Januar Kauf/Übernahme der Firma FMP-Publishing durch Jost Gebers.
SWR Jazzpreis 2007 an *Alexander von Schlippenbach*
2008 Neubeginn der Produktionstätigkeit Beginn der Planungen für die Edition *FMP im Rückblick*
2009 Produktionsarbeiten *FMP im Rückblick*
2010 Fertigstellung der Edition *FMP im Rückblick*
2011 Veröffentlichung *FMP im Rückblick*
Preis der deutschen Schallplattenkritik für die Edition *FMP im Rückblick* (Bestenliste 2/2011)
Albert Mangelsdorff-Preis an *Peter Brötzmann*
Beginn der digitalen (Wieder-)Veröffentlichungen auf der FMP-Plattform *Destination:Out* auf *Bandcamp*
2019 *Albert Mangelsdorff-Preis* an *Paul Lovens*
2022 *Preis der deutschen Schallplattenkritik* (Ehrenpreis) an *Peter Brötzmann*
2023 Weiterführung der FMP-Publishing durch Anna Maria Ostendorf und Markus Müller

Albert Mangelsdorff-Preis an *Conny Bauer*

2024 Übernahme von FMP-Publishing durch Markus Müller

Umzug der FMP-Publishing nach Berlin

Transkriptionsregeln

Transkription	Bedeutung
[Kommentar]	Kommentare des Transkribierenden
sicher	auffällige Betonung
s i c h e r	gedehntes Sprechen
(lacht)	Kennzeichnung von nichtsprachlichen Vorgängen und besondere Art zu sprechen
LAUT	lautes Sprechen
//	unverständliches Wort („... und dann // war alles ...“)
...	Pausen innerhalb des Redeflusses
[...]	Auslassungen

Abkürzungen der Instrumente

acc	Akkordeon
acl	Altklarinette
afl	Altflöte
ahn	Althorn
alp	Alphorn
as	Altsaxofon
atb	Altposaune
b	Bass
bag	Dudelsack
ban	Bandoneon
ben	Bendir (nordafrikanische Rahmentrommel)
bcl	Bassklarinette
bell	Glocken
bn	Fagott
bs	Baritonsaxofon
bss	Basssaxofon
btb	Bassposaune
c-bcl	Kontrabassklarinette
cel	Cello
chim	Röhrenglocken
chinstr instr	Traditionelle, chinesische Saiteninstrumente
cl	Klarinette
com	Computer
cor	Kornett
cts	C-Tenorsaxofon
darb	Darbuka (einfellige Bechertrommel)
daxophone	Daxophon (von Hans Reichel selbstgebautes Instrument)
dl	Drehleier
dr	Schlagzeug
dr-com	Drumcomputer
e-perc	Elektronische Perkussionsinstrumente
eb	E-Bass

eg	E-Gitarre
elec	Elektronische(s) Instrument(e)
elec obj	Elektronisch verstärkte Objekte und Geräte
eorg	E-Orgel
ep	E-Piano
euf	Eufonium
fl	Flöte (Querflöte)
flh	Flügelhorn
frh	Waldhorn
g	Gitarre
gachi	Gachi
gong	Gong
harp	Harfe
homemade	Selbstgebaute Instrumente
igil	Igil (‚tuwinische Geige')
keyb	Keyboard
kom	Komungo (koreanische sechssaitige Zither
koto	Koto (japanische dreizehnsaitige Wölbbrettzither)
mar	Marimba
mel	Melodica
mlp	Mellophon
nar	Erzähler:in, Sprecher:in
ob	Oboe
org	Orgel
p	Klavier
perc	Perkussionsinstrumente
picc	Piccoloflöte
pocket tp	Taschentrompete
prep p	Präpariertes Klavier
rec	Blockflöte
reeds	Holzblasinstrumente
samp	Sampler
shaku	Shakuhachi
ss	Sopransaxofon
ssi	Sopraninosaxofon
steelcel	Steelcello (von Bob Rutnam selbstgebautes Instrument)
syn	Synthesizer
tab	Tabla
tam	Tam Tam
tar	Tar (iranisch-afghanische Langhalslaute)
tb	Posaune
tba	Tuba
timp	Pauke
tp	Trompete
ts	Tenorsaxofon
vib	Vibraphon
vla	Viola
vln	Violine
voc	Gesang

Literaturverzeichnis

Abromeit, John (2010). "The Limits of Praxis. Socio-Psychological Foundations of Theodor Adorno's and Herbert Marcuse's Interpretations of the 1960s Protest Movements." In: *Changing the World, Changing Oneself. Political Protest and Collective Identities in West Germany and the U.S. in the 1960s and 1970s.* Ed. by Belinda Davis et al. New York: Berghahn Books, pp. 13–38.

Achterberg, Klaus (1989). "Guitarreri Furiosi." In: *taz. die tageszeitung* (29. Mai 1989), http://www.fmp-label.de/freemusicproduction/projektereviews/p_wfm_1989_dreview.php (zugegriffen am 28.7.2020).

Achterberg, Klaus (1976). "Wo sich jeder Freispielen kann." In: *Berliner Kulturanzeiger* 2 (April/Mai 1976), http://www.fmp-label.de/freemusicproduction/texte/1976d_achterberg. html (zugegriffen am 2.9.2019).

Adlington, Robert (2013). *Composing Dissent. Avant-Garde Music in 1960s Amsterdam.* New York: Oxford University Press.

Adorno, Theodor W. [1963] (2003). "Resümee über Kulturindustrie." In: *Gesammelte Schriften* 10.1. Berlin: Suhrkamp, S. 337–345.

Akademie der Künste (2018). "Darstellende Kunst – Mitglieder: Nele Hertling", https://www.adk.de/de/akademie/aufbau-aufgaben/senat.htm?we_objectID=51436 (zugegriffen am 11.9.2018).

Anders, Johannes (1972). "Berliner Jazztage 1972. Eine wunderbare Maschine. Gespräch mit George Gruntz." In: *Jazz Podium* 21/9 (September 1972), S. 18–23.

Asholt, Wolfgang (2009). "Frankreich." In: *Metzler Lexikon Avantgarde.* Hrsg. von Hubert van den Berg und Walter Fähnders. Stuttgart/Weimar: J.B. Metzler, S. 111–117.

Bachmann, Klaus Robert (1975). "Bekannter deutscher Jazzmusiker sucht guten Plattenvertrag … Bedeutet der Teilrückzug der Villinger MPS eine Existenzkrise der Neutöner?" In: *Badische Zeitung* 150 (4.7.1975), S. 5.

Bauer, Christoph J. (2012). *Brötzmann. Gespräche.* Berlin: Posth.

Bandcamp (2020). "About us", https://bandcamp.com/about (zugegriffen am 1.11.2020).

Berendt, Joachim-Ernst (1976a). "Schönheit, die ich meine. Der neue Faschismus in Jazz und Rock." In: *Jazz Podium* 25/1 (Januar 1976), S. 10–12.

Berendt, Joachim-Ernst (1976b). "Nochmals: Schönheit, die ich meine." In: *Jazz Podium* 25/4 (April 1976), S. 6–8.

Berendt, Joachim-Ernst (1969). "Apropos Berliner Jazztage." In: *Jazz Podium* 18/12 (Dezember 1969), S. 397–399.

Berendt, Joachim-Ernst (1968a). "Jazzfestival in Montreux." In: *Jazz Podium* 17/8 (August 1968), S. 248–249.

Berendt, Joachim-Ernst (1968b). "Vom Missverhältnis von Anspruch und Leistung. Impressionen von den Essener Song Tagen." In: *Jazz Podium* 17/11 (November 1968), S. 346–347.

Berendt, Joachim-Ernst (1967). Liner Notes. In: *Alexander von Schlippenbach: Globe Unity.* SABA: SB 15109.

Berendt, Joachim-Ernst (1965). Liner Notes. In: *Gunter Hampel Quintet: Heartplants.* SABA: SB 15026.

Berendt, Joachim-Ernst (1953). *Das Jazzbuch.* Frankfurt a.M.: Fischer.

Berendt, Joachim-Ernst/Huesmann, Günther ([4]2014). *Das Jazzbuch. Von New Orleans bis ins 21. Jahrhundert.* Frankfurt a.M.: Fischer.

van den Berg, H Hubert/Fähnders, Walter, Hrsg. (2009). *Metzler Lexikon Avantgarde.* Stuttgart/Weimar: J.B. Metzler.

Berger, Peter L./Luckmann, Thomas (1969). *Die gesellschaftliche Konstruktion der Wirklichkeit. Eine Theorie der Wissenssoziologie.* Frankfurt a.M.: Fischer.
Berliner, Paul (1994). *Thinking in Jazz. The Infinite Art of Improvisation.* Chicago: University of Chicago Press.
Bernet, Claus (2009). "Zeitzeugendokumentation Berliner Bezirke. Erweckte Geschichte als regionales Projekt der Oral History." In: *BIOS. Zeitschrift für Biographieforschung, Oral History Studien und Lebensverlaufsanalysen* 22/1, S. 97–119.
Blome, Rainer (1968). "Das Ende einer Ära beginnt." In: *Sounds* 8 (September 1968), S. 24.
Blome, Rainer (1967). "Peter Brötzmann. Do-It-Yourself." In: *Sounds* 4 (Herbst 1967), S. 33–34.
Blome, Rainer (1966/67a). "Heimatfront." In: *Sounds* 1 (Winter 1966/67), S. 30–41.
Blome, Rainer (1966/67b). "Berliner Jazz Tage 66." In: *Sounds* 1 (Winter 1966/67), S. 7–11.
Blome, Rainer (1966). "Ein neues Gesicht im Jazz: Peter Brötzmann." In: *Jazz Podium* 15/8 (August 1966), S. 216.
Böhler, Fritz/Reinhart, Martin (2014). "Wissenschaft und Wertewandel." In: *Methoden der Kulturanthropologie.* Hrsg. von Christine Bischoff, Karoline Oehme-Jüngling und Walter/Leimgruber. Bern: Haupt, S. 539–556.
Bontrup, Heiner/Peters, Dirk/Rauschtenberger, Dietrich/Widmann, Rainer ([2]2008). "Die Jungen Wilden." In: *sounds like whoopataal. Wuppertal in der Welt des Jazz.* Hrsg. von E. Dieter Fränzel, Rainer Widmann/JAZZ AGe Wuppertal. Essen: Klartext, S. 165–215.
Bontrup, Heiner/Fränzel, E. Dieter/Widmann, Rainer ([2]2008): "Grenzüberschreitungen." In: *sounds like whoopataal. Wuppertal in der Welt des Jazz.* Hrsg. von E. Dieter Fränzel, Rainer Widmann/JAZZ AGe Wuppertal. Essen: Klartext, S. 234–271.
Bosshard, Fredi (1999). "Total Music Meeting 1999." In: *Total Music Meeting 1999.* FMP-Programmblatt, http://www.fmp-label.de/freemusicproduction/projektetexte/p_tmm_1999_dtext1.html (zugegriffen am 27.9.2020).
Bourdieu, Pierre ([5]2018). *Entwurf einer Theorie der Praxis – auf der ethnologischen Grundlage der kabylischen Gesellschaft.* Frankfurt a.M.: Suhrkamp.
Bourdieu, Pierre (2005). "Verstehen." In: *Das Elend der Welt.* Hrsg. von Pierre Bourdieu et al. Konstanz: UVK Verlagsgesellschaft mbH, S. 779–802.
Brandt, Ellen (1993). "Ohrenschmeichler, Ohrenputzer." In: *Der Tagesspiegel* (14. April 1993), http://www.fmp-label.de/freemusicproduction/projektereviews/p_wfm_1993_dreview.php (zugegriffen am 29.7.2020).
Brandt, Ellen (1987a). "Freier Fall. Kompositionen auf dem 20. Total Music Meeting in Berlin." In: *Jazzthetik* 1/8 (Dezember 1987), http://www.fmp-label.de/freemusicproduction/ projektereviews/p_tmm_1987_dreview.php (zugegriffen am 6.7.2020).
Brandt, Ellen (1987b). "Das Wagnis der Improvisation." In: *Der Tagesspiegel* (24. März 1986), http://www.fmp-label.de/freemusicproduction/projektereviews/p_wfm_1987_dreview.php (zugegriffen am 17.7.2020).
Brandt, Ellen (1986). "Gags der Geräuschmusik." In: *Der Tagesspiegel* (5. November 1986), http://www.fmp-label.de/freemusicproduction/projektereviews/p_tmm_1986_dreview.php (zugegriffen am 6.7.2020).
Brandt, Ellen (1985). "Made in Germany?" In: *Total Music Meeting '85.* FMP-Faltblatt. Berlin.
Bratfisch, Rainer (2014). *Jazz in Berlin.* Berlin: Nicolai.
Bratfisch, Rainer (2005). "Edelsteine aus dem Arbeiter-und-Bauern-Staat. Interview mit Jost Gebers." In: *Freie Töne. Die Jazzszene in der DDR.* Hrsg. von Rainer Bratfisch. Berlin: Ch. Links, S. 184–190.
Breckner, Roswitha (1994). "Von den Zeitzeugen zu den Biographen. Methoden der Erhebung und Auswertung lebensgeschichtlicher Interviews." In: *Alltagskultur, Subjektivität*

und Geschichte. Zur Theorie und Praxis von Alltagsgeschichte. Hrsg. von Berliner Geschichtswerkstatt. Münster: Westfälisches Dampfboot, S. 199–222.

Breidenstein, Georg/Hirschauer, Stefan/Kalthoff, Herbert/Nieswand, Boris ([2]2015): *Ethnografie. Die Praxis der Feldforschung.* Konstanz: UVK Verlagsgesellschaft mbH.

Bremische Bürgerschaft Stadtbürgerschaft (1968). *7. Wahlperiode. Drucksachenabteilung V. Verhandlungsberichte.* Bremen.

Broecking, Christian (2003). "Unfreiheiten der Improvisation." In: *taz. die tageszeitung* (21. Oktober 2003), http://www.fmp-label.de/freemusicproduction/texte/2010d_kamp mann. html#fenster (zugegriffen am 26.10.2020).

Broecking, Christian/Franzen, Stefan/Laurentius, Martin (2017). "Köln. Jazz am Rhein 1967/68." Rezension der 6-CDs-Box. In: *Jazz Thing* (22. Juni 2017), https://www. jazz thing.de/news/2017-6-22-koeln-jazz-am-rhein-196768/ (zugegriffen am 2.11.2017).

Brötzmann, Peter (2016). "News", http://www.peterbroetzmann.com/news-music-artwork/ music.php (zugegriffen am 21.5.2016).

Brötzmann, Peter (2014). *We thought we could change the world. Conversations with Gérard Rouy.* Hofheim: Wolke.

Brötzmann, Peter ([2]2008). "Wir hatten den Willen so weit wie möglich zu gehen." Nach einem Gespräch aufgezeichnet von E. Dieter Fränzel und Dietrich Rauschtenberger. In: *sounds like whoopataal. Wuppertal in der Welt des Jazz.* Hrsg. von E. Dieter Fränzel, Rainer Widmann/JAZZ AGe Wuppertal. Essen: Klartext, S. 171–181.

Brötzmann, Peter (2007). Liner Notes. In: *Peter Brötzmann Octet: The complete Machine Gun Sessions.* Reissue: Unheard Music Series/Atavistic: ALP262CD, CD.

Brötzmann, Peter (2003). *The Inexplicable Flyswatter: Works on Paper 1959–1964.* Exhibition Catalogue. Inklusive CD/CD-ROM. 1926 Exhibition Studies Space, School of the Art Institute of Chicago/Woodland Pattern Books Center Milwaukee.

Brötzmann, Peter (1979). "Der Tanz auf dem Drahtseil ..." In: *Neue Zeitschrift für Musik* 140/3 (1979), S. 242–243.

Brötzmann, Peter (1978). "10mal Spaß und Musik." In: *For Example. Workshop Freie Musik 1969–1978.* Buch zur 3-LPs-Box. FMP R1/R2/R3, S. 126.

Brötzmann, Peter/Gebers, Jost (1972). Liner Notes: *Brötzmann/Van Hove/Bennink und 15 Kindern: Free Jazz und Kinder.* FMP S 1/2, Single.

Brüggemeier, Franz-Josef (1987). "Aneignung vergangener Wirklichkeit – Der Beitrag der Oral History." In: *Methoden der Biographie- und Lebenslaufforschung.* Hrsg. von Wolfgang Voges. Opladen: Leske + Budrich, S. 149–153.

Bryant, Clora et al. (1998). *Central Avenue Sounds: Jazz in Los Angeles.* Berkeley/Los Angeles/ London: University of California Press.

Bürger, Peter (1974). *Theorie der Avantgarde.* Frankfurt a.M.: Suhrkamp.

Burkhardt, Werner (1975). "Der Großen Streit nährt die Kleinen. Deutschlands größtes Jazzfestival ist wieder auferstanden." In: *Die Zeit* 47 (14. November 1975), https://www. zeit. de/1975/47/der-grossen-streit-naehrt-die-kleinen (zugegriffen am 31.8.2019).

Burkhardt, Werner (1967). "Notizen zur Jazzwerkstatt. 50. Geburtstag des NDR-Jazz-Workshop." In: *Jazz Podium* 16/3 (März 1967), S. 73–74.

Burde, Wolfgang (1990). "Bravour nach Jahren der Verbiesterung." In: *Der Tagesspiegel* (14. November 1990), http://www.fmp-label.de/freemusicproduction/projektereviews/p_ tmm_1990_dreview.php (zugegriffen am 7.7.2020).

Burde, Wolfgang (1989). "Stadtkultur? Berliner Musikbeschränkungen." In: *Frankfurter Allgemeine Zeitung* (20. Juni 1989), http://www.fmp-label.de/freemusicproduction/projek te reviews/p_wfm_1989_dreview.php (zugegriffen am 17.7.2020).

Burde, Wolfgang (1981). “Die Nacht der Brötzmänner. Total Music Meeting im Quartier Latin.” In: *Der Tagesspiegel* (7. November 1981), http://www.fmp-label.de/freemusicproduction/projektereviews/p_tmm_1981_dreview.php (zugegriffen am 3.2.2020).
Burde, Wolfgang (1978a). “Materialien zum europäischen Free Jazz.” In: *For Example. Workshop Freie Musik 1969–1978.* Buch zur 3-LPs-Box. FMP R1/R2/R3, S. 46–53.
Burde, Wolfgang (1978b). “Der Free Jazz lebt.” In: *Der Tagesspiegel* (26. März 1978), http://www.fmp-label.de/freemusicproduction/projektereviews/p_wfm_1978_dreview.php (zugegriffen am 14.5.2020).
Burde, Wolfgang (1977). “Frisch wie am ersten Tag. Workshop Freie Musik in der Akademie der Künste.” In: *Der Tagesspiegel* (13. April 1977), http://www.fmp-publishing.de/freemusicproduction/projektereviews/p_wfm_1977_dreview.php (zugegriffen am 21.2.2020).
Burde, Wolfgang (1976). “Die sinnvolle Alternative. Total Music Meeting im Quartier Latin.” In: *Der Tagesspiegel* (9. November 1976), http://www.fmp-label.de/freemusicproduction/projektereviews/p_tmm_1976_dreview.php (zugegriffen am 29.9.2019).
Burde, Wolfgang (1974). “Was gegenwärtig gedacht wird. Workshop Freie Musik in der Akademie.” In: *Der Tagesspiegel* (18. April 1974), http://www.fmp-publishing.de /freemusicproduction/projektereviews/p_wfm_1974_dreview.php (zugegriffen am 29.9.2019).
Burde, Wolfgang (1973). “Luck & happy. Total Music Meeting ’73.” In: *Der Tagesspiegel* (02. November 1973), http://www.fmp-label.de/freemusicproduction/projektereviews/p_tmm_1973_dreview.php (zugegriffen am 28.9.2019).
Burde, Wolfgang (1972). “Alternative: Total Music Meeting.” In: *Der Tagesspiegel* (5. November 1972), http://www.fmp-label.de/freemusicproduction/projektereviews/p_tmm_1972_dreview.php (zugegriffen am 12.3.2018).
Carlinsky, Dan (1964). “Jazz in a Cellar.” In: *Columbia Daily Spectator* (7 October 1964), p. 2.
Carrigan, Tim/Connell, Robert W./Lee, John (1996). “Ansätze zu einer neuen Soziologie der Männlichkeit.” In: *Kritische Männerforschung.* Hrsg. von BauSteineMänner. Hamburg: Das Argument, S. 38–75.
Center for Jazz Studies (o.J.). *Mission Statement,* https://jazz.columbia.edu/about/ (zugegriffen am 20.11.2023).
Chonto, Joseph (1998). Liner Notes. In: *Cecil Taylor: The Tree of Life.* FMP CD 98, CD.
Clarke, John/Hall, Stuart/Jefferson, Tony/Roberts, Brian [1975] (2007). “Subcultures, Cultures and Class. A theoretical Overview.” In: *Resistance through Rituals. Youth Subcultures in post-war Britain.* Ed. by Stuart Hall and Tony Jefferson. London/Melbourne/Sydney: Hutchinson, pp. 9–74.
Cohen, Aaron (1996). “FMP Festival.” In: *Down Beat* 63/2 (February 1996), p. 53.
Coleman, Ornette (1959). Liner Notes. In: *Ornette Coleman: Change of the Century.* Atlantic 1327, LP.
Connell, Raewyn (2015). *Der gemachte Mann. Konstruktion und Krise von Männlichkeiten.* Wiesbaden: Springer VS.
Connell, Robert W. (1987). *Gender and power. Society, the person and sexual politics.* California: Stanford University Press.
Corbett, John (2007). Liner Notes. In: *Peter Brötzmann Octet: The complete Machine Gun Sessions.* Reissue: Unheard Music Series/Atavistic: ALP262CD, CD.
Corbett, John (1993). “Offener Brief an FMP.” In: *Free Music Production.* FMP-Faltblatt 1993/1994, http://www.fmp-label.de/freemusicproduction/texte/1993d2_corbett.html (zugegriffen am 8.2.2016).
Currie, A. Scott (2015). “Sound Visions and Free Initiatives. The Cultural Politics of Creative Improvised Music Collectives.” In: *The Cultural Politics of Jazz Collectives. This is Our*

Music. Ed. by Nicholas Gebhardt and Tony Whyton. London/New York: Routledge, pp. 61–85.
Custodis, Michael (2004). *Die soziale Isolation der neuen Musik. Zum Kölner Musikleben nach 1945* (= Beihefte zum Archiv für Musikwissenschaft 54). Stuttgart: Franz Steiner Verlag.
Czirr, Sarah/Wiener, Jürgen, Hrsg. (2023). *Kunst, Musik und Peter Brötzmann.* Berlin/Boston: Deutscher Kunstverlag.
Dejung, Christof/Gull, Thomas/Wirz, Tanja (2002). *Landigeist und Judenstempel. Erinnerungen einer Generation 1930–1945.* Zürich: Limmat Verlag.
Deutscher Komponistenverband (2000). "Manfred Schoof." Komponistenlexikon, http://www.komponistenlexikon.de/komponisten.php?id=903&name=schoof&vorname=prof.-manfred (zugegriffen am 1.3.2022).
DeVeaux, Scott (1997). *The Birth of Bebop.* Berkeley/Los Angeles/London: University of California Press.
DeVeaux, Scott (1991). "Constructing the Jazz Tradition: Jazz Historiography." In: *Black American Literature Forum* 25/3, pp. 525–560.
Devereux, Georges [1973] ([2]1988). *Angst und Methode in den Verhaltenswissenschaften.* Frankfurt a.M.: Suhrkamp.
Diederichsen, Diedrich (2014). *Über Pop-Musik.* Köln: Kiepenheuer & Witsch.
Diederichsen, Diedrich (2011). "Ein Universum im Entstehen." In: *taz. die tageszeitung* (8. April 2011), S. 15.
Doering-Manteuffel, Anselm (2000). "Westernisierung. Politisch-ideeller und gesellschaftlicher Wandel in der Bundesrepublik bis zum Ende der 60er Jahre." In: *Dynamische Zeiten. Die 60er Jahre in den beiden deutschen Gesellschaften.* Hrsg. von Axel Schildt, Detlef Siegfried und Karl Christian Lammers. Hamburg: Hans Christians Verlag, S. 311–341.
Donisch, Peter (1978). "10 Jahre Free Music Production – Berlin." In: *Blues Notes* 10 (1978), http://www.fmp-label.de/freemusicproduction/texte/1978d_donisch.html (zugegriffen am 4.9.2019).
Dunkel, Mario (2021). *The Stories of Jazz. Narrating a Musical Tradition.* Wien: Hollitzer.
ECM (2017). "The Label", https://www.ecmrecords.com/story (zugegriffen am 24.8.2017).
Engelhardt, Jürgen (1983). "Musik, die passiert. Total Music Meeting '82." In: *Jazz Podium* 32/1 (Januar 1983), http://www.fmp-label.de/freemusicproduction/projektereviews/p_tmm_1982_dreview.php (zugegriffen am 5.2.2020).
Engelhardt, Jürgen (1982). "Lust an der Utopie in ernsten Zeiten." In: *Darmstädter Echo* (10. November 1982), http://www.fmp-label.de/freemusicproduction/projektereviews/p_tmm_1982_dreview.php (zugegriffen am 5.2.2020).
Engelhardt, Jürgen (1981). "Kunst und Anti-Kunst. Schlippenbach/Johansson und Theurer/Lovens." In: *Jazz Podium* 30/9 (September 1981), http://www.fmp-publishing.de/freemusicproduction/projektereviews/p_sm_1981_dreview.php (zugegriffen am 10.2.2020).
Entreß, Matthias R. (1998). "Der Kreis schließt sich. Der 30. Workshop Freie Musik in der Akademie der Künste." In: *Berliner Morgenpost* (15. April 1998), http://www.fmp-publishing.de/freemusicproduction/projektereviews/p_wfm_1998_dreview.php (zugegriffen am 2.10.2020).
Enwezor, Okwui/Müller, Markus (Hrsg.) (2012). *ECM. Eine kulturelle Archäologie.* Ausstellungskatalog. Anlässlich der Ausstellung im Haus der Kunst, München, 23.11.2012–10.2.2013. München/London/New York: Prestel.
Evans, George Ewart (1965). *Ask the fellows who cut the hay.* London: Faber & Faber.
Fechner-Smarsly, Thomas (1993). "Trommelwirbel für Max: Globe Unity überbläst Boxfilme." In: *taz. die tageszeitung* (3. August 1993), http://www.fmp-label.de/freemusicproduction/projektereviews/p_sp_1993_dreview.php (zugegriffen am 20.8. 2020).

Fehlhaber, Jörg-Michael (1966/1967). “Das Peter Brötzmann Trio in Aachen.” In: *Sounds* 1 (Winter 1966/1967), S. 25–26.
Flemming, Thomas/Ulrich, Bernd (2014). *Heimatfront: Zwischen Kriegsbegeisterung und Hungersnot – wie die Deutschen den Ersten Weltkrieg erlebten.* München: Bucher.
Figueroa-Dreher, Silvana K. (2016). *Improvisieren. Material, Interaktion, Haltung und Musik aus soziologischer Perspektive.* Wiesbaden: Springer VS.
Fischer-Defoy, Christiane (1997). “… und die Vergangenheit sitzt immer mit am Tisch.” In: *„… und die Vergangenheit sitzt immer mit am Tisch“.* Dokumente zur Geschichte der Akademie der Künste (West) 1945/1954–1993. Hrsg. von Stiftung Archiv der Akademie der Künste. Berlin: Henschel Verlag, S. 11–25.
Flick, Uwe (⁵2000): *Qualitative Forschung. Theorien, Methoden, Anwendungen in Psychologie und Sozialwissenschaften.* Reinbek bei Hamburg: Rowohlt.
FMP (2000a). Rechnung und Lieferschein vom 7.1.2000.
FMP (2000b). Lieferschein vom 7.1.2000.
FMP (1994). “FMP in Stichworten.” Internes FMP-Papier. Berlin.
FMP (1992a). FMP-Tonträger-Katalog 1992. Berlin.
FMP (1992b). “Fall in Jazz/Summer Music 1992.” Programminformation. Berlin.
FMP (1990a). “Just Released, Total Cecil Taylor Total, Two Free Concerts at Townhall, Total Music Meeting 1990.” Programminformation. Berlin.
FMP (1990b). FMP-Tonträger-Katalog 1990. Berlin.
FMP (1990c). “Total Music Meeting 1990.” Programmflyer. Berlin.
FMP (1989a). “Vertriebsänderung.” Mitteilung aus dem April 1989. Berlin.
FMP (1989b). “Sonderangebot zur Einführung der neuen Vertriebs-Adresse.” Berlin.
FMP (1989c). “Subskriptionsangebot Cecil Taylor in Berlin 1988.” Berlin.
FMP (1989d). “Einladung zu einem Gespräch über 20 Jahre Free Music Production.” Berlin.
FMP (1989e). “Cecil Taylor in Berlin ’88.” In: *Cecil Taylor in Berlin ’88.* Buch zur 11-CDs-Box. FMP CD 0/2/3/4/5/6/8/9/11/16/18.
FMP (1989f). FMP-Tonträger-Katalog 1990. Berlin.
FMP (1988a). “Improvised Music II/88.” Programmflyer. Berlin.
FMP (1986). “18. Workshop Freie Musik ’86. Cecil Taylor: his music and poetry.” Presseinformation. Berlin.
FMP (1984a). “Fall in Jazz/Summer Music.” Presseinformation. Berlin.
FMP (1984b). “Brief an Freunde aus dem September 1984.” Berlin.
FMP (1983a). “16. Total Music Meeting ’83.” Presseinformation. Berlin.
FMP (1983b). “Programmänderung: 15. Workshop Freie Musik.” Presseinformation. Berlin.
FMP (1983c). “Berliner Begegnungen.” Programmflyer. Berlin.
FMP (1983d). “Dutch Improvisors/Improvisierte Musik aus Holland.” Programminformation. Berlin.
FMP (1982a). “Brief an Freunde aus dem Dezember 1982.” Berlin.
FMP (1982b). “15. Workshop Freie Musik.” Presseinformation. Berlin.
FMP (1982c). “Programmänderung: Workshop Freie Musik ’82.” Flyer. Berlin.
FMP (1982d). “Workshop Freie Musik 1982.” Programm. Berlin.
FMP (1982e). “Bitte beachten. Beiblatt zum Workshop Freie Musik ’82.” Berlin.
FMP (1981a). “Total Music Meeting ’81.” In: *Jazzfest Berlin 1981.* Programmheft, http://www.fmp-publishing.de/freemusicproduction/projektetexte/p_tmm_1981_dtext.html (zugegriffen am 12.2.2020).
FMP (1981b). “Workshop Freie Musik ’81.” Programminformation. Berlin.
FMP (1981c). “FMP-Records.” Veröffentlichungsankündigungen. DIN A4 Faltblatt. Berlin.
FMP (1980a). “Total Music Meeting ’80.” Presseinformation. Berlin.

FMP (1980b). "Informationen zum 12. Workshop Freie Musik." Presseinformation. Berlin.
FMP (1980c). "Vertriebsübernahme der Labels FMP und SAJ durch den Verlag Pläne GmbH, Dortmund." Rundschreiben an Presse und Schallplatten-Fachhandel. Berlin.
FMP (1979a). "Total Music Meeting '79." Presseinformation. Berlin.
FMP (1979b). "Workshop Freie Musik 1979." Presseinformation. Berlin.
FMP (1979c). "In eigener Sache." Mitteilung an Kunden und Konzertbesucher. Berlin.
FMP (1978). "Jazz Workshop. 1.–3.9.1978 im Café Einstein." Programmflyer. Berlin.
FMP (1977a). "News! Free Music Production." Info-Faltblatt. Berlin.
FMP (1977b). "Informationen zum Workshop Freie Musik 1977." Presseinformation. Berlin.
FMP (1977c). "Total Music Meeting '77." Programmflyer. Berlin.
FMP (1977d). "25. Free Concert." Programmflyer. Berlin.
FMP (1976a). "News! Free Music Production." Info-Faltblatt. Berlin.
FMP (1976b). "Total Music Meeting '76." Programmflyer. Berlin.
FMP (1976c). "Informationen zum Workshop Freie Musik 1976." Presseinformation. Berlin.
FMP (1975a). "News! Free Music Production." Info-Faltblatt. Berlin.
FMP (1975b). "Alternative. Total Music Meeting '75." Programmflyer. Berlin.
FMP (1975c). "Informationen zum Workshop Freie Musik 1975." Presseinformation. Berlin.
FMP (1974a). "Free Music Production." Info-Faltblatt. Berlin.
FMP (1974b). "Alternative. Total Music Meeting '74." Programmflyer. Berlin.
FMP (1973a). "Workshop Freie Musik." Programmflyer. Berlin.
FMP (1973b). "Informationen zum Workshop Freie Musik 1973." Presseinformation. Berlin.
FMP (1973c). "Information zum Free Concert am 13.4.1973 mit dem Irène Schweizer-Rüdiger Carl Quartett im Rathaus Charlottenburg." Presseinformation. Berlin.
FMP (1973d). "Music Live." Flyer zu den Konzerten von Brötzmann/Bennink am 7./8.9.1973 und Hans Reichel am 14./15.9.1973 im Quasimodo. Berlin.
FMP (1972a). Veranstaltungs-Flyer zum Konzert Music mit der Peter Kowald Group und der Rüdiger Carl Inc. am 11./12.1.1972 in der Akademie der Künste. Berlin.
FMP (1972b). Gesellschaftervertrag der Free Music Production vom 26.8./3.9./21.9.1972.
FMP (1972c). "Alternative. Total Music Meeting '72." Programmflyer. Berlin.
FMP (1972d). "Free Music Production." Faltblatt mit Selbstverständnis. Berlin.
FMP (1972e). Programminformationen zu den Free Music in Concerts in der Jazzgalerie vom 8.–10.9.1972 mit Brötzmann/Van Hove/Bennink und Hans Reichel. Berlin.
FMP (1970). "Workshop Freie Musik 1970." Programmflyer. Berlin
FMP (1969). "Free Music Information: European Echoes von Manfred Schoof." FMP-Anzeige. In: *Jazz Podium* 18/11 (November 1969), S. 370.
FMP/Akademie der Künste (1978). "For Example. Workshop Freie Musik 1969–1978." In: *For Example. Workshop Freie Musik 1969–1978*. Buch zur 3-LPs-Box. FMP R1/R2/R3.
FMP/FMP-Publishing (1999a). "Übernahmevereinbarung & Kaufvertrag." Vertrag (17.9. 1999).
FMP/FMP-Publishing (1999b). "Vereinbarung zum Kaufvertrag." Vertrag (17.9.1999).
FMP/Schleif, Helma (2000). "Kaufvertrag" vom 7.1.2000.
FMP-Publishing (2025). "News 82" (14. März 2025), http://www.fmppublishing.de/news/news82/news82unten.html (zugegriffen am 22.6.2025).
FMP-Publishing (2024). "News 62" (1. September 2024), http://www.fmp-publishing.de/news/news62/news62unten.html (zugegriffen am 20.4.2021).
FMP-Publishing (2023). "Improvised Music II/88 Kongreßhalle Berlin", http://www.fmp-publishing.de/freemusicproduction/index.html (zugegriffen am 10.1.2023).
FMP-Publishing (2021a). "Texte: Auswahl", http://www.fmp-publishing.de/freemusicprouction/texteindex.html (zugegriffen am 20.4.2021).

FMP-Publishing (2021b). “Texts. Selection”, http://www.fmp-publishing.de/freemusicproduction/texteindex.html (zugegriffen am 20.4.2021).
FMP-Publishing (2020a). “FMP-RECORDS (FMP-Nummern) 1969–1991”, http://www.fmp-publishing.de/freemusicproduction/labels1.html (zugegriffen am 21.11.2020).
FMP-Publishing (2020b). “1997 WFM/Akademie der Künste”, http://www.fmp-label.de/freemusicproduction/projekte/p_wfm_1997_d.html (zugegriffen am 16.9.2020).
FMP-Publishing (2020c). “Labelinfo”, http://www.fmp-publishing.de/fmplabel/infoshaupttext.html (zugegriffen am 16.10.2020).
FMP-Publishing (2020d) “CD-Katalog Anmerkungen”, http://www.fmp-publishing.de/fmplabel/catalog_anmerkungen.html (zugegriffen am 22.10.2020).
FMP-Publishing (2020e). “Archiv”, http://www.fmp-label.de/fmplabel/archivhaupttext.html (zugegriffen am 3.11.2020).
FMP-Publishing (2019a). “Box FMP 0030/40/50 Brötzmann/Van Hove/Bennink plus Albert Mangelsdorff.” Rezensionen, http://www.fmp-label.de/freemusicproduction/labelscatalog/xfmpse1972_dreview.php (zugegriffen am 15.4.2019).
FMP-Publishing (2019b). “Labels”, http://www.fmp-label.de/freemusicproduction/labelsindex.html (zugegriffen am 13.11.2019).
FMP-Publishing (2018a). “1968 TTM/Quartier von Quasimodo”, http://www.fmp-label.de/freemusicproduction/projektetexte/p_tmm_1968_dtext.html (zugegriffen am 10.2.2018).
FMP-Publishing (2018b). “1969 TTM/Litfaß”, http://www.fmp-label.de/freemusicproduction/projekte/p_tmm_1969.html (zugegriffen am 3.12.2018).
FMP-Publishing (2017). “Projekte: Anmerkungen – Konzerte”, http://www.fmp-label.de/freemusicproduction/projektehaupt_notes.html (zugegriffen am 3.2.2017).
FMP-Publishing (2016a). “Kritikerpreis 1977 vom Verband der deutschen Kritiker e.V.” Urkunde, http://www.fmp-publishing.de/freemusicproduction/texte/1977d_kritikerpreis. html (zugegriffen am 8.2.2016).
FMP-Publishing (2016b). “Free Music Production (FMP) in Stichworten. 1969–1999 im Rückblick”, http://www.fmp-publishing.de/freemusicproduction/infoshaupttext1.html (zugegriffen am 24.2.2016).
FMP-Publishing (2016c). “Projects”, http://www.fmp-label.de/freemusicproduction/projekte index.html (zugegriffen am 27.2.2016).
FMP-Publishing (2016d). “FMP-Publishing. Informationen zum Verlag”, http://www.fmp-label.de/fmplabel/verlagindex.html (zugegriffen am 27.2.2016).
FMP-Publishing (2016e). “1971 TMM/Nassauer”, http://www.fmp-label.de/freemusicproduction/projekte/p_tmm_1971.html (zugegriffen am 27.2.2016).
FMP-Publishing (2016f). “1970 TMM/Quartier Latin”, http://www.fmp-label.de/freemusicproduction/projekte/p_tmm_1970.html (zugegriffen am 27.2.2016).
FMP-Publishing (2015). “FMP-Mitarbeiter”, http://www.fmp-label.de/freemusicproduction/infoshaupttext3.html (zugegriffen am 10.5.2015).
FMP-Publishing (2010). “FMP. Im Rückblick – In Retrospect. 1969–2010.” In: *FMP. Im Rückblick – In Retrospect. 1969–2010.* Buch zur 12-CDs-Box. FMP CD 137/138/139/140/141/142/143/144/145/146/148.
FMP-Publishing (2020f). “2000 TMMcompact “Podewil“”, http://www.fmp-label.de/freemusicproduction/projektereviews/p_tmm_2000_dreview.php (zugegriffen am 30.10.2020).
FMP-Publishing (2025). “News 82” (14. März 2025), http://www.fmppublishing.de/news/news82/news82unten.html (zugegriffen am 22.6.2025)
FMP-Publishing/Schleif, Helma (2000/1999). Lizenzvertrag vom 18.9.1999/2.1.2000.

Forst, Achim (1984). “Klangtüftler. Das King Übü Örchestrü im Haus am Waldsee.” In: *Der Tagesspiegel* (15. Juli 1984), http://www.fmp-publishing.de/freemusicproduction/projektereviews/p_sm_1984_dreview.php (zugegriffen am 10.3.2020).

Forst, Achim (1981). “Free Music Production (FMP).” In: *Free Music Production*. FMP-Broschüre 1981/82, http://www.fmp-publishing.de/freemusicproduction/texte/1981d_forst.html (zugegriffen am 7.1.2016).

Forst, Achim (1980). “Total Music Meeting 1980.” In: *Jazz Podium* 29/12 (Dezember 1980), http://www.fmp-publishing.de/freemusicproduction/projektereviews/p_tmm_1980_dreview.php (zugegriffen am 13.2.2020).

Fränzel, E. Dieter ([2]2008). “Legenden und Festivals.” In: *sounds like whoopataal. Wuppertal in der Welt des Jazz*. Hrsg. von E. Dieter Fränzel, Rainer Widmann/JAZZ AGe. Essen: Klartext, S. 126–135.

Fröse, Dirk (1976). Rezension: “Globe Unity Orchestra: Bavarian Calypso/Goodbye.” In: *Jazz Podium* 25/2 (Februar 1976), http://www.fmp-label.de/freemusicproduction/labelscatalogreviews/FMPs6review.php (zugegriffen am 6.12.2019).

Fröse, Dirk (1974): Rezension: “Hans Reichel: Old Tune/Heimkehr der Holzböcke.” In: *Jazz Podium* 23/11 (November 1974), http://www.fmp-label.de/freemusicproduction/labelscatalogreviews/FMPs5review.php (zugegriffen am 6.12.2019).

Fröse, Dirk (1973a). “Schnapsglas in der Hand. Gitarrist Hans Reichel.” In: *Jazz Podium* 22/2 (Februar 1973), S. 22–23.

Fröse, Dirk (1973b). Rezension: “Brötzmann/Van Hove/Bennink: Einheitsfrontlied.” In: *Jazz Podium* 22/11 (November 1973), http://www.fmp-label.de/freemusicproduction/labelscatalogreviews/FMPs3review.php (zugegriffen am 3.12.2019).

Fröse, Dirk (1973c). “Neuer Start nach dem großen Unbehagen. Der Saxophonist Rüdiger Carl.” In: *Jazz Podium* 22/4 (April 1973), S. 17–19.

Fröse, Dirk (1972). “Freiheit wovon – Freiheit wozu. Peter Kowald Quintett.” In: *Jazz Podium* 21/12 (Dezember 1972), S. 22–25.

Galerie Inge Baecker (2017). “Wolf Vostell Vita”, http://www.galerie-baecker.de/Vostell_vita.html (zugegriffen am 17.12.22017).

Ganz, Rudolph (1975). “Die emanzipierte Posaune. Fünf Tage der freien Musik in West-Berlin.” In: *Frankfurter Rundschau* (16. April 1975), http://www.fmp-publishing.de/freemusicproduction/projektereviews/p_wfm_1975_dreview.php (zugegriffen am 14. 10.2019).

Gebers, Jost (1980). “Statement.” In: *Snapshot. Jazz Now/Jazz aus der DDR*. Buch zur 2-LPs-Box. FMP R4/R5, S. 4.

Gebers, Jost (1979). “Free Music Production (FMP).” In: *Neue Zeitschrift für Musik* 140/3 (1979), S. 250–251.

Gebers, Jost (1978). “Text.” In: *For Example. Workshop Freie Musik 1969–1978*. Buch zur 3-LPs-Box. FMP R1/R2/R3, S. 4.

Gebers, Jost (1972). “Thema Berliner Jazztage 1972. Gespräch mit Georg Gruntz (JP 9/72). Stellungnahme der Free Music Production.” In: *Jazz Podium* 21/11 (November 1972), S. 6–7.

Geertz, Clifford (1983). *Dichte Beschreibung. Beiträge zum Verstehen kultureller Systeme*. Frankfurt a.M.: Suhrkamp.

GEMA (2016). “Mitgliederversammlung 2016 der GEMA.” Pressemitteilung, https://www.gema.de/aktuelles/pressemitteilungen/mitgliederversammlung-2016-der-gema-als-gastredner-sprachen-bundesjustizminister-heiko-maas-und-ola/ (zugegriffen am 1.3.2022).

Gebhardt, Nicholas (2015). “Introduction: Jazz as a Collective Problem.” In: *The Cultural Politics of Jazz Collectives. This is Our Music*. Ed. by Nicholas Gebhardt and Tony Whyton. London/New York: Routledge, pp. 1–15.

Gebhardt, Nicholas/Whyton, Tony (Eds.) (2015). *The Cultural Politics of Jazz Collectives. This is Our Music.* London/New York: Routledge.

Gebhardt, Nicholas (2010). “On Jazz, Memory and History. A Response to Alyn Shipton.” In: *Jazz Research Journal* 4/1, pp. 7–14.

Gensch, Hans-Gerhard (1971). “Thema: Berliner Nachlese.” Leserbrief. In: *Jazz Podium* 20/3 (März 1971), S. 87.

Germanisches Nationalmuseum (Hrsg.) (2005). *Leve sieht Paik. Manfred Leves Fotografien von Nam June Paiks Ausstellung Exposition of Music – Electronic Television Wuppertal 1963.* Ausstellungskatalog. Nürnberg: Verlag des Germanischen Nationalmuseums.

Glaetzner, Burkhard (2019). “Vita – Burkhard Glaetzner”, http://www.burkhard-glaetzner.de/vita.html (zugegriffen am 23.8.2020).

Goldstein, Patrick (2018). “Rock im Rotlichtviertel.” In: *Berliner Morgenpost* (24. Juni 2018), https://www.morgenpost.de/berlin/article214669363/Rock-im-Rotlichtviertel.html (zugegriffen am 13.9.2019).

Gretz, Günter (2003). Liner Notes. In: *Jali Nyama Suso: Kora Music from Gambia.* FMP CD 121, CD.

Griffith, Pat (1971). “Taylor raconte octobre et la suite.” In: *Jazz Magazine* 188 (April 1971), S. 28–29.

Guba, Egon G./Lincoln, Yvonna S. (1989). *Fourth Generation Evaluation.* Newbury Park/London/New Delhi: Sage Publications.

Guba, Egon G/Lincoln, Yvonna S. (1982). “Epistemological and methodological Bases of naturalistic Inquiry.” In: ECTJ 30/4 (1982), pp. 233–252.

Guba, Egon G. (1981). “Criteria for Assessing the Trustworthiness of naturalistic Inquiries.” In: ECTJ 29/2 (1981), pp. 75–91.

Gumpert, Ulrich (1996). Liner Notes. In: *Synopsis ’77: Live in Mittweida.* SYN 01 CD, CD.

Gushee, Lawrence (2005). *Pioneers of Jazz. The Story of the Creole Jazz Band.* New York: Oxford University Press.

Gustafsson, Mats (2014). “Bird Notes.” In: *Free Jazz and Improvisations on Vinyl 1965–1985. A Guide to 60 Independent Labels.* Ed. by Johannes Rød. Oslo: Rune Grammofon, S. 17.

Hahne, Dieter (1984). “Brief an Freunde” aus dem September 1984. Berlin.

Hall, Stuart (1989). *Ausgewählte Schriften. Ideologie, Kultur, Medien, neue Rechte, Rassismus.* Hamburg: Argument Verlag.

Hartewig, Karin/Halbach, Wulf R. (Hrsg.) (1990). *The History of Oral History. Development, Present State, and Future Prospects* (= BIOS. Zeitschrift für Biographieforschung und Oral History Sonderheft 1990). Leverkusen: Verlag Barbara Budrich.

Hartmann, Thomas (2022). “Angriff gegen die Bastionen des etablierten Jazz. Das Kölner Tiefgaragen-Gegenfestival gegen International Jazz am Rhein ’68.” In: *Musikland NRW. Identität – kulturelle Praxis – Traditionen.* Hrsg. von Thomas Erlach, Thomas Krettenauer, Klaus Oehl und Burkhard Sauerwald. Berlin/Münster: Lit, S. 273–292.

Hecken, Thomas (2008): *1968. Von Texten und Theorien aus einer Zeit euphorischer Kritik.* Bielefeld: transcript.

Heffley, Mike (2005): *Northern Sun, Southern Moon. Europe’s Reinvention of Jazz.* New Haven/London: Yale University Press.

Heffley, Mike (2000): *Northern Sun, Southern Moon. Identity, Improvisation, and Idiom in Freie Musik Produktion.* Dissertation. Wesleyan University.

Heidkamp, Konrad (1986). “Intellektuelle Emotionen. Drei Abende mit Cecil Taylor.” In: *taz. die tageszeitung* (15. April 1986), http://www.fmp-label.de/freemusicproduction/projektereviews/p_wfm_1986_dreview.php (zugegriffen am 16.6.2020).

Heinze, Carsten (2009). "Eine kurze Geschichte der Oral History und neuere Entwicklungslinien." In: *Einführung in die Oral History. Alltag und Erinnerung*. Hrsg. von Franz-Josef Brüggemeier, Dorothee Wierling und Carsten Heinze. Fernuniversität Hagen. Fakultät Kultur- und Sozialwissenschaften. Historisches Institut/Institut für Geschichte und Biographie, https://vu.fernuni-hagen.de/lvuweb/lvu/file/FeU/KSW/2014SS/03518/oeffentlich/03518-vorschau.pdf (zugegriffen am 25.4.2016).

Hennion, Antoine (2013). "Von einer Soziologie der Mediation zu einer Pragmatik der Attachements. Rückblick auf einen soziologischen Parcours innerhalb des CSI." In: *Zeitschrift für Medien- und Kulturforschung* 4/2. Hamburg: Felix Meiner Verlag, S. 11–35.

Hentoff, Nat (1965). "The Persistant Challenge of Cecil Taylor." In: *Down Beat* (25. Februar 1965), pp. 17–18, 40.

Hentoff, Nat (1961). Liner Notes. In: *Charles Mingus, Max Roach, Eric Dolphy, Roy Eldridge, Jo Jones. Newport Rebels/Jazz Artists Guild*. Candid: CJM 8022, LP.

Heppelmann, Achim (1988a). "Another Scene? Free Concert at Townhall." In: *Improvised Music*. FMP-Broschüre. Berlin.

Heppelmann, Achim (1988b). "Improvised Music II/88." In: *Improvised Music II/88*. FMP-Programmflyer. Berlin.

Heppelmann, Achim (1988c). "Total Music Meeting '88." In: *Total Music Meeting '88*. FMP-Programmflyer. Berlin.

Heppelmann, Achim (1988d). "Saxophones. 20. Workshop Freie Musik." In: *Improvised Music*. FMP-Programmflyer, http://www.fmp-label.de/freemusicproduction/projektetexte/p_ wfm_1988_dtext.html (zugegriffen am 17.7.2020).

Heppelmann, Achim (1988e). "Summer Music. Jazz trifft Wasserlinie." In: *Improvised Music*. FMP-Broschüre. Berlin, http://www.fmp-label.de/freemusicproduction/projektetexte/p_ sm_1988_dtext.html (zugegriffen am 3.8.2020).

Heppelmann, Achim (1988f). "Just Music – Just Piano." In: *Improvised Music*. FMP-Programmflyer. Berlin, http://www.fmp-label.de/freemusicproduction/projektetexte/p_jm_1988_dtext1.html (zugegriffen am 16.8.2020).

Heppelmann, Achim (1988g). "Improvised Music I/88." In: *Improvised Music*. FMP-Programmflyer. Berlin, http://www.fmp-label.de/freemusicproduction/projektetexte/p_sp_1988_dtext.html (zugegriffen am 18.8.2020).

Hermans, Hub. (2009). "Spanien." In: *Metzler Lexikon Avantgarde*. Hrsg. von Hubert van den Berg und Walter Fähnders. Stuttgart/Weimar: J.B. Metzler, S. 306–310.

Herrmann, Christoph (1993). "Saxophone und Schreie beim Total Music Meeting." In: *Berliner Morgenpost* (30. Oktober 1993), http://www.fmp-label.de/freemusicproduction/projekte reviews/p_tmm_1993_dreview.php (zugegriffen am 12.07.2020).

Hertling, Nele (2018a). "Zur Geschichte der FMP in der Akademie der Künste." In: *Underground + Improvisation*. Hrsg. von Akademie der Künste. Berlin, S. 11–15.

Hertling, Nele (2018b). "Zur Geschichte der FMP in der Akademie der Künste." In: *Journal der Künste* 5 (Januar 2018). Hrsg. von Akademie der Künste. Berlin, S. 18–19.

Hertling, Nele (1989). "Einige Worte zuvor ..." In: *Cecil Taylor in Berlin '88*. Buch zur 11-CDs-Box. FMP CD 0/2/3/4/5/6/8/9/11/16/18, S. 5.

Hertling, Nele (1978). "Text." In: *For Example. Workshop Freie Musik 1969–1978*. Buch zur 3-LPs-Box. FMP R1/R2/R3, S. 5.

Hertling, Nele (1972). Liner Notes. In: *15 Kinder & Brötzmann/Van Hove/Bennink: Free Jazz und Kinder*. FMP S 1/2, Vinyl-Single.

Hertling, Nele (1969). "Living Music." In: *3 Nights Of Living Music And Minimal Arts*. FMP-Programmflyer. Berlin.

Hillebrand, Frank (2016). "Die Soziologie der Praxis als poststrukturalistischer Materialismus." In: *Praxistheorie. Ein soziologisches Forschungsprogramm.* Hrsg. von Hilmar Schäfer. Bielefeld: transcript Verlag, S. 71–93.

Hirschauer, Stefan (2016). "Verhalten, Handeln, Interagieren. Zu den mikrosoziologischen Grundlagen der Praxistheorie." In: *Praxistheorie. Ein soziologisches Forschungsprogramm.* Hrsg. von Hilmar Schäfer. Bielefeld: transcript Verlag, S. 45–67.

Hodenberg, Christina von/Siegfried, Detlef (2006). "Reform und Revolte. 1968 und die langen sechziger Jahre in der Geschichte der Bundesrepublik." In: *Wo 1968 liegt. Reform und Revolte in der Geschichte der Bundesrepublik.* Hrsg. von Christina von Hodenberg und Detlef Siegfried. Göttingen: Vandenhoeck & Ruprecht, S. 7–14.

Hoffer, Pierre (1970). Rezension: "European Echoes." In: *Sounds* 15 (Februar 1970), o.S.

Hollstein, Walter (1969). *Der Untergrund. Zur Soziologie jugendlicher Protestbewegungen.* Neuwied/Berlin: Luchterhand.

Horkheimer, Max/Adorno, Theodor W. [1947/1969] (1988). *Dialektik der Aufklärung. Philosophische Fragmente.* Frankfurt a.M.: Fischer.

Hufner, Martin (2008). "Kunst, Kohle und Kultur. Manfred Schoof im Interview zu Jazzförderung und Urheberrecht." In: *Jazz Zeitung* 33/2 (April/Mai 2008), S. 18.

Hurley, Andrew Wright (2011). *The Return of Jazz. Joachim-Ernst Berendt and West German cultural Change.* New York/Oxford: Berghahn Books.

Ihle, von Astrid/Zimmermann, Bastian (Hrsg.) (2014): *Ab Goldap. Rüdiger Carl im Gespräch mit Oliver Augst.* Frankfurt a.M.: Weissbooks.

Isoardi, Steven L. (2006). *The Dark Tree: Jazz and the Community Arts in Los Angeles.* Berkeley/Los Angeles/London: University of California Press.

Jackson, Travis A. (2012). *Blowing the Blues Away. Performance and Meaning on the New York Jazz Scene.* Berkeley/Los Angeles/London: University of California Press.

Jacobshagen, Arnold/Leniger, Markus (Hrsg.) (2007). *Rebellische Musik. Gesellschaftlicher Protest und kultureller Wandel um 1968.* Köln: Verlag Dohr.

Jänichen, Lothar (1987). "In bester Wiener Tradition. Franz Koglmann und sein Pipe Trio im Haus am Waldsee." In: *Der Tagesspiegel* (21. Juli 1987), http://www.fmp-label.de/freemusicproduction/projektereviews/p_sm_1987_dreview.php (zugegriffen am 3.8. 2020).

Jänichen, Lothar (1980). "Workshop-Charakter. Total Music Meeting 1980." In: *Jazz Podium* 29/12 (Dezember 1980), http://www.fmp-publishing.de/freemusicproduction/projektereviews/p_tmm_1980_dreview.php (zugegriffen am 13.2.2020).

Jänichen, Lothar (1979a). "10 Jahre Free Music Production (FMP) in Berlin. Ein Gespräch mit Jost Gebers." In: *Jazz Podium* 28/10 (Oktober 1979), http://www.fmp-label.de/freemusicproduction/texte/1979d_Jaenichen.html (zugegriffen am 19.2.2018).

Jänichen, Lothar (1979b). "Jazz Now. Jazz-Austausch mit der DDR." In: *Jazz Podium* 28/10 (Oktober 1979), http://www.fmp-publishing.de/freemusicproduction/projektereviews/p_sp_1979_dreview.php (zugegriffen am 18.3.2020).

Jarman, Joseph (1968). Covertext. In: *Joseph Jarman. As If It Were The Seasons.* Delmark Records: DS-417, LP.

Jazzinstitut Darmstadt (2016). "Sonderworkshop mit Manfred Schoof", http://www.jazzinstitut.de/sonderworkshop-manfred-schoof/?lang=de (zugegriffen am 6.6.2016).

Jazzinstitut Darmstadt (2002). "FMP-Sammlung im Jazz-Institut." In: *Der Jazzbrief* 11 (15. August 2002). Darmstadt.

Johnson, Bruce (2000). *The Inaudible Music. Jazz, Gender and Australian Modernity.* Strawberry Hills, New South Wales: Currency Press.

Jones, LeRoi. 1968. *Black Music.* New York: William Morrow.

Jost, Ekkehard (2012). *Jazzgeschichten aus Europa.* Hofheim: Wolke.

Jost, Ekkehard ([2]2009). "Sachlexikon." In: *Reclams Jazzlexikon*. Stuttgart: Reclam, S. 581–691.
Jost, Ekkehard ([2]2004). *Sozialgeschichte des Jazz. Mit erweitertem Vorwort und 9. Kapitel.* Frankfurt a.M.: Zweitausendeins.
Jost, Ekkehard (1989). "Instant Composing als Körpersprache." In: *Cecil Taylor in Berlin '88.* Buch zur 11-CDs-Box. FMP CD 0/2/3/4/5/6/8/9/11/16/18, S. 86–102.
Jost, Ekkehard (1987). *Europas Jazz 1960–80.* Frankfurt a.M.: Fischer.
Jost, Ekkehard (1978). "Europäische Jazz-Avantgarde – Emanzipation wohin?" In: *For Example. Workshop Freie Musik 1969–1978.* Buch zur 3-LPs-Box. FMP R1/R2/R3, S. 54–65.
Jost, Ekkehard (1975). *Free Jazz. Stilkritische Untersuchungen zum Jazz der 60er Jahre.* Mainz: Schott.
K., I. (1967). "Jazz am Rhein. Erstes Freiluft-Jazz-Festival Köln." In: *Jazz Podium* 16/10 (Oktober 1967), S. 228.
Kaiser, Rolf-Ulrich (1966/67). "Interview mit Manfred Schoof." In: *Sounds* 1 (Winter 1966/67), S. 14.
Kampe, Dieter (1989). "Die musikalische Null im Rampenlicht." In: *Der Spiegel* 43/3 (15. Januar 1989), https://www.spiegel.de/politik/die-musikalische-null-im-rampenlicht-a-06e005a2-0002-0001-0000-000013494874 (zugegriffen am 15.1.2023).
Kampmann, Wolf (2010a). "Touchdown. Protokoll einer Labeltragödie." In: *FMP. Im Rückblick – In Retrospect. 1969–2010.* Buch zur 12-CDs-Box. FMP CD 137/138/139/140/141/142/143/144/145/146/148, S. 72–75.
Kampmann, Wolf (2010b). " Einige Falschmeldungen 2002-2011 und deren Richtigstellungen", http://www.fmp-label.de/freemusicproduction/texte/2010d_kampmann_falschmeldungen.html (zugegriffen am 7.5.2025).
Kampmann, Wolf (2003). "Produktivkräfte der Musikwelt. Interview mit Jost Gebers." In: *Jazz thing* 47 (Februar/März 2003), http://www.fmp-label.de/freemusicproduction/texte/ 2002d_kampmann.html (zugegriffen am 2.11.2017).
Kampmann, Wolf (1990). "Nimm 2." In: *Jazzthetik* 4/10 (Oktober 1990), http://www.fmp-label.de/freemusicproduction/projektereviews/p_wfm_1990_dreview.php (zugegriffen am 17.7.2020).
Katz, Jonathan Ned (1995). *The Invention of Heterosexuality.* New York: Dutton.
Kelley, Robin D.G. (1997). "Dig They Freedom. Meditations on History and the Black Avant-Garde." In: *Lenox Avenue. A Journal of Interarts Inquiry* 3, pp. 13–27.
Kemper, Thomas (1983). "Das ästhetische Wagnis. Zur Lage der Free Music Production." In: *Frankfurter Allgemeine Zeitung* (30. Dezember 1983), http://www.fmp-label.de/freemusicproduction/texte/1983d_kemper.html (zugegriffen am 18.5.2020).
Keun, Christian/Langer, Karsten (2004). "Die Melitta-Männer." In: *manager magazin* (30. März 2004), http://www.manager-magazin.de/unternehmen/karriere/a-292256.html (zugegriffen am 26.11.2018).
Kisiedu, Harald (2020). *European Echoes. Jazz Experimentalism in Germany, 1950–1975.* Hofheim: Wolke.
Kisiedu, Harald (2014). *European Echoes. Jazz Experimentalism in Germany, 1950–1975*, https://academiccommons.columbia.edu/doi/10.7916/D85M649R (zugegriffen am 20.11. 2023).
Kisiedu, Harald (2010). "European Freedom. Zum Verhältnis von Musik und Politik bei Peter Brötzmann." In: *Albert Mangelsdorff. Tension/Spannung* (= Darmstädter Beiträge zur Jazzforschung 11). Hrsg. von Wolfram Knauer. Hofheim: Wolke, S. 141–155.
Klein, Nemo (1981). "Zwei Tendenzen in der ‚freien Musik' hörbar." In: *Die Wahrheit* (9. November 1981), http://www.fmp-label.de/freemusicproduction/projektereviews/p_tmm_1981_dreview.php (zugegriffen am 3.2.2020).

Klopotek, Felix (2010). “Tschüss! Vierzig Jahre FMP.” In: *FMP. Im Rückblick – In Retrospect. 1969–2010.* Buch zur 12-CDs-Box. FMP CD 137/138/139/140/141/142/143/144/145/ 146/148, S. 55–68.

Klopotek, Felix (2008a). “Und sie bewegt sich auch.” In: *Jungle World* 20/2008 (15. Mai 2008), http://jungle-world.com/artikel/2008/20/21802.html (zugegriffen am 4.11.2015).

Klopotek, Felix (2008b). Liner Notes: “Free Jazz West.” In: *Free Jazz West.* Sony Music 74321 73584 2, CD, http://www.fmp-publishing.de/fmplabel/dokumentationen/dokumentation_5_d_liner.php (zugegriffen am 5.12.2015).

Klopotek, Felix (1998). “Berlin – Total Music Meeting.” In: *Jazzthetik* 12/2 (Februar 1998), http://www.fmp-label.de/freemusicproduction/projektereviews/p_tmm_1997_dreview.php (zugegriffen am 22.9.2020).

Knauer, Wolfram (Hrsg.) (2020). *Positionen! Jazz und Politik* (= Darmstädter Beiträge zur Jazzforschung 16). Hofheim: Wolke.

Knauer, Wolfram (2019a). *‚Play yourself, man!‘ Die Geschichte des Jazz in Deutschland.* Stuttgart: Reclam.

Knauer, Wolfram (2019b). “1968 – Bremen – Brötzmann. Eine Reflektion über das ungewollt Revolutionäre eines Jazzalbums.” In: *Jazzforschung heute. Themen, Methoden, Perspektiven.* Hrsg. von Martin Pfleiderer und Wolf-Georg Zaddach. Berlin: Edition EMVASS, S. 79–101.

Knauer, Wolfram (Hrsg.) (2016). *Gender and Identity in Jazz* (= Darmstädter Beiträge zur Jazzforschung 14). Hofheim: Wolke.

Knauer, Wolfram (2010). “Free! Music! Production!” In: *FMP. Im Rückblick – In Retrospect. 1969–2010.* Buch zur 12-CDs-Box. FMP CD 137/138/139/140/141/142/143/144/145/ 146/148, S. 19–23.

Knauer, Wolfram (1996). “Emanzipation wohin? Zum Verhältnis des amerikanischen und des deutschen Jazz in den 50er und 60er Jahren.” In: *Jazz in Deutschland* (= Darmstädter Beiträge zur Jazzforschung 4). Hrsg. von Wolfram Knauer. Hofheim: Wolke, S. 141–157.

Kobe, Reiner (2000). “Erkundung des Augenblicks. Total Music Meeting 1999.” In: *Jazz Podium* 48/1 (Januar 2000), http://www.fmp-label.de/freemusicproduction/projektereviews/p_tmm_1999_dreview.php (zugegriffen am 22.9.2020).

Kobe, Reiner (1995). “Freie Musik in all ihren divergierenden Erscheinungsformen.” In: *Jazz Podium* 44/1 (Januar 1995), http://www.fmp-label.de/freemusicproduction/projektereviews/p_tmm_1994_dreview.php (zugegriffen am 7.7.2020).

Kobe, Reiner (1992). “Rasch daherfließender, ununterbrochener Strom.” In: *Jazz Podium* 41/1. (Januar 1992), http://www.fmp-label.de/freemusicproduction/projektereviews/p_tmm_ 1991_dreview.php (zugegriffen am 7.7.2020).

Kobe, Reiner (1991). “Total Music Meeting ’90.” In: *Jazz Podium* 40/1 (Januar 1991), http://www.fmp-label.de/freemusicproduction/projektereviews/p_tmm_1990_dreview.php (zugegriffen am 7.7.2020).

Kobe, Reiner (1986). “Cecil Taylor: Workshop Freie Musik ’86.” In: *Jazz Podium* 35/6 (Juni 1986), http://www.fmp-label.de/freemusicproduction/projektereviews/p_tmm_1990_dre view.php (zugegriffen am 17.6.2020).

Kobe, Reiner (1985a). “Überragende Trios in ungewohnten Räumlichkeiten.” In: *Die Wahrheit* (27. April 1985), http://www.fmp-publishing.de/freemusicproduction/projektereviews/ p_wfm_1985_dreview.php (zugegriffen am 25.2.2020).

Kobe, Reiner (1985b). “Allen Modeströmungen eine klare Absage erteilt.” In: *Jazz Podium* 34/6 (Juni 1985), http://www.fmp-publishing.de/freemusicproduction/projektereviews/p_wfm_1985_dreview.php (zugegriffen am 25.2.2020).

Kobe, Reiner (1982). "Improvisierter Jazz in neuesten Strömungen." In: *Volksblatt Berlin* (5. November 1982), http://www.fmp-label.de/freemusicproduction/projektereviews/p_tmm_1982_dreview.php (zugegriffen am 5.2.2020).

Kotschenreuther, Hellmut (1975). "Absage an die Stille. Total Music Meeting 1975." In: *Der Tagesspiegel* (7. November 1975), http://www.fmp-publishing.de/freemusicproduction/projektereviews/p_tmm_1975_dreview.php (zugegriffen am 30.12.2019).

Kotschenreuther, Hellmut (1973). "Anarchie und Gebundenheit. Workshop Freie Musik in der Akademie." In: *Der Tagesspiegel* (30. März 1973), http://www.fmp-publishing.de/free musicproduction/projektereviews/p_wfm_1973_dreview.php (zugegriffen am 14.10. 2019).

Kowald, Peter (1999). Liner Notes: *William Parker: Posium Pendasem – In order to survive.* FMP CD 105, CD.

Kowald, Peter (1991). Liner Notes: *Peter Kowald: Duos Europa – America – Japan.* FMP 1260/70/80, 3-LPs.

Kozinn, Allan (1990). "New-Music Distributor Is Closing." In: *The New York Times* (12 June 1990), p. 20.

Krueger, Antje (2017). "Die ethnopsychoanalytische Deutungswerkstatt." In: *Ethnografie und Deutung.* Hrsg. von Jochen Bonz et al. Wiesbaden: Springer VS, 85–109.

Kühn, Gerhard (1967). Rezension: "Manfred Schoof Quintet: Voices." In: *Jazz Podium* 16/3 (März 1967), S. 92.

Kumpf, Hans (1973a). "Der Komponist Manfred Schoof. Ode für das Globe Unity Orchester 1970." In: *Jazz Podium* 22/6 (Juni 1973), S. 17–19.

Kumpf, Hans (1973b). "Der Komponist Manfred Schoof. Plattendokumente aus den Jahren 1965–1969." In: *Jazz Podium* 22/1 (Januar 1973), S. 21.

Kurth, Ulrich (2009). "Der Klang des Hier und Jetzt. 40 Jahre Tonträger und Konzertreihen mit improvisierter Musik: Die Berliner Free Music Production." In: *Frankfurter Rundschau* (7/8. November 2009), http://www.fmp-label.de/freemusicproduction/texte/2009d_ kurth.html (zugegriffen am 20.2.2017).

Kutschke, Beate (2013). "Antiauthoritarian Revolt by Musical Means on Both Sides of the Berlin Wall." In: *Music and Protest in 1968.* Ed. by Beate Kutschke and Barley Norton. Cambridge: Cambridge University Press, pp. 155–169.

Laade, Wolfgang/Werner Ziefle/ Zimmerle, Dieter (1953). *Jazz-Lexikon.* Stuttgart: Gerd Hatje.

Lacy, Steve (1978). "Statement." In: *For Example. Workshop Freie Musik 1969–1978.* Buch zur 3-LPs-Box. FMP R1/R2/R3, S. 40.

Lake, Steve (1997). "Dreißig Jahre Total Music." In: *Total Music Meeting '97.* FMP-Programmblatt. Berlin, http://www.fmp-publishing.de/freemusicproduction/projekte texte/p_tmm_1997_dtext.html (zugegriffen am 13.4.2020).

Lake, Steve (1994a). "Total Music Meeting '94." In: *Total Music Meeting '94.* FMP-Programmblatt. Berlin, http://www.fmp-label.de/freemusicproduction/projektetexte/p_tmm_1994_dtext.html (zugegriffen am 7.7.2020).

Lake, Steve (1994b). "Workshop Freie Musik 1994." In: *Workshop Freie Musik 1994.* FMP-Programmblatt. Berlin, http://www.fmp-label.de/freemusicproduction/projektetexte/p_wfm_1994_dtext.html (zugegriffen am 20.7.2020).

Lake, Steve (1992). "Total Music Meeting '92." In: *Total Music Meeting '92.* FMP-Programmblatt. Berlin, http://www.fmp-label.de/freemusicproduction/projektetexte/p_tmm_1992_dtext.html (zugegriffen am 7.7.2020).

Lake, Steve (1991a). o.T. In: *FMP-Katalog 1991/92.* Berlin, http://www.fmp-label.de/freemusicproduction/texte/1991d_lake.html (zugegriffen am 18.6.2017).

Lake, Steve (1991b). "Total Music Meeting '91." In: *Total Music Meeting '91.* FMP-Programmblatt. Berlin, http://www.fmp-label.de/freemusicproduction/projektetexte/p_tmm_1991_dtext.html (zugegriffen am 7.7.2020).

Lake, Steve (1990). "Einundzwanzig Jahre FMP." In: *Jazzthetik* 4/3 (März 1990), http://www.fmp-label.de/freemusicproduction/texte/1990d_lake.html (zugegriffen am 18.6.2017).

Lake, Steve (1989a). "Cecil Taylor in Berlin." In: *Cecil Taylor in Berlin '88.* Buch zur 11-CDs-Box. FMP CD 0/2/3/4/5/6/8/9/11/16/18, S. 42–49.

Lake, Steve (1989b). "Ein Wochenende in Berlin. Wer die Wahl hat …" In: *Jazzthetik* 3/2 (Februar 1989), http://www.fmp-label.de/freemusicproduction/projektereviews/p_tmm_1988_dreview.php (zugegriffen am 7.7.2020).

Lake, Steve (1983). "Total Music Meeting '83." In: *Programmheft Jazzfest Berlin 1983*, http://www.fmp-publishing.de/freemusicproduction/projektetexte/p_tmm_1983_dtext.html (zugegriffen am 7.2.2020).

Landolt, Patrik (1998). "30ter(-1) Workshop Freie Musik." In: *Workshop Freie Musik 1998.* FMP-Programmblatt. Berlin, http://www.fmp-publishing.de/freemusicproduction/projektetexte/p_wfm_1998_dtext.html (letzter Zugriff: 2.10.2020).

Landolt, Patrik (1993). "Die FMP als Zentrum der zeitgenössischen Jazzentwicklung." In: *Free Music Production 1993/1994.* FMP-Faltblatt http://www.fmp-publishing.de/freemusicproduction/texte/1993d1_landolt.html (zugegriffen am 17.2.2016).

Landolt, Patrik (1983). "Mehr als nur Spielmöglichkeit oder Trend. Die Geschichte der Berliner Free Music Production (FMP) und der Musik, die sie vertritt." In: *Tages-Anzeiger* (10. September 1983), http://www.fmp-label.de/freemusicproduction/texte/1983d_landolt. html (zugegriffen am 30.4.2017).

Latour, Bruno (⁵2019). *Eine neue Soziologie für eine neue Gesellschaft. Einführung in die Akteur-Netzwerk-Theorie.* Frankfurt a.M.: Suhrkamp.

Latour, Bruno (⁵2015). *Die Hoffnung der Pandora. Untersuchungen zur Wirklichkeit der Wissenschaft.* Frankfurt a.M.: Suhrkamp.

Latour, Bruno/Schultz, Nikolaj (2022). *Zur Entstehung einer ökologischen Klasse.* Frankfurt a.M.: Suhrkamp.

Legewie, Heiner (1987). "Interpretation und Validierung biographischer Interviews." In: Biographie und Psychologie. Hrsg. von Gerd Jüttemann und Hans Thomae. Berlin u.a.: Springer, S. 138–150. s

Lehmann, Albrecht (1983). *Erzählstruktur und Lebenslauf. Autobiographische Untersuchungen.* Frankfurt a.M./New York: Campus Verlag.

Lehmann, Albrecht (1979/1980). "Autobiographische Methode. Verfahren und Möglichkeit." In: *Ethnologia Europaea* 11 (1979–1980), S. 36–53.

Leim, Christof (2021). "Zeitsprung: Am 2.3.1983 gibt es den ersten CD-Player & 16 Alben auf CD zu kaufen." In: *uDiscover* (1. März 2021), https://www.udiscover-music.de/popkultur/zeitsprung-2-3-1983-gibt-es-den-ersten-cd-player-und-16-alben-auf-cd-zu-kaufen (zugegriffen am 15.1.2023).

Leithäuser, Thomas/Volmerg, Birgit (1988). *Psychoanalyse in der Sozialforschung. Eine Einführung am Beispiel einer Sozialpsychologie der Arbeit.* Opladen: Westdeutscher Verlag.

Leithäuser, Thomas/Volmerg, Birgit (1979). *Anleitung zur empirischen Hermeneutik. Psychoanalytische Textinterpretation als sozialwissenschaftliches Verfahren.* Frankfurt a.M.: Suhrkamp.

Levin, Robert (1965). "The Jazz Composers' Guild. An Assertation of Dignity." In: *Down Beat* (6.5.1965), pp. 17–18.

Lewis, George E. (2008). *A Power Stronger Than Itself. The AACM and American Experimental Music.* Chicago: University of Chicago Press.

Liefland, Wilhelm E. (1980). “Schafft zwei, drei, viele Freiheiten. Zur Geschichte, Struktur und Musik der Free Jazz-Musiker-Cooperative Free Music Production (FMP) Berlin West.” In: *Rock Session 4. Magazin der populären Musik*. Hrsg. von Klaus Humann und Carl-Ludwig Reichert. Reinbek bei Hamburg: Rowohlt, http://www.fmp-label.de/free musicproduction/texte/1980d_liefland.html (zugegriffen am 22.8.2016).

Liefland, Wilhelm E. (1979a). “2 Rezensionen. FMP 0600 Ulrich Gumpert Workshop Band und FMP 0620 Ulrich Gumpert & Günter ‚Baby‘ Sommer.” In: *Jazz Podium* 28/9 (September 1979), http://www.fmp-publishing.de/freemusicproduction/texte/1979d_lief land.html (zugegriffen am 22.8.2016).

Liefland, Wilhelm E. (1979b). “Den Sozialismus nicht verspielt. Zum ersten Mal auch DDR-Jazzer im Workshop Freie Musik an der Westberliner Akademie der Künste.” In: *Frankfurter Rundschau* (14. März 1979), http://www.fmp-publishing.de/freemusicproduction/projektereviews/p_wfm_1979_dreview.php (letzter Zugriff: 19.2.2020).

Liefland, Wilhelm E. (1978a). “Ritus – Freiheit – Klang – Utopie.” In: *For Example. Workshop Freie Musik 1969–1978*. Buch zur 3-LPs-Box. FMP R1/R2/R3, S. 66–69.

Liefland, Wilhelm E. (1978b). “Ritus – Freiheit – Klang – Utopie.” Mit nachträglicher Anmerkung von Jost Gebers, http://www.fmp-label.de/freemusicproduction/labelspecial editions/forexample_liefland_d.html (zugegriffen am 5.10.2018).

Liefland, Wilhelm E. (1978c). “10. Workshop Freie Musik der Free Music Production in der Berliner Akademie der Künste – Ostern 1978.” Sendemanuskript Hessischer Rundfunk. In: *Kultur und Kritik* (28. März 1978), http://www.fmp-publishing.de/freemusicproduc tion/projektereviews/p_wfm_1978_dreview.php (zugegriffen am 21.2.2020).

Liefland, Wilhelm E. (1978d). “Freiheit – und wie man das macht.” In: *Frankfurter Rundschau* (30. März 1978), http://www.fmp-label.de/freemusicproduction/projektereviews/p_ wfm_1978_dreview.php (zugegriffen am 13.5.2020).

Liefland, Wilhelm E. (1976a). “Der Weg zu uns. Drei Platten der Free Music Production.” In: *Frankfurter Rundschau* (24. Januar 1976), http://www.fmp-publishing.de/freemusic production/texte/1976d_liefland.html (zugegriffen am 1.3.2016).

Liefland, Wilhelm E. (1976b). “Meta-Jazz – Die Avantgarde als das Normale. Fünf Tage Workshop Freie Musik in der Akademie der Künste.” In: *Frankfurter Rundschau* (5. April 1976, http://www.fmp-publishing.de/freemusicproduction/projektereviews/p_wfm_ 1976_dreview.php (zugegriffen am 24.10.2019).

Linke, Hans-Jürgen (1988). “Frau mit Kontrabass.” In: *Gießener Anzeiger* (8. November 1988), http://www.fmp-label.de/freemusicproduction/projektereviews/p_tmm_1988_ dreview. php (zugegriffen am 12.7.2020).

Linke, Hans-Jürgen (1987). “Am oppositionellen Rande. 20. Total Music Meeting in Berlin.” In: *Frankfurter Rundschau* (30. November 1987), http://www.fmp-label.de/freemusic production/projektereviews/p_tmm_1987_dreview.php (zugegriffen am 23.6.2020).

Linzer, Martin (2005). “Jazz in der Kammer 1965–1990.” In: *Freie Töne. Die Jazzszene der DDR*. Hrsg. von Rainer Bratfisch. Berlin: Ch. Links Verlag, S. 93–108.

Lippegaus, Karl (2014). “Schreie in der Dunkelheit.” Rezension zu Peter Brötzmanns Gespräche mit Gérard Rouy. Karl Lippegaus’ diary of jazz. In: *nrwjazz.net*, http://nrwjazz.net/ diary_of_jazz/2014/Broetzmann_Lippegaus/ (zugegriffen am 24.8. 2016).

Litweiler, John (1988). *Das Prinzip Freiheit. Jazz nach 1958*. Schaftlach: Oreos.

Löchel, Elfriede (1997). *Inszenierungen einer Technik. Psychodynamik und Geschlechterdifferenz in der Beziehung zum Computer*. Frankfurt a.M.: Campus Verlag.

Lorenzer, Alfred (1970). *Sprachzerstörung und Rekonstruktion. Vorarbeiten zu einer Metatheorie der Psychoanalyse*. Frankfurt a.M.: Suhrkamp.

Lorrai, Marcello (1996). “Free Music Production (FMP).” In: *Musica Jazz* 3/1996, http://www.fmp-label.de/freemusicproduction/texte/1996d_lorrai.html (zugegriffen am 16.2.2017).
Losin, Peter (2018). “Manfred Schoof Quintet“, 27. Oktober 1969. In: *Live CD-Rs and Tapes*, http://www.plosin.com/MilesAhead/Tapes.aspx?s=19691027 (zugegriffen am 4.12.2018).
Lothwesen, Kai (2009). *Klang – Struktur – Konzept. Die Bedeutung der Neuen Musik für Free Jazz und Improvisationsmusik.* Bielefeld: transcript Verlag.
Lüke, Volker (1994). “Käse und Daxophon. Der Workshop Freie Musik im Straßenbahndepot Moabit.” In: *Der Tagesspiegel* (4. Mai 1994), http://www.fmp-label.de/freemusicproduction/projektereviews/p_wfm_1994_dreview.php (zugegriffen am 20.7.2020).
Margull, G. Fritze (1989). “Improvised Music II/88.” In: *Cecil Taylor in Berlin ’88.* Buch zur 11-CDs-Box. FMP CD 0/2/3/4/5/6/8/9/11/16/18, S. 9–13.
Margull, Geges F. (1973). “Konsequenz. Gespräch mit Jost Gebers über die Tätigkeit, Erfahrungen, Tendenzen und Pläne der FMP.” In: *Jazz Podium* 22/7/8 (Juli/August 1973), S. 13–16.
Margull, Geges F. (1971). “Free Music Production. Gespräch über Ziele der Free Music Production in Berlin.” Interview mit Jost Gebers. In: *Jazz Podium* 20/6 (Juni 1971), S. 209–213.
Marshall, Catherine (1990). “Goodness Criteria. Are they objective or judgment Calls?” In: The Paradigm Dialog. Ed. by Egon Guba. Newbury Park/London/New Delhi: Sage Publications, pp. 188–197.
Martinelli, Francesco (1989). “FMP CD LP DO RE MI.” *In: The Wire 68 (October 1989),* http://www.fmp-publishing.de/freemusicproduction/publikationen/19901_en_reaction.html *(*zugegriffen am *12.9.2020).*
Marwick, Arthur (1998). *The Sixties. Cultural Revolution in Britain, France, Italy, and the United States. 1958–1974.* Oxford: University Press.
Mayring, Philipp (2002). *Einführung in die qualitative Sozialforschung.* Weinheim: Beltz.
Maxwell, Joseph (1992). “Understanding and Validity in Qualitative Research.” In: *Harvard Educational Review* 62/3 (September 1992), pp. 279–301.
Mehlitz, Bernd (2010). “Den musst Du Dir merken. Erinnerung an die Zusammenarbeit mit Jost Gebers.” In: *FMP. Im Rückblick – In Retrospect. 1969–2010.* Buch zur 12-CDs-Box. FMP CD 137/138/139/140/141/142/143/144/145/146/148, S. 80–81.
Metzner, Jochen (1983). “Hahnenschrei auf dem Saxophon. Das 16. Total Music Meeting im Quartier Latin beendet.” In: *Der Tagesspiegel* (2. November 1983), http://www.fmp-label.de/freemusicproduction/projektereviews/p_tmm_1983_dreview.php (zugegriffen am 19.5.2020).
Meuser, Michael/Müller, Ursula (2015). “Männlichkeiten in Gesellschaft. Zum Geleit” In: Raewyn Connell. *Der gemachte Mann. Konstruktion und Krise von Männlichkeiten.* Wiesbaden: Springer VS, S. 9–20.
Meuser, Michael/Nagel, Ulrike (2009). “Das Experteninterview. Konzeptionelle Grundlagen und methodische Anlage.” In: *Neue Entwicklungen und Anwendungen auf dem Gebiet der Methoden der vergleichenden Politik- und Sozialwissenschaft.* Hrsg. von Susanne Pickel et al. Wiesbaden: VS Verlag für Sozialwissenschaften, S. 465–479.
Meuser, Michael/Nagel, Ulrike (1991). “ExpertInneninterviews – vielfach erprobt, wenig bedacht. Ein Beitrag zur qualitativen Methodendiskussion.” In: *Qualitativ-empirische Sozialforschung. Konzepte, Methoden, Analysen.* Hrsg. von Detlef Garz und Klaus Kraimer. Opladen: Westdeutscher Verlag, S. 441–471.
Miller, Harry (1981). “Remarks”: *Boje/Wiedermann/Miller/Kussatz: Berlin ’Bones.* FMP 0930, LP.

Miller, Manfred (1969). "Die Produktionsmittel den Produzierenden. Oder: ICP, BRÖ & Co." In: *Neue Musikzeitung* 18/3 (Juni/Juli 1969), S. 9.

Miller, Manfred (1968). "Machine Gun." Rezension. In: *Sounds* 8 (September 1968), S. 16.

Miller, Manfred (1967a). "Jazz am Rhein. Erstes Freiluft-Jazz-Festival Köln." In: *Jazz Podium* 16/10 (Oktober 1967), S. 228.

Miller, Manfred (1967b). "For Adolphe Sax. Bericht von einer neuen Schallplatte." In: *Jazz Podium* 16/8 (August 1967), S. 228–229.

Miller, Manfred (1967c). "Viel Lärm um nichts? Bericht von einer Avantgarde-Session." In: *Jazz Podium* 16/10 (Oktober 1967), S. 228–290.

Misoch, Sabina (2015). *Qualitative Interviews.* Berlin/München/Boston: Walter de Gruyter.

Monson, Ingrid (2007). *Freedom Sounds: Civil Rights Call Out to Jazz and Africa.* Oxford: Oxford University Press.

Monson, Ingrid (1996). *Saying Something. Jazz Improvisation and Interaction.* Chicago: University of Chicago Press.

Müller, Andreas (1995). "Workshop Freie Musik '95." In: *Workshop Freie Musik '95.* FMP-Programmblatt, http://www.fmp-label.de/freemusicproduction/projektetexte/p_wfm_1995_dtext.html (zugegriffen am 20.7.2020).

Müller, Christian (2017). *Doing Jazz. Zur Konstitution einer kulturellen Praxis.* Weilerswist: Velbrück Wissenschaft.

Müller, Markus (2022). *Free Music Production. FMP: The Living Music.* Hofheim: Wolke.

Müller, Markus (2018). "Free Music Production. FMP: The Living Music." In: *Underground + Improvisation. Alternative Musik und Kunst nach 1968.* Hrsg. von. Akademie der Künste. Berlin, S. 17–27.

Müller, Markus (2017). *Free Music Production. FMP: The Living Music.* Begleitheft zur Ausstellung im Münchner Haus der Kunst vom 10.3.–20.8.2017.

Müller, Markus (2012). "44 Jahre FMP." Laudatio zur Ausstellung in Berlin Köpenick 2012 vom 15.6.–25.7.2012, http://www.fmp-publishing.de/news/news30/news30unten_laudatio.php (zugegriffen am 4.6.2016).

Müller, Markus (1996). "Steve Lacy und Cecil Taylor." In: *Total Music Meeting '96.* FMP-Programmblatt. Berlin.

Müller, Markus (1994a). "… guided along, as it were, a chain of photographs into the mysteries of life." Vorwort zur Fotoausstellung von Dagmar Gebers. In: *Free Music Production.* FMP-Faltblatt 1994, http://www.fmp-label.de/freemusic-production/galerie_vorwort.html (zugegriffen am 4.6.2016).

Müller, Markus (1994b). "25 Jahre The Living Music." In: *Free Music Production.* FMP-Faltblatt 1994, http://www.fmp-publishing.de/freemusicproduction/texte/1994d_mueller.html (zugegriffen am 24.8.2016).

Müller, Markus (1994c). "Rezession, Baby! Workshop Freie Musik '94." In: *Jazzthetik* 8/7/8 (Juli/August 1994), http://www.fmp-label.de/freemusicproduction/projektereviews/p_wfm_1994_dreview.php (zugegriffen am 20.7.2020).

Müller, Markus (1993). "Einmal um die ganze Welt." In: *Jazzthetik* 7/6 (Juni 1993), http://www.fmp-label.de/freemusicproduction/projektereviews/p_wfm_1993_dreview.php (zugegriffen am 29.7.2020).

Müller, Markus (1992). "Interview mit Jost Gebers." In: *Jazzthetik* 6/12 (Dezember 1992), http://www.fmp-publishing.de/freemusicproduction/texte/1992d_mueller.html (zugegriffen am 22.8.2016).

Myers, Dana L. Reason (2002). *The Myth Of Absence: Representation, Reception And The Music Of Experimental Women Improvisors.* Diss. University of California, San Di-

ego, https://www.jazzstudiesonline.org/files/jso/resources/pdf/Dana%20Reason%20Myers%20Dissertation.pdf (zugegriffen am 23.6.2023).
N.N. (1984). "Three-Night Jazz Festival Set." In: *The New York Times* (June 1, 1984), *Section C*, p. 20 of the *National edition*.
N.N. (1978). "Jazz News." In: *Jazz Podium* 27/5 (Mai 1978), S. 36.
N.N. (1975). "Popmusik. Verstimmte Sounds." In: *Der Spiegel* 29/45 (3. November 1975), S. 169.
N.N. (1973). "Christmann-Schönenberg." In: *Jazz Podium* 22/10 (Oktober 1973), S. 8.
N.N. (1972a). "Free Music Production wieder aktiv." In: *Jazz Podium* 21/3 (März 1972), S. 63.
N.N. (1972b). "Platte des Monats: Peter Brötzmann Trio + Albert Mangelsdorff: Free Music Production 0030, 0040, 0050." In: *Jazz Podium* 21/2 (Februar 1972), S. 34.
N.N. (1972c). "Affären. Etwas abgezapft." In: *Der Spiegel* 26/41 (2. Oktober 1972), S. 200–201.
N.N. (1971a). "Dreckiges Geschäft." In: *Der Spiegel* 25/25 (14. Juni 1971), S. 134.
N.N. (1971b). "Jazz in the Garden in Berlin." In: *Jazz Podium* 20/7 (Juli 1971), S. 200.
N.N. (1970a). "Hauchen, fauchen." In: *Der Spiegel* 24/30 (20. Juli 1970), S. 122.
N.N. (1970b). "Free Music Workshop in Berlin." In: *Jazz Podium* 19/5 (Mai 1970), S. 168.
N.N. (1970c). "12. Deutschen Jazz Festival in Frankfurt." In: *Jazz Podium* 19/3 (Mai 1970), S. 80.
N.N. (1970d). "Jazz News." In: *Jazz Podium* 19/11 (November 1970), S. 386.
N.N. (1970e). "Big Bands, kammermusikalischer Jazz und Avantgarde. Vorschau auf die Berliner Jazztage." In: *Jazz Podium* 19/10 (Oktober 1970), S. 358.
N.N. (1969a). "Im Hühnerhof." In: *Der Spiegel* 23/50 (8. Dezember 1969), S. 210.
N.N. (1969b). "Record News." In: *Sounds* 12 (Sommer 1969), o.S.
N.N. (1969c). "Avantgarde im Litfass." In: *Jazz Podium* 18/11 (November 1969), S. 354.
N.N. (1969d). "Evan Parker. Totale Improvisation." In: *Sounds* 13 (Herbst 1969), o.S.
N.N. (1969e). "Free Jazz im Sendesaal in Frankfurt und Bremen." In: *Jazz Podium* 18/6 (Juni 1969), S. 186.
N.N. (1969f). "ESP jetzt bei Phonogram." In: *Sounds* 11 (Frühjahr 1969), o.S.
N.N. (1968a). "Radikaler Jazz – Peter Brötzmann spielt." In: *Weser-Kurier* 71 (23./24. März 1968), S. 12.
N.N. (1968b). "Streiflichter." In: *Sounds* 7 (Juli 1968), S. 24–26.
N.N. (1968c). "Festspiele. Essener Song-Tage. Größtes Ding." In: *Der Spiegel* 22/41 (7. Oktober 1968), S. 213–214.
N.N. (1968d). "Anti Festival Berlin." In: *Sounds* 9 (November 1968), S. 4.
N.N. (1968e). "Gegen-Festival?" In: *Jazz Podium* 17/11 (November 1968), S. 337.
N.N. (1968f). "Großer Graben." In: *Der Spiegel* 22/4 (22.1.1968), S. 28–29.
N.N. (1968g). "Jazz News: Deutsche Allstars nach Südamerika." In: *Jazz Podium* 17/8 (August 1968), S. 238.
N.N. (1967a). "Jazz in Deutschland 1967. Die Musiker. Albert Mangelsdorff Quintett." In: *Jazz Podium* 16/3 (März 1967), S. 68.
N.N. (1967b). "Information heute im Jazz wichtiger als Meinung. Siegfried Schmidt-Joos begrüßt einheitliche Populärkultur." In: *Jazz Podium* 16/3 (März 1967), S. 74.
N.N. (1967c). "Jazz in Deutschland 1967. Die Musiker. Manfred Schoof Quintett." In: *Jazz Podium* 16/3 (März 1967), S. 70.
N.N. (1967d). "Jazz in Deutschland 1967. Die Musiker. Peter Brötzmann Trio." In: *Jazz Podium* 16/3 (März 1967), S. 66.
N.N. (1967e). "Zeitspiegel. Worte der Woche." In: *Die Zeit* 32 (11. August 1967), https://www.zeit.de/1967/32/zeitspiegel (letzter Zugriff: 5.6.2022).
N.N. (1967f). "Record News." In: *Sounds* 3 (Sommer 1967), S. 41–42.

N.N. (1967g). "SABA. Näher zusammen." In: *Der Spiegel* 21/5 (23. Januar 1967), S. 93.

N.N. (1966/67). "Blütenlese. Die Berliner Jazztage im Spiegel der Presse." In: *Sounds* 1 (Winter 1966/67), S. 12–13.

N.N. (1965). ""Deutscher Jazz. Verstimmt und verstummt." In: *Der Spiegel* 19/34 (18. August 1965), S. 75–77.

N.N. (1963): "Architektur. Musik mit Wänden." In: *Der Spiegel* 17/42 (16. Oktober 1963), S. 104.

Naura, Michael (1999). "Der spitze Stein im Schuh der Spießer." In: *Die Zeit* 19 (6. Mai 1999), https://www.zeit.de/1999/19/199919.jazz_.xml (zugegriffen am 6.2.2017).

Naura, Michael (1981). "Duke Ellington lebt. Restaurative Tendenzen im aktuellen Jazz." In: *Die Zeit* 43 (16. Oktober 1981), https://www.zeit.de/1981/43/duke-ellington-lebt/komplettansicht (zugegriffen am 22.12.2016).

New Jazz Artists' Guild (1966). "New Jazz Artists' Guild presents: Manfred Schoof Quintet, Peter Brötzmann Trio, Irène Schweizer Trio, Gunter Hampel Group, Rolf & Joachim Kühn." Programmheft zu einem Konzert. Juli 1966. Programm-Redaktion: Rainer Blome. Solingen: Verlag der New Jazz Artists' Guild.

Newton, Francis (1961). *The Jazz Scene.* Harmondsworth: Penguin Books.

Niederauer, Martin (2014). *Die Widerständigkeiten des Jazz. Sozialgeschichte und Improvisation unter den Imperativen der Kulturindustrie.* Frankfurt a.M.: PL Academic Research.

Niethammer, Lutz (2012). "Der Zeitzeuge – eine Schimäre?" Vortrag am 16. November 2012 anlässlich der Tagung des Prora-Zentrums Erfahrungen – Konzepte – Perspektiven. Zeitzeugenberichte in der Bildungsarbeit zur NS- und DDR-Geschichte, http://lernen-aus-der-geschichte.de/sites/default/files/attach/11028/ln-vortrag-prora-2012_0.pdf (zugegriffen am 2.5.2016)

Niethammer, Lutz (1985). "Fragen – Antworten – Fragen. Methodische Erfahrungen und Erwägungen zur Oral History." In: *Wir kriegen jetzt andere Zeiten. Auf der Suche nach der Erfahrung des Volkes in nachfaschistischen Ländern. Lebensgeschichte und Sozialkultur im Ruhrgebiet 1930 bis 1960.* Bd. 3. Hrsg. von Lutz Niethammer und Alexander von Plato. Berlin/Bonn: Dietz Verlag, S. 392–445.

Noglik, Bert (2014). Liner Notes: *Alexander von Schlippenbach/Aki Takase: So long, Eric! Homage to Eric Dolphy.* Intakt CD 239, CD.

Noglik, Bert (2010). "Instant Coffee in August." In: *FMP. Im Rückblick – In Retrospect. 1969–2010.* Buch zur 12-CDs-Box. FMP CD 137/138/139/140/141/142/143/144/145/146/148, S. 35–40.

Noglik, Bert ([2]2008). "Zwischen Luisen- und Friedrichstraße. Fragmentarisches zu einem Kapitel deutsch-deutscher Kulturgeschichte: ‚Die Wuppertaler' und die (Free-)Jazz-Szene in der DDR." In: *sounds like whoopataal. Wuppertal in der Welt des Jazz.* Hrsg. von E. Dieter Fränzel, Rainer Widmann/JAZZ AGe. Essen: Klartext, S. 220–223.

Noglik, Bert (2005). "Angekommen in der Erdumlaufbahn der Sounds." In: WOZ. *Die Wochenzeitung* (11. Februar 2005), http://www.intaktrec.ch/100noglik-a.htm (zugegriffen am 24.5.2016).

Noglik, Bert (1998). "Total Music Meeting 1998." In: *Total Music Meeting 1998.* FMP-Programmblatt. Berlin, http://www.fmp-label.de/freemusicproduction/projektetexte/p_tmm_1998_dtext.html (zugegriffen am 27.9.2020).

Noglik, Bert (1996). "Workshop Freie Musik '96." In: *Workshop Freie Musik '96.* FMP-Programmblatt. Berlin, http://www.fmp-label.de/freemusicproduction/projektetexte/p_wfm_1996_dtext.html (zugegriffen am 21.7.2020).

Noglik, Bert (1994). "Summer Music 1994." In: *Summer Music 1994*. FMP-Programmblatt. Berlin, http://www.fmp-label.de/freemusicproduction/projektetexte/p_sm_1994_dtext.html (zugegriffen am 10.8.2020).
Noglik, Bert (1993). "25. Workshop Freie Musik." In: *25. Workshop Freie Musik*. FMP-Programmblatt. Berlin.
Noglik, Bert (1991a). "Workshop Freie Musik 1991." FMP-Programminformation, http://www. fmp-label.de/freemusicproduction/projektetexte/p_wfm_1991_dtext.html (zugegriffen am 17.7.2020).
Noglik, Bert (1991b). "Free Concerts 1991." FMP-Programminformation, http://www.fmp-label.de/freemusicproduction/projektetexte/p_fct_1991_dtext.html (zugegriffen am 30. 7.2020).
Noglik, Bert (1990a). "Momente von Magie. Cecil Taylor Dance Project in der Berliner Akademie der Künste." In: *Jazzthetik* 4/10 (Oktober 1990), http://www.fmp-label.de/free musicproduction/projektereviews/p_sm_1990_dreview.php (zugegriffen am 1.3. 2016).
Noglik, Bert (1990b). "Total Music Meeting." In: *Jazzfest Magazin*. Hrsg. von Berliner Festspiele GmbH, Berlin, S. 90–91.
Noglik, Bert (1990c). "Workshop Freie Musik 1990." FMP-Programminformation, http://www. fmp-label.de/freemusicproduction/projektetexte/p_wfm_1990_dtext.html (zugegriffen am 17.7.2020).
Noglik, Bert (1990d). "Total Taylor Total." FMP-Programminformation, http://www.fmp-la bel.de/freemusicproduction/projektetexte/p_sp_1990_dtext.html (zugegriffen am 19.8. 2020).
Noglik, Bert (1989a). "Ball Pompös, Arte Povera, Daily Paradox. Stichpunkte zur Free Music Production (FMP)." In: *Free Music Production (FMP): 1969-1989 Twenty Years Free Music Production*. FMP-Broschüre, http://www.fmp-label.de/freemusicproduction/texte /1989d_noglik.html (zugegriffen am 7.12.2015).
Noglik, Bert (1989b). "Total Music Meeting '89." In: *Total Music Meeting '89*. FMP-Programmblatt, http://www.fmp-label.de/freemusicproduction/projektetexte/p_tmm_1989_dtext1.html (zugegriffen am 15.6.2020).
Noglik, Bert (1989c). "Kontinuität und Konsequenz. 20 Jahre Free Music Production." In: *Jazzfest Berlin 1989*. Programmheft. Hrsg. von Berliner Festspiele GmbH, http://www. fmp-label.de/freemusicproduction/projektetexte/p_tmm_1989_dtext2.html (zugegriffen am 30.6.2020).
Noglik, Bert (1983). *Jazz-Werkstatt International*. Reinbek bei Hamburg: Rowohlt.
Noll, Dietrich J. (1973): "Jazz-Musiker müssen spielen. Beim Marburger Jazzforum '73 wurde die Union deutscher Jazzmusiker gegründet." In: *Jazz Podium* 22/2 (Februar 1973), S. 10–11.
Obertreis, Julia (2012): "Oral History. Geschichte und Konzeption." In: *Oral History. Basistexte Geschichte*. Bd. 8. Hrsg. von Aloys Winterling. Stuttgart: Franz Steiner Verlag, S. 7–28.
Odenthal, Johannes (2018). "Underground + Improvisation." In: *Underground + Improvisation. Alternative Musik und Kunst nach 1968*. Hrsg. von Akademie der Künste. Berlin, S. 5–6.
Olshausen, Ulrich (1973a). "Rezension: FMP S 1/2 Free Jazz und Kinder." In: *Pardon* (1973), http://www.fmp-label.de/freemusicproduction/labelscatalogreviews/FMPs1-2review. php (zugegriffen am 3.12.2019).
Olshausen, Ulrich (1973b). "Von Blues bis Free-Jazz – alles dran. Berliner Jazztage 1973 waren ein voller Erfolg." In: *Jazz Podium* 22/12 (Dezember 1973), S. 20–22.

Olshausen, Ulrich (1970). Liner Notes: *New Jazz Trio: Page One.* MPS: 15 276 ST, LP.

Osterhausen, Hans-Jürgen von (2003). "Zu sich selbst finden. Abschied von Trompeten-Professor Manfred Schoof." In: *Jazz Zeitung* 28/10 (Oktober 2003), S. 20.

Panke, Werner (1980). "Total Music Meeting '80." In: *Total Music Meeting '80.* FMP-Presseinformation. Berlin, S. 2.

Panke, Werner (1978a). "Total Music Meeting '78." In: *Musik Express* 10/12 (Dezember 1978), http://www.fmp-label.de/freemusicproduction/projektereviews/p_tmm_1978_dreview.php (zugegriffen am 27.6.2019).

Panke, Werner (1978b). "Freie Musik." In: *Jazz Podium* 27/8 (August 1978), http://www.fmp-label.de/freemusicproduction/projektereviews/p_wfm_1978_dreview.php (zugegriffen am 12.7.2019).

Panke, Werner (1975). "Mit eigenen Platten gegen mächtige Krämer. Die Free Music Production macht ihrem Namen alle Ehre." In: *Neue Musikzeitung* 24 (Dezember 1975/ Januar 1976), http://www.fmp-label.de/freemusicproduction/texte/1975d_panke.html (zugegriffen am 3.2.2017).

Panke, Werner (1974). "Alternative: Total Music Meeting." In: *Jazz Podium* 23/1 (Januar 1974), S. 26.

Panke, Werner (1973a). "Rezension: FMP S 1/2 Free Jazz und Kinder." In: *Jazz Podium* 22/7/8 (Juli/August 1973), http://www.fmp-label.de/freemusicproduction/labelscatalogreviews/ FMPs1-2review.php (zugegriffen am 3.12.2019).

Panke, Werner (1973b). "Lernwut und Dozentenmangel. 12. Remscheider Sommerkurs." In: *Jazz Podium* 22/10 (Oktober 1973), S. 26–27.

Panke, Werner (1972a). "Peter Brötzmann Trio + Albert Mangelsdorff: FMP30/40/50. Schallplattenkritik." In: *Sounds* 40 (Juni 1972), S. 36.

Panke, Werner (1972b). "Die Bilderstürmer von Wuppertal. Aus dem Zentrum des New Jazz." In: *Jazz Podium* 21/6 (Juni 1972), S. 191.

Panke, Werner (1971). "2. Free Music Workshop in Berlin." In: *Jazz Podium* 20/4 (April 1971), S. 134–135.

Peretti, Burton W. (2001). "Speaking in the Groove: Oral History and Jazz." In: *The Journal of American History* 88/2 (September 2001), pp. 582–595.

Perks, Robert/Thomson, Alistair (2006) (Eds.). *The Oral History Reader.* Second Edition. London/New York: Routledge.

Pfleiderer, Martin (2019). "New Jazz Studies und die Jazzforschung heute." In: *Jazzforschung heute. Themen, Methoden, Perspektiven.* Hrsg. von Martin Pfleiderer und Wolf-Georg Zaddach. Berlin: Edition EMVASS, S. 283–310.

Pfleiderer, Martin (1998a). *Zwischen Exotismus und Weltmusik. Zur Rezeption asiatischer und afrikanischer Musik im Jazz der 60er und 70er Jahre* (= Schriften zur Popularmusikforschung 4). Hrsg. von Helmut Rösing. Karben: Coda.

Pfleiderer, Martin (1998b). "Aus dem Leben der Improvisatoren. Eindrücke vom Total Music Meeting im Berliner Podewil." In: *Frankfurter Rundschau* (14. November 1998), http://www.fmp-label.de/freemusicproduction/projektereviews/p_tmm_1998_dreview.php (zugegriffen am 26.9.2020).

Pfleiderer, Martin (1998c). "Spaßguerilla und Sound-Miniaturen. Sternstunden beim 30. Workshop Freie Musik." In: *Frankfurter Rundschau* (18. April 1998), http://www.fmp-label.de/freemusicproduction/projektereviews/p_wfm_1998_dreview.php (zugegriffen am 23.6.2020).

Pfleiderer, Martin (1997). "Treffen der Stammesältesten. Klangmeditationen und Zitate: das 30. Total Music Meeting im Berliner Podewil." In: *Frankfurter Rundschau* (14. November

1997), http://www.fmp-label.de/freemusicproduction/projektereviews/p_tmm_1997_dreview.php (zugegriffen am 23.6.2020).

Pfleiderer, Martin (1996). “Kollektives Powerplay. Total Music Meeting mit Jazzlegenden.” In: *Frankfurter Rundschau* (19. November 1996), http://www.fmp-label.de/freemusicpro duction/projektereviews/p_tmm_1996_dreview.php (zugegriffen am 23.6.2020).

Pfleiderer, Martin (1995a). “Berlin.” In: *Jazzthetik* 9/9 (September 1995), http://www.fmp-label.de/freemusicproduction/projektereviews/p_wfm_1995_dreview.php (zugegriffen am 20.7.2020).

Pfleiderer, Martin (1995b). “Europäisch-asiatische ‚Dorfmusik‘ voller Kraft und Schönheit. Anregende, überraschende und damit überwiegend positive Eindrücke beim Workshop Freie Musik 1995 in der Berliner Akademie der Künste.” In: *Gießener Anzeiger* (23. Juni 1995), http://www.fmp-label.de/freemusicproduction/projektereviews/p_wfm_1995_dreview.php (zugegriffen am 21.7.2020).

Picard, Jacques (2014). “Biografie und biografische Methoden.” In: *Methoden der Kulturanthropologie*. Hrsg. von Christine Bischoff, Karoline Oehme-Jüngling und Walter/Leimgruber. Bern: Haupt, S. 177–194.

Piekut, Benjamin (2014). “Indeterminacy, Free Improvisation, and the Mixed Avant-Garde. Experimental Music in London, 1965-1975.” In: *Journal of the American Musicological Society* 67/3, pp. 769–823.

Piekut, Benjamin (2011). *Experimentalism Otherwise. The New York Avant-Garde and Its Limits*. Berkeley/Los Angeles/London: University of California Press.

Piekut, Benjamin (2010). “New Thing? Gender and Sexuality in the Jazz Composers Guild.” In: *American Quarterly* 62/1 (March 2010), pp. 25–48.

Plato, Alexander von (2000). “Zeitzeugen und die historische Zunft. Erinnerung, kommunikative Tradierung und kollektives Gedächtnis in der qualitativen Geisteswissenschaft – ein Problemaufriss.” In: *BIOS. Zeitschrift für Biographieforschung, Oral History Studien und Lebensverlaufsanalysen* 13/1, S. 5–29.

Plato, Alexander von (1991). “Oral History als Erfahrungswissenschaft. Zum Stand der *mündlichen Geschichte* in Deutschland.” In: *BIOS. Zeitschrift für Biographieforschung, Oral History Studien und Lebensverlaufsanalysen* 4/4 (1991), S. 97–119.

Platzeck, Wolfgang (1998). Liner Notes: *Butch Morris conducts Berlin Skyscraper*. FMP CD 92/93, CD.

Plümper, Hans-Dieter (1974). “Free Music – Wieder in Berlin.” In: *Jazz Podium* 23/6 (Juni 1974), http://www.fmp-publishing.de/freemusicproduction/projektereviews/p_wfm_1974_dreview.php (zugegriffen am 14.10.2019).

Plümper, Hans-Dieter (1973a). “Workshop Freie Musik in Berlin.” In: *Jazz Podium* 22/6 (Juni 1973), http://www.fmp-label.de/freemusicproduction/projektereviews/p_fct_1973_dre view.php (zugegriffen am 1.11.2019).

Plümper, Hans-Dieter (1973b). “Free Concert in Berlin.” In: *Jazz Podium* 22/3 (März 1973), S. 20.

Plümper, Hans-Dieter (1973c). “Große Augenblicke.” In: *Jazz Podium* 22/3 (März 1973), S. 20–21.

Prange, Carina (1999). “Free Music Production. 30 Jahre Einsatz für die Freie Musik.” In: *Jazz Podium* 49/12 (Dezember 1999), http://www.fmp-publishing.de/freemusicproduc tion /index.html (zugegriffen am 28.07.2020).

Preis der deutschen Schallplattenkritik (2016). “News. RIAS-Kammerchor erhält Nachtigall 2012”, http://www.schallplattenkritik.de/news/526-rias-kammerchor-erhaelt-qnachti gallq-2012 (zugegriffen am 22.8.2016).

Preis der deutschen Schallplattenkritik (2011). "Bestenliste 2-2011", https://www.schallplattenkritik.de/component/content/article/48-bestenlisten-2011/456-bestenliste-2-2011 (zugegriffen am.11.2020).
Preis der deutschen Schallplattenkritik (1990). "Ehrenurkunde 1990", http://www.fmp-publishing.de/freemusicproduction/texte_urkunden/1990_EhrenUrkunde.pdf (zugegriffen am 13.2.2016).
Quersin, Benoit (1965). "Les Horizons de Peacock." In: *Jazz Magazine* 114 (Janvier 1965), S. 24–31.
Quinke, Ralph (1977). "Die Berliner *Free Music Production*. Musikalische und gesellschaftliche Emanzipation." In: *Musik und Bildung* 10 (1977), http://www.fmp-label.de/freemusicproduction/texte/1977d_quinke.html (zugegriffen am 14.8.2018).
Radano, Ronald (2003). *Lying Up a Nation. Race and Black Music.* Chicago: University of Chicago Press.
Rahn, Eckart (1966/67). "Berlin Festival muß geändert werden." Brief an den Herausgeber. In: *Sounds* 1 (Winter 1966/67), S. 52.
Reckwitz, Andreas (2014). "Materialisierung des Kulturellen." In: *Praxeologie. Beiträge zur interdisziplinären Reichweite praxistheoretischer Ansätze in den Geistes- und Sozialwissenschaften.* Hrsg. von Ludger Lieb. Berlin: De Gruyter, S. 13–27.
Regard, Fabienne/Neury, Laurent (2002). *Mémoire d'une Suisse en guerre, la vie ... malgré tout (1939–1945).* Yens sur Morges: Cabédita.
Regenbogen, Arnim (1990). "Frankfurter Schule." In: *Europäische Enzyklopädie zu Philosophie und Wissenschaften.* Bd. 2. Hrsg. von Hans Jörg Sandkühler. Hamburg: Felix Meiner Verlag, S. 110–115.
Reichelt, Rolf (1980). "Einige Aspekte der Entwicklung des Freejazz in der DDR." In: *Snapshot. Jazz Now/Jazz aus der DDR.* Buch zur 2-LPs-Box. FMP R4/R5, S. 19–22.
Reisenhofer, Alexis (2016). "Sounds-Story: *Köln.*" In: *Sounds Archiv*, http://www.sounds-archiv.at/styled-201/styled-202 (zugegriffen am 25.5.2017).
Renswou, Brigitte Jacobs van (2016). "Nam June Paiks Exposition of Music – Electronic Television." In: Zentralarchiv des internationalen Kunsthandels e.V., http://www.artcontent.de/zadik/default.aspx?s=453#!prettyPhoto (zugegriffen am 15.5.2016).
Resch, Andreas (²2009). "Unternehmensgeschichte." In: *Unternehmen aus sozialwissenschaftlicher Perspektive.* Hrsg. von Johann August Schülein, Manfred Lueger und Hubert Hametner. Wien: Facultas, S. 39–59.
Richter, Andreas (1991). "In der Sackgasse – Cecil Taylor in der Deutschen Oper." In: *Der Tagesspiegel* (21. März 1991), http://www.fmp-label.de/freemusicproduction/projektereviews/p_sp_1991_dreview.php (zugegriffen am 19.8.2020)
Rieth, Michael (1994). "Zwischen Gewalt und Einfühlungsvermögen." In: *Frankfurter Rundschau* (25. November 1994), http://www.fmp-label.de/freemusicproduction/projektereviews/p_tmm_1994_dreview.php (zugegriffen am 7.7.2020).
Rieth, Michael (1992). "Zwischen Gewalt und Einfühlungsvermögen." In: *Frankfurter Rundschau* (4. Dezember 1992), http://www.fmp-label.de/freemusicproduction/projektereviews/p_tmm_1992_dreview.php (zugegriffen am 7.7.2020).
Rieth, Michael (1990). "Vom Fallen der Grenzen und dem Risiko der Freiheit." In: *Frankfurter Rundschau* (12. November 1990), http://www.fmp-label.de/freemusicproduction/proj ektereviews/p_tmm_1990_dreview.php (zugegriffen am 7.7.2020).
Rød, Johannes (2014). *Free Jazz and Improvisations on Vinyl 1965–1985. A Guide to 60 Independent Labels.* Oslo: Rune Grammofon.
Rosenthal, Gabriele (1995). *Erlebte und erzählte Geschichte. Gestalt und Struktur biographischer Selbstbeschreibungen.* Frankfurt a.M./New York: Campus Verlag.

Rossmann, Andreas (2012). “Der Kunstsammler, der sich Ludwig nannte.” In: *Frankfurter Allgemeine Zeitung* (10. August 2012), http://www.faz.net/aktuell/feuilleton/kunst/sammlung-haubrich-in-koeln-der-kunstsammler-der-sich-ludwig-nannte-11849934.html (zugegriffen am 2.1.2018).

Ryle, Gilbert [1971] (2009). “Thinking and Reflecting.” In: *Collected Essays (Collected Papers). Vol. II. 1929–1968*. Hrsg. von Gilbert Ryle. London: Routledge, pp. 479–493.

S., D. (1969). “Reaktionen auf den Jazz in Berlin.” Leserbrief. In: *Jazz Podium* 18/12 (Dezember 1969), S. 396.

Sack, Fritz (1971). “Die Idee der Subkultur. Eine Berührung zwischen Anthropologie und Soziologie.” In: *Kölner Zeitschrift für Soziologie und Sozialpsychologie* 23/2 (1971), S. 261–282.

Salzinger, Helmut (1973). *Swinging Benjamin*. Frankfurt a.M.: Fischer.

Salzinger, Helmut (1972). *Rock Power oder wie musikalisch ist die Revolution? Ein Essay über Pop-Musik und Gegenkultur*. Frankfurt a.M.: Fischer.

Sandner, Wolfgang (1971). “Berliner Jazztage ’71.” In: *Jazz Podium* 20/12 (Dezember 1971), S. 430–433.

Saß, Marco/Steinhau, Henry (2018). *Quartier Latin. Berlins legendärer Musikladen 1970–1989*. Berlin: L+H Verlag.

Saul, Scott (2003). *Freedom Is, Freedom Ain’t: Jazz and the Making of the Sixties*. Cambridge: Harvard University Press.

Slaski, Jacek (2008). “Total Music Meeting.” In: *tipBerlin*, https://www.tip-berlin.de/konzerte-party/total-music-meeting/ (zugegriffen am 25.10.2020).

Schade, Horst (1971). “Leo Wright griff zur Trompete. Nachlese von den Berliner Jazztagen 1970.” In: *Jazz Podium* 20/1 (Januar 1971), S. 26–28.

Schäfer, Hilmar (2017). “Praxistheorie als Kultursoziologie.” In: *Handbuch Kultursoziologie. Bd. 2: Theorien – Methoden – Felder*. Hrsg. von Stephan Moebius, Frithjof Nungesser und Katharina Scherke. Wiesbaden: Springer VS, S. 109–130.

Schäfer, Hilmar (2016). “Grundlagen, Rezeption und Forschungsperspektiven der Praxistheorie.” In: *Praxistheorie. Ein soziologisches Forschungsprogramm*. Hrsg. von Hilmar Schäfer. Bielefeld: transcript Verlag, S. 9–25.

Scharoun, Hans (1997). “Rede über die Aufgaben der Akademie der Künste.” 27. Juli 1960. In: *„… und die Vergangenheit sitzt immer mit am Tisch“*. Dokumente zur Geschichte der Akademie der Künste (West) 1945/1954–1993. Hrsg. von Stiftung Archiv der Akademie der Künste. Berlin: Henschel Verlag, S. 251–254.

Schatzki, Theodore R. (2016). “Praxistheorie als flache Ontologie.” In: *Praxistheorie. Ein soziologisches Forschungsprogramm*. Hrsg. von Hilmar Schäfer. Bielefeld: transcript Verlag, S. 29–44.

Schatzki, Theodore R. (1996). *Social practices. A Wittgensteinian approach to human activity and the social*. Cambridge: University Press.

Schenk, Günter (1968). “Free Jazz.” In: *Jazz Podium* 17/7 (Juli 1968), S. 223.

Schlippenbach, Alexander von (2016). “Biografie”, http://www.avschlippenbach.com/biographie.html (zugegriffen am 26.5.2016).

Schlippenbach, Alexander von (2008). Liner Notes: *Alexander von Schlippenbach: Piano Solo*. FMP CD 129, CD.

Schlippenbach, Alexander von (2001). Liner Notes: “The Globe Unity Orchestra.” In: *Alexander von Schlippenbach’s Globe Unity Orchestra: Globe Unity 67 & 70*. Unheard Music Series/Atavistic: UMS/ALP223CD, CD.

Schlippenbach, Alexander von (1993). Liner Notes: *Globe Unity Orchestra: 20th Anniversary*. FMP CD 45, CD.

Schlippenbach, Alexander von (1981). Liner Notes: *RAI Big Band & Soloists: Jelly Roll.* SAJ-31, LP.
Schlippenbach, Alexander von (1979). Liner Notes: *Globe Unity Orchestra & Choir of the NDR-Broadcast: Hamburg '74.* FMP 0650, LP.
Schlippenbach, Alexander von (1967). "Zwanzig Fragen an Alexander von Schlippenbach." In: *Sounds* 3 (Sommer 1967), S. 9–13.
Schmidt, Sabine Maria (1999). "Chronologie 1953–1999." In: *Nam June Paik. Fluxus/Video.* Hrsg. von Wulf Herzogenrath. Kunsthalle Bremen, S. 17–346.
Schmidt-Joos, Siegfried (1973). "Schallplatten: Eisler-Jazz in der Juke-Box." In: *Der Spiegel* 27/36 (3. September 1973), S. 125.
Schmidt-Joos, Siegfried (1968a). "Wohlklang nein." In: *Der Spiegel* 22/39 (23. September 1968), S. 195.
Schmidt-Joos, Siegfried (1968b). "Weil viele Dinge geändert werden müssen." Interview mit Peter Brötzmann. In: *Jazz Podium* 17/4 (April 1968), S. 128–129.
Schmidt-Joos, Siegfried (1968c). "Donata Höffer. Free Jazz von zarten Mädchenhänden." In: *Weser-Kurier* 89 (13./14./15. April 1968), S. 12.
Schmidt-Joos, Siegfried (1965). "Ein Votum für populären Jazz." In: *Jazz Podium* 14/12 (November 1965), S. 320–321.
Schönenberg, Detlef (2016). "Herzlich willkommen", http://www.liebeheilt.de (zugegriffen am 8.5.2016).
Schönenberg, Detlef (^{2}2008). "Ich habe das Ziel nicht gekannt." Ein Gespräch im Juni 2004 mit Thomas Mau, E. Dieter Fränzel und Dietrich Rauschtenberger. In: *sounds like whoopataal. Wuppertal in der Welt des Jazz.* Hrsg. von E. Dieter Fränzel, Rainer Widmann/JAZZ AGe Wuppertal. Essen: Klartext, S. 195–199.
Scholz, Sylka (2019). "Männlichkeitsforschung: die Hegemonie des Konzeptes ‚hegemoniale Männlichkeit'." In: *Handbuch Interdisziplinäre Geschlechterforschung. Geschlecht und Gesellschaft.* Hrsg. von Beate Kortendiek, Birgit Riegraf und Katja Sabisch. Wiesbaden: Springer VS, S. 419–428.
Schoof, Manfred (2002). "Lebenslauf", http://www.manfred-schoof.de (zugegriffen am 4.6. 2016).
Schoof, Manfred (1967). Liner Notes: *Manfred Schoof Sextett.* Wergo: WER 80004, LP.
Schorn, Ariane (2000). "Das themenzentrierte Interview. Ein Verfahren zur Entschlüsselung manifester und latenter Aspekte subjektiver Wirklichkeit." In: *Forum Qualitative Sozialforschung/Forum: Qualitative Social Research* 1/2, Art. 23 (Juni 2000), http://www.qualitative-research.net/index.php/fqs/article/view/1092/2393 (zugegriffen am 13.4. 2016).
Schorn, Ariane (1996). *Scham und Öffentlichkeit. Genese und Dynamik von Scham- und Identitätskonflikten in der Kulturarbeit.* Regensburg: Roderer.
Schreiber, Waltraud (2009). "Zeitzeugengespräche führen und auswerten." In: *Zeitzeugengespräche führen und auswerten. Historische Kompetenzen schulen.* Hrsg. von Waltraud Schreiber und Katalina Árkossy. Neuried: ars una Verlagsgesellschaft mbH, S. 21–28.
Schriewer, Klaus (2014). "Deuten und Verstehen lebensgeschichtlicher Quellen." In: *Methoden der Kulturanthropologie.* Hrsg. von Christine Bischoff, Karoline Oehme-Jüngling und Walter/Leimgruber. Bern: Haupt, S. 385–400.
Schuiling Floris (2019). "Jazz and the Material Turn." In: *The Routledge Companion to Jazz Studies.* Ed. by Nicholas Gebhardt, Nichole Rustin-Paschal and Tony Whyton. New York/London: Routledge, pp. 87–96.
Schulte-Bahrenberg, Ralf/Berendt, Joachim E./Gruntz, George (1972). "Jazz und Manipulation mit Unterstützung der ARD? Zu den Vorwürfen des Spiegel." In: *Jazz Podium* 21/11 (November 1972), S. 5–6.

Schulz-Köhn, Dietrich (1967). "Jazz am Rhein." In: *Jazz am Rhein*. Buch zur 6-CDs-Box. BE! Jazz 6262-67 CD, S. 4–5.

Schütze, Fritz (1983). "Biographieforschung und narratives Interview." In: *Neue Praxis* 13/3 (1983), S. 283–293.

Schwab, Jürgen, Hrsg. (2004). *Der Frankfurt Sound: Eine Stadt und ihre Jazzgeschichte(n)*. Frankfurt a.M.: Societäts-Verlag

Schweiger, Hannes (1999). "European Echoes of a Living Music." In: *Jazz Live* 125, http://www.fmp-label.de/freemusicproduction/texte/1999d3_schweiger.html (zugegriffen am 16.6.2020).

Schweiger, Hannes (1998). "Ein lebendiges Beispiel." In: *Jazz Live* 119, http://www.fmp-publishing.de/freemusicproduction/projektereviews/p_wfm_1998_dreview.php (zugegriffen am 2.10.2020).

Schwendter, Rolf [1973] (1978). *Theorie der Subkultur. Neuausgabe mit einem Nachwort, sieben Jahre später*. Frankfurt a.M.: Syndikat.

Schwerdt, Oliver (2004). "Holz für Europa. In Berlin endete das sportlichste deutsche Musikfestival: Auf dem Total Music Meeting konnte man auf Tasten schwimmen, Schach mit Schlagzeug spielen oder die Bohrmaschine anwerfen." In: *Junge Welt* (10. November 2004), S. 16.

Senatsverwaltung für Kultur und Europa (2017). "Verdienstorden der Bundesrepublik Deutschland für den Berliner Musiker Alexander Graf von Schlippenbach." Pressemitteilung vom 21. Dezember 2017, https://www.berlin.de/sen/kulteu/aktuelles/pressemit teilung en/2017/pressemitteilung.660846.php (zugegriffen am 23.2.2022).

Shoemaker, Bill (2010). "Die Evolution einer amerikanischen Perspektive." In: *FMP. Im Rückblick – In Retrospect. 1969–2010*. Buch zur 12-CDs-Box. FMP CD 137/138/139/140 /141/142/143/144/145/ 146/148, S. 43–50.

Shipton, Alyn (2009). "New Jazz Histories. Can a Reconciliation of Widely Differing Source Material Offer New Opportunities for the Jazz Historian?" In: *Jazz Research Journal* 3/2, pp. 127–144.

Shipton, Alyn (2001). *A New History of Jazz*. London/New York: Continuum.

Sickert, Maxi (2008). "Das Saxofon als Maschinengewehr." In: *Die Zeit Online* (4. November 2008), https://www.zeit.de/online/2008/45/total-music-meeting/komplettansicht (zugegriffen am 26.10.2020).

Siegfried, Detlef (2018). *1968. Protest, Revolte, Gegenkultur*. Stuttgart: Reclam.

Siegfried, Detlef (2009). *Deutsche Kulturgeschichte. Die Bundesrepublik – 1945 bis zur Gegenwart*. Bonn: Carl Hanser Verlag.

Siegfried, Detlef (2008). *Sound der Revolte. Studien zur Kulturrevolution um 1968*. Weinheim/München: Juventa Verlag.

Siegfried, Detlef (2006a). *Time Is on My Side. Konsum und Politik in der westdeutschen Jugendkultur der 60er Jahre*. Göttingen: Wallenstein.

Siegfried, Detlef (2006b). "Protest am Markt. Gegenkultur in der Konsumgesellschaft um 1968." In: *Wo 1968 liegt. Reform und Revolte in der Geschichte der Bundesrepublik*. Hrsg. von Christina von Hodenberg und Detlef Siegfried. Göttingen: Vandenhoeck & Ruprecht, S. 48–78.

Sin, Jeong-Won (2014). *Du bist, was du hörst. Musiklabels als Wegweiser im digitalen Zeitalter*. Frankfurt a.M./New York: Campus Verlag.

Smith, Julie Dawn (2004). "Playing like a Girl: The Queer Laughter of the Feminist Improvising Group." In: *The Other Side of Nowhere: Jazz, Improvisation, and Communities in Dialogue*. Ed. by Daniel Fischlin and Ajay Heble. Middletown, Ct.: Wesleyan University Press, pp. 224–243.

Solis, Gabriel (2006). “Avant-Gardism, the ‚Long 1960s‘ and Jazz Historiography.” In: *Journal of the Royal Musical Association* 131/2, pp. 331–349.
Solothurnmann, Jürg (1980). “Zwischen Erfolg und Frustration.” In: *Schweizer Kulturanzeiger* 19 (Februar 1980), http://www.fmp-label.de/freemusicproduction/texte/1980d_so lothur nmann.html (zugegriffen am 2.9.2019).
Sontheimer, Michael (2008). “Sturm auf Springer. 68er-Aufstand.” In: *Spiegel-Online* (11. April 2008), http://www.spiegel.de/einestages/68er-aufstand-a-946852.html (zugegriffen am 15.12.2015).
Spiegelhauer, Andreas (2011). “18.000 Euro – Verurteilter Konzertagent muss zahlen.” In: *Westdeutsche Zeitung* (1. Juni 2011), https://www.wz.de/nrw/wuppertal/18000-euro-verurteilter-konzertagent-muss-zahlen_aid-30277849 (zugegriffen am 1.11.2020).
Spiritova, Marketa (2014). “Narrative Interviews.” In: *Methoden der Kulturanthropologie.* Hrsg. von Christine Bischoff, Karoline Oehme-Jüngling und Walter/Leimgruber. Bern: Haupt, S. 117–130.
Stadt Langenhagen/FMP (1974). “Zweiter Internationaler New Jazz Workshop Langenhagen.” 22.–24. November 1974. Programmflyer. Langenhagen.
Steinert, Heinz (2007). *Das Verhängnis der Gesellschaft und das Glück der Erkenntnis. Dialektik der Aufklärung als Forschungsprogramm.* Münster: Westfälisches Dampfboot.
Steinfeld, Karl-Heinz (1968). “Jazz provoziert.” In: *Jazz Podium* 17/3 (März 1968), S. 76–78.
Steinke, Ines ([8]2010). “Gütekriterien qualitativer Forschung.” In: *Qualitative Forschung. Ein Handbuch.* Hrsg. von Uwe Flick, Ernst von Kardoff und Ines Steinke. Reinbek bei Hamburg: Rowohlt, S. 319–331.
Stephan, Anke (2005). *Erinnertes Leben. Autobiographien, Memoiren und Oral-History-Interviews als historische Quellen*, https://epub.ub.uni-muenchen.de/627/1/Stephan-Selbstzeugnisse.pdf (zugegriffen am 2.5.2016).
Stiftung Archiv der Akademie der Künste (Hrsg.) (1997). *… und die Vergangenheit sitzt immer mit am Tisch. Dokumente zur Geschichte der Akademie der Künste (West) 1945/1954–1993.* Berlin: Henschel Verlag, S. 251–254.
Stock, Ulrich (1996). “Der Derwisch. Cecil Taylor beim Total Music Meeting in Berlin.” In: *Die Zeit* 46 (8. November 1996), https://www.zeit.de/1996/46/Der_Derwisch (zugegriffen am 14.7.2019).
Stock, Ulrich (1991). “Sie reiben an der Muschel.” In: *taz. die tageszeitung* (28. Oktober 1991), http://www.fmp-label.de/freemusicproduction/texte/1991d_stock.html (zugegriffen am 16.6.2020).
Stock, Ulrich (1989). “Hexensabbat am Klavier. Sekretärin, Staatsanwältin, Architektin – eine Frau spielt sich frei.” In: *Die Zeit online* (17. Februar 1989), http://www.zeit.de/1989/08/hexensabbat-am-klavier/komplettansicht (zugegriffen am 4.6.2016).
Stock, Ulrich (1988a). “Wilde Klänge von Aufbruch und Ausbruch. Eine Hymne auf die improvisierte Musik.” In: *Die Zeit* 32 (5. August 1988), https://www.zeit.de/1988/32/wilde-klaenge-von-ausbruch-und-aufbruch (zugegriffen am 14.7.2019).
Stock, Ulrich (1988b). “Soli, Duette, Duelle.” In: *Die Zeit* 46 (11. November 1988), http://www.fmp-label.de/freemusicproduction/projektereviews/p_tmm_1988_dreview.php (zugegriffen am 3.7.2020).
Sugiyama, Kazunori (1984a). “Around the world: America.” In: *Coda Magazine* 196, S. 36–38.
Sugiyama, Kazunori (1984b). “New York City Scenes: On the scene.” In: *Coda Magazine* 197, S. 28f.
SWR (2018). “Chronik der SWR NEW Jazz Meetings 1966–2017”, https://www.swr.de/-/id=20170762/property=download/nid=10563098/1n1vbv8/index.pdf (zugegriffen am 25. 10.2018).

Tackley, Catherine/Whyton, Tony (2009). “Editorial: New Jazz Histories.” In: *Jazz Research Journal* 3/2, pp. 125–126.
Thiem, Michael (1979a). “Jazz aus der DDR.” In: *Jazz Forum* 62/2 (1979), http://www.fmp-publishing.de/freemusicproduction/projektereviews/p_sp_1979_dreview.php (zugegriffen am 18.3.2020).
Thiem, Michael (1979b). “Berlin Jazz Workshop Orchestra: Who is Who? (SAJ-24).” Rezension. In: *Jazz Podium* 27/3 (März 1979), http://www.fmp-publishing.de/freemusicproduc tion/labelscatalogreviews/SAJ24review.php (zugegriffen am 23.3.2020).
Thiem, Michael (1978). “aus: Die Suche nach Alternativen.” In: *Jazz Forum* 52/2 (1978), http://www.fmp-label.de/freemusicproduction/texte/1978d_thiem.html (zugegriffen am 4.9.2019).
Thiem, Michael (1977a). “Total Music Meeting ’76 in Berlin.” In: *Jazz Podium* 25/1 (Januar 1977), http://www.fmp-label.de/freemusicproduction/projektereviews/p_tmm_1976_dreview.php (zugegriffen am 18.9.2019).
Thiem, Michael (1977b). “Es wird im Rathaus geblasen – und nicht nur das.” In: *Jazz Podium* 25/2 (Februar 1977), http://www.fmp-label.de/freemusicproduction/projektereviews/p_fct_1976_dreview.php (zugegriffen am 6.11.2019).
Thiem, Michael (1977c). “Free Music vor den Amtsstuben – Amtsstubenmusik? Zum 25ten Free Concert im Rathaus Charlottenburg.” In: *25. Free Concert im Rathaus Charlottenburg.* FMP-Faltblatt, http://www.fmp-publishing.de/freemusicproduction/projektetexte/p_fct_1977_dtext.html (zugegriffen am 2.3.2020).
Thiem, Michael (1977d). “Neues Sextett.” In: *Jazz Forum* 48/4, http://www.fmp-publishing.de/freemusicproduction/projektereviews/p_fct_1977_dreview.php (zugegriffen am 5.3.2020).
Thomé, Peter (1995). “Lawrence ‚Butch‘ Morris. Cornetist, Composer, Conductor.” In: *Total Music Meeting ’95.* FMP-Faltblatt. Berlin.
Thomé, Peter (1994). “Kathartisches Powerplay. Zwischenbericht vom Total Music Meeting 1994. Peter Brötzmann und Shelley Hirsch.” In: *taz. die tageszeitung* (19. November 1994), http://www.fmp-label.de/freemusicproduction/projektereviews/p_tmm_1994_dreview.php (zugegriffen am 12.7.2020).
Thomé, Peter (1993). “Nachschlag. Total Music Meeting 1993.” In: *taz. die tageszeitung* (1. November 1993), http://www.fmp-label.de/freemusicproduction/projektereviews/p_tmm_1993_dreview.php (zugegriffen am 12.7.2020).
Thomson, Alistair (2011). “Memory and Remembering in Oral History.” In: *The Oxford Handbook of Oral History.* Ed. by Donald A. Ritchie. Oxford: Oxford Univ. Press.
Thomson, Alistair (2007). “Eine Reise durch das Gedächtnis unserer Bewegung. Vier paradigmatische Revolutionen in der Oral History.” In: *BIOS. Zeitschrift für Biographieforschung, Oral History Studien und Lebensverlaufsanalysen* 20, Sonderheft 2007, S. 21–29.
Thompson, Paul (1978). *The Voice of the Past.* Oxford: Oxford Univ. Press.
Tietel, Erhard (2000). “Das Interview als Beziehungsraum.” In: *Forum Qualitative Sozialforschung/Forum: Qualitative Social Research* 1/2 (Juni 2000), https://www.qualitative-research.net/index.php/fqs/article/view/1095/2403 (zugegriffen am 29.1.2022).
Tosel, André (1999). “Praxis.” In: *Enzyklopädie Philosophie* 2. Hrsg. von Hans Jörg Sandkühler. Hamburg: Felix Meiner Verlag, S. 1310–1312.
Total Music Meeting (1968a). “Total Music Meeting ’68.” Programmheft. Berlin.
Total Music Meeting (1968b). “Total Music Meeting ’68.” Programmflyer. Berlin.
Tucker, Sherrie (2008). “When Did Jazz Go Straight?: a queer question for jazz studies.” In: *Critical Studies in Improvisation* 4/2, pp. 1–16, https://doi.org/10.21083/csieci.v4i2.850 (zugegriffen am 14.3.2024).

Tucker, Sherrie (2001). "Big Ears: Listening for Gender in Jazz Studies." In: *Current Musicology* 71/73, pp. 375–408, https://doi.org/10.7916/cm.v0i71-73.4831 (zugegriffen am 1.2.2024).

Tyler, Ken (1989). "CD – Yes please. Response to Francesco Martinelli's letter on the Cecil Taylor FMP CDs." *In: The Wire 68 (October 1989),* http://www.fmp-publishing.de/free musicproduction/publikationen/19901_en_reaction.html *(*zugegriffen am *12.9. 2020).*

Weiss, Jason (2012). *Always in trouble. An Oral History of ESP-Disk', the Most Outrageous Record Label in America.* Middletown, Conn.: Wesleyan University Press.

Vandermark, Ken (2010). "(M)ein Blick von außen." In: *FMP. Im Rückblick – In Retrospect. 1969–2010.* Buch zur 12-CDs-Box. FMP CD 137/138/139/140/141/142/143/144/145/146/148, S. 29–31.

Verband der deutschen Kritiker e.V. (1977). "Kritikerpreis 1977 für Musik. An Jost Gebers und die Free Music Production (FMP)." Urkunde.

Verein Freunde des Sendesaales e.V. (2019). "Peter Schulze", http://www.bremenradiohallrecords.de/cms/de/team/peter-schulze.html (zugegriffen am 28.2.2019).

Volmerg, Birgit/Senghaas-Knobloch, Eva/Leithäuser, Thomas (1986). *Betriebliche Lebenswelt. Eine Sozialpsychologie industrieller Arbeitsverhältnisse.* Opladen: Westdeutscher Verlag.

Vorländer, Herwart (1990). *Oral History. Mündlich erfragte Geschichte.* Göttingen: Vandenhoeck & Ruprecht.

Wallraf-Richartz-Museum (1968). *Sammlung Hahn – Zeitgenössische Kunst.* Katalog anlässlich der Ausstellung vom 3.5.–7.7.1968 im Wallraf-Richartz-Museum Köln.

Weckert, Albert (2002/2003). "Kassenschlager Nonkonformismus. JazzFest Berlin und Total Music Meeting finden reißenden Absatz." In: *JazzZeitung* (2002/12–2003/01), https://www.jazzzeitung.de/jazz/2002/12/berichte-berlin.shtml (zugegriffen am 25.10.2020).

Weihmann, Reinhard (1994). "Fall in (Free-) Jazz. Furios: Zwei Doppelpacks für Jazz-Freaks." In: *Lokalanzeiger Zehlendorf* 29 (4. August 1994), http://www.fmp-label.de/freemusicproduction/projektereviews/p_sm_1994_dreview.php (zugegriffen am 11.8.2020).

Weiss, Jason (2012). *Always in trouble. An Oral History of ESP-Disk', the Most Outrageous Record Label in America.* Middletown, Conn.: Wesleyan University Press.

Welsch, Wolfgang (1988). *Wege aus der Moderne. Schlüsseltexte der Postmoderne-Diskussion.* Weinheim: VCH.

Welzer, Harald (2000). "Das Interview als Artefakt. Zur Kritik der Zeitzeugenforschung." In*: BIOS. Zeitschrift für Biographieforschung, Oral History Studien und Lebensverlaufsanalysen* 13/1, S. 51–63.

Whyton, Tony (2015). "Conclusion: Toward a Collective Jazz Studies." In: *The Cultural Politics of Jazz Collectives. This is Our Music.* Ed. by Nicholas Gebhardt and Tony Whyton. London/New York: Routledge, pp. 236–244.

Wierling, Dorothee (2003). "Oral History." In: *Aufriss der historischen Wissenschaften, Bd. 7, Neue Themen und Methoden der Geschichtswissenschaft.* Hrsg. von Michael Maurer. Stuttgart: Reclam, S. 81–151.

Wieser, Matthias (2017). "Von Praktiken und Aktanten. Akteur-Netzwerk-Theorie und Theorie sozialer Praktiken." In: *Konturen praxistheoretischer Erziehungswissenschaft.* Hrsg. von Andrea Bossen, Jürgen Budde und Georg Rißler. Weinheim: Beltz Juventa, S. 111–125.

Wietschorke, Jens (2014). "Historische Kulturanalyse." In: *Methoden der Kulturanthropologie.* Hrsg. von Christine Bischoff, Karoline Oehme-Jüngling und Walter/Leimgruber. Bern: Haupt, S. 160–176.

Williams, Martin/Morgenstern, Dan (1964). "The October Revolution. Two Views of the Avant Garde in Action." In: *Down Beat* (19 November 1964), pp. 15–16.

Williams, Martin (1959). *The Art of Jazz. Essays on the Nature and Development of Jazz*. New York: Oxford University Press.

Williams, Richard (1972). "Blasting Berlin." In: *Melody Maker* (5 February 1972), http://www. fmp-label.de/freemusicproduction/labelscatalog/xfmpse1972_dreview.php (zugegriffen am 14.4.2019).

Wilson, Peter Niklas (1999). "Befreiungsakt aus den kommerziellen Fesseln. *Seit 30 Jahren verschreibt sich das Plattenlabel Free Music Production dem improvisierten Jazz." In: Basler Zeitung (6. Mai 1999),* http://www.fmp-label.de/freemusicproduction/texte/1999d2_wilson.html *(zugegriffen am 24.2.2016).*

Wilson, Peter Niklas (1996). *Spirits Rejoice! Albert Ayler und seine Botschaft*. Hofheim: Wolke.

Wuppertaler Free Jazz Workshop (1974). *Informationen zum 2. Wuppertaler Free Jazz Workshop*. Presseinformation. Wuppertal.

Yinger, John Milton (1982). *Countercultures. The Promise and the Peril of a World Turned Upside Down*. New York: The Free Press.

Yinger, John Milton (1960). "Contraculture and Subculture." In: *American Sociological Review* 25/5 (October 1960), S. 625–635.

Zimmerle, Dieter (1971). "Brötzmann-Trio." In: *Jazz Podium* 20/8 (August 1971), S. 280–286.

Zimmerle, Dieter (1970). "Der breite Vorstoß in den Free Jazz. 12. Deutsches Jazz Festival in Frankfurt." In: *Jazz Podium* 19/5 (Mai 1970), S. 165–167.

Zimmerle, Dieter (1968a). "15 Jahre Jazz in Deutschland. Geschichte des Jazz in Deutschland 1952–1957." In: *Jazz Aktuell*. Hrsg. von Claus Schreiner. Mainz: Schott, S. 116–124.

Zimmerle, Dieter (1968b). "11. Deutsches Jazz Festival." In: *Jazz Podium* 17/5 (Mai 1968), S. 153–156.

Zimmerle, Dieter (1968c). "Jazz am Rhein." In: *Jazz Podium* 17/10 (Oktober 1968), S. 304–305.

Zimmerle, Dieter (1968d). "Berliner Jazztage." In: *Jazz Podium* 17/12 (Dezember 1968), S. 374–379.

Zwang-Eriksson, Eric ([2]2009). "Alexander von Schlippenbach." In: *Reclams Jazzlexikon*. Stuttgart: Reclam, S. 468.

Zwang-Eriksson, Eric ([2]2009). "Manfred Schoof." In: *Reclams Jazzlexikon*. Stuttgart: Reclam, S. 470–471.

Tonträgerregister

Vinyl
FMP-Nummern

Singles

SAJ-Nummern

FMP S-Serie

Uhlklang

Compact Discs

FMP-CDs

FMP CD 91 A DOUGHNUT IN ONE HAND Phil Minton 468
FMP CD 92/93 BUTCH MORRIS CONDUCTS BERLIN SKYSCRAPER Berlin Skyscraper 467, 469
FMP CD 94 CUTS Peter Kowald/Ort Ensemble Wuppertal 468f
FMP CD 95 MUJICIAN I & II Keith Tippett 467
FMP CD 96 DIFFERENCE AND SIMILARITY Xu Feng Xia 468
FMP CD 97 LITTLE BIRDS HAVE FAST HEARTS NO. 1 Peter Brötzmann/Die Like a Dog Quartet 467–470
FMP CD 98 THE TREE OF LIFE Cecil Taylor 468–470
FMP CD 99 TANGENS Sam Rivers & Alexander von Schlippenbach 467–469
FMP CD 100 ABIDING VARIATIONS Charles Gayle Trio 468f
FMP CD 101 LITTLE BIRDS HAVE FAST HEARTS NO. 2 Peter Brötzmann/Die Like a Dog Quartet 467–470
FMP CD 102 BASS DUETS Peter Kowald & Barre Phillips, Barry Guy, Maarten Altena 467f
FMP CD 103 DIGGER'S HARVEST Alexander von Schlippenbach & Tony Oxley 467f
FMP CD 104 MELANCHOLY Cecil Taylor Workshop Ensemble 468f
FMP CD 105 POSIUM PENDASEM William Parker/In Order To Survive 467, 469
FMP CD 106 COMPLETE COMBUSTION Schlippenbach Trio 467–469
FMP CD 107 3 POINTS AND A MOUNTAIN...PLUS Brötzmann/Mengelberg/Bennink 460, 485
FMP CD 108 NAILED Cecil Taylor/C.T.: The Quartet 485
FMP CD 109 LIFE SCIENCE Olaf Rupp 485
FMP CD 110 BERLIN ABBOZZI Bill Dixon 485
FMP CD 111 LIVE 1976/77 Schlippenbach & Johansson 485
FMP CD 112 RIGHT AS RAIN Peter Brötzmann 485
FMP CD 113 PRECIOUS SOUL Charles Gayle Trio 485
FMP CD 114/115 SWINGING THE BIM Schlippenbach Trio 486
FMP CD 116 HIT AND RUN Dunmall with Edwards with Butcher 485
FMP CD 117 TRIGGER ZONE King Übü Örchestrü 485
FMP CD 118 AOYAMA CROWS Peter Brötzmann/Die Like a Dog Quartet 485
FMP CD 119 ILINX Baghdassarians/Baltschun/Scherzberg/Thein 485
FMP CD 120 THE LIGHT OF CORONA Cecil Taylor: The Ensemble 485
FMP CD 121 JALI NYAMA SUSO Jali Nyama Suso 485
FMP CD 122 FRACTURED DIMENSIONS William Parker with... 485
FMP CD 123 INCARNATION Cecil Taylor Quartet 485
FMP CD 124 DUOS 2 EUROPA–AMERICA–JAPAN Peter Kowald with... 485
FMP CD 125 14 LOVE POEMS plus 10 more Peter Brötzmann 485
FMP CD 126 ALMEDA Cecil Taylor: The Ensemble 485
FMP CD 127 ROMAN Louis Sclavis & Jean-Marc Montera 485
FMP CD 128 THE SEVEN CIRCLES Beñat Achiary 485
FMP CD 129 PIANO SOLO '77 Alexander von Schlippenbach 486
FMP CD 130 CT: THE DANCE PROJECT Cecil Taylor with William Parker & Masashi Harada 471, 486
FMP CD 131 WITHOUT Olaf Rupp 486
FMP CD 132 OPEN SECRETS Peter Kowald 486
FMP CD 133 NO COMMENT Keune-Schneider-Krämer 486
FMP CD 134 LOST & FOUND Brötzmann Solo 486
FMP CD 135 TOO MUCH IS NOT ENOUGH Rupp/Pliakas/Wertmüller 486
FMP CD 136 TR!O Christmann/Gustafsson/Lovens 486
FMP CD 137 BADEN-BADEN ‚75 Globe Unity Orchestra & Guests 486
FMP CD 138 IN BERLIN Steve Lacy Solo & Quintet 486
FMP CD 139 MESSER und... Schweizer/Carl/Moholo 487
FMP CD 140 AT QUARTIER LATIN Schlippenbach Quartet 487
FMP CD 141 WOLKE IN HOSEN Peter Brötzmann/Solo 487
FMP CD 142 UND?...plus Malfatti/Wittwer 487
FMP CD 143 PIANO SOLO Fred Van Hove 487
FMP CD 144 CLOSE UP Peter Brötzmann/Die Like A Dog Quartet 487
FMP CD 145 CHORAL-KONZERT Manfred Schulze Bläser Quintett 487

OWN

Special Editions (Vinyl/CDs)

Register der Institutionen, Ensembles und Spielformationen

Namenregister